中国古代经济史断代研究
国家哲学社会科学重点科研课题
前无古人的学术贡献

中國經濟通史

先秦（上）

周自强　主编

经济日报出版社

图书在版编目（CIP）数据

中国经济通史．先秦/周自强主编．—2 版
北京：经济日报出版社，2007. 1
ISBN 7 -80180 -610 -7

Ⅰ．中…
Ⅱ．周…
Ⅲ．经济史 - 中国 - 先秦时代
Ⅳ．F129

中国版本图书馆 CIP 数据核字（2006）第 115032 号

书　　名：中国经济通史．先秦
本卷主编：周自强
责任编辑：冯广裕　赵润庭
责任校对：靳海军　高福正　吴传海　苏建宁　高小昆
出版发行：经济日报出版社
地　　址：北京市宣武区白纸坊东街 2 号（邮编：100054）
电　　话：010 - 63568136　63567690　63567691（编辑部）63567687（邮购部）
010 - 63567683　63568621　63588445　63588447　83538863（发行部）
网　　址：www. edpbook. com. cn
E - mail：cehuabu@ vip. sina. com
经　　销：全国新华书店
印　　刷：北京市耀华印刷有限公司
特种纸商：北京灵创魔丽商贸中心
开　　本：710 × 1000　1/16
本卷印张：81. 25
本卷字数：1170 千字
版　　次：2007 年 1 月第二版
印　　次：2007 年 1 月第一次印刷
书　　号：ISBN 7 - 80180 - 610 - 7/F. 251
全套定价：1200. 00 元（九卷十六册 · 精装）

总序

吴承明

这部九卷本《中国经济通史》是一项巨大的系统工程。它原属全国哲学社会科学"七五"规划中的重点项目，课题名称"中国古代经济史断代研究"。由中国社会科学院历史研究所、经济研究所和首都师范大学、河北大学、郑州大学、山东大学的一批著名史学家担任各卷主编，组织各单位的学者参加，殚精竭虑，惨淡经营了十多个寒暑。部分分卷曾先行问世，饮誉海内外。现在九卷已全部完成，应经济日报出版社之请，一次付梓，除保留各分卷的名称之外，全书统一称《中国经济通史》。这实在是中国史学界值得庆贺的一件大事。我受嘱写这篇总序，荣幸之余，首先是向各卷主编和作者祝贺，再就几个有关问题略抒管见。

本书分先秦、秦汉、魏晋南北朝、隋唐五代、宋、辽夏金、元、明、清九个分卷。自有文字的商代算起，亦跨越三十几个世纪。通古今之变，它是一部中国经济通史，今天我们也需要这样一部通史。经济史以研究过程为主，非如政治、军事史之着重事件，从编写体例说亦以通考长、中、短时段环境、社会和经济的演变为宜。

本书采取断代形式，各卷主编和作者都是多年从事相应断代经济史研究的学者。各卷都以马克思主义基本原理为指导，有基本一致的世界观和历史观。

并通过研讨，对中国古代社会发展的总线索和经济发展的总趋势有大体一致的认识。本书认为中国经历了原始社会、奴隶制社会和封建社会的嬗递，而以战国时期各国地主土地私有制的形成作为进入封建社会的标志。经济演变受生产力和生产关系双重制约，一般可以以一定自然条件下生产力的增长、一定社会制度下经济运行的效果作为考察的主线。这样看，中国古代经济的发展是曲折的，有进有退，但长期趋势是不断进步的。因而，本书不认为我国漫长的封建经济有个上升的阶段，以后就走下坡路，而是在生产力不断增长中，旧制度逐渐瓦解，新的因素于焉滋生。

在总线索和总趋势大体一致的认识下，各断代即各分卷，以至一个分卷的各专题的撰写，都具有相对独立性，并允许不同观点存在。这是本书强调的。这不仅是因为经济活动十分复杂，并受历代政治、军事、社会制度和时代思潮的制约，没有一个统一的模式，不可能有个统一的写作规范；更是因为，任何历史都是人们对过去的认识，这种认识总是不断有所发现，有所深入，有所创新的。一部新的经济史，不是已有文献和著述的选择与综合，而应该在总体上和部分上，在资料、方法、观点上，都属新构，代表一个时代的学术水平。本书就是按照这样的要求，把各分卷的撰写建立在专题研究的基础上，其中许多都是作者埋首多年或倾力攻坚的课题；对于已有的结论，也参酌海内外最新研究成果和有关学科的新进展，予以再考察。因而，每个分册都有它自己的特色，都有一系列的创新见解。这种发挥个人专长与集体智慧、允许不同观点并存的办法，国外也不乏先例，如《剑桥欧洲经济史》《方坦纳欧洲经济史》等巨著都是这样，也都成为一个时代的代表之作。

本书各分卷各专题的研究方法不尽相同，但都是以实证主义作为基本原则的。“实证”原是“确实”的意思。历史研究首先是求实，无征不信，故实证主义可说是史学的第一原则。我国史学有实证的优良传统，并发展出优秀的考据之学。不过，乾嘉以前的考据常是以经证史，受微言大义的限制，囿于个别事物，未能用实证主义原则来考察历史发展的过程。今天，则是以经过考证的、自认可信的历史事实，包括长、中、短过程的历史事实，作为唯一的根据。这种历史事实，代表历史的实践。“实践是检验真理的唯一标准”，这句话用于治史真是再好不过。因为它同时排除了20世纪五六十年代在我国一度出现的教条主义史学。那种教条主义史学等于重蹈“以经证史”的覆辙，并且具有目的论、决定论的倾向。这都是不符合实证主义原则的。

西方史学，自近代史学之父L. 兰克以来，也是实证主义的。著名史学家T. 蒙森、E. W. 麦特兰等也都是考证大师。但是，自19世纪末起，实证主义就不断受到批判，20世纪五六十年代在美国曾受到逻辑实证主义者的攻击。西方史学界之批判实证主义，抛开在本体论上所受的新康德主义、新黑格尔主义的影响不谈，其批判集中在对历史事实的认识论上。马克思主义相信历史事实是客观存在的，同时，我以为也应当承认人们对它的认识有相对性。我们也许不能“终极地”认识某些历史事实，但能不断地接近它。前面我用“自认可信的”和“不断地创新”，即指其相对性。西方批判者的有些见解，如B. 克罗齐强调历史认识的时代性，R. G. 柯林伍德把历史看成是人的行为，强调认识是对前人思想的重演，这对增进我们的认识来说，也是有益的。事实上，西方史学迄今并未脱离实证主义，即使一个全部用经济分析构成的经济史著作，仍然先要考察其所用资料尤其是数据的正确性。至于五六十年代进入史学的逻辑实证主义，它要求从一个一般规律和所研究问题的初始条件推导出演变的结果；这只能用于边界分明的狭隘命题，在美国也没有多大发展。并且，其结论往往是预言式的，并包含目的论、决定论倾向，对历史研究来说，是不可取的。

实证主义作为一种科学的方法论，按其原意，只是回答“是怎样”的问题，而不问所论事物或行为的是非善恶，即不做价值判断。孔德和斯宾塞都申明过这一点。这对于考察自然现象，亦可无碍。但用于史学，如果不做价值评判，怎能“以史为鉴”呢？不分析其利弊得失，怎能古为今用呢？历史学一向是有价值分析的，而在经济史中，价值分析比之一般历史道德伦理的规范分析，更有它的难处。质言之，我们是以历史上的价值观为准呢，还是以今天的价值观为准呢？对于这个问题，我的看法是，一部经济史本来应当具有实证分析（positive analysis）和规范分析（normative analysis）两种功能。在做实证分析时，应该把所论事物或行为放在它产生或运作的具体历史条件下来考虑。这就是说要采取历史主义的原则。正如列宁所说“马克思主义理论的绝对要求，就是要把问题提到一定的历史范围之内”。贯彻历史主义的分析原则，即使不做任何价值判断，也能实事求是地把问题说清楚，读者自会置评。而脱离历史条件，无论是正面或负面的评论，都是非历史的，不可取的。另一方面，在做规范分析时，则应当用我们今天的历史知识，现在的价值观，作为分析的规范，或评论根据。这种分析不仅研究历史事物或行为对当时经济发展的作用，还包括它对后代以至今人的影响或潜在效应。这也就是克罗齐所说“一切历史都是当代史”的分析方法。这种分析应该放在实证分析之后，说明当时人的历史局限性。其实今天我们的认识也是有限的，当我们后代人有了新的历史知识、新的价值观，我们的认识也就陷入历史局限性了。

经济史作为一门学科，是19世纪晚期才从历史学中分立出来的。其所以分立出来，是因为经济学已经发展成为系统的科学。在我国这个分立过程更晚，大体在20世纪前期。这就发生一个问题，经济史是属于历史学系统呢，还是属于经济学系统呢？已问世的经济史著作，从其体例、论证方式以至文章风格看，有更近于历史著作的，有更近于经济著作的，大约以前者为多，本书似也属于前者。其实，这并不是原则问题，两种类型的经济史并存大有好处，可收互补之效。我以为，重要的是经济史与经济学的关系问题。

在经济史刚从历史学分立出来的时候，西方有人主张经济史应完全按照经济学理论进行研究，如瑞典的赫克舍尔（E. F. Heckscher），他主张历代经济史都是建立在一个基本经济理论即供求理论之上。他的主要著作即《重商主义》，确实是非常出色的，但不能所有的经济史都是这样。我曾多次提出，在经济史研究中，一切经济学理论都应视为方法论，任何伟大的经济学说，在历史的长河中都会变成经济分析的一种方法。这些经济理论或学说，大都是经济学家根据过去的而主要是作者当代的经济实践总结或抽象出来的，目的在指导当时的经济实践；但时代过去，它就只具有方法论（思维方法和具体分析方法）的意义了。我们可以根据历史上某些经济现象的时代特征、边界条件和资料的可能性，选用某种经济学理论来进行分析，但不能把全部经济史建立在某种单一的经济学理论上。供给与需求固然是历史上长期存在的经济问题，但究竟是供给决定需求还是需求决定供给，受多种因素的制约，在历史上并非是固定不变的。萨伊定律曾经被奉为圭臬，但边际主义出来就发生动摇，到凯恩斯主义就根本被否定了。与经济史关系密切的经济增长理论变化尤大，并且任何一个增长模式都只能包括三四个增长因素，其余只好“假定不变”，或设一个代表“余值”的不定因素。J. A. 熊彼特英明地把他那部繁浩而缜密的经济学说史定名为《经济分析史》，并在“经济分析的技术”一章中指出：“经济学的内容，实质上是历史长河中的一个独特的过程。”经济史学者对于所有经济学理论都应当这样看。

另一方面，熊彼特把经济史作为经济分析即经济学四种基本学科的最重要的一种，它不仅“是经济学家材料的一个重要来源”，而且，“如果一个人不掌握历史事实，不具备适当的历史感或所谓历史经验，他就不可能指望理解任何时代（包括当前）的经济现象”。“历史感”、“历史经验”云云有点抽象，但确是很重要的。一部经济史不能像经济学那样只讲“纯经济的”现象（也是熊彼特语），而要求经济史家要有明确的历史观和整个历史学的修养，从自然条件、政治制度、社会结构、习俗心态等各方面来考察经济的发展和演变。近年来，文化方面日益受到重视，认为经济演变不能脱离文化思想的制约，本书还特别把历代经济思潮列入课题。当前经济学日益走向模型化和数学化，以至全部变成方程式解答。我们经济史也应注意定量分析，或根据资料可能，从经济学中吸取一些方法，如投入产出以至回归分析等，但不宜轻易“建模”，限制史学思路，更不能用时间变量代替历史思考。而是力求有更完整的经济史，给经济学提供材料，拓宽视野。总之，经济史有广阔的天地，无尽的资藏，它应当成为经济学的源，而不是经济学的流。

以上拙见，谨借本书出版之际，求教于读者。

再版说明

《中国经济通史》从上一版到现在已经过去八年了。其间，我们的国家发生了深刻而巨大的变化，从一个传统农业大国一跃成为以制造业为主的工业大国，虽然还称不上强国，但经济规模已位居全球第四，东部沿海地区和一些中心城市开始具备发达国家的城市面貌。

可是我们毕竟还有九亿农村人口，占全国总人口比重超过三分之二。在中西部许多贫困地区，农业生产方式与一百年前相比并没有本质上的区别。人地关系高度紧张，农业劳动力严重过剩，一家一户分散经营，农村经济社会发育不全，仍然是我们的基本国情。城乡二元发展结构的对立、小农经济与市场经济的矛盾，既不能凭着工业现代化实现一步跨越，也无法靠引进外资或延请外脑一揽子解决，因为还没有一个西方发达国家曾面临过我们这样庞大的历史遗留问题。农业、农村、农民问题是我们前进路上绕不过去的一道坎，不解决好“三农”问题，中共中央提出的落实科学发展观、全面建设和谐社会的要求也就无从实现。

我国有五千年的文明史和三千多年的文字记载历史。历朝历代在治理乡村集镇、管理庞大的农村人口和小农经济方面积累了丰富的、独特的行政经验，曾创造出震惊世界的长达两千年的辉煌，也有不少政策失败产生剧烈社会动荡的教训。这是一座巨大的文化宝库，不能一言以蔽之“封建糟粕”。前事不忘，后事之师。在实现国家现代化、全面建设和谐社会过程中，它还会为我们提供更多的决策参考。对今天的行政官员和经济管理者来说，仍具有强烈的现实意义。

《中国经济通史》作为全国哲学社会科学“七五”规划重点课题和国家“九五”重点图书，花费庞大人财物力，历时十数载才得以完成，迄今甚至今后相当长一段时间内也很难再有相当学术水平和规模的同类著作问世了。八年的时间已经证明，它仍是目前国内最好的一部古代经济通史。这次再版，中国图书市场上重新增添了一部重量级原创作品。

我社一贯积极支持学术著作出版，愿为繁荣我国文化事业尽一份责任。

经济日报出版社

2006 年 11 月

目 录(上)

第二编 西 周

绪 论

《中国经济通史》先秦经济卷上起人类的原始时代，下到公元前221年秦统一中国，包括原始时代和夏、商、西周、春秋、战国各个历史时期，涉及到原始公社制生产方式、奴隶制生产方式和封建制生产方式三种社会经济形态的若干重大理论问题。下面就其中长期以来存在意见分歧的几个问题，作一些必要的讨论和说明。

一、关于中国古代国家的起源、特征和职能

国家和阶级一样，是一个历史的范畴。国家并不是从来就有的，它是经济发展到一定阶段，社会分裂为阶级时产生的。“到目前为止在阶级对立中运动着的社会，都需要有国家，即需要一个剥削阶级的组织，以便维持它的外部的生产条件，特别是用暴力把被剥削阶级控制在当时的生产方式所决定的那些压迫条件下（奴隶制、农奴制或依附农制、雇佣劳动制）。”①

长期以来，有一种较为流行的观点认为，包括中国在内的一切东方文明和东方国家起源于治水、灌溉。或说：大禹治水的成功“是黄河中下游各部落人民大规模协作的结果”，“其涉及范围包括黄河中下游及江淮一带，亦非少数一两个部落所能为力”；“在相当广大的区域内众多的部落联合治水的需要，正是这些部落联合为国家的最主要的因素之一”。此外还有种种与此类似的说法。有人甚至把中国古代国家以及其他古代东方国家产生的原因完全归结于“治水”，说什么兴建和管理“遍及全国”的“大规模治水工程、灌溉工程”，

---

① 恩格斯：《社会主义从空想到科学的发展》，《马克思恩格斯选集》第3卷，第438页。

“需要而且必然产生”一个“行使最高政治权力”的“机构”和“领导人”——“国王”、“专制君主”，于是便“产生了专制主义国家”；并据此把东方文明和东方国家定义为“治水文明”、“治水国家”、“治水社会”，而国家的基本职能就是“治水”和管理“遍及全国”的治水工程、灌溉工程。上述观点，显然违背历史实际，理论上也是错误的。而所谓“治水国家”论，更是与马克思主义的国家学说根本对立的。

如有些学者所指出：“人工灌溉事业绝不是文明起源的原因，绝不是阶级社会和国家起源的原因。有些很早发生文明的地区，例如爱琴地区，当文明发生之时，根本不知道人工灌溉为何事。就是在大河流域，在这种农业越是发展，人工灌溉越是必要的地区，当时向文明和阶级社会过渡的过程，也是过渡向文明程序在前，人工灌溉之发展在后。不是人工灌溉事业引起文明和阶级社会之发生，而是相反，文明之发生，阶级社会和国家之发生，有利于人工灌溉事业之发生与发展。”①

“在世界上历史较古的人民里面差不多全有关于洪水的传说。”②“在上古时代，江河泛滥、洪水横流以及由此而引起的房屋和庄稼的毁灭，曾经被认为是无法防止的灾害，是人们无力抗拒的。”③后来，人们是随着生产实践和知识的发展，而学会修筑堤坝、挖掘沟洫以防洪、泄洪，并利用水来灌溉田地的。人类控制自然界、利用自然界的能力和程度，兴建防洪工程、灌溉工程的数量和规模，取决于劳动工具、人口数量、科学技术、社会组织和社会制度等综合性因素。大禹治水的成功，乃是社会生产力发展到一定阶段的结果。而且，如前所述，早在大禹治水之前的相当长一段历史时期内，原始社会内部已产生了显著的贫富差别，产生了私有制和阶级之间的对立。尧、舜、禹时代，实际上已经出现了文明曙光，处在国家产生的前夕。

在中国史前时代的漫长岁月里，曾多次发生洪水。若果真如“治水国家”论者所说，中国国家是由于地理环境所决定和引起的“治水活动的需要”而

---

① 《世界上古史纲》编写组：《世界上古史纲》上册，人民出版社 1979 年版，第 12 页。

② 徐旭生：《中国古史的传说时代》（增订本），文物出版社 1985 年版，第 128 页。

③ 斯大林：《苏联社会主义经济问题》，《斯大林选集》下卷，人民出版社 1979 年版，第 540 页。

产生，那么请问，在大禹时代以前，同样是生活在中国境内的原始居民，为什么在相当长的历史时期内没有进行这种“治水活动”？若曾经进行过，为什么没有产生出一个“治水国家”来？虞、夏之际，中国的地理环境并无变化（至少无明显变化），为什么中国国家又不前不后而偏偏产生于这个特定的历史时期？这些问题，是建立在地理环境决定论基础上的“治水国家”说所无法回答的。

再说，大禹治水过程中并没有（也不可能）兴建什么“遍及全国”的大规模治水工程、灌溉工程。据研究：“（当时）洪水的发生区域主要的在兖州，次要的在豫州、徐州境内。余州无洪水。至于水土遍及九州的说法是后人把实在的历史逐渐扩大而成的。”“鲧所筑的堤防不过围绕村落，像现在护庄堤一类的东西，……不是像后世沿河修筑的‘千里金堤’。”“大禹治水的主要方法为疏导”，“把散漫的水中的主流加宽加深，使水有所归”；“沮洳的地方疏引使干”或“辟它为泽薮”①。

而且，如本卷第一编第一章中所述，大量文献记载表明，主持治水的禹是继尧舜之后活动在部落联盟时代舞台上的一个领袖人物。他并没有因治水而成为国家的统治者。中国国家的开创者和夏王朝的建立者，是启而不是禹。而启是通过暴力（篡夺）而取得政权的。

“治水”活动需要而且必然产生“专制权力”，这是“治水国家”论的一个基本观点。如果仅仅认为大规模的治水活动或其他活动需要强制权力甚至专制权力，需要“一个进行指挥的权威力量”，这种说法还是可取的。但是，将“专制权力”等同于国家权力，认为这种权力的产生就是国家的产生，则是完全错误的。强制权力或专制权力，并不就是国家的特征。历史唯物主义认为：原始社会解体后一切建立在阶级对抗基础上的国家，“是一种与其全体固定成员相脱离的特殊的公共权力为前提的”②。“国家的本质特征，是和人民大众分离的公共权力。”③“这种公共权力已不再同自己组织为武装力量的居民直接符

① 徐旭生：《中国古史的传说时代》（增订本），文物出版社 1985 年版，第 161 页。
② 恩格斯：《家庭、私有制和国家的起源》，《马克思恩格斯选集》第 4 卷，第 91 页。
③ 恩格斯：《家庭、私有制和国家的起源》，《马克思恩格斯选集》第 4 卷，第 114 页。

合了。这个特殊的公共权力之所以需要，是因为自从社会分裂为阶级以后，居民的自动的武装组织已经成为不可能了。”“这种公共权力在每一个国家里都存在。构成这种权力的，不仅有武装的人，而且还有物质的附属物，如监狱和各种强制机关。”①

在一切社会制度下，“在人类的任何共同生活中”，都需要强制权力，都有强制权力。就是“在氏族制度或家庭中”也“有强制权力”，“但在那里并没有国家”②。“一方面是一定的权威，不管它是怎样造成的，另一方面是一定的服从，这两者，不管社会组织怎样，在产品的生产和流通赖以进行的物质条件下，都是我们所必需的”。即使是“社会革命推翻了现在以自己的权威支配财富的生产和流通的资本家”，“土地和劳动工具都成了那些使用它们的工人的集体财产”，“权威”也不会“消失”，而“只会改变自己的形式”③。

大禹领导和主持的治水活动，对部落联盟社会职能的进一步独立化，对国家权力的产生和各个统治人物之集结成为一个统治阶级，无疑起了促进和加速的作用。但是，如果没有长期以来原始社会内部生产关系和生产力之间、上层建筑和经济基础之间的矛盾的发展，如果没有私有制、奴隶制和阶级的产生以及各个阶级之间的矛盾的发展，大禹的治水活动也就不可能起上述作用。

1853年6月6日，恩格斯在致马克思的信中说：在东方，“农业的第一个条件是人工灌溉，而这是村社、省或中央政府的事。在东方，政府总共只有三个部门：财政（掠夺本国）、军事（掠夺本国和外国）和公共工程（管理再生产）。”④ 同年6月14日，马克思复信说：在亚洲，“公共工程是中央政府的事情”⑤。6月25日，马克思发表了《不列颠在印度的统治》一文，文中写道：“在亚洲，从很古的时候起一般说来只有三个政府部门：财政部门……；军事部门……；最后是公共工程部门。”⑥ 有人说：“由此看来，照马克思的说法，

① 恩格斯：《家庭、私有制和国家的起源》，《马克思恩格斯选集》第4卷，第167页。

② 列宁：《民粹主义的经济内容》，《列宁全集》第1卷，第396页。

③ 恩格斯：《论权威》，《马克思恩格斯选集》第2卷，第552~553页。

④ 《马克思恩格斯全集》第28卷，第263页。

⑤ 《马克思恩格斯全集》第28卷，第271页。

⑥ 《马克思恩格斯全集》第9卷，第145页。

需要由国家管理水利工程，便是亚细亚国家产生的原因。”在我们看来，这是对马克思著作的歪曲。

首先，马克思所说的“从很古的时候起”，并不是指从印度等亚洲国家产生之时起。因为他在文中所说的那种“幅员太大”而又是“中央集权的政府”，在印度等国家产生以后很久才出现的。世界各民族历史上出现的第一个国家，“比现在小很多”。因为当时：“交通极不发达，没有现代的交通工具。当时山河海洋所造成的障碍比现在大得多，所以国家是在比现在狭小得多的地理范围内形成起来的。技术薄弱的国家机构只能为一个版图较小、活动范围较小的国家服务。”① 以印度为例来说，在它进入文明时代以后相当长一段历史时期内，一直分为许多国家，这些国家互相争霸，然而并没有出现一个占统治地位的政治中心，没有一个国家曾经对整个印度行使过统治权，而每个国家的版图和活动范围都很狭小。马克思在《不列颠在印度的统治》一文中所说东方“由于文明程度太低”而“不能产生自愿的联合”，是与西方例如弗兰德斯和意大利的“私人企业家结成自愿的联合”相比较而言的。而弗兰德斯和意大利的私人企业家，为了“节省用水和共同用水”这一农业的“基本要求”而“结成自愿的联合”，那也是较晚的事情，并非东方国家产生时期的事情。

其次，无论是恩格斯和马克思互致的信件中，还是马克思的《不列颠在印度的统治》一文，说的都是亚洲国家的“政府”，并未涉及国家概念和亚洲国家产生的原因问题。马克思说得明确：“在亚洲”，“一般说来只有三个政府部门”；“执行”“举办公共工程”这样一种“经济职能”、“干预”“节省用水和共同用水”这一农业的“基本要求”的，是亚洲各国“中央政府的事情”②。而政府和国家是两个不同的概念。“国家和政府按其阶级性质来说是同一的，但是政府的范围比较狭小，政府不包括国家。它们之间是有机地联系着的，是相互依存的，但这并不是说可以把二者混为一谈。”③ 马克思在《哥达纲领批判》中，就曾批判过拉萨尔机会主义的《哥达纲领》把政府和国家混

---

① 列宁：《论国家》，《列宁选集》第4卷，第48页。

② 《马克思致恩格斯》（1853年6月14日），《马克思恩格斯全集》第28卷，第271页；马克思：《不列颠在印度的统治》，《马克思恩格斯全集》第9卷，第145页。

③ 斯大林：《论工农政府问题》，《斯大林全集》第9卷，第164~165页。

为一谈的错误，指出：“事实上，他们是把‘国家’了解为政府机器，或者了解为构成一个由于分工而和社会分离的独特机体的国家，这可以从下面的话得到证明：‘德国工人党提出下列要求作为国家的经济基础：实行统一的累进所得税……。’赋税是政府机器的经济基础，而不是其他任何东西。”①

马克思在《资本论》第3卷中谈到“监督劳动和指挥劳动”时，曾经指出：

> 凡是建立在作为直接生产者的劳动者和生产资料所有者之间的对立上的生产方式中，都必然会产生这种监督劳动。……它在资本主义生产方式下也是不可缺少的，因为在这里，生产过程同时就是资本家消费劳动力的过程。这完全同在专制国家中一样，在那里，政府的监督劳动和全面干涉包括两方面：既包括执行由一切社会的性质产生的各种公共事务，又包括由政府同人民大众相对立而产生的各种特殊职能。②

马克思这里所说“专制国家中”“政府的监督劳动和全面干涉”的“二重性”，主要就是针对“亚洲政府”指挥和监督“公共工程”劳动之类的社会职能、经济职能而言。一切剥削阶级国家的政府都要执行某种社会职能，如恩格斯所说：“政治统治到处都是以执行某种社会职能为基础，而且政治统治只有在它执行了它的这种社会职能时才能持续下去。”③

一切剥削阶级压迫阶级国家的政府所执行的社会职能，都必然具有上述马克思所说的“二重性”，即既具有“由许多个人进行协作的劳动”所产生的管

---

① 《马克思恩格斯选集》第3卷，第22页。

② 《马克思恩格斯全集》第25卷，第431～432页。

③ 《反杜林论》，《马克思恩格斯选集》第3卷，第219页。由于地理环境和自然条件等方面的差异，古代世界各国政府所执行的“社会职能”不完全相同。马克思在《不列颠在印度的统治》一文中所说“亚洲政府”的“社会职能”，是以“从撒哈拉经过阿拉伯、波斯、印度和鞑靼区直至最高的亚洲高原的一片广大的沙漠地带”之“气候和土地条件”为前提的（《马克思恩格斯全集》第9卷第145页）。实际上，中国和其他东方国家之间，以及中国的各个地区之间，其气候和土地条件并不完全一样，有的甚至差别很大。再说，印度等亚洲国家是否“从很古的时候起一般说来只有三个政府部门”？这些国家的政府是否“从很古的时候起”都有专为“举办公共工程”而设的“公共工程部门”？而“举办公共工程”、干预“节省用水和共同用水”，又是否只是“中央政府的事情”？这些都是值得研究的问题。

理性质，又具有“由政府同人民大众相对立而产生的”政治性质。只有“政治国家”消失以后，“社会职能”才会“失去其政治性质，而变为维护社会利益的简单的管理职能”①。

恩格斯在《家庭、私有制和国家的起源》一书中说，“国家和旧的氏族组织不同的地方”有两点，一是“和人民大众分离的”、“特殊的公共权力”的设立，这是“国家的本质特征”②；一是“它按地区来划分它的国民”，“这种按照居住地组织国民的办法，是一切国家共同的”③。有的学者根据后者，断定夏、商、西周时期并不存在国家，理由是当时社会是以氏族组织为单位，还没有按地区来划分它的居民。我们认为这种说法同样是不能成立的。

这是因为，虽然“按地区来划分它的国民”是国家的特征之一，但这并不是国家的本质特征；恩格斯说得明白：“国家的本质特征，是和人民大众分离的公共权力。”④ 如本书有关章节中所述，夏代以及商代和西周，都有那和人民大众分离的、特殊的公共权力的设立，构成这种公共权力的，有武装部队、监狱及其他强迫他人服从暴力的工具；此外还有成批的为阶级统治服务的专职人员——官吏。既然如此，那就可以这样说：夏王朝的建立标志着中国国家的形成。

再说，恩格斯说的是“国家和旧的氏族组织不同的地方”，这“旧的氏族组织”是指：“在蒙昧时代中级阶段产生”，“在高级阶段继续发展起来”，“到了野蛮时代低级阶段”“达到了全盛时代”⑤，“这里没有统治和奴役存在的余地”，“权利和义务之间还没有任何差别”的“血族团体”⑥。到野蛮时代高级阶段（原始社会末期），随着“同一氏族内部的财产差别把利益的一致变为氏族成员之间的对抗”⑦，随着私有制、奴隶制以及统治和奴役关系的产生，这

① 恩格斯：《论权威》，《马克思恩格斯选集》第2卷，第554页。
② 《马克思恩格斯选集》第4卷，第114、167页。
③ 《马克思恩格斯选集》第4卷，第166、167页。
④ 恩格斯：《家庭、私有制和国家的起源》，《马克思恩格斯选集》第4卷，第114页。
⑤ 恩格斯：《家庭、私有制和国家的起源》，《马克思恩格斯选集》第4卷，第154页。
⑥ 恩格斯：《家庭、私有制和国家的起源》，《马克思恩格斯选集》第4卷，第154～156页。
⑦ 马克思语。转引自恩格斯《家庭、私有制和国家的起源》，《马克思恩格斯选集》第4卷，第161页。

种“没有统治和奴役存在”、“权利和义务之间还没有任何差别”的“旧的氏族组织”，已不复存在。而夏、商、西周直接统治区内的“氏”、“族”或“氏族”，与史前时代“旧的氏族组织”有本质的区别，不能混为一谈。

恩格斯所说“它按地区来划分它的国民”，是以古代雅典等少数国家为典型例证的。实际上，许多更为古老的国家出现之初，并没有如此显著的特征。而且，即使是古代希腊罗马国家，也并非纯粹“按地区来划分它的国民”。马克思在《政治经济学批判》（1857～1858 年草稿）中援引尼布尔《罗马史》说：“古代各国的部落是按两种方式建立的：或按氏族，或按地区。”“地区部落最初是同地方划分为区和村相适应的，所以，在实行这种划分时，在克利斯提尼时代的阿提卡地区，凡已经是一个村的居民的人，都以该村的德莫特①的资格而编入该村所在地区的部落之内。德莫特的子孙，不问其居住地方何在，照例仍旧属于同一部落和同一个德莫，这样，这种划分就具有按家世划分的外表。”“……这种罗马氏族并不是由血缘的亲族组成的。……氏族是联合体。在古代世界，比氏族更普遍的组织是没有的……例如，在盖尔人②中，名门望族的坎伯尔家族便和自己的家臣组成一个克兰（即氏族）。”③

恩格斯在《家庭、私有制和国家的起源》中也说过：“摩尔根证明：……氏族，直到野蛮人进入文明时代为止，甚至再往后一点（就现有资料而言），是一切野蛮人所共有的制度。”④ 所谓“甚至再往后一点”，是说进入文明时代以后也还可能有氏族存在。例如：“在罗马建城差不多三百年后⑤，氏族联系还这样牢固，以致一个名门氏族，即法比丘族，经元老院许可，竟以自己的力量征伐了邻近的魏伊城。”⑥

① “德莫特”是古雅典国家的公民，属于阿提卡的叫做德莫的一定行政区，几个德莫组成一个部落。在克利斯提尼改革（公元前 6 世纪）后，阿提卡共分为 10 个地区部落。

② 盖尔人是苏格兰北部山区和西部山区的土著居民，古代克尔特人的后裔。

③ 《马克思恩格斯全集》第 46 卷上册，第 479 页。

④ 《马克思恩格斯选集》第 4 卷，第 80 页。

⑤ “据古典作家发禄（Varro，前 116～前 27）的定年，罗马史以公元前 753 年纪元（传说建城之年），罗马共和国成立于公元前 509 年。”（《世界上古史纲》编写组：《世界上古史纲》下册，人民出版社 1981 年版，第 220 页。）

⑥ 恩格斯：《家庭、私有制和国家的起源》，《马克思恩格斯选集》第 4 卷，第 122 页。

二、奴隶制社会经济形态问题

关于奴隶制社会经济形态问题，学术界曾经进行过长期的讨论，迄今存在重大的意见分歧。有人说，奴隶制代替原始公社制并不是人类历史发展的规律，古代世界只有希腊、罗马是奴隶社会，这是人类历史发展过程中的“特例”；中国等东方国家历史上，并没有经过奴隶社会阶段。有人甚至说，奴隶制也不是古代希腊、罗马社会中的主导生产方式。在有的学者看来，马克思、恩格斯并不认为奴隶制代替原始公社制是人类社会发展的一般规律，由于“中国的历史学家闭着眼睛跟着斯大林走”，才编造出一个中国的“奴隶制时代”来。

所谓“闭着眼睛跟着斯大林走”的“中国的历史学家”，主要是指郭沫若；而所谓“跟着斯大林走”，则是指“跟着”斯大林的论著《辩证唯物主义与历史唯物主义》“走”。其实，众所周知，当郭沫若早年开始运用马克思主义观点研究中国古代社会，肯定奴隶制社会阶段，肯定中国古代历史是原始公社制、奴隶制、封建制各种社会形态有规律地递替的历史之时，斯大林的《辩证唯物主义与历史唯物主义》还没有问世。而郭沫若当年在从事中国古代社会形态的研究之前，是作了比较充分的马克思主义理论准备的。他曾认真研读过《政治经济学批判》《资本论》《家庭、私有制和国家的起源》《德意志意识形态》等马克思主义的重要经典著作，以及不少其他马克思主义著作，而且还翻译出版了《政治经济学批判》和《德意志意识形态》①。

马克思、恩格斯在他们的著作中，不但精辟地阐述了他们创立的历史唯物主义的基本原理，而且多次论及奴隶制社会经济形态的独特的特征及其在“古代世界”的普遍存在。指出：

> 就像在一切古代民族中一样，人（作为奴隶）是私有财产的对象，这决不是罗马所特有的事情。②

① 林甘泉、黄烈主编：《郭沫若与中国史学》，中国社会科学出版社 1992 年版，第 280 ~ 281 页。
② 马克思：《黑格尔法哲学批判》，《马克思恩格斯全集》第 1 卷，第 382 页。

奴隶制是一个极为重要的经济范畴[①]“因为奴隶制是一个经济范畴，所以它总是列入各民族的社会制度中。[②]

古代世界没有奴隶制就不可能存在；[③]

有一个很长的时期，奴隶制度是劳动组织的支配形态。[④]

在古代世界、特别是希腊世界的历史前提之下，进步到以阶级对立为基础的社会，是只能通过奴隶制的形式来完成的。[⑤]

奴隶制是古代世界所固有的第一个剥削形式；继之而来的是中世纪的农奴制和近代雇佣劳动制。这就是文明时代的三大时期所特有的三大奴役形式。[⑥]

在亚细亚古代和古典古代，阶级压迫的主要形式是奴隶制，即与其说是群众被剥夺了土地，不如说他们的人身被占有。[⑦]

在马克思的理论研究中，对法权（它始终只是某一特定社会的经济条件的反映）的考察是完全次要的；相反地，对特定时代的一定制度、占有方式、社会阶级产生的历史正当性的探讨占着首要地位。……马克思了解古代奴隶主、中世纪封建主等等的历史必然性，因而了解他们的历史正当性，承认他们在一定限度的历史时期内是人类发展的杠杆。[⑧]

请注意：奴隶占有制“决不是罗马所特有的事情”，它存在于“一切古代民族中”；“奴隶制是古代世界所固有的第一个剥削形式”；无论在“古典古代”还是在“亚细亚古代”，“阶级压迫的主要形式”都是“奴隶制”；在“古代世界”的“历史前提”之下，从原始公社制社会“进步到以阶级对立为

① 马克思：《致巴·瓦·安年柯夫（1846年12月28日）》，《马克思恩格斯选集》第3卷，第327页。

② 马克思：《哲学的贫困》，《马克思恩格斯全集》第4卷，第146页。

③ 恩格斯：《英国状况》，《马克思恩格斯全集》第1卷，第662页。

④ 恩格斯：《卡·马克思〈资本论〉第一卷书评》，《马克思恩格斯全集》第16卷，第267页。

⑤ 恩格斯：《反杜林论》，《马克思恩格斯选集》第3卷，第221页。

⑥ 恩格斯：《家庭、私有制和国家的起源》，《马克思恩格斯选集》第4卷，第172页。

⑦ 恩格斯：《美国工人运动》，《马克思恩格斯选集》第4卷，第258～259页。

⑧ 恩格斯、考茨基：《法学家的社会主义》，《马克思恩格斯全集》第21卷，第557～558页。

基础的社会”，“只能通过奴隶制的形式来完成”；“马克思了解古代奴隶主、中世纪封建主等等的历史必然性”。

有的学者说，马克思主义经典著作中所说的乃是“奴隶制”或“奴隶制社会”，并没有说“奴隶社会”在古代世界各国各民族历史上普遍存在。在持这种观点的学者看来，从马克思和恩格斯关于奴隶制历史地位的论述中只能得出这样的结论：“由原始社会到阶级社会，最初的一般是奴隶制（即家庭奴隶制）社会，不是奴隶社会。奴隶制社会乃是人类社会发展规律，各国历史必经之路，是世界的通例。欧洲的希腊罗马由奴隶制社会变为奴隶社会，就不是人类社会发展规律，而是历史特例。”我们认为这是对马克思和恩格斯有关论述的误解。

首先，所谓“由原始社会到阶级社会，最初的一般是奴隶制（即家庭奴隶制）社会”这一提法，是不妥当的。

按照我们的理解，所谓“由原始社会到阶级社会”、即“最初”出现“奴隶制（家庭奴隶制）”的时期，指的是从原始社会开始逐步解体到阶级社会形成前的那个历史阶段。的确，奴隶制，或者说家庭奴隶制、家长奴隶制，普遍产生于世界各民族原始社会发展过程中的解体阶段。马克思和恩格斯合著的《德意志意识形态》在讲到人类历史上的“第一种所有制形式”即“部落所有制”时，就曾提及“隐蔽地存在于家庭中的奴隶制”①。恩格斯在《家庭、私有制和国家的起源》一书中更明确地指出：在“野蛮时代”的“中级阶段”，“奴隶制度也已经发明了”②。这里所说的“奴隶制度”，也是指家庭奴隶制或家长制家庭奴隶制③。问题在于，“奴隶制”和“奴隶制社会”是两个不同的概念，奴隶制不等于奴隶制社会。通常所说的奴隶制社会或奴隶占有制社会，是指奴隶制或奴隶制生产方式占主导地位、统治地位的社会。而继原始社会之后的奴隶制社会的形成和确立的标志，是国家的出现。原始社会和其他社会形态一样，其发展过程具有阶段性。摩尔根和恩格斯所说的“野蛮时代”，是原

① 《马克思恩格斯选集》第1卷，第26页。
② 《马克思恩格斯选集》第4卷，第49页。
③ 《马克思恩格斯选集》第4卷，第52～53页

始社会所固有的一个发展阶段，即它的逐步解体阶段；在阶级社会和国家形成以前，这个阶段仍然属于原始社会的范畴。至于野蛮时代中级阶段产生的奴隶制（即家庭奴隶制），并不是当时社会中占主导地位、统治地位的生产方式，因此不能说当时社会已是奴隶制社会。

在马克思和恩格斯的著作中，是把产生于原始社会晚期的奴隶制，与以国家的出现为其起始标志而存在于文明时代早期的奴隶制社会严格加以区别的。他们在论及标志着人类社会发展进程中的一个特殊阶段的"奴隶制"或"奴隶制生产方式"时，通常都在它的前面冠以"古代"、"古代世界"或"古典古代"、"亚细亚古代"等字样，以区别于"原始时代"及"中世纪"。而且，如前所述，他们还明确指出："在古代和中世纪，奴隶制或农奴制形成社会生产的广阔基础"；"奴隶制是古代所固有的第一个剥削形式"；"在亚细亚古代和古典古代，阶级压迫的主要形式是奴隶制"；"古代的国家首先是奴隶主用来镇压奴隶的国家"。可见，马克思主义经典著作中所说"古代世界"或"亚细亚古代"、"古典古代"的"奴隶制"或"奴隶制生产方式"，是继原始社会之后的、标志着人类历史发展进程中的一个特殊阶段而具有独特特征的社会经济形态，不可将它同原始社会晚期的"家庭奴隶制"相提并论、混为一谈。

其次，把"奴隶社会"与"奴隶制社会"对立起来，将二者视为两个内容不同的概念和两种不同性质的社会经济形态，也是没有科学根据的。

人们通常所说的奴隶社会，也就是奴隶制社会，即奴隶制生产方式占主导地位、支配地位的社会。在马克思、恩格斯的著作中，并没有"奴隶社会"的提法。他们在讲到古代希腊、罗马社会时，也是使用"奴隶制"或"奴隶制度"概念，诸如"在意大利，……奴隶制仍然是整个生产的基础"[①]；"希腊人和罗马人的公平观认为奴隶制度是公平的"[②]；"没有奴隶制，就没有希腊国家"，"没有奴隶制，就没有罗马帝国"[③]，等等。

严格地说来，"奴隶社会"的提法是不确切、不妥当的。一种特定社会形

① 马克思、恩格斯：《德意志意识形态》，《马克思恩格斯选集》第1卷，第27页。

② 恩格斯：《论住宅问题》，《马克思恩格斯全集》第18卷，第310页。

③ 恩格斯：《反杜林论》，《马克思恩格斯选集》第3卷，第220页。

态的性质和特征，是由该社会中占主导地位和支配地位的生产方式，以及与之相联系的主要矛盾的主要方面所规定的。奴隶制社会的主要矛盾是奴隶主和奴隶之间的矛盾，而这一主要矛盾的主要方面是奴隶主方面，并不是奴隶方面。“奴隶制社会”或“奴隶占有制社会”这一概念，表明了该社会中生产关系的基础是奴隶主占有奴隶以及生产资料，基本上概括了该社会经济形态所具有的独特的特征。而“奴隶社会”这一提法的着眼点，则只是该社会中的主要矛盾的次要方面即奴隶方面，没有反映该社会生产关系和阶级关系的主要方面。

如果说所谓不同于“奴隶制社会”的“奴隶社会”，是指奴隶占社会总人口的多数甚至绝大多数的社会，那么，古代希腊和罗马也不是这样的社会。因为在那里，奴隶同样不占社会总人口的多数，更不用说绝大多数了。再说，把奴隶制的主导地位归结为奴隶占社会总人口的多数，这在理论上也是不对的①。事实上，封建制社会里与封建领土或封建地主相对立的农奴或佃农，一般也不占社会总人口的多数②。

如果说所谓“奴隶社会”的“奴隶”，是指所谓“物化奴隶”、“纯粹奴隶”，那么，第一，奴隶有种种不同的类别或类型，犹如封建制农民有种种不同的类别或类型一样；第二，即使是古代希腊罗马各地的奴隶，也有类型的区别，而所谓“物化奴隶”、“纯粹奴隶”其实也不“纯粹”。世界上没有“纯粹的”事物。事物的表现形式和事物本质，往往不是直接合而为一的，奴隶制下的奴隶也是如此。马克思说过：“如果事物的表现形式和事物的本质会直接合而为一，一切科学就都成为多余的了。”③

在有些研究者看来，在古代，奴隶制发展成为主导的生产方式，必须有比较发达的商品货币经济和商业，并说这也是马克思和恩格斯的看法。诚然，公元前5~4世纪的雅典、科林斯等城邦和公元前2世纪至公元2世纪的意大利，

---

① 见本卷第二编第一章第四节。

② 在近代资本主义社会确立后的一个相当长的历史时期内，占社会总人口多数的也不是无产者。到20世纪初期，“无产阶级在许多国家里不是居民的大多数”（《列宁全集》第6卷第3页）。列宁说，如果“把资本主义的‘统一作用’归结为工厂工人的数量”，“就是把马克思的思想缩小到不堪设想的地步了”（《列宁全集》第1卷第294页）。

③ 《资本论》第3卷，《马克思恩格斯全集》第25卷，第923页。

存在比较发达的商品货币经济；这些地方的奴隶制发展成为主导的生产方式，的确是与商品货币经济的发展密切联系在一起的。但是，以此为据，认为没有如此发达的商品货币经济也就不可能有奴隶制社会经济形态的形成和存在，那就不对了。马克思在他的著作中，一方面说古代世界商品货币经济的发展起着促使奴隶制发展的作用，古代世界“商业的影响和商人资本的发展，总是以奴隶经济为其结果”①；另一方面又指出，一种生产方式之代替另一种生产方式，“这不取决于商业”②。马克思认为，古代世界商业不发达的民族或地区，和商业发达的民族或地区一样，也可以发展奴隶制、盛行奴隶制，两者的差别在于：“在商业不发达的民族盛行奴隶制和农奴制的地方，根本不必去关心过度劳动”；而“在商业民族例如迦太基人那里，奴隶制和农奴制就采取了最令人可恶的形式”③。恩格斯在他的著作中，曾经以古代雅典、科林斯等城邦以及意大利奴隶制的发展为例，论述过商品货币经济在奴隶制发展过程中的具体作用。但是，恩格斯同样没有把上述地区商品货币经济的发展水平，看成是奴隶制发展成为主导生产方式的不可缺少的前提条件。请注意：正是认为古代东方长期存在农村公社、商品货币经济不如古代希腊罗马发达的恩格斯，肯定“亚细亚古代”和“古典古代”一样，“阶级压迫的主要形式是奴隶制”。

人类从原始社会“进步到以阶级对立为基础的社会”，之所以“只能通过奴隶制的形式来完成”，是由于“古代民界”的特定的“历史前提”。“人类是从野兽开始的，因此，为了摆脱野蛮状态，他们必须使用野蛮的，几乎是野兽般的手段，这毕竟是事实。”④ 归根到底，这是由当时人类社会的生产力水平决定的。

在原始社会晚期，“生产已经发展到这样一种程度：人的劳动力所能生产的东西超过了单纯维持劳动力所需要的数量；维持更多的劳动力的资料已经具备了；使用这些劳动力的资料也已经具备了；劳动力获得了价值”⑤。然而，

---

① 《资本论》第3卷，《马克思恩格斯全集》第25卷，第371页。

② 《资本论》第3卷，《马克思恩格斯全集》第25卷，第371页。

③ 《经济学手稿》（1861～1863），《马克思恩格斯全集》第47卷，第258页。

④ 恩格斯：《反杜林论》，《马克思恩格斯选集》第3卷，第220页。

⑤ 恩格斯：《反杜林论》，《马克思恩格斯选集》第3卷，第219页。

当时的生产力水平仍相当低下，人的劳动力所能生产的东西，除了维持其最低生活以外只能提供少量的剩余产品。而且，虽然当时随着社会生产力的一定程度的发展，“吸收新的劳动力成为人们向往的事情”①，“但是，公社本身和公社所属的集团还不能提供多余的供自由支配的劳动力”，只能通过战争来获得这种新的劳动力。“而战争和相邻的几个公社集团同时存在的现象一样，都是由来已久的。在这以前人们不知道怎样处理战俘，因此就简单地把他们杀掉，在更早的时候甚至把他们吃掉。但是在这时已经达到的‘经济情况’的水平上，战俘获得了一定的价值；因此人们就让他们活下来，并且使用他们的劳动。这样，不是暴力支配经济情况，而是相反地暴力被迫为经济情况服务。奴隶制被发现了。”②

可见，在原始社会向阶级社会转变时期以及阶级社会初期的生产力条件下，剥削者要使用与之处于尖锐对立状态的奴隶劳动力，并从后者身上榨取一定数量的剩余劳动、剩余产品，也就“必须使用野蛮的、几乎是野兽般的手段”，或者说，必须“通过直接的肉体强制，对别人的劳动力实行实物占有”③。一句话，必须实行野蛮的奴隶制度。

英国经济学家詹·斯图亚特（1712～1780）的《政治经济学原理研究》一书，在谈到古代奴隶制时说：

> 在古代，要使人们超出他们自己的需要而劳动，要使一国的一部分居民为无偿地养活另一部分居民而劳动，就只有通过奴隶制才能做到……如果不强迫人们劳动，他们就只会为自己劳动；如果他们需要得少，他们也就劳动得少。但是，在国家形成后需要有闲者来保卫国家以抵御敌人的侵扰，因此，无论如何必须为不劳动的人取得食物；然而，根据假定，劳动者的需要很少，因此，必定会找到一种方法来增加他们的劳动，使之超出他们的需要程度。奴隶制就是为此而建立的……那时，使用暴力方法迫使人辛勤劳动以获得食物……那时人们

---

① 恩格斯：《家庭、私有制和国家的起源》，《马克思恩格斯选集》第4卷，第157页。

② 恩格斯：《反杜林论》，《马克思恩格斯选集》第3卷，第219～220页。

③ 马克思：《资本论》第2卷，《马克思恩格斯全集》第34卷，第539页。

被迫从事劳动，因为他们是别人的奴隶。①

作为资产阶级经济学家的詹·斯图亚特，虽然没有也不可能科学地阐明古代奴隶制发生发展的规律以及国家的性质和职能，但他认为“在古代”要使一部分人“为无偿地养活另一部分居民而劳动”，“只有通过奴隶制才能做到”这一论点，却是对的。因为：“当人的劳动的生产率还非常低，除了必需的生活资料只能提供微少的剩余的时候，生产力的提高、交换的扩大、国家和法律的发展、艺术和科学的创立，都只有通过更大的分工才有可能……这种分工的最简单的完全自发的形式，正是奴隶制。”②

世界各民族历史上的原始社会，其生产力状况和水平的差异是很小的。在“野蛮时代”的“低级阶段”以前，“我们可以把发展过程看作是一般的，适用于一定时期的一切民族，不管他们所生活的地域如何”③。后来，“随着生产力的发展，大概还由于人口的增多，人类进入了美洲和澳洲。在美洲，在这个与旧大陆隔以大洋的新世界，人类生产发展的道路，历史发展的方向，基本上同旧大陆相一致。这也足以说明人类历史的发展，尽管有许多不同的特点，却是有一定的统一性的”④。这种统一性，即源于生产力决定生产关系、经济基础决定上层建筑这一人类社会发展的一般规律性、共同规律性。

人类历史的发展，包括纵向发展和横向发展两个方面。纵向发展指民族社会生产方式的变化和社会形态的更替；横向发展指各民族各地区之间由闭塞、隔绝状态到各民族活动范围的扩大，以及相互交往和相互影响的加强。“世界史不是过去一直存在的”⑤。与人类童年时代的生产力状况相联系，最初各原始人群孤立地生活在世界的各个点。虽然后来随着社会生产力的发展以及部分民族之从“野蛮时代”先后跨入文明时代，各个民族或地区之间发生了经济、文化上的局部的联系和交流，但是并未基本打破古代世界各民族各地区的闭塞

---

① 詹·斯图亚特：《政治经济学原理研究》第1卷，1770年都柏林版，第38～40页；转引自马克思：《政治经济学批判》（1857～1858年草稿），《马克思恩格斯全集》第46卷下册，第302页。

② 恩格斯：《反杜林论》，《马克思恩格斯选集》第3卷，第221页。

③ 恩格斯：《家庭、私有制和国家的起源》，《马克思恩格斯选集》第4卷，第19页。

④ 《世界上古史纲》编写组：《世界上古史纲》上册，人民出版社1979年版，第9页。

⑤ 马克思：《政治经济学批判·导言》，《马克思恩格斯选集》第2卷，第112页。

和隔绝状态。如有的学者所说，中国以及埃及、两河流域、印度、墨西哥和秘鲁等世界六大最古老的文明，是独立发展的；特别是中国文明的产生，完全由本身的发展，是在中国土地上土生土长的[①]。正因为如此，古代中国和其他一些文明古国一样，势必遵循人类社会发展的一般规律、共同规律，从原始公社制社会过渡到奴隶制社会；而不致有外来的重大影响以改变其自身所固有的发展规律而越过奴隶制社会阶段。

诚然，古代世界各地区各民族社会的发展是不平衡的。它们并非也不可能同步从原始社会进入奴隶制社会；最早进入文明时代、奴隶制时代的是埃及、巴比伦和中国等文明古国，然后是希腊、罗马。与此同时，在东西方各文明古国的周边地区或其他地区，还有一些氏族部落或部族处在原始社会阶段。在古代世界各国奴隶制社会的"上升"时期、发展时期，一个国家或民族对另一个国家或民族的征服，其结局只能或者是奴隶制重心的转移，或者是奴隶制在较高阶段上发展；而对那些未被征服，但在一定程度上受到先进民族奴隶制经济影响的"野蛮"民族来说，外部影响只能加速其社会内部奴隶制的发生发展，而不会导致他们越过奴隶制社会阶段而从原始社会过渡到封建社会。至于中世纪封建制时代或近现代有些原始民族越过奴隶制社会阶段甚至封建社会阶段，则是另外一回事情。

一切以条件、地点和时间为转移。"在分析任何一个社会问题时，马克思主义理论的绝对要求，就是要把问题提到一定的历史范围之内。"[②] 如果不顾"古代世界"的"历史前提"条件，而把后来封建制时代某些民族之越过奴隶制社会阶段作为例证，以否定"古代世界"人类之从原始社会进步到奴隶制社会的历史必然性，否定奴隶制代替原始公社制是"古代世界"东西方各文明民族社会历史发展的共同规律，否定中国古代奴隶制社会的存在（如像有些研究者所做的那样），那就违背了马克思主义理论的这一"绝对要求"。

世界历史发展具有统一性和多样性。"世界的真正的统一性是在于它的物

---

① 夏鼐：《中国文明的起源》，文物出版社。

② 列宁：《论民族自决权》，《列宁选集》第2卷，第512页。

质性”①。同一经济规律起作用，会产生性质相同的结果。但是，“相同的经济基础——按主要条件来说相同——可以由无数不同的经验的事实，自然条件，种族关系，各种从外部发生作用的历史影响等等，而在现象上显示出无穷无尽的变异和程度差别”② 古代世界各国的奴隶制社会经济形态之间，既有共性，又各有其个性、特殊性。中国古代奴隶制社会的经济基础，其现象形态不同于古代希腊罗马，与其他古代东方国家也有这样那样的差别。即使是在同一古代国家的各个地区之间，比如在古希腊的雅典一类城邦与斯巴达一类城邦之间，古罗马帝国各行省与意大利之间，奴隶制经济形态在现象上亦显示出不小的变异和程度差别。因此，我们在研究和考察中国古代奴隶制社会经济形态时，应当从中国古代历史实际出发，实事求是，不可把古代希腊罗马奴隶制（主要是指雅典、科林斯一类城邦奴隶制和意大利奴隶制）视为奴隶制的唯一模式，从而否定中国奴隶制的存在；也不可套用希腊罗马奴隶制模式，将中国奴隶制和希腊罗马奴隶制相提并论。

不同区域的自然条件上的差异，以及社会分工状况和商品货币经济发展水平的不同，是造成古代世界各国、各地区奴隶制社会经济形态的个性、特殊性的主要因素。大体说来，商品货币经济和商业比较发达的国家或地区（如雅典、科林斯等城邦和意大利），盛行土地私有制和奴隶私有制，奴隶主私有经济较为发达。在那里，由于猎取奴隶者和剥削奴隶者成为两个彼此分开的行业，剥削奴隶者需要购买奴隶，因此奴隶买卖盛行。在中国奴隶制全盛时期的西周，虽然商品货币经济和商业也有一定程度的发展，但并不发达；在这里，所有制结构的主体是土地国有制和奴隶国有制。由于西周奴隶主统治集团既是猎取奴隶者又是剥削奴隶者，因此奴隶买卖只是个别现象。古希腊的斯巴达一类城邦的情况也大体如此。由于土地所有制形式和奴隶所有制形式不同，作为奴隶的直接生产者和土地相结合的方式，或者说奴隶剥削者榨取奴隶剩余劳动、剩余产品的方式，也就有所不同。

古代世界各国奴隶制社会经济史表明，奴隶制渗入农业的形式是多种多样

① 恩格斯：《反杜林论》，《马克思恩格斯选集》第3卷，第83页。

② 马克思：《资本论》第3卷，《马克思恩格斯全集》第25卷，第892页。

的，即使是在同一奴隶制社会里也并非只有一种形式，甚至还不乏同一奴隶主同时或先后对奴隶采取不同的剥削形式的事例。究其原因，除了上述土地所有制形式和奴隶所有制形式的不同，以及奴隶主和奴隶之间的矛盾的特殊性以外，还与农业生产所具有的不同于工业生产的种种特点有关。

这里要附带提到的是，封建制和资本主义（特别是早期资本主义）之渗入农业，其形式也是多种多样的。列宁在讲到资本主义农业经济时写道：

> 在我国著作中，人们常常过于死板地理解下面这个原理，即资本主义须要无地的自由工人。这个原理作为一个基本趋势来说是完全正确的，但是资本主义之渗入农业是特别缓慢的，其形式是非常繁多的。把土地分给农村工人，往往是有利于农村业主本身，所以一切资本主义国家都有这种有份地的农村工人。在各个不同的国家里，这种农村工人具有各种不同的形式……每一种农村工人都带有特殊的土地制度，即特殊的土地关系历史的痕迹，——然而这并不妨碍经济学家把他概括为农业无产阶级这一类型。①
>
> 认为农业资本主义一产生就要有一种特殊的土地占有形式，这是完全错误的。……就问题的本质看来，土地占有的任何特点都不能构成资本主义的不可克服的障碍，因为资本主义是根据农业、法律和日常生活等不同条件而采取不同形式的。②
>
> 正因为如此，所以我们对农民的土地占有形式问题本身是很冷淡的。不论这种土地占有形式如何，农村资产阶级同农村无产阶级的关系，决不会因此而在本质上有丝毫改变。③
>
> 在现实中我们也看到没有土地私有制的资本主义农业组织，例如在国有土地和村社土地上的资本主义农业组织。④

虽然列宁这里讲的是资本主义农业经济组织，但它对我们考察古代奴隶制农业经济组织（特别是西周奴隶制农业经济和斯巴达等城邦的奴隶制农业经

---

① 《俄国资本主义的发展》，《列宁全集》第3卷，第148页。
② 《俄国资本主义的发展》，《列宁全集》第3卷，第286页。
③ 《俄国资本主义的发展》，《列宁全集》第3卷，第287页。
④ 《土地问题和“马克思的批评家”》，《列宁全集》第5卷，第104页。

济组织）有着方法论上的意义。

三、生产力状况与古代社会经济形态史分期

这里所说的古代社会经济形态史分期，指原始公社制与奴隶制的分期，奴隶制与封建制的分期，也涉及到奴隶制社会发展过程中的各个阶段的划分。

中华人民共和国成立以后，在中国奴隶制与封建制分期问题讨论中，百家争鸣，诸说并出，有西周封建说，春秋封建说，战国封建说，秦朝封建说，西汉封建说，东汉封建说，魏晋封建说。其中，“以西周封建论、战国封建论和魏晋封建论的影响最大”①。本书采用战国封建说，认为夏王朝的建立标志着中国原始社会的终结和奴隶制社会的开端，夏、商是奴隶制社会的早期，西周是奴隶制进一步发展时期，春秋是奴隶制逐步解体时期，奴隶制与封建制两种社会制度的交替在春秋战国之际，中国封建社会始于战国。

马克思主义的历史唯物主义认为：“社会的物质生产力发展到一定阶段，便同它们一直在其中活动的现存生产关系或财产关系（这只是生产关系的法律用语）发生矛盾。于是这些关系便由生产力的发展形式变成生产力的桎梏。那时社会革命的时代就到来了。随着经济基础的变更，全部庞大的上层建筑也或慢或快地发生变革。”② 这一历史唯物主义的基本原理，是我们研究社会形态史分期问题的指南、引线。问题在于我们怎样结合中国历史实际，具体运用这一历史唯物主义原理。

这里首先要谈一谈关于史前时代与文明时代分期的生产力标准问题。

1819 年，丹麦皇家博物馆馆长 C. J. 汤姆森从该馆所藏的史前古物着眼，提出了著名的“三期论”，认为史前时代的丹麦经历了石器时代、铜器时代和铁器时代三个时期。1843 年，J. J. A. 沃尔索发表了《丹麦原始时代古物》一书，使“三期论”从此成为史前考古学的基础。

马克思在《资本论》第一卷（1867）中肯定了“三期论”，指出：“尽管

---

① 林甘泉、田人隆、李祖德：《中国古代史分期讨论五十年》，上海人民出版社 1982 年版，第 426 页。

② 马克思：《〈政治经济学批判〉序言》，《马克思恩格斯选集》第 2 卷，第 82 ~ 83 页。

直到现在，历史著作很少提到物质生产的发展，即整个社会生活以及整个现实历史的基础，但是，至少史前时期是在自然科学研究的基础上，而不是在所谓历史研究的基础上，按照制造工具和武器的材料，划分石器时代、青铜时代和铁器时代的。”①

虽然后来摩尔根和恩格斯提出了另一种“三期论”——蒙昧时代、野蛮时代、文明时代，但汤姆森的“三期论”并没有被国际学术界所抛弃，就是提出另一种“三期论”的摩尔根和恩格斯也是如此。恩格斯在《家庭、私有制和国家的起源》一书中写道：“野蛮时代”的“高级阶段”，“从铁矿的冶炼开始，并由文字的发明及其应用于文献记录而过渡到文明时代”；“一切文化民族都在这个时期经历了自己的英雄时代：铁器时代，但同时也是铁犁和铁斧的时代”②。

1930年，郭沫若在他尝试用马克思主义观点研究中国古代社会的第一部划时代的著作《中国古代社会研究》中，根据汤姆森的“三期论”和恩格斯的上述论断，把铁矿的冶炼和铁器的使用作为中国原始公社制与奴隶制分期的生产力标准，从而“认殷代为原始公社制的末期”③。坚持实事求是科学态度的郭沫若，后来经过进一步的深入的探索，否定了自己早年的上述观点。1947年3月22日，他在对《中国古代社会研究·导论》所加的“后案”中说：“以石器、铜器、铁器划分时代，作为先史考古学上的文化的三期”，“这和古代社会进展不一定相符合”；“在中国，铁的发现当在春秋年代，当以铁器作为促进奴隶社会向封建社会转变的媒介”④。

然而，半个世纪以来，有些学者在关于中国史前时代与文明时代分期问题的研究中，坚持采用“三期论”。按照“三期论”，没有铁器的夏、商以及西周，自然只能算作原始社会。这显然是与历史实际相悖的。

生产关系一定要适合生产力的性质和水平，只有生产力发展到某种状况才能引起生产关系的某种变革，这是人类社会发展的一般规律、共同规律，也是

---

① 《马克思恩格斯全集》第23卷，第204页注（5a）。
② 《马克思恩格斯选集》第4卷，第21、159页。
③ 《郭沫若全集·历史编》第1卷，第4页。
④ 《郭沫若全集·历史编》第1卷，第31页。

历史唯物主义的一条基本原理。不过请注意：这一规律是通过各国各民族的具体历史实际而实现的。无论哪一个民族从史前时代进入文明时代、奴隶制时代，都需要以一定的生产力发展水平为前提，都是生产关系和生产力之间的矛盾发展的结果。但是，由于地理环境、自然条件以及历史条件等的差异，各民族历史上原始公社制与奴隶制两种社会制度交替时期的生产力状况不可能完全相同。其他社会形态的发展演变也是如此。如“资本主义既存在于技术很不发达的情况下，也存在于技术高度发达的情况下”①。

事实上，古代埃及、叙利亚、美索不达米亚、印度等不少国家或地区，其奴隶制社会形态都是和青铜时代相适应的。其中，“南部两河流域（美索不达米亚）苏美尔文明和埃及早期（包括古王国）文明发生于铜石时代，其余……发生在青铜时代”②。“欧洲最早进入文明的地区是爱琴地区”，而爱琴地区也“早在青铜时代就进入文明了”③。“铁自公元前2000年代后期已被使用，最早也在西亚”；“是后几个世纪，铁器在西亚各地日益扩展，铁器时代随之出现了”。“欧洲的铁器文化，显然也是由西亚，尤其是由安那托利亚传过去的”。“欧洲的铁器文化也不是一开始就带来文明”。而“西地中海铁器时代最早出现的文明社会和国家，是东部文明先进地区各国向西方殖民的结果”④。早期的铁器，系用原始的“块炼法”冶铸，因此“最初的铁往往比青铜软”⑤。

马克思著作中关于生产力的概念有多种提法，涵义也不尽相同。如果我们不是抓住只言，而是全面地、完整地理解马克思的生产力理论，那就会发现：马克思所说的决定生产关系、成为社会形态更替的终极原因的生产力是社会生产力，其中不但包括人和工具，而且还包括生产过程的社会结合、科学技术、自然条件等因素。马克思十分重视分工、协作、管理等因素在组合生产力方面的作用，认为“协作劳动”或“结合劳动”与“个人劳动”有本质的区别。

---

① 列宁：《民粹主义的经济内容》，《列宁全集》第1卷，第414页。
② 《世界上古史纲》编写组：《世界上古史纲》上册，人民出版社1979年版，第11页。
③ 《世界上古史纲》编写组：《世界上古史纲》下册，人民出版社1981年版，第36页。
④ 《世界上古史纲》编写组：《世界上古史纲》下册，人民出版社1981年版，第55、57页。
⑤ 恩格斯：《家庭、私有制和国家的起源》，《马克思恩格斯选集》第4卷，第159页。

而且，马克思所说的生产力是现实的生产力，应当“从其结果的角度，从产品的角度加以考察”①。他认为：“生产力当然始终是有用的具体的劳动的生产力，它事实上只决定有目的的生产活动的效率。”② 这就是说，衡量社会生产力水平高低的客观标准，是劳动生产率，是生产的成果。而“劳动生产率是同自然条件相联系的”③。“劳动的不同的自然条件使同一劳动量在不同的国家可以满足不同的需要量，因而在其他条件相似的情况下，使得必要劳动时间各不相同。”④

古代世界的决定性的生产部门是农业。“超过劳动者个人需要的农业劳动生产率，是一切社会的基础”⑤，而首先是古代奴隶制社会的基础。这里所说的农业劳动，除种植业劳动以外，还包括采集、狩猎、捕鱼、畜牧等劳动。建立在阶级对立基础上的，以国家的出现为标志的奴隶制社会的产生和存在，首先必须以农业劳动生产率达到这样的标准为前提，即：农业生产者用在农业上的全部劳动（包括必要劳动和剩余劳动），足以为整个社会生产必要的食物。这就是说，整个农业劳动者生产的农产品，除了维持农业劳动者自身的生活以外，还能满足该社会中一切不劳而食的剥削者、统治者的奢侈生活的需要，以及完全脱离农业劳动的手工业者和其他非农业劳动者的生活需要。那么，夏商时期的农业劳动生产率是否达到了这样的水平呢？回答是肯定的。因为，以夏王或商王为首的贵族奴隶主阶级和其他剥削者的存在，以及大批脱离农业劳动的手工业者和其他非农业劳动者的存在，足以表明这一点。

一切社会经济形态都有一个发展过程，都有它的阶段性。历史表明，商代还处于奴隶制社会的初级阶段。“无论哪一个社会形态，在它们所能容纳的全部生产力发挥出来以前，是决不会灭亡的；而新的更高的生产关系，在它存在的物质条件在旧社会的胎胞里成熟以前，是决不会出现的。”⑥ 殷周之际，无

---

① 马克思：《资本论》第1卷，《马克思恩格斯全集》第23卷，第205页。
② 马克思：《资本论》第1卷，《马克思恩格斯全集》第23卷，第59页。
③ 马克思：《资本论》第1卷，《马克思恩格斯全集》第23卷，第560页。
④ 马克思：《资本论》第1卷，《马克思恩格斯全集》第23卷，第562页。
⑤ 马克思：《资本论》第3卷，《马克思恩格斯全集》第25卷，第885页。
⑥ 马克思：《〈政治经济学批判〉序言》，《马克思恩格斯选集》第2卷，第83页。

论在殷商社会内部，还是在灭商前的周人社会内部，在“生产的经济条件方面”均未曾发生“物质的、可以用自然科学的精确性指明的变革”①。或说“征服可以产生封建制”，并以日耳曼人征服罗马为证。不对。对封建制社会经济形态的产生，不能“轻易地单纯用征服来说明它”②。“封建主义决不是现成地从德国搬去的；它起源于蛮人在进行侵略时的军事组织中，而且这种组织只是在征服之后，由于被征服国家内遇到的生产力的影响才发展为现在的封建主义的。”③ 历史事实表明，周灭商和西周王朝的建立，只是当时中国社会的政治中心、经济中心的转移和奴隶制在较高阶段上发展。

考古发掘资料和文献记载证明，从西周末期开始到春秋战国之际，中国奴隶制社会内部在生产的经济条件方面发生了物质的、可以用自然科学的精确性指明的变革，这就是冶铁技术的发明和铁器的使用。与其他文明古国相比，我国发明冶铁技术和使用铁器的时间虽然较晚，但我国是在青铜器冶铸技术高度发达以后进入早期铁器时代的，冶铁技术的发明和发展有自己独特的道路，它出现不久便达到了很高的水平。考古材料表明，春秋晚期的铁器和铁制品，既有“块炼铁”，也有生铁制品。“生铁的出现，在历史上具有重大的意义。因为生铁作为原料，可以直接铸造器件，广泛用于各生产领域，能有效地提高劳动生产率。”“在各国的冶铁技术发展史上，一般都曾经历低温炼铁和高温炼铁两个阶段，先发明锻铁，后出现铸铁。这两者之间还相隔相当长的时间。在欧洲，从发明块炼铁到使用生铁用了2500年的时间。我国使用块炼铁的时间虽然比西方晚，但我国发现的生铁制品，却比外国最早使用生铁的时间早了1800多年。”④

春秋战国时代铁器的使用以及商品货币经济的发展，曾被认为是中国奴隶制从一个阶段（家长奴隶制阶段）进入另一个阶段的物质条件。我们认为，这一论断是不能成立的。首先，殷周奴隶制并不是什么处于原始社会晚期或原

---

① 马克思：《〈政治经济学批判〉序言》，《马克思恩格斯选集》第2卷，第83页。

② 《恩格斯致马克思》（1882年12月22日），《马克思恩格斯全集》第35卷，第131页。

③ 马克思、恩格斯：《费尔巴哈》，《马克思恩格斯选集》第1卷，第81页。

④ 中国社会科学院考古研究所编著：《新中国的考古发现和研究》，文物出版社1984年版，第332、333页。

始公社制社会向奴隶制社会过渡时期的家长奴隶制。其次，如前所述，我国是在殷周青铜器冶铸技术高度发达的基础上进入铁器时代的，既不能将殷周青铜时代和欧洲史前青铜时代混为一谈，也不能将春秋战国之际的冶铁技术和其他国家原始社会末期以及奴隶制时代铁矿的冶炼相提并论。战国秦汉时代以冶铁技术的高度发展和铁器的广泛使用为主要特征的社会生产力，是奴隶制生产关系所不能容纳的。

第一编

远古至夏商

第一章　从原始时代到文明时代

中国是人类起源的摇篮之一。分子人类学的研究表明，人类不是从某一种古猿直接演化而来，而应是从某种人猿超科不断分化的结果。劳动，“是整个人类生活的第一个基本条件”；“在某种意义上”甚至可以说：“劳动创造了人本身”①。“人类社会区别于猿群的特征……，是劳动”；而“劳动是从制造工具开始的”②。原始时代的工具主要是石器。按照史前考古学的分期，中国史前经历了旧石器时代和新石器时代两个阶段，随着青铜时代的开始而进入文明时代；而在新石器时代和青铜时代之间，有一个铜石并用时期。

世界历史发展具有统一性和多样性。中国的地理环境和自然条件，决定了中国史前文化起源的土著性，并决定了它在很长时期内都基本上走着独立发展的道路而自成体系。中国的远古人类化石，有其自成体系的特征；中国的旧石器文化，以及从中国旧石器文化发展而来的中国新石器文化，也都有其自成体系的特征。而中国原始社会的解体、终结和文明社会的开端、发展，也既服从于人类社会发展的一般规律、共同规律，又有其自身的种种特点。而中国史前文化和文明的起源，也具有统一性和多样性或多元性。

---

① 恩格斯：《劳动在从猿到人转变过程中的作用》，《马克思恩格斯选集》第3卷，第508页。按：恩格斯这里所说“劳动创造了人本身”的“劳动”，指的是“正在形成中的人”阶段的劳动，而不是指“完全形成的人”的劳动。

② 恩格斯：《劳动在从猿到人转变过程中的作用》，《马克思恩格斯选集》第3卷，第513页。

第一节 原始时代各文化阶段

我们伟大的祖国，位于欧亚大陆的东方，西部有世界屋脊帕米尔高原，西南有青藏高原和喜马拉雅山，西北有阿尔泰山，北部有蒙古戈壁沙漠，东北有兴安岭和长白山，东边和东南为海洋所环绕，形成一个相对独立的地理大单元。“在这幅员十分辽阔的地理大单元内，西部和北部高寒少雨，史前人类较难生存和发展，更难以与外界发生交往；中部偏东的黄河中下游和长江中下游气候适宜，土壤肥沃，是我国史前文化最发达的地区。这一情况决定了我国史前文化起源的土著性和在世界诸史前文化中的独特地位，决定了它在很长时期都基本上走着独立发展的道路。”①

考古发现证明，至少在180万年以前，在中国的大地上就已经有了人类的足迹。在山西省南部芮城县西北隅的西侯度，有广泛分布的河湖相砂砾薄层和交错砂层，其中发现了一批石制品以及有切割痕迹的鹿角、烧骨和大量动物化石。石器有石核、石片、刮削器、砍砸器、三棱大尖状器等，是用石片加工的。西侯度石片文化的出现，说明人类石片技术的应用当以中国为最早②。根据古地磁法的测定，西侯度组的年代距今约为180万年。如果说西侯度只发现人类的文化遗物而没有发现人类自身的遗骸的话，那么云南元谋上那蚌则是两者兼有的一处遗址③。据古地磁测量，元谋人及其文化距今170万年左右。

人类体质的发展，经历了直立人、早期智人、晚期智人等阶段。中国旧石器时代的人类化石，从早到晚，属于直立人的有元谋人、蓝田人、北京人、郧县人、郧西人等，属于早期智人的有马坝人、大荔人、长阳人、许家窑人、丁村人等，属于晚期智人的有柳江人、资阳人、山顶洞人、河套人等。“可以说我国人类化石代表了人类体质发展的所有阶段和全过程，而且还有一些过渡形态。辽宁营口金牛山人的地质年代应为更新世中期，此时一般是直立人生活的

---

① 白寿彝总主编、苏秉琦主编：《中国通史》第2卷，上海人民出版社1994年版，第1页。

② 贾兰波、王建：《西侯度——山西更新世早期古文化遗址》，文物出版社，1978年版。

③ 周国兴、张兴永主编：《元谋人——云南元谋古人类古文化图文集》，云南人民出版社，1984年版。

年代，而金牛山人虽有一些直立人特征，大部分却与早期智人相像，应是体质特征进化最快的一个代表。”①

现在中国境内发现的人类化石，无论是元谋人、蓝田人、北京人，还是大体同时乃至更晚的早期智人和晚期智人化石，无一例外都是铲形门齿。中国境内发现的人类化石的体质特征，有许多项与现代蒙古人种相似，铲形门齿就是其中最显著的一项。有的学者在概括地比较了这些体征上的相似性以后写道：“上述这些在现代蒙古人种出现率特高的性状，在中国发现的直立人直到晚期智人中都经常出现。显示它们与黄种人和现代中国人之间存在着连续性，有着亲缘上的继承关系。自然，在这漫长的人类发展过程中，必然也与其邻近地区不断有基因的交流。”②

有了人类，就开始有了人类的生产、人类的文化。人类和古猿的分化以制造工具为标志，这是劳动的具体象征。“动物仅仅利用外部自然界，单纯地以自己的存在来使自然界改变；而人则通过他所作出的改变来使自然界为自己的目的服务，来支配自然界。这便是人同其他动物的最后的本质的区别，而造成这一区别的还是劳动。”③ 考古学家把属于更新世的、以打制石器为主要工具而不知道磨制石器的文化，称为旧石器时代文化，其地质时代从二三百万年前开始至一万年前为止。旧石器时代一般又分为早期、中期、晚期，大体与上述人类体质发展的直立人、早期智人、晚期智人三个阶段相适应。早期大约相当于更新世早期和中期，与此相适应的人类化石就是直立人；其绝对年代，大约距今 180 万 ~10 万年前，时间是极其漫长的。在这个漫长的时间里，无论人类的体质还是文化，都是从低级到高级逐步发展。从人类出现伊始，便在同大自然的艰苦斗争中不断地改造世界而获得生存和发展。

正如中国的远古人类化石有其自成体系的特征一样，中国的旧石器文化也有其自成体系的特征，而且后者表现得更为鲜明和丰富。“多年积累的旧石器材料，已使我们认识到，虽然在不同时期存在反映区域特点的文化，但以向背

① 白寿彝总主编、苏秉琦主编：《中国通史》第 2 卷《序言》，上海人民出版社，1994 年版。

② 吴汝康：《古人类学》，文物出版社 1989 年版，第 206 页。

③ 恩格斯：《劳动在从猿到人转变过程中的作用》，《马克思恩格斯选集》第 3 卷，第 517 页。

面加工的小石器为主的组群，分布于我国南北方的各个文化发展阶段，成为我国颇具特色的旧石器文化发展的主体。”①

在中国丰富的和自成体系的旧石器文化遗存中，早期遗存有蓝田人文化、北京人文化、观音洞文化；中期遗存有丁村文化；晚期遗存有峙峪文化、山顶洞文化、小南海文化等。早期的主要文化成就，一是学会了制造石器，掌握了制造石器的一套具体办法，二是学会了使用火和管理火。中期文化比早期文化的进步，主要表现在打制石器的技术有所提高，石器形状比较规整，类型较为确定，种类也有所增加，从而当时的生产力水平有所提高。晚期文化又比中期文化有明显的进步。“我国旧石器时代晚期的遗址已经遍布全国各地，并且出现了明显的地方性差异，有的已可划分出不同的地方性文化。这就是为什么我国新石器时代文化一开始就是多元的和不平衡的。再者，我国旧石器时代晚期出现的若干因素，如复合工具、细石器镶嵌技术、磨制和穿孔技术等都为往后的新石器文化所继承和发展。”②

考古学上的旧石器时代初期，是人类的幼年时期即原始群时期。原始群的早期阶段还没有婚姻和家庭，两性关系是“杂乱”的性交关系。“所谓杂乱，是说后来由习俗所规定的那些限制那时还不存在。”③ 大体如文献记载所追忆和描述的那样：“昔太古尝无君矣，其民聚生群处，知母不知父，无亲戚兄弟夫妻男女之别，无上下长幼之道”④，“男女杂游，不媒不聘”⑤。这是人类脱离动物状态之后的必然发展阶段。

原始群起初是不固定的，有合有分。随着采集、狩猎经济的发展，劳动中按年龄分工的出现，以及由于不同年龄的男女之间生理条件的悬殊所引起的不适反映和人们思维的进步，终于逐步排斥了杂乱的性交关系而发展为比较固定的血缘群团，即通常所说的“血缘婚”或“血缘家庭”。“血缘家庭”或“血缘婚”的突出特点，一是内部通婚，二是其内部排斥了祖辈和少辈之间、双

---

① 吴汝康等主编：《中国远古人类·前言》，科学出版社，1989年版。

② 白寿彝总主编、苏秉琦主编：《中国通史》第2卷，上海人民出版社1994年版，第43～44页。

③ 恩格斯：《家庭、私有制和国家的起源》，《马克思恩格斯选集》第4卷，第31页。

④ 《吕氏春秋·恃君览》。

⑤ 《列子·汤问》。

亲和子女之间互为夫妻的婚姻关系，而是兄弟姐妹、从兄弟姐妹之间互相通婚。当时人们“把这种关系看做自然而然的事”①。“这是家庭的第一个阶段”②。“血缘家庭”又是一个生产、生活单位，因此它也是第一个“有组织的社会形式”③。两性关系由杂乱性交阶段进入血缘群婚阶段，同样经历了一个漫长的过程，这是人类婚姻史上的一大进步，它促进了人类社会的发展和人们身体结构的显著变化。这种“血缘群婚”在历史上曾经存在很长时期，它是从杂婚向后来的氏族外婚制过渡的中间环节。“我国的云南元谋人、陕西蓝田人、湘北郧县、郧西人、河南南召人、安徽和县人均属于分类学上的直立人阶段，大致处于血缘公社时期。他们的典型代表是北京人和他们所创造的文化。”④ 随着社会生产力的发展和人们智力的提高，血缘公社逐步转变为母系氏族公社，而氏族公社的产生是由于血缘群婚集团不断一分为二，最后确立了氏族外婚制，导致了氏族的形成。大体说来，旧石器时代早期向旧石器时代中期过渡之际，也就是人类社会开始由血缘群婚逐步向氏族外婚转变之时。

大约在公元前 1 万年左右，人类进入了地质上的全新世时期，地球上的最后一次冰期结束了。随着气候的逐渐变暖，自然环境发生了变化。在新环境下，原始人群的生产活动也随之改变，导致了旧石器时代或“蒙昧时代”的结束和向新石器时代过渡的开始；而旧石器时代向新石器时代的过渡，就是人类从以采集现存的天然产物为主的攫取经济，转变为以农业（含家畜饲养业）为主的生产经济的过程。如恩格斯所说：“蒙昧时代是以采集现存的天然产物为主的时期；人类的制造品主要是用作这种采集的辅助工具。野蛮时代是学会经营畜牧业和农业的时期，是学会靠人类的活动来增加天然产物生产的方法的时期。”⑤

在我国辽阔的土地上，迄今发现的新石器时代和铜石并用时代遗址有六七千处之多，它们的时代绝大多数是距今 7000～4000 年间的遗存。其中不少遗

---

① 恩格斯：《家庭、私有制和国家的起源》，《马克思恩格斯选集》第 4 卷，第 32 页。

② 恩格斯：《家庭、私有制和国家的起源》，《马克思恩格斯选集》第 4 卷，第 31 页。

③ 马克思：《摩尔根〈古代社会〉一书摘要》，《马克思恩格斯全集》第 45 卷，第 348 页。

④ 宋兆麟、黎家芳、杜耀西：《中国原始社会史》，文物出版社 1983 年版，第 59 页。

⑤ 《家庭、私有制和国家的起源》，《马克思恩格斯选集》第 4 卷，第 23 页。

址已经试掘或正式发掘，已被命名的考古学文化有数十种之多。“假如我们拿这一时期的遗址分布图与今天的人口分布图加以对照，就不难发现：我国今天的人口稠密区恰恰也是古遗址分布比较密集的地区。这种情况是耐人寻味的。”①

有些学者称约公元前1万～前3500年为新石器时代，约公元前3500～前2000年是铜石并用时代。有些学者则不采用“铜石并用时代”的提法，而一律称之为新石器时代。“在考古发现中，新石器时代是以出现长期定居的村落、在生产中使用磨光石器、烧制陶器、经营原始农业及饲养家畜为特征的。与旧石器时代相比，狩猎、采集、捕捞活动已逐步退居次要地位，文化面貌也有了极大改观。当然，二者之间的巨大差别是随着人类生产能力的进步逐渐实现的，上述新石器时代的几种特征也并非同时出现。”② 就目前所知，中国的新石器文化大约起始于公元前6000多年，实际开始年代还当更早，关于中国新石器时代最早期的遗存尚需加以探寻和辨明；一般延续到公元前21世纪中叶，中原以外有些地区结束的时间更晚些。

早在旧石器时代，我国北方和南方的文化特征就有所不同。到新石器农业发生后，由于地理环境、自然条件的不同，形成了三个巨大的经济文化区，即华中、华南的水田稻作农业经济文化区，华北和东北南部的旱地粟作农业经济文化区，东北北部、内蒙古高原、新疆和青藏高原的狩猎采集经济文化区。这是文化区系的第一次重新组合③。

大约在公元前6000～前5000年期间，在三大经济文化区的基础上逐渐形成了若干地区性的考古学文化。地处中原的河南和河北南部有裴李岗、磁山文化，陕西和甘肃东部有老官台文化，山东有北辛文化，北京地区有上宅文化，内蒙古东南和辽西有兴隆洼文化，沈阳地区有新乐下层文化，位于长江流域的湖北有城背溪文化，湖南有彭头山文化等。

裴李岗文化是根据1977～1979年在河南新郑县裴李岗遗址的发掘而命名

---

① 苏秉琦:《关于考古学文化的区系类型问题》,《文物》1981年第5期。

② 白寿彝总主编、苏秉琦主编:《中国通史》第2卷，上海人民出版社1994年版，第45～46页。

③ 白寿彝总主编、苏秉琦主编:《中国通史》第2卷《序言》，上海人民出版社，1994年版。

的，主要分布于黄河南岸的河南中部地区。已经正式发掘的裴李岗文化重要遗址除裴李岗外，还有密县莪沟北岗和新郑沙窝李。磁山文化遗址，1973 年首次发现于河北武安县磁山；主要分布在河北的中南部，从武安到容城一带发现数处遗址。在公元前 6000 年前后，黄河中游上段的渭河流域与裴李岗、磁山文化遥相对应的，是老官台文化①，因首先发现于陕西华县老官台遗址而得名。老官台文化以关中地区为中心，西至渭水上游的陇东地区，向南越过秦岭一直到达汉中②。北辛文化得名于山东滕县的北辛遗址，主要分布在黄河下游、淮河以北的鲁中南及苏北地区；这一地区，也正是后来后冈一期文化和大汶口文化的中心区域。

上述黄河中、下游地区的早期新石器文化遗存，都叠压在仰韶时期遗存堆积之下，碳 14 测定数据表明这些遗址的年代都在公元前 6000 年～前 5000 年前期。华北早期新石器文化的一般特点、共同特点是：遗址面积不大，文化层较薄，出土遗物少；遗址内房屋分布稀疏，表明当时村落规模较小，人们在一个地点居住的时间并不很长；生产工具方面的磨制技术已相当发达，但打制石器仍占相当大的数量；农业生产已占主导地位，并饲养猪、狗等家畜，渔猎和采集经济仍占一定的比例；制陶工艺比较原始，皆为手制，陶器种类少，造型简单。

在黄河中游地区，继裴李岗、磁山诸文化（或统称“前仰韶”文化）之后的新石器时代文化，是仰韶文化③。它因最早发掘的河南省渑池县仰韶村遗址而得名。其分布，以渭、汾、洛诸黄河支流汇集的中原地区为中心，北到长城沿线及河套地区，南达鄂西北，东至豫东一带，西到甘、青接壤地带。共发现遗址约 1000 处，经较大规模发掘的典型遗址有 10 余处。据放射性碳素断代并经校正，年代约为公元前 5000～前 3000 年。

---

① 张忠培：《试论东庄村遗存的文化性质》，《考古》1979 年第 1 期；严文明：《黄河流域新石器时代早期文化的发现》，《考古》1979 年第 1 期。

② 有学者认为老官台遗址的内涵贫乏，而北首岭类型属于仰韶文化的范畴。又有学者主张以发掘面积较大、内涵比较丰富的甘肃秦安大地湾遗址（下层）来命名，称为大地湾文化。

③ 参看苏秉琦：《关于仰韶文化的若干问题》，《考古学报》1965 年第 1 期；石兴邦：《半坡氏族公社》，陕西人民出版社，1979 年；巩启明：《试论仰韶文化》，《史前研究》1983 年第 1 期；中国社会科学院考古研究所：《新中国的考古发现和研究》，文物出版社，1984 年版。

集中表现仰韶文化特征的陶器，以手制泥质红陶和夹砂红陶为主，泥质陶上习见绘彩。就经济类型而言，仰韶文化是一种比较发达的定居农耕文化遗存。考古学界根据地域和时代不同所造成的差异，对仰韶文化进行了分区、类和分期的探讨，迄今存在意见分歧。有的学者把仰韶文化划分为以下 4 个时期、4 个主要地区、8 个类型①：

第一期（约前 5000 ~ 前 4500）：半坡类型、下王岗类型。半坡类型，以西安半坡遗址的早期遗存为代表。集中分布在渭水中下游地区，南达汉水中上游，北及河套，东至豫西、晋南，西到陇东。典型遗址还有陕西的姜寨（一期）、北首岭、史家、元君庙、横阵，甘肃秦安大地湾，山西芮城东庄村，湖北郧县大寺等。下王岗类型，以河南淅川下王岗遗址早一、早二期遗存为代表。分布于江汉流域北部及唐河、白河流域一带，是仰韶文化早期阶段最南的一个类型。

第二期（约前 4500 ~ 前 4000）：史家类型、后岗类型。史家类型，以陕西渭南史家遗址为代表。分布地区与半坡类型相同，在半坡、姜寨（二期）、北首岭等均有其遗存。后岗类型，以安阳后岗遗址下层为代表。主要分布在河南北部、河北南部。经发掘的遗址还有河北磁县界段营和下潘汪、正定南阳庄等。

第三期（约前 4000 ~ 前 3600）：庙底沟类型。因河南陕县庙底沟遗址而得名。半坡类型经史家类型发展到庙底沟类型，仰韶文化即进入了繁荣时期。它的分布地区很广，以关中、晋南、豫西为中心，北到河套，南达江汉北部，西至洮河，东抵郑州附近。经发掘的重要遗址，还有河南渑池仰韶村、洛阳王湾、郑州大河村，陕西华阴西关堡、华县泉护村、邠县下孟村（上层），甘肃秦安大地湾，山西芮城西王村（下层）、夏县西阴村等。

第四期（约前 3600 ~ 前 3000）：西王村类型、秦王寨类型（大河村类型）、大司空村类型。西王村类型，以山西芮城西王村遗址的上层为代表。或称半坡晚期类型。它是庙底沟类型晚期发展起来的一支地方文化共同体，但两

---

① 《中国大百科全书·考古学》“仰韶文化”条（作者石兴邦），中国大百科全书出版社 1986 年版，第 596 ~ 597 页。

者间尚有缺环。主要分布在关中渭水流域、陕北、晋南和豫西。代表性遗址还有半坡（上层）、姜寨（四期）、泉护村（晚期）等。秦王寨类型，或另称大河村类型。因发现于河南荥阳秦王寨遗址而得名，而以郑州大河村遗址的内涵为最丰富。它也是继庙底沟类型发展而来的一个地方类型。主要分布在河南省黄河以南，东起郑州，西迄洛阳，南达汝河河谷平原及丘陵地带。重点遗址还有洛阳王湾、临汝大张、荥阳青台和点军台、镇平赵湾等。大司空村类型，因安阳大司空村遗址而得名。分布范围与后冈类型同，集中在豫北洹河沿岸和冀南漳河流域。典型遗址还有河南安阳大寒南岗，河北磁县界段营和下潘汪、邯郸百家村等。

关于仰韶文化的社会性质，大多数学者的意见是，早、中期处于母系氏族公社繁荣时期，晚期向父系氏族公社转变。也有少数学者认为整个仰韶文化属于父系氏族社会。

仰韶文化以其分布之广泛，延续之长久，内涵之丰富，影响之深远，而成为中国诸新石器文化中的一支主干，它展现了中国母系氏族制繁荣至衰落时期的社会结构和文化成就。

继仰韶文化而兴起的，是黄河中游地区的龙山文化。它包括了早期的庙底沟二期文化和晚期河南龙山文化、陕西龙山文化。庙底沟二期文化分布豫、晋、陕交界及其附近地区，往往叠压在仰韶文化层之上。大体说来，河南龙山文化是庙底沟二期文化的继续，以河南为中心，也包括晋南和冀南的部分地区。由于地理分布的不同，文化面貌上出现一定差异，于是有学者再把它划分成后冈二期、造律台、王湾三期、下王岗三期和陶寺等不同类型。后来的二里头文化便是在其基础上发展起来的。陕西龙山文化又称客省庄二期文化，它叠压在庙底沟二期文化之上，当有继承的关系。主要分布在关中一带，陕北和陕南也都有其遗存。

仰韶文化与黄河下游的大汶口文化，是大体平行发展的两支原始文化。大汶口文化主要分布在山东境内和江苏的淮河北岸，在皖北、豫东和辽东半岛一带也有零星发现。山东龙山文化就是继承大汶口文化发展而来的。山东龙山文化又称典型龙山文化，其分布以山东为主，也包括江苏、河北和辽东半岛等部分地区。以两城镇、城子崖和岳石为代表，或许是三个不同的类型；也有学者认为后者（岳石）文化差别较大，年代较晚，可另行命名为岳石文化。

黄河上游的甘肃、青海和宁夏一带，先后存在的新石器时代及青铜时代早期的遗存，主要有马家窑文化和齐家文化。有学者把马家窑文化称之为甘肃仰韶文化，也有学者把马家窑文化视为仰韶文化的一种地方性的变体；大体可分为石岭下、马家窑、半山和马厂四个类型，代表其发展序列。齐家文化与陕西龙山文化的关系非常密切。有学者认为，它起源于陕西龙山文化，随着不断向西发展，又承袭了马家窑文化的若干因素，实质上当属文化的变体。

在长江中、下游干流及其支流的几个区域内，也各自形成了不同序列的几支新石器文化。在长江中游的江汉地区和三峡地区，主要有大溪文化、屈家岭文化和湖北龙山文化三种新石器时代遗存。在鄂西北和豫西南的汉水流域，还存在着具有较浓厚地域性因素的仰韶文化遗址。湖北龙山文化又称青龙泉三期文化，与中原的龙山文化有较大的区别。长江下游江南地区的新石器文化，主要以河姆渡文化、马家浜文化和良渚文化为代表。良渚文化是继马家浜文化而发展起来的。良渚文化的年代，大体与中原的龙山文化阶段相当；而在文化特征上，则与山东龙山文化有更密切的关系。

此外，在华南和西南地区，以及从东北经内蒙古到新疆的北方地区，也都发现了若干新石器文化遗存。

综上所述，可见中原地区新石器文化的发展一脉相承，传统悠久；其他地区的文化也各有特点，自成系列。到了新石器晚期，各地文化面貌有渐趋一致的倾向，而中原地区的地位日趋突出，发挥着先导和推动作用。纵观中国的新石器时代，生产力获得了前所未有的发展，重大发明和成就很多，诸如：农业的发生发展；广泛饲养家畜；制陶、琢玉、纺织、建筑、冶铜等手工业的发生发展；城堡或城邑的出现；发达的原始艺术和文字的萌芽，等等。中国新石器时代经历了原始氏族社会的繁荣和解体阶段，在解体过程中产生了私有制、奴隶制和阶级①。

① 参看《中国大百科全书·考古学》“中国新石器时代考古”条（作者安志敏），中国大百科全书出版社 1986 年版，第 712 ~ 720 页。

第二节　农业的发生与发展

我国古籍中有不少关于农业起源的传说。《易·系辞》《世本》《淮南子·修务训》《白虎通》卷一《帝王世纪》《搜神记》等，说是神农发明了农业①。《左传》《国语·鲁语》说是烈山氏之子名柱的发明了农业②。《史记·五帝本纪》《大戴礼记·五帝德》则说黄帝是农业的发明者③。而《诗·大雅·生民》《吕氏春秋·君守》《山海经·海内经》《史记·周本纪》又说是周人的始祖弃发明了农业④。

上述关于农业起源的说法虽属神话传说性质，但蕴含着一定的史实。在谁是农业的发明者问题上的传说虽不一致，可是有一点是共同的：都说是中国人自己的祖先发明了农业，而不是从外界传入的、学来的。中国境内现已发现的

---

①《易·系辞下》：“神农氏作，斲木为耜，揉木为耒，耒耨之利，以教天下。”《世本》：“神农作耒。”（据陈其荣增订本。）《淮南子·修务训》：“古者民茹草饮水，采树木之实，食蠃蛖之肉，时多疾病毒伤之害。于是神农乃始教民播种五谷，相土地宜，燥湿肥垸高下，尝百草之滋味，水泉之甘苦，令民知所辟就。”《白虎通》卷1上：“谓之神农何？古之人民皆食禽兽肉，至于神农，人民众多，禽兽不足，于是神农因天之时，分地之利，制耒耜，教民农作，神而化之，使民宜之，故谓之神农也。”《帝王世纪》：“神农始教天下种谷，故人号曰神农。……炎帝神农氏长于姜水，始教天下耕种五谷而食之，以省杀生，尝味草木，宣药疗疾，救夭伤之命，百姓日用而不知，著《本草》四卷。”《搜神记》卷1：“神农以赭鞭鞭百草，尽知其平毒寒温之性，臭味所主，以播百谷，故天下号神农也。”又《太平御览》卷78：“《周书》曰：神农之时，天雨粟，神农耕种之。作陶冶斤斧为耒耜钼耨以垦草莽，然后五谷兴。”

②《左传·昭公二十九年》：“有烈山氏之子曰柱为稷，自夏以上祀之。周弃亦为稷，自商以来祀之。”《国语·鲁语上》：“昔烈山氏之有天下也，其子曰柱，能殖百谷百蔬。夏之兴也，周弃继之，故祀以为稷。”韦昭《注》：“烈山氏，炎帝之号也，起于烈山。《礼·祭法》以烈山为厉山也。”

③《史记·五帝本纪》：黄帝“时播百谷草木，淳化鸟兽虫蛾”。《大戴礼记·五帝德》：黄帝“时播百谷草木，故教化淳鸟兽昆虫”。

④《诗·大雅·生民》：“厥初生民，时维姜嫄。……载生载育，时维后稷。……诞实匍匐，克岐克嶷，以就口食。蓺之荏菽，荏菽旆旆，禾役穟穟，麻麦幪幪，瓜瓞唪唪。诞后稷之穑，有相之道。弗厥丰草，种之黄茂。实方实苞，实种实褎，实发实秀，实坚实好，实颖实栗，即有邰家室。诞降嘉种，维秬维秠，维穈维芑。恒之秬秠，是获是亩。恒之穈芑，是任是负，以归肇祀。”《吕氏春秋·君守》：“后稷作稼。”《山海经·海内经》：“后稷是播百谷。”《史记·周本纪》：“周后稷，名弃。……弃为儿时，屹如巨人之志。其游戏，好种树麻、菽，麻、菽美。及为成人，遂好耕农，相地之宜，宜谷者稼穑焉，民皆法则之。帝尧闻之，举弃为农师，天下得其利，有功。帝舜曰：‘弃，黎民始饥，尔后稷播时百谷。’封弃于邰，号曰后稷，别姓姬氏。后稷之兴，在陶唐、虞、夏之际，皆有令德。”

大量原始农业遗存已充分证明，中国是农业的重要起源地。“在全世界少数几个农业起源中心中，中国独居其二”[①]；黄河中下游（广义的中原）是旱地农业起源的核心地区，长江中下游是稻作农业起源的一个重要的中心。

原始农业的出现，是远古人们在以采集天然产物为主的攫取经济的基础上，通过长期的劳动经验积累的结果，并不是某一个人的创造发明。在从旧石器时代向新石器时代过渡的阶段，“采集仍然是与狩猎、捕捞并重的生产部门”。“长期采集植物籽实、根茎的活动，促使人们了解植物的生长规律，为适时收获作好准备。正是在这种对植物生长规律逐步深入的认识中，人们开始掌握栽培植物的技术，为进入新石器时代迈出了关键的一步。”[②] 而新石器时代一开始，在经济上就是以经营农业和饲养家畜为主要特征的。

农业是利用植物、动物的生活机能，通过人工培育，以取得农产品的一个社会生产部门。它通常分为种植业和畜牧业两部分。农业生产的显著特点是：它的再生产过程是经济的再生产和自然的再生产密切交织在一起的；土地是基本的生产资料，主要的劳动对象是有生命的植物、动物；它受自然条件的影响比较大，生产周期长，具有强烈的季节性和地区性。马克思在《资本论》第2卷中指出：“经济的再生产过程，不管它的特殊的社会性质如何，在这个部门（农业）内，总是同一个自然的再生产过程交织在一起。”[③] 这一论断，揭示了农业生产的基本特点，同时也指明了农业生产作为经济的再生产过程，它服从于一定的社会经济形态，受社会经济规律的支配，而作为自然的再生产过程，则较其他经济部门更多的受自然条件和自然规律的作用和影响。这是因为动植物的生长、发育、繁殖，需要一定的时间和自然条件，这个自然再生产过程是农业的经济再生产过程的依据。正是由于自然是农业生产的基础，光、热、水、土等自然因素制约着农业起源过程中选择驯化作物品种的方向，所以中国北方成为粟、黍等旱作农业的主要起源地，中国南方成为稻作农业起源地之一，从而往后的发展各具特色，在史前时期就形成了南北两大农业经济文化区

---

① 白寿彝总主编、苏秉琦主编：《中国通史》第2卷《序言》，上海人民出版社1994年版，第5页。

② 白寿彝总主编、苏秉琦主编：《中国通史》第2卷，上海人民出版社1994年版，第47页。

③ 《马克思恩格斯全集》第24卷，第398～399页。

和两种农业体系。

大体相当于黄河中下游的广义的中原，属暖温带半干旱季风气候，年雨量约500~800毫米，并不太少，只是集中于夏季高温的七八月份，春秋冬三季干旱，且冬季严寒，一月平均气温比地球上同纬度的其他地区低10℃以上。这个地区普遍存在的黄土，土壤结构均匀、松散，具有良好的毛细作用、良好的保水与供水性能。这样的自然条件，适宜种植对水、肥要求不高，在幼苗期特别能耐旱，在速生期又需要高温多雨的作物。而粟和黍正是这样的作物。粟和黍的野生祖本，在我国北方又大量存在，分布广泛①。于是我国北方新石器时代早期的人们因地制宜，普遍选择了粟和黍这两种作物进行培植。以致在整个新石器时代以及进入文明时代以后的相当长的一段历史时期内，两者都是北方地区特别是华北地区的主要农作物。

大约在公元前六七千年至前5000年左右，中国北方已出现了一系列比较发达的新石器文化；其中有不少遗址，如河北武安磁山遗址、河南新郑裴李岗遗址、甘肃秦安大地湾遗址、山东藤县北辛遗址等，发现了栽培谷物的遗存。

磁山遗址位于今河北省武安县南20公里，地处太行山脉与华北平原的交界处，范围约有8万平方米。遗址是当时人们聚居的一个村落，村落中分布着房屋、窖穴等遗迹和集体劳动的场所，从中发现遗物近两万件。遗址的文化堆积分为两层。出土的石器多达300余件，除石锤、石凿外，与农业有关的工具有石斧、石铲、石磨盘、石磨棒等。石器有打制、磨制和打磨兼制三种，以磨制为主，约占60%强。发现的灰坑多达数百个，其中有不少是贮存粮食的窖穴，深1~2米，最深的达5米以上。在第一文化层发现的157个平面作长方形的灰坑中，有62个有腐朽粮食的堆积，在第二文化层发现的188个长方形灰坑中，有18个有腐朽粮食的堆积，出土时部分颗粒清晰可见，不久即风化

① 粟的野生祖本是狗尾草。黍的野生祖本，说法不一，有的植物学家认为就是我国现在南北都有分布的野生黍（李璠等编著：《生物史》第五分册，科学出版社1979年版，第30~31页）。1950年，在吉林市郊西团山原始社会墓群第6号、第7号墓内随葬的陶碗里，发现已碳化的植物种籽颗粒和粒壳，经鉴定，一为野黍，一为金色狗尾草。1958年，在该地区发掘的一区第10号、14号墓葬中，又发现大抵属于野黍一类的籽实遗存（张绍维：《吉林原始农业的作物及其生产工具》，《农业考古》1983年第2期）。

成灰。堆积的厚度一般在0.3～2米不等，有10个窖穴的堆积厚度在2米以上。这是粮食腐朽下沉以后的堆积厚度。经灰像鉴定，这些窖穴中贮存的粮食是粟①。其总储量约有13万余斤②。可见当时农业生产的规模和农业劳动的生产率已很可观，农业在当时居民的经济生活中已占居主要地位。磁山遗址的年代，碳14测定的结果，在公元前5400年左右至公元前5100年左右，距今7000多年③。

裴李岗遗址④，在今河南省新郑县西北7.5公里处，位于双洎河北岸，距现在河谷300米左右。裴李岗及其同类遗址出土石器的种类，有铲、镰、磨盘、磨棒、斧、刀、凿等，数量最多的是铲，其次是镰。铲多呈舌形，还有一种凸字形铲。有些铲的两端磨出圆刃，都有使用痕迹。镰做得很精致，刃部有细密整齐的锯齿，近尾端有为安装柄而留出的缺口。裴李岗遗址中发现的粮食遗物（碳化的黍）虽少，但遗址中很少渔猎工具而以农业工具为主表明，粮食作物的种植已经成为当时当地居民的主要经济活动。裴李岗遗址的年代，距今7000多年⑤，与磁山遗址的年代相近。黄河南岸的河南中部地区，以裴李岗遗址为代表的遗存有许多处，其中新郑沙窝李遗址也有粟出土⑥。

在山东藤县的北辛遗址一窖穴中也发现有碳化粟标本⑦。经碳14测定，北辛遗址的年代距今7300～6300年，“而距今7300年并非北辛文化最早的年代，其早期的年代，还应更早”⑧。在距今七八千年的甘肃秦安大地湾遗址⑨中

① 河北省文物管理处、邯郸市文物保管所：《河北武安磁山遗址》，《考古学报》1981年第3期；邯郸市文物保管所等：《河北磁山新石器遗址试掘》，《考古》1977年第6期。

② 佟伟华：《磁山遗址的原始农业遗存及其相关问题》，《农业考古》1984年第1期。

③ 中国科学院考古研究所实验室：《放射性碳素测定年代报告（六）》，《考古》1979年第1期；北京大学历史系考古专业碳十四实验室：《碳十四年代测定报告（三）》，《文物》1979年第12期。

④ 中国社会科学院考古研究所河南一队：《1979年裴李岗遗址发掘报告》，《考古学报》1984年第1期。

⑤ 关于裴李岗遗址年代碳14测定的几个数据，见安志敏：《裴李岗、磁山和仰韶》，《中国新石器时代论集》，文物出版社，1983年版。

⑥ 王吉怀：《新郑沙窝李遗址发现碳化粟粒》，《农业考古》1984年第2期。

⑦ 吴诗池：《山东新石器时代农业考古概述》，《农业考古》1982年第2期。

⑧ 吴汝祚：《海岱文化区的史前农业》，《农业考古》1985年第1期。

⑨ 大地湾遗址的第1期，碳14测定的年代为公元前5200年，经树轮校正为距今7370～8170年。——见蔡莲珍：《碳十四年代的树校正》，《考古》1985年第3期。

不但发现有碳化的黍，而且还发现了油菜籽。此外，在东北辽河流域的沈阳新乐下层遗址中，同样发现了碳化黍粒，遗址年代距今7000年左右[①]。

有一种意见认为："中国北方的旱作农业只能是多元分散式的起源，而绝非起源于某一中心地然后向外扩散传播。""大地湾·老官台文化、磁山·裴李岗文化、北辛文化、新乐下层文化在相互比邻诸群体之间，虽可以看到一些互有影响的情形，但这只是区域文化间横向联系、平行发展的关系，而非承袭渊源关系。"[②]

总之，在距今七八千年左右，中国北方地区特别是黄河流域的中下游地区，普遍存在着农业文化。当时，石器中用于农业生产的已占大宗，其主要类型是铲、刀、镰，谷物加工工具主要是大型石磨盘和石磨棒；种植谷物是粟、黍；饲养家畜家禽有猪、狗、鸡。从当时农业和家畜饲养业的发展水平看来，距离其起源阶段已有一段漫长的历程；而其起源阶段的农业文化的面貌，尚待探寻解析。

仰韶文化继承"前仰韶"新石器文化，仍以种植粟类为主，粟的遗存在各种重要遗址中经常发现。例如：半坡37号房子的罐、瓮中，38号房子的小窖穴里，就有粟壳遗存，而115号窖穴中发现有粟的朽灰[③]；宝鸡北首岭遗址出土的一个陶小盂的腹壁内外有粟粒痕迹[④]；在华夏柳子镇泉护村遗址的一个灶坑中，发现稻壳和小米[⑤]；在郊县下孟村遗址，发现粟壳[⑥]；华县元君庙墓地的墓葬中，有的用小米随葬[⑦]；在临潼姜寨遗址，发现了另一种耐旱作物

① 沈阳市文物管理办公室：《沈阳新乐遗址试掘报告》，《考古学报》1978年第4期；王富德、潘世泉：《关于新乐出土碳化谷物形态鉴定初步结果》，《新乐遗址学术讨论会文集》，第35页；李宇峰：《西辽河流域原始农业考古概述》，《农业考古》1986年第1期。

② 王震中：《中国文明起源的比较研究》，陕西人民出版社1994年版，第34页。

③ 中国科学院考古研究所、陕西省西安半坡博物馆：《西安半坡》，文物出版社，1963年版。

④ 中国社会科学院考古研究所宝鸡队：《一九七七年宝鸡北首岭遗址发掘简报》，《考古》1979年第2期。

⑤ 黄河水库考古队华县队：《陕西华县柳子镇考古简报》，《考古》1959年第2期。

⑥ 陕西省社会科学院考古研究所泾水队：《陕西郊县下孟村仰韶文化遗址续掘简报》，《考古》1962年第6期。

⑦ 石兴邦：《半坡氏族公社》，陕西人民出版社，1979年版。

黍[①]；在河南洛阳王湾遗址的灰砂小罐内壁，附有粟的痕迹[②]；在洛阳孙旗屯遗址，发现了植物茎叶和谷壳[③]；在淅川下集遗址，发现有烧谷壳[④]；在郑州大河村遗址，发现一瓮炭化粮食和两枚莲子[⑤]；在临汝大张遗存中，也发现有粟粒[⑥]；在分布靠南的遗址如淅川下王岗，还发现有稻谷痕迹[⑦]。当时还种植蔬菜，半坡38号房子的一个小罐中，装满了已经炭化的白菜或芥菜之类的菜籽。

前面提到，陕西西安半坡仰韶晚期的115号窖穴中发现有粟的朽灰。该窖穴口径1.15米，底径1.68米，深0.52米，容积当为0.83立方米，换算成新鲜小米当有1000余斤（每立方米粟重约1200~1300斤）。又山东胶县三里河一座大汶口文化晚期的粮食库房中有一个储粮窖穴，容积约有3立方米，中间储满粟的朽灰[⑧]，如换算成新鲜粟当有3000~4000斤。可见当时粮食的生产量和储藏量是很可观的。

同裴李岗、磁山文化时期相比，仰韶文化时期的农业村落遗址显著增加，规模扩大。种植谷物除粟、黍外，还从南方引进了水稻。翻地用农具仍是石铲，但形态明显地复杂化了，有舌形、心形、梯形、双肩形和鞋底形等，后者主要分布于燕山及其以北的红山文化范围内，有学者称之为耜或犁。收割用农具大量增加，但形态变为两侧带缺口的或长方形的爪镰。到龙山文化时期，作物种类和家畜品种虽无多大变化，但农具有明显的进步。翻地农具已规范化为梯形或有肩石铲，后者实为商代青铜铲的祖型。收割用农具主要是石质或蚌质的镰和爪镰，且全为磨制，质量较差的陶质或打制石爪镰均被淘汰。用碳13方法测定古代人的食谱，得知仰韶文化时期粟、黍类食物只占50%，龙山文

① 黄其煦：《“灰像法”在考古学中的应用》，《考古》1982年第4期。

② 北京大学考古实习队：《洛阳王湾遗址发掘简报》，《考古》1961年第4期。

③ 河南文物工作队第二队孙旗屯清理小组：《洛阳涧西孙旗屯古遗址》，《文物参考资料》1955年第9期。

④ 游清汉：《淅川县下集附近发现古遗址》，《文物》1960年第1期。

⑤ 郑州市博物馆：《郑州大河村遗址发掘报告》，《考古学报》1979年第3期。

⑥ 黄其煦：《黄河流域新石器时代农耕文化中的作物》，《农业考古》1982年第2期。

⑦ 安志敏：《略论三十年来我国的新石器时代考古》，《考古》1979年第5期。

⑧ 昌潍地区艺术馆、考古研究所山东队：《山东胶县三里河遗址发掘简报》，《考古》1977年第4期。

化时期则为70%，说明此时粟作农业得到了进一步的发展①。

许多学者都认为中国南方应是稻作农业起源地之一，但具体范围说法不一。有的主张起源于南岭以南的两广地区，有的主张起源于云南和印度支那北部山地或云南—阿萨姆地区，有的则主张起源于长江中下游，还有多中心独自起源说，等等。我们赞同这样一种意见："既然适合于栽培的野生稻在中国、印度和东南亚等许多地方都有分布，那么，栽培稻也就有可能不是只起源于一个地方，中国也未必只有一个栽培稻起源的中心。"② 从迄今获得的考古资料来看，我们只能这样说：中国南方是世界上稻作农业起源的中心之一；而中国南方稻作农业最早的起源地是长江中游。1988 年在长江中游的澧县彭头山遗址发现了水稻遗存，该遗址距今 9000～8000 年，它不仅是中国最早的稻作农业的证据，也是现阶段世界上最早的稻作资料之一③。

稻米有两个基本亚种，一个是籼稻，一个是粳稻。一般认为，粳稻是从籼稻演化出来的，而籼稻的野生祖本是普通野生稻。我国普通野生稻最集中的分布区在广东、广西和海南岛，长江流域只发现少数几处。为什么长江中下游在稻作农业的起源和早期发展中的地位反而比华南重要得多呢？这是因为："华南大部分处于北回归线以南，气候炎热，几乎全年无冬，雨量充足，天然食物资源十分丰富。尽管野生稻到处都有，但因为收获和加工都很麻烦，比起其他食物来也不见得特别好吃，所以人们不一定采集它。即使发现了它的食用价值，因为到处都可以采集到，就不一定考虑进行人工栽培。即使偶尔种植了一些，也没有迫切的需要把它发展成一种继续不断的稻作农业。长江流域就不同了，那里有较长而寒冷的冬季，迫切需要有能够长期储藏以备冬天之需的食物。人们一旦发现野生稻的食用价值和能够长期储藏的优点，自然会加意培植并设法扩大再生产。何况长江流域史前文化比较发达，人口较多而野生稻资源又少，就更有进行人工栽培的必要性和迫切性。这可以解释为什么恰巧在长江中下游发现最古老和最发达的稻谷遗存而不是在别的地方。"④

---

① 白寿彝总主编、苏秉琦主编：《中国通史》第 2 卷《序言》，上海人民出版社，1994 年版。
② 严文明：《中国稻作农业的起源》，《农业考古》1982 年第 1～2 期。
③ 裴安平：《彭头山文化的稻作遗存与中国史前稻作农业》，《农业考古》1989 年第 2 期。
④ 白寿彝总主编、苏秉琦主编：《中国通史》第 2 卷《序言》，上海人民出版社，1994 年版。

以长江中下游为核心的华中、华南水田农业经济文化区一直以稻作农业为主，迄今已发现本区新石器时代稻谷遗存30余处，包括籼稻和粳稻两种，以籼稻为主，不过时代稍晚则粳稻的比例加大。本区新石器时代农业的发展大体经历了这样几个阶段：（1）彭头上文化—河姆渡文化时期；（2）大溪文化—马家浜文化时期；（3）石家河文化—良渚文化时期。早在距今9000～8000年的彭头山文化中和距今7000多年的河姆渡文化中已经栽培稻谷，这无论在世界范围内还是在中国范围内都属于最早的稻作遗存。到石家河文化—良渚文化时期，农业有较大的发展，除种稻外，有的地方还种粟、黍等旱地作物作为补充，江浙良渚文化中还出现了三角形石犁。

黄河流域和长江中下游是新石器时代农业相当发达的两个地区。随着农业的产生和发展，人类的定居生活也就更加稳固，于是形成大规模的聚落。聚落的分布显然是经过选择的。首先，是靠近水源，一般都定居在河岸湖畔或有天然泉水的地方。为了防止洪水泛滥，往往选择高出河面的阶地或台地。在潮湿多雨的平原地带，则多半定居在高出地面的土墩上。其次，是适于生产。农耕需要肥沃的土质和适于农作物生长的环境，于是华北的黄土地带成为耐旱作物粟、黍的主要播种区，而长江中下游则以稻作农业为主。第三，聚落一般都位于交通方便、易于交往的地方，分布在现代城市和乡村的附近。

新石器时代农业的出现，是人类文化史上划时代的、特别重大的历史事件，堪称“新石器时代革命”。中国新石器时代的农业自成体系，并对邻近地区产生了深远的影响。中国原始公社制社会的发展和繁荣，中国国家的产生及原始公社制与奴隶制两种社会制度的交替，都以农业为其经济基础。

第三节　劳动分工和手工业的发展

一、劳动分工的发生和发展

劳动分工，即各种社会劳动的划分和独立化。整个社会内部的分工，是由创造使用价值的各种不同性质的有用劳动发展起来的一个多支的体系。其中，农业、工业等大类的分工，叫一般的分工；大类之下如工业内部的各种工业之间的分工，叫特殊的分工；而作坊或工场内部的分工，即把生产过程分解为若干局部劳动，并使其独立成为不同劳动者的专门职能的分工，则叫个别分工①。社会分工是从不同的起点发展起来的。作为生产力的重要因素之一的分工，随着整个社会生产力的发展而发展，同时又是社会生产力发展水平高低的重要标志。"一个民族的生产力发展的水平，最明显地表现在该民族分工的发展程度上。"②

"最初，农业劳动和工业劳动不是分开的；后者包含在前者中。在农业民族、家庭公社或家庭的剩余劳动和剩余产品，既包含农业劳动，也包含工业劳动。二者是同时并行的。狩猎、捕鱼、耕种，没有相应的工具是不行的。织和纺等等当初是农业中的副业。"③ 而最早的分工，是各族内部根据性别和年龄的差别，从纯生理的基础上产生的自然分工。成年男子外出作战、打猎、捕鱼，并制作为此所必需的工具。妇女采集果实、从事原始农业、制备食物和衣着、管理家务。同自然分工相适应，男女分别是自己所创造和所使用的工具的占有者或所有者。这就决定了当采集果实和原始农业在经济中占主导地位时，妇女在家庭和社会中也占主导地位。

在河南新郑裴李岗和河南密县莪沟两地的墓葬中，除裴李岗的一处单人墓和一处合葬墓外，凡随葬石磨盘、石磨棒一类谷物加工工具的墓中，不见石铲、石镰、石斧这类农业或手工业生产工具，而随葬后一类生产工具的墓中，亦不见磨盘、磨棒与之共存。在随葬这两类石器的那一例合葬墓中，从随葬品的陈放位置看，两类工具也是分属两个个体④。"随葬品的不同组合，反映了当时社会业已存在的劳动分工的情景。通过随葬不同的生产工具而将当时生产中按性别形成的分工表现出来，足以证明这种分工由来已久，并已形成定制。"⑤

---

① 恩格斯《马克思〈资本论〉第一卷提纲》："分工：(1) 是一般的分工（农业、工业、航运业等等）；(2) 是特殊的分工（种和亚种）；(3) 是个别的分工（在作坊内）。"（《马克思恩格斯全集》第16卷，第313页。）

② 马克思、恩格斯：《德意志意识形态》，《马克思恩格斯全集》第3卷，第24页。

③ 马克思：《资本论》第3卷，《马克思恩格斯全集》第25卷，第713页。

④ 中国社会科学院考古研究所河南一队：《1979年裴李岗遗址发掘报告》，《考古学报》1984年第1期；河南省博物馆等：《河南密县莪沟北岗新石器时代遗址》，《考古学集刊》第1集。

⑤ 白寿彝总主编、苏秉琦主编：《中国通史》第2卷，上海人民出版社1994年版，第70页。

陕西华县元君庙和宝鸡北首岭等地的墓葬中，男女亦使用不同生产工具随葬，反映了半坡类型居民中男女分工的部分情况。1977 年在北首岭发掘了半坡类型墓葬 14 座，对墓主人普遍进行了性别、年龄鉴定，确定性别、年龄的墓葬 9 座，其中男性 8 座，女性 1 座。男性墓均随葬石镞，有的还随葬了石斧、磨石及石磨盘，而那座女性墓随葬的工具只有骨锥一种①。元君庙墓葬亦普遍经过性别、年龄鉴定，这里有些男性使用骨镞随葬，有些女性使用蚌刀、骨针和纺轮随葬②。上述情况表明，当时妇女主要从事农业、纺织及缝纫，男子主要从事工具制造、狩猎和农业中的部分劳动。

随着农业技术的更新、生产部门的增多以及家务劳动范围的扩大，最终导致作为人类社会分工起点的自然分工的根本变革：男子占据了农业以及与农业分离的手工业等主要生产领域，并在家中占统治地位；而妇女则被排除于社会的生产劳动之外，成为专司或主要司家务的劳动力。这一质变，经历了一个错综复杂的渐变过程。

在江苏邳县刘林第一次发掘的 52 座墓葬中，只鉴定了 7 座墓中死者的性别和年龄，其中 3 座女性墓、4 座成年男性墓。3 座女性墓中，除随葬牙勾工具外，别无其他工具随葬。而在 4 座成年男性墓中，除 M16 这位 50～60 岁的老年随葬牙勾外，其他三座分别随葬了锛及砺石、斧及砺石和斧，其中有一墓还同时用枪头和狗随葬③。由此可见，当时男子拥有基本生产中使用的主要工具。

刘林第二次发掘的 145 座墓葬的墓主，都经过性别、年龄鉴定。其中，成年男性 66，成年女性 51，少年 2，13 岁以下儿童 14，双人合葬者 3，性别不明的成年人 9④。由于儿童不从事主要生产劳动，故在 14 座儿童墓中，除一座墓内的 12 岁左右死者随葬牙勾形器外，其他均无工具随葬。在性别确定的 117 座成年单人墓中，有 52 座随葬工具，其中男性 35 座，女性 17 座。男性墓

---

① 中国社会科学院考古研究所：《宝鸡北首岭》，文物出版社，1983 年版。

② 北京大学历史系考古教研室：《元君庙仰韶墓地》，文物出版社，1983 年版。

③ 江苏省文物工作队：《江苏邳县刘林新石器时代遗址第一次发掘》，《考古学报》1962 年第 1 期。

④ 南京博物院：《江苏邳县刘林新石器时代遗址第二次发掘》，《考古学报》1965 年第 2 期。

随葬的工具，约占52座墓随葬工具总数的70%，女性只占30%。在工具的种类上，男子用锛随葬的有7例16件，妇女则只有1例1件。而且，有些男子用凿或弹丸、网坠随葬，而此类工具不见于女性墓中；有些妇女用纺轮随葬，而男性墓中均无纺轮。又男性墓中随葬牙勾形器16件，女性墓中只有5件，牙勾形器是用于农业的工具。类似的情况也见于山东邹县野店墓地。野店墓葬中，被确定性别、年龄者8座，其中双人墓2座，男、女单人墓各3座。女性单人墓中，随葬纺轮者2座，未随葬工具者1座。两座双人墓中的两位女性，一位随葬骨针，另一位随葬石斧。而3座男性单人墓，则分别随葬了石锛，石斧、砺石，石锛、砺石、骨凿、骨镞①。上述情况表明，当时男子已成为农业、手工业及渔猎生产领域的主要劳动者，而妇女担当的则主要是纺织等家务劳动。

约公元前4000年前期大汶口文化刘林期的大墩子墓地随葬工具的情况②，进一步表明了上述男女分工的演变过程“已步入质变阶段”③。主要表现在：(1)这里只有男性墓才用镞、鱼镖一类渔猎工具随葬；其中44号墓随葬品相当丰富，除鱼镖等外，还用狗、骨管（拉箭扳指）以及斧、铲随葬，表明该墓主人既是位农民，又是位渔猎能手。(2)男性墓除随葬斧、锛、凿、铲外，还用獐牙勾形器随葬；大墩子第二次发掘的墓葬中，出獐牙勾形器的15座墓的主人均属男性。凿只见于男性墓葬。虽然也有妇女分别用斧、锛或铲随葬，但比例少于男子。(3)用斧、锛、凿这样成套的石质工具随葬者，均为男性。其中，4号和32号男性墓还同时出土了碎石片、牙料及较多的骨、牙制品，形象地指明死者生前是位具有特殊技能，善攻石、骨、牙料，制作石器、骨器、牙器的手工业匠人。(4)纺轮基本上只见于妇女墓葬中；在被确定为女性的墓葬中，随葬纺轮的墓葬占70%。

---

① 山东省博物馆、山东省文物考古研究所：《邹县野店》，文物出版社，1985年版。

② 南京博物院：《江苏邳县四户镇大墩子遗址探掘报告》，《考古学报》1964年第2期；南京博物院：《江苏邳县大墩子遗址第二次发掘》，《考古学集刊》1，张忠培：《大汶口文化刘林斯遗存试析》，《吉林大学学报》1979年第1期。

③ 白寿彝总主编、苏秉琦主编：《中国通史》第2卷《序言》，上海人民出版社1994年版，第11页。

自原始农业发生发展、人们以从事农业为主要生活资料来源时起，农业便成为整个社会的决定性的生产部门。“农业劳动是其他一切劳动得以独立存在的自然基础和前提。”① 因为，人们必须先保证自己有粮食等食物，然后才能去从事其他劳动、照顾其他事情；“一切工业劳动者都要靠农业、畜牧业、狩猎业和渔业的产品维持生活”②。农业和工业（这里指手工业）之间的分工发生发展的辩证关系是：一方面，农业的发展和粮食产量的增加，是一部分人脱离或部分脱离农业而从事手工业生产活动的物质基础和前提；完全脱离农业的手工业者的数目，取决于农业劳动者的劳动生产率，取决于劳动者所生产的超过自己消费的农产品的数量。另一方面，手工业的逐渐专业化，并从农业中分离出来成为独立的生产部门，又不断给农业劳动者提供优质的农具等生产资料和部分生活用品，从而不断推动了农业生产的发展和人们生活的改善。

考古发掘资料表明，我国新石器时代和铜石并用时代农业的发展过程，同时也是部分手工业先后逐渐从农业中分离出来成为独立生产部门的过程。迄今发现的农、工之间及手工业内部分工过程的诸阶段的墓葬中，部分使用锛、凿随葬的男性墓，往往同时也随葬了刀、铲等农业工具，表明这部分手工业匠人还同时是农人。但不能由此得出结论说当时农、工及手工业内部分工都还处在这一较低水平的阶段。事实上，当时已有相当数量的完全或基本脱离农业的手工匠人出现。例如：

在大汶口文化的若干墓葬中，有时随葬大量的陶器，如山东曲阜西夏侯一号墓随葬陶器 119 件，其中有鼎 31 件，豆 42 件③；临沂大范庄 17 号墓随葬陶器 85 件，其中背水壶即有 41 件，瓶 32 件。同地 18 号墓随葬陶器 76 件，仅背水壶就有 44 件④；莒县大朱村有一座墓中，单是高柄杯就有 103 件。“这样集中地用陶器随葬，显然不是为了死者冥中的生活需要，即在生时也没有这种需要。如果死者是某种专业化的陶工，陶器是他用以交换其他生活必需品的财

① 马克思：《剩余价值理论》第 1 册，《马克思恩格斯全集》第 26 卷（1），第 28 ~ 29 页。

② 《恩格斯致马克思》（1882 年 12 月 22 日），《马克思恩格斯全集》第 35 卷，第 130 页。

③ 中国科学院考古研究所山东队：《山东曲阜西夏侯遗址第一次发掘报告》，《考古学报》1964 年第 2 期。

④ 临沂文物组：《山东临沂大范庄新石器时代墓葬的发掘》，《考古》1975 年第 1 期。

富，那么死后用那么多陶器随葬就比较容易理解了。"[①] 如后所述，西夏侯等许多遗址中都出土了轮制陶器，而使用陶车生产陶器是制陶工艺的一次革命。"随着陶车的发明和运用，……扩大了生产规模、出现了专门从事制作陶器的家庭。制陶业随之也逐渐成为独立的生产行业之一，男子成了这一生产的主要承担者。"[②] 大汶口文化晚期出现的制陶业的专业化，到龙山时代又得到了进一步的发展。龙山文化中的蛋壳黑陶杯是这个时期制陶技术的最高成就。这种蛋壳黑陶，胎质十分轻巧，制作精致，造型优美。"要制作这样薄如蛋壳的精品，不仅需要有长期的丰富经验，还得有熟练的技术才行。这也说明当时的制陶业已经非常专业化了，并且为某些富有经验的家族所掌握"[③]。

在龙山时代的诸考古学文化中，除良渚文化外均已发现铜器，其中包括黄铜器和青铜器。铜器生产区域的扩大，铜器数量的增加，以及锡青铜、铅青铜器物的出现，表明冶铜业已越过它的最初发展阶段而进入了铜石并用时代的晚期，接近青铜时代。"冶铜生产比从事其他生产困难，它包括了开采矿石、冶炼铸造、加工修整等多道工序；工艺复杂，专业性强，生产规模较大，需要的劳动力多；要求生产者具有一定专业知识，掌握一定工艺技术，并且比较固定地从事这一工作。而且，全部的生产过程也要有简单的协作。于是，冶铜手工业越出了家庭副业的范畴，逐渐成为独立的手工业部门。"[④]

自然资源和自然条件，是制约社会分工发展的重要因素。由于世界各个地区自然资源、自然条件不同或不完全相同，世界各国各民族史前时代各种社会分工的发展状况和发展水平有这样那样的差异。100 多年前，恩格斯在《家庭、私有制和国家的起源》一书中提出了"三次社会大分工"的论断，第一次社会大分工，指"游牧部落从其余的野蛮人群中分离出来"，发生于原始社会"野蛮时代"的"中级阶段"；第二次社会大分工，指"手工业和农业分离"，发生于"野蛮时代高级阶段"；第三次社会大分工，指"一个不从事生产而只从事商品交换的阶级——商人"的出现，发生于野蛮时代高级阶段至

---

① 白寿彝总主编、苏秉琦主编：《中国通史》第 2 卷，上海人民出版社 1994 年版，第 243 页。
② 宋兆麟、黎家芳、杜耀西：《中国原始社会史》，文物出版社 1983 年版，第 273 页。
③ 中国硅酸盐学会主编：《中国陶瓷史》，文物出版社 1987 年版，第 22 页。
④ 宋兆麟、黎家芳、杜耀西：《中国原始社会史》，文物出版社 1983 年版，第 277 页。

奴隶社会形成时期[①]。恩格斯的这一论断，主要是以古希腊的部分地区（如雅典）为例证的，并不具有普遍意义。中国原始社会晚期，无疑存在“手工业和农业分离”的社会分工，以及由此而产生的商品交换。但是，当时并无“游牧部落从其余的野蛮人群中分离出来”；而“一个不从事生产而只从事商品交换的阶级——商人”，也没有出现。

二、制陶业的兴起与制陶工艺的成就

陶器的发明，是人类历史上最早通过火的作用，使一种物质（松软的黏土）改变成另一种物质（坚固的陶器）的创造性生产活动，是人力改变天然物的开端，是人类发明史上的重要成果之一。陶器的出现和制陶业的兴起，不仅加速了生产力的发展，而且促使人类的定居生活更加稳固。直到今天，陶器仍然同人类的生活和生产息息相关。中国是世界著名的陶瓷古国，早在8000年前的新石器时代早期，我国的先民就已发明和使用陶器；而后来出现的瓷器，是在高度发展的制陶工艺技术的基础上发明的。

一般说来，陶器是随着农业的发生发展而出现的，是人类自掌握取火技术和饲养家畜、栽培植物之后所取得的又一具有划时代意义的进步。《世本》所谓“神农耕而作陶”，也是农业在先，制陶业在后。这是因为，农业为人类提供了比较稳定的大量食物，使粮食成为农业部落的基本主食；而粮食都是不耐火的颗粒状淀粉物质，不宜在火上直接烧烤，从而迫切需要一定的炊具以达到煮食的目的。“这种对一种新的、耐火的炊具的强烈要求，是发明陶器的主要原因。”[②] 与此同时，人们从长期的生产实践和用火过程中，已逐渐掌握了黏土的性能，认识到黏土掺水后具有可塑性，可以塑造一定的形状，以及成形的黏土经火烧之后具有坚硬、牢固、不漏水和耐火的特点。最早的陶器，当是摹仿当时习见的器物如篮子、葫芦等的形状，或以这些器物为内模制成，后来才发展成具有自身特点的器皿；有些陶器的形制与葫芦及其变体如出一辙，也表明了这一点。恩格斯在《家庭、私有制和国家的起源》一书中说：“可以证

---

① 《马克思恩格斯选集》第4卷，第156、159、162页。

② 宋兆麟、黎家芳、杜耀西：《中国原始社会史》，文物出版社1983年版，第171页。

明，在许多地方，也许是在一切地方，陶器的制造都是由于在编制的或木制的容器上涂上黏土使之能够耐火而产生的。在这样做时，人们不久便发现，成型的黏土不要内部的容器，也可以用于这个目的。”①

陶器最初主要是由于炊煮食物的需要而出现，这从我国新石器时代早期遗址中出土的陶器中也得到印证。如西安半坡出土的50多万件陶器、陶片中，除少数生产工具外，绝大部分为炊具、储藏器、食具和水器等生活用品。而在炊具类器皿中，仅陶罐一类就有23型45式。就陶质而言，夹砂陶占全部陶器的60%②。因为凡炊具皆加砂，故陶胎内有细孔，炊煮时接触的空气能从细孔中逸出，不致破裂；此外还有耐火、传热快、经久耐用等特点。陶器出现之前，人们主要是食用烧、烤食物，甚至以生食为主，而随着陶器的发明和熟食的推广，大大加快了人类体质和智力的发展。

制陶业始终是我国新石器时代的一种重要的手工业。制陶原料是：陶土；羼、料；瓷土、高岭土。制陶用的陶土都经过一定的选择，并不是一般的黄土。据实验表明，我国黄河流域新石器时代陶片中铁的含量都较黄土高，而氧化钙的含量则比黄土低得多。当时的制陶用陶土是红土、沉积土、黑土或其他黏土；那时人们已知道用淘洗的方法去掉泥土中的杂质，以便制造比较细致的陶器。羼和料，指制造陶器时有意加入的砂粒、石灰粒、稻草末以及碎陶末等，这主要是为了提高成品的耐热急变性能，避免在火上加热时破裂。当时的大部分陶器都不同程度地加入了羼和料，其中，作为炊器的釜、鼎、鬲等，羼和料的加入量相当大，有时达30%左右。羼和料一般以砂粒为主。大汶口文化和龙山文化中的白陶的化学组成，有的与我国北方习称为瓷土的制瓷原料相似，有的是高岭土或与高岭土非常接近，其共同特点是，氧化铁的含量比陶土低得多，因此烧成后呈白色，故称白陶。我国是世界上最早使用瓷土和高岭土的国家。白陶的出现，对后来由陶过渡到瓷起了十分重要的作用，因为高岭土是制成瓷器的主要条件之一③。

---

① 《马克思恩格斯选集》第4卷，第19页。
② 中国科学院考古研究所等：《西安半坡》，文物出版社，1963年版。
③ 中国硅酸盐学会主编：《中国陶瓷史》，文物出版社1987年版，第37～38页。

我国新石器时代及铜石并用时代的制陶技术，经历了一个从手制法逐步到快轮制法的发展和提高的过程。手制法可分为捏塑法、模制法和泥片或泥条贴筑法三类。一般小型陶器，多用手捏塑成各种器形，因此器壁上往往有指纹遗留，器形也不大规整。某些特殊的器形，则往往采用局部模制的办法。泥片或泥条贴筑法，是先将坯泥制泥片或泥条，然后圈起来，一般是先从器底开始，一层一层地向上贴筑，并将里外抹平，制成器形；泥片少的有两层，多的三四层或更多。此外，还有采用一根长泥条连续向上盘筑，然后里外抹平制成器形的。仰韶文化中的小口尖底瓶，通常就是采用这种制法，在其底端的内部都保留有泥条盘旋的痕迹。黄河流域新石器时代早期各遗址中出土的大量陶器，都是手制的；其中除少量是手捏直接成型以外，其余都是采用泥片贴筑法制作的①。泥片或泥条贴筑法是新石器时代制陶最常用的方法，延续的时间很长。

考古学上把仅仅修整器形或口沿的加工陶器而速度较慢的轮盘称为慢轮，用它加工陶器的工艺叫慢轮制陶；而将泥料放在陶轮上，借其快速转动的力量，用提拉的方式使之成型陶器的工艺，则称作快轮制陶。采用可以转动的轮盘（慢轮），既便于制陶时的盘筑和加印纹饰，又可以利用它的旋转以修整口沿或器形，使器壁坚实、厚薄均匀、器形规整。慢轮制陶，往往会在陶器的有关部位遗留轮纹。慢轮技术的应用，大体开始于仰韶文化前期。仰韶文化陶器口沿，有些多弦纹；有些缽、碗底部，还印有布纹。我国云南西双版纳傣族的制陶技术，迄今还处在泥条盘筑和慢轮修整阶段。那里有一种木制慢轮，上面是一个圆盘，呈圆锥形，但底下不尖；下面有一个木轴，圆盘套在木轴上，可以用足或手推它转动。傣族的慢轮上多垫有布片，以防止陶器与轮面相粘连。上述情况表明，仰韶文化时期已经使用类似傣族的慢轮加工陶器了②。

慢轮加工技术的采用为后来快轮制陶技术的发明奠定了基础。甘肃秦安王家阴洼半坡类型晚期的一些陶器底部，虽然存在着因持绳将陶器割离轮盘而形

---

① 俞伟超：《中国早期的“模制法”制陶术》，《文物与考古论集》，文物出版社，1986 年版。

② 周仁、张富康、郑永圃：《我国黄河流域新石器时代和商周时代制陶工艺的科学总结》，《考古学报》1964 年第 1 期。

成的偏心圆纹[1]，但其腹身“未见快轮制作应留下的整规圆形纹理”，“故不便依此解释是用快轮制作出来的”。“用线绳从陶轮上割离陶器的工艺，产生于快轮制陶之前，而后可能因它导致快轮制陶，并成为快轮制陶的必备条件。”[2]

前面说过，快轮制陶法，是将泥料放在陶轮上，借其快速转动的力量，用提拉的方式使陶器成型的一种制陶工艺。陶轮又称陶车或陶钧，是一个圆盘形工作台，中轴插入地下套管，用手摇或脚踏使其转动。在我国有些少数民族地区迄今还保留有此类陶车。采用陶车制陶，一般是由一人转动轮盘，使之急速旋转，由另一人借助陶轮转动的离心力，配以双手灵巧的动作，将陶土塑造成需要的器皿。凡用快轮制陶技术制造出来的陶器，器形规整，胎壁厚薄均匀，胎壁表里普遍有快轮旋转时留下的同心周线，器底亦往往留下线割的偏心螺旋纹。采用快轮制陶技术，即利用陶轮的快速转动直接拉坯，不但提高了陶器质量，而且大大提高了生产效率，一件器物几秒钟就能拉出来，加上必要的修理也只需要几分钟时间，劳动生产率比慢轮上用泥条盘筑法生产要提高许多倍。因此，“快轮制陶技术的产生，是史前工业技术革命步入一重要阶段的标志”[3]。

我国史前制陶技术，在先后经历手制、慢轮加工等阶段之后，已在仰韶文化后期和大汶口文化后期的遗存中见到了少量快轮制品；再经历了逐步发展过程之后，至龙山时代，快轮制陶技术已在黄河流域和长江流域得到普遍的推广。山东曲阜西夏侯和胶县三里河、河南洛阳西高崖、陕西华县柳枝镇、河北磁县下潘汪、湖北圻春易家山、浙江吴兴钱山漾、上海青浦崧泽和马桥、广东曲江石峡等遗址中，都出土了轮制陶器。诚然，龙山时代各地区快轮制陶技术的发展是不平衡的。其中，以龙山文化和良渚文化的轮制技术最为发达，而中原龙山文化的快轮制陶又不如山东龙山文化那样盛行。而且，在这一时期的黄河流域，从它的下游到中、上游，快轮制陶技术的推广及发展程度，还存在逐

---

① 甘肃省博物馆大地湾发掘小组：《甘肃秦安王家阴洼仰韶文化遗址的发掘》，《考古与文物》1984 年第 2 期。

② 白寿彝总主编、苏秉琦主编：《中国通史》第 2 卷，上海人民出版社 1994 年版，第 108 页。

③ 白寿彝总主编、苏秉琦主编：《中国通史》第 2 卷《序言》，上海人民出版社 1994 年版，第 12 页。

步递减的现象，越往西轮制陶器越少，有些地方（如齐家文化）甚至根本不见。

陶窑结构的发展和变化，是衡量制陶工艺水平的又一重要标志。我国新石器时代的窑址，迄今已发现100余座，主要集中在黄河流域，在鄂北、辽西一带也有个别发现。从已发现的陶窑的结构看，有横穴窑和竖穴窑两种，二者大体代表了我国原始陶窑的发展过程。

仰韶文化的窑址，已发现54处，共有陶窑54座①，除早期的陶窑不规整外②，大体上可分为横穴窑和竖穴窑两种，以横穴窑为主，竖穴窑较少，两者的结构都比较简单。西安半坡的横穴窑，火膛位于窑室的前方，是一个略呈穹形筒状甬道，后部有三条大火道倾斜而上，火焰由此通过火眼以达穹室。窑室平面略呈圆形，直接约一米左右，窑壁的上部往里收缩。火眼均匀分布于窑室的四周，靠火道近的较小，远的较大，这显然是为了调节火力的强弱而有意为之③。竖穴窑的特点是，窑室位于火膛之上，火膛为口小底大的袋状坑，有数股火道与窑室相通，火门开在火膛的南边，从这里送进燃料。

仰韶文化的陶窑规模较小，陶窑结构还不完善。在烧窑技术上，也未能完全控制烧成温度和气氛。因此，烧制出来的陶器往往一件器物上陶色深浅不一，有时甚至烧坏。在河南偃师汤泉沟遗址的一座废弃的陶窑中，就清理出了许多烧坏了的残陶器，有的已变形，并有许多小气泡④。

比横穴窑进步的竖穴窑，其发展也经历了一个长期的逐步改进和完善的过程。仰韶前期的竖穴窑，火道采取垂直的形式，其结构还是比较原始的。到公元前3500年左右，在快轮制陶逐步代替手制的同时，各地陶窑也普遍进行了改革。仰韶前期的陶窑，只有两股火道，窑箅上仅有一圈火眼。而在河南郑州

---

① 其中，陕西宝鸡北首岭2座、西乡李家村1座、邠县下孟村5座、西安半坡6座、华阴横阵1座、华县泉护村18座、临潼姜寨1座，河南陕县三里桥2座、郑州林山砦1座、临汝大张1座、偃师汤泉沟1座、安阳大司空村1座，山西平陆盘南村、芮城东庄村9座，河北磁县1座……以上资料，分别见有关遗址的发掘报告。

② 中国科学院考古研究所等：《西安半坡》，文物出版社1963年版，第156～157页。

③ 中国科学院考古研究所等：《西安半坡》，文物出版社，1963年版。

④ 河南省文化局文物工作队：《河南偃师汤泉沟新石器时代遗址的试掘》，《考古》1962年第11期。

林山砦、陕县庙底沟以及山东大汶口等地发现的竖穴窑，都是由火膛伸出两三股主火道，由主火道再分出若干支火道，火道上面筑箅，箅面布满火眼，这就使窑室的火力比较均匀。再者，这时窑室的位置并不直接坐落于火膛之上，而火道也由垂直变为沟道状，平面呈“北”字形。林山砦和庙底沟陶窑都发现有残窑壁，均为内收，完全不同于仰韶前期窑的直壁。“这种窑壁内收的做法当是为了封窑的方便。在陶器烧到一定火候时密封饮窑，就会制造出还原气氛而烧出灰陶，此时如果让大量松烟进入，使其发生渗炭作用，就会烧出很好的黑陶。可见这一时期黑陶和灰陶的逐渐增加，与陶窑的改变均有直接的关系。”①

到龙山时代，陶窑结构和烧制技术又有所改进和提高。窑室仍为圆形，有北字形或川字形火道，窑壁呈弧形弯曲。扩大了窑室，缩小了火口，加深了火膛，增加了火道支道或窑箅箅孔的数量，使热力分布更加均匀，烧制质量更有保证。在洛阳西高崖遗址，还发现陶窑的窑壁是用“石英、碎陶粒、残渣等羼和料抹成的耐火壁”，可以抗高温②。因此，烧制的陶器火候高、质地坚硬，有的烧成温度达到950～1050℃左右③。烧成温度较高，间接反映了窑室的通风设备有所改进。再者，仰韶前期的窑室直径，一般为0.8米；而龙山时代陶窑的窑室，小的直径约1米，大的直径可达1.5米以上，每窑所烧陶器可多好几倍。

中国新石器时代有相当数量的陶器还附加纹饰，它具有增加美观和加固陶器的作用。不同种类的纹饰，往往形成某种文化的特征。据研究，施加纹饰的方法大体有以下几种：（1）绘彩。仰韶文化或其他文化的彩陶，一般绘有赭红、黑、白三种颜色的花纹。（2）拍印。在木板或陶拍上刻上条形、方格形或几何形的阴纹，拍印在陶坯上即出现篮纹、方格纹和几何形印纹。篮纹、方格纹主要见于龙山文化，几何形印纹则见于华南新石器时代晚期。（3）压印。在细木棒上用绳子缠成中间粗两端细轴状工具，可在陶坯上压印出成排而整齐

---

① 白寿彝总主编、苏秉琦主编：《中国通史》第2卷，上海人民出版社1994年版，第238页。

② 洛阳博物馆：《洛阳西高崖遗址试掘简报》，《文物》1981年第7期。

③ 周仁、张福宽、郑永圃：《我国黄河流域新石器时代和殷周时代制陶工艺的科学总结》，《考古学报》1964年第1期。

的绳纹。用篦状器可压印出篦点纹或弧线篦纹。（4）刻划。用细的骨、木棒做工具，在陶坯上划出弦纹、几何纹等纹饰，或戳印成点状纹。（5）附加纹饰。在陶器表面附加泥条或泥饼，有的用细泥条组成各种花纹；也有的用宽泥条围绕颈、腹部，上面还加印绳纹。（6）镂孔。一般多在圈足器上（如豆柄）镂成圆形、方形、长方形或三角形的孔作为装饰[①]。

三、冶铜技术的发明和冶铜业的产生

铜是人类最早认识和使用的金属之一。人们起初以天然铜锻制小件工具或饰物，随后发明冶铜技术。天然铜和早期冶炼的铜没有掺入其他金属，称为红铜。在铜中加适当的锡，以降低熔点并改善硬度的，即为锡青铜，通称青铜。此外还有含一定比例锌的黄铜，含一定镍的白铜。铜器就是用铜或铜的合金制造的工具、武器、器皿以及乐器和装饰品等。

中国铜器起源较早。在马家窑文化、大汶口文化、龙山文化以及稍晚的齐家文化的遗存中，都发现有铜器或有关线索。

1973 年，在陕西临潼姜寨遗址内 29 号房址的居住面上，发现了一件残铜片。“被发现时慎重地检查过地层情况，未发现有被扰乱的迹象。”[②] 经化验，含铜 65%，锌 25%，并有少量锡、铅、硫、铁，证明是黄铜。经碳 14 测定，其年代为公元前 4020 ± 110 年；树轮校正为公元前 4675 ± 135 年。碳 14 测定的年代与铜片所在地层所属的时代相合。

1977 ~ 1978 年，在甘肃东乡林家遗址发现一件完整的铜刀和铜器碎块（因氧化太甚已辨认不出器形），属甘肃仰韶文化马家窑类型的遗物[③]。经分析鉴定，铜刀为青铜制品，单范铸成[④]。马家窑类型的碳 14 年代，经树轮校正后约为公元前 3000 年左右。这是迄今发现的我国历史上最早的一把青铜刀。

---

① 《中国大百科全书·考古学》“中国新石器时代的制陶工艺”条（作者郑乃武），中国大百科全书出版社 1986 年版，第 709 ~ 710 页。

② 巩启明：《姜寨遗址考古发掘的主要收获及其意义》，《人文杂志》1981 年第 4 期。

③ 张学正、张朋川、敦德勇：《谈马家窑、半山、马厂类型的分期和相互关系》，《中国考古学会第一次年会论文集》，文物出版社，1980 年版。

④ 北京钢铁学院冶金史组：《中国早期铜器的初步研究》，《考古学报》1981 年第 3 期。

1959 年在山东泰安大汶口遗址的 1 号墓出土的一件小骨凿上，附有一层铜绿，经化验，含铜 9.9%，可能是铜器加工时的遗迹[①]。此墓属大汶口文化晚期，其年代约在公元前 2900 ~ 前 2400 年前后[②]。

1975 年在甘肃永登蒋家坪遗址发现一件残铜刀，属马厂文化的遗物，经鉴定为青铜制品[③]。蒋家坪遗址的年代，经碳 14 测定为公元前 1730 ± 90 年，树轮校正为公元前 2060 ± 110 年。

在龙山文化的遗址中，有 5 处发现了铜器或铜炼渣[④]。其中有山东胶县三里河的两段残铜锥，诸城呈子的残铜片，栖霞杨家圈的一段残铜锥和一些炼渣与矿石碎末，日照尧王城的铜炼渣，长岛店子的残铜片。

胶县三里河龙山文化地层中发现的两段铜锥[⑤]，经鉴定为黄铜[⑥]。据实物观察，铜锥一段稍粗，另一段较细，如果对接，则接头处的面积形状相近。经取样分析，成分和金相组织也都相似。因此，这两段铜锥可能属于同一器物，而于早期残断所致。两段铜锥都是铸造而成，金相组织观察有树枝状结晶，组织不均匀，成分也有较大偏析。其中含锌约 20.2% ~ 26.4%，锡 0.35% ~ 2.15%，铅 1.77% ~ 4.26%，硫 0.053% ~ 0.43%，铁 0.585% ~ 0.93%，硅 0.043% ~ 0.11%，除铜、锌外，其余成分应为杂质。从这件黄铜器成分中含有铁、铅、锡、硫等杂质，特别是其中有硫，并与铅化合成为硫化铅看来，铸造时所用原料是不纯的，熔炼方法也是比较原始的。这件铜锥，“很有可能是利用含有铜、锌的氧化共生矿在木炭的还原气氛下得到的”[⑦]。

在中原龙山文化遗址中，也有多处发现铜器或炼铜遗迹。其中有河南郑州董砦的方形小铜片，登封王城岗的一件残铜器片，临汝煤山的炼铜坩锅残片，以及山西襄汾陶寺的铜铃等。

---

① 山东省文物管理处、济南市博物馆：《大汶口》，文物出版社，1974 年版。

② 伍人：《山东地区史前文化发展序列及相关问题》，《文物》1982 年第 10 期。

③ 北京钢铁学院冶金史组：《中国早期铜器的初步研究》，《考古学报》1981 年第 3 期。

④ 严文明：《论中国的铜石并用时代》，《史前研究》1984 年第 1 期。

⑤ 昌潍地区艺术馆、考古研究所山东队：《山东胶县三里河遗址发掘简报》，《考古》1977 年第 4 期。

⑥ 北京钢铁学院冶金史组：《中国早期铜器的初步研究》，《考古学报》1981 年第 3 期。

⑦ 北京钢铁学院冶金史组：《中国早期铜器的初步研究》，《考古学报》1981 年第 3 期。

煤山遗址的炼铜坩锅残片，分别发现在属于煤山类型二期文化的两个灰坑中。坩锅残片内壁保留有一层层的固化铜液，最多的一片上有6层，每层厚约1毫米。经化验分析，含铜的近似值为95%，属于红铜①。

陶寺遗址出土的铜铃，是一座墓葬的随葬品。铃高2.65厘米，横剖面呈棱形，长6.3、宽2.7厘米。系合范铸成，顶部钻一圆孔。经测定，含铜97.86%，铅1.54%，锌0.16%，也属红铜制品②。

此外，在河北唐山大城山遗址发现了两件穿孔铜牌，化验结果，一件含铜率为99.33%，另一件为97.97%③，也是红铜。在内蒙古伊克昭盟朱开沟遗址的发掘探方中，还曾发现铜锥④。该遗址接近于中原龙山文化而又有自己的特点。在长江中游的石家河文化遗存中，也发现了许多铜块，地点在湖北天门石家河。

黄河上游的齐家文化遗址中发现的铜器更多。甘肃永靖大何庄、秦魏家、广河齐家坪、武威皇娘娘台、青海贵南尕马台等地，都先后发现了齐家文化时代的铜器，其种类有刀、锥、匕、指环、斧、镜等，红铜、青铜都有，主要是红铜。

永靖大河庄遗址的7号房址中，出土一件完整的铜匕；灰层中出土一件残铜片⑤。经化验，残铜片系红铜。秦魏家遗址出土6件铜器，其中铜锥1件，铜斧1件，铜环2件，铜饰2件⑥；经分析鉴定，铜环为铅青铜，铜锥、铜尖为青铜，铜斧为红铜⑦。广河齐家坪出土銎铜斧1件、铜镜1件，铜斧属红铜，

---

① 中国社会科学院考古研究所河南二队：《河南临汝煤山遗址发掘报告》，《考古学报》1982年第4期。

② 中国社会科学院考古研究所山西工作队：《山西襄汾陶寺遗址首次发现铜器》，《考古》1984年第2期。

③ 康捷：《关于唐山市大城山遗址文化性质的讨论》，《考古》1960年第6期；河北省文物管理处：《河北省三十年来的考古工作》，《文物考古工作三十年》，文物出版社，1979年版。

④ 内蒙古文物工作队、内蒙古博物馆：《内蒙古文物考古工作三十年》，《文物考古工作三十年》，文物出版社，1979年版。

⑤ 中国科学院考古研究所甘肃工作队：《甘肃永靖大河庄遗址发掘报告》，《考古学报》1974年第2期。

⑥ 中国科学院考古研究所甘肃工作队：《甘肃永靖秦魏家齐家文化墓地》，《考古学报》1974年第2期。

⑦ 北京钢铁学院冶金史组：《中国早期铜器的初步研究》，《考古学报》1981年第3期。

铜镜属青铜[1]。武威皇娘娘台遗址出土铜器30件，其中铜刀6件，铜锥15件，铜凿1件，铜环1件，条形铜器1件，铜器残片4件，铜钻头2件，均为红铜[2]。

上述情况表明，至迟在公元前3000年初期，我国已掌握了冶炼浇铸铜器的技术；至龙山时代，制铜技术获得了进一步的发展和推广，普遍使用铜器。上述情况还表明，我国早期生产的铜器，“是红铜、锡青铜、铅青铜器物同时存在”[3] 的。“从获取矿石，经冶炼到铸造铜器的生产，是一个有组织的协作劳动，十分复杂的工艺过程。这一工艺的出现，使手工业分工获得进一步发展，是继快轮制陶之后又一次具有时代性的工业革命，在随后的中国历史发展中将看到由它引起的社会变革，较快轮制陶更加深刻。”[4]

在西亚、北非、欧洲等地的史前文化史上，曾经历过“铜石并用”阶段。所谓“铜石并用”阶段，就是以红铜的使用为标志的人类物质文化发展阶段，即金属器开始出现的时期。人类最初并不知道铜和其他金属的合金，只是将天然铜打制或熔铸为器。在这种铜器制品出现后相当长的一段时期内，石器还占优势，故将这一时代称作铜石并用时代。对上述曾经历铜石并用阶段的地区来说，这个阶段也就是从新石器时代到青铜时代的过渡期。至于我国史前是否经历铜石并用阶段的问题，学术界迄今存在意见分歧。

关于我国史前是否经历铜石并用时代或红铜时期的论争，与上述陕西临潼姜寨遗址等出土的黄铜，以及在甘肃东乡林家马家窑文化的马家窑类型遗址等发现的青铜器有关。一种意见认为，既然我国铜器开始出现的时期便是红铜、锡青铜、铅青铜器物同时存在，那就不存在纯粹以红铜的使用为标志的红铜时期或铜石并用时期。另一种意见则认为：黄铜的冶炼技术要求很高，黄铜合金是晚起的技术，因而对临潼姜寨和胶县三里河黄铜器表示怀疑甚至否定；甘肃

---

① 北京钢铁学院冶金史组：《中国早期铜器的初步研究》，《考古学报》1981年第3期。

② 甘肃省博物馆：《甘肃武威皇娘娘台遗址发掘报告》，《考古学报》1960年第2期；甘肃省博物馆：《武威皇娘娘台遗址第四次发掘》，《考古学报》1978年第4期。

③ 北京钢铁学院冶金史组：《中国早期铜器的初步研究》，《考古学报》1981年第3期。

④ 白寿彝总主编、苏秉琦主编：《中国通史》第2卷《序言》，上海人民出版社1994年版，第13页。

东乡林家马家窑类型出现青铜器“似嫌偏早”，马厂类型出土青铜器虽不无可能，但嫌“例证过少”，因而也持怀疑态度。

有些学者不仅对山东胶县三里河遗址出土的铜锥进行了科学的分析和鉴定，证明它属于黄铜，而且“为了探讨我国古代早期出现黄铜的可能性”，还“做了直接冶炼的研究”；得出的结论是：“早期黄铜的出现是可能的。”① 其根据是：

(1) 龙山文化时期，制陶技术已达到十分成熟的水平，陶窑温度可达950～1050℃，并可有效地控制陶窑内的气氛。山东胶县三里河龙山文化层出土不少黑陶及碎片，说明已具备了冶炼黄铜所必需的还原气氛和高温条件。

(2) 对有关矿山进行的实地调查证实，山东胶县附近的昌潍、烟台、临沂等地区，铜锌或铜锌铅共生矿的资源十分丰富。

(3) 根据热力学数据对黄铜冶炼时的实际反映进行计算，在一大气压下，氧化锌被还原的最低温度是904℃，接近锌的沸点906℃。因此，当温度高于906℃还原得到的锌是气体，氧化铜很容易被还原固态金属铜。由于动力学的原因，实际还原温度在600℃以上。金属铜的存在，可使锌蒸气通过扩散不断溶解于铜中，降低铜的熔点，应该是可以得到黄铜的。

(4) 先后进行的十炉冶炼实验都获得了黄铜，含锌量由4%～34%不等，随冶炼实验条件、选用原料而异。

可见，“只要有铜锌矿存在的地方，原始冶炼（可能通过重熔）可以得黄铜器物”。“当然得到这种特殊成分的矿石，也可能是偶然的，因为早期黄铜器物的发现毕竟是个别现象。”②

关于青铜器问题，我们同意这样一种说法：“冶铜技术和其他技术一样，有一个发生、发展过程。青铜器生产的多少，与冶铜技术的发生发展有关。从事物的发展规律来看，青铜器生产由少到多，是符合一般事物发展规律的。在冶铜术出现初期，生产的青铜器本来不多，而且铜器与石器不同，用坏了的铜器能够重熔再造，何况又经过几千年的变迁，留存下来的自然就更少了。这是

① 北京钢铁学院冶金史组：《中国早期铜器的初步研究》，《考古学报》1981年第3期。

② 北京钢铁学院冶金史组：《中国早期铜器的初步研究》，《考古学报》1981年第3期。

不奇怪的。所以不能因发现的青铜器少，就怀疑甚至否定其客观存在。至于在它的前面，是否有一个红铜器阶段，这一时期是否是青铜时代，则属于另一个问题。”①

“在地球上并不是所有地区都曾经历过铜石并用的历史阶段。”“东方各地在史前虽有地方性的铜器出现，但目前尚不能确定为有过铜石并用时代。”②这里所说的“铜石并用时代”，乃是指以红铜的使用为标志的人类物质文化发展阶段，即金属器开始出现的时期。按照这个传统的“铜石并用时代”概念，我国史前是没有经历过这个阶段的。因为，如前所述，我国冶铸和使用铜器的最初阶段是红铜、锡青铜、铅青铜器物同时存在的。世界各地经历铜石并用时代与否，取决于多种因素，自然条件是其重要因素之一。例如：“欧洲最早使用铜器的地方在邻近安那托利亚的巴尔干半岛东部”，“自然条件决定了接近安那托利亚的巴尔干半岛东部，在欧洲各地中，首先进入铜器时代；而一些有锡或邻近有锡的地方，则首先进入青铜时代。”③

不过，反映历史实际的概念当从历史实际出发。既然我国金属器开始出现的时期是红铜、青铜、黄铜同时存在，“铜石并用时代”的“铜”也就不能仅限于红铜。从迄今出土铜器的情况来看，还不能说我国在龙山时代以前已经进入青铜时代。因为，有了青铜器不等于就进入了青铜时代，这里有一个数量和质量的问题。这样，我国史前虽不存在纯粹以红铜的使用为标志的“铜石并用”阶段，但以红铜、青铜和黄铜的使用为标志的“铜石并用”阶段是存在的。究其原因，一是由于我国不少地区有丰富的铜矿资源、锡矿资源，以及铜锌或铜锌铅共生矿的资源；二是由于我国新石器时代发达的制陶工艺，为青铜及黄铜的冶炼奠定了技术基础。

四、编织与纺织

编织业产生于农业出现以前的采猎经济时代。《周易·系辞下》所述包牺

---

① 宋兆麟、黎家芳、杜耀西：《中国原始社会史》，文物出版社1983年版，第274～275页。

② 《中国大百科全书·考古学》“铜石并用”条（作者林志纯），中国大百科全书出版社1986年版，第533、534页。

③ 《世界上古史纲》编写组：《世界上古史纲》下册，人民出版社1981年版，第36页。

氏“作结绳而为网罟，以佃以渔”，反映了这一点。民族学材料也表明了这一点。而新石器时代农业的发生发展和定居生活，为编织业的大发展创造了条件，也提出了新的需求。

磁山文化和仰韶文化中有些陶器的底部，有篾席、草席、芦席的痕迹，这是由于当时人们制陶时用这些编织物作衬垫所致。某些房址中有苇席的遗痕，说明席子还可用来盖房。山西襄汾陶寺墓葬，还常用麻类编织物敛尸。当时制作编织物的技法多样、复杂。半坡遗址出土陶器上的编织物印痕表明，当时制作编织物已采用了斜纹编织法、缠结编织法、绞缠法、棋盘格或间格纹编织法，条理分明，篾条大小均匀。其中以使用斜纹编织法最为普遍。如将此类编织物再具体分之，又可分为人字纹编织物、辫纹平直相交编织物、条带式编织物等。虽然那时需要和可能制作的编织物种类远不及中国现代农村，但可以说当时人们已基本上掌握中国现代农村制作编织物的技术。

南方的余姚河姆渡遗址也有席编遗迹。吴兴钱山漾遗址①还出土了大量竹编器物，计有200多件；由于这类器物埋藏在水下的黏湿土中，清理困难，因此估计这还只是该遗址实有竹编器物的四分之一左右。这批竹器多用刮光的篾条编制，也有用未经加工的竹片编制的。器物种类很多，有农业生产和养蚕使用的篓、篮、箅、谷箩、刀篰、簸箕，提水用的“千篰”，捕鱼用的“倒梢”，坐卧或建筑用的竹席，等等。编织方法多种多样，有一经一纬的人字形、二经二纬的人字形、菱形花格、梅花眼、辫子口等式样。特别是“梅花眼”、“辫子口”，编织技术复杂，必须具有丰富的经验和熟练的技巧才能编制。其中有的器物，接近口沿部分使用细密的纹竹，而下半部则用扁篾，与现代“杭州篮”的编法无异，可见当时竹编技术之精湛。

从猿类进化而来的人类，最初过着无衣无褐、赤身露体的生活。后来人们开始利用自然物如树叶或狩猎所得的兽皮等来蔽体或御寒。传说：“古者民不知衣服，夏多积薪，冬则炀之。”②“古者丈夫不耕，草木之实足食也；妇人不

① 浙江省文物管理委员会：《吴兴钱山漾遗址第一、二次发掘报告》，《考古学报》1960年第2期。

② 《庄子·盗跖》。

织，禽兽之皮足衣也。”[①] 至神农氏时代，才开始“耕而食，织而衣”[②]。这些古史传说表明，纺织业是随着农业的产生而出现的。民族学材料也表明了这一点。处于采集、狩猎阶段的民族一般不懂纺织。有些民族甚至在原始农业初期仍“衣木叶兽皮”。

据研究，纺织技术渊源于采猎时代的编织技术[③]。在我国少数民族中，还可以看到以编织物蔽体的原始形式。例如：西藏的珞巴族人用藤条、树皮、草秸编织成腰带和“遮羞物”，用鸡爪粟秸编织成围裙；清代的高山族“夏月结麻枲缕缕，挂于下体”[④]。采猎阶段的人们已懂得把较短的植物纤维或动物纤维加捻成线绳而用以编织，其方法是用手搓或用手在光裸的大腿上搓。织布的原理和编织也是一样的，都是用藤篾或线绳纵横交错而成。因此，纺织的两道工序——纺和织，都是在直接继承编织技术的基础上创新的。国外有些原始民族，也知道用一个工作架把皮条编织成网状组织的皮袍，或在木针的协助下编织成比较匀称的毯子。织机就是由编织架引导出来的，架子上牵一排经线，把纬线来回织入；骨头或木头做的织针就是织工所用的梭和杼的先驱[⑤]。我国海南岛的黎族，至今仍然保存着这种原始织布法的孑遗：用几根木棍绑成长方形的开面架，再用一根树杈把开面架斜竖起来，使之成为简单的织布机。《淮南子·氾论训》说：“伯余之初作衣也，氾麻索缕，手经指挂，其成犹网罗。”这里所说之衣料，很可能就是用这类织机织出来的。在半坡遗址出土的200多枚骨针中，多数有穿线的针孔，但也有无孔的，器身较圆，一端尖锐，另一端粗钝，有显著的系线痕迹。此外还有一种圆柱体两头尖的无孔针，这类针有的在一端削有凹口以便系线[⑥]。这些无孔针大概就是由骨针演变而来的、应用于原始织机上的骨梭。

我国迄今发现的最早的纺轮，出土于距今7000多年前的河北武安磁山遗

---

① 《韩非子·五蠹》。

② 《庄子·盗跖》。

③ 李根蟠、黄崇岳、卢勋：《中国原始社会经济研究》，中国社会科学出版社1987年版，第206～207页。

④ 黄叔璥：《台海使槎录》卷6《番社六考》。

⑤ 〔德〕利普斯：《事物的起源》，四川人民出版社1982年版，第121～123页。

⑥ 中国科学院考古研究所、陕西省半坡博物馆：《西安半坡》，文物出版社，1963年版。

址和河南密县莪沟遗址，各4个，均为陶质。磁山的纺轮有陶塑和陶片磨的两种，圆形，中间有孔，直径3厘米。莪沟的纺轮系用灰砂陶片磨制而成，近圆形，穿孔不在圆心上，周边加工较粗糙，比磁山的更为原始[①]。距今约6000年左右的河姆渡遗址，出土了纺车和织机部件。织机部件有木卷布棍、木齿状器、木经轴、刀、匕、小木棒、蝶形器等。木卷布棍两端削成四方形的小圆木棍，长约24.55厘米，在同一水平方向削有斜向缺口。木齿状器呈理发牙剪状，大概是用来梳理经纱的。刀、匕可能是机刀，小木棒可能是用来绕线的[②]。恩格斯在《家庭、私有制和国家的起源》一书中谈到“野蛮时代中级阶段”的工业时说：“在这一阶段工业的成就中，特别重要的有两种。第一是织布机；第二是矿石冶炼和金属加工。”[③]

到仰韶文化时期，中原地区的纺织业有所发展。纺轮大量发现，除用陶片磨制的以外，还有石制的和用陶土捏塑成形后烧制的。在半坡遗址和庙底沟遗址的若干陶器底部发现清晰的布纹印痕，从半坡陶器上的布纹印痕看来，这些布是由粗细不同的绳或线织成的，最粗的绳纹，直径约4毫米，最细的线纹，直径约0.5毫米，与当今的丝线差不多。而元君庙陶器上的布纹印痕，则经线清晰，纬线较模糊，每平方厘米经纬线各12根，粗细均匀，线径约0.84毫米[④]。纺织品的织法和元君庙织品纱线的粗细，均和现代农家的平纹布差不多。从仰韶文化陶器上的布纹印痕分析，纺织原料为大麻，都用平纹织法，其密度一般为每平方厘米6×9至12×15根。

原始时代的纺织原料除麻外，还有葛藤等。距今6000年左右的江苏吴县草鞋山遗址，有葛藤纤维织物的遗存出土。三块葛布残片为双股经线的罗（两经绞、圈绕起菱纹）地葛布，双股纱线的直径（投影）为0.45~0.90毫米，拈向为S拈，经向密度约每厘米10根，纬线地部密度为每厘米13~14

① 邯郸市文物保管所等：《河北磁山新石器时代遗址试掘》，《考古》1977年第6期；河南省博物馆等：《河南密县莪沟北岗新石器时代遗址发掘简报》，《文物》1979年第5期；《河南密县莪沟北岗新石器时代遗址发掘报告》《河南文博通讯》1979年第3期。

② 浙江省文物管理委员会、浙江省博物馆：《河姆渡遗址第一期发掘报告》，《考古学报》1978年第1期。

③ 《马克思恩格斯选集》第4卷，第157页。

④ 北京大学历史系考古教研室：《元君庙仰韶墓地》，文物出版社，1983年版。

根，罗纹部分约每厘米26～28根[①]。由此可知当时南方的纺织技术已经达到了相当高的水平。

到龙山时代，纺织技术和纺织业又获得了进一步的发展，主要表现在麻织品更加精细和丝织品的出现两个方面。

龙山时代的麻布虽然仍是平纹织法，但经纬线粗细不同，纹理也比仰韶时代更加细密。例如：山西陶寺遗址所出铜铃上的包布，每平方厘米为16×20根[②]；甘肃永靖大河庄齐家文化陶罐上的麻布，每平方厘米是30×30根[③]；浙江吴兴钱山漾遗址出土的麻布，每平方厘米为24×24或31×20根，每根麻线的直径不到0.5毫米[④]。如此之细的麻布，不仅要有相应的细扣，而且还需首先给麻纤维脱胶，否则难以纺出那样细且均匀的麻纱。这一时期的纺轮之所以很明显有大小两种，大概就是为了纺不同粗细的麻纱。

"中国是全世界一个最早饲养家蚕和缫丝制绢的国家，长期以来曾经是从事这种手工业的唯一的国家。"[⑤] 迄今发现的中国最早的丝织品，1958年出土于浙江省吴兴县钱山漾遗址，经放射性断代和校正，其年代约为公元前3300～前2600年，距今5000年左右。丝织品发现于该遗址下层，为早期良渚文化遗存。丝织品有绢片、丝带和丝线，经鉴定，是以家蚕丝为原料的[⑥]。残绢片长2.4厘米，宽1厘米，为平纹织品，经纬粗细相仿，撚回方向为S型、织物密度为每平方厘米47×47根。丝带分10股，每股单纱3根，编成两排平行的人字形纹，宽约0.5厘米。绢片和丝带都是先缠后织。可见当时的丝织已达相当高的水平，早已脱离了它的初创阶段。

除了以麻类、蚕丝为原料的纺织业外，还有毛纺业。我国迄今发现的最早

---

① 南京博物院：《吴县草鞋山遗址》，《文物资料丛刊》第3辑。

② 中国社会科学院考古研究所山西工作队等：《山西襄汾陶寺遗址首次发现铜器》，《考古》1984年第2期。

③ 中国科学院考古研究所甘肃工作队：《甘肃永靖大河庄遗址发掘报告》，《考古学报》1974年第2期。

④ 浙江省文物管理委员会：《吴兴钱山漾遗址第一、二次发掘报告》，《考古学报》1960年第2期。

⑤ 夏鼐：《中国文明的起源》，文物出版社1985年版，第49页。

⑥ 浙江省文物管理委员会：《吴兴钱山漾遗址第一、二次发掘报告》，《考古学报》1960年第2期。

的毛纺织品，是出土于新疆古墓沟遗址的毛布、毛毯和毡帽。原料为羊毛，羊绒质量颇高，可纺70支细毛纱。毛布毛毯均为平纹组织，本色。毛毯幅度最大为1.8米，残长1米左右。精品毛线粗细均匀，毯面组织平整，边缘饰流苏，当是使用原始竖织机织造。毡帽尖挺，毡色单纯，毡质平匀厚实，是新疆及中亚地区最早的一批毡帽标本[①]。

五、石器、玉器、木器和骨器制作

人类的原始时代基本上是与考古学上的石器时代相始终的，因此人类历史上最古老的手工业生产是石器制作。旧石器时代以打制石器为主要标志。到新石器时代，随着农业和各种新的手工业的发生和发展，石器制造业有巨大的发展和进步。

新石器时代石器制作业的发展进步，突出表现在石器种类和数量的增加，特别是出现了大量前所未有的农业工具。到新石器时代中期，各种农具已定型、配套[②]，砍伐林木用的有石斧、石锛，翻土用的有石臿、石耜、石锄，收获用的有石刀、石镰，加工谷物用的有石磨盘、石磨棒、石杵。此外，还有石质采猎工具矛、镞、弹丸、网坠、石球以及传统的砍砸器、刮削器、尖状器；石质手工工具锛、凿、锥、锤、纺轮、石砧、研磨器、两端器、砺石。到新石器时代晚期，石臿、石耜、石锄的数量增加，质量提高。如石臿、石耜为适应不同用途而有窄刃的、宽刃的，且多带肩有孔、安柄使用。在石锄中又分化出体长厚重、利于垦耕的石䦆。南方有些地区还有三角形石犁、斜把破土器出现。总之，中国新石器时代的石器，大量的是各种生产工具，广泛应用于农业、手工业、渔猎和日常生活，在当时的生产中起着决定性的作用。

中国新石器时代石器的特征可初步概括为这样几点：（1）早期继续大量使用打制石器，也开始较普遍地使用磨制石器。（2）磨制工艺的普遍使用，使石器器形规整，并日趋定型化，提高了效用。（3）中、晚期有发达的穿孔工艺，在长江流域尤为盛行。穿孔是为了更好地装柄以制成复合工具，这是新

---

① 王炳华：《孔雀河古墓沟发掘及初步研究》，《新疆社会科学》1983年第1期。

② 李根蟠、黄崇岳、卢勋：《中国原始社会经济研究》，中国社会科学出版社1987年版，第190页。

石器时代石器所特有的，反映了工具的进步性。（4）流行石铲、石刀、石镰等农业生产工具，这是中国新石器时代农业发展的重要物证。（5）有些新石器的形制，如斧、锛、镰、镞等，还给予后世金属器中的同类器物以重要的影响①。

新石器时代的石器制造技术，是在继承旧石器时代技术的基础上发展起来的，它一般包括选料、打制、切割成形、敲琢、砥磨和穿孔等几个工艺过程。当时人们已能依照石器种类和用途的不同而选择石料。一般是以硬度较大的玄武岩、石英岩、矽质灰岩、矽板岩制作石斧、石锛、石凿等；用硬度较小、易于成片剥离的变质岩、页岩制作石镞、石刀等；用燧石、玛瑙、碧玉、蛋白石等矽石砾石制作细石器。

极为丰富的考古资料表明，在中国新石器时代，各地区新石器的类型复杂，且富于变化，反映了各地区生产的特点和生产力水平的差别。

玉器的制作工艺，是磨制石器工艺的延伸和升华。因为玉不过是一种美石，有些加工石器的方法也广泛应用于玉器的加工。但玉器毕竟不同于一般石器，这不仅因为材料不同，制法上有很多差异，更重要的是品类和功能有十分明显的区别，因而形成为一种独特的工艺。

最早的玉石制品，见于浙江余姚河姆渡遗址，器形有璜、玦、管、珠，玉质很差，制作粗糙。但已进行钻孔和砥磨。又江苏南京北阴阳营遗址第一、二次发掘，出土玉和玛瑙器共283件，有璜、玦、管、珠、坠五种。龙山时代的玉器比前一时期增多，制作也更精良。良渚文化、石家河文化、龙山文化和中原龙山文化的遗址中，都出土过许多玉器；其中以良渚文化遗址出土的数量最多，种类也更为复杂多样。仅余杭反山一处墓地出土的玉器，就有1100余件（组）；如按单件计算，则达3200多件。余杭瑶山、上海福泉山、江苏武进寺墩等处，也有大量发现。迄今发现玉器的良渚文化遗址，已达20多处。

龙山时代的玉器多用软玉。玉器的加工，大体有裁料、成形、作孔、雕刻花纹和抛光等工序。裁断的方法有两种，一种是在石器加工中常用的片锯切

① 《中国大百科全书·考古学》"中国新石器时代的石器"条（作者佟柱臣），中国大百科全书出版社1986年版，第706页。

割，另一种是玉器加工中特有的线切割。无论片锯切割还是线切割，都需要有硬度高于玉的解玉砂作中间介质，正如现代玉器加工也必须用解玉砂一样。器物经过切割，一般已大体成形，个别的还需要雕琢。绝大部分玉器都有穿孔，一般采用管钻的方法。有的玉管直径仅1~2厘米，长却有10~20厘米，要一下子直穿钻透，难度很大。据观察、研究，良渚文化的玉器无论厚薄均用双面钻，且两面钻的深度相若，如有倾斜也往往相对。故有学者推测，当时已有两极钻具，掌握了从两面同时钻进的技术①。花纹的雕刻有两种方式，一种是透雕，另一种是浮雕加线刻。前者多施于玉璜和各种牌饰，镂透部分一般先画出范围，钻出小孔，再用线加解玉砂锯割，然后在透雕上加刻阴线花纹。后者一般用浮雕表现主体花纹，用阴刻表现地纹或背景纹饰，浮雕也常刻钩云纹，形成三层纹饰。

良渚文化代表了我国新石器时代玉器制作技术的最高水平。如位于江苏省武进县三皇庙村的寺墩良渚文化遗址，除出土玉质的镯、锥形饰、坠、珠、管一类装饰品外，还出土了24件玉璧和33件玉琮。玉璧素面无纹，琢磨光滑，其中最大而又制作精美的一件，直径26.2厘米、厚1厘米；最高的一件玉琮有13节，高36.1厘米。经鉴定，玉器质料绝大多数是透闪石，属于软玉。根据玉璧上遗留的一层砂粒，可知当时以石英砂粒为解玉砂。从各种直径不同、高低不一的玉璧、玉琮看，应是按一定规格从较大玉料上先切割下毛坯来，再研磨成形的。同一规格的玉璧，彼此直径相差不超过1毫米，玉琮每节高度误差更小。这除了要有熟练的技术外，还应有固定的琢玉装置，在璧琮上常有弧形的琢痕，推断当时已有圆片形轮锯（古称沙碾，今称圆铊），可能是主要含石英砂的类似砺石一类的平圆盘子。估计类似水作凳的简单琢玉机已经出现。玉制品穿孔的钻槽仅0.5毫米，很可能是用青铜管钻出来的。兽面纹玉琮的纤细花纹，则可能使用燧石制的石钻、尖状器和雕刻器。可见良渚文化的琢玉技术相当先进，琢玉当已成为独立的手工业；商代琢玉工艺中的各种技术，在良渚文化中均已露头②。

① 牟永抗：《良渚玉器三题》，《文物》1989年第5期。

② 《1982年江苏常州武进寺墩遗址的发掘》，《考古》1984年第2期。

这个时代的玉器主要有三类：一类是用作礼器或仪仗的工具和武器；二类是宗教用品；三类是装饰品。各地玉器的种类、形制和花纹不尽相同，应用的范围也有差别。在各种玉器中，钺、琮、璧处于非常突出的地位，也是各地区文化遗存中常见的器物，而琮、璧的绝大部分出于良渚文化。琮、璧这类贵重礼器在中国古代一直是权力、地位和身份的象征。良渚文化玉琮、玉璧的精美形制和繁缛兽面纹饰，还为商文化所吸收并得到发展。

木器的制作同石器的制作一样古老。我国旧石器时代的木器工具迄今未见出土，而新石器时代的各类木器则已陆续有所发现。河姆渡遗址出土了木耜和木耜柄，木耜是用整块木料制成的，镂雕三角形捉手，耜的下部残缺，残长20.3厘米[①]。在新疆哈密县的一处原始社会墓葬中发现了"方头木铣"，或称"木耜"，长28.5厘米，宽16.5厘米，厚1厘米，刃部锐薄，偏上部有对称两孔，以便安柄[②]。此外，浙江吴兴钱山漾遗址出土了用独木挖成的"千篰"（与现在太湖流域用以戽水和挖河泥的千篰十分相似）和加工谷物用的木杵[③]。木器也被用于其他生产领域，河姆渡遗址便出土了用作手工业工具的木质斧柄、木槌头，用作狩猎工具的木矛、木镞，用于编织的木经轴、木卷布棍、木刀、木匕和木齿状器。

木器还被使用于当时人们日常生活的各个领域。河姆渡遗址出土了用于饮食的木碗，作为盛器的木桶，用于建筑的大量木构件，用于水上交通的木桨，还有木制艺术品及用途不明的垂球形木器、凹字形木器、三角形木器、提梁形木器等。在新疆孔雀河畔的古墓沟、乌鲁木齐南山矿区鱼儿沟及阿拉东口原始时代墓葬的随葬品中，有盆、盘、小杓、杯等日常使用的木器，以及纺轮、木簪和大量钻木取火用的钻孔木片。新疆哈密五堡墓地也出土了木桶、木杓[④]。

在河姆渡遗址还采集到一件舟形陶器，陶质属第三、四文化层的主要陶系

---

① 浙江省文物管理委员会、浙江省博物馆：《河姆渡遗址第一期发掘报告》，《考古学报》1978年第1期。

② 王炳华：《新疆农业考古概述》，《农业考古》1983年第1期。

③ 新疆维吾尔自治区博物馆、新疆社会科学院考古研究所：《建国以来新疆考古的主要收获》，《文物考古工作三十年》，文物出版社，1979年版。

④ 新疆维吾尔自治区博物馆、新疆社会科学院考古研究所：《建国以来新疆考古的主要收获》，《文物考古工作三十年》，文物出版社，1979年版。

“夹碳黑陶”。器形两头尖，底部略圆，前端有錾，形如鸡胸，利于破浪，并有一透孔，似为系舟首的系缆孔，尾部略翘。全器长7.7厘米，高3厘米，宽2.8厘米。这是模仿独木舟制成的，它反映了古代中国至迟于此时已有首尾尖锐、体形圆滑的梭形独木舟①。又河姆渡遗址出土的作为水上交通工具的木桨，做工十分精细，柄叶由同一木料做成，其结合处阴刻有弦纹和斜纹相间的图案。浙江杭州水田畈、吴兴钱山漾遗址也出土了木桨。

河姆渡遗址出土的木器表明，当时人们已掌握了开板技术，木板是用石楔具割开的。该遗址出土了迄今最早的有段石磅，并伴出磅柄，皆有榫卯结构，表明有段石磅是安在鹤嘴锄式木柄上，为刨平工具，类似近代木工使用的磅。木板的拼接还使用了工艺水平很高的企口拼接法，企口板两侧凿出V字形企口，套入砍削成梯形截面的木板，衔接无隙。所有的木器最后都经过一道磨制工序。该遗址出土的4个木桶，筒壁上下平直，弧度均匀，厚薄一致。在一个木筒和一个木碗上发现有一层光滑的涂料，经鉴定为生漆，是我国迄今发现的最早的漆器。

到新石器时代晚期，木器手工业获得进一步的发展，制作木器工具的变革是其首要标志。河姆渡遗址第四文化层出土的早期石楔，从其形制来看，与共生的石斧头并无差别。后来，通过生产实践，为便于楔进破板，把斧身加长、斧背加厚，终于从石斧中分化出专用的石楔。甘肃秦安大地湾出土的横切面近方圆、长度达20~30厘米的石楔标本（与庙底沟类型彩陶共生），是距今约6000年前已脱离石斧形态的例证；出土这类石楔的遗址保存有方形柱洞，证明当时确实已掌握枋木加工技术。良渚文化时代又出现了石楔的更为成熟的例证。这一类型的石楔，背的厚度大于刃的宽度，其中一件标本的背厚5厘米，刃宽4厘米，楔长14.5厘米。此时的石楔，不再保持石斧头的功能和装柄所需要的刃宽顶窄的梯形状态，而多选择上下通直的长条石料制作。“石楔的使用，比过去用石斧将原木砍成一个枋木或板材，不仅节省了材料，而且也不止几倍甚至可达到几十倍地提高了劳动生产率，同时，还促成宽大板材和枋木的生产。于是使住房发生重大变革，使作为生产资料的农具、纺织工具、船只

① 吴玉贤：《从考古发现谈宁波沿海地区原始民的水上交通》，《史前研究》1983年第1期。

（用于渔猎及采集生产）等等也发生了重大的发展与提高。”[①] 石凿也有了更细的分工。如广东曲江石峡遗址出土的石凿，有长身方体和长身有段两种，刃部有平刃直口和卷刃凹口两种。有些墓葬中出土大小成套的石凿。这些石凿可凿出圆孔圆槽，犹如现代木工的圆口凿[②]。

位于山西省襄汾县的陶寺墓地出土了一批木器和漆器，这是中原地区龙山时代保存至今的难得的漆木器实物标本。墓葬分大、中、小三种，大墓的随葬品中有大量漆木器，诸如木豆、木盘、木斗、木俎、木匣、木盆、木鼓、木仓模型以及不辨器形的彩绘漆木器等。中型墓的随葬品中也有彩绘木器。木豆、木盘均为圈足。圈足盆宽沿外翻，沿下端有一折棱。这些木器器身施以彩绘，多以红彩为地，以白、黄、黑、蓝、绿等色绘出图案，部分器物单施红彩。有的器物彩皮剥落而成卷状，与漆皮无异[③]。《韩非子·十过》篇说：虞舜时代“斩山木而财之，削锯修其迹，流漆墨其上，输之于宫，以为食器”。这一记述可与上述考古资料相互印证。

骨、角、牙、蚌器的制作和使用的历史也相当悠久。到新石器时代，虽然农业逐步代替了采猎业的地位，但骨器制造业并没有因此而衰落。“这是因为农业生产和定居生活要求种类更多和数量更大的生产和生活用具，在使用铁器以前，骨、角、蚌、牙仍不失为良好的工具原料；同时渔猎在农业发生后相当长时间内仍在社会经济中占有重要地位，甚至还有所发展，畜牧业也逐渐发展起来，原料的来源是丰富的。因此，骨器制造业在新的条件下继续获得发展。”[④] 裴李岗、磁山和仰韶文化遗址，都出土了大量的骨器。骨质农具以河姆渡的骨耜最为突出。广东潮安陈桥遗址有双肩或单肩的骨斧，以及用大动物肋骨磨成的骨铲。江西万年仙人洞遗址有穿孔“蚌耜”。北辛和大汶口文化遗址有蚌铲和鹿角锄。不过，总的说来，骨器更多的还是用于渔猎和手工业生

---

① 杨鸿勋：《论石楔与石扁铲》，《文物与考古论集》，文物出版社，1986 年版。

② 广东省博物馆、曲江县文化局石峡发掘小组：《广东曲江石峡墓葬发掘简报》，《文物》1978 年第 7 期。

③ 中国社会科学院考古研究所山西工作队：《1978～1980 年山西襄汾陶寺墓地发掘简报》，《考古》1983 年第 1 期。

④ 李根蟠、黄崇岳、卢勋：《中国原始社会经济研究》，中国社会科学出版社 1987 年版，第 201 页。

产。到新石器时代晚期，蚌刀、蚌镰在农业上广泛应用，还出现了骨雕、牙雕等的专业化生产。

六、原始建筑的发展

人类直接生活资料的生产，除食物、衣服等的生产之外，还有住房的生产。史前时期“与家族形态及家庭生活方式有密切关联的房屋建筑，提供一种从野蛮时代到文明时代的进步上相当完整的例解”[①]。

中国古代建筑是世界上最古老的建筑体系之一，有7000年以上有实物可考的历史。我国新石器时代的建筑，大体可分南北两大系。黄河中下游黄土地区的房屋，由半地穴居址发展为地上的木骨泥墙圆形房子和方形房子；而南方潮湿地区，则从巢居发展为架空的干栏。

我国新石器时代的建筑基址遗迹，广泛发现于当时的遗址中，其中有些已构建成规模较大、布局有序、房屋毗连的聚落。一般包括壕堑、围墙一类防卫设施，中小型的住房，公共性质的大房子，牲畜栏圈，贮藏窖穴，以及祭祀性建筑等。而主要建筑类型是住房。大量的新石器聚落遗址表明，当时的居住地点一般都选择在河谷阶地或沼泽边缘，背坡面水，接近水源，以满足生活和生产用水的需要。还有许多聚落布置在交通便利的河流交汇处。已发现的大量新石器时代聚落遗址，多数为现代村镇甚至城市所叠压，或在其附近，这说明当时的居民点选址是相当合理的，因此被沿用至今。

主要属于仰韶文化和龙山文化的黄河中游地区的建筑遗址，已经发掘的有西安半坡，临潼姜寨，宝鸡北首岭，华县泉护村，邠县下孟村，长安客省庄，陕县庙底沟，洛阳孙旗屯、王湾，郑州林山砦、大河村，广武青台，镇平赵湾，偃师汤泉沟、灰嘴，汤阴白营，夏县西阴村、东下冯，芮城东庄等处。其中具备一定聚落规模的，有西安半坡、临潼姜寨、宝鸡北首岭、洛阳王湾、汤阴白营等处；而时代较早、聚落比较完整、建筑基址保存较多的，主要是西安半坡遗址。

---

① 摩尔根：《古代社会》，三联书店1957年版，第4页。

半坡遗址[1]，从已发掘的部分来看，形制可辨的建筑基址就有46座，其中部分有明确的叠压关系。保存最好的聚落中部的文化层厚达3米，其文化内涵反映这是一处约使用了上千年的古老居民点。早晚期建筑形制不同，可分为方、圆二形，并且各自表现出明显的发展过程。从该遗址发现的遗迹材料，按营建技术的发展程序排比，发展线索清楚。归纳其具有代表性的建筑遗址，从工程技术和建筑处理两方面考察，可以排列出早、中、晚三个发展阶段[2]。早期为半穴居，即下部空间是取土形成，上部空间是构筑而成；中期，居住面上升到地面，围护结构系构筑而成；晚期为分室建筑，即一栋房屋的大空间分隔利用。半坡建筑的发展表明，早期半穴居的发展，其竖穴有由深到浅的趋势（最后变为地上建筑），顶盖有由小到大（由低到高）的趋势。

半穴居这种在竖穴之上构筑顶盖的居住形式，具备了建筑学或曰“建筑艺术”的空间与体形两个方面。从结构学讲，半坡一类木骨涂泥的构筑方式，奠定了中国古典建筑土木混合结构的传统，可以说是土木合构的中国古典建筑的始祖。利用树木枝干作骨架，植物茎叶或敷泥土作面层，构成竖穴顶部遮荫避雨、防风御寒的围护结构，这是一项重大的发明。它表明人们已经开始掌握木杆件架设空间结构的技术，出现了柱和椽（斜梁）。

屋架发展到可以不依赖竖穴而独立构成足够的使用空间的程度，居住面便开始上升到地面。穹庐式屋（如半坡F6）以曲面扩大了内部空间。外围结构进一步分化为直立与倾斜两部（如半坡F39），在仍旧保持足够空间的情况下，较诸穹庐式构架缩短了构件，方便了施工，扩大了材料来源，为建筑的发展开辟了广阔的新的途径。承重的木骨泥墙的出现，是地面建筑大发展的一个技术关键。直立的墙体，倾斜的屋盖，奠定了后世建筑的基本体形。这一转变，在建筑史上具有重大的意义。这种在墙上架屋的体形，要比在地面上架屋（半穴居）高大得多，是一先进的形式。

关于柱基的做法，早期掘坑栽柱，原土回填，无特殊处理。半坡较晚的方

---

① 中国科学院考古研究所：《西安半坡》，文物出版社，1963年版。

② 杨鸿勋：《仰韶文化居住建筑发展问题的探讨》，《考古学报》1975年第1期。以下有关半坡居住建筑的论述，凡未注明出处者，均见此文及《西安半坡》，不另注。

形建筑，柱基多有所改进，柱坑回填土采用质地细密的浅色泥土，即发掘所见的“细泥圈”。其做法或近似“三合土”，黄土中似掺有石灰质材料，加水混凝，干结后有较大强度。这种处理，可以改善柱脚的防潮和加固。还有在柱坑回填土中掺和“红烧土”渣、碎骨片、加砂粗陶片的。这种加入颗粒骨料等的做法，可增强柱脚的固定性。半坡有一处柱洞底部垫有10厘米黏土层，柱脚侧部斜置两块扁砾石加固，周围回填土上部35厘米一段，分六层夯实，解剖观察，夯层上隐约可见夯筑痕迹。分层夯筑的做法，较一次回填压实，可以提高柱基的密实程度。后来，基底也作加固处理，一般垫一层黑褐色或红褐色黏土夯实，黏土中有的加垫陶片或石片，这应是暗础做法的创始。庙底沟301号、302号基址的中心柱已设置扁砾石柱础[①]，洛阳王湾F15的木骨泥墙为连续平铺的砾石基础，下垫“红色土块”[②]，这反映了原始居民因支柱下沉而力图使基底坚硬的想法。至此，柱基的发展已达相当科学的地步，为木结构进一步向高大发展创造了条件。

半坡聚落遗址反映了一个典型母系氏族公社的居民点布局。此时已萌发了规划思想，建筑地段分区使用——分为居住、陶窑和公墓三个区。居住区周围设防护壕堑，住房环形布置，形成中央广场。它为建筑史提供了最早的规划实例。半坡生活起居的建筑，从功能性质上可分为两类：一类是构成聚落的基本单位——或圆或方的一般小型建筑；另一类是位于聚落中部的“大房子”。一般住房基本上是一栋居住一个“对偶家庭”。“大房子”是指聚落中部的体量最大的建筑，这类房址在洛阳王湾、华县泉护村[③]、西乡李家村[④]也有发现。半坡F1大房子的进门是一大空间，后部划分三个小空间，已呈“前堂后室”的布局。“大房子”是兼备居住和公共性质的建筑。

半坡建筑，在卫生功能方面，有防潮、保温、防鼠、防虫蛇的“陶复陶穴”做法；有排烟通风口——囱、牖之类，以及选择良好日照的东南建筑方

---

① 中国科学院考古研究所：《庙底沟与三里桥》，科学出版社，1959年版。

② 北京大学考古实习队：《洛阳王湾遗址发掘简报》，《考古》1961年第4期。

③ 黄河水库考古队华县队：《陕西华县柳子镇考古发掘简报》，《考古》1959年第2期。

④ 陕西省社会科学院考古研究所汉水队：《陕西西乡李家村新石器时代遗址一九六一年发掘简报》，《考古》1962年第6期。

位。半坡遗址还提供了泥塑建筑装饰艺术的标本。

这一时期，如半坡、姜寨所见，在居住区的周围还有壕堑环绕。这种防御性的设施，兼作雨水的排放沟。半坡的壕堑宽、深各5~6米，壕底发现有残存的桩木，推测跨堑可能架有木桥，以便居住区内外的交通。

到龙山文化时期，聚落的布局有了明显的变化，这种变化，与父系氏族公社时期的生产方式和生活方式有关。从汤阴白营、安阳后冈等多处遗址来看，仰韶文化时期聚落那种居住区与陶窑场的明确分区，此时已不复存在，此时陶窑多分布在居住区。而且，常在住房内设窖藏；而居住区已不见中心广场的布置。住房多呈圆形，有的两三座在一起，屋门可以互相呼应；其中有的住房开有两门。这可能同属于一个人口较多的家庭居住。

一般说来，龙山文化时期土木混合结构建筑质量提高，普遍发现用灰涂抹居住面、墙根或墙裙。河南龙山文化一些房子白灰居住面的灶地外围，还用颜色勾描一圈。山西襄汾陶寺发现刻有几何纹的白灰墙皮残块。宁夏固原麻黄剪子的一座齐家文化方形房屋墙壁上更有红色的几何形壁画。河南永城王油坊、安阳后冈、汤阴白营等遗址发现有土坯墙体，陕西武功赵家来发现版筑墙体，开创了建墙的新工艺。值得注意的是，山东龙山文化的日照东海峪遗址，新出现了在夯土台基上营造的地面房屋建筑，标志着建筑工程上的突出发展。内蒙古包头阿拉善遗址第三期遗存，年代约与龙山文化相当，发现了地面起建的石墙房址以及环绕居住区的石砌围墙，这是原始建筑的又一新成就①。

《礼记·礼运》篇追述原始住房情况说："昔者先王未有宫室，冬则居营窟，夏则居橧巢。"可知在穴居的同时也有巢居。早期的巢居是借助自然树木架屋，即《韩非子·五蠹》篇所谓"构木为巢"。但树上的巢居不可能再有遗存，仅有民族学材料可供参考。现在考古发现的已属进一步发展的形式，即栽立柱桩、架空居住面的房屋，后世称作"干栏"，原系我国西南少数民族语音，汉语可称为"栅居"。这种架空居住面的木结构建筑，通风和防潮都比较好，适于气候炎热和地势低下潮湿的地带居住，在我国长江流域及其以南地区长期存在。迄今发现的最早"干栏"实例见于河姆渡文化。河姆渡遗址第4

---

① 杨鸿勋：《中国早期建筑的发展》，《建筑历史与理论》第1辑，江苏人民出版社，1981年版。

文化层遗留大批公元前5000年左右的干栏长屋遗物。建筑主要使用木材，包括桩、柱、大梁、地板、席箔（或席壁）以及树皮屋面等。从桩木布置来看，一座干栏建筑的残长就有25米，进深约7米，前檐有1.3米宽的走廊。出土的木构件上带有榫卯，梁头榫上还有销钉孔，同时发现了企口板。许多构件有重复利用的迹象，说明使用木结构已有相当长的历史①。

第四节 私有制和阶级的产生

私有制和阶级是一个历史的范畴。“阶级的存在仅仅同生产发展的一定历史阶段相联系。”② 在旧石器时代，在原始社会的早期和中期，社会生产力水平极低，人们只有共同劳动，平均分配，才能免于饥饿和死亡。这时没有生产资料的私有制，没有剩余产品，没有人剥削人的可能，从而也就没有任何阶级的存在。

如马克思所指出：“一般剩余劳动的自然基础，即剩余劳动必不可少的自然条件是：只要花费整个工作日的一部分劳动时间，自然就以土地的植物性产品或动物性产品的形式或以渔业等产品的形式，提供出必要的生活资料。农业劳动（这里包括单纯采集、狩猎、捕鱼、畜牧等劳动）的这种自然生产率，是一切剩余劳动的基础，因为一切劳动首先而且最初是以占有和生产食物为目的的。”③ 人类从旧石器时代进入新石器时代以后，由于社会生产力的发展，人们的农业劳动产品除维持自身最低生活之外还有一定剩余。这是产生私有制的物质基础，也是占有他人劳动、进行经济剥削的前提条件。

财产可分为动产和不动产两大类。人类历史上最早的私有财产是动产。“无论在古代或现代民族中，真正的私有制只是随着动产的出现才出现的。”④ 而最初的动产，主要是生产工具、生活用品和装饰品。后来随着农业和家畜饲

① 安志敏：《“干栏”式建筑的考古研究》，《考古学报》1963年第2期；《中国大百科全书·考古学》“中国新石器时代的建筑”条（作者杨鸿勋），中国大百科全书出版社1986年版，第704页。

② 马克思：《致约·魏德迈（1852年3月5日）》，《马克思恩格斯选集》第4卷，第332页。

③ 马克思：《资本论》第3卷，《马克思恩格斯全集》第25卷，第712~713页。

④ 马克思、恩格斯：《费尔巴哈》，《马克思恩格斯选集》第1卷，第68~69页。

养业的不断发展，特别是家畜的驯养和畜群的繁殖，创造了前所未有的财富，从而家畜及粮食也开始成为私有财产的对象。

在当时的各种动产中，牲畜占有更重要的地位。这是因为：牲畜能提供大量的肉类、乳类和皮毛，是重要的生活资料；牲畜繁殖快，畜力又能用作交通运输，是重要的生产资料；牲畜是人们乐于交换的物品，而且是早期的实物货币之一，也是衡量占有多少财富的一个重要标志；在祭祀和丧葬活动中，牲畜又是重要的祭品和随葬品①。

此外，原始社会末期，当“生产已经发展到这样一种程度”，即“人的劳动力所能生产的东西超过了单纯维持劳动力所需要的数量”，而“维持更多的劳动力的资料已经具备”，“使用这些劳动力的资料也已经具备”，“劳动力获得了价值”② 以后，又出现了一种重要的动产，这就是主要来源于战俘的奴隶。社会存在决定社会意识。随着个人占有制、私有制的出现，产生了占有观念、私有观念；当时普遍存在的以财产（动产）随葬的葬俗，便是这种观念形态的体现形式。在“原始社会早期，并未出现埋葬的现象”，人死后“既无坟墓，也无随葬品”；“进入母系社会的时期”，才“开始出现墓葬”③。墓葬和随葬品的出现，是原始人基于原始宗教的信念，认为人死后还有灵魂存在，在另一个世界过着生前一样的生活，同样需要有吃的、穿的、用的。因而，当时人们在安葬死者时，便将属于死者生前的财物用以随葬，凡“占有者生前认为最贵重的物品，都被关进死者的坟墓，供他在冥中继续使用”④；或者，“人们在举行葬礼时开始烧掉或消灭一切已成私有财产的东西，例如家畜、妻子、武器、衣服、装饰品等等”⑤。

上述原始葬俗，具有普遍性。因为墓葬中的随葬品或与死者尸体一起烧毁的物品属于死者生前所有，所以它们也就成为我们考察和判定当时社会中什么

① 宋兆麟、黎家芳、杜耀西：《中国原始社会史》，文物出版社 1983 年版，第 292 页。

② 恩格斯：《反杜林论》，《马克思恩格斯选集》第 3 卷，第 219 页。

③ 孙淼：《夏商史稿》，文物出版社 1987 年版，第 58 页。

④ 马克思：《路易斯·亨·摩尔根〈古代社会〉一书摘要》，《马克思恩格斯全集》第 45 卷，第 380 页。

⑤ 马克思：《马·科瓦列夫斯基〈公社土地占有制，其解体的原因、进程和结果〉一书摘要》，《马克思恩格斯全集》第 45 卷，第 209 页。

东西是个人私有财产的根据[①]；而从各个时期墓葬随葬品的变化中，可以了解到各种形式的动产是按怎样的顺序变成私有财产的，私有财产的范围和数量又是怎样日益扩大，以致造成贫富差别和阶级差别的。

已经发掘的河南新郑裴李岗遗存和密县莪沟遗存，并含居址、墓地两部分。裴李岗遗址面积约2万平方米，具有相当规模的氏族——部落公共墓地在遗址的西部。1977年和1978年在这里共发掘了32座墓葬，墓中随葬品主要有石斧、石铲、石镰、石刀、石磨盘、石磨棒、陶壶、陶罐、陶鼎，个别墓中还发现有少量绿松石。每座墓都有随葬品，不过各墓之间的随葬品有较大的差别。如在1978年发掘的24座墓中，大墓的随葬品多达20余件，而有的小墓随葬品仅有1件[②]。1977～1978年在密县莪沟遗址发现的68座墓葬中，有的墓有随葬品，有的墓无随葬品；而有随葬品的各墓之间，随葬品的数量亦有多有少，多者14件，少者1件[③]。

裴李岗和莪沟的墓葬都以单人葬为主。两地各发现了一座双人合葬墓，合葬墓内死者的性别、年龄未经鉴定，合葬墓的面积及随葬品都居墓地其他墓葬之首。裴李岗和莪沟遗址各墓随葬品的组合，值得注意。“除裴李岗的一座单人墓和一座合葬墓外，凡随葬石磨盘、磨棒类谷物加工工具的墓中，不见石铲、镰、斧这类农业或手工业生产工具，而随葬后一类工具的墓中，亦不见磨盘、磨棒与之共存。在随葬这两类石器的那例合葬墓中，从随葬品的陈放位置看，两类工具也是分属两个个体。随葬品的不同组合，反映了当时社会业已存在的劳动分工情景。通过随葬不同的生产工具而将当时在生产中按性别形成的分工表现出来，足已证明这种分工由来已久，并已形成定制。也许正是这种形成定制的劳动分工，使得一部分人在生产中的地位不断上升，其社会地位亦随

① 马克思：《马·科瓦列夫斯基〈公社土地占有制，其解体的原因、进程和结果〉一书摘要》：“要判定在蒙昧人中什么东西是个人财产，必须考察哪几种财物在埋葬死者时必须毁掉；在某些蒙昧人中，只毁掉武器和衣服；在另一些蒙昧人中，还加上死者的男女奴隶，死者的诸妻或一妾；还有些蒙昧人则要毁掉死者栽培的果树和喂养的家畜。”（《马克思恩格斯全集》第45卷，第210页。）

② 开封地区文物管理委员会、新郑县文物管理委员会、郑州大学历史系考古专业：《裴李岗遗址一九七八年发掘简报》，《考古》1979年第3期。

③ 河南省博物馆、密县文化馆：《河南密县莪沟北岗新石器时代遗址发掘简报》，《文物》1979年第5期。

之提高，从而导致了人们之间在财产占有及社会地位上的差别。”[1]

1979 年在甘肃秦安“大地湾一期文化”遗址发现的 11 座墓葬都为单人葬，墓内随葬品同样多寡不一，多的十余件，少的一二件。其中有两座墓除随葬陶器外，还用猪下颌骨随葬[2]。河南淅川下王岗早一期遗址也全是单人葬，墓内均有随葬品，随葬器物主要有陶鼎、陶罐、陶壶等。其中有一墓葬随葬 1 件陶鼎和一些陶罐外，还随葬 1 只狗和 1 只龟[3]。

上面说的是新石器时代早期至中期的几处墓葬，当时社会还处于母系氏族公社阶段。根据“随着氏族的建立而产生的”继承法，“死者的财产被分给其氏族成员”；“实际上，财产是被近亲所占有，但从一般原则上来说，财产应留在死者的氏族中并分配给它的成员”[4]。总的说来，当时人们的财产是微不足道的，占有的对象很少，个人的财产只限于个人的用品。不过，“占有欲依靠纯粹归个人使用的物品而哺育着它那初生的力量，这类物品是随着发明的缓慢发展而增多的”[5]。正因为如此，上述裴李岗等几处遗存的墓葬，一方面一般都有随葬品，各墓随葬品已有一定的差别，另一方面随葬品的种类和数量不多，各墓随葬品数量、质量上的差别也不很大。当时用以随葬的主要是陶器、石器和装饰品，只限于死者生前个人用品。可以说，这一时期，私有制还处于萌芽阶段。

大量考古资料表明，私有制的显著发展、悬殊的贫富差别和阶级对立的出现，是在父系氏族社会阶段。这是父系时期普遍产生的规律性现象，具有历史必然性。其中以大汶口文化最为典型，是我国私有制出现的重要例证[6]。

山东大汶口墓地是父系氏族公社时期的公共墓地，墓地的年代约在公元前

① 白寿彝总主编、苏秉琦主编：《中国通史》第 2 卷，上海人民出版社 1994 年版，第 70 页。

② 甘肃省博物馆、秦安县文化馆大地湾发掘小组：《甘肃秦安大地湾新石器时代早期遗存》，《文物》1981 年第 4 期。

③ 河南省博物馆、长江流域规划办公室文物考古队河南队：《河南淅川下王岗遗址的试掘》，《文物》1972 年第 10 期。

④ 马克思：《摩尔根〈古代社会〉一书摘要》，《马克思恩格斯全集》第 45 卷，第 380 页。

⑤ 马克思：《摩尔根〈古代社会〉一书摘要》，《马克思恩格斯全集》第 45 卷，第 380 页。

⑥ 宋兆麟：《我国私有制出现的重要例证》，《光明日报》1975 年 5 月 6 日。

2800年左右[1]。在该墓地发掘的133座墓[2]中，无随葬品的墓有8座。约占半数的小墓墓坑仅能容身，无葬具，随葬陶器均在5件以下，且质量低劣，其他器物也少。如61号墓只有1件陶鼎和1块砺石，62号墓仅有一枚獐牙；70号墓是两个成年人合葬墓，也只有一把石斧（钺）。中型墓稍大，有的有葬具，随葬器物或十几件或几十件。而少数大型墓，则不仅墓坑大，有木椁或木棺一类葬具，而且随葬品特多，有的墓一二百件，有的墓近300件，其中多为玉器、象牙器等珍贵物品。例如埋葬一位女性（约50岁左右）的10号墓，墓坑长4.2米，宽3.2米，坑内有由圆木构成的木椁，椁内又挖小坑，似还有一棺或软质葬具，人架即在此小坑之内。发掘时于人架周身发现一层约有2厘米厚的黑灰覆盖，当是衣着或裹尸布一类的遗存。死者着盛装入殓：手握獐牙，右臂佩玉镯，头拢象牙梳，额头戴一串27件长方形石片饰，颈部绕一串31颗管状石珠，胸前佩一串19片松绿石饰。此外还有大量随葬品分别放置在椁内外和中央小坑，计有：制作精致、造型优美的陶器82件[3]；石器4件；玉器2件（内有一极为精致的墨玉钺）；象牙器5件（雕筒2、管1、片2）；骨器1件（雕筒）；猪头2个，猪骨15块；鳄鱼鳞板84块。如按单件计数，共有289件之多。在大汶口墓地的133座墓中，有45座墓随葬猪头或猪下颚骨，有的墓随葬猪头多达14个。

大汶口文化中贫富分化的现象，在许多墓地都表现得非常明显。如在山东莒县陵阳河发掘的45座墓，分为四群，分别位于遗址北部河滩山、遗址西北河滩上、遗址东北、遗址东南，其中只有位于遗址北部河滩上的第一群是大墓，其他三群都是小墓。这些属大汶口文化晚期的墓葬，本身又可分为早中晚三期，其中属于大墓的第一墓群的墓主人，不但自始至终都比较富有，而且越来越富。例如：早期的24号墓，长4.3米，宽2.1米，有木椁，随葬猪下颚

---

① 高广仁：《大汶口文化的社会性质与年代》，《光明日报》1978年4月27日；高广仁：《试论大汶口文化的分期》，《考古学报》1978年第4期。

② 以下所引资料，见山东省文物管理处等：《大汶口》，文物出版社，1974年版。

③ 其中有单白陶器25件（另有器盖3件），包括鼎、壶、鬶、盉、单把杯和高柄杯等，制作精美，且多成双成对，而不见于小型墓中。其中的38件单黑陶瓶，其造型之生动和做工之精细，亦不见于绝大多数的中小型墓中。

骨29块，残存陶器35件，还有石臂环、骨矛和玉坠等装饰品；中期的25号墓，长3.4米，宽1.45米，有井字形木椁，随葬猪下颚骨7块，陶器73件，还有石环、石管等；晚期的6号墓，墓坑长4.55米，宽3.8米，有井字形木椁，墓主人为一成年男性，随葬猪下颚骨21块，陶器161件，其中仅高柄杯即达93件，此外还有石钺、石璧、骨雕筒、石坠饰等[①]。又如：山东曲阜西夏侯遗址的11座墓中，随葬器物最多的1号墓有124件，最少的仅20余件[②]；江苏邳县大墩子遗址的156座墓葬中，随葬器物较多（每墓25件以上）的仅8座，最多者55件，多数在5件以下，有些墓一无所有[③]；邳县刘林遗址第二次发掘的145座墓中，无随葬品的“赤贫”墓葬19座，占总数的13.1%，而约占总数27.6%的40座富裕墓葬，却有350件陶器和38件石工具，分别约占陶器总数的66.4%、石工具总数的75%，此外还有中等墓葬（随葬陶器3～5件或1件石工具者）36座、下等墓葬（无石工具而有1或2件陶器或其他随葬者）50座[④]。

又青海乐都柳湾墓地共有马厂期墓318座，其中，随葬品在5件以下的69座，占21.7%；6～30件的186座，占58.5%；30件以上的63座，19.8%。其中以197、211、564号墓的墓坑最大，且有墓道、木椁和用立木或木棍插堵的墓门，随葬品也最多。564号墓随葬了95件器物，其中绝大多数是瑰丽的彩陶，在一件粗陶瓮中还盛满粮食（粟）。45、91、345号墓中，又分别随葬有作为货币的海贝、石贝或骨贝。在另一些墓中，甚至还发现了用奴隶殉葬的现象。如93号墓是一座包括父母子女在内的合葬墓，在此墓的填土中发现一具老年女性骨架，没有任何葬具和随葬品，这老年女性可能就是殉葬的奴仆。505号墓中葬有一成年男性和一少年女性，在少年女性骨架的脚下有一个人头骨，看来男性为墓主人，少年女性及其脚下的人头应是殉葬者。326、327号

---

① 山东省考古研究所等：《山东莒县陵阳河大汶口文化墓葬发掘简报》，《史前研究》1987年第3期。

② 中国科学院考古研究所山东队：《山东曲阜西夏侯遗址第一次发掘报告》，《考古学报》1964年第2期。

③ 南京博物院：《江苏邳县四户镇大墩子遗址探掘报告》，《考古学报》1964年第2期。

④ 南京博物院：《江苏邳县刘林新石器时代遗址第二次发掘》，《考古学报》1962年第2期。

墓均为三人合葬墓，葬式相同，左右各一骨架，都是仰身直肢葬，中间一骨架为侧身曲肢葬，腿骨甚弯曲，似作蹲坐状，而其中一墓的中间骨架很像是捆缚后埋入墓中的；从这些情况看，两墓中间的各一人骨架很可能都是作为墓主人的近身奴仆而殉葬的[①]。柳湾对小孩的厚葬，也值得注意。该墓地有小孩墓20座，一般都有较为正规的葬具和丰富的随葬品。如200号墓的死者虽是一个不满周岁的婴儿，却随葬了20余件陶器和1个纺轮。“人所共知，婴儿毫无生活能力，更谈不到创造财富。他死后不仅与成人葬在同一墓地，享有成人的葬仪，而且还用很多器物随葬，与一些有生产能力、死后无随葬品或随葬品极少的成年死者形成鲜明对照。追根溯源，就在于两种死者家庭拥有不同财富。”这“又从另一个侧面反映了私有制确实存在的事实”[②]。

在山东临朐朱封墓地，发现了龙山文化的贵族重椁墓[③]。中原龙山文化的陶寺墓地，贵族大墓有专门的墓区[④]。良渚文化墓地，还有专门为埋贵族大墓而建的坟山[⑤]。龙山时代的大多数墓地，同一墓地中往往有大墓和小墓的显著差别。大墓有棺或棺椁，随葬成百件的器物，其中不乏十分珍贵的玉器、象牙器和漆木器等。而小墓则不但没有任何葬具，而且绝大部分也无任何随葬品；极少数小墓虽有随葬品，但那只不过是一二件质量低劣的陶器、骨锥之类而已。在这一时期，除正式墓葬外还有大量的乱葬坑，每坑里埋数人以至十数人不等。其中，有的身有伤痕，有的身首异处，有的作挣扎状；他们中的多数，当是被处死的奴隶或战俘。在这时的许多房屋或城墙下有奠基坑，其中埋小孩或成人，他们中也包括奴隶。

上述情况表明，在原始社会晚期，随着私有制的发生发展，已出现和存在

---

① 青海省文物管理处考古队、北京大学历史系考古专业：《青海乐都柳湾原始社会墓葬第一次发掘的初步收获》，《文物》1976年第1期；青海省文物管理处考古队、中国科学院考古研究所青海队：《青海乐都柳湾原始社会墓地反映出的主要问题》，《考古》1976年第6期。

② 宋兆麟、黎家芳、杜耀西：《中国原始社会史》，文物出版社1983年版，第296页。

③ 山东省文物考古研究所等：《临朐县西朱封龙山文化重椁墓的清理》，《海岱考古》第1辑；中国社会科学院考古研究所山东工作队：《山东临朐朱封龙山文化墓葬》，《考古》1990年第7期。

④ 中国社会科学院考古研究所山西工作队：《1978～1980年山西襄汾陶寺墓地发掘简报》，《考古》1983年第1期；高炜等：《关于陶寺墓地的几个问题》，《考古》1983年第6期。

⑤ 浙江省文物考古研究所反山考古队：《浙江余杭反山良渚墓地发掘简报》，《文物》1988年第1期。

着明显的贫富差别、阶级差别和各阶级之间的矛盾和对立。

社会划分为阶级，是社会经济发展的必然结果。任何离开社会经济本身的原因去解释阶级的起源，都是错误的。这里所说的社会经济，并不是经济现象的某一方面，而是包括生产力和生产关系这两个方面的生产方式，是一定社会的生产关系的各个方面的总和。世界各国各民族历史上私有制与阶级的产生和形成有共同的规律，也各有其特点。

"所谓阶级，就是这样一些集团，由于它们在一定社会经济结构中所处的地位不同，其中一个集团能够占有另一个集团的劳动。"① 而各阶级在社会经济结构中所处的不同的地位，主要地就是在经济上的统治和被统治的地位、剥削和被剥削的地位。仰韶时代和龙山时代不少墓葬中的随葬品之所以如此悬殊、贫富差别显著，就是因为死者生前在社会经济结构中所处的地位不同，富者在经济上处于统治和剥削的地位，贫者处于被统治和被剥削的地位。正是由于这种地位的不同，产生了分配上的差别、贫富差别。所以恩格斯说："随着分配上的差别的出现，也出现了阶级差别。"② 正因为如此，上述墓葬中所反映的贫富差别也就意味着阶级差别的出现。

有的学者说：大汶口文化墓葬虽然随葬品多寡不均，但随葬品丰富的大墓中往往也出土生产工具，说明这些墓主生前仍未脱离生产，因此还不是剥削阶级、奴隶主阶级。这种说法不无道理。我国民族学材料也表明，有些处于原始社会晚期家长奴隶制下的占有和剥削少量奴隶的家长，并未完全脱离劳动。不过，对具体问题要作具体分析，不能一概而论。虽然不能说上述墓葬中所反映的贫富差别都是阶级差别，但其中包括阶级差别；那些拥有大量财富，既是富人又是贵族者，无疑是占有他人劳动、不劳而食的剥削者，而其剥削对象包括奴隶和平民。对这类富人、贵族而言，我们同意这样的说法：他们死后用生产工具或"玉铲"之类随葬，"是象征性的"，"这只是墓主财富与权力的标志"③。如果说母系氏族时期"占有者生前认为最贵重的物品，都被关进死者

① 列宁：《伟大的创举》，《列宁选集》第4卷，第10页。
② 《反杜林论》，《马克思恩格斯选集》第3卷，第187页。
③ 李根蟠、黄崇岳、卢勋：《中国原始社会经济研究》，中国社会科学出版社1987年版，第444页。

的坟墓，供他在冥中继续使用”[①] 的话，那么随着父系氏族公社时期私有制的确立和阶级的产生，私有者、剥削者死后用以随葬的物品则只是其生前所有财富的一小部分，而大部分由其后裔继承。因为：“在野蛮时代的中级阶段和高级阶段交替时期从对偶家庭中产生”的“一夫一妻制家庭”，“其明显的目的就是生育确凿无疑的出自一定父亲的子女”；“而确定出生自一定的父亲之所以必要，是因为子女将来要以亲生的继承人的资格继承他们父亲的财产”[②]。

人类历史上一定阶级的产生和存在，总是同社会生产力的一定历史阶段相联系的；而不同生产力阶段上产生和存在的阶级，具有不同的属性和特点。“社会划分为阶级，这是奴隶社会、封建社会和资产阶级社会共同的现象，但是在前两种社会中存在的是等级的阶级，在后一种社会中则是非等级的阶级。”[③]“等级是以社会划分为阶级为前提的，等级是阶级差别的一种形式。”[④]奴隶制社会中的“等级的阶级”孕育于原始社会内部，换句话说，原始社会解体过程中产生的阶级就是等级的阶级。后来奴隶社会中的一些等级，诸如贵族、平民和奴隶等，在原始社会末期都已出现。贵族不仅是富人、剥削者，而且拥有特权。贵族世袭，贵族总是贵族。

龙山时代有些墓地的情况，反映了当时等级划分和等级制的存在。如山西襄汾陶寺墓地，面积超过1万平方米，如连居住区等整个遗址计算，总面积达300多万平方米；墓葬分布甚密，仅1978～1982年发掘的2000平方米范围内便发现墓葬700余座；墓葬分大、中、小三种，分别占1.3%、11.4%、87.3%[⑤]。大墓长3米左右，宽2～2.75米，有木棺，内撒朱砂，随葬品多达一二百件，其中有龙纹盘、石罄、木鼓和大量漆木器、陶器和玉石器等。中型墓一般长2.2～2.5米，宽1米左右，一般有木棺，随葬成组陶器及少量彩绘木器、玉石器及猪下颌骨等。而87%以上的小型墓，则绝大多数无任何葬具

① 马克思：《摩尔根〈古代社会〉一书摘要》，《马克思恩格斯全集》第45卷，第380页。

② 恩格斯：《家庭、私有制和国家的起源》，《马克思恩格斯选集》第4卷，第57页。

③ 列宁：《俄国社会民主党的土地纲领》，《列宁全集》第6卷，第93页①。

④ 列宁：《民粹主义空想计划的典型》，《列宁全集》第2卷，第404页①。

⑤ 中国社会科学院考古研究所山西工作队：《1978～1980年山西襄汾陶寺墓地发掘简报》，《考古》1983年第1期；高炜等：《关于陶寺墓地的几个问题》，《考古》1983年第6期。

和随葬品，仅个别的有木棺或两三件骨笄、陶罐之类的随葬品。“大中型墓与小型墓主人的区别，不仅是贫富的差别，还应有身份和社会地位的差别。因为大中型墓中往往出现玉钺和石钺，应是军事权力的象征；有些大墓中有石磬、木鼓等，更应是特殊地位的标志。”[①] 此外，龙山时代各文化遗存中常见的玉器如琮、璧、钺等，也都只出于大墓，可见当时只有贵族才能掌握，是贵族特权的象征。

第五节 原始社会的终结与文明社会的开端

一、统治阶级和国家的形成过程

每一种社会形态都有它特定的经济基础和特定的上层建筑，是经济基础和上层建筑的具体的历史的统一，而有其产生、发展和解体的历史。本来，原始社会生产关系的基础是原始公社的生产资料公有制，人们共同劳动，平均分配，没有私有制，没有阶级和剥削，从而也没有国家。原始公社的氏族、部落组织，是为公社全体成员共同利益而服务的；氏族、部落议事会的成员都是经过选举产生，而且不脱离生产劳动，是社会公仆而不是社会的主人。当时社会公共秩序的维持，主要依靠习惯和传统的力量，也依靠族长和首领所享有的威信。但是，如前所述，在新石器时代晚期和铜石并用时代，随着生产力、社会分工和交换的发展，氏族、部落内部产生了明显的贫富差别，产生了私有制、奴隶制和阶级，出现了富人和穷人之间、贵族和平民之间、奴隶主和奴隶之间的对立。而这一阶级关系的发生发展过程，同时也是起先的社会公仆逐步变为社会的主人、各个统治人物逐步集结成为一个统治阶级的过程，以及起先为公社全体成员共同利益而服务的氏族部落组织的社会职能逐步独立化、逐步蜕变为国家政权机构的过程。

大概在仰韶中期以前，以氏族为基础的部落还是分散的，部落之间缺乏经常性的经济、政治和军事联系。从仰韶后期到龙山时代，由于人口的增长，分工和交换的发展，相邻部落之间经济联系的加强和交往的增多，以及因战争增

---

① 白寿彝总主编、苏秉琦主编：《中国通史》第2卷，上海人民出版社1994年版，第330页。

多和战争规模扩大所引起的军事行动（防卫或进攻）的需要，各个地区都有一些关系比较密切的部落之间先后建立起较为长期和牢固的联盟关系和联盟机构。“在联盟中往往有一个中心部落，它是联盟议事会的召集者和联盟篝火的保持者。”[①] 这种情况在考古遗存中有所反映。例如：

甘肃秦安大地湾乙址仰韶晚期遗存[②]表明，当时大地湾就是一部落联盟中的中心部落的驻地。大地湾遗址乙址以901号房子为中心，向南作扇面形展开；其中又分成若干小区，每个小区中都有比较大型的房子和小房子。901号房子是一座由前堂、后室和东西两个厢房构成的多间式大型建筑，而以前堂的建筑最为讲究。前堂宽16米，进深8米，面积近130平方米，内有一个巨型火塘，火塘后侧有两个对称的顶梁柱，南北墙壁上各有8根扶墙柱，有青石柱础。后室和两个厢房前面还有一个约130平方米的地坪，有两排柱洞，每排6个；柱洞前有一排青石板，也是6个，与柱洞相对应。西边后排柱洞旁还有一个露天火塘。如此规模的聚落，当是一所召开会议和举行盛大宗教仪式的公共建筑，也是一个部落联盟的首脑驻地。那殿堂中的大火塘可能是燃烧宗教圣火之处，那室外的柱子可能是各氏族部落的图腾柱，那柱边的青石板和火塘可能是准备牺牲献祭的设施。

又大汶口文化遗存表明，“泰安大汶口应是鲁中南地区某个中心部落的驻地”[③]。这是因为，鲁中南的泰安大汶口、曲阜西夏侯、邹县野店、滕县岗上村和苏北的邳县大墩子都发现过大汶口文化的许多墓葬，一方面它们的文化特征（包括埋葬习俗等）都大体相同，另一方面大汶口墓葬又和上述其他地点的墓葬存在着这样两个突出的差别：（1）像大汶口10号墓随葬那样多珍贵物品的大墓不见于其他任何遗址，也没有第二个遗址所表现的贫富差别有大汶口那样突出，当时最富的少数人都集居在大汶口一个地点；（2）大汶口有些大墓中所随葬的那些特别精致而又代表特殊身份地位的工艺品和仪仗化的物品（如玉钺、象牙梳、象牙筒、蒙鼓用鳄鱼皮和白陶等），也不见于其他墓地，

---

① 白寿彝总主编、苏秉琦主编：《中国通史》第2卷，上海人民出版社1994年版，第272页。

② 甘肃省文物工作队：《甘肃省秦安大地湾901号房址发掘简报》，《文物》1986年第2期；严文明：《中国新石器时代聚落形态的考察》，《庆祝苏秉琦考古五十年论文集》，文物出版社，1989年版。

③ 白寿彝总主编、苏秉琦主编：《中国通史》第2卷，上海人民出版社1994年版，第273页。

而有这种特殊身份地位的人都集中埋葬在大汶口。

类似大地湾、大汶口那样的中心聚落，在别的地方也同样存在。中心聚落或中心部落驻地，经济上一般比较发达，它既是当时经济交流的较为活跃的场所，又是在行政、军事、文化和宗教上控制一个地区的核心。部落和部落联盟机构的各级各类领导人物，特别是部落联盟首领的权力，日益加强。在龙山时代的一些随葬品相当丰富的大墓中，往往随葬象征军权的石钺或玉钺，象征宗教权的玉琮或玉壁，说明当时氏族、部落和部落联盟组织的各种职务的担当者，同时又是经济上的富人、剥削者。随着氏族、部落和部落联盟内部贫富差别的加剧、阶级对立和其他社会矛盾的发展，以及各部落联盟之间的冲突、战争的增多，起先的社会公仆脱离人民而成为社会的主人；起先为原始公社全体成员共同利益而服务的氏族部落组织更加独立化，开始逐步上升为对社会的统治。正如恩格斯在《反杜林论》一书中谈到统治阶级的形成过程时所说："生产力逐渐提高；较密的人口在一些场合形成了各个公社之间的共同利益，在另一些场合又形成了各个公社之间的相抵触的利益，而这些公社集合为更大的整体又引起新的分工，建立新的机构来保护共同利益和反对相抵触的利益。这些机构，作为整个集体的共同利益的代表，在对每个单个的公社的关系上已经处于特别的、在一定情况下甚至是对立的地位，它们很快就变为更加独立的了。"①

铜石并用时代早期出现的中心聚落，到晚期发展为城堡甚至城市。迄今已发现龙山时代的城址十余处，其中有河南淮阳平粮台、登封王城岗、山东章丘城子崖、寿光边线王、湖北石首走马岭、湖南澧县南岳、内蒙古包头阿拉善、凉城老虎山等。城堡或城邑的出现，进一步反映了原始社会晚期社会内部所发生的深刻变化。如恩格斯说："用石墙、城楼、雉堞围绕着石造或砖造房屋的城市，已经成为部落或部落联盟的中心；这是建筑艺术上的巨大进步，同时也是危险增加和防卫需要增加的标志。"②"在新的设防城市的周围屹立着高峻的墙壁并非无故：它们的壕沟深陷为氏族制度的墓穴，而它们的城楼已经耸入文

① 《马克思恩格斯选集》第3卷，第218页。

② 恩格斯：《家庭、私有制和国家的起源》，《马克思恩格斯选集》第4卷，第159页。

明时代了。”①

河南淮阳平粮台古城址②，位于淮阳县城东南4公里处的大朱庄西南。城址平面呈正方形，每边185米，城内面积34000平方米；若将城墙及外侧附加部分计算在内，总面积约5万多平方米。该城非常坚固，墙体很厚，现存墙基宽约13米，残高3米多，顶部宽8～10米，如果将其复原，所需土方不少于4万立方米，工程是相当大的。该城规划整齐，全城成正方形，坐北朝南，方向为磁北偏东6度，几乎与子午线重合。南门较大，为正门，设于南墙正中；北门较小，又略偏西，当为后门。这种格局显然是精心规划的，它所体现的方正对称的思想一直影响到中国古代城市几千年的发展，成为中国城市的一大特色。可以说，平粮台古城址已具备早期城市的一些基本要素和特征。城内有高级的房屋建筑，有规划整齐的市政建设，有公共下水道设施，有制陶、冶铜等手工业的设施，有严密的防卫设施，还有宗教活动的遗迹。值得注意的是，除了高大的城墙本身这一最大的防卫设施外，还有为管理城门（南门）而设立的两间门卫房。门卫房用土坯砌成，设在南门两侧，东西相对，两房之间的通道仅1.7米，便于把守。门卫房中有灶面，以供守门人用为炊事或冬季取暖之用。现已挖掘的十几座房基都在城内东南角，并非主体建筑，但即使如此，这些房屋一般都是用土坯砌筑的分间式建筑，有的用夯土做台基，房内有走廊，比当时一般村落的房子讲究得多、高级得多，无疑是贵族的住房、统治者的住房。上述平粮台古城的情况表明，它在中心聚落的基础上，进一步集结了一批贵族和统治人物，是其辖区范围内的政治、经济和文化中心，而不是一个单纯的军事城堡。它清楚地显示了城乡的差别和对立。

城子崖龙山文化的城址③，位于山东省章丘县龙山镇，城址平面接近方形，东南西三边城垣较直，北边城垣向外突出，拐角呈圆弧形，城内东西宽430余米，南北最长处为530米，面积达20多万平方米。残存的城墙，有些已

---

① 恩格斯：《家庭、私有制和国家的起源》，《马克思恩格斯选集》第4卷，第160页。

② 河南省文物研究所、周口地区文化局文物科：《河南淮阳平粮台龙山文化城址试掘简报》，《文物》1983年第3期。

③ 李济、梁思永、吴金鼎等：《城子崖》，1934年；山东省文物考古研究所：《城子崖遗址又有重大发现，龙山、岳石、周代城址重见天日》，《中国文物报》1990年7月26日。

深埋于现今地表以下2.5～5米处，城脚残宽8～13米。大部分挖有基槽，有的部位则在原有的沟壕上夯筑起墙。它是足以代表龙山文化发展水平的一处大型城址。

据历史传说和古书的追记，原始社会后期，在我国的土地上分布着几个著名的部落联盟或部族集团，这就是：中原的炎帝、黄帝集团；东方的太昊、少昊、蚩尤集团；南方的苗蛮集团。炎黄集团“发祥于今陕西省的黄土原上，在有史以前已经渐渐地顺着两岸散布于中国的北方及中部的一部分地方”[①]，后来发展为华夏族。黄帝、炎帝族系的居民活动的地方属于广义的中原，这正是中原龙山文化分布的地区。三个集团之间有时和平相处，有时处于战争状态；而随着各集团内部和各集团之间的矛盾的发展，战争日趋频繁激烈。其中最著名的有这样几次大战：一次是蚩尤和共工的战争，起因是“蚩尤从东向西发展，夺取了共工部落的土地；共工氏‘振滔洪水’危害了夷人部落的利益，双方利益冲突，爆发了激烈战争”[②]。结果以蚩尤集团的胜利而告终。另一次是黄帝和蚩尤之间的战争，双方大战于涿鹿，史称“涿鹿之战”，最后黄帝集团获胜，蚩尤战败被杀。还有一次是黄帝炎帝集团内部的战争，因“炎帝欲侵陵诸侯，诸侯咸归轩辕，轩辕乃修德振兵”，同炎帝大战于“阪泉之野”[③]，史称“阪泉之战”。最后轩辕（黄帝）获胜。此后，黄帝势力日益增强，“天下有不顺着，黄帝从而征之，平者去之，披山通道，未尝宁居”[④]。

尧、舜、禹是我国原始社会末期（夏王朝建立前）的部落联盟的首领。据古文献记载，尧是以部落世袭首长的身份被推选为联盟的最高军事首长的，舜是由虞部落世袭酋长继承人的身份被选入联盟的公共管理机构的。《左传·昭公八年》说：“自幕至于瞽瞍无违命，舜重之以明德……。”《国语·鲁语》说：“幕能帅颛顼者也，有虞氏报焉。”又《郑语》说：“虞幕能听协风以成物乐生者也，……其后皆为王公侯伯。”这表明：“从幕至瞽瞍，已经变成了部落显贵，他们世世作虞部落的首长。舜是瞽瞍的合法继承人，因而被选入联盟

① 徐旭生：《中国古史的传说时代》（增订本），文物出版社1985年版，第48页。

② 郭沫若主编：《中国史稿》第1册，人民出版社1976年版，第122～123页。

③《史记·五帝本纪》。

④《史记·五帝本纪》。

或民族的公共管理机构。"[①] 另据《尚书》记载，禹、弃、契、皋陶、益、垂、伯夷、夔、龙等都在联盟的公共管理机构中分担职务。值得注意的是："他们的职务都是通过民主方式取得的，也就是《礼记·礼运》所说的'选贤与能'"；"这些人在担任联盟或民族公共管理机构中职务的同时，又是部落的世袭首长"；"他们被选任某一职位之后，这一职位就有变成他们家庭的独占权的倾向"[②]。这种情况，犹如恩格斯在谈到"罗马的氏族和国家"时所说："氏族首长总是从每个氏族的同一家庭中选出的习俗，在这里也造成了最初的部落显贵；这些家庭自称为贵族，并且企求加入元老院和担任其他一切官职的独占权。随着时间的进展，人民容忍了这种企求，这种企求就变成实际的权利，这一点在关于罗慕洛赐给第一批元老及其子孙以贵族身份和特权的传说中得到了反映。"[③]

《世本·作篇》说："鲧作城。"《淮南子·原道训》曰："昔者，夏鲧作三仞之城，诸侯背之，海外有狡心。"《太平御览》卷一百九十三引《吴越春秋》云："鲧筑城以卫君，造郭以居人，此城郭之始也。"又同书引《博物志》云："禹退作三城，强者攻，弱者守，敌者战，城郭禹始也。"鲧为禹父，属夏以前的唐虞时代。偃师二里头文化为夏文化，唐虞时代相当于龙山时代或龙山时代的晚期；而迄今发现的最早的城邑或城堡，正是属于龙山时代的。《古本竹书纪年》和《世本》均谓"禹都阳城"，阳城在嵩山之阳的登封境内。1970 年代在登封境内先后发现了河南龙山文化晚期的王城岗古城和东周阳城；王城岗古城有东、西二城，西城约 1 万平方米，城内发现有夯土建筑基址和埋有人骨的奠基坑等[④]。东周阳城出土的陶器上，有"阳城"、"阳城仓器"等陶文戳记[⑤]。从王城岗古城的时代和东周时期此地仍称阳城的事实看来，王城岗

---

① 金景芳：《中国奴隶社会史》，上海人民出版社 1983 年版，第 5～6 页。

② 金景芳：《中国奴隶社会史》，上海人民出版社 1983 年版，第 7 页。

③ 恩格斯：《家庭、私有制和国家的起源》，《马克思恩格斯选集》第 4 卷，第 123 页。

④ 河南省博物馆登封工作站：《一九七七年下半年登封告成遗址的调查发掘》，《河南文博通讯》1978 年第 1 期；河南省文物研究所、中国历史博物馆考古部：《登封王城岗遗址的发掘》，《文物》1983 年第 3 期。

⑤ 中国历史博物馆考古部：《河南登封阳城遗址的调查与铸铁遗址的试掘》，《文物》1977 年第 12 期。

古城应当就是禹所居之阴城。古文献的记载和前述考古发掘资料都表明，到唐虞时代或龙山时代的晚期，中国历史发展的步伐已经到达了文明时代的入口处；而最终由原始时代迈入文明时代的关键一步，则是由大禹和夏后启实现的。

《尚书》《诗经》《左传》《国语》《论语》《墨子》《庄子》《孟子》《荀子》《韩非子》《吕氏春秋》等先秦古籍中，都讲到禹的事迹，称颂禹的功绩。禹的事迹除治水外，还有“征有苗”、“合诸侯”、“画为九州”、“任土作贡”等项，主要是治水以发展生产。《诗·大雅·文王有声》说：“丰水东注，维禹之绩。”《韩奕》说：“奕奕梁山，维禹甸之。”《尚书·吕刑》说：“禹平水土，主名山川。”《论语·泰伯》载孔子说：禹“卑宫室，而尽力乎沟洫”。《左传·昭公元年》引刘子说：“美哉禹功！明德远矣。微禹，吾其鱼乎！”《史记·夏本纪》说：禹“令益予众庶稻，可种卑湿。”《楚辞·天问》说：“咸播秬黍，莆雚是营。”王逸《注》：“言禹平治水土，万民皆得耕种黑黍于雚蒲之地，尽力良田也。”又，《越绝书》卷11说禹时“以铜为兵”；《史记·封禅书》说“禹收九牧之金，铸九鼎”；《世本》说禹时奚仲造车，伯益是凿井的发明者。从上述记载看来，大禹时代的社会生产力有较大的发展，“禹是远古生产力大跃进时代的代表人物”①。

在我国史前时期，华夏族和苗族属于两个不同的族系，两族之间有时和平相处有时处于战争状态，少皞、颛顼、尧、舜几个时期都曾有过华夏族同三苗的斗争。禹征有苗的直接原因与治水有关，《尚书·益稷》“苗顽弗即工”，可证。《战国策·魏策二》说：“禹攻三苗，而东夷之民不起。”这一记述反映了两个事实：一是“禹征有苗，不仅依靠华夏族，也有非华夏族参加”；二是“东夷没有参加联军，因为东夷和苗是‘婚姻’，而与华夏为‘仇国’”。“禹为治水而征有苗，客观上起到了把这些互为‘仇国’推进到‘部落融合’阶段的作用。”② 又《国语·周语下》载“太子晋谏灵王壅谷水”说：

> 王无亦鉴于黎、苗之王，下及夏、商之季，上不象天，而下不仪

① 范文澜：《中国通史》第1册，人民出版社1978年版，第22页。

② 金景芳：《中国奴隶社会史》，上海人民出版社1983年版，第15页。

地，中不和民，而方不顺时，不共神祇，而蔑弃五则。是以人夷其宗庙，而火焚其彝器，子孙为隶，不夷于民[①]，而亦未观乎前哲令德之则。

韦昭《注》云："黎，九黎。苗，三苗。少皞氏衰，九黎乱德，颛顼灭之。高辛氏衰，三苗又乱，尧诛之。夏、商之季，谓桀、纣，汤、武灭之也。"由此可见，从原始社会末期起，俘人为奴就已成为征服者发动战争的主要目的之一；被征服者往往被"亡其氏姓"，"绝后无主，湮替隶圉"[②]，"子孙为隶，不夷于民"。被禹征服的有苗，其人民势必有不少也因此而沦为奴隶。

《左传·哀公七年》说："禹合诸侯于涂山，执玉帛者万国。"关于涂山的地望，有种种说法。《水经·伊水注》谓"陆浑县之西南王母涧，涧北山上有王母祠，即古三涂山"。《方舆纪要》亦说"三涂山在河南嵩县西南十里"。似"禹合诸侯"之涂山即三涂山[③]。而"与相会者不过部落酋长而已，不成为国，亦不必执玉执帛相朝"[④]。这次"禹合诸侯"表明，在夏王朝建立前夕，已经形成了以华夏族为中心而包括其周围众多部落或部族在内的大合并、大联合。"部落联盟的前提条件，是占有单独地域的各独立部落；融合作用作为一种更高的过程，把它们联合在同一地域内，虽然氏族和部落的地方性分离倾向仍继续存在。部落联盟是与民族最近似的东西。"[⑤] 而上述"禹合诸侯于涂山，执玉帛者万国"的"联合"，又远远超出了原来部落联盟的范围，它是以华夏族原来的部落联盟为主体，而又合并了周围各部落的最大的联合。这种"联合"，显然不是也不可能是平等的联合，而是建立在对别的部落或部族的征服或臣服基础上的联合。《国语·鲁语下》所述"昔禹致群神于会稽之山，防风氏后至，禹杀而戮之"，表明了这一点。如恩格斯在《家庭、私有制和国家的起源》一书中所说：部落联盟"这种组织是注定要灭亡的"。"它没有超出部

① 《国语》现存的版本，有宋代刻印的两种本子，一种是明道本，一种是公序本。此据公序本。"不夷于民"，明道本作"下夷于民"。

② 《国语·周语下》。

③ 杨伯峻：《春秋左传注》四，中华书局1981年版，第1642页。

④ 杨伯峻：《春秋左传注》四，中华书局1981年版，第1642页。

⑤ 马克思：《摩尔根〈古代社会〉一书摘要》，《马克思恩格斯全集》第45卷，第426页。

落的范围”。“部落联盟的建立就已经意味着这种组织开始崩溃，易洛魁人征服其他部落的企图也表明了这一点。凡是部落以外的，便是不受法律保护的。在没有明确的和平条约的地方，部落与部落便存着战争，而且这种战争进行得很残酷……。”“这种自然发生的共同体的权力一定要被打破，而且也确实被打破了。”[①] 到公元前21世纪中叶，中国历史上终于发生了从氏族到国家、从原始社会到奴隶制社会的质变。

禹是中国奴隶制国家和夏王朝的奠基者，启是这个国家和王朝的建立者。“战国以前书，从不称夏禹，只称禹、大禹、帝禹；称启为夏启、夏后启。这种区别，还保存两人时代不同的意义。”[②] 变“禅让”制为王位世袭制，是夏代国家政权建立的标志；而这王位世袭制的创立者，正是夏启。“世袭制在凡是最初出现的地方，都是暴力（篡夺）的结果，而不是人民的自由许可。”[③] 这是一条规律，夏启创立王位世袭制也不例外。《韩非子·外储右下》说：“古者禹死，将传天下于益，启之人因相攻益而立启。”《战国策·燕策一》说：“禹授益，而以启人为吏。及老，而以启为不足任天下，传之益也。启与支党攻益而夺之天下。”[④] 于是，中国历史上的第一个王朝——夏朝建立了。王朝就是国家政权[⑤]；夏王朝的建立，标志着中国原始社会的终结和文明社会、奴隶制社会的开端。

同样以氏族制度为基础的中国原始社会的解体过程和国家的形成过程，大体如恩格斯在《家庭、私有制和国家的起源》一书中所说：“掠夺战争加强了最高军事首长以及下级军事首长的权力；习惯地由同一家庭选出他们的后继者的办法，特别是从父权制确立以来，就逐渐转变为世袭制，人们最初是容忍，后来是要求，最后便僭取这种世袭制了；世袭王权和世袭贵族的基础奠定下来了。于是，氏族制度的机关就逐渐脱离了自己在人民、氏族、胞族和部落中的根子，而整个氏族制度就转化为自己的对立物：它从一个自由处理自己事务的

---

① 《马克思恩格斯选集》第4卷，第93~94页。

② 范文澜：《中国通史》第1册，人民出版社1978年版，第32页。

③ 马克思：《摩尔根〈古代社会〉一书摘要》，人民出版社1965年版，第123页。

④ 又见《史记·燕召公世家》。

⑤ 孙淼：《夏商史稿》，文物出版社1987年版，第92页。

部落组织转变为掠夺和压迫邻人的组织，而它的各机关也相应地从人民意志的工具转变为旨在反对自己人民的一个独立的统治和压迫机关了。但是，如果不是对财富的贪欲把氏族成员分成富人和穷人，如果不是‘同一氏族内部的财产差别把利益的一致变为氏族成员之间的对抗’（马克思语）①，如果不是奴隶制的盛行已经开始使人认为用劳动获取生存资料是只有奴隶才配做的、比掠夺更可耻的活动，那么这种情况是决不会发生的。”②

二、夏代社会的经济基础及其上层建筑

中国历史上第一个王朝——夏，建立于公元前21世纪。《太平御览》卷82引《竹书纪年》说：“自禹至桀十七世，有王与无王，用岁四百七十一年。”启是王位世袭制的创始者，也是夏朝的第一个国王。据《史记·夏本纪》记载，自启至癸（夏朝的最后一个国王），传十三世、十六王，他们是：启、太康、仲康、相、少康、予（杼）、槐（芬）、芒（荒）、泄、不降、扃、胤甲（廑）、孔甲、皋（昊）、发（敬）、履癸（桀）。《史记·殷本纪》所记殷王世系，经卜辞证明是正确的；《夏本纪》所记夏王世系，无疑也有所本。

夏部族原来的主要活动区域和夏王朝统治的中心地带，大致西起今河南省西部（豫西）、山西省南部（晋南），东至河南省与山东省交界处，北入河北省，南接湖北省。这一区域的中心是中岳嵩山及其周围的伊、洛水流域、济水流域和颍水、汝水上游地区③。可分为四期的二里头文化，其“分布地域、绝对年代及其所反映的社会形态”，“与文献记载的夏王朝的领土范围、存在年代及其社会性质基本符合”；“二里头文化的丰富的文化内涵，正是夏代社会的真实反映”④。

《汉书·地理志》及《帝王世纪》称阳翟（今河南禹州）为禹都。《左传·昭公四年》“夏启有钧台之享”，杜《注》：“河南阳翟县南有钧台陂，盖

① 参看马克思《摩尔根〈古代社会〉一书摘要》，人民出版社1965年版，第191页。

② 《马克思恩格斯选集》第4卷，第160~161页。

③ 《中国大百科全书·中国历史》Ⅲ“夏”（作者安金槐），中国大百科全书出版社1992年版，第1293页。

④ 郑杰祥：《夏史初探》，中州古籍出版社1988年版，第246页。

启享诸侯于此。”这是说阳翟也曾为启都。瓦店遗址①是禹州境内的河南龙山文化和二里头文化早期遗址中的一处重要遗址，位于禹州以西约 7 公里处，与《帝王世纪》和《水经注》所述阳翟地望大体相合。该遗址的面积 20 多万平方米，已发现大型房基、奠基坑以及陶器、玉器，它可能就是禹、启之都阳翟的遗址。又《古本竹书纪年》称：“太康居斟鄩，羿亦居之，桀亦居之。”据《逸周书·度邑》《国语·周语上》及《战国策·魏策一》等文献的有关记载，此斟鄩当在洛水附近。其具体位置，《水经注》和《括地志》推定为巩县西南 58 里的鄩城。有的学者认为，偃师二里头遗址可能就是太康、羿、桀诸王之都斟鄩。这种说法是有道理的。二里头遗址面积达 9 平方公里，在那里发现有宫殿、大墓、铸铜作坊遗址以及精美的青铜器、玉器、陶器，颇具王都规模、王都气派。此外，《古本竹书纪年》还有“帝杼居原”（今济源县境内）等说法。总之，夏朝有都城作为政治（宫殿和官署）、经济（手工业等）、文化（包括宗教）等各方面活动的中心。

夏代的政治制度和政权形式具有政权和族权相结合的特点。如有的学者所说：“在夏代国家形成的过程中，氏族显贵家族并没有被消灭，他们转化为奴隶主贵族，他们过去掌握的家族统治权，转化为国家的统治权，参加国家管理的仍然是旧有的氏族时代的贵族家族集团，最大家族的家长便是国王。在国家组织中亲与贵是统一的，《尚书·盘庚》篇所说：‘人惟其旧，器非其旧，惟新’，反映了上述权力的转化途径，它对于我国古代政治制度的发展有着深刻影响。例如，奴隶制时代的国家官职全部由贵族家族世袭垄断，国家的行政体系根据大家族的宗法分封来缔造，所谓‘非我族类，其心必异’。国家的军队也以贵族家族的族属成员为基干进行编制，整个国家的统治网也是以贵族家族为中心联结起来的。国家的都城同时又是宗族统治的中心，是祖庙所在之地，所谓‘凡邑有先君宗庙之主曰都，无曰邑，邑曰筑，都曰城’。作为贵族家族继承法的宗法制度与国家制度紧密糅合在一起，成为国家的重要政治制度。”②

---

① 河南省文物研究所、郑州大学历史系考古专业：《禹县瓦店遗址发掘简报》，《文物》1983 年第 3 期。

② 张晋藩：《中国法律史论》，法律出版社 1982 年版，第 29 页。

《史记·夏本纪》云："禹为姒姓，其后分封，用国为姓，故有夏后氏、有扈氏、有男氏、斟寻氏、彤城氏、褒氏、费氏、杞氏、缯氏、辛氏、冥氏、斟戈氏。"夏代国家的中央政府由姒姓贵族当权，夏王是最高统治者；同时夏王又先后分封其亲属子弟或同姓支族到各地建立起地方政权。例如：有扈氏为"夏启之庶兄"[①]，因封于扈地故称有扈氏；"夏启封支子于莘"，"遂为辛氏"[②]；"夏少康封其少子曲烈于鄫"[③]，而为曾氏。"这些地方政权实际上也是按宗族关系建立起来的一个相对独立的部族方国，他们同夏中央王朝既存在着经济上的贡纳关系和政治上的分封关系，同时还存在着血缘上的宗族关系，从而成为夏王朝统治网中的一个连结点。"[④]

"国家是以一种与全体固定成员相脱离的特殊公共权力为前提的"[⑤]。"原来，当部落中每个成年男子都是战士的时候，那脱离了人民的、可以用来和人民对抗的公共权力还不存在。"[⑥] 可以说，原始公社制的解体和剥削与被剥削、统治与被统治两大阶级的形成过程，就是原始公社制时代"居民的自动的武装组织"[⑦] 逐渐脱离人民而成为与人民对抗的特殊公共权力的过程。前面说过，龙山时代大中型墓的墓主生前既是富人又是拥有特权的贵族，其中有些便是军事首领，因此他们死后往往随葬象征军事权力的玉钺或石钺。《墨子·兼爱下》引《禹誓》云："禹曰：'济济有众，咸听朕言，非惟小子，敢行称乱，蠢兹有苗，用天之罚。若予既率尔群对（邦）诸群（君），以征有苗。'"又《大戴礼记·五帝德》引孔子曰："（禹）举皋陶与益赞其身，举干戈以征不享不道无道之民。"禹所组织的这支随时征伐"不享不道无道之民"的常规武装力量，实际上已与原来自己组织为武装力量的居民不再直接符合了，它后来成为夏初国家军队的基础。

《左传·襄公二十七年》说："兵之设久矣，所以威不轨而昭文德也，圣

① 《淮南子·齐俗训》。
② 《广韵》十七引《世本》。
③ 《广韵》十七引《世本》。
④ 郑杰祥：《夏史初探》，中州古籍出版社 1988 年版，第 59 页。
⑤ 恩格斯：《家庭、私有制和国家的起源》，《马克思恩格斯选集》第 4 卷，第 91 页。
⑥ 恩格斯：《家庭、私有制和国家的起源》，《马克思恩格斯选集》第 4 卷，第 101 页。
⑦ 恩格斯：《家庭、私有制和国家的起源》，《马克思恩格斯选集》第 4 卷，107 页。

人以兴，乱人以废。废兴、存亡、昏明之术，皆兵之由也。”这里所说“圣人”，包括大禹。“兵”指兵器，兵器与士兵相关联，“兵之设久矣”，也就是军队之设久矣。《礼记·礼运篇》在讲到“天下为家”的“小康”之世时说：“……以贤勇知，以功为己，故谋用是作而兵由此起，禹、汤、文、武、成王、周公由此其选也。”二里头文化遗存中有成批的青铜和玉质的兵器如铜戈、玉戈、铜钺、玉钺以及铜镞等，这是我国迄今所发现的最早的一批兵器。甲骨武字从戈从止，“以戈作为武字造型的主要成分，可知戈是我国古代的主要武器之一”；“戈类专门武器的产生，标志着当时的国家政权已建立起专职的军队”。又，“国字初文从戈，从口”。“戈既为国字造字之主要成分，正体现出国家的主要特征和实质，国家政权产生伊始，即以武力作为行使自己职能的重要工具，这是国家政权不可缺少的重要工具。因此，二里头文化时期所出现的武器和军队，也是当时出现国家政权的重要标志之一。”①

从原始公社制社会到奴隶制社会的变革，是一种革命；奴隶主阶级在其取得政权以前和取得政权以后的一段历史时期内，是先进者、革命者。“历史上从来没有过一种革命，在取得胜利以后就可万事大吉，高枕无忧。”② 启通过暴力手段废除原始民主制，建立夏王朝而即王位后，便立即遭到了有扈氏的强烈反对。史称：“于是启遂即天子之位，是为夏后帝启。……有扈氏不服，启伐之，大战于甘。将战，作《甘誓》。……遂灭有扈氏。天下咸朝。”③《尚书·甘誓篇》，即是夏后启同有扈氏大战于甘前的誓师词。《淮南子·齐俗训》说：“昔者有扈氏为义而亡，知义而不知宜也。”实则，有扈氏并非什么“为义而亡”，而是他逆历史潮流而动，自取灭亡。

据研究：“《甘誓》这篇夏后氏与有扈氏作战之际的誓师词，大概在夏王朝是作为重要祖训历世口耳相传，终于形成一种史料流传到殷代。其较稳定地写成文字，大概就在殷代。”④ 甘之战例及《甘誓》亦表明，夏王朝建国之初已有一支作为统治阶级专政工具的军队。《尚书·甘誓》云：“左不攻于左，

① 郑杰祥：《夏史初探》，中州古籍出版社 1988 年版，第 230～231 页。
② 列宁：《苏维埃政权的成就和困难》，《列宁全集》第 29 卷，第 47 页。
③ 《史记·夏本纪》。
④ 顾颉刚、刘起釪：《〈尚书·甘誓〉校释译论》，《中国史研究》1979 年第 1 期。

汝不恭命；右不攻于右，汝不恭命；御非其马之正，汝不恭命。”这里所谓：“左”、“右”，指战车上的战士。《史记集解》引郑玄曰：“左，车左；右，车右。”又宋人蔡沈释《甘誓》“左”“右”说：“古者车战之法，甲士三人，一居左以主射，一居右以主击刺，御者居中，以主马之驰驱也。”[①]《甘誓》还提到夏代的官僚机构，其中，“王”是最高的统治者，其下设“六事之人”、“三正”等。“三正”，泛指诸大臣、官长[②]。另据《左传》等古书记载，夏朝还设有“车正”[③]、“牧正”、“庖正”[④]、“官师”、“工”[⑤]、“啬夫”[⑥]以及“太史令”[⑦]等。此外，夏王朝还制定了刑法，设有监狱。《左传·昭公六年》载：“夏有乱政而作禹刑，商有乱政而作汤刑，周有乱政而作九刑。”《尚书·吕刑》序：“穆王训夏赎刑作吕刑。”《尚书·甘誓》：“不用命，戮于社。”《左传·昭公十四年》：“《夏书》曰：‘昏、墨、贼、杀。’”《史记·夏本纪》《淮南子·氾论训、本经》都讲到“夏台”，《史记索引》谓“夏台”为“狱名”，也就是监狱。又《竹书纪年》说帝芬作“圜土”，反映了当时监狱数量的增加。可见，构成夏代国家“公共权力”的，“不仅有武装的人，而且还有物质的附属物，如监狱和各种强制机关”[⑧]。

《左传·昭公四年》说：“夏启有钧台之享，商汤有景亳之命，周武有孟津之誓……”如有的学者所说，这里把夏启的“钧台之享”与商汤的“景亳之命”和周武的“孟津之誓”相提并论、等量齐观，“可以看出其意义之重大”。“启为对付保守势力的挑战，巩固自己的政权，一方面当然要建立强大的军事力量做后盾，另一方面必须依靠政治力量，必须取得众多部落，至少是旧日部落联盟内部落新贵们的承认（这些部落新贵正在向列国诸侯转化）。这样举行大会就成为非常的了。史称‘夏启有钧台之享’，正是适应这个形势的

① 蔡沈：《书经集传音释·甘誓》。
② 顾颉刚、刘起釪：《〈尚书·甘誓〉校释译论》，《中国史研究》1979年第1期。
③ 《左传·定公元年》。
④ 《左传·哀公元年》。
⑤ 《左传·襄公十四年》。
⑥ 《左传·昭公十七年》。
⑦ 《吕氏春秋·先识览》《淮南子·氾论训》。
⑧ 恩格斯语，见《家庭、私有制和国家的起源》，《马克思恩格斯选集》第4卷，第167页。

需要而出现的。”“这个大会表明了‘这些因拥有财富而本来就有势力的家庭’，不但‘已经开始在自己的氏族之外联合成一种独特的特权阶级’[①]，而且还以阶级大联合的姿态，正式登上了奴隶社会的政治舞台。这个特权阶级的大联合，则正是夏王朝存在的坚实基础。”[②]

原始社会解体过程中产生的奴隶制，夏王朝建立后进一步发展，奴隶的主要来源仍是战俘。《大戴礼记·夏小正》云：

二月：往耰黍，禅。初俊羔，助厥母粥。绥多士女。……

这表明，“夏代农业中的生产者大量的应当是‘绥多士女’，也即被缚系着的男女奴隶”[③]。

如有的学者所考释：

卜辞、金文均有“妥”无“绥”，“绥”为后起字。妥，象以爪擒女之形，犹之乎古文字“俘”作“孚”，象以爪擒子之形，引申之则为俘掠之“俘”。“妥”之本义为俘女，乃古义之已湮者。再以典籍中“绥”通“绥”证之，《仪礼·士昏礼》“授绥”郑注：“绥，所以引升车者。”左哀二年传：“子良授太子绥。”孔疏：“绥者挽以上车之索。”又《说文》：“绥，系冠缨也。”“绥”训为“索”，“绥”训为“缨”，均属绳类，作动词用，则训为“系结”之“系”……卜辞“系”作，象以绳索系人之颈。

“士女”乃古代青年或壮年男女的通称，无阶级贵贱之别。……《师寰簋》：“徒驭殴（驱）俘，士女羊牛”，以士女与羊牛并列，则士女指被俘的壮年男女言之，无已婚未婚之别；《诗·甫田》的“以穀我士女”，《既醉》的“厘尔女士”（女士即士女，倒文以谐韵），士女均指奴隶言之。……

综上所述，则“绥”字古文作“妥”者，取义于俘女。“绥”字也作“缑”或“偻”者，均为缚系之义，训同而字异。至于“士女”

① 恩格斯：《家庭、私有制和国家的起源》，《马克思恩格斯选集》第4卷，第106页。

② 金景芳：《中国奴隶社会史》，上海人民出版社1983年版，第36~37页。

③ 郑杰祥：《夏史初探》，中州古籍出版社1988年版，第54页。

的训解，或为未婚的男女，或为夫妇，或为被俘掠的壮年男女，或为壮年的男女奴隶。此文之“绥多士女”，则专就壮年男女之为奴隶者言之。“绥”字训为缚系，与《孟子·梁惠王》“系累其子弟”的“系累”以及《淮南子·本经》“傒人之子女”的“傒”字义训相同。

在古代社会，奴隶往往是带着手铐脚镣，在奴隶主的皮鞭监视之下，被强迫地从事劳动，其原因就在于为了防止奴隶的逃亡和反抗。马克思曾经指出：“罗马的奴隶是由锁链……被系在他的所有者手里。”①《墨子·尚贤中》：“傅说被褐带索，庸筑乎傅岩。”《吕氏春秋·求人》：“傅说殷之胥靡。”按靡与縻古字通，《广雅·释诂》训靡为系，《小尔雅·广言》训縻为缚。《荀子·儒效》“胥靡之人，杨注：“胥靡，刑徒人也，胥、相、靡，系也，谓锁相连相系。”……

通过以上的论证，我们可以知道，奴隶们在被迫从事劳役的时候，通常都是身上带着锁链或被绳索缚系着的。由此以推，则《夏小正》之“绥多士女”，亦正同此意。《小正》二月先言“往耰黍”，又言“初俊羔”，均系叙记农田畜牧之事，下接以“绥多士女”，是说用被索系的许多壮年男女奴隶，以从事于农业和畜牧业的劳动。②

再请注意：《夏小正》说的是“绥多士女”，一个“多”字，表明从事农业和畜牧业的男女奴隶是众多的、大量的，而不是个别的、微乎其微的。其中包括：大禹时期的奴隶及其后代；夏朝建国后俘掠的奴隶；因犯罪而从自由民下降而来的奴隶。据《古本竹书纪年》记载：后相“二年，征风夷及黄夷”；“夏伯杼子东征”，“伯杼子征于东海及王寿”。俘人为奴当是其发动征服战争的主要目的之一。有扈氏被夏启灭亡后，其部落人民当亦有不少因此而沦为奴隶。在奴隶制度下，奴隶之子恒为奴隶，奴隶的繁殖是奴隶的一大来源。

一切社会制度，都有一个从不成熟到成熟、从不完善到完善的发展过程。奴隶制社会经济形态的发展过程，同样具有阶段性。在夏代以及后来的商代，

① 马克思：《资本论》第1卷，人民出版社1957年版，第717页。

② 于省吾：《〈夏小正〉五事质疑》，《文史》第4辑，中华书局，1965年版。

中国奴隶制社会还处于它的早期阶段、初级阶级。因此，总的说来，奴隶数量在当时社会总人口中所占的比例，奴隶制经济成分在当时社会经济所占的比重，都相对较小。古代世界其他国家的奴隶制社会早期阶段的情况同样如此，即使是古代希腊罗马也不例外。马克思曾经说过：

> 小农经济和独立的手工业生产，一部分构成封建生产方式的基础，一部分在封建生产方式瓦解以后又和资本主义生产方式并存。同时，它们在原始的东方公有制解体以后，奴隶制真正支配生产以前，还构成古典社会全盛时期的经济基础。[①]
>
> 自耕农的这种自由小块土地所有制形式，作为占统治地位的正常形式，一方面，在古典古代的极盛时期，形成社会的经济基础，另一方面，在现代各国，我们又发现它是封建土地所有制解体所产生的各种形式之一。[②]

在夏代社会（以及商代社会）中，主要的、在数量上占极大优势的经济成分，也是农民经济和“独立的”手工业生产，只是前者属于公社农民或隶属农民，不同于马克思这里所说的以“自由小块土地所有制”为基础的自耕农。

关于夏代的土地制度，缺乏记载，不得其详。夏王朝建立前后，中原地区起先的有些原始公社大概已不复存在，它们或者“是在连绵不断的内外战争的情况下灭亡”、“死于暴力之下”[③]，或者是由于贵族凭借其政治特权变公社公有地为其私有地。《礼记·礼运》篇说夏代以来的统治者“大人世及以为礼，货力为己，城郭沟池以为固，礼义以为纪，以正君臣……以设制度，以立田里”，反映了当时所有制的变革。如恩格斯在《家庭、私有制和国家的起源》一书中所说：“迄今所发生的一切革命，都是为了保护一种所有制以反对另一种所有制的革命。它们如果不侵犯另一种所有制，便不能保护这一种所有制。……的确，一切所谓政治革命，从头一个起到末一个止，都是为了保护一

---

① 马克思：《资本论》第1卷，《马克思恩格斯全集》第23卷，第371页注（24）。

② 马克思：《资本论》第3卷，《马克思恩格斯全集》第25卷，第909页。

③ 马克思语，见马克思：《给维·伊·查苏利奇的复信草稿——初稿》，《马克思恩格斯全集》第19卷，第433页。

种财产而实行的，都是通过没收（或者也叫做盗窃）另一种财产而进行的。”[①]在中国历史上，夏启通过暴力（篡夺）夺取政权而建立夏王朝的头一个政治革命，就是为保护和发展私有制而进行的；从夏代开始，社会上占主导地位的生产关系的基础是贵族奴隶主集团占有土地等生产资料和占有奴隶，同时，贵族奴隶主集团还利用其政治上的特权奴役和剥削其他众多的劳动生产者。

诚然，如马克思主义经典作家所说：“一切文明民族都是从这种公社（即“实行土地公有制的氏族公社或农村公社”——引者）或带着它的非常显著的残余进入历史的”[②]；“原始公社的生命力比闪族社会、希腊社会、罗马社会以及其他社会……的生命力要强得多”[③]。在夏代以及商代和西周时期的广大农村，各种原始公社的组织形式无疑广泛存在。“商代甲骨文中有邑字，形作，像人所居住的区域。邑有大小，商的商都叫‘天邑商’，各地有小邑，甲骨文中屡见‘乍（作）邑’的记载。邑的起源应该很早，不始于商。……邑中的组织最初应是原始公社组织。”[④] 直到春秋时期，社会的基层单位仍称之为“邑”。不过请注意：“有决定意义的不是组织形式问题”[⑤]。夏、商以及西周、春秋时期的“邑”，无论社会的、经济的还是政治的，终究只是一种组织形式，一切都以它包含着什么样的内容、谁是它的支配者和主持者为转移，不可不加分析地把它们与史前时期以公有制为基础的原始公社相提并论，混为一谈。

《夏小正》云：“正月……农纬厥来……农率均田。”《传》曰：“率者，循也。均田者，始除田也。言农夫急除田也。”又《夏小正》“农及雪泽，初服于公田”，《传》云：“古有公田焉者，古者先服公田，而后服其田也。”此外，《孟子·滕文公上》还有“夏后氏五十而贡，殷人七十而助，周人百亩而彻”的说法。《夏小正》这里所说“农纬厥来”、“农及雪泽，初服于公田”

① 《马克思恩格斯选集》第4卷，第110～111页。

② 恩格斯：《反杜林论》，《马克思恩格斯选集》第3卷，第187页。

③ 马克思：《给维·伊·查苏利奇的复信草稿——初稿》，《马克思恩格斯全集》第19卷，第432页。

④ 郭沫若：《关于中国古史研究中的两个问题》，《郭沫若全集·历史编》第3卷，第222页。

⑤ 斯大林：《在俄国社会民主工党（布尔什维克）第六次代表大会上的讲话》，《斯大林全集》第3卷，第167页。

的“农”，其身份地位显然不同于上述《夏小正》所谓“绥多士女”的“士女”，前者本是公社农民，后者为奴隶。如果说“公田”原本是原始公社公有地的话，那么《夏小正》所述“初服于公田”之“公田”则已变为国有地或贵族占有地，农“初服于公田”，也就是公社农民在“公田”上为统治者剥削者从事无偿劳动。

“贡”法出现于原始社会末期，即部落联盟的强盛及其由盛而衰的时期。恩格斯在谈到易洛魁人的氏族及部落联盟时就曾说过：“这种联盟，一经意识到它所具有的力量，便立刻具有了进攻的性质……当它达到了极盛的时侯，便征服了它四周的广大土地，把这些地方上的居民一部分驱逐出境，一部分使之纳贡。”① 又如：“阿兹特克联盟并没有企图将所征服的各部落并入联盟之内；在氏族制度下，语言的障碍使他们不可能做到这一点；这些部落仍由他们自己的酋长管理，并遵循自己原来的习惯。有时有贡物征收者留驻在他们那里。”②《尚书·禹贡·序》所说禹“任土作贡”一事，亦大体如此。夏王朝建立后，沿袭“贡”法，并扩大了征收范围。夏代的“贡”主要有两种，一是夏王朝直接间接统治区内的诸侯、方国或部落之贡，一是公社农民或其他类型农民的“五十而贡”，前者属于赋税或捐税，后者具有租、税合一性质。“捐税是以前的氏族社会完全没有的”③，这时却有了。如《史记·夏本纪》太史公曰：“自虞、夏时，贡赋备矣。”这是随着国家“公共权力”的设立而必然如此的。因为：“为了维持这种公共权力，就需要公民缴纳费用——捐税”④。“赋税是政府机器的经济基础”⑤。

从原始时代进入文明时代，是人类历史发展的巨大进步，它“完成了古代氏族社会完全做不到的事情”。“但是，它是用激起人们的最卑劣的动机和情欲，并且以损害人们的其他一切秉赋为代价而使之变本加厉的办法来完成这些事情的。卑劣的贪欲是文明时代从它存在的第一日起直至今日的动力；财

---

① 《家庭、私有制和国家的起源》，《马克思恩格斯选集》第4卷，第90页。

② 马克思：《摩尔根〈古代社会〉一书摘要》，《马克思恩格斯全集》第45卷，第483页。

③ 恩格斯：《家庭、私有制和国家的起源》，《马克思恩格斯选集》第4卷，第167页。

④ 恩格斯：《家庭、私有制和国家的起源》，《马克思恩格斯选集》第4卷，第167页。

⑤ 马克思：《哥达纲领批判》，《马克思恩格斯选集》第3卷，第22页。

富，财富，第三还是财富，——不是社会的财富，而是这个微不足道的单个的个人的财富，这就是文明时代唯一的、具有决定意义的目的。”① 又“由于文明时代的基础是一个阶级对另一个阶级的剥削，所以它的全部发展都是在经常的矛盾中进行的”②。夏代社会内部的矛盾斗争史和夏王朝的兴亡，同样充分地表明了上述两点。

“启九辩与九歌兮，夏康娱以自纵；不顾难以图后兮，五子用失乎家哄。”这四句诗出自《离骚》③，是屈原对我国历史上第一个国王夏启的形象的评说。意思是：“夏启从天上得到了九辩与九歌，在艳阳时分他欢乐着，自行放纵。毫无深远谋虑以作未雨绸缪，他的兄弟五观便和他生了内讧④。《墨子·非乐篇》云：“于武观曰：启乃淫溢康乐，野于饮食……湛浊于酒，渝食于野，万舞翼翼，章闻于天，天用弗式。”所道者即此事。“启死后，儿子太康继位。太康比启更荒淫，带着家属到洛水北岸打猎，接连几个月。”⑤ 结果导致了历史上有名的“太康失国”和后羿、寒浞搆乱的事件。《左传》记载说：

> 昔有夏之方衰也，后羿自鉏迁于穷石，因夏民以代夏政。恃其射也，不修民事，而淫于原兽；弃武罗、伯因、熊髡、龙圉，而用寒浞。寒浞，伯明氏之谗子弟也，伯明后寒弃之，夷羿收之，信而使之，以为己相。浞行媚于内，而施赂于外，愚弄其民，而虞羿于田，树之诈慝，以取其国家，外内威服。羿犹不悛，将归自田，家众杀而亨之，以食其子。其子不忍食诸，死于穷门。靡奔有鬲氏。浞因羿室，生浇及豷。恃其谗慝诈伪，而不德于民，使浇用师，灭斟灌及斟鄩氏。处浇于过，处豷于戈。靡自有鬲氏，收二国之烬，以灭浞而立

---

① 恩格斯：《家庭、私有制和国家的起源》，《马克思恩格斯选集》第4卷，第173页。

② 恩格斯：《家庭、私有制和国家的起源》，《马克思恩格斯选集》第4卷，第173页。

③ “《国语·楚语》士娓曰：‘启有五观。’五武音同字通，实一人，非五人。”“五子用失乎家哄”句，原作“五子用失乎家巷”。“王念孙谓‘失’字为衍文，并读‘巷’为孟子‘邹与鲁哄’之‘哄’，谓‘家巷’即内讧（见《读书杂志·志余》下），均至确。余意‘失’字实‘夫’字之讹，盖古本一作‘夫’，一作‘乎’，作‘夫’者讹为‘失’，后录书者遂合二本而成为此语。”（郭沫若：《〈屈原赋〉今译》，《郭沫若全集·文学编》第5卷，第330～331页注⑳㉑。）

④ 郭沫若：《〈屈原赋〉今译》，《郭沫若全集·文学编》第5卷，第315页。

⑤ 范文澜：《中国通史》第1册，人民出版社1978年版，第31页。

少康。少康灭浇于过，后杼灭豷于戈。有穷由是遂亡。①

昔有过、浇杀斟灌以伐斟鄩，灭夏后相。后缗方娠，逃出自窦，归于有仍，生少康焉，为仍牧正。惎浇，能戒之。浇使椒求之，逃奔有虞，为之庖正，以除其害。虞思于是妻之以二姚，而邑诸纶，有田一成，有众一旅。能布其德，而兆其谋，以收夏众，抚其官职。使女艾谍浇，使季杼诱豷。遂灭过、戈，复禹之绩，祀夏配天，不失旧物。②

少康中兴，虽然巩固了夏代政权，但八传至孔甲，而“夏后氏德衰，诸侯畔之”③，阶级矛盾日趋尖锐，统治集团内部分崩离析，又三传至桀而夏亡。夏桀是中国历史上头一个有名的暴君。《尚书·汤誓》说：“夏王率遏众力，率割夏邑。有众率怠弗协，曰：时日曷丧，予及汝皆亡。”《史记·夏本纪》说：“夏桀不务德而武伤百姓，百姓弗堪。”《左传·昭公十一年》说：“桀克有缗以丧其国。”

三、夏代的农业和手工业

“人们不能自由选择自己的生产力”；“任何生产力都是一种既得的力量，以往的活动的产物”④。“历史不外是各个世代的依次交替。每一代都利用以前各代遗留下来的材料、资金和生产力；由于这个缘故，每一代一方面在完全改变了的条件下继续从事先辈的活动，另一方面又通过完全改变了的活动来改变旧的条件。”⑤

夏代的经济，是在继承中原龙山文化的基础上继续发展的。夏代的农业、手工业以及农业和手工业之间的社会分工，都比前代有进一步的发展。我们同意这样一种意见：夏代已进入青铜时代。

---

① 《左传·襄公四年》。

② 《左传·哀公元年》。

③ 《史记·夏本纪》。

④ 马克思：《致巴·瓦·安年柯夫（1846年12月28日）》，《马克思恩格斯选集》第4卷，第321页。

⑤ 马克思、恩格斯：《费尔巴哈》，《马克思恩格斯选集》第1卷，第51页。

夏代主要的、决定性的经济部门，同样是农业。农业生产工具有木器、石器、蚌器、骨器，以木石工具为主，而木器主要是耒耜。在偃师二里头遗址发现的石器、蚌器、骨器中，石器有石斧、石镰、石刀、石铲，蚌器有蚌镰、蚌刀、蚌铲，骨器有骨铲等。在山西夏县东下冯等同类遗址中所发现的器物，也大体如此。"这时使用的虽然仍是石、骨、蚌、木（在灰坑壁上发现有木耒印痕）的工具，但与河南龙山文化相比，也有明显的进步，如木耒、石铲和镰更加普遍地使用，遗址中酒器的大量存在"[①]等。值得注意的是，在当时的渔猎和手工业中已在使用铜制工具，如铜镞、铜鱼钩、铜锥、铜凿、铜锛等。

农业是一种季节性很强的生产活动，"为了定季节"，"绝对需要"[②]掌握天文历法等科学知识。《论语·卫灵公篇》载："子曰：'行夏之时，乘殷之辂，服周之冕。'"《国语·周语中》引《夏令》曰："九月除道，十月成梁。"《礼记·礼运篇》载孔子云："我欲观夏道，是故之杞，而杞不足徵也，吾得夏时焉。"《史记·夏本纪》也说："孔子正夏时，学者多传《夏小正》云。""夏时"就是《夏小正》。该书至今尚存，书中将一年分为十二个月，记述了每月的星象、动植物的变化以及需要从事的农业活动。"这是后人追记并加工过的一部夏代成文历法，夏历可能形成于夏王朝时期，但最早应萌芽于夏王朝以前的原始社会阶段。"[③]它在一定程度上反映了夏代农业生产的发展。

随着农业生产的发展，各种手工业也有了新的发展和分工。青铜冶铸业已成为一个比较重要的手工业经济部门。二里头遗址出土的青铜器，有铜爵、铜锛、铜凿、铜锥、铜刀、铜镞、铜鱼钩以及带有镶嵌的圆形铜器等。圆形铜器周围共镶嵌61块方形绿松石，制作精美，这不仅反映当时有熟练的铸造技术，而且有熟练的镶嵌技术[④]。铜镞在二里头文化的墓葬中经常出现，只有当冶铜业有一定发展的情况下，这种消耗性的青铜器才会经常出现。最能说明当时的

① 中国科学院考古研究所洛阳发掘队：《河南偃师二里头遗址发掘简报》，《考古》1965年第5期。

② 恩格斯：《自然辩证法》，《马克思恩格斯选集》第3卷，第523页。

③ 郑杰祥：《夏史初探》，中州古籍出版社1988年版，第26页。

④ 中国科学院考古研究所二里头工作队：《偃师二里头遗址新发现的铜器和玉器》，《考古》1976年第4期。

青铜工艺水平的是铜爵，它是我国迄今为止发掘出土的最早的一件使用合范铸造的完整青铜容器[①]。该铜爵通高13.3厘米，流长约5厘米，含铜92%，锡7%，系采用多合法铸成，制作技术复杂；从铸痕看来，至少是用四块范铸成的[②]。二里头遗址还出土有铸造精美的戈和戚，戈刃也比较锋利。这是我国迄今发现的最早的青铜兵器，古书所谓夏“以铜为兵”[③]之说得到了实物证明。在二里头遗址还发现了坩锅片、陶范和铜渣[④]，说明上述铜器是当地铸造的。周代经常讲到夏鼎，还有夏铸“九鼎”[⑤]以及夏后启命人在昆吾铸鼎[⑥]等说法。有的学者认为，夏代是“可以有鼎”的[⑦]。“《吕氏春秋》的《先识》《慎势》《离谓》《适威》《达郁》诸篇并具体地谈到鼎上的物象。可见，夏代铸鼎应是事实。”[⑧]所谓“九鼎”，应指鼎的数量很多，未必是实数为“九”[⑨]。

在烧制陶器方面，当时不仅广泛使用了快轮制造技术，而且在烧制方法上又多采用陶器出窑前的施水法，从而使陶器多呈灰黑色、灰色或黑色，且又质地坚硬。陶器表面除多施用篮纹、方格纹及绳纹等装饰外，还有细致而精美的指甲纹、羽毛纹、划纹、圆圈纹以及镂刻等装饰。器形品种如炊器、饮器、食器和盛储器等达30多种。特别是有些造型美观、制作精湛、胎质细腻、薄如蛋壳、器表漆黑发亮的磨光黑陶器，只有具备烧陶丰富经验和高超技术的专业陶工才能烧制出来[⑩]。

《考工记·总序》云：“有虞氏上陶，夏后氏上匠，殷人上梓，周人上舆。故一器而工聚焉者，车为多。”郑《注》：“禹治洪水，民降丘宅土，卑宫室，

---

① 北京钢铁学院冶金史组：《中国早期铜器的初步研究》，《考古学报》1981年第3期。

② 中国科学院考古研究所二里头工作队：《偃师二里头遗址新发现的铜器和玉器》，《考古》1976年第4期。

③ 《越绝书》卷11。

④ 中国科学院考古研究所洛阳发掘队：《河南偃师二里头遗址发掘简报》，《考古》1965年第5期。

⑤ 见《左传·桓公二年、宣公三年》《墨子·耕柱篇》。

⑥ 《墨子·耕柱篇》。

⑦ 唐兰：《关于“夏鼎”》，《文史》第7辑，中华书局，1979年版。

⑧ 金景芳：《中国奴隶社会史》，上海人民出版社1983年版，第48页。

⑨ 顾颉刚：《九鼎》，《史林杂识》（初编），中华书局，1977年版。

⑩ 《中国大百科全书·中国历史》Ⅲ“夏”（作者安金槐），中国大百科全书出版社1992年版，第1296页。

尽力乎沟洫而尊匠。”《左传·定公元年》：“薛之皇祖奚仲，居薛以为夏车正。”《吕氏春秋·审分览、君守》：“奚仲作车。”《说文·车部》：“车，夏后时奚仲所造。”《世本》：“奚仲作车。”《山海经·海内经》：“番禺生奚仲，奚仲生吉光，吉光是始以木为车。”郭璞《注》：“《世本》云‘奚仲作车’，此言吉光，明其父子共创作意，是以互称之。”《管子·形势解》还称赞奚仲高超的造车技术说：“奚仲之为车器也，方、圆、曲、直皆中规矩钩绳，故机旋相得，用之牢利，成器坚固。”又《墨子·非儒下》云：“奚仲作车，巧垂作舟。”夏代已有车辆制造业当是可以肯定的。这不一定是某一个人的发明，大概只是作为车正的奚仲善于造车而已。

夏代的漆器业也有所发展。中国的髹漆工艺历史悠久，新石器时代的河姆渡文化已出现漆器。《韩非子·十过篇》说：“尧禅天下，虞舜受之，作为食器，斩山木而财之，削锯修之迹，流漆墨其上，输之于宫以为食器。……舜禅天下而传之于禹，禹作为祭器，墨染其外，而朱画其内……。”“墨染其外”的“染”，《说苑》《御览》四百九十三引此作“漆”，漆、染二字义同①。1980 年，二里头遗址有一座墓葬中出土了一些漆器，因木胎无存，件数不详，能看出器形者有敛口圆腹平底漆盒、漆豆、筒形器各一件，还有一件雕花残漆器。在另外两座墓中还发现漆棺，棺木已朽，仅残存一些红色漆皮②。1981 年在清理二里头遗址的六座墓葬时，又发现其中有三座墓的棺木外表皆用朱红漆刷过。在这三座墓中，有两座墓随葬漆器，其中：漆钵两件，朱红色，口径约 20 厘米，高 9 厘米；漆觚一件，器表涂朱红色，通高 25. 5 厘米，口径约 12 厘米；漆鼓一件，呈长筒形，束腰，通长 54 厘米，外露朱红色漆皮③。

夏代的玉器是很著名的。尤其是“夏后氏之璜”，被后世视为稀世珍宝，与著名的“和氏璧”相提并论④。据《左传·定公四年》记载，周初封鲁公伯

---

① 陈奇猷：《韩非子集释》（上），上海人民出版社 1974 年版，第 189 页。

② 中国社会科学院考古研究所二里头队：《1980 年秋河南偃师二里头遗址发掘简报》，《考古》1983 年第 3 期。

③ 中国社会科学院考古研究所二里头工作队：《1981 年河南偃师二里头墓葬发掘简报》。《考古》1984 年第 1 期。

④ 见《淮南子·说山训、精神训、氾论训》。

禽时，除分以“大路”、“大旗”、“殷民六族”外，还分以“夏后氏之璜”。杜《注》：“璜，美玉也。”孔《疏》：“夏后氏所宝，历代传之，知美玉名也。”已出土的夏代玉器有：玉戈、玉刀、玉圭、玉琮、玉板、玉钺、玉柄形器、玉铲形器等。其中以玉柄形器的制造技术最为突出。“这是一件四方形的长形玉器，通长 17.1 厘米。器物的末端浮雕成一个兽头，器身分为六节，形似六节鞭，上面雕琢着兽面纹、花瓣纹，造形美观，雕工精细。可算是代表了当时制玉工艺的最高水平。玉戈的制造也很工整，表明当时制玉技术已相当成熟了。”①

① 孙淼：《夏商史稿》，文物出版社 1987 年版，第 215 页。

第二章　商代社会概况与自然环境

社会状况和自然环境，是一个时代人类进行经济活动的背景和基础。因此，在对商代经济的各个门类展开讨论之前，有必要对商代所处的自然环境和社会状况作一简要的概述，以便使我们对当时人们进行经济活动的背景和舞台，有一个大致的了解和认识。

第一节　商代社会概况

一、商朝的建立

商朝是由成汤灭掉夏朝最后一位国王桀而建立起来的。据古本《竹书纪年》“汤灭夏以至于受（纣），二十九王，用岁四百九十六年”，而据《史记·殷本纪》则为十七世三十一王[①]。据甲骨文中的“周祭”谱“沃丁”和“廪辛”二位未曾入祭祀谱，为二十九王，与古本《竹书纪年》合。商朝约当公元前16世纪至公元前11世纪，它是与当时非洲的埃及，西亚的巴比伦、南亚的印度交相辉映的四大文明古国之一，在人类历史上占有十分重要的地位。

商朝是由商族人建立起来的，商族是一个有着悠久历史的部族，相传商人的始祖名契，契是一个不知其父的人，契的母亲简狄，姐妹三人行浴，“见玄鸟坠其卵”，“简狄取而吞之，因孕生契”[②]。这个传说故事，反映了两个问题：

① 关于商朝的积年，古书记载十分歧异。《左传》宣公三年，周王孙满说商“载祀六百”，《孟子·尽心下》云：“由汤至文王五百有余岁”，《汉书·律历志》说“殷六百二十九年”，《史记·殷本纪·集解》引谯周云，殷“六百余年”。

② 《史记·殷本纪》。

一是契母简狄，无夫而生子，这说明商族在此时还是处在母系氏族社会阶段。而契为男子，后成了商人的始祖，说明商人从契开始进入了父系氏族社会，从此有了明确的世系；一是契为卵生，故商人以鸟为图腾[①]。鸟生传说的民族，大致活动于我国东部沿海地区。

契所处的时代，与夏禹（夏朝的始祖），周弃（周人的始祖）约略同时。契长大后，协助禹治水有功，舜就任命他为司徒（掌教民之官），并“封于商，赐姓子氏”[②]，契的子孙就以“商”为氏族名号。

商族在夏代就已进入阶级社会，它是夏朝内的一个诸侯国，商族的首领在夏朝任职为官，如契之孙相土，“佐夏，功著于商”[③]，契的六世孙冥，为夏司空[④]，主持工程事务，在治水时，淹死在水中[⑤]，堪称是以身殉职的了。

从契到成汤，商族经历了14代人努力，方夺得全国政权。在夺得全国政权以前的这一时期，商部族为了获得良好的生存空间，曾经多次转移其中心地，所谓“自契至汤八迁”[⑥] 即在商族灭夏以前，进行了八次转移部族的中心地，这就是古书上所说的“殷人屡迁，前八后五”的“前八”。商族在这一时期迁徙的地域，大约在今黄河中下游的冀、鲁、豫三省之间[⑦]。《诗经·商颂·长发》颂相土之功云：“相土烈烈，海外有截”，所指的是商人向东方发展的势头已及于海边，而北方的发展却受到阻挡。冥之子王亥，赶着牛羊到地处今河北省易水流域的有易人部落中去活动，却被有易人的首领绵臣杀死。王亥的儿子上甲微，借助河伯的军事力量，打败了有易人并杀死其君绵臣，为父报了仇[⑧]。商族人由于打败了有易人的势力，因而在北方地区获得大的发展。上甲微是使商人由危转安的一位首领，故受到后世子孙隆重的祭祀，“上甲微

① 胡厚宣：《殷卜辞中商族鸟图腾的遗迹》，《历史论丛》第1期，1964年9月；胡厚宣：《甲骨文中所见商族鸟图腾的新证据》，《文物》1977年第2期。

② 《史记·殷本纪》。

③ 《史记·殷本纪·索隐》。

④ 《史记·殷本纪·集解》引宋忠曰：“冥为司空”。

⑤ 《国语·鲁语上》展禽云：“冥勤其官而水死”。

⑥ 《史记·殷本纪》。

⑦ 王国维：《说自契至于成汤八迁》，《观堂集林》卷十二。

⑧ 《楚辞·天问》。

能帅契者也，商人报焉”[①]。在甲骨文中，商人在祭祀祖先的祭祀时，常以上甲打头，如：“翌乙酉侑伐于五示：上甲、咸、大丁、大甲、祖已。”（《合集》248 正）“祈自上甲、大乙、大丁、大甲、大庚、大戊、中丁、祖乙、祖辛、祖丁十示，率牡。”（《合集》32385）“祈自上甲十示又三，牛；小示，羊。”（《合集》34117）“酒祈自上甲二十示，牛；下示，羊；土（社）燎戈彘，四巫豕。”（《合集》34120）“示”就是祭祀祖先的神主牌位，一个祖先一个牌位，几“示”就是几位祖先的神主牌位，亦即几位祖先一起被祭祀。甲骨文中的上甲即是文献中的“上甲微”。从上引甲骨卜辞可见，商人在合祭祖先时常从上甲开始，这就是因为上甲在商族的历史上，曾使商族人转危为安，从而使商族能在后来灭掉夏朝，建立起庞大的商王国。

上甲以后，商人进入一个较为稳定的发展时期，到上甲的六世孙成汤时，终于灭掉夏朝建立起商王朝。这事发生在公元前的 16 世纪左右。

二、商朝的巩固和发展

整个商代的历史可分为早、中、晚三个时期。早期从成汤建国到大戊，历十王。国都设在西亳，即 1983 年在河南偃师尸乡沟发现的那座商城；中期从仲丁到小辛，亦历十王；在这段时期，商朝内部因争夺继承权而出现“九世之乱”，力量衰落，被迫迁都达五次之多；晚期从盘庚到纣王灭国历十一王，历时 273 年。王都在今河南安阳西的小屯村殷墟。虽然这一时期商朝亡了国，但却是商朝六百年间政治经济文化最为发达，国力最强盛的时期。

商汤灭夏建国后，将王都从豫东的亳迁到西边离夏朝王都不远的偃师尸乡沟，后世称为“西亳”。汤灭夏以后，还归东方时，受到三千诸侯的拥护，于是登上天子的宝座，作《汤诰》发布政令，要求四方诸侯把自己的国家治理好，否则就要受到惩罚[②]。汤任命伊尹为相，总理国家大政；任命仲虺为左相[③]，辅助伊尹；任命咎单为司空，咎单“作明居”，度量土地，登记人口，

① 《国语·鲁语上》展禽语。
② 《史记·殷本纪》。
③ 《史记·殷本纪·集解》引孔安国语。

进行分配工作，使国家生活走上正轨①。

商朝前期的国家重大政治事件主要是汤迁都西亳和伊尹放太甲两件事。汤灭夏后，为了便于对西方进行统治，就把政治中心——国都，从豫西的商丘地区，迁到今偃师县境内的尸乡沟。这一则是因为商人原来的政治中心在豫东，现在灭亡了夏以后，向西边扩大了很多的地域，若国都仍在豫东，则极不便于对全国实施有效的统治；再者，商刚刚灭掉夏朝，夏朝的反抗势力还存在，把国都迁到西边的尸乡沟，这里就在夏朝的政治中心地区近旁，十分便于对亡了国的夏人进行统治。商的政治中心在今偃师尸乡沟的“西亳”，历十位国王，驻留时间达一百五十多年。商朝在这一百五十余年的时间内，社会安定，新建立的商王朝得到巩固，可见汤的西迁，在政治上是收到预期的效果的。

传说汤是一位老寿星，他灭亡夏朝后，“为天子十三年，年百岁而崩”②。他的儿子大丁，未能等到其父传给他王位就先汤而死去，汤死后则由他的孙子大甲继承了王位。大甲即位后，“不明，不遵汤法”，伊尹将他关闭在桐宫里，让他悔过自新。大甲在桐宫内的三年中，确能认识错误，悔过自新，伊尹于是将他接回并恢复了他的王位。大甲复位后，“修政，殷道复兴，号曰太宗”③。成汤开创的王业得到巩固。

大甲之子沃丁即位时，活了一百岁的老臣伊尹死去，其后国家政事渐衰。到成汤的第五世孙大戊时，他任用伊尹的后人伊陟为相，臣扈为辅佐，巫咸掌管王室内部事务，商王朝又恢复了起来。大戊当政的时间很长，据说他在位时间长达七十五年之久，由于对商朝的巩固和发展做出了很大贡献，死后被尊为“中宗”。

商朝在第十一位国王仲丁以后到第十九位国王阳甲的九个王之间，发生了激烈地争夺王位继承权的斗争，国力大为削弱，据《史记·殷本纪》记载：“自中丁以来，废嫡而更立诸弟子，弟子或争相代立，比九世乱，于是诸侯莫朝。”

① 《史记·殷本纪·集解》引马融说。
② 《太平御览》卷八十三引《帝王世纪》。
③ 《初学记》卷二引《帝王世纪》。

商朝的王位继承制度，本是以长子继位为常法。大戊是大庚三个儿子中的老二，他上有兄小甲，下有弟雍己，按常理雍己死后，王位应回传给小甲之子，或者直接传给自己的儿子，但继雍己王位的却是大戊子仲丁。没有继位可能的仲丁之获得王位，当然不是平静的过渡，应是他通过非法手段从别人手里夺得的[①]。这就引发了商王室内部，为王位的继承问题而产生长期的内争。

在这“比九世乱”的一段时期里，商朝的国都进行了四次迁徙：即仲丁迁隞（地在今河南郑州市）；河亶甲迁相（今河南内黄县境）[②]；祖乙迁庇（或说迁邢。庇在今山东省费县东；邢地在今河北省邢台地区）；南庚迁奄（今山东曲阜）。这个迁徙路线，总的来看是从西向东。商族本是由东向西，他们的根据地在东方，现在再迁回到东方去，应该说是商人势力的后退。

盘庚是商代第20位国王，阳甲的弟弟，是一位很有作为的人。他上台后就把国都从奄迁到豫北今安阳西的小屯村。这里从此就成为商朝后期的王都，直至商被周人灭亡，古文献记载，“自盘庚徙殷至纣之灭，二百七十三年更不徙都”[③]。由于商朝后期内部巩固，国家较长时期处于安定的环境中，创造出了一个有利于经济发展的氛围，因此光辉灿烂的商代文明，就是在这一时期得到空前发展的。

盘庚迁都后的第4位国王是武丁，在这一时期里，商朝的国力得到空前的发展，从考古学上看，这一时期的器物皆异常的精美，气魄宏大，像重达875公斤的司母戊青铜大方鼎，为世界青铜器之冠。武丁之妻妇好的墓中，所出各种随葬器物，数量多，种类全，制作精美。仅青铜礼器，就达440余件。墓中出土的两件象牙杯，上刻雕夔纹，纹中镶嵌松绿石，造型生动，堪称一绝[④]。

武丁时期商朝的政治、经济、文化等方面，都得到大发展。在这一时期，曾多次向外用兵，从甲骨文中所见有关战争的卜辞，武丁一朝所征伐过的方国

---

① 杨升南：《从卜辞中的“示”“宗”说到商代的宗法制度》，《中国史研究》1984年第4期。

② 1999年10~12月中国社会科学院考古所在安阳殷墟洹水以北，发现一座时代界于殷墟与郑州二里岗期的古城，平面近方形，方向北偏东13度，夯筑城墙，墙基宽约10米，城址总面积达400多万平方米。此城有可能是盘庚或河亶甲所迁之“都”。见《中国文物报》2000年2月20日第一版。

③ 古本《竹书纪年》。

④ 中国社会科学院考古所编：《殷墟妇好墓》，文物出版社，1980年版。

部落，不下50个，其用兵的规模，常常是一次3000人、5000人，有一次还用兵达13000人（《合集》39902，《英藏》150正）。武丁时所征讨过的一些方国部落，在武丁后的甲骨文中，大多数已不再出现，说明它们已被征服而融入殷民之中。

商代晚期，即盘庚迁殷后的273年中，以武丁时期的国力最强，各种制度文物最为完备。就以出土的甲骨文来看，武丁一朝就占了一半左右，由此可见一斑。武丁在位59年，以其文治武功卓著，被后人尊为“高宗”。

武丁之子祖甲，是继其兄祖庚为王的，他也是一位能干的国王，与其父武丁一样，在当国王以前，曾为“小人”，深入过民间，知民众疾苦，故在即位后“知小人之依”，保惠于庶民，照顾生活无着的鳏寡孤独之人①。

祖甲还有一项成就，就是他对商朝繁琐祭祀制度的改革，即实行“周祭”制度。这种制度是把受祭的先王先妣按即位世次为序排成一个表，用五种不同的祭典轮番祭祀②。此制初始于祖甲，大备于帝乙帝辛。

祖甲以后的各王，西周著名政治家周公批评他们说：“自时厥后立王，生则逸。生则逸，不知稼穑之艰难，不闻小人之劳，惟耽乐之从。”③

商朝的最后一位国王是殷纣王。在古文献中，他被说成是一个十分昏庸残暴的人，生活上也是极端荒淫的。有一本名叫《封神演义》的小说，就是描写纣王种种恶迹的。当然这些说法，不一定都是可信的，春秋时期孔子的弟子子贡，就曾向他的老师提出过怀疑④，近代学者顾颉刚先生作了一篇《纣恶七十事的发生次第》，他依据可信的古书《尚书》所记有关纣的罪恶，实际只有酗酒、不用贵戚旧臣、登用小人、听信妇言、相信有命在天和不留心祭祀六条，认为“从以上六项看来，纣只是一个糊涂人，他贪喝了酒，遂忘记了政事，所以把他的国亡掉了”⑤。

---

① 《尚书·无逸》。

② 董作宾：《殷历谱》，国立中央研究院历史语言研究所专刊，1945年。

③ 《尚书·无逸》。

④ 《论语·子张》：“子贡曰：‘纣之不善，不如是之甚也。是以君子恶居下流，天下之恶皆归焉。’”

⑤ 顾颉刚：《纣恶七十事的发生次第》，《古史辨》第二册，上海古籍出版社，1982年重印版。又《顾颉刚古史论文集》第二册，中华书局1988年版，第213页。

纣的行为不端，还不是他亡国的主要原由，殷纣王父子大肆向外用兵，国力耗损，周人乘机偷袭，造成了商的灭亡。春秋时晋国的栾书说“纣之百克而卒无后”①，是说纣曾多次向外征讨。最艰难的战争是对东南的人方和盂方的征讨。甲骨文中有不少关于征伐盂方、人方的卜辞，皆属于帝乙帝辛时代，所以晋国叔向说“纣克东夷而陨其身”②。

商代末年专力对东夷的征伐，致使周武王在牧野之战中，一举击败商军，殷纣王自焚身死国灭。

三、商代的政治制度

在商代的政治生活中，王权和神权相结合的特点，异常鲜明。在安阳殷墟出土的商代10万多片甲骨文，就是商王们利用神权进行统治的最佳证据。甲骨卜辞的内容，是通过用龟和牛骨所进行的占卜，来决定商王行动的记录。凡是商王的一切活动，大到对外战争、官吏的任免、刑罚的实施、社会生产活动等事；小到商王个人行止、身上的疾病等，都要通过占卜，并在龟或骨上显出吉兆方才行动。通过龟骨的占卜，就是得到了神的指示，因而商王的一切行事，就都是在代神行事。汤伐夏桀，他说是“致天之罚”；盘庚迁都，他说是“非敢违卜”。这样，商代的王权就和神权结合了起来，从而成为商代政治生活中的一大特色。

商代的国家体制，是一种内外服的制度。《尚书·酒诰》中说商朝的官制是“越在外服，侯甸男卫邦伯；越在内服，百僚庶尹惟亚惟服宗工越百姓里居”。“服”是指执事之官吏。“外服”指外官，“内服”指王朝内的各种职官。“外官”即是诸侯国的首领，西周初《大盂鼎》铭称“殷边侯甸”与“殷正百辟”，此即是《酒诰》中的“外服”，“内服”。商王朝直接治理的部分地区称为“王畿”。甲骨文中称为商、中商、中土、大邑商等；而诸侯所领有的地区则称为“四土”，如卜辞：“乙巳王卜，贞今岁商受年。王占曰：吉。东土受年，南土受年，西土受年，北土受年。”（《合集》36975）此条卜辞中

① 《左传·宣公十二年》。
② 《左传·昭公十一年》。

的“商”，即是指商王所直接治理的地域，以下的东、南、西、北之“土”的土，即是指“王畿”以外的四方诸侯国的土地。商代国家体制的这种结构，与西周时的体制大致差不多。

诸侯臣属于商王室，他们与商王朝之间是一种君臣上下之间的关系①。诸侯们被称作“外服”，他们对中央王室负有种种义务，如为王朝守边，以军队支持王室的对外战争，向王室缴纳各种贡物，为王室服各种劳役任务等。在甲骨文中可以看到，商王对诸侯是可以随时令其从事各种活动的，商王向他们下达命令的用语是“呼”、“令”等这样的使令动词。这就是命令诸侯为王室服役，表明诸侯接受商王的领导，承认商王的统治权。

商朝职官的名称多以“尹”为名，古文献中有“百僚庶尹”②。甲骨文中有“多尹”，辅佐成汤灭夏的功臣称“伊尹”，“伊”是姓氏，“尹”是官称，犹如现在称“某书记”、“某某长”之“书记”、“长”一样的官衔。商人的这种习惯，由后来的楚国所继承。商代的职官也有称为“臣”的，如甲骨文中的“小耤臣”、“众人臣”、“多马羌臣”等③。“小臣”的地位很高，伊尹就被称为“伊小臣”（《叔夷钟》）。“臣”本是奴隶，地位极低下，但他们有的在王宫内服役，能经常接近商王，一些人受到宠信而成为了王的心腹。在专制独裁的政治体制下，国家的权力集于最高统治者国王的手中，国家官吏形同虚设。国王对大臣也并不放心，生怕他们窃夺了自己的权力，于是将一些重大的政事直接交给这些地位十分低下的“臣”们去办理，由是“臣”就成为了一种职官名。这一用语，为后世历代所沿用，以“臣”这种名称称呼职官，就成为中国政治史上的一大特色。

在行政上商朝王室中央在国王之下，有一总领全国政事的人，这一职位相当于后世的“相”。但是它在商时怎样称呼，还说不准，后世的文献中径称为“相”。这类的著名人物，如汤时伊尹，大戊时的伊陟，武丁时的傅说等。其地位重要，权力亦不小，如伊尹，新即位的国王太甲因行为不端，伊尹就把他

---

① 杨升南：《卜辞中所见诸侯对商王室的臣属关系》，《甲骨文与殷商史》第一集，上海古籍出版社 1983 年版。

② 《尚书·酒诰》。

③ 所引卜辞分别见《合集》5063、5064、5597、5717。

囚禁在桐宫里，让他悔过自新，直至太甲觉悟，才将他接回再当国王①。辅佐大臣之下，是各职能部门职官。商代的职能部门有四类：

（1）宗教文化类。这类职官主要是从事礼神的活动，如占卜的卜、巫、史等。占卜结果须要记录，内容重要的占卜，还要契刻在龟或骨上，这就是今天我们所看到的商代甲骨文，所以有“卜史”连称的，即所谓的“祝宗卜史”。周人说“惟殷先人有册有典”②。册典即是文字簿书，知在商时已有一批专门从事文化事业的人。这批人一般都与从事宗教占卜之事的有关联，在当时，掌握文化的人，就是这些“祝宗卜史”之类的人物。

（2）政务性职官。这类职官是掌管国家行政事务和经济运作的。如汤时有司空咎单，他“作明居”，“明居”是“明居民之法”③。在甲骨文中有“小耤臣”掌农业，“牧正”掌管畜牧业，“多工”、“百工”、“司工”等职官，掌管手工业。

（3）军事性职官。在商代是文武不分的，凡为官都能领兵作战，此即所谓的“国之大事，在祀与戎”也。但在商时由于战事频繁，侧重于武职的职官也已开始出现，如在《尚书·盘庚》篇中就讲有“邦伯，师长，百执事之人”的区分。“邦伯”是诸侯首领，“百执事”是指各种政务性职官，这其中的“师长”，就是当时的一种武职官吏的专称。商代军队建制中，“师”是一级建制，在甲骨文中有“师”、“中师”、“右师”的名称，还有“王作三师右中左”的卜辞④，所以“师长”应是一个师的最高长官。甲骨文中还有马亚、多马、戍、射、卫等都是专门从事军队方面的职官。

（4）宫廷内的职官。此类职官是掌管王宫内的官吏，即管理王宫内的执事之人。甲骨文中有“寝”这一名称，是掌理商王宫寝的职官。卜辞有“令寝往盥”（《合集》13575），辞中的“寝”字，与《作册羽鼎》铭中的“寝农”的“寝”字义一样，是一职称名。商时王宫既称“宫”，又称“寝”、“室”、“厅”等，这些名称皆见于甲骨文，是寝之名官，当是掌商王宫寝的职

① 《史记·殷本纪》。

② 《尚书·多士》。

③ 《史记·殷本纪·集解》引马融语。

④ 所引卜辞见《合集》779、5807、1253、33006。

官。《史记·殷本纪》载武丁即位后，曾“三年不言，政事决于冢宰”，“冢宰”即是“大宰”，是王宫内的大总管。甲骨文中有“宰丰”这一名称[①]，商代青铜器铭文中有“宰椃”之称[②]，“宰”乃是掌管王宫内事务的臣僚。

四、商代的被统治阶级

商代从事各项生产活动的，是被统治、被奴役的阶级。在这个阶级中，又可分为两个阶层：有一定人身自由并拥有一定生活资料的平民和完全处于被奴役地位的非自由人。

平民阶层在古文献中称为“小人”或“小民”，《尚书·无逸》中说，“其在高宗，时旧劳于外，爰暨小人”，“其在祖甲，不义为王，旧为小人”。高宗指武丁。“旧”即久字，武丁是长期在外操劳，经常接触到“小人”，祖甲因不愿当国王，自己跑到民间当了很长一段时间的“小人”。他们一旦失却王子的地位流到民间，就成了“小人”，当然不会是奴隶。《尚书·微子》载，商末“小民方兴，相为敌仇”，动摇了殷纣王的统治基础，故贵族微子十分地担忧。所以这些“小民”在武王伐纣的战斗中，就倒了戈，致使纣王跳了火坑。

“小民”、“小人”因聚居于邑中，故又称为“邑人”，《易·讼》卦九二说“不克讼，归而逋，其邑人三百户，无眚”。是说邑的头领败诉逃走，三百户“邑人”不再有灾祸了[③]。“邑人”能胜诉，当然是有身份自由的一般民众。“邑人”拥有财产，《易·无妄》卦之六三说：“无妄之灾，或系之牛，行人得之，邑人之灾。”是讲“邑人”系牛不牢而走出，被过路行人牵走了，是“邑人”遭受到“无妄”的灾祸，无故的损失。《周易》卦爻辞称为“古经”，来源甚古[④]，这两个故事当是来自商时。在商代甲骨文中，“邑人”正是拥有牛羊财产的一种人，卜辞云：“贞呼邑人出羊牛。”（《合集》9741反）我国商周时人的财产就是指具有不动产性质的牛羊，《礼记·曲礼》说：“问庶人之富，

---

① 《佚存》518。
② 《三代》十六，四八。
③ 高亨：《尚书大传今注》，齐鲁书社1979年版，第115页。
④ 高亨：《周易古经注》，中华书局1984年版，第12页。

数畜以对。”“邑人”是商代军队中的战士，甲骨卜辞中有辞称：“自今癸酉至于乙酉，邑人其见方俘，不其见方执。”（《合集799》）甲骨文中的“方”指独立于商王朝的国家，被称为“方国”，他们对商叛服无常，时常交战。“见方”就是对方国作的一军事用语。他们之被称为“邑人”，是因居住在“邑”中之故。在甲骨文中见有以数字计量的“邑”数，如“十邑”（《合集》28098）、“二十邑”（《合集》6798）、“三十邑”（《合集》707）等。这部分人，是从事生产劳动的自食其力者，他们的社会地位不十分稳固，随时有可能跌到没有人身权的地位。

完全处于被奴役地位的人群。他们不但没有经济权利，人身权也没有，他们在各部门从事生产劳动，为社会特别是为统治阶级提供物质财富和从事生活服役。在商代甲骨文中，这类人在不同的生产门类中，又有不同的名称，具体而言，就是：

（一）从事农业生产劳动的称为“众”或“众人”。根据百年来学者们的研究，甲骨文中“众”与“众人”是指同一种人的不同称呼。众、众人从事农业生产劳动，在甲骨文中个性十分鲜明，如卜辞云：“〔王〕大令众人曰：协田，其受年。”（《合集》1）“协田”是众多的人在一起协同耕作。众人劳动，有以下几个特点：一是他们在命令下去劳动的，如：“惟小臣令众黍”（《合集》12）。“小臣”是商王朝一官名，此辞中的“黍”字是一动词，意即“种黍”。众去种黍，是在“小臣”的命令下去做，不是自己自愿去干的。二是劳动的地点不固定，根据需要被派往不同地方去生产，如卜辞云：“令众人□入绊方裒田。”（《合集》6）“王往致众黍于冏。”（《合集》10）“裒田”是垦荒。“绊方”是商时西北的方国，“冏”地却在商都的南部，卜辞称为“南冏”（《合集》9547，32024）。劳动地点不固定，说明他们不是在自己固有的土地上种田。所以，第三个特点是在劳动中趁机逃跑，卜辞云：“众作耤不丧，〔其丧〕。”（《合集》8）“耤”是耕耤、起土。“丧”是逃亡。甲骨卜辞是商朝王室的占卜活动，所占卜事类皆是商王们时时关注的事，故所占卜之事，带有普遍性。众人去耕种，商王朝的卜官们在庙堂之上，占卜其是否会有逃跑事发生，可见此事的不一般和经常性。商王及贵族们，对逃跑的众人，要加以捕捉，甲骨卜辞云：“惟丙午羍众”，“惟丁未羍众”（《合集》35343）。“羍”

字像手执捕兽工具“毕”去网猪，王国维考证此字即《尔雅·释器》“豕罟谓之‘羉’的羉字”[①]。作为动词即捕捉。

从甲骨卜辞中有关众、众人的材料说明，众人是被奴役的农业生产劳动者阶层。

（二）从事畜牧业生产的劳动者称为“刍”。甲骨文“刍”字像用手割草形，《说文》：“刍，刈草也。”作为动词是割草的一种行为，作为名词，则是指割草的这种人，即从事畜牧业的生产者。甲骨文中有“牧刍”这一称呼，是指一种人，如“呼取牧刍”（《合集》111）、“羽致牧刍”（《合集》409），“刍”前加一“牧”字，为“刍”的职业定了性。表明“刍”是从事畜牧劳动的人。商王室从事畜牧生产的“刍”人数不少，有一条卜辞记有一位叫作“即”的贵族（此族人在祖甲时为王室卜官之一），一次向王室提供506个刍（《合集》93）。从事畜牧的“刍”多是从羌族抓来的俘虏，故甲骨文中称作“差刍”，如：“令戊、光又获羌刍五十。”（《合集》22043）“旬又二日乙卯，允又来自光，致光刍五十。”（《合集》94）有一块甲骨，正面占卜说有个叫舌的贵族要向王室送羌人来，反面作为应验此事的“验辞”记录下这次活动，“舌”所送来的羌却被称作“羌刍”，正、反辞录如下：“彵至告曰：舌来致羌。”（《英藏》756正）“之日彵至告曰：舌来致羌刍。”（《英藏》756反）。可见甲骨文中羌和羌刍是二而一的。羌人自古善畜牧，商人用其所长之技，《风俗通义》云：“羌本西戎卑贱者也，主牧羊，故羌字从羊从人，因以为号。”[②]

羌人为刍牧者，当然不甘心于被奴役，故只要有机会就逃跑，有一块甲骨上记载，有位叫“左”的人，向官府报告说，益地又有12个刍跑掉了，“左告曰：又亡刍自益十人又二。”（《合集》137）被囚禁监牢中的刍，也有跑掉的，如：“刍亡自爻圉六人。”（《合集》138）“爻”是地名，“圉”是监狱之称。由于羌族人性格刚烈，不安于受奴役，常反抗，故商人对其屠杀也不择手软，常被成百地杀以祭祖神，如：“〔用〕三百羌于丁。”（《合集》294、295、

① 罗振玉：增订《殷墟书契考释》（中），东方学会石印本，1927年，第49页引。
② 《太平御览》卷七九四引。

296）“用”是杀掉。“丁”是商人祖先名，有释卜辞“丁”字为“祊”，指商王宗庙，皆可。

（三）从事手工业生产劳动的称作“工”。甲骨文中有“多工”（《合集》11484、19433）、“百工”（《屯南》2525），多、百是集合的称谓，表示其多。工匠有逃跑者，如卜辞云：“其丧工。丧工。”（《合集》97）逃跑要捕捉，称为“执工”，卜辞有云：“执工不作尤。”（《合集》26974）“工”也被用来作为祭祖的人牲，卜辞有云：“戊辰卜，今日雍己夕，其呼庸执工，大吉。”（《屯南》2148）“雍己”是商王之一，“夕”是一种祭祀仪礼，“雍己夕”即“夕”祭雍己。夕祭雍己而令庸去捉工来，当然是被用作人牲，这片甲骨上接着说“庸执工于雍己〔亡〕尤”，是为祭雍己而捉到了所需之工。

以上是生产领域中的被奴役劳动者阶层，他们的数量虽无法较为确切进行计量统计，但从甲骨文的内容反映，商代社会经济的运作、灿烂的商代文明，是由他们手创的。

第二节　自然环境

一、商朝的疆域

一个时代的疆域，是这一时代人们进行经济活动的大舞台。商朝所处的地理位置和自然环境，是极有利于经济发展的。商朝经济之所以有辉煌的进步，与它所处的环境不无关系。

关于商朝的疆土，西汉时人贾捐之说：

> 武丁、成王，殷周之大仁也，然地东不过江、黄，西不过氐羌，南不过蛮荆，北不过朔方。①

江、黄是两个古国，皆为嬴姓。江国在今河南正阳县境②，春秋时为楚国所灭③。黄国在今河南潢川县境，春秋时亦为楚国所灭④。1983年考古工作者在

① 《汉书·贾捐之传》。
② 顾祖禹：《读史方舆纪要》卷五十。
③ 《左传·文公四年》“楚人灭江”。
④ 《左传·僖公十二年》“夏，楚人灭黄”。

河南光山县发现黄国国君夫妇墓[1]，证实古黄国大致在这一带地域。黄国的首领，在商朝是很活跃的人物，甲骨文中有“黄尹”（《合集》441，970），“尹”是商朝的职官名称。商王常令黄从事各种活动，如卜辞中有“令黄步”（《合集》7443）。到祖庚祖甲时代，黄族人还担任王室的贞卜人物（《合集》36484，36487等）。氐、羌在今甘肃、宁夏、青海一带。《诗经·商颂·殷武》中有“昔有成汤，自彼氐羌，莫敢不来享，莫敢不来王”的诗句。是成汤时，商地已达于氐、羌。“蛮荆”是指居于荆地的蛮人。荆地在今湖北省的荆襄地区。湖北西部有荆山，在武当山南，汉江的西岸，漳水发源于此[2]。北境的“朔方”，本是泛指北方，《诗经·小雅·出车》“城彼朔方”，郑玄注说“朔方，北方也”。而贾捐之所指的“朔方”，当非泛指北方，而应是指具体的一个地域。因为在西汉时已设有朔方郡。汉武帝元朔二年（前127），北击匈奴，掠取河南地，遂以为朔方郡[3]。该郡的治所在今内蒙古杭锦旗北，辖地相当于今内蒙古河套西北及后套地区。

成书于西汉前期的《淮南子》，讲商时的疆域比贾捐之所指范围要大得多，书中《泰族训》篇说：

纣之地，左东海，右流沙，前交趾，后幽都。

“东海”即今我国东部的大海。“流沙”指我国西北的沙漠地区。《尚书·禹贡》：“导弱水至于合黎，余波入于流沙。”今甘肃省境内有弱水，上游名黑河，发源于祁连山北，东北流至今内蒙古额济纳旗境内，形成一个内陆湖泊。汉时在湖的西南设居延县，故此湖被称为居延泽。《汉书·地理志》张掖郡居延县下，班固自注说：“居延泽在东北，古文以为‘流沙’，都尉治。”流沙应即指汉时的居延泽。居延泽由于自然环境的变迁以及弱水的改道，今已大部分干涸，少量的湖水收缩为京斯图淖尔（蒙语：顶珠湖）和天鹅湖两个小湖[4]。

交趾泛指岭南地区，汉武帝所置十三刺使部之一，其辖境相当于今广东、

① 河南省信阳地区文管会、光山县文管会：《春秋早期黄君夫妇墓发掘报告》，《考古》1984年第4期。

② 荆山有四，西汉时一般称楚国为荆，故此实指湖北之荆。

③ 《史记·卫将军骠骑列传》。

④ 景爱：《古居延泽的变迁》，《中国文物报》1994年第35期（9月4日出版）。

广西的大部分地区，以及越南的北部、中部。

幽都指幽州地区。《尚书·尧典》："申命和叔，宅朔方曰幽都。"古无幽都建治，作为行政区名的幽都县始于唐建中二年（781），分蓟县置，治所在今北京市西南莲花池一带，北京西客站即建于此地。古幽都应指《禹贡》的幽州中心地，大体与唐时幽都县治地相当。

贾捐之所指范围北到河北中部，南到湖北荆州地区，西至甘肃、青海，东及河南中部。《淮南子·泰族训》所指，在西方、北方地域大致相同外，东边抵达东海，南边却广及越南中、北部。

根据考古发现的资料，河南偃师、郑州、安阳小屯，是商朝早、中、晚三个时期的都城所在地。商时期的文化可分为二里冈和殷墟两大类型。典型的二里冈和殷墟类型的器物，即是商朝中心地区或者称之为"内服"地区、"王畿"地区的物质文化。具有这类典型商文化的遗址，以今河南省为中心，东到今山东省，西到陕西省西安市，北到河北省中部，南到湖北省北部地区。

在这一中心地区以外，其他如山西、四川、湖南、江西等省内，都发现有重要的商时期的遗址和遗物①。这些地方的出土物，既有商文化典型风格的器物，又有浓厚的地方特色，如在江西新干大洋洲商时期大墓中，在所出典型中原商式铜鼎的两耳上，往往附上一对卧虎，说明了它是由当地制造而受商文化的影响。这些地区，就是文献中所讲的商代诸侯国及方国所在的地区，即"外服"地域。

二、商朝境内的地貌

地貌包括地形、河湖及植被等几个方面的内容。前已指出，商朝的中心地区即"王畿"所在的地区，在太行山以东，泰山以西，燕山以南，荆山以北的广大地区。这一地区主要是大平原，仅有少数山地，河济之间的鲁西豫东多是丘陵地。中有大河、湖泊点缀其中，极利于农牧渔业经济的发展。特别是黄河，横贯全境，对商朝的农业、渔业及航运交通提供极大的便利。

在古代的华北平原上，湖泊不少。20 世纪 30 年代，杨毓鑫作了一篇题为

---

① 参见《"中国商文化国际学术讨论会"述要》，《考古》1995 年第 9 期。

《〈禹贡〉等五书所记薮泽表》的论文，文中收集了《禹贡》《周礼》《吕氏春秋》《淮南子》《尔雅》五书中所载黄河、长江流域两大水系泽薮，计有20个，顾颉刚先生剔除其中的重复，认为实应16个[①]。这个统计显然是很粗疏的，50年后，邹逸麟先生据《左传》《山海经》《禹贡》《尔雅》《周礼·职方氏》《史记》《汉书》等书中的记载，统计了先秦时期华北平原的湖沼[②]。据邹先生统计，在先秦时期河北省境内的湖泊有8个，在今河南省境内的湖泊有24个，在今山东省境内的湖泊有9个，在今安徽省境内的有1个，在今江苏省境内的有3个，总计达45个左右。正如邹先生所说，这个统计并不全面，当会有遗漏。从邹先生的表可以看出，这些湖泊主要分布在华北地区的河南、河北、山东等省区。因此史念海先生认为，这些地区和“现在的江淮之间相较，或不至于过分逊色”[③]。此说当是。

在商时的华北平原上，有很多的森林和草地。古生物学家们对北京地区两个泥沼内的花粉孢子组成进行的分析，证明在全新世时期，北京一带乔木和灌木种的分布很广泛，且种类多，其中以松、栎最多，并有椴、桦、鹅耳枥、朴树、椿树、核桃、柳树、柿树等混生林，是森林密布之区[④]。商代华北平原上森林密布的状况，在甲骨文中也可见到一些情况，如甲骨文中的朝和暮这两个字，朝字作：、，暮字作：、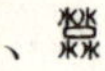、、等形，字从草或从木。朝字有从草从日从月者，表示日从东方升起是从草木中出来。有日、月同见于一天者，乃是月之下旬，所谓的日追月者（见《合集》33130、23184）。暮字，从草或从木，从日者，是表示日落时，进入于草或树木之中。暮字或有从隹者，隹即是鸟，此是表示日暮西沉，鸟归林（见《合集》29807、30972、29806、32014等）。日出日落均不与山相关，是形成这一字的环境无山，这与商王国地处华北大平原正相一致。日出日落这一现象，是人们最为常见的事，此两字

① 见《禹贡》（半月刊），第1卷第1期，1936年4月。

② 邹逸麟：《历史时期华北大平原湖沼变迁述略》，《历史地理》第五辑，上海人民出版社，1987年。

③ 史念海：《由地理的因素试论远古时期黄河流域文化最为发达的原因》，《历史地理》第3辑，上海人民出版社，1983年版。

④ 周叔昆：《对北京市附近两个埋藏泥炭沼的调查及其孢粉分析》，《中国第四纪研究》1965年第1期。

产生的环境一定是森林密布，草木繁茂。

甲骨文中有不少地名从木从林或从草的，还有以某“麓”为名。麓字从林从鹿，胡厚宣先生认为“其义为有鹿之林……鹿之本义为大林，则卜辞以麓为名之地，必皆森林之区”①。

商时华北平原野兽多，也是森林草原丰茂的象征，从甲骨文中有关出猎活动的卜辞内容里，所见猎获的兽类有虎、象、兕、猪、鹿、麋、麑、狐、兔等。猎虎最多一次曾达3只（《合集》37366），象10只（《合集》27264），兕牛40只（《合集》37375），野猪最多一次猎获40只（《合集》20723），鹿一次最多获160余只（《合集》10307）。麋鹿往往一次所获有上百只的，如《合集》10344。一版龟甲的反面，记载一次猎获麋450只，《屯南》书中一片甲骨上记载一次猎获麋700头之多（《屯南》2626）。获狐狸的记载最多一次是86头（《合集》37471）。

商王出猎，一次常同时猎获多种野兽，如卜辞：“……擒，获麋八十八，兕一，豕三十又二。”（《合集》10350）“允擒，获兕十一，鹿……〔麋〕七十又四，豕四，兔七十又四。”（《苏德美日》附录一。）这些猎获物中既有森林动物虎、兕、野猪、鹿等，又有草原动物兔，还有沼泽动物麋，可见森林、草原、沼泽地是相连接的。

华北平原在商时森林、草原、湖沼地的面积是相当大的，这是与当时的气候温润，雨量充沛和人烟稀少相关的。这样的地貌，对农业、畜牧业以及渔猎活动都是十分有利的。河、湖、泽多，有利于灌溉。森林覆盖面积大，腐殖质丰富，使土地肥力增强。特别是平原地区，极利于农业的发展，而对畜牧、渔猎业，也提供了良好的自然条件。所谓的“逐鹿中原”即是指古时中原之地，森林草原湖泊沼泽多，野兽成群，便于狩猎。

三、商朝境内的土壤状况

土地是发展经济的基础条件，像农业生产，实际上是利用土壤的问题，特别是早期阶段的农业，生产技术不太发达，土质条件的优劣，是农业能否获得

① 胡厚宣：《气候变迁与殷代气候之检讨》，《甲骨学商史论丛》第二辑下册，1945年成都。

较好收成的重要因素，在一定的条件下，可说是关键的因素。

我们的祖先很早就认识到土壤的种类与所出物产的关系，以便指导经济运作。成书于先秦时期的《尚书·禹贡》《周礼·职方氏》《管子》《吕氏春秋》等书中，都包涵有不少有关古人对土壤分类的记载。像《尚书·禹贡》篇中对九州土地所进行的分类，将全国土壤分为壤、坟、卢、涂泥、黎、斥卤等类。《周礼·大司徒》中称“辨十有二壤之物”，是此书中将土地区分为十二类。而《管子·地员》篇更将“九州之土”划分为三个等级，十八个类别。在每一类下又分为五种，共计达九十种之多，与《禹贡》《周礼·大司徒》相比，划分更为细密。但是，《周礼·大司徒》及《管子·地员》篇中只讲到土壤的分类，而未指明何地是何种土壤，在这方面又不及《尚书·禹贡》的明晰。

《尚书·禹贡》所划分的九州中，商王朝所据有的版图，跨有冀、豫、兖、青四州，以及雍州的东部地区。《禹贡》冀州的范围，大致拥有今山西全省，河北省的西境、北境，以及辽宁省的西部，河南省的北部地区。豫州的范围从湖北省荆山以北（荆山在湖北省南漳地区），北到今河南省黄河以南地区。商时期的黄河称为“禹河”，其流经之地与今黄河在中下游地段是不相同的。古黄河自今河南省武陟县不是东流去，却折而东北行，经浚县、安阳市东境入内黄县，然后进入河北省境内，经河北省中部，至天津入渤海。兖州在河济之间，河，指上述的古黄河之下游一段。济，指济水。济水是在今河南省荥阳县北，由黄河水分的一条支流，它的北岸正好是从西北流入黄河的一条小河的入口处，这条河被认为是经流过黄河之下，再从南岸向东流的济水，因此，北岸这条小河就被认为是济水的上源，这北面的小河所发源的县，就称为“济源”县，意为济水的源头。这当然是不可靠的。济水从黄河分流出来后，经原阳县南、封丘县北，至山东省定陶县西，东北注入巨野泽，再北出泽经梁山县东部、东阿县旧治西、济南市北，从今小青河入海，故《禹贡》中的兖州地区，包括今河南省东部、河北省东南部，及山东省北部。青州之地，《尚书·禹贡》中称“海岱为青州”，海，指今渤海。岱，即是泰山。是青州之地包括今山东省泰山以东至海的地区。考古发现，在今山东省境内的最东部海阳县，出有商时代的文化遗物，是青州地亦是商王国的版图。雍州在黑水西河间。《禹贡》中云："黑水，西河惟雍州"。黑水历来众说纷纭，顾颉刚先生认为"今陕西城固县北黑水，即禹贡梁州的黑水"①。周秉钧先生则认为，黑水"当在雍州之西，在张掖河、党河、黑河、大通河等说，未知孰是"②。"西河"，即指冀州西的黄河，乃是指黄河由内蒙古托克托折而南流，至陕西华阴县折而东流的一段。今陕西关中及以北地区、甘肃、青海等地，是禹贡的雍州地域。现将《禹贡》中对这五州的土质、土壤、赋税情况，列表于下：

州　名	土地等级	土　质	纳赋等级
冀州	中中（第五）	白壤	上上错（第一）
豫州	中上（第四）	壤，下土坟垆	错上中（第二）
兖州	中下（第六）	黑坟	赋贞作（第九）
青州	上下（第三）	白坟，海滨广斥	中上（第四）
雍州	上上（第一）	黄壤	中下（第六）

《禹贡》将九州土壤分为三等，每等又分为三个级别。所谓的"中中"即是第二等的第二级，实为第五级。"赋"是指赋税。赋在后世专指军赋，税指土地利用和工商业方面的税收。此处的"赋"，当含有两者在其中。土壤分为九等，相应地赋也分为九个等级。土质的等第与纳赋的第级不尽一致，宋蔡沈说，赋是"每州岁入总数，以九州多寡相较而为九等，非以是等田责出是等赋"③。高敝《七经小传》云："定赋（之等）以赋之多寡为差，州大者赋多，州小者赋少，不尽系于美恶。"胡渭则认为"赋之多寡，不尽由于地之大小，故必兼人工言之"④。近人陈恩凤从胡渭说，谓"赋之上下，反映当时土壤之利用状况"⑤。

上表所列商朝所直接控制的疆域内，其土质有壤、坟、垆、斥四大类。

---

① 参见顾颉刚：《〈禹贡〉全文注释》，《中国古代地理名著选读》，科学出版社 1959 年版。

② 周秉钧：《尚书易解》，岳麓书社 1984 年版，第 61 页。

③ 蔡沈：《书经集传·禹贡》。

④《禹贡锥指》卷二。

⑤ 陈恩凤：《中国土壤地理》1948 年，转引自辛树帜：《禹贡新解》，农业出版社 1964 年版，第 127 页。

壤，是一种无块而柔软的土壤。《说文》“壤，软也”。颜师古注《汉书·地理志》谓：“柔土曰壤”。壤土是一种肥沃的土壤，马融云：“壤，天性和美也”。刘熙《释名》：“壤，襄也，肥濡意也”。壤土是细沙和黏土含量比较接近的一种土壤。因团粒结构适中，土质疏松，没有过黏过燥的现象，能保水保肥，故适宜各种农作物生长，是一种上等的土壤。

坟，意为土脉突起如坟状，表示土质疏松。孔传引马融云：“坟有膏肥”。凡土贫瘠则性板结，故坟性则疏松。疏松之土是因为其中含有大量的动植物腐殖质或人畜粪便，故坟土是一种土质疏松的肥美膏沃土壤。

垆，《说文》谓：“垆，黑刚土也”。刘熙《释名》云：“土黑曰卢，卢然解散也”。陈恩凤谓此种土“或指分布于河南低地石灰性冲积土底层之深灰黏土与石灰结核；结核多者连接成层。今河南、山西、山东人民尚有称之为垆者，亦称砂姜；继为丘陵土与次生黄土所掩覆”①。陈先生所说极是。1970年笔者曾在河南省息县“五七干校”劳动，在一次修猪舍挖沟时，就曾遇到这样的土质，在地面表土30~40厘米以下，即是这种黑色而刚的土质，土呈灰黑而坚实，翻挖时很费力。挖出的土置于沟边，夏天遇雨则泥泞，冬季经霜冻则散作呈驴粪蛋、羊粪蛋一般颗粒状，随即又散落入沟内。初视其色黑以为肥沃，实则贫瘠。此种土质，遇冻呈马粪蛋，即所谓“结核”者，亦即所谓的“卢然解散”者也。因此《禹贡》称此种土质为“下土”。

斥，《史记》《汉书》作“泻”，《说文》作“卤，碱地也。东方谓之斥，西方谓之卤”。《东安县志》记载，“海滨广斥，谓如今高家港，以往其地都无所生，妇人有白首而不识五稼，岁时盘荐唯鱼飧耳”。乐安知府朱监曾到高家港，见斥卤之地，民生艰难，作了一首诗，描写斥卤地的情状道：

海若生潮成碧浪，天如不雨尽黄尘。

可堪二月无花柳，踏遍孤邨不见春。

斥卤之地五谷不生，十分贫瘠。但若能利用滨海的有利条件，利用海水煮盐，亦可化不利为有利。

据《禹贡》，冀州、豫州、雍州的土质都是“壤”土。冀州土质称为“白

---

① 辛树帜：《禹贡新解》，农业出版社1964年版，第128页。

壤”，此种土壤是一种“盐渍土”，它是在黄土（母质）上的碳酸盐褐土，有些为碳酸盐浅色草甸土，部分为盐渍土。这种含盐的土壤，古人称其特点为“水去而复其性”，是指土中水一干，盐分因水蒸发而重新显露而呈白色，故称为“复其性”。若用水将盐碱冲刷，则成肥美土地。《汉书·沟洫志》载，战国初年魏文侯以史起为邺令，史起“引漳水溉邺，以富魏之河内，民歌之曰：‘邺有贤令兮为史公，决漳水兮灌邺旁，终古舄卤兮生稻粱’”。邺在今河北省临漳县，正在《禹贡》冀州之地。“终古”，注引苏林曰“犹言久古也”。舄卤即盐碱地，此即《尚书·禹贡》所指的“白壤”。史起引漳水灌邺，冲刷盐碱后，即“生稻粱”，成为肥美之土地。因土中有盐碱，故划为“中中”(第五等)。

雍州的土质称为“黄壤”，系发育于原生黄土，其形成或是自蒙古沙漠吹来的黄沙降落堆积，或是由河流沉淀而成。黄土的土质疏松，呈黄褐色，具有劈立性，且有垂直的纹理，有利于毛细现象的形成，可以把下层的肥力和水分带到地表，从而形成黄土特有的“土壤自肥”现象。而土质疏松也便于用原始耕作方式垦种和浅播。这种土壤若有水利灌溉，乃是最上等的土地，故被划为“上上”(第一等)。

豫州土质复杂，有肥的壤土，也有“下土坟垆”。“下土”是指地势低下的土地。“坟”、“垆”是两种土质名，元人金履祥《尚书表注》说：“其壤者无块而柔，其下者或膏而起，或刚而疏”。胡渭赞同其说，谓“坟垆是二种，金说较密，以为一则与兖州之黑而坟起无别矣”。壤是一种肥沃的土壤，垆土是一种贫瘠的土壤，是豫州的土质，既有肥沃的壤土，又有贫瘠的垆土，故被划为“中上”(第四等)。

兖州和青州的土质皆称作“坟”。兖州土质称为“黑坟”，是一种黑色的膏腴土。兖州地区森林草原多，使土壤中含有丰富的腐殖质，故其土壤呈黑色。这种黑色与豫州的“垆”土质的黑色，在肥力上是正相反的两种土质。因土壤中含有较多的腐殖质而具有很好的肥力，故被定为“上中”(第二等)，按土质讲，是仅次于雍州的“黄壤”。

青州的土壤称为“白坟”。“白”显然是具有盐碱的成分，然土质仍是疏松有肥力的，故称为“坟”，如经灌溉即成沃土，像冀州的“白壤”一样。青州东临大海，故有“海滨广斥”的泻卤之地，此种土质虽不生五谷，却有丰富的食盐资源。春秋时期的齐国据有此地，在管子的治理下，大获“鱼盐之利”，是青州的土质被列为“上下”（第三等）。

《周礼·职方氏》中记载有各州的物产情况。《周礼·职方氏》中对九州的划分，与《尚书·禹贡》中九州的地域范围略有不同，《职方氏》在《禹贡》的冀州范围内，新设了并州和幽州。这新设的冀、并、幽三州的范围，比《禹贡》的冀州范围要大一些，但为了便于讨论，我们仍将《职方氏》的冀、并、幽三州地视为《禹贡》的冀州。其他雍、豫、兖、青几州的地域，大致变化不甚剧，故仍以《禹贡》所指划的地域为据，以下我们将《职方氏》中与商王国相关的州之物产，列表如下以供参考：

<table>
<tr><th rowspan="2">《禹贡》州名</th><th rowspan="2">《职方氏》州名</th><th colspan="3">《职方氏》所载物产</th><th rowspan="2">《禹贡》中贡物</th></tr>
<tr><th>农　产</th><th>畜　产</th><th>经济作物</th></tr>
<tr><td rowspan="3">冀州</td><td>冀州</td><td>黍、稷</td><td>牛、羊</td><td>松、柏</td><td rowspan="3"></td></tr>
<tr><td>并州</td><td>黍、稷、菽、麦、稻</td><td>马、牛、羊、犬、豕</td><td>布、帛</td></tr>
<tr><td>幽州</td><td>黍、稷、稻</td><td>马、牛、羊、豕</td><td>鱼、盐</td></tr>
<tr><td>豫州</td><td>豫州</td><td>黍、稷、菽、稻、麦</td><td>马、牛、羊、豕、犬、鸡</td><td>林、漆、丝枲</td><td>漆、枲、丝、纻、纤、纩</td></tr>
<tr><td>兖州</td><td>兖州</td><td>黍、稷、稻、麦</td><td>马、牛、羊、豕、犬、鸡</td><td>蒲、鱼</td><td>漆、丝、织、纹</td></tr>
<tr><td>青州</td><td>青州</td><td>稻、麦</td><td>鸡、狗</td><td>蒲、鱼</td><td>盐、絺、丝、枲、海狗、铅、松、怪石</td></tr>
<tr><td>雍州</td><td>雍州</td><td>黍、稷</td><td>牛、马</td><td>玉石</td><td>球、琳、琅玕</td></tr>
</table>

从《周礼·职方氏》与商代地域有关的各州物产，同《尚书·禹贡》中的土壤类别是相关的。由此可见，在商王室的中心地区，是十分宜于农牧业的，而对农业又具有特别的有利条件。

《管子·地员篇》云：“渎田息徒，五种无不宜。”“渎田”即靠近河川地带的土地。《尔雅·释地》篇中称江、淮、河、济为“四渎”。所谓的“渎”，即指直接流入大海的河流。“四渎”即是我国四条直接流入海中的大河。商朝所在的华北平原，有古黄河和济水两条直接流入海洋的河流，即是“四渎”之二。关中所在的八百里秦川之地，是渭水所流经的地域，亦是在“渎”田的范围。“息徒”，郭沫若《管子集校》改作“悉徒”。“悉徒”即“悉土”。悉土是一种肥沃的土质，《大戴礼·易本命》云“悉土之人美”，卢辨注谓“息土，谓衍沃之田”。

息土应是古书上的“息壤”。1957年顾颉刚先生写了一篇《息壤考》，认为“息是长大的意思”[①]。相传鲧曾窃上帝的息壤治水，因息壤会长大起来，故鲧窃来堵塞洪水。土壤会自己膨胀起来的现象，往往在农田中能看到。土壤会自己高胀起来的原因，西北农业大学的蓝梦九教授在回答顾颉刚先生的信中说：“土向上隆的原因，尚有黏土的湿胀和土壤生物作用，尤其是微生物作用”[②]。这个解释很有道理，有微生物作用的土壤中，含有大量动植物体的腐殖遗骸，经微生物作用而腐烂，致使土质变得疏松而隆起，所以“息壤”被称为“衍沃之田”。其实“息土”、“息壤”即是《禹贡》中所说“坟”。因“息土”是具有较好肥力的土质，故为“五种无不宜”的良田。商王国正是处在这种“渎田息徒（土）”的地域内，为经济的发展，提供了天然的良好条件。

四、商朝时期的气候

气候包括气温和雨量两个内容。这对古人的经济生活，是至关重要的。

商朝地处以今河南省为中心的华北地区。对这一地区的气候，研究者有两种主张，一是认为与现今华北一带气候并无多大差别[③]；一种认为比现今华北气候为热[④]，约略与今日长江流域的气候相当。竺可桢认为，在公元前3000～前1000年间（商朝在这一时段内），“黄河下游和长江下游各地的月平均温度

① 见《文史哲》1957年第10期。

② 见《文史哲》1957年第10期。

③ 董作宾：《殷历谱》下编卷9，第45～49页。国立中央研究院历史语言研究所专刊，1945年版。

④ 胡厚宣：《气候变迁与殷代气候之检讨》，《甲骨学商史论丛》第2集下册，1945年成都。

及年平均温度是：正月份的平均温度比现在高3～5摄氏度，年平均温度比现在高2摄氏度”[①]。

据研究，某一地区年平均气温每升降一摄氏度，就等于将此地向北或向南推移200～300公里[②]。在近40年来，对华北地区五千年来的气候状况所发现的新证据中，证实了这一推论的正确。20世纪50和60年代初，在北京市西郊和三河县泥炭沼的花粉组合中，发现泥炭层为阔叶树种花粉的最大量出现带[③]。在燕山南麓泥炭花粉组合中，也发现喜温的阔叶树种[④]。后来在天津、北京附近的西府村和大王庄等地的全新世中期地层中，发现有水蕨科孢子[⑤]。水蕨科现生种在今河北省地区内已经绝迹，而生长于淮河流域以南的地区，例如在江苏省的洪泽湖一带。洪泽湖位于北纬38°，年平均气温为16℃，最冷的月份气温平均为0℃，是现代亚热带的北界。从上述植物花粉孢子分析看，在第四纪时期我国的气候，北京、天津皆处在亚热带范围内[⑥]。

在甲骨文中常记载有猎获象的事，如：“今夕其雨，获象。”（《合集》10222）“辛未王卜，贞田𡨦，往来亡灾。王占曰：吉。获象十，雉十又一。”（《合集》37364）商王打猎，不一定就在安阳附近，但也不会远到长江以南地区。𡨦地在沁阳田猎区[⑦]，在今河南省西北部的沁阳、邵源一带。商王在这里打猎一次猎象达10头之多，可见象不少。20世纪70年代在河北省西部的阳原县丁家堡水库，曾挖出夏商时期的象化石和河蚌化石[⑧]。可知在商时，不仅今日河南省境有象，在其北的河北省的西北部也有象群活动。阳原县距河南安

① 竺可桢：《中国近五千年来气象变迁的初步研究》，《考古学报》1972年第1期。

② 程洪：《新史学——来自自然科学的挑战》，《晋阳学刊》1982年第6期。

③ 周叔昆：《对北京市附近两个埋藏泥炭沼的调查及其孢粉分析》，《中国第四纪研究》1965年第1期。

④ 刘金陵、李文漪：《燕山南麓泥炭的孢粉分析》，《中国第四纪研究》1965年第1期。

⑤ 华北地质研究所第四纪孢粉室：《全新世时期天津古地理和气候》，科学出版社1975年版。张子斌等：《北京地区一万三千年来自然环境的变迁》，《地质科学》1981年第3期。

⑥ 龚高法等：《历史时期我国气候带的变迁及生物与布界的推移》，《历史地理》第五辑（1987年）。

⑦ 李学勤：《殷代地理简论》，科学出版社1958年版，第17页。

⑧ 贾兰坡等：《桑干河阳原县丁家堡水库全新统中的动物化石》，《古脊椎动物与古人类》1980年第4期。

阳的直线距离约 435 公里。这一发现把夏商时期象的活动地域向北推移了 400 多公里。阳原所出土的厚美带蚌、巴氏丽蚌、黄蚬等水生动物，现在主要分布于长江以南的广大地区。

河北省博物馆和河北省文物管理处在 1973 年和 1974 年对藁城台西村的商代遗址进行了大面积的发掘，在遗址中出土了一批动物骨骼。经裴文中、李有恒两位先生鉴定，主要有四不象鹿、梅花鹿和圣水牛等。这些动物是生长在多水潮湿的水边及沼泽地，因此裴、李二先生认为“由这几种动物来看，滹沱河边藁城一带，在三千多年前是雨水充沛，气候温暖的地方，并且附近地区生长了森林”①。在藁城台西遗址内，还出土了大批龟甲，叶祥奎鉴定这批龟属龟鳖类的乌龟属。这种龟大部分为水生或半水生，喜欢潮湿温暖的气候，沼泽、低洼等近水地区是它们常出没之处。藁城是商代在北方的一个大聚落或城镇，非王室所在地。这些龟不可能是由远方贡入的，故应是本地或附近所产，所以叶祥奎认为，“在商代，河北藁城一带的气候应较现代为温暖、潮湿”②。

从甲骨文的记载和地下考古发掘所出的动植物遗物，皆证实在 3000 多年前的商代，华北地区的气候比现在温暖、潮湿。

从上述商朝时期华北平原的动植物种类知，商时期的雨量较现在充沛。在甲骨文中占卜雨的卜辞非常多，而且是月月有卜雨的记载，现将甲骨文中有明确月份的卜雨卜辞制成一表，以观其大概：

月份 / 占卜次数 / 情况	一	二	三	四	五	六	七	八	九	十	十一	十二	十三	总计
已雨	23	22	26	17	23	15	11	6	9	10	7	6	6	181
不雨	6	12	18	12	14	3	7	1	2	5	4	2	6	92
不明	5	7	4	12	5	1	7	3	3	1	4	2	3	57
小计	34	41	48	41	42	19	25	10	14	16	15	10	15	330

① 河北省文物研究所：《藁城台西商代遗址》，文物出版社 1985 年版，第 188 页。

② 叶祥奎：《藁城台西商代遗址的龟甲》，河北省文物研究所：《藁城台西商代遗址》，文物出版社 1985 年版，第 192 页。

由上表知，商人每月皆举行是否有雨的占卜。卜雨卜辞的用语有延雨（连绵雨）、大雨、多雨、兹雨不隹祸、其雨不隹若等。祸是灾祸，若是顺利、吉利。是卜问下雨会不会发生灾祸。下雨所出现的灾祸，通常是指暴雨成灾。今日的南方，还常发生暴雨成灾的事。当然暴雨成灾不仅在南方热带地区，北方也有，但南方热带地区因雨过量造成灾害的事多于北方，这确是事实。商代中心地区雨量充足，大有利于农业经济。

第三章　商代的土地制度

我国自古就是以农业为主体的国家，在商代更是如此。农业就是利用土地，所以土地所有制的形态，是关涉到商代社会经济体制的一个重大课题，因而被研究者所注意。目前史学界对商代的土地所有制的认识，并未有一致的看法。有的认为商代土地是一种国有制；有的认为是王有制，即全国土地是属于商王所有；有的认为商王并没有实际上的所有权，全国土地形态处于一种自发性的公有制状态；有的认为是一种氏族或家族公社制下的原始共同体所有制等等[①]。

我们认为，商代的土地所有制形态基本上是一种国有制。商代是继夏之后，在我国出现的第二个奴隶制王国。商朝的政治体制，是一种君主专制的政体[②]，在这样的政体下，国家的最高统治者是商王，在这种情况下，国有王有并无实质上的差别。

我们说商代的土地制度基本上是一种国有或王有制，但贵族和普通平民也并非处于完全没有土地权利的状态。国家、贵族和平民在土地的权限上，又有各自的个性和特点。下面我们对商代国家、贵族、平民在土地所有权方面的状况进行一些考察。

---

① 林甘泉、李祖德、田仁隆：《中国古代史分期讨论五十年》（1929～1979），上海人民出版社1982年版，第228～231页。《中国史研究》编缉部：《中国古代史研究概述》，江苏古籍出版社1987年版，第38～40页。

② 白钢主编：《中国古代政治制度史》，天津人民出版社1991年版，第102～102页。

第一节 商王对土地的所有权

在商代，王是处于最高的统治地位，他不仅是整个国家的代表和化身，而且对全国的土地拥有实际上的所有权和支配权。商王对全国土地的这种权力，表现在以下几个方面：

一、商王可到全国各地圈占土地，建立田庄，经营农业

在甲骨文中可以看到，商王根据需要，可在全国各地去开垦土地，经营农业生产活动，如卜辞云："戊辰卜，宾，贞令永裒田于盖。"（《合集》9476，9477）"癸卯卜，宾，贞令禽裒田于京。"（《合集》9473）"戊子卜，宾，贞令犬延族裒田于虎。"（《合集》9479）"裒田"是一种农事活动，张政烺先生说是垦荒造田①。又如："戊寅卜，宾，贞王往致众黍于冏。"（《合集》10）"贞呼妇井穄于丘商，受年。"（《合集》9529）"贞呼穄于敦宜，受年。"（《合集》9537）穄是黍的一种，说见后农业章中。黍和穄在这些辞中，都是动词，意为种植这类作物的劳动。盖、京、虎、冏、丘商、敦等为地名。永、禽、犬延、妇井为人名。"令"和"呼"是甲骨文中常见的使令动词。发布"令"和"呼"的是商王或是中央王朝的职能部门。上面这些卜辞是商王命令贵族或官吏，要他们到指定的地方去垦荒造田或进行农业种植工作。这些垦辟出来的土地就成为了王室的田庄，其土地上所产的农作物，就由王室所有，如冏地的农作物，成熟后，就由王室直接收割："庚辰卜，宾，贞惟王采南冏黍。十月。"（《合集》9547）采是摘取禾穗②。卜辞中有商王以冏地所产的穄来祭祀祖先的内容："乙亥登冏穄于祖乙。"（《合集》1599）"冏"之地望大约在商王室的南边，故称为"南冏"，除上引《合集》9547外，用南冏所产的谷物来祭祖先的还见于下面卜辞："己巳，贞王其登南冏米，惟乙亥。"（《合集》32024，

---

① 张政烺：《卜辞裒田及相关诸问题》，《考古学报》1973年第1期。

② 裘锡圭：《甲骨文中所见的商代农业》，载《农史研究》第8辑，农业出版社1988年版。又见《古文字论集》。

《合集》34165 为同文。）在甲骨文中有“南廪”，可能与储藏南冏所产的粮食有关，如卜辞云：“己酉卜，贞令吴省在南廪。十月。”（《合集》9638）“己亥卜，贞惟并令省在南廪。”（《合集》9639）可见冏地所产的谷物，是属于商王室的，那么冏地被垦辟出来的田地，当然属商王所有。在甲骨文中，常见商王亲自或派臣僚到某地去进行垦辟田地，所耕垦出来的土地，如上述冏地的情况，都应是属于商王的。

商王不仅在他直接统治的“王畿”内随意圈占土地，建立王室的田庄，他还经常派人到诸侯或方国地域内去圈占土地，垦辟成农田而成为王室的田庄，如卜辞云：“贞令戛裒田于先侯。十二月。”（《合集》9486）“贞王于黍侯受黍年。十三月。”（《合集》9934）“贞令多［尹入］绊方裒田。”（《合集》33213）“贞众人取（趋）入绊方裒田。”（《合集》6）

先侯、黍侯为商时的诸侯国[①]，羊方、绊方是商时的方国。《合集》9934 辞中所言，商王在黍侯的国土上“受黍年”，即是在黍侯土地上开垦出来的田庄上获得好收成。

从上引甲骨卜辞内容可以看到，商王可在他所能控制的各地去垦土造田，建立王室田庄。这种情况，只有全国土地属于商王所有的条件下，才有可能。此种现象，正是“普天之下，莫非王土”的反映。

二、商王称所垦辟的土地为“我田”

在甲骨文中常见有商王称“我田”的卜辞，如：“丙辰卜，永，贞呼省我田。”（《合集》9611）“贞我北田受年。”（《合集》9750 乙）“贞我奠受年。”（《合集》9767）甲骨文中还有大量占卜“我受年”的卜辞，这些辞中的“我”，皆与上引卜辞一样，是商王的自称用语。所谓“我田”，即是商王的田。“我北田”即是商王在王朝疆域内北部地区的农田。“北田”为商王所有，还见于商末铜器《作册羽鼎》，此鼎铭文云：“王令寝农省北田四品”，此即是商王派遣叫作“寝农”的职官，去视察王室北地的四类农田。商王专门派官

① 杨升南：《卜辞中所见诸侯对商王室的臣属关系》，胡厚宣主编：《甲骨文与殷商史》第 1 辑，上海古籍出版社 1983 年版。

员去视察的农田，当然是属于商王室的土地。

卜辞中常见的“我受年”，是卜问商王的农田是否有好的收成。这种累见于甲骨卜辞中的以“我”相称的土地，完全是一种土地的主人，即土地所有者的口气。

三、商王对贵族和诸侯、方国拥有的土地具有完全的支配权

从甲骨文中可以看到商王有时从贵族那里取回土地，如卜辞云：“贞呼从奠（郑）取炋夒鄙三邑。”（《合集》7074）奠即郑，是武丁时期的一位贵族，被封为诸侯之一，所以在卜辞中有“子郑”（《合集》3195），又有“侯郑”（《合集》3351），知郑是商族子姓贵族或商王武丁之子而受封为诸侯者。上引卜辞的内容是商王下令从郑的封国内取走三个邑。古时邑和田是相关连的，言田即包括邑，言邑亦包涵田在内。邑是居民的聚居地，田在邑外，为邑中居民赖以生存的条件。《公羊传·桓公元年》云：“田多邑少称田，邑多田少称邑。”这个解释并不确切，杨树达指出，在西周金文中，“邑字与田字有关”，他在金文中列举五例证明，在铭文中言邑实指田①，其说至确。其实在甲骨文中，田与邑有时也是互用的，如卜辞：“沚戛告曰：土方征于我东鄙灾二邑，邛方亦侵我西鄙田。”（《合集》6057 正）东鄙称“邑”，西鄙称“田”，实田、邑同义，同一版上有一条卜辞，讲到敌人来侵时，侵入某地的“田”，却言被掟走了若干人：“长友角告曰：邛方侵我示至田七十人五。”侵长友角所辖的田，却掠走七十五人，实则邛方所侵的是“示至邑”，不然何有人掠走？是田和邑相关的事实，在甲骨金文中皆是相同的。

上引《合集》7074 是商王从诸侯郑国内取走三个邑的土地，这三个邑所领有的土地原本是诸侯郑国的，现在商王派人去取来，则归于了王室。商王从诸侯国中取田邑而归于王室的事，还见于卜辞：“［呼］取三十邑［于］彭、龙。”（《合集》7073）这条卜辞当与下面的一条卜辞相关：“贞勿令师般取……于彭、龙。”（《合集》8283）“彭”是商时一个贵族，在康丁时期的甲骨文中，他曾经担任过贞卜人物的职务。“龙”是一个方国，如卜辞云：“王

① 杨树达：《积微居金文说》，科学出版社 1959 年版，第 270 页。

惟龙方伐。”（《合集》6583）龙方后来大概被商人征服而臣属于商王朝，所以卜辞中有“龙来致”（《合集》9076）。“致”字在甲骨文中是一个下属对上级缴贡物的用语。商王曾在“龙”地打猎：“王从龙东兔。”（《合集》902）“兔”字在此辞中是一个动词，是猎兔的意思。上引《合集》7073是占卜商王室从彭和龙这两个属国中取走三十个邑所领有的土地，这些取来的土地，就由商王朝直接经营，有卜辞云：“乙未卜，贞稴在龙囿来，受有年。二月。”（《合集》9552）“囿”字是表示经过精细耕作的农地，甲骨文中此字的字形像在被划分成方块状的田中种植有禾稼的样子。稴字是一种农作物名称，今河北地区称作糜的，是一种不带黏性的黍。甲骨文中有商王朝派遣众人到龙地去耕种的卜辞：“戊戌卜，贞令众涉龙西北，无祸。”（《怀特》1654）“涉”字在古文献和甲骨文金文中，除有“涉渡”的含义外，还有“过”、“到”、“入”等义，《汉书·高帝纪赞》云：“涉魏而东”，注引晋灼曰：“涉，犹入也”。《格伯簋》“涉东门”，杨树达说：“东门非水名，不得以涉渡为解……涉东门，正谓入东门矣。”① 卜辞中的“令众涉龙西北”中的“涉”字，亦即是进入龙地西北。商王命令众进入到龙地的西北，当是进行农业生产。在甲骨文中，众人的活动多与农业生产之事相关，商王派众人到龙地去，应是去垦辟龙地的土地，这与上引卜辞商王从彭和龙地取三十个邑之事是相关的。“取”字在古文献中，是一个上级向下级索取物品的用语，《韩诗外传》“君取于臣谓之取”②，此乃是犹如拿取自己的物品一样。若臣下主动将田或邑献给王，甲骨卜辞则称之为“致”，如下面两条卜辞，就是从两个不同的角度讲同一件事：“[贞] 勿呼□取右邑。”（《合集》7072）“贞行致右师及右邑。”（《合集》8987）前一辞是从商王的角度讲称“取右邑”；后一辞是从臣下的角度讲称为“致右邑”。“行”是人名，商代的一位贵族，在祖庚祖甲时期，他是一重要的贞卜人物。“致”，即是奉送，《说文》“致，送也”。商王有时还下令贵族将所属的田邑致送给王室，如：“乙卯卜，宾，贞曰：致乃邑。”（《合集》8986反）辞中的“曰”字用法与呼、令义相近。“乃邑”即是你的邑，即是贵族所占有的田邑。

① 杨树达：《积微居金文说》，科学出版社1959年版，第225页。

② 《韩诗外传》卷五。

商王取田邑于贵族，贵族则将田邑“致”送于王室，这就表明贵族们所占有的田和邑的所有权是属于商王亦即是商朝国家的。贵族诸侯所占有的田邑，商朝国家有时还直接令其归还于王朝，如：“贞呼亶归田。”（《合集》9504 正）“令望乘先归田。”（《合集》39963）“亶”是贵族。“望乘”是武丁时的一员武将，甲骨文中常见商王命令他去征讨下危。他有封邑，卜辞中称“望乘邑”（《合集》7071）。其田邑的所有权在商王，故卜辞有令其“归田”的内容，即是让他将所领有的部分土地归还给国家。

四、商王以册封的形式将土地授予各级贵族

商王武丁时的一版甲骨上有卜辞云：“呼从臣‘沚’又册三十邑。”（《合集》707 正）“沚”是商时的一位诸侯。“臣沚”之臣，为职官之称，即是沚为王朝的臣子。册指典册，《尚书·多士》篇云：“惟殷先人有册有典”，册典即是文字簿书。上引卜辞中的“册”字是一动词，意即册封。此辞的大意是说，商王命令名沚的臣，将三十个邑书之于册，封赏给某贵族。册上登录有土地所在的邑名，甚至可能有土地四至的范围，然后以此册上所登录的土地连同此册，授予被封者。受封者以此为凭证而拥有册上所载的土地。

商王（或国家）可以将田邑以典册的形式，赏赐给贵族、诸侯，同时又可随时命令他们归还给王室（即国家），此即甲骨文中的“取邑”；国家对贵族所占有的土地提出收回的要求时，土地占有者的贵族、诸侯们，随即将所占有的土地“致”送于国家。甲骨文中所反映的这种关系，是商王（或称之为国家）拥有实实在在的土地所有权的表现，而不是名义上的“领土主权”或“国家疆域”的概念。

第二节　奴隶主贵族的土地权

在商代奴隶主贵族的土地权，呈现出复杂的状态，从总体来看，是一种占有关系，即使用权。但是，这种占有是承袭的，且赋于法律上的认可。例如在上节我们曾指出过的“臣沚又册三十邑”的卜辞，是商王亦即商代国家，将三十个邑落的土地封赏给贵族及诸侯这样的臣僚，与此同时，还有“册”这

种文书作为凭证。土地一旦以这种形式封给受封者，受封者就是该土地的实际主人，他人不得涉足，如卜辞中有令某人归某侯的田邑之事：“丁丑贞王令冎归侯以田。”（《屯南》2274）“归”乃归还，返还之意。此大概是贵族冎侵占了某诸侯的土地，商王亲自下令让他归还此侯的土地。

在西周时期的金文中，常见到土地赐予或转手时，必须踏勘疆界的四至所在，此种行为在金文中称为“履”；并在疆界的四至地均作上界标，这种行为被称作“封”。在商代，我们还没有在甲骨卜辞及有关的文献中发现类似的材料，但受封者和土地占有者所占有的土地的范围是清楚而明确的。在甲骨文中，常见有某人的“鄙”这种用语，如《合集》7074的一版甲骨上载郑地的“鄙”上有三个邑，《合集》6057一版甲骨上的卜辞说，沚国的首领向商王室报告，土方侵犯他的“东鄙”，捣毁了二个邑落，邛方又侵入他的“西鄙”。《合集》32982、36484两版甲骨上的卜辞中有“攸侯叶鄙”、“攸侯喜鄙”。《合集》7075甲骨卜辞中有“臀鄙”等等。“鄙”即是边鄙，《公羊传·庄公十九年》“伐我西鄙”，何休注说：“鄙者边垂之辞”。《礼记·月令》“四鄙入保”，郑玄注谓“鄙，界上邑也”。沚、攸侯，是商代的诸侯，郑、臀是商代的贵族，他们所占有的土地有“鄙”存在，且鄙上还有邑落，知其必定是与相邻的土地占有者间，有较为确定的边界划分。

土地一旦被某个贵族或诸侯所占有，就被打上占有者的印记。在卜辞中，占有者称其地为“我田”，如：“右篓告曰：土方侵我田十人。”（《合集》6057反）“长友角告曰：邛方侵我示至田七十人五。”（《合集》6057）或者称之为“我甸”：“长友化告曰：邛方征于我奠（甸）丰。”（《合集》6068）“丰”为地名，是贵族长友化的封地内的一个邑名。或如前引卜辞中讲“我东鄙”，“我西鄙”等。这是以“我”这一主格词来强调田邑的所属。

商王或国家，亦以所封赐给人的名字来称呼此人所占有的土地，如：“王呼取我夹在臀鄙。”（《合集》7075）“在正月，王来征人方，在攸侯喜鄙永。”（《合集》36484）“乙酉……［妇］好邑……”（《合集》32761）“灾望乘邑。”（《合集》7071）上引卜辞是在“鄙”或“邑”前冠上土地占有者的名字，表明了土地的所属权。

商王对授予贵族，诸侯的土地，有时竟对受封者称为“乃邑”，如卜辞有："乙卯卜，宾，贞曰：致乃邑。"（《合集》8986反）"乃邑"即是你的田邑，在古文献中则称为"尔邑"、"尔土"，如《尚书·多士》篇中，周公对商遗民说："尔多士攸服奔走臣我多逊，尔乃尚有尔土……尔不克敬，尔不啻不有尔土，予亦致天之罚于尔躬。今尔惟时宅尔邑，继尔居，尔厥有干有年于兹洛。"此文中的"尔土"、"尔邑"、"尔居"，即甲骨文中的"乃邑"，可见直至西周初年，周人对商贵族的土地所拥的权利，还是承认的。

在甲骨文中，受封者以"我田"、"我甸"、"我鄙"这样的用语来称呼自己封邑内的土地；商王则以某人之名来称封赐给某人的土地，如"望乘邑"、"妇好邑"等，对于这种现象，胡厚宣先生说："对殷王而称我某人之田，则土地已为封建侯伯所有可知"，"以殷王而称在攸侯喜之鄙，则疆土既封，遂不复为王所属，又昭昭然明矣"[1]。这种现象显然与前述商时的土地国有或王有的制度相矛盾的。其实，这一矛盾现象的出现，却正合于历史的本来面貌。恩格斯说："一切文明民族，都是从土地公有制开始的。在已经经历了一定阶段的一切民族那里，这种公有制在农业的发展进程中变成生产的桎梏。它被废除，被否定，经历了或长或短的中间阶段之后，转变为私有制。"[2] 这里所称的"中间阶段"，就是土地从原始的公有制转变为私有制的这个转变时期，亦可称之为"过渡时期"。有的学者说，研究我国土地制度从公有制到私有制的这个转变过程时，注意这个"中间阶段"中所出现的各种复杂情况，是十分重要的[3]。当然，我们这里讲的商代（包括夏代及商以后的西周、春秋时期）的土地"公有"问题，已不是原始社会时期那种"自发的土地公有"，而是作为王或国家所有制的土地形态，转变为家族或个体私有的土地形态。

中国土地制度演变的这个"中间阶段"，延续的时间是相当长的，其开始可追朔到夏代，其下限则要到战国时期。其特点就是贵族所拥有的土地，具有国有（或称王有）和贵族的家族所有这样两重性格：一方面，国家（或国王）可根据自己的意愿处置贵族所占有的土地，或"取"回，或令其"致"送于

① 胡厚宣：《卜辞中所见之殷代农业》，《甲骨学商史论丛》，第二集上册。
② 恩格斯：《反杜林论》，《马克思恩格斯选集》第3卷，人民出版社1972年版，第178页。
③ 林甘泉：《中国古代土地私有化的具体途径》，《文物与考古论文集》，文物出版社1987年版，第186页。

国家，王或将贵族占有的土地转赐给他人，如西周时的《大簋》铭文中所载的事例；另一方面，土地的占有者又可以像处置自己的个人物品一样，处置他所占有的土地、田邑。这种情况下，就显现出国有与私有两种所有制并存而呈相互胶着的状态。这个矛盾现象，正像古代神话中的“人首蛇身”或“狮身人首”的怪兽，它们的头已进化到人类阶段，而其身子却还停留在动物的世界里。在这个“中间阶段”的时期里，如果我们认定只能有一种土地所有制形态，即要么是国有制的，要么是私有制的，就会把这一时期复杂的土地所有制形式简单化了，这样，对几种土地所有制形态并存的事实，就无法作出合于历史实际的认识。

为什么会有这种现象呢？这与中国古代社会的特点有关。中国古代贵族获得土地财富的途径，与古代的希腊罗马不一样。在古代希腊罗马，贵族获得土地财富的途径，主要是通过购买这种经济手段；而在我国古代贵族，获得土地财富的手段，主要是靠政治手段，即靠国家或上司的分封或赏赐。这些贵族大多在国家的各级政权部门当官，所谓“官有世功，则有官族”即指此①。封赏给贵族官僚的土地具有“禄”的性质，此即“大夫食邑士食田”之义②。所以在中国古代贵者即富者。这样的“禄”田，授予者可以根据政治形势的变动而加以变更，从而表现出国有或王有的性格。但是，贵族在得到土地后，一般是长期地、固定地占有下去，而很少有所变动，这就深化了私有的因素，从而形成事实上的私有。在商代贵族称他们所占有的土地为“我田”、“我甸。”、“我鄙”，商王称某贵族所占有的土地为“某人之鄙”、“乃邑”等，就显露出了土地私有的端倪。在西周时期的青铜器铭文中，常见有贵族间进行土地交换的内容，或者把所占有的土地私自转赠给他人，就是土地私有化程度更为深化的反映。当然，贵族土地私有化的程度，还与中央王权的强弱相一致：中央王权削弱，贵族的力量强，贵族处置所占土地的权力就大，私有化的性格就显得较为突出；反之，中央政权强，土地私有化程度就减弱。

---

① 《左传·隐公八年》。

② 《国语·晋语四》。

第三节 邑人（公社社员）的份地

商代社会中人们的阶层结构，可分为三个层次：贵族、平民和没有人身自由的奴隶。贵族的范围包涵着从最高统治者的王到一般的奴隶主贵族，其中有在官位与不在官位之分。他们的土地状况，我们在前面已经讨论过了。商代社会中的奴隶，连起码的人身自由权都没有，所以他们既没有土地所有权，也没有财产权。平民这一阶层，它们的名称也还没有一个固定的称呼，或称之为“氏族成员”，或称之为“公社成员”，或称之为“自由民”，或称之为“平民”，目的是要同奴隶这种人相区分。若按照甲骨文中的称呼，我以为应称作“邑人”较妥。因为在甲骨文中常有“邑人”这一名称，如：“贞呼邑人出羊牛。”（《合集》9741反）“邑人”能出羊和牛，表明他们是有一定财产的人。《礼记·曲礼下》“问庶人之富，数畜以对”，可知羊牛是古时财富的标志。卜辞有“邑人”参与作战的记载：“癸酉卜，王，贞自今癸酉至于乙酉，邑人其见方俘，不其见方执。一月。”（《合集》799）“方”，是指敌对的方国。“见方”是指对敌对方国作战。此辞卜问是派“邑人”去对某方国作战呢，还是不派他们去对某方国作战？从此卜辞知邑人有作为战士的资格。甲骨文中又有商王担心邑人的祸福休咎的卜辞：“有来孽，邑人震。”（《合集》14211反）“孽”字，在甲骨文中是一个灾祸用词，“来孽”，即是有灾祸降临，因而使邑人震恐。这片甲骨正面还有两条卜辞：“戊戌卜，争，贞帝疾兹邑。”“贞帝弗疾兹邑。”“兹邑”即此邑。邑中之“疾”来于帝，是上帝降灾祸于兹邑之中，故此片甲骨的反面说“有来孽”而使邑人发生震恐。是邑人的休咎，商王甚为关注。

从上引卜辞可以看出，“邑人”的身份当为一种自由民。在古文献中，也可以看到有关邑人身份的记载，《周易·讼卦》九二爻辞云：“不克讼，归而逋，其邑人三百户，无眚。”高亨谓此爻辞言“奴隶主虐待邑人，邑人讼之于上级奴隶主；其人败诉，将受惩罚，乃归而逃走，其邑人三百家得免于灾难”①。《周易·无妄卦》六三爻辞云：“无妄之灾，或系之牛，行人得之，邑

① 高亨：《周易大传今注》，齐鲁书社1979年版，第115页。

人之灾。”意谓邑人系牛于某处，自己却离去，又无人看守，牛挣脱缰绳走失，被过路的人得到，邑人因粗心大意而失其牛，故称为“无妄之灾”。高亨先生认为，这是讲的两个“古代故事”，当实有其事。《周易》一书，是西周初年的作品[①]，书中所记载的这两个“古代故事”，当比成书时的西周初年要早，很可能就是发生在商时期的。能使上司败诉的“邑人”，当不是无权的奴隶是可以知道的。有牛有羊，当是邑人有一定的财产。上引《周易》中《讼卦》和《无妄卦》中的“邑人”的身份与甲骨文中“邑人”的身份是相一致的。

甲骨文中的“邑”字，除用作人名外，主要是用来作地域名。邑作为地域名，所界定的地域范围，有以下五种：

（1）指商王朝内中央王室政权直接治理的地区，即所称的“王畿”。如卜辞中的“大邑”（《合集》32176，33240，33241）、“大邑商”（《合集》36482，36507）等是。

（2）指商朝的国都。卜辞中的“兹邑”（《合集》7853，7854，7859）、“天邑商”（《合集》36541，36542，41758）等是。

（3）指方国、诸侯或贵族的封地。如卜辞中的“妇好邑”（《合集》32761）、“望乘邑”（《合集》7071）、“柳邑”（《合集》36524）等。妇好、望乘、柳等是商王朝的大臣或贵族，他们有封地。在封地前冠上他们的名字，以表示此地已为此人所领有。以所占有其地的人名为该地的地名，这是我国古代地名命名的方式之一。

（4）商朝领域内次于王都的一些中心性的大一级邑落地，如卜辞中的“西邑”（《合集》6156，7863）、“右邑”（《合集》8987）等是。

（5）一般民众聚居的村落。这样的聚落，在卜辞中常用数字来计量，称为若干“邑”，见于甲骨文中用数量来计的“邑”，从“二邑”起，多的至三十邑，如卜辞：“土方征于我东鄙，灾二邑。”（《合集》6057）“告曰：……夹方相二邑。”（《合集》6063）“呼从郑取炋叀鄙三邑。”（《合集》7074）“邛方征于我……三邑。”（《合集》6066）“……四邑。”（《合集》7866）“……其

① 高亨：《周易大传今注》自序，齐鲁书社1979年版，第1页。

多兹……十邑。”（《合集》28098）“……大方伐啚二十邑。”（《合集》6798）“［呼］取三十邑［于］彭，龙。”（《合集》7073正）“呼臣沚又册三十邑。”（《合集》707正）用数字计量的邑，在西周的金文中，也是常见的，如《鬲从须》铭文中记有二邑、三邑、十又三邑等。《命镈》铭文中载有“二百又九十又九邑”，其数相当大。这种以数字来计量的邑，都是一些小的村落。

“邑”本是普通民众聚居之地，《史记·五帝本纪》载“舜一年而所居成聚，二年成邑，三年成都”。刘熙《释名·释州国》谓“邑，犹俋也，邑人聚会之称也”。邑和田是相关的，前面我们已指出过，在西周时期的金文中，杨树达先生举出了五证。在古文献中，更有这方面的记载，如《周礼·地官·小司徒》中讲：“九夫为井，四井为邑，四邑为丘，四丘为甸，四甸为县，四县为都。”“四井为邑”，是一邑为36家。古文献中关于邑的家数，还有不同的记载，这里不详述。“九夫为井”，是“井”字形的规划土地的一种制度。《孟子·滕文公上》云：“方里而井，井九百亩。”是将一平方里的土地，划分成九等份，其间的界线，犹如一个“井”字的形状，故称为“井田”。一平方里的田中有耕地九百亩，“九夫为井”是一夫得田一百亩。按照古文献上的记载，这是一种方方正正的田，故被称为“方块田”。当然，实际上的农耕田地，不会是如此方方正正的，这应是古时人们为便于计算田亩而使用的一种方法。

这种方正的土地计算，是为了便于进行分配。一般的普通百姓，是没有私人土地权的，民众的耕地，是由政府亦即国家，定期分配而来。《周礼·地官·大司徒之职》文中记载云：“凡造都鄙，制其地域而沟封之。以其室数制之。不易之地，家百亩；一易之地，家二百亩；再易之地，家三百亩。”郑司农注说：“不易之地，岁种之，地美，故家百亩；一易之地，休一岁乃复种，地薄，故家二百亩；再易之地，休二岁乃复种，故家三百亩。”再易之地，是每年也只种一百亩，其余二百亩休闲。待分得三百亩人家的地，都轮着耕种过一遍后，则再进行重新分配。《公羊传·宣公十五年》何休注说：“司空谨别田之高下善恶，分为三品：上田一岁一垦，中田二岁一垦，下田三岁一垦，肥饶不得独乐，墝角不得独苦，故三年一换土易居，财均力平。”

“三年一换土”之制，在山东省临沂县银雀山汉墓出土的《田法》竹书中，有更进一步的记载：“五十家而为里，十里而为州，十乡（州）而为州（乡），州、乡以地次受（授）田于野。百人为区，千人为或（域）。……□□居焉，循行立稼之状，而仅□□美亚（恶）之所在，以为地均之岁……□巧（考）参以为岁均计。二岁而均计定，三岁而壹更赋田，十岁而民毕易田，令皆受地美亚（恶）□均之数也。”[①] “地均之岁”，是指重新分配土地的年份。“三岁而壹更赋田”，竹书的整理者认为“疑是国家授予农民之田三年更换一次……简文‘赋’字亦当训为‘授’或‘班与’”。银雀山汉墓出土的古佚书中，篇题上有《守法》《守令》十三篇，称“法”而不称“律”，知此佚书是成书于商鞅变法之前[②]。从此佚书知，在战国时期的秦国商鞅变法之前，在我国古代确实曾经实施过定期交换耕地的制度。这种在平地上划分成相等块的土地，或者多半是在不成方块，而在脑海中构成的方块所形成的“田”字状土地，是为了便于进行分配。在商代的甲骨文中，“田”字都是作方块形，见于卜辞的田字形状有以下几种：

（1）《合集》33210。《屯南》2260。

（2）《合集》4315，33209。《屯南》65。

（3）《合集》6528。

（4）《合集》33212，33218。

（5）《合集》33211。《屯南》102，499。

（6）《合集》21999。

（7）《合集》22097。

（8）《合集》24173。

上引甲骨文中的“田”字，从其构形上看，有作“井”字形的划分的方整田地，也有不规整的土地作方块划分的。田字形的这些不同形状，正是商时土地划分情况的实际反映，说明方块田法，在商代是确实施行过的一种土地制度。

甲骨文中，把土地这样划分成规整的方块，与《周礼》中所讲的“井”

---

① 银雀山汉墓竹简整理小组：《银雀山竹书〈守法〉〈守令〉等十三篇》，《文物》1985 年第 4 期。

② 《唐律疏议》：“魏文侯师于李悝，集诸国刑典，造《法经》六篇……商鞅传授，改法为律。”

字形田制是相一致的，目的是为了便于进行分配。进行土地分配的制度，是古代“农村公社”时期的一种制度。恩格斯在《马尔克》一文中，描述了德国摩塞尔河畔和霍赫瓦尔特山区的“农户公社”土地制度情况，他写道：

> 在那里……每隔3年，6年，9年或12年，总要把全部开垦的土地（耕地和草地）合在一起，按照位置和土质，分成若干“大块”。每一大块，再划分成若干大小相等的狭长带状地块。块数多少，根据公社中有权分地者的人数而定；这些地块，采取抽签的办法，分配给有权分地的人。所以每一个社员，在每一个大块中，也就是说，在每块位置与土质各不相同的土地上，当初都分到了同样大小的一块土地。①

恩格斯所描述的“马尔克”中，为分配土地而把土地划分成“大块”，再在大块中划分成若干相等的“小块”的情况，与甲骨文中“田”字的各种形状正相吻合。把耕地划分成这种棋盘状的“方块”，就是古代公社存在的证据，马克思说：

> 如果你在某一个地方看到陇沟痕迹组成的棋盘状耕地，那你就不必怀疑，这就是已经消失的农业公社的地产！②

在商代，与这种棋盘状的田地相结合的小聚落，被称为“邑”，而“邑”无疑就是我国古代社会中的一种“农村公社”组织。“田”之被划分成大小相等的小块，是为了便于在“有权分地”的成员间进行定期分配。

“邑”中之人没有土地所有权，只有使用权，这从商王可以将“邑”赐给贵族、臣僚，又可以从他们手中收回而归王室即国家这一现象可知。“邑”中之人只是作为对土地集体占有、使用，土地在邑人之中进行分配。在我国后世的文献，如《周礼·地官·大司徒》《公羊传·宣公十五年》何休注，《汉书·食货志》《汉书·地理志》“制辕田”下注引张晏、孟康等，皆讲到“三年一易”的制度，这些古代文献中所讲的史事当不是凭空杜撰而应是有所本的。

---

① 恩格斯：《马尔克》，《马克思恩格斯全集》第19卷，第355页。

② 马克思：《给维·伊·查苏利奇的复信草稿——三稿》，《马克思恩格斯全集》第19卷，第452页。

第四节　商代邑的性质

在上节我们讲了在商代社会中的邑里，邑人对土地的权限，指出邑中土地在其成员间进行定期分配。这种对耕地进行定期分配的制度，就是普遍存在于古代早期社会中的一种“公社”组织。

古代社会中的“公社”组织，按照马克思的意见，主要有两种型制：血缘氏族公社和地缘公社，地缘公社又称为“农村公社”。马克思说：

> 所有其他公社都是建立在自己社员的血缘亲属关系之上的。在这些公社中，只容许有血统亲属或收养来的亲属，他们的结构是谱系树的结构。“农业公社”是最早的没有血缘关系的自由人的社会联合。①

“农业公社”即“农村公社”，这两个词在马克思的著作中，含义是一样的。商代的“邑”这种基层社会组织，是以“血缘亲属”关系为纽带的“氏族（或家族）公社”还是以地缘关系为主的“农村公社”，在研究者间有着很大的分歧。有的研究者认为，在商代人们是聚族而居，聚族而葬，一切活动皆以“族”为单位进行。商朝的政权就是建立在这种普遍的“族团”即“血缘亲族”组织之上的。其证据就是在甲骨文中常有各种名称的“族”从事军事的以及生产的活动，如“王族”、“多子族”、“子族”、“三族”、“五族”、“犬延族”、“大左族”等等②。其实这些“族”，都是贵族。“王族”顾名思义是与商王有血缘关系的族组织。“子族”之“子”或为商王族姓——商人子姓，或是商王之子侄辈的王子们为中心的族。他如“犬延族”，犬延是商时一位地位颇显赫的大官，当然他能有“族”的组织。在商代，只有富有的（也是有政治地位的）贵族才有族的组织。一般的邑中普通民众是没有以血缘为纽带的“族”组织的。在商朝武丁时期的甲骨文中，战争时常见征集（登、供、眉等用语）三千、五千“人”出征，这些“人”就是“邑”中的普通成员，与上

① 马克思：《给维·伊·查苏利奇的复信草稿——三稿》，《马克思恩格斯全集》第19卷，第449页。

② 分别参见《合集》6496正、5450、14922、6483、29879、9479。

举那些以“族”出征的用语是不相同的。试比较两类甲骨文：

己亥，贞令王族追召方及于□。

《合集》33017

贞令多子族暨犬侯宝（保）周，叶王事。

《合集》6813

己亥，历，贞三族王其令追召方及于□。

《合集》32815

王惟羨令五族戍羌方。

《合集》28053

以上是以“族”为单位的整族活动。与下引称“人”以征伐是不同的：

贞登人三千呼伐邛方受有佑。

《合集》6168

王供人五千征土方。

《合集》6409

眉（募）人三千呼望邛［方］。

《合集》6185

“登人三千”、“供人五千”的“人”是征集的普通民众，这些民众是以家为单位，家出一人为战士。他们虽居于“邑”中，而不以“邑”、“族”名，而独称“若干人”就表明了他们与“族”没有必然的联系。

在甲骨文中，有关战争的卜辞用语，指明战争参加者的兵众，有三种用语：一是“族”，如上述“王族”、“多子族”、“三族”、“五族”等；二是“人”，一般是指明多少“人”参加，如上举卜辞；三是一种特殊身份的人，如“众”、“臣”、“仆”等：“己卯，贞令缶以众伐龙，戋。”（《合集》31972）“呼多臣伐邛方。”（《合集》613）“呼仆伐邛”（《合集》537）“呼多仆伐邛方。”（《合集》540）“众”、“臣”、“仆”与“族”一样，不言具体人数，与言具体数目的“人”亦有别。“众”的身份问题，目前学者意见不一，暂置不论。“臣”和“仆”皆是奴隶，已是多数学者的共识。“族”是贵族的组织，而称“若干人”的“人”，则是邑中那些分地而耕的“邑人”，亦即是“公社”成员。邑人服兵役，是保证他们对土地所拥有的使用权，马克思说：

> 土地所有权靠社会的存在来保证，而社会的存在又以社会成员采取服兵役等等形式，用他们的剩余劳动来保证。①

邑人服兵役，不仅是为了保卫国家民族的生存，也是为了保卫土地的使用权，“保国卫家”从古至今是一个通理。在甲骨文中，常见守边将士向商朝中央报告敌情，言敌人入侵后“伐”我多少邑，“𢦏”我多少邑，劫掠我多少人，如：“土方征于我东鄙，𢦏二邑。”（《合集》6057）“邛方征于我……𢦏三邑。”（《全集》6066 反）“大方伐啚二十邑。”（《合集》6798）“土方侵我田十人。”（《合集》6057 反）“邛方出侵我示至田七十人五。”（《合集》6057）“𢦏”字，张政烺说是指战争的“细节”、战争的“成果”。是比较具体的行动②。所谓战争的“细节”、“成果”，即是指打败其对手，捣毁其城邑，掠夺其人畜财物。到这时受苦难最深重的，当然是普通的民众，在商代就是这些“邑人”。邑人服兵役，在考古发掘中也得到证实，在殷墟西区发掘的 939 座平民墓中，出兵器的墓 166 座，约占六分之一。人骨鉴定表明，凡出兵器的墓皆为男性③。若以中国家庭人数构成以五个人为一家的话，大致是相当于每家有一人当兵。

从上述甲骨文对战争的有关用语上，可知商朝对外战争中的兵源，是被称为“人”的邑人，他们与以“族”为名活动的“族”组织无关。

商朝邑中居民，是各家单独进行生产（当然不排除其间的协作，而且是必要的协作）和各家独自吃住的。例如在山东平阴朱家桥殷代遗址中，发掘 230 平方米内，出土房屋基址 21 座。房屋皆小，大者不足 12 平方米，小者只 7 平方米左右。这样集中的房屋，当是一个“邑”。每座房基内都有一个火膛（炊事用的灶）、一套陶制生活器皿和一套生产劳动的工具④。说明每一个家庭都是用自己的力量来耕种分给他的耕地，并把产品留给自己家庭供生活用。由

① 马克思：《资本主义生产以前的所有制形态》，《政治经济学批判大纲（草稿）》第 3 分册，人民出版社 1965 年版，第 96 页。

② 张政烺：《释𢦏》，《古文字研究》第 6 辑，中华书局 1981 年版。

③ 中国社会科学院考古研究所安阳工作队：《1969 ~ 1977 年殷墟西区墓葬发掘报告》，《考古学报》1979 年第 1 期。

④ 中国科学院考古所山东队：《山东平阴朱家桥殷代遗址》，《考古》1961 年第 2 期。

朱家桥商代这一个聚落遗址知，在商代聚居于同一个邑内的居民是以家庭为单位进行生产（当然不排除其间的换工协作）和生活，而不是集体劳动吃大锅饭式的生活。

但是，同居一邑中的居民之间，是一种什么样的关系，即他们是以血缘为纽带聚族而居的族团还是以地缘为主的生产生活单位，这从居住遗址中无法搞清，而墓葬却能提供这方面的信息。特别是较集中的大型墓葬群，最能反映出死者生前是否具有血缘关系。这样的大墓地经过发掘而资料报道详细的有河北藁城台西、安阳大司空村、小屯殷城西地、后岗等处。

1969～1977 年中国社会科学院考古研究所安阳工作队对殷墟西区的墓群进行了发掘清理。在近 30 万平方米的范围内，发现 1003 座殷代墓，5 座车马坑和 200 余座战国及以后时代的墓。说明这里是一处古墓地。殷代的墓发掘了 939 座[①]。这批殷代墓葬，较有规律地集中分片分布，据墓葬的自然分布情况，发掘者将其分为八个墓区。除第五墓区因钻探面小，只发现六座墓外，其余各墓区都有数十到 300 余座的。对这 939 座殷墓进行分析，发现各墓间有以下几种现象：

（1）各墓埋葬时所取的头向是不一致的。就是在一个墓区内，头向有向东、向南、向西、向北的不同，并不一致。

（2）各墓间的葬式是不相同的。在一个墓区内有仰身葬、俯身葬和曲肢葬三种不同的葬式。

（3）各墓间的墓室结构是不一样的。除墓室的大小之别和有无棺椁之类因财富决定因素不计外，主要是腰坑的有无。在同一墓区内，有的有腰坑，有的没有。腰坑的有无与墓中随葬品的多寡无关。

（4）各墓之间随葬品的多寡悬殊很大。有的墓墓室大，有棺有椁，有青铜礼器和众多的随葬品，还有殉人及车马陪葬，有的墓中却一无所有。根据随葬品的情况，可把这 939 座墓划分为五个等级：

第一等：有青铜礼器如鼎、卣、觚、爵（包括铅器在内）及有殉人者；

---

① 中国科学院考古研究所安阳工作队：《1969～1977 年殷墟西区墓葬发掘报告》，《考古学报》1979 年第 1 期。以下引用殷墟西区材料皆出自此文，不另注。

第二等：有铜兵器、工具（包括铅制品）而无青铜礼器及殉人者；

第三等：无金属用具而有陶礼器觚爵者（觚爵为商人礼器，墓中若有其一者亦计在此等）；

第四等：无金属用具和陶制礼器，但有其他陶、石、玉及贝者；

第五等：无任何随葬品者。

我们具体地对殷墟西区第六墓区作一解剖，就可见这种情况。此墓区共有墓146座，各墓间的情况如下：

（1）头向：东向（46°～135°）6座，南向（136°～225°）63座，西北（226°～325°）6座，北向（326°～45°）71座。

（2）葬式：仰身葬43座，俯身葬43座，屈肢葬6座，葬式不明54座。

（3）腰坑：有腰坑54座，无腰坑83座，不明9座。

（4）随葬品情况，第一等8座，第二等36座，第三等52座，第四等29座，第五等21座。

需要指出的是，随葬品的多寡与葬式、腰坑有无、头向没有必然的联系。第六区墓群内是如此，另七个墓区也相同。大司空村和河北藁城台西商代墓地的情况也相同①。

随葬品的多寡，是墓主人生前经济地位和社会地位的反映。头向、葬式、腰坑的有无这三项与经济和社会地位无关，而完全是一种礼俗。在世界古代各民族中，埋葬死者的礼俗都是十分传统和保守的。殷墟西区墓群内，不同死者的不同埋葬礼俗，只能反映出他们族群的复杂性。

---

① 中国社会科学院考古所安阳队：《1969～1977年殷墟西区墓葬发掘报告》，《考古学报》1979年第1期。马得志等：《一九五三年安阳大司空村发掘报告》《考古学报》第九册，1955年。河北省文物研究所：《藁城台西商代遗址》表4. 墓葬登记表，文物出版社1985年出版。

第四章　商代的农业

农业是商代经济的基础部门，也是商代人们衣食的主要来源。商代的农业生产技术已具有相当的水平。我国传统农作物主要种类“五谷”已经齐备，在农业生产工具、耕作技术、农业管理等方面，都有新的创造发明。

第一节　农业在商代经济中的地位

一、古文献记载中的商代农业

“农业是整个古代世界的决定性的生产部门”①。商代社会中决定性的生产部门也是农业，农业是商代社会经济的主体。那种过低估计商代农业发展水平及农业在商代经济中的地位的意见②，不符合商代社会实际。

据古文献记载，商人在夺取政权前，已是以农业为主的部族。《国语·鲁语》载：“冥勤其官而水死。”《礼记·祭法》亦云：“殷人禘喾而郊冥。冥勤其官而水死。”冥为商人首领，被夏王朝委以治水之官职，因勤于其职而死于水。而掌水、治水等水利活动，是农业民族的特征。

《尚书·汤誓》是成汤伐夏桀之战前的一篇阵前誓词。在誓词中，汤针对

① 恩格斯：《家庭·私有制和国家的起源》，《马克思恩格斯选集》第4卷，第145页。

② 参见程憬：《殷民族的氏族社会》，中山大学《语言历史研究所周刊》第4集，第39、40、42期（1928年7月）。吴其昌：《甲骨金文所见的殷代农稼情况》，《张菊生先生七十生日纪念论文集》，商务印书馆1937年2月。郭宝钧：《中国青铜时代》，三联书店1963年版，第41页。傅筑夫：《中国古代农耕的一个重大变革》，《纪念顾颉刚学术论文集》，巴蜀书社，1990年版。

士兵不愿在农忙季节去征讨夏桀，说：“今尔有众，汝曰：‘我后不恤我众，舍我穑事而割正夏。’”“穑事”即农事。这些士兵们最担心的是荒废了家中的“穑事”，因“穑事”有着严格的季节性。可见，商人在建国前是以农业为主。

商人建国后，仍然以农业为主。商人建国后进行了五次迁都，但仍坚持继续进行农业经济活动。在《尚书·盘庚》篇中，盘庚孜孜不倦地以家喻户晓的农业生产为比喻，来规劝不愿迁都的人，如：“若农服田力穑，乃亦有秋。”（上篇）“惰农自安，不昏作劳，不服田亩，越其无有黍稷。”（上篇）这是盘庚从奄地（今山东省曲阜）迁都到河南安阳小屯村之前的讲话。则奄地商民，乃以农为主要生业。

《尚书·无逸》篇是周公告诫成王的讲话，他说商王朝国亡的主要原因，是自祖甲以后各王“生则逸，不知稼穑之艰难，不闻小人之劳，惟耽乐之从”。即不重视农业生产，以至亡国。由此反映出商代确实是以农业为决定性的生产部门。因此在《尚书·酒诰》中，周公命令殷遗民：“妹土，嗣尔股肱，纯其艺黍稷……孝养厥父母。”“妹土”即指以商王都为中心的商代畿内之地。其意即令殷王朝遗民们，自今后必须依靠你们自己的手脚，专心种植黍稷，以孝敬赡养父母。

商人好嗜酒，纣王“以酒为池，县（悬）肉为林……为长夜之饮”[①]。在甲骨文中，用作祭神的酒类名称有酒、醴、鬯等，祭酒次数多，且用量大。在考古发掘中，殷人生活用具中酒器，如盛酒用的青铜方彝、尊、觥、壶、卣、罍、盉等，温酒用的爵，饮酒用的觚等大量出土。商代随葬青铜礼器组合，是“重酒组合”[②]。在殷墟发掘数千座墓中，较大的墓随葬铜器“重酒组合”的现象，从早到晚变化不大。即使在后期，饮食器与全部礼器之比不足三分之一，而酒器数量仍相当多，占全部青铜礼器的三分之二，还是以“觚、爵”为核心的“重酒组合”[③]。

酿造各类酒，主要靠粮食，如果没有充足的粮食作保证，商人嗜酒是不可

① 《史记·殷本纪》。

② 郭宝钧：《商周铜器群综合分析》，文物出版社，1981 年版。

③ 刘一曼：《安阳殷墓青铜礼器组合的几个问题》，《考古》1995 年第 4 期。

能的。因此商人上下嗜酒之风，大量以酒祭神，死后还要随葬大量酒器，以供在另一个世界继续享用酒，都反映了商代的农业粮食充足的实况。

农业是季节性极强的生产活动，因而历法与农业经济有着密切的关系。商代的历法是一种比较进步的阴阳合历，平年为12个月，闰年为13个月。闰月的设置是为调节节气，以便农作。甲骨文中的“月”字，是一个象形字，像半圆形的月亮，故商人称“月”是以月亮圆缺一周为一月。为了与地球绕太阳一周的回归年相符，故置闰月以相调节。调节的目的是将四时与一定的月份相配，以便农业生产。商代的月有30天与29天之分，即后世的大小月。

一年四季的概念已在商代形成。甲骨文中有关四方风（即东、南、西、北的四方风名）的记载，即与四时的观念有关[①]。至于两者的关系，《汉书·律历志》云：“四方，四时之体。”刘熙《释名·释天》：“四时，各方为一时。”商统治者测定四方而定四时的主要目的，是为了“敬授民时”，安排与之相应的农业生产活动，《尚书大传·尧典》云：

> 主春者张昏中，可以种谷；主夏者火昏中，可以种黍；主秋者虚昏中，可以种麦，主冬者昴昏中，可以收敛。

《夏小正》亦有类似的记载。

商代历法设置的闰月、大小月，使朔望月与四季的气候相扣合，用以指导和安排农事，是直接为农业生产服务的，故民间称之为“农历”，其名称沿袭至今。由商人使用的历法亦可知，商代是以农业为主的社会。

纪年的称谓，与该民族的经济生活息息相关。甲骨文、金文中屡见商人纪年不但称祀，也称年和岁。据目前所见的材料，商人本以“年”或“岁”称一年这一时段，由于周祭制度的产生，到帝乙帝辛时，一祭祀周恰与一年的时间长度大致相符，于是改用“祀”称以纪年。卜辞材料中“年”虽不及“祀”纪年的数量多，但使用时间却长，因此商人主要还是用“年”来表示四季轮回这一时段。

“年”和“祀”之别，“大概祀与王家祭祀有关，而年或岁当与农事有

---

① 李学勤：《商代的四风与四季》，《中州学刊》1985年第5期。

关”[①]。称“年”纪时，显然与农业民族相关。甲骨文中的“年”字从禾从人，禾是指粟，即今之小米[②]，其“年”字像人负禾而归之状。《说文》：“年，谷熟也。”《春秋穀梁传》云“五谷皆熟为有年”[③]，古文献上的解释与甲骨文的造字之形相符，故于省吾说“年乃就一切谷类全年的成熟而言”[④]。

以谷类成熟这一事件作为一个民族的纪年名称，说明此事是该民族的头等大事。商人以“年”称纪时，正是以农立国的表现。

二、考古发掘中所见的商代农业经济

在考古发掘的出土物中，农业生产工具占有突出的地位。

郑州上街有一商代早期遗址，1957 年在 300 平方米范围内，出土石质生产工具 70 件，其中农业生产工具石铲、石镰、石刀（铚）计 47 件[⑤]，占出土石器总数的 70%。其中又以收割用的镰和刀（铚）为多，共 42 件，占农具类的 85.7%。河北藁城台西商代遗址，是时代介于郑州商城和殷墟文化之间的商文化遗址。遗址出土石器共 582 件，其中有农业生产工具铲、镰、刀（铚）、砺石计 475 件[⑥]，占出土石器总数的 81.6%。其中又以收割工具所占比例为大，石镰、石刀竟占农具的 80%。1958 ~ 1961 年对殷墟苗圃北地、孝民屯、大司空等 9 处进行发掘，出土石器 209 件，其中农业生产工具的铲、镰、磨石，计 144 件，占石器总数的 68.9%。出土蚌器 205 件，其中农业生产工具有铲、镰、刀，计 179 件，占所出蚌器总数的 87.3%[⑦]。与台西相同的是收割用的镰和刀所占比例大。

上述几个遗址说明，在出土的生产工具中，农具占绝对的优势，反映出遗址上的居民主要职业是农业，他们是以农业为生的。

在商代遗址及墓葬中，从出土的生活用器上，可以看出商人的生活习性是

---

① 张秉权：《甲骨与甲骨学》，1989 年台北，第 292 页。
② 裘锡圭：《甲骨文所见的商代农业》，《农史研究》第 8 集，1987 年。
③ 《穀梁传·桓公三年》。
④ 于省吾：《甲骨文字释林》，中华书局 1979 年版，第 251 页。
⑤ 河南省文化局文物工作队：《河南郑州上街商代遗址发掘报告》，《考古》1966 年，第 1 期。
⑥ 河北省文物研究所：《藁城台西商代遗址》，文物出版社 1985 年版，第 67 ~ 68 页。
⑦ 中国社会科学院考古研究所：《殷墟发掘报告 1958 ~ 1961》附表 44、46，文物出版社 1987 年版。

属农业民族的。凡商代的遗址中，皆出大量器形容量大的瓮、罐、大口尊等大型陶器，而它们最大的特点是以圆形器为主。而以陶器为主的生活器皿、器形圆而大，这样的用器是不宜迁徙的，因而是定居农业民族的用器。至于生活用器中的酒具，皆有大量出土，商人嗜酒之风，在遗址中得到了印证，在前面已指出，酒类的酿造是需要充足的粮食的。

我们再从商人炊器来考察，鬲、甑是用来蒸煮食物的，甑是用以蒸谷类食物，鬲是用作煮熟谷物。鼎则用以煮肉，也可煮粥。鬻字从粥从鬲，是一形声字，即在鬲内煮米为饭。《左传》载孔子先祖正考父庙中的鼎上铭文："馇于是，鬻于是，以餬余口。"[①] 杜预注："于鼎中为馇粥。馇粥餬属，言至俭也。"可见商人是以粮食为主食的。

三、礼俗上所反映的商代农业经济

礼俗是属于思想意识的范畴。礼俗在一定程度上反映了该社会的经济生活。从甲骨卜辞中看到，商代的礼俗是一种农业礼俗。这套礼俗反映在卜辞中的求年、求雨、告秋和登尝几个部分。

（1）求年。商人很迷信，认为农业中的灾害是由上帝或神鬼施予的。而上帝、祖先、功臣的魂魄，皆可影响农作物的丰歉。为了获得好收成，商王常举行祭祀，向他们祈求年谷丰登，于是甲骨卜辞中，留下大量"求年"的内容。祈求年成丰收的对象主要是男性祖神，如："戊午卜，贞酒求年于岳、河、夒。"（《合集》10076）"癸亥卜，古，贞求年自上甲至于多毓。九月"。（《合集》10111）向神灵祈求年成，要有供神的祭品，而商人向神求年的所献祭品相当丰厚，如："丁巳卜，争，贞求年于丁，𣪊十勿牛，册百勿牛。"（《合集》10116）"辛未，贞求禾于高祖，燎五十牛。"（《合集》32028）"禾"即年，武乙文丁时甲骨文用辞以禾为年字。"丁"是商王祖先庙号名。为祈求丰收，献祭品一次用十头牛、五十头牛，甚至上百头牛。商王何以不惜一切代价去祈求五谷丰登，正是农业是王朝赖以生存的经济命脉之所在。

（2）求雨。雨是农业的保证。商人相信雨是由上帝神灵所控制掌握的，

---

① 《左传·昭公七年》。

如：“……帝令雨足［年］。”（《合集》14141）“贞帝不降大莫。”（《合集》10167）“雨足年”即今日之“风调雨顺。“莫”即旱字，“降大莫”即“降大旱”。“足年”与“降旱”，商人皆认为是上帝神灵所为，故举行仪式以求雨。商人求雨的礼俗仪式分为焚巫、舞蹈两种。焚巫在甲骨文中称为烄，其字像置人于火上烧之形。烄人祈雨是商人的习俗。商初大旱，成汤准备自焚以祈雨的故事，是历代流传下来的美谈。《文选·思玄赋》注引《淮南子》云：

> 汤时大旱七年。卜，用人祀天。汤曰：“我本卜祭为民，宜乎自当之。”乃使人积薪，剪发及爪，自洁居柴上，将自焚以祭天。火将燃，即降大雨。

这次汤没有被烧，恰逢下大雨。虽然汤没被焚烧，却把“以人祷”的请雨仪式保留下来，并成为殷人的一个固定的程式化的仪式。

舞以求雨的礼仪常见于卜辞，如：“王舞，允雨。”（《合集》20919）“贞我舞，雨。”（《合集》14209）“王其呼戍舞盂，有雨。吉。”（《合集》28180）“我”是指商王的自称。可知，为求雨，商王常亲自出动，可见其重视的程度。甲骨文中的舞字像一人两手执羽或牛尾而舞之状。舞雨乃是一种又跳又唱的舞蹈动作。舞蹈时还有乐器伴奏，甲骨文中称为“奏舞”，如：“丙辰卜，贞今日奏舞，有从（纵）雨。”（《合集》12818）“奏”即奏乐，有乐伴奏着舞或自奏自舞。以舞祈雨而有乐器伴奏的歌舞相结合，可见此仪式已程式化、普遍化的程度由此可见。

（3）告秋。“告秋”是向祖先神灵报告一年收成情况。如卜辞云：“□戌，贞其告秋于隽高祖夒六［牛］。”（《合集》33227）“其告秋于上甲二牛。”（《合集》28206）

（4）登尝。此礼俗是在禾谷成熟后，以新收获的禾谷祭于神祖，以报答其保佑五谷丰登。《礼记·月令》孟秋之月“农乃登谷，天子尝新，先荐寝庙”，所荐之物以四季而异。这种礼俗在商代甲骨文中已有不少的记载，如：“庚寅卜，贞王宾登禾，亡尤。”（《合集》38683）“癸未卜，其登秫于羌甲。”（《合集》32592）“□□卜，争，贞登冏穛祖乙。”（《合集》1599）“辛亥卜，王登米于祖乙。”（《屯南》189）上引卜辞中“登”某谷物于某神，即是古籍中“农乃登谷”之“荐寝庙”礼俗。当然，只有农业民族才会产生这种礼俗。

综上所述，古文献记载中，商人通过用阴阳合历的历法、四季的划分、纪时用语年岁与祀的含义，及一整套与农业有关的礼俗等，皆说明商代是一个以农业为主的社会，农业是商王朝赖以生存与发展的经济基础。

第二节　农作物种类

古文献记载中涉及商代农作物的有下面几则：“惰农自安，不昬劳作，不服田亩，越其罔有黍稷。”[①]“（商人）纯其艺黍稷，奔走事厥考厥长。”[②]“（纣王）厚赋税，以实鹿台之钱，而盈钜桥之粟。”[③]“（周武王）命南宫括散鹿台之财，发钜桥之粟，以振贫弱萌隶。”[④]《诗经·商颂·玄鸟》篇中有“龙旂十乘，大糦是承”句，毛亨传云：“糦，黍稷也。”从古文献记载中可看到商时的谷类物有粟、黍、稷三个名称。但对稷是何物，农学家们有分歧，或说是黍，或认为是粟。因此确指的仅有粟、黍两种。古人所称的“五谷”——粟、黍、稻、麦、菽等，在商代甲骨文中都有了。

一、禾（粟）

禾字的本义是指谷子，即粟，去其皮则称小米。甲骨文中的禾字有两种字体：a. （《合集》28231，28232）；b. 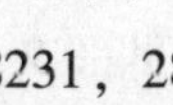（《合集》19804，40889，9615）。在甲骨文中，谷子的穗是聚而下垂的，黍子的穗是散的，麦子的穗是直上的，主要靠穗形的不同来区别。甲骨文中的禾字的字形“酷肖成熟的谷子”[⑤]。

禾字在古文献中有广、狭二义，狭义即指粟，广义则是谷类的总称。甲骨文所见的禾字也有广狭二义。甲骨文中“受年”“求年”的卜辞相当多，四期卜辞“年”字一律变成“禾”字。此“禾”是属广义。又“盂田禾释，其

① 《尚书·盘庚上》。
② 《尚书·酒诰》。
③ 《史记·殷本纪》。
④ 《史记·周本纪》。
⑤ 裘锡圭：《甲骨文中所见的商代农业》，《农史研究》第8集，1985年。

御。吉。刈。”（《合集》28203）“贞今秋禾不遘大水。”（《合集》33351）此二条卜辞中的“禾”是一专名，当专指粟，属狭义。

“年”字卜辞从禾从人，意即人背负禾而归，其义是收获粟。卜辞中凡其他种作物之收获，必在“受”与“年”间加作物名字，但绝大多数用“受年”。现将甲骨文中出现的各类“受年”类卜辞列表如下：

种类	受年	受禾	受秫年	受黍年	受穛年	受䵚年	受畬年	受来年	合计
次数	338	97	12	62	59	23	5	1	597
百分比%	56.6	16.2	2.0	10.4	9.9	3.9	0.8	0.16	

表中“受年”数量最多，出现频率最高，占此类卜辞的56.6%。四期卜辞更是以“受禾”替代“受年”，更说明禾（粟）在商代粮食作物中的重要地位。而“受年”即“受禾”，只是时代不同的用语，“受年”与“受禾”卜辞相加，则占受年类卜辞的72.8%。但甲骨文中从不有言“受禾年”，“这应该是由于禾（谷子）的种植量比其他植物大得多，卜问是否受年，实际上主要就是卜问是否受禾年，所以不必再专门为文卜问的缘故”①。因其太普遍以至不必特言，这当是古人的一种传统。

我国栽培粟的历史悠久，据统计，我国新石器时代出粟的遗址有25处②。粟的收获量也很大，如河北省武安县的磁山仰韶文化早期遗址，发现大量的炭化粟，在发掘的476个窖穴中，有88个窖穴储藏粮食。有的窖穴中炭化的粟层厚达2.9米。这88个储粮窖穴，据遗迹推算，当时储入粮食达109立方米，合138200余斤③。此遗址的年代，经碳14测定为公元前6000～前5000年④。在山东省胶县三里河的大汶口后期的地层中，发现了一座贮藏粮食的库房基础，内有一个大型的窖穴，其中有约1.2立方米的粟粒⑤。在甘肃东乡马家窑

① 裘锡圭：《甲骨文中所见的商代农业》，《农史研究》第8集，1985年。

② 吴梓林：《古粟考》，《史前研究》创刊号（1983年）。

③ 佟伟华：《磁山遗址的原始农业遗存及相关的问题》，《农业考古》1984年第1期。

④ 中国社会科学院考古研究所：《新中国的考古发现和研究》，文物出版社1984年版，第36页。

⑤ 山东省博物馆：《胶县三里河》，文物出版社1988年版，第11页。

遗址的一个窖穴内，发现有堆积厚达 1.8 立方米的粟[①]。在新石器时代有这样大量的粟贮藏于窖穴中，说明粟是当时的主要农作物。商人的文化是继承新石器时代的文化发展而来的，因此商人也应该是以粟为其主食。

二、秫

甲骨文中有一字，作（《合集》10024）、（《合集》30305）形，从禾从数小点或数小圆圈。于省吾认为字的圆圈，与字的小点是相同的[②]。此字应是从水从禾，可隶定为“㳅”字，应是“禾”的一种。在禾字间加小点、小圈者，目的是与一般的禾相别，表示它是禾的一种。

这一“禾的别种”相当于古文中的何字？齐思和曾说稷是“禾的别种”，但在古籍中禾和稷是异名同指。齐先生在《毛诗谷名考》中已指出“禾同稷是一种东西”，因此它们在“古书中没有两种并举的”[③]。则只能说“稷是禾的别名”，而不是“别种”。禾（或稷）的别种，即是《说文解字》的秫。齐先生在同一文章“《诗经》中所无的谷名”一节中说：“《说文解字》‘秫，黏稷也’。按今谷子中有黏谷子，当即其物。”凡谷类作物中，黏者比不黏者优，口感好。黏者种植需精细，而收获量在相同面积的土地上，黏者要低于不黏者。在甲骨文中其字从禾从水，也表明需要投入更多的劳力，精心管理。前述我国最早发现粟的大量遗存的河北磁山遗址，距今已有七八千年，距商代也有四五千年，粮食作物品种有较大的发展，决不会仅有一种粟。谷子的别种在《说文》中载有 5 种，至《齐民要术》注所载有 42 种，现在华北地区达 60 多种。因此甲骨文中从禾从小点或小圆圈者这类字，其中“禾”是该字的本意，加小点的禾即是禾的别种，是稷之黏者的秫字。甲骨文中还有白秫之称：“惟白秫登。”（《合集》32014）无疑是秫的色白者，显然又是秫的新种。《本草纲

① 西北师范学院植物研究所、甘肃省博物馆：《甘肃东乡林家马家窑文化遗址出土的粟与大麻》，《考古》1984 年第 7 期。甘肃省文物工作队等：《甘肃东乡林家遗址发掘报告》，《考古集刊》（4），1984。

② 于省吾：《商代的谷类作物》，《东北人民大学人文科学学报》1957 年第 1 期。

③ 齐思和：《毛诗谷名考》，《燕京学报》第 36 期，后收入《中国史探研》，中华书局，1982 年。（以下凡引齐说出目此文者，不另注。）

目》载秫有赤、白、黄、黑数种，所有这些颜色不同的秫，应是后世不断培育的新品种。

甲骨文中以五谷祭祖称“登”。秫是粟中上品，很受商人的重视。因此在卜辞中言“登秫”的最多，达34次，而麦类11次，黍类仅4次。这是因为粟是商人的主食，而秫是黏粟，粟中的上品，因而以它来献祭祖先神灵。

三、黍和穄（糜）

黍是粮食作物的一种，即今北方的黍子，去皮称大黄米。商代有黍，在河北省邢台曹演庄和藁城台西遗址，已有实物出土[①]。黍与粟一是散穗一是聚穗成束。黍字构形是散穗，甲骨文的黍字的字形有两种，即从水（B型）与不从水（A型）之分。

A型字形：

B型字形：

A、B两种字体，在甲骨文中出现的次数，仅就《甲骨合集》第一期农业生产类所收（从9472～10196号共725版）中，A型出现77次，B型出现94次。在“受年”辞中，言受A型字体作物之年为52次，B型字体者为55次。B型字体稍多于A型。而A、B型字体在卜辞中的词位、用法都相同，都有作为名词及动词的功能。仅是从水的黍字有作地名用的例子：“于漆侯”（《合集》9934），“在漆”（《合集》795），而未见不从水的黍字。因而现在甲骨学家、古文字学家把这两种字体当作同一个字“黍”。

其实不然。如加水与不加水都指同一农作物，甲骨契刻不易，何不去繁就简？且我们发现，在甲骨文中，凡一事多卜或对贞问卜的相关辞里，A、B两种字体有着严格的区分，从不混用。如：“癸未卜，争，贞受黍（从水）年。弗其受黍（从水）年。”（《合集》10047）“贞我受黍（从水）年。贞我不其受黍（从水）［年］”（《合集》10043）“……于敦祀若［受］黍（不从水）年。……［弗］其受黍（不从水）年。”（《合集》9817）对这种对贞卜辞中，

---

① 唐云明：《河北商代农业考古概述》，《农业考古》1982年第1期。

从水与不从水的字绝无一相混的例子。这决不是用契刻者随意性所能解释的，却证明了它们分别是两种不同的农作物。

关于黍本有不同的品种，齐思和先生结合现今农作物考证古时作物名，作了精彩的论证。他说："黍分黏与不黏两种，其不黏的一种名为糜，也称为穄《说文》：'糜、穄也'。又'穄，糜也'。现今河北省北部犹呼糜为糜子，称糜子饭为穄子饭，至大名一带犹呼糜子为穄子，可见糜、穄是各地对于同一种东西不同的名称。《说文》'黍，禾属而黏者也'。黍既专指黏者而言，那不黏已别称为糜而不称为黍了。可见汉时的名称已和现今相同。"正如齐先生所指，黍的黏与不黏异名的区分在汉代已存在了。

黍的栽培在我国也很早。在新石器时代遗址中就曾多次报道过粮食作物黍的出土。经鉴定的遗址有：

（1）甘肃省秦安大地湾遗址，该遗址年代为距今7150±90年①。

（2）陕西省临潼姜寨史家文化层②，出土有谷迹朽灰。史家文化层的年代距今5000～5500年。

（3）甘肃省东乡林马家窑遗址的窖穴（但鉴定报告称稷，鉴定者西北师范学院持稷为黍说法）③。又甘肃省民乐县东炭山遗址。遗址属马家窑文化，年代距今5000±159年④。

（4）黑龙江省东康新石器时代遗址⑤。

（5）沈阳新乐遗址。距今6000～7000年⑥。

上述是有关报道的主要遗址，可知我国栽培黍的历史已有7000年的历史，距商代有三四千年，随着栽培农业的发展，黍的品种定会增加的。

农作物品种区别，在同种作物中品位的高低首先是黏与不黏。甲骨黍字的两种字体，应是当时人们表示黍之黏与不黏的两种作物。《说文》："黍，禾属

① 甘肃省博物馆：《一九八〇年秦安大地湾一期文化遗存发掘简报》，《考古与文物》1982年第2期。

② 魏仰浩：《试论黍的起源》，《农业考古》1986年第2期。

③ 《甘肃东乡林家马家窑文化遗址出土的稷与大麻》，《考古》1984年第7期。

④ 李璠：《甘肃省民乐县东灰山新石器古农业遗存新发现》，《农业考古》1989年第1期。

⑤ 李璠：《栽培植物的起源》，第5分册《生物史》。

⑥ 李宇峰：《西辽河流域原始农业考古概述》，《农业考古》1986年第1期。

而黏者，从禾雨省声。孔子曰：黍可为酒，故从禾入水也。"《说文》实际上记载了两种字形的黍字，即"从禾雨省声"和"从禾入水"。而这两种字体当在汉时仍存在。从甲骨文黍字的B形（从水）可知，"从禾入水"是正确的写法，而"从禾雨省声"即是错的。许慎作《说文解字》时将"从禾雨省声"列为正字，故《说文》篆体的"从禾雨省声"的黍字，既与甲骨文对不上号，又与隶楷不相合，而成了不可解的死字。幸好《说文》里还保留了"从禾入水"这一字形，使黍字的本义不致淹没。

《说文》黍字字形正确的解释应为："黍，禾属而黏者，从禾入水。"上举甲骨文黍字B型字体即是从禾入水，据此黍是指黏的品种，则甲骨文中凡从水作的黍字，应隶为黍字。

"从禾入水"的黍为黏者的黍，则不从水的黍（上举A型字）应是不黏的黍。不黏的黍，按《说文》称为穈或穄，通作穄或糜。

黍和穄两农作物相比较，在甲骨文中黍比穄出现的次数略多，可见商人对黏黍的重视。而在卜辞中黍、穄明显地多于其他作物，反映出商王室对黍、穄的重视。黍、穄所以被商人重视，除了黍、穄是主要的优质粮食外，还因为黍、穄是作酒的主要原料。

四、麦（来、秾）

甲骨文中麦（麥）字从来从夂。麦字在卜辞中有作为地名和农作物两种用义。用作地名的如："其田麦。擒。"（《合集》29369）"王田于麦。"（《合集》36809）作为地名的麦字，其卜辞时代较偏晚。说者或以本地产麦而著称，故以名地。当农作物讲的"麦"字，最著名的一片是《合集》24440。郭沫若收入《卜辞通纂》，排在第六片。其首句："月一正，曰食麦。"郭作考释引《礼记·月令》："孟春之月，食麦与羊"为证，认为"食麦"即是食麦子[①]。由此可证，商代不仅有麦，商人还"食麦"。

甲骨文中有许多"告麦"的卜辞，如："庚子卜，宾，翌辛丑有告麦。"

① 郭沫若：《卜辞通纂·考释》，《郭沫若全集·考古编》第2卷，科学出版社1983年版，第217页。

（《合集》9620）”己酉卜，宾，翌庚有告麦。”（《合集》9621）“告麦”的“麦”为农作物“麦子”。但对“告麦”一词的解释，诸家有不同的说法。其实，“告麦”与甲骨文中的“观耤”、“省耤”、“省黍”等事例一样，当是农业生产管理措施之一，“告麦”即是各地官吏向中央政府报告苗情，详见本章“农业管理”一节。

甲骨文中有“来”字，早年罗振玉就释出其字，并指出其字是麦的象形，而卜辞中常用的往来之来义，却是假借的①。甲骨文来字，作农作物名称的，如：“乙亥卜受来年”。（《合集》33260）“□□卜，古，贞我田有来。”（《续》5.29.1）卜辞中还有求来之丰收的：“求年来，其卯于上甲召，受年。”（《合集》28272）此片屈万里考释云：“来，麦名。求年来，谓祈求麦之丰收也。”②来作为一农作物品种，有向王室致贡的，如：“壬戌卜，狄，贞㲋勿以来。”（《合集》28011）“以来”的“以”字，义为“用”，《说文》：“以，用也。”㲋是人名，卜问此人是否“用来”。向王室“用来”，当是向王室致送“来”之义。卜辞中还有言“食来”的：“食来。”（《合集》914）此与《合集》24440之“月一正，曰食麦”之“食麦”，是相同的用语。“来”也和麦字一样，有作地名的，如：“□未卜，旅，贞王其田于来，亡灾。在二月。”（《英藏》2041）上述卜辞中的“来”，除作地名不能确定外，其他皆用来的本义，即麦类作物。《诗经·周颂·思文》“贻我来牟”《臣工》“於皇来牟”，齐思和说：“来、牟既是贻的对象，则牟乃是名辞。”齐先生又指出《说文》《广雅》等字书中训来为麦，来应即小麦，牟是大麦。

甲骨文中还有一个从禾的字，其基本结构作秝形，中间或加点，其点之多少亦不定，或有二、三、五点。此字于省吾隶定为𠅯③，即来字头上加“禾首”，即《说文》中的秝字，是指小麦。但是麦的穗是直的，而此字的上端却作“禾首”下垂，与“禾”字写法同，不同者只是茎的两侧各有一笔斜垂，所以有研究者把这个字仍归于黍类。甲骨文“来”字本是麦的象形，为何卜

① 罗振玉：增订《殷墟书契考释》（中），东方学会石印1927年。

② 屈万里：《殷墟文字甲编考释》，台北1961年6月。

③ 于省吾：《甲骨文字释林》第247页，中华书局，1979年版。

辞中不用其本义（用本义的辞例极少）而要在头上加禾形，成为“禾首来身”的一个复合形字呢？这可能是与“往来”的来字相区别有关。加“禾首”具有“指事”作用，因麦是属禾本科的，加上“禾首”表示此字指属农作物禾科的麦，而不是往来的来。至于旁加小点，可能表示用水灌溉的人工劳动，只是灌溉部位不一，有的字小点在麦穗上，有的字小点在表示根部的地方，已入土。总之此字说为麦形比黍字更合适。

甲骨文中麦、来、秾几个字形，其字都指今日的麦子。于省吾说：“秾是小麦，则卜辞的麦一定指大麦而言”，以来字是小麦的象形。但在古文献中和甲骨文字中都有以“来”字为麦名，且论者皆谓“来”本是麦的本名，往来之“来”是假借麦之本名。其后，往来之来用得多了，而作为农作物来之名，为了与往来之来相区别，而另造麦字，于是麦与来在形、音、义上都分了家。这样“往来”，之义反而喧宾夺主，鸠占鹊巢，把“来”的本义挤掉了。

麦的栽培在我国很早，1985 年和 1986 年先后两次在甘肃民乐县东灰山新石器遗址中，发现了炭化的小麦和大麦粒①。此遗址年代，经碳 14 测定为距今 5000 ±159 年。这一发现证实了中国是“普通小麦、栽培大麦”的原产地及重要的起源中心之一。1982 年在陕西武功赵家龙山文化遗址中发现小麦（秆），该遗址年代，经碳 14 测定为距今 4400 ~4000 年②。有学者指出，在黄河流域的三门峡、洛阳、卢氏县及西安、宝鸡等地大量存在“植物学特征与普通小麦栽培种亲缘最接近的小麦草”，这种小麦草很可能早已为我们祖先采集和栽培③，从野生麦的存在证实起源于中国本土，这从考古学、植物学上给麦为中国本土起源论提出了坚实的证据。但是“麦”为何称“来”，往来之来义为何假借麦而不假借他字，在语言学上仍留下一个需探索的疑团。

五、豆

甲骨有字隶作，由上表所列，在“受年”卜辞中出现 23 次，常与

① 李璠等：《甘肃民乐东灰山新石器遗址古农业遗存新发现》，《农业考古》1989 年第 1 期。
② 黄石林：《陕西龙山文化遗址出土小麦（秆）》，《农业考古》1991 年第 1 期。
③ 陈恩志：《中国六倍体普通小麦独立起源说》，《农业考古》1989 年第 1 期。

“受黍年”对贞卜问，如：“癸未卜，争，贞受⿱米𣆪年。贞弗其受⿱米𣆪年，二月。癸未卜，争，贞受黍年。贞弗其受黍年。”（《合集》10047）此字于省吾释为豆，即古文字中的菽[①]。其理由是：

（1）在声韵方面：⿱米𣆪字从米从𣆪，𣆪之音读同于厚。古韵厚与豆属侯部，菽属幽部，侯幽通谐。就声纽而言，古叔、豆都读舌头音，厚之读作菽与豆为喉舌之转。

（2）在字形上：其字上从米，古代豆也称米，段玉裁注《说文》云：“麦豆亦得云米。”因古人“啜菽饮水”[②]，“豆饭藿羹”[③]，以此当饭。

再就形义上考，甲骨文⿱米𣆪字下部所从是一陶罐，作为声符可直接写作“缶”字。《说文部首证》：“缶为盛酒浆之瓦器，象形，下像所盛之器，上像盖，中像画文。”则酒器、盛酒浆之器必为罐类器。缶字属幽部，菽字亦属幽部，在声韵上此字释菽无碍，故此字当读菽。

豆类是我国古代重要的粮食作物之一。据记载，我国栽培大豆有五千多年的历史[④]。据齐思和的统计，《诗经》中菽出现了6次，“荏叔”出现2次。《诗经》中豆是豆科的类名，“荏叔”是豆科的科名，即大豆。则豆在《诗经》中共出现8次，排列在由齐先生《诗经》中所见谷类作物出现次数统计表中的麦类之后，居第4位，可见周时豆科作物在人们生活中的地位。1980年在吉林永吉出土大豆炭化种子，遗址年代经碳14测定，距今2590±70年，为东周时期的实物[⑤]。周时豆已成为人们的重要食粮之一，商时有豆是无疑的。因此，甲骨文中的菽字即豆，从声、义、形上说，当是可从的。又据《四民月令》二月可种植禾、大豆、苴麻、胡麻，而卜辞中也记载菽这一作物正在二月下种：“己丑卜，贞⿱米𣆪于□享。二月。”（《合集》9951）时令也相符。

---

① 于省吾：《商代的谷类作物》，《东北人民大学人文科学学报》1957年第1期。
② 《礼记·檀弓下》。
③ 《战国策·韩策》。
④ 中国农业遗产研究室：《中国农学遗产选集·甲类·第四种·豆类》（上编）。
⑤ 刘世民等：《吉林永吉出土大豆炭化种子的初步鉴定》，《考古》1987年第4期。

六、秜（稻）

秜字在甲骨文中，作为农作物的，目前仅见一例[①]："丁酉卜，贞呼甫秜于娟，受有年。"（《合集》13505）这是武丁时期的甲骨。甫是人名，"娟"是商代一重要农业区。"秜"为动词，意为令甫在娟地种秜。秜是人工种植栽培稻的名称。

我国稻作农业起源甚早，长江流域特别是它的中下游地区是世界稻作农业起源的重要中心。据严文明的统计，目前中国史前稻作遗址已发现140多处[②]，地域遍及长江、黄淮河流域。公元前10000～前7000年的新石器早期遗址，有湖南道县玉蟾岩、江西仙人洞和吊桶环。新石器中期（前7000～前5000），稻作农业的中心区在长江中游的彭头山文化和城背溪文化范围内，现已有十几处遗址发现稻谷。其中湖南澧县八十垱遗址不仅有大批稻谷，并有水田埂的遗迹。新石器晚期（前5000～前3000），发现有稻谷遗存的达60多处，其中长江中下游约有50处，其余分布在黄淮流域。尤以浙江河姆渡遗址、湖南澧县城头山、湖北江陵阴湘城、江苏吴县草鞋山等稻谷遗存最为丰富。草鞋山遗址、澧县城头山遗址还发现有水沟等灌溉设施连成片的稻田。黄淮流域的有陕西户县丈八寺、华县泉护村、河南渑池仰韶村、郑州大河村、汝州李楼遗址、山东栖霞杨家园等遗址。进入铜石并用时代（前3000～前2000）后，至今发现有稻谷遗存的遗址达70多处。其中长江下游约60处，其余分布在黄淮流域、四川及广东北部。商代在其中心地区就曾发现过稻谷遗迹，如20世纪30年代在安阳小屯殷墟遗址内发现过稻的遗存，50年代在郑州白家庄也发现有稻的遗址[③]。

---

① 有人将《合集》9177片上的"从雨"之从误读为秜、尼（见《农业考古》1983年第2期，第319页），并认为是一次稻谷旱灾的占卜，实误。又《合集》40106（《英藏》824）上一词"贞勿令徙"，有人读作"其令秜"，改徙为秜（见《农业考古》1985年第2期，第27页）亦误。徙为人名，卜辞屡见，从彳不从禾，是两个不同的字。

② 严文明：《我国稻作起源研究的新进展》，《考古》1997年第9期。

③ 许顺湛：《灿烂的郑州商代文化》，河南人民出版社1957年版。

七、高粱

甲骨文武丁卜辞中有“受畓年”一词，且与“受黍年”、“受稌年”同版：“己巳卜，㱿，贞我受黍年。……受畓年。贞我受畓年。……弗其受畓年。”（《合集》9946正乙）由卜辞而知，畓也是一种农作物。此字形像植于田上穗大而直的作物，与粟、稻的字形皆不同，裘锡圭疑为高粱。此说从字形上说颇为合理，穗大而直的农作物，非高粱莫属。

我国新石器时代已有关于高粱作物的报道，如：郑州大河村仰韶文化遗址，此遗址距今5000多年[①]；甘肃民乐县东灰山马家窑文化遗址[②]；山西万荣县白荆村遗址[③]。

进入历史时期后，从西周起，各时期的遗址和墓葬中，都有高粱遗存的发现，如：大连市甘井子区大嘴子遗址[④]，该遗址的年代经碳14测定为距今2945±100年。而按惯例谷物在碳14测定基础上再加100年，确切年代应为距今3045±100年，恰在商末周初；江苏新沂三里墩的西周遗址[⑤]；石家庄市的市庄村战国遗址[⑥]；两汉以后发现的高粱遗存就更多了。

我国可能是高粱的原产地之一。在华北地区有一种野生高粱，籽粒成熟易于脱落，故名为野生“落高粱”。把它与现今栽培高粱进行穗头比较，发现籽粒从易脱落到不易脱落，穗头由小到大，由松散到紧密等等，有规律地变化着[⑦]。表明高粱在我国境内黄河流域能由野生变为人工栽培。这与新石器时代的发现是相吻合的。因此，商代有高粱也是顺理成章的。

高粱在我国古书中叫什么名字，至今分歧很大，齐思和说《诗经》中没有高粱这一名称。对于此，还需待进一步的研究，因从新石器时期就有高粱栽

---

① 郑州博物馆：《郑州大河村遗址发掘报告》，《考古学报》1979年第3期。

② 李璠：《甘肃民乐东灰山新石器遗址古农业遗存新发现》，《农业考古》1989年第1期。

③ 黄其煦：《黄河流域新石器时代农耕文化的作物》，《农业考古》1982年第2期。

④ 《大连发现三千年前农作物》，《光明日报》1991年8月15日。

⑤ 尹焕章：《江苏新沂县三里墩古文化遗址第二次发掘简介》，《考古》1960年第7期。

⑥ 河北省文物管理委员会：《河北石家庄市市庄村战国遗址的发掘》，《考古学报》1957年第1期。

⑦ 吴汝祚：《甘肃青海地区的史前农业》，《农业考古》1990年第1期。

培，古文献中一定会有其名称。

据目前的研究，从甲骨文里辨认出的农作物主要有：禾（粟、秫），黍（黍、穄），麦（麦、来、秝），菽（豆），稻（秜），高粱。由卜辞所见，同类农作物，已有新品种，如粟、黍皆已有黏与不黏之分，这是商代农业技术改进的反映。但商代实际种植的农作物，远比甲骨学家们已认出的要多，因甲骨文字至今仅认出不到一半，而这些由占卜而保存的甲骨片，不可能把商代所有的农作物名称契刻在上面。

第三节　农　具

一、农具的质料

生产工具是生产力的重要因素。在殷墟出土的甲骨文中及对商代遗址、墓葬的考古发掘中，有商代人们使用工具的丰富的记载及出土实物。在这些工具中，农业工具占有重要的地位。

商代农业生产工具的质料，有石器、蚌器、骨器、木器、青铜器、陶器六类。在考古发掘出土的实物中，以石器为最多，蚌器、骨器次之，陶器占第三位，而青铜器制品最少。

商代已有青铜器农业工具，这是研究者的共识。商代的青铜农具有镬、锸、铲、镰、犁铧、耒、耜、铚等。至今考古发掘出土与传世的青铜农具共有65件①。

出土青铜农具地域分布，有河北、陕西、山东、湖北、安徽、江西、河南等省。其中以河南、江西最为集中。河南省有明确出土地点的22件，仅安阳小屯殷墟出土达16件，这与殷墟是商代政治、经济、文化中心有关。但值得注意的是南方使用的青铜农具，以江西出土的农具为例，共18件，而仅大洋洲商墓就出土15件，似乎更甚于北方。

商代在农业中已使用青铜工具，这是肯定无疑的，但对青铜农具的普及程

① 陈振中：《青铜生产工具与中国奴隶制社会经济》，中国社会科学出版社1992年版，第6～13页。

度，学者间有不一致的看法①。

就青铜农具出土数量而论，青铜农具远比石、骨、蚌质工具少。仅小屯1929～1932年发掘时，在7个灰坑中出土的石镰就达3640件，未见到青铜制的镰。因此商代农业工具中是以石、骨、蚌质为主的。但必须注意另一点，即有些种类的农具，如掘土翻地的䦆、锸，可能较多使用青铜器了。商代遗址中青铜䦆、锸的出土不少，地域分布亦广，有研究者指出："在伊、洛河流域龙山文化中出现较多的石䦆，至商代晚期不见了，推断与铜䦆出现有关。"② 说明在起土工具中，有较多使用农具的倾向。此外还应考虑青铜手工工具在加工非金属工具中的作用。如木制耒耜，铜斧、铜锛加工远比石斧、石锛加工的数量多、质量高。因此决不能低估青铜器在商代农业生产中的作用。青铜器的出现，标志着农业生产进入一个新阶段。

二、农具的种类

商代农业工具可分为翻土、中耕及收割、脱粒几类。我们认为商代农业已进入"耜耕农业"阶段，虽然商人还需不断地开垦荒田，但已不是主流，因而我们把斧、斤一类工具列入手工工具。

起土工具，主要有䦆、锸。

1. 䦆在商代多发现青铜䦆，而石䦆仅有少量发现。研究者认为，这是由青铜䦆替代了石䦆之故。《说文》云："䦆，大钼（锄）也。"《国语·齐语》："恶金以铸钼夷斤欘，试者壤土。"钼即锄之大者，是掘土的农具。郭宝钧认为青铜器中"柄向与刃垂直而长大厚钝的叫䦆，用以掘土，形制为单斜面或双斜面"③。有研究者把䦆分为长条形、有孔、有齿䦆三种④。商代遗址出土青铜䦆的有：河南辉县、郑州南关外、陕西武功滹沱村、西安老牛坡、河北藁城

① 近年有关这一争论，主要发表在《农业考古》上，以陈振中等主张大量使用农具（见《农业考古》，1981年第1期，1986年第1期，1987年第2期）。主张开始使用或使用初期阶段的有白云翔（见《农业考古》，1985年第1期，1989年第1期）、徐学书（见《农业考古》，1987年第2期）。

② 佟柱臣：《二里头文化和商周时代金属器替代石骨蚌器的过程》，《中原文物》1983年第2期。

③ 郭宝钧：《中国青铜器时代》，三联书店1978年版，第19页。

④ 黄展岳：《古代农具统一定名小议》，《农业考古》1987年第1期。

台西、江西大洋洲，故宫博物馆、上海博物馆各有一传世品收藏。青铜镬形制为长条空头端刃。石镬在商代的遗址和墓葬中发现均少。在殷墟260号墓墓道填土中曾发现一残断石镬[①]。江西新干大洋洲商墓中，出土1件镬，为长方銎有肩直体狭刃式[②]。另在徐州高皇庙商代遗址中，出土一件骨镬，形如今的鹤嘴锄，是用兽腿骨削成[③]。

在商代前期遗址郑州南关外铸铜作坊内，发现有相当数量铸造青铜镬的陶范[④]。后期的殷墟安阳孝民屯铸铜作坊内，亦出土有铜镬范[⑤]。

青铜镬作为掘土工具，它的装柄法应是横装，用曲木或树杈的一端插入銎内；或先在銎内插入木叶，再在木叶上横装木柄。

2. 锸。青铜锸在河南罗山蟒张后李、湖北盘龙城、随县淅河、江西新干大洋洲等地均有发现。有3种形制：商代早期盘龙城出土一件为平肩直体式，体呈长条形；罗山蟒张后李所出一件为凹口形；江西新干大洋洲出土二件凹口锸，平面呈“U”字形。今西藏藏族使用的一种凹形锸亦成此形；随县淅河出土一件为长方形，即一字形锸。今河南西部称“加刃铣”农具，即是这种锸。凹口锸带木柄的完整实物曾在马王堆三号汉墓中发现[⑥]。据此推测，商代的青铜锸的装柄及形制、大小亦相近。

锸是一种起土工具，《释名》：“臿，插也，插地起土也。”《汉书·沟洫志》“举臿为云，决渠为雨”，说的即是农人以锸开沟修水利之盛况。锸的形制、装柄方式及使用法皆与今北方使用的锹相同。

锸即古文献中的耜，《说文》“耜，臿也。”徐铉注：“今俗作耜。”《淮南子·氾论训》：“古者剡耜而耕。”皆以耜为古代主要农具之一。耜最初是木制

① 中国社会科学院考古研究所安阳队：《殷墟259、260号墓发掘报告》，《考古学报》1987年第1期。

② 彭适凡等：《江西新干商墓出土一批青铜生产工具》，《农业考古》1991年第1期。

③ 江苏省文物管理所：《徐州高皇庙遗址清理报告》，《考古学报》1958年第4期。

④ 杨育彬：《郑州商城初探》，河南人民出版社1985年版，第26页。

⑤ 佟柱臣：《二里头文化和商周时代金属器替代石骨蚌器的过程》，《中原文物》1983年第2期。

⑥ 见《文物》1974年第7期，图版4：1，第11期，第46页图1。汉代持锸的俑，还见于成都天回山崖墓持锸俑（《考古学报》1958年第1期，图版8：2）；宜宾翠屏村东汉墓持锸俑（见《考古通讯》1957年第3期，图版6：3）；郫县红光一社东汉墓持锸石人（见《考古》1959年第8期，440页图1右）。

的，《易·系辞下》云：“神农氏作，斲木为耜，揉木为耒。”斲，《说文》云“斫也”，即砍削。字从斤，斤即斧类工具，则耜是用斧类工具砍削木而成。今我国少数民族，如西藏南部的珞巴族人仍有人用木耜翻土，被称“青桐锹”①。青㭎树木质坚硬，故用作制耜的材料。

耜是商代主要翻土工具，商代遗址中常有使用这类工具的遗迹。如河南柘城孟庄②，1969～1977 年安阳殷墟西区墓葬群内③，苗圃北地的灰坑，均留下了耜翻土的痕迹。这种工具宽 8～10 厘米，与《考工记》“耜广五寸”之制大致相符。

珞巴族的青㭎锹在柄与耜之间装有一横木，这是刺土时踏脚助其发力入土的踏木。今江西九江农村所用的铁锹，下部仍有一活动横木，撬土时装上，铲土时可取下④。从甲骨文看，商代的耜，大致也装有一横木，以便刺土时踏脚发力。甲骨文中有力及从力之字，其字形为：力：（《合集》18510、20686 等）；：（《合集》1、2、3、4）；耦：（《合集》5345、6753、7002），（《合集》5434、6573、7002、10410 反）；男：（《合集》3451、3453、3457）；（《合集》3452、3454、3455），（《合集》21954）。

力形字中的短画，表示踏脚的横木，裘锡圭认为甲骨文中的“力”字，就是古书中的耜，“商代实际使用的力，无疑已经发展到木耜的阶段，后来耜加上金属的刃套，就演变成为战国、秦汉时最常用的发土工具——臿”⑤。其实，耜头的金属刃套青铜锸，在商代已出现，不用待到战国、秦汉时才有。

3. 耒。耒和耜是两种农具，东汉许慎《说文》中误把耜作耒端，后世注家多沿其误。徐中舒先生《耒耜考》一文，谓“耒与耜为两种不同的农具，耒下歧头，耜下一刀，耒为仿效树枝式农具，耜为仿效木棒式农具”⑥。此说

① 宋兆麟：《我国古代踏犁考》，《农业考古》，1981 年第 1 期。

② 中国社会科学院考古研究所河南一队、商丘地区文物管理委员会：《河南柘城孟庄商代遗址》，《考古学报》1982 年第 1 期。

③ 中国社会科学院考古研究所安阳队：《1969～1977 殷墟西区墓葬发掘报告》，《考古学报》1979 年第 1 期。

④ 李恒贤：《江西古农具定名初探》，《农业考古》1981 年第 2 期。

⑤ 裘锡圭：《甲骨文中所见的商代农业》，《农史研究》第 8 集，1985 年。

⑥ 徐中舒：《耒耜考》，《历史语言研究所集刊》第 2 本第一册，1930 年。

很精辟，已为学术界普遍接受。甲骨文中的耤字，像人持耒耕作之形，近于图画，其字形作：（合集5604）字形像耕者手足并用，奋力发土的情景，颇为生动。甲骨文中多用“耤”字来指耕种，说明耒是当时使用很普遍的一种起土工具。

我国木耒的使用很早，有木耒遗迹的遗址有：河北武安磁山，该遗址经碳素测定距今约7000多年；临潼姜寨、西安半坡、庙底沟、三里桥、山西陶寺及河南偃师二里头遗址；安阳殷墟范围内小屯西部、武官村北、孝民屯等皆留下双齿耒的痕迹。这种双齿耒痕，与甲骨文“耤”字所从的“耒”形，是一致的。

商代没有发现木耒实物，因木质不易保存。青铜耒只在江西新干商墓中出土一件，銎为椭圆形，有两个扁平齿。

4. V形器（犁铧）。V形器又称“三角形器”。新石器时代已有，用石制成，大小不一，大者可达60多厘米，宽40厘米，如江苏吴县出土的一石犁，个体较大[①]。小者长宽仅10多厘米[②]。分布地域广，南、北方都有出土，尤其以南方出土多于北方，且多大型者。研究者把这种三角形器定名为“石犁”，认为我国新石器时代已开始犁耕[③]。

商代这种石质或铜质的三角形器都有出土。石制品发现有二处：河北武安县赵窑遗址中发现一件犁，平面呈三角形，刃部极锋利，有使用痕迹[④]。另在江西新干县亦出土一件，该犁两面光滑，器身扁平呈三角形，边缘均有双刃，器身中部起凸棱[⑤]。青铜三角形器在江西新干县大洋洲商墓中出土二件，形近等边三角形，两侧薄刃，正面中部拱起，形成截面为钝三角形的銎部[⑥]。同样的青铜三角器，1973年济南也曾发现一件[⑦]，据见过山东这件V形青铜器的李

---

① 叶玉奇：《江苏吴县出土的石犁》，《农业考古》1984年第1期。

② 季曙行：《“石犁”辨析》，《农业考古》1987年第2期。

③ 余扶危等：《试论我国犁耕农业的起源》，《农业考古》1981年第1期。

④ 唐云明：《河北商代农业考古概述》，《农业考古》1982年第1期。

⑤ 刘玲：《新干县又发现三处古文化遗址》，《文物工作资料》1963年第1期。

⑥ 江西省文物考古所等：《江西新干大洋洲商墓发掘简报》，《文物》1991年第10期。（以下凡新干大墓，皆出自此文，不再为注出处）。

⑦ 中航：《济南市发现青铜犁铧》，《文物》1979年第12期。

学勤说，此器可能是商代之物。商代的这种V形青铜器与后来秦汉时的犁铧型制基本上是一致的。

上述V形器发展脉络清晰，由新石器时代的石制品，至铜器时代的青铜制品，到战国秦汉时代改用铁制品，而它们的形制不变，与战国秦汉的犁铧同型，其用途亦明确，即犁铧。因而商代的V形器，包括新石器时代的V形石制品，当是起土的犁铧。

用于中耕的农具有铲和锄。《说文》："铲，平铁也。今方刃施柄者也。"《释名》："铲，平削也。"铲又作划，《广雅》卷十四："划，古文铲。"《齐民要术》卷一："养苗之道，钮不如耨，耨不如划，……以划地除草。"则铲主要的功能是耘田除草，亦可兼作松表土或作点种之用。

甲骨文中有从"林"或从"艸"从辰从又的字，如：(1) [illegible]（《合集》9495、22610、22636）(2) [illegible]（《合集》583反、10474）(3) [illegible]（《合集》9492、10474）(4) [illegible]（《合集》20624）(1)(2) 两种字形从林从辰，(2) 形还从又。(3)(4) 两字形像蜃器割草之形。裘锡圭认为可释为"耨"字①，其字从石，推测"像把石质的辰头捆绑在木柄上的绳索一类的东西"。郭沫若、杨树达认为是"蜃器"②、"蜃蛤"③。考古发掘不少的蚌铲，辰字既是蜃蛤类，而《淮南子·汜论训》云："摩蜃而耨。"蚌之边很锋利，是天然的切割草本植物之工具。

商代遗址中出土铲的很不少，其质料分为铜、石、骨、蚌等类。青铜铲是在出土青铜农具中数量最多，见报道的已有20件以上。殷墟妇好墓中出土7件青铜铲，铲可分为3种型式，皆有銎，有的銎内还有残木屑，是装木柄的证据。江西新干大洋洲商墓出土2件双肩铜铲，分别为椭圆銎溜肩宽体式、扁方銎长体式④。石、骨、蚌铲在遗址中发现较多，如河北藁城台西商代遗址中，出土石铲65件，骨铲17件，蚌铲40件。石铲共有4种型制。其中有一大石

① 裘锡圭：《甲骨文中所见商代农业》，《农史研究》第8集，1985年。

② 郭沫若：《甲骨文字研究·释支干》，《郭沫若全集·考古编》第1卷，科学出版社1982年版，第204页。

③ 杨树达：《积微居甲文说·释农》，《杨树达文集》五，上海古籍出版社1986年版，第44页。

④ 彭适凡等：《江西新干商墓出土一批青铜生产工具》，《农业考古》1991年第1期。

铲长23.2厘米，宽9.2厘米[①]，这种大型的石铲更适宜用作起土，有可能是捆绑在木耜刃部作耜刃之用。而除草中耕用的应是小型的石铲或骨、蚌、铜质铲。

在河北邯郸涧沟商代遗址中，出土石锄41件[②]。锄呈六边形，中间有穿孔以装柄，这种锄当是耘田除草或中耕松土之用。

收割农具有镰和铚。镰是商代主要收割农具。甲骨文中有稊字，作[illegible]形（见《合集》9557～9556）。丂是表示一种刀具。其字形像以刀具将禾从根部出土处割断之状。裘锡圭释为刈的初文。刈即艾字，《诗·臣工》“奄观铚艾”，徐光启《农政全书》云：“艾，穫器，今之钊，或谓之镰，或谓之锲。”《国语·齐语》韦昭注：“刈，镰也。”商代遗址中出土镰很多，正是卜辞刈字所从。

商代遗址中出土的镰，以质料可分为铜、石、蚌3种。青铜镰出土的遗址有：济南大辛庄、安徽含山孙家岗，这二处出土的青铜镰型为弧背直刃，刃部有锯齿，属南方常见的有锯齿镰；江西新干大墓出土5件镰为长条无齿单穿式。

石质和蚌质镰是商代主要收割工具。出土数量以石镰为最多，据1929～1932年殷墟发掘的7处灰坑中，出土石镰达3640件，在一个灰坑中就出444件[③]。关于石镰的使用，安志敏指出：“使用时附着木柄如现代的铁镰”[④]。由于石镰是装柄的，因而商人在收割粮食时不仅是摘取禾穗，而是割取禾秆，这比仅摘禾穗收割技术前进了一步，因这时商人已考虑到充分利用禾秆，反映了商代农作物的综合利用水平。

石镰的形制分为曲背凹刃与曲背直刃两种，其主要区别在刃的曲直上。

蚌质镰在商代也有大量使用，在遗址中出土量仅次于石镰，而骨镰比较少见。

---

① 河北省文物研究所：《藁城台西商代遗址》，文物出版社1985年版，第71页。

② 北京大学、河北省文物局邯郸考古队：《1957年邯郸发掘简报》，《考古》1959年第10期。

③ 石璋如：《第七次殷墟发掘：E区工作报告》，《安阳发掘报告》，第4期。

④ 安志敏：《殷墟之石刀》，《燕京学报》第33期（1947年12月）。《中国古代的石刀》，《考古学报》第10册（1955年）。

刀（铚）也是商代主要收割工具。《说文》：“铚，获禾穗镰也。”《释名》：“铚，获黍铁也，铚铚，断黍穗也。”元明时期又称作粟竖[1]。甲骨文中有字，陈梦家[2]和陈邦怀[3]均释为采，谓“像手采禾穗之形”。裘锡圭认为“可从”而隶定为𠭯读为𢭏，谓摘取禾穗正是“蹴迫而引取之”的一种动作[4]。在卜辞中，这个字作为动词，往往与农作物相连，如：“庚辰卜，宾，贞惟王𠭯南冏黍。十月。”（《合集》9547）

甲骨文中还有一“利”字，其字形从禾从刀：。“利”在甲骨文中多作为地名、人名，或作顺利、吉利解。甲骨文的“利”字也是一个象形字，像以刀割禾之形。这是古人用刀割取禾的收获方法在文字中的反映。利字后来的词义为顺利、吉利。以锋利的刀割取禾，收割的速度快，也是顺利、吉利之事。顺利、吉利的本来意义，是指割禾的快慢而言，后来引申为一切吉利之事。

甲骨文中割禾的刀（“利”），摘取禾穗（“𠭯”）用的工具，当即遗址中出土的刀类工具，即古文献中的“铚”。《诗经·周颂·臣工》“命我众人，庤乃钱镈，奄观铚艾”，郑玄注“奄，久。观，多也。教我庶民具汝田具，终久必多铚、艾。”铚、艾为两种农具。铚是刀，又称斤镰，艾是需装柄才能使用的镰。

商代出土的刀类工具，以质料而分有铜、石、砗、骨、陶等。青铜刀一般带有柄，体亦大，是生活用具或手工业中用具，不宜作农具[5]。石、骨、蚌、陶质刀，皆可作农具。陶刀在新石器时代较为常见，进入青铜器时代的商代遗址中，只有南方仍在使用，北方则很少。江西清江吴城商代遗址中，出土100多件[6]。刀具中出土数量最多、型制最复杂的是石质刀。石刀的型式可划分为

---

[1] 徐光启：《农政全书》第4册第78页，《万有文库本》；又《农书》卷11。

[2] 陈梦家：《殷墟卜辞综述》，科学出版社1956年版，第536页。

[3] 陈邦怀：《小屯南地甲骨所见的若干重要史料》，《历史研究》1982年第2期。

[4] 裘锡圭：《古文字论集》，中华书局1992年版，第188页。

[5] 江西新干大洋洲商墓中出土的青铜工具中，《简报》云有“铚”，作“长方形，体薄，刃微弧，肩平近背有长条形穿三个……刃长20.5，顶（背）长20，宽6厘米。此器亦大，不可能是作爪镰的铚。”从背部有明显的夹柄痕推断，应是一件刀而不是铚。见《文物》1991年第10期。

[6] 江西省博物馆等：《江西清江吴城商代遗址发掘简报》，《文物》1975年第7期。

十几个，但就其器身而论，主要分为：两侧带缺口、长方形及半月形3种型式。

半月形、长方形的石刀，与今华北、东北农村的“爪镰”、辽宁的“掐刀”、“捻刀”相似，用作割取粟和高粱穗的工具。而这种用以摘取禾穗的收割农具，即古书上的铚。

商代的农业工具，当然不止上述几种，如点播用的工具就没发现，或许遗址中出土大量的骨锥即为点播工具，因至今在少数民族地区，比较原始的农业，仍用尖木棒或尖竹棒进行点播。又，商代肯定大量使用木质工具，但因木质易朽，不易保存，因而对木器农具的种类便无法探究了。

第四节　农业技术

一、选择耕地

对商代的农业技术，研究者依据卜辞材料作了些探讨。但因甲骨卜辞是商代王室贵族占卜而遗留下的文字，因而不能全面反映商代的农业技术，根据现有的资料，我们还不能对商代的农业技术作全面的论述，而只能就其中一些较重要的问题，加以考察。

土地是农业之本，土地质地的好坏，直接影响农业的收成。尤其是在古代，人们对自然环境的改造缺乏更多的手段，因而依赖自然环境的程度远高于今天。因此，古人为农，首先要选择耕地。《荀子·富国篇》云：“相高下，视肥垸，序五种，省农功，谨蓄藏，以时顺修，使农夫扑力而寡能，治田之事也。”《吕氏春秋·孟春记》云：“善相丘陵，阪险原隰，土地所宜，五谷所植，以教导民。”这里的“视”、“相”皆是在耕种前选择宜耕种的地土地，然后开始耕作。商代非常重视对耕地的选择，在卜辞中就有上田、湿田之分，如：“癸卯卜，王其延上盂田孴，受禾。”（《合集》28230）“惟上田孴延，受年。惟湿田孴延，受年。”（《屯南》715）“湿田”即低地中的土地，《尔雅·释地》“下者曰湿”，又云“下湿曰隰”。下湿之地苦恶，收成不好。因而《诗·车邻》正义引李巡曰：“下湿谓土地窳下，常沮如，名曰隰也。”“上田”是对湿田而言，上面《屯南》715中“上田”与“湿田”对贞卜问，可知

“上田”是指地势较高的地。《散氏盘》铭中有“墙田”，铭文云：“我既付散氏湿田、墙田。”“墙田”与“湿田”对文，与《屯南》715 中“上田”与“湿田”同义，因而卜辞中“上田”与《散氏盘》中“墙田”，皆指地势较高的地。在《诗经》中湿田往往与原、阪、山相对而言①，而原、阪、山等地，即金文中的“墙田”、甲骨文中的“上田”。“上田”与“湿田”都可耕种，但由于地势高低不一，土质各异。地势高者，地通风、日晒长，因而收成好；而地势低下者，终年下湿，地苦恶，收成不好，因而产量就大不一样。

商代除了按地势高低把土地分为上田和湿田两类外，还有更进一步的细分。商末《作册羽鼎》铭文云：“康午，王令寝农省北田四品，在二月。”（《三代》四·11·12）“寝”为官名，是主管王宫的内官。“农”为寝官的私名。北田即是商王室北方农田。品即种类、等第。《国语·郑语》：“夏禹能平水土，以品处庶类者也。”韦昭注云：“品，高下之品也。”《汉书·匈奴传》：“给缯絮食物有品。”注云：“谓等差也”。“省”即视察、省视，“省北田四品”即省视北方的四种不同等级的土地，以便于农耕。

甲骨文中的“省田”就是选择农耕地的一种活动，“省田”的卜辞，在甲骨文中占相当的数量，据粗略统计，“省田”的甲骨卜辞有 237 条。可见商代对耕地选择的重视程度。

古代按土地的地势与肥瘠之不同，而将其分成不同的种类或等级。如《国语·齐语》载春秋时齐国的土地有陆、阜、陵、墐、井田等五种。《左传·襄公二十五年》载，楚国蒍掩实行“书土田”时，分楚国土地为山林、薮泽、京陵、淳卤、疆潦、偃猪、原防、隰皋、衍沃九类。《周礼》中土地分为上、中、下三等，《尚书·禹贡》则把土地划分为九个级别，如冀州“厥田为中中”即中等田之中级，为第五等田。商代《作册羽鼎》的“四品”也可能类似对土地等级或种类的划分。划分土地的目的是为了选择可耕之地，然后进行分配及垦种。要把土地划分成等第，首先要对土地有所了解，而“省田”即是了解过程，也就是选择耕地的过程。

商代不仅有“省田”，还对土地进行测量。甲骨文中称“土田”，如：“弜

① 见《诗经》中的《信南山》《车邻》《简兮》等。

犬延土田。"（《合集》33214）"土田"一辞与《周礼·春官·典瑞》"土圭……以土地"同义。又《大司徒》："凡建邦国，以土圭土其地而制其城。"《考工记·玉人》："土圭，尺有五寸，以致日，以土地。""土地"之"土"，郑玄皆注为"度也"，即《礼记，王制》的"司空执度，度地居民……量地远近"。卜辞"土田"即"度田"，应指在开荒、翻耕等工作开始之前，进行度量土地，以便分田而耕。

甲骨文中有𡉚字，从上沚，下从土，隶定为垐。《合集》收录了有关此字的3条卜辞："癸未卜，宾，贞禽垐田，不归来。十二月。"（《合集》10146）"甲戌卜……令禽垐田……不……'（《合集》10147）'贞勿令垐田。十一月。"（《合集》10148）垐字，张政烺认为此字从止从土，"按字形分析当是从止、土声，依照字音去求义，盖读为度"①。其义与《合集》33214之"土田"同。度田之月份，在十一、十二月，正是来年春耕的准备时期。

由此可知商代在农耕之前，对土地需作一系列的准备工作，首先是"省田"，即巡视土地，选择耕地，然后划等，把土地分为上田、下田，或区别为不同的等级，并度量田地面积的大小，以进行分配。

二、除草木

无论是生荒地还是熟荒地，在重新耕种前必须清除地面上的草木。《国语·齐语》云："令夫农，群聚而州处，察其四时，权节其用，耒、耜、耞、芟，及寒，击槁除田，以待时耕。"春秋战国时齐国"群聚而州处"的农人，到了冬天需"击槁除田"，清除地面上的杂草，以待明年开春时耕作。而这些聚居"州处"的农人，所种之地决不会是生荒地。由此可见，清除地面上的杂草，不管对熟耕地还是生荒地，都是必须在耕种前做的工作。《诗经·载芟》："载芟载柞，其耕泽泽，千耦其耘，徂隰徂畛。"汉人毛亨传云："除草曰芟，除木曰柞。"郑玄笺云："隰谓斩新发田也，畛为田间有径路者也……将耕，先始芟柞其草木。"《周礼》中有薙氏、柞氏两种职官，薙氏"掌杀

① 张政烺：《释甲骨文尊田及土田》，《中国历史文献研究集刊》第3集。

草”，柞氏“掌攻草木及林麓”。张政烺认为他们都是“伐草木为田以种谷”[①]《载芟》一诗，《诗谱》中说是歌咏周天子“春耤田而祈社稷”的，这显然也不是开垦新荒地。古时耕地即使是连种，也只种一季，作物只摘取禾穗，而秆留于地，到第二年开耕时，不仅有旧稼禾秆的问题，还有杂草生长，因此必须除去。

甲骨文中亦有“柞”一字。如：“乙丑，王柞方。乙丑，王，蓐方。”（《合集》20624）方前一字隶定为“艿”字。“艿方”是方国名。第二条卜辞中“艿”家前一字，裘锡圭释作“蓐”，可读为“农”或“耨”。“柞”与农（或耨）对言，“正应该当‘除木’讲”[②]。《合集》20626 中有一条残辞，为“艿方，一月”四字，此与《合集》20624 所讲当是一回事。一月正是准备春耕的时节，也为裘说“柞”为“除木”提供一佐证。

甲骨文中又有“告艿”一辞：“己卯贞，在冏，咼来告艿，王［其𥟖］。王弜𥟖。庚辰贞，在冏，咼来告艿。王弜𥟖。”（《合集》33225）此辞中冏是地名，咼是人名，𥟖为动词，意为种𥟖。《说文》：“艿，草也。”严一萍有《释艿》一文，谓是“有关农耕之字”，解释上引卜辞说：“此卜王拟在冏地种黍而妟（即咼）之报告该地旧草不除，新草又生，故不能植黍。”[③]《玉篇》引《说文》有“旧草不芟新草又生曰艿”的解释，故严氏有此说。

艿与柞一样，也是指在垦耕前清除地面草木的工作。

三、垦殖（裒田）

选择好所耕之地，清除掉地面的草木，接着就是垦殖。这道工序，在卜辞中称作“裒田”。“裒田”中的“裒”字，甲骨文中写作、等八种写法。此字从“用”，以两手执“用”入土，“用”当是起土用的工具。而各种不同的写法，古文字学家认为是同一字的异体字。但对此字的释法，分歧很大。诸说中，以于省吾、张政烺的“垦荒”说，验诸卜辞于义为长。于省吾认为是

① 张政烺：《卜辞裒田及其相关诸问题》，《考古学报》1973 年第 1 期。

② 裘锡圭：《甲骨文中所见的商代农业》，《农史研究》第 8 集，1985 年。

③ 严一萍：《释艿》，《中国文字》第 16 册。

圣，是垦荒[①]；张政烺释为裒，谓“裒田”，即是聚土治田，是开荒地[②]。有关“裒田”的卜辞，记月份的有五月、六月和十二月三个月。甲骨文中有一条卜辞云：“裒，五百四旬七日至，丁亥，从。六月。”（《合集》20843）对于此条卜辞，张政烺解释说：“五百四旬七日是547个整日，加上卜日的半日（不是一日）共547.5日，这是回归年一年半的日数。这条卜辞是在六月即‘夏至月’占卜的，等着过了五百四十七日半，到明年十二月的日至（即冬至）丁亥这天，照卜兆行事，开始裒田。……卜辞裒田记月份的有六月，有十二月，大约以半年为一期，五百四旬七日数目虽大，不过是推迟三期罢了。这条卜辞，只有这样理解，才能明白，不然，就无法解释为什么要拖这么多日子去挑选一个丁亥日。”张先生的解释，可谓破千古之谜。这条卜辞占卜一年半后举行的裒田，裒田只能是开荒，这条卜辞于此得到合理的解释。此条卜辞还反映了所开垦的荒地，不是生荒地，而是对短期撂荒地的重新耕垦。有裒田的完整的卜辞，往往带有地名，言到何处裒田，但此条是残辞，辞中地名部分已残缺，这条卜辞应该有到某地去“裒田”的内容。但六月正是禾苗生长时期，而在此时占卜来年的“冬至日‘实施对该地’裒田”，则这块地在当年收获后，撂荒一年，接着又开始耕垦。这说明甲骨文中的“裒田”不一定全是垦辟生荒地。

甲骨文还提到在京地裒田，如武丁卜辞云：“癸卯［卜］，宾，贞令禽裒田于京。”（《合集》9473）武乙卜辞云：“乙丑贞，王令裒田于京。”（《合集》33220《佚》250）“……［多］尹裒田于京。”（《屯南》102）“……裒田于京。”（《屯南》4251）京地从武丁到武乙时皆言“裒田”。《合集》33220与《屯南》102皆是武乙卜辞，皆卜问裒田于京，一是卜问派禽去，一是卜问派多尹去。禽是商王室的一位重要人物，从武丁至武乙都由他这一家族负责京地的裒田，而多尹也是工朝显官，故不可能同时派两位显赫人物到同一地去领导裒田这一件事。这两条卜辞，当不是同年所卜。因此京这个地区，“裒田”之举是不断进行的，则京地不可能是生荒地而应是熟地撂荒后多次不断地耕垦。

---

① 于省吾：《从甲骨文看商代的农田垦殖》，《考古》1972年第4期。

② 张政烺：《卜辞裒田及其相关诸问题》，《考古学报》1973年第1期。

从对“京”地的多次“裒”可知，商代已实行“熟荒农作制”。所谓“熟荒农作制”是耕种数年后，抛荒几年又再耕垦，以休息地力。当然实行“熟荒农作制”并不排斥对生荒地的垦辟，“裒田”既可以是指开垦熟荒地，也可以是开垦生荒地。

四、翻耕土地

翻耕土地在甲骨文中称“劦田”和“耤田”。

1. 劦田　甲骨文中言“劦田”与“受年”相连，故知“劦田”是一农事活动，如“……大令众人曰：劦田，其受年。十一月。”（《合集》1）“贞惟辛亥劦田。十二月。”（《合集》9499）甲骨文劦字从三力，从口（亦有少量不从口者，如《合集》27277、27338），力是锸耜一类起土工具。胡厚宣说：“字从三力，正示合力之义。”[①]“劦田”的田字，张政烺认为：“‘田’字在卜辞中最常见的用法有二种，一是田猎，二是田土，这条卜辞（引者按：指《合集》1）下文说‘其受年’，自然是指田土。”[②] 上引卜辞所记的月份，分别为十一月、十二月（“劦田”卜辞记有月份者，仅见此二条辞）。

关于“劦田”的含义，董作宾说“劦田”是“众人同力合作，以事田亩”[③]。裘锡圭取众说之长，认为“劦田可能是在冬天大规模翻耕土地，为明年春播作准备”[④]。

“令众人曰劦田”，“众人”即是从事田亩的劳动者。“劦田”，表示所持工具是“力”，即耜、锸。十一月、十二月的农活，只有为来年播种备耕。备耕之首，当为翻耕土地。劦字从三力，古人以“三”表示其多。因此裘氏说“劦田”是“大规模翻耕土地”，是一种集体劳动，是很正确的。《诗经》言西周时翻耕场面很壮观，《载芟》云“千耦其耘”，《噫嘻》载“十千维耦”。两人并耕为一耦，《论语·微子》“长沮、桀溺，耦而耕”，《考工记》“二耜为耦”。千耦、十千耦，场面相当大。卜辞中的“劦田”大致也如周时的集体耦

① 胡厚宣：《卜辞所见之殷代农业》，《甲骨学商史论丛》第二集上册。
② 张政烺：《殷契劦田解》，《甲骨文与殷商史》第1辑。
③ 董作宾：《殷历谱》下编卷4，国立中央研究院历史语言研究所专刊，1945年。
④ 裘锡圭：《甲骨文中所见的殷代农业》，《农史研究》第8辑，农业出版社1989年版。

耕。甲骨文中有“耦”字，前述生产工具中从“力”的字类里，二耜并耕即耦耕的耦，与《考工记》“二耜为耦”说相吻合。因此，商时的“劦田”应是用耦耕之式进行的。卜辞有“大令众人曰劦田”，可见劦田劳动场面亦与西周千耦、十千耦相仿。

耦耕二人合力，是较为合理的劳动组织形式。程瑶田《耦耕义述》中说：“二人并二耜而耦耕之，合力同奋，刺土得势，乃并发以终长亩不难也。”西北大学张波在周人早期活动的周原地区进行实验，用仿制古农具石耜翻耕起土，得到的结论是以两人一组并耕，比一人耕既省力又快①。据实验，用仿古耜耦耕，熟地一小时可翻 0. 0152 亩，垦荒地一小时可翻耕 0. 0123 亩。其速度是用现代化铁铣的十分之一强。

2. 耤田　前面已述，甲骨文耤字，是一象意字，像一人蹠耒以发土之形。耤和“劦田”不同在于使用工具的不同，“劦”是用耜，而耤所用的工具，从甲骨字形看，是双齿耒。前节所引录的甲骨文耤字的字形结构，“像一人踏耒而耕”，此不再征引。但耤和劦都是翻地发土，有时两字也互用。如：“弜耤噩旧［田］，不受有年.”“弜已灾，惟懋田劦，受有年。”（《合集》29004，《京人》2062）“噩”和“懋”是地名，“旧田”张政烺说是“久已开发，岁岁耕种之田”②，其义甚是。两辞中，一言“耤田”，一言“劦田”，其义是相同的。

甲骨文中记有月份的“耤田”卜辞，有两处：“庚子卜，贞王其雚耤，惟往。十二月。”（《合集》9500）“丁酉卜，㱿，贞我受甫耤在始年。三月。”（《合集》900 正）“雚”即观字，观察、巡视。“王其观耤”是商王亲往观察劳动者耕耤翻土之事，可见商王对其重视之程度。“十二月”，显然是冬耕，以备来年播种，与“劦田”在十一月、十二月的冬季，时令相同。《合集》900 正辞中之甫是人名，始为地名。此条卜辞将两个内容合而为一，因而有些费解。一是占卜我受年，一是占卜甫耤于始。此辞中的“我”是商王的自身代辞。整个辞意是说：甫在始为我耕耤的田土上，我会得到好收成吗？辞末所

① 张波：《周畿求耦》，《农业考古》1987 年第 1 期。

② 张政烺：《殷契劦田解》，《甲骨文与殷商史》第 1 集，上海古籍出版社，1983 年版。

记的“三月”，是指占卜日期而言，非指“耤”这种劳动在三月。从辞意上看，甫在娟地领导的耤田，或在此前已完成了。

卜辞里所说的耤，有时也包括种①，如：“甲申卜，宾，贞呼耤，生。贞不其生。（《合集》904 正）“王占曰：丙其雨，生。”（《合集》904 反）“生”是生长，出苗。此辞正面卜问耤后会不会出苗生长。反面是占辞，商王看了兆象后说：丙日（甲日后的第三日）会下雨，将会出苗生长。《合集》13505 是一块完整龟腹甲，其中有一组农业内容的“受年”占卜，四组卜辞正反对贞，其正面卜辞云：

丁酉卜，争，贞呼甫秜于娟受有年。一。

甫耤于娟受年。二，三。

贞受年。四。

受年。五。

卜辞后的数字称为“兆序”，是记占卜次序的。这组卜辞的内容是有关受年与否，从龟甲上的兆序知占卜了五次，只记下四次占卜的内容。以一、二次占卜之辞较完整，一称“秜”，一称“耤”，是秜和耤可为互代之证②。秜字前面已指出，是一种作物稻，但秜字在此辞是动词，意为“种稻”。耤和种在这组卜辞里是一回事。前引《合集》29004 片甲骨上有辞云：“耤噩旧田”，“旧田”是常年耕种的熟地。《合集》904 片卜辞中“耤”和“生”的这种连带相占卜，当是在连种田上，翻耕与下种是前后紧相衔接的农活。

耤田的本义是以耒发土。有在冬季十二月进行者，则是为春耕作准备，但若都集中在春播前翻耕，以当时的条件，可能会来不及，故需早作准备。因为农业生产的季节性特别强，《氾胜之书》云“凡耕之本，在于趣时和土”，在适当季节翻耕，可改良土壤，获得好收成。但若在播种前没有翻耕好，则会延误播种时节。播种时节延误则对农业影响甚大，《礼记·月令》仲秋下云：“是月也，劝人种麦，无或失时。”《氾胜之书》又云：“种麦得时无不善……早种则虫而有节，晚种则穗小而少实。”“有节”是指冬季寒冷前拔节，这样

① 裘锡圭：《甲骨文中所见的商代农业》，《农史研究》第 8 辑，1985 年。

② 裘锡圭：《甲骨文中所见的商代农业》，《农史研究》第 8 辑，1985 年。

过冬麦就会受霜冻死。种麦如此，其他作物亦然。而把握播种时令，关键是翻耕能否在应播种前完成。所以有十二月“耤”田的活力。

3. 犁耕　商代是否有犁耕，目前学者们争论很大。甲骨文中有一从牛从勹的字，一说此字释为物，或释为勿、牛二字，意指杂色牛，并认为商代不会有犁耕。另说此字为犁，力主商代已有犁耕，甚至是牛耕。后来上海博物馆新收藏的甲骨中，有一片“幽勿牛”与“黄勿牛”对举，沈之瑜认为幽、黄已是颜色，“物既是杂色牛，那就不应在其前冠以幽、黄，可见‘勹牛’不应是‘物’，也非杂色，应是‘犁’字”①。从此片甲骨可证，此字释犁是恰当的。但应该承认，此字所在的卜辞没有一例是与农业生产直接相关连的。因此单从此字的释读来探索商代是否有犁耕这一重大问题，是很困难的。

而在田野考古工作中，为我们提供了一些值得注意的材料。前述农业工具中，有一种V形器，又称三角器的石器和铜器，考古工作者命名为“犁铧”。此命名是恰当的，因战国秦汉时期，使用的铁犁铧就是这种形状。这从汉代的画像石、画像砖上的牛耕图中，得到确凿的证据。由此上推，石器时代的V形石器和青铜时代的V形铜器的用途，也应是犁铧。

石制的V形器在新石器时代南北方都有出土，且数量不少，铁制V形器在战国及秦汉也有大量发现，只有商周时期，无论是石制的，还是青铜制的，目前发现还不多。在商代遗址中，石制V形器见报道的有二例，一为河北赵窑，另一是江西新干县②。青铜V形器，仅在江西新干县大洋洲出土2件。对这种现象作何种解释，还有待进一步研究。但考古发现是带有一些偶然性的。新干大洋洲的大量青铜农具，也是最近发现的，出土很多鲜为人知的器种。如果石器时代的V形器是作为犁耕用的犁头，铁器时代的V形器又无疑是犁铧，那么处于石器与铁器时代之间的青铜时代，其V形器也应是作为犁铧用的。犁耕比耒、耜耕效率高，这是显而易见的常识。《淮南子·主术训》云：“一个蹠耒而犁，不过十亩。”《汉书·食货志》云：“亩五顷，用耦犁，二牛三人。”百亩为顷。其耦犁耕作效率为：500 ÷ 3 = 166.6 亩，若此，犁耕则是耒

① 沈之瑜：《甲骨卜辞新获》，《上海博物馆集刊》第3辑，1986年。

② 刘玲：《新干县又发现三处古文化遗址》，《文物工作资料》1963年第1期。

耕：166.6÷10＝16.66倍。贵州黎平县侗族有木牛，即人拉犁耕。据调查，锄耕、木牛（人拉犁）与牛拉犁的速度之比为1∶2∶14，犁耕即使是用人挽，其功效也比耜耕提高功效一倍。人类的生产技术总是相承袭而发展的。人们既然已经发明了犁耕这种先进技术，当然会迅速传播。因此商代使用犁耕，是完全可能的。

犁耕并不等于牛拉犁，初期的犁耕多不用牛而用人挽。因为牛耕需要对牛进行特殊的训练，也不是一下子所能掌握和推广的，而人挽犁就容易得多。因此在民族材料中，有些民族将牛用来祭神、食肉，即不用来拉犁。

商代V字形器出土少，这反映了犁耕不发达。其原因可能是因为犁耕不能用来开垦荒地，只能耕熟荒地；且犁耕比耒耜翻土浅，而商时大量开垦荒地，无论生荒还是熟荒地，都不宜于犁耕。此外，社会制度的阻碍作用也很关键，商代是奴隶社会，有大量的廉价奴隶劳动力，可满足奴隶主阶级的需求。V形器的出土情况，在商朝统治的中心地区，笔者迄今未见有发现的报道。相反，在其边远地区，如山东、江西等地，却陆续有发现。王室的中心地区，奴隶的使用远比边远地区多，故其农具改进亦少。

五、土地的整理

土地的整理包括打碎土块，去高填低，使其平整，开沟作垄，以便排灌。这些工作必须在播种前完成。《周礼·考工记·匠人》叙述田间水道设施云："匠人为沟洫，耜广五寸，二耜为耦。一耦之伐广尺深尺谓之甽。田首倍之，广二尺，深二尺，谓之遂。九夫为井，井间广四尺深四尺，谓之沟。方十里为成，成间广八尺，深八尺，谓之洫。方百里为同，同间广二寻，深二仞，谓之浍。"甽所从的巜，即《说文》谓"小水流也"，是两张耜宽的一条田间小水沟。这种完整的水利系统，从小水沟到方十里内的洫，百里内的浍，是与古代的土地分配制度相连的。所谓"九夫为井"就是讲的这种土地分配制度。甲骨文中的田字，除汉字正规写法"田"形外，还有作畕、田、㽬等多种写法，而这些不同的写法，正是当时实际情况的反映。田字方框内小方块的区划，就是田间的小水沟，又是各户间的田界山[①]。

开小水沟的工作，与田间打垄是一个工序的两个方面。《国语·周语》“或在畎亩”，韦昭注云：“下曰畎，高曰亩。亩，垄也。”甲骨文的“尊田”被认为是作垄，卜辞云：“辛未卜，争，贞曰众人……尊田……。”（《合集》9）张政烺谓尊字在卜辞中，上从尊下从土，可隶作墫，墫是聚土，“墫田是把开荒的土地作出垄来，使它变成正式的田亩”[②]。卜辞中有直接言“作龙”的，如：“其作龙于凡田，有雨。”（《合集》29990）凡是地名，亦是商王室的田猎地。其地在今河南辉县西南、周时的凡国地。田是指土田、土地，即农田。“作龙”之龙即垄，“作垄”与上述“尊田”是同一的工作。“尊田”、“作垄”是在翻耕地后，对土地的进一步加工整理。开沟既可排水，亦可灌溉，作垄则是有利保墒防旱排涝。据研究，垄作是耕层构造上的一种虚实并存的结构。这种虚实并存的耕作法有很大的优越性，“使作物吸肥及土壤矿化供肥和土壤腐殖化培肥三大生物学过程并行不悖，达到增产和培肥并举，实现了用养结合”[③]。

古人当然并不知道这“三大生物学”的知识，但实践经验证实这样做可以增加产量。他们首先要解决的是排水和灌溉。商代的气温比现今暖和，雨量普遍多，华北大平原地区水潦之地，即“湿田”地区是不少的，排水当是第一要务。由于排灌之需而作的垄沟，在客观上就形成了现代科学技术中所认识到的虚实并存耕层的状况，从而提高了产量。至战国时代，人们对垄亩制的优越性，就有了比较合乎科学的认识，《吕氏春秋·辨土篇》云：“亩欲广以平，甽欲小以深，下得阴，上得阳，然后咸生。”所谓的“阴阳”，即现今讲的“虚实”。

由于甲骨材料本身的局限性，我们无法知道垄沟田作在商代推广的程度，

---

① 《合集》9472上有卜辞云“令尹作大田”，有研究者认为田字的右上角有一“V”符号。田字应为甽即畎字，“大畎”即大水沟。但细审拓片，田字上实无V符号，仍应读为“令尹作大田”为是。

② 张政烺：《释甲骨文尊田及土田》，《中国历史文献研究集刊》第3集。又《中国屯垦史》第72～74页。

③ 迟仁立、左淑珍：《耕层构造史初探——虚实并存耕层是古农业“精耕”的继承和发展》，《农业考古》1988年第2期。

但从甲骨文田字的写法上得知，垄作不会是个别地区的、小范围内的耕作。垄作无疑是当时很先进的一种农业生产技术。然而，商代也还会有不少地方采用较为原始的缦田耕作法，即不起垄，翻耕即播种。

六、粪种

西汉著名的农学家氾胜之在其书中讲述商初伊尹教民“粪种”的事：“汤有旱灾，伊尹作为区田，教民粪种，负水浇稼。”①

商代的畜牧业和家畜饲养业极发达，已采用圈栏饲养，如牛羊之圈栏称为牢，马圈称为厩，猪圈称为圂，如卜辞云：“王畜马在兹厩……母戊王受祐。”（《合集》29415）“贞呼作圂于专。”（《合集》11274）牛羊之牢字，在甲骨文中不胜枚举。牢圈饲养牲畜，有利于畜粪的收集，而牢圈中又必须清除畜粪。而畜粪（包括人的粪便）有利于农作物的生长和增产，在长期以农业为主的民族中，随着经验的积累，是会逐渐认识的。粪种之记，屡见于先秦著作。《吕氏春秋·任地》：“人肥必以泽，使苗坚而地隙。”《荀子·富国》：“多粪肥田，是农众庶之事也。”《韩非子·解老》：“积力效田畴，必且粪灌。”

商代甲骨文中有一字，古文字学家隶作“𡰥”字，甲骨学家们注意这字是与农业有关。卜辞云：“庚辰，贞翌癸未𡰥西单田，受有年。十三月。”（《合集》9572）“……丁𡰥有正。二月。”（《合集》9577）“贞翌𡰥有正，乃裒田。”（《合集》9480）对于“𡰥”字，学者有着多种不同的解释。胡厚宣释“𡰥”为粪，𡰥田即粪田，粪田即施肥②。参照诸说，以“粪田”说最为合理，考证最为精当。

“𡰥田”的卜辞，记月份的有两条，一是十三月，一是二月。十三月是武丁时行年终置闰，这是一年的最末一个月份。从下面“播种”一项中可知，商代时在一月二月已开始了“播种”的工作，因而十三月、二月给农田施肥是合理的，这可从我国对农田施肥的习惯得到合理的说明。

① 万国鼎：《氾胜之书辑释》，农业出版社1980年版，第62页。

② 胡厚宣：《殷代农作施肥说》，《历史研究》1955年第1期；《殷代农作施肥说补正》，《文物》1963年第5期；《再论殷代农作施肥问题》，《社会科学战线》1981年第1期。

在我国北方尤其是华北大平原的农村，对土地施肥，十分强调施底肥，即在土地翻耕前把人畜粪肥均匀地撒在耕地中，然后再翻耕，趁翻耕之机将粪肥埋入土中。今北方农村仍然沿袭此习惯。施底肥的时间，一般在春节前的冬季，先将干固的粪肥运到所要耕的田地中，一堆一堆地堆放着，临翻耕前用铁锹将其撒开。这一工作春季开耕前也有继续进行的。《合集》9480 先言“尿”，后言“裒”，正是这样的先后次第。先施肥于翻耕之前，然后翻耕，再下种，故称为“粪种”。《周礼·地官·草人》云：“掌土化之法以物地，相其宜而为之种。凡粪种，骍刚用牛，赤缇用羊，纹壤用麋，温泽用鹿，碱潟用貆，勃壤用狐，埴垆用豕，疆坚用蕡，轻燢用犬。”陈旉《农书》谓：“《周礼·草人》掌土化之法，以物地相其宜而为之种，别土等差而用粪治之。”所谓牛、羊、麋、鹿、豕、犬者，是指其畜之粪。江永《周礼疑义举要》“凡粪种，种粪地以种禾也”，是对“粪种”作了很恰当的解释。先粪地，后播种，故名“粪种”。

七、播种作物

商人怎样播种作物，是撒播、点播还是条播？至今没有任何文字材料可供说明。商人播种时使用何种工具，也还不能实指。但有一点可推断的，即播下的种籽一定要用土覆盖上。因为商代林木茂盛，多鸟兽，若不覆盖，所下的种籽将成为鸟食。在作有垄的田中，有可能是采用点播，因为农业之初，人们播种用尖状器将土撬一个洞，随即置种籽于洞中用脚将土覆上，由这种方式，发展成点播。因此点播应是一种比较早的播种办法。考古中发现的商代遗址内有大量的骨锥，其用途可能是点种用的。若骨锥是作播种工具，则商代实行的是点播法。《吕氏春秋·辨土》云：“茎生有行，故遬长……衡行必得，纵行必术。”“衡”即横，有横行、纵行，当然是点播。

甲骨文中播种的用词即是以作物名为动词。如《合集》10 云：“王往致众黍于冏”，意为商王派遣众人至冏地去种黍。“甫秜于姐”（《合集》13505），即令甫到姐地去负责种稻之事。作物播种时间，可从记有月份的卜辞中知其一二，如：“贞王立黍，受年。一月。”（《合集》9525 正）“康辰卜，王，甫往秝，受年。一月。”（《合集》20649）“己丑卜，贞萩于［名］享。二月。”

（《合集》9551）“乙未卜，贞穄在龙囿啬，受有年。二月。”（《合集》9552）黍、秫、菽、穄皆为农作物名。（《合集》9525）中的“王立黍”之“立”，即莅，是商王亲临种黍之现场。（《合集》9552）之“龙囿啬”，囿字甲骨文作形，像苗生田中，称为“囿”，大致是有垄亩的精耕细作或特别肥沃的土地。囿后有一从来从口字，是龙方的一小地名，此地为龙地之囿所在。穄是一种不黏的黍，也种植于囿中，可见囿这种耕作地，在商代确非个别。

上述所引卜辞，若是占卜当时的话，则商代在一月二月已经开始播种黍、粟（秫）、菽、穄等农作物。传统农作物中“五谷”中有三大类在这两月中下种，其播种时间显然比今日为早，这与前述商代气候“比今日为热”的结论是相一致的。

八、田间管理

农作物下种后收获的多少，很大程度取决于田间管理。田间管理大致包括以下几个方面：

1. 中耕除草　商代遗址出土农具中，有不少的铜、石、骨、蚌质的铲。铲的主要作用是中耕除草。《齐民要术》卷一云：“养苗之道，钮不如耨，耨不如铲……以铲地除草。”甲骨文中有一字作形，像双手执铲形工具除草，裘锡圭释为芟。甲骨文中仅有一条残辞：“……白……芟……田弗……”（《合集》10571）芟为除田草，《左传·隐公六年》：“为国家者，见恶如农夫之务去草焉，芟夷蕴祟之，绝其根本，勿使能殖。”此“去草”是指消除田禾中的杂草。芟，训为刈。在河北邯郸的商代遗址中，出土40多件石锄，而钮即锄。

甲骨文中有耨字，原形作，从艸从寸，像手持蜃器除草之状。蜃即蚌器，包括蚌镰、蚌刀之类农具。古文耨与蓐相通。《说文》云：“蓐，拔除田草也。”徐灏曰：“蓐、鎒、薅古只作蓐。”甲骨卜辞有用其本义的，如《合集》583、584记有仆和宰在曼及某地“田蓐”之事，此“田蓐”即有拔除田间杂草之意①。

① 胡厚宣：《甲骨文所见殷代奴隶的反压迫斗争》，《考古学报》1976年第1期。

甲骨文中有“㝵”字（见《合集》28228、28230，《屯南》715、3004），字从旬从兮。而上述甲骨卜辞中㝵之后连以“受年”、“受禾”，当是与农业有关的一辞。裘锡圭认为字从旬声，当读为耘，“有可能是指作物生长过程中耘除杂草的工作而言的”①。

从甲骨文中耨、㝵字所指，及出土大量的铲、锄类除草农具，说明商代田间农作物是要进行除草工作的。

2. 灌溉　水是农作物生长中必不可少的，由于农作物生长季节中需要水量不同，因而灌溉是农作物获得好收成的重要保证。商时期气候较今日热，华北大平原也比今湿润，河湖交叉，遇到天旱时，利用河湖之水浇地，是自然之事。上引《氾胜之书》言伊尹曾教民“负水浇稼”，《世本》还载：“汤旱，伊尹教民田头凿井以灌田。”凿井技术新石器时代已使用。用水井灌溉早在龙山文化中就已出现，河北省邯郸涧沟龙山文化中有两口水井，已发现沟渠与井口相通，井内存有吸水器②。两口与沟相连的水井推测可能是非饮用水，而是用于灌溉。甲骨文中有一字作形，井旁有水流状，隶写作汫字，辞云：“……百汫。”（《合集》18770）有学者指出其字像凿井灌田，沈之瑜认为“汫”字是古文“阱”字，《周礼·秋官·雍氏》“春令为阱，护沟渎之利于民者”，郑玄注“沟渎浍，田间通水者也”，甲骨文中的“百汫，是百条沟渎的意思”③。据《玉篇》汫字义为“小水貌，又漂流也”。《集韵》“汫涏，小水，一曰波直貌”。汫之义为小水流，田间沟渎是小水，井中提水入沟亦是小水。但此字从井从水，其状如水在井旁流，与邯郸涧沟的井旁水沟之义更为接近。

商代的水沟在河南省郑州二里冈、白家庄、孟县涧溪的商代遗址中都有发现。孟县涧溪遗址的一条壕沟，其方向是由东南而西北。沟口距地表 3.7 米，沟深 1.2 米，口宽 1.2 米，底宽 0.7 米。已清理出 15 米长的一段。沟的底和壁较平整，显然是人工有意挖掘的，已探出有 80 米长，西北端还未到头，沟

---

① 裘锡圭：《甲骨文中所见的商代农业》，《农史研究》第 8 辑，农业出版社，1989 年版。
② 北京大学、河北省文物局邯郸考古队：《1957 年邯郸发掘报告》，《考古》1959 年第 10 期。
③ 沈之瑜：《“百汫”、“正河”解》，《上海博物馆集刊》第 4 辑，1987 年。

的东端一直延伸到现在涧溪沟的断崖上，明显的是与涧溪相连接的。水沟中出土有商代的陶片及一件有銎铜矛，铜矛的銎内还有朽木柄。此遗址的发掘者推测，从沟的东端连接涧溪看，应为商时人们引涧溪水以灌溉农田用[①]。

商人对治水很有经验，《史记·殷本纪》载："契长而佐禹治水有功"，《国语·鲁语》"冥勤其官而水死"，契、冥皆商之先祖。商人所居皆临河、洹、淇诸水之旁，商人多次迁都亦不离大河左右，也反映了商人对治水是有办法的。甲骨文中有"王乞（迄）正河新㑹"（《合集》16242、16243），新后一字陈邦怀疑为堤圩的圩字[②]，"正河"郭沫若释为"治河"[③]。是商王在治河之时建造新的堤圩。甲骨文还有"贞令逆河"（《合集》14662）一辞，是堵截河水冲决的意思[④]。

商时水患经常侵害都邑和伤害禾稼，如卜辞云："辛卯卜、大，贞洹弘弗敦邑，七月。"（《合集》23717）是洹水暴涨，卜问会不会冲毁商都。"贞今秋禾不遘大水。"（《合集》33351）"□戌卜，□水弗它禾。"（《合集》41541）是卜问雨水是否会危害农作禾稼。为防范雨水过多淹没农田，或天旱引水灌溉，修建一些水利设施以便排灌，是情理中事。甲骨文中虽然有不少"求雨"的卜辞，及焚巫请雨的举动，也有"黍年有足雨"（《合集》10137、40118）、"婄田有足雨"（《合集》10136）、"帝令雨足年"（《合集》10139）等靠天吃饭、上帝恩赐风调雨顺的思想，但也有商人的主动作为。如："庚辰卜，大，贞雨不足辰，不佳年［祸］贞雨不足辰，亡匃。"（《合集》24933）"足辰"即及时。"亡匃"即无害。"雨不足辰"意谓非时而雨。从"不佳年祸"知，此"雨不足辰"是有关农业雨水的问题。农作不该下雨时下了雨，但不影响收成，不会造成灾害。是什么原因使商人这么自信而有把握，是因他们已修有相应的排灌设施。水多可以排泄，旱可以灌溉。

3. 除害　甲骨文卜辞中有"𪚴"（秋）字，其形像一昆虫，或说为蟋蟀，以为蟋蟀在秋天鸣叫声"啾啾"，故以其声像指季节之秋。近来有人认为此昆

① 河南省文物局文物工作队：《河南孟县涧溪遗址发掘》，《考古》1961 年第 1 期。
② 陈邦怀：《殷代社会史料征存》，天津人民出版社 1959 年版。
③ 郭沫若：《殷契粹编考释》，科学出版社 1965 年版，第 77 页。
④ 王贵民：《商代农业概述》，《农业考古》1985 年第 2 期。

虫不是蟋蟀，而是蝗虫①。此字在甲骨文中，有部分用作“秋天”的“秋”义是无疑的，如卜辞中的“今秋”、“来秋”，只能读作“秋”字，别无他读。但在有些卜辞中，说成“秋天”的“秋”，或“秋收”的“秋”字就难通，如甲骨卜辞中的“宁秋”一辞：

贞甲申龝夕至，宁，用三大牢。

贞其宁龝于帝五玉臣，于日告。

于商宁水。　　（《屯南》930）

“宁”有止息某些自然灾害之意。如上辞中“宁秋”与“宁水”同在一版占卜，宁水是止息水害之意。他辞还有“宁风”（《合集》13372、34137等）、“宁雨”（《合集》32992、34088等），“宁疾”（《屯南》1059、1310）等。“龝”作为秋天则不可“宁”，“宁龝”之“龝”，一定是对商人有害的事物。

甲骨文还说到“龝至”与否的问题，如：“庚申卜，出，贞今岁龝不至兹商。二月。贞龝其至。”（《合集》24225）“龝至”之“龝”，不是秋成丰收之秋，上引《屯南》930辞云：“贞甲申龝夕至，宁，用三大牢”，作为年成秋收的“秋”，不可言“夕至”。所以此龝字在这类卜辞中，用的是其本义。“龝”既然与灾祸相连，说是蝗虫的蝗，当是可行的。此字下面还从火（如《合集》29715、32854、32968等），从火，表示用火烧灭蝗虫，此法延至近代。从前河南遭蝗灾时，蝗虫铺天盖地而来，民众在野外一边打蝗虫，一边用火熏烧蝗虫。打下的蝗虫或挖深坑掩埋，或置于火中烧死。甲骨文“龝”字从火，正是商人灭蝗的方法之一。

甲骨文中有“敊”字，原形像以手持棍驱鸟形。商代林木茂盛，多鸟兽，对农作物下种及成熟时皆有害，因而卜辞中有‘宁敊”（《合集》14370、14675），即制止鸟害之意。他辞有“鸟敊物”，有“驱逐啄食作物之鸟以保护庄稼之义”②。

---

① 彭邦炯：《甲骨文农业资料考辨与研究》，吉林文史出版社1997年版，第562页。范毓周：《殷代的蝗虫》，《农业考古》1983年第2期。

② 温少峰、袁庭栋：《殷墟卜辞研究——科技篇》，四川省社会科学出版社1983年版，第220页。

九、收获

收获是农作物生产过程中最可喜的大事。经过从选地、垦殖、翻耕、整地、施肥、播种、灌溉、防治虫害等一系列的辛勤劳动，眼看田间硕果累累，收获在望。因而收获之事很受商王室的重视，设有专门管理其事的“小刈臣”（《乙》2813、5915）。

商人收获的方式有两种：一是仅摘取禾穗；一是连禾秆一起收割。

甲骨文中摘取禾穗之字作形隶定作叡，像以手摘穗状。甲骨文中有占卜何时去进行叡的，从中可见商人对收割的重视程度，如卜辞云：“丁亥卜，其叡秫，惟今日丁亥。”（《屯南》794）此辞占卜的结果是当天必须进行收割，“惟”在这里是副词，起强调语气作用。“惟今日丁亥”意谓“只有在今日丁亥”。又“惟丁卯出叡，受年。暮出叡，受年。吉。及兹夕出叡，受年。大吉。于生夕出叡，受年。”（《屯南》345）此四条卜辞从甲骨片旁所记“兆辞”看，卜得的结果是以当日“暮”出去收割为“吉”，当日“夕”出去收割为“大吉”。“生夕”（即下一日）的夜晚出去收割，与“丁卯”日出去收割，皆无吉利与否可言。从这片甲骨卜辞上看，要求收割必须及时。

摘取禾穗所用的工具是刀，在商代遗址中出土不少的石、蚌、骨、陶质的刀。由于摘取禾穗的工具在古文献中称为铚，故摘下的禾穗也称作铚。《尚书·禹贡》“二百里纳铚”，孔传云“铚刈，谓禾穗也”，孔疏“禾穗用铚以刈，故以铚表示禾穗也”。

甲骨文中有一字，从禾从口，隶定作秉。郭沫若释此字为禾秆的秆，谓其字“从禾加束以示茎之所在，指事字也”①。裘锡圭释作梨，谓“是禾黍一类谷物的茎秆之名”，用作动词“应指处理禾秆的一种行为”。裘说字义作为动词，与郭沫若说为“秆”字并无甚不同。秆字作为动词，也是处理禾秆之意。下面的卜辞显然是在田中处理禾秆：“惟庚午秉于噩田，不遘大雨。”（《屯南》335）“其秉于盂［田］……”（《合集》31201）“惟新秉屯用上田，有足。”（《屯南》3004）噩田、盂田是噩、盂两地的农田。“新秉”当是指新鲜的禾

① 郭沫若：《殷契粹编考释》，科学出版社1965年版，第113页。

秆。“上田”是指高爽地的农田，“屯”字在此处是时间副词，卜辞有“今屯”、“来屯”，表示时间。禾秆可用作肥料。由上引卜辞看，商人用刀将禾穗摘下后，禾秆留地，将其处理而变为肥料。

甲骨卜辞还有叀与“舞”相连用的：

翌日庚其叀乃舞，叕（比）至来庚有大雨。

翌日庚其叀乃舞，叕（比）至来庚亡大雨。

来庚鄛叀乃舞，亡大雨。

（《合集》31199）

这3条辞是一次行动的占卜，即占卜庚日处理禾秆之后举行雩舞，是否有雨。“鄛”字裘锡圭释为制，当截断讲。“鄛叀”是截断禾秆。禾秆截断倒伏于地，若加水渍则易腐烂成肥，故在叀后即举行求雨的雩舞之祭，祈求下雨，以便禾秆很快腐烂。“叕至”即比至、乃至。

连秆一起收割的行为在甲骨文中称为“刈”，其字像以利刀割禾茎之下部。甲骨文的“利”字，从禾从刀，亦是用刀割取禾茎之形，其收获的方法与刈是一样的。刈获抢时，亦见于卜辞，云：“作见暮惟刈。”（《屯南》3835）此辞意为天将晚，必须进行刈割。刈的农作物有黍、穄、禾、秫、麦等。刈字的卜辞中还可以作为是否有收成的意思，如卜辞云：“己丑卜，宾，贞今春商刈。贞今春不刈。”（《合集》9560）这与言“今春商受年”的辞例一样，是指今年商地是否会有刈获，即是否有收成。有收成才能有刈割，所以有刈割必是有收成的意思。

十、脱粒

庄稼收获后必须经过脱粒。但摘穗收割后的穗可以直接储藏。1978年在甘肃省东乡林家马家窑文化遗址内的 H_{19} 和 H_{21} 两个窖穴内，发现捆扎成束的粟穗，整齐地堆放在一起①。这是将穗直接储存，食用时再行脱粒。磁山遗址的大批粟，则是脱粒后入窖储藏。

连秆收割的禾稼则不可连秆收藏，必须先脱粒。脱粒最原始的方法就是用

① 甘肃省文物工作队等：《东乡林家马家窑文化遗址发掘》，《考古学辑刊》第4辑，1984年。

手揉搓、甩打，用脚踏踩。用工具则用棒捶打。甲骨文中有“驭釐”一词，釐字见《合集》26899、27123、28173 等。董作宾谓釐字在左旁像麦形，他说：“釐字右旁之文，乃是持木枝，或有歧，或无歧，皆为用以打麦之物，釐之字，完全表现一种先民打麦时的形状，以‘手执木条打麦’为像。麦下加又者，乃‘以一手提麦根，一手持条击之，使麦粒下落’为像更肖。”但是甲骨文的釐字，只有进福、受祐义而无打麦之意。董作宾云：“许多文字，到了商代已习用他假借的意义而失去原初造字之旨。”由打麦之行动，变为受福祐的釐，其间也有一定的关联，因“由打之使麦离秆而下，所以后世引申有分离、圻划之义。由收获即人民受天之佑而年占大有，所以有福祐之义”①。这种由棍击禾，后来发展成“连枷”。

十一、储藏

从田里收回粮食后的重要工作就是保存储藏。我国古代储藏粮食分地上地下两种。地下储粮近年已有学者进行过专门研究②。新石器时代最著名的地下储粮遗迹是河北省磁山文化遗址，已发现有 88 个窖穴，储粮达 13 万余斤③。封建社会时期，洛阳已发现规模宏大的含嘉仓，是地下大窖。一窖可储藏 10 余万斤。在商代遗址中，往往发现大批窖穴，有的窖穴中发现有炭化的粮食，则商时无疑有用地下窖穴储粮的。《史记·殷本纪》载，商纣王“厚赋税，以实鹿台之钱，而盈钜桥之粟”，《集解》引服虔云：“钜桥，仓名。”这个“仓”是指地下窖穴还是地上的仓廪，不得而知。甲骨文中有“西仓”（《屯南》3731），是商王室都城之西的粮仓。

地上储粮的建筑称为廪。甲骨文中已有廪字，其形作、，孙诒让隶释作亩，即《说文》之亩字④。《说文》亩部云：“亩，谷所振入也，苍黄亩而取之，故谓之亩。从入、从回，象屋形，中有所牖，或作廪，从广禀。”陈梦家据今日北方农村实例，说其形“像露天的谷堆之形。今天北方农人在麦场上

① 董作宾：《释“驭釐”》，《安阳发掘报告》第 4 期。

② 余扶危、叶万松：《中国古代地下储粮之研究》，《农业考古》1989 年第 2 期，1983 年第 2 期。

③ 佟伟华：《磁山遗址的原始农业遗址及其相关问题》，《农业考古》1984 年第 1 期。

④ 孙诒让：《契文举例》（楼学礼校点本），齐鲁书社 1993 年版，第 97 页。

作一圆形的低土台，上堆麦秆麦壳，顶上作一亭盖形，涂以泥土，谓之‘花篮子’，与此相似”①。商代仓廪所建的地点，主要在王都之南，甲骨文中常有称为“南廪”的卜辞。如：“庚寅卜，贞惟束人令省在南廪。十二月。……南廪，十二月。”（《合集》9636、9637 同文）“己酉卜，贞令吴省在南廪。十月。”（《合集》9638）“己亥卜，贞惟竝省在南廪”（《合集》9639），“南廪”是否与上引《史记·殷本纪》中的“钜桥”仓有关，还需有更多的材料证实。

除王都附近的南廪外，其他地区也设有仓廪，如“雚廪”（《合集》20485），“陕廪”（《合集》5704 正），在叀的廪（《合集》583）及亘地的廪（《合集》6943）等。

仓廪是王室物资重地，故成为袭击目标，如卜辞云：“戊寅卜，方不至。之日有曰：方在雚廪。”（《合集》20485）“方”指敌对的方国，看来这次“方”占领了雚地的仓廪。（《合集》583）反面记述了㱿和光向王室报告说，仆和宰在叀和另一地方趁夜焚烧了三个仓廪，引起王室很大的震动。

为确保仓廪的安全，王室在仓廪所在地设有兵员守护，并常派人去巡察。上列《合集》9636 中的束人，即指束地或束邑中的人。这种由一般平民担负的是守护任务，而不可能是视察。又如《屯南》180 辞云：“……以众省廪。”“以”字前残缺，当是“贞令某”之类的辞。“以”意为“用”、“使”，“以众省廪”是用众（或使众）去省廪。“众”的社会地位很低，不可能是去巡视仓廪，而是守护。当然也有另一可能“束人”和“众”是作为“省廪”者的护兵或卫队。不过仓廪之地一般是重兵防守、坚固设防的。如《汉书·王莽传》载西汉末农民起义军过华阳，争夺京师仓，发生激烈战斗，农民军“数攻不下”，就是一例。

常被王室派出“省廪”的，除上引甲骨卜辞的吴、竝外，见于卜辞的还有禽、宁、鼓、马、㣈、遣、祳等人，如“惟马令省廪”（《屯南》539）。这里的“马”即后辞中的“多马亚”。“乙未卜，贞令多马亚、㣈、遣、祳省陕廪，至于仓侯。从槅川，从垂侯。”（《合集》5708）从辞中可看到，这次外出的多马亚等四位人物，视察的是在陕地仓廪，经过槅川、垂侯才到达仓廪地。

---

① 陈梦家：《殷墟卜辞综述》，科学出版社 1956 年版，第 536 页。

可见仓库所设之地离王都路途遥远，因商朝储粮于境内各地，而不是只储于王都。

第五节 农业管理

商代是以农业为主的国家，农业是商代具有决定性的生产部门。因而商王室对农业管理很重视，不但在王室设有专管农业的官吏，其他职务官也有时被抽调负责农业事务。而作为最高统治者商王，经常亲自参与农业管理活动。

王室管理农业的官设有“小耤臣”。卜辞云：“己亥卜，贞令吴小耤臣。已亥卜……萑耤”。（《合集》5603）“小耤臣”是掌管耕作之事的臣僚。“小臣”一名为职官，其地位相当高，像伊尹，辅佐成汤建国，后为王朝宰相，商人称他为“小臣”。这一称呼在春秋时《叔夷镈》铭还出现，铭中称他为“伊小臣”。叔夷为宋国人，故在铸器铭中颂扬他的先祖伊尹的功德。“小臣”之官，一般在王的周围，位居中央王朝。“吴”是人名，为商时一显赫贵族，他有自己的军队（“呼涉吴师”《合集》5811），曾率师征伐羌方（《合集》6630），下令镇压反叛王朝的子画（《合集》6053），捕捉奴仆（《合集》578）等，多次执行王朝重大任务。卜辞中常占卜他“叶王事”（《合集》5458～5465），即勤劳王室事务。所以“令吴小耤臣”，就是任命吴担任小耤臣之官，这是王室中央总管耕耤之事的农官①。

吴除掌管耕耤之事外，还担任巡察仓廪之事，如卜辞云：“己酉卜，贞令吴省在南廪。十月。”（《合集》9638）收割之事，有“小刈臣”一官掌管。如卜辞：“……呼〔小〕刈臣。”（《乙》2813）裘锡圭认为“小刈臣”是总管刈获之事的王官，性质与小耤臣相类②。

甲骨文中有一字⿰田己（见《合集》5606～5610），惜辞皆残，字在辞中用意不明。罗振玉释此字为畯，谓畯字“古金文皆从允，与卜辞合”③。李孝定认

① 张秉权：《甲骨文与甲骨学》，第46页，1980年台北。裘锡圭：《甲骨文中所见的商代农业》，《农史研究》第8集，农业出版社1989年版。

② 裘锡圭：《甲骨文中所见的商代农业》，《农史研究》第8集，农业出版社1989年版。

③ 罗振玉：增定《殷墟书契考释》（中），东方学会石印1927年，第12页下。

为畯字“契文金文均从田从允。允、夋之异在足之有无，实一字”①。《说文》及《尔雅》皆谓畯为“农夫”，晋郭璞注谓“农夫即今之啬夫”，清人郝懿行疏云：“《尔雅》之农夫，则谓农官耳。”《诗经》中有“田畯”一词，《豳风·七月》“田畯至喜”，毛传谓“田畯，田大夫也”。西周时的田畯是管理农业之官，甲骨文中的畯即田畯，也当是一农官。这样，甲骨文中的小耤臣、小刈臣、畯同是商朝王室专设的农官。

商王室除专设农官管理农业生产事务外，根据需要，还随时派遣其他官员参与某一种农事的管理活动。如前举《作册羽鼎》的“王令寝农省北田四品”，即是商王派遣掌王宫的官“寝”，去执行巡视北方土地的任务。同样内容还见于卜辞，如“丙辰卜，永，贞呼省我田。”（《合集》9611）“省田”即视察土地之好坏，以便耕垦和种植。“我田”即商王的田。“呼”是一使令动词，一般由商王或王室执政机关发出。辞意为让人视察王室的田。甲骨文中“省田”的卜辞相当多，据《合集》中粗略统计，有187版238条卜辞，可见商王室对土地管理的重视。

在农业生产的各个环节中，商王都要派遣官吏去督促、领导：如“令禽裒田于京。”（《合集》9473）“禽”是人名，商时贵族，为王朝官吏。商王下令他去裒田，不是让他去执耜踏耒而耕，而是让他去负责京地的裒田工作，是领导、督促、管理。被派遣的除了禽外，还有永（《合集》9476）、刚（《屯南》499）等人，他们与禽一样，均为商时贵族、王朝官吏。又如耤田，除有“小耤臣”专为负责整个王国的耕耤事外，商王还派其臣僚分别到各地督促、领导耕耤之事，如：“呼甫耤于姢受年。”（《合集》13505）“告攸侯耤。”（《合集》9511）前条辞意，令甫到姢地领导耕耤之事。后辞中的“攸侯”是商时一诸侯，“告攸侯耤”当是告知攸侯，应开始耕耤了。由此可见，诸侯方国的耕耤事宜，王室亦须过问。

在其他的农事中，都有专人主其事，以下略举数例：“小臣令众黍。一月。”（《合集》12）“小臣”为官名，下令众人种黍，是小臣管理众人之种黍事务。又“呼妇姘往黍。”（《合集》9533）妇姘是武丁的配偶，商王也派她去

① 李孝定：《甲骨文字集释》，国立中央研究院历史语言研究所专刊第五十种，第4029页。

领导种黍之事。又“呼甫秜于始，受有年。”（《合集》13505 正）是派甫到姢领导种稻之事。又“令侖𡰥有田。”（《合集》9576）“𡰥田”即前述施肥之意。是商王派侖负责监督田间施肥之事。卜辞还有“观黍’、“省黍”、“观穄乃……（《合集》9590）“贞王勿往省黍。”（《合集》9612）“观穄”、“省黍”，指的是观察穄黍在生长中的长势的活动。等到农作物成熟时，还要“品”，如“今秋品禾，九……”（《合集》9615）“禾”即粟、谷子。“品”即品评，视其好坏，定其差等。作物收割更是关键时刻，王室除设有“小刈臣”主其事外，商王还另派臣僚督促，如“甲子卜弜刈秝。”（《合集》9563）“辛未卜，贞咸刈来。”（《合集》9565）“弜”、“咸”皆为人名，商王派二人去主持收割之事。

对主持某项农事，有时不具体指派某人，而是派遣某一种职官，如上引“小臣令众黍”的“小臣”即是，又如“令尹作大田。勿令尹作大田。”（《合集》9472）“王令多尹裒田于西受禾。”（《合集》33209）“尹”是商代职官名称，即各部门之正长。尹负责的农事有作田、裒田等。

农作物生长成熟、即将收获的时节，各地方官员要向中央报告秋情。前述农作物种类“麦”的一节中，已引录甲骨卜辞中有关“告麦”的辞条，“告麦”所反映的就是这种制度。新出《云梦秦简·田律》有一条法律规定禾稼生长情况，各地方官吏要在八月底前，以文书形式上报中央。其律文云：“雨为澍（澍），及诱（秀）粟，辄以书言澍（澍）稼，诱（秀）粟及豤（垦）田暘毋（无）稼者顷数……早（旱）及暴风雨，水潦、备（螽）蚰、群它物伤稼者，亦辄言其顷数。近县令轻足行其书，远县令邮行之。尽八月□□之。”[①]“澍”，即及时雨。“以书言”，是以书面形式向中央报告。“轻足”是走得快，善走者。“邮行”即以驿站传递。“尽八月”，到八月底。八月底正是收获的季节。以法律形式颁布，当是全国通行的。这一段简文虽是战国时的情况，然当是一种传统制度。甲骨文中的“告麦”正是这一制度的滥觞，地方官向王室报告农作情况，以便王室及时掌握各地的收成情况。

商代除设负责农业管理的专职官吏外，商王还常亲自参与农业筹划管理。

---

① 睡虎地秦墓竹简整理小组：《睡虎地秦墓竹简》，文物出版社 1978 年版，第 24～25 页。

商王对农业的管理分两个方面，一是王以最高统治者的身份，发出有关农事的命令。如：“王令裒田于京。”（《合集》33209）“王呼黍在娟受有［年］。”（《合集》9517）甲骨文中有不少卜辞的“呼”、“令”未明言由谁发出者，出此令者不是商王就是王室执政部门，如：“丙辰卜，争，贞令俟厉有田受年。”（《合集》9575）“己酉卜，贞令吴省在南廪。十月。”（《合集》9638）“吴”、“俟”是王朝官员、贵族，能使令他们的只有商王或王室中央执政部门。

商王直接命令某官吏、贵族去某地进行组织生产活动，这方面的卜辞，上述王室派遣官吏管理农业时已举出不少，在此不再重复。

商王参与农业管理的另一方面是直接参与某一项农业活动，这类卜辞不少，仅举几例：“王往致众黍于冏。”（《合集》10）“王其萑耤，惟往。十二月。”（《合集》9500）“王勿立秝。”（《合集》9520）上引卜辞皆云“王”作某事，即是商王参与农事管理。

商王亲自参与农业生产的管理，使他们知道“稼穑之艰难”。《尚书·无逸》讲，武丁“旧劳于外，爰暨小人”，祖甲“旧为小人”知道庶民劳苦，即位后“爰知小人之依，能惠保于庶民”。确实，从卜辞看，武丁、祖甲时甲骨卜辞有不少商王亲自参与农业管理的活动。但祖甲以后各王，仍有参与农业管理的卜辞，如《合集》33209、33213，《屯南》65 等甲骨是商王下令垦荒。这些甲骨属武乙、文丁时期。《合集》32212 辞云：“王黍”，亦是武乙、文丁的卜辞。《合集》36982 辞云：“王采黍”，其时代属于五期，即帝乙、帝辛时甲骨。则祖甲以后各王并非如周公所说，皆是“不知稼穑之艰难，不闻小人之劳作”① 的昏庸之君。

农业是商代赖以生存的基础，因而上自商王，下至各级官吏，对农业管理非常重视。由于王室重视农业管理，从而促进了商代农业的大发展，为商文化的繁荣提供了物质保障。

① 《尚书·无逸》。

第五章　商代的畜牧业

商代的畜牧业很发达，是商代经济中的一个重要部门。在殷墟出土的甲骨文中，记载了商王及其臣僚、贵族们大量使用畜产品进行祭神活动，动辄用牛羊豕等数十、数百，甚至上千，若没有发达的畜牧业，这样大量使用牲畜祭神是不可能的。

第一节　畜牧业在商代经济中的地位

一、畜牧业传统

畜牧业是商人的传统经济行业。他们有着经营畜牧业的悠久历史和丰富的经验，畜牧经济中一些有关的重要创制都与他们有关。尤其在商王朝建立后，畜牧业获得了更大的发展，成为社会中一个独立的经济部门。

商人的祖先以畜牧业著称。《世本·作篇》载“相土作乘马”，即发明用马拉车或骑乘之技术。相土是商始祖契之孙，《管子·轻重戊》云：“殷人之王，立皂牢，服牛马，以为民利而天下化之。”“皂牢”即槽牢，为养马牛的食槽和牢圈。契的五世孙名曹圉，曹即槽。《左传·昭公七年》“马有圉”，杜预注云：“养马曰圉。”《说文》圉字下云：“一日圉人，掌马者。”养马之人称圉，当是以牢圈养马而得名。则曹圉之名当与以槽牢从事牲畜的饲养有关。曹圉所处的时代为夏朝，说明商人在此时在畜牧业方面已有一定的基础。商人另一祖先王亥，据传曾发明牛拉车的技术。《世本·作篇》云“胲作服牛”，

“胲”，王国维考证即亥，为甲骨文中的王亥[①]。服牛，宋衷注《世本》云“能驾车”，又云“始驾牛”。王亥曾赶着羊群到有易部落去放牧，结果丧了命，从而引发一场战争。这在《周易》《楚辞·天问》《山海经·大荒东经》等书中都有记载。

在成汤攻伐夏桀的战争中，他曾用畜产品去结交诸侯，《越绝书·吴内传》云：“汤献牛荆之伯。之伯者，荆州之君也。汤行仁义，敬鬼神，天下皆一心归之。当是时，荆伯未从也，汤于是乃献饰牺牛以事，荆伯乃媿（愧）然曰：‘失事圣人礼。’乃委其诚心。此谓汤献牛荆之伯也。”

汤对他的近邻葛伯，也是使用的这一手。《孟子·滕文公下》载：“汤居亳与葛为邻，葛伯放而不祀。汤使人问之曰：‘何为不祀？’曰：‘无以供牺牲也。’汤使遗之牛羊，葛伯食之，又不以祀。”后来汤借口葛伯不祭祀祖先，最终将其灭掉。此即所谓“汤始征，自葛载”。“载”即开始。汤以大批牛羊馈赠他国，当是其本国有发达的畜牧业作后盾。

二、商王朝建立后的畜牧业

成汤灭夏建立商王朝后，畜牧业得到进一步的发展。在商代遗址中，出土了大量的家畜骨骼。如在商代中期的郑州商城内，发现了不少马、牛、猪、犬的骨骼，尤以牛、犬、猪为多。仅在郑州商城东北角发掘的一条探沟中，埋犬之坑就有 8 个，用犬 90 多只，最多的一个坑内埋犬 23 只[②]。在二里冈遗址中出土骨碎片 12802 块，探沟中出骨料 20116 块。其中以猪骨为最多，牛羊骨次之，少量的马、犬骨[③]。在河北省藁城台西的商代遗址中，发现有成批的牲畜殉葬、祭祀，如在 M_{102} 中，随葬有圣水牛角一对，羊肩胛骨一对，猪腿骨四只，有人认为此即文献中的“大牢”。在 M_{102} 旁的一殉兽坑，内有牛肢骨 120 块，约有 15 头牛，羊或猪骨 116 块，约有羊或猪 15 头。同样的殉兽坑，在

---

① 王国维：《殷卜辞中所见先公先王考》及《续考》，《观堂集林》卷九。

② 河南省博物馆、郑州市博物馆：《郑州商代城址发掘报告》，《文物资料丛刊》第 1 辑，文物出版社，1977 年版。

③ 河南省文化局文物工作队：《郑州二里冈》，科学出版社 1959 年版，第 35 页。

M_{111}旁等地均有发现[①]。可见专用以埋牲畜的祭坑，不在少数。在台西商代遗址中，还发现很多用作占卜用的牛肩胛骨，皆反映了当时畜牧业经济发达的实况。

在商代晚期的安阳殷墟遗址中，用马、牛、羊、豕、犬随葬、祭祀，更为普遍。专门用作祭祀的牲畜坑，在遗址内多处发现，如1935年殷墟第11次发掘中，在西北岗王陵区发现埋马坑，最多一坑埋马达37匹[②]。1987年在武官村北地商代祭祀场内，发现30个埋马的祭坑，每坑埋马少则1匹，多者8匹，共埋马117匹。据探测，附近还有类似的祭坑80个。若以已发掘每坑3～4匹马计，埋马当达240～320匹之多[③]。

商人以牲畜的骨、角制作工具及生活用器。在白家坟曾发现一坑中埋牛角，共有40余只[④]，每头牛两只角，这坑就有牛20多头。在大司空村、北辛庄等地，都设有制造骨器的作坊。在大司空村的一处制骨作坊内，发现有骨料35000余块，角料200多块。在北辛庄的一处制骨作坊中，发现骨料5000多块，能辨出动物种类的有马、牛、羊、猪、犬、鹿等[⑤]。

在殷墟出土的甲骨文中，记载商人用以祭神的牺牲牛、羊、猪、犬等，少则一头、数头、十数头，多则数十、数百，甚至上千头的，如："丁巳卜，争，贞降册千牛。不其降册千牛千人。"（《合集》1027正、《缀合》301）这是贞问用一千头牛、一千个奴隶祭祀。商人用牲，常是多种牲畜共用以祭祀，如："□□卜，争，贞燎册百羊、百牛、百豭、五十南。"（《合集》40507）"豭是公猪，""南"是小猪。这次用牲牛羊各100头，公猪100头，小猪50头，共计350头，其数相当庞大。甲骨文中用性还常以牢计，其数亦相当可观，如："……兄丁延三百牢，雨。衣宗□。"（《合集》22274）关于牢的牲数，古文献中有大牢、少（小）牢之分。甲骨文中的牢字，有从牛与从羊之

① 河北省文物研究所：《藁城台西商代遗址》，文物出版社1985年版，第111页。

② 胡厚宣：《殷墟发掘》，学习生活出版社1955年版，第82页。

③ 中国社会科学院考古研究所安阳工作队：《安阳武官村北地祭祀坑的发掘》，《考古》1987年第12期。

④ 中国社会科学院考古研究所：《殷墟发掘报告（1958～1961）》，文物出版社1987年版，第115页。

⑤ 中国社会科学院考古研究所：《殷墟发掘报告（1958～1961）》，文物出版社1987年版，第82、88页。

别。胡厚宣从大量的甲骨材料研究着手，认为甲骨文中从牛的牢是一对牝牡牛，从羊的牢是一对牝牡羊，即文献中的“大牢”、“少牢”[①]。据此则上引《合集》22274祭祀兄丁用“三百牢”，即用600头牛。一次就宰杀600头牛，其规模、场面是何等的壮观，商人祭祀，一次就宰杀成百上千的牲畜，没有发达的畜牧业为基础，当然是不可能的。

商代畜牧业到商末仍有一定的发展，周武王灭商后，掳掠回大批的牲畜，在一次祭祀中，用了成百上千的牛羊。《逸周书·世俘解》载：“乙卯，武王乃以庶国馘祀于周庙……断牛六，断羊二……用小牲羊犬豕于百神、水土，誓于社，曰：惟予冲子，绥文考至于冲子。用牛于天、于稷，五百有四，用小牲羊豕于百神水土、社，二千七百有一。”郭沫若认为，周武王所用的牲畜是商人的，他在《十批判书》中说：“我以为《世俘》的这一篇倒可算是真实记录，以后人的头脑，就要夸张也夸张不到的。但周武王所以能够这样慷慨地用一次，并不表示周人养猪养羊特别地讲究，而是因为用的是商人的遗产！而且只慷慨了这一次，以后便倒楣了。在历史上只留下了这么空前绝后的一次。”郭沫若的这一推断是有道理的。周人在伐商前，周公曾向周武王献伐商策略，其中一项是“三虞”，《逸周书·酆谋解》载，一、边不侵内；二、道不驱牧；三、郊不留人。孔晁注云：“虞，乐也。设此三禁，所以悦民。”“悦民”，即是取悦于商民，目的是使商人满意。这“三虞”中的其二是“道不驱牧”，就是禁止在进军中捕捉商人放牧的牛羊。可见商人放牧牛羊比较普遍，它已成为人民生计的主要来源。

畜牧业在商代已成为一个独立经济部门，其标志是它已作为当时人们食物的主要来源之一。这从甲骨文中发现的商人向祖先献祭时所用的食品种类中可得到印证。从目前已发现的十余万片甲骨中考察，作为食品献祭的有三类：

1. 粮食制品，如粟、秫、黍等。如“丙子卜，其登秫于宗。”（《合集》30306）“登秫”就是以秫献祭神灵，这些“秫”当然是给祖先及诸神果腹的。

2. 酒、鬯等饮料。商人祭神的饮料有酒、鬯、豊（醴）等，皆是酒类。

3. 畜产品。最常见、最多的是牛、羊、猪、犬等牲畜。这样的例子太多，

① 胡厚宣：《释牢》，《史语所集刊》第8本第2分册。

不胜枚举。牛、羊、猪等牲品是作为食物供神食用的，这在考古发掘中，已得其确证。在商代的墓葬中，常发现有牲品放置于食器之内，如殷墟苗圃北地发现的墓群中，“以牛头、羊腿或其他兽肢骨随葬的有十四座墓。……多数放在陶器皿内（如盘、豆、簋、鬲）”①。这种现象在河北省藁城台西商代墓葬中也有发现，据《藁城台西商代遗址》中记述云：“墓内放有祭食的共十七座，它们大都置放于人架头前的陶器内。……祭食种类以狗居多……其次是猪，有的为猪腿骨；再次是羊。”盘、豆、簋、鬲是食器，表明这些殉牲是供死者食用的。可知在甲骨文中出现的大量牲畜献祭，也是供祖先的神灵食用的。在甲骨文中作为食品献祭的三种中，是以畜产品为主，而粮食类较少。向神灵献祭的物品，应是以现实生活中人们的实际需要为依据的。甲骨文中献祭祖先的食物构成，是商代人们（主要是奴隶主贵族）食物结构的反映。以牛羊等牲品为主献祭，反映在商代的贵族阶层中，畜类食品占有很重要的地位。因此商人畜养牲畜，主要目的是获得肉食产品。以生产食品为主要目的的养畜业，就构成一个社会中的独立经济部门。

第二节　家畜家禽的品种

一、家畜的品种

畜牧业的基础是动物的驯化，因而动物被驯化品种的多少，是畜牧业发展程度的重要标志。从殷墟甲骨文、考古发掘及古文献的记载中可以确知，后世畜牧经济的牲畜品种，商代均已具备。

商代家畜品种，主要有如下几种：

1. 马　马被驯养，是在距今4000年左右的龙山文化时期。

马以其快捷健走、力大的优点，很早被人类认识。商人的祖先相土就是在长期与马接触的畜牧中，认识到马的这一特点而首先利用它来驾车的，《世本·作篇》载：“相土作乘马。”能发明用马来驾车，说明商人养马已具有相当长的历史了。

---

① 中国社会科学院考古研究所：《殷墟发掘报告（1958～1961）》，文物出版社1987年版，第213页。

用马驾车的实物，在河南安阳殷墟，山东益都苏埠屯、滕县前掌大，陕西西安老牛坡等地的商代遗址中，都已发现。在安阳殷墟范围内，自1928年开始发掘以来，共发现车马坑18个①。一般用2马，也有4马拉1车的，有作为代步的乘车，还有战车。如1936年春在小屯东北地发现5座车马坑，皆南北向，作“品”字形排列，呈战斗队列状。保存较好的M_{20}，内埋车1辆，马4匹和3个人。车舆的内外，有3套作战用的兵器：铜戈、镞、弓形器、兽头刀、石戈、石镞，砺石以及两条玉制的马鞭柄②。这是由4马驾的战车。在西安老牛坡商代遗址中发现的一座车马坑，埋1车2马，马在车舆前③，是2马拉1车。

马坑在商代遗址中亦有不少的发现，除前面提及用于祭祀的埋马坑外，有的马坑往往与人同埋。在安阳殷墟的一个马坑内，埋1马1人和1只狗，当是一位骑马的猎人。1987年在安阳郭家庄发现一马坑（M_{51}），内埋2马和一个10岁左右的少年。马头上还有铜泡等饰物，有马镳④。这种人马合埋，其人是养马者或是赶马者。

甲骨文中有以马驾车打猎的，如：“癸巳卜，㱿，贞旬亡祸。王占曰：乃兹亦有祟。若偁。甲午王往逐兕，小臣叶车，马硪甹王车，子央亦堕。”（《合集》10405、735）这是商王武丁出行打猎，在追逐兕牛的途中，小臣叶驾的车马出了毛病，撞了商王乘的车子，在王车上的子央从车上摔了下来。卜辞中还有商王训练马匹的内容，如：“王学马无疾。”（《合集》13705）“学马”即训练、调教马匹，使之习于驾车。战国时人吴起在《吴子·治兵》中曾说，参加战争的马匹必须使其“习其驰逐，闲其进止，人马相亲，然后可使”。

商代马的品种优良，体形高大。1953年在安阳大司空村M_{175}号车马坑中出土1车2马，据保存较好的马骨推测，此两匹马高达145厘米⑤。1972年在

---

① 杨宝成：《殷代车子的发现与复原》，《考古》1984年第6期。

② 石璋如：《殷墟最近之重要发现，附论小屯地层》，《中国考古学报》第2册，1947年。

③ 宋新潮：《西安老牛坡遗址发掘的重要收获》，《西北大学学报》1987年第1期。

④ 中国社会科学院考古研究所安阳工作队：《安阳郭家庄西南的殷代车马坑》，《考古》1988年第10期。

⑤ 谢成侠：《中国养马史》科学出版社1959年版，第33页。

殷墟孝民屯 M_7 发现的车马坑中，2 马的前肩高度实测为 140 ~ 150 厘米[①]。这与目前国外的良种马一般高度在 150 ~ 160 厘米之间的体态差不多，而优于我国现在的一般马匹。我国现在的马以三河马（内蒙古、东北一带产）为最高大，公马平均高度 146.2 厘米，母马 141.1 厘米[②]。而商代的马体高达 140 厘米以上，即使在今日视之，也算得上良种马。

2. 牛　牛的饲养在我国较早，在新石器时代的黄河流域，既养水牛，也饲养黄牛。

商代的养牛规模相当大。这在甲骨文中有大量的记载，如“丁巳卜，争，贞其降𠭰千牛。”（《合集》1027 正）“乙亥［卜］，内，册大［乙］五百牛，百伐。”（《合集》39531、《英藏》1240）“登大甲牛三百。”（《怀特》904）一次祭祀用牛就成百上千，必有发达的畜牧业和大批的牛群才有可能。

商代养牛的种类有水牛和黄牛。安阳殷墟出土的哺乳动物骨骼中，圣水牛的骨骼数达千件以上。研究者认为，鉴定骨骼“在 100 以上者，均为易于驯养或捕获之动物。此等动物，无疑的是为当时猎捕或饲养之对象”。又云“水牛之多，殆为气候与现在不尽相同之明证”[③]。在殷墟更北的河北藁城台西商代遗址中，也发现有水牛的骨骼，专家指出“台西遗址的水牛，可能是驯养的”[④]。另在商遗址和墓葬所出土铜器纹饰中的牛纹，也多是带节而弯曲度较大的水牛角[⑤]。以水牛头作为铜器纹样，反映商人很熟悉水牛。甲骨文中有幽牛、勿牛之分，胡厚宣谓“勿牛者，即犁黑之牛，即今长江流域以南最普通之水牛也”[⑥]。甲骨文中有一次祭祀示壬的配偶妣庚就用“勿牛七十”头（《合集》938 正）。还有一次“求年”用 110 头勿牛（《合集》10116）。甲骨文中也有黄牛之称，如：“惟幽牛又黄牛。”（《合集》14951 正、《乙》7120）“贞燎东西南卯黄牛。”（《合集》14315）黄牛即今北方常见的黄牛。前述安阳

---

① 杨宝成：《殷代车子的发现与复原》，《考古》1984 年第 6 期。

② 谢成侠：《中国养马史》科学出版社 1959 年版，第 33、272 ~ 279 页。

③ 杨钟健、刘东生：《安阳殷墟之哺乳动物群补遗》，《中国考古学报》第 4 册，1949 年。

④ 河北省文物研究所：《藁城台西商代遗址》，文物出版社 1985 年版，第 181 ~ 188 页。

⑤ 参见中国社会科学院考古研究所：《殷墟青铜器》附图 38:4，39:6，41:2 等。文物出版社，1985 年。

⑥ 胡厚宣：《卜辞中所见之殷代农业》，《甲骨学商史论丛》第二集，上册。

兽骨鉴定，除圣水牛外，另有一种仅称为“牛”的骨骼，其数量亦在100件以上，这种易于捕获和驯养的牛，当是黄牛。在台西商代墓M_{56}号中，出土一块黄牛肩胛骨[①]。则黄牛分布北已到今河北省境内。

甲骨文中还有卜问用白牛的，如“乙丑其侑升岁于祖乙白牡三。”（《合集》22904）“白牛惟二，有正。白牛惟三，有正。白牛惟九，有正。”（《合集》29504）“白牡三”即是白色的公牛3只。白色牛少见，甲骨文中以此种牛作为祭祀牺牲的也少见。

3. 羊　羊之成为家畜，大约在仰韶文化及龙山文化时期。有确切年代的是庙底沟二期文化（属龙山文化）的黄河流域三门峡家羊骨骼，经碳素测定为公元前2780年[②]，距今4700多年。

商代的羊有绵羊和山羊两个品种。绵羊，古生物家称作殷羊。殷墟出土动物骨骼中，殷羊骨骼在100块以上，山羊骨骼在10块以下[③]。在河北藁城台西商代遗址中，出有麻布，在麻布内发现有山羊的绒毛[④]，则河北亦饲养山羊。

在甲骨文中，商王用羊祭神的数字也很大，如卜辞云：“五百宰。”（《合集》20699）“御［于大丁］、大甲、祖乙百鬯百羌卯三百宰。（《合集》301、302）御是拔除灾祸之祭，卯为刘字初文，有杀伐义。从羊之牢，即古文献中的少牢，甲骨文称为小牢，一小牢是一对羊。“五百牢”是1000只羊，“三百牢”是600只羊。一次祭神用如此多的羊，反映商人养羊业的规模是相当可观的。

4. 猪　猪的驯养历史较早，在广西桂林的甑皮岩遗址（距今约11310～7580年）就有家猪骨骼出土。由于猪是杂食性动物，易于喂养，繁殖力强。养猪与农业有密切的关系，商代发达的农业为养猪业的发展提供了有利条件，因而在商代早期遗址中，出土的动物骨骼以猪骨为多，如在郑州二里冈出土的

---

① 中国社会科学院考古研究所：《中国考古学中碳十四年代数据集》，文物出版社1983年版，第72页。

② 中国社会科学院考古研究所：《中国考古学中碳十四年代数据集》，文物出版社1983年，第72页。

③ 杨钟健、刘东生：《安阳殷墟之哺乳动物群补遗》，《中国考古学报》第4册，1949年。

④ 河北省文物研究所：《藁城台西商代遗址》，文物出版社1985年版，第89页。

30000 多块骨料中，主要是猪骨①。对殷墟哺乳动物骨骼的鉴定中，有两种猪，一是腫面猪，其骨骼数在 1000 块以上。另一种猪，其骨骼在 100 块以上，皆属易于驯养的动物。

在甲骨文中祭祀用猪时，卜问其毛色的，如“惟黄豕，王受有祐。”（《合集》29544）“惟豕。惟白豕。［惟］莫”（《合集》29546）“莫”或释为堇，郭沫若谓是赤色②。杨树达认为“字实作黄字用”③。商人祭祀用猪时还卜问牝牡及去势与否，如：“丙午卜，御方九羊、百白豭。”（《天理》300）“庚寅卜，弜取豝祖庚。”（《合集》22045）“豭”即公猪，“豝”即母猪。《天理》300 一辞是卜问用 100 只白色的公猪，可见当时在诸色猪中白毛猪是较多的猪种。有时还卜问用去势的猪，如：“□□卜，争，贞燎册百羊百牛百豖南五十。”（《合集》40507、《英藏》1256）豖字作形，像公猪的生殖器被割断之状。闻一多释为豖，即去势之猪④。去势之猪易于育肥。“南”是小猪。小猪，甲骨文中又作豚，《说文》：“豚，小豕也。”小猪肉鲜嫩。把肥猪、小猪献给祖先神。祭祀献牲对猪的要求最为讲究，有卜问毛色、牝牡、大小、去势与否等。此亦是养猪业发达的表示。

5. 犬　驯养犬的历史很早，在新石器时代早期遗址中就发现有家养犬的骨骼。在商代遗址和墓葬中，犬常被用作门的奠基或墓中殉葬。在墓葬中多埋于腰坑内，这种现象很普遍，可见商代饲养家犬的普遍性。以犬祭祀，如前述的郑州商城北墙东段的 8 个埋犬坑，共埋 92 只狗，最多的一坑埋 23 只。且 8 坑在同一平面上，方向一致，分成 3 排排列，推测当是同时埋入的⑤。

甲骨文的狩字从单从犬，陈梦家认为此“犬用以田猎，则是家畜”⑥。在甲骨卜辞中，犬与羊豚同时被用作祭祀祖先，一次用上百只的不在少数。如：“甲午卜，侑于父丁百犬百羊卯十牛。”（《合集》32698）又：“丁巳卜，侑燎

① 中国社会科学院考古研究所：《新中国的考古发现和研究》，文物出版社 1984 年版，第 196 页。

② 郭沫若：《殷契粹编考释》，文物出版社 1984 年版，第 80 页。

③ 杨树达：《卜辞求义》，文物出版社 1984 年版，第 50 页。

④ 闻一多：《释豖》，《闻一多全集》第 2 卷，三联书店 1982 年版，第 540 页。

⑤ 河南省博物馆、郑州市博物馆：《郑州商代城址发掘报告》（《文物资料丛刊》第 1 辑），文物出版社 1977 年版，第 18 页。

⑥ 陈梦家：《殷墟卜辞综述》，科学出版社 1956 年版，第 556 页。

于父丁百犬百豭卯百牛。”（《合集》32678、《京津》4065）商王用犬有的是从诸侯、贵族那里贡入的，如：“贞古来犬。古不其来犬。”（《合集》945正）“古”是人名，武丁时贞人。“来”是贡入。此辞是贞问古向王室贡不贡犬。有时贡入犬的数量相当大，如：“……兹致……二百犬……□易。”（《合集》8979）一次用上百只犬祭祖，一次贡入王室多达二百只犬，看来应是有专门的饲养。向祖先祭祀时不仅用犬数量多，而且与牛羊等一起献祭，这当不是作为猎犬献给祖神供他们在另一世界中去猎用，而应是供给神灵食用的。我国古代食犬肉之风是很盛的，《礼记·月令》记载，孟秋、仲秋之月中，天子皆“食麻与犬”，并“以犬食麻，先荐寝庙”，其事还相当隆重。《左传·昭公二十三年》载鲁国叔孙诺被囚于晋国，携带一善吠的犬，临回鲁国前“杀而与之食之”，与小吏一起共享狗肉。叔孙诺是贵族，可见在春秋时贵族中喜食狗肉。《孟子·梁惠王上》载孟子对梁惠王说：“鸡豚狗彘之畜，无失其时，七十者可以食肉矣。”将狗与鸡豚一道称为“畜”，而作为一般家庭肉食品的来源，则在战国一般百姓人家也养狗吃肉。这吃狗肉的传统，其源可溯于商代。

6. 象　《吕氏春秋·古乐篇》：“商人服象，为虐于东夷。”服象与服牛乘马义同，是利用其力，如今东南亚各国，以象作骑乘与驮载重物用。河南省简称豫，古称豫州。《逸周书·职方解》“河南曰豫州”。豫州之所在云“其镇山曰华山，其泽薮曰圃田，其川荧雒”。华山即今日之华山，地在陕西河南之间。圃田在今河南省中牟县境。荧即荧泽，在今河南省荥阳县东。雒即今洛阳之洛水。《职方解》所指划的范围，大致在今河南省西部地区，亦是商代王畿范围内。《说文》：“豫，象之大者也。”段玉裁注云：“此豫之本义，故其字从象。”之所以称豫，是因古时这一地区产象。

甲骨文中有商王打猎捕获到象的。武丁时卜辞云：“今夕其雨，获象。”（《合集》10222）帝乙帝辛时卜辞中获象的记载较多，甲骨文中有时一次狩猎获象多至10头的，如：“辛未王卜，贞田䀠往来亡灾。王占曰：吉。获象十，雉十又一。”（《合集》37364）一次捕获10头象，当时的野象当不在少数，故商人有条件“服象”。

甲骨文中有向王室贡象以用作祭祀的：“□□［卜］，宾，［贞］致象……侑祖乙。”（《合集》8983）在殷墟用象祭神的象坑也已发现。1935年秋在

1400 号大墓附近，发现一象坑，内埋 1 人 1 象，其人应是饲养象者[①]。1978 年在武官村北地的祭祀场内，发现一象坑，内埋 1 象 1 猪，象身上有一铜铃[②]。说明此象已被驯养。《合集》21472 正面刻一母象图画，象的腹中怀一子，其旁有幼象相随，是一幅“母象产子图”。只有在驯养象的情况下，才能对象的怀孕、产子有如此细致的观察。

甲骨文中有“省象”：“壬戌卜，今日王省。于癸亥省象。易日。”（《合集》32954）“省”即省视、视察、巡视。只有驯养在一定地区的动物，才可言“省”。“省象”之象，乃是商王室已驯养的象。商王还派属员“省象”：“贞令亢省象，若。”（《合集》4611 正）“亢”是王室贵族。

甲骨文中的“为”字，是一手牵象之鼻形（见《合集》15179 ~ 15188），表示驯服象就是有作为，这也说明象可以驯化家养。甲骨文不是中国文字的始创时期，牵象作“为”之义，其产生当比甲骨时代要早，这反映了驯象在我国已有较长的历史。

7. 鹿　从甲骨文字形结构上分析，商代的鹿类动物特别多，可辨识的有鹿、麋、麂等。商王在狩猎中，获鹿类动物数最多。如：“丁卯……狩，正，……擒，获鹿百六十二……”（《合集》10307）“□□贞乙亥陷，擒七百麋，用皂……”（《屯南》2626）狩猎一次可获数百只鹿或麋，可见其多。狩猎所获的鹿或麋，当属野生。在安阳殷墟动物骨骼中，鹿骨在 100 块以上，四不象鹿（即梅花鹿）骨骼在 1000 件以上[③]。有人认为四不象鹿是“已进入驯养阶段”的鹿，并说商纣王的“鹿台”并不是聚集钱财之地，其实就是“供游乐的鹿苑”[④]。我国自古确有养鹿的传统，《诗经·灵台》有颂扬周文王在灵囿养鹿的歌词：“王在灵囿，麀鹿攸伏。”毛亨传云：“囿所以养禽兽也，天子百里，诸侯四十里。灵囿言灵道行于囿也。麀，牝也。”孔疏云：“《春秋》成十八年筑鹿囿，昭九年筑郎囿，则囿者筑墙为界域，而禽兽在其中，故云囿，所以域养禽兽也。”筑囿养兽在先秦时期已是确有无疑，战国时的齐宣王问孟

① 胡厚宣：《殷墟发掘》，学习生活出版社 1955 年版，第 89 页。
② 王宇信、杨宝成：《殷墟象坑和殷人服象的再探讨》，《甲骨探史录》，三联书店，1982 年版。
③ 杨钟健、刘东生：《安阳殷墟之哺乳动物群补遗》，《中国考古学报》第 4 册，1949 年。
④ 谢成侠：《养鹿简史》，见《中国养牛史》，农业出版社 1985 年版，第 206 页。

子云："寡人之囿方四十里，民犹以为大，何也？"① 则齐宣王有囿方四十里与孔颖达列举春秋时诸侯筑鹿囿、郎囿，正相表里。

周文王是与商王室的文丁、帝乙、帝辛同时的人物。古本《竹书纪年》载"文丁杀季历"，季历为文王之父。据《史记·周本纪》载，季历即公季，"公季卒，子昌立，是为西伯。西伯曰文王"。周原出土的西周甲骨有"𦉢周方伯"（$H_{11.84}$）、"典𦉢周方伯"（$H_{11.82}$）的内容。𦉢、典𦉢"周方伯"，是商王加封于周文王的一种行为，是周文王与商王间发生的关系。由此可知商末周文王与商王室有交往。周文王有"灵囿"以养鹿，商人当亦会有之。且周文王设的灵囿，可能是仿效商人的鹿台。周文王的灵囿是设在灵台四周，亦即灵台设在灵囿之内，正与商的鹿台相同，皆称作"台"，周人仿商之迹可见。

二、家禽的种类

商代的畜养除了马、牛、羊、猪、犬、象、鹿等外，也饲养鸡、鸭、鹅等家禽。

1. 鸡　《尚书·牧誓》中有一段关于反对母鸡司晨的话："王曰：古人有言曰，牝鸡无晨。牝鸡之晨，惟家之索。"孔传云："言无晨鸣之道……索，尽也。"孔疏云："牝鸡，雌也。"即言母鸡不能报晓鸣叫，若谁家母鸡报晓，那家人就有灾祸降临。这里"古"字，说明雄鸡报晓，已有很久的历史了；"家"字，表明家家养鸡的普遍性。

养鸡的用途是为食其肉与蛋。河北藁城台西商代遗址的M_{105}号墓内，发现"陶豆内放一些鸡骨"②。豆是当时人们进食用具，盛放于豆内的鸡，显然是献给死者食用的。在殷墟的一些不大的墓葬中，鸡骨也一般放置在陶器皿内③，以供死者食用。

甲骨文中有一片用鸡祀神的卜辞："贞惟鸡。"（《粹》1562）鸡字在甲骨文中，多用作地名，当是此地盛产鸡，或专为王室饲养鸡之地，而此辞应为以

---

① 《孟子·梁惠王下》。
② 河北省文物研究所：《藁城台西商代遗址》，文物出版社1985年版，第111页。
③ 陈志达：《商代晚期的家畜和家畜》，《农业考古》1985年第2期。

鸡祭祀神。

2. 鸭、鹅　　鸭、鹅有很高的食用价值。在安阳殷墟，鸭、鹅的骨骼还未区别辨认出来，但用玉或石雕刻的鸭、鹅却有发现。1975 年在小屯北地一编号为 $F_{10:1}$ 的房屋内，出土一件石鸭，长、高皆 5 厘米。作昂首游水状，双翼并拢，短尾下垂，造型生动逼真①。1969 ~ 1977 年在殷墟西区的 M_{861} 号墓中，出土一件玉鸭，长 3. 8 厘米，作游水状②，具有家养鸭的特征。家养鸭古籍中称为鹜，《说文通训定声》说鹜"飞行舒迟，驯挠不畏人，今之家鸭也"。鸭肉在古人食谱上比鸡肉要逊一筹，《左传·襄公二十八年》载，齐国给大臣的办公用餐是"日食双鸡"，主管膳食的官吏则"窃更之以鹜"，因此贵族子雅、子尾十分生气而大闹一场。由此故事可见古人食鸡鸭肉的传统习惯。

鹅的雕塑品在 1976 年殷墟妇女墓出土 3 作玉质浮雕鹅，皆站立，长颈垂首，体态肥壮，分别高为 8. 8 厘米、7. 8 厘米、7. 2 厘米③。发掘者认为是商人饲养的家禽④。

综上所述，商代畜牧业的品种有：马、牛、羊、猪、犬、象、鹿等，家禽有鸡、鸭、鹅。后世畜牧经济中的大牲畜种类，商时已具备。这些牲畜和家禽，为后世的畜牧业经济奠定了基础。

第三节　畜牧业生产技术

一、人工放牧与圈栏饲养

在商代的畜牧业生产中，牲畜的饲养、管理已进入比较精细的人工管理方式，积累了丰富的经验和掌握了畜牧业的一套生产技术。

放牧是畜牧业生产的一种基本方式，凡食草动物都可以放牧。放牧有野牧

---

① 中国社会科学院考古研究所安阳工作队：《1975 年安阳殷墟的新发现》，《考古》1976 年第 4 期。

② 中国社会科学院考古研究所安阳工作队：《1969 ~ 1977 年殷墟西区墓葬发掘报告》，《考古学报》1979 年第 1 期。

③ 中国科学院考古研究所：《殷墟妇好墓》，文物出版社 1980 年版，第 170 页。

④ 陈志达：《商代晚期的家畜和家禽》，《农业考古》1985 年第 2 期。

和人工放牧两个阶段。

野牧是较为原始的放牧方式。是把牲畜赶到野外，任其自由觅食与活动，牲畜的繁殖也任其自然杂交，需要吃肉时，才去捕获。这种习惯沿袭至近代，如解放前的云南西盟佤族放牧牛羊、东北鄂温克人驯养鹿，皆用这种野牧。

从甲骨文的文字结构可知，在商代，已采用人工放牧。甲骨文中的牧字有从牛从攴（《合集》36969），“攴”表示赶牛用的鞭子。有从羊从攴（《合集》32982、《屯南》1024 等）有从马从攴者，见于铜器铭文（《金文诂林附录》第 482 页）；有从鹿从攴者（《合集》31997、4605 等），皆像人持鞭赶马牛羊鹿状。甲骨文还有从三羊从攴之牧字者（《合集》11404），像赶着群羊放牧之状。“三”表示其多，三羊表示群羊。甲骨文还有从行从牛羊之字（《合集》16229、《屯南》149、《合集》20306），行字作㸚形，为四通之道路。这些赶着牛羊群行走于道，表示出牧或牧归。《屯南》149 一字从彳从牛从止，止是表示人之足，是人赶牛于道上之义更为明显。周武王伐纣前，周公曾建议武王下令，禁止周军入商境要“道不驱牧”[①]，不准抢劫商民放牧的牛羊。甲骨文中的这些造字，是当时畜牧业生产实际的反映，表明放牧牲畜，皆有专人管理。

商人还于商王畿和诸侯国内设有专供畜牧的牧场（详见下节）。从牧场的设置已知商代畜牧已非逐水草移徙的游牧，而是有比较固定的牧场放牧。

牛、羊、马可放牧，作为杂食性牧畜的猪，也可能是放牧的。古书中记有放牧猪的事，《汉书·公孙弘传》：“公孙弘，菑川薛人也。少时为狱吏，有罪免。家贫，牧豕海上。”“海上”即海滨。公孙弘为今山东薛县人，故可牧豕于海滨。河南至今仍有放牧猪的习惯。

牛羊的放牧，群的大小要适中，过大过小均不宜，《诗经·小雅·无羊》云：“谁谓尔无羊，三百维群。谁谓尔无牛，九十其犉。”“犉”是指肥大的牛，是羊以三百为一群，牛以九十而不过百。依据现代畜牧生产的经验，这是一个比较理想的畜群规模，过大则不易管理，过小则浪费人力。

商人在立国前已有圈栏饲养，圈栏饲养又称舍饲。商祖先有名“曹圉”

---

① 《逸周书·酆谋解》。

者，曹圉即槽圉，槽是牛马的食槽，圉是圈栏，圈养马牛者，亦即《管子·轻重戊》“殷人之王，立皂牢”的皂牢。皂牢，槽牢也。商祖之名“曹圉”有可能与“相土作乘马”，“王亥作服牛”相似，为“曹圉立皂（槽）牢”，是商先公中对畜牧业和利用畜力的三大发明创造者之一。因“立皂牢，服牛马”之创制，对民之生计有重大影响，故天下之人都学习这些技术，而拥戴其为首领。当然放牧仍不可少，根据季节的不同，或是放牧，或是舍饲，互为补充，两者结合，当是行之有效的办法。

牲畜的舍饲栏圈，在甲骨文中称为牢，作冂形。冂是养牲畜的栏圈平视状，下方缺口是栏圈之门，‖是牲畜进出之道，设此一段狭道，是控制牲畜进出时乱窜乱撞，以免撞坏门。这样的栏圈，在青海省都兰县诺木洪遗址中已发现其遗迹。在该址的第二层下部，有一呈卵圆形的建筑遗存，长 7.3 米，宽 6.6 米，北部有一出口宽 1.22 米。出口两侧各有一圆形木柱，当是出入口的栅门材料。栅栏壁是用树枝做成的篱笆墙，其外立有木柱，以支撑篱笆墙。栏圈内堆积厚约 15～20 厘米的羊粪，杂以少量的马、牛、骆驼的粪便，是一处以圈养羊为主的畜舍①。有意思的是这一栏圈的平面形状，与甲骨文中“牢”字所从的外框相同。诺木洪牲畜栏圈遗址，为我们了解商代甲骨文中“牢”字之由来与商代牲畜栏圈的构造，提供了极好的佐证。这样的栏圈形式，在今日内蒙古牧区还能看到。

据甲骨文字形分析，用这样的牢栏养畜的牲畜有牛、羊、马三种：从牛，表示牢栏中养的是牛。从羊，表示宰栏中养的是羊。羊的宰圈还有作两宰并列者（《合集》19799、《乙》407），其上有弧形，表示上有顶棚类物。从马表示栏中养的是马。此字在辞中云：“王畜马在兹寓，……毋戊王受佑。［王］畜马在兹寓……”（《合集》29415、29416）寓字郭沫若释为厩②，此释为是。“王畜马在兹厩”，是商王有专设的马厩。“兹”，此也。“此厩”指“这一个马厩”，看来商王的马厩不止一处。《周礼·校人》云：“天子十有二闲，马六

① 青海省文物管理委员会：《青海都兰县诺木洪塔里他里哈遗址调查与试掘》，《考古学报》1963年第1期。

② 郭沫若：《殷契粹编考释》，科学出版社 1965 年版，第 208 页。

种。”“闲”即是厩。商王有多处养马之厩。甲骨文中还有一从牢从马的字（《合集》29420、36985、36986），是一种马名称，此马得名，当是与牢圈饲养有关。

饲养猪的栏圈，甲骨文字作豕在方框内形（《合集》6505），表示猪圈的平面。或上作“人”字形屋顶，下有二头猪形，是屋的侧视（《合集》2205）等。作侧视的后一字，表示圈之上部有人字形屋顶，一般释作家。猪在早期人类生活中，是财产的象征，如在大汶口的墓葬中，死者以猪头随葬，以显示其富有程度[①]。前一字形释作圂，《说文通训定声》云：“圂，厕也。从豕在囗中，会意。亦曰圈。”《苍颉篇》：“圂，豕所居也。”《汉书·五行志》：“豕出圂坏都灶”，注：“养豕牢”。养猪称牢是周人的用语，《诗·大雅·公刘》：“执豕于牢，酌之用匏。”孔疏云：“晋语曰‘大任溲于豕牢’，即牢是养豕之处，故云‘搏豕于牢’。”豕牢，商人称圂，甲骨文中有商王下令营造豕舍的：“贞呼作圂于专。勿作圂于专。”（《合集》11274正）“专”是一地名，甲骨文中有“侯专”，知专为一诸侯国，是商王命令在侯专之领地建造王室的养猪栏圈。

二、牲畜的阉割

在商代的刑罚中，已有宫刑，见于甲骨文中，其字像以刀割去男子生殖器（见《合集》525、5596～5599）。施于人体的去势之刑产生之前，必先有对牲畜的去势这一技术。甲骨文中对猪的去势的字作形，闻一多释为豕，云：“［豕］腹下一画与腹连着者为牡豕，则不连者殆即去势之豕。因之，此字即当释为豕。……豕去阴之称，通之于人，故男子宫刑亦谓之豕。”[②] 甲骨文中还有一字作形，从豕从刀，过去或释此字为豝，认为是母猪的专字。但在卜辞中从刀之字作形，与代表雌性的匕字作、者有别，从刀之豕应定作豖字，其意是经过阉割之豕[③]。甲骨文中表示对猪的阉割的字有两个：豕与豖，

① 山东文物管理委员会等：《大汶口》，文物出版社1974年版，中国科学院考古所山东队：《山东胶县三里河遗址发掘简报》，《考古》1977年第4期。

② 闻一多：《释豕》，《闻一多全集》第2卷，三联书店1982年版，第540页。

③ 彭邦炯：《商史探微》，重庆出版社1988年版，第228页。

两者之别有可能豕字是施之于公猪去势的专字，这从甲骨文字形就反映出来。刹字是对施之于母猪阉割的用字。经阉割后的猪性情变温顺、易于饲养，肉肥质优。我国早在3000多年前的商代已认识到这一道理并运用于生产实践，在当时是很先进的技术。

对马的去势，已有学者专文论述①。商代用马驾车攻击敌人，故对马的饲养、管理十分精心。去势首先使马变得温顺，易于调教。其次马是放牧群处，若任其自然交配，必会使马的品种退化。为留优汰劣，将体弱的公马阉割，不让其繁殖。这是保证优良马匹的必要手段。周人沿用此法，《周礼》中称为“攻特”，《校人》职文云：“夏祭先牧，颁马攻特。”西周时“颁马攻特”已成为一种制度，设专人管理，其“攻特”之术当源自商人。

甲骨文中有“戠牛”（《前》6.2.1）一辞，唐兰先生读作“戬牛”，谓即“割牛”②，有人认为“割牛”是对“牛的阉割”③。《铁云藏龟》中一卜辞为“燎十豕洋”，李孝定认为是“去势之羊十”④。上述可见，商代对畜牧业中主要牲畜马、牛、羊、猪等，皆施以阉割术，可见其普遍运用。以猪为例，甲骨文中常用豕祭祖神，最多一次竟用至100头。如：“□□卜，争，贞燎　百羊百牛百豕南五十。”（《合集》40507、《金》7670、《英藏》1256）一次用去势公猪百头为祭，可见去势在商代的畜牧业生产中，是常用的生产技术。

对牲畜的阉割，其目的一是育肥，快育肉优；二是选种，达到留优汰劣的目的。商代的马体高达140~150厘米，品种优良，应归功于选种的结果；三是改变牲畜性格，使其温顺，易调教。由于阉割技术的采用，使商代的畜牧业保持了较高的水平，为王室祭祀、肉食提供大量的优质牲畜，并为战争提供了优良的驾车之马。商代晚期战争频繁，商王室所以能逐一战而胜之，是因在战车和车战兴起的时代，有优良的马匹保证供应，为战争胜利奠定了物质基础。

---

① 王宇信：《商代的养马业》，《中国史研究》1980年第1期。

② 唐兰：《天壤阁甲骨文存考释》第52页，辅仁大学出版，1939年。

③ 谢成侠：《中国养牛史》，农业出版社1985年版，第84页。

④ 李孝定：《甲骨文字集释》第11卷，第3300页，中央研究院历史语言研究所，台北，1970年。温少峰、袁庭栋：《殷墟卜辞研究—科学技术篇》，四川社会科学院出版社1983年版，第52页。

三、对牲畜的保护

对牲畜外形的观察，是辨别牲畜优劣的重要手段。畜牧业生产中的一种专门学问——“相形学”（今称“外形学”），在我国古代颇为发达。在商代，人们对牲畜外形的观察，主要是从牲畜的性别、毛色、年龄、体态等方面着眼。

辨牲畜之性别，首先是为了牲畜的繁殖和选择良种，其次是祭神所需。商人祭神要求对祭品有性别的献祭，如用雄性或雌性，是否去势等，都要区别开来。反映在甲骨文上，牲旁加一“土”字表示雄性。猪有时则在腹下加一斜面与腹相连，以表示雄猪。雌性则加“匕”符，阉割去势之猪字则作腹下根断形，或在一旁加刀形。

对毛色的观察则凭直观可知，甲骨文常见的牲色有勹（青色）、白、黄、幽（青黑色），骍（赤色）、物（杂色）等。但一般不标明毛色。

在年龄辨识方面，对小牲畜则加一“子”字，如称小马为“犽”（《龟》2.15.5），称小猪为“豙”（《珠》279、《续存下》229），或以专名称南或豚[①]。对牛的年龄辨别更细致，可在文字上标识出几岁牛，其方式是在表示牛字角上加横画，如加一横表示1岁牛（《合集》1291、2214、14358），加三横表示3岁牛（《合集》1051正、21117）。加三横加土旁（《怀特》168），字从牛从土，角上有3画，表示3岁公牛。加四横加土（《合集》1780），从角从土，角上有4画，表示4岁公牛。还有在左角上4画，右角上2画（《合集》15067），表示6岁之公牛[②]。有的研究者认为这是一种“看牙口”之法以判定牲畜的年龄[③]。这种“看牙口”以判断牛的年龄，在今日农村仍是有效而可行的方法。

在甲骨文中，马有各种名字，反映了商人的爱马之心，而这些名字有的就可能是根据其体态特征起的。如有的马名“驶”，当是从行动疾速而名；有的马名骄，是以“高大雄伟”而名；有的马名豚，是以像野猪一样善于奔突而

① 郭沫若：《殷契粹编》，科学出版社1965年版，第156页。

② 严一萍：《〈说文〉 犻犙掤犆四字辨源》，《中国文字》第2期。

③ 温少峰、袁庭栋：《殷墟卜辞研究——科学技术篇》，四川社会科学院出版社1983年版，第254~256页。

名；有的马名骆，是以行走平稳耐久而名。这些以体态、性状特征的命名，反映了商时人们对马外形观察和对该马性状的认识。

此外，商人对畜牲的生死、疾病、灾祸也很关心。甲骨文中常有商王卜问马有无灾祸，是否会死亡，如："贞马其有［祸］"（《合集》11021）"贞马不死。"（《合集》11024）对马还有可能受到野兽侵袭的担心，如常卜问有无虎患："贞我马有虎隹祸。贞我马有虎不隹祸。"（《合集》11018）就是卜问虎会不会为害于马群。商代虎对人畜常构成威胁，甲骨文中卜问是否有虎患："戊申卜，㱿，贞其有虎。戊申卜，㱿，贞无其虎。"（《合集》14149 正）商代的青铜器上常有虎食人的图案，如在著名的司母戊大鼎的耳部，纹饰有对称的两虎，大张其口，两口间为一人头。妇好墓出土的一件大铜钺（编号为 709）上，钺身两面靠肩处均饰虎、人头纹，人头居于两虎口之间。虎作侧面形，大口对着人头，作欲吞噬状①。四川广汉三星出土的龙虎尊的肩下铸有 3 只虎，皆以口衔人②。这些与甲骨文占卜中有无虎祸相关连，反映了商人的恐虎心态。所以卜问马有无虎祸，是为防范虎祸的发生。如在马厩四周建立防护设施："□□卜，王其作塞于厩。"（《合集》30226）"塞"即关塞，在马厩之地建造防护性的关塞，以防止马遭受猛兽的侵袭。

对牛羊猪的灾患，商王也很关注，如卜辞文云："贞隹父乙它牛。贞不隹父乙它牛。"（《合集》2251，《乙》4599）"丙子卜，祈牛于祖庚。"（《乙》8406）"它"字本从止从它，裘锡圭认为应从止从虫，读为害③，意为灾祸，"父乙它牛"是卜父乙的神灵是否为害于牛群。此辞是牛有病，是否祖神在作祟，以找出病因而采取对策。"祈"即祈求，祈求神灵保佑牛群无灾无祸，兴旺发达。此举是十分迷信鬼神的商人关注牛群的重大措施。甲骨文中有卜问羊的安全情况："丁未卜，王，贞盘隹丧羊，若。"（《合集》20676、《前》8. 11. 4）是卜问盘（般）的羊不会损失，不会逃散，顺利。"羊允死。"（《合集》11189）"允"是应验之辞，"允死"是要死，此羊当是有病，已无挽救

① 中国社会科学院考古研究所：《殷墟妇好墓》，文物出版社 1980 年版，第 103 页及彩版 13∶1。

② 李学勤：《商文化是怎样传入四川的》，《中国文物报》1988 年第 28 期。

③ 《裘锡圭自选集》，河南教育出版社 1994 年版，第 17 ~ 23 页。

希望。

商代统治者利用龟、骨卜问牲畜有无灾祸，以求神的保佑，固然是一种迷信。但古时巫和医往往不分，有不少科技成就被裹上迷信的外衣，或说在迷信的外壳中求得发展。如有一片甲骨卜辞是卜问妇好何时生孩子，卜得具体日子，结果在那一天，妇好果真生下一个女孩（见《合集》14002 正）。此事若仅从迷信就无法解释，这是当时人们已能推算预产期的重要医学成就。又如“……东……其有……”（《合集》11267）这后一字像一只母猪的腹内有一子，将临产，但腹内小猪仔的头却朝上，是表示胎位不正的难产。猪的两旁（腹、背）各有一手，表示用人工助其产子。能认识难产的原因是胎位不正，说明当时人对牲畜的产子已不光是求助于神灵，他们在求神的同时，也采用较为符合科学的手段，作适当的处理。上引卜辞中帮助难产的双手，可能就是当时的一位兽医。

在商代的牲畜中，马是最为重要的畜力。马拉车，引重致远，长途奔驰，靠的是四足。于是商人注意对马蹄的保护。甲骨文中有的马字在足蹄下契刻成小方框（《合集》11041、5723 等），或作一横（《合集》11019、11020、11021 等），是小方框的简化。这蹄上方框或一横，当是马蹄上所着物，即是用以保护马蹄的草履或革鞮。在马蹄打铁掌前，人们在马蹄上穿草或革的履以保护马蹄。商代已知编制草鞋技术，1976 年在河南柘城孟庄商代早期遗址中，发现一只用树皮纤维搓成绳状编织的草鞋①。又商人已知用革制作皮甲，用草及有韧性的树皮和动物皮革保护马蹄当是可能的。而甲骨文中马字足下加方框或一横，正是商代先民爱马措施的真实反映。

第四节　牧场的设置

由于畜牧业的经营方式不同于农业（种植业），因而自古就注意在地域上将畜牧和农业分开，以免畜群损坏农作物。《尔雅 · 释地》云：“邑外谓之郊，

① 中国社会科学院考古研究所河南一队、商丘地区文物管理委员会：《河南柘城孟庄商代遗址》，《考古学报》1982 年第 1 期。

郊外谓之牧，牧外谓之野，野外谓之林，林外谓之坰。”清人郝懿行《义疏》谓：“牧者，放牧之地。《诗经·出车》传：‘出车就马于牧地’。《静女》笺‘自牧田归荑’，《载师》云‘以牧田任远郊之地’。远郊在郊外，牧田在远郊，是郊外谓之牧矣。”是古人放牧畜群之地设有专域。《史记·殷本纪》：“周武王于是遂率诸侯伐纣。纣亦发兵拒之于牧野。”《集解》引郑玄云：“牧野，纣南郊地名。”牧野之名，据《尔雅》之义，当处于牧与野之间，可能就是商王国内的一个牧地。因此，牧地专设，不与农耕地相混，则是古制。在商代则有专设的牧场，甲骨文中有“牧鄙”，如：“癸酉卜，贞呼徙取梳于牧鄙。”（《合集》11003）“牧鄙”就是牧地的边沿地带。可知商代的牧场是有一定的范围。

商王室的牧场不止一两处，在甲骨文中有二牧、三牧、九牧等：乙丑、宾、贞二牧又……用自……至于多［毓］。（《甲》1131）“辛未，贞三牧告。辛未，贞于大甲告牧。”（《屯南》1024）“王其祈惟九牧告。”（《天理》519）二牧、三牧、九牧是牧场的实际数量。“告”是商王要这些牧场的管理者，向王室报告其经营情况。《屯南》1024片上一辞“于大甲告牧”，即是向大甲的神灵报告畜牧之事，以求其保佑畜群兴旺而无灾。美国芝加哥大学藏顾立雅所藏甲骨中①，有一片甲骨卜辞，与《屯南》1024同文，也是告牧于神灵。其辞为：“辛□［卜］贞……辛未，贞于大乙告牧。辛未，贞于大甲告牧……告［牧］。”（《顾》77）

王室牧场由王室派专人管理，其职名为“牧”，如著名的人物禽，就作过牧官：“□□卜，扶，令筆……禽牧白林……”（《合集》20017）禽主管右牧场地的畜牧，故卜辞称他为“右牧禽”：“壬申卜，在攸，贞右牧禽告启。”（《合集》35345）禽在王室为重臣，其官为亚，称为“亚禽”（《屯南》580、2378），为王之亲信而称为“小臣禽”（《合集》5571反、5572反、5573）。

商代的国家体制分为内外服制，即商王室直接控制的“王畿”部分和侯国地。商王室在王畿内外，皆设牧场。

---

① 夏含夷：《芝加哥大学所藏商代甲骨》，《中国图书文史论集》，台北正中书局，1991年版。

一、设于商王室畿内的牧场

在甲骨文中有南、北牧场："隣鹿其南牧擒。吉。其北牧擒。吉。"（《合集》28351、《宁》397）"南牧"、"北牧" 即是南北两牧场。南牧可能是指商周会战之地牧野地区，北牧当在今河南安阳殷墟之北。殷墟之北又称为北土："贞呼牛于北土。"（《合集》8783）此辞"牛"字为动词，即牧牛、养牛之意，是在北土牧牛。商时的北土，大致在今河北、山西省境内，其地皆有商王室牧地，如："戊戌卜，雀刍于教。"（《合集》20500《甲》206）"雀"人名，王室贵族。"刍"为动词，即刍牧，放牧。"雀刍于教"，即派雀到教地去主管刍牧。山西有教水，教山。教水出桓曲县北，南注入于河，胡厚宣考证，此教水、教山即甲骨文中的"教"地[①]。教地或即商王室的"北牧"场。卜辞还有左、右牧："戋于右牧。于左牧。"（《合集》28769）"左牧"、"右牧"当是东西牧场。这南北东西（左右）四牧场，当是王室近畿的牧场。

甲骨文中有"某牧"之称，是指设于该地的牧场，如在丂的牧场："辛未，贞在丂牧来告辰卫其从史，受祐。"（《合集》32616）"丂牧"是商王室设在丂地的牧场。

在盖地的牧场："甲子，贞盖牧称册。"（《合集》13515、《乙》8935）"盖牧称册"是盖地的牧官受命册称。盖地还设有犬官："惟盖犬从，亡节。"（《屯南》4584）"盖犬"是盖地的犬官。犬是狩猎者和牧人的助手，盖地有犬官，说明此地是一狩猎和畜牧地。

在苋地的牧场："贞苋牧。"（《合集》5625）"苋"是一地名，商王常到此地活动，如："贞翌庚寅步于苋。"（《合集》8235）商王往苋当与此地的牧业有关。

在宂地的牧场："贞惟宂牧。惟……王禽。……阢……戍。"（《屯南》2191）"宂牧"是宂地的牧场。"王禽"是一狩猎用语，商王曾在此地狩猎（见《合集》28353、38799 等），此地亦设有犬官。

甲骨文中还有"分牧"（《合集》11398），"分"当即汾，是设在汾地的

---

① 胡厚宣：《卜辞中所见之殷代农业》，《甲骨学商史论丛》第二集第一册。

牧场。

卜辞中言“牧于某地”及“刍于某地”如：“贞令牧于𠷎，不……（《合集》11396）“贞弓刍于戔。”（《合集》151 正《乙》3422）“庚辰卜，宾，贞朕刍于斗。”“贞朕刍于丘剢。”（《合集》152 正、《乙》6899）“朕”是商王自称，“弓”是人名，“戔”、“斗”、“丘剢”是地名。同类卜辞中地名有㬝（《合集》11408、《佚》910）、旬（《合集》11407）、秋（《合集》150 正、《缀合》225）、产（《合集》249、《乙》3331）、敦（《合集》11406、《前》4.35.1）。“刍”是动词，即“养牛羊曰刍”之义。“刍于某地”反映此地是王室的放牧区，即牧场。如《合集》11406“贞于敦大刍”，“敦”即是以放牛为主的一个牧场，如：“庚子卜，亘，贞勿牛于敦。”（《合集》11153）“勿”字在卜辞中为一否定辞，“牛”为动词，有牧牛之意。此辞贞问不要在敦地放牛吗？但事实上敦地是王室的牧牛场地，“贞王往省牛于敦。三月。”（《合集》40181、《英藏》459）“省牛”是视察牛群。商王前往敦地“省牛”的卜辞还见于《合集》9610、11171 等。可见卜辞言“刍于某地”者，其地皆是牧场。

从事畜牧业的生产者是“刍”，故凡有刍的地方当是畜牧之地，亦即商王室的牧场之所在。如：“牧致刍于执。”（《合集》104、105）“执”是地名，“牧”是主管畜牧业的官吏。向执地派送从事畜牧生产的劳动人手，其地无疑是设有牧场。又：“取竹刍于丘。”（《合集》108）“丘”是地名，“竹”是诸侯，青铜器铭文称孤竹[①]。其地在今河北卢龙到辽西一带。甲骨文中有“令竹”（《合集》20333）、竹向王室入贡（《合集》902 反）。此“竹刍”是竹国的刍牧者，其先当在丘地放牧者，此是将其取走。

在益地有刍牧者：“癸丑卜，争，贞旬亡祸。王占曰：有祟，其有梦。甲寅允有来艰。左告曰：又㞢刍有益十人又二。”（《合集》137 正、《菁》2）“㞢”字，从止从立。胡厚宣谓：“止有向前之义，立与位同，象人本来安居其位，因受逼迫而出走，其义为逃亡。”又谓：“卜辞亦有亡字，但皆为有无之无，绝无用作逃亡之义者。凡逃亡之字皆作㞢。”[②] 其说甚是。“㞢刍”是刍

① 李学勤：《试论孤竹》，《社会科学战线》1983 年第 2 期。

② 胡厚宣：《甲骨文中所见殷代奴隶的反压迫斗争》，《考古学报》1976 年第 1 期。

逃亡了，“又嵌刍”，可见此地的刍逃亡不止一次。“益”地的刍牧者不断地逃亡，可知益地聚有不少刍牧之人，当是一牧场之地。

在穷地有刍牧者：“贞嵌刍自穷，[不]其得。”（《合集》135正甲）“己卯卜，古，贞沐幸刍自穷”（《合集》136正、《乙》4293）“得”是获得。“不其得”意为不会捕捉到，从穷地逃亡的刍不会被捉到。沐是人名，幸字像拘捕罪人的手枷形，此辞中为动词，有捕捉之义。此地有刍逃亡，有刍被带上手枷，知此地亦有不少刍牧者，是一牧场无疑。又：“贞幸雝刍。”（《合集》122）“雝”曾是人名，甲骨文中人名往往与地名同名，此辞的“幸雝刍”之雝即是地名，意为给雝地的刍带上手枷。则雝地亦为一牧场。雝的地望，王国维认为即《续汉志》河内郡山阳县的雍城，在今河南省修武县西①。

二、设在诸侯国境内的牧场

在诸侯国境内的牧场，就甲骨文所见，有如下几处：

1. 在攸侯境内的牧场。卜辞云：“戊戌，贞右牧于爿，攸侯叶鄙。中牧于义，攸侯叶鄙。[左牧]于口，攸侯叶鄙。”（《合集》32982、《掇二》132）此卜辞中的“左牧”一辞残去，按商人习惯，有右牧、中牧，必有左牧存在，故可补足全辞。“叶”是攸侯的私名，“鄙”即边鄙。“攸侯叶鄙”即在攸侯叶的边鄙地区，商王室在这里设有右、中、左三牧场。右牧场在爿地，甲骨文中又称爿牧：“甲辰卜，在爿牧延啓又……邑……在漽．弘吉”。(《屯南》2320)“爿”可称为爿放，是“中牧于义”之义地，也可称为“义牧”，即义地的牧场。在攸侯叶边鄙的三个牧场，是属于王室的。已知是由王室官吏去管理，卜辞云：“壬申卜，在攸，贞右牧禽告啓……”（《合集》35345、《簠征》38）“右牧禽”乃是禽为右牧场的管理者，此“右牧”是禽的官职名。此辞中的“右牧”非王畿内的右牧，由其“在攸”、地贞卜禽的活动可知。前述已指出，禽是王室职官。由王室官员去管理的牧地，当然属王室所有。

2. 在昜伯境内的牧场。“甲戌卜，宾，贞在昜牧获羌。”（《珠》758、《通》462）“昜”是商时一诸侯，甲骨文称为“昜伯”：“辛亥卜，㱿，贞王

① 王国维：《殷墟卜辞中所见地名考》，《观堂别集》卷一。

惟昜伯㚤从。”（《合集》6460）“㚤”为昜伯之私名，与前“攸侯叶”之叶义同。“昜牧”即是在“昜伯”境内的牧场。昜牧之地有牛和犬，卜辞云：“兹昜伯牛……勿……”（《合集》3393）“兹致犬二百……昜……”（《合集》8979）是昜地向王室提供的牛和犬。昜的地望由其可获羌知，在今西北一带。因羌族居于今陕西北部一带，昜地既能获羌，其地当距羌人居地不远。

3. 在侯𠧢境内的牧场。“乙刍于𠧢。”（《合集》249）乙是商王室一官吏，如卜辞：“乙酉，贞王令乙屠亚侯，右”（《合集》32911、《邺初下》49.9）𠧢卜辞称为侯：“贞王从侯𠧢……”（《合集》3355（京人）423）可知𠧢为商的一诸侯。其地近洹，“三日乙酉又来自东洹，呼𠧢告旁戎。”（《合集》6665正、《后下》37.2）。“洹”在今山东省临淄附近[①]。“旁”为一方国，卜辞有“旁方”（《合集》6666）。此辞意为东洹地有变故，商王命令侯𠧢去传达王命，让旁方首领去平息此事。“戎”此为戎兵，有平息之义。旁方之首领曾为王官，称为“亚旁”（《合集》26953），故得执行王命。而𠧢与洹、旁地望，由此辞可知是相近的。“乙刍于𠧢”，是商王派他去管理𠧢侯国境内的刍牧之事，其牧地当由王室经管。

4. 骨境内的牧地。“乙亥子卜，刍骨，入。”（《合集》21713）“刍骨”是卜问到骨地刍牧之事。“入”，进入骨地刍牧。卜辞有“子骨”（《合集》20051、《缀合》390）、“骨任”（《续》4.28.4、《天》87），“任”即五等诸侯中的“男”[②]。骨地设有王室牧场，故卜辞有向骨境致送刍牧劳力者：“贞侯致骨刍。允致。”（《合集》98正）“侯致骨刍”是商王使侯向骨地致送刍牧人手，“允致”是验辞。王命人向骨地输送畜牧人，其牧场属于王室。

5. 在奠境内的牧场。卜辞云：“甲寅卜，宾，贞𠂤殳刍奠。”（《合集》143）“刍奠”是在奠地行刍牧，奠为商时之侯国：“贞勿曰：侯奠。”（《合集》3352）

6. 在雇境内的牧场。“雍刍于雇。”（《合集》150正）此是商王命雍到雇地去主管刍牧之事。雇在甲骨文中有“雇伯”之称（《南师》1.80）。雇地在

---

① 董作宾：《东画与洹》，《禹贡》半月刊第6卷，第2期（1936年9月）。

② 林沄：《甲骨文中的商代方国联盟》，《古文字研究》第6辑。

征人方的途中："癸亥卜，黄，贞旬亡祸。在九月，征人方。在雇彝。"（《合集》36487）雇的地望，王国维认为在河南省荥阳卷县北之扈亭，郭沫若认为其地应在山东省范县东南五十里顾城[①]。

7. 在肱地的牧场。1978 年 10 月在西安袁家崖的一座商代晚期墓中，出土一件铜爵，其上有铭文"肱牧"二字。肱其人在甲骨文中称为"王肱"（《合集》5532）、"中子肱"（《合集》21565），或竟称"肱"（《合集》10419）。甲骨文中的王一般指商王，若在私名前或后加上一"王"字，则为边鄙之地的小国君长之称，其地位与常见的侯、伯、子、男无异[②]。此"肱"既称"王肱"，又称"中子肱"就是一个例证。"肱牧"即在肱地的牧场。西安老牛坡曾发现商代大批墓地和遗址，传说是商时崇侯的领地，肱当为其地的一小国。

8. 在专地的养猪场。卜辞云："贞呼作圂于专。勿作圂于专。"（《合集》11274、《乙》811）辞意为命建造猪圈于专地之事。甲骨文占卜之事往往是正反贞问，行此事是否吉利。而所卜之事即是商王要进行之事，一般是将要实施或准备实施。"专"是一诸侯，卜辞称为"侯专"："癸酉卜，王，贞余从侯专。八月。"（《合集》3346、《前》5.9.2）专还曾是王室的史官，为贞人[③]，与王室关系甚为密切，故商王在其境内建造养猪场。

9. 在孤竹国内的牧场。新中国成立后在河北丰宁县发现一件商代柱足鼎，口内沿有"亚牧"二字，器主当是商一牧官[④]。丰宁接近坝上草原，是宜于畜牧的地区。此地出有牧官铜器，或是此人在该地为王室掌管畜牧而留于此。丰宁地在商时孤竹国范围内[⑤]。

从上述商代牧场情况可知，其牧场设置是较多的。在地域上，遍于全国各地，就牧场所在地而言，有设在国之边鄙者，如攸侯叶鄙的三个牧场；有设在商王的狩猎地，如雍、丘剢；也有设在农业地区，在农耕区刍牧，虽有与农耕

---

① 郭沫若：《卜辞通纂考释》，《郭沫若全集·考古编》第 2 卷，科学出版社 1983 年版，第 462 页。

② 齐文心：《关于商代称王的封国君长的探讨》，《历史研究》1985 年第 2 期。

③ 王宇信：《甲骨贞人"专"时代的审定》，胡厚宣主编：《甲骨探史录》，三联书店 1982 年出版，第 77～85 页。

④ 河北省文物管理处：《河北省三十年来的考古工作》，文物编辑委员会编：《文物考古工作三十年》，文物出版社 1979 年版，第 39 页。

⑤ 李学勤：《试论孤竹》，《社会科学战线》1983 年第 2 期。

争地之矛盾，但也有利用农作物禾秆作饲料的有利方面，若处理得当，可收相得益彰的效益。今日仍有利用农区的间隙地放牧牛羊者。若农作收成后的农闲地，更是绝好的牧地。古人农田实行休耕制，有不易之地（年年耕种），一易之地（一年耕种，一年休耕），再易之地（一年耕种，二年休耕）。在休耕地上放牧，还可增加土地的肥力。在农业区进行放牧，说明商人已经能较好地处理农牧业争地的矛盾，更反映出所具有的管理水平。

第五节　畜牧业的管理体制

一、牧官的设置

甲骨文中，总管王室畜牧业的职官称作“牧”。如卜辞：“戊戌卜，宾，贞牧匄［羌］，令遘致叀。”（《合集》493 正、《前》5. 27. 1）“匄”读作丐，有乞求，要求之意。“牧匄羌”是牧官要求提供羌人以补充畜牧业中的人手，羌是畜牧业劳动力的主要成员。“令遘致叀”是商王命令遘将羌人送往叀地，以补充那里的劳动力。这里要求提供羌人的“牧”，当是王室的畜牧业主管者。

在商代的青铜器铭文中常见有“亚牧”的徽识①。河北省丰宁县出土一件商代柱足鼎的口内有“亚牧”铭文。1952 年在河南安阳殷墟出土的一件铜爵上也有铭文“亚牧”二字②。都与已著录的铜器铭文相同。“亚”为商代地位较高的职官。在铜器铭文中还有“牧正”徽识，1959 年在四川彭县竹瓦街出土的铜器中，有“牧正父已”觯，徐中舒认为这批铜器为商代物③。有“牧正”铭文的铜器还有 1976 年陕西宝鸡竹园沟七号墓所出的铜觯，1977 年陇县韦家所出的一件铜尊④。这两件铜器皆为晚商时物，与竹瓦街铜器群的制作时代大致相当。牧、亚牧、牧正应为同类职司的官吏，为王室畜牧业的主

① 见罗振玉编：《三代吉金文存》卷 3: 15: 1，卷 14: 35: 3，4；《续殷文存》51: 2。
② 见《中原文物》1988 年第 1 期。
③ 徐中舒：《四川彭县蒙阳镇出土的殷代二觯》，《文物》1962 年第 6 期。
④ 陕西考古所编：《陕西出土商周青铜器》(3)，文物出版社，1984 年。

管者[①]。

甲骨文中有“刍正”，如：“贞呼刍正。”（《合集》141 正）“刍正”当是一官职名，《尔雅·释诂》“正，长也”，郭璞注谓“官长”。“刍”指刍牧之人，“刍正”即是管理刍牧之人的职官。商时畜牧业发达，从事其劳动之人多，故设有专职官吏主管其事。

对各种牲畜也设有专职主其事。甲骨文中有以马名官的，如“马亚”（《合集》26899）、“多马亚”（《合集》5710）、“多马”（《合集》5711）。商代用战车，战车要以马牵引，而马亚、多马亚、多马当是商时的武职官名[②]。具体主司马者，当是“马小臣”，如：“……来告，大方出伐我师，惟马小臣……”（《合集》27882）“马小臣”与农业官“小藉臣”主管耕耤事一样，当是主管养马事宜。甲骨文中还有“多马羌”（《合集》6763、6762）、“多马羌臣”（《合集》5718）两种官名。羌是商代畜牧业生产的劳动者。“马羌”是马的饲养者羌人之意，作为一种官职名，意为管理养马的羌人。马由羌人饲养，主管养马的羌人之职，当然是主管养马事务，此与《周礼·司马》的属官“校人”地位相当。

主管牛的官职，称为“牛臣”（《合集》1115）、“牛正”。在商代一件铜尊上，有“父癸牛正”的铭文[③]。“牛正”、“牛臣”即是主管牛的饲养之官。甲骨文中还有主管羊的“司羊”（《合集》19210）、主管猪的“豕司”（《合集》19209）、“彘司”（《合集》19884）、“豭司”（《合集》19212），及主管犬的“司犬”（《合集》20367）。“司”即其事的执掌者。《说文》：“司，臣司事于外者，从反后。”段玉裁注云：“外，对君而言，君在内也。臣宜力四方在外，故从反右。《郑风》‘邦之司直’，《传》曰‘司，主也’。凡主其事，必司察恐后，故古别无伺字，司即伺字。”《说文通训定声》引《周礼》注：“凡言司者，总其领也。”司羊或羊司，是主管羊业之职，其他豕司、司犬亦是豕、犬之家畜主管者。在商代的青铜器上，有不少以马、牛、羊、豕、犬为

① 裘锡圭：《甲骨文所见的“田”、“牧”、“卫”等职官研究》，《文史》第 19 辑。
② 陈梦家：《殷墟卜辞综述》，科学出版社 1956 年版，第 508 ~ 509 页。
③ 《三代吉金文存》卷 11：15：5。

徽识者，即铸器者的族徽。《左传·隐公八年》：“官有世功，则有官族。”这些铜器的制造者，其先祖当是商王室主管该种牲畜的职官，因其有“世功”而以“官”为其族。

商王对牧场的经营十分关注，各牧场的管理人选皆由商王直接委派，并需通过反复占卜，征得神灵的认可，如卜辞云：“雍刍于雇。”（《合集》150 正）“贞弓刍勿于戔。贞弓刍于戔。”（《合集》151 正、《乙》3422）“贞乇刍于兹声”。（《合集》249、《乙》3331）这些由中央王朝派往各地主持畜牧的官吏，后来就演变成统治一方的诸侯。如穿地，西周时的《豆闲簋》铭中有“穿俞邦君”，是此地由商时一牧场，而发展成为一诸侯国。所以，在古书里，“牧”也用作对诸侯的称呼①。

派往牧场去的人选是否合适，派某人到何地去主其事为最合适，是要经过反复卜问才能决定。如有关派雍到何地刍牧之事：“雍刍于苋？雍刍勿于苋？贞雍刍于秋？雍刍勿于秋？贞雍刍于苋？〔雍刍勿于苋〕？雍刍于雇？〔雍刍〕勿于雇？”（《合集》150）商王派雍主管一地的刍牧之事，但派他到苋地、秋地还是雇地去主其事，看来商王心中无数，拿不定主意，故要在龟甲上反复多次占卜以决定其派往何地。可见商王对派谁到何地去主持畜牧之事的重视程度。

二、牧场管理者向王朝报告牧情

商王为掌握各牧场的经营情况，规定各牧场的管理者要定时向商王朝报告本牧场的情况，如卜辞云：“□子，贞牧告楸……”（《屯南》149）“辛未，贞三牧告。”（《屯南》1024）“王其祈，惟九牧告”。（《天理》519）“牧告”即牧向王室报告本场的经营情况。“三牧告”、“九牧告”是三个牧场、九个牧场的管理者向王室报告情况。

三、商王对牧场的巡察

商王为了掌握牧场的经营情况，还亲自或派官员到各牧场去巡察。这在甲

---

① 裘锡圭：《甲骨文中所见的“田”、“牧”、“卫”等职官研究》，《文史》第 19 期。

骨文中称之为“省”。如卜辞云：“贞王往省牛于敦。贞王勿往省牛于敦。三月。”（《合集》11171）“贞王勿往省牛。十三月。”（《合集》11170）是商王亲往敦地去视察牛的饲养情况。商王或中央官署下令派专人去视察的卜辞，如：“贞呼省牛于多奠。”（《合集》11177）“省徲马。”（《合集》36990）“呼省”是商王下令让臣下去视察各地的畜牧生产情况。其结果由他们向王室报告，以便王朝中央政府掌握，了解各牧场的牧情。

四、对优者的奖赏

对经营好的牧场，商王要给以奖励，如卜辞云：“壬辰卜，贞商牧。壬辰，贞勿商牧。六月。”（《合集》5597）此“商”字即奖赏的赏的假借。在西周全文中，这种用例常见，如《小子省卣》铭“子商小子省贝五朋”、“省扬君商”。铭文中的“商”字皆用为赏赐之赏。刘心源谓“商用为赏，古刻通倒”[①]。卜辞“商牧”即“赏牧”，是对经营有成效的牧场管理者给以赏赐。《夏小正》五月有“颁马”之举，《周礼·夏官》校人有“夏祭先牧，颁马攻特”，《礼记·月令》仲夏之月有“班马政”，郑玄注：“马政谓养马之政教也。”在颁布养马之政教时，当会有赏罚之举。如西周铜器《盠驹尊》铭载，周王参加“执驹”即幼马升为服马的典礼时，就曾亲自颁赏。作为制度，马政年年在仲夏之月（五月）颁布。每年利用颁马政之机，实行奖优罚劣。据文献记载，周人颁马政在五月，上举甲骨卜辞记商人赏赐畜牧者在六月，两者时间相近。若按传统的“三政”说，夏人建寅，商人建丑，则夏之五月，正是商之六月。商人在六月对“牧”行赏，其作用正与夏周“颁马政”的用意同。

① 刘心源：《奇觚室吉金文述》卷一，第27页。

第六章　商代的渔猎业

渔业和狩猎业，也是商代社会经济的组成部分。渔业亦称“水产业”，是以水域为基本生产资料，以具有再生性的水产经济动植物为劳动对象的生产部门。我国是世界上最早从事渔业生产的国家之一。商代的渔业，就其生产的特性而言，可分为捕捞业和养殖业，主要是捕捞业；按其作业水域，可分为内陆水域渔业和海洋渔业，主要是内陆水域渔业；而按其使用的渔具，则可分为钓渔业、网渔业等。当时人们已注意到对鱼类资源的保护。狩猎即打猎，这同样是殷商时期的人们经常从事的一项活动，是以猎获鸟兽为目的的一个部门。

第一节　渔　业

一、捕鱼业的发展与鱼类资源

鱼是商人的重要食物品种。河南郑州二里冈的商代遗址中，出土有“鱼类的骨骼和骨牙”①，是当时人们食后的鱼骨。在安阳殷墟苗圃北地的墓葬中，常发现用鱼随葬。甲骨文中有用鱼祭神的，如：“□丑，贞王令□取祖乙鱼，伐告于父丁、小乙、祖丁、羌甲、祖辛。”（《屯南》2342）“取”字为祭名，郭沫若认为即棷字。《说文》谓“木薪”，其音义皆与槱相近，为燔烧牲品于木柴上之祭。“取祖乙鱼”，乃是燔烧鱼以祭祀祖乙。商王得了疾病，也卜问是否“用鱼”以求神灵保佑（《库》1213）。用鱼祭神，与用鱼随葬的用意相同，乃是供神灵食用的，说明鱼是商人的食物之一种。

① 河南省文化局文物工作队：《郑州二里冈》，科学出版社1959年版，第55页。

商王对渔业生产十分重视，甲骨文中常见商王亲往捕鱼。如“辛卯卜，㱿，贞王往延鱼，不若。辛卯卜，㱿，贞王勿往延鱼，不若。”（《合集》12921正）此辞中“鱼”字皆作动词，作“捕鱼”解。“延”有连绵不断、继续之意。“延鱼”就是连续捕鱼。又：“丁卯卜，王大获鱼。”（《珠》760、《通》749）“大获鱼”就是捕到很多的鱼。商人捕鱼的数量，据甲骨文载，有一次竟达数万尾：“癸卯卜，㚔获鱼其三万不。”（《合集》10471、《粹》1171）“㚔”是一人名（或族名）。这是卜问㚔能否捕获三万尾鱼。一次捕鱼达三万尾，即使在今天看来，也是一个不小的数字。这说明，商代捕鱼业的发达和渔业在社会经济中的重要位置。

由于气候的原因，商王朝中心地区即“王畿”之内，比现在温暖而多雨，河湖薮泽密布，极有利鱼类生殖繁衍，具有丰富的鱼类资源。伍献文在20世纪40年代曾对殷墟出土的鱼骨进行过初步鉴定，其结论是：“可确认的有六种：鲻鱼、黄颡鱼、鲤鱼、青鱼、草鱼、赤眼鳟。除鲻鱼是产于江海交汇地区需咸水外，其他五种皆仍为豫北所有之鱼。”[①] 鲻鱼是咸水鱼，即是海鱼。商人的祖先相土时，其势力就曾达于海。《诗经·商颂·长发》：“相土烈烈，海外有截。”此类海鱼，不是商王室渔民所捕，也当是其属国所贡。

20世纪50年代，在郑州商城中出土有鲟鱼骨[②]。1987年春，安阳小屯东北甲组建筑基址群内的一号坑中，也出土一块鲟鱼的侧线骨版[③]。鲟鱼又称鲔，甲骨文中有捕获鲔的卜辞：“乙未卜，贞㚔获鲔。十二月。允获十六。”（《合集》258）鲟是大型经济鱼类，体长可达3米左右，重可达千斤，其肉鲜美，是一种珍贵食品。我国现存鲟有4个品种：史氏鲟（又称东北鲟）、小体鲟和裸腹鲟、中华鲟，分别分布于黑龙江、新疆、长江流域。这种有重要经济价值的大型鱼类，商人一次竟能捕获16条之多，可见当时捕鱼技术已具相当的水平。但捕捉这种大型鱼，毕竟不是易事，故捕鱼前要多次占卜问神，能否有所获：“□未卜，王，贞三卜㚔幸鲔。”（《合集》5330）“幸”字像手枷形，

① 伍献之：《记殷墟出土之鱼骨》，《中国考古学报》第4册，1949年。

② 杨育彬：《河南考古》，中州古籍出版社1985年版，第106页。

③ 中国社会科学院考古所安阳工作站：《1987年安阳小屯村东北地的发掘》，《考古》1989年第10期。

即执、抓捕之义。“三卜”是经过第三次占卜。第三次占卜才得到可以捕捉到鲔的吉兆，可见商人是常捕捉鲔这种大型鱼类的。

黄河是流经商王国中心地区的一条大河，商人当然在河中捕鱼。据《诗经·陈风·衡门》所记河中鱼类有鲤和鲂。《衡门》虽为东周的作品，而河中的鱼类当是早已具有的品种，如鲤鱼，前已指出殷墟遗物中就发现其遗骨。

在湖北沙市周梁玉桥商代遗址中，出土有鱼骨，其种类除有黄河流域的鲤鱼、青鱼外，还有盛产于南方的大口鲶鱼和鳜鱼①。

从出土遗物和文字材料所记，商人捕食的鱼类有海鱼鲻，在北方黄河流域有黄颡鱼、青鱼、鲤鱼、草鱼、赤眼鳟、鲔（鲟）和鲂等，在长江流城有鲤鱼、青鱼、大口鲶鱼和鳜鱼等。而实际存在的品种可能还要丰富。

二、捕鱼方法

从甲骨卜辞分析及对出土实物的研究，商代人们使用的捕鱼方法，大致如下几种：

1. 网捕　用网捕鱼的方法起源于新石器的仰韶文化时期。商代的网捕鱼技术，是其继承和发展。在甲骨文中，有卜问用网捕鱼的卜辞：“甲申卜，不其网鱼。”（《合集》162030）“网鱼”即用网捕鱼。甲骨文中常见有一字，作从鱼、从网、从又形（见《合集》10478、10479、28426～28432，《屯南》3060 等），像手持网拉鱼，十分形象，可隶定为鳗字。《合集》10478 鱼字横刻，像鱼被网拦出水。此字甲骨中常见，当是商人常采用的一种方法。从字形上观察，网作长条状，网的两端有手持，当是一种“拦网”。这种网是用以拦截一定的水域，逐渐围收于岸边，以获取鱼。它是一种需多人合作的大型捕鱼方法。

用网捕鱼，在江河湖中皆可使用，甲骨文中记载有在河中捕鱼的：“惟滴鳗。”（《合集》28426）“滴”即滴水。滴水有人指为漳水②，有的说是今沁

---

① 彭锦华：《沙市周梁玉桥商代遗址动物骨骸的鉴定与研究》，《农业考古》1988 年第 2 期。

② 葛毅柳：《说滴》，《史语所集刊》第 7 本第 4 分册。杨树达：《积微居甲文说》卷下《释滴》，《杨树达文集之五》，上海古籍出版社 1986 年版，第 70 页。

水①。以沁水说为是。

作为网具的网坠，在商代遗址中有大量出土。在郑州二里冈遗址中，出土有陶、石两种质地的网坠。陶坠一般作扁圆形和圆柱形②。在河北藁城台西商代遗址中的陶坠有圆柱形、梭形、鼓形、锥形四种。网坠有的长7厘米，直径3～4厘米，当是在一种大型网上使用的，与甲骨文中所见的“拦网”相吻合。

用网捕鱼是一有效方法，商时人们一次捕鱼能达三万尾，只有使用这种高效捕鱼工具，才能获得如此大的收获。而今日的捕鱼之网，也只是对古人网具的改进而已。

2. 钓鱼　在甲骨文中有一字作形，像手持鱼杆，鱼钩在杆上（见《合集》48、8105～8108、10993、10994、24382、24383等），从鱼从系从又，可隶定为鲹，作为动词，即是钓鱼的钓，如：“弜……其每，鲹。”（《合集》27946）此字在卜辞中常作为地名（见《合集》10993～4，14149等），当是常为人们进行垂钓之地而得名。

商代遗址中发现钓鱼的鱼钩，有铜、骨、蚌质制品。藁城台西出土的两件青铜鱼钩的钩尖上有倒刺，近似今日用的鱼钩。台西还出土一件骨质鱼钩，在系绳处有一道凹槽，以便系绳③。

3. 射鱼　用弓箭射鱼是人们捕鱼的一种重要方法，今鄂伦春族、高山族人还在使用此法捕鱼。在商代遗址中，作为弓箭的实物遗存是镞，即箭头，多为铜、石、骨、蚌等质料制成的。舟在商人的生活中是常用的工具，甲骨文中不但有“舟”字，还有一系列与舟有关的字，有从舟的般字，还有人驾舟行水上的“荡”字。而甲骨文中的“受”字，像一人以手致送舟，一人接受舟之形，所谓“受”依甲骨文的字形结构，就是“舟”的致送与接收，故在音读上舟受相近。商代甲骨文时期虽不是文字的始创期，但以舟的接受立意创字，反映古时舟的使用有一个十分频繁的时期。

甲骨文中有时称捕鱼为“狩”，如：“戊寅……王狩青鱼，擒。”（《合集》

① 李学勤：《殷代地理简论》，科学出版社1959年版，第13页。

② 河南省文化局文物工作队：《郑州二里冈》，科学出版社1959年版，第31、33页。河南省博物馆等：《郑州商代遗址发掘报告》，《文物资料丛刊》第1辑，文物出版社，1977年版。

③ 河北省文物研究所：《藁城台西商代遗址》，文物出版社1985年版，第83、86页。

10918）“狩”字从犬从干，是一田猎用词，一般以犬追逐而以弓箭射杀猎物，所以“狩鱼”当即是以弓箭射鱼。《古本竹书纪年》亦云夏后芒“东狩于海，获大鱼”。甲骨文中还有卜问是用网还是以“狩”的方式捕鱼：“壬弜鳗其狩”。（《合集》28430）此是卜问壬日不用网捕而用狩，此狩与网捕相连求问，当是“狩鱼”即射鱼。

4. 筌鱼　筌又称为笱，是用竹或木条编制而成的捕鱼工具，有一喇叭状的口。筌一般放置在水下，鱼顺水流入喇叭状口而进入筌腹，因颈口有倒须而不能复出。放置一定时间，提筌即可得鱼。高山族及南方汉族人至今仍用此法捕鱼。

鱼筌的使用很早，在浙江吴兴钱三漾的新石器遗址中，就出土鱼筌的实物①。在甲骨文中也有用筌捕鱼的卜辞：“□□卜，……豢□禽[illegible]鱼。”（《合集》10474）此字像鱼筌在水中，即是用筌捕鱼的写照，反映商人曾使用这种方法捕鱼。

5. 鸬鹚捕鱼　鸬鹚又称鱼鹰、乌鬼、水老鸦、鱼老鸦、里鱼部、鹈、鷇等，巧于潜水捕食鱼类。渔人常用草圈缓套其颈间，使其稍大的鱼不能吞下肚去。

利用鸬鹚捕鱼的历史很早，新石器时代的浙江河姆渡遗址中（距今约7000年），就发现鸬鹚的遗骨②。河南临汝阎村的仰韶文化墓中，有一件陶缸上绘有一件石斧和一只嘴含鱼的鸟③。这幅鸟含鱼图，有学者命名为“鸬鹚叼鱼图”④。利用鸬鹚捕鱼，在我国古代文献中不乏记载。唐著名诗人杜甫在诗中写道：“家家养鬼鸟，顿顿食黄鱼”，就是对长江流域巫山一带人们利用鸬鹚捕鱼所得的真实写照。

商代遗址中虽还未见到鸬鹚的遗骨的报道，但在殷墟妇好墓中，却出土了两件鸬鹚的雕刻品：一为玉质，一为石质。玉质者长5厘米，高2.6厘米，石

---

① 浙江省文物管理委员会：《吴兴钱三漾遗址一、二期发掘报告》，《考古学报》1960年第2期。该报告称“鱼筌”为“倒梢”。

② 浙江省博物馆自然组：《河姆渡遗址自然遗存的鉴定与研究》，《考古学报》1978年第1期。

③ 临汝文化馆：《临汝阎村新石器时代遗址调查》，《中原文物》1981年第1期。

④ 吴诗池：《从考古资料看我国史前的鱼业生产》，《农业考古》1987年第1期。

质者长40厘米，高28厘米。两件形似，皆突出长嘴紧贴于胸前。商人将此鸟作为雕刻题材，应当是已驯养了它们作为捕鱼之用的反映①。一项生产技术，是代代相传的，新石器时代的人们已知驯养鸬鹚捕鱼。商代人们当然会继承这一技术的。

三、对鱼类资源的保护

对于鱼类资源，商时的人们已注意对其加以保护及合理地利用。甲骨文中有关捕鱼的卜辞，大多在九月到十二月。如："乙卯卜，内，夻家出鱼。不沁。九月。"（《合集》20738）"王鱼。十月。"（《合集》10475、10476）。"贞其雨。十一月在圃鱼。"（《合集》17894、7897）"乙未，贞夻获鲔。十二月。"（《合集》258）五月以网捕鱼仅见一（《合集》10479）。这个统计当然并不全面，但仅以上引卜辞可看出，商人捕鱼在九至十二月进行，尤其以十月至十二月为最多，说明古时人们很重视"顺时取物"的自然规律。《礼记·王制》"獭祭鱼，然后鱼人入泽梁。"孔颖达疏引《孝经纬》云："兽蛰伏，獭祭鱼，则十月也。"十月举行獭祭后，才准入泽捕鱼。这是因为到了冬季，小鱼已长大，又没母鱼产子的问题，这时开禁捕鱼，有利鱼类资源的保护。《国语·鲁语上》记载了一则鲁国太史里革阻止鲁宣公在夏天捕鱼的故事。里革讲"古者大寒降，土蛰发"，这段时间内主管鱼类资源的"水虞"才让捕鱼。而"土蛰发"即开春后即禁捕。因时值"水虫孕"之时，母鱼怀孕产子，故不可捕。鲁宣公违背时节，夏季设网在泗水捕鱼，听了里革的一番话，承认错误："吾过而里革匡我，不亦善乎。"里革讲这番话中"古者"、"古之训"，乃是引经据典，而不是他发明的。可见这种"鸟兽孕"、"水虫孕"时禁止捕鱼狩猎的措施，当是来自前朝前代的"古者"。而我们在甲骨文中看到，商人常在十至十二月份捕鱼，可以推知，事实上商代已有这样的制度。

根据古书的记载，獭祭一年要举行两次，十月和正月各一次。十月獭祭如《礼记·王制》所讲是开禁捕鱼，正月獭祭是禁止捕鱼。《礼记·月令》有正

① 夏渌先生谓越人"鸟田"，即以鸟捕鱼，非耕田种地，此说是夏先生在1989年安阳"甲骨文发现九十周年国际学术研讨会"上告诉笔者，在此致谢。

月“獭祭鱼”，孔颖达认为是“獭一岁再祭鱼”。正月獭祭后“虞人不得入泽梁”，以便让鱼类产卵繁殖、生长。甲骨文中有对开始捕鱼时行祭的。“癸酉卜，宗其祝其鳗。”（《屯南》3062）“其鳗”是指开网捕鱼。“其祝”是祝告神灵的一种祭祀。祝告的对象可能是主管鱼类资源的神灵“司鱼”：“壬子卜其帝司鱼，兹用。于室。于衣。惟己巳有日。兹用。”（《合集》29700）帝即“禘”。是商代的一种祭神仪礼。“司鱼”是掌鱼类之神。商王对它献祭，是祈求保佑鱼鳖类水生物无灾祸，生长繁庶。

甲骨文中有商王卜问龟有无灾祸的：“乙亥，贞鱼亡祸。”（《屯南》1054）对鱼类的生长状况商王也关心，甲骨文中有记载商王视察鱼的：“庚寅卜，翌日辛王兑省鱼，不冓雨。吉。”（《屯南》637）“省鱼”即省视巡察鱼的生长情况。

有研究者指出，商代可能已开始了人工养鱼的养鱼业，列举甲骨文中的“在圃鱼”为证[①]。认为“圃”即是园圃。“在圃鱼”乃是在园圃内捕鱼。在人工修建的园圃内捕鱼，当然是人工养鱼，此解释是有道理的。“在圃鱼”的“圃”字，甲骨学家释为甫，其字从禾从田，像田上有禾苗形。甫字在甲骨文中有作人名的，如“甫其有疾。”（《粹》1296）甫还作地名，如：“甫受黍年。”（《乙》6519）因此“在圃鱼”也可解作在甫地捕鱼。但下一卜辞中“在圃鱼”的地点却与亘有关：“乙亥卜，贞嚣衣于亘，冓雨。十一月，在圃鱼。”（《合集》7879）这是商王“十一月在圃鱼”的时候，在亘地举行衣祭而遇到天雨。由此可知这次商王“在圃鱼”之地是在亘地内。“甫”和“亘”都是商代的重要贵族，亘是武丁时贞人，并有卜辞称为“亘方”（《合集》33180）。所以“甫”地决不在亘地之内，而此辞的“在圃鱼”的“圃”确在亘地内，故此“圃”不是贵族的领地，而应是园圃的圃。作为园圃的圃字，应释作圃。“在圃鱼”的“鱼”字应是一动词。

园圃作为商王室的养鱼池塘，不仅是为了供王观赏游乐，且应具有经济性质及保证祭祀所需供品。因按“古者”习俗，“在圃鱼”的时间多在十至十二

① 丘锋：《中国淡水养鱼史话》，《农业考古》1982 年第 1 期。周苏平：《先秦时期的渔业》，《农业考古》1985 年第 2 期。

月（参见《合集》7894、7897、14591、24376 等）。此时天寒不宜于水中游乐，正是开禁捕鱼的季节，《左传·隐公五年》载，鲁隐公五月在棠观鱼，前引《国语·鲁语》载鲁宣公在夏天设网于泗水中捕鱼，才是带有娱乐性质的。因此时正进入暑天，临水观鱼、捕鱼，以取其乐。甲骨文中有用鱼祭神的记载（见《屯南》3542、《合集》27456、《库》1213 等）。商人非常重视祭神，为了保证祭神用鱼之需，园圃中必须保持养有足够的鱼，以供祭祖时所需。

在西周的文献与铜器铭文中，常见有关池中捕鱼的记载。《诗经·大雅·灵台》云："王在灵沼，于牣鱼跃。"铜器《公姞鼎》铭云："隹十又二月既生霸，子仲渔□池，天君蔑姞历。史赐公姞鱼三百，拜稽首，对扬天君休，用作鬺鼎。""渔"字下的一字不清，当是池名。又如《遹簋》《井鼎》等皆有在池中捕鱼的内容。

殷墟甲骨文中的"在圃鱼"，正透露出商代已经开始了在园圃、池中进行人工养鱼的信息。

第二节　甲骨文中所见商代狩猎概况

与农业、畜牧业相比较，狩猎业在商代的经济地位中，已大为降低，它已不是人们谋取生活资料的主要手段。但狩猎仍是商人经常从事的一项活动，这在甲骨文及考古发掘中都有反映。狩猎是以猎获鸟兽为目的，而鸟兽又是具有经济价值的物品，因而狩猎也是当时的一个经济部门。

在古文献中，记载商王狩猎活动的如《史记·殷本纪》讲武乙猎于河渭之间，被暴雷震死。殷纣王能"手格猛兽"，也是常在外打猎的帝王。周公说商王自祖甲以后各王"惟耽乐之从"，说周文王"不敢盘于游田"[1]，以此指责商代后期诸王常常"盘于游田"。商人常狩猎，在商代的考古遗址中，出土有不少的铜、石、骨、蚌质箭镞，是为狩猎的工具（也是战争武器）。同时出土相当数量的动物骨骼，其中属于野生动物的骨骼就达三十种以上[2]。

---

① 《尚书·无逸》。

② 杨钟健、刘东生：《安阳殷墟之哺乳动物补遗》，《中国考古学报》第 4 册，1949 年。

甲骨文中的田猎卜辞据《甲骨文合集》《小屯南地甲骨》《英国所藏甲骨集》《东京大学东洋文化研究所藏甲骨文字》《怀特氏等所藏甲骨文字》《天理大学附属天理参考馆所藏甲骨文字》《苏德美日所见甲骨文集》等7种书中，著录的53583片甲骨统计，各期田猎卜辞数量如下表[①]所示：

甲骨数 / 时期	各期著录甲骨数（片）	狩猎甲骨数（片）	狩猎甲骨所占百分比（%）	非狩猎甲骨数（片）	狩猎与非狩猎甲骨之比（%）
一期	25231	1047	4.15	24184	4.33
自、子、午	3209	135	4.46	3074	4.39
二期	5612	98	1.74	5514	1.77
三期	7079	1154	16.30	5925	19.47
四期	5128	372	7.25	4756	7.82
五期	5149	570	11.07	4579	12.44
未分期※	2175	/	/	2175	/
总计	53583	3376	6.30	50207	6.72

※：未分期是指《屯南》释文中未予分期者。

从上表可见到，狩猎最频繁的为第三期，即康丁时代，其次为帝辛时代，再次为武乙文丁时代。二期祖庚祖甲时狩猎频率最低。过去以为武乙文丁帝乙帝辛时好田猎，事实是他们还不及康丁之时。

甲骨文中有的田猎卜辞后记有月份，由此可知商人在何月行田猎。但这类卜辞不多，统计共得111条。我们将狩猎卜辞缀以月名者，作表分期统计，发现行猎活动月份特别集中在十二、一、二这三个月里。若传殷正建丑可信，则这三个月乃是夏历的十一、十二、一月，正是冬季。由此可见，商人狩猎，多集中在冬闲季节进行。

商代统治者对田猎日期有一定的选择，这是受商人迷信思想所支配。商代实行干支记日，十天干和十二地支相配成六十甲子，为60日，相当于两个月的日期。狩猎卜辞有记日习惯，常见有干支均具备的。我们将载有狩猎内容的

① 本表中对“省田”和“王逘”卜辞未计人，作者认为这两类是非狩猎卜辞。又分期法采用《甲骨文合集》的五期分法。

3376片甲骨上的5200余狩猎卜辞中，干支具备或有干支记日的各期卜辞，进行统计。发现在第一期的卜辞中，一旬10日内，何日行猎，各日比较平均，从第二期开始，商王对行猎开始有选择的倾向。最先注意到选择田猎日制度的李学勤，他指出："大体说来，在文丁以前，商王猎日以乙戊壬为常，丁日为变，帝乙、帝辛时略予放宽，以乙丁戊辛壬为常，庚日为变。"① 其后日本的松丸道雄作了进一步研究。松丸指出，从第一期到第二期，关于田猎日的规定是没有的，常有连日田猎的贞卜。到第二期某一时期开始，出现了把田猎日限定在乙、戊、辛三日的习惯，第三期加壬日，十干中的乙、戊、辛、壬四日为田猎日，第四期继三期未变，到第五期更增加丁日，十干中有五日为田猎日。狩猎日的限制，松丸认为是狩猎者思想观念上的变化②。狩猎日的固定化、制度化，反映商王室和统治阶级对狩猎活动十分重视。

第三节　狩猎技术

在甲骨文的狩猎卜辞中，常有用何种方式获得禽兽的，如："贞乙亥陷，擒七百麋。"(《屯南》2626)"翌癸卯其焚……擒。癸卯允焚，获……兕十一，豕十五，兔二十五。"(《合集》10408正)"甲寅卜，呼甫网鸟。丙辰风，获五。"(《合集》10514)"陷"是挖坑以捉兽，即所谓的陷阱。"焚"是烧山以驱兽而将其捕捉。"网"是张网捕捉鸟兽，这里的"陷"、"焚"、"网"是动词，由这些动词可知商代人们的狩猎方式，亦即狩猎的技术。

狩猎卜辞中使用得最频繁的一个动词是"田"字。在整个狩猎卜辞中，言"田"而猎的有2747条之多，大约占狩猎卜辞总数5200余条的52%，而在5200余条狩猎卜辞中，占卜田猎方式的动词，包括"田"在内，有3500余辞，可知"田"字使用的频率是很高的。卜辞中有直言"田"而获兽的，如："戊王其田于画，擒大狐。"(《合集》28319)但"田"是不能指实为用何方

---

① 李学勤：《殷代地理简论》，科学出版社1959年版，第4页。

② 松丸道雄：《殷墟卜辞中の田猎地じつフて——殷代国家构造研究のために——》载《东洋文化研究所论要》，第31册，1965年3月。

式获猎，而是狩猎活动的总称或泛指。且狩猎卜辞“田”字，还与其他狩猎方式动词连用，如：“辛丑卜翌日壬王其田，狩［亡𢦏］。大吉。”（《合集》28775）“王其田”是占卜商王行猎活动，“狩亡𢦏”是卜问用狩这种方式行猎有无灾祸。法国雷焕章神父谓：“田”字是泛指在猎地上巡猎，而“狩”字则强调猎捕的动作。甲骨文中“田”、“狩”两字有时一起出现，可见是指两个不相同的田猎动作。意即在猎地上游巡（田）并捕获（狩）猎物①。“田”还与焚相连用（《屯南》722）；“田”与“征”连用（《合集》28398、《屯南》1098）；田与射连用（《合集》28371）；田与“逐”连用（《合集》28355）；田与网连用（《合集》110 正）。可见“田”不是狩猎方式，而是狩猎活动的总名称。

将狩猎活动总称为“田”，在后世文献中常见，如《周易·恒》九四“田无禽”，孔疏云：“田者，田猎也。”《诗经·郑风·叔于田》毛传云：“田，取禽也。”故后世将狩猎活动称为“田狩”、“田猎”。

从殷墟甲骨卜辞中可以看到商人狩猎用的方式有：

1. 狩　狩字卜辞中作从单从犬，即后世的兽字。叶玉森认为所从的单“象捕兽之器，其形似叉，有干。♡像叉上附着之铦锋似镞”②。罗振玉认为“古兽狩实一字”，又云“古者以田狩习战阵，故字从战音，以犬助田狩，故字从犬”③。李孝定认为“兽”字其“初谊谓田猎，本为动词，继谓兽所获为兽”④。

狩和田字连用：“戊王其田，狩亡𢦏。”（《屯南》2114）狩还和焚这种方式同辞共卜：“惟徣麓焚，擒，又小狩。”（《屯南》2326）此次狩猎活动先用焚，然后继之以“狩”的方式。“小狩”在规模上比一般正规的狩有所区别。有的研究者主张“狩”是田猎的总称，但从此卜辞可知，狩和焚有别，“焚”不包括狩，故狩仍是猎的方式之一种为宜。

“狩”可能是以多人进行合围的一种方式。从甲骨文中看，言“狩”行猎时，所获动物的数量大、种类多，如：“乙未卜，今日王狩光，擒。允获彪

---

① 雷焕章：《法国所藏甲骨录》，利民学社 1985 年版，第 141 页。

② 叶玉森：《殷契钩沉》。又，《前编集释》卷一，第 123 页。

③ 罗振玉：增定《殷墟书契考释》（中），东方学会石印，1927 年，第 69 页下。

④ 李孝定：《甲骨文字集释》第 14 卷，第 4201 页，台北，史语所专刊，1970 年。

二，兕一，鹿二十一，豕二，麑一百二十七，虎二，兔二十三，雉二十七。十一月。“（《合集》10197）“虎”，当指雌虎，此辞在一次“狩”猎中，获动物7种，计191只，其中包括凶猛的虎4只，飞禽雉27只。一次“狩”这么多种的动物，只有大规模的围猎才有可能。又如《合集》10198一次共获372只动物，《合集》10407一次获221只动物。说“狩”是一种大规模的围猎方式，当是可信的。

“狩”这种行猎方式，只见于一至四期的甲骨，在第五期甲骨中不见。但是在第五期甲骨中，有“衣逐”一词。李学勤指出：“商王狩猎时采用‘衣’或‘衣逐’的方法。‘衣’读为‘殷’，训‘同’或‘合’，‘衣逐’即合逐之意。”又云：“五期卜辞常见‘干支卜，在某贞，王田，衣逐，亡灾’之例，其所在地名有18个之多（按《甲骨文合集》37531～37564、37567等版为‘王田衣逐’卜辞，所在地名有23个）。”同时，下列卜辞在“衣”字之前明举了所田之地：“辛巳卜，在敦贞，王田宄，衣，亡灾?”（《合集》37644）“壬申卜，在□贞，王田宄，衣［逐］，亡灾?”（《合集》37533）“□□［卜］，在桑贞，［王田］洒，衣［逐］，亡灾?”（《合集》37562）“是足证‘衣’在此并非地名”①。除上举在“衣”前有地名的3片外，近出《英国所藏甲骨集》2566一版上有一辞：“壬寅卜，在目，贞王其射柳，雨。不遘大雨。其遘大雨。其于七月射柳兕亡𢦏，擒。弗擒。弗擒。丙午卜，在目，贞王其射柳，衣逐亡𢦏。擒，不擒?”“射柳”即射柳之兕，其狩猎地在柳。可证李学勤认为这类卜辞中的“衣”不是地名，而是“合逐”之意是确实的。“合逐”与“狩”行猎的方式是相同的，五期无“狩”而有“衣逐”卜辞，是以“衣逐”替代了“狩”之故。

2. 焚　焚字甲骨文作从林从火。《说文》“焚，烧田也”，段玉裁注云：“字从火，烧林意也。”胡厚宣谓《说文》的“烧田”不是烧田进行农业耕作而是“烧宿草以田猎”②，并引第13次发掘殷墟时出土的一甲骨为证。此片龟右尾腹甲上部有断字部分，辞不完整。后经缀合已成一基本完整甲骨，收入

① 李学勤：《殷代地理简论》，科学出版社1959年版，第7页。
② 胡厚宣：《殷代焚田说》，《甲骨学商史论丛》初集，第一册。

《甲骨文合集》10408，其辞："翌癸卯其焚，擒。癸卯允焚，获□□，兕十一，豕十五，虎□，兔二十。"获兽不少，可见"焚"猎在商代是一种很有效的行猎方法。

卜辞中除焚而获的辞外，还有"火田"（《合集》19427反），火田亦是指田猎。《尔雅·释天》"火田为狩"，郭注云："放火烧草猎亦为狩。"《逸周书·周祝解》云："泽有兽而焚草木。"

甲骨文中还有一爇字（见《合集》20709、20765～20769、28799～28803等），与焚字不同的是林下是手持火炬，过去诸家多释为"焚之繁体"，实则这两字在卜辞中是有区别的。姚孝遂、肖丁说此两字"形体及用法均有区别，不得混"。认为焚是烧山林，"爇是手持火炬驱赶隐藏之兽"，与《诗经·郑风·大叔于田》所描写的"叔在田，火列具举"的围猎方式相同①。此说当是。卜辞中焚字见于武丁宾组卜辞，以后则不见，而爇字见于武丁晚期自组卜辞以后，主要是自组和第三期卜辞。焚烧山林是需要大片的空旷地区，且对林木的毁坏严重。武丁是商时一大发展期间，农牧业生产皆有长足发展，人口增加，土地垦辟，于是空闲地减少。在晚期，已不能采用随意放火烧山狩猎了，故改为猎者持火炬以驱兽，它不需焚烧山林亦可获得野兽。这一变化不仅反映了狩猎方式的变化，也反映了农牧业的发展和人口的繁衍。

3. 阱　甲骨文中阱字作兽在坑中形，罗振玉释为阱字，谓《说文》"阱，陷也"，"穿地以陷兽也"。又云"卜辞像兽在井上，正是阱字。或从坎中有水与井同意。又卜辞诸字均从鹿属，知阱所以陷鹿属者矣"②。坎中小点，叶玉森认为"像食物，盖饵也"③。阱字一般多从麋，有的卜辞中明言所陷的是麋者，如："□□［卜］，贞乙亥阱（此字从麋从坑）擒七百麋，用皀……"（《屯南》2626）阱字除从麋外，还有从鹿（《合集》10662）、麑（《合集》10655），从兕的有："戊辰卜其畀惟……，有兕。吉。"（《屯南》2589）此辞中阱字从兕，而所擒的亦是兕，可证阱字坑坎中所从之动物，即为所获动物。

① 见姚孝遂、肖丁：《小屯南地甲骨考释》，中华书局1985年版，第162～163页。
② 罗振玉：增订《殷墟书契考释》，东方学会石印1927年，第50页上。
③ 叶玉森：《前编集释》卷二，第25页下。

阱和其他狩猎方式同辞连用的有狩（《合集》40133 正、《英藏》849 正）、网（《合集》10666）、逐（《怀特》931）。在各种狩猎方式中，用阱这种方法一次行猎所获的动物数量最多。如前引《屯南》2626 在乙亥日阱麋，擒获多达700 头，是田猎中所见一次所获动物数量最多的一片甲骨。他如《合集》3371（《屯南》663、《怀特》1626 同文）用阱方式一次擒获麋 348 头。以阱猎获大型动物的方法一直沿用至今，如我国的苗、瑶、侗、壮等族流行用陷阱猎虎、熊和鹿等大型动物。

4. 网 网不但可捕鱼，也可作狩猎捕获禽兽用。《说文》：“网，庖牺氏所结绳，以田以鱼也。”又：“罟，网也，从网古声。”《尔雅·释器》：“鸟罟谓之罗，兔罟谓之罝，麋罟谓之罞，彘罟谓之羉，鱼罟谓之罛。”用网狩猎，大约早在夏代就流行，所谓“网开三面”的传说，就是发生在夏末的一则故事。《吕氏春秋·异用》篇作了记述，此故事说明夏时已用网网鸟了。

在甲骨文中网字作、、等形，罗振玉释第一字为“像张网形”[①]。郭沫若释第二字形为“字像投网之形，殆即网之异文”[②]。商人常用网狩猎，有用网网鸟的：“庚戌卜，䧹获网雉，获十五。庚戌卜，㝉获，网雉，获八。甲寅卜，呼鸣网鸟，获。丙辰风，获五。”（《合集》10514）䧹、㝉、鸣皆是人名。雉俗称野鸡。一次网雉达 15 只之多，可见当时雉不少。用网网兽的卜辞如：“弜网鹿，弗擒。”（《京人》2116）

有网于某地的：“其网于虞，王弗海。”（《屯南》4281）此辞中的网字，像以手执网，张开捕兽之状，虞为田猎地。卜辞中有从网从某种动物的字，这些字，亦是用网狩猎的动词，如：毿字从毕（网）从豕。像一人手举毕罩豕之形，也是网之一种。《说文》：“毕，田网也。”王国维释此字为《尔雅·释器》“彘罟谓之羉”的羉字[③]，是一种捕捉野猪的网。此字在甲骨文中用为动词有捕捉、抓获之意，如：“丙寅卜，我，贞乎印取射麋。己巳卜，我，贞射麋。庚午卜，我，贞乎羉获。”（《合集》21586）己巳、庚午日相接，射麋与

---

① 罗振玉：增订《殷墟书契考释》中，东方学会石印，1927 年，第 49 页上。

② 见郭沫若：《殷契粹编考释》，科学出版社 1965 年版，第 213 页上。

③ 罗振玉：增订《殷虚书契考释》中，东方学会石印，1927 年，第 49 页下引国维语。

网豕，皆为田猎之举。甲骨文中有一从网从眉的字（《合集》10726～10729、10756～10758）。王国维释此字为罞，谓：“从鹿首在网下，《尔雅·释器》‘麋罟谓之罞’，郭璞注‘冒其头也’。盖麋鹿大兽，不能以网网其全身，但冒其头已足获之，此字正像以网冒鹿首之形，殆即《尔雅》罞字也。”① 其网下从眉从目，当是一字的不同写法。如卜辞云：“以罞擒，有鹿。翌旦允擒。”（《合集》28332）“□□卜，亘，贞王往罞……有豕……”（《合集》10730）皆与田猎有关。《合集》10726、10727 有“罞豕”，与《合集》10730“王往罞”、“有豕”同意，是网豕。故从网从眉的字，不一定仅用于网捕麋鹿类野兽，也用于网捕野猪等兽类。

甲骨文有从网从兔的字，兔在网下横置者，见于《合集》10744～10750等，兔在网下竖置者，见于《合集》10726～10727、10736、10737～10742 等片。罗振玉云：“象兔在罟下，王氏国维谓即《尔雅·释器》‘兔罟谓之置’，之置。”②

卜辞中还有用网网虎：“甲……燎于盄曾，罠虎。”（《合集》20710）此是用网捕捉到虎。虎和野猪，性皆凶猛，最不易捕获，商人能用网捕捉到这两种猛兽，可见网的坚实、商人用网狩猎技术的高超。

5. 逐　甲骨文逐字从豕从止，作人追豕形。商王行猎，逐兽以车，有辞云：“甲午王往逐兕，小臣叶车，马硪甹王车，子央亦坠。”（《合集》10405）知逐兽用车。逐的动物以鹿、逐、兕、麋为多。如：“丁丑卜我惟三十鹿逐，允逐。获十六。一月。”（《合集》10950）对于禽属，卜辞中也言逐，如：“……往逐磬鹰弗其擒。”（《合集》10500）磬后一字，为一展翅欲飞的鸟，从其长喙推测，当是雕类猛禽。这类猛禽在安阳殷墟有遗骸发现。又：“癸未卜，㱿，贞多子逐𥝤。”（《合集》10501 正）此辞逐后一字从隹作，亦是鸟类之一种，但其字不识，不知为何鸟。逐还可与阱连用：“丙子卜，品，贞王往阱（字从麋从坑）其逐。”（《怀特》931）这大概是阱中之兽逃掉，再加以追逐。

6. 从　甲骨文从字像二人一前一后相随之形。或释为“比”。这也是一种

① 王国维：《戬寿堂所藏殷虚文字考释》，上海圣明知大学石印本，1917 年，第 69 页上。
② 罗振玉：增订《殷虚书契考释》中，东方学会石印 1927 年，第 49 页下。

狩猎方法。如卜辞云："翌日戊王其从，亡𢦔，擒。"（《合集》29039）以其字形推之，"从"当与"逐"相近，也是一种追逐兽类的方式。所"从"的兽类除麋、鹿之外，还有猛兽兕，如："惟从兕。"（《合集》28411）

7. 射　射是田猎中获禽兽的重要方法，在没有火药、火枪以前，弓箭是冷兵器时代的远射武器。弓矢既是战争中的武器，也是狩猎中最为有效的工具。

在商代的遗址和墓葬中，出土很多的铜、骨、蚌、石、玉等质料的箭镞，在大中型墓中，多出铜质矢镞，小型墓中多出石、骨、蚌质矢镞。《吕氏春秋·异用》云："古之人贵能射也，以长幼养老也。今之人贵能射也，以攻战侵夺也。"陈其猷注云："渔猎时代，射禽兽所以长幼小而养老弱也。"射猎获兽，在卜辞中常见，如："贞其射鹿，获。"（《合集》10320 正）"王其射穆兕，擒。"（《合集》33373）"穆兕"，穆地的兕。射同其他狩猎动词连用，如："……王其射租麋，惟逐亡［𢦔］"（《合集》41350、《英藏》2295）

8. 征　征字在卜辞中是田猎用语，如卜辞："贞其祝，允擒，乙王其征襄兕。吉。"（《合集》30439）"于旂征，擒。"（《合集》33399）"襄"、"旂"是田猎地，征获的动物有鹿、麋、兕、麀等。有的卜辞中还记有征获动物的数量，如："……征获……百四十……"（《合集》7643）惜所获动物名称不详。

9. 𡧊　𡧊，甲骨卜辞作，于省吾谓此字从内从止释作退，其义有郤、罢、止等义[1]，李孝定认为有迟义，且有的卜辞中又是一方国或人名。此字在卜辞中，与田猎有关，有下面卜辞："贞王其逐兕，获。弗𡧊兕，获豕二。"（《合集》190 正）"丁巳卜，史，贞，呼任目虎𡧊。十月。"（《合集》10917）他辞有《合集》10303、38369、10321、10106、7684。张秉权先生谓："𡧊字有获或捕杀之义，疑即迒之或体踁字，通为阬（俗作坑）……阬有陷杀之义。"[2] 林小安释为各，假为格，格有杀义[3]。此说可从。

10. 裒（搏）　此字张政烺释作裒，即开垦荒地。并指出五期卜辞中的

---

① 于省吾：《殷契骈枝》三编，1944 年石印本，第 26 页。

② 李孝定：《甲骨文字集释》第二卷，台北史语所专刊，1970 年，第 579～580 页。

③ 林小安：《武丁臣属征伐行祭考》，《甲骨文与殷商史》第 2 辑。

“裒兕”之裒即“捕捉”，在五期卜辞，有三版甲骨占卜裒兕：“丁酉［卜］，贞翌日壬寅王其裒兕（下略）”（《合集》37387）他辞见《合集》37392、《合集》37514。张先生说卜辞“裒兕”的裒字即《说苑·君道》篇中的“攫犀搏兕”的“攫”或“搏”字。攫和搏不使用兵器。《史记·殷本纪》商纣王“手格猛兽”，兕是猛兽之一，这与第五期卜辞中的“王裒兕”是相合的①。其说甚是。

裒字，裘锡圭释其字为壅，谓其字“当读为壅遏、壅蔽之‘雍’”，狩猎是“挡住兕的去路进行兜捕”②。亦可备一说。

11. 隻　此字在卜辞中是狩猎动词，如：“王田，隻鹿。不隻。”（《合集》267反）卜辞中“不”后一字皆为动词，如常见的“不雨”，此“雨”为动词，意为不下雨。此辞中的“不隻”当亦应为动词。“王田”，是商王进行狩猎活动。“隻鹿”当是捕捉到鹿。他辞有“贞王其逐鹿，隻。”（《合集》10299正）这类辞例与“王其逐豕，获”（《合集》230）同，当是与擒、获、执一类词相当。甲骨卜辞中有言隻而获的如：“允隻豕……获八。”（《合集》10900）

12. 弹　弹字从弓从单，字像弹丸在弓之弦上，卜辞中仅见一例，用以弹兔：“丙午卜，弹延兔。”（《合集》10458）在新石器时代的遗址中，就常发现有陶、石质的弹丸，用以狩猎，商人乃承其后。

13. 牧　牧在卜辞中主要用为放牧牛羊等畜牧劳作方面的动词，但也有“牧雉”者，如：“癸酉卜，王其田，牧雉，惟乙亡［𢦏］。惟戈田，牧雉，亡𢦏，弗每，永王。”（《屯南》4033）雉为飞禽，不可放牧。此“牧雉”当如胡厚宣先生指出的“为出猎之法”。但牧究为何法得雉，惜不知。

14. 步和戋　在第五期卜辞里，步和戋都有获兽的。言步而获兽者仅三见：“庚子王卜，在浅睐，贞今日步于潸亡灾，在正月，获狐十又一。”（《合集》37475）他辞如《合集》37504、《续》3. 30. 2。步字，在卜辞中有三义：

---

① 张政烺：《卜辞裒田及相关诸问题》，《考古学报》1973年第1期。

② 裘锡圭：《甲骨文中所见的商代农业》，《农史研究》第8辑，1989年。

（1）行走（主要用法）；（2）祭名；（3）方国名[1]。步中偶有获兽，是商王出外的偶猎，故“步”不可视为田猎用词。

“戋”字，在卜辞中见于三期和五期。主要句式为“王戋”或“王戋于某地”，故称为“王戋”卜辞[2]。此字历来被不少研究者认为是一田猎动词，但在第三期的236版410条“王戋”卜辞中，只有两条卜辞与田猎有关：“王其戋于噩……狩。”（《合集》29027）又：“今日王其戋于噩亡弋，擒。”（《合集》29035）第五期“王戋”卜辞的269版382条“王戋”卜辞中，只有四条卜辞与田猎有关：“己丑卜，贞王戋于召往来亡灾，在九月，兹御，获鹿一。”（《合集》37429）。他三辞见《合集》37440、《合集》37446、《合集》37460。此外，《合集》37495可能也是一条“王戋”卜辞：“□□［卜］，贞……召［往］来亡……获鹿□。”“贞”后所缺是“王田”还是“王戋”，适缺。但五期多在召地行“戋”，很少在此地“田”的。故此可能是“王戋”卜辞。

在甲骨文中田猎用辞和“王戋”卜辞有时同在一版卜问，如：“戊寅卜，贞王戋，往来亡灾。壬午卜，贞王田，往来亡灾。丁亥卜，贞王戋，往来亡灾。”（《合集》41833）“田”与“戋”同版占卜的还见《合集》37448、《屯南》660等。《合集》41768是一版五期甲骨，其上共有9条卜辞，言“步”的6辞，言田、戋各1辞：“壬寅王卜，在呈𫐄，贞今日步于永亡灾。癸卯王卜，在永𫐄，贞今日步于［温亡灾］。乙巳王卜，在温，贞今日步于攸亡灾。己未王卜，在［攸］，贞田元往来亡灾。乙丑王卜，在攸，贞今日戋从攸东亡灾。庚辰王卜，在危，贞今日步于叉亡灾。辛巳王卜，在叉，贞今日步于浀亡灾（下略）。”这是征人方回程途中占卜的一块甲骨，主要是占卜“步”这一行动，但在“步”的中间，有一辞“田元”，一辞“戋攸东”，是在步行动中杂有“田”和“戋”。这就表明戋和步一样，虽偶有狩猎行为，但它主要不是

---

① 徐中舒主编：《甲骨文字典》，步字条，四川辞书出版社1988年版，第142页。

② 陈炜湛同志把三期之戋释为迍，意为“停留于某地”，将五期此字释为“过”，意为“至某地”，并认为五期的过与田猎事关系较密切，但它本身未必便是田猎活动。迍则与田猎关系甚少，更可能是一种军事活动，或即后世的“勒兵而守”（见陈炜湛：《有关甲骨文田猎卜辞的文字考订与辨析》，中国古文字学会第六次年会论文，第7页，1986年）。其实三、五期两字应为一字，三期多不填实，乃时代之异，非文字的不同。观两期这类卜辞所至地点，大致皆在殷西沁阳猎区内可知，陈氏认为非狩猎活动则是。

一个田猎用词。对此字隶释，诸家众说纷纭。裘锡圭释为逖，读为“有敕戎镇抚之义的‘悐’’。陈炜湛也认为是与军事训练有关的一个词。就整个三、五期500余版近800条“王这”卜辞考察，裘锡圭和陈炜湛之说当是，这从下面两条“这”卜辞可以得到证实：“丙子卜，贞翌日丁丑，王其震（振）旅，延这，不遘大雨。兹御。”（《合集》3817）“丁丑王卜，贞其震（振）旅，延这于盂，往来亡灾。”（《合集》36426《佚》971）“振旅”是军事训练，见于《左传》《国语·齐语》《周礼·大司马》等。“延”有继续之义，上两辞皆是“振旅”之后继之以“这”，故解释为军事演习以后，继亡以显示武力，用以镇抚所到之地，则文从字顺。因此我们不把“王这”卜辞，作为田猎卜辞来考察。

15. 关于“省田”。“省田”一词在第四章第五节“农业管理”中已指出，应是对土地种类、地势的一种勘察活动。但过去常把“省田”卜辞视为田猎卜辞的一种，故在此略加申说。

卜辞中明言“省田”或“田省”的甲骨初略统计有186版，237条卜辞，其句式有两种形式。一是“省田”式：如“王其省噩田湄日亡𢦏。”（《合集》28971）“省田”辞中，有带地名和不带地名之分，有的还带干支记日。二是“田省”式：如“惟盂田省不遘雨。”（《屯南》2192）凡言“田省”者，其前皆有一“惟”字，“惟”字作语气词，其作用之一是使宾词前置，以强调所省的田，辞义与“省田”同。

过去以为“省田”是一狩猎行动。但遍检有关“省田”的卜辞，无一辞言省田而获兽者。《屯南》598版上有省与射、擒获相连：“戊寅卜王其这于向。其省向，翌日……延射……麓，擒。”此辞是射兽于其山麓而有所擒获的，然是在“省向”的“翌日”。而卜辞中的“翌日”，包括次日后的若干日期，短则次日，长则可达10余天。故此辞亦难直接与田猎相连。又省与狩同辞的：“王其省……延狩……”（《合集》28786）此辞有残，省下可能缺地名，还可能缺“翌日”之类时间词。“延”有继续之意，是“省田”后继之以狩猎，此两事在同一辞中占卜，正是它们有区别的证据。“省田”的“田”与“省噩”、“省盂”等同，是名词。而“田”作为名词，在卜辞中除为专有名称外，应指作农田。要之，“省田”是一种巡视农田活动。

甲骨中有“省田”和田、狩同版卜问的，如：“弜田其悔。王惟田省亡戋。狩亡戋。”（《合集》28641）这样同版的例子，还见于《合集》28631、28640、28646、28649、28650、28653、28995、41346、41503，《英藏》2324，《屯南》2386、2269 等。同版同时卜田、省田、狩之事，当为一种选卜，此正说明是有区别的。我们再回过头来细读《作册羽鼎》铭，其中“王令寝农省北田四品”一句，其疑则焕然冰释，因田猎之地是不必分高下几等的。

我们对卜辞中的狩猎方法及使用频率列表如下：

期别 / 次数 / 方式	一	𠂤、子、午	二	三	四	五	总计
田	146	16	108	1024	594	859	2747
狩	139	27	2	40	29	/	237
焚	27	6	/	20	/	/	53
阱	46	/	/	8	13	/	67
网	77	18	/	17	/	/	112
逐	112	2	2	35	13	2	166
射	9	3	1	96	7	5	121
征	5	/	/	5	4	/	14
宨	3	/	/	1	1	/	5
衣逐	/	/	/	/	/	47	47
裒	/	/	/	/	/	3	3
牧	/	/	/	2	/	/	2
隻	9	/	/	/	/	/	9
弹	1	/	/	/	/	/	1
总计	574	72	113	1248	661	916	3584

第四节 狩猎所获禽兽种类

商王国以今河南省为中心，北及今冀、晋，南达江汉，东至鲁境，西到河渭之滨。幅员辽阔，地形复杂。加之当时气候比现在温湿，森林、草原覆盖面大，飞禽走兽常游弋其间，为狩猎提供良好的条件。就甲骨文所载及地下考古出土所见兽骨，商人猎获动物种类多，数量亦巨，现分述如下：

1. 虎　虎是一种猛兽，甲骨文中其字皆作侧视，张口露齿，夸大其嘴以别于其他动物。就甲骨文言，殷墟时代的商代晚期，从武丁到帝辛时期，都有猎获虎的记载。《合集》10197 是武丁时的一片甲骨，其上记商王一次狩猎捕获两只母虎和两只公虎。在帝乙帝辛卜辞中，有一次获了 3 只："己亥卜，贞王田□麓，往来亡灾。获鹿四，虎三、麑二。"（《合集》37463）常见的是一次狩猎获虎一只。

商人视捕获到虎为荣耀之事，不但寝其皮，食其肉，还特别把捕捉猛虎之事刻在食余的虎骨上。《怀特》1915 是一片现藏于加拿大多伦多博物馆的虎骨刻辞。其文为："辛酉，王田鸡麓，获大霥虎。在十月。隹王三祀劦日。"（《合集》37848 同文）此辞时间为帝辛三年十月辛酉日，显然是在炫耀这次狩猎的成绩。

在考古发掘中也可反映商人对虎常有接触，因而很熟悉。1953 年郑州二里岗出土一用泥质灰陶塑成的陶虎。两爪伏地，张嘴怒目，十分凶猛①。在安阳殷墟曾发现虎头骨及肢骨，经鉴定头骨有 20 多个。另外还有豹的头骨②。1950 年在武官村大墓中，出土一件虎纹大石磬，长 84 厘米，宽 42 厘米，厚 2.5 厘米。正面雕刻 1 只虎，"作张口欲吞状"③。同类的磬，1973 年在殷墟的小屯村又发现一件。商代铜器更常见虎纹。以虎作为流行的雕刻题材，也反映出商人对捕获猛虎的嗜好。

2. 象　甲骨文"象"字构形为突出长鼻。卜辞中有狩猎获象的记载。在帝乙帝辛时一次可多达 10 头。如："辛未王卜，贞田𠷎往来亡灾。王占曰：吉。获象十，雉十又一。"（《合集》37364）获象是指野生象被捕获，这反映出在商代中原地区本有象。前畜牧业章中已指出，商人已驯养象，当是获野象而驯养，以供运输、象战之需。《吕氏春秋·古乐》："商人服象，为虐于东夷"，即是象战。

---

① 河南省文化局文物工作队：《郑州二里岗》，科学出版社 1959 年版，第 31 页，图版 7：9；图 20：2。

② 杨钟健、刘东生：《安阳殷墟之哺乳动物群补遗》，《考古学报》第 4 册，1949 年。

③ 郭宝钧：《一九五〇年春殷墟发掘报告》，《中国考古学报》第 5 册，1951 年。

3. 兕　甲骨文的“兕”字作头上有大角之形，为一象形字。《山海经·海内南经》：“兕在舜葬东，湘水南，其状如牛，苍黑、一角。”“苍黑”《说文》作“青色”。《山海经·南山经》：“祷过之山，其上多金玉，其下多犀、兕。”郭璞注：“犀似水牛，兕亦似水牛，青色，一角，重三（郝懿行《尔雅·释兽》云此字衍）千斤。”则兕为重千斤，似青色水牛的大兽。兕偶有白色。帝乙帝辛时获一只白兕，商王以为珍奇，刻辞记事于兕头（《合集》37398）。

《山海经》言兕在湘水南，其实在商代中原亦多兕。卜辞中商人狩猎，从武丁到帝乙帝辛时，多有获兕。兕因是凶猛大兽，不易猎获，故卜辞常见一次获一二头，但也有一次狩猎获多头的（《合集》1030、33375等），偶有一次竟能捕获三四十头者，如：“擒，兹获兕四十、鹿二、狐一。”（《合集》37375）一次获猎达40头之多，可见在商末中原地区，兕牛是成群结队地出没于山水之间[①]。卜辞讲擒，是生擒，一次生擒36头（《屯南》2857）、40头凶猛的兕牛，也反映出当时狩猎的规模大，技能高超。

4. 豕　狩猎中猎获的豕，是野猪，它与性格温顺的家猪大异。野猪性凶猛，善奔突，不易猎获，且易伤人，所以猎人素有“一猪二虎”的意识，认为打野猪的危险胜于虎。因而卜辞中常见猎豕有无灾祸的占卜，如“贞惟□豕逐，亡灾弗每。”（《合集》28368）参加猎豕的是像多马这样的一些武装人员：“□□卜其呼射豕，惟多马。吉。”（《屯南》693）狩猎野猪一般只是一二头为常，10头以上者少见，较多的一次是前引《合集》10350片，获豕32头，最多的一次是获40头：“……麋七十、彘四十、麑百。”（《合集》20723）卜辞彘字像豕身被箭射之形，当指野猪。因野猪性凶猛，不易生得，多用箭杀伤方可获得，所以卜辞用这样的造形表示野猪[②]。

5. 鹿　卜辞“鹿”字头上一般作两支角，其上再分叉，也有作一支角上分叉者，为其简写体。鹿字在卜辞中泛指鹿类动物。从地下出土的兽骨鉴定，

---

① 胡厚宣先生在《气候变迁与殷代气候之检讨》一文中，引一条卜辞，商王追逐一百头兕，其辞如下：“□子卜，㱿，贞王逐百兕，阱。”（胡厚宣：《甲骨学商史论丛》第二集第二册，齐鲁大学，1944年。）

② 赵城：《甲骨文简明词典》，中华书局1988年版，第200页。

商时有鹿、四不象、斑鹿等品种[1]，卜辞未予分别表示。在甲骨文中，鹿是狩猎的主要对象，常见逐鹿、射鹿、网鹿、擒鹿、获鹿的卜辞，如："乎多马逐鹿，获。"（《合集》5775正）"贞王其令呼射鹿。"（《合集》26907）"呼多犬网鹿于蕽。八月。"（《合集》10976正）甲骨文中，获鹿最多的一次是162头："……丁卯……狩征……擒，获鹿一百六十二……□百十四；豖……十，旨……"（《合集》10307）鹿性虽温顺，但听觉、嗅觉皆极锐敏，又善于奔跑，因而不易捕获。如："丁丑卜，我惟三十鹿逐，允逐。获十六。一月。"（《合集》10950）辞中的"我"是商王武丁的自称。此次狩猎发现一鹿群共有30头，武丁去追逐，只打到16头，跑掉14头，几乎有一半逃脱追捕。

6. 麋 甲骨文"麋"字作鹿身而特别突出目上的眉毛，以表声。《急就篇》："狸兔飞鼯狼麋麖。"颜注云："麋似鹿而大，冬至则解角，目上有眉，固以为名也。"此兽习性居水草，《诗经·巧言》有"居河之麋"，注云："水草多谓之麋"，故又称之为"水鹿"[2]。麋属鹿科，形似鹿而体大。一般体长2米多，肩高1米，雄性有分枝之角。麋是商代狩猎的主要对象，所获数量多，最多的一次曾捕获到700头："□□贞乙亥阱，擒七百麋，用皀……"（《屯南》2626）在武丁时有一次狩猎捕捉到400多头："允获麋四百五十。"（《合集》10344反）这450头麋不知用何方式猎得。此版正面有12条卜辞，其中5辞是卜问能否擒获麋、鹿、兕、兔的，但未记用何种方式猎获。而获数百头麋一般多用阱，如："甫擒麋，丙申阱。允擒二百又九十。一月。"（《合集》10349）

获鹿百头以上的狩猎，皆在一、四两期，第五期有一辞记获48头的，见《合集》37458。二期不见有获麋的记载，第三期虽有猎麋，但不见有猎获量多少的卜辞。

麋过去一般认为它角似鹿而非鹿，头似马而非马，身似驴而非驴，蹄似牛而非牛，故名为"四不象"。其性温顺，食草为生，故易被大批猎获。其遗骨在安阳殷墟和河北藁城台西商代遗址中，都有大量出土。1946年杨钟健对殷

① 杨钟健、刘东生：《安阳殷墟之哺乳动物群补遗》，《中国考古学报》第4册，1949页。

② 丁骕：《契文所见之鹿字》，《中国文字》第21期。

墟15次发掘所出土的部分兽骨进行鉴定，其中“四不象”骨骼在1000件以上，可见当时在中原麋很多，故周武王在灭商后说，商王国在他未降生到灭商的60年间，“麋鹿在牧，蜚鸿满野”①。他斩杀殷纣王而灭商后，在商境进行狩猎，获大量野兽，其中有麋5235头之多②。

7. 麑　卜辞中的“麑”的字形，像鹿无角，表示幼鹿。《国语·鲁语上》：“兽长麑麌。”韦昭注云：“鹿子曰麑，麋子曰麌。”《韩非子·说林上》“孟孙猎得麑，使秦西巴持之归，其母随之而啼，秦西巴弗忍而与之”，是幼鹿称麑之证。幼鹿又称麛。《淮南子·主术训》“先王之法，畋不掩群，不取麛夭”，注：“鹿子曰麛，麋子曰夭”，是幼鹿既称麑又称麛。商代没有“不取麛夭”之法，相反麑却是主要狩猎对象之一。

在武丁时的一次狩猎中，猎获兕虎等大批动物，其中有鹿21头，而麑多达127头（《合集》10197）。另一次狩猎捕获麋70头，野猪40头，麑最多达100头（《合集》20723）。

一次获百头以上的，还见于《合集》10198，获麑159头。《合集》10407捕获199头，这也是捕麑记载最多的一次。卜辞有特言明逐麑、射麑、获麑的。如：“……多子逐麑，获。”（《合集》10386正）狩猎特指明捕获麑的卜辞，皆属武丁时期。武丁以后，对麑捕获的数量大减。二、三、四期只有两版甲骨的三条卜辞记有获麑的，但都无具体数字。第五期时猎麑的卜辞有所增加，但所获数量与武丁时相比也大为逊色。就卜辞所见，一次狩猎获麑一二头，最多一次捕捉到8头（《合集》37380）。很可能在武丁以后，商人已产生了不猎幼鹿，使其长大体肥再捕的意识。

8. 狐　狐字从犬从亡。卜辞亡字皆读作有无的无，而不读作逃亡的亡，如常见的“旬亡祸”，读作“旬无祸”，是卜问未来的十天中有无灾祸。故此字从无（Wú）音，读为狐（hú），不从亡（wáng）音，读作狼（láng）。在安

① 《史记·周本纪》。

② 《逸周书·世俘解》。武王此次狩猎获兽中，有麋和麋两种兽，麋数为30头，麋为5235头。注引梁处素云：“麋必有一字作麋者，古麋麋多通写。”卜辞中有麋字，但不见有作兽名者，当是此类兽少之故。因此，武王获5000多头的麋，以甲骨文中多麋相参照，应为麋，获30头的麋，或是卜辞中少见的麋。

阳殷墟发现有狐的骨骼，而未见有狼骨①，也为此字应读狐不读狼的佐证。狐也是商人狩猎的主要对象之一，武丁时一次狩猎中曾获 164 只（《合集》10198），可见狐这种野兽在当时也不少。以狩猎获狐次数而论，当以帝乙帝辛时为多，此时见诸卜辞的获狐有 75 条，仅次于获鹿的次数。获狐的数量亦可观，一次捕获 10 只以上的有 17 次。获 40 只以上的有三次，以《合集》37471 记获为最多："□□卜，贞王田鸡往来亡灾……弘吉，兹御，获狐八十六。"

甲骨文中有裘字（见《合集》4537、7921、7922 等），像皮毛外露之衣。狐皮自古是作衣裘的上等原料，《诗·豳风·七月》："取彼狐狸，为公子裘。"商人大量猎获狐，当与此用有关。狐裘大约以白色最为珍贵，白狐稀少，在卜辞中获白狐的仅两见："……白狐惟……"（《合集》33364）"□□卜，贞[田] 叀往 [来亡] 灾，获鹿……麑二，白狐一。"（《合集》37499）

9. 兔　卜辞"兔"字作短尾长耳形。猎获兔子以一期武丁时为多。《合集》10197 记获 23 只。《英藏》856 获 73 只。又《合集》1331、40123，《天理》205，《苏德美日》附录一所载卜辞可能是一组同文而互为残缺，可互补成一条较完整的卜辞："戊寅卜，争，贞……曰我其狩盗，其 [擒] 允擒，获兕十一，鹿……，麋七十又四，豕四，兔七十又四。""盗"，裘锡圭释为邲，认为即《左传·宣公十三年》记晋楚战于邲的邲，其地在今郑州附近②。这次狩猎捕获有兕、鹿、麋、豕、兔等多种兽类，74 只兔也是甲骨文中所见最多的一次。

总计以上所见，商人狩猎的对象中哺乳动物有虎、象、兕、豕、鹿、麋、麑、狐、兔等 9 种，实际当不止这些，还有一些动物，或因卜辞内容所限还未见到，或见于卜辞而未予释读出来，有待于以后的研究。现将杨钟健、刘东生对安阳殷墟出土的兽骨鉴定表中，除去家畜牛、马、羊、犬四种外，将属于野生动物及既有野生又有家养的（如豕、象、鹿）动物种类和甲骨卜辞所见、《逸周书·世俘解》中周武王灭商后在商境狩猎所获的动物种类及数量制成一

① 杨钟健、刘东生：《安阳殷墟之哺乳动物群补遗》之哺乳动物群材料表，《中国考古学报》第 4 期。

② 裘锡圭：《释邲》，《古文字研究》第 3 辑。

表，以观当时的哺乳动物群体和人们狩猎获兽的种类：

项目 名称	材料约计		估计总数	是否见于卜辞	《逸周书·世俘解》载周武王灭商狩猎所获
	第一次鉴定	第二次鉴定			
狐		三个头骨及破碎之下颚骨	10 以下	见	
狸	三个下颚骨	若干上下颚骨及肢骨	100 以下	未见	
熊	一上颚及两个下颚骨	上下颚及牙及指骨	100 以下	未见	获 151 只
乌苏里熊	一下颚骨		10 以下	未见	
獾	二下颚骨	数头骨及肢骨	100 以下	未见	
虎	若干头骨及下颚骨	二十余头骨及少数肢骨	100 以下	见	获 22 只
豹	二上颚骨二下颚骨	?	10 以下	未见	
猫		一后大腿骨	10 以下	未见	2 只
鲸	脊椎骨及肢骨		10 以下	未见	
黑鼠	二头骨	四头骨及下肢	100 以下	未见	
竹鼠	三下颚骨	二头骨及二下颚骨	100 以下	未见	
田鼠		三头骨数下颚及肢骨等	10 以下	未见	
兔	头骨上下颚及肢骨	二头骨上下颚及肢骨	100 以下	见	
貘	一左下颚一右下颚	?	10 以下	未见	
犀牛		二指骨	10 以下	见	获 12 只
肿面猪	二头骨及上下颚骨	大量上下颚及肢骨等	1000 以上	未见	
猪	下颚	破碎之上下颚	100 以上	见	获 352 只

续表

名称 \ 项目	材料约计		估计总数	是否见于卜辞	《逸周书·世俘解》载周武王灭商狩猎所获
	第一次鉴定	第二次鉴定			
獐	头骨下颚骨	头骨肢骨等	100 以上	未见	
鹿	下颚	头骨上下颚骨及肢骨	100 以上	见	获 3508 只
四不象鹿（麋）	角上下颚及肢骨	大量角上下颚及肢骨	1000 以上	见	获 5235 只
扭角羚		一对角及若干可能归此种之肢骨	10 以下	未见	
象	肢骨、牙	牙肢骨及脊椎骨	10 以下	见	
猴	上下颚	一头骨及牙齿	10 以下	未见	
麑				见	
氂				未见	获 721 只
貉				未见	获 18 只
尘（麀）				未见	获 16 只
麝				未见	获 50 只
麇				卜辞只作人名用	获 30 只
罴				未见	获 118 只
总计 30 种	18 种	19 种（存疑 2 种）		9 种	13 种

藁城台西商代遗址中出土有 2 麇的骨骼，在安阳殷墟和卜辞中皆未见。鲸是海产，与狩猎无关。鼠类有三个品种，其遗骨亦不为少，是否商人有捕鼠为食的习惯。若除去鲸和鼠不计，两种熊、两种猪以一种计，包括台西的麇在内，商时人的狩猎对象，哺乳动物计有 25 种。

下面再看商人捕获鸟类情况。卜辞中所见捕鸟所获的种类有：

1. 雉　卜辞“雉”字从隹从矢，以矢为声，是一形声字，俗称山鸡、野鸡。获雉以一期和五期卜辞较多，获最多的一次是五十只：“壬子卜，⿰至获鹿。获三……鹿一，雉五十。”（《合集》40834）其次是《合集》37365 记获 30 只，《合集》1097 记获 27 只，《合集》10921 记获 17 只，《合集》10514 记获 15 只。获 10 只以上的还有《合集》8659（获 10 只），39364（获 11 只）、37368（获 11 只）等。

2. 鹰 甲骨文的“鹰”字，作长喙，展翅欲飞形。鸟类中的长喙，为猛禽的象征。安阳殷墟曾出土有鹰的骨骼。1987 年在小屯东北宫殿区的甲四基址东的一个大灰坑内，出土有鹰、雕等大型猛禽。雕的个体较多[①]。经鉴定，这些骨骼属三种类型的雕[②]。以这个灰坑出土陶器分析，属殷墟早期。猎鹰的卜辞，只见于武丁时期，如：“……燕……获鹰五十。”（《合集》10499）“……往逐鹰。”（《合集》10495）飞禽一般是射或用网来猎获，而此用“逐”，当是鹰或雕为猛禽，善飞，需在奔跑中射猎，故称为“逐”。

3. 鸟 卜辞“鸟”字为一象形字，武丁时有一次网捕 5 只鸟：“甲寅卜呼鸣网鸟，获。丙辰风，获五。”（《合集》10514）商人捕获鸟，其数当很多，甲骨文擒获的获字就从隹从又，“隹”表示鸟，“又”表手，用手捉住鸟，就是“获”。在第五期卜辞常见“获隹”，其数皆可观，获百只以上者有《合集》37367（获 138 只），《合集》41802（获 250 只、222 只），《合集》37513（获 148 只）。

甲骨文中有一字，从隹从，当是一种鸟类，多见于武丁卜辞中，有省却“隹”只有下半者（见《合集》10506～10509），当是此字的省体。卜辞中对此动物有“逐”与“获”两动词连用的，曾一次获到 8 只（《合集》9572），故为猎获对象。究为何种鸟类，不得而知。

商时期鸟的种类很多，但其名称见于甲骨文的却不多。上引卜辞中称作鸟（隹）的，只是禽类的总名，包含了不同种类的鸟。其具体名称、种类，已不可考知。

---

① 中国社会科学院考古所安阳工作站：《1987 年安阳小屯村东北地的发掘》，《考古》1989 年第 10 期。

② 侯连海：《记安阳殷墟早期的鸟类》，《考古》1989 年第 10 期。

下面就卜辞中所见各期狩猎所获禽兽种类及出现频率，制成下表，以观商时期的狩猎情况：

出现次数 期别 / 名称	一期	𠂤、子、午	二期	三期	四期	五期	总计
虎	32	12	/	4	3	10	61
象	6	/	/	/	1	12	19
兕	83	10	5	32	18	33	181
豕	43	3	2	14	3	2	67
鹿	158	18	3	55	12	76	322
麋	60	4	/	45	9	10	128
麑	20	3	/	1	2	24	50
狐	4	/	/	13	/	75	92
兔	11	5	/	/	/	/	16
雉	6	/	1	/	1	13	21
鸟	6	/	/	1	/	7（隹）	14
鹰（鷹）	5	/	/	/	/	/	5
[illegible]	12	/	/	2	/	/	14

第五节　狩猎的参加者

商人狩猎参加者，就卜辞所见，可分为三个层次：商王，王室臣僚及诸侯，普通平民及奴隶。

商王出猎，在甲骨文中占绝大多数。一般句式是："王"加狩猎动词或狩猎方式动词，如四、五期常见的形式是"干支卜贞王其田亡灾"，或"干支卜在某地贞，王其田往来亡灾"，此类卜辞，例多不胜枚举。其他狩猎方式动词，若以商王亲出，则前加主语"王"，如："贞王其狩区。"（《合集》685）"区"为地名，"其"是将要之意。全辞为商王将要到区地去狩猎。在卜辞中，有省去主语不言谁去行猎的句式，如："贞其逐兕，获。"（《合集》10399）这些省去主语的卜辞，其行动之主体应为商王。

臣僚狩猎有三种情况：其一是随王狩猎。商王出猎，前呼后拥，其中有身边的各级臣僚诸侯，甚至方国部族跟随其后，如："甲午王往逐兕，小臣叶车，马硪粤王车，子央亦坠。"（《合集》10405）在王车上有小臣驾车，有掉下来的子央。"小臣"是地位很高的职官。"子央"是王室重要成员，卜辞有"御子央于母庚"（《合集》3010）、"酒子央御于父乙"（《合集》3013）。"御"是攘除灾祸之祭。《合集》3013是武丁时卜辞，辞中的"父乙"指武丁之父小乙。《合集》3010辞中的"母庚"是小乙的配偶，武丁的生母妣庚，故武丁向其父母之灵祈其攘灾的子央，应是王室成员。

其二是商王"呼"、"令"某人去狩猎，如："贞呼伲逐兕，获。"（《合集》10403）这是在商王的指令下，由臣僚进行的狩猎。

其三是臣僚自己进行的狩猎，如："壬申卜，㱿，贞甫擒麋。丙子陷，允擒二百又九。一月。"（《合集》10349）"甫"是王室臣僚。这类卜辞中的人物，他们既不是跟随商王出猎，也不是在商王"呼"、"令"下出猎，当是臣僚自动出猎。臣僚单独进行或受商王的指令狩猎的卜辞，主要见于早期甲骨，即武丁时期。反映出武丁时期的狩猎活动更多的具有经济意义。

商时的狩猎，其规模很大，一次狩猎能获麋鹿700头，或凶猛的兕牛40多头，猛虎、大象多头。用火焚山，以火炬驱兽，挖陷坑，收集猎获物等贱役，皆非商王及臣僚亲躬其事，而是委于普通平民百姓或被压迫的奴隶阶级。下层人员参予狩猎见于甲骨的有："王人"（《合集20748》），指的是商王室之族人；"大左族"（《合集》35344），指族人；"右人"（《合集》35344），指编入军队的人①。卜辞中的"人"是泛指，但在一般情况下，指非奴隶的平民。

贵族在狩猎时，向商王提供的人员亦称"人"，如："致人田"（《合集》1022）、"以人狩"（《屯南》961）。这些"人"的身份不得而知。

奴隶参加狩猎的有"众"，如："甲子卜，令众田，若。"（《屯南》395）"贞惟众涉兕。"（《合集》30439）"众"在狩猎中只能执贱役，如收集、搬运猎获物等。

除"众"外，常见参加狩猎的人有羌（《合集》154、153、156、5579正等）。羌人是被俘者，无人身自由，常被用以为祭神的牺牲。而参加狩猎是商

① 杨升南：《略论商代的军队》，胡厚宣主编：《甲骨探史录》，三联书店1982年版。

王役使的劳力。此外是参加狩猎者还有“臣”，如：“多臣人”（《合集》21532）、“子效臣”（《合集》195 乙），分别为多臣、子效所属下的奴隶。

第六节　狩猎活动的组织管理及其社会经济效益

商代对狩猎活动建立了有效的管理体制，主要体现在重要的狩猎地区设置负责狩猎事务的官员，即甲骨文中所称的“犬”。就甲骨卜辞所见，在盂地设犬官，如：“……戊王其从盂犬叶田㦰，亡［𢦏］。”（《合集》27907）“盂”是重要狩猎地，“盂犬叶”之“叶”，是盂地犬官的私名。此外，设犬官的有“㦰”（《京》4449）、“成”（《屯南》2329“成犬禽”、《合集》27914、29349“成犬䍐”）“牢”（《怀特》1350、《合集》27916、27920、27921，《合集》27923“牢犬舌”《合集》27910“牢犬亢”）“洒”（《合集》27901、《合集》27902“洒犬中”）“宕”（《合集》27903、27904“宕犬节”）“阠”（《合集》916）“狈”（《合集》27900、4408）“洸”（《合集》27898）“洸犬陕”）“襄”（《屯南》625“襄犬壬”）“盖”“殳”（《屯南》4584）、“祝”（《屯南》106）“虘”（《合集》27899）“沓”（《合集》27911）“㵒”（《合集》29207）“磬”（《宁》1.395“磬犬山”）“奚”（《合集》37439）“囚”（《合集》36424、37387“囚犬雍”）“智”（《合集》27751）、“舌”（《掇二》169、《续存下》809）。

就卜辞所见，在上述20余处地方设有犬官。各地设置犬官用意，一是向王报告当地的兽情，以便商王有目的地出猎，二是商王到该地狩猎时作为前导，因犬官为当地的地方官，熟悉地形和兽情。

从各猎地犬官的设置及其任务，可见商代狩猎有一套较完整的管理体制。

商代狩猎活动的社会经济效益，主要有如下三个方面：

1. 提供肉食品和手工业原料，是农牧经济的补充。甲骨文中常见用狩猎品以祭祖先神的，如以虎为祭品的：“乙未卜禭虎，陟于祖甲。乙未卜禭虎于父丁福。”（《合集》27339）“禭”字像以手执隹献于神祖“示”上，罗振玉谓“象两手奉鸡牲于示前”①，是卜辞常见的祭名。野兽除了虎外，还有兕（《合集》27146）、麋（《合集》15921）、鹿（《合集》10316）等。此祭所用牲品，家畜有马（《合集》32435），牛（《合集》40874）。因此在卜辞中，此种祭祀仪式，已不仅是献祭鸟类为牲品，也包括兽类动物。用猎获野兽作为牲品祭祖先神，当是商人以猎获野兽作为食物的反映。

商时狩猎重要原因是提供肉食。猎获的幼麋鹿，可能加以人工饲养。卜辞中有关于捕捉逃跑之麋的占卜：“王幸歨麋……又九。之日……雨、风。”（《合集》10372）“幸”是捕捉，“歨麋”即逃亡之麋。当是生擒之麋而后逃跑者。诸侯贵族臣僚还有向王室献兽的，如：“己丑卜……禀致鹿。”（《合集》40061）“致”即致送、贡献之意。向王室贡献的鹿、麋、麑，除供祭神外，当然是供商王之盘中餐。《礼记·王制》载周时的狩猎的意义云：“天子诸侯无事则岁三田：一为乾豆，二为宾客；三为充君之庖。”此“岁三田”是指狩猎获兽的三个用途。乾豆即祭神之牲品。郑玄注云：“谓腊之以为祭祀豆食也。”“豆”是古代的一种盛食用具。此亦证之甲骨卜辞，商王在狩猎中的猎获物，亦有此三种用途。

猎获物的皮毛骨角是手工业的原料，《吕氏春秋·分职》：“枣，棘之有，裘，狐之有。食棘之枣，衣狐之皮。”狐皮是上等皮制品原料，武丁时曾一次猎获狐164只之多，以后各期皆有不断的获猎，且有珍贵的白狐。西周时期王室有专掌皮衣的官，在《周礼》中称为“司裘”，其缝制的“功裘”即是为狐皮所制。1975年陕西岐山董家村出土有裘卫诸器。“裘”就是替王掌裘衣之官。商周人皆着裘，如前所述，甲骨文中裘字，其字形像兽毛衣，即以兽皮为衣。狩猎是裘皮的重要来源，狐皮更是唯一来源。商代遗址中的象牙制品使用的象牙，亦多是猎获物。

2. 对农牧业生产的保护作用。卜辞中的狩猎地，有不少本是农业区，像“盂”就是重要的农业区，如卜辞云：“盂田禾释，其御，吉，刈。弜御，吉，刈。”（《合集》28203）“刈”是收割，讲的是盂地禾成熟了，举行御祭，很吉利，可以收割。其他如敦（《合集》9783）、缶（《合集》9791）、万（《合

① 罗振玉：《待问编》，第15页。

集》9812）、噩（《合集》28250）、龙（《合集》9552、33209）、京（《合集》9980、33209）、画（《合集》9811）、宫（《合集》28216）、凡（《合集》29990）等，皆为农业区，此不一一列举。

甲骨文中将狩猎泛称为“田”，且有的“田”字不是从口从十作四个方块，而是像实际耕地一样作六个、八个方块（见《合集》6528），显然是一种耕地的象形，可见称狩猎为“田”是与农耕地有一定的关系。这与上引卜辞在农业区狩猎是一致的。《白虎通》解释古称狩猎为“田”的理由是“为田除害”，是有道理的。商时人口较少，森林覆盖面大，耕地与森林错杂，林中鸟兽多，对农业生产造成很大的破坏。狩猎驱逐鸟兽，对农业是一种有效的保护作用。

狩猎对畜牧业也有保护意义。商代铜器上常用虎食人的图案作装饰纹，表明一种恐虎心态反映。因而甲骨文中常有占卜虎是否会对人造成灾祸。如：“贞虎亡其祸。”（《合集》16523）饥饿之虎，不仅叼食牛羊，也会捕食奔驰的马。如卜辞云：“贞我马有虎，隹祸。贞我马有虎，不隹祸。”（《合集》11018）这是占卜我的马遇到虎，会不会遭到伤害。

3. 狩猎与军事的关系。狩猎与军事上的关系极为密切，原因大凡有三：

其一，是以狩猎为军事演习，即习战阵之法。《左传·隐公五年》鲁国臧僖伯对隐公说：“春蒐、夏苗、秋狝、冬狩，皆于农隙以讲事也。”“蒐”、“苗”、“狝”、“狩”皆是田猎的名称。“讲事”谓讲武事。《国语·齐语》“春以蒐振旅，秋以狝治兵”，是讲借狩猎以训练军队士兵。这种以四时狩猎作为训练军队的制度，在《周记·大司马》职下，记载最详。《周礼》四时狩猎，是一种全军将士参加的军事演习。在甲骨文中，也看到狩猎的军事性质，如直接用军队狩猎，“王其田，惟犬师从，禽，亡𢦏。”（《合集》27915）又如：“王行逐。”（《合集》24445）“师”和“行”都是商代的军队编制单位①，以师、行为单位参加狩猎，显然是具有军事性质的演习。而《合集》3534、（《甲》2562）“在敠”田口，其以“右人𠀠”的“右人”，即军事编制中的右师、右旅中之人，是用右军去进行狩猎。

① 寒峰：《甲骨文所见的商代军制数则》，胡厚宣主编：《甲骨探史录》，三联书店1982年版。

狩猎卜辞中的一些用语也在军事行动中使用。如启："丁巳卜，令甫狩，丁丑启。"(《合集》20749）而启为战争中常用词，如"贞戛启，王其幸邛方。"(《合集》6332）启有引导、前导之义。卜辞狩猎用启，当是仿军事行动。

甲骨文中征字亦是一狩猎方式。在本章"狩猎方法"一节中已指出。而征字用于对敌方国，是一战争动词，如"呼征邛方"(《合集》6307),"王来征人方"(《合集》36484）等。用于禽兽则为田猎用词，由此知田猎有军事意义。

由于狩猎有军事意义，故在狩猎中不但获兽，还有获羌的，如："丙寅卜，子效臣田，不其获羌。丙寅卜，子效臣田获羌。"(《合集》195）羌是商人长期敌对方国。田而获羌，证明狩猎所具的军事意义。

其二，是锻炼将士。刘向《说苑·君道》篇载楚庄王语云："吾猎将以求士也，其入榛藂刺虎豹者，吾是以知其勇也；其攫犀搏兕者，吾是以知其劲有力也；罢田而所得，吾是以知其仁也。因是道也，而得三士焉，楚国以安。"甲骨文中，参加商王狩猎的各种官吏中有不少是专职的武官，如沚戛(《合集》10766)、戊(《合集》10849、10851、10914等)、犬延(《合集》33217、40075、40076)、雀(《合集》10201、10202等)、禽(《合集》10235、《屯南》1087等)、多子(《合集》810、10275等)、亩(《合集》37392)、多射(《合集》5539等)、妇姘(《合集》9607等)、多犬(《合集》5664、10976)、多马(《合集》5775等)、马亚(《合集》26899)、亚(《合集》27929)、戍(《合集》27968、27970）等，皆是经常带兵出征的官吏。这些武官随王狩猎，一可以搏击凶猛野兽，锻炼其勇力；二可表现其才智，为王选士提供依据。

其三，是借狩猎向敌国显示威力。从甲骨文中反映出，商代晚期的劲敌是羌方、土方、邛方等。这些方国的地望，大致在今山西、陕西北部一带。从山西东进，有太行山相阻隔，难于逾越。从山西向中原地区进发，晋南却有很多孔道，自古就有所谓"太行八径"。因此由西北来的敌国，多从这些孔道进入中原地。在西边兴起的周人，也令商人不放心，沁阳地区，其北正当太行孔道，向西亦可扼制周人西进。商王室频繁在沁阳地区狩猎，当然是向这些想侵扰王国本土的敌对方国显示其武力。

狩猎对于作为军队最高统帅的国王，也是熟悉本国地形的一种手段。从甲骨文中反映出，盘庚迁都于今河南安阳小屯村后的晚商时期，从武丁到帝辛，对外战争相当频繁。商王频繁的狩猎活动既可以习惯于艰苦军事生活，同时又能熟悉狩猎地区的山川地势，以便更好地指挥战争。所以商代的狩猎，对商王来讲，除经济意义外，更有重大的军事意义。

第七章　商代的手工业

殷商时代，随着农业生产的发展及农业与手工业的进一步分工，手工业不仅已从农业中分离出来成为独立的生产部门，而且相当发达。手工业分工较细，有铸铜、制陶、纺织、建筑、木作、琢玉、制骨等许多门类，而各种手工业内部又有一定的分工。各种手工业都有显著的发展和突出的成就。其中最能反映时代特点、最能代表商文明的高度水平的手工业，是青铜冶铸业。商代是中国青铜时代的全盛期。

第一节　青铜冶铸业

一、青铜器的种类

由于世界各国地理环境、人文条件的不同，各国所经历的青铜时代时间长短不一。我国历史上的青铜时代，大约形成于公元前 2000 年左右，历经夏、商、西周及春秋，至战国时进入铁器时代，时间长达 15 个世纪。商代处于我国青铜器时代的上升到鼎盛时期，青铜器出土的地域广，数量大，种类多；青铜器物造型奇巧，纹饰瑰丽，装饰凝重神秘，在世界冶金和文化艺术史上占有重要的地位。

青铜器，特别是青铜礼器，在三代的社会生活中处于特殊地位，是统治者权力的象征、贵族身份的标志，只有贵族奴隶主才能拥有。即使贵族死后，皆用以随葬，其用意是将其带到另一世界去继续享用。因此在商代奴隶主贵族的葬墓中，往往出有数量不等的青铜器。

科学发掘商代青铜器，是从 1928 年的殷墟发掘开始的。至今，仅安阳殷墟一地出土的商代晚期青铜器，只礼器一项就达800件以上[①]；而兵器、生产工具等的数量又远比礼器为多。除了安阳殷墟外，河南省其他地方亦有商代青铜器出土，仅中华人民共和国成立后出土的商代晚期礼器已达110件以上。河南省境内出土的商代早期即二里冈期的青铜器，以郑州出土的最为丰富。从1955年至今，郑州商代墓葬和窖藏坑内出土了青铜器数百件。相当于二里冈期的青铜器出土地点，遍及河南全省各地。据粗略统计，河南省内出土商代二里冈期青铜容器近200件；在河南省内经科学发掘出土的商代青铜礼器已达1110件以上[②]。此外还有比礼器多得多的兵器、工具和用具。

除河南以外，北京、河北、山西、辽宁、内蒙古、陕西、四川、湖北、湖南、江西、安徽、江苏、山东等省市，都有商代青铜器出土。

青铜器冶铸业的水平，主要表现在制造青铜器的种类和合金成分配置的合理程度。

青铜器的种类，是随着青铜冶铸技术的发展而不断变化的。按生产技术发展的规律，首先是铸造技术要求不高的小型器物，如刀、削、斧、锛等生产工具，戈、镞等兵器，以及简单的容器。如在甘肃、青海地区出土的仰韶文化、龙山文化时代的铜器，器物种类仅限于工具、武器、用具及饰物，而不见容器[③]。因此有人认为把这一时期称之为“铜石并用时代”为宜[④]。进入二里头文化（夏文化）时期才开始出现容器，其种类也只有爵、斝、盉、鼎等数种[⑤]。到了商代则器种大增。而商代前期（二里冈时期）的器种和后期（殷墟）的器种，又不相同。

① 从1928～1937年的15次发掘，获青铜器174件。中华人民共和国成立后到20世纪80年代初，出土青铜礼器约600件（见郑振香、陈志达：《殷墟青铜器的分期与年代》，《殷墟青铜器》）。有些近期发掘还未统计在内，如1990年发掘的郭家庄160号墓出土礼器40件，兵器1000多件，即是一例。

② 河南省内出土二里冈期礼器200余件，安阳出土殷墟期青铜礼器800余件，郑州、安阳外其他各地出土商代晚期青铜礼器约110余件，计1110余件。

③ 华泉：《中国早期铜器的发现与研究》，《史学集刊》1985年第3期。

④ 何堂坤：《先秦青铜合金技术的初步探讨》，《自然科学史研究》第16卷等3期（1997）。

⑤ 郑光：《考古学上的一颗明珠——二里头遗址》，《中国文物报》1991年9月8日。

（一）二里冈时期的青铜器种类

这一时期铜器种类，我们选用郑州市商文化遗址、墓葬所出为分析对象①，郑州以外的只及湖北盘龙城，因这里所出青铜器数量多，且与郑州所出铜器风格也较一致，这两地所出土当可以涵括商代二里冈时期青铜器的种类。

二里冈时期，按地层迭压关系又可分为二里冈下、上层两段。据出土统计②，二里冈下、上层的青铜器（礼器）有如下的器种：

二里冈下层：炊器有鬲（2件）；酒器有爵（9件）、斝（5件）、盉（2件）。

二里冈上层：炊器有圆鼎（10件）、方鼎（8件）、鬲（6件）；酒器有卣（1件）、罍（5件）、斝（21件）、盉（2件）、觚（14件）、爵（23件）、尊（4件）、瓿（1件）；食器有簋（1件）；水器有盂（1件中有柱）、盘（2件）。

二里冈下层礼器18件，二里冈上层达98件，共116件。器种二里冈下层4种，二里冈上层达13种。器物种类方面，二里冈上层比下层增加9个器种。

除了作为"礼器"的容器外，还有兵器、工具及其他杂器。在二里冈期14座出铜器的墓葬中，有兵器铜戈3件，生产工具凿1件，杂器簪（笄）1件和铜片1件③。1959年在二里冈出土铜镬1件。而在郑州南关外铸铜遗址中出土的陶范，"能看出器形的有镬、铲、斧、刀、凿、锥等生产工具范"。可见二里冈时期的青铜生产工具种类齐全。兵器类有镞、戈④及钺⑤。特别值得一提的是，1990年在郑州市西北石佛乡小双桥村发现的一处商代前期宫殿基址

① 郑州市商文化遗址、墓葬出土的青铜器，基本上属二里冈期（即商代前期）。而其中有些遗址、墓葬，如人民公园的3座墓葬，则属商代后期（即殷墟时期）。

② 统计资料来自：

A. 裴明相：《郑州商代二里冈青铜器概述》，《中国考古学会第四次年会论文集》。增加1954年出土于郑州的1件饕餮纹瓿，1954年和1961年出土于人民公园的两件饕餮尊。1982年出土于向阳回族食品厂窖穴内的两件牛首尊。此5件当是裴文所失收。

B. 宋定国等：《商代王室重器在郑州重见天日》，《中国文物报》1996年4月21日报道：1996年2月在郑州南顺街发现窖藏铜器12件：方鼎4件，斝2件，爵2件，簋1件，戈2件，钺1件。属二里冈上层二期。

③ 杨育彬：《郑州商城初探》，河南人民出版社1985年版，第64~67页。

④ 杨育彬：《河南考古》，中州古籍出版社1985年版，第100页。

⑤ 宋定国等：《商代王室重器在郑州重见光明》，《中国文物报》1996年4月21日。

内，出土一件青铜建筑构件，此件器近正方形，平面为凹形，边长 18 厘米左右，重 6 公斤。构件上有阴线饕餮纹和龙虎相斗纹，推测应是装在宫殿正门两侧门枕木前端的装饰件①。1985 年 8 月曾在郑州西郊师家河发现一件相同的器物，被称为“铅器座”。整体也略呈方形，平面呈凹形，边长 21 厘米左右，重 8.5 公斤②。纹饰亦同，只是为阳纹。此件实为青铜建筑构件，因锈呈灰白，故被误作铅器。而此件铜器出土的师家河，小地名即为小双桥村，两器同出一地。类似的青铜质建筑构件，此前只是在春秋时期诸侯国的宫殿遗址内（尤其是秦国）出土。郑州小双桥商代遗址内建筑构件的发现，把青铜用于建筑装饰的使用历史大大的提前。由此也可看出，在二里冈时期，青铜器的使用已较为广泛。

湖北盘龙城发现的商代城址和墓葬，属于二里冈上层文化时期。1949 年以来，历年在这里出土的青铜器达 159 件以上③。其种类如下：

礼品（容器）：炊器有鼎、鬲、甗；食器有簋；酒器有卣、罍、斝、盉、觚、爵；水器有盘。兵器有钺、戈、矛、镞。工具有刀、臿、斨、斧、锛、凿、锯、鱼钩。杂器有镦、菱形器、兽面。

郑州二里冈上层的盂、尊、瓿，盘龙城未发现；而盘龙城的甗，郑州亦未见出土，这是两地器种上的一些差异。

（二）殷墟时期青铜器种类

殷墟时期的青铜器种类，比郑州二里冈上层又有大量的增加。1976 年发掘的妇好墓所出青铜器的种类和数量之多，就是一个典型的例证。此墓出土青铜器 468 件，另有小铜泡 1 组，计 109 件，两项共计 577 件。这些铜器按用途可分为礼器、乐器、工具、生活用具、兵器、马器、艺术品、杂器八类，其中：

礼器 210 件：炊煮器有鼎、甗、汽柱甑形器；食器有簋；酒器有方彝、尊、觥、壶、瓿、卣、罍、斝、盉觯、觚、爵、斗；水器有盂、盘、罐；大形高圆足器。

① 宋定国等：《郑州发现前期商代宫殿遗址》，《中国文物报》1990 年 11 月 22 日。
② 杨国庆：《郑州出土商代早期铜器》，《中原文物》1986 年第 4 期。
③ 湖北省博物馆：《盘龙城商代二里冈期的青铜器》，《文物》1976 年第 2 期。

乐器5件：铙。

工具41件：有锛、凿、刀、铲。

生活用具11件：有镜、匕、鸭形器、丁字器、铃头镈形器、器柄、箕形器。

兵器134件：有钺、戈、玉援铜内戈、镞、弓形器、镈形器。

马器111件：有铜镳、小铜泡。

艺术品4件：有铜虎。

杂器50件：有尺形器、铃、多钩形器、钻形器、棒槌形器。

以上妇好墓所出青铜器可分为8大类47个小类。妇好墓所出青铜器种类虽大致包含了殷墟时期青铜器的器种，但并未全部包括该时期的青铜器种。如食器中的豆①，酒器中的角②，车马器中的车器③，兵器中的青铜矛，武士用的头盔等④，此墓中都未见到。但仅从妇好墓中铜器的种类，已可反映出殷墟时期比二里冈时期青铜器种类已有大量的增加，我国青铜时代的铜器种类，殷墟时期已大体齐备。

南方青铜器种类，大致与中原相近，但也有一些地方特色的器物。江西新干大洋洲商墓，其时代为殷墟早、中期，墓中出土青铜器480余件，其器种大致可反映出南方铜器的种类⑤，分列于下，以资比较：

礼器（容器）（50件）：炊煮器（40件）、有鼎31件（圆鼎、方鼎、扁夔足鼎、罐形鼎）、甗3件、鬲6件（分裆鬲、鼎形鬲）。

食器（2件）：假腹豆1件、假腹簋1件。

酒器（8件）：罍1件，瓿1件，壶2件，卣3件（方腹卣、三足卣），瓒1件（形似有柄觚）。

乐器（4件）：镈1件，铙3件。

---

① 《1987年夏安阳郭家庄东南殷墓的发掘》，《考古》1988年第10期。M_1内出土铜豆1件。另山东长清、山西保德均出土过殷代铜豆（见《文物》1964年第4期，1972年第4期）。

② 《殷墟发掘一座商代贵族墓》，《中国文物报》1991年1月20日。出土10角与10觚相配成组。

③ 马德志等：《一九五三年安阳大司空村发掘报告》，《考古学报》第9期（1955）。中国社会科学院考古研究所实验室：《安阳郭家庄西南的殷代车马坑》，《考古》1988年第10期。

④ 梁思永、高去寻：《侯家庄〈安阳侯家庄殷代墓地〉》第5本，《1004号大墓》，1970年台北版。

⑤ 《江西新干大洋洲商墓发掘简报》，《文物》1991年第10期。

工具（127件）：犁铧2件，锸2件，耒1件，耜1件，铲2件，斧27件，斨8件，锛3件，镰5件，铚1件，钁1件，刀30件，刻刀14件，凿17件，锥12件，钻1件。

兵器（242）件①：矛35件，戈28件，勾戟1件，钺6件，刀15件（武器类刀与工具类刀不同），异形剑1件，匕首2件，镞134件，胄1件，镈19件。

生活用器11件：匕10件，箕形器1件。

其他（3件）：双面人头形器1件，伏鸟双尾虎1件，羊角兽面1件。

北方以今山西、河北省为主的商代遗址及墓葬中，出土的青铜器，其种类基本与中原相同，但也有其特点，如器物的柄首常多作成动物头，中空内置一丸，摇晃有响声。尤其是在河北藁城、北京刘家河、山西灵石旌介村各出的1件铁刃铜钺，反映了北方地区对铁的认识和铜铁合铸技术的掌握。

四川省广汉市三星堆是商时期西南地区一方国都城所在地。1986年发现两个祭祀坑，第二号坑出土青铜器735件，第一号坑出土青铜器178件②。其中最富特色的器物是人像和神树，人像出土数量多，造型奇伟。如一件立人像从冠至足底高163.5厘米，站在一高78.8厘米的铜座上，通高达260厘米；神树两株，树植于喇叭状铜座上，树干上有枝、叶、花、果、飞禽走兽和铃等挂饰，一件树的残高达350厘米。据李学勤讲，神树拼对已近尾声，树之高大十分壮观，其总重量当不会小于重达875公斤的司母戊大铜鼎。现就三星堆两祭坑所出器物种类分别如下：

礼器：有尊11件，罍6件，器盖1件，盘1件，瑗132件，戚形方孔璧58件，瓿1件。

仪仗：戈形器61件。

人及人头像：立人2件；跪坐人像4件；人头像57件；金罩人头像4件；兽首冠人像1件；喇叭座顶尊跪坐人像1件；人身鸟爪形足人像1件；人面具饰件4件。

神树：大2件，小4件；神坛3件；神殿2件。

① 发掘简报云“兵器273件”，实只有242件。
② 三星堆青铜器见四川省文物考古研究所编：《三星堆祭祀坑》，文物出版社，1999年4月。

饰件：各种挂饰161件；铜箔饰件98件。皆为铜树上饰物。

眼形饰5件；眼形器71件；眼泡33件。

杂器：蛇、龙、鸟、鸡、怪兽等122件。

三星堆祭祀坑的人像、神树等青铜器在四川境内是首次发现，其他地方还未见有类似器出土。三星堆以外的地区所出青铜器，其器种还是与中原商时期的器种相同。如1959年和1980年在彭县竹瓦街两个窖穴中所出36件青铜器中，主要是礼器（容器）和兵器。其中礼器有罍9件，觯2件，尊1件；兵器种类有戈18件，矛1件，戟2件，钺5件；另有工具锛1件。新凡水观音商代遗址铜器有戈、矛、钺、斧、削等[①]，与中原无异。

二、青铜器的合金成分

合金是金属铸造技术上的一大发明。利用两种和多种矿物或金属，经过高温冶炼，成为与原来金属性能完全不同的另一种多种成分的金属，即是合金。人类最早冶炼和使用的合金是青铜。

青铜通常是纯铜与锡的合金，称为锡青铜。而铜与铅的合金，则称作铅青铜。铜与锡或铅的合金，是由两种金属产生的合金，故又称为“二元合金”。在青铜器中还有铜与锡、铅三种金属熔合的合金，而称为锡铅青铜或“三元合金”。

锡青铜合金比纯铜的硬度高、熔点低，铸品光泽性好，抗腐蚀性强。纯铜的熔点为1084.5℃，若加15%的锡，熔点降到960℃，若加25%的锡，则熔点降到810℃。加锡更重要的是增加合金的硬度，纯铜的维氏硬度为35度，含锡越多，硬度越高。据中国社会科学院考古研究所实验室对妇好墓出土的26件青铜器合金成分和硬度的测定：铜锡合金中含锡量在11%～15%，维氏硬度约为107。含锡量在15%～18%，维氏硬度约为136，含锡量在19%～21%，维氏硬度约为161[②]。

---

① 四川省博物馆：《四川新凡水观音遗址试掘简报》，《考古》1959年第8期。

② 中国社会科学院考古研究所实验室：《殷墟金属器物成分测定的报告（一）——妇好墓铜器测定》，《考古学集刊》第2集，科学出版社，1982年版。

加铅也可以降低纯铜的熔点，但不如加锡降温幅度大。而加铅可增加铜液的流动性，使花纹清晰。铅还可增加合金的韧性。合金中含锡量过高，虽硬度增强，但合金变脆、易折，而加适量的铅，则可克服易脆折的缺陷①。但含铅量对硬度有影响，含铅量越大，硬度越低。反映出铸铜合金配料技术的复杂性。

在冶炼合金中，掌握铜锡量的比例，是一个很复杂的技术课题，尤其是需依据器物的用途，配置不同比例的原料，这只有在长期实践过程中才能得出正确的比例。我国古代有“六齐”之说，《考工记》“攻金之工”云：“金有六齐。六分其金而锡居其一，谓之钟鼎之齐。五分其金而锡居其一，谓之斧斤之齐。四分其金而锡居其一，谓之戈戟之齐。叁分其金而锡居其一，谓之大刃之齐。五分其金而锡居其二，谓之削杀矢之齐。金锡半，谓之鉴燧之齐。”所谓的“金”是指纯铜，“齐”即和，“六齐”郑玄注说“目和金之品数”，意即六种合金的配料比例。

由于年代的久远，许多学者对《考工记》中这段文字有不同的理解。我们赞同，在古书中，只称纯铜为“金”，而不称铜与锡的合金为“金”。“金”和“锡”在典籍记载中是有别而不混的。因此“六分其金”的“金”，是指铜而言，不是指铜锡总量而言。因而“六分其金而锡居其一”，应指“金（铜）在器物中占六分。锡占一分，即铜与锡合共为七分，铜占六分之七(85.5%)，锡占七分之一（14.29%）”②。第六种的“金锡半，谓之鉴燧之齐”中的金和锡是各占50%量。据此，《考工记》中“六齐”之合金成分比例，列表于下：

合金名称	含铜量（%）	含锡量（%）
钟鼎之齐	$\frac{6}{7}=85.71$	$\frac{1}{7}=14.29$
斧斤之齐	$\frac{5}{6}=83.33$	$\frac{1}{6}=16.67$
戈戟之齐	$\frac{4}{5}=80$	$\frac{1}{5}=20$

① 李敏生：《先秦用铅的历史概况》，《文物》1984年第10期。

② 马承源主编：《中国青铜器》，上海古籍出版社1988年版，第501页。

续表

合金名称	含铜量（%）	含锡量（%）
大刃之齐	$\frac{3}{4}=75$	$\frac{1}{4}=25$
削杀矢之齐	$\frac{5}{7}=71.43$	$\frac{2}{7}=28.57$
鉴燧之齐	$\frac{1}{2}=50$	$\frac{1}{2}=50$

合金中含锡的比例越大，硬度越高，光泽性也越好。“六齐”是我国古代铸工经过长期实践，根据铸件种类的需要，总结出不同器物的含金配方比例，是一个重要的创造。从实用的角度来看，“六齐”的铜锡比例也是符合科学的。

但在商代，合金的配方还处在探索阶段。

郑州二里冈时期的青铜器，经过测定其成分的有4件，其化学成分列表如下：

器物名称	铜（%）	锡（%）	铅（%）	其他（%）	资料来源
杜岭二号方鼎	75.09	3.48	17.00	镁0.011、硅0.1~0.4	《中国古代冶金》①
窖藏方鼎（H1：2）	87.73	8.00	0.10	锑1.25	《文物》1983.3②
窖藏盘（H1：7）	86.37	10.91	0.69	锑0.01	同上
二里冈铜尊	91.29	7.10	1.12		《文物》1959.12③

从上表可见，二里冈青铜器铸造的铜锡配料比例不稳定。杜岭二号方鼎为铜、锡、铅为主的三元合金。鼎重64.25公斤，需用11公斤铅、2.24公斤锡。三元合金是冶金史上一大进步，而在西方三元合金的出现要比商代晚几个世纪④。

---

① 北京钢铁学院编写组：《中国古代冶金》，文物出版社1978年版，第33页。

② 河南省文物研究所，郑州市博物馆：《郑州新发现商代窖藏青铜器》，《文物》1983年第3期。

③ 杨根，丁家盈：《司母戊太鼎的合金成分及其铸造技术的初步研究》，《文物》1959年第12期。

④ 中国社会科学院考古研究所实验室：《妇好墓铜器成分的测定报告》，中国社会科学院考古研究所：《殷墟妇好墓》，文物出版社1980年版，第267~281页。

与郑州二里冈时代相同的湖北黄陂盘龙城商代铜器，其中有8件作过测定，其化学成分列为下表：

器物名称	铜（%）	锡（%）	铅（%）	其他（%）	资料来源
李 M_2：19 斝足	81.82	8.41	6.78	锌、铁微量	《文物》1976.2①
李 M_2：55 鼎足	88.68	5.54	1.38	同上	同上
李 M_1：12 斝足	71.59	3.92	24.45	同上	同上
李 M_1：8 罍圈足	70.76	6.16	21.76	同上	同上
爵（采集）	67.01	11.46	15.91		《文物》1984.10②
鬲足（采集）	78.81	9.15	6.48		同上
铜锛（采集）	80.18	11.25	4.02		同上
鼎残片（采集）	72.68	13.64	10.75		同上

盘龙城所测过的8件铜器，亦是含有锡、铅的三元合金，且铅含量一般偏高。这8件中，除一件锛外，其余7件皆为容器，即是“钟鼎之齐”，但多数不合《考工记》的配方比例，亦反映了配料的不稳定性。即使与郑州二里冈铜器相比较，含铅量也偏高。

中国社会科学院考古研究所实验室近年对妇好墓内出土的铜器，选取了91件进行化学成分的测定，对殷墟西区墓葬出土的1600余件铜器，选取了43件进行测定，总测定数为134件。

据妇好墓91件铜器的测定结果，该墓铜器分为铜锡型和铜锡铅型两类。铜锡型又称锡青铜，是以铜、锡为主，以含锡量大于3%，含铅量少于2%为界线。铜锡型礼器有48件，武器12件，残片7件，共计66件，占妇好墓测定铜器的72.53%。其中含锡量达20.6%~8.79%。礼器中含锡量低于10%的仅2件，一半以上含锡量在16%~18%之间。武器测定有钺、刀、戈、镞等

① 湖北省博物馆：《盘龙城商代：二里冈期的青铜器》，《文物》1976年第2期。
② 李敏生：《先秦用铅的历史概况》，《文物》1984年第10期。

13 件，其中 6 件含锡量在 8% ~13% 之间，硬度在 100 左右①，属高铜——低锡类，硬度较小。另 7 件含锡量在 15% ~19% 之间，硬度在 150 左右，属低铜——高锡类，硬度较大。这后一高锡低铜类，与《考工记》的“六齐”中的“戈戟之齐”大致接近，且武器中没有含铅的。

铜锡铅型以含锡量大于 2%、含铅量大于 2% 为界线。这类样品有 25 件，其中礼器 18 件，工具 4 件，残片 3 件，占分析样品的 27%。其中锡含量最高为 19.82%，最低为 11.24%，含锡量低于 13% 的只有 3 件。含铅量最高为 7.8%，最低为 2.09%，就是铜锡合金中，含铅量也是偏低的。

在妇好墓所出的青铜器中，武器类无铜锡铅型，因武器为战争所用，需一定的硬度。这一现象说明，武器中是有意不加铅，以保证其应有的硬度②。无疑，当时人们已认识了锡铅的性能，而能依据铸件性能要求配备合金用料。

1969 ~1977 年在小屯殷墟西区发掘了 939 座中小墓葬，大部分是平民墓。出土约 1600 件青铜器和 50 余件纯铅器。墓葬时代从殷墟二期至四期，即武丁晚期至帝乙帝辛时期。有关学者对其中 43 件铜器、4 件铅器进行了化学成分的测定③。测定结果，这 43 件青铜器的化学成分分为四类：（1）纯铜型（含铜量大于 90%）；（2）铜锡型（含锡大于 3%，含铅少于 2%）；（3）铜锡铅型（含锡大于 2%，含铅大于 3%）；（4）铜铅型（以含锡少于 2%，含铅大于 3%）。四类铜器与器种及时代关系，列表如下：

合金类型	件数	%	器物种类	期别			合计
				二	三	四	
纯铜器	4	9	礼器		1		1
			兵器	1	1		2
			工具	1			1

① 指维氏硬度，下同。

② 妇好墓的合金成分的分析，参见中国社会科学院考古研究所实验室（李敏生执笔）：《妇好墓铜器成分的测定报告》，此表未列数据。

③ 李敏生等：《殷墟金属器物测定的报告（二）——殷墟西区铜器和铅器测定》，《考古学集刊》（4），科学出版社 1984 年版，第 328 ~333 页。

续表

合金类型	件数	%	器物种类	期别			合计
				二	三	四	
铜锡型	9	21	礼器	3	1		4
			兵器	2		3	5
			工具				
铜锡铅型	11	26	礼器	1	1	1	3
			兵器		3	2	5
			工具			3	3
铜铅型	19	44	礼器		1	5	6
			兵器	6	2	4	12
			工具			1	1
合　计	43	100%		14	10	19	43

从测定可知，西区墓葬铜器，以含铅器为多，占测定标本的70%。在铜铅型中，有的含有少量的锡，但其中有5件礼器不含锡，有8件兵器不含锡，只有铜和铅的合金。以时期而论，二期3件，三期2件，四期8件。殷墟二期，即武丁晚期，与妇好墓的时代相当，其他晚于妇好墓时代。另从4件铅器的成分测量，其含铅量达99%，已达到含杂质甚微的纯铅。证明商人已掌握了铜、锡、铅这三种金属的冶炼技术，并对其物理性能有了一定的认识，而下述四类铜器化学成分的平均值表中更可见这一事实。

殷墟西区铜器四种类型化学成分平均值对比：

类型	件数	铜（%）	锡（%）	铅（%）	杂质含量（%）
纯铜	4	92.14	0.74	2.26	1.95
铜锡	9	78.37	15.40	1.05	1.19
铜锡铅	11	79.51	7.06	5.83	2.15
铜铅	19	74.80	0.09	15.84	2.70

这四种类型铜器的存在，是商代后期的工匠在掌握铜、锡、铅的冶炼技术，认识其物理性能的基础上，根据铸造不同器物的需要，配制成相应比例的

铜锡、铜铅二元合金以及铜锡铅三元合金。

殷墟西区墓葬铜器的化学成分，与妇好墓相比，含铅量大增，而含锡量减少，且西区墓葬中的钝铜器和铜铅器，在妇好墓中不见。发生这种变化的原因，是锡与铅相比，铅比锡易得，锡贵铅廉。铅与锡一样，加入纯铜中，均可降低纯铜的熔点。但铅对青铜铸件质量要求——硬度与光泽——却不能满足需要。相反，铅质软，且在潮湿的空气中，表面极易氧化迅速暗淡而失去光泽。所以铸造器物加多量的铅，目的是为了节省贵重的锡。铜铅合金，就是以铅替代锡而出现的。

妇好是武丁之妻，王室重要成员，故其铜器质量好，含锡量普遍高，含铅量低。殷墟西区多为平民墓，所以含铅量偏高。在西区的墓群中，也有一些贵族墓，而贵族墓所出的铜器中，比平民墓所出的铜器含锡量高。西区“测定的24件武器中有9件为铜锡型和铜锡铅型的皆出于有礼器之墓，而铜铅型和纯铜型武器，多出于无礼器墓中”①。因此说明，在商代不同等级、不同身份的人使用的青铜合金是有区别的。

铅青铜器和铅器的使用，除与等级、身份有关外，还与时代有关。铅青铜器和铅器的大量增加，是在殷墟三期以后。这是由于连年战争，消耗大量青铜兵器，加剧了铜和锡的奇缺，故用铅以代替锡而风行铜铅型器。甚至用铅替代铜而出现铅器物。

山西省出土的商代青铜器，经化学成分测定的有5件器物，其合金成分如下表：

器物名称	原器编号	出土地点	年　代	成分（%）			资料来源
				铜	锡	铅	
铜镞	75SW26$T_{22④}$19	夏县 东下冯	二里冈 下层	78.59	14.13	4.46	《文物》 1984.10②
铜斝		山西长治	商	69.60	19.43	6.33	田长浒③

① 李敏生：《殷墟金属器物理成分的测定报告》（二），《考古学集刊》（四），科学出版社1984年版，第323～328页。

② 李敏生：《先秦用铅的历史概况》，《文物》1984年第10期。

③ 田长浒：《从现代实验剖析中国古代青铜铸造的科学成就》，《科技史文集》第13集。

续表

器物名称	原器编号	出土地点	年 代	成 分（%）			资料来源
				铜	锡	铅	
铜鬲		山西灵石	商晚期	77.72	15.59	5.49	同上
铜鼎足		山西石楼	商晚期	81.13	12.13	2.68	同上
铜鼎腹		山西灵石	商晚期	86.12	10.44	3.12	同上

山西境内的青铜器，从早期的东下冯二里冈下层时代，到晚期的殷墟时代，其青铜器皆是锡铅型青铜，且锡的含量比铅高3倍以上。东下冯二里冈下层的一件铜镞，含锡量14.13%，含铅量4.46%，锡、铅显然是冶炼时有意加入制造锡铅青铜器的。

江西和湖南出土的商代铜器，目前只有少数几个测定其成分的数据，见下表：

器物名称	原编号	出土地点	年代	成 分（%）			资料来源
				铜	锡	铅	
扁足鼎	2号	江西三桥横塘	商晚	71.52	1.94	2.87	彭适凡等文①
铜残片	采集	江西清江吴城	商晚	99.13			同上
铜斧		江西新干大洋洲头城	商晚至周初	92.81	1.00	0.03	同上
鼎足	WT_9H_{11}	清江吴城	商晚至周初	98.87			同上
铜尊		湖南衡阳	商晚	77.92	19.70	1.60	田长浒文②
铜铙		湖南宁乡	商晚	98.22	0.002	0.053	《文物》1966.4③

从测定数据看，江西所出几件皆为纯铜器，虽横塘2号鼎足有铅、锡成分，但皆量小，可能为杂质。湖南衡阳铜尊，是标准的锡青铜，但不知此器的铸造地。江西新干大洋洲在1989年出土480余件铜器，樊祥喜、苏荣誉取20

① 彭适凡等：《江西地区早期铜器冶铸的几个问题》，《中国考古学会第四次年会论文集》（1983）。

② 田长浒：《从现代实验剖析中国古代青铜铸造的科学成就》，《科技史文集》第13集。

③ 湖南省博物馆：《湖南省博物馆新发现的几件铜器》，《文物》1966年第4期。

件标本进行化学定量分柳，其合金成分见下表：

新干商代大墓青铜器合金成分（%）

器名	器号	化学定量分析			原子吸收兴谱定量分析						备注
		Cu	Pb	Sn	Fe	Co	Ni	Mn	Zn	Ag	
兽面纹虎耳铜方鼎	XDM：11	71.09	7.34	12.25	0.060	0.002	0.035	0.0004	0.006	0.035	
兽面纹虎耳铜方鼎	XDM：8	78.48	7.82	9.48	0.030	0.001	0.004	0.0003	0.009	0.027	
兽面纹锥足铜圆鼎	XDM：5	75.97	2.55	16.84	0.470	0.009	0.038	0.0010	0.007	0.010	
立耳鱼形扁足铜圆鼎	XDM：24	84.41	1.45	0.35	0.020	0.001	0.002	0.0006	0.009	0.009	
钢豆	XDM：42	74.07	8.92	1.23	0.070	0.001	0.002	0.0040	0.010	0.023	
Ⅱ式三棱形铜刻刀	XDM：431	77.88	3.48	13.25	0.170	0.001	0.048	0.0020	0.009	0.070	
Ⅴ式长胶铜矛	XDM：92	71.52	3.06	2.76	0.010	0.001	0.015	0.0005	0.005	0.050	
三足铜甗	XDM：39	56.70	0.23	15.68	0.200	0.001	0.003	0.0020	0.007	0.022	样品腐蚀较重
铜罍（本体）	XDM：44	75.38	4.73	18.44	0.100	0.001	0.005	0.0008	0.007	0.047	
铜罍（附饰羊）	XDM：44	75.23	5.84	0	0.001	0.001	0.001	0.0010	0.007	0.012	
兽面纹虎耳铜方鼎	XDM：12	84.57	0.43	8.78	0.060	0.001	0.001	0.0010	0.009	0.005	
兽面纹虎足铜方鼎	XDM：4	75.26	5.70	0.35	0.070	0.003	0.05	0.0020	0.020	0.044	样品腐蚀较重
铜扣形器	XDM：62	84.15	4.14	4.64	0.320	0.002	0.010	0.0030	0.020	0.026	
Ⅱ式长脊宽翼铜镞	XDM：154	49.07	1.05	24.27	0.170	0.004	0.004	0.0007	0.009	0.009	

续表

新干商代大墓青铜器合金成分（%）											
器名	器号	化学定量分析			原子吸收兴谱定量分析						备注
		Cu	Pb	Sn	Fe	Co	Ni	Mn	Zn	Ag	
Ⅱ式圆锥形铜镈	XDM：304	57.49	0	16.21	0.140	0.001	0.002	0.0008	0.020	0.040	
Ⅰ式真内铜戈	XDM：114	82.77	0	16.40	0.110	0.003	0.007	0.0008	0.010	0.026	
Ⅰ式翘首铜刀	XDM：466	29.27	4.93	34.04	0.040	0.001	0.008	0.0003	0.004	0.045	
铜瓿	XDM：41	47.42	5.42	1.58	0.110	0.085	0.830	0.0050	0.005	0.055	样品严重腐蚀
四足铜甗（补块）	XDM：38	79.74	3.82	12.95	0.080	0.005	0.050	0.0008	0.020	0.070	
四足铜甗（本体）	XDM：38	78.58	1.43	1.15	0.040	0.003	0.040	0.0008	0.020	0.035	样品腐蚀较重

分析者认为“总的来看，新干青铜器群的青铜合金属于铜—锡—铅三元合金，锡含量高者在20%以上，铅含量在10%以下，属于典型的中国青铜时代的青铜合金体系①。”

四川广汉三星堆出土的铜器目前已进行了两次成分分析②。第一次取样23件，用电子探针进行成分测定，其结果列于下表：

器物名称	出土号	成分（%）							合金类型
		铜	锡	铅	磷	硅	铁	铝	
铜人头（下唇）	K_1-207	94.41	4.84	0.05	0.70				铜锡
铜罍（盖沿）	I_e-135	93.08	3.01	3.91					铜锡铅
铜瑗	$K_1-258-5$	97.77		2.23					铜铅
铜尊（虎头）	K_1-258	71.76	3.18	25.06					铜铅锡

① 江西省文物考古研究所等：《新干商代大墓》，文物出版社，1997年，第243、244页。

② 曾中懋：《广汉三星堆一、二号祭祀坑出土铜器成分分析》，《四川文物广汉三星堆遗址研究专辑》；曾中懋：《广汉三星堆二号祭祀坑出土铜器成分分析》，《四川文物》1991年第1期。

续表

器物名称	出土号	成分（%）							合金类型
		铜	锡	铅	磷	硅	铁	铝	
铜戈（穿部）	K_1-53-1	98.40			0.70	0.90			红铜
铜面具（下唇）	K_2-148	96.48	3.17	0.09	0.27				铜锡
铜人（腰部）	K_2-149	95.81	3.22	0.03	0.23	0.17			铜锡
铜人（底座）	K_2-149	98.09	0.23	0.07	0.63	0.98			红铜
铜面具（耳）	K_2-152	96.16	3.26	0.11	0.47				铜锡
铜人头（颈部）	K_2-82	97.08	2.45	0.12	0.35				铜锡
铜罍（下腹）	K_2-88	65.31	8.56	16.82			1.51	7.80	铜铅锡
铜罍（底）	K_2-146	62.91	5.29	29.90		1.90			铜铅锡
铜尊（上腹）	K_2-127	77.69	4.69	115.97		1.92			铜铅锡
铜尊（口沿）	K_2-129	99.05			0.96				红铜
星状器（外沿）	K_2-139-1	78.08	4.65	16.31		0.95			铜铅锡
铜车器（尖）	K_2-123	73.11	0.63	24.70	0.69	0.87			铜铅
铜戈（锋部）	K_2-216-5	87.02	7.90	1.64	1.32	2.12			铜锡
铜树座（底）	K_2-191	79.19	2.32	18.49					铜铅锡
铜树（树干）	K_2-215	89.55	0.76	9.69					铜铅
铜树干（浇铸缝）	K_2-24	78.86	1.19	19.95					铜铅
铜树干（卷枝）	K_2-322-11-2	79.65	0.09	20.26					铜铅
铜树（小枝）	K_2-261-5	73.86	0.43	25.72					铜铅
铜树（果实）	K_2-322-11-1	64.48	1.38	32.71					铜铅

第二次（是1989年6月）取样12件，用电子显微镜进行能谱成分分析，其结果如下表：

器物名称	出土号	成分（%）							合金类型
		铜	锡	铅	铅	铁	硅	钨	
铜人头（耳后）	K_2-15	86.96	3.14	9.19		0.17			铜铅锡
铜面具（下唇）	K_2-201	78.18	8.54	12.25		1.04			铜铅锡
铜人头（耳内部）	K_2-121	90.99	3.15	4.99	0.12	0.62	0.14		铜铅锡
铜罍（腹部）	K_2-159	88.41	4.76	6.27		0.56			铜铅锡
铜罍（底部）	K_2-88	83.78	10.44	4.52	0.16	1.10			铜锡铅
铜罍（底部）	K_2-103	85.39	4.03	9.16	0.22	0.73			铜铅锡
铜尊（沿口）	K_2-135	80.76	15.71	2.89	0.07	0.53	0.05		铜锡铅
铜练尊（沿口）	K_2-200	66.89	10.05	19.23	0.34	3.42	0.16		铜铅锡
铜尊（沿口）	K_2-129	79.04	3.26	16.77	0.44	0.95			铜铅锡
铜车轮（沿口）	K_2-67	82.92	0.03	10.34	0.12	0.53	0.07		铜铅
铜车轮（轴）	K_2-74	79.66	9.24	9.33	0.22	0.86	0.08		铜铅锡
神树（底中心）	K_2-215	96.98	0.67	1.65		0.64		0.24	铜铅

铜锡铅三元合金中，分析者把含锡量大于铅量者称为“铜锡铅型”；反之，把含铅量大于锡量称为“铜铅锡型”。出土号中“K”表示坑位。K_2—215号树底座中心含铅量不足2%，应属红铜器类型，凡铅、锡不足2%者，当属杂质掺入。

在二次测定35件样品中，由于可能有一器上取两个以上部位的样品，故不能确定代表若干件铜器。但就以35件样品统计，有红铜（纯铜）型4件，占11.42%；铜锡（青铜）型6件，占17.14%；铜锡铅型3件，占8.57%；铜铅锡型14件，占40%；铜铅型8件，占23.85%。测试样品中含铅的有25件，占71.43%，可见其用铅量的普遍。含锡的样品有23件；占65.71%。锡在器物中的含量普遍较低，最高含量为1件铜尊（K_2-135），含量为15.71%。含锡量超过10%的只有3件，含量为5%～10%的只有5件。铅的含量普遍较高，最多的1件铜树（$K_2-322-11-1$），铅含量达32.7%。含量在20%以上的有6件，10%～20%的有9件，5%～10%的有5件。铜器中加入大量的铅，是三星堆铜器的一个特点。在器物中，含锡量与含铅量成分比例变化幅度大，表明“在冶炼、铸造时，原料的配方上的随意性较大”[①]，与殷墟妇好铜器配料相比，显示冶铸技术上的差距。但是，铸造三星堆铜器的工匠无疑已掌握铜、锡、铅三种金属的冶炼技术和铸造时采用铜锡、铜铅的二元合金及铜锡铅的三元合金技术。三星堆铜器群中大小铜人、铜面具、尊、罍、神树、兽面、龙、虎、羊、虫、戈、瑗等900多件铜器，造型奇特雄伟，构思巧妙，形象逼真，反映了工匠们的高超铸造技术。

就已经鉴定的商代铜器，所含锡、铅，皆是人工配料时加入的。反映了商代冶铸业取得的两个成就：一是商人已掌握了铜锡铅合金性能，能铸造铜锡二元合金和铜锡铅三元合金。在殷墟时期，已能根据不同器物的需要配料铸器。这是当时世界上一项处于领先的技术，西方掌握这种冶炼技术要晚几个世纪。

三、采矿和冶炼

商代铜器数量多，器物厚重，所需原材料更多。如妇好墓出土铜器468件，另有铜泡（车饰）109个，估计铜器总重量达1625公斤以上[②]。司母戊鼎重达875公斤，其中铜741.74公斤、锡101.85公斤、铅24.41公斤。而妇好、母戊皆为武丁之配偶[③]，其陪葬铜器如此之多，王陵中的铜器必然会比他们的后妃更壮观。这么大量的铜器，其原料的来源必然相当广泛，才能满足王室及地方诸侯贵族们的铸器之需，因而采矿之地，必不是少数几处所能满足的。

（一）商代的铜矿

商代的用铜是由铜矿石冶炼的。在郑州南关外和紫金山铸铜作坊遗址内，分别发现含铜量高达49.95%（C_5H_{48}：24）及15.9%（$C_{15}T_2$：46）、16.08%

① 曾中懋：《广汉三星堆二号祭祀坑出土铜器成分分析》，《四川文物》1991年第1期。

② 中国社会科学院考古所编：《殷墟妇好墓》，文物出版社1980年版，第15页。

③ 妇好即妣辛，母戊为祖庚，祖甲时称武丁之配偶妣戊。三期甲骨有“妣戊姘”之称（见《屯南》4033）。姘即武丁卜辞中之妇姘，妣戊姘即指妇姘，其庙号为戊。武丁有三个法定配偶：妣戊、妣辛、妣癸。三期卜辞称母戊、母辛即武丁之配偶。

($C_{13}H_5$: 59)[①]。的铜矿石。

我国铜矿较为丰富，分布面较广，《管子·地数篇》载："出铜之山，四百六十七山。"《山海经》一书中记载铜产地15处。《史记·货殖列传》云："铜、铁则千里往往山出棋置也。"可见铜矿分布之广。对于找铜矿的经验，《管子》载："上有慈石者，下有铜金，上有陵石者，下有铅、锡、赤铜。"[②]"慈石"即磁石，亦即磁铁，说的是铁和铜矿共生。湖北大冶铜绿山铜矿床就是铁铜矿垂直分布的矿体。"陵石"，《太平御览》地部三引作"绿石"，是铜矿之"苗"，即"包括孔雀石在内的各种绿色氧化铜矿场"[③]。《管子》书中的这些经验，是古人寻找铜矿长期实践经验的总结。

我国古文献中记载铜产地材料很丰富，地域分布亦广泛。据石璋如先生统计有124个县161处产铜地[④]。

省份	数量	省份	数量	省份	数量
湖南	17	贵州	5	陕西	2
云南	13	江苏	3	浙江	1
辽宁	12	吉林	3	江西	1
山西	12	甘肃	3	青海	1
新疆	10	山东	3	湖北	8
广东	2	河南	7	广西	2
四川	7	福建	2		

据石先生的统计，在商王朝势力所及的范围内，即以河南为中心，在河北、山西、陕西、四川、湖北、湖南、江西、安徽、江苏、山东等省广大范围内，皆有铜矿。石先生说："殷代铜矿砂之来源，可不必在长江流域去找，甚至不必过黄河以南，由济源而垣曲，而绛县而闻喜，在这中条山脉中，铜矿的

---

① 裴明相：《郑州商代王城的布局及其文化内涵》，《中原文物》1991年第1期。

② 《管子·地数篇》。

③ 夏湘蓉等：《先秦金属矿产共生关系史料试探》，《科技史文集》第3集，上海科学技术出版社，1980年版。

④ 石璋如：《殷代的铸铜工艺》，《史语所集刊》第26本。

蕴藏比较丰富。”并认为武丁征伐邛方，从地域观察，“实际上等于铜矿资源的战争。”张光直说：“把铜矿与征伐连接起来看，是很有见地的。”并指出：“三代都城之迁徙与追逐矿资源有密切关系。”商代都城迁徙，“从采矿的角度来说，也可以说是便于采矿，也便于为采矿而从事的战争”①。李民也认为盘庚迁都于今安阳，矿产资源的追求是考虑的重要因素之一②。

据近年各省测绘局绘制“省地图册”公布的物产统计资料，证实古文献的记载和现今的地质勘察基本相吻合。尤其是在距商王室中心地不远的地区，铜的储量相当可观，如山西省境内，探明的铜矿储量达上百万吨，居全国第五位，而主要集中分布在晋南中条山地区的垣曲、闻喜。垣曲铜矿是我国现今第二大铜矿。这些铜的蕴藏地，为商时人们提供了利用的可能性。

商代铜矿的开采和冶炼遗址的发现，始于1973年湖北大冶铜绿山古矿冶遗址。其后各地陆续都有关于古矿冶遗址的报道。经过碳十四测定或有伴出器物可定时代，其遗址早到商代的有大冶铜绿山、江西瑞昌铜岭和辽宁林西大井三处。

大冶铜绿山遗址面积南北长2公里，东西宽1公里。在这范围内已发现了不少古代矿井和采矿工具、用具，经碳十四测定，此矿从商代后期已开始开采，一直延续到春秋战国，最晚可到西汉。其中7号矿体223井背板，碳十四测定年代为公元前1380±150年，7号矿体203井壁木质测定年代为公元前1390±150年③，这相当于盘庚迁殷前后，为殷墟早期。

铜绿山矿井距地表深40~50米，地下井巷纵横交错，层层叠压。在这样的深矿井中采掘必须解决排水、通风、提升等技术。为了排水，采用一为提升法，取用木制水槽将矿下水引入储水坑（井）内，再用木桶将水由竖井提升到地面；另一是排水巷道，在采矿巷道旁再开掘一些较低矮的小巷道，将水引入其中。为了解决通风，打通各矿井形成一斜坡，利用井口高低不同产生的气压所形成的自然风流，同时关闭已废弃的巷道来控制气流，促使空气流向深井

① 张光直：《考古学专题六讲》，文物出版社1986年版，第125~126页。

② 李民：《殷墟的生态环境与盘庚迁都》，《历史研究》1991年第1期。

③ 中国社会科学院考古研究所编：《中国考古学中碳十四年代数据集》，文物出版社1986年版，第95、96页。

掘矿面。为了将矿物由井下运往地面的提升工具辘轳等，已在矿井中运用①。

在矿井附近发现有8座炼铜炉。炉型是一种竖炉，由炉身、炉缸和炉基三部分组成。8座竖炉的结构和尺寸大体相同。炉身已坍塌，炉缸保存较好，炉基周围用土筑成工作台，以便加料、鼓风等。

铜绿山的采矿和炼炉构造都很科学，技术先进，当是经过工匠们长期实践不断总结创造的结果，经碳十四测定年代，此矿开采当在商代殷墟早期。应该说一些最基本采矿炼炉技术在商代已掌握。且在殷墟西区发现的纯铜器，鉴定的4件平均含铜92.14%，在殷墟铸铜遗址曾发现一铜块，含铜量为97.2%。这样高质量的纯铜，是需要相当高的冶金技术才能达到。对铜绿山出土的圆形铜饼分析，含铜量为91.86%，与商代殷墟时期所冶炼的铜块相近，两者的技术水平也不会相差太大。

江西省瑞昌县铜岭古铜矿遗址是1988年发现的。遗址的面积约有1平方公里，既有露天开采，也有地下矿井开采。遗址的地层叠压关系清楚，矿井内出土有典型商代二里冈期的陶鬲和陶斝，碳十四测定年代距今3330±60年②。此矿的开采是自商代盘庚迁都前后就开始，与湖北大冶铜绿山矿的始采年代约略同时。

地下开掘的井巷用方框形木支护。竖井的主体支护也是用4根木料以榫卯法穿接或碗口接内撑制成方形框架。通风是采用凿井高低引起气流变化的自然通风法解决。在矿井内发现2只木辘轳，是提升用的机械。木辘轳的地层年代为商代，取木样碳十四测定为商代中期，再次说明商代地下采矿的提升工具已多采用这种机械装置。遗物中还发现一木溜槽，长3.5米，两头有活动挡板，这是用作分节水冲洗法选矿用的。文献记载这种分节水冲洗选矿技术最早见于宋代，由此看来这种技术可早到商代③。

近年来南方的湖北、湖南、江西、安徽等省皆发现有古代矿冶遗址，说明

---

① 参见陈芳妹：《文明与火花——成形与冶铸》，《故宫文物》（中国台湾）15卷11期（1998年）。

② 江西省文物局：《瑞昌铜岭矿冶遗址发掘获重大成果》，《中国文物报》1992年1月19日（第三期）。

③ 江西省文物局：《江西发掘商周时期铜矿采矿遗址》，《光明日报》1989年6月7日。江西省文物局：《瑞昌发现商周时期大型铜矿采掘遗址》，《中国文物报》1989年1月27日。

南方在古代就是我国铜的重要产地，中原王朝所需大量的铜，有部分当来自这些地方。《诗经·鲁颂·泮水》云："憬彼淮夷，来献其琛，元龟象齿，大赂南金。"所谓"南金"，即指淮夷向鲁献纳的铜。淮夷之地处江淮之间，与赣皖境内的古铜矿址相符。古时南方向北方中原贡纳铜锡有专门的交通道路，称为"金道锡行"。《曾伯霖簠》铭云："克狄淮夷，印燮繁汤，金道锡行"。郭沫若谓"金道锡行"，为"金锡入贡或交易之路"[①]。

辽宁省林西县大井古铜矿遗址，于 1976 年发掘。此遗址所出陶器为夏家店上层文化时期，对上层炼炉旁木碳标本的碳十四年代测定，其年代为距今 2970 ± 115 年[②]，遗址的上层是此遗址偏晚的堆积，故此遗址的初始年代应会更早。所以这一古铜矿的开采，当是从商代就已开始了。

大井古矿的矿苗距地表很浅，因而古采坑全部是露天开采的遗迹。4 号采坑南 20 余米处有一冶炼遗址，分为 8 个阶梯式平台，每一平台为一个炼区，每个炼区约 5 平方米，上有一、二座或三座炼炉，8 个区共发现 12 座炼炉窑。炼炉分为椭圆形（马蹄形）和多孔串窑式两类。从试掘出土的遗迹遗物观察，这里是一处采矿、选矿、冶炼、铸造的联合作坊。

此外，在河南省的济源、辉县和汲县，山西省的中条山，河北涞源一带，据地质矿产资料记载，在这些地方的铜矿上，有许多古代开采过的老洞。山西中条山的铜锅、马蹄沟、店头、篦子沟等地皆有古铜矿冶炼遗址的发现[③]。济源铜炉山铜矿、安平附近的东西塘凹铜矿、孙真人铜矿、莽山秦岭铜矿和纸坊铜矿等矿床上，古人开采过的铜矿老洞多达数十个[④]。这些遗址不排除商人已开采的可能性。

铜岭、大冶、大井三处遗址，碳十四测定都到了商代。这几处采炼铜遗址，其起始年代不应晚于商代中晚期。这些遗址所使用的采矿和冶炼的一套技

① 郭沫若：《两周金文辞大系考释》。

② 辽宁博物馆文物工作队：《辽宁林西县大井古铜矿 1976 年度试掘简报》，《文物资料丛刊》第 7 辑。

③ 李延祥：《中条山古铜矿冶遗址初步考察研究》，《文物季刊》（山西），1993 年第 2 期。

④ 申斌：《商代科学技术的精华——青铜冶铸业》，中国安阳师范专科学校，日本东京春秋学院联合刊行（单行本）。作者对上述地点古铜矿遗址作过调查。

术，如竖井、平巷、斜巷相连，安全设施的方框形木支护，提升的辘轳，通风、排水设备的解决，矿石品位的确定（木船），矿石的精选（木榴槽），炼炉的构造等，都具有相当水平。由于商代已发现大批的青铜器，就会有相应的采矿、冶炼业作基础。如炼铜的竖炉，小屯殷墟苗圃北地出土的大型熔铜炉，就是一种用作熔化铜块的竖炉。商代既有熔铜的竖炉，当也会有炼铜的竖炉[①]。所以上述古矿遗址的一套采矿和冶炼技术，基本上反映了商代的冶炼技术。

（二）商代的锡矿

商代的大量铜器中，锡的含量相当高，所需的锡料亦多，这只有对锡矿的开采和冶炼有了专门的行业，才能满足需要。但至今考古方面还没有发现古代的锡矿遗址，其开采冶炼技术不得而知。锡的熔点比较低，为232℃，冶炼技术要求不很高，关键是锡矿的资源问题。

从现今勘测开采情况看，我国锡产地主要在南方的云南、广东、广西、湖南诸省及北方的燕辽地区。云南个旧是著名的锡都，其储量占全国已知储量的83.65%[②]。广西的锡“探明储量占全国第一位”[③]。古代锡从南方来是可能的，《考工记》载“吴越之金锡”，“金”指铜。《李斯谏逐客书》谓“江南金锡”，南方通往北方之道路被称为“金道锡行”（《曾伯霂簠》铭）。商周时中原王朝所用锡的原料与铜相似，有相当一部分是从南方来的。

我国北方各省在古代也是产锡的。石璋如在《殷代的铸铜工艺》一文中，统计以商后期盘庚迁殷定都安阳为中心，由近而远，半径由100～400公里不等，划一同心圆，显示出锡的分布图表。章鸿钊《古矿录》从魏晋以来的地理著作和志书中，辑录了产锡地48处。闻广在此基础上又补充4处，共52处，作成“商及西周疆域内锡矿历史产地表”[④]。石璋如表与闻广表有相重者也有互易者，今将两表及其异同列表于下：

① 华觉明等编译：《世界冶金发展史》，科学技术文献出版社1985年版，第479页。

② 刘绵新：《泛论我国锡矿主要成因——工业类型的特点及其成矿分区》，《锡矿地质参考资料》(3)，1980年。

③ 王春惠等：《广西锡矿成因类型与特征》，《中国地质》1983年第10期。

④ 闻广：《中国古代青铜与锡》，《地质评论》第26卷，第5期，1980年。

锡产地	石表	闻表	资料来源
河南淇县	道口镇	淇县	石：小山一良：支那矿产地；闻：大明一统志。
河南武安	武安	武安	石：大清一统志；闻：新唐书·地理表，元丰九域志，大明一统表，大清一统志。
河南汝州	汝州	今临安	石：大明一统志；闻：大明一统志，河南通志。
河南嵩县	露宝饰山	露宝山筛山	石：大明一统志；闻：明史·地理志，大明一统志。
河南永宁	洛宁	长水	石：大明一统志；闻：新唐书·地理志，宋史·食货志，大明一统志，河南通志。
河南灵宝	灵宝	虢州	石；大明一统志；闻：宋史·食货志，大明一统表，河南通志。
河南方城	裕州	裕州	石：大清一统志；闻：大明一统志。
河南伊阳	/	五重山	闻：新唐书·食货志，新唐书·地理志。
河南伊阳	/	筛子垛山	闻：大明一统志，道光汝州志，筛子垛山即唐时五重山。
河南嵩山	/	大矿山	闻：明史·地理志。
河南卢氏	/	户氏	闻：河南通志。
河南乐安	/	乐安	闻：隋书·地理（今光山）。
河北成安	成安	/	石：道光河南通志。
河北广平	磁县	/	石：小山一郎：支那矿产地。
北京密云	/	幽州	闻：太平寰宇记。
河北迁安	/	北京迁安	闻：大明一统志。
河北栾县	/	滦州	闻：大明一统志。
山西阳城	阳城	阳城	石：大明一统志；旧唐书·地理志。
山西沁源	沁源	/	石：小山一郎：支那矿产地。
山西沁水	西乡	西乡	石、闻：大清一统志。
山西交城	交城	文城	石、闻：大清一统志。
山西平陆	箕山	箕山	石：大明一统志；闻：大清一统志。

续表

锡产地	石表	闻表	资料来源
山西安邑	稷山	稷山	石：光绪山西通志；闻：太平寰宇记。
山西大同	/	恒州 白登山	闻：魏书·食货志。
山东莱芜	莱芜	莱芜	石：唐书·地理志；闻：新唐书·地理志，明史·地理志。
山东峄山	夹儿山	灰儿山	石：大清一统志；闻：大明一统志，读史方舆纪要。
山东胶县	/	胶州	闻：大明一统志。
山东诸城	/	锡山	闻：山东通志。
山东营州	/	七宝山	闻：大清一统志。
山东临朐	/	蒿山	闻：大清一统志。
陕西礼泉	/	九嵏山	闻：陕西通志（引《昭陵志》）。
陕西华州	/	南山麓	闻：陕西通志（引《华州志》）。
陕西洛阳	/	松朵山	闻：宋史·食货志，陕西通志。
陕西勉县	/	西县	闻：新唐书·地理志，宋史·地理志，元丰九域志。

两表中的资料可互为补充，可见北方6省市合计出锡地34处。又清道光《汝州志》谓唐时五重山即《明一统志》之筛子垜山，为一地两名，故实为33处。其中河南省11处，河北省4处、北京市1处，山东省6处、山西省7处、陕西省4处。所记产锡之地的这些文献记载都比较晚。其中最早一条是宋《太平寰宇记》卷四十六引《山海经》云安邑稷山多锡。《山海经》据考证成书于战国时期，其《中山经》云“槐山谷多金锡”。阮元本槐字作稷，谓稷即稷字古文，认为槐山即稷山，亦即稷山，在今山西稷山县。

上述所引文献记载虽较晚，但可证明在商周疆域中心地有锡的蕴藏这一事实。据中华人民共和国成立以来历年的地质资料，“表明中原有着一大批找锡线索，其中不少古锡矿点与现代的找锡线索”，“在区域上互相吻合”①。当然，这个“古锡矿点”的“古”，也只是上表中所列的文献记载，而要证实商代在

① 闻广：《中原找锡论》，《中国地质》1983年第1期。

中原已开采这些锡矿，还要寄希望于考古学的发掘探测工作。

在青铜器的初期，锡和铜一样，都是产自当地，是古人利用当地资源才发明青铜工艺的。目前我国青铜制品，最早出土于甘肃和青海，甘肃东乡县林家遗址的铜刀，碳十四测定为公元前3280±120年①，发掘者认为此数有些偏早，到了夏纪年之前。青海贵南杂马台25号墓出土一件铜镜，遗址年代为公元前2000年左右。当在夏纪年范围。由于早期青铜器量少，用锡量小，加之锡的熔点低；小的矿点也可炼出。到商代，特别是殷墟时期到西周，青铜器高度发展，王室、贵族、方国都在开炉铸器，锡量不足，于是大量向南方索求。商周时期，曾大量向南方用兵，如武丁甲骨文中的伐曾，《诗经》中讲到的武丁伐荆楚，周人的多次对淮夷用兵，与打通运往中原的铜锡道路不无关系。

（三）商代的铅矿

与西亚、古埃及相比，我国青铜器的显著特点是含铅量高而不含或极少含砷，也反映出我国青铜冶铸技术是独立发展起来的。我国自青铜合金出现起，就有铜锡、铜铅合金两个类型。青海贵南杂马台出土的铜镜为铜锡合金，含锡量10%，而甘肃永靖县秦魏家的齐家文化遗址出土的一件铜环，铅含量5%②，是一件铅青铜。在青铜冶铸技术初期，对加锡加铅能降低铜的熔点，当是人们首先认识到的，而对加锡加铅能引起金属物理性能（指硬度、光泽等方面）的改变，还没有足够的认识。因而铅的冶炼技术史和锡一样，在我国是随青铜器的出现而出现的。据传在偃师二里头已发现有纯铅块③，由此更可证明铅的冶炼历史，在我国是很早的。

二里头遗址出土的铜器已有相当数量的铅锡青铜，而郑州二里冈和黄陂盘龙城所出的青铜器，含铅量都相当高。如郑州张寨所出2号方鼎重64.25公斤，其中含铅17%，一件铜器中的铅重量竟达10.92公斤。

纯铅器在殷墟时期发现更多，1969～1977年在殷墟西区出土了57件纯铅

① 中国社会科学院考古所：《中国考古学中碳十四年代数据集》，文物出版社1983年版，第134页。
② 北京钢铁学院冶金史组：《中国早期青铜器的研究》，《考古学报》1981年第3期。
③ 李敏生：《先秦用铅的历史概况》，《文物》1984年第10期。

器，其中包括礼器、兵器、工具、生活用具①。1953 年大司空村出土 1 件铅爵、1 件铅觚和 8 件铅戈②。洛阳东郊商代遗址中，也出土有 3 件铅戈③。殷墟时期不但青铜器中有铅锡三元合金或铅铜二元合金，还出现纯度很高的铅器，殷墟西区所出 4 件铅器平均含铅量为 90% 左右④，如此高纯度的铅，反映了商时冶铸铅的技术已有很高的水平。

在商代的冶金业中，以锡为贵，铅为贱。纯铅礼器和兵器一般都出在平民墓中，以替代锡青铜器或铅青铜器。

关于铅的储量，据中华人民共和国成立以来历年地质勘察得知，我国铅储量居世界前列，产铅之地遍于全国各地⑤，有的矿储量相当丰富，矿石含铅量的品位极高。如在晋南的中条山、晋中的吕梁山，晋中的交城目前正有一大型的铅锌矿在开采和冶炼之中；潼关以南的华山地区也是富铅矿区。

商代用铅当是主要取自本地，从用铅器的阶层就可作此推测。若铅要从遥远的南方运到中原，其价必定不低，一般平民也用不起。对古代铅矿开采和冶炼情况，与锡一样，目前还缺乏考古学上的证据，寄希望于今后考古方面的新发现。

（四）型范制造工艺

“型”指模，即所欲铸器的模型、样子。“范”是指从模上翻下来的器物外壳。

郑州南关外、紫金山、安阳小屯等殷商遗址内已出土大批的陶范，证明陶范铸造是商代青铜器的主要成型方法。

对商代的制范工艺，国内外学者已进行了大量研究，一些专家还进行多次

① 中国社会科学院考古研究所：《1969～1977 年殷墟西区墓葬发掘报告》，《考古学报》1979 年第 1 期。

② 马德志等：《一九五三年秋季洛阳东部发掘报告》，《考古学报》1955 年第 9 期。

③ 郭宝钧等：《一九五二年秋季洛阳东郊发掘报告》，《考古学报》1955 年第 9 期。

④ 李敏生等：《殷墟金属器物成分的测定报告（二）——殷墟西区铜器和铅器的测定》，《考古学集刊》（4），科学出版社 1984 年版。

⑤ 《中华人民共和国地图集》23《中国矿产说明》，地图出版社，1984 年版。

试铸试验①，其主要工艺流程如下：

1. 制模　“模”即所铸器物的原大模型，制模是铸造工艺的首要环节。

模的材料有多种，有陶土、石、木、骨、竹等，据安阳苗圃北地出土陶模的标本有三种：实物模、全模（模型整体）、分模（一器物的模分成几块）。铜器上的花纹要先在陶模上表现出来，而这种器上花纹的制作是精细复杂的工艺，李济认为有五种方法：刻划范纹、模范合作纹（既在模上刻，又在范上刻）、堆雕模纹、浮雕模纹、深刻模纹。

2. 外范的制造　外范的材料有两种：石头和泥土。用泥做成的称“陶范”，用石质制成的称“石范”。石范的优点是能耐高温，因而能反复使用，但石质不易加工，不宜做容器和刻凿花纹，只能铸造简单的工具和兵器。陶范在铸铜工艺中广泛应用，凡商代遗址内皆有大量陶范的发现。

制范方法主要有两种：一是用泥片在模上压制；一是夯筑。外范制成后，先要将其阴干，以保证范的不变形不走样，保证范块之间合缝的严密性。实验证明，先秦工匠在陶范缓慢阴干过程中，必须反复予以捶实，使范的收缩率降至1%左右，才能保持形状的稳定性。这是为获得形状准确、范线匀薄的器物的必不可少的关键工序。陶范阴干后，还需经过焙烧，而掌握焙烧温度有严格的要求。要使陶范经焙烧而并未达到烧结的温度，即所谓陶范实际并未陶化。如果焙烧温度达到烧结温度（即陶化），范体将收缩变形，原有的退让性、充型能力和脱范性能变差，不耐金属液的热冲击，铸件必然产生诸多的缺陷。先秦工匠已掌握较严格的焙烧规范，焙烧温度在850②～950℃之间③。经过焙烧后的范就可以合范进行铸造了。铸造一件器物要多少块陶范，需依据所铸器物的种类、形状、大小而不同。大型而复杂的器物均用多块范组成铸造。

3. 内范　内范又称芯心。铸造时内范与外范间的距离，即是铸器的壁厚。

内范（芯）的制作通常认为有刮模法、芯盒法，也有认为用实物翻制内

① 李济、万家保：《古器物研究》第4本，《殷墟出土青铜鼎形器之研究》，1971年，台北。华觉明：《中国冶铸史论集》，文物出版社1986年版，第71～89页。谭德睿：《商周陶范铸造科技内涵的揭示》，《中国文物报》1998年5月6日。

② 谭德睿：《商周陶范制造科技内涵的揭示》，《中国文物报》1998年5月6日。

③ 冯富根、华觉明：《殷墟出土商代青铜觚铸造的复原研究》，《考古》1982年第5期。

范，但经对出土模、范的考察，结合传统工艺调查和模拟试验，用外范翻内范是内范制作的主要方法①。传统泥型铸造的内范，是在外范内腔贴一层泥片，合扰后内填范料即成内范。剥除泥片，内、外范之间的空腔即为器物的壁厚。模拟实验证明，用外范翻制内范比刮模制内范方便得多，即使倘有损坏还可再制。

4. 铸铭之法　商代铜器上的铭文铸法有三种：一为在范上刻阴文、铸成阳文；二于模上刻阴文，翻出阳文范，嵌于范中铸出阴文；三是范上按字或按行贴范料泥片，刻出阳文，铸成阴文②。关于铸铭方法从清代始已有讨论，阮元《散氏敦铭拓本跋》中曾推测铸铭的几种方法，但没有实验证实。近年来上海博物馆成立课题组，从事青铜器的科学检测和模拟试铸，使铸铭方法得到了科学的论证。

商代铜器上的花纹瑰丽、细致、精美，有的研究者就认为商代铜器是用的失蜡法铸成的，不然无以铸出如此高质量的青铜器来③。前已指出，商代铸铜遗址出土大批陶范，有的铜器上还往往发现未被打磨掉的范铸迹——铸缝（范线）。因此可断定商代青铜器以陶范铸造法为主。近年来上海博物馆的研究人员在考察青铜器时发现晚商时期的一些卣和壶，其提梁作股绳索状，其上未见范线，而在环耳处有范线，且根部有细丝捆扎的痕迹。这类器件是创造性地应用丝、麻一类纤维制成模型，突破了以泥制模的传统。模型制成后，其外部敷整体范料，唯在环耳处分型。制范后即可进行焙烧，绳索被焚烧成灰。此后将环耳范打开，吹去灰烬，再合范浇注而成的。经模拟试铸，证实这一工艺可行性，定名为“焚失法”④。“焚失法”是失腊法的滥觞。由此推断中国失腊铸造技术起源于“焚失法”。

（五）青铜器铸造的工艺流程

熔铜、浇注成器、脱范后对铸器的修整，是铸造工程的最后工序，也是至关重要的工序。

---

① 谭德睿：《商周陶范铸造科技内涵的揭示》，《中国文物报》1998 年 5 月 6 日。
② 谭德睿：《商周陶范铸造科技内涵的揭示》，《中国文物报》1998 年 5 月 6 日。
③ W. Perceval yetts：The Eumorfopoulos Collection，Vol，I，1928，P：38。
④ 谭德睿：《商周陶范铸造科技内涵的揭示》，《中国文物报》1998 年 5 月 6 日。

1. 铜的熔化　熔铜设备，主要有三种：熔铜竖炉，由泥条盘筑而成，炉身在地面上，外涂黄泥以保炉温。这种炉壁残片占苗圃北地铸铜遗址出土熔炉残片总数的87%，是殷墟时期的主要铜块熔化炉。炉身为圆形或椭圆形，口直径1米左右；土坑式熔炉，在安阳苗圃北地、郑州紫金山、江西清江吴城均有发现；陶质熔炉，有仅外壁涂泥和内外壁均涂泥两种做法，在郑州、安阳均有发现。

铜、锡、铅在炉里熔化温度需900～1000℃左右，铜溶液从出炉到浇注间的过热温度，必须在150℃以上，出炉温度至少要达到1150℃以上。内径60～70厘米的大熔炉，要具有这样高的温度，必须有鼓风设备才能达到要求，因而可能已有一种皮制风囊之类的鼓风器。安阳苗圃北地和孝民屯铸铜遗址中，都发现有一端粗，另一端细的呈红色的陶管，且常伴随着熔炉的残块出土，无疑是装在皮囊类鼓风器上的风嘴。

熔炉的燃料是木炭，在郑州、安阳殷墟等地的铸铜遗址内，都有大量的发现。

2. 浇注　浇注首先解决浇注口的位置，即熔铜液注入型腔内的入口。商代的青铜器腹部以上部分附有精美的花纹，因而不宜做注口。浇铸口一般设于底部及带足器的足部。稍大型的器，浇注口一般有两个以上，才能保证铜液在型膛内不产生冷凝现象。为排除型腔内的空气，避免在铸件上产生气泡类疵点，还需作冒口。三足器一般二足作浇口，一足作冒口。

浇注前先要把外范和芯心合拢，并在外面涂泥或用绳缚紧加固，以免铜液进入型腔后将外范胀开跑液。合拢待铸的铸范或置于沙坑、沙厢内，以避免外范破裂发生危险。苗圃北地工棚内有一件大型铸范，呈方形，型底外范的每一面都有洞，洞中还留有朽木，是四根木头“井”字形地相交于外范下部。当是为加固外范，使不致于在注入铜液时将外范胀开。

3. 浑铸和分铸　浑铸法是指一件器物由一次浇注而成，无论此器用多少块外范拼拢成一器，但浇注一次成器者，称作“浑铸”。商代早期的铜器主要用浑铸法铸成。

分铸法又称合铸、二次铸造、多次铸造法。是将器身与器身上的附件分开铸造，然后再将其合铸在一起，有类似后世的焊接。有学者指出：分铸法之产生，当是在修补铜器的长期实践中创造出来的[①]。在商代青铜器中常见有对穿孔的补钉、断足、断耳的再接，补、接技术是利用熔化铜液的高温效果而达到粘接的目的，工匠们由此受到启示，而创造出这种方法。

分铸法有两种方式：一是后铸法，即先铸器的主体部分器身，然后再在其上接铸附件。另一法与此相反，先铸附件部分，在铸器身时再将附件放入陶范中和器体铸接，称作先铸法。

器体和附件铸接的方式有三种：一是榫卯式的铸接，一般用于器壁较厚的器物。此法以器体为榫头，附件上则为卯眼，故称榫卯式铸接。妇好墓所出方罍的肩部四隅的有翼怪兽，是先铸器及榫头后铸怪兽的实例。二是铆接式铸接，即附件与主体的联接像铆钉一样结合，一般用于对器壁较薄的铜器。三是多次铸接（套合式铸接），一些复杂的器物，器体和附件必须进行多次铸接才能完成。

这样，通过先铸和后铸，运用榫卯式、铆接式、套合式三种铸接方法，分多次把几个部件联接成一个整体。在完成复杂器件组合的同时，实现了各器件功能的要求。其匠心独运和技能的成熟性，代表了这一时期分铸法达到的技术高度，是商代铸工们的杰出创造[②]。

分铸法在二里冈时已出现，盘龙城李家咀一号墓中所出的Ⅱ式铜簋（李M1：5），两个耳是铸接上去的，此墓属商代前期。郑州二里冈时期出土的青铜器中，如郑州食品厂窖藏铜器中的一件中柱盂、一件提梁卣，都是用分铸法铸造的。分铸法铸造技术不但在商王朝的王都郑州采用，就是离王都较远的长江流域盘龙城也已采用，说明当时技术传播是很快的。

到商代后期殷墟时期，分铸法使用更为普遍，并应用得十分娴熟。所以在还没有失蜡法工艺的条件下，能铸造出大量精美、复杂的青铜器。这些青铜器上花纹精细异常，整体造形和谐生动、铸工考究而很少疵病，这是中国古代工匠们的伟大创造，充分展示了中国人民的聪明才智。

---

① 李济、万家保：《殷墟出土青铜鼎形器之研究》，第13页，1970年，台北。澳大利亚学者巴纳也持此说，见N·Banard，Qrigins of Bronze Castingin Ansientchi-na。

② 华觉明：《妇好墓青铜器群铸造技术的研究》，《考古学集刊》（1），科学出版社1981年版。

4. 特殊器件的铸接　在商代遗址中出土有青铜与其他质料的器体相铸接，有铁刃与铜身的钺，玉体与铜柄的戈、矛、戚，绿松石和青铜的镶嵌及红铜镶嵌器等。

5. 对铸件的修整　浇铸完毕，经一段时间冷却后，即可脱范。脱范后的青铜器由于外范有一定缺陷，在器上形成毛刺、飞边，又由于范块间合缝处，有一定的缝隙而产生铸缝，这些都需修整。修整青铜器的工具，主要是磨石。在商代铸铜遗址内，出土大量形状不同的磨石。经过修整、打磨后，一件青铜器的铸造过程就完成了。

第二节　陶瓷制造业

一、陶器的种类

陶器是人类最早通过化学变化将一种物质变成另一种物质的一项创造发明。由于农业和定居生活以及谷物的贮藏、饮水的搬运、食物的烹制等需要，促使陶器的发明和使用。陶器的发明是人类社会发展史上划时代的标志。

我国陶器的起源很早。南方江西万年仙人洞、广西桂林甑皮岩遗址出土的陶器具有一定的原始性，碳十四测定年代在公元前七八千年[①]，北方目前最早遗存河南新郑裴李岗、河北武安磁山遗址中出土的陶器，碳十四测定年代在公元前五六千年。即使以中原地区而论，到商代，陶器的使用也经历了3500余年。因而商代的陶器制造技术，已有很高的水平。

商代的陶器，按其用途大致可分为以下四类：

1. 生活用器。在商代考古发掘中，陶器是演变最快的一种器物，大致60年左右就有一个显著的变化。考古学家根据陶器的这一特点，将其作为遗址断代的最好物证。商代有500多年的历史，在这500多年中，陶器的种类和形制，不但与前朝的夏代有别，就是在商代的早、中、晚各期的陶器，在品种和

---

① 中国社会科学院考古研究所：《中国考古学中碳十四年代数据集》，文物出版社1986年版，第60、107～108页。

形制上也有很大的不同，加之地域差异，变化更大[①]。生活用器主要指贮藏（包括水类）、炊煮、盛食和饮食器等。这些器类品种皆属于传统的陶器种类，到了商代只是种类有些增减，器物形制有些变化而已，如在炊器中，以前常用的鼎，在商代则逐渐减少而代之以鬲，并出现蒸食用的陶甗，贮器中的瓮、缸外，大口陶尊成为主要的陶器。食器中的豆逐渐减少而新出圈足豆和陶簋。饮器中的陶觚、爵的普遍使用等。

2. 生产工具。陶制生产工具主要有纺织用的纺轮，切割用的刀，捕鱼的网坠，打猎用的弹丸，制造陶器的陶拍子等。如在藁城台西遗址内，就出土有陶制网坠 54 件，陶纺轮 162 件[②]。在郑州二里冈出土陶拍子 2 件，而在郑州铭功路西侧的制陶工场内，出土更多[③]。陶刀在江西吴城商代遗址中，出土 100 余件，主要是用来摘取禾穗的。此外，还有网坠 80 余件以及纺轮、制陶工具拍子等[④]。

3. 建筑用陶。建筑用陶器，在商代只发现排水管道一种。用陶制管排水，早在河南淮阳平粮台的龙山文化晚期古城中就已使用。夏代的偃师二里头遗址里，也发现陶水管。在商代的郑州二里冈时期，郑州铭功路西侧制陶工场内，出土一件陶水管道[⑤]，说明此窑场是专门烧制这种陶管的。河南安阳殷墟范围内，陶水管道有多次发现。1959～1961 年在苗圃北地的 PNT232 第三层，发现一条地下水道，水道内放置有陶制水管，水管长 33 厘米，一端口直径 17.5 厘米，另一端口直径 15 厘米，壁厚 1.6 厘米，用套合的方法相含接[⑥]。

1972 年在安阳殷墟的白家坟村西发现了三通陶水管道。此水管道埋于距地表深 1.1 米，南北、东西呈“丁”字形排列。南北向一段残长 7.9 米，有

---

① 详见河南省文物局文物队：《郑州二里冈》，科学出版社，1959 年版。
河北文物研究所：《藁城台西商代遗址》，文物出版社，1985 年版。
中国社会科学院考古研究所：《殷墟发掘报告》（1958～1961），文物出版社，1987 年版。

② 河北省文物研究所：《藁城台西商代遗址》，文物出版社 1985 年版，第 61 页。

③ 河南省文物局文物工作队：《郑州二里冈》，科学出版社 1959 年版，第 31 页，图版22：17.18。

④ 江西省博物馆等：《江西吴城商代遗址发掘简报》，《文物》1975 年第 7 期。

⑤ 中国硅酸盐学会编：《中国陶瓷史》，文物出版社 1987 年版，第 82 页。河南省文物研究所：《郑州市商代制陶遗址发掘简报》，《华夏考古》1991 年第 4 期。

⑥ 中国社会科学院考古研究所：《殷墟发掘报告（1958～1961）》，文物出版社 1987 年版，第 24 页。

17 个陶水管。东西向的水管残长 4.62 米，有 11 个水管。南北向与东西向间由一个三通水管相交接。陶水管系手制，每节长 42 厘米、直径 21.3 厘米、壁厚 1.3 厘米，管口齐平。三通形水管与现代自来水三通水管相似。水管两端大小相同，是平口对接。在此陶水管道正北 9 米处，还发现一段东西向的残存陶管道，残长 3.36 米，有 8 个陶水管，亦是平口相对接。这些陶管应是房基地下的排水设施①。

4. 陶塑品。陶塑品是用陶土捏或雕塑各种动物或人物形象，入窑烧制而成的。是当时人们的一种艺术创作。陶塑品在陶器发明不久就已出现，进入夏、商时代仍很盛行。在郑州商代遗址中，出土有陶龟、陶虎、陶羊头、陶鱼、陶猪、陶鸟头、陶人座像等陶雕塑品。其中以陶龟数量最多，或许与商人认为龟是通神灵的观念有关，因为商王的一切活动，都需通过龟、骨占卜得到神的许可和指示才能行动。在安阳苗圃北地出土有陶牛头、兽头、鸮头等。这些陶塑形象生动、逼真。郑州二里冈遗址中还出土名陶埙的乐器，共 4 件。其形如鸡蛋，中空，有孔，可吹成曲调②。《诗·小雅·何人斯》“伯氏吹埙，仲氏吹篪”之埙即此。反映了商代陶塑艺术的丰富多采和作者的艺术水平。

二、陶器的质料

陶器的质料，指的是陶胎的泥料，又称“陶系”。商代陶器的质料，可分为泥质、砂质、夹砂和瓷土四大类。泥质陶是陶胎中不含砂粒，有的经过淘洗以制造精美的陶器。砂质陶是胎中含有一定量的砂粒，夹砂陶是人工有意识地在陶土中添加一定比例的砂粒或其他矿石，被加进的砂粒称为羼和料。夹砂陶中加进的砂粒，据测量占陶土总量的 30% 左右③。加进砂粒可以改变陶土的成形性能和成品的受热急变性能，所以夹砂陶一般用作炊器。

泥质、砂质、夹砂是商代陶器的主要质料。据郑州二里冈发掘统计，三种

---

① 中国科学院考古研究所安阳工作队：《殷墟出土的陶水管和石磬》，《考古》1976 年第 1 期。

② 李纯一：《原始社会和商代的陶埙》，《考古学报》1964 年第 1 期。

③ 周仁等：《我国黄河流域新石器时代和殷周时代制陶工艺的科学总结》，《考古学报》1964 年第 1 期。

陶质占全部陶器的99.95%，一般日用品陶器皆是这三种陶质制造的。

陶片的化学成分和普通黄土有着显著的不同。据化验，黄河流域普通黄土含氧化钙（CaO）高，可塑性很差，而氧化钙（CaO）是不能通过淘洗而降低，因而难于用手工方法形成。经观察比较，商代陶片断面结构比今砖瓦致密，气孔也小得多，证明制造陶器的泥土不是一般的农耕土或含腐殖质较多的地表土（砖瓦多用地表土制成的），据实验和调查，制造陶器的泥土，当是选择红土、沉积土、黑土和其他黏土①。

瓷土和高岭土的氧化铝含量高，氧化铁的含量低，因而由瓷土和高岭土作胎质的陶器颜色呈白色。经对安阳殷墟所出土的白陶化验，氧化铝达41.21%，含氧化铁量为1.72%。白陶器在商代早、晚时期的遗址中都有发现，到商代后期更有高度发展。在地域上，今河北、河南、山西、山东、江西等地的遗址和墓葬中，都有白陶器皿出土，其中以王都所在的河南安阳殷墟出土得最多，也最为精致。商代早期白陶器多素面，后期则多雕刻有精美的纹饰，具有很高的艺术价值。

胎质与白陶相近的，在商代还有印纹硬陶和原始瓷器。

印纹硬陶与一般泥质陶相比，其胎质细腻、坚硬、吸水性小，扣击发出金石声。模拟重烧试验，其烧成温度在1200℃左右②。经化验，印纹陶的胎质含氧化铁在3%～5%之间③，略高于白陶器胎质。陶坯中的氧化铁（Fe_2O_3）若在氧化气氛中烧成，则成红色，在还原气氛中烧成，则呈灰色或更深的颜色。所以印纹硬陶器的表面和胎骨的颜色多呈紫褐色、红褐色、灰色和黄褐色。这类陶器的器表，多拍印以几何图案为主的纹饰，故又称“几何形纹硬陶”。印纹硬陶主要流行于南方的长江以南地区和东南沿海地区④。近年北方也陆续有发现，如在郑州的商代中期（二里冈时期）的遗址⑤，商代后期遗址的安阳殷

① 周仁等：《我国黄河流域新石器时代和殷周时代制陶工艺的科学总结》，《考古学报》1964年第1期。

② 周仁等：《我国黄河流域新石器时代和殷周时代制陶工艺的科学总结》，《考古学报》1964年第1期。

③ 李家治：《我国古代陶器和瓷器工艺发展过程的研究》，《考古》1978年第1期。

④ 尹焕章：《关于东南地区几何印纹陶时代的初步探测》，《考古学报》1958年第1期。

⑤ 安金槐：《谈谈郑州商代的几何印纹硬陶》，《考古》1960年第8期。

墟、山东益都、河北藁城台西等都有发现[①]。

原始瓷器在商代中期的郑州二里冈时期的遗址中已有发现。过去被称作釉陶"[②]，后来在河北藁城台西、安阳殷墟、湖北黄坡盘龙城[③]、江西清江吴城[④]、济南大辛庄、益都苏埠屯第2号奴隶主墓[⑤]等地遗址和墓葬中都有发现。其后，西周的遗址中发现更多。这类器皿的胎质细腻，呈白色或灰白色，坚硬，扣击有金属声，吸水性小，表面有一层釉，釉色有青灰、淡黄、青黄或浅褐色。

目前对这种带釉而质地细腻坚硬的器皿，是"瓷"还是"陶"的观点，非常对立。持慎重意见者称之为"釉陶"[⑥]，而有不少研究者主张应是"瓷"。因与后世的瓷相比，又有区别，显示其原始性，故称"原始瓷器"。有的据其颜色多呈青灰而称"原始青瓷"[⑦]。"陶"和"瓷"的本质区别是胎的化学分子结构和烧成的火候不同，从这两个要素考虑，应该说这类器皿称为"瓷"更妥当。商代所出这些瓷器的烧成温度，从其物理性能看与印纹陶相同。从这点看，其形成温度也应该在1200℃左右，符合瓷器烧成温度的要求。至于胎质所含化学成分，目前已有一些数据，为与日用陶、白陶、印纹硬陶、唐宋以后瓷器相比较，将有关数据择要于下[⑧]。

陶器化学成分表[⑨]：

① （一）郭宝钧：《1950年春殷墟发掘报告》，《考古》第5册，1951年。
（二）山东博物馆：《济南大辛庄试掘简报》，《考古学报》1958年第4期。
（三）河北文物研究所：《藁城台西商代遗址》，第65～67页。

② 安金槐：《谈谈郑州商代瓷器的几个问题》，《文物》1960年第8、9期。

③ 湖北省博物馆：《一九六三年湖北黄坡盘龙城商代遗址的发掘》，《文物》1976年第1期。

④ 江西省博物馆：《江西吴城商代遗址发掘简报》，《文物》1975年第7期。

⑤ 《文化大革命期间出土文物》第1辑，文物出版社，1972年版。

⑥ 中国社会科学院考古研究所：《新中国的考古发现和研究》，文物出版社1984年版，第331页。

⑦ 李辉柄：《略谈瓷器的起源与瓷的关系》，《文物》1978年第3期。

⑧ 资料来源：周仁等：《我国黄河流域新石器时代和殷周时代制陶工艺的科学总结》，《考古学报》，1964年第1期文之表3、5。

⑨ 李家治：《我国古代陶器和瓷器工艺发展过程的研究》，《考古》1978年第1期之表1、2。

化学成分 / 名称	SiO_2	Al_2O_3	Fe_2O_3	TiO_2	CaO	MgO	K_2O	Na_2O	Mn_2O	烧成温度	孔隙度（%）
二里冈红陶片	59.26	16.22	6.34	1.72	5.49	2.66	2.75	1.71	0.07	1000℃±20℃	30
安阳商代灰陶	66.39	17.09	5.82	0.87	2.11	2.28	2.49	1.92	0.13		30
城子崖龙山白陶	63.03	29.51	1.59	1.47	0.74	0.82	1.48	0.18	0.03		42
安阳商代白陶	49.14	41.21	1.72	3.34	0.60	0.82	0.74	0.17	0.03		
	50.26	42.15	1.76	3.42	0.62	0.84	0.76	0.17	0.03		
江西吴城商硬陶	66.52	23.17	4.39	1.54	0.20	1.01	2.90	0.20	–		
安阳殷墟硬陶	71.66	18.60	3.66	0.85	0.68	0.83	2.25	1.06	–	1180℃±20℃	
	71.96	18.68	3.68	0.85	0.68	0.83	2.26	1.06	0.02		
江西吴城商黑釉陶	74.00	18.15	3.87	0.94	0.20	0.81	1.74	0.38	–		

瓷器化学成分数①：

化学成分 / 名称	SiO_2	Al_2O_3	Fe_2O_3	TiO_2	CaO	MgO	K_2O	Na_2O	Mn_2O	烧成温度	孔隙度（%）
郑州二里冈原始瓷片	76.38	14.91	2.27	0.91	0.67	1.18	2.06	0.79	0.09		
吴城商原始瓷片	73.74	18.00	2.79	1.11	0.33	0.89	2.30	0.50	–		
	76.47	17.30	3.57	0.90	0.23	0.72	–	0.14	–		
藁城台西原始瓷片	73.16	18.05	3.52	1.02	0.29	1.00	2.49	0.52	0.02		

① 李科友、彭适凡：《略论江西吴城商代原始瓷器》，《文物》1975 年第 7 期附表。河北省文物研究所：《藁城台西商代遗址》，文物出版社 1985 年版，第 204 页。

续表

名称 \ 化学成分	SiO_2	Al_2O_3	Fe_2O_3	TiO_2	CaO	MgO	K_2O	Na_2O	Mn_2O	烧成温度	孔隙度（%）
安阳殷墟原始瓷片	76.18	17.13	2.02	0.77	0.51	0.85	2.17	0.78	–		0.26
	76.00	17.10	2.02	0.77	0.51	0.85	2.15	0.78	0.10		
巩县唐白瓷碗底	61.90	32.89	1.28	1.07	0.58	0.37	1.82	0.47	–	1150℃ ±20℃	2.45
宋湖田影青瓷	74.70	18.65	0.91	0.03	1.01	0.50	2.79	1.49	0.08	1100℃ ~1150℃	0.48
德化明白瓷盘	74.24	17.69	0.35	0.58	0.28	0.42	0.48	0.15	0.07		
清雍正粉彩碟	66.27	27.42	0.77	–	1.36	0.13	3.07	1.29	–	1300℃ ±20℃	

陶和瓷胎质的化学组成之别，在于含氧化铁（Fe_2O_3）的量，以及钙（CaO）的含量。陶器氧化铁和钙的含量都偏高，分别在5%和2%以上。瓷器，像唐宋以后的名瓷，氧化铁含量在2%以下，钙含量亦然。钙含量高可塑性差，因而不易成形，而氧化铁的含量高则不能耐高温焙烧，且使胎质产生红或灰暗的颜色。试验表明，含氧化铁在6%以上的陶胎，烧到1100℃时表面便开始熔融变色，烧至1200℃时则完全熔融成玻璃体，即烧坏。而瓷器要烧到1200℃的高温才能达到使表面釉与胎质完全熔合不致脱落。氧化铁高温后产生的颜色更不利于瓷的光洁度和透明度。因此氧化铁的含量是陶、瓷土质区别的关键。上表中原始瓷片氧化铁的含量除江西吴城及藁城台西各一片外，其余皆在2%~3%间，大大低于普通陶片，也低于硬陶片的含量。这一含量与目前大多数学者所赞同的西汉到南北朝为瓷器产生时期的瓷土相同，可见商代原始瓷片的化学组成，是瓷土（或高岭土）① 或称瓷石②而不是普通的陶土。

由于原始青瓷的含氧化铁（Fe_2O_3）量多在2%~3%之间，3%可视为原

① 参见李家治：《我国古代陶器和瓷器工艺发展过程的研究》表一，《考古》1978年第1期。

② 罗宏杰、李家治：《试论原始瓷器的定义》，《考古》1998年第7期。

始青瓷胎料的标志线；印纹硬陶（江西吴城报告称作“釉陶”者，亦即硬陶）中，含氧化铁在3% ~5%之间，氧化铁含量的5%则可视为普通泥质陶土和印纹陶土的界标。硬陶和原始瓷器在胎料上相似，只是含氧化铁量硬陶略偏高。硬陶的陶土，亦需经过认真选择，与制造普通日用陶器陶土有别。但印纹硬陶与瓷器的关系密切，在浙江萧山进化区和绍兴富盛窑场，印纹硬陶和原始瓷器同窑合烧。但因两者温度要求不同，所以印纹硬陶恰到好处，而原始青瓷有的胎则还没有完全烧结。两种同窑共烧，说明两者密切的关系，无疑南方印纹硬陶的广泛使用，对瓷器的产生、发展，是有影响的。

瓷器器表有釉，印纹硬陶不一定都有釉。商代原始瓷器上都有釉，其颜色有豆绿、淡黄、浅褐等（因而被称“釉陶”），经过化验是石灰釉。安阳出土的一片瓷片经取釉化验，其中含石灰石（CaO）高达21%。现代的石灰釉是用石灰石或方解石等碳酸盐矿掺加一定量的黏土配合而成的，商代的釉估计也是这样配制的①。

商代的印纹硬陶和原始瓷器主要在南方如江西、安徽、江苏等一带较多，而北方河南、河北、山东等中原地区出土数量比同时期南方出土的数量少。但从所出器形观察，黄河流域所出印纹硬陶和原始瓷器的器形、花纹都具有中原地区的风格，完全与南方不同。在郑州商代遗址中曾发现两片烧裂的瓷片和一些印纹陶硬片②，同样在安阳王裕口一探方中，出土原始瓷片和印纹硬陶共40片，其中有6片是烧坏的废品③。若这些原始瓷器和印纹硬陶是由南方输入的话，决不会把废品远道运入遥远的北方，因当时的交通是不很方便的。

瓷器是我国劳动人民的伟大发明，是对世界人类文明的重大贡献，远在公元前3000多年，我国南北方各地的劳动工匠们，已创造出了原始瓷器，这是我们中华民族的骄傲。

---

① 周仁等：《我国黄河流域新石器时代和殷周时代制陶工艺的科学总结》，《考古学报》1964年第1期。

② 安金槐：《谈谈郑州商代瓷器的几个问题》，《文物》1960年第7、8期。
安金槐：《谈谈郑州商代的几何印纹硬陶》，《考古》1960年第8期。

③ 中国社会科学院考古研究所：《殷墟发掘报告（1958~1959）》，文物出版社1987年版，第132页。

三、陶器的制造技术

商代的陶器制造技术（包括印纹硬陶和原始瓷器），采用轮制、模制和手制。

轮制是在陶车上拉坯成形，今手工制陶用的传统陶车（又称陶钧、快轮、陶车）基本原理，在商代制陶工匠中已掌握。陶器器表常留下的同心圆痕迹，就是轮制的证据。

手制是指捏制和泥条盘筑，捏制是手捏成一些小件器物。泥条盘筑是制造大型器如缸、瓮、罐、尊等常采用的方法。

关于模制陶器技术，考古学者在报告中指出："（陶器）制法：就出土的陶器看，有模制、轮制和手制三种，其中以模制和轮制是主要的。"[①]《殷墟发掘报告（1958～1961）》等书也指出有模制的。模制陶的证据是在陶鬲等器的袋足和裆内留有清晰的"反绳纹"，这就是用烧好的鬲作为模而制成的。但也有相反的观点，认为用掏模法成形制造陶器是不存在的[②]，即从工艺角度看，这种制陶成形方法会产生一定困难，特别是泥料要收缩和模壁粗糙，以致使坯体不易脱模和发生开裂。

对模制持否定观点者只是看到问题的一面。事实是商代陶器中，大量存在袋足三足器。袋足器的袋足，轮制、手捏、泥条盘筑皆不易成形，若用现成烧制好的陶模进行制做，就方便得多。轮制、泥条盘筑等法，制造平底、圜底的瓮、罐、盆之类器，无疑是十分方便的。而有袋足的三足器的足则无可施其技。

一件器物的成器，有的不限于使用一种制法完成，如有3个袋足的陶鬲、甗，其袋足为模制，其器身或为轮制，或为泥条盘筑，然后再用手接合上去，经陶车修整而成器。

商代陶器的烧成温度，有关的一些测定数据如下：辉县琉璃阁商代早期夹

① 河北省文化局文物工作队：《郑州二里冈》，科学出版社1959年版，第16页。

② 周仁等：《我国黄河流域新石器时代和殷周时代制陶工艺的科学总结》，《考古学报》1964年第1期。

砂陶片950℃左右；郑州二里冈商代红陶片1000℃；郑州二里冈商代硬陶片1180±20℃[①]。商代白陶的烧成温度，据波普（丁·A. PoPe）的实验：约为1050~1150℃，日本梅园末治的实验则大约在975℃左右[②]。新石器时期的仰韶文化、龙山文化陶器的烧成温度在800~950℃左右。现今普通砖瓦的烧成温度约为850~950℃，商代陶器烧成温度比之略高。

陶瓷器是在陶窑中烧制而成的，商代的窑址在河南、河北、山东、山西、陕西、湖南、江西、安徽等地都有发现，窑的结构有四种类型。

1. 升焰窑　升焰窑是火焰通过窑箄上升于窑室，烧成陶器。这种窑是由火口、火膛、窑柱、火道、窑箄、窑室六部分组成。窑室一般不大，直径多在1米左右，所以一次入窑烧的陶器只能容纳四五件。

升焰窑又称竖穴窑，是商代特别是北方各地陶窑的主要形式，在江西吴城遗址内也发现有8座。

2. 龙窑　宠窑又称平焰窑。目前在商代遗址中，只在江西吴城有发现。1986年在对吴城进行第六次发掘时，在吴城二期（商晚期）文化层内，清理出4条龙窑。

龙窑的结构，窑床呈长条形，如6号，从窑头至窑尾残长7.54米，窑腔内底宽0.92~1.07米。窑尾高头低，头尾间一字排开设有多个投柴孔。投柴孔外堆积厚厚的柴灰，窑底散布着原始瓷及夹砂、泥质釉质片[③]。

吴城商代龙窑倾斜度较后世小，升温慢，烧结度不会很高，具有原始性。但它毕竟已从传统的升焰式窑发展成为平焰式窑，是技术上的一大突破。我国后世广泛使用的龙窑的源头，应由此开始。平焰式窑容量大，一次能烧制的陶器大大增加。由于有倾斜度，火力可充分利用，这样不仅节省燃料，更重要的是能大大提高窑温[④]。

3. 直壁圆筒形窑　这种窑是在地面向下挖一个土坑，在土坑内烧制陶器

---

① 李家治：《中国古代陶器和瓷器工艺发展过程的研究》，《考古》1978年第3期。

② 转引周仁等：《我国黄河流域新石器时代和殷周时代制陶工艺的科学总结》，《考古学报》1964年第1期。

③ 李玉林：《吴城商代龙窑》，《文物》1989年第1期。

④ 关于龙窑的时代还有存疑处，本书据正式报道，期待将来有进一步的材料发表。

的窑，1972 年在湖南岳阳费家河商代遗址中发现。窑平面呈圆形，大者口径 0.8 米。清理时底部积有炭渣、草木灰，其上堆有灰褐色及红烧土块，中夹少量夹砂红陶片。

推测这种窑的烧制方法：在窑底先铺上一层厚谷壳或其他植物籽实的壳，作为基本燃料，其上放置三五件陶坯，然后在陶坯的周围和上面填充谷壳、植物籽实、木柴、稻草等燃料，一次点火，不再补充燃料，焙烧三五日即可成。这种窑中烧制的陶器，据测定，其火候在 600～700℃之间①。

这种陶窑显然比较原始，但它比露天烧制法②又为进步，烧制陶器的火候也要高些。直壁圆形窑，就是把地上的封泥移入地下，地下竖穴燃烧时，热量不易散去，使窑温提高。

4. 无箅竖穴窑　无箅窑是直壁圆筒形窑的改进型，也发现于湖南岳阳费家河，与竖穴土坑窑错杂一起，发掘者称为“8”字形竖穴窑。此窑与直壁圆筒型窑不同之处是在筒形窑身的一侧挖有窑门和火膛，窑门和窑室俯视则是“8”字。这种窑也不大，如 3 号窑，窑室直径 0.84 米。火膛与窑门、窑室相通，窑室内有半月形窑床略高于窑室底平面，是放置陶器的地方。发掘时窑内有大量的烧土、灰烬、炭渣、夹砂陶片、硬陶片和少量的釉陶片，器形有大口缸、鼎足、硬陶盘等③。这种窑比竖穴土坑窑有继续加燃料的功能。其结构近似升焰窑而比其原始。因为无箅，火焰不能上升直接烧着陶器。要提高窑温，使火膛内柴薪充分燃烧，应是有鼓风设备。

四、制陶窑场

从已发掘的商代遗址中的陶窑看，有单座窑和多座窑在一起的窑场生产两种。

多座窑在一起的如商代早期都城的偃师尸乡沟商城内北部一个不大的范围内，已发现有 8 座陶窑。郑州铭功路西侧，1955 年发现一处规模较大的制陶

---

① 湖南省博物馆等：《湖南岳阳费家河商代遗址和窑址的挖掘》，《考古》1985 年第 1 期。

② 我国高山族、黎族和傣族烧制陶器时，没有专门的窑设备，采用露天烧法，见宋兆麟等：《中国原始社会史》，文物出版社 1983 年版，第 174 页。

③ 湖南省博物馆等：《湖南岳阳费家河商代遗址和窑址的探掘》，《考古》1985 年第 1 期。

作坊遗址。在约1400平方米的范围内，发现14座陶窑和10余座小型房屋[①]。据探测其分布面积约达一万多平方米[②]。在房基内外堆积着有经过淘洗的陶泥原料、拍印着绳纹的陶盆坯子残片、制造陶器用的工具菌状陶抵手，带有方格纹的陶拍子等。在房基和窑炉之间是一片相当平坦而坚硬的场地，可能是晾干陶器坯子和整治制陶原料的场地。在作坊周围的濠沟和作坊区内的废弃坑中，堆积着大量商代中期的残破陶器和碎片，其中有不少是烧坏变形的废品。值得注意的是，该作坊遗址出土大量的陶坯、陶器废品和残品中，主要是盆、瓮、大口尊、簋和豆等泥质灰陶容器，说明这处作坊在当时是烧制泥质灰陶的。在郑州商代遗址中，夹砂的鬲、甗、罐、斝、缸等陶器，约占出土陶器总量的一半左右，而在这处作坊遗址中，却不一见，说明必另有专门烧制夹砂陶器的作坊。可见在商代中期，陶业内部已有了分工。普通泥质陶器的生产内部有分工，那么生产高一级的硬陶、原始瓷器，也可能有专门的作坊[③]。

河北邢台贾村遗址发现4座商代晚期陶窑，窑内及其附近只出陶鬲及其残片。在一座窑内发现21件完整的陶鬲，分作三迭，一仰一覆摆在窑膛一侧，可见这是一处专烧陶鬲的窑址[④]。

江西吴城二期文化层中（商代后期）从1973年以来进行了6次发掘，发现升焰式陶窑8座，平焰式龙窑4条，集中在该遗址的一个地段[⑤]，说明制造、烧制陶器是在一工场内多人合作进行的。1983年江西鹰潭角山发现一处商代窑址，出土大批制陶工具、陶、瓷器及残片，其上有不少刻划文字[⑥]。也是一个陶器作坊。

湖南岳阳费家河遗址，是商代的一处较大制陶工场。在费家河与青龙河交汇的两岸，探测出陶窑共63座，考古工作者已清理其中的32座。计有竖穴土

---

① 杨育彬：《河南考古》，中州古籍出版社1985年版，第101页。

② 中国硅酸盐学会编：《中国陶瓷史》，文物出版社1987年版，第53页。

③ 安金槐：《试论郑州商城遗址——隞都》，《文物》1961年第4、5期。

④ 河北省文化局文物工作队：《1958年邢台地区古遗址、古墓葬的发现与清理》，《文物》1959年第9期。

⑤ 文物编辑委员会：《文物考古工作十年（1979～1989年）》，第150页。李玉林：《吴城商代龙窑》，《文物》1989年第1期。

⑥ 江西省文物工作队等：《鹰潭角山遗址试掘简报》，《江西历史文物》1987年第2期。

坑窑28座，无箄窑4座[①]。

同样的情况在河北邢台曹演庄[②]、邯郸涧沟村[③]、磁县下七垣[④]、河南拓城孟庄[⑤]等商代遗址内，都有发现，只是因发掘面积关系，窑址未全面揭出而不知窑场的规模。

另据报道，1990～1991年初，福建省武夷山市兴田镇西郊葫芦山发现一处商周时遗址，在250平方米内就揭露出22座商代早期或更早的陶窑，陶窑间还有相互叠压打破的现象。窑的平面多为葫芦形，极少数为圆形或长条形，小的长、宽仅1米，大的如3号窑全长达5米多，内直径2.7米。窑有一定的坡度，烟囱多设在后面，是一种倒焰窑[⑥]。

上述这些考古发掘情况说明，商代烧制陶器的陶窑集中、规模大是其特点，与龙山文化时期陶窑多单个散布于居址旁的状况有着极大的不同。

商代的制陶业，从窑址看，作坊规模大，陶器种类多，制陶业内部已有一定分工。特别是原始瓷器的创制，反映了陶瓷业的发展已具相当的水平。享誉世界的中国瓷器，就是从此时的烧制开始起步的。

第三节　纺织业

一、纺织物及其原材料的种类

纺织业的主要功用是解决人们的穿着。商代人的衣着情况，从考古发掘中出土的一些玉或石雕的人像上，可略见其一斑。

1975年在安阳小屯村北发掘的妇好墓中，出土700多件玉器，63件石器[⑦]。其中有几件玉石人的着装很清晰，如腰插宽柄器玉人（371），高7厘米，跪坐，双手抚膝，头梳长辫一条，戴圆箍形“頍”，用以束发。身着衣，

---

① 《湖南岳阳费家河商代遗址和窑址的探掘》，《考古》1985年第1期。

② 云明等：《邢台商代遗址中的陶窑》，《文物参考资料》1956年第12期。

③ 河北省文化局文物工作队：《河北邯郸涧沟村古遗址发掘简报》，《考古》1961年第4期。

④ 河北省文物管理处：《磁县下七垣发掘报告》，《考古学报》1979年第2期。

⑤ 中国社会科学院考古所河南一队等：《河南柘城孟庄商代遗址》，《考古学报》1982年第1期。

⑥ 杨琮、陈子文：《武夷山发掘商代居址和窑群》，《中国文物报》1991年12月8日。

⑦ 中国社会科学院考古研究所：《殷墟妇好墓》，文物出版社1980年版，第151页。

交领并于胸，长袖至腕，袖口较窄，腰束宽带，衣下缘似及于足踝，上衣饰云纹，腹前悬长条形“蔽膝”（今称围裙），下缘及膝部，似着鞋（未露脚趾）。短辫玉人（372）、猴面玉人（375），着衣形状也很明显，皆是长袖窄口。短辫玉人衣口缘下及小腿，为长衣。猴面玉人衣下缘仅及臂部，为短衫高领。腰插宽柄玉人的衣服上有纹饰，可能是刺绣纹而非织上去的纹饰。1928～1937年间发掘殷墟时，也出土几件着衣冠及鞋的玉石人雕刻作品[①]。从出土玉石人雕像的衣着考察，商代人是以纺织品为衣料的。

在商代甲骨文中，与纺织业有关的字如下：从衣的字：21；从网的字：29；从疒的字：35；从束的字：46；从系的字：81；从丝（二系）的字：16；从丝（三系）的字：3[②]。仅从系的字就有100个之多。从衣从网、疒、束诸字所指的纺织原料，虽不能确定，但指纤维原料制品是不错的。从系以下三字，有指丝织品，但也不一定专指丝织物，有的可能是泛指纺织物。有关纺织业的甲骨文字就有231个，由此可见商代纺织业与人们关系的密切，同时也反映了纺织业的发达情况。

商代纺织物的材料有麻、毛、蚕丝，可能还有棉。

1. 麻织品　麻织品在河北藁城台西商代遗址和安阳殷墟都有发现。1973～1974年，在藁城台西村的商代早期（相当于二里冈上层）居址中，发现一卷麻布，展开时已断裂成13片[③]。经鉴定为大麻纤维[④]。根据两块麻布实物分析，经纱是两根纱合股加拈而成，为平纹织，其中一块经纱密度为14～16根/厘米，纬纱是9～10根/厘米。另一块经纱是18～20根/厘米，纬纱是6～8根/厘米。经纱投影宽度为0.8～1毫米，纬纱为0.41毫米，相当10升布，与西汉马王堆出土麻布相当。又1958～1961年在发掘殷墟大司空村SM_{301}墓中，出土“花土”一片，残长33厘米，宽19厘米。从遗留的痕迹看，是一段粗麻布。布色黄白相间，上用黑色线条勾画出类似饕餮的花纹，可能属于仪仗一类

---

① 胡厚宣：《殷代的蚕桑和丝织》，《文物》1972年第11期。

② 胡厚宣：《殷代的蚕桑和丝织》，《文物》1972年第11期。

③ 河北省文物管理处台西队：《河北藁城台西村商代遗址发掘简报》，《文物》1979年第6期。

④ 高汉玉等：《台西村商代遗址出土的纺织品》，《文物》1979年第6期。

的东西[①]。但麻布属何种品种的麻，是大麻还是其他种类的麻，无法鉴定。在后岗圆坑第一层人骨架及铜器表面，有麻布12片，最大一片长5厘米，宽3.5厘米，布纹较粗，每平方厘米经纬线为10×8根，有一块用麻绳缝制的口袋。1987年安阳郭家庄M_{52}车马坑中的车箱内，有红色布纹[②]，可能也是麻布。在妇好墓中的青铜礼器中，有50余件表面上粘附有纺织品残片，据鉴定，其中10例属麻织物，皆为平纹组织[③]。属于何种麻，正式报告还未见公布。推测可能属于大麻。

大麻是我国古代常用的纺织原料，栽培很早。在新石器时代晚期的甘肃东乡林家马家窑遗址中，发现有保存在陶罐中的大麻籽[④]。此遗址的年代为公元前5000年。在湖南长沙马王堆一号汉墓中出土的大麻布，经检验分析，大麻纤维投影宽度为21.83微米，横断面面积为153.01平方微米[⑤]。已接近现代种植的大麻，其品种已十分优良，乃是我国劳动人民长期种植、选育良种的结果。商代的大麻种植正是承上启下，介于两者之间，故其麻可能为大麻。

大麻是一年生草本植物，其茎高2.5～3米，雌雄共株。雄称作枲，雌称作苴。枲茎的韧皮部分含有可供纺织的纤维，而苴的纤维只可充作绳索原料。我国自古以来在棉花未被推广以前，一般民众皆以大麻作衣料，所以有关农事书中，如《管子·地员篇》、后汉的《氾胜之书》等，都有对种植大麻的技术记载。

2. 毛织品　毛织物在商代遗址中发现较少。1973～1974年在河北藁城台西商代遗址中出土的麻织物中，发现夹有一根羊毛，其投影宽度约15微米，是相当高支的羊毛，鉴定为山羊毛。毛纺织物在青海都兰县诺木洪塔里他里哈遗址发现多块[⑥]，该遗址的年代据碳十四测定，最早一个数据为公元前2175年

---

① 中国社会科学院考古研究所：《殷墟发掘报告（1958～1961）》，文物出版社会1987年版，第260页。

② 中国社会科学院考古研究所安阳工作队：《安阳郭家庄西南的殷代车马坑》，《考古》1988年第10期。

③ 中国社会科学院考古研究所：《殷墟妇好墓》，文物出版社1980年版，第17～18页。

④ 西北师范学院植物研究所等：《甘肃东乡林家马家窑文化遗址出土的稷与大麻》，《考古》1984年第7期。

⑤ 上海纺织科学研究院等：《长沙马王堆一号汉墓出土纺织品的研究》，文物出版社，1980年。

⑥ 青海省文物管理委员会等：《青海都兰县诺木洪塔里他里哈遗址调查与试掘》，《考古学报》1963年第1期。

(木柱)，毛布测定为公元前955年①。可见用羊毛纺织在我国的历史是很早的。推测商代已利用山羊绒来纺织了②。《逸周书·王会解》后附有一篇商朝初年伊尹向诸侯颁布的“四方献令”即贡物命令，其贡物有“纰罽”。罽就是毛织物。《墨子·尚贤中》说：“傅说被褐带索，庸筑乎傅岩。”“褐”是一种粗毛布衣，为一般下层人所服用。《诗·豳风·七月》：“无衣无褐，何以卒岁。”郑玄笺云：“褐，毛布也。”唐孔颖达疏谓：“毛布用毛为布，今夷狄作褐皆织毛为之，贱者所服。”商代的畜牧业比较发达，羊是商人饲养的主要家畜品种，人食其肉，以其毛作纺织原料，乃是就地取材。所以毛织物在商代应是重要的纺织原料。

3. 丝织品　丝织物在商代发现不少，绝大多数是附在青铜器的表面。如殷墟妇好墓出土的青铜礼器表面附有纺织物的就有50多件，其中除10件鉴定为麻织品外，其余40件左右皆是丝织物。有的铜器上包裹的纺织物达数层之多，将贵重的随葬品包裹丝麻织物入葬，大概是商人的葬俗之一，因此这种现象屡有发现。除妇好墓外，其他如安阳后岗圆坑的铜鼎、二件铜戈上也包有丝织品痕迹，其密度为每平方厘米经纬线为21×20根，织纹为平纹③。1950年在河南安阳武官村大墓中，发现三件铜戈上，皆有绢帛包裹的布纹④。1955年在郑州出土的一件商代铜盆外面，也附着布纹⑤。1973、1974年在河北藁城台西商代墓中出土的铜器上，也常有纺织物包裹痕迹。如38号墓出土的一件铜觚，通过放大镜观察，上有五处织物印痕，经鉴定为丝织物⑥。

殷墟发掘时，也常有发现，如1929年第三次发掘殷墟时，在小屯西北地18.2号商墓中出土的戈形兵器上面，“有极显著的布纹”⑦。1934～1935年第

---

① 中国社会科学院考古研究所：《中国考古学中碳十四年代数据集》，文物出版社1986年版，第142页。

② 高汉玉等：《台西村商代遗址出土的纺织品》，《文物》1979年第6期。

③ 中国社会科学院考古研究所：《殷墟发掘报告（1958～1961）》，文物出版社1987年版，第27页。

④ 郭宝钧：《1950年春殷墟发掘报告》，《考古学报》第5册，1951年。

⑤ 许顺湛：《灿烂的郑州商代文化》，河南人民出版社1957年版，第18页。又许顺湛：《商代社会经济初探》，河南人民出版社1958年版，第30页。

⑥ 高汉玉等：《台西村商代遗址出土的纺织品》，《文物》1979年第6期。

⑦ 李济：《俯身葬》，《安阳发掘报告》，第3期（1931）。

十、十一次发掘殷墟时，在侯家庄西北岗第1001号大墓内，出土的铜戈、爵、觚上有席纹和麻布纹外，还有细布的痕迹①。上述布纹、细布纹，专家认为"就是丝绢类的遗迹"②。

在商代的一些传世品上，也往往有丝织物包裹的痕迹，如故宫博物院收藏的一件玉戈上，正反两面都留有麻布、平纹绢等纺织品痕迹，并渗有朱砂。在一件青铜戈的柄上，用25倍放大镜观察，其上有丝织物痕迹多处③。又如斯德哥尔摩的远东区博物馆（The Museum of Far Eastern Antiguities）收藏一件商代的铜钺、马尔米博物馆（Malmo Museum）收藏的一件商代铜觶上，都有丝的附着物痕迹，经瑞典丝织物学者西尔凡（ViVi Sylwan）女士检验为丝织品，其报告发表于1935年出版的《马尔米博物馆年鉴》④。后来日本学者布目顺郎对这两件器物上的纺织品又作了重新检验，确认了西尔凡女士的研究成果⑤。

以上这些发现与研究，对确认商代已有纺织品和研究丝织的纺织技术，都是极为重要的。

4. 棉织品　我国棉布成为普通人的衣料，大致是在宋代以后，商代有棉织品是最近才被提出来的。1975年，张秉权在整理1936年殷墟127坑出土甲骨时，发现有些碎甲上粘附有布纹痕迹，于是请人鉴定。经用光学显微镜和电子显微镜观察，确定为"棉纤维类之纺织品"。这是一项惊人的发现，张先生说在这批甲骨中，一共发现在65片上粘附有纺织品痕迹，皆为十字平纹棉织⑥。商代棉织品的遗物，中原地区还不见有出土的报道，只有1978年在福建武夷山白岩崖洞墓的船棺葬内，出土了死者穿的衣服残片若干块，经上海纺织科学院鉴定其衣料有大麻、苎麻、丝、棉布（木棉）四种质料。其中棉布为木棉制品，平纹青灰色，每平方厘米为经纬线各14根，质量较好，系多年生

---

① 梁思永等:《侯家庄·1001号大墓》上册，第311、319、325页，1962年，台北版。

② 胡厚宣:《殷代的蚕桑和丝织》，《文物》1972年第11期。

③ 陈娟娟:《两件有丝织品花纹印痕的商代文物》，《文物》1978年第12期。

④ Vi Vi Sylwan: Sideni Kina under yin - dynastien, Malmi Museums dysberttelse（1935）P. 19～20。

⑤ 布目顺朗:《关于先秦时期的绢纤维和其他纤维》，《京都工艺纤维大学部学术报告》第7卷，第1期（1973）。又《养蚕的起源与古代绢》，第190、195页，东京，1979年。

⑥ 张秉权:《殷墟出土龟甲上所粘附的纺织品》，《国际汉学会议论文集》，第145页，1981年，台北。又《甲骨文与甲骨学》第20章，1988年，台北。

灌木型木棉，棉纤维与今海南岛所产木棉接近①。

武夷山白岩洞墓的船棺木经中国社会科学院考古研究所实验室测定为距今3370±80年（前1378±80年），树木年轮校正为3620±130年（前1628±130年）。北京大学考古系实验室测得为距今3840±90年（前1848±90年），树木年轮校正为4200±140年（前2208±140年）。国家文物局文物保护研究所测的数据为距今3235±80年（前1243±80年），树轮校正后为3445±100年（前1453±100年）②。其年代最晚在商代盘庚迁殷前后。这是我国境内出土的最早的棉织物。安阳小屯127坑所出甲骨，时代为武丁时期，约在公元前1300~1400年之间，与武夷山白岩崖洞墓时代相近。安阳与武夷山两地相隔很远，却都发现有棉织物，其意义重大。这说明，在商代，我国境内已确有棉的种植，且利用其纤维进行纺织成布做衣。

二、纺织技术

纺织业包括纺和织两部分，纺是将纤维原料纺成线，织是将线织成布。纺线须有原料，如麻、毛、蚕茧、棉等。而棉、麻的种植，蚕的饲养，毛的收集都应是纺织业的组成部分。

我国是世界上最早产丝绸的国家，丝绸的纺织自古受到重视，而丝织技术反映了一个时代的纺织技术的最高水平，因而本节以丝织业为代表，来说明商代纺织技术概况。商代丝织业生产及技术主要有如下几项：

1. 养蚕的桑　“桑”字是甲骨文中的一常见字，从字形而言是一种高桑③。商人有关桑的传说颇多，如汤祷于桑林以求雨的桑林④，伊尹生于空桑⑤，《书·咸乂》有“桑穀之祥”的传说云：“伊陟相大戊，亳有祥，桑穀共生于朝。”《史记》等书因之。

---

① 福建省博物馆、崇安县文化馆：《福建崇安武夷山的白岩洞墓清理简报》，《文物》1980年第6期。

② 中国社会科学院考古研究所编：《中国考古学中碳十四年代数据集》，文物出版社1986年版，第57页。

③ 夏鼐：《我国古代蚕桑丝绸的历史》，《考古》1972年第2期。又载于《考古学和科学史》，第98~116页。

④ 见《墨子·兼爱》《荀子·大略》等。

⑤ 《楚辞·天问》。

2. 蚕　对蚕，1953 年在安阳大司空村发掘一商墓时，出土玉蚕一件，长 3.15 厘米，有七节，白色①。1966 年山东益都苏埠屯大墓中，也发现一件玉蚕②，传世的玉蚕在中国历史博物馆和故宫博物院都曾展示过。商代铜器上还有一种纹饰作蚕形，称作蚕纹，其形状为“头圆而眼突出，身体屈曲，作蠕动状。饰于器的足部、口部和腹部”③。

甲骨文中有一虫形字，多释为蚕，也有释为虫即“它”字者。但应释为蚕字，因其形状与出土的玉蚕和今家养蚕相像者多，且商代丝织物已多有发现，必有家养蚕业。而甲骨文中桑字多见，应有蚕字。如武丁卜辞：“戊子卜，呼省于蚕。”（《续补》7402）祖庚祖甲时卜辞：“贞元示五牛，蚕示三牛。十三月。”（《续补》9999、《合集》14354）康丁时卜辞：“丙寅，贞维亏以羌暨蚕于黾示用。”（《南明》468、《合集》32033）卜辞中“呼省于蚕”犹言“呼省蚕”，“蚕示”即蚕神。商人每于蚕神求年，知蚕桑之业，与农业生产一样，亦为一年的重要收成④。

有学者据甲骨文中蚕字的“斑纹”分析，认为商代蚕至少有三个不同类型的品种，即头部有眼状斑纹的，与今浙江太湖地区的普通蚕种的眼状斑纹一致；蚕字背部有“X”纹的，是蚕的原种，即武汉地区的赭茧种；蚕字身上有“八”纹字，像中国的大安桥种蚕⑤。

3. 缫丝　蚕吐丝成茧，茧要经过抽丝才能成为纺织用的原料，这一工序称作缫丝。我国丝织品早在良渚文化中就有发现，无疑很早就掌握了缫丝技术。甲骨文中从丝的字很多，但哪一为缫丝的缫字，不见有古文字学家解说。甲骨文中有一字作形，从丝从鬲，像在鬲中煮丝（《合集》8294），此字应与缫丝有关，或即“缫”字。有人认为甲骨文中的字与后来的缫字有关，但此字在甲骨文中均作地名而无作动词用的。甲骨文中有一手提丝形字作（《合集》31161）、（《合集》21695）形，或从二丝，或从三丝，中间或有

① 马得志等：《1953 年安阳大司空村发掘报告》，《考古学报》第 9 册，1957 年。
② 《文化大革命期间出土文物》第 1 辑，文物出版社 1972 年版，第 124 页。
③ 容庚、张维持：《殷周青铜器通论》，科学出版社，1958 年。
④ 胡厚宣：《殷代的蚕桑和丝织》，《文物》1972 年第 8 期。
⑤ 高汉玉：《中国桑蚕丝帛起源的探讨》，载《亚洲文明论丛》，四川人民出版社，1986 年版。

一横将手与丝相隔。古文字学家释为系，或径直隶写作𢆶、𢆶。其字像手持丝形，或云像手治乱丝。有人认为像从蚕茧上作抽丝状，ㅂ表示丝篗（篗），即烧丝框。“从手示作理绪抽丝的活动”①，是有道理的。在甲骨文中此字有作为动词用的“如：癸卯卜，宾，贞令墉𢆶，在京奠。”（《合集》6）“贞呼犬𢆶于京。”（《合集》5667）“墉”、“犬”为人名，辞是命令墉、犬“𢆶”，与他辞常见的“令某伐”、“令某田”、“令某出”相类，人名后皆为动词，是命令其去做某事。但这个字究竟读为何字，还可以研究，作为动词用，也应是与缫丝相关的字。

4. 纺　麻、毛、棉纤维都要纺成纱然后才能用于织布。蚕丝去掉丝胶和杂质可得600～1000米的长丝，不需再纺即可织，但有的也要求打捻然后织，以使成品出现花纹。纺纱的工具，考古发掘中出土大量各种质料的纺轮，即是纺纱用的。多作圆形，其中心有一孔，插一根杆，即可纺线。纺轮主要是用于纺绩麻、毛类纤维，丝的纺具是否用纺轮，或别有纺机尚待研究。

5. 织　从出土的织织物分析，商代丝织物的织纹有三种：一是普通的平纹织。此种织法是经纬线大体相等，每厘米约30～50根，但经线略多于纬线。据实物考察，每厘米经纬线的比例为8：7或75：50，且经纬线的直径也大致相等②。二是畦纹的平纹织。此种织法是经线比纬线多出一倍，每平方厘米细者经线72根，纬线35根，粗者经线40根，纬线17根。三是文绮织。地纹是平纹组织，花纹是三上一下的斜纹组织，由经线显花③。

夏鼐认为这三种织物的丝线都是未加拈或拈度极轻的意见，但被后来新出的实物证实并非确论。1973、1974年在河北藁城台西38号商墓中，出土一件铜觚上有5处包裹的丝织物痕迹，据鉴定，序号1—2号是平纹组织的纨。序号3是经纬织线比较细、密度较稀疏的平纹纱类织物。序号4织物有隐约的绞经组织，应是两经绞素罗。序号5是一块疏松的平纹丝织物，经丝为Z指向，拈度为2500～3000拈/米左右，密度为30～35根/厘米。纬丝为S指向，拈度

---

① 高汉玉：《中国桑蚕丝帛起源的探讨》，载《亚洲文明论丛》，四川人民出版社，1986年。

② 沃尔默（John Vollmer）：《中国青铜器上织物假晶》，见菲什克（Patricial · Fiska）《考古学上的织物》，华盛顿，1974年。

③ 夏鼐：《我国古代蚕桑丝绸的历史》，《考古》1972年第2期。

为 2100 ~ 2500 捻/米左右，密度约为 30 根/厘米。从经纬丝的捻度范围来看，属于强捻丝。用这种强捻丝织成的绸，在以后的煮练加工时，原先在加捻时丝线内部存在着的应力促其退捻。因而使经纬线收缩、弯曲，在织品表面上就显现出美丽的绉纹来。序号 5 的经纬线稀疏，为收缩、卷曲提供空间，以便起绉。这块织物应属平纹绉丝织物的“縠”[①]。从藁城台西遗址出土的丝织物看，都是加绞捻而织成的纨、纱、罗、縠等。

妇好墓中出土的丝织物皆是粘附在铜器表面。经分析，丝织物中有 5 个品种。

（1）平纹绢：数量最多，可辨认的约有 20 余例。其密度，粗疏者每平方厘米有经丝 20 根，纬丝 18 根；一般中等密度（占多数）约为每平方厘米为经丝 72 根，纬丝 26 根，不加捻，织物表面出现畦纹外观的效果。

（2）朱砂染色的缟（或纨）：可辨认的有 9 例，多粘附在一些大中型器上，其密度为每平方厘米有经丝 60 根，纬丝 20 根，朱砂染色的织物是染色工艺的一项重要发现。

（3）缣类和绢类织物：有单经双纬（经重平组织）和双经双纬（方平组织）的平纹变化组织，汉代称此织物为缯。在司鸮母大圆尊上各发现一例，前者经丝每平方厘米 32 根，纬丝 14 对（根），经丝为 S 捻向，每米约 800 个捻；后者经丝每平方厘米为 18 对（根），纬丝 14 对（根），经丝亦为 S 向捻，每米 800 个捻。

（4）回形纹绮：只有一例，附着于偶方彝下的一侧，其花纹与此墓所出玉人（372）衣袖上的纹饰相似。

（5）罗类织物：大孔罗，发现两件，一件在妇好墓连体甗（865）的口部下发现，另一件在小方彝的盖上（828）。前者密度为每平方厘米有经丝 32 根，纬丝 12 根，孔眼大，经、纬都是正手（S 向）加捻，每米大约有 1500 ~ 2000 个捻。这是我国目前发现年代最早的绞经机织罗实物[②]。

1979 年福建崇安武夷山白崖洞墓船棺葬内，人体衣服丝残片，经鉴定为

---

① 高汉玉等：《台西村商代遗址出土的纺织品》，《文物》1979 年第 6 期。

② 中国社会科学院考古研究所：《殷墟妇好墓》，文物出版社 1980 年版，第 18 页。

黄色平纹丝织物，经丝密度为每平方厘米32根，纬线为19根。经丝投影宽度为0.4毫米、纬丝投影宽度为0.48～0.5毫米，经纬丝径较粗，织物比较厚实①。

台西和妇好墓出土的丝织品中，有绉（或称作縠）和罗，应是夏鼐所未曾注意到的。绮、绉、罗三种丝织物，代表了商代纺织技术的发展水平，绉虽是平纹织物，但起绉效果的掌握，是对平纹机织技术的发展和提高，绮和罗织物上有各种花纹图案，技术要求更为复杂。从实物上看，商代丝织品上的花纹图案主要有两种，即：

（1）回纹：瑞典西尔凡女士在1937年介绍的远东古物博物馆藏的一件商代铜钺表面，附有回纹的丝织物印痕。妇好墓中也发现一例，附着于偶方彝下的一侧。回纹花绮是四枚对称的斜纹起花，平纹织地，作完全封闭的正方形。这种花纹图案，与殷墟出土的一石刻人帽子上的花纹相同②。

（2）雷纹：故宫博物院所藏玉戈和铜戈的把上皆有雷纹丝织品图案印痕，沈从文主编的《中国古代服饰研究》收录了一例安阳侯家庄出土殷代玉石人像，和妇好墓中所出的一件玉人，服饰图案中都有雷纹图案③。

商代丝织物上的花纹皆是几何形的复方格纹（回纹）、雷纹、水波纹等，其图案与后世相比还是比较简单的。但织成这样的花纹需要十多个不同的梭口和十数片综，这就需要专业的分工才能掌握这套织造技术。

商代的织机迄今无任何发现，只能根据纺织品来推测。夏鼐认为商代的丝织物花纹虽简单，但“已需要十几个不同的梭口和十几片综，这就需要有简单的提花装置的机织”。又说“殷代的文绮需要某种提花设备，当时织机已有平放式的或斜放式的”④。

德国学者库恩认为商代丝织品上的花纹是用卧机装提花杆织出来的。他根据侯家庄1217墓出土白玉雕像衣服上的花纹，即被称作T形花纹（即雷纹）的织造为据，复制出一台织机。这台织机前有一个卷布轴，将织成的布卷在卷

① 高汉玉：《中国蚕桑丝帛起源的探讨》，《亚洲文明论丛》，四川人民出版社，1986年版。
② 陈娟娟：《两件有丝织品花纹印痕的商代文物》，《文物》1979年第12期。
③ 沈从文主编：《中国古代服饰研究》图1。
④ 夏鼐：《我国古代蚕、桑、丝、绸历史》图12、13，《考古》1972年第2期。

轴上，有2片综，15个纹杆，1个卷经轴，他所称的纹杆，又叫做提花杆，实即提花综，是织布时起花用的。织造“T”形花纹，他设计用15个纹杆即可完成[①]。这种织机梭口如何开，是否使用脚踏，则未予涉及。

总之，商代丝织品实物上有织造的花纹，必有多片提花综才能织成。有多片提花综（可能有十几片），必须用卧式或斜式织机方能织出。这样的织机，商代无疑已有。《易·系辞上》说“参伍以变，错综其数，以通其变而成天下之文也”，就是作者观察用多片综织机织造绫绮的实况概括。“参伍”即三五，指综数。“错综其数”指脚踏踏板，使综依次交替升降，形成梭口，以投梭织布。后一句是说掌握这种变化就能织出任何图样的花纹。可见，当时织工的自信。

织布时在织机上需要使用刀杼，即割丝刀。有人认为在商代遗址中常出土的“骨匕”，就是纺织上用的割丝刀[②]。这种匕用骨制成，制造精细光洁，一端厚，一端有薄刀，器身微曲，长10～20厘米，宽2厘米，一般认为是用作取食用的“匕”。已故的河北省著名考古学家唐云明说，现在石家庄一些织布厂用的割丝刀，其形状与商代遗址中所出的骨匕完全一样，确信这就是纺织机上用的刀。

丝织品用机织，其他原料的织物，如麻、毛、棉等当也是在机上织成。但这些织物上未发现花纹，应是平纹织，比提花织造技术为简单。

商代对纺织品已不是只用织物的本色，而是要经过染色处理。在妇好墓中，出土9块用朱砂涂料染的平纹绢织物，这些织物多粘附在一些大型青铜器上，是一种朱染工艺[③]。1987年在安阳郭家庄西南的M_{52}车坑内，车箱中的木板上有红色布纹，这也是一种朱染。1934～1935年第10～12次发掘殷墟时，在西北岗大墓的木椁顶上，常有一片片的红色布纹[④]。

在织物上施彩绘在商代也常见。在安阳殷墟的墓葬中，常发现有彩绘的

---

① 库恩：《商代的丝织工场》，《中国科技史探索》，《中华文史论丛》增刊，上海古籍出版社，1981年版。

② 王若愚：《从台西村出土的商代纺织物和纺织工具谈当时的纺织》，《文物》1979年第6期。

③ 中国社会科学院考古研究所：《殷墟妇好墓》，文物出版社1980年版，第18页。

④ 梁思永等：《侯家庄1001号大墓》上册，第58页，1962年，台北。

“帐幔”。如在殷墟西区 M_{1052} 中的人骨架上有数层彩绘布，厚达3~4毫米，其上的图案以红色为地，黑色线条勾轮廓，白色或黄色填充，所绘图形像一蝉，蝉的头向与主人的头向一致①。这当是彩绘布幔覆盖在死者尸体上的随葬品。同样的情况在大司空村等地都有发现。可见在商代织物上染色后，还要加彩绘。这不仅是染色的技术，还是一种绘画艺术品的创造。

第四节　其他手工业

一、建筑业

衣、食、住、行是人类生存的四大要素，而其中住就与建筑相关。

商代的建筑业，可分为房屋、城垣、陵墓、窖穴、水沟水井等建筑种类。在诸多类建筑中，尤以大型建筑群体——宫殿最能反映商代建筑技术水平。

商代的王都曾多次迁徙，据《尚书·盘庚》载，从汤建国到盘庚时，已迁都五次。因而张衡在《东京赋》中说：“殷人屡迁，前八后五。”其“后五”即指从汤到盘庚时的迁都次数。

在考古工作中，已发现三座商代的都城，即早商时期的河南偃师县尸乡沟商城，中期的郑州商城及晚期都城安阳小屯殷墟。此外湖北黄陂盘龙城、山西垣曲县、四川广汉三星堆、河南焦作府城村等地均发现有商时期的城址。这些工作，不但能使我们了解当时的城市布局，且对宫殿的建造技术，有一大致的了解。

商代城市宫殿建筑分布的特点是集中在城中的某一区域范围内。如偃师商城宫殿主要分布在城南半部，北半部是民众居住区和手工业作坊区。郑州商城的宫殿集中在城墙圈内的东北部；铸铜、制陶、制骨手工业作坊和居民住地，或在城外，或在城内其他地方。安阳殷墟宫殿集中在小屯村的东北地。二三十年代在这里发现53座建筑基址，分为甲、乙、丙三组。1987年又在乙组基址南130多米处发现一凹形基址，规模很大，面积有1767.5平方米②，即54号

① 见中国社会科学院考古研究所安阳队：《1969~1977年殷墟西区墓葬发掘报告》，《考古学报》1979年第1期。

② 《安阳殷墟发掘一处大型宫殿建筑基址》，《光明日报》1989年2月25日。郑振香：《殷墟发掘六十年概述》，《考古》1988年第10期。

基址。小屯宫殿基此外有一条从小屯西的洹水南岸起，向南延伸 1000 米左右到花园庄西，又东抵洹水的一条宽 20 余米大濠沟，同洹水头尾相连，形成一个环岛式防御体系[①]。在其南的苗圃北地和西的孝民屯是铸铜作坊，在其西的北辛庄和其北的大司空村是制骨作坊，在其西北的侯家庄西北岗是王陵，在其东的后岗一带是贵族墓地。居民住地、墓葬分布在王宫以外的相应的地方。盘龙城已发现了 3 座宫殿遗址。垣曲商城中部偏东也发现夯土建筑遗址，当是宫殿区[②]。1993～1997 年再次发掘，仅在宫殿区的西部，已发现有南、北两处宫殿夯土台基。北台基宽 11.5 米，长约 40 米，台基边缘分布着间距 2.3 米的柱洞。南台基宽约 10 米，长约 30 米，周边也有间距 3 米的柱洞。夯土台基地面用白料礓铺垫[③]。1994 年对郑州商城宫殿区进行了大规模的发掘，发掘面积达 20000 多平方米，已确定商代宫殿夯土台基为 5 处，其中两处保存较好[④]。宫殿的集中分布，是为了便于管理、防卫。

宫殿布局的另一特点是建在一中轴线上。使一群宫殿布列在轴线两侧，营造宫殿分布对称、均匀之气氛。如偃师商城内，在南部发现有 3 座小城，居中最大的 1 座编号为 1 号，2、3 号两座分别在左右两侧。盘龙城址内 3 座基址，坐落在一条南北轴线上[⑤]。已揭露的 1 号宫殿基址上有并列 4 室，居中的 2、3 两室间，正位于盘龙城的中轴线上。而 3 座宫殿，坐落在南北轴线上，给人以对称的整齐美感。小屯的宫殿群，虽可划为 3 组，但仍反映出人为刻意安置。如乙组基址共存 21 座，其中乙组第 1 号基址，是一特殊建筑的方台，建台的泥土特别纯净，发掘者认为这一建筑当是一祭坛，称作“黄土堂基”[⑥]。其基址的南北边中点连城一线而延长，正与太阳的子午线相合，显然它是这一组建筑的核心[⑦]。乙组重要的建筑都布列于此线的东西两侧，亦是一组建筑内的中轴线布局。

---

① 《三千多年前古都范围基本搞清》，《人民日报》1988 年 10 月 29 日。
② 文物编辑委员会：《文物考古工作十年》，第 41 页。
③ 《垣曲商城发掘获重要成果》，《中国文物报》1998 年 9 月 6 日。
④ 《郑州商城宫殿区的发掘》，《考古年鉴》(1995)。
⑤ 杨鸿勋：《从盘龙城商代宫殿遗址谈中国宫廷建筑发展的几个问题》，《文物》1976 年第 2 期。
⑥ 石璋如：《小屯·殷墟建筑遗址》，第 164 页，1959 年，台北。
⑦ 李济：《小屯·殷墟建筑遗存序》，第 2～3 页，1959 年，台北。

殿堂居室建于高台上，是最高统治阶级宫殿的又一特点。这些王公贵族居住的宫殿，要求先使夯土台基高出当时的地面，然后再在台基上建宫室。商代的宫殿基址一般大致高出地面20厘米到1米左右，这种夯土台基，与后世高几米、十多米相比固不算高的，但它毕竟已从地面走向空间，迈出了重要的一步，开创了中国宫殿高台建筑的先河，是以后隋唐雄伟高台建筑的雏形。

商代的城市建有防护设施，即城墙或防护沟。到目前为止，考古中发现的商代城址，除安阳殷墟的商代后期都城未发现有城墙外，其他都有城墙。而安阳小屯宫殿中心区，则有一宽20余米、深约10米左右的濠沟环绕。濠沟总长1650余米，起迄点均与洹水相交，使宫殿四面环水。

商代城市的城墙都很高大。偃师尸乡沟商城外城四面墙都已探明，外城墙的总长度约5330米。城墙底部厚度为16~25米①。偃师商城内还有4个建筑遗址群。1号建筑遗址的四边还筑有围墙环绕，平面近方形，长宽各约200米，围墙厚2~3米，是宫城。1997~1998年初，偃师考古发掘再获新的突破，在外城之内新发现了内城，确认了偃师商城有三重城垣（即宫城、内城、外城）。新发现的内城平面呈长方形，南北长约1100米，东西宽约740米②。其南墙、西墙与外城的南、西墙重合，其东墙的南段亦与外城东墙的南段重合。内城城墙宽约6~7米。

郑州商城是20世纪50年代发现的，到70年代初商代城址的四面城墙都已探明，并作了解剖发掘。城墙总长6960米，底宽3~22.4米，一般宽20米左右，保存最好的地段，至今还有高出地面的墙体③。1995年在郑州商城宫殿区北部，又发现了一段商代宫城城墙及供水设施④。这是目前我国发现的时代最早又较为科学的一处地下供水系统。宫城墙目前发现长度约60米，厚约1.1~1.4米。供水设施位于宫城墙以北4米，并与之平行，已发现40米。该

① 中国社会科学院考古研究所洛阳汉魏故城工作队：《偃师商城的初步勘察和发掘》，《考古》1984年第6期。

② 杜金鹏：《偃师商城考古再获新突破》，《中国文物报》1998年1月11日。

③ 河南省博物馆、郑州市博物馆：《郑州商代城址的发掘》，《文物资料丛刊》第1辑，文物出版社，1979年版。

④ 曾晓敏、宋国定：《郑州商城考古又有重大收获——发现商代宫城墙和完整的城市供水系统》，《中国文物报》1995年7月30日。

设施由地下石板筑水管道、夯土和汲水井三部分组成。石板选料讲究，个体较大，多为长方形。汲水井发现4个，间距均为8米，向下打破夯土与石板水管道相通。据其结构分析，可能与汲取清水、清淤或控制水量有关。此供水设施向北延伸与1992年发现的商代蓄水池相通。蓄水池与新发现的供水设施有机结合，构成一个完整的城市供水系统，与今城市供水系统原理基本吻合，把我国城市自来水供应技术提早到距今3500年前的商代。

湖北盘龙城为方形，南北长290米，东西宽260米，城墙总长为1100米左右。其西墙和南墙还残存高度1~3米。城墙外还有10米宽的濠沟。

山西垣曲商城，平面呈平行四边形，面积约12万平方米，北墙现存高3~5米，南墙残长350米，西墙残长390米。墙基槽上口宽11~12米、底宽5米、深2米。西墙外和南墙外都发现二道墙，西二道墙长280米，南二道城墙长175米，宽3~6米①。在一道城墙外，还有宽6~10米，深7米的濠沟，可知此城建筑有三道防卫设施。

二、木作业

木作业是人类历史上最为古老的行业，它既源远流长，与生活相关的面也较广，这里我们着重述及制车业。

在考古发掘中，商代车的实物，已发现20辆以上完整的车②。在河南安阳殷墟、西安老牛坡、山东益都苏埠屯都有出土。车皆为木质，饰以青铜饰件。甲骨文中不但有车字，且车字的写法有多种，有繁体的并兼具车的各部分：轮、车舆、辀、衡、轭等，简省的则画两个轮子和一根轴相连。

甲骨文中有用车打猎（《合集》10405）和车作战的（《合集》6834）。在战争中，还有俘获敌方车的（《合集》36481）记录。甲骨文中还有辇字（《合集》29693），像两个人拉一车形。从甲骨文中看，商代军队中已配备有300辆战车的车队，如卜辞中常有“登射三百”的（《合集》698）。射手是战车上的武士，战车上3人，左边人持弓主射，右边人持矛主击刺，中间1人驾车。射

① 见《考古工作十年（1979~1989）》，第40~41页。

② 杨宝成：《殷代车子的发现与复原研究》，《考古》1984年第6期。

手需经过特殊训练，所以一名射手，即是一辆车上的武士①。甲骨文中的“三百射”，就是300辆兵车。《吕氏春秋·简选》：“殷汤良车七十乘，必死六千人，以戊子战于郕，遂禽（擒）推移大牺。”成汤灭夏的战争中就使用了战车，知商人用车的历史很长。《合集》36481记在伐危方时，俘其车2辆，知商时在一些边地部族、方国中，也使用战车，说明车的使用面很宽。

从商代车的使用情况看，制车的行业必有一定的规模。《考工记》说：“一器而工聚焉者，车为多。”是说制车需要各种技术，不仅需木工（这是主要的），还要有与金工铸造相关的青铜饰件；车身需要髹漆，要漆工；车上有布幔，要纺织之工；套车架车要绳索，需攻皮之工等。因而，制车需各种技术综合应用。

制车对木工本身的技术要求极高。车的用木有圆木、方木、木板、木条。工艺技术上要劈木板、木条，刨平、作榫头，卯孔等。如孝民屯的第二号车箱，箱壁用木板作成，板厚1厘米，箱底用的木板厚约2.5～3厘米②。《考工记》将造车的木工分为3种（实4种）：轮人、舆人、辀人和车人。车人所制为牛车外，其他轮人、舆人、辀人等皆是制造马车的一部分。制造马车而分攻木之工为3个工种，亦见其制车是木工活中最为复杂而技术要求高的。

车是载重物的，所以要求车轮既坚固又要圆。坚固才不会因载重量而压坏，正圆才能在地上滚动。《考工记》中“轮人”的工艺记载最为详备，对各部分的木质要求等均作严格的规定。车轮由三部分构成：毂（车轮中心的圆木，中间有一圆孔以穿轴，辐条聚集于外）、辐（辐条，今日称之为车条者）、牙（即车圈）。商时为木质车，这些都是木质的。在制车诸部中，以制轮要求最高，制车箱、车辀也有专门的技术要求，但不如制车轮的要求严格。

由于制车的技术要求高，故不是一般人都能制做的。且它要多种手工业部门的合作才能完成。所以制车业只有王室或大贵族才能拥有，商代车的制造，当是在王室或贵族的专门作坊内制造的。下附安阳殷墟出土车的统计表：

---

① 杨升南：《略论商代的军队》，《甲骨探史录》，三联书店1982年版。

② 中国社会科学院考古研究所安阳工作队：《安阳殷墟民屯的两座车马坑》，《考古》1977年第1期。

安阳殷墟出土车子统计表　　（单位：厘米）

编号	出土地点	轮径	辐数	轨距	轮牙（辋）		箱（舆）			辀（辕）		轴		衡长	殉马数	殉人数
					高	厚	广	进深	高	长	径	长	径			
20	小屯									265	7.6×(5.1~6.7)	290	5.5~7.3	170	4	3
40	小屯			225						255	10	290		210	2	3
45	小屯														?	?
202	小屯														2	3
204	小屯														?	?
1	孝民屯	122	?	240	8	8	134	83	40?	268	(5~6)×(7~8)	310	5~8	?	2	1
2	孝民屯	122	26	?	8	6	100		41	260	(6~7)×(5~9)	?	5~8	?	2	
7	孝民屯	133~144	22	217	10	7.5	29~133	74	45	256	9~15	306	13~15	110	2	1
689	孝民屯东	140~156	18	240	5	4~5	?	?	?	?	?	298	10	?	2	1
1613	李民屯	126~145	18	224	8	5	150	107	45	290	12~13	294	10	113	2	
175	大司空村	146	18	227	6	6	94	75	?	280	11	300	4.1~7	120?	2	1
292	大司空村														2	1
43	白家坟	134~147	18	223	6	4	137	73	22?	292	10	309	9.5~10	?	2	
151	白家坟	139	18		7.5	6	?	?	?	?	?	?	?	?	2	
52	郭家庄	134~150	18	230	8	6	142~146	94~103	38~46	268	8.21	308	10~12	235	2	2

资料来源：本表采自杨宝成：《殷代车子的发现与复原》，《考古》1984 年第 6 期表 1。郭家庄 M_{52}，引自《安阳郭家庄西南的殷代车马坑》，《考古》1988 年第 4 期。

20 世纪 90 年代后，考古发掘中不断发现商代车的遗迹。1994 年山东滕州前掌大商代末的 18 号墓内发现随葬车。车轮直径 1.5 米，辐条仍清晰可见，并有铜轴饰、衡头、轭箍等[①]。1996 年在河南偃师商城第 4 层路面上，近城墙根部发现了两道顺城墙而行的车辙印，轨距约 1.2 米[②]。这次发现尤其重要，关于车的起源是国际性重大学术课题[③]，商代前期车轨印的发现，将我国车子的使用时间大约提前 300 年。不仅证明双轮车在我国商代前期已在城市中使用，而且证实古文献所载商汤伐夏桀时使用了战车及夏人发明了车子等，是有历史事实作依据的。

三、玉器制造业

玉器是我国特有的一种艺术品，从新石器时代一直到今天，人们爱玉、宝玉的传统，绵延达四五千年，以至玉器制造业长盛不衰，工艺技术渐次达到巧夺天工的境地。

玉器中有所谓的“礼玉”，即璧、琮、圭、璋、璜、琥等被称为“六端”的，皆为奴隶主贵族阶层所占有。商代统治阶层人物占有大量的玉器，最著名的就是 1976 年在安阳小屯发掘的武丁之妻妇好墓。在她的墓中，随葬玉器达 755 件之多[④]。1989 年江西新干大洋洲商墓出土玉器 1072 件，占随葬品总数的 55%[⑤]。随葬如此之多的玉器，可见商代“宝玉”意识之强烈。《逸周书·世俘解》记载周武王伐商，殷纣王兵败，登上鹿台，身缠 4005 块玉自焚。周武王为抢夺商王室的玉器“乃俾千人求之”，专门派了 1000 人去“接收”玉器。其结果“得旧宝玉万四千，佩玉亿有八万”。“宝玉”是“玉之美者”，高诱注《吕氏春秋·重己》说：“昆山之玉，燔以炉炭，三日三夜，色泽不变。”据云

---

① 《滕州前掌大商周遗址》，《中国考古学年鉴（1995）》。

② 中国社会科学院考古研究所河南二队：《偃师商城获重大考古新成果》，《中国文物报》1996 年 12 月 8 日。

③ 夏含夷：《中国马车的起源及其历史意义》，《温故知新录——商周文化史管见》，台北稻禾出版社，1997 年版。

④ 中国社会科学院考古研究所：《殷墟妇好墓》，文物出版社 1980 年版，第 755 页。

⑤ 江西省文物考古研究所，江西省新干县博物馆：《江西新干大洋洲商墓发掘简报》，《文物》1991 年第 10 期。

这种玉“足以御火灾，故宝之”。佩玉是指佩戴在身的普通的玉。古时以十万为亿，“亿有八万”即十八万。在商周战争时，以《世俘》所记，纣所聚敛的玉器有：一是纣王缠身被焚毁4005块；二是周武王所得旧宝玉14000块；三是周武王所俘佩玉180000块。以上三项总计198005块①。

玉字见于甲骨文，有“大玉”（《合集》9505）之称，有“取玉”（《合集》4720）之举。“取玉”即商王命人向诸侯、方国、贵族征集玉器入贡王室。卜辞有“惟内玉用”（《合集》11364），“内玉”大致是贵族“内”贡入的玉。“内”是武丁时一贵族，为贞人之一，所谓“用”即是用玉以礼神或随葬。卜辞中用玉祭神的也常见，如“王其称珏于祖乙，燎三宰。”（《合集》33535）“称”，举也，“称珏”即奉献玉于祖乙之意。珏字像两玉并列，与《说文》“二玉相合为一珏”之说正合。商代的甲骨、金文中，都出现了宝字。甲骨文中的宝字，作屋下从贝从玉（见《合集》35249、6451臼、17511臼）。商人的意识，屋中有贝有玉即是“宝”。金文中的宝字，其构形与甲骨文同（见《戊辰彝》《戍嗣子鼎》），只是增加声符“缶”。《尚书·盘庚》篇中有“具乃贝玉”，“无总于货宝”。所谓“货宝”即指“贝玉”。从文字记载和考古发现皆可看出商人以玉为宝，视玉器为权力和财富的象征。故商人对玉器的大量需要，必然促进制玉工业的发展。

商代的玉器种类很齐全。根据器物的类型和用途，以出土实物为据，结合古文献的记载，大致可分如下几类：

1. 礼器　玉制礼器又称“礼玉”，后世所谓的“六瑞”，即是六种“礼玉”的意思。“六瑞”中有璧、琮、圭、璋、璜、琥六种。

2. 兵器　玉制兵器有戈、矛、戚、钺、大刀和镞等，形制多仿铜器。玉兵器一般无使用痕迹，有的大型玉戈边缘极薄，质硬而脆，有的还刻有纹饰。有的玉瑗嵌入铜柄（内）中，称为“玉瑗铜内戈”。玉镞因玉石硬度大，应是具有实用价值。

---

① 《逸周书·世俘解》文中的数字颇大，后世学者从孟子起就认为不可信。据近人研究，实为武王伐纣时的一篇实录，皆可信。后世儒家为美化周武王为“至仁”之君，故将此文视为伪作。详见顾颉刚：《逸周书·世俘篇校注、写定与评论》，《文史》第2辑，1963年4月。又收入《顾颉刚古史论集》，中华书局，1988年版。

3. 工具　工具类玉器有斧、凿、锛、锯、刀（包括小型刀、刮刀、梯形刀和刻刀）、纺轮、铲、镰等。铲和镰是农业生产工具，其他为手工业生产工具。在玉制工具中，有些是实用器，如镰、纺轮、小刻刀等器，发现有使用的痕迹，但也有无使用痕迹，且上面雕刻有精致的花纹，更不像使用过的实用器。这类工具大致也是象征性的。

4. 日用器　作为食器的簋，用器的盘，研磨朱砂的臼、杵，束发的发笄、梳理头发的梳，挖耳用的耳勺，取食用的匕等。玉制的发笄，显然属实用器。

5. 装饰品　装饰品为玉器的大宗，如妇好墓中装饰品达426件。占所出755件玉器的56%。江西新干大洋洲墓葬玉器装饰品有934件，占所出玉器总数1072件的87%。装饰品的数量多，种类也很复杂，大致可分为佩饰和摆设两大类：佩饰多为平面的浮雕和线刻。其上或有孔眼，供穿系佩戴，或有榫头卯眼，以供插嵌；摆设用的玉器无孔眼或榫卯，全系圆雕，是置于案头以供观赏。

6. 杂器　凡不能归入以上五类的，均为杂器。如妇好墓中出土的板指、玉链、玉琀、器座形器、曲尺形器、匕首形器、柱状或长条柄形器等，其中有些器的用途现在还不清楚。

制造玉器有一特别专用字“琢”，称为“琢玉”，所谓“玉不琢，不成器”。“琢玉”一词，表示了玉器加工制造的精度和难度。琢玉的工艺有切割、钻孔、雕花、磨光等几道工序。

切割玉料是制造玉器的第一步，被称作“开料”。商代的玉器以平面的浮雕、阴线刻纹为主，其形体为扁平体，如玉璧、玦、环、瑗、璜等，其次是立体的圆雕。钻孔技术有桯钻和管钻两种。“桯钻”是用细棍状的钻子钻孔，“桯钻”的钻头，应是在商代遗址和墓葬中所出的青铜钻。“管钻”的工具是圆形中空的管子，这类钻头，目前制玉工厂中仍在使用。管钻的管壁薄，当是青铜制造的。但这种青铜管至今还未发现过。商代玉器上较大的一些孔，都应是用“管钻”从两面对钻而成的。雕花是琢玉工艺中最关键的一环，商代玉器上的花纹是用沟线阳刻、阴刻浮雕和镂孔透雕等工艺手法雕琢而成的。其纹饰有饕餮、兽面、云纹、雷纹等，雕刻这些图案纹饰，难度很大。商代玉器多数晶莹剔透，光洁度很高，显示出很高的抛光技术水平。有学者认为商代

“可能用兽皮作主要材料，蘸拌水的细砂对玉面进行抛光”①。商代制玉业中磨制技术不仅表现在玉器的光洁度上，还表现在用于镶嵌的细小如米粒的绿松石片上，都有一定的形状，如殷墟妇好墓中出土的象牙杯表面的花纹中镶嵌的绿松石，是先在杯身上按花纹刻示凹槽，再按花纹凹槽做绿松石片，然后镶嵌到凹槽内。这些绿松石片表面光滑，其磨制难度相当大。商代的玉器，特别是到了商代后期，不但琢制精细，种类多，而且造型丰富多彩。玉工们能按照片状或圆柱状不同的玉石料，设计出所要制作的动物或人物，抓住其特征，用准确的外轮廓线，勾勒出生动的艺术形象，并在取材构思上各具特色，给人以强烈的艺术感染力，因而在商代后期，玉器的造型可以说已达到很完善的程度。据推测，在琢制前应有一设计“稿本”，然后绘于玉料上，再加细琢，因而使制品形象生动，线条流畅，整体和谐完美②。最能显示商代琢玉工艺技术的是“俏色”工艺。所谓“俏色”，就是利用玉料颜色变异的情况，别出心裁，因料制宜，将颜色变异处，恰到好处地琢成相应部位，使其与作品融为一体。由于巧妙地利用颜色变异，故称为“俏色”。在河南安阳殷墟妇好墓中已出现“俏色”的制品，如标本374为一圆雕玉人③，头为棕褐色，两眼与右脸呈黑色，眼窝深陷，未雕出眼珠，似盲人，形象毕似。有人认为此玉人头与两眼所呈黑色，可能是有意识地利用了玉料的自然色。1975年在小屯村北的11号房中，出土一件圆雕玉鳖，背甲呈黑色，头、颈和腹部呈灰色④。同出的一件圆雕石鳖，背甲、双目、爪均呈褐色，微发黑，腹部呈肉色，显得很丰满。其色调与真鳖无异，配合绝妙，是很出色的“俏色”作品。以前传统的看法是，我国琢玉工艺中的“俏色”作品是近代才有的一种技术创造。1970年西安何家村唐代一窖藏中出土一件玛瑙“牛角杯”，其作品的造型和颜色配衬得很合理，被认为是一件“俏色”作品。从而将“俏色”工艺创造提前到唐代。妇好墓时代为武丁时期，小屯村北11号房子，时代为帝乙帝辛时期，属商代晚期，这几件玉器作品的出土，把我国“俏色”玉器作品的工艺创造，提早到

① 陈志达：《殷代玉器的工艺考察》，《中国考古学研究》，文物出版社，1986年版。
② 赵佺：《绚丽多彩的殷代玉雕艺术》，《殷墟玉器》，文物出版社1982年版，第19~24页。
③ 见《殷墟玉器》图版107、108。文物出版社，1982年版。
④ 见《殷墟玉器》图版67，左下。

了 3000 年前的商代晚期。

商代的手工业，除了上述青铜冶铸业、陶瓷、纺织、建筑、木作、玉器制造业外，还有漆器、骨器、角器、牙器制造业及酿酒业等，有关文献与考古发掘证实商代的手工业是很发达的。

第八章　商代的商业、城市与交通

何为商业？商业即是做买卖、交易的一种行业。在世界通行的英文中，trade 和 commerce 两字都有商业、贸易之含义。而在中文中为何称作“商业”，将做买卖的人称为“商人”，不少研究者已指出，这与商朝人有关①。《尚书·酒诰》中周公对商民讲道：“妹土，嗣尔股肱，纯其艺黍稷，奔走事厥考厥长。肇牵牛车远服贾，用孝养厥父母。”“妹土”，指商王朝旧都之地。周公要求“妹土”的人民在农闲之时，牵着牛车，到远方去做生意，赚钱养活父母，使父母高兴。作为西周掌国家政事的大臣周公，鼓励商逸民去做买卖经商，说明商人的经商活动，已是件极平常的事，周公让他们重操旧业而已。由于商朝人会做买卖，因此在周人的心目中，做买卖的就是商族人。后来做买卖的不一定都是商族人，但这一名词却固定化了，把凡做买卖的人都称作“商人”。

商业与城市、交通有着不可分的紧密关系，司马迁说：“农工商交易之路通，而龟贝金钱刀布之币兴焉。”阐明了商业与交通间的关系。在商代，这三者都比夏代有了进一步的发展。

---

① 徐中舒：《从古书中推测之殷周民族》，《国学丛刊》第 1 期（1927）。

郭沫若：《古代研究的自我批判》，《郭沫若全集·历史编》第 2 卷，人民出版社 1982 年版，第 20 页。

王毓铨：《我国古代的货币起源和发展》附录《我国古代商业的发展》，科学出版社，1957 年版。

吴晗：《从商品生产想到商人的起源》，载《灯下集》，三联书店，1960 年版。

吴慧：《中国古代商业史》第 1 册，中国商业出版社，1983 年版。

第一节　社会分工与商品交换

一、社会分工

马克思说：社会分工“是商品生产存在的条件”①。列宁也说：“社会分工是商品生产的基础”②。商代社会的主要产业为农业、畜牧业和手工业。这三大产业已有明确的分工，它们在空间上和人力上都是分开的。农业有王室田庄，从事农业劳动的被称作“众”、“众人”；畜牧业有牧场，从事畜牧业者称作“刍”；手工业有专门的作坊，从事手工业者称作“工”。

商代不仅农业、畜牧业、手工业这三大产业间早已形成固定的分工，且在手工业中又有铸铜、制陶瓷、制玉、制骨、纺织、建筑、木作、漆器、酿造等不同部门。

在手工业各部门内部，进一步分工已经出现。以铜器铸造业为例，在郑州商代遗址作坊中，南关外发现较多铸造镞和䦆的陶范③。看来它们的产品有所不同，是内部分工的表现。河南安阳殷墟的铸铜遗址也有类似的现象，在苗圃北地的作坊内，出土陶范主要是礼器范，而武器范很少，工具范几乎不见，说明这一作坊是以铸造礼器为主的。而在孝民屯的铸造范，能辨认的大多是工具和武器，其中仅发现一块觚的内范，说明这里是以铸造工具和武器为主的④。

在手工业生产产品中，相当一部分是供王室所需，但也有部分是当作商品交换用的。如在制骨业中，主要以制造束发用的骨笄为主，在郑州、安阳殷墟所发现的制骨器作坊内，其骨料、成品、半成品，都是以制笄为主。这样大批生产骨笄，供王室成员享用是大大有余，这多余的骨笄，当是被用作交换，即卖给其他贵族、平民或远方的异国。古人男女都束发，骨笄作为一种实用品，人人得需用，故有市场，因而骨笄也成为一种财富。如妇好墓中，就出土骨笄

① 马克思：《资本论》第1卷，《马克思恩格斯全集》第23卷，第55页。

② 列宁：《俄国资本主义的发展》，《列宁选集》第1卷，第161页。

③ 杨育彬：《郑州商城初探》，河南人民出版社1985年版，第26页。

④ 中国社会科学院考古研究所：《殷墟发掘报告（1958～1961）》，文物出版社1987年版，第60、69页。

499 件，被装在一木匣内随葬入墓中。在这 499 件骨笄中，有不少型制、大小相同的，像其中夔形头笄有 35 件，鸟形头笄有 334 件。这么多型制相同的发笄显然是作为一种财富葬于墓中的。在妇好墓中，随葬有阿拉伯绶贝一枚，货贝 6880 余枚，看来妇好其人，不但会打仗，也还兼营商业。在古代，战争和商业贸易活动本就有联系。《商君书·垦令》篇中云：“令军市无有女子，而命其商人自给甲兵，使视军兴。”《史记·张释之冯唐列传》：“军市之租，皆自用飨士”，《索隐》云：“谓军中立市，市有税，税即租也”。军市制度，当自古有之。

在陶器制造业中，商业性生产更为明显。考古发现商代烧制陶器的窑，往往是集中分布，如郑州铭功路商代窑场，已发现 14 座，偃师尸乡沟商城北部已发现 8 座，湖南岳阳费家河遗址中发现 63 座，江西吴城发现升焰式窑 8 座，平焰式龙窑 4 条。一地集中大量的窑，其烧成品，决不仅供自己消费。

作为商品生产物的手工产品，在商代墓葬中随处可见。在安阳殷墟中、小墓葬中，往往出土一些非实用的冥器，即专门为随葬品的器物，如陶制的爵、觚，仿铜礼器的陶器和铅器等。这类陶器制造粗糙，火候亦极低。1969～1977 年在殷墟西区墓葬发掘中，出土有铅鼎、簋、觚、爵、戈、锛、凿等[①]，大致反映了铅制品的种类。铅熔点低，易于冶炼，价廉，故被一些上层平民（邑人）选作随葬用品，以显示富有而不同于一般平民。这些铅器出土时已成粉末。这些无实用价值的铅器，也不是一般人家所能制造的，而是需专门的生产者。冥器使用面广，而生产者显然是为了出卖，这更具有商品的性格。

商代的产业中，无论是大部门之间，还是部门内部，不但有分工，且分工已向更细的方向发展。正是社会分工的深化为商品生产与交换提供条件，但要促进商品交换的发展，其前提是产品的生产者（或拥有者）必须是私有者。商代是以私有制为基础的奴隶社会，商王是最大的奴隶主，也是最大的私有者。各级奴隶主贵族，他们拥有自己的领地、奴隶和财产，有的奴隶主可能还有自己的手工作坊，他们的财产是属于他们私有的。广大的平民阶层，即农村

---

① 中国社会科学院考古研究所安阳工作队：《1959～1977 年殷墟西区墓葬发掘报告》，《考古学报》1979 年第 1 期。

公社成员，或如我们称之为“邑人”，他们耕种的土地虽然是公社的土地，但已实行“公有私耕”制度，产品归自己消费。有的平民或者还从事手工业生产，如殷墟西区墓葬群中的平民墓，以随葬手工业工具的墓最多，有66座，出农具的墓仅10座①。可知这些人既有从事农业生产的，也有从事手工业的，或者兼而有之。这些平民自己独立进行生产，产品归自己消费，是个体的小私有者。因此商代的社会分工是以私有制为基础的。这样的社会分工，必然会促进商品生产和交换的发展。

二、商品交换

在《周易》《楚辞·天问》《山海经·大荒东经》、古本《竹书纪年》等先秦古籍中，记载着一则王亥到有易部落而被杀，他的牛羊被抢夺的故事。《周易·大壮》六五云：“丧羊于易，无悔。”《山海经·大荒东经》：“王亥托于有易、河伯仆牛。有易杀王亥，取仆牛。”“王亥”见于甲骨文，是商的先公（立国前商族首领）之一，商族在建国前活动地域主要在豫东、豫北及鲁西一带②。“有易”，其地在今河北易水流域。王亥赶着牛羊远到易水流域而进入有易部落境内，显然不是生产性放牧，而是一种经商性质。牛羊是动产、是财富的象征和指示物，古时以牛羊的多少来计算财产的多少。王亥与有易人的交往，当是商人的先祖就曾跋涉山水，赶着畜群到远方进行交易活动。可见商人的经商传统，其来自有。

商代是一个奴隶社会，其社会的阶级结构为奴隶主贵族、自由平民（邑人）和奴隶三个主要阶级。这三个阶级由于所处的政治、经济地位不同，在商品交易活动中的地位和状况也不一样。

奴隶阶级是最受压迫的一个阶级。他们被剥夺了一切政治、经济权利，本身是被奴隶主当作财富，成为被交换的商品之一种。《周礼·地官·质人》有“掌成市之货贿、人民、牛马、兵器、珍异，凡卖儥者质剂马”。郑玄注：“人民，奴婢也。”西周铜器《曶鼎》铭中，有“匹马束丝”作价五个奴隶，可知

① 《1969~1977年安阳西区墓葬发掘报告》，《考古学报》1979年第1期。

② 王国维：《说自契至于成汤八迁》，《观堂集林》卷十二。

据西周可靠的文字记载是存在奴隶买卖的。商代的奴隶，当也会有被买卖的，惜无文字可稽考。奴隶阶级是社会最低层，他们本身是商品，被奴隶主买卖，而不能作为交换的参予者。

以商王为代表的奴隶主阶层。商王是国家的代表，他所需的物品，主要是通过政权方式获得，即由国王直接经营的王室产业生产或由方国、诸侯、贵族贡纳，以赋税的形式，向国王提供。

在商王或王室成员墓中，以及在王都出土的一些物品，非王室地域或商王室势力所能达到的地域以外所产物，如后期王都安阳殷墟出土有马来半岛所产的大龟、大海中的鲸鱼骨、新疆和田产的玉石等，很可能就是由交换得来而非贡物。因当时商人的势力还远远达不到这样遥远的地方，故似无贡入的可能，而可能是经过交换手段获得的。王室是买者，也是商品的拥有者，像王室经营产业所获的产品及由贡赋而得的物品，除王和王室成员以及作为行政必须用度之外，有余亦可投入交易。

贵族所需要的物品，特别是生活必需品，主要也是由其领地内自产的。商代的奴隶主贵族，都有自己的领地，领地内有奴隶为其生产各种生活必需品而不必向外购买。相反，奴隶主贵族领地内的生产物有剩余，也投入交换之中去。但贵族所拥有的表示身份的一些物品，如各种青铜用具、玉器、高级的丝织品、白陶、原始瓷器等，是他们不能完全由自己制造的。这些贵重的奢侈器，像江西新干大洋洲商代贵族大墓中，出土玉器1072件，玉器的质料经鉴定有新疆和田玉、辽宁的岫玉、陕西蓝田玉、河南密县玉、南阳独山玉、浙江青田玉及湖北郧县、竹山等地的绿松石①，皆非本地产品，虽有部分可能由国王或上司赏赐，但大部分得通过购买。即使是作为身份标志的青铜礼器，也是买来的。商末青铜器中，常有某人受赏赐若干贝而用以制造一件铜器的事例，如“癸巳，王易（赐）小臣邑贝十朋，用作母癸隮彝。隹王六祀，肜日，在四月。”（《小臣邑斝》《三代》十三，五三，六）铭文的意思是，在某商王的六年四月癸巳日，正值举行肜祭的日子，商王赏赐给名叫“邑”的小臣货币十朋。小臣邑用这十朋货币为他的母亲做一件祭器。

① 江西省文物研究所等：《江西新干大洋洲商墓发掘简报》，《文物》1991年第10期。

贵族青铜器的铭文，大体都是这样的内容，可见，贵族青铜器虽是受赏而做，但所赏的是作为货币的贝。是受赏者以所得的贝到铸铜作坊（或铜器制造者个人）中去订做一件铜器[①]。做器者与铜器制造者之间，是一种交换行为，即以货币贝买得铜器。青铜器铸造作坊除王都外，其他地方虽也有发现，但有条件建铸铜作坊，开炉铸造的毕竟不多，因此这样的遗址发现也是不多的。因为青铜器铸造，从原料到成器，是一相当复杂的过程，技术难度大，不是一般奴隶主都能具备铸造条件的，也没有必要一个个都开铸铜器作坊。集中的、大型的铸铜作坊就成为当时各奴隶主加工订货的地方。

作为礼器的青铜器，需要用货币交换而来，贵族用的其他不能自己制造的用品，如玉器、漆器、丝织品等，无疑也是用交换的手段获得的。

商代的平民阶层（“邑人”），在商品交换中是很活跃的。殷墟西区发掘的939座中小墓（即平民墓）中，就有340座随葬贝，且殉贝在100枚以上的都是无青铜礼器随葬的中下层人物[②]。1958～1961年殷墟发掘中小墓302座，其中有83座有贝随葬。白家坟西B区第49号墓为一小型墓，却出贝385枚[③]，是出贝最多的墓，可见平民在交换中的活跃情况。但是平民阶层对市场的需求与贵族有所不同，主要是交换日用品，包括日用陶器、小件青铜器、玉器、食盐以及其他物品。平民要获得这些日用必需品，需用购买的方式获得。而要购买这些物品，平民只有出卖自己能生产的物品，或用它们换成作为货币的贝，或用实物去交换。这些实物必是他们自己生产的，其中可能是手工艺品（如人们广泛使用的编织物席、草鞋类），也有可能是农牧产品。这些物品本是生产者自用的，但为购买自己不能生产的生活必需品，故将其送入市场，这些物品也就成了商品。因此商代的商品种类应是相当丰富的。

商代人的生活，已不是万事不求人的“老死不相往来”，而是各行各业、各阶层间的人们，在经济生活中相互依存的社会。谁也不能像鲁宾逊一样生活

① 松丸道雄：《西周后期出现的变革萌芽——曶鼎铭解释的初步解决》，田昌五主编《华夏文明》第2集，北京大学出版社，1990年。

② 中国社会科学院考古研究所安阳工作队：《1969～1977年殷墟西区墓葬发掘报告》，《考古学报》1979年第1期。

③ 中国社会科学院考古所：《殷墟发掘报告（1958～1961）》，文物出版社1987年版，第258页。

在孤岛上。所以商代在对商品的依赖，上自商王，下至普通民众，都不能避免。商代的平民阶层，所需的是普通日用品，而商王、贵族所需的是奢侈品，但它们都是商品。只是由于各自所需商品的种类不同，而显出商品交换中的不同层次。商王、贵族不需购买普通民众的日用品，一般民众也无力去购买贵族享用的奢侈品。

三、货币

商品交换最初是以物易物的实物交换，其发展必然出现一般等价物作媒介进行交易。这种商品等价物就是货币。它开始是由某种物品承担，后来就逐渐固定在某一种商品上。马克思认为，货币的出现，是在“进入交换过程的商品数量和种类”增多，商品交换已发展的情况下，才会出现的①。商代由于商品交换的发展，为进行交换的需要，已经出现了货币，这种货币就是贝。

商代用贝作为货币，是可信的。《尚书·盘庚》篇，盘庚要其臣民“具乃贝玉”，是商人以贝玉为宝。甲骨文宝字像屋下有贝玉（见《合集》6451、17511、17512、35249 等），或仅从贝，亦见商人实以贝为宝。商人宝贝，故以贝作为赏赐品，如卜辞云：“庚戌［卜］，□，贞易（赐）多女又贝朋。”（《合集》11438）“……征不死，易（赐）贝二朋。一月。”（《合集》40073）这两条卜辞是武丁时的，知在武丁时商已用贝作赏赐品。

商代甲骨金文中常见有“贝朋”，“贝朋若干”或若干“朋”的“朋”，是贝的计量单位。多少枚贝为一朋，学术界说法很不一致，以王国维考证 10 贝为一朋之说②比较可信。贝以“朋”计，就是货币而不应是项饰。甲骨金文的“朋”字皆作二系相连形，而从无作项饰的封闭形者。而不作封闭形，则不能佩戴于颈上，今天的项饰都是封闭式的，就是明证。贝以“朋”计作为货币，具有购买力，最直接的证据是商代铜器铭文。目前已发现晚商赏赐贝的铜器在 20 件以上，前已揭示出内容为某人赏赐某“贝若干朋”，受赏者用所得贝为资，铸器以为纪念，并已举出实例。这些铭文中有仅言赏贝的：“丁

---

① 马克思：《资本论》第 1 卷，《马克思恩格斯全集》第 23 卷，第 106 ~ 107 页。

② 王国维：《说珏朋》，《观堂集林》卷三。

巳，王省夔，宜。王易（赐）小臣艅贝，隹王来征人方，隹王廿祀又五，肜曰。”（《小臣艅尊》，《三代》十一、三四·一）1979 年在安阳殷墟发掘的 1713 号墓中，有 3 件铜器皆有铭文，为记赏贝制器①。铭文中不仅言赐贝的铜器，还有明言赏赐朋的数量，从二朋至二百朋不等。赏二朋的如《大尊》："弋邵赏小子大贝二朋，用作父己隮彝。”（《续殷文存上》62.1）赏赐一百朋的仅一例：“乙卯，子见才（在）大（太）室，百□一，缉琅九，侑百牢。王赏子黄瓒一，贝百朋。子光赏□贝，用作己［隮］盘。举。”② 此尊 1985 年出土于陕西长安县大原村，受赏作器的“子”，为商末人。百朋之赏是重赏，商周青铜铭文中仅见 4 次③。

商末铜铭文中，有两见赏 200 贝的：“乙未，飨使，易（赐）小子𩰫贝二百，用作父丁隮彝。”④ “丁亥，弋邵赏右正闵𡎸贝，在穆，朋二百，闵扬弋邵赏，用作母己隮彝。”⑤ “贝二百”与“朋二百”正相照应，应都是赏赐贝 200 朋。或说为“朋二百”是 200 枚贝，或说“朋二百”是 1 朋又 200 枚贝，都不恰当，因金文中赏贝都以朋计，无一以枚计者。若是赏 1 朋又 200 枚贝，200 为朋的奇零数，则一朋之贝数应超过 200 枚才有此语法。或以为 200 朋的赏赐太多，但 200 朋只 2000 枚贝，而妇好墓中有贝近 7000 枚，2000 枚贝并不算多。从上举铭文可以看出，贵族作器的资金，有的是来自受赏的贝。铭中所言“用作”，即“用”所受赏的贝去制“作”。贝何能制作，乃是以贝所具有的购买力，或购铜自铸，或向铸造作坊订做。用贝制器，西周铜器《遽伯还簋》更为明白，其铭云：“遽伯还作宝隮彝，用贝十朋又四朋。”（《三代》6.46.2）此铭记制造这件铜簋，用了 14 朋贝。商末铜器铭文中，屡言赐贝若干朋而制做某一铜器，实则这时贝已是作为货币职能之一的“支付手段”。

铜器铭文中，有不言贝多少而制一器的，有受赏 2 朋、5 朋、20 朋，甚至

---

① 中国社会科学院考古研究所安阳工作队：《安阳殷墟西区一七一三号墓的发掘》，《考古》1986 年第 8 期。

② 陈贤芳：《父癸尊与子鼎》，《文物》1986 年第 1 期。

③ 李学勤：《沣西发现的乙卯尊及其意义》，《文物》1986 年第 7 期。

④ 罗福颐：《续殷文存上》48.2。

⑤ 见辽宁省博物馆等：《辽宁喀佐县北洞村出土的殷周青铜器》，《考古》1974 年第 6 期。

100朋、200朋也只言制一器。这是否意味着商代的贝还没有作为“价值尺度”？答案是否定的。在商人的意识中，2朋与20朋、200朋的价值是不相等的，否则为何有赏贝数量的差别存在？铭中所记受赏多少朋，是赏赐丰啬的记录，不是制器用若干的数字。制造一器具体用贝若干朋，铭中并未具体记载（像西周《遽伯还簋》明言用贝十四朋做一件器）。商器仅言“用作”，其受赏之贝可能不够用，也可能有余。稍晚的西周时，贝作为价值尺度是相当明确的，如《卫盉》铭中载，矩伯向裘卫索取瑾璋一块，价值80朋，若用土地交换，则须用田10田（1000亩）。同铭另一项交易是取赤虎等几件玉饰，作价20朋，若用土地交换，须用3田（300亩）。又《周易》《损卦》六五、《益卦》六二都有“或益之十朋之龟”的记载。“十朋之龟”是以朋作为价值尺度。这些材料的时代距商不远，当可印证商时的情况。

甲骨文中有“贮”字，作形（《合集》371、672等），像贝藏于器中。此字在甲骨文中多作人名、族名，用为贮藏义的还未见。但考古发掘中，有不少墓里发现用贝随葬，少者一枚，多者如妇好墓近7000多枚。随葬也是一种储藏，以备在“另一世界”或“来世”享用。李京《云南志略》记滇南哈尼族俗就有以贝为储藏手段的①。足证贝可以作财宝来贮藏。

甲骨文中有“买”字，从网从贝，辞多残，比较完整的有如下两条：“戊寅卜，内，呼雀买，勿呼雀买。”（《合集》10976）“弗买”。（《合集》21776）“买”字在辞中为动词，当是购买之意，在商代铜器铭文中，有“荷贝”形铭。郭沫若在《释朋》一文中举了4例，像人担着贝而行之状。郭沫若认为“像人着颈饰之形，当为朋之初字”②。“朋之初字”是对的，但“颈饰”则非，从字形观察，像人担两串贝，绝非颈饰，实为人担贝而行。青铜器上常见有“子荷贝”徽识铜器（见《三代》十三·一，十四·三二，十六·四三，十六·一七等）像人担贝乘舟远行之状。带着贝远行，应为经商行为，这反映贝在商代确已作为流通手段。

综上所述，可见商代的贝已具有支付手段、价值尺度、流通手段和储藏的

① 转引自李家瑞：《古代云南用贝币的大概情形》，《历史研究》，1956年第9期。
② 郭沫若：《释朋》，《郭沫若全集·考古编》第1卷，科学出版社1982年版，第109页。

职能，是商代的货币。作为货币的贝，其计量单位是“朋”。用“朋”来计量的贝，就不再是装饰品了。

在商代，特别是在盘庚迁殷以后的晚商时期，货币的使用是比较普遍的。在殷墟时期的墓中，随葬贝的数量大增，特别是在一些中小墓中，有的随葬贝达数百枚，这些墓虽然墓坑不大，没有青铜礼器入葬，但却有上百、几百枚贝随葬。这些墓主，生前可能是因经商而富起来的商人①。殷墟中小墓中，有近三分之一的墓随葬有贝，若死者也可按 5 人为一家计的话，则是每家都与贝发生关系。

商人以贝随葬，是给死者在另一世界去享用。与此意识相同的是，甲骨文中有用“朋”为祭品的卜辞，如卜辞云：“其五朋，其七朋，其八朋，其三十朋，其五十朋，其七十朋。”（《怀特》142）辞中的从五朋到七十朋，是一种“选卜”，即对奉献给神灵祭品种类、多寡的选择。这类卜辞在甲骨文中常见，如卜辞云：“其册十牢又羌，二十牢又羌，三十牢又羌。”（《合集》26936）是卜用多少牲品祭神，而《怀特》142 中是卜问献给神多少朋，神灵才满意。祭祀神灵用贝作祭品，在四川广汉三星堆古蜀国内也有。在三星堆一号祭祀坑中，十一号铜头像内出贝数百枚②。此坑为祭祀坑，经火烧后埋入，被认为是燎祭天神、山川神的一种祭祀仪式。祭坑中出有贝，乃是贝被当作祭品奉献给神灵。

随葬用贝，以贝为祀神的祭品，正如后世给死者烧纸钱一样，是让死者在另一个世界里有钱花，不受穷。可见货币经济在商代已浸透到神灵的祭坛，关涉到幽冥世界的生活，这使我们认识到货币经济对商代社会浸润的深度和广度③。

作为商代货币的贝，主要是海贝。殷墟妇好墓所出的 7000 多枚货币，经鉴定是产于台湾、海南等地，阿曼湾、南非果阿湾亦有出产，我国大陆沿岸却不产此贝④。还有少量的骨贝、石贝。妇好墓中出土 6 枚用绿松石磨制成的

① 贾谷文：《商品货币与殷商奴隶制》，《考古》1976 年第 1 期。
② 四川省文物研究所：《广汉三星堆遗址一号祭祀坑发掘简报》，《文物》1987 年第 10 期。
③ 杨升南：《殷契“七十朋”的释读及其意义》，《文物》1987 年第 8 期。
④ 参见张玺、齐钟彦等：《贝类学纲要》，科学出版社，1961 年版。

贝，形似海贝[①]。商代晚期已出现青铜铸贝，河南安阳殷墟已发现5枚。1953年在安阳大司空村商代14号墓中出土1枚，第312号墓出土2枚，3枚型式相同，系仿海贝铸制的。14号墓的一枚长1.5厘米，最宽处为1.2厘米。312号墓两枚大小相同，长1.7厘米，最宽处1.3厘米[②]。1969～1977年中国社科院考古所在安阳殷墟区的第620号商墓中发现铜贝2枚[③]。1971年山西保德县发现铜贝109枚，海贝112枚[④]。这是见于报道的最大一批商代铜贝。但报道者认为这批铜贝与车马器共出，似作为马的装饰而非货币，故这批"铜贝"只得存疑。这三批有关商代铜贝报导中，以大司空村所出3枚最为详细准确可信。有关专家研究认为，这3件铜贝"不是装饰品，而是目前发现的我国最早的金属铸币"，并指出我国金属铸币开始出现是在"商代后期，黄河中游洹河岸边的商都首先出现"[⑤]。这一见解无疑是正确的。

商人早期可能用牲畜作为交换的价值形式即货币。如王亥到有易人中用牛羊进行贸易。但商人建国后，特别是到了商代中期，就可能选择贝作为货币了，在郑州二里冈时期一个不大的墓中，就曾出土海贝460枚[⑥]。郑州商墓中随葬贝的现象增多，到殷墟时期更大增，甚至出现了铜铸贝。

作为货币的"物质只有分成的每一份都是均质的，才能成为价值的适当表现形式"。"因为价值量的差别纯粹是量的差别，就是说，必须能够随意分割，又能够随意地把它的各部分合并起来"[⑦]。商代为什么选择贝做货币？因为在商代贝是最重要的外来交换物品，当时商王国境内不产海贝，就是在今我国大陆沿岸也不产海贝。天然海贝主要产于南海、西沙群岛及西亚、非洲的海湾，来之不易，因而很珍贵；贝壳坚硬，不易损坏，可以长期流通；并且贝的大小一致，具有"均质性"，可以随意分割也可以随意合并起来，正符合货币

---

① 中国社会科学院考古研究所：《殷墟妇好墓》，文物出版社1980年版，第205页。

② 马得志等：《安阳大司空村发掘报告》，《考古学报》第9册，1955年。

③ 中国社会科学院考古研究所安阳工作队：《1969～1977年殷墟西区墓葬发掘报告》附表，《考古学报》1979年第1期。

④ 吴振禄：《保德县新发现的殷代铜器》，《文物》1972年第4期。

⑤ 朱活：《商代铜贝》《古钱新探》，齐鲁书社1984年版，第14～19页。

⑥ 河南省文化局文物队第一队：《郑州商代遗址的发掘》，《考古学报》1957年第1期。

⑦ 马克思：《资本论》第1卷，《马克思恩格斯全集》第23卷，第107～108页。

的要求。

天然海贝不仅是古人最理想的货币物质，而且是我国商代商品交换中唯一充作货币的物质。有学者认为，在商代除贝作为货币物质外，玉也是货币①。这种观点值得商榷。在商代的遗址、墓葬中，所出土的玉器皆是大小不等、种类各异的器物，或为礼器或为装饰物品。在迄今出土的商代玉器中，还未发现两件以上的玉器制品是完全相同的，因而它既不具备“每一等分都是均质的”，也无法从量的差别上，将其随意分割及各部分合并起来。商人虽“宝”玉，但玉却不能成为流通用的货币。

在商代，龟壳、青铜铲也不曾充作货币的物质。《周易》“十朋之龟”表明，“朋”是货币而龟则不是。青铜铲作为工具在商代开始使用，目前出土量不多，个体也大，不便携带，难于充作货币。春秋战国时期，三晋及东周曾流行铲币，但铲皆小，与商代作为工具的铜铲完全不同。铲币最早也只发生在春秋时期，西周时绝不见有使用者。更为重要的是，商代人们已找到了贝（先为海贝，后有石贝、骨贝、玉贝和铜贝）作为货币的理想物质，人们也就毋需寻找那些不便充作货币的物质了。

第二节　城市与交通

一、城市的发展

商业和城市的关系，正如马克思指出的：“商业依赖于城市的发展，而城市的发展也要以商业为条件。”② 在商代，城市的规模和数量均比夏代增大。河南偃师尸乡沟商城，是汤都西亳所在地，考古发现有三重城垣（宫城、内城、外城），外城墙有 7 个供出入的城门（北面 1 座，东西面各 3 座）。城址平面呈长方形，城区面积约 190 万平方米③。

郑州商城是商代中期仲丁迁的都城（也有认为是汤都亳）。城址平面呈长

① 王国维：《说珏朋》，《观堂集林》卷三。朱活：《古钱新探》，齐鲁书社 1984 年版，第 17 页。
② 马克思：《资本论》第 3 卷，《马克思恩格斯全集》第 25 卷，第 371 页。
③ 赵芝荃：《二里头遗址与偃师商城》，《考古与文物》1989 年第 2 期。

方形，城区面积约 317 万平方米。若包括城垣外，商代遗址范围达 25 平方公里①。

安阳小屯为中心的殷墟，是商代盘庚迁都后的王都。宫城基址集中在小屯村东北，中华人民共和国成立前发现53 处，1987 年又在其南发现5000 平方米的大型基址。遗址范围面积“至少不会小于 30 平方公里”②。

商代早期偏晚至晚期的方国都城，目前已发现五座：湖北盘龙城是商代中期的一座方国都城，城内有三处大型宫殿，城区面积为 75400 平方米③。山西垣曲古城是商代中期城址，城区中部发现夯土台基，为宫殿遗址，面积为 125000 平方米④。陕西青涧李家崖晚商城址，据说是鬼方的都城，平面呈不规则的长方形，面积约为 67000 平方米⑤。四川广汉三星堆是商代早期偏晚的古城，推测可能是古蜀国鱼凫族或杜宇族的都城所在，这座古城城区面积达 224 万 ~294 万平方米⑥。山西夏县东下冯发现商代城址一座，属二里岗期，即商代前期⑦，城区西南隅有四五十座圆形建筑基址，城区西积有 193600 平方米。

甲骨文中有 51 个方国名称。称作“侯”的有 38 个，“伯”的有 40 个，“子”的有 127 个，“妇”的 86 个⑧，共计有 342 个。方国、侯、伯、子、妇在商代都是政治实体，他们的政治中心所在地，就是一个个大小不等的城邑，如上述 5 个古城址，即是这 342 个中的一小部分，故商代全国各地至少出现有 300 多个大大小小的城镇。

城市是人口集中的地方，有人据《战国策·赵策三》赵奢所说“古者四海之内分为万国，城虽大，无过三百丈者，人虽众，无过三千家者”的人口密度推算，按古代一尺合 0. 23 米，城垣 900 丈长为 690 米，其城的面积为

---

① 河南省博物馆、郑州市博物馆：《郑州商城遗址发掘报告》，《文物资料丛刊》第 1 辑，1977 年。

② 《三千多年前古都范围布局基本搞清》，《人民日报》1988 年 10 月 29 日。

③ 湖北省博物馆、北京大学考古专业盘龙城发掘队：《盘龙城一九七四年田野考古纪要》，《文物》1976 年第 2 期。

④ 佟伟华：《垣曲县古城商代前期城址》，《考古学年鉴（1986）》。

⑤ 张映文、吕智荣：《陕西青涧县李家崖古城址发掘简报》，《考古与文物》1988 年第 1 期。

⑥ 陈德安、罗亚平：《蜀国早期城初露端倪》，《中国文物报》1989 年 9 月 5 日（第 36 期）。

⑦ 东下冯考古队：《山西夏县东下冯遗址东区、中区发掘简报》，《考古》1980 年第 2 期。

⑧ 张秉权：《甲骨文与甲骨学》，第 514 页，国立编译馆，1988 年版。

476100 平方米，城市人口 3000 家，人口密度大体为每户占地 160 平方米[①]。依据这一人口密度指数，偃师尸乡沟商城的人口约有 12000 户（1900000 ÷ 160），以每户五口之家计算，有人口约 60000 上下。以此方法计算，郑州商城城区内约有 2 万户，10 万人口。安阳殷墟遗址范围近 30 平方里，这一范围是逐渐扩大的，由此人口也逐渐增加，盘庚到武丁时，大约有 7 万余人，文丁前有 14 万余人，帝乙帝辛时大概有 23 万人上下。各方国诸侯国内的中心城市人口，以城垣面积与古时人口密度指数相比较，盘龙城可居 480 家，人口 2400 多，还不包括城外的居民点。山西桓曲古城镇商城可居 800 家，人口在 4000 人以上。陕西青涧李家涯鬼方城，可居 420 家，有人口 2100 人以上。四川广汉三星堆古城，可居 15300 多家，人口有 76500 人左右[②]。这个推算大体与实际相合。甲骨文中有一条卜辞讲到商王征集兵力，一次征集“妇好三千人”（《合集》39902）。古时出征一家出 1 人，每家以 5 口人计，3000 家就有 15000 人。甲骨文中有“妇好邑”（《合集》32761），“妇好邑”就是指妇好封地的城邑。商朝对诸妇诸子亦给以封地，使其各就一方而不仰仗王室的供给。这 3000 兵员出自妇好的封邑，则妇好所据的城邑人口有 3000 家之数。至于王都的人口，亦可以出兵人数推之。商朝王室的兵员，武丁时就有三个师，3 万人。武乙时又有卜辞云“王作三师右中左“（《合集》33006），是武乙时再建三师。商朝到武乙时拥有六个师 6 万人的军队[③]。6 万人即有 6 万家，以 5 口之家计，其人口数为 30 万。这 6 万人的兵员，主要应来自王都及其附近的“邑人”。

据古文献记载，商代城中还没有“市”、“肆”一类的交易场所。《六韬》中有云：“殷君善宫室，大者百里，中有九市。”《帝王世纪》中载殷纣王大造宫室“七年乃成，……宫中九市，车行酒，马行炙”（《太平御览》83 引），姜太公据说在未遇周文王前，曾在朝歌作卖牛肉生意，在孟津渡口卖酒。屈原《离骚》中云：“吕望之鼓刀兮，遭周文而得举。”《尉缭子·武议》说：“太公望年七十，屠牛朝歌，卖食孟津。”吕望、太公望即指姜太公。孟津自古是

① 林沄：《关于中国早期国家形成的几个问题》，《吉林大学社会科学学报》1986 年第 6 期。
② 宋镇豪：《夏商人口初探》，《历史研究》1991 年第 4 期。
③ 杨升南：《略论商代的军队》，胡厚宣主编：《甲骨探史录》，三联书店 1982 年版。

一黄河渡口，为一集镇，故一直有商业活动。安阳殷墟这座商代晚期的王都，有宫殿、普通民居及各种手工业作坊。从墓葬分析，各墓式结构、葬式等都表现出很大的差别。墓中随葬品富者如帝王府库、珍宝馆，贫者无一件陶器，反映出不同民族、不同风俗习惯及不同经济地位的人杂处的实际情况。商代晚期的王都安阳小屯是一个各方人物、各色人士汇集之处①。所以“妹土”（纣都）之民，周公还让他们“肇牵牛车远服贾”，外出经商，重操旧业。

二、发达的交通

商品交换和交通有着密切的关系，商品交换离不开交通。不同的人群彼此接触、交往、才能产生交换；而人群的流动、交往就离不开交通。司马迁在《史记·平准书》中说“农工商交易之路通，而龟贝金钱刀布之币兴焉”，是颇有见识的。

商代的交通是比较发达的。从商代甲骨文中可以看到，商王朝不断与诸侯、方国交往，以及使者往来、战争、商王狩猎和巡省等活动。因此商王朝必须重视交通的开辟和建立交通制度，以保证人员物资的畅通。

1. 商代的道路　甲骨文中有一“行”字，作𠁥形，像四通的道路交叉口。甲骨文中从行的字多达100个②，而甲骨文单字约有5000个，可见商代社会生活中对交通道路的依赖和关系的密切。

《考工记·匠人》所载古时道路有三种：“经涂九轨，环涂六轨，野涂五轨。”“经涂”指城中，“环涂”指环城路，“野涂”指城外郊野道路。“轨”即车辙、车两轮间的距离，注家考释为周尺8尺。周尺一尺合今0.23米，故两轮间距为1.84米，则城中道路宽16.56米，环城道路宽12.88米，郊野道路宽9.2米。商代道路宽窄情况，无文字记载，但道路遗址在偃师尸乡沟商城中发现，该城中有纵横交错的道路若干条，路面宽8米左右③。野外的道路，

① 李济在《安阳》一书中说：“很早以前，华北平原是许多不同民族的支系云集的地方，而原始的中国人群就是部分地由这些民族集团融合而成的。”（中国社会科学出版社1990年版，第181页。）

② 姚孝遂、肖丁主编：《殷墟甲骨刻辞类纂》，中华书局1989年版，第22～23页。

③ 中国社会科学院考古研究所洛阳汉魏故城工作队：《偃师商城的初步探测和发掘》，《考古》1984年第6期。

当亦不会狭窄，因为商代已用车代步，所谓“肇牵牛车远服贾”。商代车子两轮间的距离一般在 2 米以上，像殷墟西区 M_{1613} 所出车的两轨宽 2. 24 米，孝民屯 M_1 所出车的两轨宽为 2. 4 米，大司空村 M_{175} 所出车的两轨宽为 2. 15 米[①]。为行车安全，路必宽于两轨。车有往来，要考虑两车相错的宽度，故商代的道路，一般不应窄于 5 米。

商代道路的具体情况，文献记载缺乏，不得其详，但从甲骨卜辞和文献记载有关商王和商人的活动范围，可大致勾勒出几条主要的干道走向。

《史记·殷本纪》载，商王武乙曾猎于河渭之间。1986 年在西安市东的老牛坡商代遗址中发现一座商代的车坑。有车必有车路，老牛坡遗址纯粹是中原式的商文化，则商王都与老牛坡间必有车路相通。《左传·僖公三十二年》秦蹇叔说：“淆有二陵焉，其南陵，夏后皋之墓也，其北陵，文王之所避风雨也。”“淆”即崤关，今函谷关，在河南灵宝县。周灭商前，周文王曾在这里避过风雨，当是他到商王朝途中遇雨在此躲避[②]。《史记·周本纪》载，周武王伐商“戎车三百辆”，周人在伐商前已由岐山迁于沣镐即今陕西西安市长安县。则从商王都（今安阳小屯）到周人所都的沣镐地间，当有可通行马车的道路。这与老牛坡发现商代车子正相吻合。

商王的田猎区在今河南省西北沁阳一带。商王田猎的次数相当频繁，狩猎时商王和贵族都是驾车而往，如《合集》10405、10406 辞中记载，商王打猎追逐兕牛，由小臣驾车，在追逐中马失前蹄，商王乘坐的车出了毛病，子央从车上掉了下来，可见商王往返于田猎间是乘车。乘车必有路，则从商代王都，即今安阳小屯，到今沁阳一带必有车道相通。这应是商王室向西和西南的道路。

向南的车路可达今湖北境内，《诗·商颂·殷武》：“挞彼殷武，奋发荆楚，罙入其阻，裒荆之旅。”是武丁曾征伐荆楚之地。荆楚之地即今湖北荆州地区。武丁甲骨中对这次战事亦有占卜，如：“乙未［卜］，贞立事［于］南，右从我，中从舆，左从曾。”（《合集》5504）又：“乙未卜，贞立事［于南］，

① 参见本编手工业章《安阳殷墟出土车子统计表》。

② 杨升南：《说“周行”“周道”——西周时期的交通》，《西周史研究》，《人文杂志》丛刊第 2 辑，1984 年。

右从我，［中］从舆，左从［曾］。十二月。”（《合集》5512）“立事”即莅事，临事。“事”即戎事，古时“国之大事，在祀与戎”，此指戎事。“舆”即举，湖北汉水之东有举水。“曾”即曾国，在湖北荆山、枣阳、随县一带①。武汉市北的黄陂县盘龙城，是商代一方国都城，商王室向南的道路，当会与它相连接。

近年日本学者注意到商代青铜器上有“贮”字铭文铜器发现的以下几个地点：安阳 M_{1004} 的铜盉，河南罗山天湖 M_{11} 铜爵，湖南长沙钲（铙）等，认为当时从中原到南方地区有一条重要通道，即从殷墟—郑州—信阳—武汉—长沙，至迟至商代中期始，在沿线建立了一些重要的商业点，以运送铜料②。

向东方的通道，以今河南商丘为一交汇点。此地甲骨文中称作“商”，商末帝乙和商纣征伐人方时，往来都曾经过此地③。商军从此向南至亳（今商丘南谷熟集）至攸（《合集》36484），再至淮（今淮水），然后南下攻击人方之一林方。攸地在今河南永城、安徽宿县、蒙城间。《合集》36824 有醜乘迗即驿传车到攸地，所以到攸应有车道相通。“林方”其地在今安徽凤阳县④。从商都往东，可达山东省境，征人方途中，曾有“在齐睐”的占卜（《合集》36493）。齐地，日本学者认为即今山东临淄，董作宾赞同其说，陈梦家则认为齐在河南陈留⑤，《水经·汳水注》云陈留有“大齐城”“小齐城”。不管甲骨文中的齐地在何处，商王都与今山东省有车道相通是无疑的。因山东益都苏埠屯有车马坑发现，这里是商时一方国。此处既有马车发现，必有可行的车道。

北方在今河北、山西两省间，亦有车道相连。商人与今河北境内的孤竹国关系密切。妇好墓中有一件石磬上刻有“妊竹入石”，“妊”即任，“任”为爵称名，即男，《尚书·酒诰》“侯甸男卫邦伯”，《白虎通》“男”作任，“邦”

---

① 江鸿：《盘龙城与商王朝的南土》，《文物》1976 年第 2 期。

② 近藤乔一：《商代海贝的研究》，见中国社会科学院考古研究所编《中国商文化国际学术讨论会论文》，中国大百科出版社 1998 年版。

③ 陈梦家：《殷墟卜辞综述》，科学出版社 1956 年版，第 306 页。

④ 陈梦家：《殷墟卜辞综述》，科学出版社 1956 年版，第 307 页。

⑤ 陈梦家：《殷墟卜辞综述》，科学出版社 1956 年版，第 308 页。

作国[①]。竹国常向王室纳贡，甲骨文有“竹入十”（《合集》902反）、“取竹刍于丘”（《合集》108）等。商王室同竹国的交往如此频繁，其间必有交通干道连结。“竹”即孤竹，其地在今河北省卢龙县境。

1991年春河北省石家庄北的定州新建铁路货场时，发现一处13万平方米范围的商周遗址和墓群，发掘商墓42座，约有四分之一属大型墓，出土铜器都在30件以上。铜器上的铭文有“又”、“戈父已”等，不少铜器上有“臣”字构成的族徽，推测此地是商代北方一方国的所在地[②]。定州正是中原北上道路必经之地。商人至竹国，这是一中间站。

在今山西省境内，二里冈时的城堡，晚期的青铜器及墓葬在保德、石楼、介休等县内多有发现，反映了商人在其境内的活动。甲骨文中与商为敌的两个重要部族土方和邛方，据考证都在今山西省境内，而商王朝在这里建立了沚国，以对抗这两个部族。此外商王朝还在这里派驻了右妻妟和长友角两员将领，共同对付土方和邛方。甲骨文中常有他们向王室报告军情的卜辞，如：“沚戛告曰：土方征于我东鄙，戋二邑，邛方亦侵我西鄙田。”（《合集》6057）“长友角告曰：邛方出侵我示糵田七十人五。”（《合集》6057）“右妻妟告曰：邛方侵我田十人。”（《合集》6057反）战争消息的传递需快速，要做到快速，必有好的道路设施。

从上述可知，从王都通向四境的马车道路，必已修，今作示意图如下页图。

2. 交通工具　商代的交通工具有车和舟两种，也可能有骑乘。车有马拉的车、人拉的辇，以及牛车三种。

商代的马车主要发现于河南安阳殷墟范围内，据统计迄今已出土20辆[③]。其中小屯宫殿区5座车马坑，大司空村2座，孝民屯南地5座，白家坟西北地2座，郭家庄2座。每座坑埋1辆车。西北岗王陵区东区2座坑内各埋2辆车。

在殷墟以外地区，也发现有商代的车马坑。1965~1966年在山东益都苏

---

① 杨筠如：《尚书覈诂》，陕西人民出版社，1960年版。

② 河北省文物研究所等：《定州发现大型方国贵族墓地》，《中国文物报》1991年12月15日（第48期）。

③ 杨宝成：《殷代车子的发现与复原》，《考古》1984年第6期。

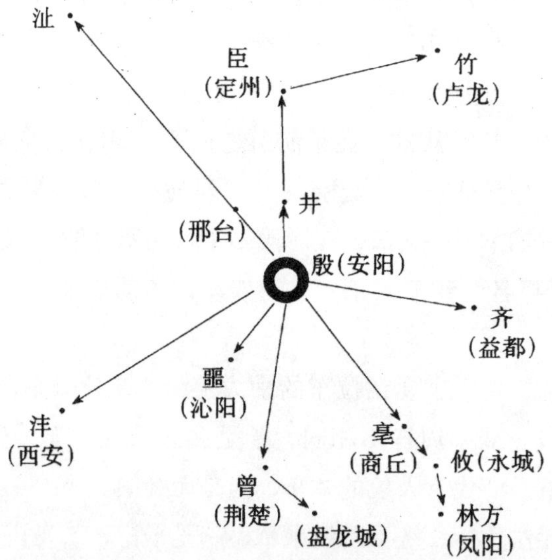

埠屯发现1座车马坑①，1986年在西安东老牛坡发现1座车马坑、1座马坑②。

商代马车的实物发现，对了解其结构提供了方便。商代马车的结构都一样：有2个车轮（木制），1个舆（车箱）、轴、辀（马车称辀，牛车舟辕）。辀前有1衡，两端各有1軶。车一般用两匹马驾，但在小屯宫殿区乙七马坑中，M_{20}内埋1辆车，4匹马③。

商时对驾车的马注重头上装饰，有铜泡或贝串成的串装饰马头，有当卢以保护马头不被箭射伤。车轮一般直径为1.20~1.50米。车轮的辐条以18根为常见，有多至26根，两轨距离为2.15~2.40米。

战车可能注重坚固而不在装饰华丽。《合集》6834一片上记商王武丁征伐方国宙，其中说到车的作用："旬又一日癸亥车弗戋。"《合集》36481是一片征伐危方的甲骨，辞中记商军战胜危方后，在战利品中有"车二丙"，即车二辆。说明战车使用的普遍性，商时不但商王国有战车，敌对方国也使用战车。《合集》584、10405、10406等记载用车打猎，也是乘车。

---

① 山东博物馆：《山东益都苏埠屯第一号奴隶殉葬墓》，《文物》1972年第8期。

② 刘士莪：《试论老牛坡商代墓（提要）》，《西北大学学报》1987年第1期。朱新潮：《西安老牛坡遗址发掘的主要收获》，《西北大学学报》1987年第1期。

③ 石璋如：《小屯·遗址的发现与发掘：丙编·北组墓葬（上）》，第16页，台北。

“辇”字甲骨文中像二人举手承轭挽车状，甲骨卜辞云：“其呼箘辇，有正。”（《合集》29693）“箘”字为一人名，“辇”为动词，即挽车。商代的青铜铭文中两见辇字，皆为卣上铭文（《窓》十九·九和故宫博物院藏器）。《说文》：“辇，挽车也，从车从㚘，在车前引之也。”《周礼·乡师》：“大军旅会同，正治其徒役，与其辇辇。”郑注云：“《司马法》曰：夏后氏谓辇曰余车，殷曰胡汉车，周曰辎车……又曰，夏后氏二十人而辇，殷十八人而辇，周十五人而辇。”刘熙《释名·释车》谓：“胡奴车，东胡以罪没入官为奴者引之，殷所车也。”

车与辇的区别，主要表现在拉车的动力上，“驾马曰车，驾人曰辇。”用人拉车的人数，夏、商、周各不相同，皆是多人共挽一车或分班轮流。从甲骨、金文记载分析，商代有人拉的辇车，当是无疑的。

人拉车一般无法远行，统治阶级乘辇，一是平稳，二是讲排场，让自己奴役他人的心理得到满足。人辇用于短距离，特别是城内宫室间往来，比马车又有方便之处。1990 年在甘肃敦煌市与安西县间的汉代悬泉置遗址发现大批的竹简中，有一名为《宫庭配辇诏》，对汉室各宫庭的车辆配备作出具体规定①，即配备步辇。辇车由于远行不便，因而对于经商贸易大致也是无补益的。

牛车即用牛拉的车，又称为大车。《尚书·酒诰》中周公要商民“肇牵牛车远服贾”，可见牛车在商人中使用已较为广泛。大约商代也如后世，牛比马贱，马车一般人家制备不起，牛车却有可能。牛车有两辕②，辕不曲，因而制作也容易，它可能真正成为商代一般人的代步及运输工具。

用牛拉车作运输工具远道贸易，其创始人应是商人先祖王亥。《世本·作篇》云“胲作服牛”，据王国维考证“胲”即亥、王亥③。《山海经·大荒东经》云：“王亥托于有易，河伯仆牛，有易杀王亥，取仆牛。”“仆牛”即服牛，即用牛拉车。王亥为远行经商，创造了牛拉车。

甲骨文中有一个从牛从𢆶从▭的字，有人释此字为“牵”，谓“甲骨文的

① 《汉悬泉置遗址发掘获重大收获》，《中国文物报》1992 年 1 月 5 日（第 1 期）。
② 《考工记·车人》贾公彦疏云：“两辕一牛在辕内”。
③ 王国维：《殷卜辞中所见先公先王考》，《观堂集林》卷九。

牵字是殷人乘牛车的专用字”[①]，此释可从。此字前常有数字计量“若干牵”，当是指多少辆牛车，如：“丁亥卜，品，其百又五十牵。”（《合集》34677）又：“□□［卜］，［品］，其百又五十牵。”（《合集》34674）这是王室占卜用牛车运输，故其数至巨。

关于骑马。商代的马能拉车，是否能骑乘？至今学术界还在争论。但于省吾主张商人已知骑马，甲骨文中有“先马”卜辞，如，“戊申卜，马其先，王兑从。”（《合集》27945）卜辞中的“马其先”，就是“骑马在前言之”[②]。殷墟第十三次发掘时，在小屯发现一座人马葬墓（编号164），墓中有一人一马一犬，又有一戈一刀一弓形器及一件玉制马刺，石璋如说：“这匹马似乎是供骑射的成分多。……这个现象就是战马猎犬了。假设这个推测可以成立的话，则中国骑射的习惯，不始于赵武效法胡人，而在殷代已经早有了。”[③] 胡厚宣也认为是一骑士，说：“由马的装饰和人的武器看来，这匹马不像是用以驾车，很像是供人骑的，而这个人便是骑士。”[④] 商代的养马业很发达，骑乘之事是完全可能的。甲骨文中有仅言以马作某事的，如：“贞象致三十马，允其幸羌。”（《合集》500 正）是名象的人向王室提供30匹马去追击羌人，当是利用马快捷的特点。因普通单骑奔跑的速度，超过马车的5倍以上。

5. 舟　商时黄河流域的气温略高于今，与今长江流域的气候约略相当[⑤]。由于人口少，生态环境好，植被好，树木多，又因雨水充足，河湖比现在多。今已无水少水的河流，当时皆可行舟。如淇水，至春秋还是一条水势很大宜于行舟的大河，《诗经·卫风·竹竿》中写道：“淇水滺滺，桧楫松舟，驾言出游，以写我忧。”而今淇水仅是大部分河段可徒涉的小溪。加之林木茂盛，千年古树遍地皆是。河湖多，木材丰富，为水上交通提供了良好的条件。因而我国古代用舟应是很普遍的，这从甲骨文中的“受”字得其佳证。

甲骨文中的“受”字，从舟从二手形，《说文》：“受，相付也，从受舟省

---

① 宋镇豪：《甲骨文牵字说》，《甲骨文与殷商史》第2辑。
② 于省吾：《殷代的交通工具和驲传制度》，《东北人民大学人文科学学报》1955年第2期。
③ 石璋如：《殷墟最近之重要发现——附论小屯地层》第2册，1947年。
④ 胡厚宣：《殷墟发掘》，学习生活出版社1955年版，第108页。
⑤ 胡厚宣：《气候变迁与殷代气候之检讨》，《甲骨学商史论丛》第二集下册。

声。”罗振玉云：“古金文皆从舟不省，与此同象授受之形。”[①] 此说是合于甲骨文字的。甲骨金文“受”字是一人以手推舟，另一人以手接舟，其授受的物品则是舟。何以舟相授受为接受，授予之“受”的造字像形，是因古人常以舟的授受为相互交往的重要物件。文字的产生是约定俗成，只有当舟的授受已成普遍的民俗，才会出现此字。可见舟在上古人民生活中的地位是相当重要的。

甲骨文中有商王在河中行舟的卜辞，如“乙亥卜，行，贞王其寻舟于河，亡灾。”（《合集》24609）“河”即指黄河。商王乘的舟，当是专门特制，所以甲骨文中有“作王舟”（《合集》13758）的卜辞。

在商代的河湖中，舟楫当不少，甲骨文中有字作（《合集》11477），像两舟一前一后而行，实是表示船队行于河中，可见商时河中已有船队。

水中行舟，必有楫（桨），以划水而行。甲骨文中有“般”字（《合集》44、428 等）、（《合集》11466、11467、11468）、“荡”字（《合集》655）。甲骨文有“弜衣荡河”（《合集》20611），是荡舟于河之意。商代铜器般簋“般”字其形与甲骨文相似（《三代》六·三），皆像以杆棹舟之状。《说文》：“般，辟也，象舟之旋，从舟从殳，殳令舟旋者也，古文般从攴。”可见商人划舟用楫，此楫或今日用竹杆划水而进的简单方法。水浅可能需人下水中去推，甲骨文中有一字作形（《合集》33691），像两手推舟，十分象形。

逆水行舟，船大，载物重，用楫划水，无济于事，这时就需有人在岸上拉纤，前引甲骨卜辞中“寻舟于河”，于省吾考证“寻”字即率、绛、帅等字之所由，“寻舟”即“绛舟”，是用绳索牵引舟。“这种绳索，后世叫做缆，也叫做绛[②]。”“寻舟”即是用绳索拉舟在水中行走，今称“拉绛”，拉绛者称作“绛夫”，有绛则解决了载物船逆水行舟的问题。

舟靠岸，停下暂时不走，或用缆绳系于岸上，或用锚，商代已有锚的设备，妇好墓中出土一件“多钩形器”，居中为一圆形立柱，有一环首，可系

① 罗振玉：增订《殷墟书契考释》中，东方学会石印本 1927 年，第 62 页。
② 于省吾：《殷代的交通工具和驲传制度》，《东北人民大学人文科学学报》1955 年第 2 期。

绳，其下端分出挂钩 6 枝。高 16.5 厘米，重 1 公斤[①]。此器形状与今船锚相同，其用途当是一只船锚。

《盐铁论·本义篇》云："舟楫之用，以通川谷。服牛驾马，以达陵陆，致远穷深，所以交庶物而便百姓。"商时已广泛利用车、船交通工具，对加强各地间的往来，人员、物资的交流，提供了方便。

三、交通制度

商代以王都为中心通向境内各地的道路，其主要干道应能使马车通行。为了实施对地方统治的需要，在商代已形成了最初形式的驿传制度，甲骨文中称之为"迖"，有学者考证此字即古书上的驲[②]。甲骨文中"迖"的使用比较普遍，如："丁丑卜，狄，贞王其田，迖往。"（《合集》29084）这是商王田猎时乘迖传而往。使臣前往某地也有用迖的，如："醜其迖往于攸，若。王占曰：大吉。"（《合集》36824）辞中"醜"是商室一臣名，"攸"为地名，在安徽宿县和蒙城之间，其意是醜乘迖到达攸地。各地方国、诸侯、贵族或地方官吏，乘迖到王室的，亦常见于甲骨文，如："乙卯，贞迖来羌，其用于父丁。"（《屯南》725）其意是用驿传送羌奴到王室。可见商代迖的使用是很广泛的。

甲骨文"迖"是一种驿传制。驿传有专门的路和交通工具，途中还专设有供食宿的驿站。甲骨文中有一"羁"字，就是商时设于道上的驿站[③]。"羁"就是羁旅过行止宿之所，《广雅·释诂》"羁，寄也"，《周礼·遗人》"以待羁旅"，郑注"羁旅，过行寄止者"。古文献中羁和寄止，寄宿义同。甲骨文中的羁，即是这种寄宿止舍之地。

甲骨文中的羁常以数量计，有一羁至五羁："弜有一羁。"（《合集》27250）"丙寅卜，五羁卯惟羊，王受祐。吉。"（《屯南》2499）甲骨文中以数字计量的羁数最多为五。从"至于二羁"、"至三羁"、"在五羁"等用语看，

---

① 中国社会科学院考古研究所：《殷墟妇好墓》，文物出版社 1980 年版，第 113 页，及图 64：3、图 110：1。

② 于省吾：《殷代的交通工具和驲传制度》，《东北人民大学人文科学学报》1955 年第 2 期。

③ 许进雄：《明义士收藏甲骨释文篇》第 163 页，加拿大多伦多博物馆，1972 年。

羁之地是一固定的地名，一至五当是从王都始，向外延伸而从一至若干羁[1]。

羁与羁之间，其距离大致应相等。古文献中记载后世驿站皆大致为等距离设置，《逸周书·大聚解》记周武王“观殷政”而在周王朝“辟开修道”，其制度为“五里有郊，十里有井，二十里有舍”。这虽讲周人立国后建立的驿道制度，但它是周武王“观殷政”后所作的，应是仿殷时制度。

每一驿站之间的距离约以一天行程为准。甲骨文中有一些卜辞，记商王在外出行，从一地到另一地，皆为一日程，如：“己酉［王卜，在］乐［贞］今日步于噩，亡灾。庚戌王卜，在噩贞今日步于秉，亡灾。辛亥王卜，在秉贞，日步于䍜，亡灾。”（《合集》41777）则乐—噩—秉—䍜间，均是一日的路程。这版甲骨所记行程，其走向与《合集》36553 正相反，但两地所需日程是相同的。

古时称一日行程的距离为“一舍”，舍即止宿。《诗·小雅·六月》“我服既成，于三十里”，毛传“师日行三十里”。《周礼·地官·遗人》“凡国野之道，十里有庐，庐有饮食。三十里有宿，宿有路室，路室有委。五十里有市，市有候馆，候馆有积。”《管子·大匡》：“三十里置遽委马。”《朝非子·难势》：“良马固车，五十里一置。”这“三十里”、“五十里”都是指道路上的驿站间的距离。甲骨文中商王出行，数地之间皆为一日程，则是等距离地置止宿处，这就是后世的驿站，可知商代的干道上，有驿站的设置，是信而有据的，我国的驿传制度，至少可上推到商代。

在驿道上，国家的官吏为公事可以行走，商旅亦可以行走。发达的交通道路和较完备的驿传设置，大有益于商品交易的商业活动。

---

① 宋镇豪：《商代的道路交通制度》，《未定稿》，1989 年第 11 期。

第九章　商代的财政制度

国家的财政制度，包括收入和支出两方面的内容。而收入和支出的形式，则随着不同历史时期社会发展的不同而各异。《孟子·滕文公上》篇中说："夏后氏五十而贡，殷人七十而助，周人百亩而彻。"这是孟子概括夏商周三代不同的财政收入。孟子云"劳心者治人……治人者食于人"，则是讲的国家财政支出的事。当然国家供给"治人者"即官吏的俸禄，仅是国家财政支出的一个重要方面，而不是全部。

孟子把商代的财政收入概括为"助"，本质上没有错，但不全面，事实是商代也实行"贡"制。在财政支出方面，亦是多种多样的，但其目的只有一个，即巩固奴隶制国家政权，满足商王及奴隶主贵族们奢侈的生活所需。

第一节　财政收入

商代的财政收入主要有两项：一是王室直接经营的产业，是诸侯、方国及贵族的贡纳。

王室直接经营的产业，主要有农业中的"王室田庄"，畜牧业中的"王室牧场"及手工业中的"王室作坊"。这些王室直接经营的产业中，产品归王室亦即国家所有，也是王室财政收入的主要来源。这些在本书前面有关章节中已作详述，本节的重点是探讨有关贡纳的问题。

关于商代的贡制，记载最详的是《逸周书·王会解》后所附《商书》中的《伊尹朝献》篇，其文云："汤问伊尹曰：诸侯来献，或无马牛之所生而献远方之物，事实相反不利。今吾欲因其地势所有献之，必易得而不贵，其为四方［献］令。伊尹受命于是乎为四方令。”伊尹的“四方［献］令”规定：正东符娄等国以“鱼皮之鞞，鲗鲗之酱，鲛瞂利剑为献”；正南瓯邓等国以“珠玑、瑇瑁、象齿、文犀、翠羽、菌鹤、短狗为献”；正西昆仑狗国等国，“以丹青、白旄、纰罽、江历、龙角、神龟为献”；正北空同大夏等国以“橐驰、白玉、野马、騊駼、駃騠、良弓为献”。《诗经·商颂·殷武》述成汤立国时的情况道：“昔有成汤，自彼氐羌，莫敢不来享，莫敢不来王。”氐羌之族，居于今陕北、甘肃、宁夏、青海到四川西北地区，“来享”即来献享，“来王”即来臣服于商王朝。意思是臣服者定时向王室贡献本地土特产。《玄鸟》诗中叙述武丁时，诸侯向王室致贡的情况道：“龙旂十乘，大糦是承”，“四海来假，来假祁祁”，意谓诸侯打着龙旗，赶着装有黍、稷、稻、粱的大车十辆，送到王室。四海之内的诸侯都到王都来朝贡，来朝贡的人熙熙攘攘，挤满王都。《荀子·解蔽》篇谓汤用伊尹灭夏“受九有”而“远方莫不致其珍”。晋人皇甫谧的《帝王世纪》中说，诸侯叛桀归汤，“同日职贡者五百国”。这些文字记载，或有夸大的成分，但说商代存在“贡”这一制度，证之殷墟出土甲骨，却是信而有徵的。

殷墟甲骨文是商人留下的第一手资料，未经后人加工和篡改，真实可靠。其中，记录有大量的贡纳活动，弥补了文献记载的不足。下面据甲骨文中贡纳活动，进行综合分析。

一、甲骨文中记录有关贡纳活动的用语

根据甲骨文我们可将贡纳活动分为两类：第一类是诸侯、方国、臣僚向王室贡献各种物品的用语，这类词有氐（致）、供、入、见（献）、登等；第二类是从王室角度接收贡品或征集贡物的用语，这类词有取、眉、匄、至等。第一类的如：“□未卜，贞禽氐（致）牛。”（《合集》8975）“贞呼吴供牛。”（《合集》8973）“妇好入五十。”（《合集》10133）“丁巳卜其见（献）牛一。”（《合集》33577）“……登羊三百。”（《合集》8959）“致”是致送，“登”亦是进献，“见”即献字，贡献之义甚明。“入”和“供”二字献纳之义从字面上就已明白无疑。从王室角度征集贡品的用词，在甲骨中以“取”字最为常见。如“贞呼取羊”（《合集》8813）、“贞呼取马”（《合集》8814）。

“取”字是上对下取物的一个用词，《仪礼·乡饮酒》“宾言取”，疏云：“尊者得卑物言取。”甲骨文中“取”字义正与此同。眉、匄、乞也是征集之意，如“贞眉牛百。”（《合集》9041、11176）武丁时期甲骨文中，常有“眉”若干人征伐敌国的，如：“眉人三千呼望邛［方］。”（《合集》6185）这个“眉”字与征集兵员的义同，故“眉牛”、“眉羊”，亦应是王室向诸侯、贵族征集物品。“匄”字，卜辞有“匄马”（《合集》21007）。《玉篇》：“匄，乞也，取也。”《集韵》：“匄，求也。”是匄有求取之义。卜辞“匄马”是商王室向诸侯、贵族求取马匹之意。“乞”亦是乞求之意，如甲骨卜辞云：“甲午卜，宾，贞令周乞牛多……”（《合集》4884）

卜辞中“来”和“至”，有诸侯、贵族将贡物送到王室，王室成员签收之意。如卜辞云“古来马”、“贞古来犬”（《合集》945）等，“来”意即为到来、到达王室。“至”亦是到达，卜辞云“贞百牛至”（《合集》9214）、“贞今十三月沚戛至十石”（《合集》39680），“石”意指玉磬，妇好墓有一件玉磬，上刻有“妊竹入石”四字①，名为“石”，实则磬，是一种乐器。

上述10个有关贡纳的用语，相互间的用义在当时应有些不同的，但其本质是为向王室贡献各种物品则是相同的。差别只是在名声上听起来顺耳，如“取”显然带有一定的强制性，而“见（献）”则更带主动性。然而，正如前引伊尹的“四方［献］令”中所表示的，不自觉，不主动献，则是违令行为。因此《诗》中云“莫敢不来享，莫敢不来王”，两个“莫敢”实际是道出了其中的究理。

二、贡纳品的种类

甲骨文中所见诸侯、方伯、贵族向王室贡献的物品，主要有以下几类：

1. 奴隶　王室的奴隶除直接从战争中俘获敌方外，各诸侯、贵族亦得向王室提供，以补充王室的奴隶队伍和满足王室祭祀用人作牺牲的需要。贡入最多的一片甲骨是武丁时的，记载向王室“示”900人：“□示九百人。”（《合

① 中国社会科学院考古研究所：《殷墟妇好墓》，文物出版社1980年版，第199页、第136页75:1。

集》1038 正）束世澂认为“示是贡纳”①，此处的“示九百人”即向王室贡纳900 人。其次为 500 余人：“己巳卜，散，贞即致刍其五百隹六。贞即致刍不其五百隹六。”（《合集》93）“即”是一贵族，“刍”是畜牧的奴隶，是“即”向王室贡人五百零六个畜牧奴隶。再次为 300 人（《合集》1034）、50 人（《合集》94、226）、30 人（《东京》1007）、20 人（《合集》286）、10 人（《合集》257、339）。还有更多的是只言所贡人的身份而不言多少者。由此反映出商王室随时向诸侯、贵族要求提供奴隶。

贡于王室奴隶的名称，通常称“人”、“刍”、“羌”，其他还有“仆”（《合集》552、554）、“臣”（《合集》635、5566）、巫（《合集》5658、946）、屯（《合集》824）、“女”（《合集》536、21457、675）、“妾”（《合集》657）等。

贡入王室的奴隶，其用途有二：一是投入社会生产中，如“刍”，为从事畜牧业劳动，羌也有“羌刍”之称。“羌”人还有参加商王狩猎的，卜辞中有“多羌获鹿”（《合集》153、156）的辞。称臣、女、妾、仆的人则为王室服杂役。二是作为祭祖的牺牲，如卜辞云：“贞疋来羌，用自咸、大丁、大甲、大庚、下乙。”（《合集》231）“疋”是贵族，他们所贡于王室的羌，有可能是从战场上刚抓获来的，也可能是早已沦为他们的奴隶的异族人，因王室需要而贡于王室。有的明言贡入的奴隶就是用以砍头祭神的，如言贡“伐”（《合集》893、881）的卜辞，“伐”就是砍头以祭的奴隶人牲。

2. 畜牧产品　诸侯、贵族贡入王室的畜牧产品种类有：牛，多至 400 头：“……致牛四百。”（《合集》8965）羊，贡纳数量一次达数百：“……登羊三百。”（《合集》8959）马，贡马最多一次为三十匹：“贞象致三十马，允其幸羌。”（《合集》500）豕，入贡畜产品中较少的一种，如：“戈允来豕二，贝……”（《合集》11432）犬，贡犬数量较大，如：“兹致二百犬。”（《合集》8979）

3. 野兽　此类为猎获物，也是贡献王室的贡品之一，如：“戊辰卜雀致象。己巳卜雀致猱。”（《合集》8984）“猱”形似猴，是一种珍贵动物，贡纳

① 束世澂：《夏代和商代的奴隶制》，《历史研究》1956 年第 1 期。

兽类还有鹿（《合集》40061）、麇（《英藏》215 反）、麑（《东京》242）、兕（《合集》917）等。

4. 谷物　谷物作为王室的食品主要来自王室田庄上的收获，但诸侯、贵族也向王室贡纳，前引《诗·玄鸟》中就有“龙旂十乘，大糦是丞”的诗句，描述诸侯向王室致贡谷物助祭的盛大场面，甲骨文中有关谷物的贡纳有“黍”（《合集》235）、“穄”（《怀特》448）。黍、穄，今北方称黍子，去皮称大黄米，是一种珍贵的上等食品。还有“登秫”（《合集》34587），秫是粟中粘者，北方人称黏谷子。麦类作物，甲骨文中称麦也称来。甲骨文中有关贡来（麦）的，如“登来，亚致来”（《合集》914），即以麦贡献给王室。此外，在战争中，王师所到之地的诸侯、方国还要向国王的军队提供给养。其给养主要应是谷类粮食，如卜辞云：“缶其啬我旅。缶不其啬我旅。一月。”（《合集》1027）“啬”即穑，《说文》“啬，谷可收”。此“啬我旅”，当以谷物供应我（商王）的军队。“缶”是一方国，“旅”是军队。

5. 贝、玉、齿等珍奇　贡贝的卜辞如：“戈允来豖二，贝……王。”（《合集》11432）贝之数适缺，商代贝已作为货币使用，其单位以朋计，故入贡有以朋计的：“车不其致十朋。”（《合集》11443）

玉的贡物，有直接称为“玉”的，如：“贞令员取玉于龠。（《合集》4720）玉成双者称珏，如“辛酉，贞呼师般取珏不……”（《合集》39525）齿的贡物，如：“贞勿来齿。”（《合集》419）齿应即是象牙。在河南殷墟遗址中，常有象牙制品出土，以妇好墓中的夔文鋬的象牙杯最为著名。在侯家庄西北冈的王陵大墓内，也发现有不少的象牙制品。

6. 手工业品　手工业品有铜器、石戈、石磬、舟船、丝织品、盐卤和其他财物。

甲骨文中贡纳青铜器的卜辞如“致卣”（《东京》286）。“卣”是一种酒器，致贡于王室的酒器。在殷墟妇好墓中，有部分铜器就是方国贵族的贡品，如有铭文为“亚弜”的大铜鼎，有“亚其”的斝、觚、爵等 21 件，有“亚启”的方彝 1 件，有“束泉”的尊、斝、爵、觚等 22 件，其他铭文的 2 件①。

---

① 中国社会科学院考古研究所：《殷墟妇好墓》，文物出版社 1980 年版，第 97～100 页。

这些方国或贵族的有铭铜器，是方国或贵族统治者献给殷王室的贡品。妇好死后，又将其用作随葬品而埋入墓中。

妇好墓中亦有将石戈、石磬作为贡品入墓，在一件玉戈上刻有“卢方皆入戈五”，另一件石磬上刻有“妊竹入石”①。甲骨文中有“㞢戛至十石”（《合集》39680），正与之相契合。

舟船在商代使用已很普遍，前已指出，甲骨文中的“受”字，就是“从又从舟”，所谓授予人物品或接受人物品，即是授人以舟。舟亦作为贡品，如卜辞云：“贞禽来舟，贞禽不其来舟。”（《合集》11462）

丝织品的贡纳在甲骨文中亦有记载，卜辞有“蛊致䊽”（《合集》9002）、“令告凡䊽宁”（《合集》39186）。“䊽”字从纟从斤，应为一丝织物类有关的字，当是一丝织物的名称②。但此字究为何字，还需待考。

盐是人类生活中必不可少的物品。商王室对盐的生产可能由王室直接经营，甲骨文中有“卤小臣”，如“卤小臣其有邑。”（《合集》5596）“卤”即盐，甲骨文中无盐字，即使在西周金文中仍以卤指盐。“卤小臣”是王室掌管盐卤生产的专职官员③。卜辞中贡卤的如：“取卤”（《合集》7022）、“致卤”（《合集》19497）。

7. 取邑　“取邑”即取走诸侯贵族所领有的土地。取邑的卜辞见于甲骨文的有二：“贞呼取邑”（《合集》39987）。“贞呼从郑取炋戛鄙三邑”（《合集》7074）。“邑”字本为人所聚居之地，但古时言邑实包含邑中之人及人所耕种的土地在内。甲骨文“取邑”即取田，是商王从诸侯、贵族中收回部分土地及土地上的人，或自己经营，或转赐他人。

8. 占卜用的龟和骨　这是甲骨文中最常见的贡品。贡龟一般是将贡献者和贡龟数字刻在龟板反面的桥上，甲骨学家称为“甲桥刻辞”。一般用语为“致”、“入”、“来”等，最多的一次贡入一千只龟：“我致千”（《合集》116

---

① 中国社会科学院考古研究所：《殷墟妇好墓》文物出版社 1980 年版，第 97、131、199 页。

② 王贵民：《论贡、赋、税的早期历程——先秦时期贡、赋、税源流考》，《中国经济史研究》1988 年第 1 期。

③ 杨升南：《从“卤小臣”说到武丁征伐西北的经济目的》，《甲骨文发现一百周年学术讨论会论文集》，台北 1988 年 5 月。

反)，致龟千只在卜辞中达28次，其次相继为“八百”(《合集》9018)、“五百”(《合集》9774反)、“四百”(《合集》2260反)、“三百”(《怀特》53)，尤以250、100最多见。贡龟主要来自南方，甚至东南亚①。骨的贡入以“屯”计，即是一对牛肩胛骨。商王室本地产牛，且数量大，牛骨本可自足，但亦有入贡的。贡骨的词多用“乞”字，表示王室要求某人入贡。贡骨最多的一次是五十屯：“……［乞］自嵒五十屯”(《合集》9396、9399、9398)，其次是四十屯(《合集》13055反)，二十屯(《合集》5580)，以十屯最为常见。但贡骨的量比贡龟少得多。

第二节　财政支出

国家的财政支出，是为维持政权和执行社会职能的需要。而财政支出项目是随着社会的变化而有所不同。我国在春秋以前，作官的只有封邑赐田之制而无谷物俸禄之事。《国语·晋语四》云：“大夫食邑，士食田，庶人食力。”“邑”和“田”即以土地为俸禄，国家不再发给实物薪俸。战争时期士兵的口粮也是自备的。

商代不必养活大批官吏和军队。在王室作官的都是贵族，他们有领地供其口食，如武丁时重要将领望乘，他常领兵征讨下危，他有领地，称为“望乘邑”(《合集》7071)。像王朝大臣禽和吴，皆有领地，已见前述。他们在王室任职，其领地即是“禄邑”。

军队的主力是具有自由身份的“邑人”组成的②，商代的“邑人”实是农村公社成员。他们耕种着公社实即是国家的土地③。而他们取得份地耕种权的主要代价是服兵役。这就是孟子所指出的“野九一而助，国中什一使自赋”④的古代赋税制度。赋是指军赋，“自赋”即国中之居民，不仅要出人当兵，且要自备武器、口粮、服装等，后世注家解“自赋”为“从赋”，谓“从二十而

---

① 李学勤：《商代通向东南亚的道路》，《比较考古学随笔》，广西师范大学出版社，1997年版。

② 杨升南：《略论商代的军队》，《甲骨探史录》，三联书店，1982年版。

③ 杨升南：《商代的土地制度》，《中国史研究》1991年第4期。

④ 《孟子·滕文公上》。

税一”，实未摸着一点边际。甲骨文中，武丁时期常见“登人”若干以征伐某方国的“人”，就是这些邑人①。

“邑人”有“赋”，无税，即不再为国家助耕公田，似乎负担很轻，其实不然。古时战争频繁，且要戍边、筑城、修要塞等，有时需整年在外，生活很艰辛。《尚书·汤誓》载士兵发牢骚说：“我后不恤我众，舍我穑事而割正夏。”即使在农忙季节，作为士兵的“邑人”必须丢下手中的农活而远征。商代这方面的材料不多，但从《诗经》里一些反映征夫怨愤的诗中，也可了解其一斑。如《采薇》诗中“昔我往矣，杨柳依依，今我来思，雨雪霏霏”。“行道迟迟，载渴载饥。我心伤悲，莫知我哀”。谓出征时正逢柳树抽绿，归来时已是雨雪纷飞的寒冬，以及在途中饥寒交迫的怨恨心情。从《出车》《鸨羽》等诗篇中也能反映“自赋”的“邑人”，负担相当重。

国家虽然不养军队和不给官吏实物俸禄，但作为一个国家，其财政支出仍然很大，商代的财政支出主要有下面几个方面。

一、供商王及其后妃的消费

商王作为国家最高统治者，生活十分讲究排场，其衣食住行都很特殊化。且有的商王如殷纣王荒淫无度，大兴土木，“南距朝歌，北据邯郸及沙丘，皆为离宫别馆”②。生活奢侈，“纣多发美女，以充倾宫之室，妇女衣绫纨者，三百余人”③。商王的后宫人数很多，在甲骨文中也有反映，武丁甲骨文中有不少的妇名，据胡厚宣先生早年统计有64个，并认为是“武丁之配”，而与《礼记·昏义》所言天子“后立六宫、三夫人、九嫔、二十一世妇、八十一御妻”的制度相同④。商王及后妃的费用，在国家财政支出中，当占相当的比例。

二、军事上的支出

商代无须赡养大批的常备兵，但如兵车等一些特殊的大型设备及特殊训练

① 杨升南：《略论商代的军队》，《甲骨探史录》，三联书店，1982年版。
② 古本《竹书纪年》。
③ 《后汉书·桓帝纪》注引《帝王世纪》。
④ 胡厚宣：《殷代婚姻家族宗法生育制度考》，《甲骨学商史论丛》第一册，成都，1944年。

的士卒，只有国家能制备。甲骨文中有“新射”①，即是未经训练的新手，“庠射”② 则是训练有素的射手。射手用的青铜箭头是消耗性的，需要量大，也须国家铸铜作坊提供。在郑州商城和安阳殷墟作坊遗址里，都出土有铸造铜镞的陶范，有一块陶范可以一次铸造10个左右的箭头③，可见其生产量不小。

三、王宫的戍卫和杂役人员的支出

虽遇外敌来侵和向外征讨时，有以“邑人”为基干的王国军队，而平时保卫王室则当有专职卫队。商代是一个奴隶制国家，商王高度重视商王朝国家机构的安全。如早商的偃师商城，近年考古发现已确认：偃师商城有宫城、内城、外城三重城。中商的郑州商城也有宫城和外城。晚商的安阳殷墟小屯村有一条大深沟，将宫殿包围，形成一道防御设施。这种大城套小城的防御体系，不仅为防外敌，更主要是防备奴隶和民众对统治阶级构成的威胁。而这种都城的王城、王宫内外，需设立守卫队。

除戍守王城、宫城的守卫队外，王室宫廷的杂务人员也很多。如在宫、厅、寝等处有杂役人员，也有管理者。甲骨文中“寝”这一官职，即是王宫寝的内官，相当于《周礼·天官》中的“宫正”、“宫伯”。王宫的掌管者为王官，或有领地供衣食，而杂役者为奴仆，由王室供衣食之用。甲骨文中有称“仆”的人，此字像人在屋内执役庭除之状。这种人有的被用去作祭神的牺牲④，是一种家内奴隶，显然王室（国家）要供给他们的日用之需，以便维持其生命。

四、对王室直属产业中劳动者的生活供给

这类指王室田庄上劳动的“众人”，王室牧场劳动中的“刍”，及王室手工业作坊劳动的“工”等人，由王室提供其食，使其能够维持生活，以便榨取他们的劳动力，如卜辞“食众人”（《合集》31990），即供给众人饮食，众人可派往某地劳动，由某地供其食。

---

① 《合集》5784、5785、32996、32997。

② 《合集》5770、5771、5772。

③ 参见郭宝钧：《商周铜器群综合研究》，文物出版社1981年版，图版29：2，镞范。

④ 胡厚宣：《甲骨文中所见殷代奴隶的反压迫斗争》，《考古学报》1976年第1期。

五、对死者的丧葬费

商人很迷信。“率民祀神”，先鬼后礼，先尽鬼事、神事，然后才尽人事。从甲骨卜辞中可得知，商王室祭祀祖先和其他神祇，耗费大量财力，甚至不惜一切。商人的厚葬之风是惊人的，凡人世间享用物品，死后都要随葬。1976年安阳小屯村东北发掘武丁之妻妇好墓，保存完整，其中随葬品十分惊人，计有：殉人16人，青铜器480件（其中礼器200余件），玉器755件，石器63件，宝石器47件，象牙器皿3件等物，随葬器物，不计贝共有1928件之多。器物制作皆精美，凝重，如大铜方鼎，铸有“司母辛”铭文，通高80.1厘米，重达128公斤。“妇好”铭三联甗，总重为138.2公斤。武丁另一妻庙号为妣戊，即是甲骨文中的妇井，在她的墓中出土一“司母戊”铜鼎，其鼎重达875公斤，为世界上最重的青铜器，可惜她的墓已被盗。由此可以想见，商王及妻妾死后因随葬而耗费的财物，是相当巨大的。

六、祭神用品

在甲骨文中，记载商王在不断地举行祭神，而祭神所用祭品都十分丰厚，其中包含了人间使用的一切，其数量相当惊人，且反复不断地献祭，成为商王室最主要的一项财政支出。祭神贡品种类主要如下：

1. 奴隶（包括战俘）　甲骨卜辞云：“三百羌用于丁。”（《合集》293）“五百仆用。旬壬申又用仆百。”（《合集》559）“丁”是商王庙号，用300个羌人祭祀是很隆重的。“羌”一般指羌族来的俘虏，有学者认为羌不一定仅指羌族俘虏，而是对奴隶的专称①。羌即奴。

“仆”也是一种奴隶，其字像一人在屋下执事形，即从事扫除的贱役。《合集》559占卜一次用500个仆奴，过了10天又用了100个仆奴，则在10天中，有600个仆奴被杀掉用以祭神。在安阳殷墟西北岗和武官村王陵区的祭

---

① 胡厚宣：《中国奴隶社会的人殉和人祭（下）》，《文物》1974年第8期。

祀场内，有大批被砍头的人埋葬①，这些被砍者的身份都是奴隶，与甲骨文中记载正相契合。

奴隶是奴隶主的财产之一，是商代社会物质财富创造者。商代还未见有奴隶买卖，但已作为贡品之一种。王室的奴隶不少是由贵族、方国、诸侯“贡”入的。奴隶被杀以祭神，从奴隶主的财产这一观念而言，亦是商王朝一项重要支出。

2. 牲畜产品　祭神种类有牛：“五百牛”（《合集》39531、《英藏》1240）、“千牛”（《合集》1027 正）；羊“三百宰”（《合集》302），“宰”即一对羊，则为 600 只羊；多种畜品：“犬百、豕百、卯十牛”（《合集》32698）。可见用畜产品祭神数量很惊人。

3. 酒　甲骨文中用酒祭神很普遍。酒祭在甲骨文中不仅次数多而且用量很大，如：“丁亥卜，㱿，贞昔乙酉葡旋御……［大］丁、大甲、祖乙、百鬯、百羌、三百［宰］。”（《合集》301）丁亥在乙酉日之后二日，故用“昔”字，此辞是丁亥日追记两日前发生的事：在乙酉那天祭祀大丁大甲祖乙等先王，用鬯酒 100 卣、羌奴 100 个、羊 600 只。“鬯”是一种加香料的酒。“卣”是盛酒器，出土商代青铜卣不少，一只卣一般能容近五六斤的液体。此辞所记，是一次非常隆重的祭祀场面。

4. 粮食类　谷类作物也是祭神的祭品之一，有黍（穄）（《合集》1599）、禾（小米）（《合集》38686）、秫（《合集》23952）、来（麦）（《合集》32534）等。

5. 贝玉等珍奇　甲骨文中以玉祭神，如：“庚午，贞王其爯珏于祖乙，燎三宰，卯〔三犬〕牢。”（《合集》32535）珏是两块玉，是爯（即举）珏祭祀祖乙并配之以燎羊和杀牛。甲骨文中亦以贝为祭品，如“亡贝”（《合集》11423），即卜问献祭品是否用贝。又“覣贝”（《合集》5648），“覣”是祭名，是以贝为祭品的覣祭。

① 安阳文物考古训练班、中国社会科学院考古所安阳队：《安阳殷墟奴隶祭祀坑的发掘》，《考古》1977 年第 1 期。

七、对官吏、贵族的宴飨

王室作为国家的政权，必有与上下、内外交往的活动，在交往中须助以宴享，施以恩惠而增强王室的凝聚力，这在古今当是一个道理的。甲骨文中商王室进行的宴飨活动，是由飨、食、燕这三个字所体现的飨宴制度。

1. 飨宴 “飨”字形作二人对一食器而坐之状。卜辞“即”、“既”字皆与此字相关，“即”是一人对食器而坐，意为“即席”、“就坐”进食。“既”字一人背向食器而坐，意为就食完毕，“飨”字是两人相对食器而坐，似正进食之形。

甲骨文“飨”的对象有两类：一是卜问先祖先妣神灵是否“飨”，如：“翌乙酉其登祖乙，飨。”（《合集》27221）“登”是祭名，是祭祀祖乙，卜问是否会来飨食祭品。二是对活人的飨宴，如飨多子：“甲寅卜，彭，贞其飨多子。”（《合集》27649）“多子”是对大臣或诸侯一类人物的称呼①。“飨多子”即是商王对大臣、诸侯一类高级职官的飨宴。甲骨文还有对“多尹”进行飨宴的，如：“元簋惟多尹飨。”（《合集》27894）“多尹”也是王室的重臣，即《尚书·酒诰》中的“内服”。“多子”、“多尹”是王朝的内外服职官，即王朝的朝臣和诸侯首领，商王得加以飨宴。卜辞还有对“多生”的飨宴：“惟多生飨。”（《合集》27650）“多生”即“多姓”。多姓应指各贵族领袖。商王族为子姓，王室所辖领土范围内，除子姓外，还有很多的异姓族氏集团。《路史·国名纪》列有商时侯国56个，其中虽真伪杂糅，但亦不可全非。这些“国”也有不少与商王非同姓者。这些非商王室同姓的各族姓，就是卜辞中的“多生”。能受到商王飨宴的荣宠者，皆是族的首领即贵族。此即是商王用飨宴的方式对他们加以笼络。

飨多子、多尹、多生可能已形成制度，或定期设宴来飨这些官吏、贵族。此外，还应有临时而举行的特殊飨宴，如“贞邛方出，王自飨，受有祐。五月”。（《合集》39854）“庚辰，贞至河，禽其戎，飨方。”（《屯南》1009）

---

① 李学勤：《释多君、多子》，胡厚宣主编：《甲骨文与殷商史》第1集，上海古籍出版社1983年版，第16页。

“王自飨”是指商王亲自主持飨宴之事，“邛方出”而商王举行飨宴活动。“禽其戎”指商大臣禽从事兵戎之事，即出征。“飨方”的“方”，当即随禽出征的诸侯、方国首领，此皆是征战前后飨宴出征的将士。后世有“饮至”之礼，战敌获胜归来，告祭于宗庙后，即同群臣饮宴，以示慰劳将士，并将有功者书载于册，给以嘉奖。这种礼后世固定化成为一制度称为“饮至”，其源可溯至商代。某位诸侯、方国首领到王室，商王也得飨宴：“……其来，王自飨。”（《合集》5240）“其来”前缺，当是某诸侯、方国首领或使臣来到王室，商王设宴飨之。卜辞还有直言“飨使”的：“……飨使于燎北宗，不□大雨。”（《合集》38231）“使”即使者，有王室派出之使，有诸侯、方国派往王室之使。

2. 食　食应与“飨”字同义，卜辞有“食多子”（《合集》39652 反），“食多子”即“飨多子”。有食征战将士者：“戍兴伐邲方食……方，既食戍乃伐，𢦏。”（《合集》28000）“戍”即戍卒，甲骨文中“戍”又为职官名。“戍兴”之“戍”当为职官名，“兴”为其私名。商时任官遣将或有赐食的制度，如卜辞“丁巳卜，宾，贞令亯易（赐）𠂤食，乃令西使。三月。”（《合集》9560）有人认为是“锡宴”，谓“似乎殷人习惯（或言礼制），殷王命就任之时，有设宴款待即将上任官员的惯例（或言礼制）”[①]。此“赐食”为“赐晏”当是对的，辞义为派其出使之前，商王命亯赐给饮食，此犹后世的“饯行”。

3. 燕　甲骨文中有一字形似燕子，释为“燕”字。甲骨文中“王燕惟吉”、“王燕”的辞例很多，有时卜问“燕”时遘雨与否，如“贞王燕惟吉，不遘雨。”（《合集》27830）“王燕”即“王宴”，是商王举行宴会，卜问王宴时是否会有雨。商王为何举行宴会，据卜辞有一项是祭祀后的“燕”如：“壬戌卜，鼓，贞王宾辛、壬、丁，燕惟。吉。”（《合集》27382）。“王宾”即宾祭。“王宴”不明何因，或是王设宴享群臣。卜辞有赐“燕”的：“翌乙亥，赐多射燕。”（《合集》5745）“多射”是一种武官之名。是商王赐给“多射”以饮宴。

飨、食、燕三字均为商王设宴赐饮，其区别还不甚明白。有可能飨、燕比食更正规、隆重一些，食则偏重国王私下饮宴的性质，犹如今国宴与便宴之别，或有正式与非正式之异。

---

① 钟伯生：《论“任官卜辞”》，《第二次国际汉字会议论文集》，第 909 页，1989 年，台北。

从甲骨文中的飨、食、燕（宴）等有关卜辞，知商王举行的宴享是很多的。不但有定期的宴享，还有赐宴的制度，它已成为王室的一种宴飨赐食制度。

甲骨文中的各种“飨”、“食”制，就是后世的“飨、燕之礼”。周时之燕飨礼有燕群臣、诸侯、王族兄弟（即族燕），与甲骨文中所反映的商时飨燕制大体相同。宴飨的目的是使“忠臣嘉宾，得尽其心”，是国家的一项必不可少的开销。

飨燕的费用，因是由王出面或王命人出面主持，故当由王室府库中支出。

八、赏赐的费用

商王对臣下，还要进行赏赐，以奖励对王室效忠出力者。作为赏赐品的有牛：“易（锡）牛”（《合集》9465）；羊：“易（锡）羊”（《合集》9466反）；禾：“易（锡）禾”（《合集》9464），女奴：“易多女”（《合集》11438）；货币：“易贝二朋”（《合集》40073），晚商青铜器上常见赐贝若干，多至200朋，其数亦巨；兵器：“易黄兵”（《合集》40073）、“易龙兵”（《屯南》942）。赐兵器可能是赐给以诛伐征讨的权力，与获得实物用品、币贝有经济价值的赏赐意义不同。

上述八项王室支出，其耗费无疑是相当巨大的。这些支出，是维系王室、巩固商王的统治权所不可缺少的。

综上所述，商代财政收入，主要有两项：一是王室亦即国家直接经营的产业获得的产品；一是由臣僚、贵族、诸侯的贡纳。商王室的财政支出主要以用于消耗性的为主，特别是用于对死者随葬和祭神的支出，占王室支出项目中相当大的比重，而用于扩大生产性的支出却很少。最多不过是养活作为会说话的工具的奴隶而已，这样的财政支出制度，是与商代社会的特点相关联的。

第二编

西　周

第十章　西周王朝的建立与奴隶制的发展

公元前 11 世纪，周武王灭商，建立西周王朝。西周传十一世十二王，历时约 200 余年。商周社会的更迭，是具有重大意义的历史事件，它标志着中国奴隶制社会从初级阶段进入了高级阶段。西周是中国奴隶制社会的鼎盛时期。

第一节　武王灭商与西周王朝的建立

一、周人的兴起

周人是一个古老的农业部落，兴起于今陕甘一带。相传周人始祖名弃，为姜姓有邰氏女姜嫄所生，尧、舜时任农师之职，号后稷。《诗·大雅·生民》篇第四章说弃从幼年时期起就热爱农艺，并表现出卓越的才能；第五、六章又赞颂他从事创造性的农艺劳动，立下了丰功伟绩。由于周的始祖弃重视农业并善于农作，被祀为农神后稷。

周人的发展，与古代其他民族的发展一样，曾经经过以原始公有制为基础的氏族制阶段；最初实行的，是按女系计算亲属关系、知母不知父的母系氏族制度。《生民》篇云："厥初生民，时维姜嫄。……载生载育，时维后稷。……即有邰家室。"由此可见，"即有邰家室"的周族始祖弃（后稷），仍只知有母而不知有父。正因为如此，《毛传》以后稷之母姜嫄来代表后稷之"国"，谓："邰，姜嫄之国也。"邰，在今陕西武功县境。

不过，周的祖先所实行的母系氏族制度，从后稷起即告结束。《史记·周本纪》所说"号曰后稷，别姓姬氏"表明，从后稷起，周人已进入了按男系计算亲属关系的父系氏族制社会。诚然，"这比起禹之为鲧子，其亲属关系很明显地是按男系计算，要落后了一步”[1]。从后稷以来的相当长一段历史时期内，周人实行“无此疆尔界”[2] 之分的原始公社土地制度。

弃卒后，其子孙世代为夏朝农官。《国语·周语上》说：“昔我先世后稷，以服事虞夏。及夏之衰也，弃稷不务，我先王不窋用失其官，而窜于戎翟之间。”不窋卒，子鞠立。鞠卒，子公刘立。公刘率族人定居于豳（今陕西旬邑西南），发展农业，人口增多，势力渐兴。《诗·大雅·公刘》篇描述了公刘带领族人自邰迁豳的过程和迁豳后的事迹。《公刘》首章描述周人迁豳前的准备及其迁徙行动说：

笃公刘，匪居匪康。迺场迺疆，迺积迺仓，迺裹餱粮，于橐于囊，思辑用光。弓矢斯张，干戈戚扬，爰方启行。

又《公刘》五章云：

笃公刘，既溥既长。既景迺冈，相其阴阳，观其流泉。其军三单。度其隰原，彻田为粮。度其夕阳，豳居允荒。

由此可见，公刘迁豳前，周人中的每个成年男子，既是整治田亩以生产粮食的农业生产者，又是武装起来的战士。因此，他们在公刘的率领下开始大规模的迁徙行动时，也是个个“弓矢斯张，干戈戚扬”，全副武装。而公刘则既是周人部族酋长，又是军事首领，因此他所佩带者：“维玉及瑶，鞞琫容刀。”[3] 在豳定居后，每个成年男子仍是亦兵亦农，既是战士又是农业生产者。故“其军三单”上承“相其阴阳，观其流泉”而言，下与“度其隰原，彻田为粮”相次。因为“民即兵，兵即民，故并言焉”[4]。“三单”的“单”，“未详”[5]，似为当时周人武装组织单位的名称。所谓“其军三单”，实际上是当时周族居民的自动的武装组织，根本不同于作为国家机器主要成分的军队。如恩格斯所指出：“当部落中每个成年男子都是战士的时候，那脱离了人民的、可

① 金景芳：《中国奴隶社会史》，上海人民出版社 1983 年版，第 103 ~ 104 页。

② 《诗·周颂·思文》。

③ 《公刘》第二章。

④ 方玉润：《诗经原始》（下），中华书局 1986 年版，第 517 页。

⑤ 朱熹：《诗集传》。

以用来和人民对抗的公共权力还不存在。”[①] 又《公刘》四章云：

> 笃公刘，于京期依。跄跄济济，俾筵俾几，既登乃依，乃造其曹，执豕于牢，酌之用匏。食之饮之，君之宗之。

《毛传》：“曹，群也”；“为之君，为之大宗也”。《郑笺》：“跄跄济济，士大夫之威仪也”；“宗，尊也；公刘虽去邰国来迁，群臣从而君之、尊之，犹在邰也”。迄今仍有学者认为“君之”的“君”为国君或国王，“乃造其曹”的“曹”为群臣，断言公刘时代的周人“已经进入阶级社会，建立了国家”。这是对《公刘》之诗的又一误解。“跄跄济济”，形容周族人民众多，非指所谓“士大夫”而言。“乃造其曹”的“造”，乃“祰”之假借，亦通作“告”；“曹”，“褿”之省借，“褿”者祭也[②]，非谓“群臣”也。《公刘》全诗所述周族社会状况表明，公刘亦并非所谓作为阶级社会统治者的国君或国王，而是周人部族的族长、酋长和军事首领[③]。

从公刘到古公亶父凡十代，都住在豳地。后来由于戎狄的侵略，古公亶父率家属和“私属”去豳，“度漆、沮，踰梁山，止于岐下”。豳地人民“扶老携弱，尽复归古公于岐下”。其他地方之民“闻古公仁，亦多归之”[④]，人口比居豳时更多。“岐下”即岐山之下（陕西岐山县东北），岐山之南有周原（今陕西扶风、岐山间）。古公在周原上营筑城郭宫室和宗庙，“作五官有司”，设立司徒、司空等官职[⑤]。“周原膴膴，堇荼如饴”[⑥]，土地肥沃，适于发展农业。随着经济、政治的发展，周的势力日趋强盛。由于古公的功绩，后被周人追尊

---

① 恩格斯：《家庭、私有制和国家的起源》，《马克思恩格斯全集》第21卷，第120页。

② 马端辰《毛诗传笺通释》：“《大祝》：‘掌六祈。二曰造。’杜子春谓‘造祭于祖也’。‘造’者，‘祰’之假借。《说文》：‘祰，告祭也。’盖凡告祭，通曰造也。‘造’亦通作‘告’。阮氏《积古斋钟鼎款识》载有卫公孙吕之告戈，‘告’即‘造’也。三家之‘告’，亦‘造’之省字耳。‘曹’者，‘褿’之省借。《艺文类聚》引《说文》：‘祭豕先曰褿。’（今本《说文》脱舌）《广雅》：‘褿，祭也。’《玉篇》：‘褿，豕祭也。’《广韻》：‘褿，祭豕先。’据下云‘执豕于牢’，知诗‘乃造其曹’，谓将用豕而先告祭于豕先，犹将差马而先祭马祖也。”

③ 徐喜辰《井田制度研究》第79页注④：“《公刘》诗中的‘君之’的‘君’字所指，从全诗看来，应该不是‘君长’之‘君’，当是军事首领。《白虎通·三纲六纪》云：‘君，群也，群下之所归心也’，便是其义。”

④ 《史记·周本纪》。

⑤ 《诗·大雅·绵篇》；《史记·周本纪》。

⑥ 《诗·大雅·绵篇》。

为太王。《诗·周颂·天作篇》云："天作高山，大（太）王荒之。彼作矣，文王康之。"《鲁颂·閟宫》篇亦云："后稷之孙，实维大（太）王，居岐之阳，实始翦商。"意思是说，古公亶父时期政治、经济的发展，初步奠定了周人灭商事业的基础。

古公卒，少子季历立，是为公季，后来周人追称王季。从公季起，周开始对外扩张。据今本《竹书纪年》记载：商王武乙二十四年，"周师伐程，战于毕，克之"；文丁五年，"周作程邑"。《逸周书·大匡篇》"维周王宅程"，孔晁注云："程，地名，在岐州左右，后以为国，初王季宅之，文王因焉。"又《路史·国名纪》："程，王季之居，在今咸阳故安陵与毕陌接，所谓毕程。"看来公季不仅攻占了毕程氏之地，而且曾一度把程作为周的政治中心。公季伐程的胜利，使岐与毕程在地理上联成一片，扩大了先周的直接统辖区。

早在古公亶父之前，商周之间就已发生关系，有所接触。商王武丁时期的殷墟卜辞中，即有关于周的记载。季历还和商朝贵族中的任姓挚氏通婚①。从商王武乙开始，周对商处于时服时叛的关系，并逐步发展为敌对的关系。据古本《竹书纪年》记载：武乙（一说文丁）曾封季历为"殷牧师"（即方伯）。武乙三十四年，季历朝见商王，"武乙赐地三十里，玉十瑴，马八匹"。随后季历对戎狄用兵。武乙三十五年，"周王季伐西落鬼戎，俘十二翟王"。太丁二年，"周人伐燕京之戎，周师败"。太丁四年，"周人伐余无之戎，克之"。太丁七年，"周人伐始呼之戎，克之"。文丁②十一年，"周人伐翳徒之戎，捷其三大夫"。可见，季历对诸戎用兵，除伐燕京之戎受挫外，伐西落鬼戎、余无之戎、始呼之戎、翳徒之戎都获得胜利，从而周的势力扩展到今山西境内。

太王时期，周人的势力范围尚局限于岐周及其附近的地域。而季历将其领土向东西两方大大扩展，其势力蓬勃崛起，成为当时西方的强国。《诗·大雅·皇矣》讴歌王季说："维此王季，因心则友。……受禄无丧，奄有四方。"

---

① 《诗·大雅·大明》。

② 方诗铭、王修龄《古本竹书纪年辑证》：《后汉书·西羌传》注及《太平御览》引《纪年》作"太丁"，《晋书·束皙传》及《史通》《疑古》《杂说》二篇引《纪年》及《汲冢书》，皆作"文丁"。《史记·殷本纪》作"太丁"。《帝王世纪》："帝文丁，一曰大丁。"（《御览》卷八三引）甲骨文作"文武丁"，当以作"文丁"为是（上海古籍出版社1981年版，第34页）。

大概由于周的强大引起了商朝的恐惧和敌视，以致“文丁杀季历”①。季历子昌继位，昌做国君五十年，周人追称文王。《尚书·无逸》云：“文王受命惟中身，厥享国五十年。”“受命”，指文王受“上帝”之大命，继承其父公季之位；“中身”，中年。《礼记·文王世子》谓“文王九十七乃终”，则其即位之年为四十八岁②。文王即位后，“遵后稷、公刘之业，则古公、公季之法”，“礼下贤者”③，不断推进周的事业，做灭商的准备。

文王即位后曾一度出兵伐商，但未能取得胜利。文王时期，周仍然是在商朝的一个属国的名义下扩大自己的势力，因此文王晚年虽曾被商纣囚禁于羑里，后来却被释放④。

周文王一面争取与国，一面对一些敌对的方国部落发动战争。他首先“断虞、芮之讼”。虞（今山西平陆北）、芮（今陕西潼关西北）都是商朝的属国，两国相邻，因争领土而发生争端，求周文王审断。周文王因断“虞、芮之讼”而扩大了周的政治影响，使虞、芮两国成为自己的同盟。接着，文王先后征伐犬戎、密须（今甘肃灵台西）、黎（今山西长治西南）、邘（今河南沁阳西北），最后攻灭崇国（今陕西长安西北）。文王占领崇国后，在其地沣水西岸营建丰京，迁都于丰，对殷都朝歌取进逼的形势。《左传·襄公四年》说：“文王帅殷之叛国以事纣。”《论语·泰伯篇》说文王晚年：“三分天下有其二，以服事殷。”周灭商的条件成熟了。

二、武王灭商与周初大封诸侯

盘庚迁殷以后的殷商国王中，只有武丁和祖甲比较贤明，武丁“享国五十有九年”，祖甲“享国三十有三年”。而“自时（是）厥后立王”，多是昏乱、淫逸的国王，“不知稼穑之艰难，不闻小人之劳，惟耽乐之从”。他们在位都短促，“或十年，或七八年，或五六年，或三四年”⑤。纣是个有文武才能

---

① 《晋书·束皙传》《史通·疑古、杂说上》引《竹书纪年》。

② 《吕氏春秋·制乐》及《韩诗外传》，则谓文王在位五十一年。故伪孔传说文王时年四十七。

③ 《史记·周本纪》。

④ 郭沫若主编：《中国史稿》第一册，人民出版社 1976 年版，第 217 页。

⑤ 《尚书·无逸篇》。

而又暴虐的殷商末代国王。《史记·殷本纪》说他“资辨捷疾，闻见甚敏；材力过人，手格猛兽；知足以距谏，言足以饰非；矜人臣以能，高天下以声，以为皆出己之下”。又说他“好酒淫乐，嬖于妇人”；“厚赋税以实鹿台之钱，而盈钜桥之粟”；“重刑辟”，“有炮格之法”。其时，殷商贵族、群臣亦多极端腐化，淫乱好色，日夜酗酒，以种种残酷手段榨取财物。由于统治集团腐败昏乱，残酷剥削、压迫，国内阶级矛盾激化。“小民方兴，相为敌仇”①，民众反抗贵族的斗争，方兴未艾。“咨汝殷商，如蜩如螗，如沸如羹”②，整个社会一片混乱，动荡不安。“今我民罔不欲丧”③，臣民都希望殷商早些灭亡。

与商朝政治腐败、众叛亲离、统治摇摇欲坠相反：“文王卑服，即康功田功。徽柔懿恭，怀保小民，惠鲜鳏寡。自朝至于日中昃，不遑暇食，用咸和万民。文王不敢盘于游田，以庶邦惟正之供。”④ 他禁止饮酒打猎⑤，施行“裕民”⑥ 的政治。从而周国社会安宁，政治稳定，日益强大，“诸侯皆向之”⑦。

文王生前认为周灭商的条件已基本成熟，嘱咐太子发积极准备灭商。文王死后，太子发继位，是为周武王。“武王即位，太公望为师，周公旦为辅，召公、毕公之徒左右王，师修文王绪业。”武王继位的第二年，“东观兵至于盟（孟）津”，“诸侯不期而会盟津者八百”。武王认为其时灭商的时机还不够成熟，“乃还师归”⑧。此后，纣王昏乱暴虐更甚，杀王子比干，囚箕子，太师疵、少师彊抱其乐器而奔周；商朝统治集团内部分崩离析，发生了空前严重的政治危机。武王认为伐纣灭商的时机已到，于是在他继位的第四年，率兵车三百辆、虎贲（勇士）三千人、甲士四万五千人，第二次东征伐纣。师渡孟津，进抵牧野（今河南淇县南），许多友邦和庸、蜀、羌、髳、微、卢、彭、濮等

---

① 《尚书·微子篇》。

② 《诗·大雅·荡》。

③ 《尚书·西伯戡黎》。

④ 《尚书·无逸》。

⑤ 《尚书·酒诰》。

⑥ 《尚书·康诰》：“惟文王之敬忌，乃裕民。”

⑦ 《史记·周本纪》。

⑧ 《史记·周本纪》。《唐书·历志》引《纪年》：“十一年庚寅，周始伐商。”“始伐商”，即指“观兵孟津”而言。

南方小国率兵来会。武王在牧野誓师，声讨纣的罪行[①]。二月甲子日清晨，周军与纣兵决战于牧野。“纣师虽众”，但“皆无战之心”，而“倒兵以战”[②]。牧野之战，周军全胜，纣被迫自焚而死，武王率军占领商都，宣告了商朝的灭亡和周朝的建立。《尚书·牧誓》：“时甲子昧爽，王朝至于商郊牧野，乃誓。”《武成》：“粤若来三月既死霸，粤五日甲子，咸刘商王纣。”《逸周书·世俘》：“二月既死魄越五日甲子朝至，接于商，则咸刘商王纣。”均指此事。时为公元前1075年殷历二月五日，在夏历为正月。周武王时器《利簋铭》也说：武王征伐商国，甲子这天早上，迁移了鼎，战胜了纣，继承了商王朝。武王伐纣克商，只用一个早上就解决战斗，这在历史上是很少见的[③]。

武王占领商都后，又分兵四出，征伐越戏方、陈、卫、磨、宣侯、蜀、厉等商朝属国。据《逸周书·世俘》记载，武王“征四方”，“凡憝国九十有九国”，“凡服国六百五十有二”。这就基本上控制了商朝原来的统治地区。不过，周原来只是商朝的一个西方小国，现在猝然间取代了商朝的统治地位，如何牢固地控制东方地区，仍是摆在周初统治者面前的一个严峻的问题。据《尚书大传》载：师尚父主张把敌人全部杀掉，以绝后患；召公认为应当加以区别，“有罪者杀，无罪者活”；而周公则提出了分化利用，既要进行武力监视，又要施以笼络的办法。武王采纳了周公的策略，封纣子禄父（武庚）为商后，留在商都，通过禄父控制殷人，而由武王之弟管叔、蔡叔和霍叔加以监督，称为“三监”。

灭商建立周王朝后两年，周武王死，子成王继位。当时成王年幼，由武王弟周公旦掌管政事。怀有政治野心的管叔、蔡叔等人对此不满。“管叔及其群弟乃流言于国曰：公将不利于孺子。”[④] 其怀有“践阼”的野心，昭然若揭。企图复辟的武庚，乘机串通管、蔡，联合徐、奄、蒲姑、熊、盈等方国部落，发动叛乱。《左传·定公四年》记载这次叛乱说：“管、蔡启商，惎间王室。”《孟子·公孙丑下》云：“周公使管叔监殷，管叔以殷畔。”《史记·管蔡世家》

① 见《尚书·牧誓》。

② 《史记·周本纪》。

③ 唐兰：《西周青铜器铭文分代史征徵》卷一上《武王》，中华书局1986年版。

④ 《尚书·金滕》。

也说："管叔、蔡叔疑周公之为不利于成王，乃挟武庚以作乱。"周公不愧是我国历史上杰出的政治家。《尚书大传》记载说：

> 周公摄政：一年救乱，二年克殷，三年践奄，四年建侯卫，五年营成周，六年制礼作乐，七年致政成王。

这一记载大体符合历史实际。面对当时严峻的政治形势，周公毅然组织和调动平叛大军，亲自帅师东征。《尚书大传》所谓"救乱"、"克殷"、"践奄"，就是周公东征平叛的三个阶段。古书记载东征的过程和结果说："殷大震溃降，辟三叔，王子禄父北奔，管叔经而卒，乃囚蔡叔于郭淩。"[①] "周公旦承成王命伐诛武庚，杀管叔，而放蔡叔。"[②] "周公以成王之命杀禄父，遂践奄。践之云者，谓杀其身，执其家，潴其宫。"[③] "周公旦已胜殷，将攻商盖。辛公甲曰：'大难攻，小易服，不如服众小以劫大。'乃攻九夷，而商盖服矣。"[④] "凡所征熊盈族十有七国，俘维九邑。"[⑤] "周公东征三年"[⑥]，最后取得完全胜利。

东征胜利后，周公的重要举措之一是"营成周"。虽然文王都丰，武王又在沣水东岸兴建镐京，但都偏西，不利于控制广大的东部地区。武王晚年，就有在原来夏人的居住中心伊、洛流域建造一座新都城的打算。关于周公营建洛邑的经过，见于《尚书》中的《召诰》《洛诰》和《多士》三篇。《左传·昭公三十二年》所说"昔成王合诸侯，城成周以为东都"，指的就是这件事情，成周即洛邑。东都既成，遂迁曾经反抗周朝的"殷顽民"于此，并派大兵镇慑。这样，西周王朝有了两座都城，西部的镐京称为宗周；东部的洛邑称为成周，是周朝统治东部地区的政治、军事中心。

周公及成王、康王，为了维持和巩固周朝在其一阔疆域内的政治统治，又大批地"封建亲戚，以蕃屏周"[⑦]。周朝分封诸侯从武王开始，但大规模分封

---

① 《逸周书·作雒》。
② 《史记·管蔡世家》。
③ 《尚书大传》。
④ 《韩非子·说林上》。
⑤ 《逸周书·作雒》。
⑥ 《诗·豳风·东山》序。
⑦ 《左传·僖公二十四年》。

是在周公东征胜利以后。周公、成王及其子康王，都曾先后分封诸侯。据说：周初诸王“立七十一国，姬姓独居五十三人”[①]。其中：王季之兄太伯、仲雍的后人封于吴（今江苏苏州）；文王之弟虢仲、虢叔分别封于东虢（今河南荥阳东北）、西虢（今陕西宝鸡东）；文王之子分别封于管（今河南郑州）、蔡（今河南上蔡西南）、郕（今山东汶上西北）、霍（今山西霍县西南）、卫（今河南淇县）、毛（今地未详）、聃（今湖北荆门东南）、郜（今山东成武东南）、雍（今河南修武西）、曹（今山东定陶西）、滕（今山东滕县西南）、毕（今陕西咸阳西北）、原（今河南济源西北）、酆（今陕西长安西北）、郇（今山西临猗西南）；武王之子分别封于邘（今河南沁阳西北）、晋（始封在今山西翼城西）、应（今河南平顶山）、韩（今山西河津东北）；周公之子分别封于鲁（今山东曲阜）、凡（今河南辉县西南）、蒋（今河南固始西北）、邢（今河北邢台）、茅（今山东金乡西北）、胙（今河南延津北）、祭（今河南郑州东北）[②]；召公之子封于燕，故都在易（今河北易县），后迁都蓟（今北京市）。吴国附近还有一个宜国，是成王把西部的虞侯改封到那里的。

此外，周朝还分封了一些异姓诸侯国，如姜姓之齐（今山东临淄北）、妫姓之陈（今河南淮阳）、姒姓之杞（今河南杞县）、子姓之宋。《史记·宋微子世家》载：“周公既承成王命，诛武庚，杀管叔，放蔡叔，乃命微子开（启）代殷后，奉其先祀，作《微子之命》以申之，国于宋。”宋都商丘（今河南商丘市），统治着商朝早期活动的地区。微子之所以被封，一是由于他在武王克商时向周军乞降，后来又没有参加叛乱；二是由于周朝安抚殷余民的政治需要。

周朝“灭多数小国，建立较大的侯国，降服多数小国，使遵守周朝制度，向周王朝贡”，这“对商朝原始小邦林立的现象说来，多少含有统天下于一尊的意义，显然是一个进步”[③]。同时，周初大规模分封同姓和异姓诸侯，各诸侯国的开拓发展，实际上也就是土地垦殖区域的扩大，就是社会生产力在空间

① 《荀子·儒效》。
② 见《左传·僖公二十四年》。
③ 范文澜：《中国通史》第一册，人民出版社1978年版，第74页。

上的发展。据历史记载，当时周朝的统治地区，西到魏（今山西芮城县东北）、骀（今陕西武功县西南）、芮（今山西芮城县西）、岐（今陕西岐山县）、毕（今陕西咸阳市北）；东到蒲姑（今山东博兴县东南）、商奄（今山东曲阜县东）；南到巴（今四川重庆市）、濮（今湖北石首县）、楚（今湖北江陵县）、邓（今河南邓县）；北到肃慎、燕（今北京市）、亳[①]。

三、殷周之际社会更迭的性质

关于殷周之际社会更迭的性质问题，学术界长期存在意见分歧。争论的焦点之一是：这一更迭究竟是奴隶制和封建制两种社会经济制度的更替，还是奴隶制社会从它的一个发展阶段进入另一个发展阶段？在我们看来，正确的答案，当是后者。

生产关系一定要适合生产力的性质，只有生产力发展到某种状况才能引起生产关系的某种变革，这是人类社会发展的一般经济规律，也是历史唯物主义的一条基本原理。“无论哪一个社会形态，在它们所能容纳的全部生产力发挥出来以前，是决不会灭亡的；而新的更高的生产关系，在它存在的物质条件在旧社会的胎胞里成熟以前，是决不会出现的。”[②] 这一不以人们意志为转移的客观经济规律，决定了商朝的灭亡和周朝的建立，不可能是、事实上也不是奴隶制和封建制两种社会制度的更替。

文字记载和考古发掘资料充分表明，商和西周处于青铜器时代，无论殷商社会内部还是灭商前的周族社会内部，都尚未发明和使用铁器，都没有发生可以用自然科学的精确性指明的物质变革。历史上任何一种社会制度，按其所固有的发展规律，都有一个从不完善到完善、从不成熟到成熟的长期发展过程，都要经过从初级到高级的各个发展阶段。中国奴隶制社会于夏代形成之后，虽然在商代获得了进一步的发展，但是总的说来，商代仍处于中国奴隶制社会的早期阶段、初级阶段；当时的生产力状况，奴隶占有状况和奴隶制经济的比重，社会组织形式和国家形态，以及人殉人祭制度的盛行等等，表明了这一

---

① 《左传·昭公九年》。

② 马克思：《〈政治经济学批判〉序言》，《马克思恩格斯选集》第2卷，第83页。

点。所谓商代后期已经具备封建制的物质基础，出现了封建制关系，奴隶制生产关系已成为束缚生产力的桎梏等说法，是没有根据的。和殷人相比，周人是后进的民族，灭商前还处于奴隶制社会的起始阶段。所谓灭商前的周族社会内部已有封建制生产关系的萌芽，甚至已经形成封建制社会等说法，同样是没有根据的。

有一种意见认为：征服可以产生封建制，周灭商犹如日耳曼人征服和占领罗马。这种观点，显然不对。

马克思说过："所有的征服有三种可能"："征服民族把自己的生产方式强加于被征服的民族"；"或者是征服民族让旧生产方式维持下去"；"或者是发生一种相互作用，产生一种新的、综合的生产方式"①。这里所说的第三种征服，指的就是日耳曼人对西罗马帝国的征服。马克思、恩格斯早在《德意志意识形态》一书中，就曾批判过那种单纯用征服来说明欧洲封建社会形成的错误观点，指出："蛮人占领了罗马帝国，这一事实通常被用来说明从古代世界向封建主义的过渡。但是在蛮人的占领下，一切都取决于被征服民族此时是否已经像现代民族那样发展了工业生产力，或者它的生产力主要还只是以它的联合和现存的共同体形式为基础。……封建主义决不是现成地从德国搬去的，它起源于蛮人在进行侵略时的军事组织中，而且这种组织只是在征服之后，由于被征服国家内遇到的生产力的影响才发展为现在的封建主义的。"②

日耳曼人征服罗马前的罗马和周人征服殷商前的殷商，分别处于奴隶制社会的不同发展阶段，前者处于奴隶制社会的晚期、崩溃时期，后者处于奴隶制社会的早期、"上升"时期。因此，决不能将二者相提并论，混为一谈。

历史实际是：商朝的灭亡和周朝的建立，只是中国奴隶制中心的转移和奴隶制在较高阶段上的重复。关于这个问题，我们将在以下有关章节中着重阐述。这里先指出以下几点：

（1）历史记载说："周文王之法曰：'有亡荒阅'，所以得天下也。"③"有

① 马克思：《经济学稿（1857～1858年）·导言》，《马克思恩格斯全集》第46卷上，第34～35页。

② 马克思、恩格斯：《德意志意识形态》，《马克思恩格斯全集》第3卷，第82～83页。

③ 《左传·昭公七年》。

亡”，谓奴隶之有逃亡者；“荒”，大也。这是一条大肆搜索逃亡奴隶、维护奴隶占有制的法律。它博得了奴隶主贵族的普遍拥护，是后来周朝“得天下”的重要原因之一。周王朝建立后，这一条保护奴隶主阶级利益的法律，继续实行，而且普遍实行。西周初年，淮夷、徐戎并起反叛，就封于鲁的伯禽在费誓师时向兵士（国人）申明的纪律中，有一条便是：若有敢逾越垣墙引诱人家的“臣妾”（男女奴隶），就要受“常刑”①。直到春秋时期，也还有人援引“有亡荒阅”这一“周文王之法”，以维护自己对其逃亡奴隶的私人所有权②。

（2）战争是这个或那个阶级的政策的继续，历史上有各种各样的、性质不同的战争。灭商前的周国统治者和西周王朝统治者实行奴隶制政策，因此，他们对外进行一系列征服战争的一个基本出发点，便是“俘人”为奴。周文王伐崇时，就曾“执讯连连”③，抓了大批俘虏。武王伐纣和周公东征，更是大规模掳掠人口为奴的战争。武王伐纣前在商郊牧野誓师时，就曾公开命令其士兵曰：“弗迓克奔，以役西土。”④ 意思是说，不要杀掉奔来投降的敌人，以便把他们带到“西土”加以奴役。以致在武王伐纣和“征四方”的战争中，以及周朝建立后所发动的历次战争中，都生俘了大量的人口。在西周奴隶制时代，一个国家或民族一旦亡国亡族，“民之无辜，并其臣仆”⑤，“使臣妾之”⑥。

（3）西周的“封建亲戚”，分封诸侯，“授土”“授民”⑦，采邑制度，其内容和性质不同于历史唯物主义所说的封建制度或封建生产方式。如有的学者所指出：世界上几个古老的奴隶制国家大都存在过土地的封赐，它们之中，有些是属于部落殖民性质，有些比之西周的分封制度更像封建的采邑制。从甲骨文中可以看到，殷代也存在着“分封制”⑧。表面上、现象上极其相似的事件，

① 《尚书·费誓》。
② 见《左传·昭公七年》。
③ 《诗·大雅·皇矣》。
④ 《尚书·牧誓》。《史记·周本纪》作“弗御克奔，以役西土”。
⑤ 《诗·小雅·正月》。
⑥ 《左传·宣公十二年》。
⑦ 《左传·定公四年》。
⑧ 林甘泉：《封建社会一定要从领主制开始吗?》，《历史研究》1962 年第 2 期。

由于发生在不同的历史条件下，往往具有不同的结果和不同的性质，这是历史辩证法。西周的分封制、采邑制与封建领主制、封建采邑制，分别发生在两个不同的生产力发展阶段，二者产生的原因和途径不同，所有制关系和阶级关系不同，直接生产者和土地等生产资料相结合的方式不同。

（4）如我们将在本编第十二章和第十三章中所述，西周农业和手工业等各个生产部门中，盛行指挥劳动、监督劳动。无论是“藉田”制或“大田”制下的农夫，还是《周礼》所载“遂人”授田制下的农夫，其剩余劳动和必要劳动在时间上和空间上都没有分开，他们的全部劳动都是在各大小田官的层层指挥、强制和监督下进行。“凡是建立在作为直接生产者的劳动者和生产资料所有者之间的对立上的生产方式中，都必然产生这种监督劳动。这种对立越严重，这种监督所起的作用也就越大。因此，它在奴隶制度下所起的作用达到了最大限度。”① 可以说，西周是中国古代史上强制劳动、监督劳动最为盛行，所起的作用也最大的时期。其所以如此，就是由于西周处在中国奴隶制的全盛阶段。

第二节　西周奴隶来源

一、灭国与俘人

奴隶制社会经济制度的存在和发展，以一定数量的奴隶的存在为前提。而要获得一定数量的奴隶，则需要有充足的奴隶来源。通过暴力、战争俘人为奴，这是古代世界一切奴隶制社会之奴隶的基本来源、主要来源。西周也是如此。

据《逸周书·世俘》记载，武王克商后，又遣将士伐商属国，如方来、戏方、陈、卫、磨、蜀、宣方、厉等。每伐一国，均“告以馘、俘”。据《世俘》统计，武王在“征四方”战争中，“凡憝国九十有九国，馘磿亿有七万七千七百七十有九，俘人三亿万有二百三十。凡服国六百五十有二”。此外，“凡武王俘商，得旧宝玉万四千，佩玉亿有八万”，以及其他大量财物。古语

① 马克思：《资本论》第3卷，《马克思恩格斯全集》第25卷，第431～432页。

“亿”为十万。《御览》卷七百五十引《风俗通》云：“十千为万，十万为亿。”“俘人三亿万有二百三十”，即俘人三十一万零二百三十人；“馘磿亿有七万七千七百七十有九”[①]，即馘磿十七万七千七百七十九名。《世俘》是西周时代的著述，所记基本可信[②]。虽然这些统计数字并不精确，也不可能精确，但与事实出入不会太大。战争中俘、馘甚多，这是肯定的。《世俘》之名，也表明了这一点。朱右曾《逸周书集训校释》：“‘世’，‘大’，古通用。‘世俘’者，大俘也。”本篇所载，有俘人、俘车、俘鼎、俘玉、俘兽之事，且所俘均数量巨大，故以《世俘》为名。《尔雅·释诂》：“‘俘’，取也。”故凡军中一切掠夺之物，均可以“俘”称之[③]。

武王死后，东方各国诸侯反周，周公出兵东征三年，又灭了东方的不少古国。据《逸周书·作雒》记载：“周公……凡所征熊、盈族十有七国，俘维九邑。”孔晁《注》：“‘俘’，囚为奴。十七国之九邑罪重，故囚之。”又，《孟子·滕文公下》引《书》曰：

有攸不惟臣，东征，绥厥士女，匪厥玄黄，绍我周王见休，惟臣附于大邑周。

这里所引《逸书》，是指周公东征史事而言。“有攸”，即商代甲骨文中提到的攸国，也就是古书上所说的条、鸣条，其地在殷都今安阳和淇县的东南，曾是殷东的一个大国。“有攸不惟臣”，朱熹《集注》解为“谓助纣为恶而不为周臣者”。以其不为周臣，当武王死后与东方诸侯一起反国，故为周公“东征”的主要对象之一[④]。下文“绥厥士女”的“绥”字，与《夏小正》“绥多士女”之“绥”，义同。卜辞、金文均有“妥”无“绥”，“绥”为后起字。“妥”像以爪擒女之形，犹之乎古文字“俘”本作“孚”，像以爪擒子之形，引申之则为“俘掠”之“俘”。《仪礼·士昏礼》“授绥”，郑注：“绥，所以

---

① 《四部丛刊》影印明章蘖刊本作“馘魔亿有十万七千七百七十有九”，“魔”，盧文绍《抱经堂校定本逸周书》改作“磿”，并云：“‘亿’下不当更言‘十万’，‘十’字非衍即误。”章炳麟《菿汉昌言》：“‘亿有十万’，‘十’盖‘七’……之误，当以十万为亿释之，则馘首十七万七千有余。”今依盧说和章说改正。

② 顾颉刚：《〈逸周书·世俘〉校注、写定与评论》，载《文史》第二辑（1963年4月）。

③ 顾颉刚：《〈逸周书·世俘〉校注、写定与评论》。

④ 顾颉刚：《周公东征和东方各族的迁徙》，载《文史》第二十七辑。

引车者。"《左传·哀公二年》"子良授大子绥"，孔疏："绥者，挽以上车之索。""绥"与"缨"含义相同，"缨"、"係"叠韵，可以通假。"缨"亦通作"傒"。《淮南子·本经》"傒人之子女"，高注："傒，繫囚之繫。""绥"训为索，作动词用，则训为"系结"之"系"或"缚係"之"係"，字亦通作"繫"，与《孟子·梁惠王》"係累其子弟"的"係累"义训相同。"士、女"，古代青壮年男女的通称。所谓"绥厥士女"，是说周公东征攸（条）胜利之后，大抢大掠，捆缚了他们的男女做周人的奴隶①。

西周统治集团在后来的对外战争中，又俘掠了大量人口。当时的铜器铭文和文献在谈到周人的战功时，没有不提到"俘人"或"执讯"的。据《小盂鼎铭》记载，贵族盂受命伐鬼方，其战役前后凡两次，第一次："执酋二人，获聝四千八百□二聝，俘人万三千八十一人，俘马□□匹，俘车三十辆，俘牛三百五十牛、羊二十八羊"；第二次"执酋一人，获聝二百三十七聝，俘人□□□□人，俘马百四匹，俘车百□辆。"又：《不嬰簋铭》说不嬰奉命伐猃狁，"多折首执讯"；《兮甲盘铭》说"兮甲从王"伐猃狁，"折首执讯"；《虢季子白盘铭》说子白"搏伐猃狁"，"折首五百，执讯五十"；《敔簋铭》说敔伐南淮夷，"执讯四十，夺俘人四百"；《师寰簋铭》说寰征淮夷，"折首执讯"，"殴俘士女牛羊"。《诗经》里有不少诗篇也反映了周朝统治者通过战争掳掠人口的史实。例如：

《小雅·采芑》："蠢尔蛮荆，大邦为仇。方叔元老，克壮其犹。方叔率止，执讯获醜。"

《小雅·出车》："赫赫南仲，薄伐西戎"；"执讯获醜，薄言还归。"

《大雅·常武》："王奋厥武，如震如怒。进厥虎臣，阚如虓虎。铺敦淮濆，仍执醜虏。"

《鲁颂·泮水》："明明鲁侯，克明其德。既作泮宫，淮夷攸服。矫矫虎臣，在泮献馘。叔问如皋陶，在泮献囚。……既克淮夷，孔淑不逆。式固尔犹，淮夷卒获。"

---

① 于省吾：《〈夏小正〉五事质疑》，载《文史》第四辑，中华书局1965年版。

"醜"，众也。"获醜"、"执醜虏"，谓俘得敌众。"讯"，金文作"𡭚"，"像人被活捉后反手被缚的样子"①。《小雅·出车》"执讯获醜"，毛传："讯，辞也。"陈奂《传疏》："此释讯为辞者，谓生执敌人，听断其辞也。"朱熹《诗集传》："讯，其魁首当讯问者也。醜，徒众也。"吴大澂《说文古籀补》："古讯字从系从口，执敌而讯之也。"

值得注意的是，周族征服者在历次战争中"俘人"、"执讯"的数量，一般都此"馘"即"杀而献其在耳"的数量大得多②。《逸周书·世俘》和《小盂鼎》关于"俘人"与"馘""聝"的统计数字，尤其表明了这一点。这一史实，反映了周族征服者重俘虏而不重杀戮的战争目的和战争特点。虽然我们不能确知西周统治集团在历次战争中所获俘虏的总数，但其数量巨大却是可以肯定的。仅武王"征四方"即获俘虏三十万余人，仅盂伐鬼方的一次战役就"俘人"一万三千多，这在当时为数不大的社会总人口中也就占了不小的比例。

当然，周人在战争中杀人也不少。例如，殷周之际周人在"征四方"中即杀了十七万七千七百多人，后来盂伐鬼方的一次战役中也杀了四千八百多人。其中，有的是在交战过程中被杀者，有的是被俘后反抗而被杀者。在当时激烈的残酷的征服和反征服、占有和反占有的斗争中，这种情况的出现是不可避免的，不足为奇的。在其他国家或民族的奴隶制时代，同样存在大量杀俘的事例。例如，据阿庇安的《罗马史》记载：罗马执政官科尼利阿斯率军攻下塞诺尼斯人的市镇以后，除"把妇女和儿童降为奴隶"之外，"把全体成年男子都毫无例外地杀死了"③。另据塔西佗《历史》一书记载：埃尔维提人被罗

① 杨宽：《古史新探》，中华书局1965年版，第72页。

② 《尔雅·释诂》："馘，获也。"《诗·大雅·皇矣》"攸馘安安"，《毛传》："馘，获也。不服者杀而献其左耳曰馘。"《鲁颂·泮水》"在泮献馘"，郑笺："馘所格者之左耳。"《礼记·王制》"以讯馘告"，郑注："讯馘，所生获断耳者。"《左传·僖公二十二年》"楚子使师缙示之俘馘"，杜注："俘，所得囚；馘，所截耳。"孔《疏》："俘者，生执囚之；馘者，杀其人，截取其左耳，欲以计功也。"是馘有生获与死献两类。字本作聝，《经》《传》多作馘。聝为截耳，馘为断首。生获者，仅截其耳；死献者，则断首后截其耳。《逸周书·世俘》"馘磿亿有七万七千七百有九"，此"馘"即属断首后截耳的死献一类。盖战时所斩头颅甚多，为便于计功，故截其耳以表其所杀之敌（参看顾颉刚：《〈逸周书·世俘〉校注、写定与评论》）。

③ 阿庇安：《罗马史》上卷，商务印书馆1979年版，第63页。

马军队打败后，除“有成千上万的人被变为奴隶”之外，又有“成千上万的人被屠杀”①。此外，罗马人和敌人作战时抓捕的大批俘虏中，还有一部分是“用来交换自己的被俘人员或由敌方赎回，有时甚至还无偿释放”②。

二、从战俘到奴隶

战俘和奴隶是两个不同的概念，战俘不等于奴隶。战俘与战争相关，一般地说，有战争就会有战俘。战俘总是由战胜者处理。而在不同的历史发展阶段、不同的社会制度下，战胜者处置战俘的办法不同，或不完全相同。奴隶制时代处置战俘的办法，不同于原始社会低级阶段的野蛮人处置战俘的办法，也不同于其他文明时代处置战俘的办法。即使是在奴隶制时代，奴隶制发展过程中的各个阶段对战俘的处置办法，也不完全一样。在奴隶制时代的特定历史条件下，必然会有相当数量的战俘成为奴隶。西周社会中来源于战俘的奴隶，其数量远远大于商代。

在古代世界，被征服民族人民、战俘之成为特定主人的奴隶、主要是通过这样两种方式或两个途径：一是通过商品流通领域，通过买卖行为；一是通过国家或君主的分配、赏赐。在古罗马，主要是采取前一种方式。例如：罗马人在攻下科林达城以后，“把全部居民和他们的妻室儿女都出卖为奴隶”③；罗马人在征服波森尼人以后，除将“那些叛变的领导者处死”外，“把其余的人出卖为奴隶”④；罗马人在征服迦太基人和叙拉古人以后，“把所有能卖的人都卖为奴隶”，“有一次竟有三万个巴诺摩（现在的巴勒摩）居民这样被卖了出去”⑤。恩格斯曾经指出：“全部罗马大土地占有经济都靠大规模输入贩卖的战俘来维持，这些战俘是在日趋没落的共和国时代以及奥古斯都时代不断的侵略战争中流入意大利的。”⑥

---

① 塔西佗：《历史》，商务印书馆 1981 年版。第 58 页。
② 马克尧：《罗马和汉代奴隶制比较研究》，载《历史研究》1981 年第 3 期。
③ 阿庇安：《罗马史》上卷，商务印书馆 1979 年版，第 143 页。
④ 阿庇安：《罗马史》上卷，商务印书馆 1979 年版，第 342 页。
⑤ 马克思：《西西里和西西里人》，《马克思恩格斯全集》第 15 卷，第 50 页。
⑥ 恩格斯：《论日耳曼人的古代历史》，《马克思恩格斯全集》第 19 卷，第 514 页。

殷周文字记载中，没有征服者、战胜者直接出卖战俘为奴隶的事例。西周时期战俘之成为特定主人的奴隶没有通过买卖方式，这是肯定的。历史记载表明，当他们被俘之后，即成为西周国有或王有奴隶，其中，一部分由周王室直接占有、支配和使用，其余大部分由王者先后分配、赏赐给各大小贵族占有。其具体史实，我们将在后面叙述。

古代世界战俘或被征服民族人民向奴隶转化的途径和形式，主要取决于社会分工和商品货币经济的状况和发展水平。战俘之普遍通过买卖而成为特定主人的奴隶，以有较为发达的商品经济和商业为前提。在古罗马，猎取奴隶和剥削奴隶，曾经成为彼此分开的行业，部分猎取奴隶者并不是奴隶劳动的剥削者，而剥削奴隶者又不是猎取奴隶者。因此，“自从猎取奴隶和剥削奴隶成为彼此分开的行业的最初时期起，奴隶劳动的剥削者就不得不购买奴隶”①。而猎取奴隶者也不得不出卖奴隶；他们所猎取和出卖的奴隶中，有相当大一部分即是战俘奴隶。古代中国没有如像古代希腊罗马那样发达的商品货币交换，猎取奴隶和剥削奴隶并未成为彼此分开的行业。西周统治集团既是通过征服战争猎取奴隶者，又是奴隶劳动的剥削者，因此，他们作为猎取奴隶者毋需出卖奴隶，作为奴隶劳动的剥削者一般也毋需购买奴隶。

先被征服被俘虏而为征服者、猎取人口者作为财产占有，接着前者被后者作为商品出售，然后由购买者将他们投入生产过程以榨取其剩余劳动——这是古罗马来源于战俘的奴隶之从自由人转化为特定主人之奴隶的一般过程。因被俘虏被征服而成为国有或王有奴隶，然后或者使用于王室经营的各个经济部门，或者由王者赏赐给各大小贵族占有和使用——这是西周来源于征服、俘虏的奴隶从自由人变为特定主人之奴隶的一般过程②。

就上述自由人沦为奴隶的过程来说，基本的、关键性的环节是这样两个：一是他们因被征服被俘虏，而其人身被征服者占有；一是最终占有者驱使他们与生产资料相结合，榨取其剩余劳动。至于投入流通领域买卖这一环节，对既

① 恩格斯：《反杜林论》，《马克思恩格斯全集》第20卷，第202页。

② 被周人作为奴隶处置的被征服民族人民中，绝大多数本为自由人。其中，原来已是殷人的奴隶者，似只占少数。

是猎取奴隶者又是剥削奴隶者来说是不必要的。战俘之所以成为奴隶，是由于他们的人身被占有，以及由此而引起的他们与生产资料相结合的特殊方式；至于奴隶的主人对奴隶的人身的占有是通过暴力而取得还是通过购买而取得，在这里并不重要。

我们说战俘不等于奴隶，是相对那些没有成为奴隶的、单纯的战俘而言的。对奴隶制时代大量来源于战俘的奴隶来说，他们被俘之日实际上也就是他们沦为奴隶之时。因为从他们被俘之时起，战胜者即把他们当作自己的财产，直接占有了他们的人身，而人身被占有正是奴隶的基本特征。正因为如此，占有者可以对他们进行奴隶制剥削，或者作为商品来出售。上述恩格斯关于“猎取奴隶”和“剥削奴隶”两种“行业”的提法也表明：这“猎取者”是猎取奴隶，或者说是把猎取对象作为奴隶，并作为他们所有的一种财产来出售。马克思在《黑格尔法哲学批判》中写道：

> 而罗马人的政治制度和私有财产之间的联系则是这样的：
>
> (1) 就像在一切古代民族中一样，人（作为奴隶）是私有财产的对象。
>
> 这决不是罗马所特有的事情。
>
> (2) 战败国被当做私有财产看待，对它们行使 jus utendi et abutendi〔任意使用和支配的权利〕。
>
> …… ……
>
> 在那里，用来解释奴隶制的方式是把奴隶制说成战争的权利、占领的权利：人们由于自己的政治存在被消灭，所以成为奴隶。①

在《资本论》第二卷中，马克思又指出：

> 但是奴隶制度，只要它在农业、制造业、航运业等等方面是生产劳动的统治形式（就像在希腊各发达国家和罗马那样），也保存着一个自然经济的要素。奴隶市场本身是靠战争、海上掠夺等等才不断得到劳动力这一商品的，而这种掠夺又不是以流通过程作为媒介，而是

① 《马克思恩格斯全集》第1卷，第382～383页。

要通过直接的肉体强制，对别人的劳动力实行实物占有。①

上引马克思所说，有助于我们认识西周时期政治暴力和奴隶制之间的联系及奴隶的来源。

《逸周书·世俘》关于武王“征四方”战况的记载中，“憝国”与“服国”并举。孔晁注云：“憝，恶也。”“憝国”谓讨伐所恶之国，也就是武王“征四方”所灭之国。那“三亿万有二百三十”名战俘，主要便是那被征服被灭亡的“九十有九国”的民众。此“憝国”与“服国”的区别就在于：前者的政治存在被消灭，人民被俘，成了周人的奴隶；后者虽“服”于周，但其原来的政治体制和经济体制基本未变。《逸周书·作雒》孔晁注释“俘”为“囚为奴”，甚是。“囚为奴”，也就是马克思所说的“通过直接的肉体强制，对别人的劳动力实行实物占有”。《国语·周语下》载东周灵王太子晋云：

惟有嘉功，以命姓受祀，迄于天下。及其失之也，必有慆淫之心间之。故亡其氏姓，踣毙不振；绝后无主，湮替隶圉。……

王无亦鉴于黎、苗之王，下及夏、商之季，上不象天，而下不仪地，中不和民，而方不顺时，不共神祇，而蔑弃五则。是以人夷其宗庙，而火焚其彝器，子孙为隶，不夷于民。

在中国古代，“宗庙”、“彝器”是政治权力的象征，“氏姓”是贵族的标志。“亡其氏姓”，“夷其宗庙，而火焚其彝器”，也就意味着其“政治存在被消灭”，以致统治者“子孙为隶”，民众为奴。殷周时期，人们由于自己的政治存在被消灭而成为奴隶，这是通例。一旦亡国，“民之无辜，并其臣仆”②，大批“无辜”之“民”势必“俱被囚虏”而同为奴隶③。另据《左传·宣公十二年》记载：

十二年春，楚子围郑。……三月，克之，入自皇门，至于逵路。郑伯肉袒牵羊以逆，曰：“孤不天，不能事君，使君怀怒以及敝邑，孤之罪也，敢不唯命是听？其俘诸江南，以实海滨，亦唯命。其翦以

① 《马克思恩格斯全集》第24卷，第539页。

② 《诗经·小雅·正月》。

③ 朱熹：《诗集传》。

赐诸侯，使臣妾之，亦唯命。若惠顾前好，徼福于厉、宣、桓、武，不泯其社稷，使改事君，夷于九县，君之惠也，孤之愿也，非所敢望也。敢布腹心，君实图之。”左右曰：“不可许也，得国无赦。”王曰：“其君能下人，必能信用其民矣，庸可几乎！”退三十里而许之平。

这里提出了战胜国处理战败国的三个方案：（一）翦灭其国，将全部居民俘之以赐诸侯当奴隶，即所谓“翦以赐诸侯，使臣妾之”[①]；（二）把战败国居民迁到需要充实的地方，加以奴役、剥削，即所谓“俘诸江南，以实海滨”[②]；（三）不消灭其国家、社稷，不变其原来的居住地和社会组织形式，就地加以奴役和剥削，即所谓“使改事君”[③]。春秋时期，中国奴隶制已进入了它的解体阶段，因此楚国事实上并没有按照上述三种办法处置战败国（郑）及其人民，结果是“退三十里而许之平”，郑“子良出质”于楚。而在西周时期，这三种办法却被普遍采用。西周文献和铜器铭文所述“灭国”、“俘人”以赏诸侯、臣下，也就是所谓“翦以赐诸侯，使臣妾之”。这里所谓“臣妾”，系男女奴隶的通称，包括生产奴隶和家内奴隶，并非仅指家内奴隶而言。至于《左传·宣公十二年》所述征服者处理被征服者的另外两种办法在西周的应用，以及两者与“翦以赐诸侯，使臣妾之”的联系和区别，容后面再论。

综上所述，可见政治、战争、暴力，对古代史上奴隶制度的形成和发展，曾经起过很大的作用。但是，正如恩格斯所指出：“不是暴力支配经济情况，而是相反地暴力被迫为经济情况服务。”[④] 它只是在古代世界的特定历史条件下，促进、加速一个必然的奴隶制经济过程。如下所述，西周征服者民族一方面在贵族之间分配其占领的土地，因而造成了地产的一定的所有制形式和占有制形式，由此决定了生产；另一方面又在贵族之间分配来源于征服、战俘的奴

---

① 《周礼·秋官·叙官》郑注：“翦，断灭之言也。”《左传·成公二年》：“吾姑翦灭此而朝食。”《左传·昭公三年》：“使翦丧吾国而封大异姓乎？”“翦以赐诸侯”，也就是灭亡其国家，消灭其政治存在。

② “俘诸江南”，《史记·郑世家》作“迁之江南”。

③ 参见杨宽：《古史新探》，中华书局1965年版，第81页。

④ 恩格斯：《反社林论》，《马克思恩格斯全集》第20卷，第196页。

隶，于是使奴隶劳动成为一定地区范围内各种生产的基础。在这种情况下，似乎不是生产安排和决定分配，而相反地是分配安排和决定生产。其实，如马克思所指出：分配并非仅仅表现为产品的分配，“在分配是产品的分配之前，它是（1）生产工具的分配，（2）社会成员在各类生产之间的分配（个人从属于一定的生产关系）……这种分配包含在生产过程本身中并且决定生产的结构，产品的分配显然只是这种分配的结果”[①]。“虽然这种分配对于新的生产时期表现为前提，但它本身又是生产的产物”[②]，而不是单纯征服的产物。

三、其他奴隶来源

西周社会里的奴隶，除了来源于战争征服、战争俘虏以外，还有其他一些来源，诸如奴隶的自然繁殖，自由人因犯罪而沦为奴隶，等等。

由于通常认为奴隶不可能有家庭、凡有家庭者便不是奴隶，因此奴隶的自然繁殖或者说家生奴、奴产子这种奴隶来源，往往被研究者所忽视。其实，有“家庭”的奴隶，曾普遍地、大量地存在于历史上各个国家或民族的奴隶制社会中[③]。因此，奴隶的自然繁殖，家生奴，乃是奴隶的重要来源之一，西周社会的情况也是如此。

上述直接来源于俘虏、征服的奴隶中，起初既有单身者，也有婚配成家者。一般地说，凡整个邑落或方国人民被俘而集体沦为奴隶者（如《逸周书·作雒》所谓“俘维九邑”），西周奴隶主统治集团并没有拆散他们原有的家庭。《大盂鼎铭》所说：“人鬲自驭至于庶人六百又五十又九夫”和“人鬲千又五十夫”，《令簋铭》所说“鬲百人”等，系来源于战俘的单身奴隶；他们（至少他们中的大多数），后来也由主人配婚成家。《诗经》中的农事诗篇和其他文献的记载表明，西周时期的“庶人”、“农夫”，一般都有家室。西周铜器铭文中提及的“臣五家”、“臣十家”、“臣卅家”、“者奴臣二百家”，也是指婚配成家的奴隶。

---

① 马克思：《经济学手稿（1857～1858年）·导言》，《马克思恩格斯全集》第46卷上册，第33～34页。

② 马克思：《经济学手稿（1857～1858年）·导言》，《马克思恩格斯全集》第46卷上册，第35页。

③ 参看周自强：《凉山彝族奴隶制研究》，人民出版社1983年出版。

西周社会中的阶级是等级的阶级，一般实行等级内婚制，男奴与女奴婚配；由于他们的人身被占有，婚后所生子女仍为奴隶。《国语・齐语》有“士之子恒为士”、“工之子恒为工”、“商之子恒为商”、“农之子恒为农”的提法，这里虽然说的是“士”、“工”、“商”、“农”，没有直接提到奴隶，但由此推之，奴隶之子无疑是恒为奴隶。《汉书・食货志上》谓西周农夫子女：“十岁以下，上所长也；十一以上，上所强也。”师古注曰：“强”，“勉强劝之，令习事也。”“上”，“农夫”的主人。“长”，抚育、畜养。《小雅・蓼莪》：“父兮生我，母兮鞠我，拊我畜我，长我育我。”为什么“十一以下，上所长也”，他们不是由其父母来抚育，而由“上”即其主人来畜养？因为他们是主人的奴产子，奴隶的子女仍为奴隶，由于他们的出生和成长与主人的利害攸关，所以“上所长也”。“十一以上，上所强也”表明，主人畜养他们是为了使他们能够作为奴隶劳动力来使用。

早期罗马帝国时期杰出的历史学家阿庇安，在谈到古罗马奴隶主对“奴隶的占有”时说：“由于奴隶子孙的繁殖，使他们获得很大的利益，因为奴隶不服兵役，繁殖得很快。这样，某些有势力的人变为极富，奴隶人数在全国繁殖起来了。”[①] 西周的奴隶同样不服兵役，从而，奴隶的繁殖成为当时奴隶的一大来源。

自由人因犯罪而被罚为奴，是西周奴隶的另一重要来源。在中国历史上，以罪人为奴与以俘虏为奴一样，起源甚早。《尚书・甘誓》载启伐有扈氏的战争动员令说：

> 用命，赏于祖。弗用命，戮于社。予则孥戮汝。

“予则孥戮汝”，又见于《尚书・汤誓》所载商汤伐夏桀的战争动员令。戮：惩罚。郑玄解“孥”为妻子和子女，意思是说不仅惩罚犯罪者本人，还要惩罚其子女。此说欠妥。郑司农云：“今之奴婢，古之罪人也。故《书》曰：‘予则奴戮汝。’《论语》曰：‘箕子为之奴。’罪隶之奴也。”（《周礼・秋官・司厉注》）又，颜师古《匡谬正俗》卷二：“按孥戮者，或以为奴，或加刑戮，无有所赦耳。此非孥子之奴。”孙星衍《尚书今古文注疏》也指出：

① 阿庇安：《罗马史》下卷，商务印书馆 1979 年版，第 7 ~ 8 页。

“三代已前，父子兄弟罪不相及。”“盖《书》古文也。孥，俗字，当为‘奴’。郑司农所引，盖今文也。《汉书·王莽传》引此文亦作‘奴’。”

西周时期，随着奴隶制经济、政治的发展，奴隶主统治集团对人民的刑罚比夏、商更严酷，更有系统。据《尚书·吕刑》及《周礼·司刑》记载，当时制定了墨、劓、剕、宫、大辟等五刑，律条共有三千，其中墨刑一千条、劓刑一千条、剕刑五百条、宫刑三百条、大辟二百条。受墨、劓、剕、宫四刑者，往往成为罪隶。《小雅·正月》“民之无辜，并其臣仆”的诗句表明，当时“民”之有“辜”者通常要成为奴隶（臣仆），正如亡国被俘也要成为奴隶一样。《易经·睽卦》六三：“见舆曳，其牛掣，其人天且劓。”意思是说：“驭牛车者，欲退其车，从后曳之，而牛则掣而前进。夫倒曳其车，其势不顺也。其牛掣之，其力不胜也。势既不顺，力又不胜，足致天劓之刑。”[①]《国语·周语上》还提到因“散、迁、懈慢而著在刑辟”的“刀墨之民”。《晋语一》提到的“隶农”，韦昭注谓“今之徒也”，实际上就是罪隶。《左传·襄公二十三年》：“初，斐豹，隶也，著于丹书。”杜预注：“盖犯罪没为官奴，以丹书其罪。”《周礼》中亦有关于“罪隶”的记载。

宣王时器《兮甲盘铭》曰：“淮夷旧我員（帛）畮（贿）人，毋敢不出其員（帛）、其责（积）、其进人。”意思是说：淮夷原为向我周朝贡纳布帛、财货的臣民，他们不能不交出布帛、财货和纳入人口。据《尚书·费誓》记载，西周初年，淮夷、徐戎叛乱，鲁侯伯禽率师讨伐，临战前宣布军纪说：“无敢寇攘，逾垣墙，窃牛马，诱臣妾，汝则有常刑。”《兮甲盘铭》所说“进人”之“人”，是否原为淮夷的“臣妾”（奴隶），待考。但所“进”之“人”成为周王朝的奴隶，当是可以肯定的。在商代，因被商王朝征服而表示臣服的部分方国，似也曾向商王室贡纳人口，犹如《兮甲盘铭》所述淮夷向西周王室“进人”。甲骨文中有“兴方致羌用自上甲至下乙”（《合集》270）、“贞呼龙致羌”（《合集》270）、“用卢致羌”（《合集》259）的记录。商王室的奴隶中，有一部分当是来源于方国、诸侯的贡纳[②]。西周时期，臣服于周王朝的方

① 高亨：《周易古今注》（重订本），中华书局1984年版，第271页。

② 参见杨升南：《商代经济史》，贵州人民出版社1992年版，第647页。

国或部族向王室“进人”者，是否仅仅《兮甲盘铭》所述淮夷一例？《逸周书·世俘》说周武王“征四方”的战争中“凡服国六百五十有二”，其中是否亦有向西周王室“进人”者？这是需要探索的问题。

第三节　奴隶的基本特征及其担当的工作

一、基本特征问题

奴隶的基本特征，是“他们的人身被占有”①，被当作一种财产来占有。奴隶主对奴隶的占有，是直接的、完全的占有，不同于封建土地所有制基础上产生的农奴对封建主的人身依附关系。以战俘奴隶而论，他们是由征服者直接“囚为奴”，用前引马克思的话来说，就是掠夺奴隶者“通过直接的肉体强制”，对他们的劳动力“实行实物占有”。《逸周书·世俘》及《小盂鼎铭》等铜器铭文在统计战利品时，总是将“俘人”与“俘马”、“俘牛”、“俘羊”、“俘兽”、“俘车”、“俘玉”、“俘鼎”等并列，表明了西周贵族集团是把所“俘”之“人”当作一种财产来占有的。

在西周青铜器铭文及《尚书》《诗经》《国语》《左传》等文献中，上述诸种来源的奴隶，有“人鬲”、“鬲”、“庶人”、“臣”、“臣妾”、“臣仆”、“众”、“众人”、“隶”、“隶圉”、“隶农”、“农夫”、“农人”等名称或提法。《尚书·费誓》所载鲁公誓师辞中，将“臣妾”（男女奴隶）与马牛相提并论，均被视为特定主人的财产而加以维护。西周青铜器铭文记录了“庶人”、“臣妾”等名目的奴隶，被作为财产来赏赐、转让、赔偿的大量事例。例如：

《叔德簋铭》：“王锡叔德臣嬅（养）十人、贝十朋、羊百。”

《复尊铭》：“燕侯赏复冂衣、臣妾、贝。”

《宜侯夨簋铭》：“王命虞侯夨曰：‘繇！侯于宜。’锡𩰫鬯一卣，商瓒一〔枚〕，彤弓一，彤矢百，旅弓十，旅矢千。……锡奠七伯厥𠘱（庐）□（千）又五十夫。锡宜庶人六百又□（十）六夫。”

《邢侯簋铭》：“王命荣眔（暨）内史曰：‘匄邢侯服，锡臣三品：州人、

① 恩格斯：《美国工人运动》，《马克思恩格斯全集》第21卷，第387页。

策人、鬲人。’”

《大盂鼎铭》:“王曰：‘盂！……锡汝鬯一卣，冂、衣、市、舄、车、马。锡乃祖南公旂，用�（狩）。锡汝邦司四伯，人鬲自御至于庶人六百又五十九夫；锡夷司人臣十又三伯，人鬲千又五十夫。逊窡□自厥土。’”

《令鼎铭》：“王曰：‘令眔（暨）奋，乃克至，余其舍（予）汝臣三十家。’”

《麦尊铭》:“侯锡者娥臣二百家，剂用王乘车马、金虢、冂、衣、市、舄。”

《矢令簋铭》:“作册矢令障宜于王姜。姜赏令贝十朋、臣十家、鬲百人。”

《旂觥铭》《旂尊铭》《旂方彝铭》：“命作册旂贶旲土于相侯，锡金、锡臣，扬王休。”

《盂簋铭》:“盂曰：‘朕文考眔（暨）毛公遣仲征无霁，毛公锡朕文考臣自厥功。’”

《不嬰簋铭》:“伯氏曰：‘不嬰！汝小子，汝肇敏于戎工。锡汝弓一、矢束、臣五家、田十田，用从乃事。’”

《虤簋铭》:“王曰：‘虤！……锡汝夷臣十家，用事。’”

《大克鼎铭》:“王若曰：‘克！……锡汝井家𩰫田于䟾，以厥臣妾……锡汝井、𩰫、䟾人𩰫，锡汝井人奔于𣋗。’”

又《曶鼎铭》:“昔馑岁，匡暨厥臣廿夫寇曶禾十秭，以匡季告东宫”；匡赔偿曶“田七田、人五夫”。

《曶鼎铭》还有“用匹马束丝（一匹马加一束丝）”交换人“五夫”的记载。此外，据《周礼·质人》记载，在当时市场上交易的商品中，也有“人民”（奴隶）。

既然奴隶属于特定主人的财产，主人自然也就有权像出卖自己的牲畜等物品一样，出卖自己的奴隶。然而，各国各民族奴隶制社会中的奴隶买卖盛行与否，取决于多种因素，其中，最重要的是社会分工的发展状况和商品货币经济的发展水平。如前所述，在古代希腊、罗马的部分地区，“猎取奴隶和剥削奴隶”曾经“成为彼此分开的行业”，因此“奴隶劳动的剥削者就不得不购买奴隶”[①]。“全部罗马大土地占有经济都靠大规模输入贩卖的战俘来维持，这些战俘是在日趋没落的共和国时代及奥古斯都时代不断的侵略战争中流入意大利的”[②]。中国奴隶制社会中，虽然商品货币经济和商业也有一定程度的发展，但不如古罗马那样发达，自给自足的自然经济始终占统治地位，猎取奴隶和剥削奴隶并未成为彼此分开的行业。以周天子为首的西周贵族统治集团，既是通过征服战争猎取奴隶者，又是奴隶劳动的剥削者；因此，他们作为猎取奴隶者也就不必出卖奴隶，作为奴隶劳动的剥削者一般也毋需购买奴隶。这是西周奴隶买卖不盛行的主要原因。

奴隶主可以“任意”把奴隶“当作牲畜来买卖和屠杀”，曾被认为是奴隶的基本特征和划分奴隶的主要标准。显然，这种论点是不正确的，至少是不完全正确的。由于奴隶主把奴隶当作自己的财产，奴隶主自然也就有权把奴隶当作牲畜来买卖和屠杀，“对他不仅可以随便使用暴力，就是把他杀死，也不算犯罪”[③]。事实上，西周时期，奴隶被当作马、牛、丝等物品来买卖的现象，以及奴隶主对奴隶使用暴力和杀死奴隶的现象，的确也是存在的。在当时以奴隶制为基础的等级制度下，“礼不下庶人，刑不上大夫”[④]。《尚书·吕刑》及《周礼·司刑》所述墨、劓、刵、宫、大辟五刑之律，主要是为了对付奴隶和平民而制定的。《国语·周语上》谈到：西周奴隶主统治者为了迫使“庶人、工、商各守其业以共其上”，而对“散迁（逃亡）”、“懈慢（怠工）”者“著在刑辟”，“于是乎……有斧钺、刀、墨之民”。这里所说遭受“斧钺（大刑、死刑）”或“刀”刑、“墨”刑之“民”，主要即是奴隶及其他实际上与奴隶没有多大区别的民众。《周易·睽》六三，还有服牛引重的奴隶身受黥刑和劓刑的记载。问题是，奴隶之被“当作牲畜来买卖和屠杀”，并非奴隶或奴隶占有制的基本特征、本质特征。

奴隶占有制是个经济概念，或者说首先是个经济概念，而不是法权概念；

① 恩格斯：《反杜林论》，《马克思恩格斯全集》第20卷，第202页。
② 恩格斯：《论日耳曼人的古代历史》，《马克思恩格斯全集》第19卷，第514页。
③ 列宁：《论国家》，《列宁全集》第29卷，第436页。
④ 《礼记·曲礼上》。

犹如土地、工具等生产资料占有制是个经济概念，或首先是个经济概念，而不是法权概念一样。奴隶主之占有奴隶，并非为占有而占有，也不是为了有一个对奴隶“任意”进行买卖和屠杀的权利；而是为了驱使奴隶同土地等生产资料相结合，榨取奴隶的剩余劳动，以维持其剥削生活。《尚书·牧誓》的记载说得明白：周武王之命令其士兵“弗迓克奔”、不要杀死俘虏，其目的就是为了“以役西土”；用上引《国语·周语上》的话来说，就是为了使他们（“俘人”）“各守其业以共其上”。古希腊奴隶主阶级的政治思想家和著作家亚里士多德（公元前384～前322）也说过：“至于主人的学术就着重在怎样运用奴隶，主人并不是由于他占有多少奴隶而成为主人，能够运用奴隶，这才真正成为主人。”所谓“运用奴隶”，也就是“指挥奴隶，使他们各尽所能”[①]。

前面说过，奴隶之所以成为奴隶，不取决于商品流通领域，不取决于买卖行为。就上述大量来源于战俘的奴隶而言，他们被俘之日，也就是他们的人身被占有而沦为奴隶之时，并由此决定了他们在奴隶制生产关系体系中的地位。这好比周人在战争中所“俘”之牲畜和车、玉等物，它们被“俘”，后即成为周人所有的财产，而由周人支配和使用一样。即使是在猎取奴隶和剥削奴隶成为彼此分开的行业的地方（古代希腊、罗马），“也保存着一个自然经济的要素”，即被作为一种财产和商品的奴隶的取得，“不是以流通过程作为媒介”，而“是靠战争、海上掠夺等等”，“通过直接的肉体强制，对别人的劳动力实行实物占有”。

就奴隶所有制而言，历史上各国各民族奴隶制社会中的奴隶，有私有奴隶、国有或王有奴隶等等之别。马克思、恩格斯在论及“古代公社所有制和国家所有制”时说：“这种所有制是由于几个部落通过契约或征服联合为一个城市而产生的。在这种所有制下仍然保存着奴隶制。……公民仅仅共同占有自己的那些做工的奴隶，因此就被公社所有制的形式联系在一起。这是积极公民的一种共同私有制，他们在奴隶面前不得不保存这种自发产生的联合形式。”[②]与古代希腊、罗马一样，西周社会中既有国有奴隶，又有私有奴隶。上述西周

① 亚里士多德：《政治学》，商务印书馆1981年版，第20页。

② 《德意志意识形态》，《马克思恩格斯全集》第3卷，第25～26页。

青铜器铭文中讲到的种种奴隶，一般都属于贵族奴隶主私有的奴隶。

二、担当的工作问题

有一种意见认为："庶人"是西周农业生产劳动的主要承担者，但他们不是奴隶；"臣妾"及"隶"、"圉"等是奴隶，但他们只从事家内劳动，或在各官府中服种种杂役，而不从事农业等生产劳动。对此，我们要指出以下几点：

（1）在西周青铜器铭文中，"庶人"凡三见，分别见于《宜侯夨簋铭》《大盂鼎铭》和《卫盉铭》，均为西周前期器铭。《卫盉铭》所谓"矩伯庶人"，指矩伯的"庶人"，并非矩伯为庶人。"庶人"，本是周初对一部分战俘奴隶的专称，但后来的文献中把不是奴隶之人也称为"庶人"。因此，对所谓"庶人"的身份地位要作具体分析，不能说凡"庶人"皆为奴隶，也不能说凡"庶人"全非奴隶。

（2）西周文字记载中所说的"民"和"庶人"，是两个不同的概念，不能将二者混为一谈。"民"为泛称，其中包含着不同的等级和阶级，主要是指介于贵族奴隶主和奴隶之间的劳动者、农民（详见本编第十四章）。

（3）作为农业奴隶的"庶人"，无疑也是农业生产者。不过，虽然"庶人"奴隶为数不少，但他们并不是西周时期农业生产的主要承担者；换句话说，他们不占当时农业生产者的多数。

（4）西周时期的农业奴隶，并非都被称为"庶人"，此外还有种种不同的名称。如我们将在本编第三章中所述，《诗·周颂·噫嘻》篇、《小雅·甫田》篇和《豳风·七月》中的"农夫"或"农人"，《周颂·臣工》篇中的"众人"，同样是农业奴隶。

（5）如下所述，周代文字记载中所说"臣妾"及"隶"、"圉"等等名目的奴隶，包括种种生产奴隶和家内奴隶，其中主要是生产奴隶（特别是农业生产奴隶）。

从《大盂鼎铭》"人鬲自御至于庶人"的提法可知，"庶人"又被称作"人鬲"，而且地位很低。"人鬲"，《令簋铭》（昭王时器）作"鬲"。"鬲"，《说文》引《汉令》作𠩵，"𠩵"与"𤮊"通。前引《逸周书·世俘》说："武王遂征四方，凡憝国九十有九国，馘磿亿有十（七）万七千七百七十有九，俘人三亿万有二百三十。”“馘”说“磿”而“俘”说“人”，“可见人就是磿，这些被杀的与被俘的，都是此铭（《大盂鼎铭》）所说的‘人鬲’。人鬲是战俘奴隶，前人把他们当作《书·大诰》中所说‘民献有十夫’是错的”①。

商代甲骨文中，未见“庶人”一词。“庶人”乃是西周前期来源于战俘的农业奴隶称名。然而，西周器铭和文献中少见“庶人”，而对包括来源于战俘的农业奴隶，同时采用了其种种名称。《左传》《国语》等古书中所述西周、春秋时期的“庶人”，又往往与“庶民”或“民”等其他农业生产者相混淆，已不是或不完全是原来意义上的、即作为农业奴隶的“庶人”。因此，我们在考察西周时期承担农业劳动的奴隶时，不能仅仅从“庶人”称名出发。

《宜侯夨簋铭》除“锡宜庶人六百又□（十）六夫”外，还“锡奠七伯厥凷（盧）□（千）又五十夫”。凷应读若盧。饭器之盧的原始象形字，借为廬。《诗·小雅·信南山》：“中田有廬。”《汉书·食货志》：“在野曰廬。”廬是田野中的简陋的棚子。《左传·襄公十七年》说：“吾侪小人皆有阖廬以辟燥湿寒暑。”可见廬是用来指称贱人的。而《宜侯夨簋铭》中被当作一种财产来赏赐的“盧（庐）”，则当是农业奴隶。《汉书·鲍宣传》：“苍头廬儿，皆用致富。”是到汉时，“廬儿”还是奴仆的名称②。

再说“臣妾”。“臣”、“妾”本是男女奴隶的泛称，后来又引申为臣僚之臣的泛称③。西周时期，作为奴隶的“臣”，其多数是从事农业生产的奴隶，而不是家内奴隶。“妾”亦非全是家内奴隶，甚至可以说主要不是家内奴隶，他们中的多数也要为主人从事手工业生产等劳动。前面谈到，当时一个国家或民族一旦灭亡而人民被俘，“民之无辜，并其臣仆”，“翦以赐诸侯，使臣妾之”。这就是说，来源于战俘的男女奴隶又通称为“臣妾”或“臣仆”，而前述“人鬲”、“鬲”及“庶人”亦属此“臣妾”或“臣仆”之列。《刑侯簋铭》所说被当作财产来赏赐的三族“州人”、“重人”、“庸人”等“臣三品”，

① 唐兰：《西周青铜器铭文分代史徵》，中华书局1986年版，第178页。
② 唐兰：《西周青铜器铭文分代史徵》，中华书局1986年版，第157页。
③ 于省吾：《甲骨文字释林》，中华书局1979年版，第316页。

亦当主要是从事农业生产劳动的奴隶。又《大克鼎铭》云：

> 王若曰："克！……锡汝田于埜，锡汝田于渒，锡汝井（邢）家𩞁田于䣌，以（与）厥臣妾，锡汝田于康，锡汝田于匽，锡汝田于陴原，锡汝田于寒山。……锡汝井（邢）、退、𩞁人䊚，锡汝井（邢）人奔于𣋏。"

如有的学者所指出："这里值得注意的是：周王赏赐给克许多地方的'田'中，只有在𪥶的"邢家𩞁田"上是'与厥臣妾'的。可知一般赏'田'上不附带有人，只有这块'田'连带有'臣妾'，因而特为说明。为什么独有这块赏'田'上会连带有'臣妾'呢？看来是有特殊原因的，这块在𪥶的'𩞁田'原来属'邢家'贵族的，这时不知为了怎样一件事，'邢家'贵族被灭亡了。这块田，原来'邢家'是使用'臣妾'耕作的，这时周王一起没收来了，因而赏给克的时候，独有这块田是'与厥臣妾'的。更值得注意的是：周王在赏给克这么许多'田'的同时，赏给了克'邢、退、𩞁人'，这三批氏族或部族奴隶，该就是给克在许多'田'上充当农业奴隶的。"[①] "䊚"，当释为"藉"，藉者，耕也；"锡汝邢、退、𩞁人䊚（藉）"，即是说赏给你这三批氏族或部族奴隶耕作田地。

此外，《曶鼎铭》所说"我既买汝五夫效父"的"五夫"，以及"匡众厥臣廿夫寇曶禾十秭"的"臣二十夫"，显然也主要是耕作奴隶。又《曶鼎铭》记述匡季先用"五田"和"众一夫"、"臣"三大来赔偿"禾丨秭"，曶不答应，再次控告到"东宫"，接着匡季加赔了"田二"和"臣一"，结果共赔给"田七田、人五夫"了事。《曶鼎铭》记述匡季用"田"和"众"、"臣"一起赔偿，《不嬰簋铭》记述伯氏赏给他"臣五家，田十田"，以"臣"和"田"一起赏赐，"该就是因为这类'田'是使用奴隶（"臣"、"众"）耕作的"[②]。"众"即"众人"。《诗·周颂·臣工》篇云："命我众人，庤乃钱镈，奄观铚艾。"可见，"众人"或"众"本是农业劳动的承担者。其他不少器铭所载被当作财产来赏赐的"臣""仆"，如《令簋铭》中的"臣十家"，《令鼎铭》中

---

① 杨宽：《古史新探》，中华书局1965年版，第78页。

② 杨宽：《古史新探》，中华书局1965年版，第77页。

的“臣十家”，《耳尊铭》中的“臣十家”，《趞叔簋铭》中的《臣三家》《麦尊铭》中的“者妸臣二百家”，《伯克壶铭》中的“仆三十夫”，《虢簋铭》中的“夷臣十家”，《师询簋铭》中的夷讯三百人”，以及《叔夷钟铭》中的“釐仆三百又五十家”等等，亦当主要是从事生产劳动的奴隶，而不可能全是不事生产的家内奴隶。

西周、春秋时期的“隶”，包括“罪隶”和来源于战俘的“隶”。《国语·周语下》所说“湮替隶圉”、“子孙为隶”，即是由于被征服、被俘虏而沦为“隶”“圉”者。“隶”也称为“奴”。历史记载表明，不少“隶”同样要承担农业劳动或其他生产劳动。《国语·晋语一》载晋大夫郭偃曰：“吾观君夫人也，若为乱，其犹隶农也，虽获沃田而勤易之，将弗克飨，为人而已。”“隶农”，也就是“隶”之为“农”者，无疑属于农业奴隶，而且还是一种典型形态的农业奴隶。为什么“隶农”“虽获沃田而勤易之，将弗克飨，为人而已”？这正如马克思在论及奴隶劳动与徭役劳动、雇佣劳动的区别时所说：“在徭役劳动下，服徭役者为自己的劳动和为地主的强制劳动在空间上和时间上都是明显地分开的。在奴隶劳动下，连奴隶只是用来补偿他本身的生活资料的价值的工作日部分，即他实际上为自己劳动的工作日部分，也表现为好像是为主人的劳动。他的全部劳动都表现为无酬劳动。相反地，在雇佣劳动下，甚至剩余劳动或无酬劳动也表现为有酬劳动。在奴隶劳动下，所有权关系掩盖了奴隶为自己的劳动，而在雇佣劳动下，货币关系掩盖了雇佣工人的无偿劳动。”① 如我们将在本编第十三章中所述，西周初年以来，王室、各诸侯国公室以及卿、大夫和士等各大小贵族，都分别占有相当数量的、或多或少的“隶农”一类农业奴隶，只是当时文字记载中通常不是以“隶农”名之，而是以其他种种奴隶名目出现而已。

《诗·周颂·噫嘻》篇、《小雅·甫田、大田》篇和《豳风·七月》篇中的“农夫”、“农人”，以及《周礼·地官·遂人》授田制下的“夫家”，既不是什么封建农民，也不是什么农村公社成员，而是上述种种名目之奴隶的组成部分；由于《大田》《甫田》《七月》等属于农事诗篇，故对耕作此“大田”

---

① 马克思：《资本论》第1卷，《马克思恩格斯全集》第23卷，第590～591页。

或“甫田”的奴隶特以“农夫”、“农人”称之。关于这“农夫”、“农人”及“夫家”在当时生产关系体系中的奴隶地位，我们将在后面有关章节中着重论述。

西周时期的各种手工业生产中，也大量使用奴隶劳动。王室、公室以及卿大夫等贵族经营的各种手工业作坊中的直接生产者，主要是奴隶。在当时的青铜器铭文和其他文献中，手工业生产者通常称为“工”或“百工”，而手工业生产的管理者、监督者亦往往因此而称为“工”或“百工”。而作为手工业工人的“工”、“百工”，大体来源于这样几个方面：（1）上述殷周之际武王征四方和周公东征灭国俘人中的一部分，他们中不少人原本是殷商各手工业部门中的能工巧匠；（2）先周手工业（特别是铜器铸造业）者，其中包括周人和俘虏来的殷人，而主要是周人[①]；（3）前（1）（2）两者的后代，因为那个历史时期“工之子恒为工”。“工”、“百工”中的奴隶，主要来源于征服、俘虏，以及工奴自身的蕃衍。西周金文不乏“百工”的记载，例如：

王若曰：“蔡！昔先王既令汝作宰，司王家，今余唯申熹乃令……司百工，出入姜氏令。”（《蔡簋铭》）

王乎令尹封命伊，䚄官司康宫王臣妾、百工。（《伊簋铭》）

白𠶷父若曰：“师毁！乃祖考又爵于我家……余令汝死（尸）我家，䚄司我西偏、东偏仆驭、百工、牧、臣妾。”（《师毁簋铭》）

虢仲令公臣：司朕百工。（《公臣簋铭》）

以上器铭记述的“百工”，为西周王室及诸侯伯和父和虢仲的各种手工业作坊中的奴隶。《伊簋铭》所述“百工”，为周王所有的手工业奴隶之居住于“康宫”者。《师𣪘簋铭》所述“百工”，为伯和父所有的手工业奴隶之居住于“西偏”、“东偏”者[②]。

周王室、各诸侯国公室以及其他大贵族，均拥有相当大数量的各种手工业奴隶，其中包括女工“妾”；“妾”（女奴）主要是从事纺织等手工业生产劳动。《左传·成公二年》记载说：“楚侵及阳桥，孟孙请往赂之以执斲、执针、

① 参看邹衡：《论先周文化》，《夏商周考古学论文集》，文物出版社1980年版，第331页。

② 参见杨宽：《古史新探》，中华书局1965年版，第78页。

织纴，皆百人。”“执斲”为木工，“执针”为缝工，“织纴”为织工，“执针”、“织纴”，均由女奴（“妾”）担当。又《国语·晋语七》：“公伐郑军于萧鱼，郑伯嘉来纳女工妾三十人。”这“女工妾”，以及《左传·僖公二十三年》所谓“蚕妾”之类，无疑也是手工业奴隶，而且还是女奴，即所谓“女为人妾”者。由此可见，认为“妾”只是家内奴隶而不从事生产劳动一说，与历史实际不符。鲁国公室仅仅用以赂楚之三种手工业奴隶就有三百人，可见其拥有的手工业奴隶之多。而春秋列国的手工业奴隶，主要来源于周初以来手工业奴隶自身的世代蕃衍。

前面说过，“臣妾”是男女奴隶的泛称、通称。因此，作为农业奴隶的“农夫”及其“妇子”和子女，实际上也就是“男为人臣”而“女为人妾”者。《诗·豳风·七月》篇所说“女执懿筐，遵彼微行，爰求柔桑”、“春日迟迟，采蘩祁祁”、“八月载绩”以“为公子裳”之“女”，即属女奴（“妾”）。她们除了采桑、采蘩、养蚕以及丝麻的纺织、染色以“为公子裳”等等劳动外，还要为主人做其他工作。《七月》篇第六章云：“六月食鬱及薁，七月亨（烹）葵及菽。八月剥（扑）枣，十月获稻，为此春酒，以介眉寿。”这“亨葵及菽”和“剥枣”之事，也当主要是由诗中所说之“女”、“妇子”来承担的。又《汉书·食货志上》说：“民既入，妇人同巷，相从夜绩，女工一月得四十五日。”这里所说，也主要是就作为农业奴隶的“妇人”担当的工作而言，她们不但要在农忙季节为主人从事这样那样的生产劳动或家内劳动，而且就是在冬季农闲时期的夜间，也要为主人从事纺织生产劳动；所谓“女工一月得四十五日”，表明了她们的劳动时间之长和劳动强度之大。

西周时期的畜牧业以及山林川泽的开发，亦使用奴隶劳动。《师毁簋铭》所说仆驭、百工、牧、臣妾的“牧”，即为畜牧业奴隶。周王室及其他大贵族设置了场、林、虞、牧等职官，驱使奴隶开发利用山林川泽。直到春秋初期，各国还是如此。《左传·隐公五年》所说“若夫山林川泽之实，器用之资，皂隶之事，官司之守”，可证。

诚然，当时亦有部分奴隶纯粹是或主要是从事家内劳动。值得注意的是，在西周金文中，凡“臣妾”之从事某种家内劳动者往往使用特殊称名，而与一般“臣妾”相区别。如成王时期的《叔德簋铭》说：“王锡叔德臣嬯（养）十人、贝十朋、羊百。”“㜒（媄）”即“养”，家内奴隶的一种，有女的，也有男的，主要是管做饭等事。此“㜒”字虽从女，但臣养连文，似只是“臣”而为“养”者[①]。又如昭王时期的《嬉𩐕方鼎铭》有“嬉𩐕”，嬉即媄（养），从㚔即臣。𩐕字从兹从矣，兹即系字的繁体，疑仍是奚字，此处当是养的名。从此铭所述赏给奚的物品（两杆带羽毛的旌和一匹马）来看，似属于跟随兵车的厮、养、卒一类[②]。此外，《大盂鼎铭》“人鬲自驭至于庶人”的“驭”，《师毁簋铭》中的“仆驭”，也是家内奴隶的一种。《周礼》有“罪隶”和“四翟之隶”的记述，所谓蛮、闽、夷、貉“四翟之隶”，从事畜养牛马禽兽以及把守宫舍的工作。而据《周礼·司厉》记载，罪隶中男的由“罪隶”之官管理，在官府中服种种使役；女的则在“舂人”“槁人”之官的管理下，做舂米一类劳动。

综上所述，就西周社会中的奴隶担当的工作来说，可以划分为生产奴隶、家内奴隶，以及既从事生产劳动又从事家内劳动的混合型奴隶。生产奴隶包括耕作奴隶、手工业奴隶、畜牧奴隶以及其他生产奴隶，他们占西周奴隶总数的大多数。其次为既是生产奴隶又是家内奴隶的混合型奴隶。只从事家内劳动而不从事生产劳动的“纯粹”家内奴隶，在当时的奴隶中只占很小的比例，而且此类奴隶主要集中于官府（王室及公室）。

这里要重申一下关于奴隶的名称问题。马克思说过：“物的名称对于物的本性来说完全是外在的。即使我知道一个人的名字叫雅各，我对他还是一点不了解。”[③] 有关奴隶的名称，也是如此。兹以我国四川凉山彝族奴隶社会史上名叫“呷西”的奴隶为例来说。彝语“呷西”是“呷西呷洛”的简称，意为“主子锅庄的手脚”。人们通常从这一名称出发，认为他们都是不从事生产劳

---

① 唐兰：《西周青铜器铭文分代史徵》，中华书局1986年版，第73页。

② 唐兰：《西周青铜器铭文分代史徵》，中华书局1986年版，第236页。《易传·说卦》“兑为羊”，释文虞翻本作羔（按此当从火羊声，不是羔羊的羔）。《周易集解》引他的注：“女使也。”郑玄本作陽，注说：“此陽谓养无家女行使也。”这是女的养。《战国策·韩策》：“料大王之卒悉不过三十万，而厮徒负养在其中矣。”《司马法》说：“兵车一乘，炊家子十人，厮养五人，樵汲五人。”《孙子·作战篇》注“养二人，主炊。”《公羊传·宣公十二年》：“厮、役、扈、养，死者数百人。”注：“炊烹者为养。”《史记·秦始皇本纪》“监门之养”，索隐：“养即卒也。”《汉书·陈馀传》有厮养卒。《汉书·儿宽传》“为弟子都养”，注：“养主给烹炊者也。”《广雅·释诂一》：“厮、扈、养、役，使也。”大概都是男的（见唐兰《西周青铜器铭文分代史徵》第73页）。

③ 《资本论》第1卷，《马克思恩格斯全集》第23卷，第119页。

动的家内奴隶。然而实际情况却并非如此。有关调查资料表明，在占当时凉山彝区总人口10%左右的“呷西”奴隶中，多数是这样两种奴隶，即耕作奴隶，以及既是耕作奴隶又是家内奴隶的混合型奴隶；两者相比，以后者为多。完全不从事生产劳动的家内奴隶，为数甚少。如冕宁县团结乡结尾村的62个呷西中，只有两个“专门服侍主子”；“其余60个呷西，都是参加田间生产的”。其中有的呷西（特别是曲诺占有的呷西），完全“不从事家内劳役，整天都在田间劳动”。普雄县瓦吉木乡一诺奴隶主的三名呷西中，有两名“是农业劳动上的主力”；该乡诺奴隶主的“节伙耕作地”有39%是由呷西耕作，曲诺奴隶主的“节伙耕作地”有76%是由呷西耕作。此外，还有为数不多的匠人呷西，他们或者农忙时为主人从事农业生产劳动和家务劳动，农闲时为主人从事手工生产劳动；或者常年专门从事手工业生产①。我们所以要特别列举以上事例，是为了强调说明：考察西周社会中的奴隶及其担当的工作，同样不可单纯从奴隶的名称出发；而上述事实也表明，种种名目的西周奴隶的绝大多数是生产奴隶而不是家内奴隶。

第四节　奴隶数量与奴隶制经济成分的主导地位

世界上客观存在的一切事物，都有其“量”的规定性和“质”的规定性，都是质和量的统一体。“任何质量都表现为一定的数量，没有数量也就没有质量。”② 奴隶制社会经济形态也是如此。奴隶制社会是奴隶制生产方式占主导地位的社会，奴隶社会中占统治地位的阶级是奴隶主阶级；而奴隶制生产方式的主导地位和奴隶主阶级的统治地位，总是和一定数量的奴隶相联系而存在。问题在于如何把握决定一个社会之奴隶制性质的奴隶数量界限，怎样对奴隶制社会经济结构进行定量定性分析。

包括古代中国在内的古代世界各国的文字记载中，缺乏全国人口总数、奴隶总数以及奴隶在全国总人口中所占比例的可靠的统计材料。有关某一国家的某

---

① 参见周自强：《凉山彝族奴隶制研究》，人民出版社1983年版，第89～91页。

② 毛泽东：《党委会的工作方法》，《毛泽东著作选读》下册，人民出版社1986年版，第671页。

一地区某一时期的零星的人口统计和奴隶统计数字，也不精确。而有些统计数字，只是后代的推算和估计，不足为据。因此，古代中国和其他古代各国奴隶制社会中究竟有多少奴隶，他们在当时各国社会总人口中究竟占多大的比例，我们不得而知。不过，有几点当是可以肯定的，这就是：（1）一切奴隶制社会中，都有相当大数量的奴隶存在，但他们都不占各社会总人口的多数；（2）各奴隶制社会中的奴隶数量不等，有的相对多些，有的相对少些；（3）奴隶制社会发展过程中的各个阶段上的奴隶数量有较大的变动，其全盛阶段多于它的初期阶段和解体阶段，如西周时期多于殷商时期和春秋时期；（4）各国各民族奴隶制社会中的奴隶，一般都主要分布于其政治中心和经济中心地区，如西周时期中国奴隶制社会中的奴隶主要分布于"规方千里以为甸服"的王畿。

长期以来，有一种较为流行的观点认为：只有奴隶数量占社会总人口的多数甚至绝大多数的社会，才属于奴隶社会或奴隶占有制社会。按照这种观点，不但古代中国和其他古代东方各国不是奴隶社会，就是古代希腊、罗马也不属于奴隶社会；因为在那里，奴隶数量也不占整个希腊、罗马社会总人口的多数。这种把一个社会的奴隶制性质或奴隶制在一个社会中的主导地位，归结为奴隶数量占社会总人口的多数的观点，显然是不正确的。事实上，在不少国家或民族的封建制社会里，与封建领主或封建地主相对立的农奴或佃农，也不占社会总人口的多数。即使是在近代部分资本主义国家中，在其资本主义制度形成、确立后的一个相当长的历史时期内，占社会总人口多数的也不是工人阶级，而是其他劳动者①。

似可这样说：就奴隶社会、封建社会和资本主义社会等各个社会形态发展的全过程而言，占主导地位的经济成分在社会经济结构中所占的比重是依次递增的，即封建制经济成分在封建社会经济结构中所占的比重，大于奴隶制经济成分在奴隶社会经济结构中所占的比重，而资本主义经济成分在资本主义社会

---

① 在英国，根据1861年的人口调查，英格兰和威尔士的总人口为20066224人，其中，在工厂工业主要部门中做工的工人只有1605440人（《马克思恩格斯全集》第23卷，第488～489页）。至于德国，直到1875年，马克思在《哥达纲领批判》中还这样写道："德国的'劳动人民'大多数是农民而不是无产者。"（《马克思恩格斯全集》第19卷，第29页）到20世纪初期，"无产阶级在许多国家里不是居民的多数"（《列宁全集》第6卷，第3页）。

经济结构中所占的比重，又大于封建制经济成分在封建社会经济结构中所占的比重；与此相联系，封建农奴或佃农在封建社会总人口中的百分比，大于奴隶在奴隶制社会总人口中的百分比，而工人或无产者在资本主义社会总人口中的百分比，又大于封建农奴或佃农在封建社会总人口中的百分比。究其原因，归根到底，是由于上述三种社会形态存在于三个不同的生产力发展阶段，奴隶制时代的生产力水平低于封建制时代的生产力，封建制时代的生产力水平又低于资本主义时代的生产力。

基本的统计，主要的百分比，这对认识决定事物性质的数量界限，无疑是很重要的。“但是必须分析，数字所能证明的究竟是什么。数字只是证明它直接表明的东西。”① 它不能“证明一切”。错综复杂的社会经济形态发展过程中的“量”，是不能完全用数字来计算和证明的。直接生产者在空间排列、组合的不同，也会引起量的差异甚至质的突破。奴隶在劳动生产过程中所发挥的社会力量，不等于单个奴隶的力量的机械总和。许多奴隶集结在一定的空间集体劳动、协作劳动的力量，与相同数量的单个劳动者分散、孤立劳动的力量的总和，有本质的差别。一个阶级的主导地位、统治地位及其在经济上的优势，并不以在它所代表的生产关系中从事劳动的人数是否占社会总人口的多数为转移。众所周知，在奴隶制时代、封建制时代、资本主义时代，各种形态的自耕农民和个体手工业者都曾经占人口的多数，但是他们从来没有（也不可能）成为社会中占主导地位的力量。

马克思主义的唯物辩证法告诉我们：研究任何复杂的事物的发展过程，不但要用全力找出并捉住它的主要矛盾，而且对矛盾着的两个方面也不能平均看待。因为：“矛盾着的两方面中，必有一方面是主要的，他方面是次要的。其主要的方面，即所谓矛盾起主导作用的方面。事物的性质，主要的是由取得支配地位的矛盾的主要方面所规定的。”② 就奴隶制社会中的主要矛盾（奴隶主和奴隶之间的矛盾）的两个方面来说，奴隶主是主要的、起主导作用的方面；一个社会的奴隶制性质，主要的就是由在该社会中取得支配地位的矛盾的主要

① 列宁：《农业中的资本主义》，《列宁全集》第4卷，第114页。

② 毛泽东：《矛盾论》，《毛泽东著作选读》上册，人民出版社1986年版，第163页。

方面即奴隶主方面所规定的。正因为如此，我们在研究奴隶制的主导地位问题时，应当主要从奴隶主方面进行考察，而不能主要甚至仅仅着眼于奴隶方面，更不能把奴隶制经济成分的主导地位理解为奴隶占社会总人口的多数。

无论哪一个国家或民族的奴隶制社会中，奴隶主的人数与奴隶等广大被压迫被剥削者相比，都只是区区少数。然而，正是这区区少数的奴隶主占有了土地等大部分生产资料以及相当大数量的奴隶。虽然奴隶不占社会总人口的多数，但他们的数量却比奴隶主的人数多得多，从而每家奴隶主都能占有为数不少的奴隶，以致奴隶成为他们的基本的、主要的剥削对象。为了证明这一点，我们不妨再来看看西周社会中各家贵族奴隶主占有奴隶的情况：

贵族盂，占有“人鬲自驭至于庶人六百又五十又九夫”和“人鬲千又五十夫”，共一千七百零九夫。（见《大盂鼎铭》）

贵族矢令，占有“臣十家、鬲百人”。（见《令簋铭》）

贵族师询，占有“夷讯（夷族奴隶）三百人”。（见《师询簋铭》）

贵族匡季，至少占有“众”和“臣”二十夫。（见《曶鼎铭》）

贵族克，除了占有不少“臣妾”外，还占有“井、逯、𦅫人（三族奴隶）”。（见《大克鼎铭》）

贵族令暨奋，占有“臣三十家”。（见《令鼎铭》）

贵族不婴，占有“臣五家”。（见《不婴簋铭》）

以上所述，大致反映了西周时期大中小贵族占有奴隶的一般情况。需要说明的是，上述部分贵族占有的那些奴隶，仅仅来源于周王的一次赏赐，并非他们占有奴隶的全部；他们之中，有的因事功或军功而受赏之前，当已占有一定数量的奴隶。而且，由于奴隶不服兵役，繁殖较快，其数量还会不断增加。因此，西周时期各贵族奴隶主实际占有的奴隶，比上面列举的奴隶数目还要大得多。

各诸侯国国君或公室，既是各诸侯国内最高的统治者，又是其国内最大的奴隶主。周天子或周王室，既是“普天之下”的最高统治者，又是全中国最大的奴隶主。王、公、大夫等各级奴隶主分别占有的奴隶，或以万数计，或以千数计，或以百数计，少者也有一二十个、二三十个奴隶。古代希腊、罗马的大、中、小奴隶主占有奴隶的情况，亦大体如此。在古希腊，约公元前355

年，色诺芬曾列举一些大奴隶主出租奴隶的数字，有的1000人，有的600人，有的300人，都是用在矿山的①。私人经营的奴隶制工场，有的（盾厂）有120个以上的奴隶②，有的（武器厂）有32～33个奴隶③。在古罗马，除面积巨大的奴隶制大庄园以外，还有众多的中等农庄和小农庄。加图（前234～前149）在《农业志》中说的小农庄所需土地和奴隶是：二百四十犹格（约160英亩）的橄榄园，需要13个奴隶；100犹格（约67英亩）的葡萄园，需要16个奴隶④。

由于西周王室、各诸侯国公室以及部分卿大夫采邑主占有大量土地、工具等生产资料和大量奴隶，他们可以组织和驱使奴隶在其"大田"上进行较大规模的农业经营。《诗·小雅》中的《大田》《甫田》，《周颂·噫嘻》及《臣工》，以及《豳风·七月》等农事诗篇所反映的，就是农业奴隶们在田官的指挥和监督下进行大规模集体劳动、协作劳动的情景。许多奴隶在同一生产过程中协作劳动，其效果是个人劳动不可能达到的。如马克思所说："这里的问题不仅是通过协作提高了个人生产力，而且是创造了一种生产力，这种生产力本身必然是集体力。"⑤ 如我们将在本编第十二章和第十三章中所述，以奴隶劳动为基础的农业生产，在西周整个农业经济中占了相当大的比重，奴隶主统治集团的农业收入主要来源于奴隶劳动。此外，当时手工业等经济部门中的奴隶制成分，同样占有较大的比重。

政治是经济的集中表现。以周天子为首的西周贵族奴隶主，既是经济上最强大的阶级，又是政治上的统治阶级，掌握着国家政权。奴隶主集团利用其国家权力维护奴隶占有制，发展奴隶制经济，并对介于奴隶主和奴隶之间的劳动者进行带有奴隶制色彩的剥削。这也是奴隶主阶级的主导作用、支配作用的一个重要方面（详见本编第十四章）。

---

① 色诺芬著，张伯健等译：《雅典的收入》，商务印书馆1981年版，第72页。

② 吕西亚：《反埃拉托斯梯尼》，转引自《世界上古史纲》编写组：《世界上古史纲》下册，人民出版社1981年版，第193页。

③ 德谟斯梯尼：《反阿弗布斯第一篇》，转引自《世界上古史纲》下册，人民出版社1981年版，第193页。

④ 林志纯主编：《世界通史资料选辑》（上古部分），商务印书馆1981年版，第50、51页。

⑤ 《资本论》第1卷，《马克思恩格斯全集》第23卷，第362页。

第十一章　土地所有制形式

土地制度是农业生产关系的总和。它不仅涉及人们对土地的所有、占有、支配、管理和使用的关系，而且是一个包括生产、分配、消费等方面的总体。它的核心是土地所有制。本章所研讨的，主要是西周时期的土地所有制形式问题。关于西周土地制度的其他方面，我们将在以后有关章节中分别论述。

在西周土地所有制形式问题上，学术界长期存在着“私有，国有，还是公社所有”的意见分歧①。其实，世界各国各民族文明时代的土地制度史表明，无论哪一种社会形态里的土地所有制形式，都是复杂的、多元的，都是以某种土地所有制为主体、多种土地所有制形式并存，而不是也不可能是纯粹的、单一的。西周时期的中国土地所有制形式也是如此。

西周时期全中国社会的土地所有制关系，大致可以作这样的表述：土地所有制结构的主体是王有制或国有制，王有或国有土地的主要占有者和支配者是各级贵族奴隶主，其次是介于奴隶主和奴隶之间的农民。在西周王朝的政治中心和经济中心即王畿地区，以及周王所能直接控制的畿外部分诸侯国地区，实行的是土地王有制。在实行土地王有制和贵族大土地占有制的地区，虽然还局部地保留着公社土地制度和公社组织形式的浓厚痕迹，但并不存在公社土地所有制。公社共同体土地所有制和公社农民土地占有制，实行于非土地王有制、非贵族土地占有制地区。西周中期，畿内土地私有化过程开始，逐步产生了部分贵族的土地私有制。因此，就整个西周时期全中国社会而言，土地王有制或

① 参看林甘泉、田人隆、李祖德：《中国古代史分期问题讨论五十年》，上海人民出版社 1982 年版，第 264 ~ 270 页。

国有制，公社所有制和私有制，实际上都是存在的。

第一节 西周土地所有制结构的主体——土地王有制

一、政治暴力与西周土地王有制的形成和发展

一定的生产资料所有制的形成和发展，归根到底是由社会生产力的一定程度的发展所引起的。然而，世界各民族历史上原始公社土地所有制的破坏，与随之而来的某种土地所有制的形成和发展，并不是纯粹经济运动的产物；作为经济的集中表现、为经济服务的政治和暴力，曾经对此起过重要的作用。“对法的历史的最新研究判明，在罗马，在日耳曼、赛尔特和斯拉夫各族人民中，财产发展的起点都是公社财产或部族财产，而真正的私有财产到处都是因篡夺而产生的。”① 即使是在商品货币经济比较发达、盛行土地买卖的古代雅典、科林斯以及意大利等地，奴隶主大土地所有制的形成和发展，也不完全是通过土地买卖，此外还采用了政治暴力或买卖与暴力结合的方式。“一个征服者民族在征服者之间分配土地，因而造成了地产的一定的分配和形式”②，或者由于一个民族对另一个或另一些民族的征服而产生了土地国有制形式，这在古代世界史上不乏其例。马克思、恩格斯在《德意志意识形态》一书中，曾经把历史上继“部落所有制”之后的“第二种所有制”，称为“古代公社所有制和国家所有制”，并指出“这种所有制是由于几个部落通过契约或征服联合为一个城市而产生的”③。

西周奴隶主统治集团也正是通过战争等暴力手段，使大量被征服部族、方国人民成为奴隶的同时，又占领被征服部族与方国的土地，从而确立了西周土地王有制的主体地位和公卿大夫等贵族大土地占有制的主体地位的。

诚然，历史上并非所有的征服都产生土地王有制或土地国有制，也不能说

① 马克思、恩格斯：《德意志意识形态》，《马克思恩格斯全集》第3卷，第422页。
② 马克思：《经济学手稿·导言》（1857~1858），《马克思恩格斯全集》第46卷上册，第33页。
③ 马克思、恩格斯：《德意志意识形态》，《马克思恩格斯全集》第3卷，第25页。

凡土地王有制或土地国有制都是由于战争征服而产生的。一定的所有制关系，归根到底，是由一定的社会生产力发展状况决定的。“分工发展的各个不同阶段，同时也就是所有制的各种不同形式。”[①] 即使是在同一种社会制度下，比如说在奴隶制社会制度下，各个国家或民族的生产力状况和社会分工的发展水平也不完全相同，从而也就有各种不同的所有制形式。

殷周之际的中国，其经济状况和社会状况是：虽然作为主要经济部门的农业以及畜牧业的发展水平较高，手工业、特别是青铜冶铸业已很发达，商品交换和商业也有一定程度的发展，但是总的说来，以生产交换价值为目标的商品生产和商品货币经济，不如古代希腊、罗马那样发达；因此，在当时中国的广大地区，各种形态的血族组织和公社共同体组织还普遍存在，土地私有制没有发展起来。从而西周的政治体制和土地所有制，与宗法制度有密切的关系。“周天子自称是上天的元子（长子），上天付给他土地和臣民，因此得行施所有权。天子算是天下的大宗，同姓众诸侯都尊奉他做大宗子。天子分土地臣民给诸侯或卿大夫。”[②]

阶级社会的国家政权和土地所有权问题，直接涉及到压迫者和剥削者的政治、经济利益，因此他们总是根据自己的需要对它作歪曲的解释。《尚书·泰誓》云：“天佑下民，作之君，作之师。”这是假借所谓“天”的旨意，以曲解国家的起源和掩盖其阶级统治的实质。又《尚书·梓材》云：“皇天既付中国民越厥疆土于先王。”这里所谓“皇天”把“中国”的土地给与了周王的说法，则是为了掩盖王有土地之来源于暴力掠夺的原始事实，并赋予其凭借暴力获得的土地所有权以某种社会承认和社会稳定性。《梓材》“皇天既付中国民越厥疆土于先王”，是周公对康叔的诰辞。“诰”，是当时的一种法律形式，具有法律效力[③]。

比之商代，西周土地王有制或国有制的发展，主要表现在这样几个方面：（1）由于周灭商及其对大量方国或氏族部落的征服，以及周初大封同姓异姓

① 马克思、恩格斯：《德意志意识形态》，《马克思恩格斯全集》第3卷，第25页。
② 范文澜：《中国通史》第一册，人民出版社1978年版，第75～76页。
③ 参看肖永清主编：《中国法制史简编》上，山西人民出版社1981年版，第26页。

诸侯和各诸侯国的开拓、垦殖，不但原来商代王有地成了西周王有地，而且原来存在于商代王畿和部分方国部落的公社共同体的土地，以及原来未被开垦的无“主”荒地，亦成了西周王有地，从而王有地的空间范围空前扩大；（2）由于西周奴隶占有制的发展，王有地或国有地中以奴隶劳动为基础的“藉田”制经济形式，在各种经济成分中所占的比重增大；（3）土地王有制或国有制下的采邑制度进一步发展，西周王有地的主要占有者是公、卿、大夫和士等各级贵族奴隶主，而不是公社共同体或公社农民。

二、“普天之下莫非王土”辨析

《诗经·小雅·北山》篇云：“普天之下，莫非王土；率土之滨，莫非王臣。”《左传·昭公七年》《荀子·君子》《韩诗外传》卷一《新书·匈奴篇》《史记·司马相如列传》《白虎通·封公侯篇、丧服篇》，皆引用了这一著名诗句。关于“普天之下，莫非王土”的内涵，学术界有不同的说法。一种意见认为，它反映了周王是当时中国领土范围内全部土地的最高所有者，或唯一的所有者。另一种意见则认为，它仅仅说明周王拥有“天下”主权、政治统治权，不能以此证明西周实行土地王有制或土地国有制。

在我们看来，《北山》篇所谓“普天之下莫非王土”，具有二重性。它不仅仅是说周王拥有“天下”的主权或政治统治权，也不仅仅是说周王拥有“天下”土地所有权，而兼有周王既是“天下”的最高主权者、又是“天下”土地的所有者两层含义，反映了西周时期国家主权与国家土地所有权曾经合为一体的历史实际。周王的政治统治权和土地所有权二者，相互关联，互为因果。王者对“天下”土地的所有权，以其处于“天下”的最高统治者地位、拥有国家主权为前提；而其最高统治者地位和政治权力，又与其拥有“天下”土地的所有权相关联。后来周王的最高统治权和“天下”土地所有权二者大体同步衰落以致丧失的历史事实，表明了这一点。

《尚书·梓材》“皇天既付中国民越厥疆土于先王”与《北山》“普天之下莫非王土”，含义大体相同。前面说过，“皇天既付中国民越厥疆土于先王”，出自周公对康叔的诰词，这实际上是西周统治集团的政治、法律思想的一种理论表现，具有“法”的性质和“法”的效力。既然周王是“天子”，

“中国”或“天下”土地是“皇天”给予周王的，那周王自然也就拥有“中国”或“天下”土地的“天然权利”，为“中国”或“天下”土地的所有者。这就赋予周王通过暴力获得的土地所有权以合法的性质和某种社会稳定性。

《左传·昭公七年》在提及《北山》所述“普天之下莫非王土，率土之滨莫非王臣”这一“古之制”时，还同时提到“有亡荒阅”的“周文王之法”，以及楚文王所作“盗所隐器，与盗同罪”的“仆区之法”。这里提及的“古之制”或“法”，主要是就土地、奴隶等财产所有制或财产所有权法而言。西周青铜器铭文以及《左传》《国语》的其他不少记载都可以证明：周王曾经是“中国”土地的所有者，西周土地所有制结构的主体是王有制或国有制；周王对“中国”或“天下”土地的所有权，曾经得到公卿、大夫、士等各级贵族的普遍承认。

对《北山》所谓“普天之下”，不可单纯从字面上去理解。由于周天子的土地所有权与其政治统治权相互关联、合为一体，所以他们的土地所有权实际上只限于其政治权力所及的地区，而不包括其政治统治所未及和未固之地。《师询簋铭》：“肄皇帝亡昊（斁），临保我氒（厥）周，雩四方民亡（无）不康静。”《兮甲盘铭》：“王令甲政（征）司（治）成周四方赉，至于南淮夷。”《晋邦盨铭》：“我皇祖鄬（唐）公□（膺）受大命，左右武王，□□百緐（蛮），广司（治）四方；至于大廷（庭），莫不来□（王）。□（王）命鄬公，冂宅京自（师），□□□邦。”此所谓“厥周”、“成周”、“京师”，指王者管辖的邦畿；“四方”，指邦畿之外周王势力所及的各诸侯国地区；“南淮夷”、“百蛮”，即是周王统治势力所未及或未固之地的民族①。《尚书·梓材》和《大雅·民劳》所谓“中国”，也是指西周王朝直接统治区域，即所“邦畿”或“王畿”；因为四方都有诸侯，所以称做“中国”②。《国语·周语上》云：

> 夫先王之制：邦内甸服，邦外侯服，侯、卫宾服，蛮、夷要服，戎、狄荒服（韦昭注：“邦内，谓天子畿内千里之地”；“甸，王田

① 顾颉刚：《畿服》，《史林杂识》（初编），中华书局1963年版，第1页。
② 高亨：《诗经今注》，上海古籍出版社1980年版，第423页。

也”）。

可见，西周时期周王的主权范围，限于“方千里”的“甸服”（虢、毕、祭、郑等原属畿内国），以及部分作为“侯服”和“宾服”的诸侯国地区；从而，西周王室也就仅仅拥有上述地域范围内的土地所有权。至于作为所谓“要服”和“荒服”的蛮、夷、戎、狄的土地制度，则当别论。而且，西周王者对上述地域范围内的不同地区的土地所有权，其权限大小不同，其内容也有区别。

周王对上述地域范围内的土地所有权，主要体现在这样几个方面：（1）有权对公、卿、大夫等贵族“受（授）民受（授）疆土”[①]，“锡之山川，土田附庸”[②]；事实上，畿内贵族和畿外部分诸侯的土地，也是由西周王者先后授予或赏赐的。（2）有权对受土的公、卿、大夫等贵族征收“贡”“税”，“甸服者祭，侯服者祀”，“宾服者享”，“日祭”、“月祀”、“时享”[③]；这是王者的土地所有权和国家主权所借以实现的、合而为一的经济形式。（3）卿大夫采邑主只有土地占有权，而无随意处分之权，不许买卖，所谓“田里不鬻”[④]。（4）周王有权收回原来授予臣下的采邑，而更易其主。

三、土地王有制的内容和性质

西周王者是西周国家最高的统治者和政治代表，土地王有制也就是土地国有制。国家或君主既是主权者，同时又是土地所有者，这在世界历史上不乏其例。在古希腊最大的一个农业城邦——斯巴达，土地属于国有。在古罗马，最初也只有罗马国家才享有土地所有权，公民个人只能享有普通的占有，土地国有制是后来才逐渐为个人的土地私有制所代替的。在古代埃及、巴比伦和印度，土地所有制结构的主体是王有制或国有制。中世纪有些国家或民族，也曾实行土地国有制或王有制。马克思在《资本论》中，从有的亚洲国家的历史实际出发，作出过国家既是土地所有者又是主权者，“主权就是在全国范围内

---

① 《大盂鼎铭》。
② 《诗·鲁颂·闷宫》。
③ 《国语·周语上》。
④ 《礼记·王制》。

集中的土地所有权”的论断①。

人类历史上有各种各样的土地国有制或土地王有制。不但不同社会经济制度下的土地国有制，其内容和性质不同，不能混为一谈；就是各国各民族同一社会经济制度下的土地国有制，以及同一社会经济形态发展过程中的不同阶段上的土地国有制，也可能有类型和性质的区别，不能一概而论。马克思在《经济学手稿》（1857～1858）中谈到“亚细亚的所有制形式”时，这样写道：

> 这种以同一基本关系（即土地公有制）为基础的形式，本身可能以十分不同的方式实现出来。例如，跟这种形式完全不矛盾的是，在大多数亚细亚的基本形式中，凌驾于所有这一切小的共同体之上的总合的统一体表现为更高的所有者或唯一的所有者，实际的公社却只不过表现为世袭的占有者……
>
> 因此，在东方专制制度下以及那里从法律上看似乎并不存在财产的情况下，这种部落的或公社的财产事实上是作为基础而存在的……公社的一部分剩余劳动属于最终作为个人而存在的更高的共同体，而这种剩余劳动既表现在贡赋等等的形式上，也表现在为了颂扬统一体——部分地是为了颂扬现实的专制君主，部分地为了颂扬想象的部落体即神——而共同完成的工程上。②

有一种意见认为：中国奴隶社会，特别是西周时期的土地所有制，属于马克思这里所说的“亚细亚的所有制形式”；周天子是全国土地的最高所有者，家族公社和农村公社是土地世袭的占有者，公社农民则是份地的使用者。我们不同意这种说法。因为，西周时期的土地王有制与马克思所说的“亚细亚的所有制形式”，有以下主要的区别：

第一，西周王室不但是当时中国土地的最高所有者，而且是相当一部分王有地的直接占有者和经营者。如我们将在下一章（《“大田”农场》）中所述，西周王室经营的“大田”农场有多处：农夫在“大田”上的劳动，包括他们的剩余劳动和必要劳动；“大田”上实行集体劳动和监督劳动；“大田”产品

---

① 《马克思恩格斯全集》第25卷，第891页。

② 《马克思恩格斯全集》第46卷上，第472～473页。

是周王室农业收入的重要来源。周王对这一部分王有地的所有权借以实现的这种形式，在上引马克思所说的“亚细亚的所有制形式”下，是不存在的。

第二，西周王室除直接占有和经营部分王有地外，还将大量的王有地分别授予或赏赐给公、卿、大夫和士等各级贵族。西周时期的一切贵族，都直接占有和支配着一定数量的采邑、田土，同样采用“大田”制或其他经济形式榨取农夫的剩余劳动，以维持其不劳而食的剥削生活。历史记载充分地表明，西周王有地或国有地的主要占有者和支配者是各大小贵族，是压迫者和剥削者。这一点，与“亚细亚的所有制形式”下，公社共同体“表现为世袭的占有者”，“部落的或公社的财产事实上是作为基础而存在”，是根本不同的。

第三，在马克思所说的“亚细亚的所有制形式”下，公社财产和公社成员的劳动主要是“这样表现出来”：“各个小公社彼此独立地勉强度日，而在公社内部，单个的人则同自己的家庭一起，独立地在分配给他的份地上从事劳动。”[1] 而在西周土地王有制下，直接生产者在王室、公室以及卿大夫等贵族占有地上的劳动，无论是“大田”农场上的农夫劳动，还是《周礼·遂人》授田制下的农夫在“授田”上的劳动，则都属于强制劳动、监督劳动，而不是什么个体劳动、独立劳动。

第四，西周土地王有制下的直接生产者，与“亚细亚的所有制形式”下的直接生产者，身份地位不同。西周奴隶主集团占有地的耕作者，主要来源于战俘和征服，他们或为严格意义上的奴隶，不但不占有土地等生产资料，而且自身也被当做财产来占有；或事实上处于奴隶地位，遭受奴隶般的压迫和剥削，而“亚细亚的所有制形式”下的直接生产者，则是“独立存在”的公社共同体成员，“是公共财产的共有者”[2]。虽然马克思说过，“因为在这种财产形式下，单个的人从来不能成为所有者，而只不过是占有者，实质上他本身就是作为公社统一体的体现者的那个人的财产，即奴隶”[3]；但是，他这里所说

---

① 马克思：《经济学手稿》（1857～1858）上册，《马克思恩格斯全集》第46卷上，第473～474页。

② 马克思：《经济学手稿》（1857～1858）上册，《马克思恩格斯全集》第46卷上，第477～478页。

③ 马克思：《经济学手稿》（1857～1858）上册，《马克思恩格斯全集》第46卷上，第493页。

的“奴隶”并不是科学意义上的奴隶，并不是奴隶制社会经济形态下的奴隶，这一点，马克思在他的著作中是特别作了说明的。

第五，在西周时期的中国境内，固然也存在着公社共同体和公社土地所有制或公社土地占有制。但它主要存在于当时中国的周边地区，或者说，主要存在于非周天子的土地所有权范围和非贵族集团的土地占有权范围的地区。西周王城近郊和部分诸侯国都城近郊的农民，自然也是王有或国有土地的占有者；他们虽属公社成员，但与上述“亚细亚的所有制形式”下的公社成员有别。关于这个问题，即公社地制度问题，我们将在本章第三节中研讨。

国家是个阶级概念。西周国家，是以周天子为总头子的贵族奴隶主阶级的国家，是贵族奴隶主阶级的各个个人借以实现其共同利益的政治形式。在考察西周各贵族奴隶主和西周国家之间的关系，以及西周土地王有制或土地国有制的内容和性质时，不能忽略以下一个重要的历史事实，这就是：作为当时中国最高统治者和全国土地所有者的周天子，其分封土地、授予采邑和赏田的对象，全是公、卿、大夫等贵族，而没有一例是平民。

马克思说过：“一个征服民族在征服者之间分配土地，因而造成了地产的一定的分配和形式，由此决定了生产。或者，它使被征服的民族成为奴隶，于是使奴隶劳动成为生产的基础。”① 西周征服者则是两者同时并行：一方面使大量的被征服部族人民成为奴隶，由周天子分配给各大小贵族占有，从而发展了奴隶主占有制；另一方面又在贵族之间分配土地，于是造成了以贵族奴隶主为占有主体的土地王有制或土地国有制形式。

奴隶主土地私有制和以奴隶主大土地占有制为基础的土地王有制或土地国有制，这只是奴隶主土地所有制的形式的不同，两者并无本质的区别。西周时期的土地王有制或土地国有制，实质上也是一种土地私有制，或者说，是贵族奴隶主的“一种共同私有制”②。

“私有财产的真正基础”是“占有”③。而占有的性质，又依占有人是剥削

① 马克思：《经济学手稿》（1857～1858）上册，《马克思恩格斯全集》第46卷上，第33页。
② 马克思、恩格斯语：《德意志意识形态》，《马克思恩格斯全集》第3卷，第25页。
③ 马克思：《黑格尔法哲学批判》，《马克思恩格斯全集》第1卷，第382页。

者还是劳动者而有区别。剥削者所有制的实质，“是对他人劳动力的支配”，占有他人的劳动产品①。“我占有我自己的产品或者占有别人的产品，这自然是两种很不相同的占有。”② 前面说过，虽然西周王畿和畿外部分诸侯国内的自由农民也是王有或国有地的占有者，但王有或国有地的主要占有者是以周王为首的各级贵族奴隶主。因此，所谓“西周土地国有制是一种土地公有制”、土地公有制在我国历史上表现为王有”等等说法，是不能成立的。

第二节　采邑制度

一、锡采与采邑概况

“采邑”又叫“采地”，简称“采”，主要是指卿大夫占有的土地。《诗·邶风·谷风》：“采葑采菲，无以下体。”“采”，“採”本字，义为摘取。采邑、采地的“采”，亦当作“取”解；卿大夫得以取其产品的土地，谓之采地或采邑。有权取其土地的产品者，自然也就是土地的占有者③。

“大夫有采”制度，始于周初。《礼记·祭法》：“天下有王，分地建国，置都立邑。”郑玄注云：“建国，封诸侯也。置都立邑，为卿大夫之采地及赐士有功者之地。”又《礼记·礼运篇》云：“天子有田以处其子孙，诸侯有国以处其子孙，大夫有采以处其子孙。是谓制度。”《左传·桓公二年》云：“故天子建国，诸侯立家，卿置侧室，大夫有贰宗。”以上记述，大体符合西周至春秋时期采邑制度的形成和发展的历史实际。

西周时期的采邑制度，是在土地王有制的基础上实行的。它普遍实行于“方千里”的王畿和畿外各大小封国。不过，历史记载表明，西周时期，采邑制度主要盛行于畿内；畿外各诸侯国的采邑制度，春秋时期才得到充分的发展。畿内各卿大夫的采邑或采地，主要是由周天子直接授予的。成王时代的《中齋铭》云：

① 马克思、恩格斯：《德意志意识形态》，《马克思恩格斯全集》第3卷，第37页。

② 恩格斯：《反社林论》，《马克思恩格斯全集》第20卷，第296页附注。

③ 关于“采”，历史解说不一。参看侯志义：《采邑考》，西北大学出版社1989年版，第1～2页。

隹（唯）十又三月庚寅，王才（在）寒帥（次），王令大（太）史兄（贶）褱土。王曰："中！兹褱人入史（事），易于武王乍（作）臣。今兄（贶）里（賚）女（汝）褱土，乍（作）乃采。"

"兄"当读为贶，"史"当读为事，"里"当读为賚；賚声里声古通。"铭文连言贶賚，犹《费誓》之连言赏賚也"[①]。上录铭文，意思是说："这是十三月庚寅日，王在寒的军次，王命令太史赏赐褱的土地。王说：'中！这褱族人来服事，贡纳土地给武王称臣。现在赏给你，作你的采地。'"[②] 又《趞尊铭》："王在序（斥），锡趞采曰趪。"《鄭簋铭》："王曰：鄭！昔先王既命汝作邑，𬇙五邑祝。"

《召卣铭》云："王自穀赏毕王，方五十里。"这里"虽只称为土，不称邑，但既有方五十里之大，实际上也等于一个采邑"（甚至不止一邑）。此外，"如周宣王封申伯于谢，封韩侯于燕（南燕）等，也是采邑一类的封地"[③]。

《吕氏春秋·慎大览》说："武王胜殷……与谋之士封为诸侯、诸大夫，赏以书社。"《管子·版法解》说："武王伐纣，士卒往者，人有书社。"这两种说法，是有一定的史实根据的。《左传·成公十年》载："昔周克商，使诸侯抚封，苏忿生以温为司寇，与檀伯达封于河。"这位檀伯达，可能就是《利簋》（武王时器）的作器者利；利是名，伯达是字，为檀公之长子。檀伯达与苏忿生同时被封，苏忿生是司寇，比司徒、司马、司空的地位略低；檀伯达大概是三卿之类的有司，与利的身份正合。《利簋铭》所记为武土克殷时事，因受赐铜而作簋；赐铜之日为甲子后七日，即武王立政，也仅第四天，可见利在当时是有功的官吏，在论功行赏的前列[④]。自然，由于武王克殷后不久即死，较普遍地对卿大夫等贵族锡采，主要是在后世诸王特别是成、康时期。

"书社"一词，见于《左传》《管子》《晏子春秋》《荀子》《商君书》以及《吕氏春秋》等书，西周时期的金文及其他文献中未见。所谓"社"，是基层社会组织单位。《左传·昭公二十五年》"请致千社"，杜预注云："二十五

---

① 杨树达：《积微居金文说》（增订本）卷五《记月中甗跋》，中华书局1997年版，第109页。

② 唐兰：《西周青铜器铭文分代史徵》，中华书局1986年版，第290～291页。

③ 赵光贤：《周代社会辨析》，人民出版社1980年版，第117～118页。

④ 唐兰：《西周青铜器铭文分代史徵》，中华书局1986年版，第10页。

家为社。”《左传·哀公十五年》“书社五百”，杜预注云：“二十五家为一社，籍书而致之。”“书社”的“书”字当即《左传·襄公二十五年》“书土田”之“书”。“将每社的土田面积、户口多少登录于册，叫做书社。至于二十五家为社，则不可拘泥。”①《论语·宪问》篇所说管仲“夺伯氏骈邑三百”，朱熹注以为即《荀子·仲尼》篇所说的“书社三百”，是书社亦可称邑，只是属于小邑。或说“书社”者即“井田”，大致相当于一“里”②《管子·版法解》所谓“武王伐纣，士卒往者，人有书社”，虽然不确，但周王对部分有战功之士锡采当是事实。孙诒让《周礼正义》“大宰以八则治都鄙”疏云：“凡命士有功德者，或功臣之后，亦间有采地；《祭法》注云‘置都立邑为卿大夫采地及赐士有功者之地’是也。然士有采地者甚少，且里数亦大减，其余则唯颁禄田而已。故《国语·晋语》云：‘大夫食邑，士食田。’明恒制士不得有采邑。”这一说法，大体上是对的。只是周代的等级制度，有一个形成和发展过程。西周初年，“王臣公”、“公臣大夫”、“大夫臣士”③。这样一种界限分明的贵族等级阶梯，似乎尚未完全形成。当时的受封者，原来并非都具有诸侯或卿大夫的身份；如《吕氏春秋·慎大览》所说，他们是“武王胜殷”后才被“封为诸侯、诸大夫”，并赏以采地的。因此，在周初的特殊历史背景下，部分有功的甲士获得采地，不足为奇。甚至当时有的大夫，可能还是由士上升而来。

“邑”有大小，其人口、土地有多有少。《易·讼》九二“其邑人三百户”，属于大邑一类。《鬲比盨》（即《鬲从盨》）所说“凡复友复友鬲比曰十又三邑”，当属小邑。《论语·公冶长》篇提到“十室之邑”。“是等小邑盖与‘书社’‘井田’相近，一二十家村聚耳”。“大概言之，小邑多统属于大邑，大邑亦谓之‘都’，小邑或谓之‘鄙’。传云：齐与晏子邶殿，其鄙六十。邶殿其大邑之名，而六十则所属之小邑也”④。同时，各卿大夫所受采邑或采地，亦有大小、多少的差别。

---

① 赵光贤：《周代社会辨析》，人民出版社1980年版，第68页。
② 童书业：《春秋左传研究》，上海人民出版社1980年版，第187、188页。
③ 童书业：《春秋左传研究》，上海人民出版社1980年版，第181页。
④ 童书业：《春秋左传研究》，上海人民出版社1980年版，第181页。

《礼记·王制》说："任事，然后爵之；位定，然后禄之。"《国语·晋语八》也说："爵以建事，禄以食爵。"这里讲的是"爵"和"禄"的关系，意谓按职务定爵位，以爵位定食禄；爵位有等，食禄自然有所不同。《孟子·滕文公上》说："夫仁政，必自经界始……经界既正，分田制禄，可坐而定也。"所谓"制禄"，即是指贵族的"禄邑"或"禄田"而言。通常把采邑或采地与禄田混为一谈，实则二者是有区别的。孙诒让《周礼正义》"大宰以八则治都鄙"疏云："采邑食邑，食其田并主其邑，治以家宰私臣，又子孙得世守之。禄田不世守，且仅食其田之租税而不得主其邑，各就近属乡遂或公邑王官治之。"此说基本正确。"无采地的大夫有禄田"；"春秋时郰邑大夫叔梁纥，就是无采地的大夫"[1]。西周时期的卿大夫一般都有采邑或采地，而有"禄田"者为士；对大夫颁以"禄田"，当主要是后来的事情。各卿大夫受采的大小、多少，自然与其爵位的高低有关，但并非完全由其爵位所定。历史记载表明，周王或国君往往对立下大功的贵族多赏或加赏采地。如前所述，卿大夫对其采地只有占有权而无所有权，其所有权属于周王，周王可以收回其采地而更易其主。如周懿王时代的《大簋铭》载：

> 唯十又二年三月既生霸丁亥，王在𩵦侲宫。王呼吴师召大锡趞睽里。王令（命）善夫豖曰（谓）趞睽曰："余既锡大乃里。"睽宾（傧）豖璋、帛束。睽令豖曰（谓）天子："余弗敢𣪘（婪）。"豖目（与）睽颃（履）大锡里。[2]

周天子把贵族睽的采邑转赐给贵族大，睽虽不乐意，但他对此不敢违抗，而只能说："余弗敢婪。"由此可见，周天子是有权把贵族的采地收回，而另作处置的。

诚然，周天子有权收回贵族的采邑是一回事，是否收回则是另一回事。事实上，《大簋铭》所述事例并不多见，多数采邑均为采邑主世袭占有，所谓"子孙得世守之"。兹以上述武王时"以温为司寇"的苏忿生（苏公）为例，

---

① 金景芳：《中国奴隶社会史》，上海人民出版社 1983 年版，第 157 页。

② 郭沫若《两周金文辞大系图录考释》：𣪘本从林声之字钟铭多见之，此当读为婪。又如仅依声纽，读为吝字亦可。颃：𩓥省，字今作履，'履大锡里'者言至大之处锡以邑里。"

据《左传·隐公十一年》记载，苏忿生有温、原、絺、樊、隰郕、欑茅、向、盟、州、陉、隤、怀，共十二邑①；到是年（鲁隐公十一年）"王取邬、刘、蒍、邗之田于郑，而与郑人苏忿生之田"为止，这些采邑始终为苏氏家族世袭占有②。

二、采邑的类型及其性质

采邑或与采邑相类似的制度，并非中国古代社会所特有，它曾经不同程度地存在于古代世界不少国家的一定时期③，并普遍出现于欧洲早期封建社会。人类历史上有过种种不同类型不同性质的采邑制度。即使是西周社会里的采邑，也有不同的类型；不同类型的采邑，其性质不同，或不完全相同。

构成采邑的基本要素，是土地和人民二者。而划分采邑的类型、判定采邑性质的主要根据，则是采邑内部直接生产者的身份地位及其与采地相结合的方式，即采邑主榨取直接生产剩余劳动、剩余产品的方式。

据康王时代的《大盂鼎铭》记载，康王在锡盂"人鬲自驭至于庶人六百又五十又九夫"和"人鬲千又五十夫"的同时，又锡盂采地，所谓"迺(極)、㝐、鄙自厥土"。《尔雅·释诂》："極，至也。"《广雅·释诂》："極，远也。"㝐、鄙，地名。盂是继为南公的，"自厥土"，当是从南公旧封的土地④；而㝐、鄙二地，则是加封的土地。那1709夫"人鬲"中的"庶人"，就是贵族盂所受采地的耕作者，或者说，盂的采地主要是由这大量的"庶人"

① 据杜《注》，共十二邑。沈钦韩《地名补注》据《正义》引《括地志》，谓欑茅为二邑，杜预误合为一，则共十三邑。今依杜《注》。温，故城在今河南省温县西稍南三十里。原，今河南省济源县北而稍西有原乡，当即其地。絺，今河南省沁阳县西稍南三十里有故絺城。樊，亦名阳樊，今济源县东南约二十里有古阳城，当即其地。隰郕，当在今河南省武陟县西南。欑茅，今河南省修武县有大陆村者当即其地。向，今河南省济源县南稍西二十余里有故向城。盟，地在今河南省孟县南稍西数里。州，当在今河南省沁阳县东南五十里之地。陉，当在今沁阳县西北三十里地。隤，当在今河南省获嘉县北约二十里。怀，在今河南省武陟县西南，隰郕之北。（杨伯峻《春秋左传注》，中华书局1981年版，第77页。）

② 从《春秋·僖公十年》"狄灭温，温子奔卫"看来，苏氏于鲁僖公十年才完全失去温邑。则《左传·隐公十一年》所谓温者，"亦王田之在温者耳，非以其全邑与郑，故温仍得为苏氏邑"。（杨伯峻《春秋左传注》，中华书局1981年版，第77页）。

③ 参看童书业：《中国古史分期问题的讨论》，载《文史哲》1955年第1期。

④ 唐兰：《西周青铜器铭文分代史徵》，中华书局1986年版，第179页。

来耕作的。前面说过，《大盂鼎铭》所说的“庶人”是来源于战俘的农业奴隶。因此在这里，农业生产关系的基础是作为奴隶主的盂占有土地和占有直接生产者（奴隶）。显然，这样的采邑，属于奴隶制类型、奴隶制性质的采邑。

如前所述，西周时期的卿大夫都占有采地和奴隶，只是其占有的采地有大有小、占有的奴隶有多有少而已。可以说，有相当大一部分卿大夫的采地或他们的部分采地，是由或主要是由他们所占有的奴隶来耕作的。如据《令簋》，矢令占有“臣十家、鬲百人”，据《师询簋》，师询占有“夷讯三百人”；这矢令和师询的采地，当主要就是由各自占有的这些奴隶来种的。凡是建立在奴隶劳动的基础上、以奴隶为其基本剥削对象的采邑，均属于奴隶制采邑。

西周时期，有相当大一部分隶属于王室或公室的“邑”以及卿大夫的采邑，其直接生产者被称为“庸”。如《询簋铭》：“今余令汝啻官司邑人，先虎臣、后庸：西门夷、秦夷、京夷、纂夷……”《五年召伯虎簋铭》：“余老（考）止公仆墉（庸）土田。”《诗·鲁颂·閟宫》：“乃命鲁公，俾侯于东，锡之山川，土田附庸。”《大雅·崧高》：“王命申伯，式是南邦，因是谢人，以作尔庸。”据《左传·定公四年》载，周初在分鲁公以“殷民六族”的同时，又“分之土田陪敦”，使“因商奄之民”。所谓“土田陪敦”，就是“土田附庸”，“陪”和“附”古声同通用，“敦”因古字和“庸”相近而读了别字。“因商奄之民”的“商民”，是指迁去的“殷民六族”；“奄民”是指奄地土著居民，因被征服而成了“附”着于土田上的“庸”①。《询簋铭》的庸字作𩫖，《说文》：“𩫖，用也。”《尔雅·释诂》训庸（𩫖字隶变为庸）为劳。楚辞《怀沙》“固庸态也”，王《注》训庸为“厮贱之人”。《史记·陈涉吴广世家》“尝与人傭耕”，《索隐》引《广雅》训傭为役。“庸训为劳为役为厮贱之人，均是被奴役之义”；“庸指奴隶言之”②。这类奴隶来源于战争征服，与《大盂鼎铭》所述“人鬲”、“庶人”一类奴隶不同之处是：(1)“庸”是整个氏族部落或“邑”人因被征服而集体沦为奴隶者。《逸周书·作雒篇》所说周公“凡所征熊盈族十有七国，俘维九邑”的“九邑”，就是全部“邑人”集体

① 杨宽：《古史新探》，中华书局1965年版，第81~82页。

② 于省吾：《释庸》，《甲骨文字释林》，中华书局1979年版，第317~318页。

被俘而沦为奴隶的。上引《左传·定公四年》所述“奄民”，也是如此。(2)他们沦为奴隶后，一般仍然居住于原来的“邑”、“里”，或者隶属于王室、公室，或者由王、公赏给卿大夫以为采邑，分别受王、公以及卿大夫的奴役和剥削。上述青铜器铭文所谓锡“采”、锡“邑”、锡“里”，都是连同其居民在内的。(3)他们仍然不同程度地保留着原氏族部落或原始公社组织的残余形式和古老习俗。总之，这类“邑”、“里”，如有的学者所说，“实质上已成为被奴役、榨取的单位，居民已成为一种集体奴隶”①。

据《大克鼎铭》的记述，周天子在把埜、滗、康、匽、隫原、寒山等地的田土赐给善夫克的同时，又赐给善夫克“邢人、逘人、（鬯+夊）人耤”。这“邢人”、“逘人”、“（鬯+夊）人”，与《井（邢）侯簋铭》所述“州人、重人、𩫏人”等“臣三品”一样，是西周所灭亡的三个氏族部之全体成为奴隶者。“耤”字在此当释为耤，耤（藉）者耕也。周天子赐给善夫克的上述多处田土的耕作，就是由这一批奴隶来承担的。虽然锡“田”与锡“邑”有别，但农夫们耕田必须就近立邑，以便野事。显然，这样的“邑”同样是奴隶主奴役和榨取奴隶的组织单位。

前面说过，武王“征四方”过程中，除“憝国九十有九国”外，还“服国六百五十有二”；周公“所征熊盈族十有七国”中，“俘”之为奴者仅“九邑”，其余亦为“服国”或“服邑”。“服国”、“服邑”与“灭国”、“俘邑”的性质不同，“服国”“服邑”人民并未成为奴隶。前面提到，成王时代的《中甗》(《中方鼎》)云：“王曰：中！兹裛人入事，锡于武王作臣，今贶畀汝裛土，作乃采。”显然，这里所谓“采”，不仅是指“裛土”，而且包括“裛土”上的居民“裛人”。“裛（褔）为氏族名，成王赐给中作采邑的“裛土”、“裛人”，当是褔族的全部土地和人民。因为“裛人”是臣服于周，而不是被灭亡的氏族，所以他们尚未沦为奴隶，而是受采邑主中剥削的隶属民。“锡”有纳贡义，《书·禹贡》“九江纳锡大龟”，可证。“裛人入事，锡于武王作臣”，大概只是贡纳“裛土”上的产品。这也就是说，这位名中的采邑主大概并不直接经营其采地“裛土”，而是由裛人自行耕作，向采邑主交纳一定数量

① 杨宽：《古史新探》，中华书局1965年版，第80页。

的产品。这当是与上述以奴隶劳动为基础的采邑不同的另一种类型的采邑。

第三节　授田制、井田制与公社土地制度

一、从“三年一换土易居”的授田制谈起

授田制和井田制，起源于原始社会晚期，本是原始公社土地制度。阶级社会形成以后，又以不同的形态存在于商、周时代的部分地区。不同经济时代的授田制、井田制，其内容和性质不同。同一时代不同地区的授田制、井田制，也可能有这样那样的差别，同样不可一概而论。

《周礼》《孟子》《穀梁传》《韩诗外传》《汉书》和《公羊解诂》等古文献中，都有关于授田制或井田制的记载。这些记载虽不完全可靠，但都有所根据，在一定程度上反映了部分历史实际。先请看何休《公羊解诂·宣公十五年》在讲“井田”时所说的这样一种授田制：

> 司空谨别田之高下善恶，分为三品：上田一岁一垦，中田二岁一垦，下田三岁一垦。肥饶不得独乐，墝埆不得独苦，故三年一换土易居，财均力平。

对何休这里所说“三年一换土易居”的授田制，有人怀疑甚至否定它的存在，认为“此种田庐改易，纷扰无已”①；“其窒碍种种，恐非久计”②。

我们基本同意这样的意见：何休《公羊解诂》谈井田制那段话，兼采了有关井田制的各种传闻，虽然前后杂糅，真假难辨，但还是可以从中嗅到农村公社的气息的。如“井田之义，一曰无泄地气，二曰无费一家，三曰同风俗，四曰合巧拙，五曰通货财”，反映了农村公社的某些习俗。又如“选其耆老有高德者，名曰父老；其有辩护伉健者，为里正”。“父老”和“里正”有安排和监督生产的职能，这也是农村公社的遗俗。至于“三年一换土易居”，耕地公有私耕，定期分配，“这正是农村公社最基本的特征”。如果不是历史上确实有过这种制度，在土地私有制实行已久的后世，人们是不能凭空把它臆想出

---

① 孙诒让：《周礼正义·大司徒疏》。

② 陈立：《公羊传·宣公十五年义疏》。

来的[①]。

其实，在许多民族历史上，都曾实行过定期重新分配耕地的制度。恩格斯在《马尔克》一文中以日耳曼人为例，论述过“这种最古老的制度”，指出：在那里，最初分配给“各个家庭耕种的土地”，期限“只有一年”，每隔一年，又要重新进行分配和更换。后来，“虽然不再一年分配一次，但是每隔三年、六年、九年或十二年，总要把全部开垦的土地（耕地和草地）合在一起，按照位置和土质，分成若干‘大块’，每一大块，再划分成若干大小相等的狭长带状地块……采用抽签的办法，分配给有权分地的人”[②]。在1917年十月革命前的俄国，也长期存在村社和村社内部“重分土地的各种形式”[③]。

何休《公羊解诂》所说的授田制，不但要“三年一换土”，而且“换土”时还要“易居”。在有的学者看来，这“易居”之说“更不可信”，因为“即令换土也不必迁居”，若每三年即“易居”一次，“岂不是自找苦吃”？用现代人的眼光来看，这事确实令人难以置信。可是，此类“自找苦吃”的事，偏偏不仅仅存在于中国古代，而且在其他国家或民族的历史上亦不乏其例。例如，在印度历史上的“地区公社或农村公社”内部，就曾“定期的平均的分配耕地和草地——包括交换住房”。在旁遮普等地区，“每隔一定时间，往往是每隔一年，把公社土地平均分配”，同时“往往不仅涉及耕地，而且还涉及农舍”。“在茹朱夫查尔区的某些村之间不久以前还存在着定期交换土地和住宅的习俗，通常是每隔五年或七年进行一次”[④]。

《汉书·地理志》颜注引张晏说：“周制三年一易，以同美恶。”此说虽然不妥，但有可取之处。说它不妥，是因为“周制”主要不是“三年一易”的授田制，“三年一易”不能代表“周制”。说它有可取之处，是因为“三年一易”或“三年一换土”的授田制，确实仍然存在于周代的局部地区。如若不

① 李根蟠、黄崇岳、卢勋：《中国原始社会经济研究》，中国社会科学出版社1987年版，第403、404页。

② 《马克思恩格斯全集》第19卷，第355页。

③ 列宁：《十九世纪末俄国的土地问题》，《列宁全集》第5卷，第71页。

④ 马克思：《马·科瓦列夫斯基〈公社土地占有制，其解体的原因、进程和结果〉一书摘要》，《马克思恩格斯全集》第45卷，第231、238、239页。

信，请看1972年4月在山东临沂银雀山汉墓发现的竹书中的《田法》的记载：

五十家而为里，十里而为州，十乡（州）而为州（乡）。州、乡以地次受（授）田于野，百人为区，千人为或（域）。……□□居焉，循行立稼之状，而谨□□美亚（恶）之所在，以为地均之岁……□巧（考）参以为岁均计，二岁而均计定，三岁而壹更赋田，十岁而民毕易田，令皆受地美亚（恶）□均之数也。[①]

何谓“三岁而壹更赋田”？《国语·晋语四》“赋职任功”，韦注：“赋，授也。”《汉书·赵充国传》“田事出，赋人二十亩”，颜注：“赋谓班与之也。”银雀山汉墓竹简整理小组指出：《田法》简文“三岁而壹更赋田”的“赋”，亦当训为“授”或“班与”[②]。这无疑是正确的。“三岁而壹更赋田”，也就是“三年一换土”，即定期重新分配耕地的授田制度。

二、井田与井田制

井田或井田制，只能推行于平原地区。《左传·襄公二十五年》载楚司马苈掩“书土田”，分九种言之，“井衍沃”是其中之一。“衍沃，平美之地。”[③]所谓“井衍沃”，就是在较为肥沃的平原地区按井田对田地进行登记。井田制也是一种授田制，至少包含授田的内容。《周礼·地官·小司徒》“九夫为井”，即“以一井九百亩之田，分授九家”[④]。《孟子·滕文公上》所说井田制的用意，在于“分田制禄”；“分田”，就是对农民授田。我们说井出制只能推行于平原地区，并不等于说我国古代所有的平原地区都曾推行井田制。井田制也不等于授田制。《周礼·地官·大司徒》授田制和《遂人》授田制，都不属于井田制。

---

① 林甘泉在《中国土地私有化的具体途径》一文中说：“银雀山竹书《田法》提到王者、霸者、存者、亡者，当是反映战国时代的情况。当时有的国家可能还没有完全废除‘三岁而壹更赋田’的制度。但《田法》的有些内容，也可能是称引前代的情况。”（文物出版社编辑部编：《文物与考古论集》，文物出版社1986年版，第210页。）

② 银雀山汉墓竹简整理小组：《银雀山竹书〈守法〉〈守令〉等十三篇》，《文物》1985年第4期。

③ 《左传·襄公二十五年》杜预注。

④ 孙诒让：《周礼正义·小司徒疏》。

井田和井田制，是既有联系又有区别的两个概念。所谓“井田”，是由于人们把一定地段的田划成若干面积相等的方块、形如井字而得名。单就这种井字形的井田而言，它只是田地的一种疆理方式，这种疆理，可以存在于不同的经济时代和不同的土地关系下；换句话说，它可以和不同的生产关系相联结，而不改变其“形体”。而作为一种土地制度的井田制，则包括井田的所有制形式，劳动生产者的身份及其和井田相结合的方式，以及井田产品的分配方式等等方面的内容；如果这些方面发生变化，井田制的性质也就随着改变。中国古代，有过种种不同类型、不同性质的井田制。不过，“它在古中国并不是普遍通行的田制”①。

据研究，“井田制是中国晚新石器时代，从河谷高地发展到冲积平原上最后完成的田制。它的通行地带，最初只局于这一地区。后来可能要向邻近的，以及地理条件相同地方发展”②。

商代甲骨文中的田字，绝大部分都作田猎解，其为农田之田或作▦、▤、▤，或仍作田，这是商代井田在甲骨文字中的反映。在西周金文中，刑法的刑和典型的型都作井，例如：《毛公鼎铭》“汝毋弗用先王作明井（刑）”；《兮甲盘铭》“敢不用命则即井（刑）”；《师虎簋铭》“帅井（型）先王命”；《虢叔钟铭》“肇帅井（型）皇考威仪”。金文中井就是刑法之刑及典型之型的本字，说明豆腐干似的井田曾是当时一种可以为法可以为典型的制度。耕字偏旁从井，《说文》：“耕从耒井，古者井田，故从井。”耒是殷、周两代的耕具，耕从耒、井，也表明了古代井田的存在③。

《周易》有《井卦》。《井卦》云：“改邑不改井，无丧无得，往来井井。”井是邑的基本组织，“四井为邑”，“改邑不改井”，是井和四井为邑的组织都不变，仅以此井改属彼邑，或以彼井改属此邑，故“无丧无得”。“往来井井”与《荀子·儒效》篇“井井兮其有理也”的“井井”，就是以井田形容整齐划一而有条理有秩序的样子。《国语·齐语》说：“井田畴均，则民不惑。”

① 徐中舒：《试论周代田制及其社会性质》，《四川大学学报》1955年第2期。
② 徐中舒：《试论周代田制及其社会性质》，《四川大学学报》1955年第2期。
③ 徐中舒：《试论周代田制及其社会性质》，《四川大学学报》1955年第2期。

“畴”，也就是同书中“人与人相畴，家与家相畴”之“畴”；“井田畴均”，就是说井田与井田相均等[1]。此外，《左传·襄公二十五年》说楚司马蒍掩“井衍沃”，《左传·襄公三十年》说子产治郑使“田有封洫，庐井有伍”。

以上所述，都是有关殷周“井田”的记录。这些记录，反映了井田的客观存在，然而都没有谈到井田制的具体内容。在我国历史上，对井田和井田制做出系统表述的第一人，是战国时代的孟子。《孟子·滕文公上》云：

夏后氏五十而贡，殷人七十而助，周人百亩而彻，其实皆什一也。

《诗》云：“雨我公田，遂及我私。”由此观之，虽周亦助也。

夫仁政，必自经界始。经界不正，井地不均，谷禄不平，是故暴君汙吏必漫其经界。经界既正，分田制禄，可坐而定也。

方里而井，井九百亩，其中为公田；八家皆私百亩，同养公田；公事毕，然后敢治私事，所以别野人也。

孟子所说井田制的主要特点是：在“方里而井”、“井九百亩”中，包括“公田”和“私田”；“公田”（百亩）由“皆私百亩”的农民（“野人”）共同助耕，“公事毕然后敢治私事”。而井田制的用意，在于“分田制禄”，即以井田作为贵族的“禄田”。

自孟子的“井田说”问世以后两千多年来，井田或井田制问题一直为历代学者所关注，著述甚多，众说纷纭。完全否定井田制的存在及孟子的井田说者，亦不乏其人。虽然经过长期的研究、探讨，现在学者间已取得了这样的共识：中国古代存在井田，实行过井田制；但是，在井田制的内容和性质等问题上，仍然存在重大的意见分歧。

对孟子的井田制说，不可不信，也不能尽信。他所说的井田制究竟存在于何时何地，究竟在多大范围内和多大程度上反映了历史实际，还缺乏可靠材料、具体史实来印证。比如，孟子非常肯定地说，“殷人七十而助”，即有“私田”七十亩的农夫助耕“公田”。其根据何在？他没有说；商代甲骨文和其他文献中，也没有这样的记载。商代存在井田，实行过井田制，当是事实；

---

① 徐中舒：《试论周代田制及其社会性质》，《四川大学学报》1955 年第 2 期。

然而，商代的井田制是否就是“七十而助”？又“殷人”是否只行“助”而不行“贡”、“彻”？都是问题。又如，孟子一方面肯定说“周人百亩而彻”，另一方面又说“虽周亦助也”，其唯一的根据是《诗·小雅·大田》篇所说：“雨我公田，遂及我私。”然而，如我们将在下一章中所述：《大田》篇的作者，即“雨我公田，遂及我私”的“我”，是贵族而非农夫；所谓“公田”即“大田”，是西周王室直接经营，并非孟子所说的“方里而井，井九百亩，其中为公田”的“公田”；而“遂及我私”的“私田”，则是诗篇作者即卿大夫一类贵族的采地；至于那“公田”“大田”的耕作者，即《小雅·甫田》篇所说“我取其陈，食我农人”的“农人”，则根本没有什么“私田”，他们在“公田”“大田”上的劳动包括其剩余劳动和必要劳动。

此外，如我们将在本编第十三章中所述，西周时期行之王畿“六乡”、“六遂”及诸侯国“三郊”、“三遂”的授田制，都不属于井田制；在“乡”、“遂”两种授田制下，都不存在所谓“公田”和“私田”的对立统一；直接生产者在授田上的劳动和授田上的产品，既包括其必要劳动和必要产品，也包括其剩余劳动和剩余产品。《周礼·地官·小司徒》虽然也谈到井田，但它说的是“九夫为井”，“井”内无“公田”，不属于孟子所说的那种井田制或“助”制。如孙诒让《周礼正义》所说：“此经井邑丘甸县都，是彻法，九家同井之井田；《孟子》所说是助法，八家同井之井田。助有公田，彻无公田，两法形体虽同，而家数迥异。”有一种意见说：《周礼》中之所以没有“公田”和“私田”的划分，而只有一夫授田百亩的份地制存在，是因为《周礼》成书于战国年间，“同养公田”的“助”制已变为“税亩”制。其实不然。如本编第四章《“授田”制农业经济形式》中所述，《周礼·地官》“大司徒”授田制和“遂人”授田制所反映的，主要是西周时期的历史实际。

总之，中国古代有“井田”，实行过井田制，但并不普遍，只存在于部分平原地区，不能把中国古代或西周的田制归结为井田制。井田制有一个产生、发展和演变的过程；不同时间、地点和条件下的井田制，其内容和性质不同。《诗·小雅·大田》篇“雨我公田，遂及我私”，与孟子所谓“皆私百亩”的农夫“同养公田”，是两回事情。也不能把《周礼·地官》中的“大司徒”、“小司徒”授田制及“遂人”授田制，和孟子所说的井田制混为一谈。孟子所谓有“公田”、“私田”之分的井田制，当是存在于“遂”外之“野”。

三、公社土地所有制

《周礼》《孟子》《汉书》等古文献中有关授田制、井田制的记载，常被有些学者引为西周春秋时期普遍实行公社共同体土地所有制的根据，认为《周礼·大司徒》授田制属于家族公社土地所有制，《遂人》授田制属于农村公社土地所有制。这种观点，自然并非毫无道理。马克思说过：

> 如果你在某一个地方看到有陇沟痕迹的小块土地组成的棋盘状耕地，那就不必怀疑，这就是已经消失的农业公社的地产！农业公社的社员并没有学过地租理论课程，可是他们了解，在天然肥力和位置不同的土地上消耗等量的农业劳动，会得到不同的收入。为了使自己的劳动机会均等，他们根据土壤差别和经济差别把土地分成一定数量的地段，然后按农民的人数把这些比较大的地段再分成小块。然后，每一个人在每一块地中得到一份土地。①

从表面现象上看，上述周代授田制、井田制确与马克思这里所说的“农业公社的地产”有相似之处。《周礼·小司徒》“乃经土地而井牧其田野，九夫为井”，《遂人》“凡治野，夫间有遂，遂上有径，十夫有沟，沟上有畛，百夫有洫，洫上有涂”，犹如“农业公社”的“有陇沟痕迹的小块土地组成的棋盘状耕地”；《遂人》“辨其野之土，上地、中地、下地，以颁田里”，《均人》“三年大比则大均”，以及《公羊解诂》“司空谨别田之高下善恶，分为三品……三年一换土易居，财均力平”，也和“农业公社的社员……为了使自己的劳动机会均等”，而“根据土壤差别和经济差别”分配份地的办法相类似。

问题在于，世界上的一切事物，其现象和本质、形式和内容并不是经常一致、完全一致的。授田制度或份地制度，并不是公社共同体土地所有制所独有的特征，它同样可以同其他土地所有制其他生产关系相联结，而成为其他土地所有制其他生产关系的一个组成部分。列宁在谈到俄国“农民村社”问题时

---

① 马克思：《给维·伊·查苏利奇的复信草稿——三稿》，《马克思恩格斯全集》第19卷，第452页。

曾强调指出：不能“把问题的两个不同方面即耕作技术和生活方式方面同政治经济方面……混为一谈”；“对于经济学家来说，无论如何不允许因研究重分土地的各种形式以及重分土地的各种技术等问题而抹杀以下的问题：村社内部正在形成什么类型的经济，这些类型正在怎样发展”①。我们在考察中国古代公社共同体问题时，同样不能仅仅着眼于土地的重分与否而忽略它的政治经济方面、生产关系方面。

上述西周时期的各种授田制，其内容和性质不同或不完全相同，不能一概而论。推行于王畿“六遂”和诸侯国“三遂”的授田制，虽然带有原始公社土地制度的痕迹，但它并不是公社共同体土地所有制下的授田制，而是西周土地国有制下的一种奴隶制农业经济形式。它是怎样形成的？这个问题涉及到原始公社演变的途径。

原始公社“有一系列原生的、次生的、再生的种种类型”②。“一切文明民族都是从这种公社（实行土地公有制的氏族公社或农村公社）或带着它的非常显著的残余进入历史的。”③ 各民族原始公社演变、解体的原因和途径，由于时间、地点和条件的差异而各不相同。一是由于经济的原因，即随着社会分工和商品货币经济的一定程度的发展，促使公社内部产生财产上的差别，以致土地公有制转变为私有制；古代雅典农村公社的解体是其典型的例子。一是由于暴力、征服。“假如把人本身也作为土地的有机附属物而同土地一起加以夺取，那么，这也就是把他作为生产的条件之一而一并加以夺取，这样便产生奴隶制和农奴制，而奴隶制和农奴制很快就败坏和改变一切共同体的原始形式，并使自己成为它们的基础。简单的组织因此便取得了否定的规定。”④ 古代斯巴达“黑劳士”制，西周“六遂”“三遂”授田制，即是通过战争征服而产生的一种奴隶制或奴隶制经济形式。

关于西周遂人授田制的具体内容和性质，我们将在本编第十三章中着重研

① 列宁：《十九世纪末俄国的土地问题》，《列宁全集》第15卷，第70~71页。

② 马克思：《给维·伊·查苏利奇的复信草稿》，《马克思恩格斯全集》第19卷，第432页。

③ 恩格斯：《反杜林论》，《马克思恩格斯选集》第3卷，第187页。

④ 见马克思：《政治经济学批判》（1857~1858年草稿），《马克思恩格斯全集》第46卷上，第490~491页。

讨，这里先简单地说明一下它和原生形态的农村公社土地制度的区别。概括起来，二者主要有以下区别：

(1) 土地所有者和占有者不同。在原生形态的农村公社内部，土地的所有者是公社共同体，占有者是公社社员。这是一种土地公有制，即公社社员共同所有制或集体所有制。遂人授田制则是以奴隶主国家土地所有制为基础，由王室或公室直接占有和支配，而“六遂”“三遂”农夫只是授田的耕作者。

(2) 因为农村公社共同体是公社土地的所有者，所以公社社员份地分配的主持者是公社，是公社首领；这是公社土地所有制的重要标志，也是公社共同体的主要经济职能。因为遂人授田制下的土地所有权、占有权和支配权掌握在奴隶主国家或王室、公室手里，所以对六遂、三遂居民授田的主持者是奴隶主国家设置的“遂人”、“遂师”、“遂大夫”等职官。据《周礼·地官·叙官》载，遂人、遂大夫为中大夫，遂师为下大夫，他们都是贵族。

(3) 直接生产者的身份地位不同。在原生形态的农村公社内，作为直接生产者公社社员，拥有人身权利和人身自由，公社的所有成员在经济上和政治上都处于平等地位，公社首领是社会的公仆。而遂人授田制下的直接生产者，则不仅因被征服被俘掳而丧失了土地，而且丧失了人身权利和人身自由，遭受征服者统治者集团的奴役和剥削，与征服者统治者处于对抗的地位。

(4) 劳动形式、劳动性质不同。在农村公社的份地制度下，“每一社员用自己的力量来耕种分给他的地”[①]；他们在自己份地上的劳动，一般是以一家一户为单位的分散劳动、独立劳动。而遂人授田制下的农夫在授田上的劳动，则不但实际上属于“结合”劳动、协作劳动，而且还是主要由于阶级对立而引起的强制性劳动；他们在授田上的整个劳动过程，都是在“遂人”系统各级职官的层层指挥和强制下进行的。

(5) 产品分配形式不同。由于原生形态的农村公社社员是公社土地的共同所有者和份地的占有者与独立经营者，因而他们耕种份地完全是为自己而劳

① 马克思：《给维·伊·查苏利奇的复信草稿》（三稿），《马克思恩格斯全集》第19卷，第449页。

动，“把产品留为己有”①。而遂人授田制下的农夫在授田上的劳动及其产品，则包括他们的剩余劳动、剩余产品和必要劳动、必要产品；因此，授田上的产品有相当大一部分被统治者剥削者所“彻取”，留给农夫作为必要生活资料者只是授田产品的一部分。

可见，遂人授田制与公社共同体土地所有制有本质的区别，不可将二者混为一谈。《周礼》大司徒授田制也不是什么公社共同体土地所有制，而是土地王有制或土地国有制下的“六乡”农民份地占有制。在这种授田制下，授田的直接主持者，以及，“六乡”事务的管理者，也不是什么公众组织机构，而是由国家设置的大司徒、小司徒、乡师、乡大夫、党正等各级职官组成的统治机构，他们分别属于卿、大夫、士等大小贵族，连每党的党正也是由下大夫担任的②。

前面说过，何休《公羊解诂》所说“三年一换土易居”的授田制，也继续存在于周代的局部地区。对于这种授田制，也不能不加分析地指为公社共同体土地所有制；犹如不能说银雀山竹书《田法》所说“三岁而壹更赋田”（即三年一换土）的授田制，一定就是公社共同体所有制一样。它究竟属于什么性质的土地制度，取决于：（1）谁是真正的土地所有者和授土授田者；（2）受田者即直接生产者的身份地位；（3）由（1）（2）所决定的直接生产者在生产过程中的地位和产品分配形式。

《孟子·滕文公》篇所讲的井田制，与农村公社土地所有制同样有根本的区别。因为：（1）井田的所有者是奴隶主国家，占有者是贵族，是贵族的采地、禄田；（2）井田上的生产者是被征服、被奴役的“野人”，其身份地位不同于农村公社成员；（3）在这种井田制下，每家农夫受田百亩，是以他们向主人（贵族）提供剩余劳动，“同养公田”，“公事毕，然后敢治私事”为前提的，并非农村公社土地所有制下的份地制度；（4）农夫在“公田”上的劳动，是由于阶级对立所产生的强制劳动、监督劳动，其性质不同于公社农民在公社土地上的劳动；（5）农夫在“公田”上的劳动生产品，全部归“不稼不穑”

① 马克思：《给维·伊·查苏利奇的复信草稿》（三稿），《马克思恩格斯全集》第19卷，第449页。
② 见《周礼·地官·叙官》。

的剥削者所有，并非用于什么支付公社共同体本身的费用。总之，孟子所说的那种井田制生产关系，是以卿大夫一类贵族占有土地和占有或不完全占有直接生产者为基础的剥削和被剥削、统治和被统治的关系，它与以公社共同体土地所有制为基础的生产关系有本质的区别。

诚然，“公田”和“私田”之分，起源于以公社土地所有制为基础的生产方式。至于这种所有制和生产方式怎样发展、演变，是转变为奴隶制生产方式，还是转变为封建制生产方式或别的生产方式，这取决于它所处的历史环境。马克思在《资本论》第一卷中以“罗马尼亚各州的情形”为例说：

> 那里原来的生产方式是建立在公社所有制的基础上的，但这种公社所有制不同于斯拉夫的形式，也完全不同于印度的形式。一部分土地是自由的私田，由公社成员各自耕种，另一部分土地是公田，由公社成员共同耕种。这种共同劳动的产品，一部分作为储备金用于防灾备荒和应付其他意外情况，一部分作为国家储备用于战争和宗教方面的开支以及其他的公用开支。久而久之，军队和宗教的头面人物侵占了公社的地产，从而也就侵占了花在公田上的劳动。自由农民在公田上的劳动变成了为公田掠夺者而进行的徭役劳动。于是农奴制关系随着发展起来。①

这是以公社所有制为基础的生产方式，向“农奴制关系”（即封建农奴制生产方式）转变的例子。中国古代的情况则与此不同。主要表现在：

（1）殷周之际至西周初期，中国部分地区以公有制为核心的公社土地制度的质变，不是由于个别贵族对公社土地的侵占，而是由于以周王为代表的奴隶主国家的战争征服和掠夺。其中，有“公田”、“私田”之分的公社土地制度的根本变化，也是如此。

（2）如前所述，孟子所谓包括“公田”和“私田”的“井田”，是作为土地所有者的奴隶主国家授予贵族的采地、禄田。正因为如此，贵族对井田和井田耕作者剩余劳动的占有具有合法性，不属于非法的侵占。

（3）更重要的是，西周奴隶主国家通过战争征服夺取被征服者民族的公

① 《马克思恩格斯全集》第23卷，第265页。

社土地，并把它授予卿大大一类贵族作为采地、禄田时，是把人（公社成员）本身也作为土地的有机附属物而同土地一起加以夺取和授予的，或者说，是把人也作为生产条件之一而一并加以夺取和授予的。这样，耕种井田的“野人”的身份地位，也就不同于封建领主制下的农奴，因为后者是基于封建土地所有制关系而产生，前者是由于暴力征服，是通过直接的肉体强制和人身占有。

总之，家族公社或农村公社原是原始社会的组织形式，但它终究只是一种组织形式。一切都要以这种形式包含什么内容为转移。在西周土地国有制和贵族大土地占有制下，虽然有家族公社或农村公社组织形式残存，但是它的领导者、主持者已不是公社头人，而是奴隶主贵族及其国家；公社共同体土地所有制，已被奴隶主国家土地所有制和奴隶主贵族土地占有制所代替；公社成员和公社头人之间的平等的民主的关系，已被压迫和被压迫、剥削和被剥削的阶级关系所代替。

那么，西周时期的中国，是否存在以土地公有制为基础的原始公社呢？无疑是存在的。西周时期全中国范围内各地区社会经济的发展，同样是很不平衡的。前面讲过，西周时期周天子的主权和土地所有权，以及卿大夫等贵族占有的采地、禄田，仅仅存在于周王朝统治势力所及的地区。在其统治势力所未及或未巩固地区的众多部族或方国中，有些仍处于以土地公有制为基础的原始公社制阶段，实行公社共同体土地所有制。

第四节 王畿土地私有化的过程及其途径

一、王者锡采、赏田与部分国有地的私有化

这里所说的土地私有化过程，主要是就西周国有地或王有地逐步演变为卿大夫等贵族的私有地而言。国有或王有土地之所以首先而且主要表现为此种私有化，不仅因为卿大夫是国有或王有土地的主要占有者，而且因为他们是拥有政治、经济特权的贵族。要确切划分西周土地私有化过程开始的具体时间，是很困难的。从辩证的发展的观点来看问题，可以说周初土地国有制确立之时，同时也就是土地私有化过程的开始。只是西周早期缺乏这一变化的明显标志，

而有关贵族私有土地的材料开始出现于西周中期。因此，大体可以把土地私有化过程开始的时间定在西周中期。

由于中国古代商品货币经济的状况和发展水平的限制，以及各个地区社会经济发展的不平衡性，国有或王有土地的私有化是一个长期的历史过程。所谓“规方千里以为甸服”的西周王畿，是当时中国的政治中心和经济中心，是当时盛行土地王有制、采邑制以及奴隶占有制的地区，从而也是当时经济、政治等领域的矛盾的发展较快的地区。历史记载表明，土地所有制形式的演变，土地私有化过程，始于王畿。畿外列国采邑制度的发展及其土地的私有化，主要发生在春秋时期。因此这里所说的土地私有化过程，主要是指王畿而言。而且，即使在王畿，直到西周末年为止，土地私有制的发展也并没有根本改变土地王有制的主体地位。

西周中、后期大土地所有制的发生，首先与采邑制的发展有关。虽然受封贵族对其采地只有占有权而无所有权，周天子有权收回采地或者更易其主，而受封贵族之间不得私相转让土地；然而事实上周天子真正收回采地或者更易其主的事例只是个别的，多数卿大夫不但是其采地的终身占有者，而且是它的世袭占有者。《礼记·礼运》篇所谓“大夫有采以处其子孙”，实际上也赋予了卿大夫的子子孙孙对其采地的继承权。虽然他们所继承的只是死者生前所有的权利，即占有采地的权利，但是占有往往是形成所有的前提，而占有和所有之间的界限也不是绝对的。前面提及在今河南省温县境内的温邑，从周武王时期到春秋早期一直为苏氏家族所世袭占有的事例。公元前650年，由于“狄灭温，温子奔卫”①，周王才真正收回温邑，其后“襄王劳文公而赐之温”②。若无“苏子叛王即狄，又不能于狄，狄人伐之”③ 这一政治原因，苏氏可能不致失去温邑。卿大夫们对其采地的占有权，后来已经变得如此牢固，以致这些采地作为世袭财产而属于他们了。

西周中、后期的青铜器铭文中，讲到周天子对臣下赏“田”的事情。如

① 《春秋·僖公十年》。

② 《左传·僖公二十五年》《左传·成公十一年》。

③ 《左传·僖公十年》。

共王时代的《永盂铭》云：在十二年初吉丁亥那天，“益公内（入）即命于天子”，然后益公便出示天子的命令：“锡畀师永厥田”——洛水南北两岸地区以及原属师俗父的田。与益公一道出示天子命令的还有：“邢伯、荣伯、尹氏、师俗父、遣仲”。其后，“公廼（乃）命郑司徒圅父、周人司工（空）眉、敔史、师氏、邑人奎父、毕人师同，付永厥田”。率领者是旧，划定疆界者是宋句[①]。又夷王时代的《敔簋铭》云：周历十一月，王亲临成周太庙，“使尹氏”锡敔田“于敜五十田，于早五十田”。又厉王时代的《大克鼎铭》云：“王在宗周”，“呼尹氏册令（命）善夫克”，同时“锡”克田于埜、渒、𨟻、㝩、匽、隮原、寒山。敔、克等贵族原来也有采地，周天子之所以又对他们特别锡田，是因为：敔在抗击南淮夷进犯的战争中有功；克为王官，出纳王令，政绩显著，王要继续重用。

西周金文记述天子给与臣下采邑和田，均往往言“锡”；“锡”者，赐也、赏也。虽然二者均言“锡”，但锡田和锡采邑的内容、性质却不相同。锡采邑包括土地和人民，采邑主不仅利用其采地榨取直接生产者的剩余劳动、剩余产品，而且拥有政治、军事上的特权，成为采邑之“君”。不过，如前所述，天子锡采邑并不是土地所有权的转让，采邑主对其采地只有占有权而无所有权。“锡”田则不包括“邑”，受田者不会因此而获得政治、军事上的特权。锡采，一般视爵位之大小，有预定之法；而锡田则否。《周礼·夏官·司勋》：“凡赏无常，轻重眡功。”郑玄《注》云：“无常者，功之大小不可预。”这里所谓“赏”，是指有别于锡采的锡田而言；因为锡田是根据受赏者“功”之大小而给之，故无预定之法。更重要的是，有的锡田或赏田，已赋予受赏者以所有权。

赏田或赏地有种种。《周礼·夏官·司勋》：“凡颁赏地，参之一食；唯加田无国征。”《注》云：“加田，既赏之，又加赐以田，所以厚恩也。”所谓“凡颁赏地，三之一食”，与《大司马》“令赋”：“下地食者参之一”，意同。意思是说：“此赏地参分，受赏者食其一，其不食者二分入于王，下云‘唯加田无国征’，明赏地不食者参之二为有国征。”“凡经言食者，皆不谓王食。”

---

① 参看洪家义：《金文选注绎》，江苏教育出版社 1988 年版，第 187 ~ 199 页。

"此言加田则受者全食之，与赏地食参之一异也。"① 产品分配是生产所有制关系的体现，任何生产资料所有制主体都必然得到一定的经济收益。"凡颁赏地，参之一食"，其不食者"参之二"为有"国征"表明，此"赏地"的所有权仍然掌握在周天子手里，而受赏者只有占有权而无所有权。而"无国征"的"加田"，则以受赏者私有"加田"为前提，"无国征"同时也是受赏者对"加田"拥有所有权的标志。因此，《周礼·司勋》所谓"唯加田无国征"，可以说即是国家在法律上关于受赏者对"加田"的私有权的规定。此"加田"是与"赏地"相对而言，我们认为这"赏地"即锡采，而"加田"则是此"赏地"之外加赏之田。上述《永盂》《敔簋》《大克鼎》所载天子锡永之田、锡敔之田和锡克之田，便属于此"加田"一类。

二、贵族之间的土地赏赐与土地交易

在西周土地王有制下，"田里不鬻"，受封贵族之间本是不得私自转让土地的。在西周实行土地王有制的最初一段历史时期内，事实上也不存在贵族之间私相转让土地的现象。受封贵族以赏赐、交易等形式转让土地的事件，开始发生于西周中期的王畿地区。

卿大夫一类贵族赏赐土地的事例，见于《卯簋》《不婴簋》等器铭文。据《卯簋铭》记载，荣伯锡卯："于乍一田"，"于戠一田"，"于队一田"，"于戠一田。《卯簋》为共王或懿王时器。此铭荣伯即《康鼎铭》之荣伯，伯，爵位。《史记·周本纪》有"成王既伐东夷，息慎来贺，王赐（命）荣伯作《贿息慎之命》的记载，《集解》引马融曰："荣伯，周同姓，畿内诸侯，为卿大夫也。"这是西周的显贵家族之一。厉王时为王卿士的荣夷公，即此荣氏家族的后裔。据《卯簋铭》可知，荣伯的封邑在沣京邻近，故其臣属既得主管"荣公室"，又得主管"莽宫"、"莽人"。莽，借为沣镐之沣，莽宫即沣京之宫，莽人即沣京之人。卯，以及他的祖父和父亲，都是荣氏的家臣。荣伯称卯的先祖先父为"我家寀"，寀字在此当是假为柱石之柱；所谓"我家寀"，也

① 孙诒让：《周礼正义》"司勋"疏。

就是荣家的柱石之臣、栋梁之臣。荣伯赏赐家臣卯的“田”分散在四地，每地“一田”①。又西周后期的《不婴簋铭》，记述了伯氏赏赐不婴“田十田”一事。此伯氏系天子大臣封为伯爵者。

上述赏田的事例，都不是出于周王之命，也无王室大臣参与其事，而属于施赏者的个人行为。其所赏之田，当是施赏者的私用；而一经赏赐，即为受赏者所有。

贵族之间交易土地的事例，分别见于《卫盉》《九年卫鼎》《格伯簋》等器铭文。《卫盉铭》（共王时器）载：

> 矩伯庶人取堇（瑾）章（璋）于裘卫，才（在）八十朋厥賈，其舍田十田。矩〔伯〕或（又）取赤虎（琥）两、麀耒（韨）两、耒韐一，才廿朋，其舍田三田。

“厥賈”的“賈”字，亦见于《五祀卫鼎铭》《沈子簋铭》《格伯簋铭》《颂鼎铭》《毛公鼎铭》《兮甲盘铭》。有的学者认为：《卫盉铭》的“賈”（贮）字，当如杨树达对《格伯簋铭》的考释，读如“贾，即今价值之价”②。此说是正确的。古时贮（即贮）字有多种含义，有时用其本义，有时用其引申义，要具体问题具体分析，不能一概而论。贮字的本义为储藏。贮、赈、居、酤、沽、贾诸字古音皆可通假。由储藏之字引申为买卖之义，又引申为商贾、价钱之义。《卫盉铭》中的两个贮字都当读“价”。“才八十朋厥价”是倒句，即“厥价在八十朋”，“才”字应依金文常例读为“在”③。本器铭讲的是：裘卫以价值八十朋的瑾璋，换取矩伯的“田十田”；又以价值二十朋的玉器和皮革制品，换取矩伯的“田三田”。

《九年卫鼎铭》（共王时器）记述的，也是矩伯和裘卫之间的土地交易，与《卫盉铭》所述土地交易不同的是：裘卫拿车辆、车马器、皮革制品等给矩伯，拿帛给矩伯的夫人姜氏，以换取矩伯的“林舀里”；因为“林舀里有一

① 参看郭沫若：《两周金文辞大系考释》；洪家义：《金文选注绎》，江苏教育出版社1988年版，第243～244页。

② 林甘泉：《对西周土地关系的几点新认识——谈岐山董家村出土铜器铭文》，《文物》1976年第5期。

③ 赵光贤：《从裘卫诸器铭看西周的土地交易》，《北京师范大学学报》1979年第6期。

片树林是颜家的"[①]，故裘卫又给颜陈两匹大马，给颜夫人（姒）一件黑色衣服，还给颜陈的家臣寿商一件狐皮袄和一件猪皮帷幎。

又《格伯簋铭》（共王时器）云：格伯受（授）良马乘于倗生，厥貯（贮）卅田，则析。"此"贮"，也当读为"价"，"厥贮卅田"就是"其价卅田"，意思是说：格伯把四匹良马给倗生，以换取倗生的三十田[②]。

上述土地交易，交易双方均为贵族。《卫盉铭》所谓"矩伯庶人"，意为矩伯的"庶人"，并非所谓矩伯已由卿大夫一级贵族下降为庶人。器铭先言"王再旂鄷"，然后才说矩伯以"十田"换取裘卫的瑾璋。"再旂"，王举行大检阅的典礼。瑾璋是臣下朝见天子时的礼器。矩伯之以田易裘卫的瑾璋，大概是因为他要参加周王举行的典礼，急需瑾璋这种礼器[③]。作为一个个独立经济单位的各卿大夫之家，其手工业生产的门类要受到原料来源、生产技术以及分工状况等种种限制，不可能所有的贵族家族都生产其所需要的一切物品而完全自给自足。矩伯之以"田"和"林舀里"同裘卫的玉器、车辆和皮革制品等物交换，乃是为了满足其自身的需要。而他所出卖的"田""里"，只是其所有地中的一部分。

裘卫，姓裘名卫，系以官职为姓。《周礼·天官·冢宰》有"司裘"；《考工记》有"裘氏"，管理"攻皮之工"。卫盖任此职，因以为姓[④]。从裘卫用许多物品而主要是兽皮和皮制品看来，他不止是一个一般的贵族和王官，而且是私自以经营皮毛业为主的工商业者。大概此人因经营工商致富而买土地，以致成为工商业者兼土地剥削者[⑤]。

上述土地交易，都不是以货币作为支付手段，而是以贝币作为一般等价物，用物品或牲畜换取土地。《卫盉铭》言"矩伯庶人取瑾璋于裘卫"，没有说明所取瑾璋多少。若其所取为一件，则本器所述交易的物价比数为：

1 件瑾璋 = 贝 80 朋 =10 田

---

① 洪家义：《金文选注绎》，江苏教育出版社 1988 年版，第 188 页。

② 古时战车一乘四马，因以"乘"为四的代称，"良马乘"即良马四。

③ 洪家义：《金文选注绎》，江苏教育出版社 1988 年版，第 163、169 页。

④ 洪家义：《金文选注绎》，江苏教育出版社 1988 年版，第 164 页。

⑤ 赵光贤：《从裘卫诸器铭看西周的土地交易》，《北京师范大学学报》1979 年第 6 期。

2 件赤琥 +2 件麀韨 +1 件𩊚韐 = 贝 20 朋 =3 田

前者每“田”平均价格 8 朋，后者每“田”平均价格不到 7 朋。而《格伯簋铭》所述交易的物价比数则为：4 匹良马 =30 田。

可见当时田价不高。不过，据此认为“当时田价很贱”，也值得研究。首先，上述器铭中的“田”并不一定属于“井田”；所谓“三田”、“十田”、“三十田”，意为三块田、十块田、三十块田，而每块田的面积可能大小不等①，并非通常所说“一田”等于百亩。其次，田土有多种。《左传・襄公二十五年》楚芀掩“书土田”的“土田”，即包括“山林”、“薮泽”、“京陵”、“淳卤”、“疆潦”、“偃猪”、“原防”、“隰皋”、“衍沃”等九种。《左传・襄公十四年》载晋惠公所赐“诸戎”的“南鄙之田”，本是“狐狸所居，豺狼所嗥”的荒地。耕地同荒地相比，好地同坏地相比，其价值相差悬殊。也许矩伯或倗生用以交换的“田”属于荒地、坏地，或者其中包括部分荒地或坏地。再说，裘卫用来换取矩伯之“十田”的“瑾璋”，不是一般的玉器，而是贵重的礼器；格伯用来换取倗生之“三十田”的四匹马，也不是普通的马，而是“良马”。

《卫盉铭》和《格伯簋铭》记录的土地交易，都经过一定具有法律效力的程序和手续。矩伯以田易裘卫的物品成交后，立即陈告于伯邑父、荣伯、定伯、琼伯、单伯等五人，然后由此五人命令司徒微邑、司马单旟、司空邑人服等“三有司”到场勘验“受田”，并参加办理“受田”手续。铭文中的“舍田”是从原主矩伯方面来说的，“受田”是从新主裘卫方面来说的。伯邑父等五人系五朝执政大臣，“三有司”为地方官吏。伯邑父等五位大臣其所以指定三有司参加矩伯和裘卫之间的土地交接手续，是因为司徒管理户口、司马管理军赋、司空管理土地度量，土地的转让与他们都有关涉②。《格伯簋铭》记录的土地交易有“析”，“析”为“析券”③，“书券契而中分之，两人各执其一，故云析也”④。本器铭没有谈到向王朝禀告，也未说三有司参与其事，只是由

---

① 参看赵光贤：《从裘卫诸器看西周的土地交易》，《北京师范大学学报》1979 年第 6 期。

② 李学勤：《西周金文中的土地转让》，载《光明日报》1983 年 11 月 30 日。

③ 郭沫若：《西周金文辞大系考释》。

④ 杨树达：《积微居金文说》卷一。

格伯带领殴妊和仡人亲自巡视田地所在，并由“书史”戠武确定边界，记录在案。于是伯格铸此“宝簋”，“用典格伯田”。“田已由倗生移于格伯，故曰典格伯田也”[①]。“典”，典要，准则。《易·繫辞下》“不可为典要”，《注》云：“不可立定准也。”可见《格伯簋铭》所载土地交易是土地所有权的转移，并以文字的形式赋予了新主格伯对那“三十田”的私有权。

三、其他形式的土地转让

除了上述土地赏赐和土地交易以外，贵族间还有以赔偿、互换等形式出现的土地转让或土地转移。曶鼎、散氏盘、五祀卫鼎诸器铭，记录了这方面的事例。

《曶鼎铭》（孝王时器）载：“昔馑岁，匡众、厥臣廿夫寇曶禾十秭。”曶向东宫控告，东宫责令匡季找到并交出盗禾者，否则将大罚匡季。匡季没有执行东宫的命令，未交出盗禾者，只答应用“五田”和“众”一夫、“臣”三夫作为对曶的赔偿。于是曶又第二次向东宫控告，要求匡季赔偿他的禾。东宫裁决：“偿曶禾十秭，遗十秭，为廾秭。乃来岁弗偿，则付卌秭。”意思是说：赔偿曶禾十秭，另加十秭，共二十秭；如到第二年仍未赔偿，就须付四十秭。但匡季最终仍未按东宫裁决赔偿曶禾，只答应再交付“田二”、“臣一”；“凡用即曶田七田，人五夫”[②]。

《散氏盘铭》记述的是，矢氏因攻击了“散邑”而以“田”赔偿散氏的事件。铭文详细记录了田的边界，矢氏和散氏双方参加确定地界和具体交付手续的人员，以及誓词和成约。铭云：“矢人有司履田……凡十又五夫；正履矢舍散田……凡散有司十夫。”“履”与“步”同义，意思是度量土地，表识地界。“正”即正经界，确定地界。参加确定地界的十名散有司中包括司徒、司马、司空和宰等官员，此三有司亦非王朝大臣，而是散邑的三司[③]。确定地界后，由矢氏叫其有司代他立誓，宣誓两出，一为“付散氏田器（农具)”而宣誓，

---

① 杨树达：《积微居金文说》卷一。

② 参看李学勤：《论曶鼎及其反映的西周制度》，《中国史研究》1985 年第 1 期。

③ 李学勤：《西周金文中的土地转让》，《光明日报》1983 年 11 月 30 日。

誓词是："我既付散氏田器，有爽，实余有散氏贼，则隐千罚千，传弃之"；一为"付散氏濕田、壮田"而宣誓，誓词是："我既付散氏湿田、壮田，余有爽变，隐千罚千"。"湿田"为低洼之田，"壮田"为肥沃之田。经界既定，誓要既立，乃"受图矢王于豆新宫东廷"。此"受"字似为接受之受而非授予之授，"受图"之人即作器者散氏；"受图矢王"，意思是散氏从矢王手中接受田地界图。而受图地点在"豆新宫东廷"，"豆"者矢之属邑，参加确定田界的矢人有司中有"豆人"，可证[①]。

《散氏盘铭》末句是："厥左执缨史正仲农"。"缨"假为契要之要，也就是文献上的约剂之约；文献上的"书契、质剂、要会，均券书之异名，'厥左执缨'，即厥左执券"[②]。"左执缨（要）"，即执"左缨（要）"，"左要"犹言左券、左契[③]。"史正"，官名，主管契约者，与《周礼·秋官》"司约"的职掌大致相同。仲农，人名。所谓"厥左执要史正仲农"，是说其契约的左半由史正之官名仲农者保存。《周礼·秋官·司约》云："凡大约剂书于宗彝，小约剂书于丹图。"《散氏盘铭》所记录的，便是矢氏以田赔偿散氏之"要"契约的具体内容。凡书契，书两札，各执其一，则有左右，故《礼记·曲礼》云；"献粟者执右契"，《老子》云："圣人执左契，而不责于人。"左要右要，或左券右券、左契右契，一般由当事人双方各执其一。为什么这里由史正之官名仲农者执其左要？而右要又是谁执？这个问题，尚待研究。

"五祀卫鼎"属于裘卫诸器之一。关于此器铭文的具体内容，同样存在着较大的意见分歧。有人说是出租土地，有人说是交换土地，还有人说是关于土地问题的诉讼记录[④]。出租土地说和交换土地说的提出，是由于此器铭文中两次出现"賁"字，或解释为"租"，或解释为"贾"。我们赞同这样一种意见：

---

① 郭沫若：《两周金文辞大系考释》。

② 郭沫若：《释缨》，载《金文丛考》。

③ 《周礼·天官·司书》："掌邦之版、土地之图……凡税敛，掌事者受法焉。及事成则入要贰焉。"《疏》云："欲税敛，掌事者皆来司书处受法焉，及事成收敛毕入要，写一通付贰文书，名为要，入司书。"《左传·襄公十年》："王叔陈生与伯舆争政……晋侯使士匄平王室……使王叔氏与伯舆合要，王叔氏不能举其契。"《史记·田敬仲世家》："常执左券以责于秦、韩。"

④ 参看张亚初：《解放后出土的若干西周铭文的补释》，载文化部文物局文献研究室编：《出土文献研究》，文物出版社 1985 年出版。

此“貞”亦当释为“贮”，读为“价”。不过，认为《五祀卫鼎铭》与《卫盉铭》一样是土地交易的记录，也值得研究。因为第一，交易是双方的，而双方交易之物当是不同质的使用价值，如《卫盉铭》所记裘卫用瑾璋等物品以易矩伯之田；可是我们从《五祀卫鼎铭》中只见邦君厉“付裘卫田”，而裘卫并没有付给邦君厉以土地之外的什么物品作为代价①；第二，交易是出于交易双方的意愿，而邦君厉之“付裘卫田”乃是由于裘卫控告和王朝大臣裁决的结果，带有强制性质。说《五祀卫鼎铭》是关于土地问题的诉讼记录有一定道理，因为它一开始便说“卫以邦君厉告于邢伯、伯邑父、定伯、𬘭伯、伯俗父曰……”，问题是“土地问题诉讼记录”的说法，不足以说明这一“土地问题”的具体内容。而器铭说的是：邦君厉“执共王邺工（恤功）”之命②，在“邵（昭）大室东逆𤇾（营）二川”，大概由于这一工程要占用裘卫的部分土地，厉对裘卫说：“余舍汝田五田”，意思是给卫五田作为赔偿。但邦君厉自食其言，并未兑现。于是“正月初吉庚戌”那一天，裘卫向邢伯、伯邑父、𬘭伯、伯俗父等王朝大臣控告邦君厉。王臣大臣问厉：“汝贮田不?”（你曾经答应给裘卫五田作为代价没有?）厉承认说：“余审贮田五田”（我的确说过要给五田作为代价）。邢伯等人根据裘卫的控告向邦君厉核实之后，便把此事决定下来（“乃颟”），并要厉起誓（“使厉誓”），不得反悔。接着派司徒、司马、司空等三有司和内史友前去踏勘厉给予裘卫的田。

本来讲好要给裘卫五田，大概由于经过踏勘和价值折算，裘卫在厉“营二川”工程中实际所受的损失不够五田的价值，结果把厉赔偿裘卫的田数减为四田，所以铭文说“帅履裘卫厉田四田”。最后，划定了田的边界，“邦君厉罘付裘卫田”，把田界图交给了裘卫。在场的还有“厉叔子夙”和“厉有司”緟季等多人。

既然邦君厉“营二川”是执行共王之命，而非厉的私建工程，为何占用裘卫的土地要由厉来赔偿？这也是一个需要研究的问题。

---

① 参看林甘泉：《中国古代土地私有化的具体途径》，文物出版社编辑部编：《文物与考古论集》，文物出版社1986年版，第205页。

② “邺工”即“恤功”。《书·吕刑》：“（尧）乃命三后，恤功于民。”《传》云：“忧功于民”；“忧欲与民施功也”。此器铭所谓“恤功”，指下文营建二川的水利。

四、统治集团内部争夺土地的斗争

以周天子为首脑的西周统治集团内部，在土地问题上始终存在着矛盾和斗争。只是在西周王朝建立后的一段历史时期内，由于天子保持着“天下宗主”的威权，王室独尊，土地王有制相对巩固，这种矛盾和斗争还较为隐蔽而已。西周中后期，随着畿内王有土地私有化过程的开始，以及宗周各种社会矛盾的发展和王权开始逐步衰落，贵族之间、贵族和王室之间争夺土地的斗争开始在王畿表现出来。厉王时代的《鬲从鼎铭》载：

> 唯卅又二年三月初吉壬辰，王在周康宫，徲大室。鬲从以攸卫牧告于王，曰：“汝孚我田。”牧弗能许鬲从。王令省，史南以即虢旅，虢旅迺使攸卫牧誓，曰：“我弗具付鬲从，其且射分田邑，则放。”

如有的学者所说：此文旧读旧释多不妥。“孚”因拓本模糊，各家解释分歧。当以释孚较妥。孚古俘字，获也，此处有夺义。“汝孚我田”即“汝夺我田”之意。“汝”指攸卫牧，“我”是鬲从自称。此句表明二人在王前争论，鬲从控告攸卫牧有夺田之事。“牧弗能许鬲从”，即牧不承认鬲从的指责。牧是攸卫牧的简称。旧读“我弗具付鬲从其且”为句，读“且”为租，金文中未见其例。如读为“租”，无论作租田解，或作交租解，都与上文不合，完全讲不通。有人将“且射”连读，解为租税，这不论从文字训诂哪方面说，都找不到根据。此“且”字当读如字，此外有将、就之意。“射”的意思是取，如常言射利。“其且射分田邑”的意思是，攸卫牧发誓说，如我不偿还鬲从的田，〔你们〕就分取我的田邑[1]。这是贵族之间争夺土地的事件之一。又《国语·周语上》说：

> 厉王说荣夷公，芮良夫曰：“王室其将卑乎！夫荣公好专利而不知大难。夫利，百物之所生也，天地之所载也，而或专之，其害多矣。天地百物，皆将取焉，胡可专也？所怒甚多，而不备大难，以是教王，王能久乎？夫王人者，将导而布之上下者也，使神人百物无不得其极，犹日怵惕，惧怨之来也。……今王学专利，其可乎？匹夫专

① 赵光贤：《从裘卫诸器看西周的土地交易》，《北京师范大学学报》1979年第6期。

利，犹谓之盗，王而行之，其归鲜矣。荣公若用，周必败。”既，荣公为卿士，诸侯不享，王流于彘。

韦昭注：“专，擅也。利，生于物也。专利，是专百物也。”所谓“专利”实际上就是专地，这地主要是山林川泽之地，原属国有。“专利”谓之“盗”；“非其有而取之者盗也”[①]。上述《周语》的记载有两层意思，一是荣夷公为厉王卿士以前本是个“好专利而不知大难”之人，二是厉王任用荣公为卿士“学专利”，实行专利政策。

荣夷公其人之“专利”，就是窃取属于国有的部分山林川泽，把它作为个人意志的专有领域。荣夷公之“好专利”、能“专利”，并非偶然。如前所述，荣氏本是西周的显贵家族，不但世代占有采地，而且早已成为大土地所有者。荣夷公的先辈，实际上也是“好专利”一类人物。

上引《国语》的记载之所以特别提到“好专利”的荣夷公，是因为厉王决定任用他为卿士而加以重用。实际上，当时“好专利而不知大难”、变国有地为个人私有地者，并非只有这荣氏家族。在原来的国有地或王有地中，尚未垦殖、利用的荒地、山林川泽，大量存在。在西周中期开始的国有土地私有化过程中，侵占山林川泽、驱使劳动者垦殖荒地，也是部分贵族私有地的来源之一。从上述《九年卫鼎》所载“林舀里”的交易“可以明确地知道，森林已成为贵族们的私产了”[②]。

从“厉王悦荣夷公”并加以重用看来，荣夷公不但保住了自己原来所“专”之地利，而且还可能利用其权力继续霸占、扩展土地。但是厉王实行“专利”政策，却侵犯了其他贵族们的既得利益，引起了贵族们的强烈不满和反对。“既，荣公为卿士，诸侯不享，王流于彘”表明，厉王“专利”是引起“国人”暴动的重要原因之一。这里所说的“不享”的诸侯，主要是指畿内诸侯采邑主，即“畿服”制下的“甸服”。本来，甸服“卑而贡重”[③]。如我们将在本编《西周国家财政》章中所述，畿内诸侯采邑主向王朝贡献土地产品，

① 《孟子·万章下》。
② 洪家义：《金文选注绎》，江苏教育出版社1988年版，第190页。
③ 《国语·周语》。

是周天子对畿内土地的所有权在经济上的实现形式之一，也是西周王室财政收入的一个重要的来源。“诸侯不享”，标志着周天子对采地的所有权名存实亡。但是，西周王室和畿内采邑主之间在土地问题上的斗争，并没有就此结束。《诗·大雅·瞻卬》篇云：

人有土田，汝反有之；人有民人，汝复夺之。

“汝”，指西周末代天子幽王；“人”，即卿大夫采邑主。“汝反有之”的“有”，意为夺取。“人有土田”句，说明贵族们已将其占有地变为私有；“汝反有之”句，反映了贵族们对幽王侵犯其土地所有权的不满和指责。

第十二章 “大田” 农场

无论什么社会制度下的生产，不但都必须具备劳动者和生产资料两种要素，而且还必须使二者相结合。而“实行这种结合的特殊方式和方法，使社会结构区分为各个不同的经济时期”①。就建立在阶级对立基础上的生产方式来说，劳动者和生产资料二者相结合的方式和方法，也就是压迫者剥削者榨取被压迫被剥削者剩余劳动、剩余产品的方式和方法。而使奴隶制生产方式、封建制生产方式和资本主义生产方式等社会经济形态区别开来的，主要就是奴隶主、封建主和资本家从劳动者身上榨取剩余劳动、剩余产品的方式和方法不同。劳动者和生产资料二者结合方式不同的主要原因，则是由于劳动者的身份地位不同，或为奴隶，或为农奴、佃农，或为工人阶级。

奴隶制之渗入农业，犹如封建制和资本主义之渗入农业一样，具有多样性。换句话说，这几种生产方式下的农业劳动者和作为主要生产资料的土地相结合的方式，即奴隶主剥削农业奴隶的方式、封建主剥削封建农民的方式和资本家剥削农业工人的方式，都并非只有一种。这主要是由于农业生产本身所具有的、不同于工业生产的种种特点所决定的。

在我们看来，西周奴隶主统治集团榨取农业奴隶剩余劳动、剩余产品的方式和方法，主要是这样两种：一是“大田”制剥削；一是《周礼·地官》“遂人”职下的“授田”制剥削。“大田”是王室、公室等经营的大农场或大田庄，这是西周奴隶主统治集团榨取农业奴隶剩余劳动的典型形式。

① 马克思：《资本论》第2卷，《马克思恩格斯全集》第24卷，第44页。

第一节 “大田”农场的面积、分布和设施

一、“大田”面积

“大田”，又称“甫田”、“公田”、“藉田”，分别见于《诗·小雅·大田、甫田》篇和《齐风·甫田》篇等。“大田”、“甫田”，谓农场或田庄面积之大。

我国封建时代的一些注疏家、礼学家，不了解“藉田”即“大田”制的实际经济内容及其性质，认为周天子只有“藉田”千亩，诸侯只有“藉田”百亩，把“藉”仅仅解释为天子、诸侯“亲耕”以供祭祀。实则经营“藉田”（“大田”），是西周奴隶主统治集团榨取直接生产者剩余劳动的基本方式，是王室和各诸侯国公室农业收入的重要来源；王室经营的“藉田”绝非只有千亩，各诸侯国公室经营的“藉田”也绝非只有百亩。

《国语·周语上》所载“宣王即位，不藉千亩”表明，宣王即位前，这“千亩”为王室藉田。“千亩”系地名，即宣王三十九年“战于千亩”之“千亩”。以“千亩”为地名，可能是由于这块地约有一千亩。这大概就是所谓天子只有藉田千亩的根据。殊不知这是指天子前往举行“藉礼”的那块藉田而言，而天子的藉田并非仅此一处。宣王即位前，王畿藉田制实际上早已开始逐步废弛，宣王即位不再前往“千亩”行“藉礼”，自然意味着王畿藉田制的完全废除。

《周礼·天官》有“甸师”一职，其属“府一人，史二人，胥三十人，徒三百人”，其职责主要是“掌帅其属而耕耨王藉”。郑玄“注”说：“其属，府、史、胥、徒也。耨，芸芋也。王以孟春躬耕帝藉，天子三推，三公五推，卿、诸侯九推，庶人终于千亩。庶人，谓徒三百人。”认为此“甸师”“掌帅其属而耕耨”的“王藉”即是“千亩”，值得研究。若此“王藉”只有千亩，何需用“徒三百人”耕耨之？

《诗经·周颂·噫嘻》篇云：“噫嘻成王，既昭假尔。率时农夫，播厥百谷。骏发尔私，终三十里。亦服尔耕，十千维耦。”这“成王”，不是死后的谥号，而是在生时的成王。“骏发尔私”的“私”，为“耜”字之误，并非所

谓“私田”（参见本章第三节）；“终三十里”，均为王室藉田。并不是一块藉田即有三十里，而是多块藉田连成一片，分布在“三十里”地上。《毛传》谓“终三十里，言各极其望也”，是对的。这“三十里”，仅指这连在一起的藉田而言，并非周王室经营的全部藉田都分布在此“三十里”之内。至于每块藉田或每个农场的面积，并非也不可能完全相等，大概一般都大于千亩。《噫嘻》“十千维耦”，反映了农场劳动人手之多和农场面积之大。

《小雅·大田、甫田》以及《周颂·臣工》等诗篇所反映的，同样是王室经营的大农场。《大田》和《甫田》均有“曾孙来止”，郑笺：“曾孙，谓成王也。”虽然《大田》和《甫田》不是西周初期作品，“曾孙”不一定即指成王，但其为周王却是可以肯定的。“曾孙”即王者之“来”到“大田”、“甫田”或“公田”，犹如《令鼎》“王大耤农于諆田”及《周语》王“藉千亩”、“王则大徇”。《毛传》解“甫田”为“天下田”，郑笺释“甫”为“丈夫”，谓“甫田”是“以丈夫税田”，均不妥当。朱熹《诗集传》云：“甫，大也”，甚是。《甫田》篇中“倬彼甫田，岁取十千”，“曾孙之稼，如茨如梁”，“曾孙之庾，如坻如京”等词句，反映了“甫田”即“大田”属于大农场、大田庄。

西周青铜器铭文中，也有关于王室藉田及其经营管理的记载。《𢦏簋》：“王曰：‘𢦏！令汝作司土（徒），官司藉田。’”𢦏所司藉田，无疑是王室藉田。《令鼎》：“王大耤农于諆田……王归自諆田。”“諆田”，地名。“諆田”即諆地之田，犹如《周语》提到的“千亩”，《诗经》提到的“桑田”、“新田”，《春秋》提到的“邾田”、“郓田”，《左传》提到的“许田”、“杞田”、“制田”、“戚田”、“郲田”、“鄫田”、“州田”、“莒田”之类[①]。或谓藉諆“音近字通”，故将“藉田”写成了“諆田”。此说不确。“王大耤农于諆田”，“諆田”自然是属于王室藉田。但这里并非泛指王室藉田，而仅指王室在諆地的藉田。又《扬簋》：王命扬“官司量田甸”。《南宫柳鼎》：王令柳“司六自牧阳大□，司羲、夷阳甸事”。《柞钟》：王令柞“司五邑甸人事”。《幕蔑鼎》：“庚午，王令幕蔑省北田四品，在二月。”《扬簋》“官司量田甸”的

① 唐兰：《西周青铜器铭文分代史徵》，中华书局1986年版，第233页。

"量田"，犹《令鼎》之"諆田"，是王室在量地的藉田；司"量田"之"甸"，即司"甸师"之职①。由《柞钟》王命柞"司五邑甸人事"，知此五邑在王畿之内，且均设有"甸人"（即"甸师"）一职，表明此五邑所在均有王室藉田"②。《南宫柳鼎》王命柳"司羲、夷阳甸事"说明，王在羲、夷阳亦有藉田。《幕蔑鼎》"王令幕蔑省北田四品"的"北田"，则是指北地的王田，即王在北地的藉田③。

可见，仅据迄今出土的西周青铜器铭文的不完全的记载，王室的藉田即有諆田、量田、北田以及"五邑"、羲、夷阳等多处。这些藉田，都在《周语》所谓"千亩"之外。

宣王即位后"不藉千亩"，为王卿士的虢文公以为"不可"。他首先谈了农业的重要性，指出："夫民之大事在农，上帝之粢盛於是乎出，民之蕃庶於是乎生，事之供给於是乎在，和协辑睦於是乎兴，财用繁殖於是乎始，敦庞纯固於是乎成，是故稷为大官。"接着，他讲了"古者"对藉田经营管理的重视，以及先王率领百官行"藉礼"并巡视和监督"庶人"在藉田上劳动的具体史实。他最后说："今天子欲修先王之绪而弃其大功，匮神乏视而困民之财，将何以求福用民？"韦昭注云："匮神乏祀，不耕藉也；困民之财，取於民也。"④ 由此可见，从周初到宣王即位之时，藉田制或大田制在王室经济中占有甚为重要的地位，王室财政收入中有相当大一部分出自其所经营的藉田。

从西周到春秋列国社会经济制度变革这一相当长的历史时期内，各诸侯国公室一般也规模不等地经营农场式的藉田。

《诗经·齐风》里也有一题名《甫田》的诗篇，诗云："无田甫田，维莠骄骄"；"无田甫田，维莠桀桀。"这"甫田"，与《小雅·甫田》的"甫田"义同，均谓大田，只是这里说的是齐国的大田。或释《齐风》"甫田"为"圃

---

① 陈梦家：《西周铜器断代》（六），《考古学报》1956年第4期。

② 朱凤瀚：《由西周农业劳役的性质看西周贵族的阶级属性》，《中国古代地主阶级研究论集》，南开大学出版社1984年版，第80页。

③ 唐兰《西周青铜器铭文分代史徵》认为："北"即邶国，在今北京市南与河北省交界处。此从赵光贤说，见赵著《周代社会辨析》，人民出版社1980年版，第72页。

④ 《国语·周语上》。

田”，不确。《毛传》：“甫，大也；大田过度而无人功，终不能获。”这里称“甫田”，也是表示农场面积的广阔。《毛序》谓此《甫田》为“大夫刺襄公”之诗；朱熹《诗集传》说此诗意在“以戒时人厌小而务大，忽近而图远，将徒劳而无功也”。《齐风·甫田》篇的描述表明，齐国直到春秋初年齐襄公时期仍在经营名曰“甫田”的农场，而且农场较多，各农场面积甚大，它曾在公室经济中占有举足轻重的地位。

据《国语·齐语》记载，继襄公之后即位的齐桓公，开始“相地而衰征”。这一事实同样表明，在此之前，实行藉田制、经营“甫田”是齐国公室榨取直接生产者剩余劳动的主要形式。《管子·乘马》篇所说“均地分力，使民知时也”，“与之分货，则民知得正矣”，也是与齐国原来以大规模集体劳动为基础的藉田制生产方式相对而言。所谓“均地分力”，也就是把原来面积巨大的藉田（“甫田”）分成小块，由“民”以一家一户为单位耕种、分散经营，“与之分货”，“相地而衰征”。

晋国也有一地名曰“千亩”。《左传·桓公二年》载：“初，晋穆侯之夫人姜氏以条之役生大子，命之曰仇。其弟以千亩之战生，命之曰成师。”杨伯峻《春秋左传注》云：“千亩之地有二，千亩战役亦有二。一为周地，战役在周宣王之三十九年，《国语·周语》所谓‘宣王即位，不藉千亩’，‘三十九年战于千亩，王师败绩于姜氏之戎’者是也。一为晋地，……战役在周宣王之二十六年，《晋世家》所谓‘十年，伐千亩，有功，生少子，命曰成师’者是也。此役前于周宣王之役十三年，且晋战而胜，与周宣王之战而败者不同，故不可不辨。”晋的“千亩”之得名，大概也是因为它约有一千亩；谓“亩”，自然是仅指耕地而言。此“千亩”亦属于“大田”、“甫田”一类，这是晋国有藉田之徵①。晋国公室经营的“大田”农场，亦并非只有“千亩”一处。从西周到春秋晋惠公时期“作爰田”为止，晋国公室的农业收入主要来源于其经营地。虽然后来“公食贡”②，但藉田制仍未完全废除。《左传·成公十年》：“晋侯欲麦，使甸人献麦。”杜预注云：“甸人，主为公田者。”这表明，此时

① 参见徐中舒：《试论周代田制及其社会性质》，载《四川大学学报》1955 年第 2 期。

② 《国语·晋语四》。

晋国公室仍在继续经营着部分“公田”。

从西周到春秋鲁宣公十五年“初税亩”为止，鲁国公室也一直在实行藉田制，经营“大田”农场。《左传·宣公十五年》说：“初税亩，非礼也。谷出不过藉，以丰财也。”所谓“谷出不过藉”，是说在西周以来的藉田制下，公室所需之“谷”都来源于“藉”。自然，所谓“藉”，除上述“大田”农场之“藉”外，还包括《国语·鲁语》所述“藉田以力，而砥其远迩”的“藉”法（说详本编第四章第一节）。

《诗·豳风·七月》是西周初期的诗篇[①]。诗中“献豜于公”、“跻彼公堂”的“公”指豳公，“殆及公子同归”、“为公子裳”的“公子”为豳公之子，“食我农夫”、“嗟我农夫”的“农夫”是豳公室“公田”即“藉田”的耕作者。诗篇所描述的，是西周王朝建立后豳地藉田制的史实，与《小雅·大田》《周颂·臣工》等农事诗所反映的藉田制属于同一种类型[②]。

西周时期的部分卿大夫采邑主，亦自营其占有的部分采地。《矢令簋》“姜赏令”的“鬲百人”，《大盂鼎》王赏盂的大批庶人，《不嬰簋》伯氏赏不嬰“臣五家、田十田”的“臣”，《曶鼎》中以“夫”计的“众”或“人”，当是卿大夫一类贵族自营地的耕作者。

二、“大田”农场的地理位置

关于西周“藉田”的地理位置，注疏家有不同的说法。

《周礼·天官·叙官》“甸师”注：“郊外曰甸”。“甸师”职文注又云：“甸在远郊之外，郊外曰野。”是郑玄认为“甸师掌帅其属而耕耨”的“王藉”在远郊之外。贾疏申郑说云：“按《载师》‘公邑之田任甸地’，在二百里中。《司马法》‘百里为远郊’。令言甸在远郊外，则是二百里中。”《通典·凶礼》

① 参看孙作云：《诗经与周代社会研究》，中华书局1966年版，第202~203页。

② 先周从公刘到古公亶父几十代，都住在豳地。或说《豳风·七月》篇“就是追述周先公居豳时的农事诗。不确。周人居豳时仍过着“陶复陶穴，未有家室”（《大雅·绵》）的穴居生活，其经济文化水平，与春秋时期的“无城郭、宫室、宗庙祭祀之礼”、“无百官有司”的赤狄、白狄大致相同（参看徐中舒《先秦史论稿》，巴蜀书社1992年版，第119页），而与《七月》篇所述社会制度有性质的区别。

引卢植《礼记》注说“甸人”云：“郊外曰甸，去天子城二百里内也”，与郑说同。

《诗·小雅·祈父》孔疏引孔晁《国语》注云：“宣王不耕藉田，神怒民困，为戎所伐，战于近郊。”按照孔晁的这种说法，则王室藉田“千亩”在近郊。

此外，还有南郊说、东郊说。《礼记·祭统》“天子亲耕于南郊……诸侯耕于东郊”，孔疏云：“郑云王藉田在远郊，故甸师氏掌之……天子太阳，故南也；诸侯少阳，故东也。然藉田并在东南，故王言南、诸侯言东。”是孔颖达认为天子藉田在南方之远郊。《白虎通义·耕桑》篇云：“耕于东郊何？东方少阳，农事始起，故《曾子问》曰：‘天子耕东田而三反之。’”《公羊传·桓公十四年》何休注亦曰：“天子亲耕东田千亩，诸侯百亩。”均认为天子藉田和诸侯藉田同在东郊。

天子、诸侯藉田是在南郊还是在东郊，这个问题意义不大。而且以上说法均仅就天子藉田千亩、诸侯藉田百亩所在地区而言，可是如前所述，天子和诸侯的藉田有多处，它们不一定都在同一方位。例如，《帯蔑鼎》所说的“北田四品”属于王室藉田，“北田”即北地、北郊的田。若这样的理解不错，则王室在北郊也设有藉田。重要的问题不是藉田设在南郊还是东郊，而是设在远郊还是设在近郊。

孙诒让在《周礼正义》中否定“远郊”说而肯定“近郊”说，指出：“甸师，掌田之官，不取二百里甸为名”；认为“藉田当从孔晁说在近郊”。书中援引《国语·周语上》“虢文公谏宣王不藉千亩”的记载，申述了王室藉田在近郊不在远郊的理由：

> 窃谓《国语》说耕藉之礼云：王即斋宫，王乃淳濯飨醴；及期，王裸鬯，飨醴乃行；及藉毕，宰夫陈飨，王歆大牢。然则由国以至藉田之地，必道涂不远，故崇朝往反，可以逮事。孔晁谓在近郊，揆之事理，实为允惬。若在远郊，则至近亦必在五十里之外，甸则又在百里之外，古者吉行，日五十里，必竟日而后至其地，于事徒劳，义又无取，必不然矣。

这一分析、论证，是有道理有说服力的。

《令鼎》的记载，同样表明了藉田在近郊不在远郊。《令鼎》记述了周王及其随从人员在一天之内往返于藉田（“諆田”）的具体情况：周王等人从“国”到“諆田”之后，先“大耤农于諆田”，然后吃午饭，午后王行射礼，有司和师氏、小子一起射箭；王从諆田回来时自己御马，溓仲做仆夫，贵族令和奮走在马的前面，晚上即回到京城①。一天之内除往返于諆田之外，又在諆田“耤农”、用“餳”、“合射”，说明諆田（藉田）距京城不远，绝不会在百里二百里外的远郊。

自然，王室及公室的各处藉田的位置，与都城的距离不可能完全相等，有的近些，有的远些。可以这样说：凡天子、诸侯前往举行藉礼并巡视、考课农夫勤惰的藉田，一般距都城更近；前面提到藉田“千亩”、“諆田”如此，《甫田》《大田》《噫嘻》《臣工》等诗篇反映的藉田也是如此。至于天子、诸侯只派农官管理、自己并不亲临的藉田，如《幕蔑鼎》“王令幕蔑省北田四品”的“北田”则可能远些。王室、公室经营的所有藉田是否全在都城近郊，尚待进一步研究，但主要分布在近郊是可以肯定的。

藉田位置距离藉田主人居住地的远近，对藉田的经营管理和藉田主人的经济利益来说，至关重要。王室、公室选择自营地，自然是要选择肥沃的土地，而不会选择贫瘠的土地。但这并不是他们选择自营地的唯一条件。历史上常有这样的情况：较坏的土地可以由于位置较好而优先被人利用。对王室、公室等藉田经营者来说，具有决定意义的是藉田位置的好坏；而位置好坏的标准，是藉田距离都城的远近。他们选择较好土地以作自营藉田，一般只能从近郊的土地中选择，而不会从距都城甚远的土地中选择。因为，王室、公室自营藉田为奴隶制农场，藉田耕作者对劳动没有兴趣和主动性，一有机会就会怠工甚至逃亡，若自营藉田选在远郊，主人难以亲自前往巡查和监督，从而主人不可能从自营地上获得较好的收益。

古罗马作家科路美拉就曾这样说过：“如农庄主人不经常亲自监督工作，全部事业仍会处于停滞状态。如同军队中司令员本人不亲自指挥督战一样。一切完备的条件都代替不了本人的露面。……然而当前实际情况是政治雄心使我

① 参看唐兰：《西周铜器铭文分代史徵》，中华书局1986年版，第231页。

们多数人不得不离开农庄。”因此他认为：“最好是将地产安排在城郊”，选购农庄“必须买在城市附近，这样主人可以经常露面……可使监工和工人经常保持不滞怠”。至于“在那些距离遥远，主人难以去巡查的地产上，无论是哪一类的土地，租给自由农民总比派奴隶身份的管庄人监督要好，在种粮食的农庄尤其如此”①。

科路美拉的上述观点和主张，是从奴隶主的立场出发，为奴隶主的利益着想的。它有助于我们了解西周奴隶主统治集团将自营藉田安排在都城近郊的原因。

王室、公室自营“公田”或“大田”的产品，主要是供居住在都城内的统治集团的各种生活消费。在古代，运输工具原始，交通不发达，若王室、公室将自营地安排在远郊，粮食的运输也很困难。

三、农场上的设施

西周藉田的经营者，同时也是住在都邑的政治统治者。虽然藉田在近郊，但距“国”内仍有相当长一段路程。而耕种藉田的农夫，亦聚居于都邑之内。为了便于藉田的经营管理，便于农官对农夫劳动的指挥和监督、增加农夫的劳动时间，以及藉田产品的储藏和保管，因此藉田经营者在藉田一带搞了种种设施，如农忙期间供农官及农夫食宿的庐舍以及仓库等等。

《小雅·甫田》云：“今适南亩……攸介攸止，烝我髦士。”“今适南亩”，谓“甫田”主人“曾孙”去“南亩”巡查。郑笺释“介”为“舍”或“庐舍”，可从。《文选·魏都赋》李注引《韩诗章句》：“介，界也。”胡承珙云：“《笺》以‘介’为‘舍’，庐舍必于界上，是郑义本韩。”“髦”，《毛传》训“俊”。《释言》：“髦，俊也”；又：“髦，士官也。”《甫田》“田畯”之“畯”，《释文》谓“本又作俊”。然则《毛传》之以“俊”训“髦”，即以“髦士”为“田畯”之官。按这里所谓“髦士”，是“曾孙”（周王）对其下属的美称，除田畯以外还可能包括其他近臣。“攸介攸止，烝我髦士”，意思

① 科路美拉：《论农业》，《世界史资料丛刊》上古部分《罗马帝国时期》（上），商务印书馆1985年版，第58、88页。

是说："适南亩"的"曾孙"在庐舍休息，并召"髦士"前来。此庐舍，或为"曾孙"巡查藉田的止息之处，也可能即是田畯于藉田监督农夫劳动期间的临时住所。

《礼记·月令》谓"孟春之月"："天气下降，地气上腾，天地和同，草木萌动。王命布农事，命田舍东郊。"郑注："'田'，谓田畯，主农之官也。'舍东郊'，顺时气而居，以命其事也。"孔疏："云'舍东郊，顺时气而居'者，以其耕作岁时之气起于东方为始，故令田畯舍国之东郊以命其事，其诸侯都邑田畯各舍国邑之东郊也。"又《吕氏春秋·孟春纪》"命田舍东郊"，高诱注云："命，令也；东郊，农郊也；命农大夫舍止东郊，监视田事。"这也表明，为了组织和监督农夫劳动，在城郊藉田旁边建有供田畯或农大夫食宿的房舍。

《汉书·食货志上》有"春令民毕出在野，冬则毕入于邑"的记载，并引《豳风·七月》之诗云："四之日举趾，同我妇子，馌彼南亩。……十月蟋蟀，入我床下。……嗟我妇子，曰为改岁，入此室处。"颜师古注云："四之日举趾"，谓"农人无不举足而耕也"；"十月蟋蟀……"，"言寒气既至，蟋蟀渐来，则妇子皆曰岁将改矣，而去田中入室处也。"这同样是说，在农忙季节，农夫通常是住在田野之房舍的。

《小雅·信南山》有"中田有庐，疆场有瓜，是剥是菹，献之皇祖"的诗句。《韩诗外传》《穀梁传》及其他有些解诗者，把《信南山》中与"瓜"相对而言的"庐"解为"田中"居宅庐舍，虽然不确，但西周王室、公室自营藉田附近有供田畯及农夫于农忙季节住宿的简陋房舍，当是事实。

如我们将在后面所述，西周奴隶主统治集团不仅占有土地，而且还占有劳动工具，"大田"制下的农夫是用主人的农具来劳动。在藉田附近的田畯住所旁边，有存放各种农具的库房设施。《礼记·月令》和《吕氏春秋·孟春纪》所谓"天子亲载"之耒耜，仅供天子及其所"帅三公、九卿、诸侯、大夫躬耕帝藉"之用；而供农夫使用的农具，不用时则集中存放在工具房里，由田畯一类农官保管（参见本章第三节）。

《豳风·七月》云："九月筑场圃，十月纳禾稼：黍、稷、重、穋，禾、麻、菽、麦。"《毛传》："春夏为圃，秋冬为场。"郑笺："场圃同地，自物生之时，耕治之以种菜茹；至物尽成熟，筑坚以为场。纳，内也；治於场地，内之囷仓也。” 西周王室和公室经营的各个农场，一般都有“场圃”。“九月筑场圃”，就是秋收前把原来的菜园压平作打谷场和晒谷场。“十月纳禾稼”，兼有将庄稼收到场上及装进粮仓两层意思。

农场产品，如不及时装进粮仓，或粮仓太小、太少，储藏不当，都会使粮食受到损坏。因此，各藉田经营者都根据需要，在藉田周围的适当位置，建了或大或小、或多或少的粮仓。《国语·周语上》有“廪于藉东南，锺而藏之”的记载，是说在藉田的东南角设置了仓廪，以储藏藉田上生产的粮食。

第二节 “大田”耕作者

一、“大田”耕作者的来源

前面说过，西周时期的农业劳动者，有“庶人”、“众人”、“庶民”、“民”、“农夫”、“农人”等等不同的称谓；西周青铜器铭文中的“人鬲”或“鬲”，包括“自驭至于庶人”，而主要是“庶人”。这些称谓所指的，是身份地位各不相同或不完全相同的农业劳动者。那么，“大田”的耕作者究竟是什么身份的劳动者？这是研究“大田”制经济形式的内容、特点和性质需要探讨的一个问题。

在《诗·小雅·大田、甫田》以及《周颂·噫嘻》《豳风·七月》等农事诗篇中，称“大田”或“甫田”、“公田”的耕作者为“农夫”或“农人”，《周颂·臣工》则称为“众人”。《国语·周语上》谓“终于千亩”者为“庶人”。《周礼·天官·甸师》称“耕耨王藉”者为“徒”，郑玄注说《周语》“终于千亩”的“庶人”即《甸师》“徒三百人”。《晋语一》所说的“隶农”，系晋国“公田”或“官田”的耕作者，韦昭注云：“隶，今之徒也。”此“隶农”及《甸师》“耕耨王藉”之“徒”，无疑是奴隶，其中可能包括因“犯罪”而下降为奴者，即《周礼·司厉》所说的“罪隶”。

西周初期，周王除将相当一部分来源于战俘的“庶人”先后赏赐给臣下（如康王赏赐贵族盂“人鬲自驭至于庶人六百又五十又九夫”、“人鬲千又五十夫”）以外，还直接占有和役使大量“庶人”。此“庶人”不以人口计，而以夫计，夫指的就是适龄的有劳动力而从事服役的人；由于他们主要是从事农业劳动，所以亦被称之为“农夫”或“农人”。《周颂·噫嘻》所述成王时期在王室“大田”上“十千维耦”、“播厥百谷”的“农夫”，便是直接来源于战俘的“庶人”。如果说有一部分“庶人”被俘之时还是单身的话，那么他们后来一般都已婚配成家。成、康以后在王室“大田”上从事劳动的“庶人”、“众人”或“农夫”、“农人”，多数当是西周早期来源于战俘的“庶人”之后代。

那种认为“大田”、“藉田”是由“野人助耕”的观点，是难以成立的。在西周时期，“野”是和“国”相对而言，“野人”是和“国人”相对而言。按照《周礼》的记载，“国”和“野”两大区域的分界线曰“郊”，“郊”以内是“国中及四郊”，“郊”以外才是所谓“野”①。《说文·邑部》：“距国百里为郊。”上述王室藉田，主要位于都城近郊，距“野”路程遥远，若由“野人助耕”，于事徒劳，不合情理。

或说《周礼》所谓“甸师掌帅其属而耕耨王藉”，即是由“甸师”掌帅“国中”的公社农民定期耕种周天子的藉田。可是：（1）所谓“国中”公社农民、即《周礼·地官》“大司徒”职下的“六乡”农民，是由“大司徒”、“乡师”、“乡大夫”、“州长”、“党正”等职官掌管，而不是由“甸师掌帅”，前者属于“地官”，而后者属于“天官”。（2）“国中”农民或“六乡”农民，是享有人身权利和一定政治权利的自由农民；而由“甸师掌帅”以“耕耨王藉”的“徒”，则是被剥夺了人身权利和人身自由的奴隶。（3）“甸师掌帅”其“徒”所耕耨之“王藉”，只是王室的一处藉田，“徒三百人”足矣，毋需众多的“六乡”农民再定期到此王室藉田耕种。（4）据《周礼·地官》中的《大司徒》《小司徒》和《夏官》中的《大司马》记载，以“家”为单位受田、分散而独立耕作的“国中”农民或“六乡”农民，其负担是“十一”之税、军赋、兵役及其他杂役，其中均未提及他们还要“助耕”王室藉田。

或以《𢦏簋》“令汝作司徒，官司耤田”及《鲁语》“先王制土，藉田以力”为据，认为“国人原先要为藉田提供无偿劳动”；这里所谓“藉田”，指上述王室和公室直接经营的藉田（即“大田”）。可是，何以知道王命𢦏作司

---

① 参看杨宽《古史新探》，中华书局1965年版，第135～136页。

徒“官司耤田”，就一定是要“国人”为王室或公室经营的藉田“提供无偿劳动”？又何以知道“先王制土，藉田以力”，就一定是由“国人”为此类藉田“提供无偿劳动”？西周“国人”中的农民，确实与“藉田以力”的藉田制有关，但如本编第四章所述，孔子所谓“藉田以力”的“周公之藉”乃是一种彻法，并非王室或公室经营的“大田”。

《周语上》所载“虢文公谏宣王不藉千亩”的一番话中，既提到“庶人”，也提到“民”、“庶民”，诸如“民之大事在农”，“王乃使司徒咸戒公卿、百吏、庶民”，“百吏、庶民毕从”，“司徒省民”，“庶人终于千亩”，“庶人终食”，“民用莫不震动，恪恭于农”，“财用不乏，民用和同”等等，几乎涉及到了西周时期王畿之内一切身份地位不同的农业劳动者。如我们在本编第十四章中所述，“民”或“庶民”的身份地位不同于“庶人”，其中包括“国人”中的农民，即《周礼》“大司徒”职下的“六乡”自由农民。既然如此，那么又能否以此为据，断定王室藉田即“千亩”、“大田”农事的承担者亦包括“民”、“庶民”呢？我们认为同样不能。这是因为：

(1)《周语上》载虢文公的一席话，虽然是针对宣王“不藉千亩”而发，但他并非仅仅着眼于王室藉田制本身，同时也指出了作为全“民”之“大事”的整个农业对王室财政和政治稳定的重要性。因为“民之大事在农”，“是故稷为大官”[①]，而“稷”之职责是主管整个农业，并非专司王室藉田农业生产。虢文公在谈到“庶人终于千亩”，并“廪于藉东南，锺而藏之”（“谓为廪以藏王所藉田”——韦昭注）时，又说：“稷则遍诫百姓，纪农协功。”“稷”这里“遍诫百姓”所“纪”（韦昭注：“纪，谓综理也”）之“农”，包括非王室藉田之“农”，甚至可以说主要是指王室藉田以外之“农”。“是时也，王事唯农是务，无有求利于其官，以干农功，三时务农而一时讲武，故征则有威，守则有财。”[②] 这里所说的“农功”，也不是指王室藉田上的农功，而是指“三时务农而一时讲武”之“民”在其份地上的农功。这“三时务农而一时讲武”之“民”，也就是宣王三十九年“战于千亩”而“败绩于姜氏之戎”的“王师”。

① 按汪远孙《国语发正》卷一：“‘大官’，当为‘天官’。”

② 以上引文，均见《国语·周语上》。

（2）《国语》现存的版本，有宋代印刻的两种本子，一种是明道本，一种是公序本。《四部丛刊》影印明代翻刻公序本“庶人终于千亩”，《四部备要》排印清代士礼居翻刻明道本作“庶民终于千亩”。对此，当以公序本为据。郑玄《周礼·天官·甸师注》引《周语》本作“庶人终于千亩”。“唐太宗李世民，为避讳把古书的‘民’改成‘人’。后来宋朝又改回来。这样是有可能又把古书原来的‘人’又改成‘民’了。”[①] 明道本之作“庶民终于千亩”，可能就是把《国语》原来“庶人”的“人”改成了“民”。明道本和公序本均有“庶人终食”语，这“终食”的“庶人”分明也就是“终于千亩”者。由此也可看出，“终于千亩”的“庶人”之作“庶民”，系后人所改。因此，不能以明道本《国语》“庶民终于千亩”为根据，断定王室藉田农事的实际承担者是“庶民”或“民”。

（3）西周王者不仅是其藉田的经营者和庶人剩余劳动的榨取者，而且是全国政治上的最高统治者。而周族等统治民族中的“民”（即《周礼》“六乡”一类自由农民），乃是当时政府军赋的主要负担者和“王师”的主要来源，其份地的农业收成的好坏，关系到周王朝的军备和政治统治。因此西周早期和中期，作为最高统治者的周王不仅重视其藉田的农业生产，而且也重视“国人”中的农民份地上的农功。春耕前王者在其藉田上举行“藉”礼、“耕一墢”以示“躬耕”的用意之一，就是为了以训于“民”，使之“恪恭于农”、“不懈于时”。正因为如此，虢文公在追述“古者”王室藉田的耕作时，也简要地谈到了“民”在其受田上劳动的情况。王室藉田和“民”之份地均分布于“国”之近郊，故“王治农于藉”、“耨穫于藉”可“习民数”[②]。

我们说“大田”（即人们通常所说的“公田”、“藉田”）的耕作者不包括国都近郊“六乡”或“三乡”农民，还由于下面将着重论及的这样几点：（1）“大田”的耕作者无“私田”；（2）他们是用主人的农具来劳动；（3）他们在“大田”上的劳动包括其剩余劳动和必要劳动，他们的必要生活资料由主人配给。

① 郭沫若：《论古代社会》，《郭沫若全集·历史编》第3卷，人民出版社1984年版，第409页。
② 《国语·周语上》。

二、“农人”无“私田”

历代学者论及西周田制或西周农业经济形式，总要引用《诗·小雅·大田》篇中的著名诗句：“有渰萋萋，兴雨祁祁。雨我公田，遂及我私。”战国时代的孟子在阐述其“井田”说时援引这一诗句后说：“惟助为有公田，由此观之，虽周亦助也。”孟子这里所说的“助”，就是所谓：“方里而井，井九百亩，其中为公田，八家皆私百亩，同养公田。公事毕，然后敢治私事，所以别野人也。”此后两千多年来，一直流行着这样的说法：西周时期助耕“公田”即“大田”或“甫田”的“农人”或“农夫”，有他们自己的“私田”、份地。自然亦有持不同意见者。如我们将在下面所述，《吕氏春秋·务本篇》就对《大田》“雨我公田，遂及我私”，作出了不同于孟子的解说。郭沫若在《关于周代社会的商讨》中指出：“《小雅·大田》篇也是王朝田官们做的诗，而不是农夫们做的（凡是大、小《雅》里的诗都是采自贵族阶层的）。所以，那诗中的‘我’字都是田官自指，而不是指农民。诗中的‘雨我公田，遂及我私’，是做诗的这位田官有了私田，并不是说农民有了私田。”①

的确，只要认真研究一下《大田》之诗，便会得出这样的结论：《大田》为贵族作品，并非农人或农夫所作；从而，诗篇主人公——“我”不是农人，“遂及我私”的“私”不是农人的私田。《大田》作者，即“遂及我私”之“私田”的主人，对拥有“公田”、剥削农夫的“曾孙”一片忠心，关系密切。他称“公田”为“我公田”，谓“公田”幼苗为“我田稺”；当“公田”禾苗既盛之时，关心去除害苗之虫——螟、螣、蟊、贼，希望“无害我田稺”；当“有渰萋萋，兴雨祁祁”之时，他说“雨我公田，遂及我私”，表露了“先公后私”之心；而当“曾孙”来到“公田”考课农夫勤惰以及“来方禋祀”之时，又云“田畯至喜”，“以介景福”，祈求天神赐“曾孙”以大福。

尽管大家对西周社会性质还有争论，但有一点是不可否认的历史事实，即西周是建立在人压迫人、人剥削人基础上的阶级社会，以《大田》篇所反映的阶级关系来说，“曾孙”是压迫者剥削者，农夫是被压迫被剥削者，二者在

① 《郭沫若全集·历史编》第3卷，人民出版社1984年版，第106页。

生产关系中处于对立地位，农夫在“公田”上为“曾孙”而做的劳动是一种强制性劳动、监督劳动。社会存在决定社会意识，人们的阶级地位决定人们的思想感情。在“公田”生产过程中被强制被压榨的农夫，不可能有如《大田》篇所描述的那种劳动兴趣和劳动热情，也不能有诗篇作者对“曾孙”的上述思想感情。如果我们再看看耕种“公田”的农夫诉说“无衣无褐，何以卒岁?”“女心伤悲，殆及公子同归”的《豳风·七月》，劳动者把“曾孙”一类剥削者视为“硕鼠”，曰“硕鼠硕鼠，无食我黍！三岁贯汝，莫我肯顾。逝将去汝，适彼乐土”的《魏风·硕鼠》，以及劳动者责问那“不稼不穑”的“君子”，“胡取禾三百廛兮”的《魏风·伐檀》，并将它们和《大田》作一比较，问题就更清楚了。

《大田》中两次提到“曾孙”，所谓“曾孙是若”、“曾孙来止”。此外，《小雅·甫田》有“曾孙来止”，“曾孙不怒”，“曾孙之稼”，“曾孙之庾”；《小雅·信南山》有“畇畇原隰，曾孙田之”，“曾孙之穑，以为酒食”，“曾孙寿考，受天之祜”；《周颂·维天之命》有“骏惠我文王，曾孙笃之”。《诗经》中凡出现“曾孙”的诗篇，均为贵族的作品。“曾孙”仅在《雅》《颂》里出现，《国风》中不见“曾孙”。《诗经》中凡可肯定为劳动者的诗作里面，都没有提到“曾孙”。这是因为，当时只有天子、诸侯等贵族才称“曾孙”。《周颂·维天之命》“骏惠我文王，曾孙笃之”，“曾孙”承文王而言，当指周王某，有些解诗者指为成王，朱熹《诗集传》则云：“曾孙，后王也。”王夫之释《信南山》“曾孙田之”云：“曾孙者，对曾祖考庙而言也。大夫三庙，一始祖、二祖、三弥；不祀曾祖，不得称曾孙。……凡称曾孙，皆君也，《书》曰‘有道曾孙’是也。”① 此外，如《墨子·兼爱》：“昔者武王将事太山隧，《传》曰：‘泰山有道，曾孙周王有事。’”《左传·哀公二年》：“卫太子祷曰：曾孙蒯聩，敢昭告皇祖文王、烈祖康叔、文祖襄公……”《礼心·曲礼》：“诸侯见天子，曰臣某侯某。……临祭祀，内事曰孝子某侯某，外事曰曾孙某侯某。”

又《大田》末章云：“来方禋祀，以其骍黑，与其黍稷，以享以祀，以介

---

① 王夫之：《诗经稗疏》。

景福。”这同样是以贵族的口吻，描述“曾孙”祭祀四方之神以及天神的活动。《周礼·春官·大宗伯》云：“大宗伯之职，掌建邦之天神、人鬼、地示之礼，以佐王建保邦国。以吉礼事邦国之鬼神示，以禋祀祀昊天上帝。”郑玄注曰：“禋之言烟……燔燎而烟，所以报阳也。”当时统治者视祭祀为“国之大事”，这是王者之事，公侯之事①。庶人不具备以“骍”（红色的牛）“黑”（猪）举行“禋祀”的条件，也不得过问和参与王者的此类祭祀。《诗经》凡属劳动者的诗作，均不曾如此具体地描写统治者的祭祀活动。

公与私及公私关系，是一个历史范畴。人类历史上有不同内容、不同性质的公与私及公私关系，各种社会制度各有其公私关系，不同的阶级有不同的公私关系；甚至在同一社会制度下、同一阶级内部，也可能同时存在着不同层次的公私关系。西周、春秋时期，处于统治地位的等级和阶级，是包括天子、诸侯、卿、大夫和士在内的贵族奴隶主集团，国家是贵族奴隶主的国家。从而，当时所谓“公”与“私”，通常是就贵族奴隶主阶级内部而言，所谓公私关系，是奴隶主与奴隶主国家之间的关系。周王是奴隶主阶级及其国家的最高政治代表，因此就全中国范围内而言，所谓公私关系实际是指诸侯、卿、大夫和士等与周王室之间的关系。诸侯是封国的政治代表，因此就各诸侯国范围内而言，公私关系实际是指卿、大夫、士和公室之间的关系。

《诗经》中，“公”字凡八十二见，其基本含义有二：一是指诸侯、国君，如《周颂·载见》“烈文辟公”，《周颂·酌》“实维尔公允师”，《大雅·云汉》“群公先正”，《小雅·天保》“于公先王”，《鲁颂·泮水》“从公于迈”，《鲁颂·閟宫》“公车千乘”、“公徒三万”，《周南·兔罝》“公侯干城”、“公侯腹心”，《召南·采蘩》“公侯之事”、“公侯之宫”，《邶风·简兮》“公庭万舞”、“公言锡爵”，《秦风·驷驖》“公之媚子”，《豳风·九罭》“公归无所”、“公归不复”。一是指公家，即以周王为代表的王室或以公侯为代表的公室。《周颂·臣工》“嗟嗟臣工，敬尔在公”，朱熹《诗集传》云：“臣工，群臣百官也；公，公家也。”这里所谓“公”或“公家”，即是指周王室。《左传·文公六年》记臾骈的话说：“以私害公，非忠也。”臾骈，晋赵盾属大夫，曾出

① 《诗经·召南·采蘩》：“于以采蘩（采蘩以供祭祀之用），于沼于沚。于以用之，公侯之事。”

佐上军，所谓“公”或“公家”指晋国公室，“私”指晋国群臣。

正因为如此，所以王室、公室的“藉田”“大田”又叫“公田”，而卿、大夫等的田、邑便叫做“私田”、“私邑”。《左传·成公十六年》“子叔婴齐奉君命无私”，杜预注云：“不受郤犨请邑。”《左传·哀公十六年》：“子木暴虐于其私邑，邑人诉之。”《公羊传·昭公五年》：“不以私邑累公邑”，何休注：“私邑，臣邑也；公邑，君邑也。”《礼记·杂记》：“私馆者，自卿大夫以下之家也。”《周礼·方士》郑玄注：“家，大夫之采地。”私邑包括私田。这私邑私田，都是和公邑公田相对而言；而拥有私邑私田者，均为卿大夫等贵族。《大田》篇“遂及我私”的私田，也是如此。《吕氏春秋·务本篇》云：

> 尝试观上古记，三王之佐，其名无不荣者，其实无不安者，功大也。《诗》云：“有渰凄凄，兴云祁祁，雨我公田，遂及我私。”三王之佐，皆能以公及其私矣。俗主之佐，其欲名实也，与三王之佐同，而其名无不辱者，其实无不危者，无公故也。皆患其身不贵于国也，而不患其主之不贵于天下也；皆患其家之不富也，而不患其国之不大也；此所以欲荣而愈辱，欲安而益危。

这里援引《大田》“雨我公田，遂及我私”，以证“三王之佐，皆能以公及其私”。这表明，在《务本》作者看来，这“公田”属于王者，“私田”属于“王之佐”；所谓“王之佐”，即有“名”（爵位）有“实”（实利）者，也就是公卿大夫等贵族。历来解《大田》“雨我公田，遂及我私”者，一般总是采用《孟子·滕文公上》的说法，而忽略了《吕氏春秋·务本》的这一说法。在我们看来，《务本》的解说大体符合《大田》作者原意和西周历史实际，而孟子的说法则是一种误解。

诚然，“三王之佐”并非“皆能以公及其私”，特别是从西周后期起，统治集团内部公私之间的矛盾日益激化，争田夺地的事件时有发生。《大田》的写作年代虽然较晚，但它所反映的，当主要是西周前期的情况。那时，西周统治集团内部的矛盾还比较缓和，从周王那里获得土地、人民的“臣工”（群臣百官），还能“敬尔在公”，“以公及其私”，重视王事，勤于王事。如我们将在后面所述，“宣王即位，不藉千亩”以前，历世周王到王室“公田”“藉田”举行“藉礼”并考课农夫勤惰时，拥有私邑私田的群臣百官也要参加；《大田》作者，或是他们之中的一员，或是他们的代言人。“雨我公田，遂及我私”的诗句，一方面表明他们“敬尔在公”，“皆能以公及其私”，另一方面也是因为上述王事毕，他们才能顾及其“私田”的耕作。

有些学者认为耕种“公田”即“藉田”“大田”的农夫拥有“私田”的另一根据，是《周颂·噫嘻》的记载：“噫嘻成王，既昭假尔。率时农夫，播厥百谷。骏发尔私，终三十里。亦服尔耕，十千维耦。”或说“亦服尔耕，十千维耦”的“十千”是“公田”，“骏发尔私，终三十里”的“私”是农夫的“私田”。或说与此相反，那“骏发尔私（耜），终三十里”的“三十里”是“公田”，“亦服尔耕，十千维耦”才是指农夫在其“私田”上的耕作。在我们看来，《噫嘻》所述，全是指王室藉田的耕作，从中同样得不出耕种藉田的农夫有“私田”的结论。

我们同意这样一种解释：《噫嘻》中的三个“尔”字，不是指同一对象，而是指两种不同身份的人。具体地说，“既昭假尔”的“尔”，是指周成王所召集的农官；“骏发尔私”的“尔”和“亦服尔耕”的“尔”，指的是“率时（是）农夫”的农夫[①]。“骏发尔私”，实为“骏发尔耜”，“私”是“耜”字之误[②]。因为，耜为西周主要耕具，《诗经》中凡言农耕，无不有耜。如《豳风·七月》：“三之日于耜，四之日举趾”；《小雅·大田》：“以我覃耜，俶载南亩，播厥百谷”；《周颂·良耜》：“畟畟良耜，俶载南亩”；《周颂·载芟》：“有略其耜，俶载南亩。”《噫嘻》言耕田，自然也当有耜。此其一。其二：“发耜”为当时成语，《国语·周语上》“王耕一发”，韦昭注：“一耜之发也”（“发”，今本作“坺”，此据汪远孙《国语明道本考异》校正）。《吕氏春秋·孟春纪》“天子三推”，高诱注：“天子三推谓一发也。”当时使用耜耕，大概一般要“三推”而后“一发”[③]。“骏发尔耜，终三十里”与“亦服尔耕，十

① 孙作云：《诗经与周代社会研究》，中华书局1966年版，第177～178页。

② 郭沫若在《由周代农事诗论到周代社会》中指出：“‘骏发尔私’的‘私’注家均称为‘私田’，这是所谓‘增字解经’。其实只是各人所有的家私农具，而且可能也就是‘耜’字的错误，照诗的层次上说来，是应该这样解释的。”（见《郭沫若全集·历史编》第1卷，第406页。）其后又有一些学者肯定了“私”乃“耜”字之误这一说法。

③ 孙作云：《诗经与周代社会研究》，中华书局1966年版，第183页；杨宽：《古史新探》，中华书局1965年版，第9页。

千维耦”，讲的是有关藉田耕者的两个方面的问题：前者是农官叫其所率农夫“发耜”耕完“三十里”地，讲的是农夫们使用的耕具和所耕藉田的面积；后者讲的是藉田上劳动力的配备及其所采取的耕作方式，“十千”言其人数众多，“维耦”谓二人配对耦耕。所谓“终三十里”，是要农夫们耕完“三十里”，并不是说农夫们已经耕完“三十里”；所谓“十千维耦”，是指“三十里”内藉田的耕作而言，而不是指所谓农夫“私田”的耕作而言。

《大雅·韩奕》“实亩实藉”的“实亩”，以及《周礼》所载授田制，也常被有些学者引为藉田农事承担者各有份地（私田）的根据。其实，西周时期的所谓“亩”，并不是地积单位。“亩”作为一种地积单位的名称，最初出现于春秋时期。《诗经》中，只有《魏风·十亩之间》的“亩”具有地积单位的涵义，其余诸篇中的“亩”，均作垄解[①]。“实亩”，意为作垄；而作垄或垄作，属于耕作方式。根据《周礼·大司徒》及《遂人》关于授田的记载，说耕种王室藉田和公室藉田的农夫有“私田”，同样不能成立。这是因为如本编第十三章所述：(1) 无论《大司徒》授田制下的受田者，还是《遂人》授田制下的受田者，都不是王室藉田或公室藉田的耕作者；(2)《周礼·里宰》“以岁时合耦于耡”，“耡”为里宰所属农夫“合耦”之处，并非所谓“藉田”或“公田”，不能由此断定《遂人》授田对象是藉田或公田农事的承担者；(3)《周礼·遂人》授田制下的农夫在受田上的劳动，同样是一种强制性劳动，并不是独立的；(4) 受田农夫在受田上的劳动，包括他们的剩余劳动和必要劳动。

三、他们是用主人的农具来劳动

直接生产者是否占有土地，与他们是否占有劳动工具密切相关。奴隶不但被剥夺了土地，而且也“直接被剥夺了生产工具”[②]，他们是“用别人的生产条件来劳动”[③]。封建制下的农奴占有份地，并“用实际上或法律上属于他们

① 参见闵宗殿：《垄作探源》，《中国农史》1983年第1期。
② 马克思：《经济学手稿》(1857～1858) 上册，《马克思恩格斯全集》第46卷上，第35页。
③ 马克思：《资本论》第3卷，《马克思恩格斯全集》第25卷，第891页。

所有的劳动工具（犁、家畜等等）来耕种实际上属于他们所有的土地，并以每周的其他几天，无代价地在地主的土地上为地主劳动”①。占有份地的农村公社社员，同时也占有劳动工具。西周大田农场上的农夫，则不仅没有“私田”，而且也不占有劳动工具，他们是用主人的农具为主人劳动。认为农夫有“私田”的学者，自然也认为农夫有属于他们自己的劳动工具。但这同样是缺乏根据的。

《国语·周语上》：“民用莫不震动，恪恭于农，修其疆畔，日服共镈，不解于时。”《周语中》：“民无悬耜，野无奥草。”这里提到的“用”、“镈”、“耜”，可以说是“民”所有或占有的劳动工具。问题是，如前所述，这“民”的身份地位不同于“终于千亩”的“庶人”，“民”占有劳动工具不等于“庶人”也占有劳动工具。

《周颂·臣工》云：“嗟嗟保介……命我众人，庤乃钱镈，奄观铚艾。”《臣工》的这几句话，同样不能证明耕种王室藉田（大田）的农夫占有劳动工具。因为，这“是国王对田官们讲的。‘乃’字指田官们，是说‘叫农夫们调整好田官们所管理的耕具’。假如把‘乃’字（你的或你们的）换成‘其’字（他的或他们的）那倒还容易看出是农夫们有了生产工具。但就是那样，也还不能断定究竟是私有还是享有。譬如我们今天说，‘每一位士兵有一杆枪’，这并不是每一位士兵都有自备的武器。又譬如我们向士兵们说，‘调整你们的武器吧’，也并不能证明那武器是士兵自备的”②。

前面说过，《小雅·大田》也是王朝田官们做的诗，诗篇中的“我”是指作者自己，诗中所谓“以我覃耜，俶载南亩，播厥百谷”，是田官叫农夫们用他（诗中的“我”）所管理的农具去“大田”从事耕种。如前所述，《周颂·噫嘻》“骏发尔私”的“私”是“耜”字之误；“尔耜”，指农夫们使用之耜，由此同样不能证明农夫们私有耜及其他农具。

西周春秋时期，王室、公室和卿大夫均各有规模不等的手工业作坊，制作

---

① 马克思：《资本论》第3卷，《马克思恩格斯全集》第25卷，第889~890页。

② 郭沫若：《关于周代社会的商讨》，《郭沫若全集·历史编》第3卷，人民出版社1984年版，第106页。

包括劳动工具在内的各种器用。耒耜和钱、镈是当时的重要农具。关于耒耜的制作，王室和公室设有职官专司其事。《周礼·地官》有“山虞”一职，“掌山林之政令”，“凡服耜，斩季材，以时入之”；“凡邦工入山林而抡材，不禁。”《考工记》：“车人为耒”。孙诒让《周礼正义》云：“‘凡服耜斩季材’者，耜即车人为耒也。……云‘以时入之’者，入之工官车人等也。”此外，《考工记》还有“段氏为镈器”的记载。西周时期，“工商食官”，“各守其业以共其上”①，而“工”“共其上”之耒耜、钱、镈等农具，主要即是供王室或公室藉田制下的农夫们使用的。

文字记载表明，西周贵族奴隶主集团不仅占有土地，而且还直接占有劳动工具。历王时期有一个铜器叫“散氏盘”，那上面的铭文说：由于“矢𩁹散邑”，结果矢人用两块田（“眉田”和“井邑田”）赔偿散氏，矢人在付给散氏田土的同时，又“付散氏田器”②。这表明，贵族奴隶主占有的生产资料包括“田器”在内，所以田器和田土同时赔偿。《散氏盘铭》的记载，绝非个别事例。据《左传》记载，直到春秋时期，不少贵族仍然拥有大量“器用”③。杜预注云：“器用者，谓物之成器，可为人用者也。”“器用”泛指各种用具，其中包括各类劳动工具。一般地说，“器”指兵器和各种生活用品，“用”谓各类劳动工具。《国语·周语上》：“先王之于民也，茂正其德而厚其性，阜其财求而利其器用。”韦昭注云：“‘器’，兵甲也；‘用’，耒耜之属。”《周语上》“民用莫不震动”，韦注亦云：“‘用’，谓田器也。”也有在“用”字前面加一“农”字者，如《周语上》“命农大夫咸戒农用”，韦注也说：“‘农用’，田器也。”

《诗经·周颂·臣工》所述“众人”在“藉田”劳动时的“钱”、“镈”、

① 《国语·周语上》。

② 见郭沫若：《两周金文辞大系图录考释》。

③ 例如：《左传·隐公十一年》：郑伯入许，“乃使公孙获处许西偏，曰：‘凡而器用财贿，无置于许，我死，乃亟去之。’”僖公元年：“诸侯救邢，邢人溃，出奔师。师遂逐狄人，具邢器用而迁之，师无私焉。”文公六年：“晋杀续简伯，贾季奔狄，宣子使臾骈送其帑。……（臾骈）尽具其帑，与其器用财贿，亲帅捍之，送致诸竟。”文公七年：“（晋）败秦师于令狐，至于刳首。己丑，先蔑奔秦，士会从之。……荀伯尽送其帑，及其器用财贿于秦。”襄公十年：“（郑）子西闻盗，不儆而出，尸而追盗，盗入于北宫，乃归授甲，臣妾多逃，器用多丧。”襄公二十八年：“（齐）崔氏之乱，丧群公子，故钼在鲁，叔孙还在燕，贾在句渎之丘。及庆氏亡，皆召之，具其器用而反其邑焉。”昭公十年：“桓子召子山，私其帷幕器用从者之衣履，而反其邑焉。”

“铚”，是青铜农具。考古发掘资料表明，西周奴隶主集团占有种种青铜农具和青铜工具。以青铜铲来说，迄今为止，凡出土青铜铲的西周墓葬，在规模上都属大、中型墓，均以棺椁为葬具，随葬品丰富，都有一定数量的青铜礼器及兵器，墓主都是奴隶主贵族①。

王室及公室所有的农具，有固定的处所存放，由田畯一类农官保管。农耕开始前，由农官进行检查，若有损坏，组织农夫修理。《礼记·月令》“季冬之月”：“令告民出五种；命农计耦耕事，修耒耜，具田器。”《吕氏春秋·季冬纪》亦云：“是月也……令告民出五种；命司农计耦耕事，修耒耜，具田器。”“命司农……修耒耜，具田器”，犹如《国语·周语》所说“司徒”之“命农大夫咸戒农用”，以及《周礼·地官》中的“遂大夫”于“正岁简稼器”。《诗经·豳风·七月》云：“三之日于耜，四之日举趾。”“三之日”，即《周礼·遂大夫》“正岁简稼器”之“正岁”，也就是夏历正月。“于耜”的“于”与该诗篇中“一之日于貉”、“昼尔于茅”的“于”，义同。或云“于”训“修”，或谓“于”训“於”，或释“于”为“取”，均不确切。当如朱熹《诗集传》所释：

> “于”，往也。“耜”，田器也。“于耜”，言往修田器也。“举趾”，举足而耕也。……正月则往修田器，二月则举足而耕。

“一之日于耜”，是说春耕前农夫们要去主人存放农具之处修理耒耜，以备他们“二之日举趾”时使用。若农具属于农夫所有，就放在农夫家里，则不得言“于耜”（“往修田器”）。又《小雅·大田》云：

> 大由多稼，既种既戒，既备乃事。以我覃耜，俶载南亩，播厥百谷。

这些话，是“曾孙”（周王）或上一级农官（“司徒”之类）对下级农官（“田畯”、“农大夫”）讲的，“我”，指周王或上级农官：“乃”，指下级农官。“既种既戒，既备乃事”，与《周语上》“王乃使司徒……命农大夫咸戒农用”，以及《月令》和《吕氏春秋·季冬纪》“令告民出五种，命司农计耦耕事，修耒耜，具田器”，讲的是一回事情。上引《大田》诗句的意思是说：既已选好

① 白云翔：《殷代西周是否大量使用青铜农具之考古学再观察》，《农业考古》1989年第1期。

种子（“既种”），修好了耒耜而备齐了田器（“既戒”），既已作完春耕播种前的农事准备（“既备乃事”），你（“乃”，即田畯或农大夫）便可督率农夫们带着“我”（“曾孙”）的农具（“以我覃耜”）去“南亩”进行春耕播种（“俶载南亩，播厥百谷”）。

第三节 “大田”的经营管理与农夫劳动

一、层层农官的设置

西周统治者视农业为“大事”。《国语·周语上》有“是时也，王事唯农是务”的说法。虽然言过其实，但当时王者重视农业这一点是可以肯定的。周王除春耕播种前帅“百吏”行藉礼，过问和干预农事以外，还设置了层层的农官管理农业，特别是管理王室自营地的农业生产。各诸侯国也设有农官。

据《国语·周语上》记载，为王卿士的虢文公谏宣王“不藉千亩”时，所说“古者”随周王参加“藉礼”的“百官”中，属于农官的有：“稷”或“后稷”，“司徒”，“农大夫”或“农正”，“农师”。稷又称后稷，农大夫即农正。韦昭注云：“民之大事在农，故稷之职为大官也”；“后稷，农官之君也”；“农大夫，田畯也”；“农正，田大夫也”，“后稷之佐，田畯也”；“农师，上士也”。

稷或后稷本为周族始祖。西周统治者之以稷或后稷为一级农官的名称，任“大官”（汪远孙《国语发正》卷一：“‘大官’，当为‘天官’”）之职，为西周农官之首，大概意在表示继承其祖先的重农传统。《周语上》的记载表明，作为“大官”的稷或后稷，其职掌虽不限于“藉田”农事，但藉田特别是王室藉田的经营管理乃是其首要职责。

王室和诸侯均设有“司徒”一职。西周时期的不少青铜器铭文，如《沬司徒迭簋》《司徒斧》《免簋》《免壶》《曶壶》《永盂》《戠簋》《卫盉》《五祀卫鼎》《散盘》《扬簋》《盠方彝》《郃曶簋》《此簋》《无惠鼎》等，都提到“司徒”，其中，有的是指王室的司徒，有的是指诸侯的司徒。据考查，西周早、中期的铜器铭作“司土”，晚期铜器铭才出现“司徒”①。司徒主要职掌土地、徒众等有关农业的事项，属于农官一类，所以《尚书·酒诰》称司徒为“农父”②。

西周时期王室和诸侯的司徒虽然均属农官，但其具体职掌却有所不同。有的司徒主管农、虞、牧，有的甚至兼管农业以外的事务。总的说来，当时多数司徒只是兼管藉田农事，并非专司藉田的农官。《𫷷簋》所载周王任命的𫷷司徒，则“官司耤田”，为专司王室“藉田”的农官。关于《𫷷簋》的制作时代，有不同的说法，或说作于穆王时代，或说作于恭王时代，或说作于宣王时代。“宣王即位，不藉千亩”，已废除藉田制，不会再设“司藉田”的职官。穆王或恭王特别任命𫷷为“官司耤田”的司徒，当是为了加强王室藉田的经营管理。

西周时期，具体负责王室或公室自营“藉田”的管理、直接指挥和监督农夫劳动的农官，有种种不同的名称。《诗经·小雅·甫田、大田》和《豳风·七月》有“田畯”；《周颂·臣工》《月令》和《吕氏春秋·孟春纪》有“保介”；《国语·周语上》有“农大夫”、“农正”、“农师”；《柞钟》《左传·成公十年》《国语·周语中》《周礼·春官·大祝》《礼记·文王世子、丧大记》《仪礼·燕礼、大射仪、公食大夫礼、士丧礼》有“甸人”；《周礼·天官》有“甸师”；《吕氏春秋·季冬纪》有“司农”，《礼记·月令》简称“司农”为“农”、“田畯”为“田”。田畯、农大夫、农正、甸人、甸师、司农是同一级别的农官之异称；按照《周语上》的提法，农师地位次之。至于“保介”，是否农官，是什么样的农官，历来解说不一，这里有必要作如下说明：

（1）《周颂·臣工》郑玄《笺》和《月令》郑玄《注》，均解“保介”为“车右”，《笺》云：“介，甲也，车右勇力之士，被甲执兵也”；《注》云：“人君之车，必使勇士衣甲居右而参乘，备非常也。”此说显然不符合《臣工》原意。

（2）《吕氏春秋·孟春纪》高诱《注》：“保介，副也。”陈奂《诗毛氏传

① 张亚初、刘雨：《西周金文官制研究》，中华书局1986年版，第8页。
② 《酒诰》“薄违农父”，《传》云：“农父，司徒。”

疏》卷二十七："高《注》以保介为副，当是相传古训副。天子之副，即下文三公、九卿、诸侯、大夫也。天子躬耕，则三公以下为副，诸侯躬耕，则三卿以下为副。毛《传》为《臣工》作解，即不为'保介'作解，'嗟嗟保介'犹言'嗟嗟臣工'耳。"[①] 将"保介"和"臣工"混为一谈，不妥。此"臣工"，犹《周语上》载随从周王"藉千亩"的"公卿、百吏"，"保介"只是"臣工"即"百吏"之一。从"嗟嗟保介"下文来看，"保介"也不可能是指"天子之副"三公、九卿、诸侯而言。

（3）朱熹《诗集传》云："'保介'，见《月令》《吕览》，其说不同，然皆为藉田而言，盖农官之副也。"谓"保介"为"农官"，甚是。《臣工》中"嗟嗟保介"下的那几句话，系王者戒"保介"之辞，而所戒之事为"命我众人，庤乃钱镈"等农事，这正是上述"田畯"一类农官的职责。姚际恒在《诗经通论》中否定《诗集传》的上述说法，问道："保介为农官之副，不知何者为农官之正乎?"《周语上》虢文公谏宣王"不藉千亩"一节提到"农正"，韦昭注谓"农正"即"田畯"即"农大夫"。"保介"是否为"农官之副"，若为农副，是否即是与此"农正"相对而言，有待进一步探讨。不过，从《周语》的记载看来，当时农官有正、副之分，当是可以肯定的。

（4）何楷（玄子）《诗经本义》："'保介'即《周礼》'遂人'之官。"《周礼·地官》中的"遂人"，主要掌管农事，无疑亦属农官。但"遂人"和"保介"有别，不可混为一谈。《周颂·臣工》《月令》以及《吕氏春秋·孟春纪》，都是在记述有关王室经营的"藉田"农事时提到"保介"的。前面说过，王室及公室经营的"藉田"（即"大田"或"甫田"），在都城近郊；而《周礼·地官》"遂人"一职，则是主管都城近郊之外野鄙地区授田制下的农事。"保介"是王室或公室"大田"的经营管理者之一；"遂人"是"授田"制下的农官之一。

（5）"保介"，"看情形应该就是后来的'田畯'，也就是田官。介者界之

---

① 《诗毛氏传疏》（下），北京市中国书店1984年版。

省，保介者保护田界之人”[①]。郭沫若的这种说法，有一定的道理。西周早、中、晚期，包括官制在内的各种制度有所变化；同类职官的官名及其职掌并不完全相同。《臣工》“这诗的时代不敢定，大约和《噫嘻》相差不远，因为风格相同，而且没有韵脚”[②]。《噫嘻》作于周成王时，如此，则《臣工》也当是周初作品，而诗中提到的“保介”为周初农官。《小雅·甫田、大田》和《豳风·七月》等农事诗之作，晚于《臣工》；这些诗篇中所说到的“田畯”，可能即是周初“保介”一级农官的官名的改易。如果说“保介”就是“保界”，那也不能由此得出结论说“保介”一职只是保护田界。《臣工》以及《月令》和《吕氏春秋·孟春纪》的记载表明，“保介”还有保管和供应农具、“命我众人”劳作之责，而这也是“田畯”或“农大夫”、“司农”的主要职责之一。

二、“大田”劳动形式

关于西周时王室及公室“大田”上的劳动形式或耕作方式问题，主要有以下两种不同的说法：

较为流行的说法是，“大田”耕作是一种大规模的集体耕作。主要根据是：《周颂·载芟》“千耦其耘，徂隰徂畛”；《周颂·噫嘻》“亦服尔耕，十千维耦”。或说“千耦其耘”是两千人同时耕作，“十千维耦”是两万人同时耕作。或说：“千耦其耘”是千夫同时耕作，“十千维耦”是万夫同时耕作。两万人或一万人同时耕作，其规模自然是很大的；两千人或一千人同时耕作，其规模自然也是较大的。

另一种意见则认为，“十千维耦”、“千耦其耘”，是极言许多藉田上耕作者之多，并不是一块藉田上有万人或千人在耕作。而且当时农民过的是个体耕作的经济生活，不可能在藉田上抛弃他们的个体耕作方式，而采取集体耕作方式。在西周根本不可能产生集体耕作制度，尤其不可能产生奴隶集体耕作，因

---

① 郭沫若：《由周代农事诗论到周代社会》，《郭沫若全集·历史编》第1卷，人民出版社1982年版第408页。

② 郭沫若：《由周代农事诗论到周代社会》，《郭沫若全集·历史编》第1卷，人民出版社1982年版第408页。

为西周没有那么多的奴隶。

不加分析、不加区别地把“千耦其耘”、“十千维耦”引为大规模集体耕作的论据，自然不妥。“千耦”或“十千维耦”同时耕作，并不一定就是大规模集体耕作，也有可能是许多农民以家为单位分别在各自的份地上同时进行个体耕作。《诗经》里的农事诗篇中，有的是描写西周自由农民、个体农民的劳动和生活，他们大体相当于《周礼·地官》“大司徒”职下的“六乡”农民，按族聚居，以家为单位受田耕作，各家份地相接。春耕、耨耘时节，这大批农民分别在其份地上同时“耦耕”的情景，同样可以用“十千维耦”或“千耦其耘”来形容。因此，要判断“十千维耦”或“千耦其耘”是不是集体耕作，当首先视其所耕土地是否属于王室或公室经营的“藉田”、“大田”。《周颂·噫嘻》无疑是描写王室藉田即大田的耕作，但把《周颂·载芟》也看成是反映藉田耕作之诗，则值得研究（这一点，我们将在本编第十四章中着重讨论）。

其次，我们说“藉田”上集体耕作规模的大小，是就每块藉田上集体耕作的规模而言。《噫嘻》“亦服尔耕，十千维耦”的诗句所形容的，是大批农夫分别在“终三十里”内的多块藉田上同时耕作的情景，并非在一块藉田上即有“十千维耦”[①]。当时，一块藉田不可能有“终三十里”的广阔面积，从而每块藉田也就毋需一万人甚至两万人来耕作。

把《载芟》“千耦其耘”视为藉田上的集体耕作，将《噫嘻》“十千维耦”解为一万人或两万人在一块藉田上集体耕作，固然不妥。然而，认为西周根本不可能产生集体耕作制度，说藉田上的耕作是个体耕作而不是集体耕作，同样与史实不符。

“当时农民过的是个体耕作的经济生活”，并不等于当时王室和公室藉田的耕作也是个体耕作。藉田上的耕作采取何种方式，取决于藉田制本身，而不取决于占有份地并在其份地进行个体耕作的农民，不取决于农民是否愿意在藉田上抛弃他们的个体耕作方式。这里要附带指出的是，虽然封建农奴制下的农民在其份地上采取的是个体耕作方式，但他们在领主的土地上为领主提供剩余

---

① 赵光贤：《周代社会辨析》，人民出版社1980年版，第74页。

劳动而进行的耕作，并不属于个体耕作。再以罗马尼亚各州在克里木战争后发生政变以前的情况为例来说，那里原来的生产方式是建立在公社所有制的基础上，公社的土地分为公田和私田，私田由公社成员各自耕种，实行个体耕作，而公田则由公社成员共同耕作、集体耕作①。

再说，如前所述，西周王室和公室“藉田”即“大田”的耕作者，并不是过着“个体耕作的经济生活”的个体农民，而是因被征服被俘虏或其他原因而其人身被占有的“庶人”、“隶农”或“徒”；他们被剥夺了生产资料，不占有土地和生产工具；他们不但是奴隶，而且其数量较大。

农业劳动形式或土地耕作方式，主要取决于土地占有制度和土地经营方式，取决于占有地产的大小和土地耕作单位面积的大小。个体劳动或个体耕作，与小土地占有制和小土地经营相联系。西周王室及公室直接经营的藉田，是“大田”、“甫田”，是榨取直接生产者剩余劳动的大地产、大农场；这样的大地产、大农场，其劳动形式、耕作方式，必然是一种较大规模的共同劳动、集体耕作（或者说协同劳动、协同耕作），而不会是以一家一户为单位的孤立劳动、个体耕作。

“许多人在同一生产过程中，或在不同的但互相联系的生产过程中，有计划地一起协同劳动，这种劳动形式叫做协作。”② “简单协作的实质始终是行动的同时性。”③ 我们肯定西周王室及公室藉田上的劳动形式属于协作劳动、集体劳动，正是由于有许多劳动者同时集结在同一空间即同一块藉田上，在同一生产过程中有计划地一起协同劳动。《周颂·噫嘻》“噫嘻成王，既昭假尔，率时（是）农夫，播厥百谷”，《小雅·大田》“既种既戒，既备乃事，以我覃耜，俶载南亩，播厥百谷”，以及《周礼·天官》“甸师掌帅其属而耕耨王藉”等记载，表明了藉田耕作的计划性和同时性。

历史记载还告诉我们，周王室及公室藉田上的劳动，是一种指挥劳动、监督劳动（这一点，我们将在后面论述）。这种指挥劳动、监督劳动的产生，即

① 马克思：《资本论》第1卷，《马克思恩格斯全集》第23卷，第265页。

② 马克思：《资本论》第1卷，《马克思恩格斯全集》第23卷，第362页。

③ 马克思：《经济学手稿》（1861~1863），《马克思恩格斯全集》第47卷，第300页。

是由于藉田上的劳动是一种共同劳动、集体劳动。因为如马克思所指出：

> 一切规模较大的直接社会劳动或共同劳动，都或多或少地需要指挥，以协调个人的活动，并执行生产总体的运动。①
>
> 凡是生产过程具有社会结合过程的形态，而不是表现为独立生产者的孤立劳动的地方，都必然会产生监督劳动和指挥劳动。②

藉田上的共同劳动或集体劳动，自然只是一种简单形态的协作，而不是以分工为基础的复杂形态的协作。其基本特点是：在藉田主人和农官的指挥、监督下，许多农夫在同一块藉田的生产过程中同时做同一种工作。《噫嘻》“率时农夫，播厥百谷”、“亦服尔耕，十千维耦”，《大田》“以我覃耜，俶载南亩，播厥百谷”，以及《豳风·七月》“三之日于耜，四之日举趾”等诗句，便是众多的农夫在藉田上同时做同一种工作（春耕播种）的反映。当然，有时也有简单的分工。《甫田》云：“今适南亩，或耘或耔，黍稷薿薿。”耘，锄草；耔，用土培苗根。“或耘或耔”，是说在同一时间、同一“甫田”即“大田”上，一部分“农人”在锄草，另一部分“农人”在用土培苗根。

藉田上集体耕作的规模，取决于每块藉田的面积。一般说来，面积较大的藉田，集体耕作的规模较大；面积较小的藉田，集体耕作的规模较小。自然，当时各藉田经营者，实际上并不一定都完全根据各块藉田面积的大小，按比例配备劳动力；即使在各处面积大体相等的藉田上，劳动人手也可能有多有少。《周礼·天官》中的“甸师”，“掌帅其属”而耕耨王室的一处藉田，就有“徒”即“庶人”“三百人”。三百人同时在一块藉田上共同劳动，这在当时的历史条件下，也应当算是大规模的集体劳动了。

三、“大田”生产过程的对抗性质与监督劳动

西周“大田”上的集体劳动或协作劳动，不同于以生产资料公有制为基础的集体劳动或协作劳动。它是以奴隶制为基础，以直接的从属关系和统治关系为基础。大田制生产过程，即是奴隶主统治集团消费奴隶劳动力的过程、榨

---

① 《资本论》第1卷，《马克思恩格斯全集》第23卷，第367页。
② 《资本论》第3卷，《马克思恩格斯全集》第25卷，第431页。

取奴隶剩余劳动的过程。许多奴隶于同一时间集结在同一空间协同劳动，虽然提高了劳动生产力，但同时也集中和加剧了奴隶和主人之间的矛盾，从而使“大田”生产过程具有尖锐的阶级对抗性质。

大田上的直接生产者，对劳动没有也不可能有兴趣和主动性。他们“公作则迟，有所匿其力”，“解（懈）于公田”，“不肯尽力于公田”，“不道之以事”而“不为”，一有机会便“散迁、懈慢”（逃亡、怠工）。他们不但不会爱惜劳动工具，甚至会有意破坏农具。督率农夫“修耒耜”、“具用器”成为农官经常性的重要职责之一，表明农具损坏严重，这和劳动中的磨损有关，与农夫的破坏也不无关系。

正因如此，西周时期的指挥劳动和监督劳动具有二重性。一方面，它是因许多个人进行协作劳动的需要而产生，具有“一种生产劳动”的性质①；另一方面，它又包括由奴隶主统治者和直接生产者相对立而产生的一种特殊职能，具有政治性质。马克思在《资本论》中写道：

> 凡是建立在作为直接生产者的劳动者和生产资料所有者之间的对立上的生产方式中，都必然会产生这种监督劳动。这种对立越严重，这种监督劳动所起的作用也就越大。因此，它在奴隶制度下所起的作用达到了最大限度。②

西周是中国奴隶制的鼎盛时期，同时也是中国历史上由阶级对立而产生的监督劳动最盛行，监督劳动所起的作用达到了最大限度的时期。

西周奴隶主统治集团非常重视对农夫劳动的管理和监督。“大田”农夫的全部劳动，都在主人及其代理人的指挥和监督下进行。以周王室自营“藉田”的生产劳动过程来说，不但有各级大小农官的层层指挥和监督，而且周王还定期亲帅其他群臣百官前往巡查和考课农夫劳动。《国语·周语上》载：

> 古者，太史顺时覛土，阳瘅愤盈，土气震发，农祥晨正，日月底于天庙，土乃脉发。

① 马克思在《资本论》第3卷中指出：“凡是有许多个人进行协作的劳动，过程的联系和统一都必然要表现在一个指挥的意志上……就像一个乐队要有一个指挥一样。这是一种生产劳动，是每一种结合的生产方式中必须进行的劳动。”（《马克思恩格斯全集》第25卷，第431页。）

② 《马克思恩格斯全集》第25卷，第431～432页。

先时九日，太史告稷曰：“自今至于初吉，阳气俱蒸，土膏其动。弗震弗渝，脉其满眚，谷乃不殖。”稷以告王曰：“史帅阳官以命我司事曰：‘距今九日，土其俱动，王其祗祓，监农不易。’”王乃使司徒咸戒公卿、百吏、庶民，司空除坛于藉，命农大夫咸戒农用。

先时五日，瞽告有协风至，王即斋宫，百官御事，各即其斋三日。王乃淳濯飨醴，及期，鬱人荐鬯，牺人荐醴，王祼鬯，飨醴乃行，百吏、庶民毕从。及藉，后稷监之，膳夫、农正陈藉礼，太史赞王，王敬从之。王耕一坺，班三之，庶人终于千亩。其后稷省功，太史监之；司徒省民，太师监之；毕，宰夫陈飨，膳宰监之。膳夫赞王，王歆大牢，班尝之，庶人终食。是日也，瞽帅音官以省风土。廪于藉东南，锺而藏之，而时布之于农。稷则遍诫百姓，纪农协功，曰：“阴阳分布，震雷出滞。”土不备垦，辟在司寇。乃命其旅曰：“徇，农师一之，农正再之，后稷三之，司空四之，司徒五之，太保六之，太师七之，太史八之，宗伯九之，王则大徇。耨获亦如之。”

这是为王卿士的虢文公“谏宣王不藉千亩”的一席话。它较为具体地叙述了“古者”、即宣王“不藉千亩”以前的“藉礼”和“藉田”的经营管理，是研究西周藉田制的较为可靠的资料。从这一记载中，我们可以了解到以下几点：

第一，所谓周王“亲耕”藉田，无非是“王耕一坺”，做做样子而已；藉田上全部农事的承担者，实为“庶人”，所谓“庶人终于千亩”。王者率领公卿、百吏去到“藉田”举行“藉礼”的目的，一是为了表示对“农”这一“大事”的重视，一是为了巡查和考课“庶人”劳动。早在立春之日前九日，“为大官”的“稷”便向王报告说：“史帅阳官以命我司事曰：‘距今九日，土其俱动，王其祗祓，监农不易。’”“监农不易”之“易”，“当读为慢易之易，易者轻也。……‘监农不易’者，民之大事在农，监之不敢轻慢也”[1]。意思是要对一切耕作藉田的“庶人”严加监督，不可疏忽。

第二，“庶人”在“藉田”即“大田”上劳动的全过程，都受到统治者剥削者的严密控制和监督。各级贵族、官员，分批轮流出动巡查，所谓“农师

① 王引之：《经义述闻》卷二十。

一之，农正再之，后稷三之，司空四之，司徒五之，太保六之，太师七之，太史八之，宗伯九之”。最后由王者“大徇”，韦昭注云：“大徇，帅公、卿、大夫亲行农也。”春耕播种如此，耨耘、收获也是如此，所谓“耨获亦如之”。

第三，在藉田生产劳动过程中，除有“司徒省民”（清点出工人数）以及各级官员分批轮流出动巡查外，还有“后稷省功”；而“后稷省功”时，还有“太史监之”。所谓“省功”，也就是考察庶人劳动好坏和耕作成绩。若发现庶人怠工，没有把土地耕种好，掌管刑罚的司寇就要问罪。所谓“土不备垦，辟在司寇”，韦昭注云：“辟，罪也；在司寇，司寇行其罪也。”又《周语上》说：“古者”，虽然统治者采取种种措施，迫使“庶人工商各守其业，以共其上”；然而，“犹有散、迁、懈慢而著在刑辟”，“于是乎……有斧钺、刀墨之民”。而这“斧钺、刀墨之民”中，即包括因“懈慢”（怠工）、“散迁”（逃亡），以致“土不备垦”而“辟在司寇”的“庶人”。

第四，“宣王即位不藉千亩”说明，“千亩”为此前王者举行“藉礼”之处。周王行“藉礼”在“千亩”，而虢文公“谏宣王不藉千亩”所说藉田的经营管理，却并非仅就“千亩”而言。换句话说，上述周王与其臣下“大徇”的对象，并不限于“终于千亩”的“庶人”。大概此藉田“千亩”，即在《周颂·噫嘻》篇所述“骏发尔私（耜），终三十里”之内，而与其他各块藉田相连；上引《周语上》记载所反映的，主要是那“三十里”内王室藉田的经营管理情况。

据《诗经》部分农事诗篇中有关“藉田”即“公田”、“大田”、“甫田”耕作的记载，经常地、直接地指挥和监督农夫劳动者，主要是“田畯”或“保介”。所谓“曾孙”即周王，有时也到藉田露面，巡查、考课农夫劳动。《甫田》《大田》所谓“曾孙来止”，自然并非“曾孙”一人，定有臣下随行。《臣工》云：“嗟嗟臣工，敬尔在公。”“臣工”，群臣百官；“公”，公家，这里指王室。《臣工》是为耕藉而诫农官之诗；“敬尔在公”，谓“臣工”当勤于王室藉田之事，即如《周语上》所述群臣百官之从王行藉礼并巡查农夫劳动。《甫田》篇云：

> 曾孙来止，以其妇子，馌彼南亩，田畯至喜。攘其左右，尝其旨否。禾易长亩，终善且有。曾孙不怒，农夫克敏。

《大田》和《豳风·七月》亦有“田畯至喜”语。从这里，我们看到了“曾孙”（周王）和“田畯”（农官）的另一副面孔，及其监视农夫劳动所采用的另一种手法。这里既没有“监工日号”，也不见“土不备垦，辟在司寇”。“曾孙”来到“甫田”（即“大田”、“藉田”），适见农夫之妇子来给农夫送饭，于是与之同至其所，而田畯亦至喜之，并取其左右农夫之馈而尝其旨否；既又见其禾之易治，竟亩如一，而知其终当善而且多，是以曾孙不怒，而其农夫益以敏于其事[①]。通常认为奴隶主对奴隶总是采用“赤裸裸的暴力”，监工监督奴隶劳动总是使用鞭子，而从这种观点出发，自然会怀疑甚至否定西周农夫在“藉田”即“甫田”上的劳动属于奴隶劳动。然而，历史告诉我们，实际情况并非完全如此。古罗马奴隶主、著作家科路美拉在其《论农业》一书中，就曾这样说过：

> 我认为我坚持这些原则没有错：对于农村的奴隶，只要他们品行端正，我往往对他们比对城里的奴隶要更亲密友好一些，和他们随便谈话。当我发现主人的友好态度对他们无休止的沉重劳动似乎能起减轻的作用时，我就甚至有时同他们逗玩笑，也允许他们比较自由地同我玩笑。近来我更有一个新的作法，就是遇到一项新工作，我就把他们叫来一同商量，好像他们更有经验，这样我可以发现他们每个人都有什么才能和智慧。不仅如此，我还发现一项工作他们曾经被征求意见，或他们的建议被采纳了，他们就更愿意着手去干。[②]

科路美拉对农业奴隶的“这些原则”，自然是以奴隶“品行端正”以及“无休止的沉重劳动”为前提的。对所谓“品行不端正”或消极怠工的奴隶，他则主张“施行惩罚”，加上镣铐监禁，并且要求“一切谨慎的人都要遵守的既成惯例，就是检查监禁在拘留处的犯人，看看是不是都妥善地加上了镣铐，看看拘留处是不是安全、有人看守，看看管庄人是否不报主人知晓就给谁加上了镣铐或给谁除了镣铐”[③]。同样，上引《甫田》篇所说“曾孙不怒”、“田畯至

① 见朱熹：《诗集传》。

② 《世界史资料丛刊》上古部分《罗马帝国时期》（上），商务印书馆1985年版，第91～92页。

③ 《世界史资料丛刊》上古部分《罗马帝国时期》（上），商务印书馆1985年版，第91～92页。

喜”，亦是以“农夫克敏”即“无休止的沉重劳动”为前提的；若农夫怠工，没有把“藉田”耕种好，“曾孙”及“田畯”同样要对农夫施行惩罚，甚至“辟在司寇”，由司寇施以“刀”“墨”之刑。

四、劳动时间与劳动强度

由于奴隶的人身被占有，因而“奴隶的全部时间，就像牲畜的全部时间一样，都属于奴隶主”[①]。奴隶主可以像支配牲畜的时间一样支配奴隶的时间，驱使奴隶从事各种劳作。

西周时期的农业奴隶，即前述“庶人”、“众人”或“农夫”、“农人”、“隶农”，不服也没有资格服兵役，专为主人从事农业劳动和其他劳作。各个等级的贵族奴隶主，出于剥削阶级所固有的贪欲，迫使奴隶从事繁重的劳动，劳动时间长，劳动强度大。《国语·鲁语下》说：“自庶人以下，明而动，晦而休，无日以怠。”意思是说，“庶人”和“百工”、“臣妾”一样，天刚亮就须出工，夜晚才能休息。

农业生产的特点之一是季节性强。春耕播种和秋收为农忙季节，是农业生产过程中的“紧急时期”[②]。奴隶主统治集团特别注意加强农夫在这些紧急时期的劳动强度。《汉书·食货志》追述西周农夫的劳动情况说：“力耕数耘，收获如寇盗之至。”师古曰：“力，谓勤作之也。如寇盗之至，谓促遽之甚，恐为风雨所损。”《月令》“仲秋令”也说：“乃命有司，趣民妆敛”；“乃劝种麦，毋或失时，其有失时，行罪无疑”。

由于农业生产的对象是有生命的动植物，它们具有自身的生长发育过程。生产过程是持续不断的，而劳动过程是间歇中断的，这种生产时间和劳动时间的不一致性，构成了忙闲不均的农业劳动季节性。于是，“在农业中，在产品

---

① 马克思：《经济学手稿》（1861~1863），《马克思恩格斯全集》第47卷，第234页。

② 马克思在《资本论》第1卷中写道：“在许多生产部门都有紧急时期，即由劳动过程的性质本身所决定的一定时期，在这些时期内必须取得一定的劳动成果。例如，剪一群羊的羊毛或收割若干摩尔根的谷物，在这种情况下，产量的数量和质量取决于这种操作是否在一定的时间开始并在一定的时间结束。”（《马克思恩格斯全集》第23卷，第364页。）

完成以前，在生产本身中存在着劳动中断的现象”①。农忙时需要大量劳动力突击，农闲时农活不多，所需劳动力也不多，但劳动力却需要按农忙时的最大需要配置。西周奴隶主集团为了充分使用奴隶劳动力，从他们身上榨取更多的剩余劳动时间和剩余劳动产品，又在农闲季节驱使他们狩猎、凿冰、建筑宫室、修缮房屋等等工作，以弥补农业生产所存在的使用劳动时间方面的限制——农业劳动时间中断所包含的限制。这样，西周奴隶制生产方式下的农业和其他一些生产方式下的农业一样，并没有以纯粹的形式出现，而是农业和副业相结合。《诗经·豳风·七月》具体描述了西周藉田制下男女奴隶们一年四季的劳动情况：

> 三之日于耜，四之日举趾。……
>
> 春日载阳，有鸣仓庚。女执懿筐，遵彼微行，爰求桑柔。春日迟迟，采蘩祁祁。……
>
> 蚕月条桑，取彼斧斨，以伐远扬，猗彼女桑。七月鸣鵙，八月载绩。载玄载黄，我朱孔阳，为公子裳。……
>
> 八月其获，十月陨萚。一之日于貉，取彼狐狸，为公子裘。二之日其同，载缵武功，言私其豵，献豜于公。……
>
> 六月食郁及薁，七月亨葵及菽。八月剥枣，十月获稻。为此春酒，以介眉寿。七月食瓜，八月断壶。九月叔苴，采荼薪樗，食我农夫。
>
> 九月筑场圃，十月纳禾稼：黍、稷、重、穋，禾、麻、菽、麦。嗟我农夫，我稼既同，上入执宫功。昼尔于茅，宵尔索绹，亟其乘屋，其始播百谷。
>
> 二之日凿冰冲冲，三之日纳于凌阴。四之日其蚤，献羔祭韭。九月肃霜，十月涤场。朋酒斯飨，曰杀羔羊，跻彼公堂，称彼兕觥，万寿无疆！

《豳风·七月》采用的是豳历的记月方法，用十个数目记十二个月份，因而在记月上不得不采用两种形式：一种是“某之日”，一种是“某月”。诗中所谓

① 马克思：《经济学手稿》（1857～1858）下册，《马克思恩格斯全集》第46卷下，第180页。

“一之日”，即夏历十一月、周历正月；“二之日”，即夏历十二月；“三之日”，即夏历正月；“四之日”，即夏历二月；“蚕月”，即夏历三月。豳历的岁始是“一之日”，岁终是“十月”，一岁的始终与周历相当①。

据《豳风·七月》篇的记载，全年十二个月，农业奴隶都在为主人工作。男奴承担“藉田”即“公田”、“大田”上的全部农事，诸如修理农具（“三之日于耜”）、春耕播种（“四之日举趾”、“其始播百谷”）、筑场圃（“九月筑场圃”）、割稻（“十月获稻”）以及运粮入仓（“十月纳禾稼：黍稷重穋，禾麻菽麦”），等等。此外，他们（男奴）还要担当其他种种苦役，如打猎（“一之日于貉，取彼狐狸，为公子裘”；“二之日其同，载缵武功”，“献豜于公”）、凿冰藏冰（“二之日凿冰冲冲，三之日纳于凌阴”）、修筑宫室（“我稼既同，上入执宫功。昼尔于茅，宵尔索绹，亟其乘屋”）、酿酒祝寿（“为此春酒，以介眉寿”）、祭神（“献羔祭韭”）等等。女奴的工作则是采桑（“女执懿筐，遵彼微行，爰求桑柔”）；采蘩（“春日迟迟，采蘩祁祁”）；养蚕（“蚕月条桑，取彼斧斨，以伐远扬，猗彼女桑”）；纺织（“八月载绩”）；染色（“载玄载黄，我朱孔阳”）；做衣裳（“为公子裳”）；击枣（“八月剥枣”）；摘葫芦（“八月断壶”）；采苦菜、砍柴（“采荼薪樗”）；到田间给男奴送饭（“馌彼南亩”）。

可见，即使是在农闲时期，农夫们不但白天要劳动，而且晚上也要劳动，所谓“昼尔于茅，宵尔索绹”。农妇纺织，大概一般也是在夜间进行。《汉书·食货志》载：

> 冬，民既入，妇人同巷相从夜绩，女工一月得四十五日。必相从者，所以省费燎火，同巧拙而合习俗也。

这里所说的“民”、“妇人”，当主要是指王室及各诸侯国公室藉田制下的农夫、农妇。“连妇人的工作时间一天都是十八小时，男人的工作时间也就可以想见。”②

《诗经》中其他有些农事诗篇如《噫嘻》《臣工》《甫田》《大田》等，所

---

① 高亨：《诗经今注》，上海古籍出版社 1980 年版，第 204 页。

② 郭沫若：《奴隶制时代》，《郭沫若全集·历史编》第 3 卷，人民出版社 1984 年版，第 29 页。

述王室农夫田间劳动事项也主要是：选择种子，修理农具；春耕，播种；锄草，培苗根；去除害虫（“去其螟螣，及其蟊贼”）；收割庄稼。只是由于这些诗篇主要是叙述田间农事，没有提及农夫农妇的其他种种劳作。

诚然，西周奴隶制生产方式下的农业劳动及手工业劳动，一般说来并不是那种十分过度的、累死人的劳动。这主要是因为，当时占统治地位的是自然经济而不是商品货币经济，主要是以生产使用价值为目的而不是以生产交换价值为目的。如马克思所指出：“如果在一个社会经济形态中占优势的不是产品的交换价值，而是产品的使用价值，剩余劳动就受到或大或小的需求范围的限制，而生产本身的性质就不会造成对剩余劳动的无限制的需求。在古代，只有在谋取具有独立的货币形式即交换价值的地方，即在金银的生产上，才有骇人听闻的过度劳动。”①

第四节　“农人”生活资料的取得方式

一、“我取其陈，食我农人”

奴隶制下的奴隶，农奴制下的农奴，资本主义制度下的雇佣工人，“都得到一定量的食物，使他们能够作为奴隶、农奴和雇佣工人来生存”②。只是奴隶取得必要生活资料的方式，不同于农奴及雇佣工人。这里要考察的，是西周奴隶主统治集团自营地的直接生产者取得必要生活资料的方式。《诗经·小雅·甫田》篇云：

> 倬彼甫田，岁取十千。我取其陈，食我农人。

“甫田”即《大田》篇所谓“大田”、“公田”；“我取其陈”的“我”，也就是诗中所说“曾孙来止”、“曾孙不怒”、“曾孙之稼”、“曾孙之庾”的“曾孙”，为“甫田”即“大田”、“公田”的所有者和经营者。“岁取十千”，谓“曾孙”“岁取”于“甫田”的产品，“十千”言其数量大，成千成万。因为“曾孙之稼，如茨如梁，曾孙之庾，如坻如京”，所以需要万车载运，需要千

① 马克思：《资本论》第1卷，《马克思恩格斯全集》第23卷，第263页。

② 马克思：《经济学手稿》（1857~1858）上册，《马克思恩格斯全集》第46卷上，第24页。

仓储存（“乃求千斯仓，乃求万斯箱”）。曾孙“岁取”于“甫田”的“十千”产品，包括农人（或农夫、庶人、众人）的剩余产品和必要产品在内，全部装进了主人“曾孙”的“千斯仓”。农人的口粮由主人配给，不过它不是“甫田”当年出产的新粮，而是往年的陈谷，所谓“我取其陈，食我农人”。为什么主人只“取其陈”以“食”其农人？《毛传》云：“尊者食新，农夫食陈”。一语道破了问题的实质。原来作为尊者、贵者的主人“曾孙”才配“食新”，而地位卑贱的农人只能“食陈”。

有一种意见认为：《甫田》篇所谓“我取其陈，食我农人”，是说“在农人给曾孙耕田的时候，由曾孙供给农人食粮”；或说“天子每年举行两次慰劳农夫的馌礼，给农夫们吃陈米饭”。这些说法，是以农夫有“私田”为前提的。然而如前所述，农夫并无“私田”，他们的剩余劳动和必要劳动在空间上和时间上并未分开，“甫田”或“大田”产品包括他们的剩余产品和必要产品。从而，《甫田》所谓“我取其陈，食我农人”，乃是农人取得必要生活资料的基本方式、一般方式，并非仅就“农人给曾孙耕田的时候”而言，更非指“天子每年举行两次慰劳农夫的馌礼”而言。《甫田》篇又云：

> 琴瑟击鼓，以御田祖，以祈甘雨，以介我黍稷，以穀我士女。

“士女”，本指未婚男女，这里泛指男女。“我士女”，指隶属于“曾孙”的全部男女，其中包括“我取其陈，食我农人”的农人“家庭”男女。“穀”，养也；“以介我黍稷，以穀我士女”，意思是以黍稷养活“我”（“曾孙”）的男女。有的学者说：

> 《诗·甫田》的“以穀我士、女”，《既醉》的“釐尔女、士”（“女、士”即“士、女”，倒文以谐韵），“士、女”均指奴隶言之。①

虽然“以穀我士女”的士、女可能包括贵族男女，不一定均指奴隶言之，但其中包括“曾孙”的生产奴隶和家内奴隶在内却是可以肯定的。前面说过，“大田”制下的庶人、农夫主要来源于战俘，属于《师寰簋》“殴俘士、女、牛、羊”的士、女一类。主人“曾孙”之“取其陈”以“食”其农人，或者

① 于省吾：《夏小正五事质疑》，《文史》第四辑，中华书局1965年版。

说以黍稷“穀”（养）其男女奴隶，是为了使他们（农人、奴隶）能够作为奴隶来生存。如恩格斯所指出：“每个奴隶是特定的主人的财产，由于他们与主人的利害攸关，他们的生活不管怎样坏，总还是有保障的。”①

此外，《国语·周语上》载虢文公谏宣王“不藉千亩”的一席话中，有“廪于藉东南，锺而藏之，而时布之于农”的说法。韦昭注云：“布，赋也。”此“布”、“赋”，意为给与、分给。《汉书·哀帝纪》“田非冢茔，皆以赋贫民”，师古曰：“赋，给与也”，可证。所谓“而时布之于农”，是说到时把“藉东南”仓库里的粮食配给农夫，或者说配给“终于千亩”的“庶人”，意思与《甫田》篇“我取其陈，食我农人”大体相同。自然，“而时布之于农”者只是“藉田”产品的一小部分，大部分是用来满足统治者的生活需要和“事之供给”等财政支出，这一点，谏宣王“不藉千亩”的虢文公是说得明白的。

《周礼·天官·甸师》有“甸师掌帅其属而耕耨王藉，以时入之，以供粢盛”的记载。韦昭《国语注》据此把“廪于藉东南，锺而藏之”，解释为“为廪以藏王所藉田，以奉粢盛”，不提“而时布之于农”。杜预《春秋·桓公十四年注》也说鲁国的“御廪”，是“公所亲耕以奉粢盛之仓”。清代学者俞樾也从这种观点出发，认定《国语·周语上》“廪于藉东南，锺而藏之，而时布之于农”这三句是错简，“于农”二字是衍文，三句应该接连在下文“民用莫不震动，恪恭于农”之上，“于农”二字涉下句“恪恭于农”而衍。其理由是：“王所藉田以奉粢盛，何以布之于农乎？”② 如有的学者所指出：“俞樾这个校刊完全错了。”③ 历史记载表明，西周王室及公室自营藉田的产品有多种用途，“以奉粢盛”只是其用途之一。《周礼·甸师》谓藉田“以共（供）粢盛”，只说祭礼方面的用途，大概是因为周代统治者视祭祀为国家之头等大事，所谓“国之大事，在祀与戎”。

《甫田》和《大田》都提到“曾孙来止，以其妇子，馌彼南亩，田畯至

① 恩格斯：《共产主义原理》，《马克思恩格斯全集》第4卷，第360页。

② 俞樾《群经评议》卷二十八。

③ 杨宽：《古史新探》，中华书局1965年版，第224页。

喜”。《豳风·七月》也有“三之日于耜，四之日举趾，同我妇子，馌彼南亩，田畯至喜”的诗句。古时王者之妻亦称“妇”或“妇子”①。不过《甫田》《大田》所说的“妇子”，并不是指“曾孙”即周王之妇子，而是指“农人”或“农夫”之妇子，与《豳风·七月》“同我妇子，馌彼南亩”的“妇子”一样。朱熹《诗集传》解释说：“曾孙之来，适见农夫之妇子来馌耘者，於是与之偕至其所，而田畯亦至而喜之。”这大体符合诗篇原意。“馌彼南亩”，是说农妇去“大田”给干活的农夫送饭。既然是由“曾孙”养其“士、女”、“取其陈”以食农人，为什么农妇又去“南亩”给农夫送饭？这是因为，农夫们各有自己的“家庭”，虽然其家庭不是一个独立的经济单位、生产单位，但它却是一个生活单位、消费单位。所谓“我取其陈，食我农人”，并不是由“我”（“曾孙”）集中供给农夫们以熟食，而是把陈谷或陈米粮分发各农人家庭做口粮，由各农人家庭自己做饭吃。就这一点而言，可以说农夫们吃的饭是由各农夫家庭“自备”。但这饭是由主人分发的口粮而“自备”，从这里同样得不出“农夫有自己的经济”的结论。《国语·晋语一》记晋大夫郭偃（卜偃）云：

吾观君夫人也，若为乱，其犹隶农也。虽获沃田而勤易之，将弗克飨，为人而已。

意思是说，“隶农”即处于奴隶地位的农夫，即使辛勤耕作，也只是为了主人，他们自己不能享受。既然奴隶主为了“隶农”的生存要配给一定的食粮，“取其陈”以“食农人”，为什么又说他们“虽获沃田而勤易之，将弗克飨，为人而已”？这是因为，奴隶主人视“隶农”、“农人”为牛马，牛马需要一定的饲料，奴隶需要一定的生活资料，但这不能算是主人对牛马、奴隶的报偿，从而奴隶的全部劳动在外观上都表现为“无酬劳动”。正如马克思在谈到奴隶劳动、农奴劳动和雇佣劳动的区别时所指出：

在徭役劳动下，服徭役者为自己的劳动和为地主的徭役劳动在空间上和时间上都是明显地分开的。在奴隶劳动下，连奴隶只是用来补

---

① 见郭沫若：《关于周代社会的商讨》，《郭沫若全集·历史编》第3卷，人民出版社1984年版，第104页作者注。

偿他本身的生活资料的价值的工作日部分，也表现为好像是为主人的劳动。相反地，在雇佣劳动下，甚至剩余劳动或无酬劳动也表现为有酬劳动。在奴隶劳动下，所有权关系掩盖了奴隶为自己的劳动，而在雇佣劳动下，货币关系掩盖了雇佣工人的无偿劳动。①

二、“农人”口粮标准

《国语·周语上》说：“古者”，也就是宣王“不藉千亩”和“宣王既丧南国之师，乃料民于太原”以前，王室的“民”数清清楚楚，不用临时清点，就能知道民数的多少。“古者不料民而知其少多”的原因，一是由于有“司民协孤终，司商协民姓，司徒协旅，司寇协奸，牧协职，工协革，场协入，廪协出，是则少多、死生、出入、往来者皆可知也”；二是由于“王治农于藉，蒐于农隙，耨获亦于藉，狝于既烝，狩于毕时，是皆习民数者也”。这里所说的“民”，泛指一切直接隶属于王室的臣民，其中包括“食官”的“工商”，以及《小雅·甫田》篇“我取其陈，食我农人”的“农人”，《周语上》“庶人终于千亩”、“庶人终食”的“庶人”，等等。所谓“廪协出”，是说“廪人掌九谷出用之数”（韦昭注）。《周语》的这一记载将“王治农于藉”、“耨获亦于藉”和“场协入”、“廪协出”并提，说这些都可以“习民数”而“知其少多”，这就不但表明此“民”包括王营“大田”农场的“农人”，而且表明“农人”的口粮由王室职官“廪人”配给。

《周礼·地官》亦有“廪人”一职，“掌九谷之数，以待国之匪颁、赒赐、稍食”。“廪人”职文还按“岁之上下”对“万民”每月的口粮标准作了如下规定：

凡万民之食食者，人四鬴，上也；人三鬴，中也；人二鬴，下也。

郑注：“此皆谓一月食米也。六斗四升曰鬴。”贾疏：“此谓给万民粮食之法。食食谓民食国家粮食者。”而清人江永则说，这是“通计万民之食，非谓国家之粮食者也”。孙诒让《周礼正义》肯定江永的说法，认为“江说是也”。

① 《资本论》第1卷，《马克思恩格斯全集》第23卷，第590~591页。

在我们看来，两说均有可取之处，但都失之片面。这里所谓“万民”，与上述《周语》所说“古者不料民而知其少多”的“民”一样，包括不同的等级和阶级；其中，上述“农人”以及“工”“商”等，乃是所谓“食国家粮食者”。至于“民”中的平民、个体农民，一般则是自食其力，就此而言，可以说“廪人”的规定是“通计”其“食”，“非谓国家之粮食者也”。不过，他们之中口粮不足者，仍有待“国之赒赐”以补不足。《国语·周语上》所谓西周藉田制下“布施优裕”，主要就是对“三时务农而一时讲武”之“民”而言的。

《周语上》还讲到：“古者，先王既有天下……诸侯春秋受职于王以临其民……庶人、工、商各守其业以共其上。”这里亦并称“庶人”、“工”、“商”为“民”；由于他们的全部劳动都表现为无偿劳动，所以只说他们“各守其业以共其上”，实际上他们的必要生活资料是由“其上”配给的。《国语·晋语四》说：

> 公食贡，大夫食邑，士食田，庶人食力，工商食官，皁隶食职，官宰食加。

韦昭注云：“‘食力’，各由其力”；“‘食官’，官廪之。”“工商食官”，沿西周以来旧制，其口粮仍由官府给与。“庶人食力”（自食其力），则是废除藉田制后的新制，不可把它和西周时期“大田”农场的“庶人”或“众人”、“农人”混为一谈。

奴隶制有不同的类型，不同类型的奴隶取得必要生活资料的方式并不完全相同。凡奴隶（无论私人奴隶还是国家奴隶）的口粮是由主人分发者，其主人一般都定有一个口粮标准。上引《周礼·地官·廪人》所载，并没有特别说明当时奴隶的实际口粮标准。一则《廪人》所谓“万民”并非全是奴隶，其中包括奴隶和其他劳动者，这其他劳动者又并非或不完全是“食国家粮食者”；而奴隶和其他劳动者的口粮标准又当有所不同，后者一般高些，前者一般低些。二则《廪人》所述口粮标准是按“岁之上下”而定，实际上男奴和女奴，以及不同年龄段的奴隶，其口粮标准当有所差别；而农忙季节和农闲时期，亦可能有所不同。为了说明这一点，这里不妨列举其他奴隶制社会史上的几个有关事例：

古罗马奴隶主贵族的典型代表加图，在所著《农业志》中对“给与奴隶的口粮标准”作了这样的规定：“在田中工作的奴隶，冬季每人四麦斗小麦，而夏季则按四麦斗半配给；管庄、女管庄、监工人、牧羊人——各按三麦斗配给。带足枷的犯奴冬季每人四磅面包；夏季当开始挖掘葡萄园时，每人按五磅配给，直到无花果成熟时为止，以后再恢复到四磅。”①

古代西亚也曾实行口粮分发制。在古苏美尔时期，乃至乌尔第三王朝时期，神庙大经济主要采取口粮分发制方式。在乌尔卡基那改革前夕，拉格什·吉尔苏的口粮分发标准是：“大麦分发量每人每月是72或48、36西拉（=夸脱），妇女36或24西拉，小孩18或12西拉。这些平均数字同后来阿卡德·乌尔第三朝时的平均数差不多。”这种“口粮分发制”，“是古代奴隶制范畴的剥削制度，剥削奴隶，也剥削自由小生产者”②。

在古代印度，关于奴隶和其他劳动者的口粮标准，则有这样的规定：“菜园、围栅和牛的看守者、奴隶以及劳动者，应按其所做的工作，供给以粮食”；“手工工人应按其所做的工作支给工资和粮食”③。

西周奴隶主集团对奴隶的口粮标准，亦当有这样那样的具体规定。不过，他们的规定是一回事，而是否完全按照其规定的标准对奴隶分口粮，则是另一回事。实际上，他们给与奴隶的口粮不但往往低于所定标准，而且有时（特别是农闲季节）甚至不发口粮，奴隶们只能食野菜、野果充饥。《诗·豳风·七月》云：

> 六月食郁及薁，七月亨葵及菽。……七月食瓜，八月断壶，九月叔苴，采荼薪樗，食我农夫。

郁，一种树木名，唐棣之属，果实可食。薁，又名蘡薁，李属。葵，菜蔬名，即凫葵（莼菜）、楚葵（芹菜）之类。壶，瓠之借字，即葫芦。苴，麻子。荼，一种苦菜。樗，俗名臭椿树。由此可见，“食我农夫”者，往往包括苦菜等食物。

---

① 见林志纯主编：《世界通史资料选辑》上古部分，商务印书馆1985年版，第388～389页。
② 《世界上古史纲》编写组：《世界上古史纲》上册，人民出版社1978年版，第156页。
③ 《政事论》，见《世界通史资料选辑》上古部分，商务印书馆1985年版，第223页。

三、关于“授衣”

再说“藉田”（“大田”“甫田”）制下的“庶人”“农人”的衣服问题。《诗·豳风·七月》云：

> 七月流火，九月授衣。一之日觱发，二之日栗烈。无衣无褐，何以卒岁？

何谓“授衣”？谁“授衣”，授给谁？对此，历来有种种不同的说法。

《毛传》解“九月授衣”云：“九月霜始降，妇功成，可以授冬衣矣。”此谓“授衣”是将“妇功”已成之“冬衣”授人，而没有说明谁授给谁。

《郑笺》释“一之日觱发，二之日栗烈。无衣无褐，何以卒岁”说：“此二正之月，人之贵者无衣，贱者无褐，将何以终岁乎？是故八月则当绩也。”按此说法，乃是向贵者授衣，对贱者授褐。

马端辰《毛诗传笺通释》则说：“《周礼·典妇功》：‘掌妇式之法，以授嫔妇，及内人女功之事赍’。《典丝》：‘颁丝于外内功，皆以物授之。’《典枲》：‘以待时颁功而授赍。’凡言‘授’者，皆授使为之也。此诗‘授衣’，亦授冬衣使为之，盖九月妇功已成，丝麻之事已毕，始可为衣，非谓九月冬衣已成，授衣之人也。”

郭沫若在《由周代农事诗论到周代社会》一文中写道：“‘授衣’两个字，也很重要。古代对于农民应该有一定的制服，就好像现今发军服一样。到了‘九月’……是应该发寒衣的时候了。”①

此外，或谓“‘授衣’似应解为奴隶主贵族给其家人寒衣”；或谓“也许这‘授’者，是家长授给家里人的”，“也许这‘授衣’只是换衣服的意思”。

对以上诸说，这里要指出以下几点：

第一，解“授衣”为“授冬衣始为之”或“授女工使为之”，不确。《周官》中的《典妇功》《典丝》《典枲》所“授”者为丝、麻等衣料，而《豳风·七月》所“授”者为“衣”；凡言“衣”，皆指做好的成衣、衣服。诗中“无衣无褐”之“褐”，是指“褐衣”，而不是指“褐”这种衣料。就这一点

---

① 《郭沫若全集·历史编》第1卷，人民出版社1982年版，第432页。

而言，《毛传》和《郑笺》的解说是对的。《七月》篇云：“七月鸣鵙，八月载绩。载玄载黄，我朱孔阳，为公子裳。”可见，纺织、染缯、做衣服等“妇功”成于“八月”，所谓“九月妇功成，丝、麻之事已毕，始可为衣”一说，与《七月》原意不符。《七月》说：“九月肃霜”，“九月”即夏历的九月，这时豳地天气开始变冷，已是该“授”寒衣的时候了，故《诗》曰“九月授衣”。

第二，诗中“七月流火，九月授衣”，是与“无衣无褐，何以卒岁”相对应而言的。各种质地不同、式样不同的衣服，皆可曰“衣”，此“无衣无褐”之“褐”也是指“衣”，即“褐衣”。所谓“九月授衣”，实际上是或主要是授此“褐衣”而言。“无衣无褐”，衣、褐并提，乃是由于造句的需要，并非“衣”是衣，“褐”是褐。因此，《郑笺》说“无衣无褐”是“人之贵者无衣，贱者无褐”，不妥。

第三，“褐衣”，粗劣的衣服。《孟子·滕文公上》：“许子必织布而后衣乎？曰：否！许子衣褐。”赵岐注：“许子衣褐，以毳织之，若今马衣者也。或曰褐，枲衣也。一曰粗布衣也。”在周代等级制度下，身份地位卑贱者服褐，故又称卑贱者为“褐”或“褐夫”。《左传·哀公十三年》“余与褐之父睨之”，杜注：“褐，寒贱之人。”《孟子·公孙丑上》：“视刺万乘之君，若刺褐夫。”又《汉书·食货志》：“故贫民常衣牛马之衣，而食犬彘之食。”这里所说的“牛马之衣”，也是褐衣之类。

第四，《豳风·七月》反映了压迫者剥削者“公”、“公子”和被压迫被剥削者“农夫”及其“妇”“女”的阶级对立；前面说过，前者是贵族奴隶主，后者属于奴隶。诗中所说“授衣”，只能是奴隶主人授给奴隶即“农夫”，而不是所谓“奴隶主贵族给其家人”或“家长授给家里人”。《七月》首章先说“七月流火，九月授衣”，接着说“一之日觱发，二之日栗烈。无衣无褐，何以卒岁”？然后说“三之日于耜，四之日举趾”，清楚地表明了迫切希望“授衣”的人是“无衣无褐”者，而这“无衣无褐”者即是“三之日于耜”、“四之日举趾”的“农夫”。

由主人配给奴隶以一定数量的食物和衣服，这是一切奴隶制社会史上奴隶取得必要生活资料的一种典型方式。古罗马贵族的典型代表和著名的著作家加图，在其《农业志》一书中谈到“管庄的职责”时说：“管庄不可虐待奴隶：勿令奴隶受饥寒。”“给与奴隶的衣服：紧身衣重三又二分之一磅，而斗篷则一年一换。每次发给紧身衣和斗篷时，均要将先前发的旧衣收回，以便用以制作破被。应一年发一双结实的木履。”① 古罗马另一著作家科路美拉在《论农业》中还谈到：“在农庄奴隶的服装问题上，他（‘管庄人’——引者）应该重视实用而不要求外表好看，要衣者能保暖、防风、防雨。长袖的皮制短上衣，缝补好的长外衣或带风帽的斗篷，这样几件衣服可以达到防护的目的了。有了这些衣著什么天气都不怕，也可以在露天干活了。”②

说是“勿令奴隶受饥寒”，实际上奴隶们还是饥寒交迫，古罗马农庄奴隶如此，西周农场奴隶也是如此。说是“九月授衣”，实际上并未授衣，如果已在九月授衣，农夫们也就不会发出“一之日觱发，二之日栗烈。无衣无褐，何以卒岁”的呼号了。无论实际情况如何，如郭沫若所说，《七月》篇中的“授衣”二字“很重要”，它表明上述身为奴隶的“农夫”是由主人给衣。

《豳风·七月》是反映西周时期豳地藉田制农场的诗篇。《诗经》中其他反映藉田农场的诗篇如《甫田》《大田》《噫嘻》《臣工》等，没有言及“授衣”问题。没有言及，并不等于事实上就不存在。“授衣”，并非仅仅存于豳地的孤立现象、偶然现象。

---

① 林志纯主编：《世界通史资料选辑》上古部分，商务印书馆1985年版，第387～389页。

② 《世界史资料丛刊》上古部分《罗马帝国时期（上）》，商务印书馆1985年版，第90页。

第十三章　“授田”制农业经济形式

西周时期存在多种农业经济形式。就奴隶制农业经济形式而言，也并非只有上述“大田”制一种。当时对“遂”“野”地区来源于征服的“野人”“农夫”实行的“授田”制，即《周礼·地官·遂人》所述“授田”制，便是西周奴隶制渗入农业的另一种重要形式，为奴隶制农业经济形式的一种类型，与通常所说公社共同体土地所有制下的授田制有根本的区别。本章打算主要根据《周礼》的有关记载，着重研讨此类“授田”制农业经济形式的内容、特点和性质。

第一节　“藉田以力”的授田制与《周礼》授田制的时代性

一、“藉田以力”与授田制及“彻法”

关于西周统治者剥削者榨取农业劳动者剩余劳动剩余产品的方式，周代文字记载中表述为“藉”、“助”或“彻”。通常认为，“藉”即“助”，“藉”是“藉”，“彻”是“彻”；“藉”是劳役剥削，“彻”是实物（产品）剥削。在我们看来，这是对殷代和西周、春秋文字记载中所谓“藉”或“藉田”含义的误解。

藉，甲骨文作耤，像一人执耒，以足踏耒，使耒尖入土，用以耕田的形状。西周《令鼎铭》《𢦏簋铭》加上声符“昔”作𦔳，后又省去人形即丮旁而成为耤字，于是便由图画文字转化为形声文字[1]。古书写作籍或藉[2]。

历代注疏家、训诂家对“藉”、“藉田”的含义解说不一。《周颂·载芟》传：“藉之言借也，借民力治之，故谓之藉田。”《大雅·韩奕》笺：“藉，税也。”《国语·周语上》注：“藉，借也，借民力以为之。”《鲁语下》注：“藉田，谓税也。”《说文·耒部》：“古者使民如借，故谓之藉。”《汉书·文帝纪》注引臣瓒：“本以躬亲为义，不得以假借为称也。”《后汉书·明帝纪》注引《五经要义》：“藉，蹈也，言亲自蹈履于田而耕之。”《续汉书·礼仪志》注引《月令》卢植注：“藉，耕也。”清代学者大都赞成“藉者借也”说，反对“藉者耕也”说。实则，“藉田”之“藉”作“耕”解，比较接近“藉”字原义[3]。所谓藉“本以躬亲为义”说，是就王者“躬亲”而言。但所谓王者“躬亲”，只是主持“藉礼”、“王耕一坺”[4]而已，而“王土”的实际耕作者是广大的民众。此说没有接触到西周藉田制的经济内容，不可取。

在周代文献中，不乏藉借通用的例子。《战国策·秦策三》“此所谓藉贼兵而赍盗食者也”，此“藉”，《荀子·大略》即写作“借”。《孟子·滕文公上》又释“助”为“藉”，所谓“助者藉也”。由此看来，解“藉田”之“藉”为“借民力治之”或“借民力以为之”，比较符合古书原意。西周王有地和公卿大夫占有地，无疑都是凭借“民力”来耕种的。不过，西周藉田制的实质，并不是“借”“助”的关系，而是强制与被强制、剥削与被剥削的关系。

通常根据孟子的“井田”说，认为西周时期的“藉”或“藉田”就是而且只能是“皆私百亩”的各家农夫助耕“公田”。其实，“藉”或“藉田”这一概念所说的，只是“借民力治之”、耕之；至于统治者如何使用和剥削“民力”，“民”是否拥有“私田”，那是另一回事。西周王室、公室经营的“大田”或“甫田”农场是使用“农夫”耕之，也可谓之“藉”，如前所述，耕种“大田”、“甫田”的农夫并无所谓“私田”。又《国语·鲁语下》记载：

---

① 唐兰：《西周青铜器铭文分代史徵》，中华书局 1986 年版，第 231～232 页。

② 以藉为善，故本书一律写作藉。

③ 杨宽：《古史新探》，中华书局 1965 年版，第 228 页。

④ 《国语·周语上》。

> 季康子欲以田赋，使冉有访诸仲尼。仲尼不对，私于冉有曰：“求来！汝不闻乎？先王制土，藉田以力，而砥其远迩；赋里以入，而量其有无；任力以夫，而议其老幼。于是乎有鳏、寡、孤、疾，有军旅之出则征之，无则已。其岁，收田一井出稯禾、秉刍、缶米，不是过也。先王以为足。若子季孙欲其法也，则有周公之藉矣；若欲犯法，则苟而赋，又何访焉！”

孔子这里所说“周公之藉”的基本点是“先王制土，藉田以力，而砥其远迩”。韦昭注云：“制土，制其肥硗以为差也。藉田，谓税也；以力，谓三十者受田百亩，二十者五十亩，六十还田也。砥，平也，平远迩所差也。《周礼》：‘近郊十一，远郊二十而三，甸、稍、县、都皆无过十二也。’”韦昭注虽有不妥之处，但大体符合孔子原意。在这里，韦昭注谓“藉田”为“税”；而《国语·周语上》“宣王即位，不藉千亩”，韦昭注则说：“藉，借民力以为之。”可见，在韦昭看来，孔子这里所说的“藉田以力”，不同于《国语·周语上》所载“庶人终于千亩”的“藉田”制。值得注意的是：《诗·大雅·韩奕》“实亩实藉”，郑玄笺也说：“藉，税也。”

解“藉田”为“税”，虽然值得研究，但孔子这里所说的“藉田以力”不同于孟子所说“皆私百亩”的农夫“同养公田”的“助”制，却是可以肯定的。请注意：在“藉田以力”句后面，还有“而砥其远迩”一语。孟子所说有“私田”的农夫助耕“公田”的“助”制，并没有什么“远迩（近）”之分。韦昭注以《周礼》中的“近郊”、“远郊”释“远迩”，是有根据的。如我们将在后面所述，西周王畿和诸侯国确实存在着国野、乡遂制度，《尚书·费誓》中即讲到鲁国的“三郊”、“三遂”。“藉田以力”的“力”，谓年力，即成年劳动力，说的是按一定的年龄对“乡”（近郊）、“遂”（野鄙）居民授田的制度。无论“乡”的居民，还是“遂”的居民，其剩余劳动和必要劳动在空间上、时间上都没有分开；换句话说，他们除了耕种其受田以外，不再助耕“公田”，而是由作为土地所有者的王室或公室彻取其受田上的剩余产品。因为“乡”、“遂”居民的身份地位有别，“乡”、“遂”两种授田制的性质不同，故“藉田以力”又有“远迩”之分，统治者对“遂”人的剥削重于对“乡”人的剥削（关于这个问题，我们将在后面着重论述）。

孔子爱好历史，“好古敏以求之”，历史知识渊博，对西周的典章制度无疑也有较多的了解。虽然由于他特别尊崇周公，上引孔子语又是针对季康子“欲以田赋”、“贪冒无厌”而发，对“周公之藉”不免间杂理想成分，但他所说“先王制土，藉田以力，而砥其远迩”的制度，确实存在于西周。《左传·宣公十五年》的记述表明，鲁国“初税亩”以前，鲁国公室亦曾长期实行“谷出不过藉”的“藉”法。这“谷出不过藉”的“藉”，除了上一章所述“大田”制剥削外，当也包括孔子这里所说的“周公之藉”。又《论语·颜渊》篇载：

> 哀公问于有若曰：“年饥，用不足，如之何？”有若对曰：“盍彻乎？”曰：“二，吾犹不足，如之何其彻也？”

何谓“彻”？“彻”法究竟行之于何时何地？《春秋·宣公十五年》“初税亩”，杜预注云：“公田之法，十取其一，今又履其余亩，复十收其一。故哀公曰：二，吾犹不足。”按照杜预的说法，“彻”就是“十取其一”的“公田之法”，即孟子所说“皆私百亩”的农夫“同养公田”的“助”法。这种说法显然不对。宣公十五年“初税亩”以前，鲁国无疑曾行“彻”法，否则有若不会以“盍彻”对。“朱子以为鲁本用彻，是矣。”①

《诗·大雅·公刘》篇云：“度其隰原，彻田为粮。”周之彻法自此始。“周之先世既用彻法，是以太王迁岐，文王居丰，武王居镐，皆因之而不改。”② 随着武王灭商以及对其他方国的先后征服和分封诸侯，西周施行彻法的地区不断扩大，彻法的内容和性质也发生了这样那样的变化，而有别于公刘时代的彻法。《大雅·崧高》说：“王命申伯，式是南邦。因是谢人，以作尔庸。王命召伯，彻申伯土田。”可见，“申伯未封以前，谢固未尝用彻，封申以后乃行彻耳”③。又《大雅·江汉》篇云：“江汉之浒，王命召虎，式辟四方，彻我疆土。”由此也可看出，江、汉之间，原来“固多不用彻也”。“盖彻

① 崔述：《王政三大典考》卷三，见顾颉刚编订：《崔东壁遗书》上海古籍出版社 1988 年版，第 514 页。

② 崔述：《王政三大典考》卷三，见顾颉刚编订：《崔东壁遗书》上海古籍出版社 1988 年版，第 515 页。

③ 崔述：《王政三大典考》卷三，见顾颉刚编订：《崔东壁遗书》上海古籍出版社 1988 年版，第 515 页。

之行于诸候者，皆已灭之国，新造之邦。”[①]

孟子亦曾肯定地说过：“周人百亩而彻。”[②] 但从孟子所说“请野九一而助，国中什一使自赋”以及“方里而井……所以别野人也”[③]。来看，彻法仅行于“国中”，即王畿“六乡”、诸侯国“三乡”；而“野”行助法。其实，西周时期，除“国中”继续实行公刘以来的彻法外，又在“六遂”、“三遂”实行一种与“国中”彻法性质不同的彻法。有一种意见认为：孟子所说的助法行于“六遂”。这是缺乏根据的。关于这一点，我们将在后面研讨。

古书中的“彻”字，有多种含义。《孟子·滕文公上》赵岐注云：“彻，犹人彻取物也。”就这里所说“彻”法的具体内容来说，释作“彻取”较为贴切。所谓彻法，就是彻取授田上的部分产品，对“授田”耕作者进行实物形式的剥削。

二、关于《周礼》授田制的时代性

《周礼·地官》中的《大司徒》和《遂人》，分别记述了以下两种授田制：

> 凡造都鄙，制其地域而封沟之，以其室数制之。不易之地家百亩，一易之地家二百亩，再易之地家三百亩。（《大司徒》）
>
> 以土均平政，辨其野之土，上地、中地、下地，以颁田里。上地夫一廛，田百亩，莱五十亩；余夫亦如之。中地夫一廛，田百亩，莱百亩；余夫亦如之。下地夫一廛，田百亩，莱二百亩；余夫亦如之。（《遂人》）

《大司徒》授田制和《遂人》授田制，曾在古代中国实行，这一点，多数学者无异议。意见分歧主要在于：二者究竟存在于古代中国的哪个具体历史阶段，分别具有什么样的内容和性质。我们认为，这两种授田制，大体上存在于西周到“国”“野”、“乡”“遂”制度消失这段历史时期内。

《周礼》原名《周官》，是一部讲述周代官制之书。虽然它不是周公的作品，亦非孔子的遗著，而编纂成书于战国时期，书中有编纂者主观的理想成

---

① 崔述：《王政三大典考》卷三，见顾颉刚编订：《崔东壁遗书》上海古籍出版社 1988 年版，第 515 页。

② 《孟子·滕文公上》。

③ 《孟子·滕文公上》。

分，不可尽信；但是，它主要是根据西周至春秋时期的典籍、原始材料编纂而成，不失为研究西周政治、经济制度的重要文献。西周青铜器铭文和《尚书》等文献记载表明，西周有较为完整的典章制度，所谓“郁郁乎文哉”。孔子曾经讲到“周公之典”[①]、“周公之籍”[②]。有的学者通过有关西周官制文献资料及西周册命金文与《周官》对比研究，“证明《周官》一书从百寮、百官、六官统属体系、官名、官职职司、属官、职官属从关系、职官组合、职官排列先后顺序、佐官制度等”，“均与西周册命金文较为相合或接近”。“《周官》一书有相当成分为西周官制之实录，保存有相当成分之西周史料”[③]。

《周礼》所载两种授田制，即大司徒职下的授田制和遂人职下的授田制，是和国野、乡遂制度相联系而存在的，是乡遂制度的重要组成部分。《周礼》把周天子直接统治的王畿，划分为“国”和“野”两大区域，对整个王畿的经营布置，称为“体国经野”。在这“国”和“野”两大区域中，“郊”是个分界线，“郊”以内是“国中及四郊”，“郊”以外即是“野”。“郊”的得名，就是由于它是“国”和“野”的交接之处。在“国”以外和“郊”以内，分设有“六乡”，这就是乡遂制度的“乡”。在“郊”以外、“野”以内，分设有“六遂”，这就是乡遂制度的“遂”。其余的“野”，封予卿大夫作为采邑。“六乡”的居民属于“国人”，“六遂”的居民称为“野人”或“甿”，“国人”和“野人”的身份地位不同。大司徒授田制的授田对象是“六乡”居民，遂人授田制的授田对象是“六遂”居民。西周时代存在有乡遂制度是无疑的；“《周礼》所说王畿的乡遂制度，其中基本特点该西周时已有”[④]。王畿有“六乡”、“六遂”，诸侯国有“三郊”、“三遂”。《尚书·费誓》云：

> 甲戌，我惟征徐戎，峙乃糗粮，无敢不逮；汝则有大刑。鲁人三郊三遂，峙乃桢榦；甲戌，我惟筑。无敢不供；汝则有无余刑，非杀。鲁人三郊三遂，峙乃刍茭，无敢不多；汝则有大刑。

这表明，鲁国在西周初年即有三郊（即三乡）三遂制度。鲁国是以奉行“周

① 《左传·哀公十一年》。
② 《国语·鲁语》。
③ 陈汉平：《西周册命制度研究》，学林出版社 1986 年版，第 218～219 页。
④ 杨宽：《古史新探》，中华书局 1965 年版，第 153 页。

礼”著称的诸侯国，由此可以推断，当时王畿之内一定也在实行这种制度。见于《尚书·顾命》《大雅·棫朴》《小雅·瞻彼洛矣》以及西周青铜器铭文的“六师”和“八师”（金文称“六自”、“八自”），既是国家的军事组织，又是自由公民的地域组织；而《周礼》所述“六乡”和“六军”制度，也是地域组织和军事组织的密切结合①。又懿王时器《师晨鼎铭》载：

王呼作册尹册令（命）师晨（晨）疋师俗司邑人隹（与），小臣、善夫、守□、官犬、眔奠人、善夫、官守友。

这里，周王命令师晨协助师俗掌管“邑人”和“奠人”之官，“邑人”之官下有小臣、善夫等，“奠人”之官下亦有善夫等。“奠人”当读为“甸人”。《尔雅·释地》：“邑外谓之郊，郊外谓之牧。”《经典释文》引李巡本，“牧”作“田”，《素问·六节藏义论》王冰注引作“甸”，“田”“甸”古通用。《周礼·春官·序官》郑玄注和《通典·凶礼》引《礼记》卢植注，都说“郊外曰甸”。以此与《周礼》郊外称“遂”相比较，可知“甸”即是“遂”。“甸”就是因“治田”而得名，这和《周礼》把“遂”作为“治田”之区，把“遂”的居民称为“甿”，也正相合。《师晨鼎》“邑人”和“奠人”职掌的“邑”与“甸”之别，亦即“国”与“野”之别。“邑人”当即相当于《周礼》的乡大夫，“奠人”当即相当于《周礼》的“遂人”。由此可见，西周确实存在着乡遂制度②。而乡遂制度的存在，同时也就是乡、遂两种授田制度的存在。前面说过，《国语·鲁语下》孔子所说“藉田以力，而砥其远迩”的“周公之藉”，就是行之于乡遂的授田制；而古文献中所说西周时期的“彻”法，也就是授田制剥削方式。这种乡遂制度和乡遂授田制度，是随着殷周之际周人对殷商及其他方国的征服而产生的，“国中”的居民主要是征服者、统治者，“遂”“野”的居民主要是被征服者被统治者。

古籍所载中国古代授田制有多种类型，除了《周礼·地官》中的《大司徒》授田制和《遂人》授田制以外，还有《公羊传·宣公十五年》何休注所说“三年一换土易居”的授田制。又《汉书·食货志上》云：

---

① 杨宽：《古史新探》，中华书局1965年版，第159页。
② 杨宽：《古史新探》，中华书局1965年版，第157页。

民受田，上田夫百亩，中田夫二百亩，下田夫三百亩。岁耕种者为不易上田，休一岁者为一易中田，休二岁者为再易下田，三岁更耕之，自爰其处。

班固这里所说的授田制，与何休《公羊解诂》所说授田制的主要区别之一是：后者要“三年一换土易居”，定期重新分配土地；前者土地一经授受，则不再定期重新分配，而是“自爰其处”。《周礼·地官·大司徒》及《遂人》在叙述授田制时，既没有谈到“换土易居”，也没有谈到“自爰其处”。不过，《汉书·食货志上》所述授田制主要是根据《大司徒》和《遂人》，上引《汉书·食货志上》的说法与上引《大司徒》的说法，基本相同；而《食货志上》所谓“农民户人已受田，其家众男为余夫，亦以口受田如比”，则采取了上引《遂人》的说法。可以这样说，《大司徒》授田制属于“自爰其处”的授田制；至于《遂人》授田制，则既不同于“自爰其处”的授田制，也不同于“三年一换土易居”的授田制。

有一种意见说：上述“三年一换土易居”的授田制和“自爰其处”的授田制，是中国古代授田制发展过程中的两个不同的阶段，后者由前者演变而来；《汉书·食货志上》所说“三岁更耕之，自爰其处”的授田制，实际即是春秋时代晋国“作爰田”和后来秦国商鞅“制辕田”的内容，班固误以为殷周之制；既然《周礼》中没有谈到“换土易居”的制度，那么，《大司徒》授田制和《遂人》授田制也就相当于“爰田制”的历史阶段，与春秋时代晋国所作“爰田”和后来秦国商鞅所制“辕田”相类；而在此之前（包括西周时期）所实行的，则是“三年一换土易居”、定期重新分配份地的授田制度。在我们看来，这样的说法是值得研究的。

授田制度，由来已久。一切以土地公有制为基础的原始公社，曾普遍实行这种制度；而最初实行的，即是定期重新分配耕地的授田制。世界上不少民族的社会发展表明，当其阶级社会和国家形成之时，其政治中心和经济中心地区的授田制，就已越过了或基本上越过了定期重新分配耕地的阶段。但是，各国各民族领土内的各个地区，社会经济的发展是不平衡的。在世界历史上有些奴隶制国家或封建国家内的不同地区，曾经在或长或短的历史时期内，同时存在着定期重新分配耕地的制度和不再定期分配耕地的制度。我们在本编第十二章中说过，在欧洲殖民主义者统治之前的印度的某些地区，还存在着“定期的平均的分配耕地和草地——包括交换住房”的制度，即相当于何休《公羊解诂》所说定期“换土易居”的授田制度。显然，我们不能由此断言，整个印度的土地关系，从古代到欧洲殖民主义者统治之前都是如此。在中国历史上，《公羊解诂》所说“三年一换土易居”的授田制，无疑也比《汉书·食货志上》所说“自爰其处”的授田制更为古老。由于各个地区社会发展的不平衡性，定期重新分配耕地的制度在殷周局部地区继续存在，同样不足为奇。显然，我们也不能由此推断说：直到西周时期，整个中国的土地关系、授田制度仍然完全停留在定期重新分配耕地的阶段，而不能同时存在“自爰其处”的授田制；犹如不能根据银雀山竹书《田法》所载“三岁而壹更赋田”（即“三年一换土”），断定春秋战国时代的授田制还没有越过“三岁而壹更赋田”阶段一样。

再说，《周礼》中的大司徒授田制、遂人授田制和《汉书·食货志上》所说“自爰其处”的授田制，其内容和性质均与春秋时代晋国所作“爰田”不同，不能混为一谈。如我们将在本书第三编第十九章中所述，晋国“作爰田”的对象是“国人”，这“国人”是指“群臣”、“二三子”即卿大夫等贵族，既不包括“六乡”、“三乡”居民，也不包括“六遂”、“三遂”野人。而且，晋国“作爰田”的“爰田”，是因赏“国人”即“群臣”以田而作，为受赏贵族所私有，而与上述“授田”有根本的区别。

第二节 “遂人”授田对象与授田标准

一、授田对象和授田目的

《周礼·地官》载“遂人”之职有：掌邦之野，起野役，共野牲，令野职，修野道，作野民；载“遂师”之职有：共野牲，入野职野赋，道野役，平野民；“遂人”所属“县正”之职有用野民；“遂人”所属“旅师”之职有聚野之耡粟。显然，《周礼》是以“六遂”为“野”，称“遂”的居民为“野民"；而于"六乡"，则但称"民"[1]。此外，"六遂"居民还有一个特殊的称呼："甿"（即"氓"）。《论语·先进》《孟子·滕文公》等篇中，又有"野人"之称。

在《周礼》中，与"国"、"郊"相对而言的"野"，有狭义和广义之别。前面说过，在"郊"或"乡"以外，有相当距离的周围地区叫"野"；在"郊"以外和"野"以内，分设有"六遂"，这就是乡遂制度的"遂"。《周礼·地官·序官》郑玄注引郑司农云：王城"百里内为六乡，外为六遂。"[2] 此外，卿大夫的采邑称为"都鄙"，细分起来，有"甸"、"稍"、"县"、'都"、"鄙"等名目。就"野"的广义而言，指"郊"以外所有的地区，包括"六遂"和"都鄙"等[3]。"遂人"授田的对象，只是"六遂"的"野人"，并不包括"都鄙"的"野人"。

西周王畿"六遂"居民和诸侯国"三遂"居民，是被征服被掳掠的殷商及其他方国或部族人民。西周征服者统治者对被征服被灭亡的部族、方国人民的处置，大致采用了这样两种办法：一是俘之"以役西土"[4]；一是就地加以奴役、剥削。值得注意的是，《周礼·地官》称"六遂"居民为"甿"（"氓"）。虽然如我们将在第三编第二十章中所述，"氓"为西周晚期以后出现的新词，以之指称西周"六遂"农夫并不确切，但它提供了一条"信息"：西周六遂居民本非土著。在我们看来，直接隶属于西周王室的六遂"野人"，乃是《逸周书·世俘》所载大量"俘人"中的一部分，属于上述俘之"以役西土"者。如孙诒让在《周礼正义》中所指出，《大司徒》"五家为比"、"五比为闾"、"五闾为族"、"五族为党"、"五党为州"、"五州为乡"的乡党系统，

---

① 蒙文通：《孔子和今文学》，《蒙文通文集》第三卷《经史抉原》，巴蜀书社1995年版，第178页。

② 刘师培《西汉周官师说考》说：王莽设六乡在长安，六队（遂）在洛阳，莽政多摹仿《周官》，是西汉师说以六乡在长安、六遂在洛阳，这才是《周官》乡遂的正解（载《四川国学杂志》第六号）。蒙文通《孔子和今文学》认为"这一理解很正确"，并说"乡遂异制正是周人处理被征服部族的办法"，"六遂是殷顽，所以六遂被称为野，六遂居民被称为野人"（《蒙文通文集》第三卷，巴蜀书社1995年版，第179页）。录此以备一说。我们认为，六遂不在洛阳，六遂居民也不是殷顽（原殷商贵族）。

③ 杨宽：《古史新探》，中华书局1965年版，第136页。

④ 《尚书·牧誓》。

是六乡比伍之法；而《遂人》"五家为邻，五邻为里，四里为酂，五酂为鄙，五鄙为县，五县为遂"的邻里系统，则是六遂比伍之制。因为六乡居民是统治族中的民众，多为聚族而居，保存着宗法制度，故其乡党组织是以血缘关系为纽带。因为六遂居民是从其他各地分别俘之而来，他们原来的社会组织和血缘关系不复存在，故六遂的邻里组织不是以血缘关系为纽带的组织，而是地域关系、邻居关系的组织；实际上这是西周王朝为了加强对六遂"野人"的政治统治和经济剥削而采取的强制性措施，是一种具有劳动编组性质的组织。

西周各主要诸侯国内的"三遂"居民，同样来源于或主要来源于战争征服和战俘。其中，有的是从别地俘之而由王者赏赐而来，而主要是土著，后者是因亡国而被周天子分封的诸侯就地加以奴役、剥削者。前面说过，《尚书·费誓》的记述表明，鲁国在西周初年就已实行"三郊"、"三遂"制度。据《左传·定公四年》记载，周初王者除"分鲁公"以"殷民六族"外，又"分之土田陪敦"，使"因商、奄之民"。"土田陪敦"，即《诗·鲁颂·閟宫》"乃命鲁公，俾侯于东，锡之山川，土田附庸"之"土田附庸"，亦即《召伯虎簋铭》之"仆墉土田"。所谓"土田陪敦"或"土田附庸"、"仆墉土田"，是说在这些"土田"上"附"有作为"庸"的人；所谓"因商、奄之民"的"商民"，是指"迁去"的"殷民六族"，"奄民"是指"土田附庸"的"庸"[1]。奄原是殷属的大国，在殷亡后一意反周，因此成为周公东征的对象，以致亡国，奄民沦为奴隶。接着成王封伯禽于奄为鲁[2]，而鲁国"三遂"的居民，便是这"奄民"中的一部分。西周早期卫、齐、晋等国"三遂"居民的来源及其身份地位，亦大体如此。

大司徒授田制和遂人授田制下的田土，均属王有、国有。换句话说，这是以土地王有制或国有制为基础的两种授田制，而不是什么家族公社或农村公社土地所有制下的授田制。不过，由于"六乡"、"三乡"居民与"六遂"、"三遂"居民的身份地位不同，大司徒授田的对象和遂人授田的对象对授田的关系也不相同：前者（六乡、三乡居民）是授田的占有者，后者（六遂、三遂

---

① 杨宽：《古史新探》，中华书局1965年版，第82页。

② 马宗琏《春秋左传补注》引《说文》："郁国在鲁。"《括地志》："曲阜县奄里即奄国之地。"

居民）则只是授田的耕作者而不是占有者。六遂、三遂居民不但不占有土地，而且也不占有工具，他们耕种授田时所使用的农具，是由授田者发给。“遂人”的职责之一，就是“以时器劝甿”。所谓“时器”，即“供岁时之用”的耒耜和钱、镈、铚等农业工具。又《周礼·地官·遂大夫》：“令为邑者，岁终则会政致事；正岁，简稼器，修稼政。”“简”者，简阅、检查也。“简稼器”，就是检查农具有无损毁，并根据“夫家之众寡”与“其可任者”，计算农具是否够用；与《月令》所说“命农（司农）计耦耕事，修耒耜，具田器”意同。

遂人授田制，这是除前述大田制之外，西周奴隶制渗入农业的又一种形式。遂人授田制和大田制二者的性质基本相同；其区别主要是劳动编制和产品分配方式有所不同。王室和公室通过“遂人”或其他名目的职官对六遂、三遂农夫授田的目的，并不是为了“保证”所谓“公田”上的劳动人手。这是因为，与前述大田制下的农夫一样，六遂、三遂居民的剩余劳动和必要劳动在空间上和时间上并未分开，其全部田间劳动都在授田之上。

有一种意见认为：“六乡于王畿为近，而皆君子，故使之什一自赋，其粟则藏于仓人。六遂于王畿为远，而皆野人，故使之九一而助，其粟则聚于旅师，遂人以兴耡利甿，里宰合耦于耡，旅师聚野之耡粟，耡即助字，助字唯见于六遂之官。”[①] 有些学者又说，“遂人”所授之田，就是平均分配给各户的“私田”；而“里宰合耦于耡”的“耡”，就是《孟子·滕文公上》所说“惟助为有公田”、“皆私百亩”的农夫“同养公田”的“公田”。总之，认为遂人授田制就是孟子所说的“井田”制、“公田”“私田”制。这是不符合《周礼》记载的，不符合历史实际的。

《周礼·地官》中的《大司徒》和《遂人》都未谈到“公田”，也未提及“井田”，二者所讲皆非井田制，与《小司徒》所说“乃经土地，而井牧其田野，九夫为井……”不同。《遂人》讲沟洫是十进制，自“十夫有沟”至“万夫有川”，根本不能成为井田制[②]。而且，《小司徒》所说的“井田”，是“九

① 叶水心说，转引自《蒙文通文集》第三卷，巴蜀书社 1995 年版，第 178 页。
② 赵光贤：《周代社会辨析》，人民出版社 1980 年版，第 55～56 页。

夫为井”，与孟子所说“方里而井，井九百亩，其中为公田，八家皆私百亩，同养公田”不同。郑玄注《周礼》时就已看出，《周礼》授田制是“税夫无公田”，不是孟子所说的井田制。清人江永也说过：“《小司徒》惟言‘九夫为井’，未及论其中区之为公为私。《载师》任地，‘近郊什一，远郊二十而三……’似皆无公田。《司稼》‘巡野观稼，以年之上下出敛法’，亦惟皆私田乃有不定之敛法，如行助法，则惟以公田之稼归公，不必论年之上下矣。”①

《里宰》“以岁时合耦于耡”，与《礼记·月令》季冬之月“计耦耕事”相类，说的是备耕授田之事。这“耡”，绝非所谓“公田”。不错，“耡”当读为“助”，耡即助字。只是，“合耦于耡”并非助耕公田。《里宰》注说：“杜子春云：‘耡读为助，谓相佐助也。’玄谓耡者，里宰治处也，若今街弹之室。于此合耦，使相佐助，因放而为名。”程瑶田《沟洫疆理小记·耦耕义述》说：“里宰以岁时合耦于耡，言农事最重，必于先年季冬之月，合耦于里宰治处。合耦者，察其体材，齐其年力，比而选之，使能彼此佐助以耦耕也。”惠士奇《礼说》云：“谓里宰治处名耡者，亦兼取合耦相佐助之义。以里宰为亲民之官，合耦于民事尤重，故因以耡名其治处。”又段玉裁说：“郑君说与《遂人》异者，以经文言‘于耡’，则耡必有其地，故训为里宰治处。”“《遂人》耡字，其本义；《里宰》耡字，其引申之义也。”② 我们认为，这些都是对《里宰》“合耦于耡”的较为正确的解说。《遂人》“以兴耡利甿”的“耡”和《旅师》“掌聚野之耡粟”的“耡”，亦与所谓“井田”、“助法”无关，这一点，我们将在后面论及。

《遂人》授田与《大司徒》授田的另一重要区别是：后者的授田对象以“家”为单位；而前者则以“夫”为单位，“余夫亦如之”。

有一种意见认为：《遂人》所说的“夫”即是“家”，“一夫授田百亩，是一夫即一家所受”；《大司徒》授田“亦当有余夫”，“经不言者，文不具也”③。此说同样不确。《遂人》明明说是按“夫”授田、“余夫亦如之”，若

① 孙诒让：《周礼正义》引。
② 孙诒让：《周礼正义》。
③ 孙诒让：《周礼正义》。

“一夫受田百亩”即是“一家所受”，为何又言“余夫亦如之”？若此“余夫”已是所谓婚配成家而另立门户者，为何又不言“家”而言“余夫”？值得注意的是，讲“六乡”授田和受田者应服劳役人数的《周礼·地官·小司徒》和《夏官·大司马》，其授田对象和对授田对象服役人数的规定，同样是以“家”为单位。很显然，《大司徒》不言“余夫”，非“文不具也”；因为《大司徒》授田制本是以“家”为单位授田，自然也就不会有“余夫亦如之”云云。

《遂人》授田的对象以“夫”而不以“家”为单位的根本原因，在于“六遂”居民的身份地位。前面说过，王畿六遂居民及部分诸侯国三遂居民，是来源于征服、战俘的国有奴隶。他们的“家”或“家庭”，既不同于六乡、三乡农民之家，也有别于一般隶属农民、依附农民之家。奴隶主统治集团之所以允许而且特别重视他们的婚配，不仅在于“以乐昏（婚）扰甿”①，更重要的是为了增殖奴隶劳动力。《汉书·食货志上》所说农夫之子“十岁以下，上所长也；十一以上，上所强也”，亦表明了这一点。正因为六遂居民之“家”与前述大田制下的农夫之“家”一样，其家庭成员均为奴隶主统治者所有和支配，故《遂人》授田的对象以“夫”为单位，“余夫”必须同样受田耕作，“农夫任户，户尽夫出”②，连“十一以上”也为“上所强也”。

二、“夫”、“余夫”及其受田年龄

《周礼·地官·遂人》谈授田制时，“夫”、“余夫”并提。《孟子·滕文公》篇亦有“余夫”的提法。何谓“夫”？何谓“余夫”？对此，历代学者有种种不同的解释。主要有以下几种说法：

(1)“农民户人已受田”者为“夫”，“其家众男为余夫”③。

(2)“一家一人受田”者为“夫”，“其余老小尚有余力者”为“余夫”④。

(3)“一夫一妇受田百亩，以养父母妻子”；“五口为一家，多于五口名曰

---

① 《周礼·地官·遂人》。
② 《逸周书·大匡篇》。
③ 《汉书·食货志上》。
④ 《孟子·滕文公》赵岐注。

余夫”[1]。

(4)“子弟必三十有室，乃为余夫”；“俟其丁众成家，方授其百亩之田”者为“夫”[2]。

(5)“余夫之名，与正夫皆起于一夫一妇，凡十五以上未授室者，《小司徒》通谓之余子，而不得为余夫”，“余夫专据已授室之子弟言之”；“盖一家五口，除母妻外，男子止有三人，本身已受田，父老既不任耕，子少又未授室，必子已长及有壮弟，乃为余夫”[3]。

(6)“野人不像国人那样保留家长制的大家庭组织，余夫到了一定年龄之后就成家立户”；《遂人》所说“余夫亦如之”的“余夫”，“并非一家之内的余夫”，“而是指凡成家而另立门户的余夫”。

以上说法，涉及到这样一些问题：(1)“余夫”与“正夫”之名是否“皆起于一夫一妇”，“余夫”须是有室者？(2)“夫”与“余夫”的年龄标志；(3)“余夫”是否与“正夫”同在一家之内？这些问题关系到《遂人》授田制的内容、特点及其性质，有必要加以考察。

“夫”，亦曰“丈夫”，本为成年男子的通称[4]。《诗经》中的“农夫”、“仆夫”、“征夫”，《大盂鼎铭》中的“人鬲自驭至于庶人六百又五十又九夫”，均为成年男子。古有八尺为丈夫和七尺为丈夫两说。《说文·夫部》：“夫，丈夫也……周制八寸为尺，十尺为丈。人长八尺，故曰丈夫。”《周礼·乡大夫》“国中自七尺以及六十”，贾疏：“七尺，谓年二十。”《礼记·内则》：“二十而冠”；《曲礼》：“二十曰弱冠”。《穀梁传·文公十二年》：“男子

---

① 《公羊传·宣公十五年》何休注、《后汉书·刘宠传》李贤注引《春秋井田记》。

② 金鹗：《求古录礼说·井田考》。

③ 孙诒让：《周礼正义·遂人疏》。

④ 在甲骨文、金文中，夫与大的字形往往相同。“大者，大人、大丈夫之谓也。”与小、小子相对应的大、大人，本意为成人。夫字字义与大字的初义相同，表示成人。”“大、夫、太等字在甲骨文中本为一字”，“到了西周，夫字成为一个大人的代号”。(伍仕谦：《白公父簠铭文考释》，载《古文字研究论文集》——四川大学学报丛刊第十辑)。

二十而冠，列为丈夫。”①

对劳动人民来说，“夫”或“丈夫”是指成年劳动者或全劳动力。《晏子春秋，谏下篇》云：“今齐国丈夫耕，女子织，夜以接日，不足以奉上，而君侧皆雕文刻镂之观。”此“丈夫”，即指成年男性劳动者。古籍中所说的“农夫”也是如此。劳动力即人的劳动能力，亦指具有劳动能力的人本身，是“人的身体即活的人体中存在的、每当人生产某种使用价值时就运用的体力和智力的总和”②。劳动力可分为全劳动力、半劳动力和辅助劳动力三种。古代有时称半劳动力为“半作”，主要是按照年龄来划分的。农业中的全劳动力，是指能够承担一般农业作业任务的成年劳动者；半劳动力或“半作”，是指年岁较轻、体力较差，或年岁较大、但尚能胜任部分主要作业任务的劳动者；而辅助劳动力，则是指年少或者年老体弱，只能参加辅助劳动的劳动者。《周礼·遂人》所说的“夫”和“余夫”，均属于成年劳动者，也就是全劳动力，并不包括《孟子·滕文公》篇赵岐注所谓“其余老小尚有余力者”。

在不同的社会制度下，由于劳动力的性质以及劳动者同生产资料相结合的方式不同，划分上述三种劳动力的年限并不完全一样。“遂人”授田制与“大司徒”授田制，虽然并存于同一社会、同一历史阶段，但由于二者属于不同性质的经济形式，其授田对象的身份地位不同，因而这两种授田制下的劳动者的劳动年限、服役年限也有差别。《周礼·地官·乡大夫》云：

> 以岁时登其夫家之众寡，辨其可任者。国中自七尺以及六十，野自六尺以及六十有五，皆征之。

“国中”包括近郊“六乡”，并非仅指“城郭中”。贾疏云：“七尺谓年二十”，“六尺谓年十五”。由此可见，“国人”中的农民服役年限为二十至六十，“野人”服役年限为十五至六十五，后者服役时间比前者长十年。而且，“野人”的时间完全由贵族统治集团支配，他们的劳役并不像“国人”的劳役那样有

① 不同时代不同地区所谓成人、成年或大人的年限不一。居延地区出土的汉代简牍记录了时人对男女的各年龄层次的划分，据《居延汉简甲乙编》，其中：使男使女——从七岁至十三岁，小男小女——从二岁至十四岁，大男大女——十五岁至十七岁左右。“可见汉代关于成年年限的观念，以十五岁作为‘成年’的标志。”（彭卫：《汉代婚姻形态》，三秦出版社 1988 年版，第 86 ~ 87 页）。

② 马克思：《资本论》第 1 卷，《马克思恩格斯全集》第 23 卷，第 190 页。

时间、种类和轻重的规定①。

《乡大夫》所说“六乡”农民和“野人”服劳役的年龄，实际上也就是二者列为“夫”或“丈夫”即成年劳动力、全劳动力的年限。“六乡”农民自“七尺”（年二十）开始服役，与《穀梁传》“男子二十而冠，冠而列丈夫”相吻合。而“野人”则从“六尺”（年十五）开始作为全劳动力服役，比“六乡”农民早五年。银雀山竹书《田法》在谈到上家、中家、下家的食口人数之后说：

> □□□以上，年十三岁以下，皆食于上。年六十〔以上〕与年十六以至十四，皆为半作。

按照《田法》的这一规定，年十七至六十为“全作”。其“全作”的起始年龄，比《乡大夫》所说“野人”晚两年，比“六乡”农民早三年；而其“全作”的结束年龄，则比“野人”早五年，而与“六乡”农民相同。

“余夫”是和“夫”（“正夫”）相对而言，二者虽各有所指，但均属于“夫”，同为成年劳动者、全劳动力。所谓“五尺童子”②，并非“余夫”。所谓“余夫之名，与正夫均起于一夫一妇”的说法，既不符合上述“夫”或“丈夫”的本义，也不符合当时历史实际。

西周《大盂鼎铭》中的“人鬲自驭至于庶人六百又五十又九夫”和“人鬲千又五十夫”，《宜侯夨簋铭》中的“宜庶人六百又□六夫”，以及《曶鼎铭》中的“用众一夫曰益”和“用臣曰疐、〔曰〕朏、曰奠”等“兹四夫”，均为单身，未有家室。《矢令簋铭》：“姜赏令贝十朋、臣十家、鬲百人。”这“鬲百人”中，有相当一部分无疑也属于“夫”或“丈夫”，对他们不以“家”计而以“人”计，也是由于他们不是有室者。我们在前面说过，施行于“遂”、“野”地区的授田制，其最初的授田对象即“野人”或“庶人”，主要来源于征服、战俘，他们之中，有一部分并非有室者；即使他们之中原来有家有室，也因其被俘而被拆散，从而他们作为“夫”受田百亩时，亦非有室者。

自然，总的说来，《遂人》授田制下的“夫”及“余夫”，一般都是有室

① 参看徐喜辰：《井田制度研究》，吉林人民出版社1982年版，第122页。
② 《晏子春秋·谏下》。

者。由于“野人”婚配成家有利于贵族集团的统治和剥削，所以《遂人》在谈“治野”时，将“以田里安甿”和“以乐昏（婚）扰甿”并提。问题是：“野人”成年（列为“夫”“余夫”“丈夫”）年限，是否就是他们结婚有室的年限？而他们结婚的年限，又是否即是他们开始受田的年限？

关于周代男女的结婚年龄，古书中有不同的说法。《周礼·地官·媒氏》：“令男三十而娶，女子二十而嫁。”《礼记·内则》：“三十而有室，始理男事。”《穀梁传·文公十二年》：“男子二十而冠，冠而始列丈夫，三十而娶；女子十五而许嫁，二十而嫁。”历代有些注疏家、学者据此认为，男子（“夫”、“余夫”）“三十而娶”、“三十而有室”之年，也就是他们开始受田之年。例如，《礼记·内则》“三十而有室，始理男事”，郑玄注云：“男事，受田给政（征）役也。”应劭《风俗通义》和《后汉书·刘宠传》李贤注引《春秋井田记》“人年三十，受田百亩”，《国语·鲁语》韦昭注“三十者受田百亩”，《周礼·载师》贾公彦疏“若三十有妻，则受夫田百亩”，金鹗《求古录礼说·井田考》“三十有室”为“余夫”而受余夫之田，以及孙诒让《周礼正义·载师疏》引陈奂“古者”“三十取室”、“三十受一夫之田”等等说法，都主要是根据《周礼·媒氏》“令男三十而娶”、《礼记·内则》“三十而有室，始理男事”一说。又《墨子·节用上》：“昔者圣王为法曰：丈夫年二十，毋敢不处家；女子年十五，毋敢不事人。”《韩非子·外储说右下》亦云齐桓公下令于民：“丈夫二十而室，妇人十五而嫁。”认为男“年二十始受田”者，则以“丈夫年二十”而“处家”、“二十而室”为据。

《媒氏》“令男三十而娶”、《内则》“三十而有室”，说的当是男子一般不得超过的晚婚年限。认为当时多数男子的初婚年龄为三十、农夫三十有室而始受百亩之田，显然背离历史真实甚远。依《礼记·文王世子》，文王十五而生武王，武王尚有兄伯邑考。《诗·大雅·大明》篇孔颖达疏云：“《大戴礼》称文王十三生伯邑考。”是文王娶太姒，年不过十二。《左传·襄公九年》说“国君十五而生子”，其娶亦当在十二三。据《史记·仲尼弟子列传》，孔子十九而娶。颜渊少孔子三十岁，其父颜路亲受业于孔子之门，则路亦非三十始娶。至于劳动人民中的男子，其初婚年龄不但一般不会晚到三十，而且可能一般还早于二十。恩格斯说过：

> 根据唯物主义观点，历史中的决定性因素，归根结蒂是直接生活的生产和再生产。但是，生产本身又有两种。一方面是生活资料即食物、衣服、住房以及为此必需的工具的生产，另一方面是人类自身的生产，即种的蕃衍。①

恩格斯这里所说的两种生产，是相互联系、相互制约的。在地广人稀、生产力水平较低，而人口平均年龄不高的古代，人类自身特别是直接生产者自身的生产、蕃衍，对生活资料的生产和经济的发展尤为重要。西周奴隶主统治集团为了他们的经济利益，无疑要使男女奴隶以及其他劳动者早婚，以保证他们自己所掌握的劳动力得以繁衍，而不致令其三十始娶。据研究，汉代“男子和女子的初婚年龄分别是 14 ~ 18 岁，以及 13、14 ~ 16 岁、17 岁”②。汉代以前，虽然人们的婚姻年龄还是不稳定的，由于缺乏史料，我们也不可能对西周“野人”的实际初婚年龄进行具体的量化分析；但是，据《周礼·乡大夫》记载，“野人”男子的成年年限为“六尺”（15 岁），这与居延汉简所述汉代以 15 岁作为“成年”的标志相同，从而“野人”的初婚年龄一般亦当与上述汉代男女的初婚年龄相差不大，大约在 15 ~ 18 岁之间。

似可这样说：《周礼·遂人》所说的“夫”、“余夫”，其“成人”年限、初婚年限和开始受田年限，大体一致，而不完全吻合。当他们十五六岁“成人”之时，也就是他们被主人作为“全作”役使之时。成为“全作”之年是否即是他们开始受田之年？按理当是。《汉书·食货志上》所说“民年二十受田，六十归田”，与《周礼·乡大夫》所说“国中自七尺（二十）以及六十”“皆征之”年限相吻合，因此“年二十受田”之“民”乃是指“大司徒”职下的“六乡”农民。既然“野自六尺（年十五）”开始“征之”，那么“野人”（即《遂人》中的“夫”“余夫”）也就当是年十五受田。《遂人》授田制下的“夫”、“余夫”开始受田年龄，比《大司徒》授田制下的“六乡”农民开始受田的年龄要小些，这是可以肯定的。由于种种复杂的因素，“夫”及“余夫”们并不是也不可能都在同一年龄婚配。《媒氏》“令男三十而娶”的规

① 《家庭、私有制和国家的起源》“第一版序言”，《马克思恩格斯全集》第 21 卷，第 29 ~ 30 页。
② 彭卫：《汉代婚姻形态》，三秦出版社 1988 年版，第 10 页。

定表明，当时现实生活中尚有20~30岁的男子未娶。因此，“夫”、“余夫”受田的时间，也就不可能与他们婚配的时间完全一致；他们之中有一部分，当是先受田而后有室。

三、“余夫”受田数额

《周礼·遂人》在谈到按上地、中地、下地三等对“夫”授田莱及各等田莱数额时，都说“余夫亦如之”。这是对“余夫”受田数额的规定和说明。虽然“余夫亦如之”的含义甚明，但历代学者仍有多种解释，而主要有两说。

《遂人》注引郑司农云：“户计一夫一妇而赋之田，其一户有数口者，余夫亦受此田也。”《汉书·食货志上》云：“农民户人已受田，其家众男为余夫，亦以口受田如比。”郑玄亦持此说，故于《载师》注引《食货志》为说。所谓“余夫亦受此田”、“亦以口受田如比”，是说“余夫”所受田、莱的数额与正夫相同。

《孟子·滕文公上》赵岐注，《公羊传·宣公十五年》何休注，《后汉书·刘宠传》李贤注引《春秋井田记》，以及金鹗《求古录礼说·井田考》，俱云“余夫”受田二十五亩。赵岐注说：“余夫者，一家一人受田，其余老小尚有余力者，受二十五亩。受田者，田莱多少，有上中下。《周礼》曰‘余夫亦如之’，亦如上中下之制也。”陈祥道申赵岐说云：“余夫之田，不过二十五亩。以其家既受田百亩，而又以百亩予之，则彼力有所不逮矣。故其田四分农夫之一而已。礼所谓‘如之’者，如田莱之多寡而已，非谓余夫亦受百亩之田如正农夫也。”王鸣盛称：“陈解甚确。盖上地田二十五亩，莱十二亩半；中地田二十五亩，莱亦二十五亩；下地田二十五亩，莱五十亩也。”庄存与亦云：“余夫亦如之者，据余夫应受之地，而亦配以莱也。若云别有田有廛，则与正农无异，何为余夫?”[①] 孙诒让《周礼正义》认为：“赵说较二郑及班《志》为长”；“陈、王、庄三说，并足申赵义”[②]。

《周礼·载师》贾疏协调《孟子·滕文公》“余夫二十五亩”与上述班固

① 上引诸说，均见孙诒让《周礼正义·遂人疏》。

② 上引诸说，均见孙诒让《周礼正义·遂人疏》。

及二郑之说，认为：“《遂人》云夫一廛、田百亩、余夫亦如之，是其余众男为余夫，亦以口受田，若正夫之比类。孟子云余夫二十五亩，彼余夫与正夫不同者，彼余夫是年二十九以下，未有妻，受口田，故二十五亩；若三十有妻，则受夫田百亩。故郑注《内则》云‘三十受田给征役’，《乡大夫》注亦云‘有夫有妇乃成家’。”又《国语·鲁语下》韦昭注云：“三十者受田百亩，二十者受五十亩。”

我们认为，班固和郑众、郑玄的说法是对的。对《周礼·遂人》“余夫亦如之”，只能作这样的理解：“余夫”所受田、莱的数额，与“夫”（正夫）相同。具体说来就是：上地夫田百亩、莱五十亩，余夫亦田百亩、莱五十亩；中地夫田百亩、莱百亩，余夫亦田百亩、莱百亩；下地夫田百亩、莱二百亩，余夫亦田百亩、莱二百亩。

谓《遂人》“余夫”受田二十五亩的根据，是《孟子·滕文公》：“卿以下必有圭田，圭田五十亩，余夫二十五亩。”所谓“余夫二十五亩”之说仅见于《孟子》，其他先秦文献中并没有这样的记载。再说，《孟子》所谓“余夫二十五亩”，是承“卿以下必有圭田，圭田五十亩”而言。赵岐注云：“古者卿以下至于士，皆受圭田五十亩，所以共祭祀也。圭，絜也……《王制》曰：‘夫圭田无征’，谓余夫圭田皆不当征赋也。”显然，孟子这里所说的“余夫”有别于《周礼·遂人》授田制下的“余夫”，二者的身份地位不同，对二者授田的目的及授田性质也不相同。因此，不能根据《孟子》“余夫二十五亩”说以释《遂人》“余夫亦如之”，认为《遂人》“余夫”也是受田二十五亩。

金鹗《求古录礼说·井田考》说：“《小司徒》云：‘凡起徒役，毋过家一人，以其余为羡，唯田与追胥竭作。’此羡卒即余夫也。余夫可为卒以田猎追胥，必非幼弱所能。羡卒在家七人之中，其不受百亩之田可知矣。”说“羡卒在家七人之中”、“不受百亩之田”，自然是对的。而且，“羡卒”不但不受百亩之田，也不受二十五亩之田。因为，如前所述，《大司徒》及《小司徒》所述授田制是以“家”为单位授田，每家授田百亩，而不分“夫”与“余夫”。至于《遂人》授田，则是以“夫”为对象，“夫”田百亩，“余夫亦如之”。因此，《小司徒》中的“羡卒”不受百亩之田，不等于《遂人》中的“余夫”也不受百亩之田。

在有些学者看来，既然《遂人》中“夫”与“余夫”分列，“余夫”和“夫”又同在一家之内，那么“余夫”受田数额就当与“夫”有所不同；如果余夫受田的亩数亦如正夫，余夫和正夫也就没有什么区别。为了解决认识上的这个矛盾，于是他们便根据《孟子》“余夫二十五亩”说，以解《遂人》“余夫亦如之”。其实，如前所述，“余夫”也是“夫”，与正夫同为“全作”，在这一点上，二者本无什么区别；既然《遂人》授田是以“夫”为对象，余夫受田自当与正夫相同。《遂人》之所以在谈到对“夫”授田时，对“余夫”授田也特别作出规定，强调“余夫亦如之”，其用意正是为了说明余夫与正夫同样受田（以区别于以“家”为单位授田的“大司徒”授田制），而不是要对余夫及其受田和正夫加以区别。

“遂人”授田制授田的对象之所以以“夫”为单位，“余夫”受田数额亦如正夫，以致一家受田数高出“大司徒”授田制下一家受田数的一倍甚至两倍，这是由于上述“遂人”授田对象的身份地位以及“遂人”授田的目的和性质决定的。所谓“余夫之田，不过二十五亩”的理由是：“以其家既受田百亩，而又以百亩予之，则彼力有所不逮矣。”这种说法之所以不能成立，在于持此说者没有认识到或没有注意到以下几点：

（1）《周礼》“遂人”授田制下的“余夫”，并非所谓“余夫者，一家一人受田，其余老小尚有余力者”。前面说过，“夫”（“正夫”）、“余夫”都是“夫”，即都是成年劳动力、全劳动力。

（2）“大司徒”授田制的授田对象要服兵役，“遂人”授田制下的农夫不服兵役；这样，后者也就比前者有较多的时间从事农业劳动。这里要附带指出的是，古罗马的富人、奴隶主之所以“只用奴隶而不用自由民作耕种者”，就是“因为害怕自由劳动者会从农业中被抽出去当兵”；而“兵役的压迫”，成为当时“意大利人民的人数和势力”“衰落”的原因之一①。

（3）虽然“遂人”授田制的授田对象是以“夫”为单位，“余夫”受田数与正夫相同，但是受田者既不是以“夫”为单位耕作，也不是以“家”为

① 阿庇安：《罗马史》下卷，商务印书馆1976年版，第7~8页。

单位耕作，而是在“里宰”的主持下，以“其邑”为单位“合耦”耕作[1]。以“邑”为单位组织“合耦”，就能“察其体材；齐其年力，比而选之”，从而使二人二耜并耕时“刺土得势”[2]，提高耦耕的效率。

（4）“遂人”授田对象在授田上的劳动，不但是一种协作劳动，而且是统治者剥削者榨取他们的剩余劳动剩余产品的强制性劳动，因此劳动时间长，劳动强度大。

第三节 授田的经营管理与强制性劳动

在有些学者看来，遂人授田制下的农夫在授田上的劳动，是一种以“家”或“夫”为单位的分散劳动、独立劳动。这是误解，不符合历史实际和历史记载。考察遂人授田制下的土地经营方式和劳动性质，不可忽略以下几点：

（1）如前所述，《周礼·地官》所载田制，并没有所谓“公田”、“私田”的划分；对“遂人”职下的“夫”及“余夫”所授之田，不是与“公田”相对而言的“私田”，不是为“保证”所谓“公田”上的劳动人手而分配给农夫自耕自食的份地。“夫”及“余夫”所从事的全部田间劳动都在授田上，其剩余劳动和必要劳动在时间上和空间上并未分开；农夫在授田上的劳动过程，也就是压迫者和剥削者榨取农夫剩余劳动、剩余产品的过程。

（2）由于遂人授田制生产方式与前述大田制生产方式一样，是以奴隶主集团占有生产资料（授田）和授田耕作者（被征服的“野人”）为基础，直接生产者和奴隶主集团之间存在着压迫与被压迫、剥削与被剥削的对抗性矛盾，这就决定了耕种授田的农夫不可能是有劳动兴趣、对劳动有主动性的工作者。统治者和剥削者若不进行指挥和监督等管理活动，他们势必破坏工具、怠工，甚至逃亡，从而统治者和剥削者也就不可能从他们身上榨取一定量的剩余劳动、剩余产品。

① 《周礼·地官·里宰》。

② 程瑶田：《沟洫疆理小记·耦耕义述》。

（3）“劳动的组成和划分视其所拥有的工具而各有不同。”[①] 西周时期的主要耕具是耒耜，实行“耦耕”。使用这样的工具，采用“耦耕”法，一般需要不同程度的协作。如有的学者所说：“如果一个人自己经营，工作很慢，效率很小，疲劳而无兴趣，必须彼此互助，才可以得到好的收成。所以土地虽是平均分配给各家，而耕作却是集团的。”[②] 大司徒授田制下的“六乡”农民之所以主要是以家为单位独立耕作其份地（授田），不仅因为他们是拥有人身权利和占有份地的自由农民，而且因为大司徒授田制的授田对象是以“家”为单位，各家所耕土地少于遂人授田制下的农夫，而这各家又多属于家长制大家庭，有的甚至还占有少量奴隶。这就使他们一般能在各家之内配对耦耕。况且，即使是在这里，有时也需要各家之间帮工协作；《逸周书·大聚篇》所说“兴弹相庸，耦耕俱耘”，表明了这一点。大司徒授田制下的“六乡”农民尚且如此，遂人授田制下采用协作劳动、集体劳动也就不足为奇了。

“凡是直接生产过程具有社会结合过程的形态，而不是表现为独立生产者孤立劳动的地方，都必然会产生这种监督劳动和指挥劳动。”[③] 再加上遂人授田制生产方式又是建立在阶级对抗的基础之上，因此指挥劳动和监督劳动在授田生产过程中的作用，与西周大田制下的情形一样，也表现得异常突出。《周礼·地官》中的“遂人”及其下属职官“遂师”、“遂大夫”、“县正”、“鄙长”、“里宰”、“司稼”等，都是遂人授田制农业经济的经营管理者。其中，遂人、遂师、遂大夫、县正等属于大夫等级，鄙长、里宰、司稼等属于士等级；均为贵族。他们的管理活动包括：“夫家”众寡的稽查、统计；组织和安排农夫“合耦”；考课农夫勤惰以为赏罚；授田产品的分配，等等。其管理活动，既包括由剥削所决定的管理，也包括由劳动过程的性质本身引起的管理职能。

定期检查和统计“夫家”人数，辨别和区分各种劳动力及非劳动力，这是遂人及其所属职官的主要职能之一。例如：

---

① 马克思：《哲学的贫困》，《马克思恩格斯全集》第4卷，第163页。

② 张政烺：《中国古代十进制氏族组织》，载《历史教学》1951年第3期。

③ 马克思：《资本论》第3卷，《马克思恩格斯全集》第25卷，第431页。

“遂人”职文云：“以岁时登其夫家之众寡及其六畜、车辇，辨其老弱废疾与其施舍者，以颁职事。”

“遂师”职文云：“以岁时登其夫家之众寡，六畜、车辇，辨其施舍与可任者；经牧其田野，辨其可食者，周知其数而任之。”

“遂大夫”职文也说：“以岁时稽其夫家之众寡，六畜、田野，辨其可任者与其可施舍者，以教稿，以稽功事。”

遂大夫，遂师、遂人等逐级“以岁时稽其”或“登其夫家之众寡”，可见统治者和剥削者对此事的重视。其所以如此，是因为由于“夫家”男女年龄的增长以及疾病、死亡、逃徙等等因素，各“夫家”人数及其“可任者”人数时有增减、变动，只有按“岁时”稽查和登记“夫家之众寡”并“辨其可任者”，才能“周知其数而任之”，才能最大限度地“颁职作事”，榨取“夫家”的剩余劳动。所谓“可任者”，主要是指作为成年男劳动力的“夫”和“余夫”，此外还包括半劳动力和女工。“以颁职事”的“事”，主要是指授田上的农事。所谓“辨其可食者，周知其数而任之”，郑玄注云：“‘可食’，谓今年所当耕者也”，意思是根据当年应耕土地之数来安排劳动力。

“遂人”的另一职掌，是“以时器劝甿”。郑玄注：“时器，铸作耒耜钱镈之属。”以供“岁时”之用，故谓之“时器”。“以时器劝甿”，就是给农夫颁发农具。“遂大夫”职文云：“正岁，简稼器，修稼政。”“酇长”职文云：“若岁时简器，与有司数之。”“简器”即“简稼器”。“简”者，阅也。“简稼器”，即简阅农具是否够用与有无损坏[①]。“正岁简稼器”，亦即《诗·豳风·七月》篇的“三之日于耜”；“正岁”为夏历之正月，与《七月》“三之日”相同[②]。

农夫“合耦”，由里宰直接主持。其职文云：“里宰掌比其邑之众寡……以岁时合耦于耡，以治稼穑。”郑玄注释“以岁时合耦于耡”说：

> 《考工记》曰：“耜广五寸，二耜为耦。”此言两人相助耦而耕也。”郑司农云：“耡读为藉。”杜子春云：“耡读为助，谓佐助也。”

① 慧之：《〈周颂·臣工〉篇发微》，载《文学遗产》（增刊）四辑。

② 夏纬瑛：《〈周礼〉书中有关农业条文的解释》，第124页。

玄谓：耡者，里宰治处也，若今街弹之室，于此合耦，使相佐助，因放而为名。季冬之《月令》“命农师计耦耕事，修耒耜具田器”，是其岁时与？

郑玄的这一解说，大体是对的。

有的学者认为：“耡者，当一井之谓，言一井之九夫需要为一合作之单位，并非里宰之治处。”“耦有配合之意，不只限于二人，如果耦只限于二人，就不当有‘合耦于耡’的话了。”“故‘合耦’作组织合作讲为好。”[①]“合耦于耡”的“耡”，是指“合耦”的具体地点，解为“合作之单位”与文意不符。里宰治下的土地也并非就是所谓“九夫为井”的井田。两人为一耦，若“一井之九夫为一合作之单位”，则剩下一人不能配对成耦。“里宰掌比其邑之众寡……以岁时合耦于耡”表明，各“邑”人数、“夫”数多少不等。“合耦”、“计耦耕事”，乃春耕前的准备工作，时为夏历正月，毋需于田间进行。里宰主持下的“合耦”，自然不只限于二人，而是以“邑”为单位，参加者包括邑中全部成年男劳动力。实际上，各农夫家庭的劳动力状况，并不完全也不可能完全一样。或只有“夫”一人，而无“余夫”；而有“余夫”之家，又或有“余夫”一，或有“余夫”二。这样，仅有“夫”一人而无“余夫”之家，其“夫”一人自当同另一家庭中的“夫”或“余夫”一人合耦。即使是有“余夫”的家庭，也不一定以其家为单位合耦。清人程瑶田解释“里宰”职文“以岁时合耦于耡”说：

里宰“以岁时合耦于耡”，言农事最重，必于先年季冬之月，合耦于里宰治处。合耦者，察其体材，齐其年力，比而选之，使能彼此佐助以耦耕也。[②]

“年力”，指年龄和体力；“体材”，主要指身高。若“年力”和“体材”相差悬殊，则不便于“彼此佐助以耦耕”，也不能充分发挥年轻力壮者的劳动能力。“察其体材”、“齐其年力”而“合耦”，自然也就不能以一家之内的“夫”和“余夫”为限，而需按照其邑各家“夫”及“余夫”的“体材”和

① 夏纬瑛：《〈周礼〉书中有关农业条文的解释》，第124页。

② 程瑶田：《沟洫疆理小记·耦耕义述》。

“年力”，“比而选之”，在一邑之内“组织合作”。

与大田制下的农夫在“大田”上的劳动一样，遂人授田制下的农夫在授田上的整个劳动过程，也都是在田官的直接强制、监督下进行的。“遂人”系统的各级职官，有层层指挥、驱使或监督农夫劳动之职责。《周礼·地官》载：

县正，各掌其县之政令征比，以颁田里，以分职事……趋其稼事而赏罚之。

酇长，各掌其酇之政令，以时校登其夫家，比其众寡……凡四时之戒令皆听之，趋其耕耨，稽其女功。

里宰，掌比其邑之众寡……以治稼穑，趋其耕耨，行其秩序。

“趋其耕耨”的“趋”，陆德明《经典释文》作“趣”，云“本又作趋”。《说文·走部》云：“趋，走也”；“趣，疾也”。孙诒让《周礼正义》“县正”疏：“趋趣声近，经典亦多通用。经例，凡趋走字作趋，催促字作趣，与《说文》正同。《职丧》云‘趣其事’，字亦作趣可证。《酇长》《里宰》并云‘趋其耕耨’，盖皆传写讹混。稼事即耕耨，谓疾督其田事，而课其勤惰，以为赏罚也。”《汉书·食货志上》云：

春，令民毕出在野，冬则毕入于邑……春将出民，里胥平旦坐于右塾，邻长坐于左塾，毕出然后归。夕亦如之。

颜师古注：“门侧之堂曰塾。坐于门侧者，督促劝之，知其早晏，防怠惰也。”这里所说，亦当是指“野人”即遂人授田制下的农夫在授田上的强制性劳动。

又《国语·鲁语》说：“男女效绩，愆则有辟，古之制也。”《月令》“孟夏之月”：“命司徒巡行县鄙，命农勉作，毋休于都”；“仲秋之月”：“乃劝种麦，毋或失时，其有失时，行罪无疑。”《逸周书·大匡篇》也说：“慎惟怠惰。”这些记载同样表明了被征服的野人在受田上的劳动是在田官的强制和监督下进行的。

对农业奴隶“课其勤惰以为赏罚”，这是不少国家或民族历史上的奴隶主统治者剥削者都曾采用的一种手段。古罗马奴隶主贵族的典型代表加图在其《农业志》中就曾提出：奴隶主“庄园”的“管庄”，“当使奴隶永不停歇地工作”；“他应嘉许有功之奴，使余人均愿自己行为正当”；“如果有谁犯了什么过错，他当按过错轻重彻底惩治犯过者”[①]。

第四节 “遂人”授田制剥削形式的性质和特点

前面说过，王畿六遂和诸侯国三遂野人的剩余劳动和必要劳动，在空间上和时间上并没有分开；他们在授田上的劳动和授田上的产品，包括剩余劳动和必要劳动、剩余产品和必要产品。授田上的一部分产品即剩余产品，由授田者即土地所有者彻取。

《周礼·地官·载师》云：“凡任地……近郊十一，远郊二十而三，甸稍县都皆无过十二。”“十一”，谓“十中税一”；“二十而三”，谓“二十而税三”；“十二”，谓“十中税二”[②]。《载师》这里所说，有一点是可取的，这就是：国野、乡遂之“税”，有轻重的差别，六遂重于六乡。这是必然的，是上述六乡、六遂两种授田制的不同性质决定的。至于所谓“近郊十一，远郊二十而三，甸稍县都皆无过十二”云云，则值得研究。实际上，西周统治者和剥削者对“遂人”授田产品的彻取，往往没有固定的标准。《周礼·地官》“司稼”职文云：

> 司稼掌巡邦野之稼……巡野观稼，以年之上下出敛法。

贾疏：“此观稼，亦谓秋熟时观稼善恶，则知年上下丰凶，而出税敛之法。”《周礼正义》：“敛法谓赋敛之正供，亦此官之官法，又即周之彻法也。”六遂“野人”的身份地位和《遂人》授田制的性质，决定了西周行之于六遂、三遂之彻法的一条原则是：除按“野人”家口多少配给口粮以维持其最低生活外，其余皆“彻”而取之。

西周奴隶制王朝对六遂、三遂农夫的授田制剥削形式——“彻”法，与我国唐代云南地区南诏国奴隶主集团对“佃人”的剥削相类似。南诏国的土地所有制，分为土地国有制和土地私有制两种。南诏国的奴隶，也有国有奴隶和家有奴隶两种类型，前者被称为所谓“佃人”，属于国有奴隶[③]。《蛮书》卷七记载说：

---

① 见林志纯主编：《世界通史资料选辑》上古部分，商务印书馆 1985 年版，第 413 ~ 414 页。
② 孙诒让：《周礼正义·载师疏》。
③ 马长寿：《南诏国的部族组成和奴隶制度》，上海人民出版社 1961 年版，第 109 页。

> 蛮治山田，殊为精好。悉被城镇蛮将差蛮官，遍令监守催促。如监守蛮乞酒饭者，察之，杖下捶死。每一佃人佃，疆畛连延，或三十里。浇田皆用源泉，水旱无损。收刈已毕，蛮官据佃人家口数目支给禾稻，其余悉输官。

如有的学者所指出：“这既不是封建政府对自由农民征收10%以下的田赋，也不是封建政府对佃户征收50%左右的地租，而是以奴隶家口的最少消费量为标准，给以最少的禾稻使他们维持生命不致于饿死。”①

西周六遂、三遂授田制剥削形式与古代斯巴达“黑劳士”制亦有相同之处：

（1）斯巴达黑劳士制和西周遂人授田制的出现，都是由于战争征服。黑劳士制度起源于斯巴达人对拉哥尼亚的黑劳士城的征服，形成于斯巴达人对美塞尼亚的征服；“黑劳士”（Helots）之名，即来自“黑劳士”（Helots）城名②。而遂人授田制的产生，则是由于周人对殷人及其他民族的征服；如前所述，作为遂人授田对象的“野人”，是被征服者，是战俘。

（2）“黑劳士”的阶级属性和“野人”的阶级属性，基本相同。黑劳士的人身被斯巴达征服者所占有，只是他们不属于个人，而属于征服者全体的斯巴达国家，其生杀予夺之权操在斯巴达国家手里。“野人”的人身被西周征服者所占有，只是他们也不属于西周贵族个人，而属于西周贵族奴隶主阶级的国家，西周国家对他们同样握有生杀予夺之权。“野人”和“黑劳士”一样，一般都有“家庭”。

（3）土地所有制形式和土地关系，大体相同。斯巴达实行城邦土地所有制或国家土地所有制，城邦或国家所有的土地大体分为这样三部分：城邦公有地；城邦公民（贵族）占有地；靠自己劳动为生的边民的份地③。如前所述，西周亦实行土地国有制或王有制，国有土地同样分为三部分：一部分为王室直接占有、支配和经营的土地（包括“大田”和六遂授田）；一部分为诸侯封地和卿大夫采地；一部分为“六乡”农民份地。六遂“野人”和“黑劳士”一

① 马长寿：《南诏国的部族组成和奴隶制度》，上海人民出版社1961年版，第113页。

② 刘家和：《论黑劳士制度》，载《世界古代史论丛》（第一集），三联书店1982年出版。

③ 刘家和：《论黑劳士制度》，载《世界古代史论丛》（第一集），三联书店1982年出版。

样，都不是土地的占有者和支配者。

（4）西周六遂、三遂“野人”同生产资料结合的方式，与“黑劳士”也有相同之处。二者都附着于奴隶制国家的土地上从事耕作，其剩余劳动和必要劳动在空间上和时间上没有分开；其所耕土地的产品，一部分是为奴隶制国家提供的剩余产品，余下部分作为他们自身的必要生活资料。

西周遂人授田制和斯巴达黑劳士制，亦有不同之处。二者的区别主要表现在：

（1）西周遂人授田制的授田对象“野人”，不服兵役。黑劳士除了从事农业生产劳动以外，还须服兵役。例如，在普拉迪会战中，即有三万五千名轻装的黑劳士参加，在战斗中起先驱兵的作用[①]；在伯罗奔尼撒战争中，他们还被用作重装步兵。

（2）西周遂人授田制的授田对象以“夫”为单位，对“余夫”同样授田；所授土地分为上地、中地、下地三等，好地坏地搭配；土地授受之后，还要根据“夫”“余夫”人数的变动、增减，而随时加以调整。古代斯巴达城邦究竟交给各黑劳士多少耕作地，史无记载；不过，黑劳士不是以“夫”而是以“家”为单位受田耕作，则是可以肯定的。

（3）虽然西周遂人授田制是以“夫”为单位授田，“余夫亦如之”，但受田者不是以一“夫”为单位从事耕作，也不是以“家”为单位从事耕作，而是由“里宰掌比其邑之众寡”，以“邑”为单位“合耦于耡”以“治稼穑”。而斯巴达黑劳士则是以“家”为单位从事耕作。

（4）西周遂人授田制下的“野人”在受田上的劳动，不是独立的；他们在授田上的整个劳动过程，都是在西周王室或诸侯国公室所设职官的组织、指挥、强制和监督下进行的。而斯巴达黑劳士在城邦公民份地上的劳动，则一般不受份地主人或其代理人的直接指挥和监督，而是由他们自己以家为单位“独立”进行。

（5）由于遂人授田制下的土地实际上是由官府（授田者）经营，并指挥、监督生产和收获，因此直接生产者的剩余产品由官府“彻取”，其数额也没有固定的标准。而斯巴达“黑劳士”，则是按预定的标准向主人交纳土地生产

① 恩格斯：《军队》，《马克思恩格斯全集》第14卷，第13页。

物。古典作家普鲁塔克说：“黑劳士为他们（指斯巴达公民——引者）耕种土地，缴纳一份预先规定好了的报酬。”据普鲁塔克记载，每户斯巴达公民每年可以从其每一份份地上获得82麦斗大麦以及适量的酒和油。而提尔泰则说黑劳士必须缴纳收成的一半①。

长期以来，国内外有些学者将“黑劳士”或“黑劳士制”和封建农奴或封建农奴制二者相提并论，混为一谈。这是不对的。古典作家都把“黑劳士”称为“奴隶”或“奴仆”，从来不曾把“黑劳士”看作农奴。在黑劳士制流行的希腊人中，还没有出现“农奴”这一名词，近代注释家、翻译家、著作家才把“黑劳士”直译作“农奴”，称作“农奴”②。因为他们是附着于土地，向奴隶主缴纳一定的土地生产物，所以被误认为农奴。其实他们是奴隶主整个阶级的财产，属于国有奴隶，是古希腊奴隶的一种③。

同样，与斯巴达黑劳士制相类的“遂人”授田制，是西周奴隶制的一种类型。这种奴隶制与封建农奴制的区别是：（1）二者是和不同的生产力发展阶段相联系，产生和存在于不同的历史条件下；（2）“遂人”授田制下的“农夫”和“黑劳士”一样，来源于征服、战俘，而封建农奴或封建农奴制的出现则不是由于单纯的征服；（3）虽然“遂人”授田制下的农夫和黑劳士附着于土地，但并不占有生产资料，而封建农奴却占有土地和劳动工具等生产资料；（4）“遂人”授田制下的农夫和黑劳士的剩余劳动和必要劳动，在空间上和时间上并未分开，而封建农奴则是“以每周的一部分，用实际上或法律上属于他所有的劳动工具（犁、牲口等等）来耕种实际上属于他所有的土地，并以每周的其他几天，无代价地在地主的土地上为地主劳动”④，其必要劳动和剩余劳动在时间上、空间上是分开的；（5）“遂人”授田制下的农夫在“授田”上的劳动，是在田官的指挥和强制下进行的，而封建农奴在其份地上的劳动则是以一家一户为单位的个体劳动、独立劳动。

---

① 见刘家和：《论黑劳士制度》，载《世界古代史论丛》（第一集），三联书店1982年版，第190、194页。

② 详见日知：《古典作家所记的黑劳士制度》，载东北师范大学《科学集刊》1957年第3期。

③ 参见《郭沫若全集·历史编》第3卷，人民出版社1984年版，第129页。

④ 马克思：《资本论》第3卷，《马克思恩格斯全集》第25卷，第889～890页。

第十四章　农民的类型和小农经济

“无论在自然界或社会中，‘纯粹的’现象是没有而且也不可能有的。”①没有也不可能有“纯粹的”的奴隶制社会，正如没有也不可能有“纯粹的”封建制社会、资本主义社会等社会形态一样。在西周社会中，除了奴隶主和奴隶这两个基本阶级以外，还有人数众多的“中间”阶级，即介于奴隶主和奴隶之间的农民及其他劳动者；除了占主导地位的奴隶制经济成分以外，还有农民个体经济等经济成分。各种类型的农民也是西周物质财富的创造者，对西周社会经济的发展同样起过重要的作用；农民个体经济或小农经济，在西周社会经济结构中占有重要的地位。

第一节　农民的大量存在和农民的类型

一、从“民”、“庶民”概念的内容谈起

西周社会中的农业劳动者，名目繁多。除前述指称或主要指称农业奴隶的“庶人”、“人鬲”（见《大盂鼎铭》）、“鬲”（见《矢令簋铭》）、“众人”（见《周颂·臣工》）、“农夫”（见《周颂·噫嘻》）或“农人”（见《小雅·甫田》）等等以外，还有以“民”、“庶民”等指称的农业生产者。

《尚书》《诗经》《左传》《国语》《论语》等古书中，讲到“民”或“庶民”之处甚多。据统计，“民”字在《尚书》中出现二百七十六次，在《诗经》中出现九十八次，在《左传》中出现近四百次，在《论语》中出现三十

① 列宁：《第二国际的破产》，《列宁全集》第21卷，第212页。

九次[①]。西周金文中也有关于“民”、“庶民”的记述。上述古书中所说的“民”、“庶民”，涉及夏、商、西周、春秋等各个历史时期，其含义、内容不同或不完全相同，不可混为一谈。成书于春秋、战国年间的著作中所谓西周之“民”、“庶民”，也不一定完全符合西周之“民”、“庶民”的本来面目及实际情况。

新中国成立以后，学术界在关于西周社会性质问题的讨论中，曾经着重对“西周主要生产者的身份”问题进行商讨。所谓“西周主要生产者”，即指西周农业生产者，或西周农业生产者的绝大多数。在西周社会性质问题上持不同观点的学者之间，在“西周主要生产者的身份”问题上有一个共同点，即把上述“庶人”、“庶民”、“民”等等名目的农业劳动者混为一谈，或说他们都是奴隶，或说他们都是封建农民，或说他们都是公社共同体成员。应当说，“西周主要生产者的身份”这一提法本身，就是不妥当的。奴隶制社会中的农业生产者，不可能全是或绝大多数是奴隶；封建社会中的农业生产者，也不可能全是或绝大多数是封建农奴或佃农。实际上，西周文字记载中的“人鬲”、“庶人”、“民”、“庶民”等，本是一些不同的概念；而所谓“民”、“庶民”也是内容广泛的概念，其中包含着不同的等级和阶级。例如：

《尚书·洛诰》《召诰》《康诰》中的“四方民”，《多士》《多方》中的“四国民”，《梓材》中“皇天既付中国民越厥疆土于先王”的“中国民”，《大盂鼎铭》中“匍有（敷佑）四方，畯正氒民”的“民”，《诗·大雅·烝民》篇“天生烝民”的“烝民”，《荡》篇“下民之辟”的“下民”，以及《左传·闵公元年》“天子曰兆民”的“兆民”，乃是泛指当时“中国”或“四方”的广大臣民，犹如《小雅·北山》所说“普天之下莫非王土，率土之滨莫非王臣”的“王臣”，并非某一特定等级或阶级的专称，也不是仅指农业生产者。

《诗·周颂·思文》“思文后稷……立我烝民”的“烝民”，指周族历史上“无此疆尔界”之分的原始公社成员。《大雅·灵台》“庶民攻之”、“庶民子来”的“庶民”，指周文王时期的周族民众。《小雅·小宛》“中原有菽，庶民

① 张荣芳：《“民”和“氓”非奴隶说》，载《中山大学学报》1979年第3期。

采之”的“庶民”，是农业劳动者。《大雅·民劳》“民亦劳止，汔可小休”之“民”，主要是指服徭役的广大农民。《尚书·召诰》“仇民”与“友民”对言，“仇民”即殷遗民，于周为仇，故称“仇民”；“友民”，则主要是指周人中的庶民。《尚书·梓材》中“以厥庶民暨厥臣，达大家”的“庶民”，也是指被统治被剥削者。

《大克鼎铭》“惠于万民”的“万民”，相当于《周礼·大司徒》“若国有大故，则致万民于王门”、《小司徒》“乃会万民之卒伍而用之”的“万民”，即亦农亦兵的都城近郊农民。毛公鼎为宣王时器，器铭“汝推于政，勿壅律庶民”等禁制，“均针对厉王往事而言”[①]。《释名》：“律，累也。”“壅律”者，壅塞也；厉王“禁谤”，就是壅塞民意。因此，《毛公鼎铭》中的“庶民”，即《𧊒须铭》所述反抗厉王暴政的“邦人”，也就是《国语·周语上》所说“厉王虐，国人谤王”的“国人”，《大克鼎铭》所说“惠于万民”的“万民”。

《尚书·大诰》中“民献有十夫”的“民献”，指所谓“亦惟十人迪知上帝命”、辅佐武王完成文武功业的“贤臣”，他们“都是贵族身份”[②]。《尚书·多士》“俊民甸四方”的“俊民”，也是指当权者、统治者。《小雅·角弓》中“民之无良，相怨一方，受爵不让，至于已斯亡”的“受爵”之“民”，亦为贵族。

西周文字记载中广义的“民”也包括奴隶在内。不过，当时文字记载中凡言奴隶，均另有种种特殊的称呼，而没有称之为“民”或“庶民”者。西周青铜器铭的记载表明，凡被当做财产来赏赐、交换、赔偿的各种类别的奴隶，或称“人鬲”、“鬲”、“庶人”、“众”，或称“臣妾”、“隶”、“仆”，而没有称之为“民”或“庶民”的例子。《大盂鼎铭》先言“越我其遹省先王，受（授）民受（授）疆土”[③]，接着说“锡汝……人鬲自驭至于庶人六百又五

① 郭沫若：《两周金文辞大系图录考释》。

② 唐兰：《西周青铜器铭文分代史徵》，中华书局1986年版，第179页。

③ 唐兰《西周青铜器铭文分代吏徵》：“受应为授。受字本像一人以手把舟付予另一人，一面是授予，另一方面是接受，语词只有一个，但声调不同，授予是去声，而接受是上声（现代北京语已同为去声，不能分了）。因此，文字也只有一个受字，后世才派生出一个授字，受字本已有两只手，现在更加一只手，变成三只手了。”（第178页。）

十又九夫”、“锡汝……人鬲千又五十夫”。这一方面表明，广义的“民”包括“人鬲”或“人鬲自驭至于庶人”；另一方面又表明，被当做财产来赏赐（“锡”）的“人鬲”“庶人”不同于当时一般的“民”，而是“民”之沦为奴隶者，因此特以“人鬲”、“庶人”称之，只说“锡人鬲自驭至于庶人”多少“夫”，而不言“锡民”多少“夫”。《左传·定公四年》所述周初王者“分鲁公”之“殷民六族”和“分康叔”之“殷民七族”，则是殷商贵族之下降为“民”者，而不是“民”之沦为奴隶者，因此特以“殷民”称之，而不以“人鬲”或“庶人”称之。

“民”、“庶民”，本是拥有一定人身权利和人身自由的劳动者称名，指的主要是各种类型的公社共同体成员，如《周颂·思文》“思文后稷……立我烝民”、《大雅·灵台》“庶民攻之”“庶民子来”的“民”、“庶民”之类。“民”这一概念的内涵的扩大，主要是由于殷周之际周人对殷商及其他方国或部族的征服，以及由此而引起的政治变动和阶级变动：周人中的部分民众上升为统治阶级的成员，作为西周小贵族的“士”等级之部分成员，即是由文王、武王时期部分亦农亦兵的“民”或“庶民”演变而来；部分殷商贵族因亡国而下降为“民”，上述“殷民六族”、“殷民七族”及迁于成周的“殷顽民”，即由贵族下降而来；不少殷商民众和其他方国、部族民众，因被俘虏而沦为奴隶，《大盂鼎铭》记录的“人鬲”“庶人”便是其中的一部分。

二、农民的类型

历史记载表明，虽然西周时期的“民”或“庶民”是个内容广泛的概念，但当时通常所说的“民”、“庶民”并不包括奴隶，也不包括贵族，而是指介于贵族奴隶主和奴隶之间的劳动者，其中主要是农业生产者。至于当时的各种奴隶，则另有前述种种特殊的专称。《诗·小雅·天保》篇中，“百姓”与“群黎”相对，所谓“百姓”，乃是贵族的通称，其中包括姬姓和诸旧姓；而贵族内部各等级的名称和等级结构则是：“王臣公，公臣大夫，大夫臣士。”①我们这里所说的“农民”，就是指西周时期除农业奴隶之外的其他一切农业生

① 《左传·昭公七年》。

产者。

西周时期的中国农民，大体包括这样几大部分：（1）来源于先周的农民；（2）来源于"灭国"（殷商等）的农民；（3）《逸周书·世俘》所说"服国"的农民，《国语·周语上》所说"宾服"、"要服"的农民。

前面说过，周人本是一个古老的农业部落，以农业立国，素有"好耕农"、"相地之宜，宜谷者稼穑"[①]之传统。相传其始祖弃（后稷）即"俾民稼穑"[②]；此后世世重农，人民主要从事农业生产。公刘迁豳后，"其军三单，度其隰原，彻田为粮"[③]，民众亦兵亦农，劳动生产组织和军事组织相结合。据《史记·周本纪》载，武王东征伐纣时，有"戎车三百乘，虎贲三千人，甲士四万五千人"。这里所说的"甲士"，即主要是从当时周族的农民中征调而来。后来周公东征部队中的正规兵，鲁公伯禽伐淮夷部队中的正规兵，也是如此。《国语·周语上》在谈到宣王"不藉千亩"以前的西周情况时说：

> 民用莫不震动，恪恭于农，修其疆畔，日服其镈，不解（懈）于时。……是时也，王事唯农是务，无有求利于其官以干农功，三时务农而一时讲武，故征则有威，守则有财。

这"恪恭于农"、"三时务农而一时讲武"之"民"，主要就是由先周农民发展、演变而来。此类农民，又称"小人"或"小民"。《尚书·无逸》载：

> 周公曰："呜呼！君子所其无逸。先知稼穑之艰难，乃逸则知小人之依。相小人，厥父母勤劳稼穑，厥子乃不知稼穑之艰难，乃逸。乃谚既诞，否则侮厥父母，曰'昔之人无闻知'。"

所谓"君子"，指做官者，在位从政者。而"勤劳稼穑"的"小人"，则为农民。《无逸》又载：

> 周公曰："呜呼！厥亦惟我周太王、王季，克自抑畏。文王卑服，即康功田功。徽柔懿恭，怀保小民，惠鲜鳏寡。自朝至于日中昃，不遑暇食，用咸和万民。"

---

① 《史记·周本纪》。
② 《诗·鲁颂·閟宫》。
③ 《诗·大雅·公刘》。

这里所说的“小民”、“万民”，也主要是农民，他们是上述西周“勤劳稼穑”、“格恭于农”之“小人”或“民”的前身。

如前所述，西周实行“国”“野”、“乡”“遂”制度。《周礼·地官》“大司徒”职下的“六乡”居民，《尚书·费誓》所述“三郊”之“鲁人”，均为西周时期亦农亦兵，和平时期“三时（春、夏、秋）务农而一时（冬）讲武”的农民。他们聚族而居，每家占有小块土地，以家为单位独立耕作。他们是拥有人身权和部分政治权的自由农民。自然，他们之中后来有了贫富的差别、等第的不同。

来源于“灭国”的农民中，有的是由贵族下降下来，有的原来就是农民。《尚书·无逸》在讲到祖甲之后的殷商诸王时说：

> 自是厥后立王，生则逸。生则逸，不知稼穑之艰难，不闻小人之劳，惟耽乐之从。

这里所说的“小人”，就是从事“稼穑”的殷商农民，并非奴隶。武王伐纣克商时，他们之中有的成为战俘奴隶，被周人“以役西土”；有的仍然作为农民务农，成为西周诸侯国卫国等的统治和剥削对象之一。《尚书·酒诰》云：

> 妹土，嗣尔股肱，纯其艺黍稷，奔走事厥考厥长。

“妹土”，即同篇所说“妹邦”，殷商故土。“妹”，即《诗·鄘风·桑中》“沬之乡矣”的“沬”邑，地处今河南淇县北，卫国境内。“嗣尔股肱”的“尔”，指殷民，其中当包括原殷商部分贵族和部分“小人”。《酒诰》是周公对被封于卫的康叔之诰词。这些以其股肱之力“纯其艺黍稷”以维持自己及家人（“厥考”、“厥父母”）生活的殷民，显然属于个体农民，不是农业奴隶。《史记·卫康叔世家》说：

> 周公旦以成王命兴师伐殷，杀武庚禄父、管叔，放蔡叔。以武庚殷余民封康叔为卫君，居河淇间故商墟。

《酒诰》所说“纯其艺黍稷”的“妹土”殷民，当是那“武庚殷余民”的一部分。或说《左传·定公四年》载“分康叔”之“殷民七族”中的“陶氏”为陶工，“施氏”为旗工，“繁氏”为马缨工，“锜氏”为锉刀工或釜工，“樊氏”为篱笆工，“终葵氏”为锥工[①]。若然，则此殷民六族不在上述“纯其艺黍稷”的殷民之列。

周公东征克殷后，还把相当大一部分殷余民分给了新建的宋。宋都商邱（今河南商丘市），是殷人的老根据地，其国土是原殷商畿内土地的一部分。《史记·宋微子世家》云：“周公既承成王命诛武庚，杀管叔，族蔡叔，乃命微子开（启）代殷后，奉其先祀，作《微子之命》以申之，国于宋。微子故能仁贤，乃代武庚，故殷之余民甚戴爱之。”这部分“殷之余民”中，有不少无疑也是“艺黍稷（种庄稼）”而被称为“小人”或“小民”的农民。

在周灭商后的殷民中，有一部分是周朝的顽固的反对派，因而被周人称作“仇民”、“顽民”。他们就是《尚书·多士》篇所说的“殷遗多士”，原为殷商社会中的权门、势族。周王朝对这部分殷民的处理办法是：将他们迁往洛邑（成周）。《逸周书·作雒》云：“俘殷献民，迁于九毕。”孔晁注：“成周之地，近王化。”清人王念孙在《读书杂志》中考辨说：“《书》《传》皆言毕，无言九毕者，《玉海》十五引此作九里。据孔注以为成周之地近王化，则作九里者是也。盖里、毕字相似，又涉上文葬武王于毕而误。”此说可从。又伪《古文尚书·毕命》中，有“……王朝步自宗周，至于丰，以成周之众，命毕公保厘东郊”的说法。由此看来，迁往洛邑的殷民居住地，是在洛邑的瀍东地区，即在《逸周书·作雒》所说的“郛（郭）方七十里”的成周范围之内。而考古发掘资料表明，“瀍西实为周人所居”[②]。《尚书·多方》篇载：

> 王曰：“呜呼！猷告尔有方多士暨殷多士……尔乃自时洛邑，尚永力畋尔田，天惟畀矜尔……。”

如宋人蔡沈《书集传》所说：“《多方》所诰，不止殷人，乃及四方之士，是纷纷焉不心服者，非独殷人也。”故本篇取名《多方》。自然，诰令的基本对象还是迁往洛邑的殷民。“尔乃自时洛邑，尚永力畋尔田（治田、种田曰畋）”表明，他们也是从事农业劳动、自食其力的农民。

来源于殷商等“灭国”的西周农民，与西周“国人”中的自由农民属于

① 范文澜：《中国通史》第一册，人民出版社1978年版，第48页。
② 李民：《尚书与古史研究》（增订本），中州书画社1983年版，第199～220页。

不同的类型，前者的主要特征是：（1）他们虽然不是奴隶，但也不是具有完全的人身权利和人身自由的人。“殷民”在周王的诰命中被称之为“庶殷”，其等级地位、法律地位比一般周人次一等、低一等。周王朝采用政治、军事等手段，对他们进行严密的监控，只许他们规规矩矩，不许他们乱说乱动，否则加以镇压。他们属于奴隶制社会中的隶属农民，分别隶属于周王室和部分诸侯国公室或卿大夫采邑主。（2）他们耕种的土地，即《多方》所谓“畋尔田”的田，为西周王朝配给，他们只有使用权而无所有权，他们若不安分即被剥夺，《多方》诰词“我则致天之罚，离逖尔土”可证。从“永力畋尔田”看来，其全部农业劳动都在“尔田”即他们的份地之上。（3）他们除了交纳赋税以外，还要服各种徭役。《多方》载：“告尔有方多士暨殷多士，今尔奔走，臣我监五祀，越惟有胥伯小大多正，亦网不克臬。”“胥”，力役；“伯”同赋，即赋税[①]；“小大”，指力役和赋税而言；“正”，正常的标准；“臬”，法度。这段文字的意思是说：告诉你们有方多士和殷多士，你们臣服我周朝并为我周奔走效劳已经五年了，向你们征用力役、征收田赋的数量、多寡，都合乎正常的标准，你们也无不守法。又《尚书·召诰》载：“越三日庚戌，太保乃以庶殷攻位于洛汭”；“厥既命殷庶，庶殷丕作”。“庶殷谓众殷民。攻，犹治也”[②]。这里说的是殷民被驱使从事建造洛邑的劳动。

第二节 农民个体经济

一、农民个体经济的特点和地位

农民个体经济，也就是通常所说的小农经济。在关于西周农民个体经济或小农经济问题上，存在以下两种极端的意见：

一种意见认为：西周时期，特别是西周前期，没有也不可能出现个体经济或小农经济，这是由当时生产力水平很低这一前提决定的。当时生产工具还很粗拙，一般采用木耜耕作，要种好一块地，非实行集体耦耕不可。耦耕必须合

① 曾运乾《尚书正读》：“伯当为赋，声之误也。”

② 曾运乾：《尚书正读》。

耦，合耦又必须齐其体材年力，这样，这一对耦也就必须在各家间调配使用。而以个体家庭为单位的一夫及其家属的耦耕，是不可能达到这样严格挑选调配的要求的①。

另一种意见认为：以一家一户为生产单位的、分散的个体生产和小农经济，是西周社会的经济基础。西周时期根本不可能产生集体耕作制度。分散的个体耕作一直是周代通行的耕作方式。即使是西周“藉田”、“大田”上的耕作方式，也是一种个体耕作，而不是集体耕作②。

我们不赞成上述两种意见。历史记载表明，小农经济是西周社会中的一种重要的经济形式，它在当时的农业经济中占有相当大的比重。但是，小农经济并不是，也不可能是西周社会中占主导地位的经济形式，更不是唯一的经济形式。为了阐明西周小农经济的存在及其特点，有必要先谈谈小农经济在世界经济史上的地位及其类型。

世界上许多国家或民族的历史发展表明，小农和小农经济产生于原始公社制社会解体时期，在奴隶制社会阶段大量存在，在封建制社会中占主要地位，在资本主义社会的初期也还是农业中的一种重要经济形式。小农或小农经济有种种类型。它的典型形式，是以小块土地个体所有制为基础，从事小规模经营和个体劳动的自耕农经济。如马克思所说：“自耕农的自由所有权，对小生产来说……显然是土地所有权的最正常的形式。”③“小农经济和独立的手工业生产，一部分构成封建生产方式的基础，一部分在封建生产方式瓦解以后又和资本主义生产并存。同时，它们在原始的东方公有制解体以后，奴隶制真正支配生产以前，还构成古典社会全盛时期的经济基础。”④

我们通常所说的小农或小农经济，主要是从其经营规模和个体劳动而言，不限于以自由小块土地所有制为基础的自耕农。换句话说，无论耕者是一个自由农民还是一个隶属农民、是小块土地所有者还是小块土地的占有者或使用者，凡以一家一户为生产单位，完全或主要依靠耕作者及其家人的劳动，独立

① 吴慧：《井田制考索》，农业出版社1985年版，第61~63页。

② 赵光贤：《周代社会辨析》，人民出版社1980年版，第69~75页。

③ 《资本论》第3卷，《马克思恩格斯全集》第25卷，第909页。

④ 《资本论》第1卷，《马克思恩格斯全集》第23卷，第371页注（24）。

经营小规模农业，以满足自身及其家口的消费需要者，均属小农和小农经济[①]。具体地说，小农或小农经济包括：私有小块土地的自耕农；占有小块土地的农奴或其他隶属农民；租种小块土地的佃农[②]；土地国有制及村社土地所有制下分种小块土地的农民。小农所耕种的那块土地，“通常既不大于他以自己全家的力量所能耕种的限度，也不小于足以养活他的家口的限度”[③]。

中国“古代”，不存在马克思所说的“古典古代”那种以“自由小块土地所有制形式”为基础的小农经济。西周社会中的个体农民，主要是上述两类，即“六乡”、“三郊”一类农民和来源于征服的隶属农民；他们所耕小块土地，均属国有或公社共同体所有，他们只是小块土地的占有者。如后所述，这两类农民一般即是以一家一户为生产单位独立耕作，以维持其全家的生活。至于上述“臣妾”、“庶人”或“农夫”一类农业生产者，则不是什么小农，他们的全部劳动均为集体劳动、强制劳动，而非个体劳动、独立劳动。

西周时期，主要耕具是耒耜，普遍实行耦耕，这是肯定的。然而，耒耜只是当时的农具之一，而耜又有石制、木制和铜制等几种，其中铜制占有相当的比重。《诗经》农事诗篇中提到的钱、镈、铚、耜等农具，多为青铜制品。《载芟》“有略其耜”、《良耜》“畟畟良耜”、《大田》“以我覃耜”之“耜”，当是青铜制品，因此异常锋利，被称为“良耜”。所谓西周时期的农具还很粗拙，不能出现小农和个体经济的说法，低估了当时的生产力发展水平。

以一家一户为单位，同样可以实行“耦耕”。家庭有种种类型，诸如以父为家长的父母兄弟妻子型家庭、夫妻子女型家庭等。不同类型的家庭，人口、劳动力不等。上述西周个体农民家庭，多为父母兄弟妻子型。据《周礼·地官·小司徒》所述，各农民家庭的人口及其服役人数是：或“家七人，可任也者家三人”；或“家六人，可任也者二家五人”；或“家五人，可任也者家

---

① 马克思《资本论》第3卷：“在这种生产方式中，耕者不管是一个自由的土地所有者，还是一个隶属农民，总是独立地作为孤立的劳动者，同他的家人一起生产自己的生活资料。”（《马克思恩格斯全集》第25卷，第909页。）

② 马克思有“地主从小农身上榨取剩余劳动”的提法（《马克思恩格斯全集》第25卷，第891页），列宁有“小农，他们根据所有权或租佃权拥有小块土地”的提法（《列宁选集》第4卷，第279页）。

③ 恩格斯：《法德农民问题》，《马克思恩格斯选集》第4卷，第298页。

二人”。这样，各农民家庭均有两个至三个全劳动力，可以配对耦耕。自然，耦耕注重配合，个头、体力接近者配对耦耕，较为理想。劳动力较多的农民家庭，当能做到这种较为理想的配合。即使有的家庭为耦的二人体力相差悬殊，难以做到理想的配合，“也不绝对妨碍结组耦耕”，“只要刺土时各自掌握分寸，发土时力大者注意斜向用力，以助力小者，照样可以耦耕”①。再说，一个人也可使用耒耜耕作，《论语》所说“长沮、桀溺耦而耕”，就是一人耕地，一人碎土摩田。

一般地说，前述“藉田”制、“大田”制经济形式下的耦耕，比以一家一户为单位配对耦耕占有优势。因为各“藉田”或“大田”的所有者，同时占有众多的劳动力可供其支配和役使，“合耦”时可以“察其体材，齐其年力，比而选之”②，有条件实行最佳的结合。而个体农民则不具备这样的条件，他们一般只能从各自家庭中的劳动力状况出发配对耦耕。不过，这只是问题的一个方面。另一方面，个体农民比之奴隶劳动也有其一定的优势。因为他们是小块土地的占有者及其劳动产品的享用者，是有主动性和一定劳动兴趣的工作者。这样，即使有些农民家庭“合耦”者的体材、年力相差较大，他们也有可能在生产实践中逐步掌握耦耕的技术要领，做到配合默契，步伐一致，“合力同奋，刺土得势”。就耦耕的实际效果而言，个体农民家庭中体材、年力相差悬殊的一耦，不一定差于以体材和年力接近的奴隶配对的一耦；因为奴隶是被迫为主人而劳动，没有劳动兴趣，“不肯尽力”耕作，消极怠工，往往不能做到配合默契、步伐一致、合力同奋。

在同一社会里，可以同时存在多种劳动形式、多种耕作方式。而在古代，不同的劳动形式和耕作方式所有的生产工具，基本相同。古代希腊、罗马的小农使用的农具，与奴隶主田庄上的奴隶使用的农具没有什么区别。西周小农和在“大田”上共同劳动的奴隶所使用的耕具，都主要是耒耜。“大田”、“藉田”上的农业劳动之所以采用协作劳动、监督劳动，并不是因为当时的主要

---

① 张波：《周畿求耦——关于古代耦耕的实验、调查和研究报告》，载《农业考古》1987年第1期。

② 程瑶田：《耦耕义述》，《皇清经解》卷541。

耕具是耒耜，而是因为统治者和剥削者占有大量的土地和直接生产者，而这直接生产者又是缺乏劳动兴趣和工作主动性的奴隶。考古发掘资料和文献记载表明，当西周王室和后来齐、鲁等国变藉田制为征税制、变集体耕作为个体耕作之初，生产工具并未发生根本的、普遍的变革，主要的耕具仍为耒耜，同样是实行耦耕。这一事实亦表明，使用耒耜和实行耦耕，并不妨碍小农和个体耕作的产生及其大量存在。

二、从《诗经》看西周农民个体经济

《诗经》里有一些诗篇，在一定程度上反映了西周小农的生产和生活情况。

《豳风·东山》篇，是一位参加周公东征的士兵于战争结束归家后所作之诗。诗篇作者，即诗中的主人公——“我”，本是农民，因被征发而去当兵，从军三年后又回家务农。他是周公东征部队中的一位正规兵。当时只有自由农民才有资格做正规兵，因此他属于自由农民。作者在这首诗的末章追述往昔的燕尔新婚，结婚时“九十其仪”，礼仪很多。如果作者不是自由农民，不会有这样的结婚排场[①]。作者在诗篇中只提到他的妻子。“鹳鸣于垤，妇叹于室”之“妇”，即是作者也就是出征者之妻。大概作者婚后不久即被征发从军，还没有子女。家中是否有父母、兄弟、姐妹，诗篇没有透露。不管怎样，其家属于小农家庭类型是肯定的。

《东山》第二章描写了作者家里的荒凉情景和田园荒芜的景象：

> 果赢之实，亦施于宇。伊威在室，蟏蛸在户。町畽鹿场，熠耀宵行。

《说文·田部》：“田践处曰町。”段注：“此践字疑浅人所增。《广韵·青韵注》曰‘田处’，《迥韵注》曰‘田坵’；坵者俗区字，田处者谓人所田之处。浅人以二字古奥，乃因下文町畽为禽兽践处，妄增之。”《左传·襄公二十五年》“町原防”，杜注：“广平曰原。防，堤也。堤防间地，不得方正如井田，别为小顷町。”《急就篇》“顷町畍亩”，颜注：“平地为町；一曰町，治田处

① 孙作云：《诗经与周代社会研究》，中华书局1966年版，第119～120页。

也。”《西京赋》“编町成篁”，薛注：“町谓畎亩也。”所谓“町畽”，也就是“田地划成区，区间有界，一块一块的连着，古名町畽，今名畦田。此句言田地因农人出征而荒芜，都变成鹿游的场所了”①。“宵行”，萤火虫的一种。因为田地生了荒草，所以才有萤火虫。这表明，本诗作者的家庭经济，属于独立经营小块土地的个体经济，而他自己乃是家中的主要劳动力；否则，不致因他个人的出征，而引起其家田园如此严重的荒芜和家中如此荒凉的景象。

《东山》篇所述，具有代表性，并非个别情况。周公东征部队中的不少正规兵，也当是来自个体农民家庭。再请看《周颂·载芟》篇和《良耜》篇关于农事的描写：

载芟载柞，其耕泽泽。千耦其耘，徂隰徂畛。侯主侯伯，侯亚侯旅，侯彊侯以。有嗿其馌，思媚其妇，有依其士。有略其耜，俶载南亩，播厥百谷，实函斯活。驿驿其达，有厌其杰。厌厌其苗，绵绵其麃。载获济济，有实其积，万亿及秭。为酒为醴，烝畀祖妣，以洽百礼。(《载芟》)

畟畟良耜，俶载南亩。播厥百谷，实函斯活。或来瞻汝，载筐及筥。其馕伊黍，其笠伊纠。其镈斯赵，以薅荼蓼。荼蓼朽止，黍稷茂止。获之挃挃，积之栗栗。其崇如墉，其比如栉。以开百室，百室盈止，妇子宁止。(《良耜》)

《毛诗·载芟》序云：“《载芟》，春藉田而祈社稷也。”迄今有一种意见认为：《载芟》《良耜》及《丰年》等诗篇，与《小雅·甫田、大田》以及《周颂·臣工、噫嘻》等诗篇一样，都是描写“众人”或“庶人”为王室或其他贵族耕种“藉田”或“大田”、“甫田”之诗。其论据主要是这样几条：(1)《载芟》“侯主侯伯，侯亚侯旅”的“主”，指周王；“伯”、“亚”、“旅”是王官，属于卿大夫之类，他们是随周王参加“藉礼”的；(2)《载芟》“千耦其耘”与《噫嘻》“十千维耦”一样，反映的是“藉田”上的大规模集体耕作；(3)《载芟》“载获济济，有实其积，万亿及秭”，《良耜》“其崇如墉，其比如栉”，表明藉田上的产品甚多，而个体农民不可能有如此大量的收获。此外，

① 高亨：《诗经今注》，上海古籍出版社1980年版，第209页。

还有学者认为《载芟》《良耜》所反映的，是西周家族公社成员集体耕作的历史实际。

其实，《载芟》和《良耜》所述，既不是王室“藉田”或“大田”上的集体耕作，也不是家族公社共同体成员在公社土地上的集体耕作；而是聚族而居的宗法式农民，同时以一家一户为单位分别在其小块占有地上耕种和收获的情景。

先说《载芟篇》中的“侯主侯伯，侯亚侯旅，侯彊侯以”。

“主”，主人。我国古代，对一国一家之长，均可称“主”。《大雅·行苇》“曾孙维主”，郑笺：“今我成王承先王之法度为主人。”此“主”，指周王。而《载芟》中的“主”，则是指一家之长，非指周王。《毛传》云：“主，家长也。”这是对的。

《诗经》中凡描述藉田耕作的诗篇（如《甫田》《大田》《噫嘻》），以及其他有关周王行“藉礼”和“藉田”耕作的记载（如《周语》《䢅簋铭》），一般都提到藉田，或称“大田”、“甫田”，或称“公田”，或称“千亩”，或称“諆田”；凡提到周王者，或称王，或称成王，或称“曾孙”，而没有称王为“主”者。姚际恒《诗经通论》谓《载芟》“无耕藉事”，方玉润《诗经原始》认为《载芟》“不必定耕藉田”，是有根据有道理的。

有的学者认为《载芟》所说“伯”、“亚”、“旅”为王官的根据是：《𢿢簋铭》“令汝司成周里人眔诸侯大亚”；《尚书·酒诰》“庶士有正越庶伯、君子”，“越在内服：百僚、庶尹、惟亚、惟服、宗工”；《尚书·牧誓》“我友邦冢君、御事、司徒、司马、司空、亚、旅、师氏、千夫长、百夫长”；《尚书·梓材》“我有师师、司徒、司马、司空、尹、旅”；《尚书·立政》“表臣百司：太史、尹、伯、庶常、吉士、司徒、司马、司空、亚、旅”。以上记载中所说的“伯”、“亚”、“旅”，无疑为官名，属于王官。然而，不能以此证明《载芟》篇中的“伯”、“亚”、“旅”，也是王官官名；犹如当时文字记载中有的“臣”指臣僚言之，有的“工”或“百工”指工官言之，而不能由此证明凡“臣”都是臣僚、凡“工”或“百工”都是工官一样。《毛传》释“侯主侯伯，侯亚侯旅”云：“主，家长也；伯，长子也；亚，仲叔也；旅，子弟也。”我们认为《毛传》的这种解释是基本正确的。

《尔雅·释诂》:"伯,长也。"《说文·人部》:"伯,长也,从人白声。"古以伯仲叔季为长幼次序之称。为何长子谓之"伯"?"伯之为言霸也,伯从白声,犹从霸也。《说文·月部》云:'霸,月始生魄然也,承大月,二日;承小月,三日。从月,䨣声。'《周书》曰'哉生霸'。盖月之始生者谓之霸,子之始生者谓之伯,造文者引天象于人事也。哉生霸之霸字经传多作魄,许君亦以魄释霸。盖魄从白声,白霸古音同,故用字者假魄为霸也。五伯为诸侯之长,此伯之引伸义也,或作五霸,乃假霸为伯也。"①

"亚",次也。《诗·小雅·节南山》"琐琐姻亚",《毛传》:"两婿相谓曰亚。"《释名·释亲属》:"两婿相谓曰亚,言一人取姊,一人取妹,相亚次也。又并来至女氏门,则姊夫在前,妹夫在后,亦相亚也。"《左传》有"亚大夫"、"亚卿"的提法,"亚大夫"指次一等大夫,"亚卿"即次卿。而《载芟》"侯亚侯旅"的"亚",则是指长子以下的兄弟,或者说是次于"伯"的"仲叔";"旅",众也,指晚辈,当为"主"之孙、"伯"、"亚"之子。

"侯疆侯以"的"疆"(强),《毛传》释为"强力",可从。"疆"也就是我们通常所说的强劳动力、全劳动力。"'以'与'强'为对文,应当读为骇或骀,即是不强的人。《传》《笺》均当作雇佣讲,那可讲不通。被雇佣者力当强,何以乃别出于'强'之外而成对立呢?"② 《礼记·曲礼》对人有"幼"、"弱"、"壮"、"强"等划分,谓"人生十年曰幼"、"二十曰弱"。所谓"壮"亦当属于"强"。如此则二十以前为"弱",二十以后为"强"③。与"强"相对而言的"以"属于"弱","弱"即劳动力不强的人,也就是我们通常所说的辅助劳动力或半劳动力。

《载芟》"侯强侯以"句,总上文"侯主侯伯,侯亚侯旅"而言,或者说,是就出耕者("主"、"伯"、"亚"、"旅")的劳动力状况而言。意思是说,出耕的人中既有强劳动力,也有弱劳动力(辅助劳动力或半劳动力)。所谓"主"、"伯"、"亚"、"旅",乃是同一农民家庭的成员。"主"是"伯"、

---

① 杨树达:《积微居小学述林》卷一《释伯》,中华书局1983年版,第7页。

② 郭沫若:《由周代农事诗论到周代社会》,《郭沫若全集·历史编》第1卷,人民出版社1982年版,第410页。

③ 陈奂:《诗毛氏传疏》卷28。

"亚"之父，一家之长；"伯"、"亚"为兄弟；"旅"为"伯"、"亚"之子。所谓"以"（劳动力不强者），大概主要是针对所谓"旅"而言。这里所说农民之家，似属于"父母兄弟妻子子女型"家庭。若"主"（家长）及其"伯"（长子）、"亚"（次子）三人为"强"（强劳动力），则大体属于上述《周礼·小司徒》所谓"家七人，可任也者家三人"一类农民家庭。

再说《载芟》所谓"千耦其耘"。

"千耦其耘"这一诗句，既可以用来形容"大田"上集体耕耘的场面，也可以用来形容众多的农民家庭同时以家为单位分别在其小块地上分散耕耘的情景。比如上述"六多"、"三郊"自由农民，他们聚族而居，各家占有的百亩之地相连，农忙季节各家同时分别在其田间耕耘，放眼望去，岂不犹如"千耦其耘"么！实际上，《载芟》《良耜》及《丰年》等诗篇所反映的，也不是什么"藉田"即"大田"上的集体耕耘。这是因为：

（1）如前所述，《诗经》中凡反映藉田耕作的农事诗篇以及其他有关藉田耕作的记载，都直接间接提到"藉田"及"藉田的主人，如《噫嘻》篇中的成王，《甫田》篇、《大田》篇中的"曾孙"，《豳风·七月》篇中的"公"、"公子"等等。而《载芟》《良耜》等诗篇却没有这样的记述。

（2）一切较大规模的集体劳动或共同劳动，都需要有组织、指挥、监督等管理活动。正因为如此，所以凡有关西周"藉田"上集体耕作的记载，都提到指挥和监督农夫劳动的农官；如《甫田》篇、《大田》篇和《豳风·七月》篇的"田畯"，《臣工》篇中的"保介"，《噫嘻》篇中"噫嘻成王，既昭假尔，率时农夫，播厥百谷"的"尔"，《周礼·天官》中的"甸师"，《国语·周语上》的"农大夫"、"农师"、"农正"等。而《载芟》《良耜》等农事诗篇中，却均无此类农官出现。

（3）《载芟》《良耜》中的耕作者，当是拥有人身权利，占有土地和工具的自由农民，相当于《周礼·大司徒》所述"六乡"农民和《尚书·费誓》所述"三郊"农民。如前所说，此类农民不耕王室藉田或公室藉田。况且，《载芟》所述农民之家的出耕者有"主"、"伯"、"亚"、"旅"，其中包括强劳动力和弱劳动力，此外还有"妇子"到田间送饭，几乎是全家出动。这种情况，当是作为一家之长的"主"，"独立地作为孤立的劳动者，同他的家人一起生产自己的生活资料”[①]。再说，若他们果真是所谓“藉田”上徭役劳动的承担者，出耕的人也只会是家中的强劳动力，而不致包括未成年的弱劳动力在内全家出动。《周礼·小司徒》所说“上地家七人，可任也者家三人”的“三人”，也是指的成年劳动力、强劳动力，并不包括老者和未成年者。

《载芟》和《良耜》两诗还对农民们的收获作了这样的描述：“载获济济，有实其积，万亿及秭。”“获之挃挃，积之栗栗。其崇如墉，其比如栉。以开百室，百室盈止，妇子宁止。”这是对众多农家收获的综合叙述。由于农民们聚族而居，且各家农民占有、分耕的土地相连，因而家家农民的谷堆“其比如栉”，排列迫近。《良耜》“以开百室”，郑笺云：“百室，一族也。……其已治之，则百家开户纳之。”此说有据。《逸周书·作雒篇》说：“郡鄙不过百室，以便野事。”《良耜》“百室”与此“百室”义同，意为百家。又《周礼·大司徒》：“五家为比”，“五比为闾”，“四闾为族”。是“百室”为一族。当时农民们的血族组织实际上是否如此整齐划一，是否每族均为百家，这里姑且不论。而《良耜》所说的“百室”是指众多的农民家庭，并非所谓储藏王室藉田产品的仓库，则是可以肯定的。

“百室盈止，妇子宁止”的“妇子”，是指各农民家庭的主妇，即诗中所谓“或来瞻汝，载筐及筥，其饟伊黍”者。为什么“百室盈止”，“百室”之“妇子”也就“宁止”？郑笺说：“五谷毕入，妇子则安，无行馌之事。”其实，“妇子宁止”，恐怕主要还不在于“无行馌之事”，而在于家中粮食“盈止”。作为农民家庭主妇的“妇子”，主要是操持家务，天天做一家数口的饭食。“巧妇难为无米之炊”。家里装满粮食，不愁无米下锅，自然“妇子则安”。若因自然灾害而粮食歉收，或王事无休止而不能种黍稷，无法维持全家生活，也就说不上“妇子宁止”了。《诗·唐风·鸨羽》一诗，即是农民在徭役重压下的呻吟。他们因为劳于“王事”，不能兼顾耕种，使父母的生活失掉保障。显然，《鸨羽》篇所反映的经济生活，也是小农经济或农民个体经济。

---

① 马克思：《资本论》第3卷，《马克思恩格斯全卷》第25卷，第909页。

三、《周礼》"六乡"农民个体经济

前面说过，《周礼·地官·大司徒》授田制和《遂人》授田制，大体反映了西周至春秋一段时期内的历史实际；《大司徒》授田制和《遂人》授田制的内容、性质不同。而《大司徒》授田制这种经济形式，也就是农民个体经济形式或小农经济形式。

《大司徒》授田制的授田对象为"六乡"自由农民，授田单位是"家"；授田标准是"不易之地家百亩，一易之地家二百亩，再易之地家三百亩。"

作为《大司徒》授田单位的"家"，也大体分别属于"父母兄弟妻子子女型"家庭或"父母兄弟妻子型"家庭、"父母妻子子女型"家庭。据《小司徒》，"六乡"受田农民的家庭人口分别是："上地家七人"，"中地家六人"，"下地家五人"。银雀山竹书《田法》云："食口七人，上家之数也；食口六人，中家之数也；食口五人，下〔家之数也〕。"《田法》所说"上家"、"中家"、"下家"人口，与《小司徒》相合。自然，所谓"家七人"、"家六人"、"家五人"，只是一个大致的说法。《小司徒》注云："正以七人六人五人为率者，有夫有妇然后为家，自二人以至于十，为九等，七六五者为其中。"又《礼记·王制》说："制农田百亩，百亩之分，上农夫食九人，其次食八人，其次食七人，其次食六人，下农夫食五人。"

《周礼》所述"六乡"农民，无疑也是以一家一户为单位独立耕种其所受的小块土地，而非集体耕作。从他们与同书所述"野人"劳动的比较中，可更加清楚地了解到这一点。如前所述，由于"野人"即《遂人》授田制下的直接生产者在"授田"上的劳动，实际上与"藉田"（"大田"）上的农夫劳动一样是社会结合劳动、集体劳动，因此"遂人"系统的各级职官均有层层指挥强制、组织和监督"野人"劳动的职责，如"县正"："趋其耕耨而赏罚之"，"鄼长"："趋其耕耨，稽其女功"，"里宰"："以岁时合耦于耡"、"趋其耕耨"，等等。而"大司徒"系统管理"六乡"农民的各级职官，诸如"大司徒"、"小司徒"、"乡师"、"乡大夫"、"州长"、"党正"等等，则没有指挥、组织、强制和监督"六乡"农民劳动的职责，因此《周礼》中有关这些职官的职文，既没有提到"趋其耕耨"事，也没有提到"合耦"事。其所以如此，

正是由于“六乡”农民在其份地上的劳动，是以一家一户为单位的个体劳动、独立劳动，毋需强制和监督。

“六乡”农民家庭既然是一个独立的土地占有单位和生产单位，自然同时也就是一个独立的生活单位。农民一家的主要生活资料来源于份地，因此官府授予农民份地时注意到了各家人口的多寡。郑玄注《小司徒》“上地家七人”、“中地家六人”、“下地家五人”云：“一家男女七人以上，则授之以上地，所养者众也。男女五人以下，则授之以下地，所养者寡也。”这正如上引恩格斯所说，小农所耕种的“这块土地通常既不大于他以自己全家的力量所能耕种的限度，也不小于足以养活他的家口的限度”。

或引《逸周书·大聚》篇所谓“兴弹相庸，耦耕〔俱〕耘”，以证西周农民是以公社共同体为单位共同耕作、集体耕作。这是误解。请看《大聚》的记载：

> 以国为邑，以邑为乡，以乡为闾。祸灾相邮，资丧比服。五户为伍，以首为长；十夫为什，以年为长。合闾立教，以威为长；合旅同亲，以敬为长。饮食相约，兴弹相庸，耦耕俱耘。男女有婚，坟墓相连，民乃有亲。六畜有群，室屋既完，民乃归之。乡立巫医，具百药以备疾灾，畜五味以备百草。立勤人以职孤，立正长以顺幼。立职丧以邮死，立大葬以正同。立君子以修礼乐，立小人以教用兵。立乡射以习容和，猎耕耘以习迁行。教芧与树艺比长，立职与田畴皆通。……山林薮泽，以因其利。工匠役工，以攻其材。商贾趣市，以合其用。……分地薄敛，农民归之。

有的学者说：“《逸周书》虽是晚出之书，但它所描绘的这幅农村公社的图景，大致反映了春秋战国以前的真实情况。在公社的小天地里，既有农业和家庭副业，又有手工业和商业，甚至连巫医百草也都具备，可以说是一个完全自给自足的自然经济的社会单位。公社的土地以‘分地’的形式分配给各家耕种，而在公社成员之间，还保留着帮工协作（“兴弹相庸，耦耕俱耘”）的古老习俗。"[1] 这一说法，基本正确。只是上引《大聚》所述"农民"的社会组织和社会、经济生活，与《周礼·地官》所述"六乡"农民的状况大体相同，它所反映的当主要是"六乡"农民类型的实际情况，不能把它和《周礼·遂人》授田制下的"野人"混为一谈。

《逸周书·大聚》所谓"分地"，也就是《周礼·大司徒》以家为单位授田私耕。既然是"分地"而耕，以一家一户为单位而耕，为何又说"兴弹相庸，耦耕俱耘"？其实，这两者并不矛盾。小农经济、个体耕作，最初是由原始公社共同体经济、集体耕作演变而来；文明时代早期阶段的个体农民之间，自然会更多地保留原始公社制时期互助合作的古老习俗。再说，小农经济本是一种较为软弱无力的、不稳定的经济形式。以各小农家庭的情况来说，劳动力有余有缺，农具有多有少，经济生活上有富有贫。农业生产的特点是：土地是基本的生产资料，主要的劳动对象是有生命的植物、动物，它受自然条件的影响较大，生产周期长，具有强烈的季节性和地区性。耕种、薅耘、收获，是农业的"紧急时期"，如果误了农时，就会减产，甚至颗粒无收。这是那些劳动力不足的小农之家需要帮工协作的主要原因。

在各个国家或民族的历史上，均不乏部分小农之间帮工互助的事例。例如，在我国四川凉山彝族历史上的奴隶制社会里，有一个人数众多的等级叫做"曲诺"，是介于奴隶主和奴隶之间的隶属农民。他们私有小块土地或租入小块土地，一般以一家一户为单位分散独立耕作，毫无疑问属于农民个体经济、小农经济。然而曲诺特别是缺乏劳动力的曲诺，也往往利用彝族原有的"埃撒"或"埃字"的互助习惯，以调剂劳动力的余缺。"埃"，彝语意为气力；"撒"，意为请求帮助。缺乏劳动力的家庭请求有劳动力者无偿地帮助其劳动生产，叫做"埃撒"。"埃撒"这种互助形式，一般由被帮助户提供伙食；若被帮助户很困难，则帮助者不但自带农具、耕牛去干活，而且还要自备伙食。"埃字"的"字"，意为抵偿；"埃字"，意思是换工生产，作工日数大致相等。若不相等，无论工作日数多少，均不计报酬，只供给伙食。但换工一般以日数

---

① 林甘泉：《中国古代土地私有化的具体途径》，载《文物与考古论集》，文物出版社 1986 年出版。

相差不大的农活为原则①。在我国长期的封建社会中，虽然农民群众方面始终是个体经济，以一家一户为单位的、分散的个体生产是封建统治的经济基础，但也不乏个体农民之间帮工协作的事例。

关于《逸周书·大聚》所说农民间帮工协作的具体形式，不得其详。它大体具有这样一些不同于当时“藉田”制下集体耕作的特点：（1）它是以小块土地占有制为基础的帮工互助，或者说，是“分地”而耕的农民之间在小块土地上的帮工互助；（2）它只是农民个体经济的一种补充形式，仅仅存在于部分农户之间的部分农事活动；（3）由于它只是以家为单位的小块土地上的帮工互助，因此仅限于个别农户间，仍是一种小规模的分散劳动。

第三节　农民的负担和贫富差别

一、农民的负担

上述西周时期的农民，有向奴隶主国家交纳赋税以及力役等负担。对王畿“六乡”农民和诸侯国“三郊”农民来说，还有服兵役的负担。关于赋税，我们将在本编《西周国家财政》一章中阐述，这里要讲的主要是西周农民的兵役负担和徭役负担。

作为西周王室和各诸侯国军队基础的士兵，主要是从“六乡”或“三郊”自由农民中征集而来。《国语·周语上》所说“民用莫不震动，恪恭于农”，“三时务农而一时讲武”之“民”，即兼有农民和士兵两种身份。在《周礼》中，“六乡”农民的社会组织（“五家为比”、“五比为闾”、“四闾为族”、“五族为党”、“五党为州”、“五州为乡”），是和军队的组织编制（“五人为伍、五伍为两、四两为卒，五卒为旅、五旅为师、五师为军”）相结合相一致的。其所以如此，就是因为“六乡”地区的每家农民都有服兵役等负担。据《小司徒》记载：“凡起徒役，毋过家一人。”孙诒让《周礼正义》云：“徒役谓大军大役士徒征调之事。家一人者，正卒之数也。……家以一人为正卒，故上

① 四川省编辑组：《四川省凉山彝族社会历史调查》（综合报告），四川省社会科学出版社1985年版，第5页。

文，伍两卒旅师军，即比闾族党州乡所出，六军七万五千人，即六乡七万五千家之正卒，家数与军数正相当也。”

服兵役，乃是西周“国人”的权利和义务；而对“国人”中的农民来说，实为一项沉重的负担。西周金文和《诗经》等古籍中，记载着西周统治集团发动的一系列战争，参加这些战争的士兵多半是从上述自由农民中征调而来。尽管各次战争的规模有大有小，持续的时间或长或短，战争的性质也不完全相同，但不管什么样的战争，都会给亦兵亦农者及其家庭带来或大或小的负担甚至灾难。《诗经》里有些诗篇，对此有所反映①。即使在没有战争的和平时期，有服兵役义务的农民在农闲季节也要参加“大搜”，进行与田猎结合的训练，即《国语·周语》所谓“搜于农隙，狝于既烝，狩于毕时”。

农民们的另一繁重负担，是种种徭役或力役。据《周礼·地官·小司徒》及《夏官·大司马》记载，西周官府对农民服役有这样的规定：“家七人”者，“可任”、“可用”者“家三人”；“家六人”者，“可任”、“可用”者“二家五人”；“家五人”者，“可任”、“可用”者“家二人”。所谓“可任”、“可用”，即是指农民们“修城郭宫室”以及“除道”、“成梁”等等方面的力役而言。《周礼·乡大夫》云：“国中自七尺以及六十，野自六尺以及六十有五，皆征之。”“七尺”谓年二十。这就是说，“国中”居民服役年限为二十岁至六十岁。这“国中”居民，实际上全是“六乡”农民，因为《乡大夫》同时说得明白：“国中贵者、贤者、能者、服公事者、老者、疾者皆舍。”

《诗经》里有不少诗篇，描述了农民们沉重的徭役负担。《小雅·鸿雁》便是一首为贵族统治者建筑城邑宫室的农民、工匠在徭役中编写的诗歌。诗云：

> 鸿雁于飞，肃肃其羽。之子于征，劬劳于野。爰及矜人，哀此鳏寡。
>
> 鸿雁于飞，集于中泽。之子于垣，百堵皆作。虽则劬劳，其究

---

① 《诗经》里有关战争的民歌，什九是反映战争带给人民的痛苦和人民对于战争的憎恨。国风里最早的诗《豳风·破斧》便是参加“周公东征”的兵士所作，诗中写到久战归来武器残破的狼狈情况，也写到庆幸生还和痛定思痛的心情，可并不曾有一字半句歌颂周公这位“圣人”的武功。……（余冠英选注：《诗经选·前言》，人民文学出版社1957年版，第21页。）

安宅！

鸿雁于飞，哀鸣嗷嗷。维此哲人，谓我劬劳。维彼愚人，谓我宣骄。

大意是说：我们（农民、工匠）被迫远行去服徭役，在野外受尽劳苦。更为可哀的是，连鳏夫、寡妇也未幸免徭役。我们虽然辛苦劳作，建成了城邑宫室（“百堵皆作”），而自己却住不上房子。明理之人说我们确实劳累，而愚蠢之人却反而斥责我们心怀不满。

《唐风·鸨羽》篇也表现了农民们在徭役重压之下的呻吟和怨恨。《鸨羽》道：

王事靡盬，不能蓺稷黍，父母何怙？悠悠苍天！曷其有所？

王事靡盬，不能蓺黍稷，父母何食？悠悠苍天！曷其有极？

王事靡穷，不能蓺稻粱，父母何尝？悠悠苍天！曷其有常？

“王事”，和周天子有关的事；“靡盬”，没有停息的时候。农民们由于长期在外服役，劳于“王事”，不能兼顾种植，使父母的生活失掉保障。面对无休止的“王事'，想到家中年老休弱、生活无着的父母，农民们无处诉说心中的痛苦和怨恨，只能去问那“悠悠苍天”：何时才能安居（“曷其有所”）？何日才是苦尽之时（“曷其有极”）？何时才能恢复正常（“曷其有常”）？

又《小雅·四牡》：“王事靡盬，我心伤悲”；“王事靡盬，不遑启处”；“王事靡盬，不遑将父”。《小雅·杕杜》：“王事靡盬，继嗣我日。日月阳止，女心伤止，征夫遑止。”“继嗣我日”，意为“延长我们的服役时间”[①]。这里透露了这样一个事实：西周农民的徭役负担最初本有一个期限的规定，但后来“王事靡盬”（没有停息的时候），官府大大延长了农民们服役的时间。此外，《小雅·何草不黄》也是“征夫”怨劳苦的诗作，他们怨奔走四方，“朝夕不暇”，不得休息；怨夫妇离隔，不得团聚；怨官府不把他们当做人来看待（“哀我征夫，独为匪民”）！连贵族的诗作《大雅·民劳》也说：“民亦劳止，汔可小康”；“民亦劳止，汔可小休”；“民亦劳止，汔可小息”。意思是说：人民已很疲劳了，应尽可能让他们稍稍喘一口气。

① 高亨：《诗经今注》，第234页。

二、农民的贫富差别和阶级分化

西周时期的农民，与一切以私有制为基础的一切社会中的农民一样，是具有独立经济的小生产者。正是农民的这一特点，决定了他们中间必然会出现分化，存在贫富差别。促使农民分化的因素是多方面的。大致说来，有经济的、阶级的、政治的和社会学的因素，其中，有些是长期起作用的因素，有些是带有偶然性的因素。

前面说过，当时农民有赋税、徭役等负担，“六乡”、“三郊”（“三乡”）农民还要服兵役。这种种沉重的负担，必然迫使不少农民贫困破产。《诗·豳风·东山》篇的描写表明，被征发参加周公东征的农民中，有的就是因为当兵打仗而使自己家里的田园荒芜。又《诗·小雅·渐渐之石》篇云：

> 渐渐之石，维其高矣。山川悠远，维其劳矣。武人东征，不皇朝矣。
>
> 渐渐之石，维其卒矣。山川悠远，曷其没矣。武人东征，不皇出矣。

“不皇朝矣”之“皇”，通遑，暇也。“朝”，借为𨸏（zhào 照），耕田以锹起土也。“不皇出矣”之“出”，借为圣（kū 哭），《说文》：“圣，汝颍之间谓致力于地曰圣”。这也是反映农民因从军出征而慨叹不能回家种田的诗篇①。

战争对农业经济的破坏，在很大程度上，是源于农民成分的士兵的伤亡所造成的农业劳动力的丧失。《国语·周语上》载：宣王“三十九年，战于千亩，王师败绩姜氏之戎”；“宣王既丧南国之师，乃料民于太原”。可见在这次战争中，王师“丧师”不少。前面说过，“王师”主要由“六乡”农民组成。因此，其所“丧”之“师”，实际上主要就是这部分农民家庭的劳动力的丧失或减少，这就不能不影响到这些农户的生产和生活。

奴隶主统治集团的超经济强制，沉重的徭役负担，同样是促使农业经济衰落的重要因素。服徭役者，多为农民家中的主要劳动力，他们长期在外服役，也就无暇顾及家中的生产，若其家中没有其他劳动力，难免土地荒芜、家人生

---

① 高亨：《诗经今注》。

活无着。《唐风·鸨羽》“王事靡盬，不能蓺黍稷，父母何食?”表明了这一点。

天灾人祸和其他偶然的事故，无疑也会导致农民破产。特别是厉王二十一年至二十六年连续六年的大旱，宣王末至幽王初年大旱灾和大地震的连续并发，对农民生产的破坏和农民生活的影响尤为严重。《诗》云：“降丧饥馑”①，“饥馑荐臻”②；“瘨我饥馑，民卒流亡，我居圉卒荒!”③

西周时期每户农民原来占有和耕种的土地，虽然一般大致相等，但各个农户的主观条件和客观境遇并不完全相同。一般说来，能继续按其原来的规模进行生产、再生产甚至发家致富者，只是那些生产力条件和客观境遇比较优越的农户。

前面讲过，据《周礼·地官·大司徒》载，奴隶主国家对“六乡”农民授田是以家为单位，“不易之地家百亩，一易之地家二百亩，再易之地家三百亩”。耕地一经授予，不再定期重分。而各受田之家，人口有多寡，或四五人，或五六人，或六七人，或七八人。据《小司徒》记载，“家七人”者受“上地”，即“不易之地”百亩；“家六人”者受“中地”，即“一易之地”二百亩；“家五人”者受“下地”，即“再易之地”三百亩。上地不必休耕，中地每年要休耕二分之一，下地每年要休耕三分之二，这样各家实际耕种的土地都是百亩左右。上地岁收粮食比中地、下地多，中地岁收粮食又比下地多，但受上地之家食口比受中地、下地之家多，受中地之家食口又比受下地之家多，这样每人平均的口粮不会相差太多④。这大概就是《小司徒》所谓“乃均土地以稽其人民而周知其数”的本意。然而，实际情况是复杂的。各受田农民的劳动经验和劳动技能，以及占有劳动工具的状况，不可能完全一样。随着时间的推移，各受田之家的人口数，也会由于诸多因素而有所变动。如有些受上地的七口之家可能变为八口之家或六口之家，有些受下地的五口之家又可能变为六口、七口之家或四口之家，等等。随着家庭人口数的变动，其劳动力状况也

---

① 《诗·小雅·雨无正》。

② 《大雅·云汉》。

③ 《大雅·召旻》。

④ 林甘泉：《中国土地私有化的具体途径》，载《文物与考古论集》，文物出版社 1986 年版。

会有所变化。而人口变动之后，并不调整各家所耕土地的级别。这样，在受上地的农民中，有的可能另垦荒地耕种，有的可能将其所受上地也变为中地甚至下地；而在受下地的农民中，有的可能变下地为中地，有的则可能将下地全部抛荒。

一般地说，西周时期被征服者中的农民，其身份地位比"国人"中的农民要低，所受的剥削也重。不过，被征服者不服正规兵役，他们有较多的时间从事农业生产。而且，西周政府还允许"蓺黍稷"的殷民，在农闲时"肇牵车牛远服贾用，孝养厥父母"。这样，他们之中那些自身条件优越，既善于经营农业又善于经营商业者，也可能富裕起来，甚至成为完全脱离劳动的剥削者。

西周农民的贫富分化，在已发掘的西周小型墓中亦有所反映。到20世纪80年代为止，经过正式发掘而且已经公布材料的西周早期小型墓约140座左右。"这类小型墓的墓室面积都在4～5平方米以下，最小的墓长度不到2米，宽度不到1米。有棺无椁者居多，棺椁具备者较少；有的连棺也没有，而用席子裹尸。""各墓所出随葬物的数量也多寡不等，少者1件，多者10余件。一般都不随葬铜礼乐器，更不随葬车马器。有少数墓随葬铜戈、甲泡之类的兵器，表明死者的士兵身份。只有一墓有殉人，可见也有极个别的奴隶主。""总之，小型墓一般都有随葬器，表明死者在生前都掌握了一定的财富，其多寡的区别，又表明其贫富的不同；有极少数的墓无随葬品，也许是其中的最贫穷者。看来，他们似乎是一个不断分化的阶层，虽然大都是自由民，但其中最贫穷者的地位可能已接近奴隶。"①

随着奴隶制的发展，部分农民沦为奴隶，少数农民占有个别奴隶，极少数农民甚至上升为奴隶主——这是一切奴隶制社会中的农民分化、演变的必然趋势和共同规律，是奴隶制社会中的主要阶级矛盾对农民的存在及其发展的制约和影响的结果。中国奴隶制社会经济形态的发展过程，也是部分农民先后沦为奴隶和极少数农民先后上升为奴隶主的过程。不过，在古代中国，促使农民这种分化的直接的、主要的原因并不是经济的因素，而是为奴隶制经济服务的政

① 北京大学历史系考古教研室商周组编著：《商周考古》，文物出版社1979年版，第202页。

治和暴力。西周初年来源于征服、战俘的奴隶中，有相当大一部分原为殷商农民。西周时期大部分罪奴或罪隶的前身，也是被称为“民”、“庶民”的农民。这是一方面。另一方面，如前所述，西周“国人”中部分亦农亦兵的自由农民则上升为“士”等级，成为占有一定土地财富和奴隶财富的小奴隶主。《逸周书·作雒》云：“农居鄙得以庶士，士居国得以诸公大夫。”“以”，用也。意思是说，农民之秀者可为士，士有功者可为大夫。这里所谓“农”或“农民”，即指当时“国人”中的自由农民而言。

第十五章　农　业

周在灭商以前，农业已有了初步的发展。武王克商以后，土地空前扩大，农业奴隶和其他农业生产者的人数大量增加。西周统治者继承先周重农的传统，把“农”视为“民之大事”，设置众多农官加强对农业的经营管理。农业生产显著发展。比之商代，畜牧业在经济中的比重下降。

第一节　农业生产力

一、生产工具

关于西周农业生产力水平，有两种相差悬殊的估计。一种意见认为，西周农业上的主要生产工具还是石器、蚌器和木棒，好像西周的农业还停留在原始公社时期的刀耕火种阶段。另一种意见则认为，西周的农业生产力已经达到了封建社会的农业生产力水平，其根据是铁制农具的使用，“菑、新、畬”三田制或三圃制的农耕技术①。我们赞同这样一种意见：对西周农业生产力水平的上述两种估计，均不符合历史实际，前者估计过低，后者估计过高。

早在1944年，郭沫若在《古代研究的自我批判》中就曾说过：“在西周和以前的铁器也始终没有发现过。”《诗经·大雅·公刘》篇“取厉取锻”的“锻”字的初文即是段字，“有矿石、石灰石以及椎冶的含义，并没有铁矿的

① 参看林甘泉、田人隆、李祖德：《中国古代史分期问题讨论五十年》，上海人民出版社1982年版，第247～251页。

意思”。以前根据郑玄“石所以为锻质”的解释认为铁矿，“那完全是牵强附会”①。现有的考古发掘资料表明，人工冶铁技术的发明和铁器的使用始于西周末期（见第三编第二十一章）。

西周的农具，主要有耒、耜、钱、镈、铚。耒、耜是耕地的工具，钱、镈是锄地除草的工具，铚是收割的工具。

耒耜起源甚早，是随着农业的发明而出现的，到西周时期已经经历了一个漫长的发展演变过程。它是从人类最早使用的工具之一尖头木棒发展而来；后来人们在长期的生产实践过程中，不断有所改进和完善②。从甲骨文、金文等字形看来，“耒下歧头”，“为仿效树枝式的农具”③；耒“下端有歧出而锐利的木叉，用以刺地，木叉之上贯一小横木，为耦耕时足所踏处”④。耒下的尖刃，《考工记》称之为“庛”，郑玄注谓“庛读为刺刺之刺”，“庛”就是用来刺地的尖刃。《考工记》云：“坚地欲直庛，柔地欲句庛，直庛则利推，句庛则利发。”意思是说，坚地，用直庛容易刺入，容易向前推；柔地，用句庛则便于把柔土句起，便于把土发掘起来。

木耒的遗迹，在考古发掘中已有发现。在属于早期龙山文化时期的河南三门峡庙底沟遗址中，“发现了使用双齿木耒所留下来的痕迹”。在属于殷墟的“一些窖穴壁上常常发现有双齿木耒痕迹”⑤。从痕迹可知，大型的耒齿长19厘米，齿距8厘米；小型的耒齿长18厘米，齿距4厘米⑥。《考工记》说：“车人为耒，庛长尺有一寸，中直者三尺有三寸，上句者二尺有二寸。自其庛，缘其外，以至于首，以弦其内，六尺有六寸，于步相中也。”《考工记》这里所记耒的尺寸，很可能是西周的或近似西周的形制。根据有关耒的甲文、金文的字形，以及窖壁所留痕迹和《考工记》的记载，西周通行耒的形状和

---

① 《郭沫若全集·历史编》第2卷，人民出版社1982年版，第62~63页。

② 参看陈振中：《青铜生产工具与中国奴隶制社会经济》，中国社会科学出版社1992年版，第七章第一节。

③ 徐中舒：《耒耜考》，载《历史语言研究所集刊》第二本第一分册。

④ 徐中舒：《试论周代田制及其社会性质》，载《四川大学学报》1955年第2期。

⑤ 中国科学院考古研究所：《新中国的考古收获》，文物出版社1961年版，第15、46页；中国科学院考古研究所安阳发掘队：《1958~1959年殷墟发掘简报》，《考古》1961年第2期。

⑥ 《1958~1959年殷墟发掘简报》，《考古》1961年第2期。

尺寸大致是：耒的弯曲长度为6.6尺，首尾的直线长度为6尺，脚踏横木下的杈状歧头长1.1尺[①]。

耜是由耒发展而来，故“耜”从“耒”旁[②]。耒、耜均为脚踏而耕的农具。由于耜是由耒发展而来，故从形制上看，耜的上部与耒无异。二者的区别主要是：耒的下部是较窄的尖锐，先是单齿，后来出现了分杈的双齿；而耜则是在一条长柄的下部带一个宽头，其形状略如后世的“锹头”。《考工记》说：“匠人为沟洫，耜广五寸，二耜为耦，一耦之发，广尺深尺谓之畎。”这里说的是一耜所能发掘土方的大小，不能由此得出耜只有五寸宽一尺长而无柄部的结论。《吕氏春秋·任地篇》说得明确：“六尺之耜，所以成亩也；其博八寸，所以成甽也。”这里所说其长度为6尺、刃部宽为8寸的耜，显然包括柄和耜刃两个部分。清人阮福谓“耜乃举其全体并本身金庛而言之”，是说得对的[③]。

因为耒、耜是两种工具而不是一种工具上的两个不同部位[④]，故古文献中提到耒、耜时，往往单言耒或单言耜，或者将耒、耜分列并举。例如：《夏小正》：“正月农纬厥耒”；《易·系辞下》：“斲木为耜，揉木为耒”；《世本·作篇》：“垂作耒，垂作耜”；《诗·周颂·载芟》：“有略其耜”；《周颂·良耜》：“畟畟良耜”；《小雅·大田》：“以我覃耜”；《豳风·七月》：“三之日于耜”；《国语·周语上》：“民无悬耜”；《逸周书·考德》：“破木为耜耰”；《庄子·胠箧》：“耒耨之所刺”；《管子·海王》：“耕者必有一耒一耜一铫”；《礼记·礼运》：“治国不以礼，犹无耜而耕也”；《礼记·祭义》：“昔者天子为藉田千亩……躬秉耒”；《淮南子·氾论训》：“古者剡耜而耕”。

虽然耒、耜是作为两种工具而长期并用，但二者却有一些共同之处：二者均为耕地的工具；二者的上部，形制无异；使用二者时，操作方法相同，都是用脚踏而耕。由于二者有这些共同点，再加上二者是我国古代主要的农具而长

---

① 陈振中：《青铜生产工具与中国奴隶制社会经济》，中国社会科学出版社1992年版，第217页。

② 参看孙常叙：《耒耜的起源和发展》，载《东北师范大学科学集刊》（语言、文学）1956年第2期。

③ 参看陈振中：《青铜生产工具与中国奴隶制社会经济》，中国社会科学出版社1992年版，第216、219、249页。

④ 认为耒耜是两种不同的工具者，主要有徐中舒先生、杨宽先生等。参看徐中舒：《耒耜考》，1930年出版《历史语言研究所集刊》第二本；杨宽：《论西周时代的农业生产》，《学术月刊》1957年第2期。

期普遍使用，故有些古文献中有时又把耒、耜合称为“耒耜”，甚至把“耒耜”作为农器的统称、代称。例如：《礼记·月令》：“天子亲载耒耜”，“命农……修耒耜具田器”；《管子·蓄国》：“耒耜械器，种穰粮食”；《孟子·滕文公下》：“农夫岂为其出疆而舍其耒耜哉”。

耜的下部，有一个从木质刃部到装上磨制的石、骨刃部，再从石、骨刃部到带有金属锋刃的发展演变过程。在《诗经》里的农事诗篇中，有耜而无耒，耜凡四见：《周颂·载芟》“有略其耜，俶载南亩”；《周颂·良耜》“畟畟良耜，俶载南亩”；《小雅·大田》“以我覃耜，俶载南亩”；《豳风·七月》“三之日于耜，四之日举趾”。在这四处中，有三处加上了表示耜的锋利的形容词，有一处讲到了用耜耕地的方法。”有略其耜的“略”，“利也”①。“以我覃耜”的“覃”，“剡”之通假，也是锐利之意。“畟畟良耜”的“畟畟”，谓耜“入地之深”②。如此锋利而可深耕的“良耜”，无疑带有金属刃套。这里所说的金属，是青铜而不是铁。《豳风·七月》“四之日举趾”，反映了用耜耕地的方法，所谓“举趾”，就是“用足的踏力把耜压入土中，然后再依靠杠杆作用把土块翻起来③。

除耜以外，《诗经》农事诗篇中还提到“钱”、“镈”、“铚”三种农具。《周颂·良耜》：“其镈斯赵，以薅荼蓼。”《周颂·臣工》：“命我众人，庤乃钱镈，奄观铚艾。”“艾”，通“刈”，也是一种收割或刈草的镰刀。《国语·齐语》“挟其枪刈耨镈”，韦昭注云：“刈，镰也。”镰就是镰。不过，“奄观铚艾”的“艾”，是名词用的动词，指用铚收割麦子。因此，这里所说的农具，实际上只有钱、镈、铚三种。钱、镈、铚均从“金”旁，都是青铜农具或带有青铜锋刃的农具。

钱与“剗”相通，是铲子一类的工具。唐玄应（即元应）《一切经音义》：“剗，古文，铲。”在形制上，铲和锹、锸差别不大，只是操作方法不同。“锹

① 《毛诗诂训传》。

② 马端辰：《毛诗传笺通释》。

③ 中国农业科学院、南京农学院中国农业遗产研究室编著：《中国农学史》（初稿）上册，科学出版社1984年版，第26页。

和锸是插地起土的工具；铲，需要运用手腕的力量贴地平铲。”① 商代遗址中已发现铜铲，说明它是早已流行的农具。因为“钱”即铜铲是西周春秋的重要农具之一，所以人们重视它，把它作为交易的媒介物，而逐渐成为一种货币形式。从春秋战国时代所流行的作为货币的“钱”来看，“其中流行于周和三晋等中原地区的布币，不论是所谓空首布、方足布、圆足布、尖足布，基本上都是铲的形式，该就是从农具中的钱演变来的”②。

镈即锄，也是一种中耕锄地除草工具。《国语·周语上》“日服其镈”的“镈”，《齐语》“挟其枪、刈、耨、镈”的“镈”，韦昭注均解为“锄”。镈，一作鑮。《释名》云：“鑮，亦锄类也；鑮，迫也，迫地去草也。”又《广雅》：“镈，锄也。”《周颂·良耜》“其镈斯赵，以薅荼蓼”，“赵”指刺土，“薅”指除草，“荼蓼”在这里是指生长在田间需要除去的野草。这两句诗正是“迫地去草”的意思。可见，“镈和钱的功用大致相同，但形制和操作方法都有差别”③。镈即锄类工具，其中有一种刃口较宽的叫“耨”，故《毛传》又释《臣工》“庤乃钱镈”的“镈”为“耨”。《吕氏春秋·任地》：“耨柄尺，此其度也；博六寸，所以间稼也。”高诱注：“耨所以芸苗也，刃宽六寸，所以入苗间也。”这种刃口较宽的“耨”，大概是从西周晚期开始出现的。

铚，是收割的工具，割取禾穗的工具。《说文解字·金部》：“铚，获禾短镰也。”《小雅·广物》：“禾穗谓之颖，截颖谓铚。”《臣工》“奄观铚艾”，朱熹《诗集传》云：“铚，获禾短镰也；艾，获也。”镰就是镰。可见铚就是割穗的镰刀。

综上所述，可见西周时代的农业工具并非都是木、石、骨、蚌器；无论在当时耕地的工具中，还是在中耕锄地除草和收割的工具中，都有一部分是青铜工具或带有青铜锋刃的工具。

诚然，如有些学者所指出，殷代和西周并没有也不可能普遍地、大量地使用青铜农具。这是因为：“青铜的农具虽然比石制的较为经久和锐利，但补充

① 《中国农学史》（初稿）上册，科学出版社 1984 年版，第 28 页。
② 杨宽：《关于西周农业生产工具和生产技术的讨论》，《历史研究》1957 年第 10 期。
③ 《中国农学史》（初稿）上册，科学出版社 1984 年版，第 29 页。

起来比石头困难得多。作为青铜原料的铜和锡是比较稀少的，铸造也比较困难；至于合用的石头到处皆是，制造石头农具也还方便。所以金属农具排斥石头的农具，是一个很缓慢的过程。……这不仅在中国没有遗物足以证明当时农业工具一般已用青铜制造，就是在世界考古学史上也缺乏青铜农具的实物来作证明。事实上，要等到铁已较大规模地冶炼并用以制造工具时，金属的耕具才能完全排斥石制的。”①

《诗·周颂·臣工》《小雅·大田》等诗篇所反映的，是西周王室经营的“藉田”即“大田”上的生产和劳动。上述钱、镈、铚、耜等青铜农具，主要使用于王室及公室直接经营的“藉田”、“大田”。当时“国人”中的自由农民，即《周礼·地官》所谓“六乡”农民和《尚书·费誓》所谓“三郊”农民，有的也可能曾少量使用带有青铜锋刃的农具。至于其他多数农民所使用的农具，则是或主要是木、石、骨、蚌器。西周遗址墓葬中，出土了不少石、骨、蚌制农具。例如：长安张家坡西周遗址：石铲 23 件，骨铲 82 件，蚌铲 7 件；石镰 2 件，蚌镰 88 件；石铚 68 件，蚌铚 178 件。长安客省庄西周遗址：石铲 1 件，骨铲 61 件，蚌铲 2 件；石镰 2 件，蚌镰 2 件；石铚 66 件，蚌铚 13 件。扶风云塘西周遗址：石铲 2 件，骨铲 5 件；石铚 16 件，蚌铚 8 件。磁县下潘汪西周遗址：石铲 26 件，骨铲 2 件，蚌铲 30 件；石镰 12 件，蚌镰 76 件；石铚 6 件，骨铚 2 件，蚌铚 11 件。因为木器不像石、骨、蚌器和金属器那样可以长期保存在地下，故出土物中没有木质农具。其实，木质农具，特别是木质耒、耜，乃是西周多数农业劳动者所普遍使用的一种农具。上述西周遗址、墓葬出土的农具中，没有石、骨、蚌质的耒、耜，表明当时农业生产者耕地时所使用的工具，主要是纯粹的木耒、木耜。

二、生产力综合考察

在考察西周的农业工具时，不能忽略这样一个基本的历史事实：西周和殷代都是青铜器时代。如恩格斯所说：“铜、锡及二者的合金——青铜是顶重要

① 容庚、张维持：《殷周青铜器通论》，文物出版社 1984 年版，第 2 页。

的金属，青铜可以制造有用的工具和武器。"① 虽然青铜"并不能排挤掉石器"②，单就农具来说，西周是青铜农具和木、石、骨、蚌质农具并用的时代；但是，西周的木、石、蚌制农具有别于原始时代的木、石、蚌器。

在发明农业之初，人们是使用普通的木棍或一头弯曲的木棍以及石质农具进行原始耕作的。《周易·系辞下》云："神农氏作，斲木为耜，揉木为耒。"神农氏是我国传说中"发明"农业的人物，在农业刚刚被"发明"的时候，还不可能有斲出来的耜；"斲木为耜"，乃是可以斲耜的金属工具出现以后的事情。在殷、周两代遗址的发掘物中，有刀、削、锯、凿、锥、钻、错（锉）等青铜工具，它们既是手工业工具，又是制造工具的工具。此外，还有不少种类的青铜斧。在我国古代，有些兵器和生产工具往往不分，斧既是当时一种重要的兵器，又是当时一种重要的手工业工具和制造工具的工具；戈、矛、弓、矢等既是狩猎的重要工具，又是兵器。《诗·豳风·伐柯》："伐柯如何？匪斧不克。……伐柯伐柯，其则不远。"《孟子·梁惠王上》："斧斤以时入山林，材木不可胜用也。"用斧采伐的材木，用途很多，用来制作木质农具是其主要用途之一。有了金属的斧，才能完成《诗经》所述"伐柯"、"伐檀"、"伐木"一类工作；有了金属的斧和金属的斲削工具，也才能完成"斲木为耜"这样的工作。斧、削等作为制造农具和其他生产工具的工具，可以说"其作用相当于现代大工业中制造机器的机器"③。

《诗经》的记述表明，当时黄河流域一带有桑、梓、檀、栗、枣、柏等多种质地坚硬的木材，可供制作耒、耜等生产工具。《小雅·小弁》云："维桑与梓，必恭敬止。"当时人们之所以要对桑、梓特别恭敬，除了二者是其父母所栽这一因素以外，大概还因为桑木和梓木是两种制作生产工具的优良木材。西周、春秋时代人们制作木耒、木耜，不但讲究挑选木材，而且讲究斩伐木材的季节。《周礼·地官·山虞》说："凡服、耜，斩季材，以时入之。"郑玄注："季犹穉也。服与耜宜用穉材，尚柔刃也。"所谓"季材"或"穉（稚）

---

① 《家庭、私有制和国家的起源》。《马克思恩格斯全集》第 21 卷，第 185 页。
② 《家庭、私有制和国家的起源》。《马克思恩格斯全集》第 21 卷，第 185 页。
③ 《中国农学史》（初稿）上册，科学出版社 1984 年版，第 33 页。

材”，就是生长年龄较轻的木材，要在仲冬或仲夏季节斩伐，为的是“尚坚刃（韧）”。贾公彦疏云：“二物皆须坚刃（韧），故斩季少木为之”；“以其须坚，故须依上文仲冬、仲夏之时也”。未加工的木质工具比之磨制的石器，其锋利的程度要差得多；但是，使用金属工具对坚韧的木材加工制作的木质工具，其锋利程度就大不相同了。这是我们在谈论西周通行的耕具木耒木耜时所不应忽视的。

再说，我们通常所说的生产力是社会生产力，其中包括多种因素，除生产工具以外，还包括有一定的生产经验和劳动技能的人，以及生产过程的社会结合、科学技术和自然条件等。西周时期普遍实行二人二耜并耕的“耦耕”方法，据研究、实验，这种耦耕方法的耕效比常耕（一人独耕）一般要高出一倍多①。如前所述，西周时期奴隶制下的农业生产过程中，盛行协作劳动，如马克思所说：“这里的问题不仅是通过协作提高了个人生产力，而且是创造了一种生产力，这种生产力本身必然是集体力。”如后所述，西周时期的农业生产技术也有相当大的发展。衡量社会生产力高低的客观标准是劳动生产率，而“劳动生产率是同自然条件相联系的”②；劳动的不同的自然条件，使同一劳动量可以有不同的产品量。以古代关中地区来说，平原广漠，沃野千里，是一个肥饶的有利于农业生产的地区。《诗经》中农事诗篇的记述表明，西周的农业劳动生产率较高，不可低估。

第二节　土地利用情况与农作物种类

一、土地类别与土地利用率

《周礼·地官·大司徒》根据地貌特征，把土地分为五类：“一曰山林”；“二曰川泽”；“三曰丘陵”；“四曰坟衍”；“五曰原隰”。山林：山与林木。川泽：川，河流，《书·禹贡》：“奠高山大川”，《考工记·匠人》：“两山之间，必有川焉”；泽，水聚汇处，《书·禹贡》：“九川涤源，九泽既陂”。水草丛杂

① 张波：《周畿求耦——关于古代耦耕的实验、调查和研究》，载《农业考古》1987年第1期。
② 马克思：《资本论》第1卷，《马克思恩格斯全集》第23卷，第560页。

之地也称泽，《风俗通义》十《山泽》：“水草交厝，名之为泽。”丘陵：丘，小土山；陵，大土山。《易·坎》：“土险，山川丘陵也。”后通称连绵起伏的山坡地为丘陵。坟衍：肥沃平旷的土地。《大司徒》注：“水崖曰坟，不平曰衍。”《释名·释地》：“下平曰衍，言漫行也。”《左传·襄公二十五年》“井衍沃，杜预注：“衍沃，平美之地”；孔颖达疏引贾逵云：“下平曰衍，有溉曰沃”。原隰：广平低湿之地。《大司徒》注：“高平曰原，下湿曰隰。”《诗·小雅·信南山》：“畇畇原隰，曾孙田之。”《国语·周语上》：“犹其原隰之有衍沃也。”

又《左传·襄公二十五年》载楚蒍掩“书土田”，将其所书“土田”分为“山林”、“薮泽”、“京陵”、“淳卤”、“疆潦”、“偃豬”、“原防”、“隰皋”、“衍沃”等九类，比《大司徒》分得更为具体详细。《大司徒》的“五地”，与蒍掩所书土田中的山林、薮泽、京陵、隰皋、衍沃五者大致相当；而淳卤、疆潦偃豬、原防四种，则是《大司徒》没有特别标举的。“楚人把这四种土地划分出来，显然是根据长江流域的特殊地理状况。”[①]“薮泽”的“薮”，或指大泽，《周礼·夏官·职方氏》：“东南曰扬州……其泽薮曰具区”（即今太湖）；或指水浅草茂的泽地，《诗·郑风·大叔于田》：“叔在薮，火烈具举也。”京陵，杜预注：“绝高曰京，大阜曰陵”。淳卤：盐碱浸渍之地，即今日所说盐碱地。清人沈钦韩《春秋左氏传补注》申述汉儒贾逵“淳，咸也”说，把“淳”训为“渍”，“言斥卤之地多沾渍”。《汉书·食货志上》“若山林薮泽原陵淳卤之地”，颜师古注引晋灼云：“舄卤之田不生五谷也。”疆潦，杨伯峻《春秋左传注》：“疆当作彊。彊潦谓土性刚硬，受水则潦。说详梁履绳《补释》。”偃豬的偃同堰，亦作匽，《周礼·宫人》：“为其井匽”；猪亦作潴，《尚书·伪孔传》：“水所停曰潴。”《周礼·稻人》：“以猪畜水。”则偃猪犹如陂池，畜水以备灌溉者[②]。原防，《尔雅·释地》：“可食者曰原”；防与原同义，亦堤防间可耕之地[③]。“隰皋，水厓下湿，为刍牧之地。”[④]“皋，水边淤

① 李学勤：《论蒍掩治赋》，《江汉论坛》1984年第3期。

② 杨伯峻：《春秋左传注》，中华书局1981年版，第1107页。

③ 杨伯峻：《春秋左传注》，中华书局1981年版，第1107页。

④ 杜预注。

地也。”[①]“隰皋多水草，可以牧牛羊。”[②]

上述几类土地中，包括农、林、牧、副、渔各业用地。其中，“原隰”、“墳衍”、“衍沃”、“原防”为耕地。西周都城丰、镐，位于关中的中部；而汧陇以东，至于黄河西岸及秦岭以北的泾渭流域之关中地区，平原广漠，沃野千里。关中于《禹贡》属雍州，《禹贡》说雍州“原隰底绩”。原是高平之地，隰是下湿之地，有原也就有濕，因为它是原下的湿地。关中山麓与河旁的高地一般都称为原，因此原是很多的。低湿之地，经过排水也可从事耕作。《诗经》中亦有多处提到“原隰”。《大雅·公刘》：“度其隰原，彻田为粮。”《小雅·信南山》：“信彼南山，维禹甸之。畇畇原隰，曾孙田之。”终南山之下，有原有隰，原隰都已开垦种植。不过，关中地区的东部，在渭水以北，还有一大片舃卤的土质，使这片黄土平原有了逊色。关中的农业，在周人迁豳、迁岐后都不断有所发展。西周时期更有显著的进步，从事农业经营的地区比以前大为扩展[③]。

西周时期，我国耕地的面积比之殷商时期有较大幅度的增加。这是因为，当时人们在继续利用原有耕地的同时，又不断垦殖生荒地。《孟子·滕文公上》说：“当尧之时……洪水横流，氾滥于天下。草木畅茂，禽兽繁殖，五谷不登。禽兽偪人，兽蹄鸟迹之道，交于中国。”虽然经过大禹时期和夏、商两代人们的生产活动，对自然界取得了一次又一次的胜利，不断有“草木畅茂”的荒地变为农田；但是，直到殷周之际，从未进行垦殖的生荒地仍然大量存在。以黄河流域中游和下游为主，包括今陕西、山西、河北、山东、河南等省及湖北的北部地区，是周代经济、文化的先进地带。就是在这一广大的地区，在西周建国之初，《孟子》所说“草木畅茂，禽兽繁殖……禽兽偪人”的状况，同样到处存在。《孟子·滕文公下》又说：“周公相武王……灭国者五十，驱虎、豹、犀、象而远之。”这里所说，当包含着伐木除草、开垦荒地的内容。

《诗·周颂·载芟》：“载芟载柞，其耕泽泽。”“芟”，除草；“柞”，除

① 《汉书·贾山传》颜师古注。

② 杨伯峻：《春秋左传注》，中华书局1981年版，第1107页。

③ 此说详见史念海：《河山集》，三联书店1963年版，第44页。

木。《毛诗传笺通释》："《说文》：'槎，衺斫也。'槎与乍双声，此诗'载柞'及《周礼》'柞氏'，皆当为槎之假借。柞又与斱声近而义同。《说文》：'斱，斩也'；'斩，截也'。《内则》'鱼曰作之'，《尔雅》樊光本作新，亦柞、斱相通之证。又《皇矣》诗'作之屏之'，'作'谓除木，亦当读与'载柞'之柞同。"又《小雅·楚茨》："楚楚者茨，言抽其棘。自昔何为？我蓺黍稷。""楚楚"，盛密貌。"茨"，即蒺藜，植物名，草本，有刺。"抽其棘"，谓除掉那蒺藜。《载芟》和《楚茨》所反映的，即是西周王朝所在的关中地区民众斩木除草，开发土地以"蓺黍稷"的历史实际。

西周大规模分封同姓和异姓诸侯，各诸侯国的开拓发展，实际上也就是土地垦殖区域的扩大、农业用地的扩大。例如：

> 昔太公封于营丘，辟草莱而居焉。①
>
> 子产曰："……昔我先君桓公与商人皆出自周，庸次比耦以艾杀此地，斩之蓬、蒿、藜、藋而共处之。"②

太公即吕尚，齐开国之君。营丘与临淄为一地，在今山东淄博市临淄镇。古文献中，其言营丘，多指太公封地；言临淄，则多指城。当是其地原称营丘，而后筑城临于淄水，又称临淄③。太公始封之初，营丘本是一片未被开垦的"草莱"之地、荒地。所谓"辟草莱而居焉"，不言而喻包含着"辟草莱"而耕种的内容。周厉王子桓公友之受封于郑，实际上也是率领着民众去"艾杀"封地，"斩之蓬、蒿、藜、藋"，开发土地。

随着王畿以及各诸侯国内土地的开发，西周时期生产用地特别是种植业用地的面积，比之商代有了较大幅度的增加，农业、手工业等也都有了一定的发展。自然，总的说来，当时已利用土地的面积在土地总面积中所占的比例，还是较小的。大量可以开发利用的土地资源，并没有也不可能加以开发利用。在不少平原地带，原始时代遗留下来的"草木畅茂，禽兽繁殖"的面貌，也还没有得到显著的改变。究其原因，一是由于当时人口少，地广人稀；一是由于

---

① 《盐铁论·轻重篇》。

② 《左传·昭公十六年》。

③ 曲英杰：《先秦都城复原研究》，黑龙江人民出版社 1991 年版，第 228 页。

当时生产力水平的限制。

二、农作物种类

西周时期的农作物，可分为三类，即谷类、豆类、麻类，而主要是谷类。谷类作物名称繁多。《诗·周颂·噫嘻》《良耜》《小雅·大田》《豳风·七月》等诗篇中，均有“播厥百谷”或“其始播百谷”的诗句以形容当时谷类作物品种之多。

见于《诗经》中的农作物名称主要有：黍、稷、粟、禾、谷、粱、麦、来、牟、稻、稌、秬、秠、穈、芑、荏菽、菽、麻、苴、纻。其中，见于《大雅·生民》者有禾、麦、秬、秠、穈、芑、荏菽、麻；见于《周颂·思文》及《臣工》者有来、牟；见于《丰年》者有黍、稌；见于《良耜》及《小雅·楚茨》、《大田》者有黍、稷；见于《小雅·黄鸟》者有粟、粱、黍；见于《白华》者有稻；见于《豳风·七月》者有黍、稷、禾、麦、稻、菽、麻、苴。

黍，性黏，去皮后北方称黄米子。《说文》：“黍，禾属而黏者也。”秬，黑黍，秠是黑黍的一种，为黍类的两个良种。《大雅·生民》：“诞降嘉种，维秬维秠。”稷，《尔雅》郭舍人注云：“稷、粟也。”《汉书》服虔注、《尔雅》孙炎注、《国语》韦昭注、《穆天子传》郭璞注，均沿用此说，把稷和粟混为一谈。其实，稷和黍是同一作物的两个品种。稷，别称粢、穄、穈。《仓颉篇》：“穄，大黍也，似黍而不黏，关西谓之穈。”《说文》：“穄，穈也”；“穈，穄也”。《唐本草》注：“本草有稷不载穄，稷即穄也。今楚人谓之稷，关中谓之穈，呼其米为黄米，与黍为秈秫，故其苗与黍同类。”《本草纲目》：“稷与黍，一类二种也；黏者为黍，不黏者为稷。”

在商代的各种农作物中，黍稷的栽培即占有主要地位。据统计，商代甲骨文中出现次数最多的农作物是黍，凡百余见，其他谷类则数十见，少的仅数件、一见；出现次数仅次于黍的是齍，凡三十余见。而齍，就是稷的初文[1]。《诗经》中出现次数最多的农作物也是黍、稷。西周时期黍稷的栽培遍及于黄

① 于省吾：《商代的谷类作物》，《东北人民大学人文科学学报》1957 年第 1 期。

河流域的陕西、山东、河南、河北、山西等省，是这些地区主要的粮食作物。殷周时期之所以普遍种植黍、稷，主要是因为黍、稷具有这样三个特性：(1) 耐旱。黍、稷的根系吸收水分的能力极强，其他谷类作物所不能吸收的微量水分，黍、稷有时仍然可以吸收；黍、稷在发芽时所需水分，也较小麦、大麦少得多；黍、稷的蒸腾系数，有时也比粟要小些。(2) 耐碱，对土壤条件的要求不高，在多种土壤中均可生长。(3) 生长期短，在我国一般为八十天左右。由于生长期短，高寒地区也能栽培[①]。《孟子·告子下》说："夫貉，五谷不生，惟黍生之。"赵岐注："貉在北方，其气寒，不生五谷，黍早熟，故独生之也。"

粟，别称禾，又称谷子，去壳后称小米；粟、禾有时也作为当时粮食作物的统称。谷，泛指当时的各种粮食作物，后来也成为粟（小米）的别称。粱，粟类中的优良品种，属于精细之粮。《左传·哀公十三年》载："吴申叔仪乞粮于公孙有山氏……对曰：'粱则无矣，粗则有之。'"此"粱"即指精细小米。《史记·太史公自序》索隐引《三仓》说："粱，好粟也。"《汉书·食货志》颜师古注说："粱，好粟也，即今粱米。"李时珍《本草纲目》也说："粱者，良也，谷之良者也。"因粱为细粮，古以稻粱、膏粱并称。穈和芑，也是粟的两个良种。《诗·大雅·生民》："诞降嘉种……维穈维芑。"《尔雅·释草》："芑，白苗。"郭璞注："今之曰白粱粟，皆好谷。"粟是关中地区最早种植的农作物之一，西周时期继续在关中及其他北方地区种植。

麦，也是当时北方地区的重要粮食作物。《大雅·生民》："麻麦幪幪，瓜瓞唪唪。"《鄘风·桑中》："爰采麦矣，沫之北矣。"《载驰》："我行其野，芃芃其麦。"《魏风·硕鼠》："硕鼠硕鼠，无食我麦。"麦有小麦、大麦、燕麦等多种。《周颂·思文》："贻我来牟，帝命率育。"《释文》引《广雅》："麳，小麦；麰，大麦也。"《集传》："来，小麦；牟，大麦也。"当时关中地区虽然有麦，似乎并不甚多，因为《诗经》中提到麦的地方不如黍稷那样频繁。"麦因种植的时期不同，而有宿麦、春麦两种。宿麦收获量较多，但须秋种越冬，

① 《中国农学史》（初稿）上册，科学出版社1984年版，第36页。

或者当时人们对于这样种植方法尚不熟练，因而种植的面积不如黍稷的宽广。”①

稻，子实叫稻谷，去壳后称大米。稻的生长，需要适当的水利灌溉，所以自古以来长江流域是产稻的中心。如果北方地区有适当的水利灌溉，同样可以种稻。据《周礼·夏官·职方氏》载，除了扬州、荆州“其谷宜稻”以外，豫州“其谷宜五种”（黍稷菽麦稻），青州“其谷宜稻麦”，兖州“其谷宜四种”（黍稷稻麦），幽州“其谷宜三种”（黍稷稻），并州“其谷宜五种”（黍稷菽麦稻）。《鲁颂·閟宫》说后稷：“奄有下国，俾民稼穑。有稷有黍，有稻有秬。”稻在北方的种植，虽然不一定是从后稷开始，但西周时代已在北方地区种稻则是肯定的。《周颂·丰年》说：“丰年多黍多稌。”稌就是稻。《尔雅》：“稌，稻。”朱熹《诗集传》：“稌，稻也。”一说专指粳稻。《周礼·天官·食医》“凡会膳食之宜，牛宜稌”，郑玄注：“郑司农云：稌，粳也。”《史免簠铭》（懿王时器）云：“史免作旅匡，从王征行，用盛稻粱。”②《小雅·白华》有这样的诗句：“滮池北流，浸彼稻田。”滮池在今西安的西北，正当渭水和丰、镐诸水之间，一片水田自是种稻的佳地。关中种稻的地方不仅限于丰、镐之间，《豳风·七月》篇“十月获稻”表明，还扩及泾水中游。

《小雅·小宛》：“中原有菽，庶民采之”。菽，豆类的总称。《大雅·生民》：“蓺之荏菽，荏菽旆旆。”荏菽，大豆。“荏菽虽未必是后稷所栽培出来的种，但是，无可置疑的是周人开始作为粮食作物而栽培的。自从西周以后，菽已成为中国人民的主要粮食的一种，成为‘五谷’或‘六谷’之一，这就应该肯定为周人在农业生产上的一个重要贡献。”③

麻，在古代一般是指大麻，旧属谷类植物，今属桑科。雄麻曰枲，亦曰牡麻；雌曰苴麻，亦曰苎麻、纻麻、子麻。皮韧，沤之可织布。雌麻质佳，雄麻粗硬而不洁白，一般用于丧服。子实可食，亦可作饲料。《大雅·生民》中，麻麦并提。《豳风·七月》中，黍稷禾麻菽麦并提，又云“九月叔苴……食我

① 史念海：《古代的关中》，载《河山集》，三联书店1963年版，第46页。
② 郭沫若：《两周金文辞大系图录考释》。
③ 杨宽：《论西周时代的农业生产》，《学术月刊》1957年第2期。

农夫”，苴即麻子。《王风》中有一篇诗叫《丘中有麻》，《诗集传》说：“麻，谷名，子可食，皮可绩为布者。”《陈风·东门之池》篇里，有“东门之池，可以沤麻”的诗句。

见于《诗经》的蔬菜、瓜、果之类，有一些已成为作物。在《大雅·生民》篇中，与大豆、小米、麦、麻等农作物并列的，还有“瓜瓞”，说明瓜瓞已作为田间栽培的作物。《小雅·采芑》说：“薄言采芑，于彼新田，于此菑亩。”这里所说的“芑”，不同于《生民》篇中“维穈维芑”的“芑”，后者是粟的品种之一，前者“菜也”（《毛传》）。《诗集传》云：“芑，苦菜也，青白色，摘其叶有白汁出，肥可生食，亦可蒸为茹，即今苦荬菜。宜马食，军行采之，人马皆可食也。”则此“芑”既是饲料，也是蔬菜。又《小雅·信南山》：“中田有庐，疆场有瓜，是剥是菹，献之皇祖。”“中田有庐”和“疆场有瓜”为对文，可知“庐”必是芦字，《说文》：“芦，芦菔也。”[①] 上述瓜、芑菜和芦菔等似均属田间栽培作物，还不是农圃分开的园圃经营。《豳风·七月》有“九月筑场圃”的记载。《毛传》：“春夏为圃，秋冬为场。”郑笺：“场圃同地耳。物生之时，耕治之以种菜茹；至物尽成熟，筑坚以为场。”这里所谓“场圃”的“圃”，当是指园圃；《七月》篇中提到的葵（蔬菜名）、瓜、壶（瓠之借字，即葫芦）及枣等，大概都是园圃经营的作物。

第三节　耕作制度与耕作方法

一、“菑”“新”“畬”与休耕制

《周易》《尚书》《诗经》等古文献中，都讲到“菑”、“新”、“畬”。《易·无妄》六二：“不耕获，不菑畬，则利有攸往。”《尚书·大诰》：“厥父菑，厥子乃弗肯播，矧肯获？”《尚书·梓材》：“若稽田，既勤敷菑，惟其陈修，为厥疆畎。”《诗·周颂·臣工》：“嗟嗟保介，维莫（暮）之春，亦又（有）何求？如何新畬？”《小雅·采芑》：“薄言采芑，于彼新田，于此

---

① 郭沫若：《由周代农事诗论到周代社会》，《郭沫若全集·历史编》第1卷，人民出版社1982年版，第416页。

菑亩。”

何谓“菑”、“新”、“畬”？对此，历代学者解说不一。《小雅·采芑》“于彼新田，于此菑亩”，《毛传》：“田一岁曰菑，二岁曰新田，三岁曰畬。”《尔雅·释地》：“田一岁曰菑，二岁曰新田，三岁曰畬。”《礼记·坊记》郑玄注：“田一岁曰菑，二岁曰畬，三岁曰新田。”《说文·田部》：“畬，二岁治田也。”[①] 当代学者对菑、新、畬以及“一岁”、“二岁”、“三岁”的具体含义，又有种种不同的说法：或说它是“三田制”；或说它是休闲制或休耕制；或说菑、新、畬是三种垦耕不同年数的农田，“菑”是第一年刚刚开垦的田，“新”是垦后第二年的田，“畬”是垦后第三年的田。在我们看来，最后一种说法较为妥当[②]。

菑字从艸从田，巛（古灾字）声，义为开垦土地时“杀草”、“反草”。《诗·大雅·皇矣》释文引《韩诗》说：菑，“反草也”。《小雅·采芑》正义引孙炎说：“菑，始灾杀其草木也。”《周易·无妄》释文引董遇说：“菑，反草也。”《尔雅·释地》郭璞注说：“今江东呼初耕地反草曰菑。”徐灏《说文解字注笺》说：“菑者，初垦辟之谓也。田久汙莱，必先除其草木，然后可耕。田之灾杀草木谓之菑。”黄以周《儆季杂著群经说·释菑篇》也说：“菑字艸巛田会意，巛者灾也，以烧薙杀草为本义，孙炎注《尔雅》云‘菑，始灾杀其草’是也。以耕田反草为后义，郑笺《良耜》，读‘俶载’为‘炽菑’，云‘农以利善之耜炽菑南亩’是也。”可见，“菑”就是“杀草”、“反草”，开垦土地；“菑田”就是初开垦的田。而“新田”则是垦后第二年的田，“畬田”是垦后第三年的田。这符合上述古文献中有关菑、新、畬的记载。

有一种意见认为，凡当年开垦之田（“菑田”），当年都不播种。实则并非完全如此。《周颂·载芟》载：“载芟载柞，其耕泽泽。千耦其耘，徂隰徂畛。……有略其耜，俶载南亩。播厥百谷，实函斯活。……载获济济，有实其积，万亿及秭。”这里说“载芟载柞”、“其耕泽泽”、“千耦其耘”、“俶载南

---

① 《经典释文》卷二《周易音义》引。

② 见杨宽：《关于西周农业生产工具和生产技术的讨论》，载《历史研究》1957 年 10 月号；《中国农学史》（初稿）上册，科学出版社 1984 年版，第 40 页。

亩”、“播厥百谷”以及“载获济济”，当是指一年之内的农事活动，除草木、垦耕与播种同在春季。

西周时期的耕地，包括熟地、新开荒地、连续撂荒未满三年的土地及休闲地等。这里所说的荒地包括生荒地和熟荒地，生荒地指从未进行垦殖的土地，熟荒地指曾经开垦种植而长期（三年以上）荒废的土地。当时的新开荒地，即谓“菑田”，包括生荒地和熟荒地；就当时生产力发展水平较高的经济中心地区来说，“菑田”主要是从熟荒地开垦而来。

虽然不能把菑、新、畬和休耕制二者混为一谈，但也不能把二者绝对对立起来，认为它们之间毫无联系；更不可单纯肯定菑、新、畬，而否定当时休耕制的存在。首先，所谓菑田、新田，当也包括重新垦耕的休耕地在内①；当时已有定期的休耕制度，而相当大一部分畬田亦会成为休耕地（“莱”）。如本编第四章所述，《周礼·地官·大司徒》授田制和《遂人》授田制所反映的，是西周至春秋时期的历史实际。《大司徒》授田制下的“不易之地”，年年种；“一易之地”，三年中种二年，休耕一年；“再易之地”，三年中种一年，休耕二年。《遂人》授田制下的“莱”，是休耕之地。

二、耦耕

耦耕是一种古老的耕作方法，西周时期曾普遍实行，战国时代才不复存在。

《诗·周颂·噫嘻》：“亦服尔耕，十千维耦。”《周颂·载芟》：“千耦其耘，徂隰徂畛。”《左传·昭公十六年》：“庸次比耦，以艾杀此地。”《国语·吴语》：“譬如农夫作耦，以刈杀四方之蓬蒿。”《论语·微子》：“长沮、桀溺耦而耕。”《周礼·地官·田宰》：“以岁时合耦于锄，以治稼穑。”《吕氏春秋·季冬纪》：“命司农计耦耕事。”这是古书中有关耦耕的记载。

耦耕问题，也是我国农业史研究中众说纷纭的问题之一。从汉代至今，在这个问题上大致主要有以下诸说：

（1）二人二耜并耕说。《周礼·地官·里宰》“以岁时合耦于锄”，郑玄

---

① 见杨宽《古史新探》，中华书局1965年版，第14页。

注：“《考工记》曰：‘耜广五寸，二耜为耦。’此言两人相助耦而耕也。”《国语·吴语》“譬如农夫作耦”，韦昭注：“二耜为耦……其犹耕者之有耦以成其事也。”《汉书·食货志上》：“后稷始甽田，以二耜为耦”，颜师古注：“并两耜而耕。”《周颂·噫嘻》“十千维耦”，朱熹《诗集传》：“耦，二人并耕也。”程瑶田《沟洫疆理小记·耦耕义述》：“一人之力能任一耜，而不能以一人胜一耜之耕，何也？无佐之者，力不得出也。故必二人并二耜而耦耕之，合力同奋，刺土得势，土乃迸发，以终长亩不难也。”新中国成立后，不少学者也主张此说。

（2）二人一前一后共发一尺之地说。《考工记·匠人》“二耜为耦”，贾公彦疏：“二人虽共发一尺之地，未必并发，知者，孔子使子路问津于长沮，长沮不对，又问桀溺。若并头共发，不应别问桀溺，明前后不并可知。虽有前后，其畎自得一尺，不假要并也。”

（3）一人在后扶犁一人在前拉犁说。“耜是犁头，而最初的犁是用人拉。……如以人言，则是二人同时工作，一人在后扶犁，一人在前拉犁，如此二人并耕，是谓之耦也。”①

（4）两人共执一耜说。“古代耦耕，两人共执一耒”，“共踏一耒或耜”②。“在木制农具时代，两人共踏一耜，不仅是可能的，而且是必须的。”③

（5）两人面对面一蹠一拉说。“耦耕，除两人面对面之外，它的生产工具耜下面还系着一根绳子。耕地时，一人把耒，同时用脚向下踏耜上耒下横木，使耜深入土中；另一人跟他合耦对面立着，待耜已入土之后，他向怀里用力拉绳，使入土的耜向前推块发土掘出地面。这一蹠一拉的动作，决定它们是对面合耦的。”④

（6）两人耕、耰配合说。“耦耕也许是一人耕一人耰配合进行的耕作方法。”“‘长沮、桀溺耦而耕’，子路先向长沮问路，后问桀溺，桀溺答后‘耰而不辍’，可见‘耰’（摩耮）是耦耕工作的一部分，耦耕是两人耕耰配合的

---

① 陆懋德：《中国发现之上古铜犁考》，《燕京学报》第37期，1949年12月。

② 徐中舒：《试论周代田制及其社会性质》，载《四川大学学报》1955年第2期。

③ 何兹全：《谈耦耕》，载《中华文史论丛》第三辑。

④ 孙常叙：《耒耜的起源和发展》，载《东北师大科学集刊》1956年第2期。

一种工作方法。”①

（7）劳动协作说。“古代耦耕不是使用耒耜的方法问题，而是劳动人民在各项农业劳动中广泛实行的一种劳动协作，这种协作常常通过换工的方法进行。”②

上述耦耕问题上的种种说法，通过一些学者深入的研究、讨论和科学实验，其是非已较明确。二人二耜同向并耕说，符合西周时期的主要耦耕方式的实际，可以肯定。其他各种说法，虽在个别方面不乏可取的见解，但其基本观点均难以成立，不少文章对此已有全面的评说③。

耦耕的普遍实行是和耒耜的普遍使用相联系的，它是因使用耜这种特殊的农具而采用的一种特殊的耕作方法。如有的学者所说：“耜耕、耦耕、犁耕，都是以松土、下种为目的的耕作方法，在表达‘耕作’的意义时，均可统而言之，古书上常常混用。但不能因此抹杀它们在技术上的差别，否定了它们各自固有的耕作方式。”耜耕“是间断的倒退式作业，竖直一线翻地，最容易偏行”；“翻地不管几人，均要横向移动着启土，齐头并退，翻地也均匀，不会留沟或起堆。”“耜耕与犁耕不同之处，除方向有倒退和前进之别，节奏有间断与连续之分，同时起土的顺序还有横移和纵移的分别”④。

一人扶犁一人拉犁说之所以不能成立，主要就是由于它“完全忽视了先秦耒耜形制及其操作方法”。“犁头在土中几乎是和地面平行的，刃锋向前，因此可以向前拉。耜头入土是垂直的，刃锋向下，不但一个人拉不动，一头牛也未必拉得动。”再说，“在耕的过程中，犁耕是逐步前进的，而耜耕是逐步后退的”⑤。

一人扶犁一人拉犁说，以及一人蹠耒一人拉耜说，两人共执一耒共踏一耜说，均不符合“二耜为耦”的记载。一蹠一拉说从耕作的进化上思考问题，

---

① 万国鼎：《耦耕考》，载《农史研究集刊》第1集。

② 汪宁生：《耦耕新解》，载《文物》1977年第4期。

③ 见陈文华：《试论我国农具史上的几个问题》，载《考古学报》1981年第4期；李根蟠：《耦耕纵横谈》，载《农史研究》1983年第1期；张波：《周畿求耦——关于古代耦耕的实验、调查和研究报告》，载《农业考古》1987年第1期。

④ 张波：《周畿求耦》，《农业考古》1987年第1期。

⑤ 万国鼎：《耦耕考》，载《农史研究集刊》第1集。

提供了由耜耕转变为犁耕的线索，但不能以此充“耦”，与耦耕混为一谈。无论在古代文献中、中外民族志中和现实生活中，都找不出一耜并耕的实例[①]。根据甲骨文、青铜器铭文和汉武梁祠石刻画像，耒耜是一个人而不是两个人使用的工具[②]。再说“如果二人挤在一把耒或耜上踏，提高垦耕工作效率是不大的，若是二人步伐不一致，还要互相牵制，影响垦耕的工作效率。从来所有脚踏的耕具，只能由一人来使用，就是由于这个原因”[③]。

既然耦耕与耒耜相联系，以使用耒耜为其前提条件，“二耜为耦”，那么，否认耦耕首先是一种技术方法、耕作方法的“劳动协作”说，也就不能成立。通常所说的劳动协作，与耦耕并无必然联系。历史上不少国家或民族的奴隶社会或封建社会中，例如在民主改革前的四川凉山彝族社会里，劳动人民在各项农业劳动中也曾广泛实行各种形式（包括换工）的劳动协作，但并不采用耦耕。西周时期个体农民的耦耕，主要是以一家一户为单位进行；各农户之间的换工协作，只是部分农户的部分农业劳动，并非所谓在“各项农业劳动中广泛实行的一种劳动协作”（见本编第五章）。至于当时王室、公室等所经营的“大田”或“藉田”上的集体劳动、协作劳动，以及《周礼·地官·里宰》“以岁时合耦于耡”的“合耦”耕作，则主要是由于奴隶制生产方式所引起，同样不能把它和一般意义上的耦耕混为一谈。

关于耦耕，值得注意的还有以下几点：

(1) 作为耕具的耒耜，有一个长期的发展、演变过程，经历了几个不同的发展阶段；人们使用耒耜耦耕的技术、方法，也当有一个逐步改进、逐步完善的过程，而不会是始终一贯制。

(2) 二人二耜并耕的耕作方法，是“在黄土地带经营沟洫农业的条件下形成的”。《考工记》把“二耜为耦”和“为沟洫”联系起来，历代注家亦把“二耜为耦”解释为耦耕，这并非偶然。“在使用原始耒耜的条件下挖掘田间沟洫，少于两人是不行的，多于两人又是不需要的，两人合作无疑是最合适

---

① 参看李根蟠：《耦耕纵横谈》，《农史研究》1983年第1期；陈文华：《试论我国农具史上的几个问题》，《考古学报》1981年第4期。

② 汪宁生：《耦耕新解》，《文物》1977年第4期。

③ 杨宽：《古史新探》，中华书局1965年版，第44页。

的。”“它一经形成为习惯和制度，就逐步推广到其他农活中去。”①

（3）历史记载表明，西周、春秋时期的耦耕，包括垦、耕、耰、耘等工作种类，除耒耜外还使用其他田器；由于“耦耕时的工作种类不一，所用农具不一，耦耕的方式当然也就不会局限于一种”②。

（4）土壤耕作方法，因土地的类别、土壤的特点而异。例如，关中平原等黄土或砂土地区，因为土壤的团粒微细、组织疏松，也就毋需实行一人耕地、一人碎土摩田的耦耕方式。《论语·微子》所说“长沮、桀溺耦而耕”，一人耕一人耰，虽然也是耦耕的一种，但它仅仅实行于局部地区，并非我国古代基本的、主要的耦耕方式。

（5）虽然耦耕涉及垦、耕、耰、耘，使用的农具也不限于耒耜，但它的基本方面、主要方面，是使用耒耜、以翻土下种为目的的“耕”；因此，探讨耦耕的典型方式和技术标准，应当从此出发。二人二耜同向并耕说之所以能够成立，就是因为它从古代耦耕的这一基本方面、主要方面出发，并对这一主要耦耕方式作出了具有说服力的论证，找到和阐明了它的技术依据。

（6）作为一种耕作方法的耦耕，也要受一定生产关系的制约和支配。不同生产关系下的耦耕，各有其不同的特点。耦耕时的工具状况，劳动力状况，以及耦耕技术的掌握和运用等方面，也会有这样那样的差别。如前所述，西周王室、公室和卿大夫不但分别占有和经营大量的土地，而且分别拥有众多的直接生产者，可以“察其体材，齐其年力，比而选之”③ 以“合耦”；这一点，是个体农民以“家”为单位的耦耕所不及的。

清人程瑶田撰写的《耦耕义述》，剖析了只有采用二人二耜“合力同奋”的耦耕方法，才能“刺土得势”，从而起到“土乃迸发”效果的道理，阐明了耦耕必为二人二耜并耕的部分技术依据。近若干年来，有些学者又对此说作了进一步的补充论证。值得特别重视的是，有的学者采用实验方法对有关耦耕的几种观点分别加以试验，实验结果是：“两人各执一耜并耕一尺之地，不仅是

① 李根蟠：《耦耕纵横谈》，《农史研究》1983年第1期。

② 《中国农学史》（初稿）上册，科学出版社1984年版，第44页。

③ 程瑶田：《沟洫疆理小记·耦耕义述》。

可能的，且较上述各说都要合理可行”；“各说在技术操作中难以实现，唯有并耕才有实际生产意义”。实验还证明：“并耕确有极高功效”，“它的耕效约有三个途径：并耕时，两耜之间总要余留一定的间隙，踩踏时，间隙之地亦被启动，两耜同发，这一部分土壤亦被挟带而翻转，此乃一途；若是二人独自耕作，每耜两侧都有草根牵连，并耕则一耜只一侧受牵，草根牵制力减少了一半，发土轻易，此为二途；两人并耕，可以互相激励，互相协力，耕地多而快速，好而省力，这是第三途。”①

第四节　农业生产技术

一、农田的规划和整治

农业是利用植物、动物的生活机能，通过人工培育，以取得农产品的一个社会生产部门。农业生产的特点是，土地是基本的生产资料，主要的劳动对象是有生命的植物、动物，它受自然条件的影响较大，生产周期长，具有强烈的季节性和地区性。因此，农业和土地及气候等自然条件的关系至为密切；如何利用土地，怎样规划和整治农田，对农业生产至关重要。

周人有重视规划和整治农田的历史传统。《诗·大雅·公刘》云：“笃公刘，既溥既长，既景迺冈，相其阴阳，观其流泉……度其隰原，彻田为粮。”说的是，远在公刘率领族人迁豳以后，便依据日影和山冈考察农田的阴阳面、流泉的流向以及地形，以整治田亩，生产粮食。可见，早在公刘时代，周人对农田的规划和整治就已注意到了这样两点：一是田亩的阴阳面；一是流泉的流向是否便于田亩的灌溉和排水。古公亶父迁于岐下时，也首先是：“迺慰迺止，迺左迺右，迺疆迺理，迺宣迺亩，自西徂东，周爰执事。”②“疆”，修筑地界；“理”，整治农田，使之有条理。“宣”，疑借为甽，垄沟也；“亩”，垄也；甽亩即开沟筑垄③。“自西徂东”，于是构成了“南亩”和“东亩”。“东

① 张波：《周畿求耦——关于古代耦耕的实验、调查和研究报告》，《农业考古》1987年第1期。

② 《诗·大雅·緜》。

③ 高亨：《诗经今注》，上海古籍出版社1980年版，第379页。

亩，东西为陌；南亩，东西为阡。西东，谓田间道也。”①

上述先周经理农田的方法、经验，成为西周建国后规划和整治农田的准则。这在《诗经》中有不少的记载。如《周颂·载芟》：“有略其耜，俶载南亩”；《周颂·良耜》：“畟畟良耜，俶载南亩”；《小雅·甫田》：“今适南亩，或耘或耔”；《小雅·大田》：“以我覃耜，俶载南亩”；《小雅·信南山》：“我疆我理，南东其亩”；《豳风·七月》：“同我妇子，馌彼南亩”。可见，无论西周前期的诗篇还是西周后期的诗篇，都把田亩称作“南亩”；《信南山》又“南亩”、“东亩”并提，所谓“南东其亩”。“南亩”是指行列南向的田亩，“东亩”是指行列东向的田亩，南向东向都是向阳。向阳的田亩，日照长，地温高，适于土壤内细菌的繁殖，对农作物的发育、生长特别有利。这样的田亩规划，实际上是提高光能利用率的一项农业技术措施。所谓光能利用率，即单位土地面积上一定时间内植物光合作用积累的有机物所含能量与同期照射到该土地面积上太阳辐射量比率，是衡量一定面积农作物利用光能程度和生产水平的一项指标。“由于作物干物质产量的90% ~95%是通过光合作用同化空气中的二氧化碳形成的，所以光能利用率和作物产量有密切联系。”② “疆理”土地，“南亩”或“南东其亩”，也就大大提高了光能利用率，提高了作物产量。如果说“南亩”“东亩”这样的农田规划，在先周还局限于豳地或周原的话，那么西周时期则在广大地区内加以推广③。自然，“这是在地广人稀的情形下的一种利用土地的办法，人口增多，土地需要迫切，那就管不了是阴是阳了”④。

那时候人们经营农田，不但注意到了农田的阴阳面，尽量利用向阳的土

---

① 陈奂：《诗毛氏传疏》卷二十三。

② 陈道主编：《经济大辞典·农业经济卷》“光能利用率”条，上海辞书出版社、农业出版社1983年版，第281页。

③ 据《左传·成公二年》记载，鞌之战中齐国大败，齐派宾媚人（即国佐）向晋国贿赂求和，晋国以“使齐之封内尽东其亩”作为讲和的条件之一。对此，宾媚人回答说：“先王疆理天下，物土之宜而布其利，故《诗》曰：‘我疆我理，南东其亩’。今吾子疆理诸侯，而曰‘尽东其亩’而已，唯吾子戎车是利，无顾土宜，其无乃非先王之命也乎？”由此可知，田亩之“南亩”和“东亩”的规划，不仅行之于畿内，而且行之于畿外部分诸侯国，直到春秋时期还是如此。

④ 史念海：《河山集》，三联书店1963年版，第48页。

地，而且还在农田中作“畎（甽）”，“亩”、“沟”、“洫”。《尚书·梓材》说：“若稽田，既勤敷菑，惟其陈修，为厥疆畎（甽）。”《尚书·大诰》也说：“若穑夫，予曷敢不终朕亩。”“亩”是农田经过整理后田中所起的高垄，“甽（畎）”是垄和垄之间凹下的小沟①。《考工记·匠人》云：

> 匠人为沟洫：耜广五寸，二耜为耦；一耦之伐，广尺、深尺，谓之甽；田首倍之，广二尺、深二尺，谓之遂。九夫为井，井间广四尺、深四尺，谓之沟；方十里为成，成间广八尺、深八尺，谓之洫；方百里为同，同间广二寻、深二仞，谓之浍。专达于川，各载其名。

此外，《周礼·地官·遂人》还载有一种以十夫为单位的沟洫制度：

> 凡治野：夫间有遂，遂上有径；十夫有沟，沟上有畛；百夫有洫，洫上有途；千夫有浍，浍上有道；万夫有川，川上有路。以达于畿。

可见，甽亩是沟洫制度的一部分。可以说甽是沟洫的支脉，而沟洫支脉所围绕的土地就是亩。为沟洫，主要是为了排水。

《吕氏春秋·任地》说：“子能使吾士（土）靖而甽浴士（土）乎?”“士”为“土”字之误。“甽浴土”，即以甽排水而洗土；“使吾土靖”，也就是“使吾土洁净”的意思。此处的“靖”当即“净”之借字。若说土不净，当是指土中含有较多的盐碱质。盐碱质多，有碍庄稼的生长，故当设沟甽以排水洗土而使之净②。可见，为沟甽排水还含有改良土壤的意义。

《吕氏春秋·任地》又说：“上田弃亩，下田弃甽。”“上田”是高旱田，“下田”是下湿田。“上田弃亩，下田弃甽”者，是高旱田要把庄稼种在凹下之处，而不种在高出的亩上；下湿田要把庄稼种在高出的地方，而不种在凹下的甽里。实际上，“上田弃亩”就是作凹畦种地，合乎如今北方的情形；“下田弃甽”就是作高畦种地，合乎如今南方的情形。“上田弃亩”为的是避燥，“下田弃甽”为的是避湿③。这里面又含有保墒排水的意义，也符合《任地》

---

① 见夏纬英：《〈吕氏春秋·上农〉等四篇校释》，第38～39页。

② 夏纬英：《〈吕氏春秋·上农〉等四篇校释》，第38～39页。

③ 夏纬英：《〈吕氏春秋·上农〉等四篇校释》，第38～39页。

所说的“湿者欲燥，燥者欲湿”的要求。

此外，沟洫制度还起了保持水土的作用。因为沟洫纵横，浅深相受，到伏秋暴雨降下、洪水奔流的时候，沟洫就可以发挥出疏浊和灌输的作用。这样河流也不至于泛滥，四野也可以无有熯土。到秋冬水消的时候，又可以挑浚沟洫中的积泥，用作肥田的肥料①。

二、选种与播种

农作物品种，是在一定的生态环境和经济条件下，经过选育而成的遗传性状相对稳定、有经济价值的栽培植物的群体。同一品种的个体在形态特征和生物学特性方面，具有明显的一致性。鉴定、选择和使用优良品种，是提高农业生产的重要措施。西周时期，人们重视选种。

周人早就有了品种概念和良种概念。《诗·大雅·生民》说：“诞降嘉种，维秬维秠，维穈维芑。”前面说过，“秬”、“秠”是黍的两个品种，“穈”、“芑”是粟的两个品种。诗篇作者说它们是上天降下的“嘉种”，其实是周族先民们从长期的生产实践中选择到的。农作物品种具有一定的地区适应性，在适宜的自然环境和生产条件下，能更好地发挥其优良特性。《生民》称“秬”、“秠”、“穈”、“芑”为“嘉种”（良种），大概主要是由于它们最适宜在关中黄土地区种植。《周礼·地官》“司稼”职文云：

> 司稼掌巡邦野之稼，而辨穜稑之种，周知其名与其所宜地，以为法，而县于邑闾。

郑玄注：“周，犹遍也。遍知种所宜之地，县以示民，后年种谷用为法也。”孙诒让《周礼正义》：“云‘周知其名，与其所宜地’者，谷类众多，大总言之，《大宰》谓之九谷。每谷又各有物色种别之异，此官皆遍知其名。《吴越春秋》云：‘稷相五土之宜，青赤黄黑，陵水高下，粢、稷、黍、禾、粱、麦、豆、稻，各得其理。’是也。云‘以为法而县于邑闾’者，法谓稼法，亦此官之官法也。……注云‘遍知种所宜之地，县以示民，后年种谷用为法也’者，种所宜之地，若《大司徒》五地十有二壤及《职方氏》九州。凡水陆碱

① 史念海：《河山集》，三联书店1963年版，第49页。

淡坚柔，各有所宜之种，故县以示之，以为种植之法。”又《礼记·月令》载：

孟春之月……王命布农事，命田舍东郊，皆修封疆，审端径术，善相丘陵阪险原隰土地所宜，五谷所殖，以教道民，必躬亲之。

以上记载表明，周代政府注重农作物品种的地区适应性，讲究因地制宜，并设有职官管理此事。

当时人们选种，一般是在播种以前进行；春季作物的选种在头年“季冬之月”进行。《小雅·大田》载：“大田多稼，既种既戒，既备乃事，以我覃耜，俶载南亩，播厥百谷。”“既种既戒”的“种”即是选种，郑玄笺云：“将稼者必先相地之宜而择其种。”又《礼记·月令》说：“季冬之月……令告民出五种，命农计耦耕事，修耒耜，具田器。”所谓“出五种”，即出贮藏的种子而选之；“出五种”、“修耒耜”，也就是《大田》篇所说的“既种既戒（读为械），既备乃事”。播种前选种，播种后还要进行田间检验，观察田间作物生育期品种的特征特性表现，判定种子是否合格。《大雅·生民》谈从事稼穑之“道”说：

茀厥丰草，种之黄茂；实方实苞，实种实褎，实发实秀，实坚实好，实颖实栗。

意思是说：“先要除去那茂盛的野草，种上黄色而饱满的好种子；长出来的苗要均匀、整齐、茂密，分蘖多而根部扎实，苗种要纯，苗秆和苗叶要茂盛，拔节抽穗要及时，子粒要饱满，穗子要沉重下垂。”① 又《周颂·载芟》云：

有略其耜，俶载南亩。播厥百谷，实函斯活。驿驿其达，有厌其杰，厌厌其苗，绵绵其麃。载获济济，有实其积，万亿及秭。

这就是说：“在耕地之后，播下去的谷种，要求‘实函斯活’，也就是每一颗种子都富有生命力，并有很高的成活率。只有这样，长出来的苗，才能连续不断就像射出来的一样；也只有这样，才能不论先出的苗，或后生的苗，都长得十分繁茂。然后再经过不断的除草工作，长出来的庄稼很密。”② 而收获的粮

① 《中国农学史》（初稿）上册，科学出版社1984年版，第46页。
② 《中国农学史》（初稿）上册，科学出版社1984年版，第46页。

食，也就“万亿及秭”了。此外，《小雅·大田》也谈到：播下的谷种，长出来的植株要既直且大（“既庭且硕”）；穗子从抽穗到灌浆，长得又坚实又饱满，没有白穗也没有草害（“既方既皁，既坚既好，不稂不莠”）。

从先周到西周时期，从西周到春秋时期，选种的技术有一个发展过程。先是选择那些富有生命力的、穗粒饱满而沉重的种子。后来经过长期的生产实践和经验的积累，则能分辨出哪些是该先播或后播的种子，哪些是早熟或晚熟的种子了。《诗·鲁颂·閟宫》“黍稷重穋，稙穉菽麦”，《毛传》：“先种曰稙，后种曰穉。”《豳风·七月》“黍稷重穋，禾麻菽麦”，《毛传》：“后熟曰重，先熟曰穋。”

再说播种。《小雅·大田》“既种既戒，既备乃事，以我覃耜，俶载南亩，播厥百谷”，说的是春耕播种。《豳风·七月》：“三之日于耜，四之日举趾”；“亟其乘屋，其始播百谷”。豳历“三之日”即夏历正月，“四之日”即夏历二月。“其始播百谷”的“其”，借为稘，岁也；稘始即岁始[①]。这里所说也是指春耕播种。此外，《七月》篇“七月亨葵及菽”的“菽”，大概是指谷雨前后播种的春大豆；“十月获稻”则可能是夏播秋收，与现在黄河流域一带稻的生长期相似。又《周颂·臣工》：“维莫之春，亦又何求？如何新畬？於皇来牟，将受厥明。”“莫”，古暮字；“暮之春”，即暮春，三月。周历的三月是夏历的正月。或说“在暮春时节快要收获的大小麦（‘来牟’），显然是指冬大麦和冬小麦”[②]。《礼记·月令》：“仲秋之月，乃劝人种麦，无或失时。”

西周重视耕种的季节性。《国语·周语上》记述虢文公[③]的话说：

古者，太史顺时覛土，阳瘅愤（偾）盈，土气震发，农祥晨正，日月底于天庙，土乃脉发。先时九日，太史告稷曰：“自今至于初吉，阳气俱蒸，土膏其动。弗震弗渝，脉其满眚，谷乃不殖。”稷以告王曰：“史帅阳官以命我司事曰：‘距今九日，土其俱动，王其祗祓，监农不易。’王乃使司徒咸戒公卿、百吏、庶民，司空除坛于

① 高亨：《诗经今注》，上海古籍出版社1980年版，第203页。

② 《中国农学史》（初稿）上册，科学出版社1984年版，第47页。

③ 韦昭注：“贾侍中云：‘文公，文王母弟虢仲之后，为王卿士。’昭谓：虢叔之后，西虢也。及宣王都镐，在畿内也。”

藉，命农夫咸戒农用。……稷则遍诫百姓，纪农协功，曰：‘阴阳分布，震雷出滞。土不备垦，辟在司寇。’”

如有的学者所指出：这是虢文公所说的周天子举行藉田典礼前的例行公事。首先要管天文历法的职官“太史”去“顺时覛土”（顺着时节观察土壤），到立春前九天，就得去报告管农事的“稷”说：从今到初吉，“阳气俱蒸（地里的阳气都上升了）”，“土膏其动（土壤中的脂膏要流动了）”，如果“弗震弗渝（不去垦耕翻土疏通它）”，那就会“脉其满眚（土壤的脉络就塞住患病）”，“谷乃不殖（种下的谷子就不能繁殖）”。接着，“稷”去报告天子，请天子“监农不易（毫不怠慢地去监督农事）”。如此重视春耕播种，是有科学道理的。因为在立春时节，土壤中的水分和温度开始上升（即所谓“土气震发”、“阳气俱蒸”），土壤的结构也开始松动（即所谓“土乃脉发”），同时土壤中的肥力也开始发生作用（即所谓“土膏其动”）。如果不赶上时令去垦耕，便不能使土壤的结构和解，也就没有可供农作物生长的水分和肥力，结果就会“脉其满眚，谷乃不殖”。特别是在周人统治的西北地区，降雨量少，分布又不调匀，因此保持土壤中的水分和肥力，就成为旱地农作业中头等的重要任务。这种重视春耕播种的季节性的道理，是周人从农业生产实践中得来的①。后世农家对这一点仍很看重，如《氾胜之书》说：“春冻解，地气始通，土一和解……此时耕，一而当五，名曰膏泽。”②

三、除草和中耕

从《诗经》农事诗篇的描述看来，西周农事活动中的除草工作是在这样两个时段进行的：一是在播种以前，这是垦地工作的一部分；一是在作物生长过程中，这是一种同时起着中耕作用的除草。《周颂·载芟》篇同时描述了这两种除草活动的情景：

载芟载柞，其耕泽泽。千耦其耘，徂隰阻畛。……有略其耜，俶载南亩。播厥百谷，实函斯活。驿驿其达，有厌其杰。厌厌其苗，绵

① 杨宽：《古史新探》，中华书局1965年版，第17～18页。

② 《齐民要术》卷一《耕田》篇引。

绵其麃。

“载芟载柞”、“其耕泽泽”、“千耦其耘”，说的是“播厥百谷”之前垦耕土地过程中的除草。《毛传》：“除草曰芟，除木曰柞”郑笺：“将耕，先始芟柞其草木，土气烝达而和耕之，则泽泽然解散，于是耘除其根株。”按照郑笺的解说，“载芟载柞”只是指除掉草木植株的地上部分；“千耦其耘”则是指翻耕土地时耘除草木埋藏于地下的根株。而同诗中“厌厌其苗，绵绵其麃”的“麃”，乃是指作物生长期中去除苗间杂草的工作。《毛传》：“麃，耘也。”“麃”，《鲁诗》作“穮”。《释文》引《说文》云：“穮，耨钼田也。”《字林》云：“穮，耕禾间也。”今《说文》作：“穮，耘禾间也”，是以《字林》语溷入。毛作“麃”借字，鲁作“穮”正字也。孔疏顺毛改为“麃”，引孙炎曰：“绵绵，言详密也。”郭璞曰：“芸不息也。”其引郭注与今异[①]。“芸”和耘通；“芸不息”，是说要不断进行苗间的除草工作。

又《周颂·良耜》载：“其镈斯赵，以薅荼蓼；荼蓼朽止，黍稷茂止。”《毛传》：“赵，刺也。蓼，水草也。”郑笺：“以田器刺地，薅去荼蓼。”孔疏引王肃云：“荼，陆秽。蓼，水草。由田有原有隰，故并举水陆秽草。”《说文》解“薅”为“拔去田草”，但这里是用“镈”除去苗间杂草（“荼蓼”）。

《载芟》“绵绵其麃”，孔疏引郭璞《尔雅注》“芸不息也”一说以解之，是有道理有根据的。《国语·周语上》载虢文公的话说：“民用莫不震动……日服其镈，不解（懈）于时。”说的是“古者”即宣王“不藉千亩”以前的情况。所谓“日服其镈，也就是逐日不断地耨耘。如有的学者所说：“当苗生长的时候，遮蔽地面的力量不强，蒸发量大，就需要连续不断的去耨耘，一方面是为了除去苗间杂草，免得杂草吸去土壤中的水分和肥力，影响到苗的生长，一方面也可以切断毛细管上升水分的运动。这一点在北方雨量较少的地区特别显得重要。”[②] 据《国语·周语上》记载，西周前期的统治者不但重视春耕播种，春耕时周天子要率领诸侯百官举行藉田典礼，并巡视、监督农夫劳动，而且“耨获亦如之”，“耨获亦于藉”。

---

① 〔清〕王先谦：《诗三家义集疏》下册，中华书局1987年版，第1047～1048页。

② 杨宽：《古史新探》，中华书局1965年版，第19页。

在田间作物生长过程中，使用钱、镈农具除去苗间杂草，同时也起了中耕作用。因为要除去草根，就得松动土壤。而且，当时人们在除草、中耕时，还在作物的根部进行了培土壅本的工作。《小雅·甫田》说：“今适南亩，或耘或耔，黍稷薿薿。”《毛传》：“耘，除草也；耔，雝本也。”《汉书·食货志上》：“后稷始甽田，以二耜为耦，广尺深尺曰甽，长终亩。一亩三甽，一夫三百甽，而播种于甽中。苗生叶以上，稍耨陇草，因隤其土以附〔苗根〕。故其《诗》曰：‘或芸或芓，黍稷儗儗。’芸，除草也。〔芓〕，附根也。言苗稍壮，每耨辄附根，比盛暑，陇尽而根深，能风与旱，故儗儗而盛也。”

《左传·隐公六年》载周任说：“为国家者去恶，如农夫之务去草焉，芟夷蕴崇之，绝其根本，勿始能殖。”《左传·昭公元年》又载赵文子说：“譬如农夫，是穮是蓘，虽有饥馑，必有丰年。”春秋时代的农夫如此重视中耕除草工作，该是继承和发展了上述西周传统的田间技术。

四、施肥和治虫

前述西周时期作为休闲地的“菑”，并非不耕，只是耕后不播种子。“菑”即“灾杀草木”、“烧薙杀草”，实际上也就是积肥的初步。“新”、“畬”产量多少，与“菑田”修治的好坏有关，所以《尚书·梓材》说：“若稽田，既勤敷菑，惟其陈（治）修，为厥疆畎。”“菑”为“新”、“畬”的基础，不耕而获，不菑而畬是不可能的，所以《易·无妄》说：“不耕、获，不菑、畬，则利有攸往。”因此，当时对“菑田”的“陈修”很重视，特别强调要“勤敷菑”。“勤敷菑”的主要事项之一，就是“烧薙杀草”以作绿肥。《周礼·秋官》“薙氏”职文云：

> 薙氏掌杀草。春始生而萌之，夏日至而夷之，秋绳而芟之，冬日至而耜之。若欲其化也，则以水火变之。

所谓火化，就是把草堆积起来，加以火化。水化，大概就是利用夏日溽暑时湿度热度以加速堆肥腐化。《周礼·地官·稻人》云：“凡稼泽，夏以水殄草而芟夷之。”《礼记·月令》于季夏月下云：“是月也，土润溽暑，大雨时行，烧薙行水，利以杀草，如以热汤，可以粪田畴，可以美土疆。”四时杀草，并加以火化、水化，这就是“勤敷菑”①。

前面说过，西周时期，就是当年耕种的田土，在播种之前的垦耕和播种之后作物的生长过程中，也都要进行除草工作。而这两种除草，同样是与绿肥的利用相联系的。《周颂·良耜》说：

畟畟良耜，俶载南亩；播厥百谷，实函斯活……

其镈斯赵，以薅荼蓼；荼蓼朽止，黍稷茂止。

“荼蓼朽止”，是说“荼”、“蓼”等杂草都腐朽、沤烂了。把杂草的腐烂同“黍稷茂止”即黍、稷的茂盛联系起来，可见当时已懂绿肥的作用，并把除草、中耕兼作利用绿肥的一项措施。

诚然，西周时期人们对农田施肥，还只是加工利用天然绿肥，而无种植绿肥作物之举，更没有以人粪、尿为肥料。

西周时期，人们对作物的病虫害也很重视，并采取了一定的措施和虫害作斗争。《诗·小雅·大田》篇说：

大田多稼……既方既阜，既坚既好，不稂不莠。去其螟、螣，及其蟊、贼，无害我田稺。田祖有神，秉畀炎火。

《毛传》：“食心曰螟，食叶曰螣，食根曰蟊，食节曰贼。”《释文》：“螣，或作蟘。《说文》作蟦。”蟦本字，螣借字。“蟦”，又借作“蜮”。《吕氏春秋·任地》“又无螟蜮”，高诱注：“蜮或作蟦。”《后汉书·明帝纪》亦云“去其螟蜮”。《春秋·庄公十八年》“秋有蜮”，当读为“螟蜮”之“蜮”，“螣”、“蟦”，即蝗虫。《毛诗正义》：“陆玑《疏》云，螣，蝗也。”《吕览·五月纪》“百螣时起”，高诱注：“兖州人谓蝗为螣。”“蟊”者，“蝥”之借，《说文》：“蝥，食草根者。”“贼”，是一种专食禾秆、禾节的害虫。“无害我田稺”，是说勿使这四种害虫危害田中幼禾。“秉畀炎火”，说的是除害虫之法，“谓亟取而畀之炎火”②，即把害虫投到大火中杀死并埋掉。这种“焚埋法”，乃是古代灭蝗的传统方法。唐代开元年间宰相姚崇，认为“秉畀炎火”即是用火诱杀蝗虫，并曾采用此法扑灭蝗灾。朱熹《诗集传》说：“姚崇遣使捕蝗，引此为

① 徐中舒：《试论周代田制及其社会性质》，《四川大学学报》1955年第2期。

② 王先谦：《诗三家义集疏》下册，中华书局1987年版，第766页。

证，夜中设火，火边掘坑，且焚且瘗，盖古之遗法如此。”

单纯采用“焚埋法”，自然是难以防治虫害的。《大雅·瞻卬》：“蟊贼蟊疾，靡有夷届。”《大雅·桑柔》：“降此蟊贼，稼穑卒痒。”这说明西周晚期曾发生严重的虫灾，人们对虫害痛心疾首，而又无力防治。

五、水利灌溉

我国有重视治水和水利的悠久历史传统。大禹治水的故事，在周代曾广为流传。《大雅·文王有声》说：“丰水东注，维禹之绩。”《小雅·信南山》说：“信彼南山，维禹甸之。”《商颂·长发》：“洪水芒芒，禹敷下土方。”周人继承了这一重视水利的传统。

前面说过，据《大雅·公刘》的记述，周族的祖先公刘迁豳后规划农田时，曾“相其阴阳，观其流泉”。《公刘》篇这一章中所述主要是与农田有关的事项，因此“观其流泉”不是为了取得饮水，而是与灌溉有关。只是“流泉”不会有很大的水量，涉及的范围不甚普遍而已①。

前述西周时期的沟洫系统，虽然主要是为了排水防涝，但也在一定程度上起了灌溉的作用。古代黄河中下游流域是一个湖泊地区，农田耕作伤于多水，因此排水工作为当时人们所重视。关中地区隰地近于河旁水滨，也需要排水。而高敞的原上则不但需要排水，而且更需要灌溉。就是下湿的隰地，有时也需要灌溉。因为关中的气候自来就是偏于干旱，隰地虽然下湿，却也难于支持长期的干旱。在这样具体的条件和要求下，把沟洫系统用作灌溉是可能的。不过究竟达到什么程度，还值得研究②。

前面说过，稻的生长尤其需要适当的水利灌溉；西周时代能够在北方推广稻的种植，与当时北方水利灌溉事业的发展有关。《小雅·白华》云：“滮池北流，浸彼稻田。”《水经·渭水注》说“滮池”是一条河流。《说文》解“滮池”为蓄水之池。滮池又名冰池。王夫之《诗经稗疏》曰：

> 《三辅黄图》云，冰池在长安城西。《旧图》云，西有滮池，一

① 参见史念海：《河山集》，三联书店1963年版，第50页。

② 史念海：《河山集》，三联书店1963年版，第50页。

名圣女泉。盖冰滮声相近，传说之讹也。《一统志》曰，滮水出咸阳县之滮池，流至西安府西北合镐水。然镐在渭南，咸阳在渭北，则滮水不能绝渭而入镐水。盖滮池在咸阳县之南境，地在渭水之南，与今县治隔渭，故北流入镐以合于渭，滮池系之咸阳者，其县之境内也。

不论滮池为池为河，其灌溉“稻田”的作用是很显然的。若为蓄水之池，则西周晚期的水利工程已有了相当的规模。《周礼·地官》中有“稻人”一职，其职文云：

稻人掌稼下地，以潴蓄水，以防止水，以沟荡水，以遂均水，以列舍水，以浍写水，以涉扬其芟，作田。

这里所说的沟洫系统，就是把蓄水、排水和灌溉结合起来的一种水利工程。

厉王时器《微䜌鼎铭》载：“隹王廿又三年九月，王在宗周。王令微䜌䌛司九陂。”[①]《礼记·月令》：“毋漉陂池”，注云：“蓄水曰陂。”《诗·陈风·泽陂》：“彼泽之陂”，《传》云：“陂，泽障也。”《广雅·释地》：“陂，池也。”“司九陂”的“陂”，就是用堤堰筑成的蓄水池。“九陂”之“九”为言其多，九陂即众陂。“司九陂显然就是掌管水利工程的职官”[②]。

《小雅·黍苗》是描写宣王封申伯于谢（在今河南南阳附近），命召伯经营谢邑的诗篇。诗中说：“原隰既平，泉流既清。”《诗集传》解释说：“土治曰平，水治曰清。言召伯营谢邑，相其原隰之宜，通其水泉之利。”所谓“通其水泉之利”，自然主要是指引水灌溉而言。

除引水灌溉以外，还采用井灌。据《沣西发掘报告》，西周张家坡居住遗址发现西周早期和晚期的水井8处，井壁上都有对称的脚窝。有的水井中还有用过的木桶，显然是用于农业灌溉的，这就是古代所谓“井灌”[③]。河北磁县下潘汪西周文化遗址曾发现半地穴式房屋5座，同时发现灰坑242个，在房子附近分布了的灰坑，其中一般是作为垃圾及窑用，有些却是用于农业灌溉的土井[④]。

---

① 见郭沫若《两周金文辞大系图录考释》。

② 张亚初、刘雨：《西周金文官制研究》，中华书局1986年版，第11页。

③ 参看陈昌远：《周代井田制度简论》，《人文杂志》1982年增刊《先秦史论文集》。

④ 河北省文物管理处：《磁县下潘汪遗址发掘报告》，《考古学报》1975年第1期。

“对自然界的统治的规模，在工业中比在农业中大得多，直到今天，农业不但不能控制气候，还不得不受气候的控制。”[①] 在古代的生产力条件下，农业受气候的控制比今天还要大得多。泾渭流域和整个黄河流域一样，同属于大陆性的气候，一年之中，降雨量很不平衡，降水量一般都集中在七、八、九月，这一时期的降水量约占全年总降水量的50% ~70%[②]。旱起时，在缺乏水源的地区，人们只得祈求雨水的恩赐：

琴瑟击鼓，以御田祖，以祈甘雨，以介我稷黍。（《小雅·甫田》）

有渰萋萋，兴雨祁祁，雨我公田，遂及我私。(《小雅·大田》)

芃芃黍苗，阴雨膏之。(《小雅，黍苗》)

虽然关中等地区雨旸适时的时期不在少数，但亢旱与阴潦也曾多次发生，而且造成严重的灾害。其中，以西周末年厉、宣、幽、平诸王时期的旱灾最为突出，前后历时150余年之久；其中宣王时期的那一次由元年旱起，直至六年始雨，时间的亘长实为少见[③]。《大雅·云汉》叙述宣王时那次旱灾情况：“天降丧乱，饥馑荐臻（饥馑接连而来）”；“旱既大甚，蕴隆虫虫（热气很盛，似火薰蒸）”；“旱既大甚，涤涤山川（山川草木尽都枯干）；“旱既大甚，散无友纪（饥荒离乱，人们散漫而无法纪）”； “瞻卬昊天，曷惠其宁（何时赐我以安宁?）”。

第五节 畜牧业和渔猎

一、畜牧业

畜牧业是利用动物的生活机能，通过人工饲养、繁殖以取得畜产品的生产部门，是农业的组成部分之一。根据《诗经》等文献的记述，西周时期的畜牧业包括马、牛、羊、犬、豕、鸡、鹅、鸭等家畜家禽的饲养，而主要是马、

① 恩格斯：《反杜林论》，《马克思恩格斯选集》第3卷，第214页。

② 中国科学院黄河中游水土保持综合考察队编：《黄河中游的农业》，农业出版社。

③ 见蒙文通：《周秦少数民族研究》，《蒙文通文集》第2卷，巴蜀书社1993年版，第49~50页。

牛、羊、豕的饲养。畜牧业在西周社会经济中同样占有重要的地位。

西周王室，各诸侯国公室，各卿大夫贵族家族，以及部分独立的个体农民家庭等等经济单位，都或多或少地饲养家畜家禽。作为官府的王室和公室经营的畜牧业及其所拥有的马、牛、羊等牲畜的头数，在西周时期的畜牧经济中占了很大的比重。西周国家用于军事的马匹，用于运输的马、牛，用于祭祀的牲畜，以及王室、公室作为生活资料的畜禽，都来源于或部分来源于官府经营的畜牧业。各卿大夫家族亦饲养大量的牲畜。各农民家庭作为副业来饲养的家畜家禽，数量小。

西周王室、公室重视畜牧业的经营管理。《国语·周语上》载为宣王卿士的仲山父曰："古者"，"牧协职"。"牧"者，掌牧养牲畜之官。懿王时器《同簋铭》载：

隹（唯）十又二月初吉丁丑，王在宗周，各（格）于大庙。焚白（伯）右同立中廷，北卿（嚮）。王命同左右吴大父司昜（场）林吴（虞）牧，自淲东至于河（河），氒（厥）逆（朔）至于玄水。

据郭沫若《两周金文辞大系图录考释》："牧"，即《周礼》"牧人"、"牧师"之类。"淲"，殆即陕西之洛水，其流域约与河道平行而在其西，东南流入渭以达于河。"玄水"当即今之延水。此言"自洛东至于河，氒逆至于玄水"，正由玄、洛、河、渭天然形成一区域。而"王命同左右吴大父"所"司"者，便是这一区域的"场"、"林"、"虞"、"牧"。又懿王时器《免簠铭》载：

隹（唯）三月既生霸乙卯，王在周，令（命）免作司土，司奠還歠眔（暨）吴（虞）眔（暨）牧。

"司奠還歠眔吴眔牧"，与《同簋》"司场、林、虞、牧"同例，"奠還"系地与"自淲东"云云相当。"還"当读为"苑"。牧字原铭作䍩，误成攷字，以《同簋》文校之，知是笔误[1]。"作司土司歠眔吴眔牧"说明，"牧"应属"司土"，相当于"牧人"；《周语上》"牧协职"之"牧"，也是"牧人"的省称[2]。

① 郭沫若：《两周金文辞大系图录考释》。

② 张亚初、刘雨：《西周金文官制研究》，中华书局1986年版，第11页。

西周青铜器铭文的记录表明，当时还有“走马”职司的设置。“走马”即文献上的“趣马”，掌养马之官，《大鼎铭》“王召走马雁令取繇鴄卅二匹锡大”，可证[①]。“走马”或“趣马”地位有高低之分。《大鼎铭》中的“走马雁”、《走马休盘铭》中的“走马休”，在王之左右，地位较高。《小雅·十月之交》：“蹶维趣马，楀维师氏。”《大雅·云汉》：“趣马师氏。”《诗集传》：“趣马，掌马之官；师氏，掌以兵守王门者。”这里趣马与师氏并列，其地位与走马雁、走马休比较接近。又《师兑簋铭》载：

> 王乎（呼）内史尹册令（命）师兑：疋师龢父司左右走马、五邑走马。

在这里，师兑是走马之长，其下属有左走马、右走马和五邑走马。在《尚书·立政》中，“虎贲、缀衣、趣马、小尹、左右携仆、百司庶府”并列，此“趣马”的地位较低。《訚簋铭》中讲到的“楚走马”，其身份地位更低[②]。

在《周礼·地官司徒》中，有“牧人”、“牛人”、“充人”等职。牧人“掌牧六牲而阜蕃其物，以共祭祀之牲牷”。“六牲”谓马、牛、羊、豕、犬、鸡。牛人“掌养国之公牛以待国之政令”。“公犹官也。”[③]“公牛谓在官之牛，别于私家畜牧也。”[④]所谓“以待国之政令”者，即：“凡祭祀，共其享牛、求牛，以授职人而刍之。凡宾客之事，共其牢礼积善之牛；飨食、宾射，共其膳羞之牛；军事，共其槁牛。凡会同、军旅、行役，共其兵车之牛，与其牵徬，以载公任器。”（牛人职文）充人则专“掌祭祀之牲牷”。西周、春秋时期以车战为主，需要大量的马匹，因此官府特别重视畜牧业中的养马业。在《周礼·夏官·司马》中，“掌王马之政”的“校人”一职，机构庞大。此外还设有“趣马”、“巫马”、“牧师”、“廋人”、“圉师”、“圉人”等职，分别掌管有关养马的具体事项。又《夏官·司马》中有“羊人”，《秋官·司寇》中有“犬人”，《春官·宗伯》中有“鸡人”，分别掌管羊、犬、鸡的繁殖饲养。

---

① 郭沫若《两周金文辞大系图录考释》：繇读为鸨，《尔雅·释畜》“骊白杂毛鸨”。鴄当与犅同意，犅为特牛，则鴄当牡马。

② 参看张亚初、刘雨：《西周金文官制研究》，中华书局1986年版，第20~21页。

③ 郑玄注。

④ 孙诒让：《周礼正义》。

西周时期，官府畜牧业生产部门的劳动者亦多为奴隶。《国语·周语下》所述“堙替隶圉”的“圉”，即是养马奴隶，他们是因亡国亡族而沦为奴隶者。《左传·昭公七年》说：“马有圉，牛有牧。”杜预注：“养马曰圉，养牛曰牧。”此“圉”、“牧”亦为奴隶。《左传·哀公二年》所谓“人臣隶圉免”的“免”，即“焚丹书”，免除“人臣隶圉”的奴籍。上述《𢦏簋铭》所载被周天子当做财产来赏赐的“楚走马”，可能就是由养马奴隶担任的低贱之职。

饲养家畜家禽有畜舍和禽舍。《大雅·公刘》“执豕于牢”的“牢”，便是圈养家畜的畜舍。养马的马舍又称作“厩”。《小雅·鸳鸯》云：“乘马在厩，摧之秣之。”此“厩”即马厩（马舍、马棚）。“摧”，读作“莝”（错），铡草作饲料。“秣”，《毛传》：“粟也。”这里当是指草料，“摧之秣之”，就是把铡碎的草料喂马。《尚书·费誓》说：“鲁人三郊三遂，峙乃刍茭，无敢不多，汝则有大刑。”这里所说的“刍”、“茭”，也是喂牛马的草料。西周时期一般是用草料、粗料作马的饲料。

马、牛、羊的放牧，是在郊野水草丰盛的地区。《小雅·无羊》所谓“或降于阿，或饮于池”，正是这样的地方。西周时期未开垦的荒地尚多，可用作牧场的地方不少。《周礼·地官·载师》“以官田、牛田、赏田、牧田任远郊之地”，所谓“牛田”、“牧田”就是放牧牲畜的地区。

除王室和各诸侯国公室外，卿大夫一类贵族也经营畜牧业。《诗·小雅·无羊》篇云：

> 谁谓尔无羊？三百维群。谁谓尔无牛？九十其犉。尔羊来思，其角濈濈。尔牛来思，其耳湿湿。
>
> 或降于阿，或饮于池，或寝或讹。尔牧来思，何（荷）蓑何（荷）笠，或负其糇。三十维物，尔牲则具。
>
> 尔牧来思，以薪以蒸，以雌以雄。尔羊来思，矜矜兢兢，不骞不崩。麾之以肱，毕来既升。
>
> 牧人乃梦，众维鱼矣，旐维旟矣。大人占之：众维鱼矣，实维丰年；旐维旟矣，室家溱溱。

这首诗是描写奴隶主贵族畜牧牛羊的情况，反映出他们占有大量的牲畜，并有奴隶替他们放牧。“三百维群”是说以三百羊为一群，“九十其犉”的“犉”

为身长七尺的大牛，这二句言其牛羊数量之多。“三十维物”的“物”，指牛羊的毛色；“三十维物”是说牛羊毛色多种多样。“尔牧来思”的“牧”，指放牛羊的牧奴；“牧人乃梦”的“牧人”，官名，为拥有畜群的贵族（即诗中所说“室家溱溱”的“室家”）掌畜牧。牧奴们一年到头冒风雨，犯寒暑，“荷蓑荷笠”，“或负其餱”，除放牧牛羊外，还要兼做打柴草、猎野味的事，所谓“以薪以蒸，以雌以雄”。

周灭商后，《尚书·酒诰》所说“纯其艺黍稷”的殷民“肇牵车牛远服贾”之牛，当是他们自己所养。西周“国人”中的自由农民，即《尚书·费誓》中的“三郊”农民和《周礼·地官·司徒》中的“六乡”农民，亦养“六畜”。《周礼·地官》“小司徒”职文云：“乃颁比法于六乡之大夫，使各登其乡之众寡、六畜、车辇，辨其物，以岁时入其数，以施政教，行征令。”“闾师”职文云：“凡庶民不畜者，祭无牲。”

二、渔猎

西周时期，人们仍然在较大程度上依靠捕捉野生动物谋得生活资料，渔猎在当时社会经济生活中同样占有重要的地位。当时人们在渔猎活动中，已积累了较为丰富的经验，渔猎工具也多种多样。

当时河水中，鱼类资源丰富。例如岐周之漆水、沮水，便“潜有多鱼”，“有鳣有鲔，鲦、鲿、鰋、鲤”①。鳣，即鳇鱼。《尔雅·释鱼》郭璞注：“鳣，大鱼……肉黄，大者长二、三丈；今江东呼为黄鱼。”一说大鲤曰鳣。鲔，又名鲟黄鱼。鲦，又名白条鱼，体扁长，银白色。鲿，又名扬鱼，即黄颊鱼。鰋，鲇鱼。此外，《诗经》中提到的鱼类还有多种。

捕鱼主要用网和竹器之类的工具。《诗》云：

> 鱼丽于罶，鲿、鲨。君子有酒，旨且多。（《小雅·鱼丽》）
>
> 南有嘉鱼，烝然罩罩。……南有嘉鱼，烝然汕汕。（《小雅·南有嘉鱼》）
>
> 无逝我梁，无发我笱。（《小雅·小弁》）

① 《诗·周颂·潜》。

之子于钓，言纶之绳。其钓维何？维鲂及鲊。（《小雅·采绿》）

九罭之鱼，鳟、鲂。（《豳风·九罭》）[1]

"罶"，捕鱼的竹笼，又称"笱"，今名须笼；大口狭颈，腹大而长，无底，颈部有细竹的倒须，鱼可入而不能出。"罩"，是用细竹编成的圆圈形渔罩，是捕浅水鱼的渔具，相沿至今。"汕"，《毛传》："樔也"，郑笺："樔者，今之撩罟也"，俗称抄网。"罩罩"、"汕汕"，极言其多。"梁"，鱼梁。以土石筑坝，留有涵洞流水通鱼；因这种水坝专为捕鱼而设，故称鱼梁。朱熹《诗集传》："梁，堰石障水而空其中，以通鱼之往来者也；笱，以竹为器，而承梁之空以取鱼者也。""罭"，捕小鱼的细网；"九罭"，言其带囊之多。陆德明《毛诗音义》："今江南呼缨罟为百囊网也。"又《周颂·潜》"潜有多鱼"的"潜"，朱熹《诗集传》云："潜，槮也。盖积柴养鱼，使得藏隐避寒，因以薄围取之也。"至于《采绿》所说"之子于钓"的"钓"直到现在还是人们经常采用的一种捕鱼方法。

当时人们也用网捕捉野兔、野禽之类的动物。《小雅·鸳鸯》："鸳鸯于飞，毕之罗之。""毕"，捕鸟的小网，长柄。"罗"，罗网，是既可捕捉野禽又可捕捉野兔之类的网。当时人们经常采用的另一种捕鸟方法是"弋"。《大雅·桑柔》："如彼飞虫，时亦弋获。"《郑风·女曰鸡鸣》："将翱将翔，弋凫与雁。"郑笺："弋，缴射也。"《正义》："谓以绳系矢而射也。"《诗集传》："缴射，谓以生丝系矢而射也。"人们在狩猎活动中，"有时还使用猎犬。《小雅·巧言》："跃跃毚兔，遇犬获之。"郑笺："'遇犬'，犬之驯者，谓田犬也。"使用猎犬是捕捉小野兽的有效方法之一。

在当时的狩猎工具中，以弓矢最为重要。此外，车、马、戈、矛等也是狩猎的重要工具。《小雅·车攻》描写人们使用车马弓矢进行大规模狩猎活动的情景说：

田车既好，四牡孔阜。东有甫草，驾言行狩。之子于苗，选徒嚣嚣。建旐设旄，搏兽于敖。……决拾既佽，弓矢既调。射夫既同，助

① 高亨《诗经今注》：（《九罭》）"这首诗当作于西周国人暴动赶跑厉王的时候，或犬戎人侵杀死幽王，镐京正在大乱的时候"。

我举柴。四黄既驾，两骖不猗。不失其驰，舍矢如破。

“田车”，狩猎之车。“东有甫草”的“甫”，甫田的简称；甫田，也作圃田，湖泽名。一说：甫，大也，面积广大。“之子于苗”：“之子”，指负责狩猎之官；夏猎曰苗。“选徒”，经过选择的猎徒。“不失其驰，舍矢如破”，是说御者不失其驰驱之法，射者每发必中，御者、射者配合协调，技艺高超。又《小雅·吉日》说：“既张我弓，既挟我矢，发彼小豝，殪此大兕。”

主编简介

周自强　1932年生，四川合江人。1957年四川大学历史系毕业。历任中国科学院历史研究所先秦史研究室实习研究员、助理研究员，中国社会科学院历史研究所先秦史研究室副主任、主任、副研究员、研究员。先后参加《中国史稿》（郭沫若主编）第一册（初稿）及《昌黎县史》《凉山彝族奴隶社会》《郭沫若与中国史学》（合著，林甘泉、黄烈主编）等书编写。主要论著：《凉山彝族奴隶制研究》《论西周农业生产者的身份地位》《"初税亩"研究》《关于奴隶制社会形态的几个理论问题》等。

中国古代经济史断代研究

国家哲学社会科学重点科研课题

前无古人的学术贡献

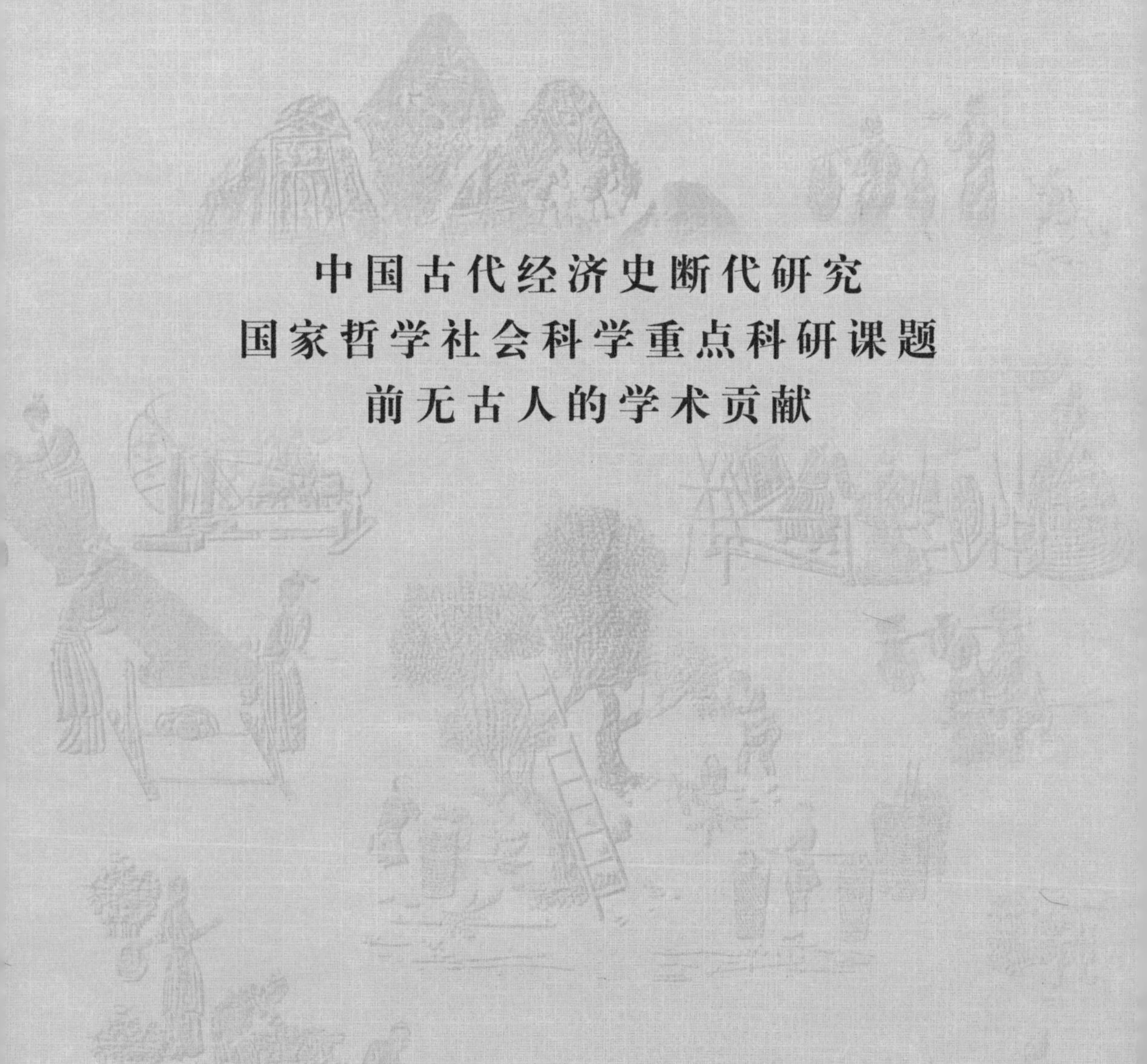

中國經濟通史

先秦（下）

周自强 主编

經濟日報出版社

目 录(下)

第三编 春 秋

第四编 战 国

第十六章　手工业

手工业生产是古代社会经济的重要组成部分，它的发展程度，往往成为衡量整个社会经济发展水平的标志。西周时期的青铜器铸造业仍像商代一样，是那个时代支柱性的产业，为其他手工业和农业生产提供相应的设备和生产工具，其本身又以丰富多彩的青铜器，体现出当时科学技术和文化艺术的最高水准。纺织、制陶、琢玉、木器、漆器、建筑等手工业产品，也有技术水平高超的杰作，甚至居世界领先地位，如丝织产品和古陶瓷等。诸种手工业产品，在呈现出西周时代手工业生产多样性的同时，也在很大程度上反映出社会生产发展的总体水平。

第一节　手工业生产的管理

成书于战国时期的《考工记》，在谈到前代手工业时说："国有六职，百工与居一焉。"进而把"六职"之一的"百工"分为三十余类，再加上《周礼·天官》中王室的缝人、染人、屦人等管辖的生产部门，可以说书中所列的手工业生产部门相当多。如果周代的手工业生产确实如此的话，那么社会生活中的各种产品都应与手工业者的劳动分不开。现在人们见到西周青铜器、丝麻织物、毛皮、玉石器、骨器、陶器、漆器、木器等生活用品和礼器，无一不是由相应的手工业生产部门制作出来的。上述产品不仅可以从出土的遗物、遗迹和金文及其他有关文献得到印证，而且考古发掘还为推断手工业作坊的规模提供了依据，如大面积的青铜器冶铸遗址在成周和周原都有发现，周原 6 万平方米的制骨遗址和数万斤废弃骨料及各种制作骨器工具的出土，更是前所未见的。

制作、烧制陶器的场所和窑址也屡屡发现，丝麻、皮革、木器、漆器痕迹的再现，几乎使今人见到了古代的实物。这些通过考古揭示的西周手工业生产遗迹和遗物，比《考工记》记载的内容更真实、形象、可靠。

我们主要根据考古资料，逐一对青铜冶铸、纺织和皮毛加工、制陶、骨器和玉器、木器和漆器等手工业进行考察分析，发现这些手工业生产门类既有王室、诸侯所有的大规模生产作坊，又有普通劳动者从事专业生产的迹象，或者还有农业生产者兼作手工业生产的可能。但只有王室、诸侯（或卿大夫）管辖的作坊资料比较丰富，所以我们将着重叙述这类手工业的管理。由下面第二节、第三节论述青铜器的铸造过程得知，铸造的程序相当复杂，关键性的工序就有制模、翻制外范和配制合金。这两项工作技术性和科学性极强，前者使器物造型美观实用，重要器物不失为完美的艺术品；后者要考虑到金属熔液充型的流动性和较小的收缩量，以保证器物的成形以及器物的适用性强度。因此从事这两项工作的人员必须是技术高超、熟练的工匠才能胜任。而这样的工匠需要长时间的培养、训练和积累经验，方能掌握塑形、雕刻花纹、翻范和配制合金的技能。品种多样的丝织品生产工序也不简单，缫丝、脱胶是利用熟丝的关键，穿综上机是进入纺织的中心环节，因为穿综的多少决定了织什么样的丝织品（平纹、斜纹或其他花纹，详见第七节），然后再对织物进行浸染、画染或刺绣，整个纺织过程都需要精巧、熟练的“妇工”和工匠来完成。木器和漆器的制作更是如此，仅就车而言，《考工记》分为制作轮（车轮）、舆（车厢）、辀（车辕）三个工种，若再加上金属和其他附件及装饰物，还得有铸工、皮革和漆工等，故古人说：“一器而工聚焉者，车为多。”[①] 这些手工业生产的复杂状况，不仅需要有代代相传的能工巧匠从事具体生产，而且因各项手工业内部分工必然要求有协调人员进行统一指挥和总结推广新技术，这就是各种手工业内部的生产管理者（即工头）。这种在生产第一线既懂技术又兼管理的人，有一些是来自殷王室手工业作坊的负责人，如洛阳冶铜遗址内发现的中型带墓道殷人墓主就应是这类人[②]。在这种人之上，王室、诸侯还任命有从事

① 《考工记·总叙》。

② 《洛阳北窑村西周遗址 1974 年度发掘简报》，《文物》1981 年第 7 期。

行政领导的官员，如制陶的官员称陶正[1]，负责领导造车的官员称车正[2]等等。金文中则有管理百工的总负责人，如：

蔡簋铭文："王若曰：蔡！昔先王既令汝作宰，司王家，今余唯申褱乃令……司百工，出入姜氏令。"[3]

伊簋铭文："王乎令尹封册命伊，䟒官司康宫王臣、妾、百工。"[4]

师毁簋铭文："白和父若曰：师毁！乃祖考又爵于我家……余令汝死（尸）我家，䟒司我西扁（偏）、东扁（偏）仆驭、百工、牧、臣、妾。"[5]

公臣簋铭文："虢仲令公臣：司朕百工。"[6]

铭文中的"王家"即指周王家族，伯和父、虢仲皆为诸侯，因而铭文说明王室、诸侯都开设有手工业作坊，并亲自任命官员"司百工"，管理"百工"进行生产。这种由官员领导，工匠头头负责组织各工种生产，技术工匠作骨干，普通工人充任繁重劳作的手工业生产体制，是继承了商代的管理办法，殷墟卜辞有"惠吕令司工。""王其令山［司］我工。"[7] 就是商王令名吕和山的人管理手工业工匠进行生产。此种管理形式发展成春秋战国时期的官营手工业产品身上开始出现物勒工名的制度。

在王室、诸侯手工业作坊里从事生产的工匠和普通工人的社会地位是怎样的呢？从上面征引的铭文可以看出，"百工"与没有人身自由的"臣妾"、"仆驭"、"牧"并列，故总体上他们没有摆脱被奴役的地位。但要具体分析"百工"的成员又不一样。那些以族长身份率族人加入"百工"行列的人相对地位较高，第一线组织生产的工匠和技术工匠骨干，也高于普通工人，社会地位最低下的是大量从事繁重体力劳动的"工"。灭商前的周人手工业工匠境况如何无从查考，但文献中偶见从商王室及其与国转到周王室和诸侯国的工匠待

① 参见《左传·襄公二十五年》。

② 参见《左传·定公元年》。

③ 《商周金文集成》4340。

④ 见《三代吉金文存》9·20·2。

⑤ 《集成》4311。

⑥ 《陕西金文汇编》上731，三秦出版社1980年版。

⑦ 《甲骨文合集》5628正，3096。

遇，如周公在向卫康叔解释戒酒令时说："又惟之迪诸臣惟工，乃湎于酒，勿庸杀之，姑惟教之。"① 这里的"工"旧注解为："工，官也。"未必妥当，实际上应包括技术工匠在内，即使是工官，也不是掌握生产全局的领导者，而是站在生产第一线作组织协调工作的工官。那么这句话的意思是说殷商旧臣中的工官和工匠若过分饮酒，不要杀掉他们，只需进行教育就行了。明显地表明周的统治者款待原商王国的工官和技术工匠，以便调动其生产积极性为新主人效力。这类殷人及其后裔的墓葬在洛阳冶铸遗址发现不少，不论大型或中型墓，都按殷人的习俗葬埋（如有腰坑），且有随葬品。故可根据上引金文、文献和考古资料作这样的推断，在王室和诸侯国内的原商王室及其与国的手工业者的社会地位有高下之分，有的人仍保留贵族等级，那些技术工匠仍有相对的自由身份，而大多数则处在工奴地位。

百工是以自己的技术从事生产劳动，但必须按着统治者的意志、要求制作贵族使用的奢侈品和生活日用品，还要供应战争需要的武器和车辆等，绝对没有自己选择生产何种手工业产品的权力。这样的百工当然是在官府管辖下的，应当就是古人所说的"工商食官"② 之工。韦昭注云："食官，官禀也。"即吃官饭的。为什么要让这些人吃官饭呢？原因之一是古代生产不很发达，而统治者又要控制重要的生产物资，必然要把手工业工匠掌握在官府手里，使他们世代为统治者效劳。这种"垄断"发展手工业生产的制度，在当时却起了一定的积极作用，那就是在生产设备简陋的条件下，可以保障技术的传承。孙诒让在《考工记》的"巧者述之，守之世，谓之工。"下《疏》云："'巧者述之'者，《说文·辵部》云：'述，循也。'谓循故法而增修之。"又引"《国语·齐语》云：'今夫工，群萃而州处，审其四时，辨其工苦，权节其用，论比协材，旦莫从事，施于四方，以饬其子弟，相语以事，相示以巧，相陈以功，少而习焉，其心安焉，不见异物而迁焉。是故其父兄之教，不肃而成，其子弟之学，不劳而能，夫是故工之子恒为工。'《荀子·儒效篇》云'工匠之子，莫不继事。'即世守之事也。"这段引文把周代工匠父子相承学艺的好处分析得

① 见《尚书·酒诰》。
② 见《国语·晋语四》。

透彻明白，教者耐心无保留，学者潜移默化，在较为轻松的生活气氛中学到技艺，因而可将世代积累的技术绝活传授下来，并且会在实践中有所发展。所以在社会制度没有变革的情况下，统治者是不肯放弃“工商食官”制度的。

西周时期手工业生产比商代又有新进展，就其社会原因而论，主要有两点：

1. 安定的社会环境　武王灭商后，周公经过短暂的征战，平定三监和东夷的叛周活动，基本铲除了中原地区的战乱祸根，并立即实行大分封，“选建明德，以藩屏周”[①]。这项巩固政权的战略措施，在更广大的区域内建立起以周天子为宗主的统治网，使黄河中下游、济水流域和淮河中上游，乃至汉水流域很快都置于周王朝的统治之下。与此同时，周公东征大军的震慑威力远播边陲，成康时期周边民族纷纷朝周，北方的肃慎、南方的越裳、江南的於越、西方的离戎纷纷来朝[②]，故成王时在成周大会天下诸侯[③]，还从戎族中分化出部分亲周势力安插在王畿西部[④]，便于促进与远方戎族的沟通与联络，因而周初边境较为安宁。春秋时周人总结说“昔武王克殷，成王靖四方，康王息民，并建母弟，以藩屏周”[⑤]，达到“成康之际，天下安宁，刑措四十余年不用”[⑥]大好局面。这样的大气候，自然为生产的发展创造一个和平的环境。与周边民族关系融洽，王朝短缺的手工业原料可以源源不断输往成周、丰镐和重要诸侯国都，保障青铜铸造等手工业的迅速发展。

2. 确立发展生产的政策　灭商后周人发展生产的积极性不成问题，但失去国家的殷人的生产热情显然受到影响，如何调动这部分人投身到生产中去，是统治者必须解决的重要问题之一。周公是解决这一难题的政治家，他把殷顽民迁到成周，带有军事看管性质，同时用软的一手消弭其反抗情绪，即分给他们田宅，号召他们安家后努力发展农牧业生产，允诺秉承周王朝意志的多士可

---

① 《左传·定公四年》。
② 《史记·周本记》《竹书纪年》。
③ 《逸周书·王会解》。
④ 考古发现和金文证明王畿西部有异姓侯王：𢐗王、夨王、㢠伯。
⑤ 《左传·昭公二十六年》。
⑥ 古本《竹书纪年·周纪》。

以提拔到王室做官[①]。这样的政策既安抚了殷顽民，又引导他们把精力投到发展生产上去，当然是一举两得的高明策略。对于殷王畿内的遗民也不是一味高压，而是刚柔并济，《酒诰》中有一段名言："妹土，嗣尔股肱，纯其艺黍稷，奔走事厥考厥长。肇牵牛车远服贾，用孝养厥父母。厥父母庆，自洗腆，致用酒。"周公劝诱殷都遗民，在种好庄稼之余，多为父兄、官长奔走效力；获得丰收后，赶着牛车到远方从事贸易，赚了钱孝养父母，父母定会在你们回家后备酒食庆贺。在不改变强令殷人禁酒的大前提下，又有适当的灵活性，在劝戒时把发展生产的大目标注入其中，还可转移殷遗民的消极抵触情绪，表现出周公高超的政治手腕。对其他诸侯国内的殷遗民大体也如此，把原有贵族首领吸收到政权中来，广大民众不改变其生活习俗，继续从事各项生产活动。这一点既有文献为据[②]，又有考古发掘的验证，在燕国都城和鲁国故城发掘的墓葬中表现出来，殷人保留有自己的族氏组织和埋葬习俗[③]，金文里记载殷贵族充当燕国和宗周间的使者也屡见不鲜[④]。这种政策的实施，在王畿和各主要诸侯国内生产力没有遭到破坏，很大程度上被征服者的生产热情又被调动起来了。农牧业生产的恢复和发展，为手工业生产提供原料和其他剩余农产品，使手工业发展有了牢固的基础。

3. 手工业发展的自身原因　有了和平、安定的环境和发展手工业的基础，若没有社会需求，手工业也是发展不起来的。周人及其同盟者成为战胜者、国家主人，各级贵族面对众多的战利品，只能满足于一时，"分殷之器物"[⑤]仅仅是少数参战的大贵族得到几件青铜器和宝玉，更多的贵族只有翘首以盼。周公东征后，把贵族的愿望变为现实，他把各种手工业者留在王室和重要诸侯国内，使百工继续从事青铜器、玉器、丝织、漆器等奢侈品和一般生活用品的生产，满足日益扩大的各级贵族的需求。周公对百工实行较为宽松、调动其生产积极性的政策，正是适应这一手工业生产发展的需要，这就从社会需求和生产

---

① 参见《尚书·多士》和《多方》。

② 见《左传·定公四年》杜《注》"启以商政"等。

③ 见《琉璃河西周燕国墓地》文物出版社，1995 年；《曲阜鲁故城》齐鲁书社，1982 年。

④ 见堇鼎，载《琉璃河西周燕国墓地》图七二。

⑤ 见《史记·周本纪》。

者素质两个方面具备了手工业生产自身发展的条件，因而周初的手工业生产很快得到恢复和发展。

第二节　青铜冶铸业（上）

我国手工业生产发展的历史表明，每个历史时期都有一两项产品代表那个时代生产技术的发展水平。奴隶制时代，众多手工业产品中的佼佼者是青铜器。那些形态优美、制作精良的青铜器至今仍放射着异彩，令世人叹为观止。奴隶制经济繁荣的西周，制作青铜器的铸造业尤为发达，各种产品在社会生产和社会生活的诸多方面发挥着重要作用。

一、青铜器的种类

冶铸业的产品种类繁多，按其用途不同，大体可以分为三大类：（1）青铜制作的生产工具比商代使用得更为广泛，直接推动和促进了农业和手工业生产的发展。（2）青铜礼器（炊器、食器、酒器和乐器等）的时代色彩更浓，成为当时奴隶主贵族政治生活的重要物质表现形式。使用不同规格和数量的礼器，既是贵族等级身份高低的标志，又是他们举行祭典、宴飨、婚媾和社交活动隆重程度的体现，因而青铜器名副其实地成了周代礼制物化的载体。这种载体的社会功能在青铜器铭文中有明确的记载。首先，是有众多标名贵族等级身份的礼器，㝬簋、康侯鼎、燕侯盂、微伯鬲、北子鼎[①]的作器者分别自称王、侯、伯、子等名号，表明他们是不同等级的统治者；其次，是为祭祀祈福而铸的礼器更多，宗周钟、舀壶、善鼎、不𡢁簋、士父钟等[②]都是祭典祖妣、考妣并希求他们降福于子孙后代的祭器；再者，是为宴飨而铸的器皿也不少，令簋、小子生尊、麦方鼎、□兽鼎、命簋、卫鼎、麦盉等[③]。铭文自身言明是宴

---

① 分别参见《陕西金文汇编》上 419；《三代吉金文存》3. 3. 3；《殷周金文集成》1030；《陕西金文汇编》上 180；《商周金文集成》1719。

② 分别参见《商周金文集成》260；9728，2820，4328，145～148。

③ 分别参见《三代吉金文存》9. 26. 2；《西清古鉴》甲 8・43；《商周金文集成》2706；《三代吉金文存》3. 51. 3；6. 45. 2；8. 31. 1；4. 15. 2；14. 11. 4。

飨亲朋使者的食器；另外，嫁女娶妇的铸器也是礼器的重要部分，贵族对这类器物也相当重视，从周王到诸侯、卿大夫、士都是此类器物的积极铸制者①，有的器物铭文还郑重提出要“用享于其姑公”②，直接把周代礼制思想的一个侧面铸在媵器上让妇女遵守。上述礼器的用途不是绝对的，有些器物可能肩负两种以上职能，如杜伯盨铭文就包含着祭祀祖先和宴飨朋友两种用途③。青铜铸造业的另一项任务就是铸造兵器和车马器。这类产品主要用于国防建设和保卫政权，因而它的消耗量相当大。其中也有小部分特殊用途的兵器是王权、君权或军事指挥权的标志物，以及仪仗用品。这些制作精良的兵器或杖首等，也应列入礼器的范围。

各类青铜器的用途如此广泛和重要，几乎充斥统治阶级社会生活的各个方面，自然它就成了各级奴隶主贵族追求的产品。他们凭借政权的力量，集中铸造青铜器的工匠，继承和吸收前朝的冶铸经验，创造出凝聚当时最高科技水准和思想文化于一身的一批批青铜器精品，形象具体地反映出周代手工业发展水平和高度文明的奴隶社会景象，从这个意义上讲，青铜冶铸业称得上是当时尖端的手工业生产部门。

冶铸业的蓬勃发展　武王灭商前，周人青铜冶铸业已具有一定的发展水平和规模。但是，文王“作邑于丰”之前的墓葬虽有数百座之多，而真正以青铜礼器随葬的很少，表明武王灭商前青铜冶铸业的成就与殷商高度发达的青铜手工业相比，还有相当大的差距。

牧野之战后，武王不仅掠走了商王朝的全部青铜礼器，用以“封诸侯，班赐宗彝，作‘分殷之器物’”④，而且全盘接收了青铜冶铸业的工匠，大部分被迁往宗周和成周，迅速在东西两地建立起相应的手工业生产部门，置于王室的控制之下。历史上关中和洛阳地区出土的大量青铜器就是这一措施的最好见证。文献记载，汉、晋、唐、宋时期就有青铜器发现⑤，清代在关中出过大丰

---

① 见《陕西金文汇编》上645；上129；《三代吉金文存》5.41.1。

② 见《陕西金文汇编》上356～361。

③ 参见《三代吉金文存》10.40.2。

④ 《史记·周本纪》。

⑤ 见《汉书·郊祀志》（下）《晋书·五行志》（下）《玉海》《考古图》《博古图》等。

簋（天亡簋）、盂鼎、毛公鼎、散氏盘①等著名铜器或器组。近现代这两地出土的青铜器更多，20 世纪 20 年代洛阳有辰臣器组、矢令器组、士卿器组等上百件铜器发于邙山马坡②，军阀在宝鸡也盗掘过大批青铜器③。近四十余年关中发现有铭文的铜器已达七百余件，各种青铜器不少于三千件④，洛阳的西周墓葬也出土数量可观的青铜器⑤。近年在洛阳、西安、周原勘察或发掘出大面积的铸铜遗址，洛阳北窑的遗址占地十余万平方米，发掘出与制作陶范和铸铜有关的房基址三座，还在庞大柱基遗址的窖穴中出土大型熔炉和器物范若干，证明这是一处规模宏大的铸造作坊⑥。这个作坊主要是为王室和公卿大夫铸造铜器的，凡在成周受王赏赐的诸侯、大臣往往就地铸铜器纪念，如西周前期的士卿尊、卿方鼎、㲾鼎、小臣单觯、盂爵、格伯簋、鸣弔簋等⑦，上面的铭文载明在成周受赐而铸器。这处铸铜作坊的职能，直到西周晚期仍未改变。虢仲盨铭文有"在成周作旅盨，兹盨双十又二"⑧，伯宽父盨铭文为"在成周伯宽父作宝盨"⑨，叔専父也在成周"作奠季钟六，金隮，盨四，鼎七"⑩ 等等，说明成周的冶铸生产一直很兴旺发达。周初这里还是东方诸侯国武器供应基地之一，铸有"新邑"和"成周"字样的戈不断在燕、卫等国所在地被发现就是证明⑪。位于西安沣河西岸的宗周，早年遭到严重破坏⑫，故未发现大面积

① 参见武树善：《陕西金石志》、柯昌济《金文分域编》等。

② 陈梦家：《西周铜器断代》（二），载《考古学报》第 10 册。

③ 高次若、刘明科：《党玉琨盗掘斗鸡台文物始末》，载《中国文物报》1990 年 8 月 2 日、9 日、16 日。

④《陕西金文汇编·序言》。

⑤《洛阳北瑶村西周墓清理记》，载《考古》1972 年第 2 期；《洛阳庞家沟五座西周墓葬的清理》，载《文物》1972 年第 2 期。

⑥《洛阳北窑村西周遗址 1974 年度发掘简报》，载《文物》1981 年第 7 期；《1974～1979 年洛阳北窑村西周铸铜遗址的发掘》，载《文物》1983 年第 5 期。

⑦ 分别参见《三代吉金文存》11. 32. 7；《西清古鉴》（甲）1. 36；《上海博物馆藏青铜器》27；《三代吉金文存》3. 47. 3；14. 55. 5；16. 41. 3；9. 14. 1；《文物》1986 年第 1 期。

⑧《三代吉金文存》10. 37. 2。

⑨《陕西金文汇编》上 411。

⑩《陕西金文汇编》上 443。

⑪ 参见郭宝钧：《浚县辛村》；《北京琉璃河 1193 号大墓发掘简报》，载《考古》1990 年第 1 期；《岐山县博物馆近年来征集的商周青铜器》，载《考古与文物》1984 年第 5 期。

⑫ 陈直：《三辅黄图校证·池沼》，陕西人民出版社 1980 年版。

的冶铜遗址，只有面积不大的铸造场所，且有车马器一类陶范伴出①。值得庆幸的是在宗周受赐而铸器的铭文甚多，如那些铭文篇幅长，铸造精美的大克鼎、趞鼎、善鼎、大盂鼎等②，很可能都是这里铸造的。周原探查出规模相当大的铸铜遗址（扶风县齐家北），自汉代以来在约15平方公里的范围内，已出土的西周铜器就有1000件之多③，足见周原也有一处王室掌管的铸铜手工业生产基地。

继王室之后，许多诸侯国也相继建立起手工业生产部门，东方的大国齐、鲁、晋、燕、卫等国的铸铜作坊早已被考古发现所证实，就连那些周人建立或支持的小国也陆续形成了一定规模的冶铸生产能力，如山东的滕、莱（釐），河北的邢（井），河南的应、邓、若、申，江苏的吴④等国所在地都出土了数量可观的青铜器。关中西部过去已有一些小国的青铜器面世，近年这一地带和甘肃东部的考古收获更是前所未见，著名的強国墓地出土青铜器数百件⑤，泾、隰古国的铜器在甘肃灵台破土而出⑥。与此同时，边远地区的青铜冶铸业也在不同程度上有了提高和发展。由此可见，西周时期王室和诸侯国的冶铸业的生产状况同王朝的建立一样，迅速地得到发展，很快在周人统治及其影响的范围内扩展开来，形成了以王室生产为主，诸侯国为辅的生产体系。

西周前期这种青铜冶铸体系在金文中有所反映，从周王、诸侯到卿大夫，经常赏赐臣下的物品中体现出来。金文中把铜称作金，或用两个圆点表示铜块，如记载周王赏赐朝臣的铭文："王锡金百寽"（禽簋）、王锡"有事利金"（利簋）、王锡侯金（作册折尊）、王"锡师艅金"（师艅尊）、"王锡𦉢姛进金"（𦉢姛鼎）、"休王锡效父："三"（效父簋）、"王锡蚰高二"（蚰高卣）等⑦。诸侯卿大夫赐金下属的例证也很多，如匽"侯锡害贝金"（害鼎）、井侯

① 《沣西发掘报告》，文物出版社1962年版，第78页。

② 见《三代吉金文存》4.40；4.33.2；4.36.2；4.42~4.43。

③ 陈全方：《周原与周文化》第14页，上海人民出版社1988年版。

④ 《文物考古工作三十年》和《文物考古工作十年》有关省的西周部分。

⑤ 卢连成、胡智生：《宝鸡強国墓地》，文物出版社1988年版。

⑥ 《甘肃灵台白草坡西周墓》，载《考古学报》1977年第2期。

⑦ 依次参见《三代吉金文存》6.50.1；《陕西金文汇编》上363；上558；《考古图》4.17；《陕西金文汇编》补.9；《三代吉金文存》6.46.3；13.30.1。

"锡麦金"（麦方盉）、侯赐遇金（遇甗）等[1]。这些铭文表明周王、诸侯和卿大夫掌握着大量铜原料，当然生产青铜器的作坊也非他们莫属。分布于王朝各地的不同等级官营铸铜作坊的设立和发展，无疑大大超过了殷商时代，成为我国青铜冶铸业最繁荣的发展阶段。

二、礼器的演变

在200余年的时间里，冶铸业的成长过程，主要表现在青铜礼器的发展变化上。学者一般把这个时期的铜器分为早、中、晚三个发展阶段，我们可以分别名之为继承发展期，创造发明期和简化转变期。当然，三个时期的划分不是绝对的，两期之间有一个过渡阶段，但每期的铜器发展主流是清楚的。这三期的划分不单表现在器物种类、形制和纹饰的变化上，而且与周代礼乐制度的发展密切相关，下面作简略介绍。

西周早期青铜器的种类、形制、花纹大体都继承商代晚期的风格，器物组合中的炊具、食器与酒器并重。炊食器类主要是鼎、鬲、甗和簋，酒器类中的饮具有爵、觚、角，盛器为壶、卣、尊、觯、罍、盉、方彝等。显然，酒器的种类大大超过炊食器类，当是沿袭殷贵族生活习俗所致，同时也可以看到周初禁酒令在物质文化上反映并不明显。器物形制也多模仿商代晚期的造型，这是周初很多器物难与商器区分的原因之一。青铜器上的装饰花纹依然是绮丽繁缛，以各种形式的饕餮纹居多，其次为夔纹、鸟纹、蝉纹、蛇纹等动物纹样，还有几何形的云雷纹、圆涡纹、四叶纹、蕉叶纹、目雷纹等。以饕餮为主体花纹的装饰往往还配以扉棱，并以云雷纹衬地，而且在同一器物上不同花纹交错使用，既有多层次和绚丽多姿的效果，又表现出庄重威严的神态，仍未脱离晚殷时代那种浓厚的神秘色彩。当然，这种继承并非全盘抄袭，其中明显地注入了周人的思想文化因素，显著的特点是器物铭文出现加长的趋势。尽管十字以下的短铭还为数不少，但百字以上的长篇更具有时代特点，如成王时的何尊122字，康王时的大盂鼎293字，小盂鼎293余字，昭王时的作册令彝百八十

① 分别见《商周金文集成》2749；《三代吉金文存》14. 11. 4；5. 12. 2。

五字[①]。长铭一般都是宣扬周王、祖先，或作器者的功德、文治武功，用以垂训子孙后代，贯穿的正是周人强调的思想文化内容。这个时期在青铜器铸造上，吸收南方越人的优秀文化[②]，创造出用以奏乐的钟，宝鸡竹园沟发现康昭之际的编钟一肆三件[③]，它是我国目前最古老的编钟之一。

穆王以后，青铜器的发展进入了一个新的时期，各种器物的消长发生显著变化，早期食器、酒器并重的格局消失，食器和水器在器物组合中的比重增大，乐器倍受重视（详见下文）。器物形制也有明显变化，如鼎由腹壁近直变为鼓腹或垂腹；器物的圈足变矮，最明显的是尊，由早期的三段式演变为矮体垂腹式；壶、卣、簋等也有类似的演变[④]。这个时期的饕餮纹一改过去那种神秘莫测的风格，变为“被分解和图案化”的式样[⑤]；鸟纹极为流行，已从器物的辅助画面升为主体花纹[⑥]；更重要的是涌现出一批新的花纹品种，诸如窃曲纹、瓦纹、环带纹、重环纹等[⑦]，开铜器花纹装饰的一代新风。青铜器这些变化脱去了殷代器物遗风，形成了周人创造的新风格，因而可以称作创造发明时期。这个时期铜器铭文格式大体已程式化，字体也由雄浑潇洒转为整齐紧凑，同时策命铭文增多，反映出周代礼仪制度逐渐完善，并在社会生活中发挥着重要作用。

历王以后青铜器明显地呈现衰落趋势，像㝬簋、大小克鼎、毛公鼎、兮甲盘等[⑧]那样铸造精湛、造型凝重，铭文内容充实、字体秀丽、语句优美的铜器为数有限，大多数器物只注重实用效果，不再见古朴典雅的气质。构图复杂的纹饰已属凤毛麟角，普遍流行前期产生的窃曲纹、重环纹、垂鳞纹、环带纹、瓦纹等制作工艺简便的花纹。铭文套语连篇，字体多笨拙柔弱，毫无笔势，加

① 参见《陕西金文汇编》上562；《三代吉金文存》4.42.1；4.44.1；6.56.2~6.57。

② 高至喜：《中国南方出土商周铜铙概论》，载《湖南考古辑刊》(2)。

③ 《宝鸡㢟国墓地·竹园沟七号墓》。

④ 参见《长安普渡村西周墓的发掘》，载《考古学报》1957年第1期；《陕西扶风齐家西周十九号墓》，载《文物》1979年第11期。

⑤ 李学勤主编《美术全集》（四）序，文物出版社1985年版。

⑥ 参见郭伯簋，见《西周铜器断代》（四）；邢季卣，见《商周彝器通考》图六六〇。

⑦ 参见《长安普渡村西周墓的发掘》，载《考古学报》1957年第1期。

⑧ 分别参见《陕西出土商周青铜器》（三），138，文物出版社；《上海博物馆藏青铜器》47、48；《故宫铜器图录》（下）83~85；《商周彝器通考》图839；《三代吉金文存》17.20.1。

之制作粗糙，质量低劣，徒具虚名的明器增多，有的仅浑铸成某种器物的形状，盖、器根本不能开启①。不过前期之末出现的簠、盨和钟的数量普遍增多②。

发展原因　西周冶铸业的发展与社会发展变化是同步的，周“革殷”命③，推翻商王朝，建立起姬姓王朝，而青铜器手工业是新王朝发展扩建的重要生产部门。武王“颁赐宗彝”使诸侯和贵族获得渴望已久的“宝器”，但不能源源不断地供应他们的需求，只有建立起自己的手工业作坊，才能适应这种供求关系。二次伐商灭武庚提供了这一良机，商王朝彻底被粉碎，它的冶铸工匠被瓜分，大部分迁往成周、丰镐等地，充实了周王室的铸铜作坊，《酒诰》中允许优待殷人工匠的许诺，主要当指这部分身怀绝技的工匠而言。近年洛阳发现的冶铸遗址内，殷人葬俗的墓葬和效仿晚殷青铜器风格陶范的出土④，证实成周确有大批殷人冶铸工匠，统治者对他们采取宽容的政策，发挥其特长，为新主人效力，他们轻车熟路的技艺，自然是制作殷人风格的青铜器。毫无疑问，这是周初统治者得以继承殷代的生产技术成果，并在新形势下继续发展和创新的物质基础。当然，这种继承及时又不间断地满足了统治者对青铜器骤然膨胀起来的追求。殷人的嗜酒之风侵染了上层统治者，尽管周公颁布了禁酒令⑤，也未能阻止来自东方生活习俗的影响，故周初青铜器不仅具备殷代特征，而且器物种类也大体相同，礼器中酒器数量之多与殷人毫无二致。周文化的注入，又反映出周人制礼作乐思想融入其中。这就是周初冶铸业继承和发展殷代青铜器的原因所在。

政治上受周人统治的殷人工匠，最初沿着传统技艺发挥着他们的专长，但当时处于主导地位的周人文化思想，必然随着时间的推移影响到一代又一代的

---

① 《曲阜鲁故城》乙 M49：48 的壶；又《河南新郑县唐户两周墓葬发掘简报》的 M9：8 簠，载《文物资料丛刊》(2)，文物出版社。

② 《平顶山应国墓地的发掘》，载《华夏考古》1992 年第 3 期；《三门峡上村岭虢国墓地 M2001 发掘简报》，载《华夏考古》1992 年第 3 期。

③ 见《史记·周本纪》。

④ 《洛阳北窑村西周遗址 1974 年度发掘简报》，载《文物》1981 年第 7 期。

⑤ 见《尚书·酒诰》，大盂鼎铭文亦有“𫹉酒无敢酣”和“殷正百辟，率肄于酒，故丧师”的训诫。

审美意识，因而在不断推出的产品中，逐渐打上了周文化的印迹。周初更多地体现在器物铭文里，注入周文化的因素，到穆王时期，青铜器完全以新的面貌面世，从器物形制、纹饰到文字风格和铭文内容等，都体现出周文化持有的气质。这时周人重礼崇文的风尚赋予青铜器新的文化内涵，最突出的特点如下：

（1）钟鼎之器真正成为礼乐制度的象征，列鼎（文献称“正鼎”）和编钟作为一种区别等级的制度确定下来。贵族地位高低的分界线以使用鼎簋的数量作标志，宝鸡茹家庄穆王时代的弶伯墓以八鼎、五簋、四豆表示显赫的侯伯地位[①]，等级略低的长由墓则用五鼎、二簋随葬[②]。昭穆之际出现的编钟，很快就受到贵族的重视，弶伯和长由还只有三件编钟，到共王以后，一些身份不很高的贵族纷纷为自己铸钟，而且编钟数量增加，懿孝时期㾂钟大小十四件[③]，稍后的中义父钟和柞钟每套八件[④]，表明钟在礼器中的地位直线上升。此时，食器、乐器和水器之合，在礼器组合中占绝对优势，而酒器逐渐走向消亡。这一变化，才真正体现出周人禁酒和推崇礼乐的社会效果。

（2）青铜器纹饰发生的显著变化已如前述，这里着重谈谈纹饰由繁变简的趋势在生产上的意义和凤鸟纹特别发达的历史背景。纹饰趋于简化带来的好处是铸铜模范的制作简化了工艺，易于脱模，使铸器成品率提高，有利于在更大范围内推广。这一时期，不仅王室和诸侯国经营的冶铸手工业的规模在扩大，而且许多小诸侯国的青铜手工业也得到进一步发展，诸多诸侯国青铜器的出土就是最好的见证[⑤]。然而，最集中体现这种发展状况的是宗周和周原，这两地近年来发现西周中期的青铜器特别多，既有王室的重器，又有卿大夫的成

① 《宝鸡弶国墓地·茹家庄一号墓》。

② 《青铜器图释》图二八至三五，文物出版社1960年版。

③ 《陕西出土商周青铜器》（二），第54~74页。

④ 《陕西出土商周青铜器》（二），第124~162页。

⑤ 《河南平顶山市出土西周应国青铜器》，载《文物》1984年第12期；《山东莱阳县出土己国铜器》，载《文物》1983年第12期；《山西芮城柴村出土西周铜器》，载《考古》1989年第10期；《山西洪洞永凝堡西周墓葬》，载《文物》1981年第2期。

组器物出土[1]，而且精品甚多，所以谓之为创造发明期。值得重视的是穆王时期凤鸟纹出奇的发达，至今还是个奥秘。这位“世法文武之迹以成其名”[2] 的周天子，积极进取开拓之志不减，《穆天子传》说他巡行天下，在周游中无疑会汲取周围方国部族的文化精华，那种垂冠似孔雀开屏的大鸟本非周王朝疆域所有，因而它可能蕴含着远方的文化信息，藉以丰富和发展周人的思想文化。

（3）铭文的变化与礼制的完善也密切相关。这个时期的铜器铭文形式上字体工整规范，格式化倾向明显，虽然套语增多，但它是研究西周礼制最珍贵的资料，诸如册命制度和射礼等多盛行于穆王以后[3]，由此可见，青铜器上反映的西周中期文化内涵的演进，使我们认识到青铜铸造业的发展与周人思想文化逐渐在多方面创新是分不开的。

（4）西周晚期青铜器的衰落，是当时社会衰败的直接反映，厉王好利而虐国人，导致社会动荡，边患不断[4]，影响了社会经济的发展。力图重振成康之业的宣王，东征西讨[5]，也未能使王朝真正中兴，其子幽王荒淫无能，社会矛盾和统治阶级内部纷争加剧[6]，内外交困，国力直线下降，王权威信动摇。这种社会全面衰退的现象在冶铸手工业产品上留下了深深的印迹，那种统治者之间的上下欺诈行为，也移植到了产品的生产中，一方面如郭沫若所说：“一些管理工奴的工官偷工减料以敷衍上方，而把工奴的剩余劳动榨取出来，作低级物品的生产，以换取当时新起的地主阶层（本来的农官）的米谷，于是二者之间便大做其生意。所谓‘如贾三倍，君子是识’，所说的便是这回事。献

---

① 《长安普渡村西周墓的发掘》，载《考古学报》1957 年第 1 期；《长安普渡村西周墓发掘记》，载《考古学报》1954 年第 8 册；《陕西长安张家坡 M170 号井叔墓发掘简报》，载《考古》1990 年第 6 期；《陕西扶风齐家十九号西周墓》，载《文物》1979 年第 11 期；《陕西扶风出土西周伯㺇诸器》，载《文物》1976 年第 6 期；郭沫若：《盠器铭考释》，载《考古学报》1957 年第 2 期；《岐山贺家村出土西周铜器》，载《文物》1972 年第 6 期。

② 《管子·小匡》。

③ 有关册命制度铭文见趞鼎，载《三代吉金文存》4. 33. 2；免簋，载《三代吉金文存》9. 12. 2；善鼎，载《三代吉金文存》4. 36. 2；有关射礼铭文见静簋，载《三代吉金文存》6. 55. 2；长甶盉，载《陕西金文汇编》上 647；义盉，载《考古》1986 年第 11 期；十五年趞曹鼎，载《三代吉金文存》4. 25. 1。

④ 《国语·周语上》。

⑤ 南淮夷大反，断绝了部分经济来源，见㝬钟，载《三代吉金文存》1. 65 ~ 1. 66. 1。

⑥ 见《史记·周本纪》。

给上层的器皿，既是奉行故事，偷工减料的东西，故在器皿上所表现着的便是堕落的痕迹。”① 另一方面是实用器的制作趋于简化和明器的使用，揭示出人们改变过去那种人鬼并重的观念，更侧重关心自身的物质利益，也就是说经济发展的内在原因在起作用。

以上叙述说明，西周时期青铜冶铸业的兴旺、发达和衰落，是与王朝的建立、巩固、开拓和危机分不开的。王朝兴盛时的政治形势稳定和对旧王朝工匠的宽松政策，为冶铸业的扩建和发展创造了良好条件，同时也为创新奠定了坚实的组织基础和技术条件。而周代社会制度的确立和发展，则把青铜器铸造业推向发展的巅峰，成为当时最高科学技术成果的代表。西周中晚期，王朝不断发生政治思想危机，经济发展受到制约。这种社会现实在青铜冶铸业上的反映，就是青铜器呈现衰落的大趋势。总之，这项重要的手工业生产部门，始终与王朝的兴衰密切地联系在一起。

第三节　青铜冶铸业（下）

由上节叙述得知，高度发达的西周青铜器制造业的产品，不论是器物种类、形制，还是花纹特征，都继承和发展了晚商的风格。本节着重从冶铸工艺角度，进一步阐述这项手工业是怎样在商代青铜制造业基础上发展创新的。

商周青铜铸造业的比较　青铜器是如何制造出来的，本书夏商时期有关章节已做过初步介绍，由于田野考古学最近几十年突飞猛进的发展，相当于夏商时期的青铜器不断出土，尤其晚商时期的青铜器发现得更多，而且铸铜遗址和陶范也多次发现，为全面认识青铜冶铸业的产生、发展提供了丰富的实物资料。学者正是根据这些新材料，利用现代科学手段，对当时青铜器的铸造技术和合金成分作了专门研究，指出晚商时期在使用浑铸法一次完成铸型之外，使用分铸法即将器物各部件分别铸造后再铸接在一起的方法也相当普遍，一般

① 《郭沫若全集》历史卷（一）中的《青铜时代》，人民出版社 1982 年版。

"是以榫卯式后铸法为主流，其次是榫卯式先铸法"[①]。而青铜的合金成分"是以铜锡为主的二元合金"占多数，同时"以铜锡铅为主的三元合金"也占一定数量。加入铅的主要目的是"提高铸液的流动性"和"节省铜料"[②]。晚商这种青铜铸造技术水平，是我们考察西周青铜铸造业发展状况的出发点。

近年来，西周青铜铸造业的研究成果显著，一是对大型遗址的发掘，获得丰富的熔铜设施和铸铜陶范资料；二是对集中出土青铜器的铸造技术作了详细而具体的探讨，弥补了过去这方面研究的不足，为准确把握西周青铜铸造业的发展状况提供了科学依据。宝鸡強国墓地的科学发掘和对出土青铜器铸造方法的深入细致剖析，基本上勾画出了西周早中期青铜器铸造工艺发展概貌，与晚商相比，这部分青铜器的铸造特点主要是：继承商代使用泥范的传统，一般器物的模和范也是一次性的，铜器以浑铸为主，分铸较少，但简化了铸型工艺，器物主体与附件的铸接改用"铸锁"或"铸焊铆"的结构，使主体与附件的衔接更加牢固。同时发明"活块模、活块范和开槽下芯法成形，使器物有更好的连接性和整体性"，加固了附件与主体的连接性能，从而"避免殷商时期青铜器由于铸接而产生的附件断脱之类缺陷"。尤其是在铸造工艺中撑芯结构的使用非常熟练，确保了组装铸型在浇铸时型腔不变形，保证了器壁的薄厚均匀，这种支撑固定型芯的结构有的使用泥撑，器物铸成后需修补撑孔；也有使用铜质的芯撑，铸造时被包铸在铜器内，无需再进行修补。其中前者"使用非常普遍"，后者比商代"使用更为广泛"，并且芯撑在器物上的分布合理，因而大大提高了生产效率和产品质量[③]。西周青铜器底部还往往有突起的条棱和"铜疣"，能起到"加强筋"的作用[④]。还能起到"减少加渣、憋气和气孔等铸造缺陷"[⑤]。这些较为先进的铸造工艺，优于晚商青铜器的铸造水平是一

---

① 《殷墟妇好墓》，文物出版社 1980 年版；华觉明等《妇好墓青铜器群铸造技术研究》，载《考古学集刊》(1)，中国社会科学出版社。

② 《殷墟金属器物成分测定报告》(一)、(二)，载《考古学集刊》(2)、(4)，中国社会科学出版社。

③ 《宝鸡強国墓地·附录二·強国墓地青铜器铸造工艺考察和金属器物检测》(以下引此文简称《宝鸡強国墓地·附录二》)，文物出版社 1988 年版。

④ 郭宝钧：《商周青铜器群综合研究·西周铜器群》，文物出版社 1981 年版。

⑤ 《宝鸡強国墓地·附录二》。

望而知的。

西周铜器的合金成分比较复杂，使用现代科学化验测定，㢐国墓地的青铜合金“基本是以高合金为主，或高锡（$S_n \geq 10\%$）”，“或高铅（$Pb \geq 10\%$）”，“或高锡、高铅（$S_n \geq 10\%$，$Pb \geq 10\%$）”。依青铜器数量而言，其中高合金器物达135件，占79.4%，低合金器物只有35件，所有器物的合金又“以铜—锡—铅类居多，共113件，占66.5%，成为㢐国墓地青铜合金的主干”，即该地以三元合金为主流①。其他地区西周青铜器合金成分也大体相仿。据冶金史专家统计数字表明，各种比例的铜—锡—铅三元合金53例，而锡青铜只有15例，并推测这种现象的出现不外乎三种原因：一是“三元合金的初始阶段，或是由废铜、杂铜改铸（有时又添加铅的成分）所形成”；二是“铅的加入，主要是为降低熔点，提高合金的铸造性能”；三是含铅量高的三元合金，是“作为礼器或明器使用的”②。自晚商至西周青铜内锡、铅的含量呈增加的趋势不可逆转，一直延续到春秋战国时期，看来这是适应生产发展需要而进行的革新。当时人们不仅能从含铜矿石中冶炼出纯铜③，而且也能用木炭还原法炼出锡和铅，晚商和西周墓中置锡质和铅质“备而不用的明器”④，足以证明这一点，显然青铜中的铅是有意掺进去的。合金中含铅量的提高，很可能因为在周王朝疆域内“铅矿较锡矿常见而易得”⑤，用它代替合金中贵重的锡就很自然了。这种“趋势”的另一个原因就是青铜冶炼业的蓬勃兴起，对铜原料需求量的增大，王室又控制着大部分铜原料来源，因而有些奴隶主连铜渣都保留备用，周原发现的一个陶缸内除保存三块铜料外，还有850克“铸造铜器时清除的铜液杂质和从范内外溢的铜汁。这种铜渣在召公吕宅出土的贯称父乙方罍中也装有15公斤，说明了铜在周代是相当贵重的物品，即使是残渣也不会被轻易抛弃”⑥。由此可见，价值昂贵的铜必然是相当紧缺的。面对这样的现实，

---

① 《宝鸡㢐国墓地·附录二》。

② 华觉明等：《商周青铜器合金成分的考察》，载《中国冶铸史论集》，文物出版社1986年版。

③ 罗西章：《扶风沟原发现叔赵父爯》，载《考古与文物》1982年第4期。

④ 马得志等：《1953年安阳大司空村发掘报告》；郭宝钧等：《1952年秋洛阳东郊发掘报告》，均载《考古学报》1955年第9册。

⑤ 闻广：《中国古代青铜与锡矿》，载《地质评论》第25卷，第5期。

⑥ 罗西章：《扶风沟原发现叔赵父爯》，载《考古与文物》1982年第4期。

工匠们在合金中用锡铅补充铜料的不足，不但不影响青铜器的质量，还能改善铸造性能，提高铜器硬度，不能不说是非常明智的创举。值得注意的是青铜合金的成分以器物的种类不同而有所区别，强国墓地的生产工具和武器“以高锡低铅和高铅中锡为主，与青铜礼器大不相同的是高锡高铅类（Ⅲ类）合金一件也没有”。车马器则“几乎全是三元合金型。其锡含量为10%～15%，铅含量为7%～15%，这种类型合金很适于做实用器，不仅机械性能好，铸造工艺性能也较优良”[①]。上述合金成分不合于《考工记》的“六齐”之说。研究者已指出这种不合是因“《考工记》是春秋战国时期齐国官书”，与西周相去数百年，而且很可能“具有一定的地域性”[②]。因此，我们考察西周青铜冶炼业的成就时，应以各种青铜器自身的铸造工艺及合金成分为依据，才能揭示当时铸造手工业生产水平相适应的发展史。

青铜铸造业的成就　根据现在对西周青铜铸造技术的研究，其铸造程序应包括两条并行的工艺流程：一是从矿石中冶炼出铜、锡、铅，再按一定比例搭配熔炼成适宜浇铸不同种类器物的青铜熔液；二是制作陶范，组装成铸型，以备浇铸成形。下面我们以考古发现的冶铸资料，简要地叙述这两条工艺流程。

铸造设备：洛阳北窑村西周铸铜遗址出土大中小三种型号熔化青铜熔液的熔炉[③]，小型的熔炉是用圆底陶瓮制成的坩锅式熔炉，即内为陶炉衬外涂草拌泥；中型的为竖筒型，“用草拌泥做成锅形炉底和炉圈，垒成筒形炉身，内壁以细泥为炉衬”；大型的由数节炉圈垒成竖筒形，炉底埋于地下。其炉圈一般高30厘米，直径从88～170厘米不等，壁厚3.5～5.5厘米，每节炉圈上下以三角榫卯结构衔接，圈外附长方形把手，以便搬运、安装之用。炉外涂一层草拌泥，炉衬则由经人工粉碎筛选的耐火材料石英砂和黏土制造。大型熔炉的上口为投料炉口，炉身中下层装有鼓风口四个，直径13～14厘米。熔炉内借助风力使木炭充分燃烧，炉温可以大幅度升高，经测定可达1200～1250℃，完全能满足熔化青铜的需要。这种大型竖式鼓风炉已具备了现代鼓风炉的雏形，

---

① 《宝鸡强国墓地·附录二》。

② 华觉明等：《商周青铜器合金成分的考察》，载《中国冶铸史论集》，文物出版社1986年版。

③ 叶万松：《我国西周前期青铜器铸造工艺之研究》，载《考古》1984年第7期（以下引该文不再注）。

显示出西周前期的冶炼技术已超越晚商时的水平，大大提高了生产效率。

制作陶范：洛阳北窑村出土的西周陶范数以万计，其中可以辨认器形和花纹清晰的约500件，“主要器形有礼器类的鼎、簋、卣、尊、爵、觚、觯、罍、钟诸范；车马器类的辖、軎、銮铃、泡饰诸范；兵器类的戈、镞范等。这些陶范除泡饰、戈、镞范是双合范外，其余多属多合范，在分型面上采用三角楔形榫卯和长方形子口使范扣合”①。河南信阳孙砦发现镬、刀一类生产工具范②。考古学家依据这些陶范，或结合青铜器上留下的范痕研究出制作陶范的过程。一般制作陶范首先要选择配制泥料，设计制模（制作器物模型）并烘干、翻范（制作器物外范）并烘干，制芯（制作器物内范）等程序，然后才能组装成铸型以备浇铸。《強国墓地青铜器铸造工艺考察和金属器物检测》③一文作者总结出制作陶范的泥料应具备以下条件：（1）一定的可塑性，便于成型、雕刻和翻印纹饰；（2）一定的湿强度，能够成形和保持准确的形态；（3）一定的耐火度和高温强度，能承受得住1000℃以上金属液的冲刷；（4）一定的透气性和较低的发气性，使金属液充型不致产生憋气气隔；（5）粒度适中，在保证透气性的同时，尽力使范和芯的表面光洁。经测试，洛阳北窑村的陶范正是选用具有这些性能的泥料制成的。其主要成分是：经过粉碎筛选的石英砂和黏土、蚌壳及植物灰，这种混合的泥料不仅可塑性好，而且成范后的耐高温、透气、强度和光洁度都符合铸造工艺的要求。

制作陶范，首先要塑泥模，即用一种配制好的泥料按设计好的器物做出模型，表面雕刻花纹，周代铜器上那些秀丽纤细的云雷纹，粗壮有力的饕餮纹，生动活泼的动物形象或构图别致的几何图像等都是描绘刻制在泥模上。然后将泥模型阴干、烘烤成陶质。其次，再用这些泥模型翻制器物的范（外范），北窑村出土的范分内外两层，内层（浇铸时直接接触熔液）质地坚硬，范泥细腻，花纹清晰，表面光洁，并经高温烧制，以减小金属液流动的阻力；外层质地比内层疏松，并有密集的小气孔，范泥中蚌壳和植物灰含量较多，粒度也明

① （1975～1979年洛阳北窑村西周铸铜遗址的发掘》，载《考古》1983年第5期。

② 《信阳孙砦遗址发掘报告》，载《华夏考古》1989年第2期。

③ 《宝鸡強国墓地·附录二》。

显粗于内层的范泥。这样就加强了范的透气性和保温性，有利于金属液的充型。用现代制范技术衡量，这种内外层性能差异的陶范是相当进步的，它不但保证了器表的铸造光洁度和纹饰的精美细致，还大大提高了铸件的成品率，不能不说这是工匠们发挥聪明才智改造铸造工艺的重大措施。再者，根据外范的形状和器物壁厚制作内范（型芯）也是一样，接触器物内壁的一层的范泥同于外范内层，内范的中部同于外范的外层。当然没有花纹和铭文的器物内表面光洁度要求很高，也有将泥型去掉一层当内范使用的，这是最省工的办法。在制作内范有时要增加刻铭的工序，因为器物铭文大多在器的内壁或圈足内，而且文字往往是凹陷的阴文，因此要在接触器物内壁的内范外层雕刻出凸起的文字，周代器物内壁或圈足上那潇洒秀丽或雄壮刚劲的文字，从一两字到数百字大概都是先在器物泥型内壁上刻划正写的阴文，翻到内范上成了反写的阳文后进行修整，铸成铜器便又成正写的阴文了。此外，还要制作范芯座（或芯头），以承托器物的外范。这些全部完成后，即可按着内外范的榫卯或子口及芯撑进行器物范的组装，预热后进行浇铸。起范后再对器物进行补铸、修整、打磨，一件完整的青铜器就诞生了。

器物范举例：较早注意观察青铜器上留下范痕迹的郭宝钧先生，在他的遗作《商周青铜器群综合研究》一书中，时常应用青铜器上的“范缝”分析铸造方法，虽然比较简单，但他使后来者更多地注意到对青铜器铸造工艺的考察，近年对強国墓地青铜器铸造工艺的考察最为详尽。这里选取有代表性的器物作扼要的介绍。

卣　是酒器中较大的容器，由卣体、卣盖和提梁三部分组成，一般铸造都比较考究，两件伯各卣“纹饰繁缛、富贵华丽，腹、盖都有四条垂直镂孔扉棱，所饰饕餮纹的兽角高翘，特别是提梁两端的平角卷扭而外翘，提梁转折处两牛抵角高耸，造型十分生动”。这种结构复杂，盖器分离，子母口扣合严密的卣，应该是器、盖分别铸造的，而且卣身先铸。就制作方法是先塑造卣体模，然后翻范。从环耳范缝和四条垂直镂孔扉棱的中心范缝重合可知，卣体的分型是沿四扉棱分切块范，脱模起范时，需要熟练高超的技术才能保证镂孔扉棱迂回曲折的形状不致损伤。卣体中部高翘的兽角与卣体平面高低悬殊，只能制成兽角的活块范，再与卣体组合，这样才构成了完整的卣体外范。将卣体泥模表面刮去0.4厘米厚的一层，即成为卣体的芯（内范），然后将翻好的卣体范与芯按榫卯并加芯撑固定在一起即可浇铸出卣体了。按铸好的卣体设计卣盖的泥模，同样采用四范分型法和活块范镶入法解决高翘的兽角与盖顶斜面上的花纹间的铸造技术问题。至于提梁的铸造方法，也是借已铸造成型的卣体，在其上塑出提梁的泥模，下端的羊角和中段的牛首需要单独做模，并在其与主体接合处安排好榫卯结构，便于以后泥范的组装。塑好泥模后翻制提梁范、牛首和羊角活块范，组合成铸型，还要在卣体连接的环内留薄薄一层范泥，以便提梁和卣体之间可以铸出活动的缝隙。专家分析这件卣的铸法时总结说："总共用了三十四块泥范（包括八块活块泥范），六块活块模，四块独立泥芯和六块泥范自带泥芯，才使其成形。如此复杂的工序，没有缜密的设计，没有熟练高超的铸造技术是根本不可能的。使两件器物的形态、纹饰和风格一致则更不易。"进而指出"使用活块模制作铸型，是古代青铜器'执简御繁'制作思想的典型体现"[①]。这种制造方法的分析较之过去简略的研究深入具体得多，找到了复杂青铜器铸造技术的关键所在。

簋　是礼器中最常见的一种，其制作方法更能体现出当时铸造技术的水平。早在商代已有使用浑铸法和分铸铸接法制造这种广为流行的器物。西周继承了这种传统，但又有新的发展。前期以无盖、四耳或双耳簋居多，中晚期多为双耳有盖簋，除这种簋的器、盖是分铸的外，西周的簋多以浑铸成形为主。内范和底范的用法大体相同，腹范的分块多少不一，如"作旅簋"用两块腹范[②]，凌源的涡纹簋的腹范则分三块[③]，更多的簋腹范则是由四块范组成，张家坡的孟簋和师旋簋[④]，就是这样铸造出来的。簋盖范亦有两块至四块不等。造型复杂的簋，采用多次铸接法、活块范和巧妙的"自锁"结构加以解决，宝鸡的双耳方座簋和四耳簋的铸造技术便是这方面的典型。

強伯双耳方座簋的"两兽耳作牛首形，牛角高翘，两耳侧竖，吻部突

---

① 《宝鸡強国墓地·附录二》。

② 《陕西扶风齐家村十九号西周墓》载《文物》1979年第11期；《陕西出土商周青铜器》（三），18。

③ 《商周青铜器群综合研究》，第49页。

④ 《商周青铜器群综合研究》，第58页。

出”，牛头上还有恶虎盘卧。方座四壁的牛头巨角翘至器外，再加上器身的纹饰，高低错落，层叠交替。制作这样的簋，若没有独具匠心的设计，不可能使器耳、方座的花纹与器身的纹饰浑然一体，成为一件完美的艺术品，更不可能把复杂的铸范化繁为简。从实物的观察可知，该簋的耳与腹是分铸铸接在一起的，先铸耳，后铸体。方座下的铃也是先铸的，然后再与簋体铸接。每耳由四范成形，牛头迎面一范，颈上一范，左右侧各一范①，倒立浇铸，使熔液充型顺利，繁杂的纹饰便能清晰流畅地铸出了。簋耳成形后，即可配合塑制簋体模型，翻制的体范四等分，范缝直经方座侧面的对称线②。方座顶部四块范的分型面与腹范一致，四壁的分型面在边棱，壁上的立体牛首使用单独的活块范。因此方座范的设计和制作大体分五步进行③：这种巧妙地利用活块范完成复杂铸型的技术手法，在北京琉璃河出土的矩伯鬲上翘起的牛角上也有表现④。这件双耳方座簋共使用36块范（包括8块活块范）和5块芯，经过先行6次浇铸零件后，再将腹范和腹芯、圈足芯、方座范等配合泥撑芯和铜芯撑组成方座簋的铸型⑤，倒浇成形，冷却后庄重浑厚的双耳方座簋便告铸成，经过修整打磨就成了完美的艺术品。

西周中晚期，虽然青铜器纹饰趋于简朴实用，但铸造技术高超的器物还不乏其例，厉王㝬簋便是这样的杰作⑥，其造型亦为双耳方座，双耳作獠牙兽首形，兽耳高耸前曲，耳下为夔龙垂珥。全器体形高大（通高59厘米），重达60公斤，腹内还有秀丽的铭文12行124字。铸造这样的簋中之王，从设计、制模、翻范和组装成铸型，不亚于制作強伯簋的技术。

鼎　西周时期铸鼎技术大体延续晚商的铸法，一般圆鼎是“壁范三分应足，底范三角形连足。”⑦ 体型较大的圆鼎多用“六腹范一底范”，因为“范的

---

① 参看《宝鸡強国墓地·附录二》图一三。
② 参看《宝鸡強国墓地·附录二》图一五。
③ 《宝鸡強国墓地·附录二》，第547页。
④ 《琉璃河西周燕国墓地》彩版二五，文物出版社1995年版。
⑤ 参看《宝鸡強国墓地·附录二》图一八。
⑥ 《陕西出土商周青铜器》（三），第138页。
⑦ 《1967年长安张家坡西周墓葬的发掘》，载《考古学报》1980年第4期。

面积相应也较大，盖恐其刚度不充分，可能发生变形以至影响器物成型”[1]。目前见到最大的圆鼎是师訊鼎和旟鼎[2]，重量分别为105公斤和78.5公斤。方鼎则是“四腹范一底范”或“八腹范一底范”[3]。不过这时鼎的铸法在耳、足成型上比晚商更多地采用“空心结构”，从工艺上保证鼎的各部厚度比较均匀，避免了金属熔液冷却凝固有先后造成的缩松断裂倾向，同时客观上还节省了铜料[4]。

甗　这种器物大多数是鬲、甑合体，制造方法与鼎、鬲一样，普遍采用“壁范三分应足，底范三角形”[5] 的分型技术，也有少数是鬲、甑分体的，洛阳出土的荣子旅方甗就是属于这种器物[6]。鬲、甑分铸套合，至少应是腹范四块。但整个西周时期以第一种甗最为典型，因此弄清它的铸造方法，就解开同类器物的铸造程序。《宝鸡强国墓地》的作者通过对BZM13∶26号甗铸造过程的剖析，指出“挂钩是制作甗的主要困难所在”。该甗的“挂钩上接甑部下边，下接鬲部上边。在上接处的外表，即甑部收束处有一发达的乳突”，这种结构不仅是该墓地所出的五甗特征，而且其他地区的甗也有这种结构。如凌源的甗“下腹外有一圆泡，为固定腹内箅钩”[7]。具有这类“箅钩”结构的甗在许多地方都有发现，尤以关中地区出土最多，先后在长安普渡村长由墓五号甗[8]，扶风齐家村的中伐父甗和父乙甗[9]，岐山的八卦符号甗和凤雏村的夔纹甗[10]，以及河南浚县辛村29号墓的甗等[11]，都可以看到在甗束腰外的腹壁处铸有固定“箅钩”的“圆泡”，或曰“铸突”。相反，殷墟出土的青铜甗不见这

① 《宝鸡强国墓地·附录二》，第552页。
② 《陕西出土商周青铜器》（三），第105、192页。
③ 《宝鸡强国墓地·附录二》，第552页。
④ 《宝鸡强国墓地·附录二》，第554页。
⑤ 《商周青铜器群综合研究》，第51页。
⑥ 梅原末治：《日本蒐储支那古铜精华》3·208。
⑦ 《商周青铜器群综合研究》，第49页。
⑧ 《长安普渡村西周墓的发掘》，载《考古学报》1957年第1期。
⑨ 《陕西出土商周青铜器》（二），137；《陕西出土商周青铜器》（三）·15。
⑩ 《陕西出土商周青铜器》（三），2，8。
⑪ 郭宝钧：《浚县辛村》，科学出版社1964年版。

种结构，仅在甗腰内壁铸出箅齿来承托箅[①]。对这种现象，研究宝鸡青铜器铸造工艺的学者认为，“很可能是因为不能解决箅和甗体连接和固定的缘故”。西周时期方采用“铸焊铆”结构解决了这一铸造工艺的难题，即将“甗体、箅和挂钩先各自铸成形，然后挂钩套箅”，再通过预留的壁孔使其与甗体焊铆成一体[②]。这样的结构既可以使甑箅自由活动，又不易脱落，真是一个设计和铸造非常巧妙的机关，故研究者称“这种结构是一种别具匠心的创造”。

钟　上节交代过这种器物产生于康昭之际，它一问世，就站到了代表“礼乐文明”制度的乐器行列，成为贵族举行礼仪活动和宴飨宾客的排头乐器。《诗经·小雅·彤弓》“钟鼓既设，一朝飨之”；“钟鼓既设，一朝右之”；“钟鼓既设，一朝酹之”。正是它作为乐器形象的写照。最初，甬钟一组三枚，以后发展到七八枚，甚至超过十枚[③]，音响也趋于定型[④]。钟，所以能作为乐器演奏，《考工记·凫氏》云：“薄厚之所震动，清浊之所由出，侈弇之所由兴，有说。”沈括在《梦溪笔谈》中进一步阐释：“古乐钟扁如合瓦，盖钟圆则声长，扁则声短。”用现代音学研究成果解释，那就是合瓦形甬钟两侧（铣部）有厚棱，对敲击时产生的声振起到制约作用，也就是声音衰减较快，不干扰下一次敲击振动所发出的声音，因而呈现出有规律的声音转换（即旋律），故而可以成组编制演奏。也正因为是合瓦形，才具备双音钟的特征[⑤]。上古时期，这种优于世界其他古国的乐器的制作关键，是在“芯”的设计上[⑥]。钟的形状尺寸可由塑制的钟泥模和翻范取得，而钟的音响效果则取决于范和芯（内范）组成的形腔，工匠们采用刮模制芯的方法，最容易达到控制型腔各部厚度的目的。这当然需要长期经验的积累，方能掌握型腔各部薄厚所产生的音调和最佳乐音的效果。

除以上例举的青铜礼器外，近年还出土一些动物造型青铜器。如强国墓地

---

① 《殷墟青铜器》图版一五一，文物出版社 1985 年版。

② 《宝鸡强国墓地·附录二》图二三。

③ 《宝鸡强国墓地》的伯各墓（BZM7）和強伯墓（BRM1）各三枚，《陕西出土商周青铜器》（二）中的长由墓三枚，中义父钟五枚，柞钟八枚，𤼈钟十四枚。

④ 转引华觉明：《中国冶铸史论集》引黄翔鹏研究成果，文物出版社 1986 年版，第 197 页。

⑤ 林瑞等：《对曾侯乙墓编钟的结构探讨》，载《江汉考古》1981 年第 1 期。

⑥ 《宝鸡强国墓地·附录二》，第 559 页。

的象尊、大小鸟尊和井姬盂罐[①]，凌源的鸭型尊[②]，眉县的驹尊[③]，岐山的牛形尊等[④]，个个形象逼真，栩栩如生。此外，还有设计精巧的工艺品，山西闻喜的“刖人守囿六轮挽车”就是这一类器物的代表作[⑤]。它通高 9. 1 厘米，长 13.7 厘米，宽 11. 3 厘米，装有两个大轮和四个小轮，可以前后自由滚动，长方形车厢正面为刖人守护的两扇门，顶盖中央的蹲猴是打开厢盖的提手，蹲猴前后各有两只灵活转动的小鸟，“鸟身内部有顶针装置，鸟身中有少许铅质，使其重心下坠，上轻下重，所以转动起来非常灵活”，“可以因风自转”，因而这种“相风鸟”可能是“候风仪”的祖型。这些仿照动物形态和生活用具的青铜器，不仅需要设计者精心构思，巧妙设计，细心雕琢，而且要求铸造者小心浇铸，方能生产出艺术价值极高的艺术品。这也从一个侧面反映出当时铸造业工匠的高超的技术和发展水平。

另一大类青铜器就是生产工具和武器。它们的铸造方法虽然不复杂，大多数为双合范铸成，带銎的工具和武器再加一泥芯即可。但这类青铜器需要量大，用途广泛，在发展农业和手工业生产，以及保卫领土完整等方面，都起着不可估量的作用。

铜料来源　发达的青铜铸造业，必须有源源不断的铜料供应，才能保障其持续发展。西周时王室和中原各诸侯国都建立起自己的青铜铸造业，成为当时最繁荣昌盛的青铜器产地。那么大量消耗的铜料来自何方？在交通不甚发达的时代，当然不可能全部依靠其他地区输入，有人利用金属矿铅同位素比值分析，強国墓地出土青铜器的铜料，可能产自秦岭山脉或来源于大冶铜绿山。前者说明本地区是有铜矿的，不知商周时是否开采过，因为至今在这一带尚未发现该时期的古矿井。在古籍中周王朝铜料的来源还有另一条渠道，《禹贡》载，荆、扬二州贡“金三品”（金，古代即指青铜），通过陆路和水路运抵周

---

① 《宝鸡強国墓地》BRM1 乙：23，24，27；BRM2:16，并参看原书图二○三，二○四，二○五。
② 《商周青铜器群综合研究》图版肆肆，2. 3。
③ 《陕西出土商周青铜器》（三），194。
④ 《陕西出土商周青铜器》（一），167。
⑤ 张崇宁：《“刖人守囿”六轮挽车》，载《文物季刊》1989 年第 2 期。

的都城和中原诸侯国[1]。近年来沿长江南岸的古代荆、扬二州地域，发现许多古矿井，其中江西瑞昌的矿井从商代二里冈时期延续到春秋时代一直在开采[2]，毗邻的湖北阳新古矿井，是一处西周至春秋时期的矿冶遗址[3]。时代稍晚的长江北岸的湖北铜绿山古矿井规模更大，熔渣达40多万吨[4]。长江下游的安徽南陵大工山发掘出西周晚期至唐末时期的古矿遗址[5]。根据测算，仅南陵江木冲、铜陵凤凰山、木鱼山等三处遗址的熔渣至少有50万吨。产铜可达五万吨以上[6]，可见其开采规模之大。值得注意的是这两个百越族生活繁衍的地区，都有周王朝的势力深入进去，早在商末周人已与位于豫南、鄂西、川东的微、卢、彭、濮等方国结成联盟[7]，灭商后又沿汉水南下，召公曾以太保身份“省南国帅汉”[8]，抵江汉交汇处。以后陆续建立起汉东诸姬和异姓诸侯国[9]，如黄陂鲁台山发掘到康昭时周墓，出土有公太史鼎、长子狗鼎等与周王朝有关系的器物[10]。与瑞昌、阳新、铜绿山古矿井一江之隔的蕲春和浠水连续发现西周建筑遗址和青铜器[11]，向北与沿汉水及其支流的黄陂、安陆[12]、随县[13]等姬姓和异姓诸侯国连成一线，通往周王朝的南土。恰巧这条路线又与商王朝的“南土”北上的路线一致，因此我们有理由认为周王朝迅速地把势力伸向江汉地区，与争夺和保卫“金道锡行”[14] 密切相关。长江下游的铜矿产地也是

---

① 《禹贡》扬州：“出于江海，达于淮泗，至于南河。”荆州条是：“浮于江沱，潜于汉，逾于雒。”

② 《江西瑞昌铜岭商周矿冶遗址第一期发掘简报》，载《江西文物》1990年第3期。

③ 《湖北阳新港下古矿井遗址发掘简报》，载《考古》1988年第1期。

④ 夏鼐等：《湖北铜绿山古铜矿》，载《考古学报》1982年第1期。

⑤ 张国茂：《安徽铜陵地区古矿冶遗址调查报告》，载《东南文化》1988年第4期。

⑥ 刘平生：《安徽南陵大工山古代铜矿遗址的发现和研究》，载《东南文化》1991年第2期。

⑦ 见《尚书·牧誓》。

⑧ 太保玉戈铭，载《考古与文物》1986年第1期。

⑨ 《左传·僖公二十八年》。

⑩ 《湖北黄陂鲁台山西周遗址与墓葬》，载《江汉考古》1982年第2期。

⑪ 《湖北蕲春毛家嘴西周木构建筑》，载《考古》1962年第1期；刘长荪等：《湖北浠水发现两件铜器》，载《考古》1965年第7期。

⑫ 安州六器见薛尚功：《钟鼎彝器款识》卷六。

⑬ 李学勤：《曾国之谜》，载《新出青铜器研究》，文物出版社1990年版。

⑭ 曾白霥簠载《三代吉金文存》10.26。

新王朝垂涎的目标，姬姓吴国封地正在这一带①，无疑会对王朝利用铜陵周围生产的铜起到保障作用。目前发现的古铜矿的开采，与金文学家研究有关铜器铭文得出结论正相契合，唐兰提出昭王南征“伐楚荆第一是为抢掠南方的铜，过伯簋说‘孚金’，䢅簋说‘孚’，䵼簋说‘有得’，说明了贵族的目的”②。春秋时期中原诸侯国对南方铜的需求仍不亚于西周时期，时常用武力保卫输往中原铜路的畅通，郭沫若在考证曾伯霥簠时指出：“此簠与晋姜鼎同时”，“盖晋人与曾同伐淮夷也”。“‘金道锡行’者，言以金锡入贡或交易之路。”③ 有人说得更明确：“周人征伐南方的一个极其重要的目的，是想贯通从南方掠夺金属的道路。盘铭所说的‘唯贯南行’，显然也该这样理解。”④ 长江中下游地区生产的铜可能以两种方式流入中原，即郭说的“入贡和贸易”，确是指出了这段历史的奥秘。

金文中还透露出诸侯国另一个铜料来源地，即屭敖簋盖⑤铭文载：“戎献金于子牙父百车，□锡鲁屭敖金十匀。”郭沫若推算：“‘献金百车’，‘金’当然是铜。” “假定每车重平均二百斤，一百车便有两万斤铜。”⑥ 尽管这个“戎”是北方的戎狄，还是南方的淮戎尚难确定，但确是向中原诸侯国献金是明确的。

内部分工　发达的西周青铜铸造业，既有王室直接经营的东西两大铸造中心，又有诸侯国建立起来的相同生产部门，而且各个地区的产品又都以王室为代表的周文化特色的青铜器保持一致。这种青铜手工业生产的时代特征，除思想文化原因以外，当与青铜铸造业内部的合理分工，促进技术进步和协调传播密切相关。本节上述青铜器的铸造过程已很清楚，除去矿石开采和冶炼铜料的生产步骤，仅就铸造青铜器本身而言，大体包括工艺流程如下：

---

① 《江苏丹徒大港母子墩西周铜器墓的发掘》，载《文物》1984 年第 5 期；《江苏丹徒县烟墩山出土的古代青铜器》，载《文物参考资料》1955 年第 5 期。

② 唐兰：《西周铜器断代中的“康宫”问题》，载《考古学报》1962 年第 1 期。

③ 郭沫若：《两周金文辞大系考释》，第 186～187 页。

④ 裘锡圭：《史墙盘铭文解释》，载《文物》1978 年第 3 期。

⑤ 罗振玉：《梦郼草堂吉金图》上 30。

⑥ 郭沫若：《屭敖簋铭考释》，载《考古》1973 年第 2 期。

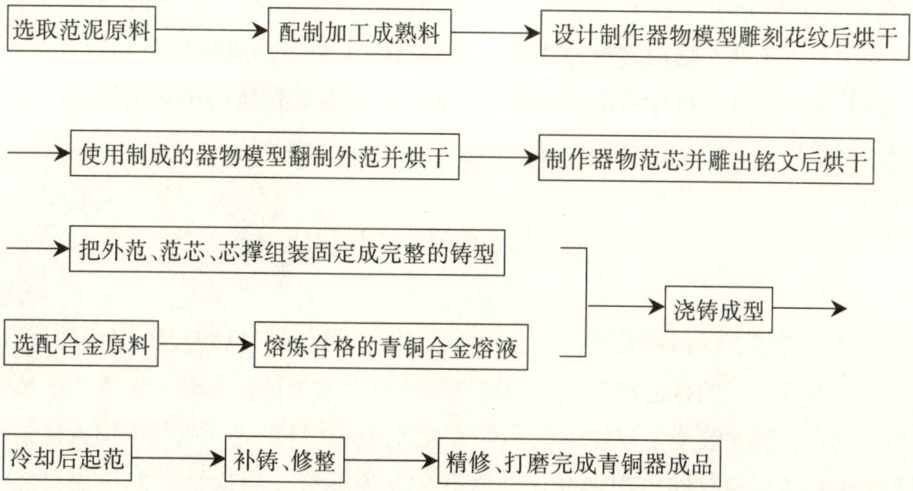

在这一青铜器铸造生产工艺过程中，以制模、翻范和选配合金原料最为重要，这是技术性和科学性极强的工作，制模、翻范是使器物造型美观和保证成型的关键；选配合金原料则为不同用途的器物调配最佳合金，以保证器物的使用性能，还要考虑其流动性和充型性能。这些技术性和科学性都极强的工序，必须有技术高度熟练的工匠来承担。青铜器种类繁多，造型复杂，但又形体匀称，花纹绚丽，线条流畅，是世界艺术史上独具特色的古代艺术，而编钟一类乐器还要演奏出准确和谐的乐音，其设计难度可想而知。这种凝聚着古代东方劳动者智慧的产品，其最初形态是泥塑的模型。如同今天著名雕塑家创作的作品一样，铸件泥模包括其把复杂的外范、范芯、芯撑组装固定成完整的铸型，也必然出自能工巧匠之手。造就这样的技术工匠，应是长期生产经验代代相传和总结提高的结果。从这里可以看到，周王室要发展青铜铸造业，对商代的工匠采取宽容的政策，是相当实际和有远见的。配制含铜比例不同的青铜，是为了铸造用途不同的青铜器，生产工具和武器的硬度要求较高，而各种容器既要求花纹清晰，又要求容器耐用，同时还要兼顾合金中锡铅比例造成的合金性能差异，因而调配青铜中各种金属的比例关系，也是相当讲究的技术工种。显然，掌握上述两种技能的工匠与从事其他笨重体力劳动的工人应当有区别。尽管还未发现战国时代“物勒工名”时代那种分工负责的标记，也难于断言

“攻金之工”分作“筑氏”等六个专门冶铸部门①，但从冶铸工序的分析可知，西周冶铸手工业作坊内是有分工的。不仅技术工种与一般笨重劳动者有区别，而且技术工种本身也应有不同特长的区别，何况这种作坊内还有主管生产的负责人。总之，冶铸手工业生产部门内部分工是相当细致的。

第四节 陶瓷手工业的发展

青铜时代，陶器仍然是人们朝夕相伴的生活器皿，以它经济实用的优点，受到社会各阶层的普遍欢迎。西周时期除烧制日常生活器具外，还发明了覆盖屋顶的瓦，从此改变了以往仅以茅草覆盖房顶的建筑形式，成为中国古建筑用瓦之滥觞。夏商时期出现的几何印文硬陶和原始瓷，到这个时期更加兴旺发达。诸种陶瓷制品呈现一派丰富多彩的景象，反映出该项手工业的繁荣程度和它在社会生活中的重要位置。

一、制陶业的成就

陶制日用生活器皿的品种很多，一般归为三大类，即三足炊具、圈足食具、平底贮器（包括水器）。每一类器物，因用途稍有差异，制成外观有所区别的形体，如炊具中煮食物的鬲和鼎，蒸食物的鬲甑合体的甗。食器类器物较多，有簋、盂、豆、碗、勺等。贮器类的器形更多，有罐、瓮、壶、瓿、盆等。生活中使用的上述陶器，制作得比较规整，烧成温度也较高，是全社会共同需要的廉价消费品，尤其是广大劳动阶层须臾不能离的生活必需品。但因这种产品的耐用程度无法与金属器相比，因而需要不断更新，西周遗址中出土的大量陶器碎片就是最好的见证。与此同时，还要为死者烧制陶器，供其在“幽冥”世界里使用②。尽管这种“备物而不可用”的“明器”③制作得粗糙，烧成温度低，但其形体仍是流行的式样，也应是由有经验的陶工制作的。这项

① 《考工记·攻金之工》。

② 《陕西岐山贺家村西周墓发掘报告》，载《文物资料丛刊》（八）；《1981～1983 年琉璃河西周燕国墓地发掘简报》，载《考古》1984 年第 5 期。

③ 《礼记·檀弓下》。

消费数量仅次于生活用陶的“明器”生产，是制陶手工业必须满足的另一项社会需求。生活用陶和明器这两项用途的需求量相当庞大，加之青铜器的生产垄断在少数贵族阶级手里，以及其他生产条件的限制，致使广大劳动群众与青铜器是无缘的，他们只能以陶器作为生活用具和随葬品，因此制陶业的发展有着深刻的社会原因和广阔的市场。

制陶手工业在西周时期受到各级统治者的重视，成为官府手工业的重要生产部门之一，其管理官员名陶正。《左传·襄公二十五年》，子产追述陈国祖先时说：“昔虞阏父为周陶正，以服事我先王。”指他负责组织生产供应王室需要的陶器，因领导制陶生产成绩显著而受到封赏。诸侯国也有相应的制陶管理机构，《左传·定公四年》记载成王时分给卫康叔的殷民中有“陶氏”一族，便是专业制陶的氏族[①]，以其技能服事卫国。这种官营的手工业制陶作坊，在大型的西周聚落遗址中都有发现，周人发祥地的周原有王室管辖的各种手工业作坊遗迹，制陶作坊位于现在扶风县任家和召陈之间[②]。王都丰镐发现的一片制陶遗址，分布在长安洛水村西、白家庄之北，成组的陶窑排在一起，除烧制日用陶器外，还烧制覆盖贵族屋顶上的板瓦和筒瓦[③]。曲阜鲁国故城内外也发掘出这个时期的制陶遗址，面积都有数千平方米[④]。这些都是官府控制的制陶手工业作坊遗存。一般劳动群众使用的陶器是民间生产的，长安沣西张家坡劳动者居住区出土的陶窑，很可能就是烧陶的遗址[⑤]。两千多年前制陶遗址的再现，揭示出当时王室、诸侯等都建立有制陶手工业作坊，一般民众也有善于制陶的家族，表明西周时既有一支有组织的制陶队伍，又有分散在广大劳动者当中的专业陶工。也就是说，这些分布于不同地区、不同规模和不同归属的窑址，构成一个较完整的生产体系，其产品分别供应社会不同阶层的需要。

这个时期，王室和各诸侯国的制陶技术水平大体相当，都是利用水平旋转

---

① 又见《史记·卫康叔世家》。

② 《扶风云塘西周骨器制造作坊遗址发掘简报》，载《文物》1980年第4期。

③ 《1961～1962年陕西长安沣东发掘简报》，载《考古》1963年第8期；《1979～1981年长安沣西、沣东发掘简报》，载《考古》1986年第3期。

④ 《曲阜鲁国故城·陶窑》，齐鲁书社1982年版。

⑤ 《沣西发掘报告·张家坡居住址》，文物出版社1962年版。

的陶均（俗称陶轮），使泥坯成型和修整器口，同时也兼用模制和手制[①]。实际上经常是几种方法相结合。如出土数量仅次于陶罐的鬲，三个袋足或用模制，或用手制，把它们捏合在一起，再与轮制或模制的器腹连接，最后在陶轮上加以修整，有的还另按上锥形或柱形的实足根[②]。鬲甑合体的甗是分别把鬲和甑的陶坯制成后，将鬲口和甑底对接，再用泥条从外面加固接缝。若不制成连体形式，则是把鬲口加工成与甑底相套合的形式[③]。陶罐的数量最多，器腹有轮制、模制和泥条盘筑等方法制成，拼接器底，再经陶轮修整成器身匀称的形状[④]。簋和豆的轮制痕迹尤为清晰，除器腹和圈足留有密集的轮痕外，瓦纹和弦纹的流行更是利用陶轮旋制的明显标志[⑤]，而仿铜陶器的制作，集中体现出轮制技术的发展水平。这种陶器出土得比商代多且精致，分布的范围更广，西起宝鸡，东达山东半岛，北至燕山，南抵淮汉，都有仿铜陶器的出土[⑥]，反映出这时制陶技术的普遍提高。西周中期以后，仿铜式陶鬲在黄河流域广泛流行，它的整体造型和腹部装饰的扉棱，都仿自同时期的平沿实足铜鬲[⑦]。方座圈足陶簋[⑧]、提梁陶卣、长流带鋬陶盉、双柱陶爵、陶尊[⑨]、有盖穿系陶壶和陶罍等[⑩]，都酷似同型的铜器。其中有的器形是前所未见的，特别是成组的仿

① 陶器制法的研究参见《洛阳中州路·西周墓葬》（西工段），科学出版社 1959 年版；《扶风云塘西周墓》，载《文物》1980 年第 4 期；《北京市拒马河流域考古调查》，载《考古》1989 年第 3 期。

② 《1967 年长安张家坡西周墓葬的发掘》，载《考古学报》1980 年第 4 期。

③ 《陕西岐山凤雏村西周建筑基址发掘简报》，载《文物》1979 年第 10 期。

④ 卢连成等：《宝鸡强国墓地·茹家庄墓地》，文物出版社 1988 年版。

⑤ 《1979～1981 年长安沣东发掘简报》，载《考古》1986 年第 3 期。

⑥ 参见注 2 及《山东莱阳发现一件罕见的仿铜陶盉》，载《文物》1987 年第 10 期；《1981～1983 年琉璃河西周燕国墓地发掘简报》，载《考古》1984 年第 5 期；《湖北均县朱家台遗址》，载《考古学报》1989 年第 1 期。

⑦ 陕西、山西、河南、河北、山东等地都流行仿铜鬲，参见《扶风云塘西周墓》，载《文物》1980 年第 4 期；《山西洪洞永凝堡西周墓葬》，载《文物》1987 年第 2 期；《洛阳北窑村西周遗址 1974 年度发掘简报》，载《文物》1981 年第 7 期；《磁县下潘洼遗址发掘报告》，载《考古学报》1975 年第 1 期；《曲阜鲁国故城》等。

⑧ 《1967 年长安张家坡西周墓葬的发掘》，载《考古学报》1980 年第 4 期。

⑨ 陕西周原考古队：《陕西扶风齐家十九号西周墓》，载《文物》1979 年第 11 期。

⑩ 徐锡台：《岐山贺家村周墓发掘简报》，载《考古与文物》1980 年第 1 期。

铜陶礼器在墓葬中屡屡出现[1]，日常生活中使用的仿铜陶制器皿也日见增多[2]，反映出部分社会成员追求这种产品的趋势。顺应此种消费需要的增长，制作仿铜陶器的技术很自然地发展起来了。

陶器上的花纹主要有绳纹、线纹、弦纹、瓦纹、云雷纹、回纹、重圈纹、三角划纹、S形纹等。这些纹饰是在陶坯半干时装饰上去的，其中弦纹、瓦纹是在陶轮上加工出来，划纹由手工刻出的，其他纹饰则是用刻有相应花纹的陶拍打印出来的。西周遗址中发现有多种印制花纹的陶拍和陶压锤[3]。拍印陶纹时，一只手执陶压锤在器物内抵住，另一只手用陶拍连续拍打器表，便可拍打出很有规律的纹饰。这种拍印纹饰的方法，还可以起到弥合陶坯裂痕，促其质地更为致密，使烧成后的陶器达到结实坚固的功效。

陶器质量的优劣，除制作陶坯者的手艺好坏和精粗之外，还与烧制时的窑温有密切关系。窑温的高低，一方面与烧窑工人的经验有关，但更主要的是取决于陶窑的结构，也直接影响到窑温的提高。西周前期的陶窑虽然比商代的窑有所改进，但仍是火焰通过陶坯上升到窑顶排出的“直焰窑”，热量损失很大。西周晚期出现了火焰穿过陶坯上升到窑顶，再折转向下经后方烟道排出的“横焰窑”。这个重大变化使“火焰在窑内运行的行程长了，与陶坯进行火交换的机会增长了，这样就具备了提高烧成温度的条件”[4]。西周陶器质量的不断提高，正反映出陶窑这种发展变化的历程。早期的陶制生活器皿色泽不纯，火候不高，红陶还占相当多的数量；中晚期的陶器灰色为主，“一般色泽都很均匀，没有斑驳不纯的现象”[5]。当然，明器不是如此，制作得既粗糙，烧制温度又低，陶胎酥软呈杂色[6]。这与陶窑的结构没有直接关系，而是为了降低成本，减少必要劳动时间，专门烧制的“备而不用”的对付死人的产品。

---

① 1967 年长安张家坡西周墓葬的发掘》，载《考古学报》1980 年第 4 期。

② 《扶风云塘西周骨器制造作坊遗址试掘简报》，载《文物》1980 年第 4 期。

③ 有关陶拍和陶压锤参见《沣西发掘报告·张家坡居住址》及《信阳孙砦遗址发掘简报》，载《华夏考古》1989 年第 2 期；《安徽含山大城墩遗址第四次发掘报告》，载《考古》1989 年第 2 期。

④ 刘可栋：《试论我国古代的馒头窑》，载《中国古陶瓷论文集》，文物出版社 1982 年版。

⑤ 《沣西发掘报告·张家坡遗址·生活用具》。

⑥ 《宝鸡强国墓地·茹家庄墓地》；《陕西岐山贺家村西周墓发掘报告》，载《文物资料丛刊》（八）。

西周时期，王朝直辖区和各诸侯国的实用陶器种类大体一致，但器物的形态差异明显，就连镐京和洛邑地区的陶器造型之间的区别也相当突出。如以陶鬲为例，陕西出土的西周高档袋足鬲是先周陶鬲风格的延续和发展，仿铜陶鬲也是这里出现最早和最盛行①。洛阳以东的陶鬲形态仍以商代的风格为主调②，仿铜陶鬲出现得稍晚③，造型也有所变化，有人认为这“是在直接继承商文化的基础上，吸收先周文化而发展起来的”④。这种现象揭示出，在周人征服的东方地区，广大殷民的文化传统并没有被周文化所取代。陶器上表现出的商文化特征，应是原有手工业者生产劳动的必然结果。也就是说，在东方官私制陶作坊中，原商人制陶手工业工人为主要劳动者。这就从实物上印证了文献记载周人统治殷民“启以商政”⑤ 的可靠性。代表周人文化特征的陶器，周初在东方居于次要地位，通过多方面的影响，经历了相当长的时期，才逐渐占据了主导地位。

二、繁荣的印纹硬陶制造业

在制陶手工业中，有一种质地坚硬、烧制温度高、器表拍印几何形图案的陶器，通称几何印纹硬陶。这种陶器在我国东南沿海和华南地区颇为盛行，尤以宁镇和太湖为中心的吴越二国所在地最为发达。这一带发现的遗址和墓葬经常出土成组的印纹硬陶，在贵族和平民的墓葬中，几乎都有这类陶器作为随葬品。表明这样的陶器在当时已成为社会各阶层都喜欢的生活日用品，它在生活中的使用量仅次于夹沙和泥质陶器，约占陶瓷总量的四分之一左右⑥。足见在该地区的制陶手工业中，印纹硬陶是主要产品之一。

印纹硬陶具有浓厚的地方特色，它与一般陶器有很大区别，主要表现在两

---

① 《沣西发掘报告·张家坡遗址》；《1967年长安张家坡西周墓的发掘》，载《考古学报》1980年第4期。

② 郭宝钧等：《1952年秋季洛阳东郊发掘报告》，载《考古学报》第九册；河南文物研究所《河南鹿邑李台遗址发掘简报》，载《华夏考古》1989年第1期。

③ 《曲阜鲁国故城·鲁城墓葬试掘》。

④ 叶万松等：《中原地区西周陶器的初步研究》，载《考古》1986年第12期。

⑤ 《左传·定公四年》。

⑥ 《江苏句容浮山果园土墩墓第二次发掘报告》，载《文物资料丛刊》（六）。

者的坯料和烧制火候不同。商周时期的陶器是以常见的易熔黏土（一般黏土）为原料，烧成温度在950℃左右。同时期黄河流域的硬陶原料近似高岭土[①]，而吴越地区的印纹硬陶原料不是高岭土，是一种没有经过陈腐、提炼，含有杂质的碎屑岩类难熔黏土（或耐火黏土）。科学工作者实地考察证明，宁镇和太湖周围的印纹硬陶使用的原料与现宜兴紫砂陶的坯料相同，都是“选用宜兴蕴藏量极大的甲泥制成的”[②]。所谓“甲泥”就是含铁较高的难熔黏土，浙江北部称这种黏土为“紫金土”[③]。由于这类黏土的耐火度高于一般黏土[④]，利用它制成的陶坯烧结温度自然相应地提高了，实测的印文硬陶烧成温度均在1100℃以上，大大高于普通陶器的烧成温度，坯胎几乎达到烧结或接近烧结的温度，有的甚至器表已烧结生成一层近似光亮的薄釉[⑤]，因而这类陶器的吸水性极弱，同时也增加了机械强度，故许多器物撞击能发出金石之声。这些因制陶原料的改变和高温烧结所获得的物理性能，是同时期陶器所不具备的，它标志着烧制印纹硬陶进入了成熟阶段，从而使这项手工业生产发展到繁荣的程度。

印纹硬陶的烧成温度虽高，但因窑内燃烧气氛不同，致使含铁质较高的难熔黏土陶坯出现不同的化学反应，印纹硬陶便呈现出多种颜色，常见的有紫色、紫褐色、紫红色、紫灰色、灰色、灰黑色、桔红色和黄褐色等。诸种色泽的硬陶绝大部分烧成温度高，质地坚硬，只有少数桔红色和黄褐色的硬陶烧成温度较低，硬度稍差。尽管有些硬陶质量欠佳，但总体上还是反映出窑工的烧窑技术比较稳定，能够烧制出质量较高的硬陶来。但由于烧窑经验总结得不够及时全面，因而不能完全控制窑内的燃烧气氛与色泽和质量的关系，出现多种颜色的硬陶是很自然的，夹杂有质量较差的产品也就不足为怪了。

盛行印纹硬陶的吴越地区，仍以夹砂和泥质的陶鼎和陶鬲为炊具，日常用的盛贮器则以印纹硬陶居多，主要器类有：体形硕大的瓮和坛，有体高55厘

---

① 李家治：《我国古代陶器和瓷器工艺发展过程的研究》，载《考古》1987年第3期。
② 朱江：《江南地区印纹硬陶质态问题》，载《文物集刊》（三）。
③ 陈显求等：《绍兴富盛窑印纹硬陶原始瓷标本的显微结构》，载《文物集刊》（三）。
④ 难熔黏土和耐火黏土的耐火温度为1580～1350℃，一般黏土为1350℃以下。
⑤ 《江苏句容浮山果园土墩墓》，载《考古》1979年第2期。

米的瓮和48.4厘米的坛[1]，这样的器物很适宜在潮湿地区存储谷物等；罐的体形小一些，体高多在30厘米以下，有的在肩部粘贴双系、三系或四系，以便穿绳提持使用[2]；瓿的体形矮，腹径大于器高，有的造型与中原的青铜瓿极为相似[3]，那种从肩至腹堆三条锯齿形身躯，头生双角并伸向颈部的动物纹饰瓿[4]，酷似范铸的青铜瓿，说明这种器物是典型的仿铜形制。这种现象明显地表现出吴越的印纹硬陶熔铸了华夏文化的因素。饮食器具有钵、盂、豆等，数量不多，同样形制的器物，原始瓷胎的相当多，这或许是硬陶饮食器少的原因。

各种印纹硬陶的器壁都较厚，这是泥料内含有较大黏土团粒和其他岩石颗粒所致，加之揉合不够均匀，泥料的可塑性因此也较差，难于拉成薄坯，当然轮制也就更为困难，所以印纹硬陶多半以泥条叠筑方法制成，器物内壁留有清晰的叠筑和捺压的痕迹。苏南、皖南、浙北[5]的印纹硬陶都是采用这种方法制作，直到战国秦汉时期仍以叠筑法制作硬陶。印纹硬陶这种手工制作特征，被研究者视作一大特点。器物成形后，一般口沿要经过慢轮修整加工，使器体更加匀称。那些未经慢轮修整的器物，往往体形不够规整，有的甚至出现明显的歪斜。硬陶的器表拍印几何图案，各种纹饰都是用刻有相应花纹的印模拍打到陶坯上的。器物上的纹饰具有浓厚的地方色彩，与黄河流域陶器以绳纹、弦纹、瓦纹等为主的装饰特点形成鲜明的对照，不仅几何图案布满器物的主要部位，而且次要的位置也饰以刻划和堆贴花纹，作为主体纹饰的陪衬。拍印的花纹种类多，印痕深，那些仿铜花纹近于凸雕，装饰效果非常突出。主体花纹分作单一式和组合式两种，前者以折线纹和席纹为主，还有富于变化的回纹、云雷纹、方格纹、菱形填线纹、波浪纹等十余种富于变化的纹饰。后者种类也不

---

① 参见《江苏溧水县柘塘、乌山土墩墓清理简报》，载《文物资料丛刊》（六）；《安徽南陵千峰山土墩墓》，载《考古》1989年第3期。

② 参见《镇江市马迹山遗址的发掘》，载《文物》1983年第11期；《安徽南陵千峰山土墩墓》，载《考古》1989年第3期。

③ 《江苏丹徒大港土墩墓发掘报告》，载《文物》1987年第5期。

④ 《江苏句容浮山果园西周墓》，载《考古》1977年第5期。

⑤ 《江苏丹徒大港土墩墓发掘报告》，载《文物》1987年第5期；《安徽南陵千峰山土墩墓》，载《考古》1989年第3期；牟永抗：《浙江的印纹硬陶》，载《文物集刊》（三）。

少，盛行变形云纹（夔纹）与方格纹、折线纹与回纹、席纹与回纹、云雷纹与回纹、菱形纹与回纹、波浪纹与回纹、方格纹与回纹等组合式花纹。含有云雷纹与变形云纹的纹饰是典型的仿铜器花纹，席纹与波浪纹等当为就地取材的图案，而回纹成为诸种组合纹饰的要素，这样纹饰的特征，强烈地表现出这个时期印纹硬陶的时代特色和浓郁的地方风格，单一式和组合式花纹都拍印得清晰、齐整、有规律，上下相间不同花纹的组合，纹样选择搭配得当，既美观和谐，又线条流畅富于变化。这种经年累月伴随人们生活的图案，充分体现了陶工们严谨的制作态度和大胆创新的实用审美意识。

三、迅速发展的原始瓷制造业

瓷器像丝绸一样，同是中华民族对世界物质文明的杰出贡献。它以坚硬、清洁、美观的形态赢得人们的喜爱，成为生活中朝夕相伴的必备之物。早在夏商时期的黄河、长江中下游地区已有烧制瓷器的初级产品①，如果说那时它在生活器皿中还属凤毛麟角的话，那么到了西周时期已大为改观，尤其是在长江中下游地区，原始瓷已进入平民百姓家。该地区的西周遗址和墓葬中经常出土此类物品，有的占随葬品的一半以上，有的多达七十余件，占全部出土物的三分之二以上②，说明这种产品的使用已经相当普遍。

瓷器的早期产品，一般称作原始瓷。这样的产品具有瓷的特征③，但又比成熟时期的青瓷逊色，故名之为原始瓷。冠以“原始”二字，是因为这种瓷的产生到发育成熟需要有一个过程，在这个过程中因种种条件的制约，不免带有某些原始性，诸如釉层“比较薄，有小裂纹，颜色为浅黄或灰中带青，透明略有小气泡，胎釉结合不好，多数易剥落”等④。但它毕竟具有了瓷的特

---

① 《郑州市人民公园第25号商代墓葬清理简报》，载《文参》1954年第12期；《盘龙城商代二里冈期的青铜器》，载《文物》1976年第2期；《1975年安阳殷墟的新发现》，载《考古》1976年第4期。

② 分别参见《江苏丹徒大港土墩墓发掘报告》，载《文物》1987年第5期；《安徽屯溪西周墓发掘报告》，载《考古学报》1959年第4期。

③ 瓷器的特征是坯胎已烧结，不透水，不透气，表面有薄而光亮的釉。

④ 李家治：《中国陶器和瓷器工艺发展过程的研究》，载《中国古代陶瓷科学技术成就》，上海科技出版社1985年版。

征，所以定名为原始瓷是名副其实的。

西周时期原始瓷的地理分布范围较商代明显扩大，在郑州、安阳、偃师、藁城、济南、益都等出土商代原始瓷的地点之外，黄河流域又增加许多新地点，以关中和洛阳地区最为多见①，甘肃灵台，河南浚县、信阳、襄县，山东济阳，北京等地也相继发现原始瓷；长江中下游的江西、安徽、江苏、浙江②地区的原始瓷生产发展迅速，江浙一带原始瓷出土的地点尤为密集，说明该项手工业生产较商代又有新发展，在制作技术和商品化趋势等方面表现得尤为明显。

这个时期原始瓷制作业的进步，可从器形逐渐加大、品种和数量的增加，以及陶窑的改进上体现出来。商代黄河流域发现的原始瓷，体高在20厘米以上已属大型器物，西周时期出现高达40厘米的原始瓷瓮（原名罐）③，胎体致密，厚度均匀，是西周原始瓷中的艺术珍品，足见瓷胎的成形技术达到了制陶的纯熟程度。中原地区发现的原始瓷有罍、瓮、罐、豆、簋等，种类虽然不很多，但出土数量显著多于商代，而且完整的器物较多，如形制多样的豆在甘肃、陕西、河南、山东、北京都有发现，原始瓷作为大中型墓葬的随葬品往往还不止一件。长江流域的器物种类繁多，最常见的有尊、罐、盉、豆、碗、钵、盂、盅等。这些器物中较大者用泥条盘筑法塑形，再经轮旋修整；小型器物轮制成形，个别器物也有手制而成的，故许多器物的形态美观实用。如江苏句容出土的龙耳罐，腹部贴有两条双身的龙形耳，龙身向下做蠕动状④，整体

---

① 近年关中西安、岐山、宝鸡等地不断出土原始瓷，参见《长安普渡村周墓的发掘》，载《考古学报》1957年第1期；《陕西岐山贺家村西周墓发掘简报》，载《文物资料丛刊》（六）；《宝鸡強国墓地》文物出版社1988年版；《洛阳的两个西周墓》，载《考古》1956年第1期。

② 分别参见《甘肃灵台百草坡西周墓》，载《考古学报》1977年第2期；郭宝钧：《浚县辛村》，科学出版社1964年版；《信阳孙砦遗址发掘报告》，载《华夏考古》1989年第2期；《河南省襄县西周墓发掘简报》，载《文物》1977年第8期；《山东济阳刘台子西周墓地第二次发掘》，载《文物》1985年第12期；《北京附近发现的西周奴隶殉葬墓》，载《考古》1974年第5期；《上饶县马鞍山西周墓》，《东南文化》1989年第4期、第5期；《安徽南陵千峰山土墩墓》，载《考古》1989年第3期；《江苏高淳县顾陇、永宁土墩墓发掘简报》载《文物资料丛刊》（六）；《江山县南区古遗址墓葬调查试掘》，《浙江省文物考古所学刊》1981年版。

③ 《宝鸡強国墓地·纸坊头一号墓》。

④ 《江苏句容浮山果园土墩墓》，载《考古》1979年第2期。

造型极为生动。豆、碗、钵、盅一类食具小巧而规整，不失为餐具中的佳品。更引人注目的是该地区的土墩墓盛行随葬原始瓷，有的占随葬品的四分之一强，有的占二分之一以上，有的墓 35 件器物中 33 件是原始瓷，有的随葬 88 件陶瓷制品，原始瓷有 75 件，甚至有全部以原始瓷为随葬器物的①。这些事例揭示出西周时期长江下游地区的原始瓷不仅种类多，而且产量大，上升为人们日常生活器皿的主要品种之一，到西周中晚期，原始瓷已居日用器皿之首，几何印纹硬陶降为次要地位②。由此可见原始瓷生产的发展速度之快。原始瓷取得的新成就，与陶窑的改进密切相关，中原地区已有窑后设烟囱的横焰馒头窑，长江以南出现的“初级型龙窑”③。两种不同的陶窑改进方式，都是改变直焰式馒头窑的火焰运动方向，增加坯胎在窑内与火焰的热交换机会。这样的陶窑使原始瓷的烧制有了可靠的高温保障，检测证明黄河和长江流域原始瓷的烧制温度都在1200℃左右，达到了烧结的程度。所以西周时期原始瓷的繁荣同印纹硬陶的发展一样，都是建立在陶窑改进和窑温得以提高的基础上的。

通过器物形制、纹饰和符号的比较，显现出南北两地原始瓷的差别，说明它们都是沿着各自的传统制陶习惯成形，加以修饰，烧制成的原始瓷。墨书“夨”字的原始瓷瓮，它的形制与关中的陶瓮相似，又有地处关中西部的国族名号④，表明它是就地烧造的。设想如果这件瓮不在夨国或其附近烧制，而是从江南加工定制，要求打上夨国标记进行烧制，再运抵关中。这在当时的政治和交通运输条件都是难以办到的，何况这件瓮早于江南原始瓷的兴盛时期⑤，那时周人在江南的势力还相当薄弱，夨国更难以和那里建立密切的商业往来，所以标有“夨”字的瓮只能是就地烧造的。当然，随着周人势力向东

① 分别参见《江苏句容浮山果园土墩墓第二次发掘报告》，载《文物资料丛刊》（六）；《江苏丹徒大港土墩墓发掘报告》，载《文物》1987 年第 5 期；《江苏溧水、丹阳西周墓发掘简报》，载《考古》1985 年第 8 期；《安徽屯溪西周墓第二次发掘》，载《考古》1990 年第 3 期；《浙江东阳大石西周土墩墓》，载《考古》1986 年第 9 期。

② 《江山县南区古遗址墓葬调查试掘》，《浙江文物考古所学刊》1981 年。

③ 《江西鹰潭角山窑址试掘简报》，载《华夏考古》1990 年第 1 期。

④ 卢连成等《古夨国遗址、墓地调查报告》，载《文物》1982 年第 2 期。

⑤ 《宝鸡弜国墓地》的作者将该瓮的墓定为“成王前期”，而吴越地区盛行以原始瓷做随葬品的墓是从西周中期开始的，参见邹厚本：《江苏南部土墩墓》，载《文物资料丛刊》（六）。

南延伸，长江下游与黄河中下游之间的交往必然日益增多，吴越地区的原始瓷输往周王朝腹地不足为怪，周原宗庙遗址出土的南方型矮瓷豆[①]，或许就是以贡品的形式进献朝廷的。还应当指出，北方出土的原始瓷除品种数量少之外，它还大都埋藏在大中型墓葬中，并与成组的青铜器相伴随。这种现象大抵与漆器一样，都是贵族阶级享用的高级消费品，从而启示我们，制作这种产品的手工业作坊当属专供贵族们陶瓷器皿的窑扬。

四、陶质建筑材料

夏商以来，陶瓷手工业在大量生产日用生活器皿和工具之外，还生产一定数量的陶制建筑材料，该种产品以陶水管出现得最早。夏商时期这种管道，往往成为建筑物的配套设施，殷墟的排水设备，已是三通式管道[②]，与现代的三通管极为相似，说明商代陶水管的设计和制作是相当进步的。在前代的基础上，西周时期对陶水管的制作又有新的改进，直筒形的陶水管虽然仍是一头大一头小的形状，但已在陶水管的一端加上刻有大小不一镂孔的格箅，可以起到过滤水中杂草和泥沙的作用，从而减少管道的淤塞，保持较长时间的畅通[③]，当然，这种陶水管的设计和制作确实比商代更为科学实用。此外，西周时还有曲尺形的陶水管，以便在排水管转弯处使用。

西周时期的陶质建筑材料突出的成就是发明了瓦。瓦的出现使茅草顶的建筑发生了巨大的变化，大屋顶式的传统建筑格局更趋完备。这个时期的瓦分为板状和筒状的两大类，前者多铺在草泥顶的上面，后者则扣在屋脊处和两板瓦之间。筒瓦中的带当者置于檐椽上，从而解决了以往茅草顶房屋易漏水和檐面易腐烂的技术难题，达到延缓屋顶使用寿命的目的。瓦的制作都是用泥条盘筑法做成圆筒形，再经慢轮修整、拍打压实，然后用细线勒割或竹刀切割成板瓦或筒瓦。板瓦是将圆筒形泥坯纵向裁作三等份或四等份，有的还在瓦背上安装蘑菇状、柱状或锥状的瓦钉或瓦环，以便插入草泥屋顶更加牢固，或穿绳系在

---

① 《陕西岐山凤雏村西周建筑基址发掘简报》，载《文物》1979 年第 10 期。

② 《殷墟出土的陶水管道和石磬》，载《考古》1976 年第 1 期。

③ 罗西章：《周原出土的陶制建筑材料》，载《考古与文物》1987 年第 3 期。

椽上。筒瓦是将圆筒形泥坯纵向等分为二，凹面安装瓦钉或瓦环，或在一端穿孔，像固定板瓦那样把筒瓦牢固地安置在屋脊或两排板瓦之间。西周晚期的板瓦和筒瓦的制作已趋向规格化，不仅胎薄坯小，而且把一端或两端削作舌状，便于瓦与瓦之间的叠压衔接，体现出陶工们不断总结经验加以改进的技术进步倾向。筒瓦泥坯一端封上堵头后则成为瓦当。这种瓦叠压在筒瓦最下端的檐椽位置，承托着来自上面的重负，还能装点檐面起到美化作用，因而成为后来很受欢迎的陶质建筑材料。这个时期的瓦一般都有纹饰，板瓦背面留有加工过程中拍打的绳纹，有的还加刻齿状划纹或弦纹。筒瓦除拍印绳纹者外，还有瓦面上印雷文和加刻黼黻纹的。瓦当的边轮印有重环纹或三周弦文，中心为重环纹或同心圆纹。瓦当的纹饰排列在建筑物的檐面，无疑增强了建筑物的装饰效果，使高大的殿宇显得既威严又华丽。故瓦当很快就熔铸到中国古代建筑文化的特征之中，成为古建筑不可缺少的重要组成部分。

瓦的发明和使用，是劳动人民对建筑材料开拓的重大贡献，但此时覆瓦建筑却被奴隶主贵族独占，这可从瓦的出土和烧制地点得到充分证实。瓦的使用多集中在大型建筑群体上，如岐山凤雏的宗庙建筑基址发现有覆盖屋脊和天沟的瓦[①]，扶风召陈宫殿建筑群基址出土板瓦、筒瓦和瓦当[②]，长安客省庄的夯土台基亦有瓦出土[③]，各地零星发现的瓦也直接或间接与大型建筑物有关[④]。然而同时期的平民百姓住房则极其简陋，仍居住在古老的浅穴或深穴圆形小房中[⑤]，这类狭小的房屋遗址根本没有见过用瓦的痕迹。瓦的烧造地点也进一步揭示出它只能是大奴隶主贵族霸占的建筑材料，客省庄发现的“未烧制的瓦坯”[⑥]，隔河相望的洛水村出土的残瓦[⑦]，都是官营制陶手工业窑址的产品。与

---

① 《陕西岐山凤雏村西周建筑基址发掘简报》，载《文物》1979年第10期。

② 《陕西扶风召陈西周建筑群基址》，载《文物》1981年第3期。

③ 《1976～1978年长安沣西发掘简报》，载《考古》1981年第1期。

④ 《陕西扶风、岐山周代遗址和墓葬调查发掘简报》，载《考古》1963年第12期；《曲阜鲁国故城·故城遗址试掘》。

⑤ 《1979～1981年长安沣东发掘简报》，载《考古》1986年第3期；《1984～1985年沣西西周遗址、墓葬发掘报告》，载《考古》1987年第1期。

⑥ 《沣西发掘报告·客省庄居址》，科学出版社1962年版。

⑦ 《1961～1962年陕西长安沣东试掘简报》，载《考古》1963年第8期。

同出陶质器皿相比较，数量远不如陶器多，反映出这种新兴的建筑材料的生产还不很发达，有限的产品被大奴隶主贵族占有并用于大型建筑物的屋顶是很自然的。尽管如此，瓦的发明在建筑材料史上的地位是不可低估的，它在几千年历史发展的长河中，为人们逐渐改变居住条件和创造中国特有的建筑风格增添了光彩。

第五节　骨器和玉器的制作

石器时代就开始流行的骨制生产工具和装饰用品，随着人类的进步，石制工具的不断改进，青铜的发明和应用，以及新的装饰物质的发现等等，使骨器在社会生产和生活中的作用有所下降。但在青铜制品很难广泛使用的情况下，骨器在许多领域里还占有不可忽视的地位，特别是骨制的服饰和装饰用品的特殊需要，更是其他质料的物品所不能替代，况且骨器的原料易于取得，生产费用又不昂贵，社会各阶层自然都乐于接受这种传统产品，故至西周时期的制骨业仍有广泛的发展前途。玉器的使用范围虽不如骨器那样普遍，但它在金字塔形的等级社会里，被统治者赋予崇高的象征，成为某些人用以显示其身份、地位的标志和信物，因而大奴隶主贵族非常重视这种产品的生产，把该项手工业列为统治者控制的重要生产部门。

一、骨器的制作

西周时期骨器的用途还很广，诸如农业、手工业和渔猎生产工具，日常生活中的服饰用品和其他装饰用品等，有相当一部分是用兽骨、鹿角、象牙和蚌壳一类物质制作的。近年来，关中地区不断发现西周时代的制骨作坊遗址，丰富的实物资料形象地再现当年制骨手工业的发展盛况。20 世纪 50 年代在长安沣河西岸的丰镐旧都遗址，最先发掘出制骨工匠的住所、储存骨料的窖穴和制骨的作坊，并有磨石和骨角箭镞、针、锥、笄（簪）等成品和半成品伴出①。其后，又在沣河东岸的白家庄以北发现制骨作坊遗迹，出土的牛骨、鹿角和其

① 《沣西发掘报告·张家坡居住遗址》，第 78 ~ 79 页。

他兽骨多有锯痕、锉痕和削痕，骨器中的成品和半成品有铲、锥、镞和笄等，后者数量最多[①]。20世纪70年代在陕西扶风云塘发现的西周中晚期制骨作坊遗址，面积达60000平方米以上，仅在该遗址边缘地带就发掘出20000多斤废弃骨料，其规模之宏大可想而知。遗址中出土许多直接或间接与制作骨器有关的生产用具，包括石斧、石刀、石铲、石钻帽、磨石（砺石）；铜锯、铜刀、铜铲、铜凿、铜钻；骨锯、骨刀、骨铲、骨凿；角锥、角铲和蚌刀等数十种之多。这处遗址与沣河两岸的制骨作坊一样，以制作骨质的服饰和装饰用品为主，其中骨笄的成品和半成品数量最多，有的形体似细长圆锥，有的作扁平状，有的圆锥状骨笄上再装上不同形式的笄帽，有的在笄顶镶嵌绿松石。此外，遗址还见有雕花骨板等[②]。

上述三处遗址的废弃骨料和骨制半成品，绝大部分带有锯、削、锉、磨的痕迹，考古学家对这些加工痕迹和制骨工具进行考察后，总结出制作骨笄的工序，大体分为选材、锯割、削锉、磨光和镶嵌等五个步骤。以兽类（以牛骨为主）四肢骨为原料，用锯截去两端，再用刀顺骨体的方向剖成细长条形，削去棱角，锉成骨笄的雏形，然后在砺石上磨成光滑的圆柱体、扁圆柱形或菱柱状，骨笄即基本完成。考究的骨笄还要在顶部再进行加工，如沣河两岸制骨遗址出土的骨笄顶部有雕出高冠凤鸟形的，有雕作壶形笄首的，或在顶部装上形状不同的骨帽，平顶骨笄还有镶嵌绿松石的。小小的骨笄加工过程井然有序，质量要求严格，故许多成品至今仍不失为有欣赏价值的工艺品。诸侯国所在地出土的骨器也有相当精致的产品，如卫国的兽面纹雕花骨板[③]，布局严紧，刀法纯熟；燕国的骨片铠甲和角片马甲[④]，设计巧妙，利于防护；強国的骨梳朴素实用[⑤]，这些都是诸侯国内骨制器物的典型产品。

蚌雕和牙雕制品在西周遗址和墓葬中也屡有发现，蚌鸟和蚌鱼是最常见的品种。沣西出土的蚌鸟，有左右对称的连体形和独体形两种，前者长颈、昂

---

① 《1961～1962年陕西长安沣东试掘简报》，载《考古》1963年第8期。

② 《扶风云塘西周骨器制造作坊遗址试掘简报》，载《文物》1980年第4期。

③ 《浚县辛村》第68页及图版壹零肆·6。

④ 《北京琉璃河1193号大墓发掘简报》，《考古》1990年第1期。

⑤ 《宝鸡強国墓地》第171页。

首、圆目、尖喙，神态机警，后者长喙缩颈，神态自若。鸟体上都有两个以上穿孔，既可系绳悬挂，又能联缀其他饰物组成串联的装饰品。各种形态的蚌鱼数量很多，蚌片雕成的鱼形线条活泼，以简洁的手法勾勒出鱼目和鳃鳍，表现力很强，说明匠人抓住了鱼在静止时伸展和游动时弯屈的各种姿态特征，雕出不同形态的鱼形①，个个栩栩如生，充分展现出工匠们娴熟的制作技术。周原建筑基址内出土的蚌雕人头像笄帽，更是难得的艺术杰作。头像为圆雕，长脸、窄面形，深目、高鼻、薄唇，头戴毛织平顶硬高帽，其形象与欧罗巴人种相近②。果真如此的话，那个能雕出这样维妙维肖头像的工匠当是专业技术人才中的佼佼者。蚌雕饰物精品也有不少在封国内再现，浚县辛村的蚌制饕餮面雕工细致柔和，蚌制羊头刀法刚劲有力③；宝鸡的蚌制浮雕牛首形象逼真④。蚌鱼各地均有发现，其形状与丰镐地区见到的大同小异。象征性的蚌制工具则属于一般性的产品，很可能是急就而成的明器。

牙雕制品同样表现出工匠们高超的制作技艺，沣西遗址和墓葬中见有刻花牙匕，利用象牙条磨制成薄片后，于柄部上端雕刻“夔龙纹两段，每段有两夔龙，（其）身上下相叠，首尾相接”⑤，龙体两侧衬以纤细的地纹，使夔龙显得有动感。整个图案是在长 11 厘米、宽 1.8 厘米的范围内刻出的，其设计的匠心和雕刻技术的纯熟显而易见。张家坡井叔墓出土的象牙杖首，“雕成虎头形，口、鼻、眉、眼、耳部都刻出细槽，槽内都镶有绿松石片，颈部也镶有两周绿松石装饰”⑥，这种雕刻和镶嵌相结合的象牙制品，代表了当时制骨技术的最高水平，非能工巧匠是难以制作出如此精细的艺术品。丰镐遗址和墓葬中亦见有磨制的素面牙匕和不加雕镂的象牙筒杯，不妨视作朴素大方的产品的代表。

以上骨、蚌、牙雕制品有一个共同特点，即各种生活和装饰用品制作得相

---

① 《沣西发掘报告·张家坡和客省庄的西周墓葬》第 127 ~ 128 页；《1979 ~ 1981 年长安沣东发掘简报》，载《考古》1986 年第 3 期。

② 尹盛平：《西周蚌雕人头像种族探索》，载《文物》1986 年第 1 期。

③ 《浚县辛村》第 67 页及图版壹零肆·1，2。

④ 《宝鸡強国墓地·竹园沟墓地》第 171 页，及图版九 0.7。

⑤ 《沣西发掘报告·张家坡居住遗址》和报告中的《张家坡和客省庄的西周墓葬》第 106、125 页。

⑥ 《陕西张家坡 M170 号井叔墓发掘简报》，载《考古》1990 年第 6 期。

当精美，而且多出自重要遗址和贵族墓葬中，反映出这种产品主要是为贵族的需要而进行生产的。这一现象可以从几处制骨作坊遗址的实物出土状况得到证实。

丰镐和云塘制骨场所的产品种类较少，几乎都是以生产生活和装饰用品为主，骨笄的产量尤多，云塘的骨笄占产量的90%以上，其次是骨锥、骨针等简单的生产和缝纫工具。这样原料来源充足的大规模制骨作坊，很像是王室经营的产业。就云塘生产骨笄废弃的大批骨料而论，这种产品供应王室贵族消费绰绰有余，再加上同时期丰镐发现的部分制骨遗址也以生产这类产品为大宗。由此推断，王室生产的骨笄还应有其他用场。值得注意的是规模宏大的作坊却制作比较单一的产品，那些骨雕、蚌雕、牙雕制品又该由何处生产？清人分析《考工记·雕人》后曾提出，“此雕人当为制骨角之一”①，说明制骨手工业生产的什物不应限于某一两种产品，骨雕、蚌雕、牙雕制品都应是该项手工业经营的范围。诸侯国的制骨业也应如此。部分制骨遗址所揭示的情况，只能说制作骨笄以外产品的场所尚未发现，有待田野考古去探寻。还应看到，与云塘制骨作坊遗址毗邻的还有冶铸、琢玉和制陶等手工业场所，金文中还透露出这一带也有皮毛加工业作坊②，这些都表明周原地区曾是王室经营的手工业作坊集中地。丰镐和成周也设有王室管辖的各种手工业作坊③，说明王室经营的手工业分布在朝廷控制的许多重要地点，而且门类齐全，各项产品除满足王室贵族的需要外，还应有相当数量的产品以某种方式供应上层社会的需求，制骨手工业正是以这两种方式向社会提供产品的。

二、玉器的生产

玉，以其质地坚硬，温润细腻，色泽美丽，透明度高而赢得人们的喜爱。《逸周书·世俘解》说武王灭商后曾“俘商旧玉亿有百万”，清人将这夸大的

① 参见孙诒让：《周礼正义·冬官考工记疏》。

② 参见《陕西出土商周青铜器》（一），图172“三年卫盉”铭文。

③《沣西发掘报告·张家坡居住遗址》有铸铜、制骨、制陶遗址；《1975～1979年洛阳北窑西周铸铜遗址的发掘》，载《考古》1983年第5期。

数字订正为“武王俘商得宝玉万四千”①，这样大的数字说明商代统治者占有大量的玉器。考古证实，近四十年来殷墟发掘所得玉器达一千二百余件②。在此之前，那些劫余王陵区大墓仍有不少玉器出土，当年这些墓随葬的玉器似乎不应少于妇好墓的标准，不然传世的商代玉器岂能那样多？由此推断，商王室琢玉作坊制作的多姿多彩的玉制品，完全可与青铜冶铸业的产品媲美。西周的玉器生产就是在这样的条件下继续发展起来的。

西周统治者在政治上吸收商代礼制的基础上，以礼治国的思想进一步完善，渗透到政治生活的各个方面，形成一套比较完整的维护奴隶主统治和树立其尊严的政治制度。这种制度的物质表现之一，就是利用某种形状的玉制品体现出礼的具体内容。后世在总结玉器的政治作用时说：“以玉作六瑞，以等邦国。”“以玉作六器，以礼天地四方。”③ 前者说不同形状和规格的玉器，是区分天子和公、侯、伯、子、男之间等级差别的标志，后者说不同形状和色彩的玉器是最高统治者沟通人与神关系的中介物，足见玉制品在政治生活中起着重要作用。这种作用在文献和诗歌里描绘得非常形象，如周公筑坛“植璧秉圭”④ 举行祭祀，祈祷武王不死。在各种场合，统治者都要以玉制品表示自己的身份和地位，周王继位陈设弘璧、琬（圭）、琰（圭）之外，大臣还要奉上“介圭”为瑞信⑤。天子周围的大臣均“左右奉璋，奉璋峨峨，髦士攸宜”⑥。只有这样才显示出庄重威仪合乎法度的规范。诸侯以“介圭”作为身份的凭证，故称国宝⑦，朝见天子时必须携带这样的信物表明其身份⑧。玉制礼品和饰物在册命和赏赐铭文里经常出现，可补史籍记载之不足，如周王赐师遽“𤪌圭一，环璋四”，赐卯“瓒璋四，瑴一”，赐庚赢“瓒璋”，赐毛公“玉环

① 王念孙：《读书杂志·逸周书第二》。

② 郑振香、陈志达：《近年来殷墟新出土的玉器》，载《殷墟玉器》，文物出版社1982年版。

③ 《周礼·大宗伯》云：“以玉作六瑞，以等邦国。王执镇圭，公执桓圭，侯执信圭，伯执躬圭，子执穀璧，男执蒲璧。”又：“以玉作六器，以礼天地四方。以苍璧礼天，以黄琮礼地，以青圭礼东方，以赤璋礼南方，以白琥礼西方，以玄璜礼北方。皆以牲币各放其器之色。”

④ 《尚书·金縢》。

⑤ 《尚书·顾命》。

⑥ 《诗经·大雅·棫朴》。

⑦ 《诗经·大雅·崧高》有：“锡尔介圭，以作尔宝。”

⑧ 《诗经·大雅·韩奕》有：“韩侯入觐，以其介圭，入觐于王。”

玉鞞”，赐噩侯驭方“玉五瑴”，赐伊姞“玉五品”等[①]；又金文载册命礼仪和贵族交往中流行纳瑾报璧之礼，如颂“受命册佩以出，反入瑾璋”，琱生得到妇氏转赠“君氏大璋，报妇氏帛束璜”，而后“琱生则瑾璋”，有时贵族为参加周王举行的典礼，还要临时购置晋见的“瑾璋”[②]；诸侯卿大夫之间往来使用礼仪赠玉，如“大宾豕訊璋”，“宾嬰訊璋”，“苏宾（史颂）璋”，“师黄宾萳璋一”等等[③]。贵族阶级的婚丧也要以玉作为礼仪用品和信物[④]。上述例证表明，玉制礼器既是贵族身份和地位的凭证，又是他们社交活动中不可缺少的信物，故在人们的心目中，这种礼器就成为高贵社会地位的象征，向往和追求它是贵族阶段孜孜以求的理想物品。《诗经·小雅·斯干》中生男“载衣之裳，载弄之璋”的描述，反映出这种思想已侵染到社会生活的习俗中了。

玉制礼器和饰物具有玉的天然魅力，又加上后天的社会吸引力，人们便把一切美好的品德都赋予了它，即所谓玉德。《诗经》里用玉比喻人的品德，把周王描写成：“颙颙卬卬，如圭如璋，令闻令望。”[⑤] 说他像玉制的圭璋那样纯洁高尚，温和肃敬，令人仰望；把周王众臣比作“敦（雕）琢其旅”[⑥]，犹如白玉雕琢的那样完美无瑕；“有匪君子，如切如磋”[⑦]，则是形容君子品德的形成要像琢玉那样，经过长时间的琢磨，方能造就出“温其如玉”[⑧] 的美德。战国以后人们对玉德的内涵有多种解释，尽管内容不尽一致，但蕴含有关仁、智、义、勇的意义基本相同[⑨]，部分地道出了西周时人们对玉的认识。

上述情况清楚地表明，贵族阶层确实形成了一套重礼、崇玉的思想意识，

---

① 分别参见《三代吉金文存》11.37.2（师遽方彝），9·37·2（卯簋），《西清古鉴》3·39（庚嬴鼎），《三代吉金文存》4·46~4·9（毛公鼎），4·32·1（噩侯驭方鼎），《西周铜器断代》（五）（尹姞鼎）。

② 分别参见《三代吉金文存》4.39（颂鼎），《两周金文辞大系》录133，《陕西出土商周青铜器》（一）172（卫盉）。

③ 分别参见《三代吉金文存》8.44.2（大簋），9·9·2（史颂簋），8·50·2（萳簋）。

④ 《周礼·春官·典瑞》有“驵圭璋璧琮琥璜之渠眉，疏琮璧以敛尸。榖圭以和难，以聘女”。又“大丧，共饭玉，含玉，赠玉”。

⑤ 《诗经·大雅·卷阿》。

⑥ 《诗经·周颂·有客》。

⑦ 《诗经·卫风·淇奥》。

⑧ 《诗经·秦风·小戎》。

⑨ 马瑞辰：《毛诗传笺通释》中总结古人对玉有十德、九德、七德、五德和六美之说。

并影响到社会的其他阶层。在这种思想支配下的社会风尚，必然会对琢玉手工业的发展产生深刻的影响。

重礼、崇玉德的风尚，从贵族死后的葬俗上明显地反映出来。近年发掘的大批西周贵族墓葬，伴随数以千计青铜器的出土，也有更多的玉器问世。宝鸡強国墓地几乎每座墓都有玉器随葬，茹家庄1号墓随葬玉器多达三百余件[1]；西安地区被盗的贵族墓往往残留有数量可观的玉器，张家坡170号井叔墓就有数十件之多[2]；陕西扶风齐家19号西周墓玉制礼器、仪仗和佩玉具全[3]；著名的浚县辛村卫国墓地劫余的墓亦有一批玉制礼器佩玉出土[4]；琉璃河大中型贵族墓地也残留有各种玉器[5]。较小诸侯国的贵族墓同样也盛行随葬玉器之风，地处豫中的应国贵族墓随葬玉器有数十件[6]，山东济阳一座类似规模的墓也有不少玉器出土[7]。这些玉器有生前的实用品，也有死后赶制的殓尸玉，仅此已表明对玉器的需求量足够大了。况且至今尚未发现王室贵族大墓，这种墓随葬玉器的数量与強伯和妇好墓相比，当有过之而无不及。西周中晚期有些小墓也出现随葬玉器的现象[8]。诸多例证说明，天子、诸侯、卿大夫生前强烈追求玉制品的欲望，死后还要得到满足，地位下降的贵族或上升的庶民，也以占有玉为荣耀，从而揭示出西周时期玉制品的消耗量远远超过商代，必然有相应生产能力的玉器制作作坊，方能满足如此旺盛的社会需求。王室设有琢玉手工业作坊，工匠称作“玉人”，负责琢制各种玉器，其产品分别藏于“玉府”和“典瑞”等府库[9]。琢玉场所在周原制骨遗址附近探查出来（见上节），其规模有待田野考古揭晓。这样的作坊王室恐不只此一处，金文中有在康宫劳作的

① 《宝鸡強国墓地·茹家庄墓地》第322页。
② 《陕西长安张家坡170号井叔墓发掘简报》，载《考古》1990年第6期。
③ 《陕西扶风齐家19号西周墓》，载《文物》1979年第11期。
④ 《浚县辛村》M14出土石磬等。
⑤ 《1981～1983年琉璃河西周燕国墓地发掘简报》，载《考古》1984年第5期。
⑥ 《平顶山市北滍村两周墓地1号墓发掘简报》，载《华夏考古》1988年第1期。
⑦ 《山东济阳刘台子西周墓地第二次发掘》，载《文物》1985年第12期。
⑧ 《1984～1985年沣西西周遗址、墓葬发掘报告》，载《考古》1987年第1期。
⑨ 《周礼》的《天官·玉府》和《春官·典瑞》等。

"百工"，有"西隔东隔驭百工"，还有未言明服役地点的"百工"[①]，这里的"百工"是指诸种手工业作坊和工匠而言，琢玉之工很可能也在其中。金文中还有卿大夫所有的"百工"，如朝臣"虢仲令公臣司朕百工"[②] 就是一例。诸侯国的"百工"更是不可或缺的，其中不乏琢玉之工，強渔国出土的玉器精品的形制和花纹，虽然都与周王朝中心地区的式样一致，但雕琢粗糙的制品很少有花纹，甚至开料的锯痕都未磨去，很明显，这种产品是当地急就而成的。茹家庄1号墓还出有未加工的玉料[③]，而整个強国墓出土的玉器均以青玉为主，墨玉、岫玉等所占比例很小，看来该国已有较固定的玉料供应地。这些现象证明，不见经传的強国都有自己的琢玉手工业生产部门，可见那些东方周人同姓诸侯大国，更应该有像样的玉器生产作坊是不成问题的。

制作玉器的材料有软玉（真玉）、岫玉（蛇纹玉）、煤玉、玛瑙、莹石、绿松石和其他彩石。古人对玉的认识不像现在这样经过科学鉴定，只把"具有交织纤维显微结构的透闪石——阳起石系列矿物"称作玉[④]，而是泛指一切美石，如前人考证《尚书·顾命》里的"大玉、夷玉、天球"皆是美石而非玉[⑤]。今人提出古时"玉石一般是指质地细密、色素雅、瑰丽、性坚硬、耐琢磨，抛光面温润的半透明或不透明的矿物和岩石"[⑥]。这种意见不无道理，故我们这里所说的玉器不限于软玉制品，其他美石制品也包括在内。值得注意的是，这时有一种黑润光亮的煤玉，被用来雕琢礼器和装饰品[⑦]，使西周的玉雕产品增添了新色彩。

玉器的种类和样式繁多，大体可分为四类：（1）礼器：主要是贵族的信物和用于祭祀场合的器物，有圭、璋、璧、琮、璇玑、璜、玦等，一般形体较

---

① 分别参见《三代吉金文存》9.20.2（伊簋），《商周金文集成》4311（师猷簋），4340（蔡簋）。

② 见《陕西金文汇编》上371，（公臣簋）。

③ 《宝鸡強国墓地》356页，图版一九三，5.6。

④ 闻广：《中国古玉的考古地质学研究——玉，中国古代文化的标志》，载《国际交流地质学术论文集》（6），地质出版社1985年版。

⑤ 章鸿钊：《石雅》，载《地质学报》乙种2号，1921年版。

⑥ 阎嘉祺、尹申平：《史前地质学考古学的研究与方法》，载《史前研究》1988年辑刊。

⑦ 《宝鸡強国墓地·附录七，宝鸡茹家庄強伯墓妻妾出土黑色玦的鉴定》。

大，如圭长度为10~30厘米不等。（2）仪仗：这类器物较少，有戚、钺、戈等，有的形体很大，长达50厘米以上。（3）工具：有斧、锛、铲、凿、刀、匕等，多为象征性的生产工具，很少有使用痕迹。（四）装饰和陈设用品：几何形体的玉饰有珠（多以玛瑙制成）、管，或由珠、管和其他形状的饰物组成串饰，发现的数量最多，柄形器也不少。动物形状的玉制品有鱼、鸟、蚕、蝉、蚂蚱、夔龙、鹿、虎、兔、鸮及玉人等，这类装饰品琢制难度较大，最能体现出琢玉的技术水平。其中一些较小的是作为“葬玉”置于死者口中或面部的。

这个时期的玉器制作过程主要分三个程序：（1）选料切割，是琢玉的准备阶段。根据玉料的大小、色泽和斑点的位置，将玉料切割成适用的片材或块状。俏色玉雕尤其要注意这道工序，琢制前设计出巧妙运用玉料天然色彩和层次，合理进行取舍和配置的实施方案，方能琢出优秀的俏色玉雕产品。（2）雕琢成形。平雕、浮雕、圆雕和透雕玉制品的形态和花纹都要在这个步骤完成。至于设计方案中造型和花纹琢制的优劣，取决于工匠的技术熟练程度和劳动积极性的发挥状况。（3）抛光和装饰。质地优良的玉制品大多要经过抛光，首先磨去琢制时留下的痕迹，再进行精磨，使玉器表面光滑光亮，在光线照射下呈规律放射，增强玉器的透明度。如黄绿色岫岩玉人首佩，抛光后玉质更显得光洁莹润[①]。有些玉饰是由多个玉制件组成，分别抛光后再粘接组装，或镶嵌绿松石，考究的柄形器就是这样的饰物。

西周早期的玉器艺术风格因袭商代的作风，在动物形和人形玉雕上表现得尤为突出。宝鸡竹园沟成康时期墓葬出土的玉鱼、玉鸟、玉蚕、玉龟、玉蝉[②]，灵台白草坡和洛阳的玉人等[③]，都具有这样的写实性较强，未见运用抽象夸张手法表现雕琢对象的作品。但这个时期也不乏有创造性的产品，清末在周原发现的太保大玉戈，通长66.5厘米，援宽9.2厘米[④]，是今所见最大的玉

① 王凌华等：《介绍几件商周玉器》，载《华夏考古》1990年第2期。

② 《宝鸡強国墓地·竹园沟墓地》4号、13号墓。

③ 《甘肃灵台白草坡西周墓》，载《考古学报》1977年第2期；《洛阳东郊西周墓发掘简报》，载《考古》1959年第4期。

④ 端方：《陶斋古玉图》，第4页。

戈。该玉“呈棕红色，玉质细腻温润，雕琢工致，十分美观”[①]。戈援基部锲刻铭文廿七字，记录太保巡视南国殷见诸侯的过程。这件戈的历史价值和艺术价值都是难以估量的。圆雕俏色玉鸮，青绿色鸟体，配以红喙极为鲜明生动[②]，浮雕俏色回首鱼鹰衔鱼，设计新颖，制作精细[③]，都是难得的古朴玉雕艺术佳品。

西周中期以后，形成了有时代特色的玉雕艺术产品。首先玉器花纹与青铜器花纹同步发展，都盛行凤鸟纹。穆王时代強伯墓出土的方形和圆形玉饰，中心部位多施阴线双勾凤鸟纹，玉璜雕刻变体凤鸟纹，均构图丰满，线条优美。柄形玉饰上的凤鸟纹雍容华贵，在柄部用“阴线雕出一对凤鸟，上端凤鸟昂首前视，高冠飘摇，下端凤鸟回首卷尾别具情态，雕线十分流畅”[④]。传世品中的柄形玉饰也有类似的纹样，或凤鸟与夔龙纹上下排列[⑤]，此时的柄形玉饰除于柄部雕刻纹饰外，还在柄的下端安装多个玉片作装饰，有的还镶嵌绿松石，使光亮温润的柄形玉饰更为高雅华丽。其次，表现在写实性玉雕的形态更为逼真，制作精细。如浮雕鹿神态各异，有的肥硕，有的矫健；有的奔跑，有的伫立；有的前视，有的回眸；有的机警，有的稚气；有的引颈长鸣，有的低首觅食。成年鹿角分枝蟠曲直上，或左右平列，幼鹿大耳直竖，憨态喜人[⑥]。各个均造型优美，生动活泼。浮雕玉虎、玉兔、玉牛等也各具神态，栩栩如生。圆雕动物也形态逼肖，玉质油润、雕琢精细的玉牛，体态雄健有力；光亮鲜润的玉牛首，粗状的头骨和双角，以及滚圆的双眼，同样表现出牛的力度[⑦]。俏色玉鹰，由白玉琢成，头顶为褐色，作展翅飞翔状，塑造出搏击长空的雄姿[⑧]。再者，玉雕艺术在写实的基础上，发展起夸张和抽象的艺术风格。

---

① 庞怀清：《跋太保玉戈》，载《考古与文物》1986年第1期。此戈今藏美国华盛顿弗利尔美术馆。

② 《山西洪洞永凝堡西周墓》，载《文物》1987年第2期。

③ 熊建平：《西周早期的俏色玉鹰》，载《文物》1986年第12期。

④ 参见《宝鸡強国墓地》第322页、330～335页及图二二八、二二四、二三二、二九五。

⑤ 黄濬：《古玉图录》初集卷三，第36～39页。

⑥ 参见《宝鸡強国墓地》第342～343页及图二三六、二三七。

⑦ 参见《宝鸡強国墓地》中的《茹家庄墓地》第375页及图二三九的1～6；《竹园沟墓地》图一七二的11。

⑧ 《平顶山市北滍村西周墓地1号墓发掘简报》，载《华夏考古》1988年第1期。

前面提到的浮雕玉鹿，头上突起两只高耸的角，还有长尾拖地的鸟，都是运用了艺术夸张的手法。另外一种三角形、尖尾、无纹饰的鸟，浑沌无纹饰的鱼等，刀法简练，构图具有抽象化趋势[①]。总之，这个阶段琢玉技术比商末周初大为进步，手法多样，造型精巧逼真，纹饰繁简适度，题材广泛，产品增多，反映出从事琢玉生产的队伍扩大，工匠技术熟练，创造出丰富多彩的玉雕作品，为把这项手工业生产推向一个新的发展阶段准备了条件。

第六节　木器和漆器的制作

西周时期的木器及其相关的产品，在生产劳动和社会生活的诸多方面发挥着重要的作用，农业生产工具中的木制耒和耜，手工业工具和兵器的把柄，交通工具中的车船，生活用具的几案，建筑物的梁架等等，无一不是木材加工产品。这些木器是人们获取物质资料、改善生活条件不可缺少的劳动工具和生活设施。漆器原本是在木器加工业的基础上发展起来的手工业产品，它延长了木制器具的使用寿命，又轻巧美观实用，成为这个时期很有特色的手工业生产项目。过去因为资料匮乏，无法考察西周时期木器和漆器的生产状况。几十年来，由于田野考古和金文研究不断取得成果，参照有关文献的记载，相互补充，能够比较真切地勾勒出那个时期木器、漆器制品的种类、形态和制作水平了。在众多的产品中以舟车和日用漆器发现得最多，下面我们以交通运输工具和漆制器皿为代表，阐述木器和漆器制作业的发展概况。

一、交通运输工具的制作

商、周时期将水上运载工具称作舟，陆地行驶的交通器械唤作车。文字和实物资料表明，商代晚期舟、车的制作技术已达到了较高的水平，已成为渡河和陆地乘载的主要运输工具。甲骨文中的舟字结构很像木板拼合起来的船

① 参见《宝鸡强国墓地》第344页及图二四〇的1~2；354页及图二四三的1~5。

只[①]，盘庚迁殷临时打造的应该就是这种渡船[②]，否则是不能把民众和物资运过宽阔的河面。金文中那种人荷贝乘舟的合体字[③]，好似乘舟远行经商，说明舟不单是渡河工具，还具有水上远航的功能。见于甲骨和金文的陆地乘载工具为单辕双轮车[④]，殷墟考古发掘再现出这种车的主体结构[⑤]，今人才得以知道商代马车的基本形状和特点。当时车不只是供人乘坐和运输物资[⑥]，还是军队的重要装备[⑦]。

灭商后的周王朝以关中为基地，西出陇山，东抵胶东，北上幽燕，南下江淮，其疆域之辽阔，远远超过了商王朝的版图。在这样一个以周天子为共主，诸侯林立的王朝中，往来奔驰穿梭的舟车显得比殷商时期更为重要，因而这个时期官府的舟车制造业迅速发展，在武装起庞大军队的同时，也促进了东西南北之间的经济文化交流。

从商代荷贝乘舟形文字的寓意，以及航行于海峡独木舟的发现[⑧]，说明在河流和沿海地带的居民使用着自己建造的小船作为水上交通工具。西周时期生活在同样地区的中小奴隶主甚至一般民众，还会继续使用这种经济实用的运载工具的。以舟作比喻的诗句层出不穷[⑨]，反映的正是人们对行驶在河中小舟作用的认识，这就从一个侧面证实民间可以制作一般的船只。

周王朝统治的地区，最通行的交通工具是车。这时的车有畜力和人挽两种曳引方式，以马和牛为动力的分别称作车和大车[⑩]，用人力牵动的车叫辇，陕

① 《甲骨文合集》11460 甲、11461、11462 的舟字作“𠂤”形，是象形的木板方头船。

② 《尚书·盘庚》载：“盘庚作，惟涉河以民迁。”《正义》曰：“郑玄云：‘作渡河之具。’王肃云‘为此思南渡河之事，此《传》言南渡河之法，皆谓造舟船渡河之具。’”

③ 容庚：《金文编》，中华书局 1985 年版，附录上第 1030 页。

④ 参见《甲骨文合集》1149、1152 及《金文编》第 929 页。

⑤ 《安阳殷墟孝民屯的两座车马坑》，载《考古》1977 年第 1 期。

⑥ 《甲骨文合集》1523 记录商王和子央乘车打猎遇到车祸的情况。

⑦ 《甲骨文合集》36426 契刻着商王在盂地以狩猎的方式进行军事演习“振旅”。

⑧ 王永波：《胶东半岛上发现的古代独木舟》，载《考古与文物》1987 年第 5 期。

⑨ 参见《诗经》的《鄘风·柏舟》，《小雅·菁菁者莪》，《小雅·采菽》等。

⑩ 《诗经·大雅·大明》的“牧野洋洋，檀车煌煌，驷騵彭彭”，说的是马车。陈奂在《诗毛氏传疏》中引郑注云：“大车，平地任载之车。”又韦注云：“大车，牛车也。”王先谦在《诗三家义集疏》亦引：“郑云‘平地任载之车’其车驾牛。”师同鼎铭文将车与大车并提，更证明驾马的车与牛车有别。铭文载《文物》1982 年第 2 期。

西陇县春秋早期墓出土的辇，“衡木两端各置一木俑”[①]，与《说文》的解释“辇，挽车也。从车、扶，扶，在车前引之”的描述一样。按照用途来区分，则有任载和乘坐之别，牛车和辇（主要功能）多用于载重，《诗经·小雅》中《黍苗》里的“我任我辇，我车我牛”，说的就是役夫挽辇和牛拉车载辎重的情景。《大东》里的“薪是获薪，尚可载也”，《正月》里的“其车既载”的车，均是指载重之车而言。乘坐的车名称很多，据《周礼·春官·巾车》云，周天子和王后的车叫路，由乘坐的场合和车上的饰物的不同，又在“路”前冠以区别性名词，周王的车有“五路”：玉路、金路、象路、革路、木路。王后的“五路”是：重翟、厌翟、安车、翟车、辇车。此外，还有饰物不同的丧车五种：木车、素车、藻车、駹车、漆车。在王左右官员的乘车亦分五等，有夏篆、夏缦、墨车、栈车、役车等等[②]。周王五路中的“金路”，文献中又称“大路”[③]，“路车”[④]，金文里的“金车”[⑤] 也属这一类。五路中的“革路”是兵车的专名，古籍名之为“戎路”[⑥]，“戎车”[⑦]，或单名车[⑧]。有特殊用途的战车又单独命名，如冲锋陷阵的大型战车名“元戎”[⑨]，攻城兼破阵的重型车辆谓之“临” 和 “冲”[⑩]。如此众多车的种类和类型，远比古人总结的“车有六等之数”[⑪] 为多。这些车都是在充分利用轮的旋转速度及其所带来的力量的前提下，再于车身处辅以相应的构件，就出现了各具特色和性能有别的车子。

---

① 陕西省考古研究所宝鸡工作站等《陕西陇县边家庄五号春秋墓发掘简报》，载《文物》1988年11期。

② 各种车的名称来源和用途参见《周礼正义·春官·巾车》的疏。

③ 《周礼正义·巾车》疏引金榜云：“《左》定公四年分鲁公、康叔、唐叔以大路。是以金路封同姓。”孙诒让认为：“金说是也。”

④ 《诗经·小雅》的《采芑》和《采菽》有“路车有奭” 和 “路车乘马” 为诸侯所乘之车。

⑤ 师兑簋铭文有“金车”之名（《三代吉金文存》9.30~31.1）。

⑥ 《左传·庄公九年》有“公丧戎路”。

⑦ 《周礼·春官·戎右》是“掌戎车之兵革使”。

⑧ 《诗经·大雅·江汉》有“既出我车，既设我旟”。

⑨ 《诗经·小雅·六月》有“元戎十乘，以启先行”。《韩诗》曰“名曰陷阵之车，所以冒突先启敌家之行伍也”。

⑩ 《诗经·大雅·皇矣》：“与尔临冲，以伐崇墉。”《毛诗正义》：“临者，在上临下之名；冲者，从旁冲突之称，故知二车不同。兵书有作临车、冲车之法，《墨子》有备冲之篇，知临、冲俱是车也。”

⑪ 《周礼·考工记总叙》。

这一点从车的构造将得到进一步证实。

对于周代崇尚车辆制造，清代学者作过许多探索，由于囿于《考工记》经文的窠臼，因而种种复原的设想都与如今见到的实物遗迹相距甚远[①]。自20世纪50年代在陕西长安沣西张家坡发现西周车马坑，第一次呈现出独辕双轮马车的整体面貌[②]，才使我们有了比较清楚的了解。以后又陆续出土多部较为完整的车形遗迹，成为现在复原周代车制的可靠凭证。

研究者根据车形遗迹和文献记载，复原出西周时期车的形状，其构造相当复杂，各种木质和青铜铸件，以及皮革附属物等，不下五六十种之多[③]。车的主体结构可归为轮轴、辕（辀）衡和厢（舆）三大部分。轮和轴是负重的部件，必须是坚固和轻巧相结合的实体，方能实现乘载奔驰的目的。这时轮轴的设计和制作达到了上述要求，轮由牙、辐、毂三种小部件构成，数块弯曲的牙斗合成直径125～144厘米的轮圈，衔接处还用铜饰件固定。牙的断面呈梯形，承辐的一面宽，着地的一面窄。毂是用圆木制成中间粗两端细的橄榄形部件，长约50厘米，粗处建辐，中空贯轴，并用青铜铸件辖、轫、軧套合在毂的两端，有的还在建辐处施用青铜铸件，这就使毂在快速运转时不易裂开[④]。辐是以毂为中心成放射状均匀分布在毂和牙之间的木条，使轮的各部位受力相等。辐的一端略细，与牙和毂的形制起到异曲同工的效应，既减轻了车轮整体的重量，又足以承受设计所要求的负荷，而狭窄的轮牙更减少了车轮前进的阻力。轴是用圆木加工成中间粗两端细的形状（长约300厘米），两端分别贯入两轮，轮毂外端的轴头装有铜车軎，用辖固定（多为铜质）[⑤]，保护轴头和制约车轮不致脱落。有的车在毂内侧的轴上还套有铜轴饰[⑥]，护卫毂的内侧，并阻

---

① 程瑶田:《考工创物小记》有关部分，见《皇清经解》第536卷。

② 《沣西发掘报告·张家坡的西周车马坑》。

③ 各种部件的名称参见孙机:《中国古独辀马车的结构》，载《文物》1985年第8期；张长寿、张孝光:《殷周车制略说》，载《中国考古研究》，文物出版社1986年版。

④ 以上牙、辐、毂结构，参见郭宝钧《浚县辛村》的M1:2；M3:42；M3:43。

⑤ 《胶县西庵遗址调查试掘简报》图五·七，载《文物》1977年第4期；《洛阳老城发现四座西周车马坑》图五的1、2、3，载《考古》1988年第1期。

⑥ 《北京附近发现西周奴隶殉葬墓》图一八，载《文物》1974年第5期；《陕西出土商周青铜器》(四)，图九六。

止车轮向内倾斜。再加上车毂较宽，支撑面大，这样就保证了行车时的稳定性。

车辕古称辀，它与轴垂直相交榫合在一起，尾部稍稍露出车厢（舆）外，便于登车踏脚，往往还套有铜踵[①]。伸出舆前的部分从平直逐渐昂起，渐渐变细，顶端装有铜軏[②]。辕长约3米，前端高于车轮半径，一般为115～130厘米[③]。这样的曲辕顶端几乎与马颈高度相等，重负的车对马颈的压力就不大了，有利于驱动马向前用力[④]。缚轭驾马的衡装在辕上，是约1米的横木[⑤]，上面装有铜饰物[⑥]有的作向上翘起的兽首形[⑦]，有的为矛状，并悬以穗状铜饰[⑧]。这样的车衡在文献和金文中名曰“错衡”[⑨]。人字形轭用铜轭首固定在衡上，木质的轭骨还套有铜轭箍、轭脚[⑩]。与马颈接触的轭肢部分再垫上皮革之类物品[⑪]，避免前进中磨伤马颈。

车厢在周代名为舆，安放在轴和辕之上。因轴上加垫的伏兔与辕齐平，故车厢牢固而平稳[⑫]。车厢呈前后短左右宽的框状，四周围以栏杆（名軨），后面栏杆中间留有缺口名龛，是上下车的地方。有的车在厢的前半部设一横梁（轼）[⑬]，便于乘坐时凭依或把持，左右栏杆上也有扶手（较）[⑭]。车厢底部大

---

① 《浚县辛村》图版叁叁·2；《1967年长安张家坡西周墓葬的发掘》图二三·1，载《考古学报》1980年第4期；《胶县西庵遗址试掘简报》图五，6，载《文物》1977年第4期。

② 《浚县辛村》图版叁二，1.2，叁叁，1；《陕西出土商周青铜器》（四），图九四。

③ 张长寿等：《殷周车制略说》，《中国考古学研究》。

④ 郭宝钧：《中国青铜器时代》文物出版社1978年版，第149页。

⑤ 《上村岭虢国墓地》1722号车马坑。

⑥ 郭宝钧等《1952年秋洛阳东郊发掘报告》图一五，载《考古学报》1955年第9册；《1967年长安张家坡西周墓葬的发掘》图二五·1，2，载《考古学报》1980年第4期。

⑦ 《1981～1983年琉璃河西周燕国墓地发掘简报》图版肆·6，载《考古》1984年第5期。

⑧ 《沣西发掘报告》图九五上左。

⑨ 《诗经·大雅·韩奕》有“簟茀错衡”，毛公鼎铭文有“遣（错）衡（《三代吉金文存》4.27）。

⑩ 郭宝钧等《1952年秋洛阳东郊发掘报告》图一五，载《考古学报》1955年第9册；《1967年长安张家坡西周墓葬的发掘》图二五，1.2·载《考古学报》1980年第4期；《长安张家坡》图二四。

⑪ 《说文·韦部》“韇，轭裹也。”段注“以皮裹之。”

⑫ 张长寿等：《说伏兔与画辑》，载《考古》1980年第4期。

⑬ 见《沣西发掘报告·张家坡的西周车马坑》图九四左。

⑭ 《浚县辛村》图版叁玖·1。

多铺木板，也有用皮条编织的[1]，乘坐更为舒适。有的车在轸上“镶有蚌壳磨制的圆泡状花纹”[2]，也有用青铜饰物装在轸上的[3]，或还有辂饰、帷勾等铜铸附件[4]。考古发掘还见有少数车厢的中部立有撑起的伞盖[5]。

周代的车，除利用铜铸件和蚌制品做装饰外，还髹以颜色鲜艳的红漆，在车迹遗存中经常见到[6]。《诗经》里的“路车有奭”[7]，描写的就是亮光闪闪的红色漆车。考古和文献相互印证，车的表面确有髹红色或褐色漆的，使车显得更为华贵大方，金文中周王赏赐的车辆装饰的部位不仅多于《诗经》里的描述[8]，而且也比至今见到的车辆遗迹为多，如牧簋的“金车、𠦪较、画𨐨、朱虢𩏂靳、虎冟、熏里”[9]。录伯𢦏簋的“金车、𠦪帱较、𠦪𩏂、朱虢靳、虎冟、朱里、金甬、画𨐨、金厄、画𨐨。”[10] 各种名称标示着车的诸部位的装饰特点，这里的“金车”是突出以青铜铸件为饰物；“𠦪较”、“𠦪帱较”是加饰花纹的边轼；“𠦪𩏂”、朱虢𩏂靳”与《诗经》的“鞹鞃”相当[11]，即轼的某些部位还要“以皮鞔之而涂之以朱”[12]；“虎冟”“朱（或熏）里”乃指绘有虎纹的车幔和衬以朱（或熏）色的里；“画輤”、“画𨐨”分别为绘在轭裹和伏兔处皮革上面的花纹；“金厄”、“金甬”是指轭上铜饰和衡上銮铃之类饰物。毛公鼎铭文中还有“遣（错）衡、金嶂（踵）、金豢（梶）、约𣪘（軝）、金簟弼”等

① 《长安张家坡西周井叔墓发掘简报》，载《考古》1986 年第 1 期；《1981～1983 年琉璃河西周燕国墓发掘简报》，载《考古》1984 年第 5 期。

② 《西周镐京附近部分墓葬发掘简报》，载《文物》1986 年第 1 期。

③ 《陕西出土商周青铜器》（四）图九五。

④ 《浚县辛村》图版叁玖 2，3，4。

⑤ 《1981～1983 年琉璃河西周燕国墓发掘简报》的图五，载《考古》1984 年第 5 期。

⑥ 甘肃灵台的马车以棕色为底色，其外再涂红色漆，见《考古学报》1977 年第 2 期；1979～1981 年长安出土的马车施有黑色漆，见《考古》1986 年第 3 期。

⑦ 见《诗经·小雅·采芑》传曰：“奭，赤貌。”

⑧ 《诗经》里对车的金属装饰见于《小雅·采芑》有“约軝错衡，八鸾锵锵。”《大雅·韩奕》有“鞹鞃浅幭，鞗勒金厄，八鸾锵锵。”《商颂·烈祖》有“约軝错衡，八鸾鸧鸧。”

⑨ 牧簋见《商周金文集成》4343。

⑩ 录伯𢦏簋见《商周金文集成》4302。

⑪ 《诗经·大雅·韩奕》中的“鞹鞃”，《诗三家义集疏》引陈奂云：“孔疏引《说文》云‘鞟，革也。’‘兽皮治去其毛曰革。’‘鞟’与‘鞹’同。”又“《说文》‘鞃，车轼也。’”

⑫ 毛公鼎铭及考释见郭沫若《金文丛考·毛公鼎之年代》。

金属饰物[①]，依次为铜质的车衡装饰[②]，辕尾的铜套[③]，刹车装置[④]，毂上的套管[⑤]，蔽席上的金饰等[⑥]。

以上略述可知，周代车的制作确实比较考究，各种木构件和铜铸件已达六七十种之多，如果再加上皮革和铜质零件组成的马具及其他饰物，种类就更可观了。这些质料的构件和设备应是相应工种的工人加工制造的，也就是说，木工不可能单独完成车辆的制造，必须有其他工种的工匠协作才能组装出符合要求的车。单就木构件而言，也需要木工内部有所侧重，才好成批地制作某种规格化的木构件，较方便地组合成性能优良的车辆骨架。这种不同工种和同工种内部的分工合作，与古人对车的制作技术评估“一器而工聚焉者，车为多”[⑦]的总结契合，说明车的制造是吸收了当时各种手工业的先进技术，集中体现出手工业发展的综合水平。

这个时期的车与商代相比，虽然在形体上没有大的变化，但在结构上确作了改进，有两点最为明显，一是轮毂加长，一般都在0.5米左右[⑧]，而且车厢也加宽了。这种局部的改进使车在行进中两轮不易偏斜，重心自然不易左右偏移，从而大大增加了车在运动中的稳定性。二是车辕的前部曲度加大[⑨]，此项措施产生一举两得的效果，既减轻了车辕对马的压力，又促使马向前用力，达到提高行进速度的目的。

西周时期的车辆制造规格化程度还不高，但各种车辆的生产毕竟是迅速发

---

① 陈汉平在《西周册命制度研究》中认为“靷、㬥即为约轼之初文。”学林出版社1986年第1版。

② 《诗经·商颂·烈祖》有“约軧错衡”句。

③ 《考工记·辀人》注把这种铜套称作“踵，后承轸者也。”

④ 徐同伯《从古堂款识学·周毛公鼎》中云：“柅为止车物，故假豪为柅。”王国维《观堂集林·毛公鼎铭考释》亦云：“《易》‘系于金柅’，《疏》引马云‘柅者，在车之下，所以止轮，令不动也。’”

⑤ 《说文·车部》“軧，长毂之軧也，以朱约之。”毛公鼎的“约軧”前后均为金属之物，故“约軧”亦应为金属制品。

⑥ 弼即茀字，《诗三家义疏》引郑笺云：“‘簟茀’，漆簟以为车蔽，今之藩也。”

⑦ 《周礼·考工记·总叙》。

⑧ 商代的轮毂长度为26～40厘米；周代则为40～55厘米。

⑨ 商代车的辕前端翘起很少，有的近于平直，参见杨宝成《殷代车子的发现与复原》，载《考古》1984年第6期；西周的车辕前端翘起较高，参见前引张长寿、张孝光文。

展了，这是与当时骤然扩大的疆土，周人地位的改变，武装移民的需要密切相关的。震慑新征服的地区，防止玁狁进犯和淮夷的侵扰，始终是王朝朝夕思虑的大事，必须要有强大的军队，才能维护王权和国家的统一。战车的多少是国力强弱的重要标志，所以统治者着力发展车辆制造业是很自然的，牧野之战时周军不过“戎车三百”[①]，到成王“践奄”后[②]，就封于此的鲁公伯禽俨然是“公车千乘”[③] 的大国之君了。朝廷直接指挥的西六师和殷八师更是战车如云，在征荆蛮时出动六师之众，“其车三千”[④]；抗击玁狁入侵的周军各种战车齐备[⑤]，而且众多[⑥]，不亚于征荆蛮的师众，又如参加西六师和殷八师伐噩侯的禹，带领的仅仅是高级将领的私属部队，就有“公戎车百乘”之多[⑦]。这些例证说明东西两支大军的战车数量不可胜数。为军需服务的牛车和人挽的辇，其数量也不少于战车[⑧]。各级贵族乘坐的马车为数也很多，如地处北疆的韩侯，娶亲时的车队非常气派，《诗经》有“韩侯迎止，于蹶之里。百两彭彭，八鸾锵锵，不显其光”[⑨]。一般贵族也把车视作自己地位的象征，彼此夸耀所乘之车“攸勒冲冲，和鸾雍雍”[⑩]。诸多资料表明，在军事、政治、生活等方面，车成为不可缺少的装备和交通工具，反映出这项手工业生产在迅速发展，呈现出前所未有的盛况。

我们上面叙述的车辆制造业，应属官府控制的生产部门。《周礼·春官·叙官》中管理朝廷车辆的巾车属下有“工百人，胥五人，徒五十人”。孙诒让在《疏》中提出“‘工百人’者，即轮人、舆人、辀人、车人四工给事于官

---

① 《尚书·牧誓》载“戎车三百，甲士三千。”

② 《尚书·序》的成王“践奄”即金文“王伐盖侯”之事见禽鼎铭文载《大系录》4。

③ 《诗经·鲁颂·泮宫》。

④ 《诗经·小雅·采芑》述征荆蛮时“方叔涖止，其车三千，师干之试。”

⑤ 《诗经·小雅·六月》伐玁狁时“六月棲棲，戎车既饬，”；“元戎十乘，以启先行”；“戎车既安，如轾如轩。”

⑥ 《诗经·小雅·采芑》方叔曾伐玁狁，“戎车啴啴，啴啴焞焞，如霆如雷，显允方叔，征伐玁狁，蛮荆来威。”《传》曰“啴啴，众也。焞焞，盛也。”“言戎车既众盛，其威又如雷霆。”

⑦ 徐中舒：《禹鼎的年代及其相关问题》，载《考古学报》1959 年第 3 期。

⑧ 《周礼正义·牛人》的《疏》中，孙诒让同意吉天保征引文献的推断“六军之重车三千乘也。”

⑨ 《诗经·大雅·韩奕》。

⑩ 《诗经·小雅·蓼萧》。

者”。就是制作各种车辆的工匠。而“胥”和“徒”似应指没有这方面专门技术，定期在巾车服役的辅助工[①]。官府还设有负责公用车辆和马牛的机构，如《周礼·春官·车仆》掌管国王、卿大夫和公用战车，“凡师，共革车，各以其卒，会同亦如之”。《周礼正义》《疏》引《左传》隐公十一年云：“‘郑伐许，授兵于大宫，公孙阏与颍考叔争车。’是将出军授兵，则亦授车。”又“《坊记》孔《疏》引巾车‘毁折赍于职币’之文，证乡遂兵车皆官所给。然革车为此官所掌，则乡遂戎车当亦此官授之，”《周礼·夏官·马质》是购买公用马匹和分发乡遂牧养的单位，战时乡遂之师就用这些戎马驾着兵车出征[②]。辎重车和牛车也出自官府，《牛人》的任务之一是：“凡会同，军旅，行役，共其兵车之牛，与其牵徬，以载公任器。”注家认为这表明“乡遂车牛出于公家。”[③] 这些与车辆和马牛有关的管理部门的设立，除证明官府拥有众多的各种车辆之外，也间接地反映出制造这些车辆的手工业部门规模较大。前面曾论及朝廷的战车和辎重车有数千辆之多，而且消耗较大，官府若没有专门制作车辆的手工业作坊，要维持如此庞大的军事装备和运输工具，还要有足够的赏赐官员和其他公用的车辆，那将是不可能的。况且贵族乘坐和作战的车辆，都是手工业综合技术的产物，装饰华丽，价格昂贵，一辆设备齐全的车能交换一个居民点“里”连同周围的土地[④]。这样的车在西周时期，只有那些拥有权利和地位的大贵族才有条件组织生产。因此，《周礼·叙官》里的“工百人”指官府手工业中制作车辆的工匠，当属可信。

与此同时，诸侯和部分卿大夫也有制作车的作坊，《礼记·玉藻》说凶年时“大夫不得造车马”，这条信息透露，只是在年成不好时停止制作而已。如此说来，从周天子、诸侯，到采邑大夫等都有大小不等的车辆制造作坊，形成的生产能力就当然可观了。

---

① 《周礼·天官·叙官》郑注，胥、徒是“民给徭役者”。

② 《周礼·夏官·马质》载“马质掌质马。马量三物，一曰戎马，二曰田马，三曰驽马，皆有物贾。凡受马于有司者，书其齿毛与其贾。”孙诒让云：“谓给百官府之役载及六军之戎马。”“其马盖由官买以给乡遂之家，使放牧田共养之。”

③ 《周礼正义·地官·牛人》《疏》。

④ 九年卫鼎铭文中的矩伯从裘卫那里得到一辆设备齐全的车，便“舍裘卫林舀里”。参见《陕西金文汇编》上171。

二、实用漆器的生产

20 世纪 50 年代以前，人们对西周漆器尚无感性认识，有人曾怀疑那时是否使用漆器[①]。60 年代以后，西周的漆器纷纷出土，引起文物考古工作者的极度关注，开始研究这些漆器的制作工艺，为探讨这个时期手工业生产的发展，开辟出一个新的领域。

西周漆器的发展，主要集中在黄河中下游地区。这个时期生产和使用漆器的范围，西起陇东，东至鲁中，北抵燕山，南达长江两岸。其中以王畿和主要诸侯国封地是西周漆器分布的核心地带。因而在一定程度上，体现出西周是古代东方漆木器生产最发达的地区。诸多地点发现的漆器，依照用途可分为四大类，即饮食器、容器、家具、武器（木质部分）。若以器形而言，饮食器中有豆、碗（钵）、杯、盘、簋、觚等；容器中有罍、壶、彝、盒、筒形器等；家具中有几、俎等；武器中有盾等。诸种器物中以饮食器和容器的品类多，质量好，出土频繁，应该作为考察西周漆器的主要对象和衡量漆器制作水平的标尺，也是我们探讨这项手工业发展状况的重要依据。

西周的漆器制作技术已超过商代，但以往一提到先秦的漆器，就以战国时期楚国境内的漆器为代表，其实早在战国之前两千余年，漆器已是引人注目的工艺品了。西周漆器主要出土在黄河中下游地区，由于长期受碱性土壤的腐蚀，胎骨朽烂与泥土相混，仅能从残存的纹理辨识出是木制的胎骨，一般都较厚，薄胎器物仅为少数[②]。薄胎漆器可卷制成型，而多数厚胎漆器似应以斫制和挖制为主。《尚书·梓材》中以制作漆器作比喻时，确实有斫法之说[③]，其字或作斲，含有砍削之义[④]。实际上，除去主体是片形的盾和几、俎等外，许多器物的木胎不可能单凭斫或挖来制出器形，需采取斫和挖兼用的方法，才能制作出符合要求的形体。豆、碗、杯、盘、簋、觚、盒等大都是斫和挖相结合

① 辛树帜：《禹贡新解·禹贡制作时代讨论》，农业出版社 1980 年版。

② 漆器胎骨一般厚度在 1 厘米左右，也见有 0.2 厘米的薄胎漆器。参见王巍《关于西周漆器的几个问题》，载《考古》1987 年第 8 期。

③ 《尚书·梓材》周公告诫卫叔语：“若作梓材，既勤朴斲，惟其涂丹雘。”

④ 见《说文·斤部》“斫”、“斲”字条。

的产物。木胎制成后，需要进行修整刮削和打磨，使胎骨外表和内壁光滑，达到器形美观、实用的效果。大型器物的木胎制作比较复杂，如北京琉璃河的罍，体高54.1厘米，是一件“有盖，弇口，折肩，腹微鼓，圈足，有耳”的漆木器①。这样大的木胎，若用整块木料斫和挖，即使有斲轮之术的匠人也会一筹莫展。其主体部分应是分段加工，再用粘合的办法形成一个整体。盖上的牛头形装饰和器身的鸟头形耳，是雕刻成型后分别与盖和器粘附在一起的。这种分段加工雕刻，互相粘合的制作技术，表现出工匠们巧妙的设计和高超的技艺。

木胎修整后并不直接髹漆，而是在胎骨外施以“漆灰”②。宝鸡竹园沟曾见“漆皮内侧粘有极细小的沙粒抹料”，应是髹漆前所上的腻子③。这种“腻子”就是漆工所上的“漆灰”。它是用生漆和某种细粉调制成的泥状物，用以涂抹胎骨凸凹不平处，使木胎表面更加平滑便于髹漆。这一发现表明，我国的漆器制造业早在三千年前就开始使用漆灰，此后这种技术经不断改进，一直延用至今，成为漆木器制作不可缺少的工序。

在漆灰外髹的漆，以朱、褐、黑三种地色居多。简单的器物施用单色漆，大多数器物还要在漆地上绘彩或镶嵌饰物。有件漆杯的彩画（又称画漆）很典型，在“黑色和棕色地上绘红彩”，即以云雷纹、回纹、圆涡纹组成上下装饰带④。构图虽然与铜器上的纹样相似，但在鲜艳的颜色的衬托下，显得更为活泼。琉璃河的一件漆罍的肩部也有类似的彩绘图案⑤。镶嵌和雕刻手法装饰的漆器更是别具一格，因饰物与漆的不同色彩配置结果，使器物表面的花纹呈现出立体感。琉璃河的漆觚是朱地褐彩，器身“除了由浅雕的三条变形夔龙（内髹褐漆）组成花纹带外，上下还贴有金箔三圈，并用绿松石镶嵌”⑥。整个器物以雕、绘、贴、镶四种技法进行装饰，因而画面显出多层次的艺术效果。

① 殷玮璋：《记北京琉璃河遗址出土的西周漆器》，载《考古》1984年第5期。
② 参见孙诒让：《周礼正义·地官·角人》《疏》。
③ 《宝鸡強国墓地》，第141页。
④ 《湖北圻春毛家咀西周木构建筑》，载《考古》1962年第1期。
⑤ 《关于西周漆器的几个问题》，载《考古》1987年第8期。
⑥ 《记北京琉璃河遗址出土的西周漆器》，载《考古》1984年第5期。

特别是浅雕夔龙眼部镶嵌了绿松石，使龙纹增加了静中的动感。以蚌料为饰物的镶嵌漆器，是西周最富有代表性的漆器艺术品。将蚌壳磨成中心微凸的圆形蚌泡或形状不一的蚌条和蚌块，用这样的蚌料装饰起来的漆器色调对比强烈，花纹极为醒目。20世纪50年代在陕西长安见到的蚌泡“镶附在器物外面的漆皮上”[①]，是第一次发现这样的漆器残片。以后在陕县[②]、洛阳[③]、扶风[④]、北京[⑤]等地的周墓中相继又有发现。其中以北京出土的豆和罍保存得较好，漆的颜色和蚌料组成的图案比较清楚。豆盘外壁“用蚌泡和蚌片镶嵌，与上下朱色的弦纹组成装饰带；豆柄则用蚌片镶出眉、目、鼻等部位，与朱漆纹样组成饕餮纹图案”。而“罍的装饰纹样最为繁缛，除在朱漆地上绘出褐色云纹、弦纹等纹样外，器盖上还用细小的蚌片嵌出圆涡纹图案，颈、肩、腹部也用很多加工成一定形状的蚌片嵌出凤鸟、圆涡和饕餮的图形”[⑥]。该器盖上的牛头形附件和器身的鸟头形附耳，也用蚌片镶饰。这两件器物用漆、绘、雕的技法相结合，装饰出统一、和谐、完整的几何图案和动物形象，花纹显得既庄重又华丽，称得上是当时漆器中的杰作。

这类漆器的镶嵌用料和构图特征，大都符合《髹饰录》对螺钿的描绘[⑦]。各种形状蚌片嵌成的几何图案、动物形象和饕餮纹，或与其他技法相配合组成的动物形态花纹等，与同时期的铜器花纹一致，都是那个时代人们审美观念的成果。这些镶嵌蚌料并构成流行花纹的漆器，应视作我国最早的螺钿[⑧]。丰富的出土实物资料纠正了那种认为“螺钿器出倭国”的臆断[⑨]，同时也否定了这种技术由印度传入我国的假设[⑩]。

安装青铜饰件是漆器的另一种装饰手法，山西洪洞的木胎铜壶就是这样的

---

① 《长安普渡村西周墓葬发掘记》，载《考古学报》1954年第8册。
② 《上村岭虢国墓地》。
③ 《洛阳庞家沟五座周墓的清理》，载《文物》1972年第10期。
④ 《陕西岐山贺家村西周墓》，载《考古》1976年第1期。
⑤ 《1981~1983年琉璃河西周燕国墓地发掘简报》，载《考古》1984年第5期。
⑥ 《记北京琉璃河遗址出土的西周漆器》，载《考古》1984年第5期。
⑦ 王世襄：《髹漆录解说·螺钿条》，文物出版社1983年版。
⑧ 张永山：《螺钿起源试探》，载《华夏考古》1987年第2期。
⑨ 宋方勺：《泊宅篇》。
⑩ 日本山也善太郎：《正仓院刊》第十二章所论，转引自朱桂辛的《漆书》卷9译文。

产品[1]，壶的盖、口、下腹和圈足为青铜铸件，中腹为木胎漆器。木胎有向外的折棱，正好与铜铸件的内折棱相嵌合，组成一件造型别致的器物。

武器中的盾牌上有漆绘花纹，也有漆面上再安装铜泡的。一般铜泡置于长方形盾牌中央偏上的部位，铜泡或圆形，或兽面形，或人面形，以圆形隆起的居多[2]，或几个形状各异的铜泡组成某种图形[3]。这样的盾牌既美观实用又有较强的抗击刺穿的功能，并带有威严感。上述漆盾很可能是金文中的"画干"、"金干"和"干"[4]，也偶尔称盾[5]。郭沫若认为金文中的"干"是"盾之形象"[6]。而盾是会意兼形声字[7]，金文里有从干，豚声的盾字[8]，正表现出它和"干"的渊源关系。《尚书·牧誓》里的"比尔干"和《尚书·费誓》里的"敿乃干"之"干"，历代注疏家均考证为盾之别称[9]，这就更证明干和盾指的确是一种东西。这种类似的漆盾在宝鸡茹家庄和岐山贺家村都有发现[10]。武器中的戈、戟、弓、矢之类的木质部分大多髹漆，赏赐铭文里的彤弓、彤矢[11]；旅弓、旅矢[12]，分别为髹朱色漆和黑色漆的弓和矢[13]，这两种颜色的弓和矢为不同级别的贵族所持有[14]。

漆器是多种生产技术相结合的产品，它标志着这项手工业内部应有适当的分工，不同工种之间密切协作才能完成生产任务。这样的生产组织，在西周时期只能是官营的手工业作坊，以下几点就说明了这个问题。

---

① 《山西洪洞永凝堡西周墓葬》，载《文物》1987年第2期。

② 郭宝钧：《浚县辛村》图版贰伍·1；《陕西岐山贺家村西周墓葬》图版1，2，见《考古》1976年第1期。

③ 《北京附近发现的西周奴隶殉葬墓》图版拾·2，载《考古》1974年第5期。

④ 小臣宅簋有"画干"，小盂鼎有"金干一"，趞曹鼎（二）有"干"，师猷簋有"干五"等，分别见《三代吉金文存》6.54；4.44；4.25；《商周金文集成》4311。

⑤ 五年师旋簋铭文有盾字，见《考古学报》1962年第1期。

⑥ 《金文丛考·释干盾》，人民出版社1954年版。

⑦ 于省吾：《释盾》，载《古文字研究》第3辑。

⑧ 戜簋铭文，见《陕西省出土商周青铜器》（二），图104。

⑨ 参见孙星衍：《尚书今古文注疏》的《牧誓》和《费誓》。

⑩ 《宝鸡茹家庄竹园沟墓地出土兵器的初步研究》，载《考古与文物》1983年第5期。

⑪ 宜侯矢簋铭文，见《文物参考资料》1955年第5期。

⑫ 伯晨鼎铭文，见《三代吉金文存》4.36.1。

⑬ 参见《诗经·小雅·彤弓》和《尚书·文侯之命》。

⑭ 参见孙星衍：《尚书今古文注疏》的《文侯之命》。

第一是技术要求：漆器的制作至少要经过制胎、髹漆和装饰等工序。每道工序的要求都相当严格，如制胎不仅要求斫出器形，同时还得在木胎表面雕出纹样。有人观察出商代已有旋制木胎的技术，是利用类似陶轮的旋转机械，配合青铜工具进行加工①，这就要求工匠必须具有娴熟的操作技能。至于髹漆，工匠更需具有丰富的经验才能胜任。首先要掌握好晒漆的方法和火候，使生漆变成熟漆，再调以所需的颜色。若没有长期积累的实践经验，很难把握这项技术。其次是髹漆要有适宜的建筑场所，以确保一定的温度和湿度。正因为如此，漆器的生产周期必然较长，没有一定规模的手工业作坊，是组织不了这种产品生产的。还有镶嵌和绘画技术人才的培养，是制作光彩夺目漆器的关键所在。而造就具有高超技能的手工艺者，在"工商食官"的时代，只有官营手工业能够起到这种"学校"的作用。《管子·小匡》在总结官府培养手工业工人时说："少而习焉，其心安焉，不见异物而迁焉，是故其父兄之教，不肃而成，其子弟之学，不劳而能。"② 这种实践经验的总结，与我们从生产技术角度的分析所得的结果是一致的。

第二是非商品性生产：华美的漆器是贵重的工艺品。制作这种产品的原料品种繁多，除了漆以外，还有黄金、青铜、绿松石、丹砂和铁的化合物等颜料，有的是从远方以贡纳的方式进献给周天子或大国诸侯的③，小手工业者难于得到这些原材料。而制作工艺精细，生产周期长，费时费工，成本自然很高，一般社会成员不可能使用这样价格高昂的产品。这一点可以从出土漆器的西周墓得到证实。据统计，随葬漆器的墓都是大中型棺椁具全的，如浚县辛村的卫国墓地的中字型大墓出土有镶嵌蚌片的漆器；北京琉璃河、西安、周原和洛阳等地的漆器均出自中型墓④。这类墓中的随葬品都较丰富，与漆器同出的往往有成组的铜器、陶器、玉器和车马器，有的还有原始瓷器，足见墓主是具有较高社会地位的人。这就揭示出漆器是贵族独占的社会产品。当然生产这些珍贵产品的作坊非官莫属。特别是兵器有关的漆器，更由官府直接控制。

---

① 欧谭生：《罗山天湖商周墓地》，载《考古学报》1986 年第 2 期。

② 《史记·货殖列传》也有与《管子·小匡》类似的论述。

③ 《尚书·禹贡》所述各州的贡品中，与制作漆器有关的大多来自豫、兖、扬、荆诸州。

④ 《记北京琉璃河遗址出土的西周漆器》，载《考古》1984 年第 5 期。

《周礼·夏官·司马》里讲，司马管辖下的司兵和司戈盾二仓库负有平时保管和战时发放漆盾的职责。考古发现的附于漆盾铸件上的铭文，更为判断生产单位提供了可靠的证据。如琉璃河的盾泡铸有“匽（燕）侯”二字[1]，浚县辛村的盾泡铭文有“卫师易”[2]，铭文表明漆盾分别为燕、卫两诸侯国军队制造的，同时也表示出制作漆盾的作坊是国家管理的手工业部门。

西周时期黄河流域漆器制造业发展速度之所以较快，产品又具有时代特色，究其原因，主要是因为有一个较为安定的社会环境。但这里我们着重分析直接促成漆器兴起的因素，因为它关系着这项手工业的发展形式和技术水平。大体可归纳为以下几点：

第一是统治阶级的需要。周公东征后出现的政治稳定局面，巩固了周王朝建立起来的新秩序。在这样的背景下，编制在手工业生产部门中的原商王朝的百工，不仅保有一定的社会地位，而且还受到相当的优待，就连触犯“群饮”之罪的百工也给以宽容，最大限度地调动了他们的生产积极性，充分发挥其技术专长。统治者很重视漆器生产，周公在《尚书·梓材》中说：“若作梓材，既勤朴斵，惟其涂丹雘。”伪孔《传》和孙星衍《疏》[3]都认为这是以制作漆器比喻治理国家，好像漆器是以鲜明的色彩为标志，国家要治理好，就要有修明的制度和典章作保证，方能显出其光辉。这种形象的比喻出自最高统治者之口，说明大贵族熟悉漆器的生产过程，而且喜欢这种色彩斑斓的器物，他们当中的一部分已把漆器视作高雅的生活用品。《尚书·顾命》里描述宫殿内摆设的华玉几、文贝几、雕玉几和漆几，是用不同质料的装饰物装饰的几种漆器陈设家具。加上考古发现的饮食器和容器（都是大中型墓的随葬品），可以看出在贵族的生活用品中，漆器占有相当的数量。由于需满足他们对轻巧、美观、实用漆木器的需求，统治者自然要采取措施发展漆器制造业，因而，西周时期这项手工业生产远较殷代兴盛。

① 《琉璃河西周燕国墓地》。

② 《浚县辛村》。

③ 伪孔《传》云：“为政之术如梓人制材为器，已劳力朴治斵削，惟其当涂以漆丹，以朱而后成。”孙氏《疏》曰：“作梓材既勤力治其素质，当思加以彩色，喻国既治理，更须修明制度、典章，使粲然可观也。”

第二是继承前代的经验。我国制作漆木器的历史源远流长，夏商时期黄河中下游和淮河流域漆器制造业比较发达。漆器上已出现较多的装饰手法，有表里各施一种漆的，有单施朱漆或黑漆的，有在黑漆地上绘红彩的，有在漆器表面贴以金箔的，有镶嵌绿松石的，还有雕花漆器等。藁城台西遗址的残漆器，则是先在木胎表面雕出各种花纹，再涂朱髹漆、镶嵌绿松石，因而花纹显出浮雕式的特征。益都苏埠屯的虎纹和兽面纹漆器是利用浑圆形、条形龟甲和蚌片镶出来的。西周的工匠是继承了这些工艺的传统，才使周代的漆器在镶嵌螺钿等技法方面有了长足的进步，奠定了以后黄河流域漆器装饰的高格调手法。

第三是技术队伍的组建。周人在商王朝生产技术的影响下，用漆装饰木器的方法有了提高，沣西早周墓里发现的红、黑、棕色彩绘图案漆皮，便是实物例证①。但迄今尚未见到此时的饮食类漆器，或许因为灭商前还没有形成一支像样的专门制作漆器的手工业队伍。平定武庚之乱后，周人瓜分了商王朝从事手工业生产的工匠（卜辞中称“百工”），以其一部分以天子的名义赏赐给诸侯，另一部分迁至成周等地。近年来在丰镐、成周及燕卫等诸侯国旧地不断出土漆器，而且制作技术比商代高，这一现象说明西周时期漆木器的骤然增多，不仅是继承了前代技术经验的结果，更重要的原因是拥有一支从商王朝获得的漆器工匠，并把他们编入周天子和诸侯国百工的行列，传授技术和管理生产，从而在较短时间内把这项手工业推进到一个新的发展阶段。

第四是原料有保障。西周漆器制造业发展较快，与广大中原地区的漆资源有密切关系。《禹贡》九州中的豫、兖二州，地处黄河中游和古济水流域，漆是这两州交纳的主要贡品之一，可见古代这里是著名的漆产地②。西周晚期的《诗经·秦风·车邻》中的“阪有漆，隰有栗”和《诗经·唐风·山有枢》里的“山有漆，隰有栗”的诗句，都说明漆和栗是当时重要的经济作物。据记载，春秋早期这一带确实大面积地栽种漆树③，而西周时期的气候条件更适宜

① 《长安沣西早周墓葬发掘记略》，载《考古》1984 年第 9 期。

② 《周礼·夏官·职方氏》也说豫州产漆。

③ 《诗经·鄘风·定之方中》有卫文公迁新都楚丘时“树之榛栗，椅桐梓漆，爰伐琴瑟”。

漆树的生长。当时的渭河、黄河中游和济水流域的气候比现在温暖潮湿[①]，年平均气温也高2℃以上[②]，与当今的秦岭淮河以南广大生长漆树地区的气候条件颇相似，很适宜漆树的生长。这样的自然条件证明《禹贡》里豫、兖二州贡漆之说是符合历史实际的。其他制作漆器的原材料：青铜、黄金、丹砂、绿松石、蚌壳等，或就地取材，或由淮河、长江中下游地区输入。周人在江淮和汉水间建立许多诸侯国，又有驻扎在成周的军队作后盾，能够保障“贡路”畅通，有关原料可以源源不断地输往天子和重要诸侯国所在地。所以西周时期制作漆器的各种原料具全，再加上技术队伍的形成，完全具备了发展漆器生产的客观条件。

西周漆器的发现是近四十年来田野考古取得的新成果，从此结束了这个时期无漆器的推测，同时也有力地证明西周是漆器生产发展的一个重要时期。那些精致的漆器及其同时代的青铜器，同是西周文明的主要组成部分。目前发现的漆器基本上是“百工”生产的产品，填补了手工业发展史上的一段空白，也为全面认识西周社会生产发展水平增添了新内容。

第七节　纺织、皮毛加工业

西周时期的纺织和皮毛手工业生产，有官营的作坊，也有作为农夫家庭副业的形式。这两种生产方式受国家政权的直接或间接控制和指挥，进行有条不紊的纺织和皮毛加工业的生产。

这个时期的纺织品主要有三大类：丝、麻织物和毛纺品。丝织物多彩多姿，麻纺品精粗兼备，毛织物美观实用。这三类纺织品的生产程序和技术要求各有不同，产品的使用对象也有别，我们分别加以叙述。

---

① 胡厚宣：《气侯变迁与殷代气候之检讨》，载《中国文化研究汇刊》第4卷上册；又《1979～1981年长安沣西、沣东发掘简报》中报道，遗物中有生活在温暖潮湿环境的动物骨骼，见《考古》1986年第3期。

② 竺可桢：《中国五千年来气候变迁的初步研究》，载《考古学报》1972年第1期。

一、绚丽多彩的丝织物

早在商代，黄河中下游地区的丝织品生产已相当发达，其种类有绢、纨、纱、縠、罗、缣、绮等条纹和斜纹织物，这些都是当时世界上最先进的织造技术的产物。西周时期黄河流域仍是此项手工业生产的中心，但分布范围有所扩大，周人发祥地关中的栽桑养蚕和丝纺加工也有了长足的进步。《诗·豳风·七月》里的姑娘手提罗筐在桑田的小路上穿行，采摘鲜嫩的桑叶，描述的就是周人老家春天繁忙的养蚕场面①。地处晋南的魏国也是桑田片片②，人们甚至把桑蚕作为青铜礼器的装饰花纹③，显示出蚕会给人类社会生活带来福音。淮河、长江流域的夷人定期向王朝贡献“帛贝”④，说明这一地区的丝织业生产也比较发达。

丝织品通称为“帛”，《左传》里把祭祀、馈赠、进贡的丝织物叫做“束帛”、“玉帛”，穿着丝织品名为“衣帛”。以帛为丝织品的通名，似应看作西周丝织品名称的延续，金文和古文献正是这样，康王时期的乙未鼎有王后“锡帛”的铭文⑤，《毛诗·六月》里的“白旆”本作“帛旆”⑥，《周易·贲六五》中的“束帛”等帛字确实是丝织物的通称。

说明这个时期丝织业发展的文字资料比商代丰富得多，铸有赏赐和敬赠丝类物品的铭文屡屡出现，如周王赐某“丝束”，周师“锡守宫丝束”，“帝后赏庚姬”、“迖丝廿寽”，大赐嬰“帛束”，“吴姬宾制束”，“琱生报妇氏帛束”，裘卫“舍矩姜帛三两”⑦；也有作交换等价物使用的，如“用匹马束丝”赎五个人质⑧。除此之外，还有大量赏赐各种服装和旗帜的铭文，如周王奖赏臣下

---

① 《豳风·七月》有：“春日载阳，有鸣仓庚，女执懿筐，遵彼微行，爰求柔桑。”

② 《诗·魏风·十亩之间》：“十亩之间兮，桑者闲闲兮”；“十亩之外兮，桑者泄泄兮。”

③ 何尊上腹有蚕纹，见《陕西出土商国青铜器》（四）彩版二。

④ 乖伯簋铭文有：“眉敖至见，献貴（帛贝合文）”。见《商周金文集成》4311。

⑤ 唐兰：《西周青铜器铭文分代史证》，中华书局，1986 年版。

⑥ 《诗三家义集疏·六月》。

⑦ 以上分见：夷壶（《考古》1986 年第 11 期），守宫盘（《两周金文辞大系》录 81），商尊（《陕西金文汇编》上 556），大簋（《三代吉金文存》8.44.2），萳簋（《三代吉金文存》8.50.2），琱生簋（《商周金文集成》4292），九年卫鼎（《陕西金文汇编》上 171）。

⑧ 曶鼎（《三代吉金文存》4.45.2）。

的“玄衣”，“玄衮衣”、“玄衣黹屯”，“戠衣”、“戠玄衣”和“䜌旂”等[①]。这些服装应与《诗·周颂·丝衣》和《礼记·玉藻》中的“祭祀”和“朝服”质料相同[②]，都是士大夫阶层穿着和使用的丝织品依物[③]。《诗经》中这方面的资料尤为可贵，它告诉我们不仅商代已有的丝织品种类在继续生产，而且创造出新的品种，《小雅·巷伯》载：“萋兮斐兮，成是贝锦。”这是文献上首次提到锦的名称，对此郑笺云：“犹女工集彩色以成贝文。”《正义》曰：“锦而连贝，故知为贝之文。”参照《禹贡》扬州盛产织有贝纹的丝织品[④]，可知《诗》中的“贝锦”无疑是用不同彩线织成有花纹的锦。这项技术革新是西周中后期纺织业的重要成就，标志着丝织品生产进入了一个新阶段。西周末年和春秋时期，锦的生产备受重视，成为大贵族独享的高级织物，《秦风·终南》《唐风·葛生》《郑风·丰》《卫风·硕人》等诗篇里都有歌颂“锦衣”（或“衣锦”）、“锦衾”，“裳锦”的诗句，春秋时经常把锦作为馈赠的礼物[⑤]，说明这种产品发明之后，深受消费者的喜爱，促使它较快地发展起来，成为丝织品中的佼佼者。

商代的丝织品由于田野考古的发现才得到确认，并借助现代科学技术手段的分析，断定那时已使用多综式提花机，织出菱形花纹的丝织品。见于金文和文献中的西周丝织物同样也得到了考古学的证实，五十多年前在河南浚县卫墓见到“丝织复幕的遗迹”[⑥]，20世纪70年代在陕西宝鸡和岐山出土了色彩鲜艳的绢和提花织物的痕迹[⑦]，反映出西周前期在继承商代丝织技术的基础上又有新的发展。

---

① 以上分见：戓鼎（《陕西金文汇编》上161），舀壶（《三代吉金文存》12.29.2），师奎父鼎（《三代吉金文存》4.34.1）趩觯（《三代吉金文存》11.38.1），䩛簋（《商周金文集成》4255），走簋《商周金文集成》4244）。

② 参见《诗·周颂·丝衣》和《礼记·王藻》的《注》和《疏》。

③ 陈梦家：《西周铜器断代》（六），载《考古学报》1956年4期。

④ 辛树帜：《禹贡新解》附录顾颉刚的信指出：“厥篚织贝乃是织有贝纹之锦”。

⑤ 参见《左传》闵公二年，襄公十九、二十六、三十一年，昭公十三、二十年，哀公十二年等的记载。

⑥ 郭宝钧：《浚县辛村》。

⑦ （1）《有关西周丝织和刺绣的重要发现》，载《文物》1976年第4期。（2）《陕西岐山贺家村西周墓发掘简报》，载《文物资料丛刊》（八）。

丝织品的生产已形成一套比较合理的工序，缫丝和脱胶是利用蚕丝纺织的关键，前者在商代已经掌握[①]，后者也有了科学依据，从岐山出土的丝织品残迹鉴定结果知道，丝织物的丝已不是原生的成对生丝，而是经过精湅的单根熟丝[②]，表明至迟在西周前期蚕丝已进行脱胶处理。这项工艺与后来成书的《考工记·㡛氏》“湅丝以涚水”的经验总结相符，即用温水加栏灰渍生丝数日[③]，脱去丝胶和杂质，使蚕丝光泽、柔软，便于染色。穿综上机是进入纺织的中心环节。这是一项复杂而又细致的劳动，丰富多彩的花纹图案设计首先在这个环节中实现。精湅好的丝经过梳理，将每根丝一一穿入综孔，一般的平纹织物有两片分经综便可胜任，织造绞经的罗要再加两个提经的综，若织几何形花纹必需另加提花综，数量多少视花纹的复杂程度而定。商代的暗花菱纹绮大约需要六片提花综[④]，宝鸡出土的西周前期的斜纹绮，地纹为左向的斜纹变化组织，花纹是菱形图案，这样织法的花纹比商代的平纹暗花绮复杂的多[⑤]，使用提花综的数量必不少于六片。织造平纹重组织的锦，其特点是通过表里经的交替来显见花纹，没有织造前多片提花综位置先后的安排是不能实现的。因此各种丝织品设计图样能够变成现实，经线穿综是至关重要的步骤。穿好综的经线固定在两端有轴的平机上。据研究商代“已有平放式或斜卧式”织机[⑥]，锦的出现更需要平放的织机才能织出如此高级的丝织品。《诗·小雅·大东》里的织机以杼和柚为主要构件，分别为送纬线的梭子和卷经线的机轴。与经轴对应的一端为卷布轴，二者的轴端都以棘齿（轴牙）固定轴头，便于旋转调整经线的位置，同时也将织好的成品卷在轴上。这样的构造自然应是平放式的织机[⑦]。《淮南子·氾论训》笼统地认为继“手经指挂”之后产生的是“机杼胜複”

① 高汉玉：《中国桑蚕丝帛起源的研讨》，载《五洲文明》，四川人民出版社1986年版。
② 高汉玉：《中国桑蚕丝帛起源的研讨》，载《五洲文明》，四川人民出版社1986年版。
③ 孙诒让：《周礼正义·考工记》。
④ 王惹愚：《从台西村出土的商代织物和丝织工具谈当时的纺织》，载《文物》1979年，第6期。
⑤《有关西周丝织和刺绣的重要发现》，载《文物资料丛刊》（八）。
⑥ 夏鼐：《我国古代蚕桑丝绸的历史》，载《考古学和科技史》，科学出版社1979年版。
⑦ 夏鼐：《我国古代蚕桑丝绸的历史》，载《考古学和科技史》。

（胜即机轴[①]）的织机，而古经字的结构显示出在平机产生之前先有竖机，金文中的巠字是经的原生形态，像悬挂经线的竖机[②]。西周时期，经巠二字并行，或许反映出当时竖机还没有完全被平机取代，广大的民间织造平纹织物，有两片综的竖机当然可以胜任。尽管竖机可以织出简单的斜纹织物，那是仰仗双手挑织，因为竖机上难于纵向排列多片综框。商代的回纹绮是六片提花综的产物，周代的锦和菱形图案的斜纹织物，除了使用两片交织综外，也必需有若干片提花综方能形成需要的梭口，织出经线起花的重组织锦和菱形图案的斜纹织物，能够安排下如此众多综框的织机只有平放才可能实现，所以这个时期生产高级丝织品的机械唯平机莫属。交织综系用杠杆原理升降，使梭口开合。提花综的控制是否也如此，尚待研究。即使是两人合力操作，一人打纬，一人提综[③]，也比手工挑织的效率高的多。

印染和刺绣是使丝织品锦上添花的加工工艺，官府设有管理机构——染人，负责这项工作，把染色分为浸染和画染两种，并规定出一整套工作程序。春天开始把素丝丝织品进行染前处理（“暴练”——煮晒），夏秋分别染“纁玄”（黄赤和青黑）和五彩（称作“夏”）[④]。根据各种颜色的特点，总结出浸染的次数，冠以特点名称，“一入谓之源，再谓之赬，三入谓之纁，五入为緅，七入为缁”，朱与玄当是四入和六入而成[⑤]。金文所见丝织物的颜色种类很多。有玄（黑）、幽（暗黑）、朱（纯赤）、戠（黄）、載（紫），冋（褐）等[⑥]。在西周的诗歌里除了上述颜色之外，还提到蓝和绿之名[⑦]。这些记载说

---

① 段玉裁在《说文解字注》解释滕字时说：“胜者滕之假借字”。又说：“滕即轴也”，“俗作柚”。

② 林义光在《文源》说金文巠字上部为纵线形，高鸿缙申论巠下部工是壬字，是持纵线之器，为古胜字初文（《字例二篇》），郭沫若总其成，提出这个字是经之初字，像织机的纵线形，从系之经是后起之字（《金文丛考·金文余释·释经》）。

③ 夏鼐：《我国古代蚕桑丝绸的历史》，载《考古学和科技史》。

④ 《周礼·天官·染人》：“掌染丝帛，凡染春暴练，夏纁玄，秋染夏，冬献功，掌凡染事。”并参照郑氏《注》和孙诒让《疏》。

⑤ 见《说文解字》的玄和赤字段氏《注》。

⑥ 见趞曹鼎一，师至父鼎，舀壶，休盘，分别载《三代吉金文存》4.25.1，4.34.1，12.29.2，17.18.1。

⑦ 《诗·小雅·采绿》有“终朝采绿”和“终朝采蓝”。

明当时已掌握“三原色”的套染技术，再加上每种颜色还有深浅的差别，又还分出无数种色调，这样西周丝织品的颜色可以称得上是五彩缤纷。提花织物的着色要求将精湅好的丝染色，再依据设计图案把不同的彩线穿入相应位置的提花综内，便可织出变化有序的花纹。

画染（彩绘）古称画缋，多施于礼服和帷幔之上。这样的彩绘古籍中多有记载，金文和田野考古也屡有发现，《诗经》里的“玄衮及黼”、“衮衣”、“黼衣”[①]，金文中的“玄衮衣”、“玄衮黹屯”、“玄衣黹屯”、画衮”等[②]都是有花纹的礼服。称作“玄衮”的礼服是在黑赤色的底帛上画出卷龙纹[③]，而“黼”和“黹屯”是在礼服的边缘处彩绘或刺绣流行的花纹[④]，“玄衮黹屯”就是绘有卷龙纹和五彩绣缘相结合的礼服[⑤]。由此可知，贵族阶级穿着的丝绸服装是采用染绘并用装饰法的。田野考古中见到有类似花纹的彩绘帷幔和刺绣残迹，洛阳周墓里出土的“布质画幔痕迹”，是用毛笔绘出的黑白红黄四色几何图案[⑥]；宝鸡茹家庄周墓的残帛上留有辫子股刺绣花纹[⑦]，是迄今发现的最早实物刺绣资料，或许就是“黹屯”纹样的一种。地帛上“附着红黄褐棕四种颜色”，其中红黄二色是画上去的，这表明不仅用彩绘花纹装饰丝织物，而且地帛也有画（平涂）法染色的产品。

丝织品的生产，从养蚕成茧，到脱胶抽丝，从装机织造，到暴练染色和其他美化加工，经过一系列复杂的工艺程序，终于把蚕丝编织成洁白如玉，或色彩艳丽的丝织品。这正是我们祖先对古代世界文明的巨大贡献，也是我们中华民族光辉灿烂的物质文化的重要组成部分。

---

① 分别见《小雅·采菽》《豳风·九罭》和《秦风·终南》。

② 见上引舀壶和寰盘（《三代吉金文存》17.18.2），师訇鼎《陕西金文汇编》上167，十三年兴壶《陕西金文汇编》上602。

③ 郑《笺》：“玄衮，玄衣而画以卷龙也。”

④ 《说文解字》段氏《注》云：“以黹贯缕佚衣曰黹”。又强运开指出金文的“黹屯”为《尚书·顾命》的“黼纯”，即黑白相间的花纹，是衣之缘饰。（《古籀三补》卷七）。

⑤ 陈汉平：《西周册命制度研究》的第五章，解释“玄衮黹屯”是“玄衮衣而有五彩鲜色绣缘者”。

⑥ 郭宝钧：《1952年秋季洛阳东郊发掘报告》，载《考古学报》第7册。

⑦ 《有关西周丝织和刺绣的重要发现》，载《文物》1976年第4期。

二、规格多样的麻纺织品

我国麻纺织品比丝织物的历史更古老，夏商时期的麻纺织品已经相当考究，麻纤维曾经过脱胶处理，有的经线为双胶加捻成S形，经纬的密度达到十升布的水平，与汉代的大麻布相差无几[①]。近年发掘出土的周代纺纱工具（陶纺轮）和麻纺织品的残迹与商代的相仿，纺轮的形式多样，有扁圆形、圆锥形、锥台形、算盘珠形等，最大直径在4～5厘米之间，中心有孔便于穿柄旋转。麻布的等级大体依用途和穿戴者的身份差别有所不同，目前见到的麻布经纬线每平方厘米约6～10根[②]，有的达到13根左右[③]。周代对于麻布的粗细和宽狭有严格的限制，《礼记·王制》云："布帛精粗不中数，幅宽狭不中量，不粥於市"，明确规定凡不合法度的"精粗"和"广狭"的布匹都不能销于市。孔颖达《疏》曰："布帛精粗者，若朝服之布十五升，斩衰三升，齐衰四升之类是也。"这里的升是布的等级单位，一升为80根线，升数越高，布幅所含经线越多，清人考证："古布幅阔2.2，当今尺1.37尺"[④]，约合45厘米。用此标准衡量上面提到的那些西周麻布，相当于3～5升和7升的等级，这样的麻布当然不是上等品，不能与"治其缕细如丝"的缌（细麻布）相比[⑤]。文献记载经线最密的麻布与丝织品相仿，是那时的奢侈品，到春秋时期麻布帽已改用丝织品制作[⑥]，就是因为如丝的细麻布的纺纱和织造太困难了。关于细麻布有30升和15升之说[⑦]，即1厘米宽的范围内要容纳50根或25根经线，如果说前者过于密集难于织造的话，后者是完全能够实现的，因为早在良渚文化时期就出现了1厘米内有24根和31根经线的细麻布了[⑧]，西周时织造15升以

---

① 高汉玉：《台西村商代遗址出土的纺织品》，载《文物》1997年第6期。

② 郭宝钧：《浚县辛村》和《陕西岐山贺家村西周墓发掘简报》，载《文物资料丛刊》（八）。

③ 葛全：《泾阳高家堡早周墓葬发掘记》，载《文物》1972年第7期。

④ 见《周礼正义·夏官·弁师》疏引江永说。

⑤ 参见《仪记·丧服》郑注。

⑥ 《论语·子罕》有"子曰：麻冕，礼也；今也纯，俭。"朱熹《集注》认为麻布如此细密难成，不如用丝之省约。

⑦ 《论语·子罕》邢昺《疏》云："古者绩麻三十升布以为主"。《周礼正义·夏官·弁师》引江永说："麻冕之布亦不过十五升，如今尺之一分容九缕，已是细密难成矣。"

⑧ 吴汝祚：《太湖地区的原始文化》，载《文物集刊》（1）。

上的麻布自然不在话下。

麻纺织业的原料取自大麻、苎麻、葛和菅草等韧皮部分，利用池水沤制的微生物脱胶处理法[①]，或煮沸方法脱胶[②]，使韧皮成为白色柔软的纤维，以便于纺纱织布。我国黄河流域是大麻的原产地，因而西周和春秋初期的人们经常把它作为诗歌诵唱的题材，如《诗经》里有"麻麦幪幪"，"丘中有麻"，"蓺麻如之何"，"禾麻菽麦"等[③]。这些诗句有的把麻和粮食作物摆列同等重要的地位，有的讲述这种麻会获得很好的收成，说明这个时期很重视纺织原料的生产，其中以今河南和山东地区的大麻产量最为驰名[④]。淮河长江流域适宜苎麻生长，位于淮北颍水旁的陈国把苎麻和大麻的种植并重[⑤]，反映出这里是大麻向苎麻生长的过渡地带，远在长江南岸的吴国所在地，早在良渚文化时期就以苎麻作为纺织原料了[⑥]，周代此种作物自然不会减少。葛和菅草是野生的植物，如"葛之覃兮，施于中谷，唯叶莫莫。是刈是濩，为絺为绤，服之无斁"[⑦]。它是弥补人工种大麻和苎麻不足的天然原料来源，所以西周时期麻纺织业的原料比较充足。

官营麻纺织业由掌葛负责征收原料，典枲是掌管和向生产作坊发放原料的部门，并按时将不同等级的麻纺织品分类收藏入库，供王室（或诸侯）的各种消费需要[⑧]。农夫家庭纺纱织布受地方行政机构的监督，《汉书·食货志》中里胥监视下的"妇人同巷，相从夜绩"的图景，正反映出国家政权行使督察生产职能，统治者因此获得更多的"布帛"产品。不难看出，国家对两种纺织生产体系同样重视，把它们看作是互相补充的纺织生产形式，是国家麻布来源的两条主要途径。

---

① 《诗·陈风·东门之池》有"东门之池，可以沤麻"。"东门之地，可以沤苎"。"东门之池，可以沤菅"。

② 《诗·周南·葛覃》中对葛"是刈是濩，为絺为绤。"

③ 分别见《大雅·生民》，《王风·丘中有麻》，《齐风·南山》《豳风·七月》。

④ 《禹贡》青、豫二州以麻为贡品，又《史记·货殖列传》齐鲁盛产桑麻。

⑤ 见《诗·陈风·东门之池》。

⑥ 《吴兴钱山漾遗址第一、二次发掘报告》，载《考古学报》1960 年第 2 期。

⑦ 《诗·周南·葛覃》。

⑧ 参见《周礼·地官·掌葛》和《天官·典枲》。

三、美观实用的毛皮加工制品

人类最早发现和利用兽皮作为御寒和蔽体的材料，随着社会生产的不断进步，逐渐开发出其轻暖和韧性强的特点，发展起裘皮、皮革和毛纺织业生产。由于产品具有丝麻织品无法相比的保暖和耐用的优越性，所以备受青睐。商周时期黄河中下游地区的森林植被繁茂，是野生动物生长发育的良好自然环境，这一带的畜牧业也比较发达。西周时期国家还规定只允许秋冬季节捕杀珍贵皮毛动物①，这样的措施既保证了野兽不会骤然减少，又能获得成色最好的皮毛，从而为这项加工业持续稳定地发展创造了条件。

国家负责征收和保管皮毛原料的职能部门是掌皮，它的职责为："秋敛皮，冬敛革，春献之。遂以式法颁皮革于百工，共其毳皮以为毡，以待邦事。岁终，则会其财赍。"② 这段记载交待三个问题，（1）皮和革分别在秋冬季节征收；（2）皮、革经过加工后，制成不同等级的产品；（3）核查每年皮、革的收支和库存状况。应该指出，这里的百工包括制裘、制革（古称韦③）、制毡和毛纺等生产部门的纺织者和生产者。下面根据文献和考古资料加以叙述。

文献记载司裘是负责安排百工生产各种规格等级裘皮制品的官员，按时为王制作黑色羔皮"大裘"，精工细做的"良裘"和供赏赐用的"功裘"等裘装和毛皮用品④。铜器铭文中确实见到负有这样职责的官员，如裘卫的几件器物铭文记录他利用"麀麀（鹿皮披肩）"、"奉韐（皮围裙）"、"虎冟𫄨帷（车幔）"、"羝（公羊）皮"、"羍（羔羊）皮"等皮革制品与矩伯等贵族交换田地和林场⑤。这样一个能够支配品种繁多皮革生产的人物，经常以裘皮与贵族往来，还能直接得到国王的赏赐⑥，而他的姓氏又反映出职业的特点，显然是

---

① 《诗·豳风·七月》载十一月狩猎云："一之日于貉，取彼狐狸，为公子裘。"

② 《周礼·天官·掌皮》。

③ 《汉书·郑崇传》注引师古曰："孰曰韦，生曰革。"

④ 《周礼·天官·司裘》："掌为王大裘，以供王祀天之服；中秋献良裘，王乃行羽物；季秋献功裘，以待颁赐。"又"大裘丧厥裘饰皮车，凡邦之皮事撑之。"

⑤ 参见卫盉和九年卫鼎铭文（陕西金文汇编》上171），又唐兰：《陕西省岐山县董家村新出西周重要铜器铭辞的译文和注释》，载《文物》1976年第5期。

⑥ 参见卫簋铭文（《陕西金文汇编》上401）。

一位为王室服务的官吏，掌管国家的皮革生产大权。由司裘生产的裘服在赏赐铭文中屡屡见到，如“王乎宰曶锡大师裘”、“王锡（𣄰伯）䝙裘”、“王姜锡不寿裘”、公姞“锡（次）裘”，等等①。这些裘服的精美程度，从《诗经》中可以得到比较形象的描述，如桧国之君在宴游和临朝时的穿着是“羔裘逍遥，狐裘以朝”；“羔裘翱翔，狐裘在堂”，“羔裘如膏，日出有曜”②。描述表明羊羔皮袍油光闪亮，狐裘皮袍轻暖舒适。战乱中建国的秦君同样也身着华美的“锦衣狐裘”出游③。在司裘加工的毛皮中还有专供车辆装饰用的产品，金文里屡见不鲜。上述那些漂亮的，或实用的裘服和车上装饰兽皮等，说明王室和诸侯国都有鞣制裘皮的生产部门，后者还有向朝廷进献产品的义务，如北方的侯伯韩侯曾以率戎狄向周宣王“献其貔皮赤豹黄罴”为荣④，这也是王室裘皮的另一个来源。

皮革的用途很广，武器、生产工具和车辆的绑缚组装牵引离不开它，武士的衣甲和贵族考究的衣着饰物均以革为原料。这些皮革的用途已在文献和考古中得到证实，如《尚书·费誓》中“善敹乃甲胄”之甲，《正义》引《经典释文》云：“古之作甲用皮。”近年山东胶县出土的青铜铸件护胸甲，很可能是钉缀在皮质甲衣上⑤，长安普度村的青铜甲片背后仍留有皮革纤维，证明复合甲确实有以“皮革作为衬里”的⑥。周王的直属大军有西“六师”⑦和“殷八师”⑧，加上诸侯国的军队，整个周王朝军队的各级将领和甲士所需的铠甲就相当可观了。皮甲和“复合甲”是其中最主要的产品。与甲衣或冕服配套

① 分别见，大师虘簋（《西周铜器断代》六，载《考古学报》1956年第4期，𣄰伯簋（《商周金文集成》4331），不寿簋（《商周金文集成》4060），次尊（《三代吉金文存》）11.35.2）。

② 《诗·桧风·羔裘》。

③ 《诗·秦风·终南》。

④ 《诗·大雅·韩奕》。

⑤ 杨泓：《中国古代兵器论丛》（增订本），文物出版社，1985年版。

⑥ 白荣金在《西周铜甲组合复原》中说青铜“甲片的背后，附有一定厚度的褐色腐蚀层，呈粉状，似为皮革背后网状纤维朽后所留痕迹。”（《考古》1988年第9期）。

⑦ 《诗·大雅·常武》有“整残六师”：“盠方彝铭文有“司六师王行”（《陕西金文汇编》上623）。

⑧ 小克鼎铭文“遹正八师之年”（《三代吉金文存》4.29.2）

的饰物蔽膝大部分是用皮革制成的[①]，这种系于腰间垂到膝前的饰物，由于佩带者的等级和地位不同，形制、名称和颜色也就有别，《诗经》里称“朱芾”、“赤芾”、“靺韐”[②]。芾字在赏赐铭文中作“市”，如“朱市”、“赤市”、“韐市”、“赤韐市”等[③]。芾，在文献中又称作“韠”或“韍”[④]，体现出它是用熟革制成的特点。这样的饰物在田野考古中已经发现，系于腰间的革带上，大体与古书的记载相合[⑤]。古人穿着甲衣和冕服不仅需要有革带系于腰间，有时还要戴皮革做的帽子（韋弁）。由此看来皮革是周代制作服饰的重要材料之一。我们知道人类最早以兽皮御寒和遮羞，当鞣制皮革的技术发明以后，便将兽皮分别加工成裘和韋（革），利用绒毛保暖和韋（革）柔韧的性能，做成用途不同的服装和饰物。由前述文献和金文得知，周王赏赐臣下的衣服和军服中，有相当一部分是以皮革为原材料，加之战争中皮甲等革类物资的损失和消耗，又要及时得到补充，若没有相应的皮革生产部门，是满足不了诸多需要的。金文中有管理军服的官员，如服余是周王任命辅佐“备仲司六师服”的副手[⑥]，他们管理的“六师服”中自然不乏皮甲一类的戎服。这条材料启示我们，周代的皮革生产已达到有贮备的程度，它的发展水平和规模是不能低估的。

前引“共其毳毛为氈”，是说百工利用动物绒毛制作毡。这里的毳毛，一般认为是兽的细毛[⑦]，或专指细羊毛[⑧]。氈的制作方法《说文》云：“撚毛也”。段氏进而解释说是“蹂毛成氈也”。或许是将清洗干净的兽毛或羊毛铺在编联的簾子上，卷紧后经过碾压成形，便成为一种没有经纬线的毛制品。正

① 《左传·桓公二年》《正义》引郑氏《诗笺》云：“芾，太古蔽膝之象也。冕服谓之芾，其他谓之韠，以韦（熟革）为之。”

② 《小雅·采芑》有“朱芾斯皇”，《采菽》有“赤芾在股”，《瞻彼洛矣》有“靺韐有奭”。

③ 见弭伯簋、善夫山鼎、楚簋、豆闭簋，分别载《陕西金文汇编》上398，上168，上393，《三代吉金文存》9.19.2。

④ 《说文》韋部：“韠，韍也，所以蔽前者。”段注引《礼记·玉藻》谓“韠韍同物”。

⑤ 《内蒙古敖汉旗周家地墓地发掘简报》，载《考古》1984年第5期。

⑥ 《陕西金文汇编》上638。

⑦ 《周礼·天官·掌皮》《注》：“毳毛，细毛缛者”。《说文》云：“毳，兽细毛也”。

⑧ 《一切经音义》引《三苍》云：“毳，羊细毛也，凡氈以毳毛为之。”

因为毡是一种没有经纬线的毛制品，一般不作衣料用，而是用来铺垫床案[1]。做衣服的毛织物称作毳布和褐[2]，《诗经》里的“毳毛如菼”和“毳衣如璊”[3]的盛装和《周礼》中的“毳冕”[4]，都是指贵族的礼服。这种布织出后还要染上鲜艳的颜色，或在素地上绘出五彩的动物形图案[5]。由此想到《一切经音义》引《三苍》云：“毳毛，羊细毛也”的推论不无道理。比较粗的毛织品名为褐[6]，它是所谓“贱者之服”的衣料[7]，粗糙的样子像文献所载的“马衣”[8]，直到战国时期农家仍生产这样的纺织品[9]。如此劣质的产品与农夫家庭生产的品种多样、精糙得当的麻类纺织品相比是很不协调的，显然不是因为技术水平低下织不出好的毛布，而是另有原因，诸如需要量大、好原料被官府征走，以及没有充足的时间进行加工，等等，故而才出现劣质的毛布。

---

① 《周礼·天官·掌次》有“王大旅上帝则张氈案”的记载。

② 守宫盘铭文有“毳布三”。（《两周金文辞大系》录81）郭沫若和陈梦家（《考古学报》1956年第4期）分别认为是毡和毯，于省吾主张是“马衣”（《考古》1966年第2期）。

③ 《王风·大车》郑笺云菼为“其青者如雏”，而璊《说文》云“色如𧄸”，“禾之赤苗也”。即前者为嫩绿，后者为红色。

④ 《传》云：“毳衣，大夫之服”。《集传》：“毳衣，天子大夫之服”。《周礼·春官·司服》则明言“自毳氈以下，如侯伯之服”。

⑤ 参见《周礼正义》冕服《疏》。

⑥ 参见《诗·豳风·七月》及郑笺。

⑦ 见《四书集注·孟子·公孙丑上》注。

⑧ 参见《左传·定公八年》杜注。

⑨ 参见《孟子·滕文公下》有关“许子衣褐”的辩论。

[illegible]

[illegible]

[illegible]

第十七章　商业　货币　交通

西周时期，随着农业、手工业的发展，商业和货币制度也有相应的发展。而随着社会经济以及政治、军事的发展，交通运输的规模和范围亦有较大的扩展。

第一节　自然经济与交换经济

一、自然经济的统治地位

西周时期，占统治地位、支配地位的经济形式，同样是自然经济，即实物形态或使用价值形态的自给自足经济。

当时，独立或相对独立的经济单位有：王室经济；诸侯国公室经济；卿大夫采邑主经济；小农经济；个体小手工业经济；公社共同体经济。独立的个体小手工业在当时社会经济中所占比重较小。独立或相对独立的公社共同体经济，存在于贵族奴隶主统治集团的政治势力和经济势力所未及的部分地区。虽然当时部分农业奴隶也有家庭经济生活，但他们分别从属于王室经济、公室经济、卿大夫采邑主经济，并非独立的社会经济单位。基本的、主要的经济单位，是贵族奴隶主经济和个体小农经济两类。这些经济单位，都是单一的、执行同一经济职能的单位。每一个这样的单位，分别利用其各自的经济条件从事各种经济活动，生产自己所需要的大部分甚至绝大部分产品。这种自给自足的自然经济，是由各经济单位内部的生产结构决定的。

前面说过，西周王室，各诸侯国公室，以及各卿大夫采邑主，都分别占有和经营相当数量的土地，驱使直接生产者从事种植业、畜牧业和渔猎业，生产各种农、副产品。而各级贵族奴隶主经济单位的农业生产，都是以生产使用价值为目的，即都是为了满足其日常生活的种种需要。《国语·周语上》载虢文公论农业重要性的几个方面："上帝之粢盛于是乎出，民之蕃庶于是乎生，事之供给于是乎在，和协辑睦于是乎兴，财用蕃殖于是乎成"，都是从农产品的实物形态或使用价值形态来说的。

文字记载和考古发掘资料表明，王室、公室等经济单位除了经营农业以外，还建立了种种手工业作坊，经营各种手工业。青铜手工业，生产炊器、食器、酒器、乐器、兵器、车马器以及生产工具等各种青铜制品；陶瓷手工业，制作适用于日常生活需要的种种陶器、原始瓷器，以及陶质建筑材料；木器手工业，制造船只、车辆等交通运输工具；漆器手工业，生产饮食器、容器、家具、武器（木质部分）；骨器手工业，制作农业、手工业和渔猎生产工具，以及日常生活中的服饰用品和其他装饰用品；玉器手工业，生产各种礼器、仪仗器工具以及装饰和陈设用品；丝织业，生产绚丽多彩的织品；麻纺织业，生产规格多样的麻纺织品；毛皮加工业，生产各种毛皮制品。西周青铜器铭文中有"百工"之称，所谓"百工"，便是指各级官府手工业而言。

由上可见，西周各贵族奴隶主经济单位也有农业和手工业的分工，以及手工业内部的分工。但是，它们属于各个自给自足经济单位内部的分工，以生产使用价值为目的的分工，而不是或主要不是"表现为交换价值生产的分工"①。社会分工是商品生产存在的条件，没有社会分工便没有商品生产。但"不能反过来说商品生产是社会分工存在的条件"；"只有独立的互不依赖的私人劳动的产品，才作为商品相互对立。"②《国语·周语上》说："庶人、工商各守其业以共其上。"这里明白地告诉我们，作为农业生产者的庶人和手工业者是为"其上"即王室或公室、卿大夫采邑主而劳动，他们劳动的产品（包括各种农产品和各种手工业产品），是用来供其主人的生活消费。

各个小农家庭，一般也是农业和手工业结合，男耕女织，所谓"自庶士

---

① 马克思：《政治经济学批判》(1857~1858年草稿)，《马克思恩格斯全集》第46卷下册，第471页。

② 马克思：《资本论》第1卷，《马克思恩格斯全集》第23卷，第55~56页。

以下，皆衣其夫"①。他们亦差不多生产了自己所需要的食物、衣服和用具，基本自给自足。

与一切以自然经济为基础的社会一样，西周时期的所谓财富，是以财物的自然属性或使用价值为主要内容。《礼记·曲礼》说：

> 问国君之富，数地以对，山泽之所出。问大夫之富，曰有宰、食力，祭器、衣服不假。问士之富，以车数对。问庶人之富，数畜以对。

《礼记》虽是晚出之书，这里所说各个等级的属性已有所变化，所列财物也没有包括各等级拥有财富的全部内容；但是，它所谓财富是以财物的自然形态或使用价值为其标志这一点，在一定程度上反映了西周的历史实际。

二、商品交换的范围、形式和特点

既然西周占统治地位的是自给自足的自然经济，那么当时是否存在商品经济或交换经济呢？回答是肯定的。而且，比之商代，西周时期的商品货币经济有一定程度的发展。

通常所说的商品经济，包括商品生产和商品交换。"我们所说的'商品生产'，是指经济发展中的这样一个阶段，在这个阶段上，物品生产出来不仅是为了供生产者使用，而且也是为了交换的目的；就是说，是作为商品，而不是作为使用价值来生产的。"②"直接以交换价值为目的生产，即商品生产。"③

西周时期，直接以交换价值为目的的商品生产，无疑是存在的。如本编第七章中所述，陶器是当时人们特别是广大劳动人民普遍使用的生活用具和随葬品。制陶手工业之所以受到各级统治者的重视，而成为官府手工业生产重要部门的原因之一，是由于陶器有广阔的市场。换句话说，官府制陶手工业部门中的部分陶器生产，是直接以交换价值为目的的生产，是作为商品来生产。长安沣西张家坡劳动者居住区陶窑遗址的发掘表明，民间一般民众中亦有善于制陶

① 《国语·鲁语》。

② 恩格斯：《社会主义从空想到科学的发展》"英文版导言"，《马克思恩格斯选集》第3卷，第381页。

③ 恩格斯：《家庭、私有制和国家的起源》，《马克思恩格斯选集》第4卷，第159页。

的专业陶工，他们制作陶器当是，至少有一部分是为了交换价值，即作为商品到市场出售。考古发掘资料还证明，西周时期东南地区的相当大一部分原始瓷生产属于商品生产，它在当地的销售量较大。《逸周书·大聚篇》所说“工匠役工，以攻其材”，也当是一种商品生产。据《国语·郑语》记载，周宣王时“有夫妇”用山桑木做弓、用箕草做箭囊（所谓“檿弧箕服”），而自“鬻是器”。此类小手工业者兼小商贩（所谓“贩夫贩妇”）进行的生产和交换，无疑也是一种商品生产和商品交换。

不过，总的说来，直接以生产交换价值为目的的商品生产，在西周交换经济中所占的比重不大。西周时期的商品交换，主要不是以商品生产为基础的交换，而是以自然经济为基础的交换。在前资本主义各阶级社会中，没有绝对自给自足、完全不需要通过交换的自然经济。自然经济不但不能完全排斥交换，而且需要一定的交换，交换是满足自然经济平衡律要求的不可缺少的经济行为。自然经济是一个历史范畴，不同历史阶段的自然经济有量的发展变化，从而以自然经济为基础的交换的范围也相应地有所扩大。

以广大农民来说，他们不可能每家都既生产自己所需要的全部农产品，又生产自己所需要的一切手工业品。前面说过，陶器是当时广大劳动群众普遍、经常使用的生活用具，在长江下游各诸侯国内的民众中还广泛地、大量地使用原始瓷；而制作陶器，特别是原始瓷，需要具备一定的条件，需要生产者具有较高水平的技术和技能，并非一般群众人人所能为、家家所能为。我们说西周时期“男耕女织”的家内纺织业普遍存在，并不意味着当时所有的农民家庭都是男耕女织、耕织结合，也不意味着凡耕织结合的农民家庭都会生产自己所需的全部服饰品。《诗经·卫风·氓》篇“氓之蚩蚩，抱布贸丝”，也表明了这一点。同样，小手工业者既不可能生产一切手工业品，也不可能生产自己所需要的各种农产品。借用孟子的话来说，就是：“百工之事，固不可耕且为也”；“一人之身，而百工之所为备，如必自为而后用之，是率天下而路也”①。再说，各劳动者家庭作为使用价值来生产的农产品或手工业品，或者使用有余，或者不够使用。这样，民众间互通有无以及品种调剂、余缺调剂等交换行

① 《孟子·滕文公上》。

为，也就势必出现于各地方小市场上。

再说王室、公室等各级贵族奴隶主经济单位。各级官府手工业作坊作为使用价值来生产的产品（特别是那些标志贵族身份的产品），即使自给有余，一般也不作为商品在市场出售，这是可以肯定的。《礼记·王制》载：

> 圭璧金璋，不粥于市；命服命车，不粥于市；宗庙之器，不粥于市；牺牲，不粥于市；戎器，不粥于市……锦文珠玉成器，不粥于市……

“粥”（鬻）者卖也。这里所列“不粥于市”的物品，皆为官府手工业作坊所产。《周礼》“质人掌成市之货贿：人民、牛马、兵器、珍异，凡卖傧者，质剂焉”，其中有原来“不粥于市”的“兵器”之类，这当是后来才出现的情况。至于官府其他手工业部门直接以生产使用价值为目的的产品，官府自给有余者是否作为商品出现于市场，史无记载。

虽然官府作为使用价值来生产的产品卖出者少，但买进的例子较多。如后所述，“食官”之“商”即官贾，其主要职责就是为官府购买货物。各卿大夫采邑主虽然也有手工业作坊，但和王室、公室相比，手工业品种少，作坊的规模也小，更难完全自给自足。再说，各卿大夫经营的手工业作坊，其门类也不尽相同。虽然他们之中有的可以从王室或公室那里得到名义不同的无偿转让，但所需物品一般仍须通过交换。如前所述，《格伯簋》铭文有格伯以“卅田”与倗生交换“良马乘”的记载，《卫盉》铭文有矩伯以折价“八十朋”的“田十田”与裘卫交换瑾璋，又以折价“廾朋”的“田三田”交换赤虎（琥）以及其他物品的记载。

总之，随着西周时期农业、手工业的发展，商品交换的形式有所变化，交换范围亦相应扩大。地处“天下之中”的成周，成为四方贸易商品的聚集处，市场繁荣。各诸侯国都城亦设有市场，此外还有地方小市场。当时的商品交换，主要有以下特点：

（1）商品交换的形式，有产品交换即使用价值的交换和商品交换即交换价值的交换。早在商代，商品交换已经越过了它的原始阶段即产品交换阶段，作为货币的贝大量出现，成为商品交换的中间媒介，或者作为价值尺度，或者作为支付手段。西周时期，货币制度和货币经济又有一定程度的发展，在商品交换中，货币作为价值尺度、支付手段使用的范围和比重增大。不过，以物易物或近似以物易物的交换，即使用价值或近似使用价值的交换，在当时的商品交换中仍然占有相当大的比重。广大农村小市场上民众之间的农产品的品种调剂、余缺调剂和家庭手工业产品的调剂，大概通常采取以物易物或近似以物易物的形式。贵族之间的使用价值或近似使用价值的交换，亦不乏其例。

（2）西周时期虽然存在以商品生产为前提的商品交换，但是如前所说，它在当时交换经济中所占的比重很小。当时的商品交换，同样主要是以使用价值的生产为前提的交换；而市场上的商品，又主要是广大农民自用有余的各种农产品和家庭手工品，即粮食、水果、家畜、禽兽、鱼鳖、布帛以及种种用器。"产品在这里是由商业变成商品的。在这里，正是商业使产品发展为商品，而不是已经生产出来的商品以自己的运动形成商业。"① 这同样属于通常所说的商品和商品交换的范畴，不过，它还不是严格意义、完全意义的商品和商品交换。

（3）本来意义、科学意义上的商品交换，是生产者之间的商品交换，是生产者之间的生产劳动的分工，使他们各自的产品互相变为商品，互相成为等价物。然而，与其他阶级社会中的情况一样，西周时期除了生产者之间的种种形式的交换以外，还有因剥削而引起的交换。王室、公室以及卿大夫采邑主购买生活资料，是其剥削收入与商品的交换；这种交换造成的市场繁荣，并不表明商品经济的真正发展。

（4）《尚书·酒诰》"肇牵车牛远服贾"等记载，以及成周成为四方商品聚集处和销售地表明，西周时期地区间的商品交换和长途贩运贸易较为发达。只是这种长距离贩运贸易主要是奢侈品贸易、土特产贸易。"这两种贸易的商品，都是已生产出来或已存在的东西，基本上不是商品生产，不以生产分工为前提，其交换的对象，又属特殊的需要，并限于特殊的阶级。因而它对生产的促进作用是很有限的。"②

① 马克思：《资本论》第3卷，《马克思恩格斯全集》第25卷，第366页。

② 吴承明：《试论交换经济史》，载《中国经济史研究》1987年第1期。

第二节　商贾与商业

一、"食官"商贾及其职守

随着商品交换的发展，出现了一个专门从事或主要从事产品交换的阶级——商人。在周代文字记载中，对这种身份的人，或称"贾"，或称"商"，或称"商贾"，或称"商旅"，或称"商人"。

当时，为何把开始从事这一行业的人名之曰"商"或"商人"？郭沫若在《十批判书》中写道："殷人的商行为无疑是已经开始了。《周书·酒诰》称妹土人'肇牵车牛远服贾'，肇者始也，可见在周初人的眼目中认商行为是始于殷。大约就因为这样，所以后世称经营这种行为的人便为'商人'的吧。"①

有的学者则认为："西周建国之前，商人作为一个阶级还没有从社会分工中涌现出来，因此社会上也就不可能出现'商人'这个专有名词。'商人'作为专有名词的出现，是和商王朝遗民所从事的交易活动有直接关系。"《酒诰》"说他们'牵车牛远服贾'，不是在商王朝存在时；而是在商王朝灭亡以后。他们在长期从事交易的活动中，积累了经验，最了解物价行情和市场上的需要。于是周人习惯地便把这些从事交易活动的商人（遗民），作为专门从事贸易的人的代名词，久之便变成专有名词，原来作为商王朝遗民称的商人，就成了经营商业的商人（买卖人）。商人从事贸易的物品就成了'商品'。这样一来，'商人'和'贾人'就被混同了。久而久之，两者也就合二为一，社会上出现了'商贾'的名称"②。

殷代是否存在专门从事或主要从事商业活动的商人，尚待进一步研究。作为一个阶级的商人在西周已经形成，这是可以肯定的。西周时期的商人或商贾，大体可以分为两类：一是官商官贾，一是独立商贾、自由商贾。这里先说官府商贾。

《国语·晋语四》云："工商食官。"韦昭注："商，官贾也。《周礼》府

---

① 《郭沫若全集·历史编》第2卷，人民出版社1982年版，第20页。

② 赵锡元：《中国奴隶社会史述要》，吉林文史出版社1986年版，第187～188页。

藏皆有贾人，以知物价。食官，官禀之。”《国语·周语上》所说“庶人、工商各守其业以共其上”之“商”，也是指“食官”商贾而言。颂鼎、颂壶铭文记载：“王曰：颂，令汝官司成周贾廿家，监司新造贾用宫御。”这里所说“成周贾廿家和新造贾都是隶属周朝官府的贾人”①。

据《周礼》记载，官府贾人分别隶属于庖人、大府等职官之下，庖人下设贾八人，大府下设贾十六人，玉府下设贾八人，职币下设贾四人，典妇功下设贾四人，典丝下设贾四人，泉府下设贾八人，马质下设贾四人，羊人下设贾二人，巫马下设贾二人，犬人下设贾四人。其地位在工之下，胥徒之上。虽不能说《周礼》所载完全符合西周历史实际，但它与西周青铜器铭文关于西周王朝官府贾人的记载有不少吻合之处，不失为研究西周官贾的重要资料。

“食官”之“商”，有别于完全意义、典型意义的商人。其区别主要是：(1) 他们直接隶属于官府，其人身、其活动受官府的控制和支配，不是独立的、自由的；《左传·哀公二年》“克敌者……庶人工商遂”之“商”，即指“食官”之“商”，“遂”谓“得遂其自由”②。(2) 独立商人为许多人而进行买卖，买和卖都集中在他手中，对商品交换起中介作用；而“食官”之商则只为“其上”而进行买卖。(3) 独立商人有资本，经商是为了赚钱而装入自己腰包；官贾自己则无资本，他“守其业”完全是为了“供其上”，自己无利可图。

在西周青铜器铭文和其他文献中，缺乏有关官贾商业活动的具体记载。《周礼·天官·叙官》“庖人”注云：“贾，主市买，知物贾。”孙诒让《周礼正义》对此进一步解释说：“云‘贾，主市买，知物贾’者，《尔雅·释言》云：‘贾，市也。’《聘礼》：‘贾人西面坐，启椟取圭。’注云：‘贾人，在官知物贾者也。’《国语·晋语》韦注云：‘《周礼》府藏皆有贾人，以知物贾。’案：知物贾，谓知贾直之贵贱。其字今别为价，古通以贾为之。此贾亦庶人在官者。凡诸官有市买之事者，并有贾，列府史下，胥徒之上。”根据《周礼》的记载及注疏家的解释，官贾“主市买”有以下两例：

① 李学勤：《鲁方彝与西周商贾》，载《史学月刊》1985年第1期。
② 嵇文甫：《中国古代社会的早熟性》，载1951年《新建设》四卷一期。

《夏官·马质》："马质掌质马。马量三物，一曰戎马，二曰田马，三曰驽马，皆有物贾。纲恶马。凡受马于有司者，书其齿毛与其贾。"郑玄注："此三马，买以给官府之使，无种也。"《周礼正义》"马质"疏："此官主公家买马之事，与质人掌成市之牛马为民间买马，职异而事略同。……注云'此三马买以给官府之使，无种也'者，于十二闲王马之外，别为官买马以共用，与校人诸官为官联，职掌亦互相备也。无种，谓非王马所生，临用时向民间买之，故与校人六物不同。"

《夏官·羊人》："羊人掌羊牲。凡祭祀，饰羔。祭祀，割羊牲，登其首。凡祈珥，共其羊牲。宾客，共其法羊。凡沈辜、侯禳、衅、积，共其羊牲。若牧人无牲，则受布于司马，使其贾买牲而共之。"《周礼正义》"羊人"疏："'若牧人无牲'者，谓无毛物纯色，角体完具中法式之牲也。云'使其贾买牲而共之'者，牧之掌六牲，凡共羊牲，并此官取之于牧人，故牧人无牲，则此官使其贾别买而共之。"

而官贾主卖之事，在《周礼》中则只有《夏官》"巫马"下属之贾人一例："巫马掌养疾马而乘治之，相医而药攻马疾，受财于校人。马死，则使其贾粥之，入其布于校人。"《周礼正义》"巫马"疏："'马死则使其贾之'者，粥其皮骨等也。云'入其布于校人'者，所以偿失马之费也。"

上述《周礼》所载，反映的只是当时官府贾人买卖活动的个别事例，而不是它的全貌。他们为官府而进行买卖者，决不会只是马、羊等牲畜而已。"在奴隶关系、农奴关系、贡赋关系（指原始共同体时的贡赋关系）下，只有奴隶主、封建主、接受贡物的国家，才是产品的所有者，因而才是产品的出售者。"① 西周王室不但拥有大量的农副产品和门类齐全的手工业产品，而且还定期接受各诸侯国和其他方国的种种贡物，可以说是当时各种产品的最大的所有者。虽然如前所述，周王室是一个自给自足的自然经济单位，产品主要是供自身使用，而且对有些特殊产品还作了不准出售的规定；但是，王室有的手工业作坊中也存在部分为出售而生产的产品，而其原来作为使用价值来生产的产品及所受贡物之自用有余者，亦可能通过"食官"之商投入市场出售。上述

① 马克思：《资本论》第3卷，《马克思恩格斯全集》第25卷，第364页。

《周礼·夏官》“巫马”职下的贾人出卖死马皮骨并“入其布于校人”一例表明，官府很重视物品的交换价值，重视货币财富；官贾“守其业以共其上”者，既有其从市场购进的货物，又有在市场出售官府产品而获取的货币。

据上引《颂鼎》一段铭文所说，颂的职责是“官司成周贾二十家”，及“监司新造贾用宫御”，这二者实际上是一回事情。贾字原义是买卖，因此作买卖的人也叫做贾。据研究，“新造贾用官御”，“造”，训到，《周礼·地官·司门》：“凡四方之宾客造焉”，注：“造犹至也”。“用”、“御”二字同义，这里都当使用的货物解。《周礼·天官·宰夫》：“乘其财用而出入”，注：“用，货贿也。”《荀子·大略》：“天子御珽、诸侯御荼”，注：“御服皆器用之名，尊者谓之御。”《公羊传·桓公十四年》：“御廪者何”？注：“御者谓御用于宗庙”。可证用、御二字同义。这句的意思是，颂的职务是监督管理新到的商用和宫廷用的货物。“贾用”疑是古人成语，《诗·小雅·谷风》：“贾用不售”，笺云：“如卖物之不售”，物就是货。《尚书·酒诰》：“肇牵车牛远服贾用，孝养厥父母。”一般从伪孔传，用字连下读，固然可通，但恐非原义。《白虎通·商贾篇》引此，“用”字连上读，“运服贾用”，意思是向远方从事货物的买卖。以诗书与金文互证，似“贾用”连读近于古义[①]。《颂鼎》铭文所说的“新造贾用”即新到的商用货物，属于王朝官府所有，或为王室手工业作坊所产，或为王室经营的农、牧产品，或为王室接受的贡物，它们（“贾用”）由颂管理的“成周贾二十家”在市场上出售。贾人的商业活动是不断进行的，因此常有“新造贾用”即新到的商用货物。至于“宫御”即宫廷用的货物，除上述种种来源之外，还可能包括贾人从市场上购进者。

又《兮甲盘铭》云：“淮夷旧我帛贿人，毋敢不出其帛、其积、其进人，其贾毋敢不即次即市；敢不用令，则即刑廙伐。其惟我诸侯、百姓，厥贾毋不即市，毋敢或入蠿宄贾，则亦刑。”此“其贾”、“厥贾”之“贾”，或以为即“贾用”的简称，指作买卖的货物[②]，或解为贾人[③]。两说均可通，兹从后说。

① 赵光贤：《周代社会辨析》附录四《从裘卫诸器看西周的土地交易》，人民出版社 1980 年版，第 225 页。原载《北京师范大学学报》1979 年第 6 期。

② 赵光贤：《周代社会辨析》，人民出版社 1980 年版，第 225 页。

③ 李学勤：《兮甲盘与驹父盨》，载《人文杂志》丛刊第二辑《西周史研究》。

《兮甲盘》铭这里所说“毋敢不即市”的“诸侯”之“贾”，乃是为诸侯国官府从事买卖的官贾，而非私商。

《周礼·天官·序官》郑玄注解“贾”为“主市买，知物贾”者，有一定道理，但不全面。古时“贾”字，有商贾、买卖、价值、价钱等等含义。如《五祀卫鼎铭》中的“女賔田不”？应读作“汝贾（卖）田不”？“余审賔田五田”应读作“余审贾（卖）田五田”。贾与酤、沽等字古音可通假，《论语·子罕》“求善贾而沽诸”？马融注：“沽，卖也”；《汉石经》沽作“贾”。“沽”，又作“酤”，《诗·小雅·伐木》“无酒酤我”，郑笺：“酤，买也”；《广雅》：“酤，卖也。”[①] 上述西周官府贾人的商行为亦表明，其职守并非只“主买”而不主卖。

二、私商及其商业活动

虽然西周有“食官”之贾人为官府经营商业，但官府及其贾人并未也不可能垄断商业[②]。西周时期，特别是西周中后期，不但有为数不少的私商存在，而且他们在当时的商业活动中扮演着主要角色。这里所说的私商，其等级、阶级地位不同或不完全相同，其中包括专业商人、小商贩及兼营商业者。

周初统治者对被征服的殷人从事商业活动是支持的，至少是不禁止的。《尚书·酒诰》说：

> 妹土，嗣尔股肱，纯其艺黍稷，奔走事厥考厥长。肇牵车牛远服贾用，孝养厥父母。

《酒诰》为周公以成王命对封于卫的康叔的诰辞。“妹土”，原为商朝都邑。《酒诰》既为周公对封于卫地的康叔之诰辞，则此“妹土”之民为卫地居民，并非迁于成周的贵族殷顽。他们本是商时的“小人”、“自由民”，商亡后基本上仍保持原来的地位，并未沦为奴隶。从上引《酒诰》诰辞中可见，西周王朝对此“妹土”之民的政策精神是：首先要求他们“纯其艺黍稷”，把勤种黍稷作为本业；待农功既毕，才能“肇牵车牛远服贾用”，即到远方从事货物的

---

① 赵光贤：《周代社会辨析》，人民出版社 1980 年版，第 223 页。

② 参看曲英杰：《“工商食官”辨析》，载《中国史研究》1985 年第 2 期。

买卖。

《酒诰》所说“肇牵车牛远服贾用”者，最初还不是专业商人。到远方从事货物的买卖，表明它不属于本地区小市场上农民群众间以物易物的余缺调剂、品种调剂，而是一种长距离的商业贸易活动。这类“商人”“牵车牛”到远方用来交换的货物，除自己劳动生产的农副产品外，当包括从本地区收购的土特产品；而他们“远服贾用”以“孝养厥父母”者，或为本地缺乏的物品，或是可以同其他一切物品相交的特殊商品——货币。随着时间的推移，他们之中的那些善于经商并因此而积累了一笔可观的资本者，亦有可能完全脱离生产而成为只从事买卖的专业商人。

《易·旅》六二：“旅即次，怀其资，得童仆贞。”唐李鼎祚《周易集解》引虞翻曰：“即，就；次，舍也。”《广雅·释诂》：“次，舍也。”《礼记·檀弓上》“反哭于尔次”，郑玄注：“次，舍也。”“旅即次”，谓旅人就客舍也[1]。“‘怀其资’，本或作怀其资斧”[2]，九四云：“得其资斧”，可证。“资斧即资金，资金称资斧，可见斧曾取得货币的职能。”[3]“童仆”，奴隶；“得童仆”，谓旅人买到奴隶。由此可见，这里所谓“旅”为商旅，“是行商”，“童仆是商品之一种”[4]。他们大概是自由商人，不过这些商人可能都不是专业商人，与后来的专业商人尚有不同。

《逸周书·大聚篇》有“商贾趣市，以合其用”的记载。这与“工匠”、“农民”分言的“商贾”，当是民间专业商人。当时自由农民所在的各“邑”、“乡”社会基层组织内，大概一般都有这类“趣市”买卖的商贾。《周礼·天官·大宰》：“以九职任万民：……六曰商贾，阜通货贿。”郑玄注：“行曰商，处曰贾。阜，盛也。金玉曰货，布帛曰贿。”又《司市》注：“通物曰商，居卖货曰贾。”《说文·商部》：“商，从外知内也”；《贝部》：“賫，行贾也。贾，市也，一曰坐卖售也。”《白虎通·商贾篇》：“商之为言商也。商其远近，

---

① 高亨：《周易古经今注》（重订本），中华书局1984年版，第326页。

② 陆德明：《经典释文》卷二《周易释文》。

③ 朱活：《西周币制论》，《人文杂志》丛刊第二辑《西周史研究》，第47页。

④ 郭沫若：《中国古代社会研究》，《郭沫若全集·历史编》第1卷，人民出版社1982年版，第41页。

度其有无，通四方之物，故谓之商也。贾之为言固也。固其有用之物，以待民来，以求利者也。”孙诒让《周礼正义》“大宰”疏：“商贾对文则异，散文则通，故《尚书》以行为贾。”此外，《地官·大司徒》：“颁职事十有二于邦国都鄙，使以登万民……六曰通财。”郑司农云：“通财谓商贾阜通货贿。”又《闾师》：“任商以市事，贡货贿。”以上《大宰》《大司徒》及《闾师》所说的“商贾”或“商”，均来源于都城近郊“六乡”，所谓“万民”即指“国人”中的自由农民。这与《逸周书·大聚篇》所说的“商贾”相类。而“六遂”各级职官的职文，均未提及商贾。这不是偶然的。当时“遂”、“野”居民的身份地位，决定了他们之中不可能有脱离生产而从事买卖者。

成周（即今洛阳）在古代是重要的贸易中心。《史记·货殖列传》云：“洛阳东贾齐、鲁，南贾梁、楚。”《苏秦列传》也说：“周人之俗，治产业，力工商，逐什二以为务。”如有的学者所指出：“这虽然是讲东周以下的情况，从它簋铭文看，却有着久远的渊源。”①《它簋》（旧称《沈子簋》）铭文载：

> 它曰：拜稽首，敢耽邵告朕吾考命乃鴅沈子作𫄨于周公宗，陟二公，不敢不𫄨。……沈子肇斁𣪕贾啬，作兹毁，用飢飨己公，用逄多公，其凡哀乃沈子它惟福。

铭文讲到“毕肆贾啬”，可见它从事的事业与商贾有关。“𫄨”字从“乃”声。“乃”字见于《说文》。《论语·子罕》篇“求善贾而沽诸”，“贾”是名词，即“价”；“沽”是动词，《玉篇》引作“乃”，熹平石经则作“贾”。簋铭“𫄨”读为“乃”，动词，意为贸易。“作乃”即经营贸易，“不敢不乃”即不敢不从事贸易。它从事贸易活动，是奉已故父亲的命令，因而在获得“价啬”即蓄积之后，以此事告于祖先，并作簋对已故的父亲表示纪念②。

它能告于周公宗，说明其人是周公的后裔。《它簋》所说的“二公”，“很可能即第二、三两代周公，而它自己是第三代周公之子”。“铭文中的周公宗，可能在成周，即今洛阳。”《兮甲盘》铭文“已经透露出”，“成周既是四方贡纳的集中点，也是贸易商品的聚集处。西周晚年如此，它簋的时代也当有其滥

① 李学勤：《它簋新释》，载《文物与考古论集》，文物出版社1986年出版。
② 李学勤：《它簋新释》，载《文物与考古论集》，文物出版社1986年出版。

觞。它是周公的裔孙，以贵族身份从事贸易，表明洛阳地区商业的兴盛”[①]。

西周时期，王畿和各诸侯国的经济生活大体相同，但并非都是一个模式。就各封国的商业而言，卫国“纯其艺黍稷”之民“肇牵车牛远服贾用”是一种类型，而齐国又是一种类型。周初，周的开国元勋之一太公望（吕尚）封于营丘。“营丘与临淄为一地，在今山东淄博市临淄镇。”“其言营丘，多指太公封地；言临淄，则多指城。当是其地原称营丘，而后筑城临于淄水，又称临淄。其东南有天齐渊，齐因之得名。”[②]《史记·货殖列传》载：

> 太公望封于营丘，地潟卤，人民寡，于是太公劝其女功，极技巧，通鱼盐，则人物归之，繦至而辐凑。故齐冠带衣履天下，海岱之间敛袂而往朝焉。

又《齐太公世家》云：“太公至国，修政，因其俗，简其礼，通商工之业，便鱼盐之利，而人民多归齐。”《盐铁论·轻重》也记载：“昔太公封于营丘，辟草莱而居焉。地薄人少，于是通末之道，极女功之巧，是以邻国交于齐，财畜货殖，世为强国。”可见，齐本是“以商工之业立国”[③]，有重商的历史传统，“在西周时，齐国已发展成一个手工业和商业的中心区域”[④]。

1981 年在陕西岐山县流龙嘴村出土鲁方彝盖，有铭文五十字[⑤]，其中亦述及西周时期齐国的商贾与商业。铭文云：

> 惟八年十又二月初吉丁亥，齐生鲁肇贾休多赢，惟朕文考乙公永启余。鲁用作朕文考乙公宝障彝，鲁其万年子子孙孙永宝用。

据研究，方彝为恭王时器。器主“齐生鲁”，或单称“鲁”，应为齐氏，为齐国公族。齐始封君为吕氏，封齐后子孙为齐氏。鲁方彝器主之父为乙公，例为国君之谥，应即丁公之子乙公得。《左传·昭公元年》：“贾而欲赢，而恶嚣乎？”杜预注：“言譬如商贾求赢利者，不得恶喧嚣之声。”彝铭“肇贾休多赢”句例，正和《左传》相似。齐生鲁从事商贾之事，证明齐国确有商业的

---

① 李学勤：《它簋新释》，载《文物与考古论集》，文物出版社 1986 年出版。
② 曲英杰：《先秦都城复原研究》，黑龙江人民出版社 1991 年版，第 228 页。
③ 曲英杰：《先秦都城复原研究》，黑龙江人民出版社 1991 年版，第 241 页。
④ 吴慧：《中国古代商业史》第一册，中国商业出版社 1983 年版，第 145 页。
⑤ 祁建业：《祁山县博物馆近年来征集的商周青铜器》，载《考古与文物》1984 年第 5 期。

传统[1]。

西周中期以后，随着交换经济的发展，贵族经商者增多，或者兼营商业，或者成为专业商人。例如，《卫盉》、《五祀卫鼎》和《九年卫鼎》的作器者裘卫，便不止是一般的贵族，而是以经营皮毛业为主的工商业者。“从他得到周王的召见（《卫簋》），并铸器作铭来看，当然是一个贵族。《周礼·天官》有‘司裘’，他或他的先人可能是王官，因以为氏。从这几篇铭文上看，他好像不止是一个王官，而是兼营工商业的贵族。《九年卫鼎》记载着矩伯从他取得的许多物品中有‘虎冟’（虎皮作的车罩子）、‘希㡀’（长毛兽皮作的帷幔）；他给颜姒的礼物中有虡绞，给颜氏管家寿商的礼品中有‘貈裘”（貉皮袍子），又给盠冒椒两张羝羊皮、两张羔羊皮、两张做靴子的皮等等兽皮制品。这说明他是经营兽皮和皮制品的商人。”[2]

《诗经·大雅·瞻卬》篇说：“如贾三倍，君子是识。”“贾”，做买卖；“君子”，指贵族；识，知也。意思是说，贵族们只知做买卖，获三倍的利润。史实表明，当时贵族们并非只是懂得做买卖可以获得“三倍”的利润，羡慕因经商而致富的商人，实际上他们之中有不少人已在经营商业。这“君子是识”的“君子”，“也经营起来了”[3]。《兮甲盘》：“其惟我诸侯百姓，厥贾毋不即市”，这“百姓”就是指“即市”做买卖的贵族们；如前所说，“百姓”是当时贵族的通称。《左传·昭公十六年》载子产曰：“昔我先君桓公与商人皆出自周”，“世有盟誓”。这也表明了西周晚期商业和商人势力的发展。“如贾三倍”的“三倍”，言其获利甚多，并非实数。《易·说卦传》第十一章，也有“近利市三倍”的说法。

“贱买贵卖，是商业的规律。因此，这不是等价物的交换。”[4] 尤其是各地的土特产品有很大的地区差价，从事此种贸易的商贾获利更大。而且，那些贵

① 李学勤：《鲁方彝与西周商贾》，载《史学月刊》1985 年第 1 期。

② 赵光贤：《周代社会辨析》附录四《从裘卫诸器看西周的土地交易》，人民出版社 1980 年版，第 232 页。

③ 郭沫若：《中国古代社会研究》，《郭沫若全集·历史编》第 1 卷，人民出版社 1982 年版，第 27 页。

④ 马克思：《资本论》第 3 卷，《马克思恩格斯全集》第 25 卷，第 368 页。

族商人还往往利用其等级特权及其在一个地区的垄断地位，采取种种欺诈甚至掠夺的手段，对小生产者（特别是农民）以及周边地区的方国或部族人民进行极不等价极不平等的交换。《兮甲盘》铭在“其唯我诸侯百姓，厥贾毋不即市”之后，还有这样一句：“毋敢或入蠻宄贾，则亦刑。”“蠻宄”二字，当即《尚书·商书·盘庚、微子》以及《周书·康诰》等篇中的“奸宄”，在这里有抢夺、盗窃的意思①。由于当时贵族商人通过欺诈、掠夺等手段进行非法交易的情况已很突出，所以才有“蠻宄”之“贾”（货物）不许入市，否则“亦刑”的规定。这正如马克思所说：“只要商业资本是对不发达的共同体的产品交换中起中介作用，商业利润就不仅表现为侵占和欺诈，而且大部分是从侵占和欺诈中产生的。”②

三、市场管理

哪里有社会分工和商品交换，那里就有市场。市场的地区分布及其规模，随着交换经济的发展而扩大。西周时期，王都及各诸侯国都城，都有作为贸易场所的“市”的设置；此外，农村民间还有地方小市场。“商贾趣市”，货物的贸易“毋敢不即市”；“肇牵车牛远服贾用”者，乃是到远方市场贸易。

《考工记·匠人》云：“匠人营国，方九里，旁三门……左祖右社，前朝后市，市朝一夫。”“市朝”，市，交易买卖的场所；朝，官府治事的处所。市设在宫城之北。“市朝一夫”，即“市”与“朝”所占地相等，均为方各600尺。《逸周书·作雒》记载：“凡工贾胥市，臣仆州里，俾无交为。”可见地处“天下之中”的洛邑（成周），在其营建之初即已设“市”，并对从事工商活动的“工贾”单独进行管理。“汉河南县城北垣夯土内发现有‘河市’陶文，可知在汉河南县城垣缩小以前，‘市’原在于此。其当是相沿于原成周城内之‘市’。”③ 据《周礼》记载，王城及诸侯国都城的“市”，有垣环绕，有门出入，按时启闭。

---

① 赵光贤：《周代社会辨析》，人民出版社1980年版，第226页。

② 马克思：《资本论》第3卷，《马克思恩格斯全集》第25卷，第369页。

③ 曲英杰：《先秦都城复原研究》，黑龙江人民出版社1991年版，第154页。

在西周王畿，王城周围五百里范围内也有固定的市场。“凡国野之道，十里有庐，庐有饮食；三十里有宿，宿有路室，路室有委；五十里有市，市有候馆，候馆有积。”① 这种“市”，主要是适应驿站的要求而设的。此外，“诸侯会同”、“师役征伐”，还有临时的市集。西周官府对市场的管理，主要是对上述由国家直接控制的较大市场的管理；至于农村中小市场上民众间的交易，则不在其管理范围之内②。

西周政府重视市场建设和市场管理。西周中、后期，随着交换经济的发展和私商数量的增加，官府对商业和市场的管理又有所加强。这有其政治的原因和经济的原因。如前所说，西周王朝实行严格的等级制度，以及国野、乡遂制度。“序民人”③，“明贵贱，辨等列”④，“民不迁，农不移，工贾不变”⑤，“士大夫不杂于工商”⑥，“凡工贾胥市，臣仆州里，俾无交为”⑦，这本是“周礼”的一个基本原则。商品交换和商业的发展，势必逐步破坏这一原则。西周王室及诸侯国公室重视并逐步加强市场管理的基本出发点和主要目的，就是为了维护“周礼”所规定的等级制度，也就是为了维护其政治统治。其次，是为了保障官府和奴隶主贵族的经济利益，因为征收商税是王室和诸侯国公室财政收入的来源之一；而当时最大的买主和卖主，又是贵族集团、统治者集团的成员。

王畿各城市及各诸侯国都城的市场，都设有市场管理机构。《兮甲盘》铭所说“其贾毋敢不即次即市”的“次”，就是指管理市场的机构⑧。《周礼·地官·司市》：“司市掌市之治、教、政、刑、量度、禁令。以次序分地而经市……市之群吏平肆展成奠贾，上旌于思次以市令，市师涖焉，而听大治大讼；胥师、贾师涖于介次，而听小治小讼。”郑玄注：“次谓吏所治舍，思次、

① 《周礼·地官·遗人》。
② 吴慧：《中国古代商业史》第一册，中国商业出版社 1983 年版，第 108 页。
③ 《左传·隐公十一年》。
④ 《左传·隐公五年》。
⑤ 《左传·昭公二十六年》。
⑥ 《逸周书·程典》。
⑦ 《逸周书·作雒》。
⑧ 李学勤：《兮甲盘与驹父盨》，载《人文杂志》丛刊第二辑《西周史研究》，1984 年 8 月。

介次也。若今市亭然。”“思次，若今市亭也。市师，司市也。介次，市亭之属别，小者也。故书涖作立。……玄谓‘思’当为‘司’字，声之误也。”孙诒让《周礼正义》“司市”疏：“凡官吏治事处，通谓之次。《宫正》‘以时比宫中之官府次舍’，注云：‘次，诸吏直宿舍者所居守。’此下经司市涖思次，胥师、贾师涖介次，皆市吏治事处，故亦谓之次。……思次为市官总治之所，介次为分治之所，因之所部之市肆，亦通谓之次。《叙官》胥师、贾师皆二十肆则一人，是二十肆有一介次，即为一次。”

据《周礼》记载，管理市场的职官有司市、质人、廛人、胥师、贾师，司虣（暴）、司稽、胥、肆长、泉府。司市为“市官之长”①；“以其市官之长，经纪事大，故使下大夫尊官为之，属官及胥徒又众也”②。市官的管理事项和管理办法主要是：

（1）“陈肆辨物而平市”。凡市上出售的物品，分类列肆，每物为肆，如货之肆，马之肆。“物各异肆，则种类相校，易以定其功沽，而价不至腾跃，故市得其平。”③ 又，同肆之中，“陈其货贿，各相近者相远也，实相近者相尔也，而平正之”④。“谓若珠玉之属，俱名为珠，俱名为玉，而贾或百万，或数万”；故同肆之中，又辨其善恶，使同实者相从，从而“使贾人不得杂乱以欺人”⑤，由肆各掌诸肆的政令；一肆一长，检校一肆之事。

（2）把市场交易分为“大市”、“朝市”、“夕市”。“大市，日昃而市，百族为主；朝市，朝时而市，商贾为主；夕市，夕时而市，贩夫贩妇为主。”⑥“市，杂聚之处。言主者，谓其多者也。百族必容来去，商贾家于市城，贩夫贩妇朝资夕卖，因其便而分为三时之市，所以了物极众。”⑦“三市当于王北宫后垣之外，平列三区，不于一院内为之。”“百族、商贾、贩夫贩妇并杂聚于市，三时咸有，经云为主，但就其时来者较多言之耳。”“百族人众，若令以

① 《周礼·地官·司市》郑玄注。
② 《周礼·地官·司市》贾公彦疏。
③ 孙诒让：《周礼正义》“司市”疏。
④ 《周礼·地官·肆长》。
⑤ 《周礼·地官·肆长》郑玄注引郑司农说。
⑥ 《周礼·地官·司市》。
⑦ 《周礼·地官·司市》郑玄注。

朝市，或不能毕至，夕市或不及毕去，故必以日昃而市，容其来去也。”贩夫贩妇，“所赍不多，无肆立持，不豫储，不久居，于夕市为宜也”[①]。

（3）“以政令禁物靡而均市。”“凡治市之货贿、六畜、珍异，亡者使有，利者使阜，害者使亡，靡者使微。”[②] 这就是说，市官对市场上交易的物品要设法以治之，没有的货物要设法使其有；质地“实厚”，质量较好，有利于消费者的物品，要设法使其充足、丰盛；对那些有害于消费者的假冒伪劣产品，要使它在市场上消失；对那些无使用价值、价格昂贵而又易售的侈靡物、奢侈品，则要“以政令”禁之，以便抑制富有者高消费的奢侈之风。

（4）“以贾民禁伪而除诈”[③]。“贾民，胥师、贾师之属。必以贾民为之者，知物之情伪与实诈。”[④]《胥师》“察其诈伪饰行儥慝者而诛罚也”，《贾师》“各掌其肆之货贿之治，辨其物而均平之”，即禁伪除诈之事。“凡市伪饰之禁……在商者十有二，在贾者十有二。”[⑤] 这里所谓“市伪饰之禁”，包括上述《礼记·王制》所载几类物品“不粥于市”的内容。《兮甲盘铭》所说“䜌宄贾”，即掠夺、盗窃来的物品，亦在禁止入市销售之列。

（5）商品交换过程中实行“质剂”之法，由市官“质人”掌管、执行[⑥]。凡货物买卖，以官府用竹木制作的交易符券作为凭证，书两札，买卖双方各执其一。长券曰“质”，短券曰“剂”。“大市，人民、牛马之属，用长券；小市，兵器、珍异之物，用短券。”[⑦] 质人“掌稽市之书契”，对市中收付货物的书契，划一度量，规定布匹的长短、宽窄；并随时巡查稽考，凡不合规定者，“举而罚之”。

（6）开市前，人们按规定的门户入市，门口有“胥”执鞭把守，担任纠察[⑧]。有“司暴”“掌宪市之禁令，禁其斗嚣者与其暴乱者，出入相陵者，以

---

① 孙诒让：《周礼正义·司市疏》。
② 《周礼·地官·司市》。
③ 《周礼·地官·司市》。
④ 《司市》郑玄注。
⑤ 《周礼·地官·司市》。
⑥ 《周礼·地官·质人》。
⑦ 《周礼·地官·质人》郑玄注。
⑧ 《周礼·地官·胥》。

属遊饮食于市者”；“若不可禁，则搏而戮之”①。还有“司稽掌巡市，而察其犯禁者与其不物者而搏之”；“掌执市之盗贼，以徇，且刑之”②。

西周中期以后，随着商品交换和商业的发展，官府加重了对商人的勒索和压制，从而商人（包括私商和“食官”之商）与王室或公室之间的矛盾日趋尖锐。

《尚书·吕刑》记载说，其时有“五刑”，墨刑一千条，劓刑一千条，剕刑五百条，宫刑三百条，大辟刑二百条，总共三千条③。“那时候狱官贪赃枉法，贿赂公行，穆王要化私为公，定出赎刑条例。”④ 墨刑“罚百锾”（黄铜六百两，一两约合今四钱多）；劓刑加倍，罚二百锾（黄铜一千二百两）；剕刑“其罚倍差”，罚五百锾（三千两）；宫刑“罚六百锾”（三千六百两）；大辟刑“罚千锾”（六千两）。“能出铜赎罪，当然是富人，可以设想富人就是工商业者。”⑤ 或者说，主要是商人，至少包括商人。

如前所述，厉王是个暴君，他酷爱财货，任用荣夷公实行“专利”政策。“专利”，包括“专”商工之利，侵犯商人和小手工业者的利益，从而加剧了商人及手工业者和王室之间的矛盾。虽然不能说当时推翻厉王统治的国人起义，纯粹是“百工和商人为反抗过度勒索而起义”⑥；但是，其中有工和商人参加，他们是起义队伍中的一支重要力量，却是可以肯定的。《左传·昭公十六年》载郑子产曰：

> 昔我先君桓公与商人皆出自周，庸次比耦以艾杀此地，斩之蓬蒿黎藋而共处之。世有盟誓，以相信也，曰：“尔无我叛，我无强贾，毋或匄夺，尔有利市宝贿，我勿与知。”恃此质誓，故能相保以至于今。

这里有几点值得注意：(1)“桓公与商人皆出自周”，周为西周。“桓公，郑始

① 《周礼·地官·司暴》。
② 《周礼·地官·司稽》。
③ 又见《周礼·秋官·司刑》。
④ 范文澜：《中国通史》第一册，人民出版社 1978 年版，第 94 页。
⑤ 范文澜：《中国通史》第一册，人民出版社 1978 年版，第 94 页。
⑥ 范文澜：《中国通史》第一册，人民出版社 1978 年版，第 95 页。

封之君，周厉王之少子，宣王之弟桓公友也。"①宣王封之于郑，在西都畿内棫林之地，即今陕西华县西北。"桓公东迁，并与商人俱。"②（2）正因为如此，"桓公与商人"对西周厉、宣、幽时期的种种矛盾斗争（包括商人和官府之间的矛盾斗争）是清楚的，甚至是亲身经历的。（3）桓公东迁之初，为什么要急于同商人缔结"盟誓"，而且"世有盟誓"？为什么"盟誓"中，郑国官府对商人提出的唯一条件又是"尔无我叛"？这当是有鉴于西周晚期商人曾"叛"王室、公室的历史教训。（4）"盟誓"所说"我无强贾，毋或匄夺，尔有利市宝贿，我勿与知"，又意味着往昔官府曾强买强卖和掠夺商人货物，过度勒索商人，而这正是商人"背叛"官府的原因。

第三节　西周币制

西周继续商代的传统，贝币、铜币兼用，是贝币作为流通中主要货币最盛行的时期。

在西周青铜器铭文中，关于锡贝、赏贝的记述很多；锡贝赏贝数目，最少者一朋，最多者百朋。例如：《小臣单觯铭》（武王克商时器）："周公锡小臣单贝十朋。"《舆鼎铭》，（周公践奄后器）："公赏舆贝百朋。"《德方鼎铭》（成王时器）："王锡德贝二十朋。"《㓩尊铭》（成王时器）："王咸诰㓩，锡贝三十朋。"《㸚簋铭》（康王时器）："赏□□贝百朋。"《史䛗簋铭》（康王时器）："王诰毕公，锡史䛗贝十朋。"《不栺方鼎铭》（昭王时器）："王……贝十朋。"《剌鼎铭》（穆王时器）："王锡剌贝三十朋。"《吕方鼎铭》（穆王时器）："王锡吕……贝三十朋。"《小臣静簋铭》（穆王时器）："小臣静即事，王锡贝五十朋。"《师遽簋铭》（懿王时器）："锡师遽贝十朋。"《效尊铭》（孝王时器）："王……锡公贝五十朋。"

除周王锡贝、赏贝外，公、侯等贵族亦往往以贝赏赐其臣下。例如：《圉方鼎铭》（成王时器）："休朕公君燕侯，锡圉贝。"《伯矩鬲铭》（成王时器）：

---

① 《国语·郑语》韦昭注。
② 《左传·昭公十六年》杜预注。

“燕侯锡伯矩贝。”《复尊铭》（成王时器）：“燕侯赏复……贝。”《攸簋铭》（成王时器）：“侯赏攸贝三朋。”《中鼎铭》（成王时器）：“侯锡中贝三朋。”《征角铭》（成王时器）：“{\"}赏征贝。”《小子夫尊铭》（成王时器）：“{\"}赏小子夫贝一朋。”《{\"}簋铭》（成王时器）：“吏□□锡{\"}贝十朋。”《{\"}鼎铭》（康王时器）：“□卯尹赏{\"}贝三朋。”《{\"}簋铭》（康王时器）：“公{\"}锡{\"}贝。”《旅鼎铭》（昭王时器）：“公锡旅贝十朋。”《{\"}簋铭》（穆王时器）：“伯氏……锡{\"}贝五朋。”又，《诗·小雅·菁菁者莪》中，有“既见君子，锡我百朋”的诗句。

“朋”是贝的计量单位。“在图画文字里，把贝挂在人颈，两边下垂，很长的一挂，就是一朋。”《中鼎铭》《中甗铭》和《晋姜鼎铭》中，都有“贯的原始象形字，也就是后世的串字，像一串贝的形状”①。一朋当有一定的数量，但究竟多少，旧无定说，或说二贝为一朋，或说五贝为一朋，或说十贝为一朋。王国维说：“从卜辞、金文中朋字的字形观之，“一朋之贝，至少当有六枚”。“余意古制贝玉皆五枚为一系，合二系为一珏，若一朋。……贝制虽不可考，然古文朋字确像二系。康成云：五贝为朋，五贝不能分为二系，盖缘古者五贝一系，二系一朋，后失其传，遂误谓五贝一朋耳。……余目验古贝，其长不过寸许，必如余说，五贝一系，二系一朋，乃成制度。”② 又《斐方鼎铭》（成王时器）云：“{\"}赏又（有）正斐要贝，在穆朋，二百。”有一种意见认为：这里所说“朋二百”，“当然不是二百朋，但也不能解释为朋之外，再加二百个贝，因为如果二百是不足一朋的小数，那么，一朋总该是五百个贝或一千个贝了。从我们目验当时通用的子安贝，是不可能有这样长的贝串的。作为装饰用的贝，每挂至多是一百几十个，小的也许可以到二百。作为交换的贝串，也不能相距太远。再者，按《虘伯睘簋》所说‘十朋又三朋’的例，如果是朋之外再加二百个贝，就应该说朋又二百。而且赏贝以朋计，也不能再加一个零数”。因此，《斐方鼎铭》所说“朋，二百”，就是指“这一朋是二百

① 唐兰：《西周青铜器铭文分代史徵》，中华书局1986年版，第37页。

② 王国维：《说珏朋》，《观堂集林》卷三。

个贝”[①]。

在西周墓葬的考古发掘中，常有天然贝出土，提供了西周贝币的大量实物资料。例如：

1932～1933年，在河南濬县辛村，曾四次发掘西周卫国墓葬共82座，各墓共出土海贝3472枚。其中一座西周中期大型墓葬椁顶未被盗掘处就出土2915枚；不少小型墓也有出土，有一座小墓出土多至40枚。墓葬的时代早自成、康，晚至幽、平时期[②]。

1953年，长安普渡村两座西周墓出土13枚贝，其“形状相同而大小不一，最大者长2.5厘米、宽2.1厘米，最小者长2.2厘米、宽1.7厘米，背面磨通穿孔”[③]。次年，长安普渡村西周墓的发掘，又出土贝56枚，“大小不同，形式一样，突起的一面有一小孔，上面有的涂着朱红”[④]。

1955～1957年，在陕西长安县沣河两侧的西周都城丰、镐所在地一带，发掘了182座西周墓葬，出贝之墓共95座，贝数“总计在千枚以上”，“背上都磨透一孔”[⑤]。1976～1978年，长安沣西再次发掘，在客省庄和张家坡11座西周墓中出土贝700多枚，蚌贝163枚[⑥]。

1957年，在陕西岐山、扶风一带发掘了6座西周墓，共出土贝60枚[⑦]；1960年又清理了29座西周墓葬，各墓皆出贝，有的成堆放在椁内及棺里[⑧]。

1972年，在甘肃灵台发掘的8座西周墓葬中，出贝的墓有5座，共出贝120枚[⑨]。1975、1976年，在甘肃灵台发掘的两座西周墓，第一号墓出土贝52

---

① 唐兰：《西周青铜器铭文分代史徵》中华书局1986年版，第112页。

② 郭宝钧：《濬县辛村》，科学出版社1964年版。

③ 石兴邦：《长安普渡村西周墓葬发掘记》，《考古学报》1954年第8期。

④ 陕西省文物管理委员会：《长安普渡村西周墓的发掘》，《考古学报》1957年第1期。

⑤ 中国科学院考古研究所：《沣西发掘报告》，文物出版社1963年版。

⑥ 中国社会科学院考古研究所沣西发掘队：《1976～1978年长安沣西发掘简报》，《考古》1981年第1期。

⑦ 陕西省文物管理委员会：《陕西岐山、扶风周墓清理记》，《考古》1960年第8期。

⑧ 陕西省文物管理委员会：《陕西扶风、岐山周代遗址和墓葬调查发掘报告》，《考古》1963年第12期。

⑨ 甘肃省博物馆文物组：《灵台白草坡西周墓》，《文物》1972年第12期。

枚，最大的长2.5厘米，最小的长1.6厘米，背部均磨制一孔，大小不等①。

1973、1974年，在北京西南郊的房山县琉璃河镇附近，发掘出7座西周早期燕国墓，各墓均有贝出土，共约数百枚②。

1977年，山东济阳刘台子西周早期墓出土贝77枚，背的磨孔较小，此外尚有蛤蜊壳百余枚，属海产毛蛤，蛤上施朱砂，散于二层台上③。

西周贝币的出土记录，远不止此。这同样说明，贝仍是西周时期的重要货币，而且比之商代后期又有所发展。不过，就每座墓出土贝币的数量而言，西周墓不如殷墓。辛村一号西周卫墓曾出土贝币2915枚，按康叔封殷，建都朝歌，这是例外；还没有看到如河南安阳殷墟妇好墓出土贝币近7000枚、山东益都苏埠屯殷墓出土贝币亦达3990枚那样的大数。早期的西周墓，每墓殉葬多半是10枚、20枚、30枚、50~100枚，币1朋、2朋、3朋、5朋、10朋。这与早期西周铜器铭文所载赐贝朋数基本相同。这种迹象应与周的礼制有关④。又，西周中期以后的器铭很少涉及到赐贝，而西周墓出土的贝币数量远不如商墓，这种迹象也说明西周用贝的普遍性，不像商代贝主要集中在王室、方伯等贵族手里⑤。

金属货币的广泛使用，是西周时期货币作用扩大的另一重要表现⑥。当时的金属货币主要有两种，一是青铜铸贝币，一是块状或饼（钣）状铜币，后者为金属秤量货币。《稽卣铭》（穆王时器）云："稽从师雒（雍）父戍于古自（师），蔑曆，锡贝卅寽。"天然贝以"朋"计，此铭"锡贝"以"寽"计，而"寽"为铜的计量单位，可见此铭所赐之贝为铜贝。又《趞鼎铭》（穆王时器）《諆簋铭》（共王时器）《扬簋铭》（厉王时器）有"取遺五寽"的记录，《番生簋铭》（厉王时器）有"取遺廿寽"的记录，《毛公鼎铭》有"取

① 刘得祯：《甘肃灵台两座西周墓》，《考古》1981年第6期。

② 中国科学院考古研究所等琉璃河考古工作队：《北京附近发现的西周奴隶殉葬墓》，《考古》1974年第5期。

③ 德州行署文化局文物组、济阳县图书馆：《山东济阳刘台子西周早期墓发掘简报》，《文物》1981年第9期。

④ 朱活：《西周币制论》，《人文杂志》丛刊第二辑《西周史研究》，1984年。

⑤ 朱活：《西周币制论》，《人文杂志》丛刊第二辑《西周史研究》，1984年。

⑥ 萧清：《中国古代货币史》，人民出版社1984年版，第41页。

赏卅寽”的记录。彝铭习见的“遗”，或作“贘”（《戠簋铭》）、“赍”（《毛公鼎铭》），“大抵乃货币字”①。因为“寽”既然是铜的重量标度的名称，而“遗”或“贘”、“赍”又从贝，“殆与契文‘赆’字其义相通”；“遗”，“当为西周青铜铸币的名称”②。这犹如马克思所说：“在一切金属的流通中，原有的重量标准的名称，也是最初的货币标准或价格标准的名称。”③

在西周青铜器铭文中，亦有不少有关金属称量货币的记载。如《禽簋铭》（成王时器）：“王锡金百寽”；《师旅鼎铭》（成王时器）：“白懋父迺罚得䍃古三百寽，今弗克氒罚”。“三百寽”上冠以“古”字，下与“今”为对文，知“寽”于殷周之际曾加改革，其它度量衡等必亦然，殷寽必重于周，故言“今弗克氒罚”④。“寽”，金文均用为金（铜）量之单位，即是后起之“锊”字。锊字多异文，其轻重亦有三说：以十一铢二十五分铢之十三为一锊，此一说也⑤；以六两三分之二两为一锊，此二说也⑥；以六两为一锊，此三说也⑦。寽有古今、大小之别，从《师旅鼎铭》所载可知，周初“古”寽、“今”寽并行。盖重六两大半两者即殷之古寽，重六两者举其成数而言；重十一铢二十五铢之十三者为周之今寽；两者相差甚巨⑧。

西周金属秤量货币也有出土资料。1975 年，江苏金坛鳖墩西周墓出土了一坛青铜块，出土时坛已破碎，计 230 块，重 70 公斤，铜块大小不等，都是整铜饼打碎的。经过理化检验，主量铜 50%，较多量铅 30% ~50%，微量镍、银、铋、锑、钙、铬、铝、铁、硅、镁、锰、钴⑨。1976 年在陕西临潼发现的

---

① 郭沫若：《两周金文辞大系图录考释》。

② 朱活：《西周币制论》，《人文杂志》丛刊第二辑《西周史研究》，1984 年。

③《资本论》第 1 卷，《马克思恩格斯全集》第 23 卷，第 115 页。

④ 郭沫若：《两周金文辞大系图录考释》。

⑤《说文》：“锊，十一铢二十五铢之十三也。”

⑥《考工记 · 冶氏》“重三锊”，郑玄注：“郑司农云：‘锊，量名也。读为刷。’玄谓许叔重《说文解字》云：‘锊，锾也。’今东莱称或以大半两为钧，十钧为环，环重六两大半两。锾锊似同矣，则三锊为一斤四两。”即六两三分之二两为一锊。

⑦《孔丛子 · 小尔雅 · 量》云：“二十四铢曰两，两有半曰捷，倍捷曰举，倍举曰锊，锊谓之锾。”此以六两为一锊。

⑧ 郭沫若：《两周金文辞大系图录考释》。

⑨ 镇江市博物馆：《文物考古资料汇编》，1976 年。或说此乃春秋初期物。

一座西周青铜器窖藏中，有一件铜饼，直径 20 厘米①。1971 年，河南洛阳北瑶西周墓出土“小铜块四块，出土的位置与玉、贝靠近”②。

西周时期，人们已习于用贝币或金属货币作为价值尺度或支付手段。当时的青铜器铭文凡言“锡贝”若干，一般都特别说明是以之作为铸造“宝尊彝”的费用。《遽伯睘簋铭》（成王时器）云：“遽伯睘作宝尊彝，用贝十朋又四朋。”这是说，该作器者造器时花费了十四朋贝币。又《卫盉铭》（恭王时器）载：

> 矩白（伯）庶人取堇（瑾）章（璋）于裘卫，才八十朋氒贮，其舍田十田；矩或（又）取赤虎（琥）两、麀桒（韨）两、桒（贲）韐一，才廿朋，其舍田三田。

据此铜器铭文记载推算，可以得出以下两种物价比数：

1 件玉璋 =80 朋贝 =10 田

1 双赤琥 +1 对麐帔 +1 条蔽膝 =20 朋贝 =3 田③

这是我国历史上最早有确切年代记载（共王三年三月）的重要物价资料。此外，孝王时器《曶鼎铭》还有“用償征买兹五夫用百寽”的记载。这是用金属货币计价的物价资料。

第四节　交通运输

一、西周政府重视道路交通建设

灭商后建立的西周王国，是一个疆域辽阔、规模空前广袤的国家。据《左传·昭公九年》记载，周朝统治的地区，西到魏、骀（郃）、芮、岐、毕，东到蒲姑、商、奄，南到巴、濮、楚、邓，北到肃慎、燕、亳。其活动和影响，比这里所说还要广阔得多。作为“天下”共主的周天子，对“方千里”王畿的直接统治和对畿外众多诸侯国的控制，其种种政治、经济和军事活动，

① 临潼县文化馆：《陕西临潼发现武王征商簋》，《文物》1977 年第 8 期。

② 洛阳博物馆：《洛阳北瑶西周墓清理记》，《考古》1972 年第 2 期。

③ 参看洪家义：《金文选注绎》，江苏教育出版社 1988 年版，第 168 页。

以及各诸侯、采邑主对西周王室的朝觐贡纳，都需要有相应的交通运输。

交换有狭义的交换和广义的交换，产品交换、商品交换是狭义的交换，广义的交换则包括劳动交换、智能的交换等。分工和交换几乎是同义语，而分工也有狭义与广义之分，狭义的分工指劳动分工①。马克思也常在广义上使用“分工”一词，如说中世纪的等级制度和行会制度，近代殖民制度和国际关系，都是“某种分工的表现”②。在西周广大的地区范围内，不但狭义的交换要以相应的交通运输为其前提条件，而且广义的交换也不能没有交通运输。如后所述，交通运输同样是联系当时自然经济下农业与手工业、生产与消费、城市与乡村、以及王城与诸侯国都城的纽带。

西周王朝重视城市建设和道路交通建设。西周城市，特别是王城，不但是政治、军事中心，而且是手工业分布的集中点，交通运输的集中点。因此，西周统治集团在建都、营国的同时，便把修筑道路纳入规划，其中包括“环涂”和“野涂”；“环涂”指环城路，“野涂”为城外广大农村的道路③。

西周设有“司空”一职。在《尚书·周书》中的《牧誓》《梓材》《立政》等篇里，“司徒”、“司马”、“司空”并列。《诗·大雅·緜》篇有“乃召司空，乃召司徒”的诗句。司空与司徒、司马地位相当，合称“三有司”，其下还有不少僚属，是很重要的官职④。《国语·周语上》“司空四之”，韦注：“司空主道路沟洫。”《周语中》“司空不视涂”，韦注：“司空，卿官，掌道路也”；“视，视险易也”。《左传·襄公三十一年》：“司空以时平易道路。”此外，司空亦掌营城郭、建都邑、治宫室。《左传·定公四年》有“聃季为司空”、“聃季授土”的记载；聃季，周公弟，周初王室司空。各诸侯国内亦设有司空一职。西周金文中，“司空”均作“司工”。“可见典籍上的司空之空是工字的同音假借。”⑤ 西周金文中“司工”凡十二见，其中王室司工八见，诸

---

① 吴承明：《试论交换经济史》，《中国经济史研究》1987年第1期。

② 马克思：《致巴·瓦·安年科夫》（1846年12月28日），《马克思恩格斯选集》第4卷，第322～323页。

③ 《考工记·匠人》。

④ 郭沫若主编：《中国史稿》第一册，人民出版社1976年版，第266页。

⑤ 张亚初、刘雨：《西周金文官制研究》，中华书局1986年版，第22页。

侯国的司工四见。《左传·隐公二年》："司空无骇入极。"杜预注："鲁司徒、司马、司空皆卿也。"

综上所述，可见西周司空或司工，是主管工程建设的职官。这里所说的工程，包括城建工程、修路工程和沟洫工程。都城的营建和道路的修筑是统一规划、配套进行的。而乡村的沟洫工程，亦与乡村的筑路工程配套而行。在不同的时期，司空的工作可能有所侧重，但道路的修筑和管理始终是其重要职责。《国语·周语中》说：

> 定王使单襄公聘于宋，遂假道于陈以聘于楚。火朝觌矣，道茀不可行，候不在疆，司空不视涂，泽不陂，川不梁，野有庾积，场功未毕，道无列树，垦田若艺……
>
> 单子归，告王曰："陈侯不有大咎，国必亡。"王曰："何故？"对曰："夫辰角见而雨毕，天根见而水涸，本见而草木节解，驷见而陨霜，火见而清风戒寒。故先王教之曰：'雨毕而除道，水涸而成梁，草木节解而备藏，陨霜而冬裘具，清风至而修城郭宫室。'故《夏令》曰：'九月除道，十月成梁。'……今陈国火朝觌矣，而道路若塞，野场若弃，泽不陂障，川无舟梁，是废先王之教也。周制有之曰：'列树以表道，立鄙食以守路……。'今陈国道路不可知……是弃先王之法制也。周之《秩官》有之曰：'敌国宾至，关尹以告，行理以节逆之……司徒具徒，司空视涂，司寇诘奸……若王巡守，则君亲监之。'今虽朝也不才，有分族于周，承王命以为过宾于陈，而司事莫至，是蔑先王之官也。"

这一记述，反复谈到"道"、"路"、"道路"以及"梁"、"舟梁"，并说按时"视涂"、"除道"、"守路"、"成梁"是"先王之教"，是"周制"，是"先王之法制"，是"周之《秩官》"的规定。由此可见西周王朝对道路、交通问题的重视。这一记述还表明，司空是主管道路、沟洫的职官，他及其僚属不但要负责筑路工程，而且还须"视涂"、"除道"、"守路"，以保持道路的畅通。

二、"周道"及道上设施

据《考工记·匠人》记载，王城内外，王都至畿内采邑或侯国国都，以及王都至畿外部分诸侯国国都，都分别辟有不同等级不同规格的道路。《匠人》云："国中九经九纬，经涂九轨"；"环涂七轨，野涂五轨"，"环涂以为诸侯经涂，野涂以为都经涂"。这里所说的"经纬"，就是指南北向（经）和东西向（纬）的道路。"环涂"为环城路，"野涂"指城廓外通往畿内采邑及畿外诸侯国的道路。"轨"，车辙，即车子两轮间的距离。王城内外的道路分为三级："国中"即王城内经路宽九轨，合周尺 72 尺（约合今 15 米）；环城路宽七轨，合周尺 56 尺（约合今 12 米）；郊外道路（"野涂"）宽五轨，合周尺 40 尺（约合今 8.5 米）。在西周金字塔式的等级制度下，王都、诸侯国都及其都城内外的道路有不同的等级和规格，当是可以肯定的。

《诗·小雅》中的《四牡》《小弁》《大东》《何草不黄》和《桧风·匪风》等诗篇，均有"周道"之称。在《小雅·鹿鸣》《大东》和《周南·卷耳》等诗篇中，又见"周行"。"周道"也见西周铜器散氏盘（或称夨人盘）铭文。《左传·襄公五年》"君子"引"《诗》曰"，亦有"周道挺挺"的诗句。朱熹《诗集传》释"周道"、"周行"为"大道"或"大路"，甚是①。"周行"即"周道"，《诗》中或言"道"或言"行"，乃是为了押韵。

所谓"周道"，并非仅指某条特定的交通大道，而是指自岐山至丰、镐，又东行至成周，再以成周为中心通向四方的道路交通网络。这一道路交通网络，虽然称之为"周道"或"周行"，但它实际上主要不是西周时期所修筑，而是经过先周太王、文王以及殷商的长期修筑而逐步扩展、延伸，周王朝建立后又继续修筑，并按西周道路交通规划对原有部分路段加工后形成的。

岐山至丰、镐的"周道"路段，可以说主要是先周太王、文王时期修筑的。《诗·周颂·天作》篇云：

天作高山，太王荒之。彼作矣，文王康之。彼徂矣，岐有夷之

---

① 《诗·周南·卷耳》"嗟我怀人，寘彼周行"，《毛传》释为"思君子能官贤人，置周之列位"，郑笺说"周之列位谓朝廷臣也"。《小雅·四牡》"周道倭迟"，《毛传》："周道，岐周之道也。倭迟，历远之貌。文王率诸侯抚叛国，而朝聘乎纣，故周公作乐以歌文王之道，为后世法。"《小雅·小弁》"踧踧周道，鞫为茂草"，郑笺："此喻幽王信褒姒谗，敌其德政，使不通于四方。"这些解说，显然是对"周道""周行"的误解。朱熹《诗集传》纠正了这一错误。顾颉刚《"周道"与"周行"》（载《史林杂识》（初编），中华书局 1977 年版）一文肯定朱熹的说法，并作了系统的论证。

行，子孙保之。

此言居于岐阳的太王，开始修筑道路，而文王继之[①]，遂使险峻之岐山有平坦的大道。又《大雅·緜》篇曰：

柞棫拔矣，行道兑矣。混夷駾矣，维其喙矣。

《毛传》：“兑，成蹊也。”《诗集传》：“兑，通也，始通道于柞棫之间也。……太王始至此岐山之时，林木深阻，人物鲜少，至于其后，生齿渐繁，归附日众，则木拔道通，混夷畏之，而奔突窜伏，维其喙息而已。”《大雅·皇矣》亦述其事说：

帝省其山，柞棫斯拔，松柏斯兑。帝作邦作对，自太伯王季。

《毛传》：“兑，易直也。”“拔”为拔去。“盖柞、棫为小树，易于拔去，松、柏为大材，必须斲削；拔之斲之，皆所以通道也。……道路畅通，乃便行军，故能駾混夷而作邦、作对。”[②]

西周王朝有两座都城，王畿西部的镐京称为宗周，东部的洛邑称为成周，两地相距千里。镐京坐落在关中的中心，渭河中游；由渭河流域往来，顺着黄河流域南岸，越殽函险隘，以至于成周、中原，原是一条古老的道路。文王准备灭商和武王灭商过程中，对这条道路当有相当的修整。因为当时陆上交通工具主要是车辆，基本的作战形式是车战，而车辆运输需有较为平坦、宽阔的道路。

殷商王朝时即已注重道路交通的开辟。殷商晚期，已形成了以殷墟王邑为中心的东西横向、南北纵向的道路交通大网络。据研究，殷商王邑通往四面八方的交通道路主要有六条：东南行，是通往徐淮地区的大道，即甲骨文中关于征人方的往返路径，有的地段可能与今陇海路郑州至徐州、津浦路徐州至淮河北相合；东北行，是通往今卢龙及其以远辽宁朝阳等地的交通干道；东行，与山东益都古蒲姑有要道相通；南行，与今湖北、湖南、江西等地的国族之间有

① “文王康之”，《周颂考释》云：“康，疑借作赓，同声系，古通用。……《尔雅·释诂》：‘赓，续也。’……文王赓之，谓文王继续太王恳治岐山，非安坐而享其成也。”

② 顾颉刚：《“周道”与“周行”》，《史林杂识》（初编），中华书局1977年版，第123页。

干道相连；西行，通往陕西，沿渭水可直至周邑丰镐或别的方国部落；西北行，为逾太行的要衢①。殷商的这一道路交通网络，并没有因殷周之际的政权更迭而荒废，西周王朝也没有必要舍前功而另辟新道，且其国力也不允许。只不过西周时期中国的道路交通中心，已由殷墟转移到了成周②。

据《逸周书·大聚解》记载，"武王胜殷，抚国绥民，乃观于殷政"，周公曾告之以"相土地之宜，水土之便，营邑制命之曰大聚，……辟开修道"。所谓"观于殷政"，当包括效法殷商的路政；而其"辟开修道"，则主要是指成周地区交通道路的规度和修治，以与前朝业已建起交通网络合成一体③。据研究，西周时期几条主要道路的走向是：向西及西南方，通往在今宝鸡凤翔一带的夨、散两国，以及巴蜀；向东，从丰镐至成周，从成周至桧（今郑州市南）、谭（今山东济南历城县境）、齐；向南，从成周至申（今河南南阳市）及曾（今湖北随县一带）等江、汉地区封国；向东南，从成周通往南淮夷（今淮水流域的苏、皖境内）；向北，通向晋地和刑、燕等国④。其中，部分主要干道的大段走向和路段，是与上述殷商通往各地的道路相一致的⑤。

"周道倭迟"，"周道挺挺"，"踧踧周道"，以及"周道如砥，其直如矢"等诗句，表明了周道的平坦、笔直和长远。《尚书·洪范》说："无偏无党，王道荡荡；无党无偏，王道平平；无反无侧，王道正直。"这里"以王朝之道路譬喻王者之政治，而其道路之宽广、平坦、正直皆可知。《大东》曰：'周道如砥，其直如矢'，即《洪范》之'平平'、'正直'之具体描写也"⑥。筑路要受自然条件的限制，山地、丘陵、盆地、平原等地貌类型，对道路布局、规格、形状影响的差别很大。那"平平"、"正直"、"其直如矢"的"周道"，当是指平原地区的"周道"路段而言。"《诗》言'周道'、'周行'者八而其六见于《小雅》，《小雅》为王朝乐歌……见于《桧风》者一，桧为郑地，密

---

① 彭邦炯：《商史探微》，重庆出版社 1988 年版，第 269 页。
② 宋镇豪：《夏商社会生活史》，中国社会科学出版社 1994 年版，第 206 页。
③ 宋镇豪：《夏商社会生活史》，中国社会科学出版社 1994 年版，第 206 页。
④ 杨升南：《说"周行""周道"》，《人文杂志》丛刊第二辑《西周史研究》，1984 年 8 月版。
⑤ 宋镇豪：《夏商社会生活史》，中国社会科学出版社 1994 年版，第 206 页。
⑥ 顾颉刚：《史林杂识》（初编），中华书局 1977 年版，第 121 ~ 123 页。

迩东都：此皆周道之所经，故诗人遂即物而感兴耳。”[1] 则《诗》所言“周道”，主要是指自岐山至丰、镐，再东行至成周，又从成周至东方诸国之大道。

《小雅·大东》在言“周道如砥，其直如矢”后说：“君子所履，小人所视。”可见，只有“君子”即贵族才能在“周道”上通行，“小人”只可遥望而已。又《诗·齐风·南山》：“鲁道有荡，齐子由归。”《载驱》：“载驱薄薄，簟茀朱鞹。鲁道有荡，齐子发夕。”齐国与鲁国毗邻，故齐君常驰驱于鲁道。言“鲁道”者，所以别于“周道”。其他诸侯国，亦各有其“道”[2]。

交通运输，人和物的空间位移，是凭借自然条件和线路在运动中进行的，它的活动涉及到相当大的空间，不像工农业生产那样固定在个别地点或地区。以宗周至成周来说，两地相隔千里，在当时的交通条件下，要在途中运行相当长的时间。《诗·小雅·六月》篇云：“我服既成，于三十里。”《毛传》：“师日行三十里。”《荀子·大略》：“吉行五十。”可见即使是百里之行，亦非一日所能到达。这就需要途中有食宿等设施。《国语·周语中》载：

> 《周制》有之曰：“列树以表道，立鄙食以守路。国有郊牧，疆有寓望。”

韦昭注云：“鄙，四鄙。十里有庐，庐有饮食。”“疆，境也。境界之上，有寄寓之舍、候望之人。”又《周语中》“候不在疆”、“道无列树”、“国无寄寓”、“县无施舍”，韦注云：“候，候人也，掌送迎宾客者。”“古者列树以表道，且为城守之用。”“寓亦寄也；无寄寓者，不为庐舍可以寄羁旅之客。”“四甸为县，县方六十里；施舍者，所以施舍宾客、负任之处。”又《周礼·地官·遗人》载：

> 凡国野之道，十里有庐，庐有饮食；三十里有宿，宿有路室，路室有委；五十里有市，市有候馆，候馆有积。

孙诒让《周礼正义·遗人疏》云：“此野谓城郭外，自近郊至五百里畿，凡道路所出皆有此制，与上文野鄙专指甸稍异。”“通言之，宿、市、路室、候馆等皆谓之野庐，故《野庐氏》‘掌比国郊及野之道路、宿息、‘井树’是也。”

---

① 顾颉刚：《史林杂识》（初编），中华书局1977年版，第121～123页。

② 顾颉刚：《史林杂识》（初编），中华书局1977年版，第124页。

另据《逸周书·大聚解》载：

> 武王胜殷，抚国绥民，乃观于殷政……辟开修道，五里有郊，十里有井，二十里有舍，远旅来至。

《周礼正义·遗人疏》谓此“盖邦国都鄙路室之制，与此经异”。

三、交通工具与交通运输的特点

西周和商代一样，陆地交通工具是车，水上交通工具为舟。随着西周王朝统治区域的扩大，各地区交往的增多，以及交通运输的发展，舟车特别是车辆的作用比商代显得更为重要。西周时期较为发达的舟车制造业，保证了当时不断扩大的交通运输的需要。

古时车运，有畜力和人挽两种曳引方式。牛车运行速度不及马车，而其任载能力却在马车之上，故牛车又曰“大车”。《考工记·辀人》“大车之辕挚”，郑玄注云：“大车，牛车也。”《诗·小雅·黍苗》“我任我辇，我车我牛”，朱熹《诗集传》说：“牛，所以驾大车也。”《周礼·地官·牛人》载：“凡会同军旅行役，共其兵车之牛，与其牵傍，以载公任器。”《周礼正义》云：“牵傍者，即輓车之牛，而实据人御之而为名。”马车、牛车，有时由于道路难行等原因，也需人前挽后推。《说文·车部》：“辇，輓车也，从车扶；扶，在车前引之也；輓，引车也。”《周礼·地官·乡师》：“大军旅会同，正治其徒役与其䡇辇”，郑玄注云：“䡇，驾马；辇，人輓行。”《司马法》曰：“周十五人而辇。”

西周时期称民众服役用车为“栈车”。《说文·木部》：“栈，棚也；竹木之车曰栈。”《诗·小雅·何草不黄》云：“有栈之车，行彼周道。”《毛传》：“栈车，役车也。”孔疏：“有栈之辇车，人挽以行。”《周礼·春官·巾车》云：“士乘栈车，庶人乘役车。”郑玄注：“栈车不革鞔而漆之。役车，方箱，可载任器以共役。”贾疏：“庶人以力役为事，故名车为役车。”这种“役车”或“栈车”，乃是木轮带方箱或棚以载物，而用人力拉推的简易小车。上述牛车、马车以及用人力推拉的小车，都主要是载物运输之车。

在等级森严的周代社会里，各等级、阶级使用的车辆有不同的级别和规格。王、公、卿、大夫等各级贵族使用之车，种类和名称繁多。《周礼·春官》有“巾车”一职，“掌公车之政令，辨其用与其旗物而等叙之，以治其出入。”据

“巾车”职文，周王有“五路”，即“玉路”、“金路”、“象路”、“革路”、“木路”；王后亦有“五路”，即“重翟”、“厌翟”、“安车”、“翟车”、“辇车”。此外，“服车五乘：孤乘夏篆，卿乘夏缦，大夫乘墨车，士乘栈车，庶人乘役车”。《师兑簋铭》言及“金车”。《诗·小雅·采芑》和《采菽》提到“路车”。《左传·定公四年》说周初曾“分鲁公以大路”、“分唐叔以大路”。

周人也很早就掌握了造船技术，先周时期已具有相当规模的造船能力。在西周时期的水上交通中，舟同样起过重要的作用。其用途主要有二：一是“造舟为梁”以渡河，一是用于水上航运。《诗·大雅·大明》云：“大邦有子，伣天之妹。文定厥祥，亲迎于渭。造舟为梁，不（丕）显其光。”朱熹《诗集传》：“造，作。梁，桥之。作船于水，比之而加板于其上，以通行者，即今之浮桥也。”《尔雅·释水》郭璞注：“‘造舟’，比船为桥。”可见所谓“造舟为梁”，就是联结多舟于河面以代桥，人步行其上以渡水。金文中有“人荷贝乘舟”的合体字[①]，好似远行贸易之人，表明了舟的水上航运功能。《诗》云：“淠彼泾舟，烝徒辑之”[②]；“汎汎杨舟，载沉载浮”[③]；“汎汎杨舟，绋纚维之”[④]；“汎彼柏舟，在彼中河”[⑤]。这是舟在河上航行的生动写照。

交通运输，是指人类利用各种运输工具，促使人或货物沿着特定线路实现空间位置移动而言。人和货物的空间位移，是社会经济、政治和军事活动的产物；它的形式、规模和范围，受生产力发展水平、科学技术发展水平以及社会制度的制约。西周时期，由于周王朝政治、军事的需要和交换经济的发展，交通运输的规模和范围有较大的扩展。

马克思认为，“运输业是一个物质生产领域”。他说：“除了采掘工业、农业和加工工业以外，还存在着第四个物质生产领域，这个领域在自己的发展中，也经历了几个不同的生产阶段：手工业生产阶段、工场手工业生产阶段、

① 容庚：《金文编》附录上，中华书局1985年版，第1030页。
② 《大雅·棫朴》。
③ 《小雅·菁菁者莪》。
④ 《小雅·采菽》。
⑤ 《鄘风·柏舟》。

机器生产阶段。这就是运输业，不论它是客运还是货运。”① 包括西周在内的古代交通运输，属于手工业生产阶段的范畴，它还不是一个独立的部门，也不是一个完全意义上的“物质生产领域”，与近、现代的运输业有本质的区别。

前面说过，西周是以奴隶制为基础的、等级森严的社会，是自给自足的自然经济占统治地位的社会。人数众多的被压迫被剥削者，没有长距离空间行动的自由和经济条件。拥有一定人身权利和人身自由的平民外出，一般也是步行。乡村小市场上民众间的产品调剂、余缺调剂，一般也毋需舟车运输。当时的交通运输，主要是为统治者剥削者的政治，军事以及经济剥削、经济掠夺的需要而进行的。其次是商人和部分贩夫贩妇交易物的运输。民间人和物的运输所占比重很小。

先说战争过程中部队官兵、军需物品和战利品的运输。《诗·大雅·棫朴》云：“淠彼泾舟，烝徒辑之。周王于迈，六师及之。”说的是周文王出兵伐崇时，众徒在泾水划船运载“六师”之事②。武王伐纣过程，更是一次大规模的陆地和水上的军事运输。其中，武王率兵车三百辆、虎贲三千人，甲士四万五千人，此外还有众多的诸侯联军汇集盟津。据《史记·周本纪》及《齐太公世家》记载，师渡盟津由师尚父指挥，“师尚父号曰：‘总尔众庶，与尔舟楫，后至者斩’”。在较短的时间内将如此众多的战车、士兵、马匹和物资运载过河，无疑需要众多的大型之舟和训练有素的水手。究竟多少，不得其详。《太平御览》卷七百六十八引《六韬》说是：“以四十七艘船济于河”。武王灭商过程中不但抓捕了大量俘虏，而且还掠夺了大批财物，这些财物自然也是用车船运回京城的。后来，在周公东征，康王伐鬼方，昭王南征荆楚，穆王西征犬戎，以及夷、厉、宣诸王时期伐荆楚、征淮夷等一系列大规模军事行动中，亦有大量而繁重的陆地和水上运输任务。《吕氏春秋·音初》云：“周昭王亲将征荆……还反涉汉，梁败，王及蔡公抎于汉中。”抎，陨也。“此言梁败者，天子造舟为梁，舟败即梁败也。”③ 夷、厉、宣时期伐楚、征淮夷，大

① 《剩余价值理论》，《马克思恩格斯全集》第26卷第一册，第444页。

② 《春秋繁露》：“‘周王于迈，六师及之’，此文王伐崇也。”

③ 陈奇猷：《吕氏春秋校释》卷六《音初》注〔一九〕引俞樾说，学林出版社1984年版，第340页。

概亦是以舟为梁（浮桥）渡淮、越汉。

再说周天子往返成周、宗周及其他地区的运输。西周青铜器铭文的记述表明，周天子常常往返于宗周与成周之间。例如《王奠新邑鼎铭》(成王时器)："癸卯，王来奠新邑。□二旬又四日丁卯，□自新邑。"《德方鼎铭》(成王时器)："隹（唯）三月，王在成周，延珷福，自蒿（郊），咸。"《𫏐尊铭》(成王时器)："唯王初迁宅于成周，复禀武王丰（礼），福自天。"《献侯𩓩鼎铭》(成王时器)："唯成王，大𠦪（祓）在宗周。"《圉甗铭》(成王时器)："王𠦪（祓）于成周。"《盂爵铭》(康王时器)："唯王初𠦪（祓）于成周。"《大盂鼎铭》(康王时器)："唯九月，王在宗周，令（命）盂。"《叔卣铭》(昭王时器)："唯王𠦪（祓）于宗周。"《厚趠方鼎铭》(昭王时器)："唯王来各（格）于成周年。"[①] 周天子每次往返于成周、宗周，自然也就还有一批随从人员和物资通过"周道"运输。此外，穆王以下诸王还曾多次迁徙居地，如穆王居于西郑，懿王居于犬丘等。"盖自穆王以来于西郑设有离宫别苑，王则时往就居。"[②] "穆王虽说居于西郑，实际上也和懿王一样，常往来于各处。"[③] 王者徙居以及出巡、狩猎等活动，同样意味着大量人和物的运输。此外，《麦尊铭》有"王乘于舟"举行祭祀典礼、"侯乘于赤旗舟"助祭的记录。

本编第三章中讲过，西周实行"藉田制"剥削，这是西周国家财政的一大收入，因此统治者重视"藉田"生产劳动的组织和管理。据《国语·周语上》记载，"宣王即位，不藉千亩"以前，每年春耕前和"耨获"期间，周天子都要率领诸侯百官到位于京城近郊的"藉田"（"千亩"、"大田"）上举行"藉礼"，并巡视、监督"庶人"劳动。而周王和参加"藉礼"的诸侯百官，以及他们"躬耕"时使用的农具和举行"飨礼"（宴会）的食品，都是用车运输的。《令鼎铭》(昭王时器)记录了周王及官员们乘车"大耤农于諆田"，并举行"飨礼"和"大射礼"的事例。又《吕氏春秋·孟春纪》载："是月也，天子乃以元日祈谷于上帝。乃择元辰，天子亲载耒耜，措之参于保介之御间，

① 见唐兰：《西周青铜器铭文分代史徵》，中华书局1986年版。
② 郭沫若：《两周金文辞大系图录考释》。
③ 史念海：《河山集》，三联书店1963年版，第59页。

率三公九卿诸侯大夫躬耕帝藉田，天子三推，三公五推，卿诸侯大夫九推。”《礼记·月令》亦有与此大体相同的记载。

西周王室及各诸侯国公室的种种剥削收入、财政收入和部分财政支出，亦需要通过交通运输。《诗·小雅·甫田》篇曰：“曾孙之稼，如茨如梁。曾孙之庾，如坻如京。乃求千斯仓，乃求万斯箱。”“曾孙”，周王。“庾”，堆在露天的粮囤。“箱”，车箱。这是说，王室经营的“甫田”即“大田”农场收获很多，庄稼好像屋顶、好像水上大堤（“如茨如梁”），粮囤好像山坡、好像高丘（“如坻如京”），于是需要上千的粮仓来储存（“乃求千斯仓”），需要上万的车箱来运输（“乃求万斯箱”）。此外，还有王室所“彻取”的“六遂”授田产品的运输，畿内采邑主向王室交纳的部分采地产品的运输，以及畿外诸侯、方国向周天子所贡之物的运输。

西周时期的种种手工业作坊，多集中于城邑之内或城邑附近，与各种手工业原料产地、来源地都有一个或长或短的空间距离。从而，各种手工业产品从一个生产场所（例如铜的生产场所）到另一个生产场所（例如青铜器铸造作坊场所），也就需要通过交通运输。青铜器是用铜、锡等物铸造而成的，关中产锡之地无所闻，而产铜之山则有若干处，见于《山海经》的就有五处[①]。从关中产铜地把铜运到丰、镐，属于短途运输；若运到洛邑，则是长途运输了。而且，如本编第七章中所述，西周王朝青铜铸造业所需的铜料，有相当大一部分来源于长江中下游地区，是通过陆路和水路运抵宗周都城和中原诸侯国的。此外，在当时的木器、建筑等手工业生产过程中，也都有繁重的运输任务。

如马克思所说：“在产品从一个生产场所运到另一个生产场所以后，接着还有完成的产品从生产领域运到消费领域。产品只有完成这个运动，才是现成的消费品。”[②] 西周时期官府手工业作坊完成的各种手工业产品中，也有相当一部分是通过运输才成为现成的消费品的。当时商贾或商贩长途买进卖出之货物，无疑是用交通工具运输的，《尚书·酒诰》所说“肇牵车牛远服贾用”表明了这一点。

① 史念海：《河山集》，三联书店1963年版，第56页。

② 马克思：《资本论》第2卷，《马克思恩格斯全集》第24卷，第168页。

第十八章　西周国家财政

财政是国家凭借政权对一部分社会产品进行分配和再分配而形成的分配关系。财政是一个历史范畴，它随着国家的出现而出现。在不同的社会制度下，财政具有不同的内容、特点和性质。奴隶占有制社会的国家财政，是奴隶主统治集团对一部分社会产品进行分配和再分配，无偿地占有劳动人民创造的剩余产品的一种手段和形式，是奴隶主国家对劳动人民进行的超经济剥削。本章所讲的是：西周财政制度的沿革；西周财政管理体制和管理原则；西周财政收入与财政支出。

第一节　财政制度的沿革

"信而好古"、"好古敏以求之"① 的孔子说过："殷因于夏礼，所损益，可知也；周因于殷礼，所损益，可知也。"② 意思是说，殷礼因袭、继承了夏礼，但有所增减、改革；周礼因袭、继承了殷礼，又有所增减、改革。孔子所说的"礼"，有多方面的涵义，其中包括赋税制度的内容。《左传·哀公十一年》载仲尼曰："君子之行也，度于礼：施取其厚，事举其中，敛从其薄。"这番话是针对鲁国执政者季孙肥"用田赋"而发，这里所谓"度于礼"的"礼"，即主要是就赋税制度而言。

与其他社会制度及其国家政权一样，中国奴隶制社会制度及其国家政权亦

① 《论语·述而》。
② 《论语·为政》。

有一个从不成熟到成熟、从不完善到完善的发展过程；从而，夏、商、西周国家财政，自然也就既有因袭、继承，又有发展、变化，孔子的上述说法无疑是有所根据的。问题在于因袭、继承了什么，有何发展、变化。

《孟子·滕文公上》云："夏后氏五十而贡，殷人七十而助，周人百亩而彻。其实皆什一也。"历代学者都肯定中国古代实行过"贡"、"助"、"彻"法，但对孟子的说法有不同的理解。通常认为，孟子这里所说的"夏后氏"、"殷人"、"周人"，是纵向的朝代排列，指夏、商、周三朝；夏行贡法，商行助法，西周行彻法。而有的学者则认为，这是夏、殷遗民和周人的横的排列，贡、助、彻均为西周施行的赋税制度。在我们看来，前一种意见（即"夏后氏"、"殷人"、"周人"指夏、商、周三朝）比较符合孟子原意；不过，认为西周兼行贡、助、彻法，却是符合历史实际的。

孟子的贡、助、彻说虽然有所根据，但它过于简单化、绝对化。夏朝曾行贡法，这是可以肯定的。然而夏朝是否仅行贡法，而当时的贡法是否一律为孟子所谓"五十而贡"，值得研究。商代曾行助法或藉法，也是可以肯定的。但是，甲骨文中的有关记载表明，商代所行助法或藉法的主要内容和形式，不能用孟子所谓"七十而助"、"同养公田"来概括。此外，甲骨文和其他古文献的记载还表明，商代也行贡法，只是与孟子所说"夏后氏五十而贡"有别。西周亦并非仅行彻法，而是兼行贡、助（或藉）、彻法；只是并非所谓彻法仅仅行之于周人内部，贡法和助法仅仅分别行之于夏、殷遗民。

西周因袭了夏、商的贡法、助法或藉法。不过比之夏、商，西周王朝不但施行贡法的地区范围有所扩展，而且对不同地区不同级别的诸侯国制定了或重或轻的"班贡"原则。王畿诸侯采邑主及畿外各诸侯国对周天子的职贡有定制。由于周人对殷人及其他众多方国、部落的征服，大量被俘虏被征服的人民之沦为奴隶或隶属民，西周时期不但施行藉法或助法的地区范围亦有所扩大，而且它的内容亦与商代的"藉"、"助"有所不同。"彻"，最初似为周人特有之制。《诗·大雅·公刘》"彻田为粮"，为彻法之始，其时行之于周族内部。西周时期，则不仅对周族农民实行彻法，而且也对部分被征服民众实行彻法，其内容和性质有别于先周"彻田为粮"。

西周时期的贡、助、彻法，并非完全属于国家凭借政治权力而征收的赋税。如前所述，西周土地所有制结构的主体是国有制或王有制；周王室是部分国有地的直接占有者和经营者，其余国有地的占有者和支配者是各诸侯、卿大夫等贵族，以及“国人”中的自由农民。王室直接经营的“大田”、“藉田”上的产品，是统治者土地所有权在经济上的实现，不属于通常所说赋税的范畴。对占有和耕种小块国有地的自由农民来说，他们向既是主权者又是土地所有者所交纳的那一部分产品，则是地租和赋税的合一。王者直接管辖地区和土地所有权所及地区的公卿大夫向王室缴纳的谷物或其他贡品，似也具有赋税和地租合一的性质。周王政治权力所及而其土地所有权未及地区的诸侯国或方国部落，其向王室交纳的贡物则属于赋税或捐税的范畴。公卿大夫等贵族等级向王室或国家缴纳的捐税，乃是他们无偿占有劳动人民创造的剩余产品的一部分，劳动人民是当时一切税收的最终负担者。而贵族们对其所属直接生产者剩余劳动剩余产品的榨取，一般也同样采用藉法或彻法。

一定的财政体制，是与一定的经济体制和政治体制相联系的。西周时期，土地所有权和国家主权合而为一，王者集土地所有权和国家主权于一身，这样的经济体制和政治体制，使得西周国家财政具有这样的特征：国家财政同王室财政不分，王室财政实质上就是国家财政①。诚然，西周时期的中国，并非什么高度统一的、中央集权的专制主义国家，畿外各封国乃是一些相对独立的政治实体，各有其国家政权机构，从而亦各有其相对独立的财政；各诸侯国财政同公室财政同样不分。

虽然西周时期商品交换和商业有所发展，但商品货币经济并不发达。因此，当时的财政收入和财政支出仍然主要是采用实物的形式，以货币的形式收支者甚少。

第二节　财政管理

一、管理体制和管理原则

西周、特别是周初的最高统治者，深知王室财政对维持其政治统治的重要

① 参见孙翊刚主编：《简明中国财政史》，中国财政经济出版社1988年版，第13～14页。

作用，重视财政收支的管理。《尚书·洛诰》载周公教成王说：

> 汝其敬识百辟享，亦识其有不享。享多仪，仪不及物，惟曰不享。惟不役志于享。凡民惟曰不享，惟事其爽侮。

“百辟”，指诸侯采邑主；“享”，诸侯采邑主的朝觐贡纳。周公这段话的意思是说：你（成王）要仔细考察众诸侯谁纳贡，谁不纳贡。贡享应以礼仪为重，如果礼仪赶不上贡物，贡物再多，也等于不贡。因为这表明他们没有把心思用在贡物上。如果诸侯不贡，民众也不贡，就是轻慢王事，王朝政治就乱了。又周穆王时期为王卿士的祭公谋父追述“先王之训”曰：

> 甸服者祭，侯服者祀，宾服者享，要服者贡，荒服者王。日祭、月祀、时享、岁贡、终王，先王之训也。有不祭则修意，有不祀则修言，有不享则修文，有不贡则修名，有不王则修德。序成而有不至则修刑。于是乎有刑不祭，伐不祀，征不享，让不贡，告不王。于是乎有刑罚之辟，有攻伐之兵，有征讨之备，有威让之令，有文告之辞。①

由此可知，周天子还规定了“五服”诸侯向西周王朝纳贡的轻重和时间。所谓“日祭、月祀、时享、岁贡、终王”，即居甸服者日必有贡，侯服每月一贡，宾服三月一贡，要服一年一贡，荒服终世一贡。若有不按规定纳贡者，则根据情节轻重，分别采取种种措施和手段，或晓以利害，或施加刑罚，或用兵征伐、征讨。

西周时期，“礼乐征伐自天子出”。各项贡赋法以及其他有关财政收入和支出的种种法规，主要由周天子统一制定和颁布，集中掌握。上引祭公谋父所述“先王之训”，主要是指周初天子制定和颁布实行的贡法。此外，西周天子还先后制定和颁布施行了种种赋役法以及财政收支的原则。这些法规和原则，不但在一定程度上实行于号称“千里”的王畿，而且也要求畿外各主要诸侯国遵照执行（“五服”职贡法除外）。鲁国是奉行“周礼”的模范。从《左传·哀公十一年》和《国语·鲁语下》所载“仲尼曰”可知，从西周初年起，鲁国主要实行的是“周公之典”、“周公之藉”。《尚书·费誓》的记载亦表明，鲁国与王

---

① 《国语·周语上》。

畿一样，实行“国”“野”、“乡”“遂”制度，军赋制主要行之于“国人”或“郊人”。其他由周天子所分封并直接控制的诸侯国亦大体如此，“助”（“藉”）、“彻”等法并行。

诚然，如前所述，虽然周天子是当时“天下”诸侯的“共主”，“王臣公”；但各诸侯国及其公室，乃是相对独立的政治、经济实体，而不同于秦始皇统一中国后建立的专制主义的中央集权的国家。从而，西周国家财政不是中央集权性质的。不论是财政体系、财政制度的制定，赋税的征收和管理，还是财政支出方面、调度方面，各诸侯国都并非完全听命于周天子或周王室。西周国家财政管理体制，实际上是王室和诸侯国公室两级分权制。王室财政管理权限，主要是在王畿范围之内。畿外各诸侯国公室在其辖区内实行的财政制度和财政管理原则，虽然最初一般遵循“周礼”或“周公之典”，但各诸侯国财政并非西周王室财政的一级地方执行机构，而是相对独立的诸侯国国家财政。换句话说，畿外诸侯国的财政管理权，实际上主要是由国君或公室掌握和行使；各诸侯国的财政收入，除按规定向周天子纳贡以外，全由公室自行支配和使用。

按照周天子对土地的所有权和国家主权的权限范围、权限的大小以及众诸侯国国爵的尊卑，以定诸侯、采邑主负担的轻重，这是西周王室财政征收管理的一条基本原则。《左传·昭公十三年》云：“昔天子班贡，轻重以列。列尊贡重，周之制也。卑而贡重者，甸服也。”按照《国语·周语》和《左传》的记述，西周天子“班贡”的“轻重”次序是：畿内“甸服”职贡（“日祭”），重于畿外“侯服”；“侯服”职贡（“月祀”），重于“宾服”；“宾服”职贡（“时享”），重于“要服”；“要服”职贡（“岁贡”），又重于“荒服”（“终王”）。古书中所说的“贡”，通常是指诸侯及蛮夷戎狄等少数民族进献周天子的物品而言，与赋、税属于不同的范畴。不过，有时亦以“贡”指称田税或田赋，《孟子·滕文公上》“夏后氏五十而贡”，是其例证之一。上述所谓“卑而贡重”的“甸服”之“贡”，即属于税、赋的范畴，而有别于“侯服”、“宾服”、“要服”、“荒服”的职贡。“甸服”之所以“卑而贡重”，就是因为王畿是周天子的土地所有权和主权的中心地区，“甸服”的经济负担，具有“地租”和“赋税”合一的二重性。

《左传·哀公十一年》载孔子说“周礼”或“周公之典”定赋役有三个原则：“施取其厚，事举其中，敛从其薄。”这主要是针对“国人”中的平民的赋役而言，意思是说：施恩惠要厚，用民力要平，收赋税要轻。孔子所说的这三个原则，大概在周初成康之世曾得到一定程度的实行。此后，民众的赋役等负担，日益加重。

“量入为出”，也是西周财政管理的原则之一。《礼记·王制》云：“冢宰制国用，必于岁之杪，五谷皆入，然后制国用。用地小大，视年之丰耗，以三十之通，制国用，量入以为出。”意思是说，安排国家财政支出，要在年终，待农作物收割完毕以后，按照“国”的大小和年成的丰歉，以三十年留十年储备的通盘打算，估量收入的多少来安排支出。“量入为出和多留储备的财政管理原则，对后世影响很大。几千年来，封建社会的统治者一直把它奉为不可改变的信条。但是，在阶级社会里，由于阶级矛盾，由于奴隶主统治者和封建统治者的贪婪和残暴，这一财政原则从来没有真正地贯彻和执行过。”①

二、管理机构

西周时期，随着国家机构的设置逐渐完备，设置了专管或兼管财政收支的职官，有了管理财政的机构，并制定了一套政策法令和收支制度。自然，西周早、中、晚期的财政管理机构的设置及其权限，亦有所不同。

西周时期冢宰系统的职官和司徒系统的职官，其主要职责之一，就是管理财政；冢宰总管国家财政，其属官则分别负责财物的保管和各项支出，而司徒系统的职官则主要是负责赋税（农产品）的征收和保管。

《诗·大雅·云汉》篇提到“冢宰”，所谓“疚哉冢宰”。西周、春秋时期的青铜器铭文中有“宰”、“大宰”或“太宰”。西周中晚期金文中的毛公、番生等人之职位，与《周礼》的“冢宰”十分相似；《周礼》“宰”职的具体所管，颇近于西周中晚期上升了的宰官②。

据《毛公鼎铭》记载，周王对毛公厝授予重权，命令他治理国家和王室

① 孙翊刚主编：《简明中国财政史》，中国财政经济出版社 1988 年版，第 14 页。
② 张亚初、刘雨：《西周金文官制研究》，中华书局 1986 年版，第 140 页。

内外（“命汝辪（乂）我邦我家内外”），操心大小政事（“惷于小大政”），并管束卿事寮、太史寮，兼管公族、三有司、小子、师氏、虎臣及其他官吏。值得注意的是，周王在对毛公厝的谈话中还特别着重讲到财政的管理问题，王曰：

父厝！雩！之庶出入事，于外尃命尃政，埶小大楚赋[①]，无唯正䎽（昏），弘其唯王智，迺唯是丧我国。厤（歷）自今，出入尃命于外，厥非先告父厝，父厝舍命，毋又（有）敢惷尃命于外。

周王这段话的意思是说：“父厝啊！这些众官出入从事，对外发布政令，制定各种徭役赋税，不管错对，都说是我的英明。这是可以造成亡国的！从今以后，出入布令，没有事先报告你，也不是你叫他们颁布的，就不能对外胡乱发布政令！”[②] 由此可知，毛公厝还主管王室财政，其中包括有关徭役赋税的政策法令的发布和执行。器铭所说的“三有司”即司徒、司马、司空，如后所述，司徒管理土地和赋税、徭役，司马管理军赋。毛公厝兼管“三有司”，自然也包括兼管赋税和军赋的征收。

《周礼》“冢宰”系统的主管官是“大宰”。“大宰之职”，除“掌建邦之六典，以佐王治邦国”外，亦主管王室财政的收支。“大宰”职文云：“以八则治都鄙：一曰祭祀，以驭其神；二曰法则，以驭其官；三曰废置，以驭其吏；四曰禄位，以驭其士；五曰赋贡，以驭其用；六曰礼俗，以驭其民；七曰刑赏，以驭其威；八曰田役，以驭其众。”“以九赋敛财贿：一曰邦中之赋，二曰四郊之赋，三曰邦甸之赋，四曰家削之赋，五曰邦县之赋，六曰邦都之赋，七曰关市之赋，八曰山泽之赋，九曰币余之赋。”“以九式均节财用：一曰祭祀之式，二曰宾客之式，三曰丧荒之式，四曰羞服之式，五曰工事之式，六曰币帛之式，七曰刍秣之式，八曰匪颁之式，九曰好用之式。”“以九贡致邦国之用：一曰祀贡，二曰嫔贡，三曰器贡，四曰币贡，五曰财贡，六曰货

① 《说文》：“埶，种也。”引申为法制，《左传·昭公十六年》：“而共无艺”，《杜注》：“艺，法制。”此铭用为动词，意为制定。“楚赋”的“楚”，通胥，楚、胥均从疋得声。《周礼·地官·序官》“胥”，郑注：“胥及肆长，市中给繇役者。“楚赋”，指徭役赋税（洪家义《金文选注绎》，江苏教育出版社 1988 年版，第 451 页。）。

② 洪家义：《金文选注绎》，江苏教育出版社 1988 年版，第 461 页。

贡，七曰服贡，八曰斿贡，九曰物贡。”所谓“五曰赋贡”的“赋贡”、“以九赋敛财贿”的“九赋”，盖通诸赋税言之；而“以九贡致邦国之用”的“九贡”，则“出于诸侯”①。可见，《周礼》“天官冢宰”系统的“大宰”，亦是王室财政的政策法令和收支制度的主管者。

据西周时期的青铜器铭文记载，周王室和各诸侯国公室都设有司徒、司马、司空三官，合称“三有司”。在西周早期和中期的青铜器铭文中，司徒作“司土”。司徒既是管理土地（见《卫盉》《卫鼎》）、藉田（见《𢦏簋》）、农业生产（见《盠方彝》）以及𠭯、虞、牧等农副业（见《免簠》《免簋》）的职官，同时也是管理来源于农业的财政收入的职官。《毛公鼎铭》所述管理“小大楚赋”之众官，当主要即是本器铭所说“三有司”中的司徒类职官。《周礼》中的司徒、司马、司空，与西周金文中的“三有司”从名称到职掌都“相吻合”或“十分接近”②。《周礼》“地官司徒”的主管官，是大司和协助大司徒工作的小司徒。大司徒职掌全国土地、人民之数，“以土会之法辨五地之物生”，“以土均之法辨五物九等，制天下之地征，以作民职，以令地贡，以敛财富”。地官司徒系统的属官中，有载师、闾师、县师、遂师、場人、廪人、廛人、司关等职官，分别管理各不同范围内的赋税的征收，或粮食的储藏与支出。例如：载师掌管任土之法，区分不同土地，按照土地的肥瘠和利用情况，分等征收赋税；闾师“掌国中及四郊之人民、六畜之数，以任其力，以待其政令，以时任其赋”；廪人“掌九谷之数，以待国之匪颁、赒赐、稍食；以岁之上下数邦用，以知足否，以诏谷物，以治年之凶丰”。西周金文中有“司場”（见《同簋》《南宫柳鼎》）、“司𠭯（𦿆）”（见《免簠》），場即場人，𠭯（𦿆）即廪、廪人③。《国语·周语上》：“場协入，廪协出。”韦注云：“場人掌場圃，委积珍物，敛而藏之也”；“廪人掌九谷出用之数也”。此外，司关是掌管进出关的稽查和征收关税的职官，廛人是市场上征收商税的职官。

作为“三有司”的“司马”，见于《尚书·周书》中的《牧誓》《梓材》

① 孙诒让：《周礼正义·大宰》“以八则治都鄙”疏。

② 郭道扬：《中国会计史稿》上册，中国财政经济出版社1984年版，第63页；张亚初、刘雨：《西周金文官制研究》，中华书局1986年版，第140页。

③ 于省吾：《略论西周金文中的“六自”和“八自”及其屯田制》，载《考古》1964年第3期。

《立政》诸篇，以及西周金文。王室和诸侯都设有司马职。《周礼·夏官司马》有“大司马”、“小司马”。司马是主管军事的职官，同时也是主管军赋的职官。直到春秋时期还是如此，《左传·襄公二十五年》载“楚蒍掩为司马，子木使庀赋，数甲兵”，可证。

西周东都成周（洛邑），是周王朝疆域的中心，也是周王朝财政管理、特别是四方职贡征收管理的中心。《史记·周本纪》载周公营成周云：“此天下之中，四方入贡道里均。”因为成周是“天下”的中心地区，“四方入贡”的财物都要输送到那里，“道里”均等。《兮甲盘铭》记载说：“王令甲政司成周四方责（积），至于南淮夷。”“积”，是“积聚财物”[①]。“四方积”，指“四方”的贡物而言。甲即兮伯吉父。“王令甲政司成周四方积”，是说王命兮甲主管“成周四方”诸侯及受王朝统治的方国、部族的贡物的征收，包括南方的淮夷，故云“至于南淮夷”[②]。在此之前的西周早、中期，也当有此主管“四方”贡物征收的职官。

《周礼》“天官冢宰”系统的职官，除“大宰”全面主管财政外，其下设有两个主管部门：一是以小宰为首的掌管财物及王朝各项支出的部门，一是以司会为首的会计部门。小宰及其下属官员宰夫、大府、玉府、内府、外府等，本着均衡和节约的原则，以九种支出的形式，分别管理王朝的财政支出。司会、司书、职内、职岁、职币等会计组织部门的官员，则主管王朝各项财政经济收支的核算、考核、审查和登记。

第三节 财政收入

西周王朝的财政收入，主要来源于以下几个方面：

（1）“藉田”产品和手工业作坊产品

前面说过，西周王室及各诸侯国公室，都经营多处面积巨大的“大田”

① 《礼记·儒行》疏。

② 参看李学勤：《兮甲盘与驹父盨》，载（人文杂志》丛刊第二辑《西周史研究》，1984 年。

或“甫田”农场，直接榨取“庶人”“农夫”的剩余劳动。王室“大田多稼”①；“倬彼甫田，岁取十千”②；“曾孙之稼，如茨如梁。曾孙之庾，如坻如京。乃求千斯仓，乃求万斯箱。”③ 史称藉田制下王室及公室“谷出不过藉”④。《国语·周语上》载“虢文公谏宣王不藉千亩”一席话，道出了藉田制农业对西周国家财政的重要性：“上帝之粢盛于是乎出”，“事之供给于是乎在”，“财用繁殖于是乎始”。如前所述，西周时期的藉田制农业包括“大田”农业和其他类型的“藉田”农业；它给王室以及公室提供了大量的、品种齐全的粮食。此外，王室及公室还有来源于其经营的林、牧、渔、猎等农副业的收入。

而王室及公室经营的青铜冶铸业，纺织和毛皮加工业，陶器手工业，木器和漆器制作业，以及骨器和玉器制作业等等门类齐全的手工业作坊，则为官府提供了名目繁多的生活用品、生产用品、军事用品和交通运输用品。

王室及公室主要使用奴隶劳动经营的上述种种产业，是西周国家财政收入的基本来源。

（2）畿内公卿大夫土地税

前面说过，据《国语·周语上》记载，西周之制，“邦内甸服”，“甸服者祭”，供王“日祭”。由于其时“国之大事，在祀与戎”，故以祭祀为名，实则“甸服者”对王朝祀事、政事、军事无所不供。《国语·周语中》周襄王说得明白：“昔我先王之有天下也，规方千里以为甸服，以供上帝山川百神之祀，以备百姓兆民之用，以待不庭不虞之患。”“甸服”，谓天子畿内“方千里”之地。韦昭注云：“甸，王田也；服，服其职业也。”《逸周书》孔晁注云：“甸，田也，治田入谷也。”《周礼·夏官·职方氏》郑玄注云：“服，服事天子也。”西周王畿方千里之内的“甸服者”，即所谓“服其职业”、“治田入谷”者，包括公、卿、大夫、士以及平民、奴隶等各个等级和阶级。这里所说的，只是“甸服”中的公卿大夫等贵族对周天子或周王室的供奉。

---

① 《诗叫·小雅·大田》。
② 《诗叫·小雅·甫田》。
③ 《诗叫·小雅·甫田》。
④ 《左传·宣公十五年》。

西周畿内卿大夫们的土地，有采邑、赏地、禄田、加田等几类。采地也是一种赏地，西周金文所言“锡”采，即赏采。“贾《丧服》疏引《郑志》云：‘天子之卿，其地见赐乃有。’是采地皆特赐也。”[①] 据《周礼·夏官·司勋》记载：“凡颁赏地，参之一食，唯加田无国正（征）。”《郑注》引郑司农云：“正（征）谓税也。禄田亦有给公家之赋贡……独加赏之田无正（征）耳。”“唯加田无国征”，明赏地、采地及禄田等为有国征。赏地“参之一食”者，即“此赏地参分，受者食其一，其不食者二分入于王”[②]。

是否凡“赏地”均为“参之一食”，禄田“国征”多少，不得其详。不过，西周王朝对“甸服”征税较重是肯定的，上引《国语》《左传》的记载已有所说明。其所以如此，是因为西周王朝对“甸服”所征之“税”不是一般的赋税，而是地租和赋税的合一。再说，公卿大夫是大土地占有者，即使是自食其一，二入于王，也能满足其寄生剥削生活。无论是其自食者还是入于王者，都是奴隶和其他劳动者的血汗创造的。

（3）平民的赋税

这里所说的平民，是指介于奴隶主和奴隶之间的个体农民，包括前述自由农民和隶属农民。据《尚书·费誓》记载：亦农亦兵的“三郊”农民出征时，必须自带甲胄、弓矢、戈矛，并对戈矛加以锻磨，“无敢不善”；自备干粮，以为出征时之食物，“无敢不逮”；提供修筑壁垒的木板，“无敢不供”；供应“刍茭”，以作牛马之饲料，“无敢不多”。这当是西周早期普遍实行的一种军赋制度。

又《国语·鲁语下》载孔子曰：“先王制土，藉田以力，而砥其远迩。……任力以夫，而议其老幼。于是乎有鳏、寡、孤、疾，有军旅之出则征之，无则已。其岁：收田一井，出稯禾、秉刍、缶米，不是过也。”这段文字包括三个方面的内容，即田税、徭役和军赋。“藉田”，本指借民力耕田，这里指收田税[③]，故韦注云：“藉田，税也。”“远迩”的“迩”（近），指“六

① 孙诒让：《周礼正义》“大宰以八则治都鄙”疏。
② 孙诒让：《周礼正义》“司勋”疏。
③ 薛安勤、王连生：《国语译注》，吉林文史出版社1991年版，第251页。

乡”、“三郊”而言。《周礼·载师》：“凡任地……近郊十一，远郊二十而三。”郑注引郑司农云：“任地，谓任土地以起税赋也。”《孟子·滕文公上》所谓“国中什一使自赋”，亦指近郊农民的税赋而言。关于“任力以夫而议其老幼”，韦注云：“力，谓徭役。以夫，以夫家为数。议其老幼，老幼则有复除也。”这里所说，主要是指近郊农民的徭役。“其岁收田一井出稯禾、秉刍、缶米”，说的是军赋。韦注：“其岁，有军旅之岁也。缶，庾也。《聘礼》曰：‘十六斗曰庾，十庾曰秉。秉，二百四十斗也。四秉曰筥，十筥曰稯。稯，六百四十斛也。’”[①] 孔子所说西周田税、徭役、军赋，“其中虽间杂理想成分，然当存旧制梗概”[②]。

《周礼·小司徒》亦讲到“六乡”农民的军役、徭役、地征及军赋，所谓“乃会万民之卒伍而用之……以起军旅，以作田役，以比追胥，以令贡赋”。孙诒让《周礼正义》“疏”：“赋即地征之通名。”按：此“赋”当包括军赋。

《春秋·成公元年》杜预注云：“周礼：九夫为井，四井为邑，四邑为丘。丘十六井，出戎马一匹，牛三头。四丘为甸，甸六十四井，出长毂一乘，戎马四匹，牛十二头，甲士三人，步卒七十二人。”上引《尚书·费誓》和《国语·鲁语下》所述西周军赋，都未提到牛马、车辆。杜预注里所说的“周礼”是否施行，在哪种行政区域实施，“还不清楚”，“这种军赋制度是逐渐形成、完善的，如果说是西周的制度，也可能要到后期才有定制”[③]。

（4）诸侯、方国的贡纳

据《周礼·大宰》，畿外诸侯对周天子有“九贡”：“一曰祀贡，二曰嫔贡，三曰器贡，四曰币贡，五曰材贡，六曰货贡，七曰服贡，八曰斿贡，九曰物贡。”郑注：“嫔，故书作宾。郑司农云：‘祀贡，牺牲包茅之属。宾贡，皮帛之属。器贡，宗庙之器。币贡，绣帛。材贡，木材也。货贡，珠贝自然之物也。服贡，祭服。斿贡，羽毛。物贡，九州之外，各以其所贵为挚，肃慎氏贡楛矢之属是也。’玄谓嫔贡，丝枲。器贡，银铁石磬丹漆也。币贡，玉马皮帛

---

① 此据明道本。公序本作“一百六十斗”。

② 童书业：《春秋左传研究》，上海人民出版社1980年版，第304页。

③ 刘展主编：《中国古代军制史》，军事科学出版社1992年版，第72页。

也。材贡，櫄干栝柏篆簜也。货贡，金玉龟贝也。服贡，絺纻也。斿读如囿游之游。游贡，燕好珠玑琅玕也。物贡，杂物鱼盐橘柚。”此“九贡”，即《职方氏》所说：“制其贡，各以其所有。”此为诸侯“岁之常贡”，《小行人》“令诸侯春入贡”是也。

其他古书以及西周金文，亦讲到邦国诸侯各以其所有入贡天子之事。《逸周书》孔注：“土地所有，乃贡之。”《穀梁传·桓公十五年》：“古者诸侯，时献于天子，以其国之所有。”《国语·郑语》“先王求财于有方”，韦注：“使各以其方贿来，方之所无，则不贡也。”例如，菁茅为王祭所不可缺少之物，而菁茅产于荆州①，故为楚应纳贡物之一②。南淮夷则为西周王朝的“帛贿臣”（《师寰簋》）、“帛贿人”（《兮甲盘》），主要向周王贡纳布帛；此外，还要贡纳人口（“进人”）及其他财物。《禹贡》云：“厥贡：……淮夷蠙珠暨鱼，厥篚玄纤缟。”又《诗·鲁颂·泮水》曰：“憬彼淮夷，来献其琛。元龟象齿，大赂南金。”

《国语·鲁语下》载“仲尼曰”：“昔武王克商，通道于九夷、百蛮，使各以其方贿来贡，使无忘职业。于是肃慎氏贡楛矢石砮，其长尺有咫。先王欲昭其令德之致远也……故铭其栝曰‘肃慎氏之贡矢’。”可见九夷、百蛮俱有贡职。“肃慎、燕、亳”为西周王朝“北土”③，肃慎族又处于燕国的东北方，那时散布在松花江直到黑龙江流域的广阔地区。周公东征胜利后，“息慎（即肃慎）来贺，王赐荣伯作《贿息慎之命》”④。“以肃慎离宗周之远而不能无贡焉，则周王征取之广可知也。”⑤ 又古本《竹书纪年》：“夷王二年，蜀人、吕人来献琼玉”。西周晚期的《㞒敖簋盖铭》还有“戎献金于子牙父百车”的记录。

清代学者江永认为：“诸侯固各有贡，然九贡皆货贿服物，不贡粟米。则

---

① 《管子·轻重篇》“江、淮之间，一茅三脊，名曰菁茅。”

② 见《左传·僖公四年》。

③ 《左传·昭公九年》。

④ 《史记·周本纪》。

⑤ 顾颉刚：《职贡》，《史林杂识》（初编），中华书局1977年版，第21页。

天子不食诸侯之地……制其贡亦以其所有耳。”① 历史实际是否完全如此，值得研究。

《尚书·多方》载：“王曰：‘呜呼！猷，告尔有方多士暨殷多士，今尔奔走臣我监五祀，越惟有胥伯小大多正，尔罔不克臬。’”“胥”，谓徭役，《周礼·地官·序官》“胥”，郑注：“胥及肆长，市中给徭役者。”“伯当为赋，声之误也。”②“正”，正常的标准。“臬”，法度。《尚书大传》云：“古者十税一。多于十税一，谓之大桀、小桀；少于十税一，谓之大貊、小貊。王者十一而税，而颂声作矣。故《书》曰：越惟有胥赋小大多正。”“胥伯（赋）小大多正（征）”，犹如《毛公鼎铭》所言“埶小大楚赋”；楚与胥通，楚胥并从疋得声③。上引《多方》“王曰”，意为：“告诉你们四方诸侯及殷的众官员，现在你们臣服我周朝并为我周奔走效劳已经五年了。向你们征召、征收的力役、赋税，多符合正常的标准，你们也无不守法。”可见，“多方”即四方诸侯是要向西周王朝纳“赋”的。这“赋”，当包括粟米在内。

诚然，如前所述，贡、赋有别；在后来的文献中，凡诸侯以献其天子者，一般称贡而不称赋。但不能根据《周礼》所谓“九贡”，断言四方诸侯、方国完全不贡粟米。《兮甲盘铭》所说“王令甲政司成周四方积，至于南淮夷”，同样表明：四方诸侯、方国的贡物中，包括粮草。《诗·周颂·载芟》：“载获济济，有实其积，万亿及秭。”《左传·僖公三十三年》“不腆敝邑，为从者之淹，居则具一日之积，行则备一夕之卫”，杜注：“积、刍、米、菜、薪。”《兮甲盘铭》所述南淮夷“其帛、其积、其进人”，是并列的三项；“积”在此处是狭义的，即古书中所说的“委积”。“凡储聚禾米薪刍之属，通谓之委积”；“盖积本为露积之名，总言之凡仓庮之属亦称积”④。云梦秦简《仓律》规定：禾万石一积，而在栎阳二万石一积，在咸阳十万石一积；刍槁也是万石一积，在咸阳二万石一积。“由此可见，淮夷虽然主要是入贡布帛，同时也要

① 孙诒让：《周礼正义》“大司徒”疏引江永说。
② 曾运乾：《尚书正读》。
③ 孙诒让：《籀高述林》。
④ 孙诒让：《周礼正义》“大司徒”疏。

向周朝输送粮草和人众"[①]。而本器铭所述"四方积"中，也当包括粮草。这里要顺便提及的是，商代甲骨文的记录表明，商代诸侯、方伯向王室贡纳的物品中，也有黍、麦等农产品[②]。

(5) 关市税和山泽税

关市税和山泽税，古书上称之为"关市之赋"和"山泽之赋"。关市税是对通过官府所设关卡的行商和市肆的坐贾进行课税。"关"，设在国境要隘之处，主要是为了检查行旅，进行安全检查，以及对国宾的迎送，故有"国门"之称。"市"，则是交易集中的场所。据《礼记·王制》记载："古者……市廛而不税，关讥而不征。"按照《郑注》的说法，"古者"是指"殷时"，关市税的征收是从西周开始。《国语·鲁语下》云："先王……赋里以入，而量其有无。"(孔子语) 韦注："里，壥也，谓商贾所居之区域也。以入，计其利入多少，而量其财业有无以为差也。"这里所说的"先王"，便是指周公、成王以来的西周诸王。西周早期是否征收关市税，尚难断定；大概是西周中后期随着商品交换和商业的发展，才逐步实行的。《周礼》中的"司关"，其职责主要是：检查出入货物是否违禁，并进行征税；对偷越关卡走私的货物，进行没收和罚款。"廛人"则负责市场上商税的征收，并定期上交"泉府"。

山泽税，是官府对山林川泽出产的各种物品所课之税。最初，"天地百物，皆将取焉"[③]；"林麓山川以时入而不禁"[④]。大概也是西周中后期才逐渐颁布禁令，设官管理，并征收山泽之税的。《周礼》中有掌管山川政令的"少虞"和"川衡"。山泽税课征的对象，为捕鱼者、牧户、猎户以及采樵和果园户等；征收的范围，包括山林出产的兽骨、兽皮、羽毛、干鲜水果、木材，水泽出产的鱼、盐之类。课征对象和课征的范围都比较广[⑤]。

(6) 暴力掠夺财物

通过战争等暴力掠夺财物，也是西周王室财政收入的来源之一。据《逸

---

① 李学勤：《兮甲盘与驹父盨》，《人文杂志》丛刊第二辑《西周史研究》，1984年。

② 参看杨升南：《商代经济史》，贵州人民出版社1992年版，第630～631页。

③ 《国语·周语上》。

④ 《礼记·王制》。

⑤ 孙翊刚主编：《简明中国财政史》，中国财政经济出版社1988年版，第19页。

周书·世俘篇》记载，在武王克商过程中，“凡武王俘商，得旧宝玉万四千，佩玉亿有八万”，共“俘玉”180000块，俘鼎数目不详；“禽禦（车）”，蜀、磨、宣方三国计860辆，他国不详；又，武王殷郊狩猎，所得栏畜或野生畜虎、猫、麋、犀、氂、熊、罴、豕、貉、麝、麇、鹿等，计10223头。另据康王时代的《小盂鼎铭》记载，盂奉王命攻克鬼方，其战役前后凡两次，第一次“俘〔马〕□□匹，俘车十两（辆），俘牛三百五十五牛，羊卄八羊”；第二次“俘〔马〕百四匹，俘车百□两（辆）”。康王以后青铜器铭文中，亦不乏“俘士女牛羊”以及“俘贝”、“俘金”的记录。据研究，“周人征伐南方的一个极其重要的目的，是想贯通从南方掠夺金属的道路”①；昭王南征伐楚荆，“第一是为抢掠南方的铜”②。

第四节 财政支出

西周国家财政支出，即古书上所说的“制国用”，包括以下几个方面：

一、祭祀支出

在我国古代，“国之大事，在祀与戎”③，祭祀被列为国家的头等大事，从而祭祀支出也就成为国家财政支出的首位。历史记载说，周王“有天下”后“规方千里以为甸服”，首先是为了“供上帝山川百神之祀”④。“凡禘、郊、祖、宗、报，此五者国之典祀也”⑤。由于祭祀活动频繁，费用开支巨大。本来，西周统治者也曾惊呼“惟命不于常”⑥，“天命靡常”⑦，“周人尊礼尚施，事鬼敬神而远之”⑧，并不真信鬼神的存在。他们之所以同样把祭祀作为国家

① 裘锡圭：《史墙盘铭文解释》，《文物》1978年第3期。
② 唐兰：《西周铜器断代中的“康宫”问题》，《考古学报》1962年第1期。
③ 《左传·成公十三年》。
④ 《国语·周语中》。
⑤ 《国语·鲁语上》。
⑥ 《尚书·康诰》。
⑦ 《诗·大雅·文王》。
⑧ 《礼记·表记》。

政权的头等大事，耗费大量物资进行祭祀活动，乃是为了维持和巩固其政治统治。关于这一点，古书上说得明白："古者，先王既有天下，又崇立上帝、明神而敬事之，于是乎有朝日、夕月以教民事君。"① "郊社之礼所以事上帝也，宗庙之礼所以祀乎其先也。明乎郊社之礼，禘尝之义，治国其如示诸掌乎！"②

二、军事支出

军事也是"国之大事"，从而军事支出亦是西周国家财政的一大支出。西周时期的武装力量，由王室军队（"西六师"与"成周八师"），保卫周王及王都、王宫的禁卫军，执行纠察任务的警察部队，以及诸侯国军队等四部分构成。西周军队中的主要装备，如兵车、兵器、甲胄、服装、旗物、马匹等，由官府制造供给③。王室军队和诸侯国军队的粮草，主要来源于上述平民提供的军赋。王室禁卫军（虎贲与虎臣）和警察部队（"五隶"之兵）的给养，则从王室其他财政收入中支出。周公东征三年中，无疑投入了大量的人力和财力。昭王的南征，穆王的西征，"消耗了过去积累下来的物质基础"。共王、懿王、孝王、夷王时期，由于四围的戎狄交侵，陷入了长期的战争中，又"消耗很大"，以致"国力空虚"④。宣王时期，战争更加频繁；曾先后对猃狁以及南方和东南方荆楚、淮夷、徐国等大举用兵。宣王"三十九年，战于千亩，王师败绩于姜氏之戎"，并"丧南国之师"⑤，兵力和财力的损失巨大。

三、王室生活费用

周天子既是西周奴隶主国家的最高统治者，又是最大的奴隶主剥削者。直接用于天子及其家族的衣、食、住、行等种种生活费用，在西周国家财政或王室财政支出中占了相当大的比重。以饮食来说，掌理王者及王宫饮食的职官众多，诸如膳夫、庖人、亨人、内饔、外饔等等。在《周礼·天官·冢宰》中，

---

① 《国语·周语上》。
② 《礼记·中庸》。
③ 刘展主编：《中国古代军制史》，军事科学院出版社1992年版，第57、71页。
④ 郭沫若主编：《中国史稿》第1册，人民出版社1976年版，第282页。
⑤ 《国语·周语上》。

“负责周王居住区域的各类职官共有63种，3983人：其中主管饮食者21种，计2300人；主管其他事务者42种，计1683人。主管饮食的职官种类虽仅占全部职官的三分之一，但其定员却占总人数的58%，竟比其他职官多617人。这一对比数字足以说明，周王室饮食管理机构的庞大规模以及宫廷中庖厨之事的重要性。”①《周礼·天官·膳夫》：“掌王之饮食膳羞，以养王及后世子。凡王之馈：食用六谷，膳用六牲，饮用六清，羞用百有二十品，珍用八物，酱用百有二千瓮。王日一举，鼎十有二物，皆有俎，以乐侑食。”足见周王宫廷食用之奢侈豪华，“仅朝食一餐就有肉肴十二鼎，即九牢鼎：牛、羊、豕、腊、肠、胃、肤、鲜鱼、鲜腊和三陪鼎：肜、膴、膮；并有乐队伴奏以增进食欲。”② 此外，周王及其家族还有衣物、生活用器、玩好珍品、宫殿陵墓及苑囿的建筑和维修、丧葬等巨大的开支。

四、赏赐诸侯百官

据西周青铜器铭文的记录，各代周王赏赐诸侯百官之物，除奴隶以外，还有：祭酒及圭瓒；冕服及服饰；车及车饰；马及马饰；旂旗；兵器；贝、金，等等。如《利簋》：“锡有事（有司）利金。”《小臣单觯》：“周公锡小臣单贝十朋。”《禽簋》：“王锡金百锾。”《興鼎》：“公赏興贝百朋。”《德方鼎》：“王锡德贝廿朋。”《何尊》：“王咸诰，何锡贝卅朋。”《小臣静簋》：王锡贝五十朋。”《宜侯夨簋》：“锡𩰫鬯一卣，商瓒一□，彤弓一，彤矢百，旅弓十，旅矢千。”《大盂鼎》：“锡汝鬯一卣，冂、衣、市、舄、车、马。锡乃祖南公旂，用遈（狩）。”《小臣麦鼎》：“锡鼎、马两。”《舀簋》：“锡牛三。”《录伯㦰簋》：“余锡汝秬鬯一卣，金车，賁寿较，賁𫠦，虎冟宲裹，金甬、画𫐐，金厄，画轉，马四匹，鋚勒。”《曶壶》：“锡汝秬鬯一卣，衣衮衣，赤市幽黄（衡），赤舄，攸勒，䜌旂。”《牧簋》：“锡汝秬鬯一卣、金车、賁较、画𫐐、朱虢、𢏺靳、虎冟熏裹、旂、余（駼）马四匹，取遗口寽。”《虢季子白盘》：“王赐乘马，是用左（佐）王；赐用弓彤矢，其央；赐用戉，用政（征）蛮

① 王慎行：《古文字与殷周文明》，陕西人民教育出版社1992年版，第281页。
② 王慎行：《古文字与殷周文明》，陕西人民教育出版社1992年版，第286页。

方。”《番生簋》：“锡朱市悤（葱）黄（衡）、鞞鞢、玉环、玉琭、车电轸、桒缂较（较）、朱鬲亙（鞃）靳、虎冟熏裹、错衡、右厄（轭）、画轉、画韬、金童（踵）、金柅、金簟弼、鱼箙、朱旂旜金枋二铃。”《毛公鼎》及《舆盨》载王所赐之物，与《番生簋》所述大体相同。以上所举，仅为西周王者赏赐百官财物的部分事例，由此可见，赏赐百官也是西周王室财政的一笔较大的支出。

五、招待、赏赠宾客

《国语·周语中》载：“周之《秩官》有之曰：‘敌国宾至，关尹以告，行理以节逆之，候人为导，卿出郊劳，门尹除门，宗祝执祀，司里授馆，司徒具徒，司空视途，司寇诘奸，虞人入材，甸人积薪，火师监燎，水师监濯，膳宰致饔、廪人献饩，司马陈刍，工人展车，百官以物至，宾入如归。是故小大莫不怀爱。其贵国之宾至，则以班加以一等，益虔。……’”《周礼·秋官》有“掌客”一职。“掌客掌四方宾客之牢礼、饩献、饮食之等数与其政治。王合诸侯而飨礼，则具十有二牢，庶其百物备，诸侯长十有再献。”三牲牛羊豕具为一牢，十二牢即十二太牢。十二牢为牲组，“庶具百物”盖指庶羞，《膳夫》所谓“羞用百有二十品”之属是也[①]。除丰盛的宴请外，还有赏赠。《周礼·天官》有“外府”一职，其职掌之一就是：凡宾客，“共（供）财用之币赍、赐予之财用”。

① 孙诒让：《周礼正义》“掌客”疏。

第三编

春　秋

第十九章　土地所有制形式的演变

西周后期，随着中国奴隶制社会内部各种矛盾的发展，宗周发生了严重的政治危机和经济危机。暴虐无道，实行“专利”政策的周厉王，被国人暴动所推翻。虽然周宣王为了缓和社会矛盾而采取了种种对策，但是它并没有能够挽救王室政治、经济的衰落。宣王三十九年（前 789）“战于千亩，王师败绩于姜氏之戎”①。宣王死后，继位的周幽王又以“善谀好利”的虢石父为卿，“国人皆怨”②。公元前 771 年，申侯联合缯和西夷犬戎进攻宗周，“幽王举烽火征兵，兵莫至”，幽王被杀③。申侯、鲁侯和许文公等立故幽王太子宜臼，是为平王。为了避开犬戎的威胁，平王在部分贵族和诸侯的护卫下，东迁洛邑，史称东周。

中国现存的第一部编年体史书《春秋》，按年记载了鲁国从隐公元年到哀公十四年或十六年间（前 722 ~ 前 481 或前 479）的历史大事，其纪年依据鲁国，记述范围却遍及当时整个中国。因此，通常称中国历史上的这一时期为春秋时代。

春秋时代是中国奴隶制社会逐步向封建制社会过渡的时代，也是当时中国各民族社会经济和文化开始走向大发展的时代。本章要研讨的，是春秋时代中国土地所有制的发展和演变。

---

① 《国语·周语上》。
② 《史记·周本纪》。
③ 《史记·周本纪》。

第一节 从“王土”到“君土”

一、王权衰落与土地王有制的终结

在中国奴隶制时代，土地所有权是和政治权力相联系而存在的，土地所有权和占有权的大小取决于政治权力的大小，政治权力运动同时也是土地所有权和占有权的运动。西周时期，“王臣公，公臣大夫，大夫臣士”①，周王位居金字塔式的等级阶梯的顶端，为“天下”共主，“礼乐征伐自天子出”②，“普天之下，莫非王土”。但是，随着西周灭亡和平王东迁洛邑，周天子失去了昔日的权威，王室衰微，不再有控制诸侯的力量，以致“礼乐征伐自诸侯出”③，列国互相兼并，大国陆续出现，打破了诸侯并列、王室独尊的局面。从“礼乐征伐自天子出”到“礼乐征伐自诸侯出”，意味着土地王有制到土地君有制的转变。《左传·昭公七年》载楚芋尹无宇曰：

> 天子经略，诸侯正封，古之制也。封略之内，何非君土？食土之毛，谁非君臣？故《诗》曰：“普天之下，莫非王土；率土之滨，莫非王臣。”

前面说过，《诗·小雅·北山》篇的上述诗句，本是西周天子对“天下”的主权和土地所有权合一的反映。春秋时代的贵族引用它来说明当时诸侯国国君对本国土地和臣民的关系，这表明周天子已不是“天下”土地的所有者，各诸侯国内的土地所有权主要落到了国君手中。这是继西周后期王畿土地关系的演变之后，土地王有制在畿外诸侯国地区发生的又一变动。

如前所述，在“普天之下，莫非王土；率土之滨，莫非王臣”的西周时期，周天子有权对各诸侯采邑主征收贡税，所谓“甸服者祭，侯服者祀，宾服者享，要服者贡”，这是周天子凭借其政治权力和土地所有权参与产品收入分配和再分配的一种形式。若有“不祭”、“不祀”、“不贡”、“不享”者，则

---

① 《左传·昭公七年》。
② 《论语·季氏篇》。
③ 《论语·季氏篇》。

"有刑罚之辟，有攻伐之兵，有征讨之备，有威让之令"[1]。《孟子·告子下》所说"一不朝则贬其爵，再不朝则削其地，三不朝则六师移之"，亦表明原来诸侯必须服从王命。诸侯定期朝聘贡纳，本是原来王室财政的一项重要收入。然而，由于王权衰落与列国诸侯对其"封略之内"的土地所有权的确立，东周王室失去了这一重要收入。据鲁史《春秋》记载，在长达242年的春秋时代，鲁君朝王仅三次，鲁大夫聘周仅四次。鲁是周公的后代，与王室最亲近，朝贡尚且几乎全废，其他诸侯国的朝贡自然比鲁更少，有些诸侯国甚至没有一次朝贡。

据《左传·隐公十一年》记载，继平王而立的周桓王，"取邬、刘、蒍、邘之田于郑，而与郑人苏忿生之田：温、原、絺、樊、隰郕、欑茅、向、盟、州、陉、隤、怀"。结果，遭到采邑主的强烈反抗，以致苏氏叛王[2]；而本已"交恶"的周、郑之间，矛盾更为尖锐。对桓王取田于郑"而与郑人苏忿生之田"一事，《左传》作者以"君子"的名义评论说：

> 君子是以知桓王之失郑也。恕而行之，德之则也，礼之经也。己弗能有，而以与人。人之不至，不亦宜乎![3]

这表明，在春秋初年，周天子已无剥夺采邑主封土的真正权力；即使是西周天子所亲自分封苏氏的畿内采邑，也为如今的周王所"弗能有"。《左传·庄公十九年》还记载了这样一个事例：

> 及惠王即位，取蒍国之圃以为囿。边伯之宫近于王宫，王取之。王夺子禽、祝跪与詹父田，而收膳夫之秩。故蒍国、边伯、石速、詹父、子禽、祝跪作乱，因苏氏。秋，五大夫奉子颓以伐王，不克，出奔温。苏予奉子颓以奔卫。卫师、燕师伐周。冬，立子颓。

由此可见，东周王权（主权和土地所有权）是何等衰落。

周天子政治权力的衰落，以及对"天下"土地的所有权的丧失，还表现在他对各诸侯国之间交换田邑的事件，已经完全无法加以干预。《左传》记载说：

---

① 《国语·周语上》。
② 见《左传·庄公十九年》。
③ 《左传·隐公十一年》。

〔鲁隐公八年〕郑伯请释泰山之祀而祀周公，以泰山之祊易许田。三月，郑伯使宛来归祊，不祀泰山也。

〔鲁桓公〕元年春，公即位，修好于郑。郑人请复祀周公，卒易祊田。公许之。三月，郑伯以璧假许田，为周公祊故也。夏四月丁未，公及郑伯盟于越，结祊成也。盟曰："渝盟无享国!"

"许田"本是西周成王赐给周公，以为鲁君朝见周王时朝宿之邑。《诗·鲁颂·閟宫》"居常与许"的"许"，即此许田①。祊田则是周宣王赐给郑桓公（宣王母弟），以为助祭泰山时的汤沐之邑②。"按说，许田有周公之祀，鲁国是不该放弃的，但两邑交换，各近本国，对两国都有利。现实的经济利益压倒了传统的礼制观念，两国终于成就了这宗交易。值得注意的是，许田在王畿，两国在交换土地的过程中，完全把周天子撇在一边。"③

本来，平王迁都洛邑，还有土地方约六百里。可是后来，有的赐给立功诸侯，如赐郑国虎牢（今河南荥阳县西北）以东④，赐晋文公以阳樊（今河南济源县境内）、温（今河南温县境内）、原（今河南济源县境内）、欑茅（今河南修武县境内）之田⑤；有的封给王族与公卿大夫作采邑，如襄王封子带于甘，周、召、毛、毕等旧贵族各有新采邑；有的被戎族占据，如扬拒、泉皋、伊洛之戎杂居周国境内，伊川（今河南嵩县）有陆浑之戎；有的被侵夺，如郑灭东虢（今河南郑州西北），晋灭北虢（今河南陕县），楚灭申（今河南南阳县）、吕（南阳县西）。东周"天子自有的土田和民人，实在存余无几"⑥。

不过，东周天子虽然地小贡少，经济贫弱，但他在政治上对列国诸侯还有一定的作用。因此，东周天子名义上仍保持"天下宗主"的地位，为华夏各国所尊崇。齐、晋两个霸国纠合诸侯，阻遏楚国的北进，都是由于号召尊王、

---

① 据《太平寰宇记》，今河南省许昌市南有鲁城，即此许田。

② 祊，当今山东省费县东约三十七里处。

③ 林甘泉主编：《中国封建土地制度史》第1卷，中国社会科学出版社1990年版，第30~31页。

④ 《左传·庄公二十一年》。

⑤ 《左传·僖公二十五年》。又《国语·晋语四》云："赐公南阳阳樊、温、原、州、陉、絺、组、欑茅之田。"《左传》不言州、陉、絺、组，絺，或本不同，或有所略。（杨伯峻：《春秋左传注》，第433页。）

⑥ 范文澜：《中国通史》第1册，人民出版社1978年版，第115页。

勤王，才得到诸侯的信从。

二、列国兼并与部分侯国“君土”的扩展

在王室衰微，“礼乐征伐自诸侯出”、“自大夫出”的春秋时代，列国间战争频繁。仅据鲁史《春秋》的记载，在春秋的242年里，列国间军事行动即达483次。其中，多数军事行动是为了掠夺、兼并土地而进行的。虽然这种掠夺、兼并本身，只是土地归属的变动、土地所有权的转移，并不意味着土地所有制的变化。但是，部分诸侯国通过暴力兼并不但大大扩展了君土，而且，由于这些诸侯国陆续把包括兼并土地在内的君土大量赏赐有功贵族，引起了这些诸侯国内采邑制度的迅速发展和演变，并导致了从“君土”到“家土”的转变。因此可以说，列国间掠夺、兼并土地之战，是促使春秋时期土地制度发展演变的一个重要因素。以下所述，主要是鲁、齐、晋、楚等国通过军事行动掠夺、兼并土地的情况[①]。

鲁国兼并土地的情况：

隐公二年：“无骇帅师入极。”[②] 无骇，鲁国之卿。极（在今山东金乡县境内），鲁附庸小国。“入极”，《公羊传》以为“疾始灭”，《穀梁传》以为“灭同姓”。极自此以后不见《春秋》，而极又近鲁地，可知它已为鲁有。

隐公十年：“六月壬戌，公败宋师于菅。辛未，取郜。辛巳，取防。”[③] 从此，鲁有郜（在今山东城武县境内）、防（在今山东金乡县境内）二邑。

僖公三十三年：“公伐邾，取訾娄。”訾娄，邾邑[④]。

文公七年：“公伐邾。三月甲戌，取须句。”[⑤] 须句（在今山东东平县境），本风姓国。《左传・僖公二十一年》：“邾人灭须句”；次年：“公伐邾，取须

① 以下均按《春秋》《左传》纪年。

② 《春秋・隐公二年》。

③ 《春秋・隐公十年》。

④ “‘訾娄’，《穀梁》作‘訾楼’，《公羊》作‘蕞’。娄、楼音同。蕞从取声，取，邹古音同，则蕞为其合音也。十八年《传》有訾娄，非此地。此訾娄当是邾地。”（杨伯峻《春秋左传注》第一册，第493页。）

⑤ 《春秋・文公七年》。

句”[①]，“反其君焉”[②]。僖公反其君后，邾复灭之，今鲁再取。

宣公四年：“公伐莒，取向。”[③] 向（在今山东莒县境内）本小国，隐公二年“莒人入向”，灭之为邑，今鲁又取之于莒。

宣公九年：“秋，取根牟。”[④] 根牟（在今山东沂水县南），附庸之国。

宣公十年：“公孙归父帅师伐邾，取绎。”[⑤] 绎（在今山东邹县南），邾邑。

成公六年：“取鄟。”[⑥] 鄟（在今山东郯城县境内），《穀梁传》谓“国也”，《公羊传》则曰：“邾娄之邑”，实为附庸小国[⑦]。

襄公十三年：“夏，取邿。”[⑧] “夏，邿乱，分为三。师救邿，遂取之。”[⑨] 邿（在今山东济宁市南五十里），附庸国，妊姓[⑩]。

昭公元年：“三月，取郓”；秋，“叔弓帅师疆郓田”[⑪] 鲁有两郓，东为东郓，另有西郓，此为东郓（在今山东沂水县境内），莒鲁所争者[⑫]。“莒、鲁争郓，为日久矣。”[⑬]《春秋·文公十二年》“季孙行父帅师城诸及郓”，此时属鲁，故季孙帅师城之；《春秋·成公九年》“楚公子婴齐帅师伐莒……楚人入郓”，可见郓又为莒邑。是年（昭公元年）季孙伐莒取郓，从此郓常为鲁有。

昭公四年：“九月，取鄫。”[⑭] 鄫（在今山东枣庄市境内），小国，妊姓；襄公六年“莒人灭鄫”，为莒邑。是年（昭公四年），鲁乘莒乱而取之[⑮]。

---

① 《春秋·僖公二十二年》。

② 《左传·僖公二十二年》。

③ 《春秋·宣公四年》。

④ 《春秋·宣公九年》。

⑤ 《春秋·宣公十年》。

⑥ 《春秋·成公六年》。

⑦ 《春秋经》取邑必繋所属国，独书某者，皆国也。说本汪克宽《春秋胡传纂疏》。”（杨伯峻《春秋左传注》第二册，第825页。）

⑧ 《春秋·襄公十三年》。

⑨ 《左传·襄公十三年》。

⑩ 传世彝器有邿伯鼎、邿遣簋、邿季鼎、寺季簋。寺即邿。《邿伯鼎铭》云“邿伯肈作孟妊膳鼎”，则邿为任姓，孟妊盖其女。（杨伯峻《春秋左传注》第三册，第998页。）

⑪ 《春秋·昭公元年》。

⑫ 杨伯峻：《春秋左传注》第二册，中华书局1981年版，第586页。

⑬ 《左传·昭公元年》。

⑭ 《春秋·昭公四年》。

⑮ 见《左传·昭公四年》。

昭公十年："秋七月，季孙意如、叔弓、仲孙貜帅师伐莒"①，"取郠"②。郠（在今山东沂水县界），莒邑。

哀公二年："季孙斯、叔孙州仇、仲孙何忌帅师伐邾，取漷东田及沂西田。"③《春秋·襄公十九年》"取邾田，自漷水"，则漷西田便已属鲁，今则并漷东田亦取之。

哀公三年："季孙斯、叔孙州仇帅师城启阳。"④ 启阳（在今山东临沂县境），本鄅国地，《春秋·昭公十八年》"邾人入鄅"，遂为邾地，不知何年此地为鲁所取。

由上可见，在春秋时代，鲁国先后兼并了十余个小国或邑。极、鄟、邿、根牟等，为鲁所取；向、须句、鄫、启阳等，则邾、莒灭之而鲁又从而取之者。此外，晋文公讨曹分其地以赐诸侯，鲁"分曹地，自洮以南，东傅于济，尽曹地也"⑤。洮，地名（在今山东鄄城县西南），其北属鲁，其南属曹。《国语·鲁语上》云："晋文公解曹地以分诸侯"，鲁"获地于诸侯为多"。又《春秋》襄公二十一年："邾庶其以漆、闾丘来奔"；昭公五年："莒牟夷以牟娄及防、兹来奔"；昭公三十一年："〔邾〕黑肱以滥来奔"。漆（在今山东邹县东北）、闾丘（在漆东北十里）、滥（在今山东滕县东南），邾三邑。牟娄（在今山东诸城县西）、防（在今山东安丘县西南）、兹（在今山东诸城县东北），莒三邑；牟娄本杞邑，隐公三年莒人伐杞取之。另据《史记·越王勾践世家》记载：哀公二十二年"越灭吴"后，"与鲁泗东方百里"。原来，鲁国于曲阜，其南则邾，其东则莒，地小而偪。由于春秋之世鲁吞灭弱小以自附益，以及晋文公分曹地与鲁和越王勾践"与鲁泗东方百里"，其疆域逐渐扩大⑥。

---

① 《春秋·昭公十年》。

② 《左传·昭公十年》。

③ 《春秋·哀公二年》。

④ 《春秋·哀公三年》。

⑤ 《左传·僖公三十一年》。

⑥ 顾栋高："其疆域全有兖州府之曲阜、宁阳、泗水、金乡、鱼台、汶上、济宁州、嘉祥八州县之地。后兼涉滕县、邹县、峄县，与邾接境；兼有新泰县、莱芜县、沂州府治及费县、沂水县；曹州府之郓城县为鲁西郓；钜野县为获麟处；城父县、单县为高鱼邑，涉范县界；又兼涉青州府之安丘、诸城二县，与莒接境；又河南陈州府项城县为鲁所灭项国地，又涉江南之海州，跨三省共二十六州县。"（《春秋大事表》第一册，中华书局1993年版，第507页。）

齐国兼并土地的情况：

《春秋》庄公元年（齐襄公五年）："齐师迁纪郱、鄑、郚。"郱（在今山东安丘县西）、鄑（在今山东昌邑县西北）、郚（在今安丘县西南），纪国三邑，齐欲灭纪，故迁徙其民而夺取其地；《史记·秦始皇本纪》正义引《竹书纪年》云："齐襄公灭纪郱、鄑、郚。"

庄公八年（齐襄公十二年）："师及齐师围郕。郕降于齐师。"郕（当在今山东濮县废县东南）[①]，小国。

庄公十年（齐桓公二年）："冬十月，齐师灭谭。谭子奔莒。"谭（山东济南市东南旧有谭城），小国。《诗·卫风·硕人》所述"谭公维私"的"谭"，即此谭国。

庄公十三年（齐桓公五年）："夏六月，齐人灭遂。"遂（在今山东宁阳县西北），国名，虞舜之后，妫姓。

庄公三十年（齐桓公二十二年）："齐人降鄣。"鄣（当在今江苏省赣榆旧城北七十五里处），纪国之远邑，纪亡虽已二十七年，纪季犹保酅，兼有鄣邑。至此，齐桓公始降鄣而有之[②]。

闵公二年（齐桓公二十六年）："齐人迁阳。"阳（故城在今山东沂水县西南），国名，姬姓[③]。所谓"迁阳"，实为"齐人"逼徙其民而取其地。

襄公六年（齐灵公十六年）："十有二月，齐侯灭莱。"莱（在今山东昌邑县东南），小国，与齐比邻，《史记·齐太公世家》"莱侯来伐，与之争营丘"者是也。

同年："晏弱围棠，十一月丙辰而灭之[④]。迁莱于郳，高厚、崔杼定其田。"[⑤]

---

① 传世器《伯多父簋铭》云"成姬多母"，成姬即郕姬。（杨伯峻《春秋左传注》第一册，第39页。）

② 杨伯峻：《春秋左传注》第一册，第246页。

③ "据顾栋高《大事表》，姬姓，而洪亮吉《左传诂》云偃姓。《路史·国名纪四》又云御姓。《周金文存》卷二页五十九有鼎铭云：'叔姬作阳伯旅鼎，永用。'若此叔姬为阴伯之女，则阳为姬姓。"（杨伯峻《春秋左传注》第一册，第261页。）

④ 杨伯峻《春秋左传注》："十一月无丙辰，'十一月'当依《经》作'十二月'。丙辰，十二月十日。"（第三册，第948页。）

⑤ 《左传·襄公六年》。

棠（似在今山东平度县东南），莱国之邑。齐侯灭莱时，“莱共公浮柔奔棠”[①]，而今齐亦灭之。

此外，莒之故封介根（在今山东高密县东南），以及牟（在今山东莱芜县东）、介（在今山东胶县东南）二国，俱不详其何年灭于齐。又《春秋·庄公三年》：“纪季以酅入于齐。”酅（当在今河南睢县西北），纪国邑名。

齐于春秋，号为大国。《韩非子·有度篇》说“齐桓公并国三十，启地三千里”。《荀子·仲尼篇》说齐桓公“并国三十五”。实际上，据《春秋》《左传》的记载，齐在春秋时代，仅兼并纪、郕、谭、遂、鄣、阳、莱以及介根、牟、介等国邑。莱本是山东半岛上一个东夷大国，兼并莱国和上述其他诸国邑，齐地无疑扩大了好多。可是其幅员广远不如吴、楚。《齐语》称：齐桓公“有革车八百乘，择天下之甚淫乱者而先征之……一战帅服三十一国”。“帅服”并不等于俱灭其国而有其地。

晋国兼并土地的情况：

闵公元年（晋献公十六年）：“晋侯作二军，公将上军，大子申生将下军，赵夙御戎，毕万为右，以灭耿、灭霍、灭魏。”[②] 耿（在今山西河津县东南），姬姓国，或云嬴姓国。霍（在今山西霍县西南），姬姓国，文王子叔处所封。魏（在今山西芮城县境），古国名，其地逼河，与秦以河为界。

僖公五年（晋献公二十二年）：“晋侯复假道于虞以伐虢”，“冬十二月丙子，朔，晋灭虢”；“师还，馆于虞，遂袭虞，灭之”[③]。虢国，在今河南陕县；虞国，在今山西平陆县。

僖公二十八年（晋文公五年）：“伐卫”，“取五鹿”[④]。五鹿，卫地，在今河南濮阳南。

文公二年（晋襄公三年）：“伐秦”，“取汪及彭衙而还”[⑤]。彭衙及汪，秦国二邑（在今陕西白水县境）。

---

① 《左传·襄公六年》。

② 《左传·闵公元年》。

③ 《左传·僖公五年》。

④ 《左传·僖公二十八年》。

⑤ 《左传·文公二年》。

文公十年（晋灵公五年）：“晋人伐秦，取少梁。”① 少梁，古梁国（在今陕西韩城县南），嬴姓。僖公十九年（秦穆公十九年）秦灭之；今晋伐秦而取梁地。

宣公十五年（晋景公六年）：“六月癸卯，晋师灭赤狄潞氏。以潞子婴儿归。”② 潞（在今山西潞城县东北），国名，赤狄之别种。

宣公十六年（晋景公七年）：“晋人灭赤狄甲氏及留吁。”③《传》云“晋士会帅师灭赤狄甲氏及留吁、铎辰”④，杜预注：“甲氏、留吁，赤狄别种。晋既灭潞氏，今又并尽其余党”；“铎辰不书，留吁之属”。甲氏或在今山西屯留县境。留吁在今山西屯留县南，晋灭之后改为纯留⑤。按杜注所说，铎辰则当在今潞城县、屯留县附近。

昭公十二年（晋昭公二年）：“秋八月壬午，灭肥。”⑥ 肥，在今河北藁城县西南（或云今山西昔阳县东冶头镇有肥子故国城），鲜虞属国。

昭公十七年（晋昭公七年）：“八月，晋荀吴帅师灭陆浑之戎。”⑦ 陆浑之戎为其原名，本居于瓜州，后来晋惠公诱而迁之于伊川⑧。

昭公二十二年（晋顷公六年）：“六月，荀吴略东阳，使师伪粜者负甲以息于昔阳之门外，遂袭鼓，灭之。”⑨ 鼓国，姬姓，本属鲜虞，其国境在今河北省晋县。

哀公十年（晋定公二十七年）：“赵鞅帅师伐齐”，“取犁及辕”⑩。犁即犁丘⑪，在今山东临邑县西；辕在今山东禹城县境。

---

① 《左传·文公十年》。

② 《春秋·宣公十五年》。

③ 《春秋·宣公十六年》。

④ 《左传·宣公十六年》。

⑤ 《左传·襄公十八年》“晋人执孙蒯于纯留”的“纯留”，即原留吁地。

⑥ 《左传·昭公十二年》。杨伯峻《春秋左传注》：“今河北卢龙县西北有肥如城，山东有肥城县，盖皆晋灭肥后，肥民散处之地。”（第四册，第1334页。）

⑦ 《春秋·昭公十七年》。

⑧ 见《左传·僖公二十二年》。

⑨ 《左传·昭公二十二年》。

⑩ 《左传·哀公十年》。

⑪ 见《左传·哀公二十三年》。

此外，荀（在今山西新绛县东北）、杨（在今山西洪洞县东南）、焦（在今河南三门峡市东）等姬姓国，先后灭于晋。狄地蒲（在今山西隰县西北）、屈（北屈在今山西吉县东北，南屈在其南），姬姓国邢（在今河北邢台市西南）、滑（在今河南偃师县缑氏镇）[1]，以及郑之虎牢（在今河南荥阳西北），卫之朝歌（在今河南淇县）、河内（在今河南汲县）、邯郸（在今河北邯郸市）、百泉（在今河南辉县西北），亦先后属于晋。又僖公二十五年（晋文公二年）：周襄王与晋阳樊、温、原、欑茅之田，"晋于是始启南阳"[2]。

晋是春秋时代兼并小国较多的诸侯国之一。《韩非子·难二》谓晋献公"并国十七，服国三十八"。《吕氏春秋·贵直》说"献公即位五年，兼国十九"。《国语·楚语上》称文公"得国"后"而致于畿田"；韦昭《注》云："方千里曰畿。"《左传·襄公二十五年》郑子产曰："昔天子之地一圻（方千里），列国一同（方百里），自是以衰。今大国多数圻矣，若无侵小，何以至焉!"这是子产对晋人指责郑国"何故侵小"的回答，所说由于"侵小"而其地多达"数圻"的"大国"，自然首先是针对晋国而言。

春秋时代兼并小国最多者是楚国。它先后灭息（在今河南息县）[3]、邓（在今河南邓县）[4]、弦（在今河南潢川县）[5]、黄（在今潢川县）[6]、夔（在今湖北秭归县）[7]、江（在今河南息县）[8]、六（在今安徽六安县）[9]、蓼（在今河南固始县）[10]、麇（在今湖北郧县）[11]、宗（在今安徽舒城县）[12]、巢（在今安徽

---

① 《左传·襄公二十九年》："虞、虢、焦、滑、霍、杨、韩、魏，皆姬姓也。"

② 杨伯峻《春秋左传注》："《水经·清水注》引马融曰：'晋地自朝歌以南至轵为南阳。'朝歌，今河南省淇县治；轵，今济源县东南十三里轵城镇，则南阳大约即河南省新乡地区所辖境，亦阳樊诸邑所在地。其地在黄河之北，太行之南，故晋名之曰南阳。"（第一册，第433页。）

③ 《左传·庄公十四年》。

④ 《左传·庄公六年》。

⑤ 《左传·僖公五年》。

⑥ 《左传·僖公十二年》。

⑦ 《左传·僖公二十六年》。

⑧ 《左传·文公四年》。

⑨ 《左传·文公五年》。

⑩ 《左传·文公五年》。

⑪ 《左传·文公十一年》。

⑫ 《左传·文公十二年》。

巢县)[1]、庸（在今湖北竹山县)[2]、舒蓼[3]、舒庸[4]、舒鸠[5]、赖（在今湖北随州市)[6]、唐（在今湖北枣阳县)[7]、顿（在今河南项城县)[8]、胡（在今安徽阜阳县)[9]、蛮氏（在今河南汝阳县东南)[10]、陈（在今河南淮阳县)[11]。

此外，先后灭于楚或并于楚，而其灭、并年代不详者，还有以下一些小国：权（在今湖北当阳县)、那（在今湖北荆门县)，鄾（在今湖北襄阳县)，榖（在今湖北榖城县)，鄢（在今湖北宜城县)，罗（在今宜城县)，庐戎（在今湖北南漳县)，都（在今湖北宜城县)，郧（在今湖北安陆县或沔阳县)，贰（在今湖北应山县)，轸（在今湖北应城县)，绞（在今湖北郧县)，州（在今湖北监利县)，申（在今河南南阳市)，吕（在今河南南阳市)，柏（在今河南舞阳县)，道（在今河南确山县)，房（在今河南遂平县)、沈（在今河南沈丘县)，蒋（在今河南尉氏县)。

仅据《春秋》《左传》的记载，楚在春秋时代先后吞并40余国，疆土最大。《左传·昭公二十三年》载楚臣沈尹戌曰："若敖、蚡冒至于武、文，土不过同……今土数圻。"《史记·孔子世家》引楚令尹子西云："楚之祖封于周，号为子男，五十里，今……方数千里。"[12]

三、以君有制为主体的土地所有制结构

春秋时代与西周一样，土地所有权和政治权力也是合为一体、相互依存的。当时，与政治权力运动相伴随的，往往是土地所有权和土地占有权的运

① 《左传·文公十二年》。
② 《左传·文公十六年》。
③ 《左传·宣公八年》。
④ 《左传·成公十七年》。
⑤ 《左传·襄公二十五年》。
⑥ 《左传·昭公四年》。
⑦ 《左传·定公五年》。
⑧ 《左传·定公十四年》。
⑨ 《左传·定公十五年》。
⑩ 《左传·哀公四年》。
⑪ 《左传·哀公十七年》。
⑫ 《吕氏春秋·直谏篇》说：楚文王"兼国三十九"。《韩非子·有度篇》说：楚庄王"并国二十六，开地三千里"。

动；而土地所有权和占有权的运动，又影响着政治权力的运动。如前所述，列国间掠夺、兼并土地，意味着土地所有权的转移；而土地所有权的这种转移，取决于一个国家政治上军事上的强弱。在《春秋》《左传》以及《国语》等古书的记载中，用以说明列国间土地所有权转移的词，是“侵”、“入”、“取”、“疆”、“分”以及“启封疆”、“正封疆”、“定其田”等等概念，反映了土地所有权的转移是通过政治、暴力。在各诸侯国内部，公卿大夫的土地所有权或土地占有权的获得及其扩展或丧失，则与其等级地位的高低以及政治权力和实力的大小密切相关。

一般说来，春秋列国的国君，在一段或长或短的历史时期内，既是各自国家的主权者，所谓“礼乐征伐自诸侯出”；又是其国内土地的最高所有者，所谓“封略之内，何非君土”。《论语·季氏篇》载：“孔子曰：禄之去公室五世矣，政逮于大夫四世矣。”郑玄《注》云：“言此之时，鲁定公之初。鲁自东门襄仲杀文公之子赤而立宣公，于是政在大夫，爵禄不从君出，至定公为五世矣。”爵禄，指爵位和俸禄；俸禄，谓卿大夫采邑。“爵以建事，禄以食爵。”[①]爵禄“从君出”，这是国君主权和土地所有权的体现。按照孔子的说法，在鲁国，隐公、桓公、庄公、闵公、僖公、文公等六代，是爵禄“从公出”的时期，或者说，是“礼乐征伐”自公出的时期。孔子的说法大体符合历史实际。以上诸公，可以说是鲁国主权者和土地的最高所有者。春秋列国政治、经济发展不平衡，礼乐征伐和爵禄从公出的时间，以君有制为主体的土地所有制结构存在的时间，或长或短。大体说来，春秋早期，列国国君既是政治上的主权者，又是土地的最高所有者、最大的所有者。

在“礼乐征伐自诸侯出”的时代，公室既是诸侯国最高一级政权机构、政权组织，又是国内最大的一个经济实体、经济单位；不仅在法权上“封略之内”莫非“君土”，而且相当大一部分“君土”的直接占有者和支配者是国君。随着“相地而衰征”、“初税亩”之类的田制改革，公室原来经营的“藉田”（近郊“大田”和“遂”地）又成为公室的税地。此外，公室还有若干

---

① 《国语·晋语八》。

公邑。例如鲁国的卞（今山东泗水县东，洙水北岸），即为鲁公室之邑①。

具有禄田性质的卿大夫采邑，本为国君所有，受自于君，所以卿大夫对采邑只有占有权，其所有权仍属于君。故《左传·襄公二十六年》说："臣之禄，君实有之。义则进，否则奉身而退。专禄以周旋，戮也。"凡卿大夫，一般都有采邑，而且不少卿大夫的采邑数量多，采地面积巨大。可以说，君有或国有土地的主要占有者是卿大夫等贵族，国君土地所有制下的占有主体是卿大夫土地占有制。如本编的其他有关章节中所述，卿大夫家族私邑要向公室交纳一定的田税和军赋。这是国君作为主权者和土地所有者在政治、军事和经济上的体现。此外，国都近郊"三乡"农民，也仍然是部分君有或国有土地的小土地占有者。

随着春秋时期列国土地私有化过程的发展，在一定时期内，与占主体地位的土地国有制或君有制并存的，还有各种类型的土地私有制成分。与过去周天子的王权和最高土地所有权二者的衰落一样，春秋列国国君的政治权力和最高土地所有权二者的衰落也是互为因果的。春秋中、后期，随着大量君有土地的逐步私有化，部分卿大夫家族的经济、政治和军事势力的发展、"礼乐征伐自大夫出"，列国国君的政治统治权和最高土地所有权先后衰落了。

第二节　列国采邑制度的发展

一、国君锡采与采邑制度的盛行

在"普天之下莫非王土"的西周土地王有制下，采邑制度主要盛行于王畿。春秋时期，采邑制在各诸侯国特别是大国得到了显著的发展。如果说西周是王畿采邑主的黄金时代，那么，春秋则是各诸侯国采邑主的黄金时代，同时也是中国古代采邑制盛极而衰的时代。

春秋列国，特别是大国采邑制度盛行的原因是：（1）由于土地王有制的解体和土地君有制的确立，各诸侯国的国君对本国土地拥有充分的权力，他们可以随意赏赐田邑；（2）由于列国间的土地兼并，有些侯国土地大增，国君

---

① 见《左传·襄公二十九年》《国语·鲁语下》。

有较多的田邑用来赏赐；（3）卿大夫等贵族是各诸侯国的阶级基础和政权的支柱，而田邑又为卿大夫等“人之所欲也”①，国君和执政若不满足其要求，不利于国家政权的稳定和国君地位的巩固。郑国的子产“为政”，因“有事伯石”而“赂与之邑”时，就曾对子大叔这样说过：“无欲实难。皆得其欲，以从其事，而要其成。非我有成，其在人乎？何爱于邑，邑将焉往？……《郑书》有之曰：‘安定国家，必大焉先。’”②

历史记载中，国君赏赐田邑的事例甚多。或按事功、政绩而赏，或按战功而赏，或按爵位而赏。例如：

《𬶍镈铭》：“鲍叔有成，荣于齐邦，侯氏（齐桓公）锡之邑二百又九十又九邑。”《史记·管晏列传》：“鲍叔既进管仲，以身下之，子孙世禄于齐，有封邑者十余世，常为名大夫。”

《晏子春秋·内篇杂下》：“景公谓晏子曰：‘昔吾先君桓公，以书社五百封管仲，不辞而受。’”《晏子春秋·外篇》第二十四：“景公谓晏子曰：‘昔吾先君桓公，予管仲狐与穀，其县十七，著之于帛，申之以策，通诸侯，以为其子孙赏邑。”

《叔夷钟铭》：“公曰：‘夷！……汝肇敏于戎工，余锡汝釐都𦒻劀，其县三百。’”

《左传·闵公元年》：“晋侯作二军，公将上军，大子申生将下军，赵夙御戎，毕万为右，以灭耿、灭霍、灭魏。还，为大子城曲沃，赐赵夙耿，赐毕万魏，以为大夫。”

《左传·宣公十五年》：“晋侯……赏士伯以瓜衍之县，曰：‘吾获狄土，子之功也。微子，吾丧伯氏矣，’”

《左传·僖公元年》：“莒人来求赂，公子友败诸郦，获莒子之弟挐。非卿也，嘉获之也。公赐季友汶阳之田及费。”

春秋时代，常有贵族由于内乱或犯罪等原因而脱离本国，奔赴别的侯国。各国政府为了强化自己、削弱他国，对外来的贵族、大夫“多采取欢迎态度，

① 《左传·襄公二十八年》齐臣子尾语。

② 《左传·襄公三十年》。

给以封邑，优厚相待”[1]。例如：

《左传·襄公二十一年》：邾庶其奔鲁，执政季武子“以姬氏妻之，而与之邑，其从者皆有赐焉。”

《左传·襄公二十六年》：楚“子灵奔晋，晋人与之邢，以为谋主”；楚“伯贲之子贲皇奔晋，晋人与之苗，以为谋主”；楚椒举“奔郑……今在晋矣，晋人将与之县，以比叔向”。

《国语·晋语九》：“中行穆子帅师伐狄，围鼓……令军吏呼喊，儆将攻之，未傅而鼓降……言于公，与鼓子田于河阴。”

此外，《左传·昭公三年》还有这样的事例：“郑伯如晋，公孙段相，甚敬而卑，礼无违者。晋侯嘉焉，授之以策，曰：‘子丰有劳于晋国，余闻而弗忘。赐汝州田，以胙乃旧勋。’伯石再拜稽首，受策以出。”

采邑的封赏，本有一定的制度。“爵以建事，禄以食爵”，君主封赏采地的多少以受封贵族爵位的高低为准则。国有大小，国情不同，各国封赏采邑的标准自然不尽一样。《国语·晋语八》载晋国叔向说：“大国之卿，一旅之田；上大夫，一卒之田。”韦昭注：“五百人为旅，为田五百顷”；“百人为卒，为田百顷”。此外，还有“卿备百邑”（卫免余语）[2] 等说法。不管这些说法是否准确，原来邑田的封赏和占有有一定的制度、规定，是毫无疑问的。只是这种旧的制度，后来已经遭到破坏。国君不按原来的制度而随意封赏，是其破坏的原因之一。例如：

> 郑伯赏入陈之功。三月甲寅朔，享子展，赐之先路、三命之服，先八邑。赐子产次路、再命之服，先六邑。子产辞邑，曰：“自上以下，降杀以两，礼也。臣之位在四，且子展之功也。臣不敢及赏礼，请辞邑。”公固予之，乃受三邑。[3]

> 公与免余邑六十，辞曰：“唯卿备百邑，臣六十矣。下有上禄，乱也。臣弗敢闻。且宁子唯多邑，故死。臣惧死之速及也。”公固与

① 侯志义：《采邑考》，西北大学出版社 1989 年版，第 52 页。
② 《左传·襄公二十七年》。
③ 《左传·襄公二十六年》。

之，受其半。以为少师。①

按制度，子产不当受六邑之赏，但郑简公却不顾制度规定而多赏。免余时为卫国大夫，已有六十邑的他也不该再受“邑六十”之赏，但卫献公同样不顾制度规定而多赏。虽然免余只“受其半”（三十邑），他占有的采邑还是超过了制度的规定。又《左传·襄公二十八年》载：

及庆氏亡……与晏子邶殿其鄙六十，弗受。予尾曰：“富，人之所欲也，何独弗欲?”对曰：“庆氏之邑足欲，故亡。吾邑不足欲也，益之以邶殿，乃足欲。足欲，亡无日矣。在外，不得宰吾一邑。不受邶殿，非恶富也，恐失富也。且夫富如布帛之有幅焉，为之制度，使无迁也。夫民生厚而用利，于是乎正德以幅之，使无黜嫚，谓之幅利。利过则为败。吾不敢贪多，所谓幅也。”与北郭佐邑六十，受之。与子雅邑，辞多受少。与子尾邑，受而稍致之。公以为忠，故有宠。

晏子本封于晏（在今山东齐河县境内），晏盖以邑为氏。除晏邑而外，晏子还可能有其他封邑。这次齐景公“与晏子邶殿其鄙六十”乃是增封，晏子虽然“弗受”，并讲了一番“弗受”的理由，但与之“北郭佐邑六十”，他还是接受了。

郑国的子产、卫国的免余和齐国的晏婴等人，对国君增封采邑之所以“辞”而“弗受”或少受，主要是由于这样两点：首先，他们都是知“礼”之人，是“礼”制的维护者。其次，当时各国内部和各国之间争夺田邑的斗争异常激烈，占有田邑过多不但连原有的田邑也可能失去，而且还可能引来杀身之祸。

《晏子春秋·内篇问下》载齐景公“问为臣之道”，“晏子对曰”中有“肥利之地，不为私邑”一条。意思是说，“肥利之地”要保留在公室手里，不要封赏臣下以为“私邑”。如果说这曾经是国君封赏采邑的一条原则的话，那么这条原则是注定不能贯彻的。实际上，在当时各国的采地中，都有相当大一部分属于肥饶之地。而且，由于肥饶之地“人皆贪之”，首先成为贵族之间

① 《左传·襄公二十七年》。

激烈争夺的对象，以致有的贵族为了自己的采邑能够长久保持而不丧失，宁愿受封不饶之地。楚庄王之令尹孙叔敖，就是一例。《吕氏春秋·异宝篇》载：

孙叔敖疾，将死，戒其子曰："王数封我矣，吾不受也。为我死，王则封汝，必无受利地。楚、越之间有寝之丘者，此其地不利，而名甚恶。……可长有者，其唯此也。"孙叔敖死，王果以美地封其子，而子辞，请寝之丘，故至今不失。

"王数封我"，《史记·滑稽列传》正义引"数"下有"欲"字，义胜。"利地"的"利"，饶也；"无受利地"，犹言无受肥饶之地。肥饶之地，人皆贪之，故高诱注谓"利地"为"人所贪利之地"①。孙叔敖生前，楚王曾"数欲"封之以邑，由于所封者为"利地"，故他"不受"。肥美的采邑，孙叔敖非不欲也，他怕的是不能"长有"。这种心态，犹如晏婴说他"不受邶殿，非恶富也，恐失富也"一样。

诚然，对国君超额封赏采邑辞而不受或少受者，或宁愿受封"恶地"而不受"利地"者，这在春秋列国的贵族中毕竟只是少数。当时，贵族们不但普遍"爵以食禄"，而且有"功"者"益禄"；功大、功多者，受国君封赏的采邑也就越多，于是出现了不少以土地财富为主的巨富。值得注意的是，当时有的贵族、执政，甚至提出了以财产差别作为采邑封赐标准的主张。例如《国语·晋语八》记载：

秦后子来仕，其车千乘。楚公子干来仕，其车五乘。叔向为太傅，实赋禄，韩宣子问二公子之禄焉，对曰："大国之卿，一旅之田；上大夫，一卒之田。夫二公子者，上大夫也，皆一卒可也。"宣子曰："秦公子富，若之何其钧之？"对曰："夫爵以建事，禄以食爵，德以赋之，功庸以称之，若之何以富赋禄也！……且楚、秦匹也，若之何其回于富也。"乃钧其禄。

"来仕"于晋的秦后子和楚公子干，原来都是大国的上大夫，按旧有制度"爵以建事，禄以食爵"的规定，两人的赋禄应当相等。这一点，作为当时晋国执政的韩宣子，该是知道的。然而他还是认为，秦后子和楚公子干的赋禄应当

① 陈奇猷：《吕氏春秋校释》二，上海学林出版社1984年版，第552、553页。

有所区别，前者的禄田数额必须大于后者，其依据是："秦公子富"。虽然由于时为"太傅"的叔向据"理"力争，最后还是"钧其禄"，但由此也可看出，"在一些诸侯国的执政眼里，财产差别已成为赋禄的重要依据，这说明原来的采邑封赐制度已经开始动摇了"①。

二、采邑体制与采邑制经济形态的特点

"邑"有大小之别。《论语·公冶长》篇所说"千室之邑"，是其大者；"十室之邑"，是其小者。此外，还有《左传·成公十七年》所说的"百室之邑"。一般说来，小邑多统属于大邑，大邑亦谓之"都"，小邑或谓之"鄙"。《左传·襄公二十八年》："〔齐〕与晏子邶殿，其鄙六十。""邶殿"（今山东昌邑县西北郊）齐国一大邑之名，"六十"是其所属之小邑②。小邑又或称为"县"。《叔夷钟铭》"余锡汝釐都჻劇，其县三百"，჻、劇，"盖釐都下属之二邑，二邑之中又包括三百县"③，此"县"即为小邑。《黏镈铭》"侯氏锡之邑二百又九十又九邑"的"邑"，亦属小邑，与《叔夷钟铭》"其县三百"相同。《论语·宪问》篇"〔管仲〕夺伯氏骈邑三百"，《左传·襄公二十八年》"与北郭佐邑六十"，"三百"、"六十"亦是齐国的小邑。《左传·襄公二十六年》"取卫西鄙懿氏六十以与孙氏"，《左传·襄公二十七年》"公与免余邑六十……唯卿备百邑"，"宋左师请赏……公与之邑六十"，《左传·昭公五年》"竖牛取东鄙三十邑，以与南遗"，则是卫、宋、鲁等国的小邑。此等小邑，与"书社"、"井田"相近，一二十家村聚耳。若以"十室之邑"计，不过千室耳，正与"千室之邑"相比④。

春秋列国以"国"即都城为主，"国"外有"郊"，又有"郛"或"郭"为外城，所谓"三里之城，七里之郭"⑤。《左传·庄公二十八年》云："凡邑

① 林甘泉主编：《中国封建土地制度史》第一卷，中国社会科学出版社1990年版，第32页。

② 参看竹添光鸿《左传会笺》。

③ 洪家义：《金文选注绎》，江苏教育出版社1988年版，第568页。《注绎》"其县三百"作"其县二百"，据郭沫若《两周金文辞大系图录考释》改。

④ 童书业：《春秋左传研究》，上海人民出版社1980年版，第181～182页。

⑤ 《孟子·公孙丑下》。

有宗庙先君之主曰都，无曰邑。”凡大邑也必有城，邑之城自然不如“国”，故当时有屡修邑城之举。“有宗庙先君之主”者，属于诸侯、卿大夫之大邑，皆有正式之城，谓之“都”。邑者本民人聚居之处，居民有多少，故邑有大小。鲁国“三桓”的采邑，即季孙氏之费、叔孙氏之郈、孟孙氏之成，均为大邑，故曰“三都”①。从《论语·先进》篇载“子路使子羔为费宰”并曰“有民人焉，有社稷焉”看来，大邑如鲁三家之“三都”者，不唯有“宗庙先君之主”，且有“社稷”，已等于小“国”了②。

凡邑或采邑，均包括三个要素：民众；城或村落；田地。没有一定的田地，也就不成其为邑或采邑，言“邑”，田地自在其中。《左传·成公七年》说：

> 楚围宋之役，师还，子重请取于申、吕以为赏田。王许之。申公巫臣曰：“不可。此申、吕所以邑也，是以为赋，以御北方。若取之，是无申、吕也，晋、郑必至于汉。”王乃止。

此申、吕二邑，为楚国公室所有。申、吕所以成邑，是因为有其田土；若“取于申、吕以为赏田”，则申、吕也就不能成邑。这说明，邑的存在是以其田的存在为前提的。同时，这条材料还表明，在历史记载中，“邑”与“田”、“赏邑”与“赏田”是有区别的。言“邑”者，包括田；言“田”者，不一定是邑。若“田”前附有邑名，则为邑田或邑。如“州田”的“州”、“鄇田”的“鄇”、“傉田”的“傉”即为邑名，“州田”即州邑之田，“鄇田”即鄇邑之田，“傉田”即傉邑之田。《左传·成公十一年》载：“晋郤至与周争傉田，王命刘康公、单襄公讼诸晋。郤至曰：‘温，吾故也，故不敢失。’”“温”（在今河南温县南），即温邑，时为郤至采邑，故成公十六、十七年《传》又称郤至为温季。温为大邑。“傉”（在今河南武陟县西南），“温别邑”③，也就是统属于温的小邑。可以说，“争傉田”即争傉邑。而上述“子重请取于申、吕以为赏田”，则是“取两邑部分土地”④ 而赏之，不等于赏邑。采邑的封赐，

① 《左传·定公十二年》。
② 参看童书业：《春秋左传研究》，上海人民出版社1980年版，第179～180页。
③ 《左传·成公十一年》杜预注。
④ 杨伯峻：《春秋左传注》，中华书局1981年版，第834页。

通常包括其邑原住居民，其中主要是原来耕种该邑田土的农民。

卿大夫家族及其占有的采邑，设有“家臣”管理。由于卿大夫特别是执政的卿大夫家族通常住居国都，而其采邑一般不在国都及其近郊（乡），而是在距国都较远的地区；因此，他们往往分别设有两套职官，一套设在国都内卿大夫家族住居处，一套设在采邑里，前者负责整个家族诸种事务，后者负责采邑事务。例如，“仲由（即子路）为季氏宰”①，而“子路使子羔为费宰”②。子路所任之宰是主管整个季氏家族事务之宰，亦是家臣之长。而任费宰的子羔，则是季氏的费邑之长，主管费邑的事务；因为受“季氏宰”子路的统管，故子路有权举使子羔。又《左传·定公十年》载：“公南为马正，使公若为郈宰。武叔既定，使郈马正侯犯杀公若，弗能。”在这里，两“马正”显然有别，公南之马正当是整个叔孙氏之马正，为家臣中诸马正之长，而侯犯则只是叔孙氏采邑即郈邑之马正。卿大夫设在国都住处的职官，除“宰”、“马正”以外，见于《左传》《国语》者还有：“室老”③，“宗人”④或“宗老”⑤，“祝”⑥。而负责采邑事务的家臣，除上述“宰”、“马正”以外，还有“司徒”⑦、“工师”⑧。当时卿大夫家族不仅有较为完整的职官制度，而且设有家朝，以治理家政。《国语·鲁语下》载：公父文伯之母言于季康子曰：“自卿以下，合官职于外朝，合家事于内朝……夫外朝，子将业君之官职焉；内朝，子将庀季氏之政焉，皆非吾所敢言也。”韦昭注：“内朝，家朝也。庀，治也。”《论语·子路》：“冉子退朝。”冉子即冉有，时为季氏宰，此所言朝，亦是季氏家朝。此外，列国卿大夫家族还有私家武装。以上所述，表明卿大夫家族具有政治团体的性质⑨。

---

① 《左传·定公十二年》。
② 《论语·先进》篇。
③ 《左传·襄公二十五年》。
④ 《左传·襄公二十二年》。
⑤ 《国语·鲁语下》。
⑥ 《国语·晋语六》。
⑦ 《左传·昭公十四年》。
⑧ 《左传·定公十年》。
⑨ 见朱凤翰：《商周家族形态研究》第三章，天津古籍出版社，1990年版。

卿大夫亦对其家臣封赏田邑以为禄。《晋语四》："官宰食加。"韦昭注："官宰，家臣也。加，大夫之加田。"《左传·成公十七年》载："施氏卜宰，匡句须吉。施氏之宰有百室之邑。与匡句须邑，使为宰，以让鲍国而致邑焉。"此"百室之邑"即是施氏家宰之食邑，因匡句须将宰职让与鲍国，故又致之邑。

春秋列国采邑制因袭西周采邑制，既有继承，又有显著的发展和变化。其变化主要表现在采邑内部的生产关系和阶级关系方面。

西周时期，特别是西周前期，周天子不但对公卿大夫封赏土地，而且还把大量主要采源于战俘的奴隶，普遍地分赏给各大小贵族。西周时期的卿大夫采邑主，既是大土地占有者，又要大量奴隶（其中主要是农业生产奴隶）的占有者。春秋时期，列国战争的主要目的是掠夺、兼并土地，而不是掳掠人口为奴；而列国国君赏赐卿大夫采邑主以奴隶的事例，也是个别的，而不是普遍的。而且，这里所谓"奴隶"，实际上已不是严格意义上的奴隶。例如《叔夷钟铭》云：

> 公曰："夷！汝敬共辝（予）命，汝膺历公家，汝婴（攻）袋（营）朕行睐，汝肇敏于戎攻。余锡汝釐都沓、劇，其县三百。余命汝司辝（予）釐遙或徒四千，为汝敌寮……余锡汝马车戎兵，釐仆二百又五十家，汝台（以）戒戎作。"

釐即莱。《左传·襄公六年》："齐侯灭莱。""公曰"的"公"，指齐灵公。"敌寮"，读为嫡僚。在这里，"徒"可以成为叔夷的"嫡僚"。所谓"嫡僚"，"或者是属吏，或者是卫队，不管怎样，比奴隶的身份总是高出一等"。"仆"，本是奴隶，但此"莱仆二百又五十家"是和"马车戎兵"一起赐给叔夷，而且是"以作戎作"，充作士兵，并非作为生产奴隶①。在西周，奴隶是不能当兵的。春秋是奴隶制解体的时代，来源于战俘的"莱仆"既为士兵，其身份地位也就有别于奴隶。

列国采邑制经济形态有一个发展演变过程。一切采邑内部经济制度的内容和性质，均有所变化。不过，就一个个卿大夫家族的采邑而言，其演变有先

① 洪家义：《金文选注绎》，江苏教育出版社1988年版，第580~581页。

后、快慢之别，演变的程度也有所不同。到春秋后期，当有些卿大夫在其采邑内全面采用封建制剥削而成为封建地主时，而有些卿大夫的采邑经济还保留着较为浓厚的奴隶制成分。

作为当时一个个较大的经济实体和经济单位的采邑内，有农业、畜牧业和手工业等经济部门。主要是农业，农业生产者通常称为“庶人”。春秋列国采邑制经济形态的演变，普遍发生于其农业生产领域，这就是：随着公室从藉田制到税亩制的转变，各卿大夫采邑主亦先后对其庶人即农夫采用了租税制剥削方式，从而庶人的身份地位发生了相应的变化，已不是奴隶。诚然，如我们将在本编第二十章中所述，税亩制或租税制本身并不等于封建制，税亩制或租税制下的庶人也不等于封建农民；他们是在经过其他种种途径之后，才先后成为封建制农民的。而且，对有些卿大夫采邑主所属庶人来说，这种转变直到春秋末期还没有完成。

历史记载表明，直到春秋中后期，列国卿大夫家族仍然占有和使用相当数量的家内奴隶，有些卿大夫还在他们经营的畜牧业中大量使用奴隶劳动。《左传·襄公十年》载：“子西闻盗，不儆而出，尸而追盗。盗入于北宫，乃归授甲，臣妾多逃，器用多丧。”此“臣妾”，即郑国贵族子西家之男女奴隶，大概主要用于家内劳动。《左传·昭公七年》说：“马有圉，牛有牧。”杜预注：“养马曰圉，养牛曰牧。”此“圉”、“牧”，乃是畜牧业生产奴隶。又《左传·襄公二十七年》：“〔齐〕崔成、崔彊杀东郭偃、棠无咎于崔氏之朝。崔子怒而出，其众皆逃，求人使驾，不得。使圉人驾。”“圉人，职名，掌养马刍牧之事”；“本职养马，今使之套车”①。《左传·定公八年》有“孟氏选圉人之壮者三百人，以为公期筑室于门外”的记载。这里所说的圉人“三百人”，乃是孟氏所有圉人中的“壮者”，其圉人总数无疑在三百以上。在如此众多的圉人中，有相当大一部分当是在孟氏的采邑从事畜牧生产的奴隶。

① 《左传·庄公三十二年、襄公二十七年》杨伯峻注。

第三节 贵族之间争夺田邑的斗争

一、列国内部卿大夫之间争田夺邑的事件

春秋时期有一位叫子尾的齐臣说："富，人之所欲也。"① 他所说的"人"，指卿大夫等贵族；"富"，指田邑。郑国的子产也说过："无欲实难。"② 所谓"欲"，也是指贵族们对财富的贪欲。正是在这种贪欲的驱使下，春秋中、后期贵族间争夺田邑的斗争异常激烈。此类斗争事件，不仅发生在列国内部卿大夫之间、卿大夫与公室之间，而且也发生在不同诸侯国的贵族之间，诸侯国贵族与"东周"贵族之间，以及东周天子与其臣下之间。

历史记载表明，晋国贵族之间争夺田邑的斗争最为突出。据《左传》记载：

文公八年（晋灵公三年，前619）：时为晋中军佐的先克，"夺蒯得田于堇阴"；故蒯得与箕郑父、先都、士縠、梁益耳等晋国贵族伙同"作乱"。次年（鲁文公九年、晋灵公四年），"晋人"先后"杀其大夫"先克、先都、梁益耳、箕郑父、士縠，以及被先克夺其田的蒯得。

成公十七年（晋厉公八年，前574）：晋国贵族"郤锜夺夷阳五田"；"郤犨与长鱼矫争田"。其时，晋厉公本"欲尽去群大夫，而立其左右"；而郤锜、郤犨、郤至等"三郤"，又"族大，多怨"。于是，"嬖于厉公"而"怨郤氏"的长鱼矫、夷阳五以及胥童等人说动厉公，杀"三郤"而"尸诸朝"③。《国语·晋语六》谓厉公"大其私暱，杀三郤而尸诸朝，纳其室以分妇人"。所谓"纳其室以分妇人"，也就是夺"三郤"田邑"而益妇人田"。厉公既然"大其私暱"，长鱼矫、夷阳五等厉公的亲信自然也因此而扩大了田邑④。襄公二十三年（晋平公八年，前550）"栾氏亡"后，晋大夫韩宣子为争州邑以为己

① 《左传·襄公二十八年》。

② 《左传·襄公三十年》。

③ 《左传·成公十七年》。又《吕氏春秋·骄恣篇》云："乃使长鱼矫杀郤犨、郤锜、郤至于朝而陈其尸。"

④ 参看侯志义：《采邑考》，西北大学出版社1989年版，第62页。

有，可谓处心积虑、算尽机关。《左传·昭公三年》记载说：

> 初，州县，栾豹之邑也。及栾氏亡，范宣子、赵文子、韩宣子皆欲之。文子曰："温，吾县也。"二宣子曰："自郤称以别，三传矣。晋之别县不唯州，谁获治之？"文子病之，乃舍之。二宣子曰："吾不可以正议而自与也。"皆舍之。……丰氏故主韩氏，伯石之获州也，韩宣子为之请之，为其复取之之故。

温（今河南温县南）、州（今温县北）原为二邑[①]，或属晋后曾并为一县曰温，其后又分为二。重新划分为州、温二邑后，晋大夫郤称始受州，其后传于赵氏，又传于栾豹，故云"三传"[②]。由于州邑的归属几经变动，三家争执不下，只好"皆舍之"。韩宣子以"正议"阻止赵文子争州，其目的是要把州邑占为己有，没有到手，自然不会甘心。于是，后来他又玩了这样一个花招：昭公三年（晋平公十九年），郑大夫公孙段至晋，住在他（韩宣子）的私宅，他为了"复取"州邑，请君把州赏给了公孙段。数年后，公孙段之子丰施果然"归州田于韩宣子"。其具体情况，《左传·昭公七年》记载说：

> 郑子产聘于晋。晋侯有疾，韩宣子逆客……子产为丰施归州田于韩宣子，曰："日君以夫公孙段为能任其事，而赐之州田，今无禄早世，不获久享君德。其子弗敢有，不敢以闻于君，私致诸子。"宣子辞。子产曰："古人有言曰，'其父析薪，其子弗克负荷。'施将惧不能任其先人之禄，其况能任大国之赐？纵吾子为政而可，后之人若属有疆埸之言，敝邑获戾，而丰氏受其大讨。吾子取州，是免敝邑于戾，而建置丰氏也。敢以为请。"宣子受之，以告晋侯。晋侯以与宣子。宣子为初言，病有之，以易原县于乐大心。

就这样，韩宣子通过晋侯的授与，获得了州田。但他考虑到自己最初与赵文子争州田之言，"病有之"，于是他又采用了这样的手法：以州田换取乐大心的原县。乐大心，宋大夫。原，本为晋邑，不知何时属宋乐氏。韩宣子虽然最终未能拥有州田，但他由此获得了原田的所有权。

---

① 见《左传·隐公十一年》。

② 杨伯峻：《春秋左传注》第四册，第1239页。

晋国的邢侯与雍子，长期争夺“鄐田”，官府很久也未调解成功。晋昭公四年（前528），官府审理了这桩旧案。《左传·昭公十四年》记载说：

> 晋邢侯与雍子争鄐田，久而无成。士景伯如楚，叔鱼摄理。韩宣子命断旧狱，罪在雍子。雍子纳其女于叔鱼，叔鱼蔽罪邢侯。邢侯怒，杀叔鱼与雍子于朝。宣子问其罪于叔向。叔向曰：“三人同罪，施生戮死可也。雍子自知其罪，而赂以买直，鲋也鬻狱，刑侯专杀，其罪一也。已恶而掠美为昏，贪以败官为墨，杀人不忌为贼……请从之。”乃施邢侯而尸雍子与叔鱼于市。①

邢侯，楚申公巫臣之子；雍子，亦故楚人②。据《左传·襄公二十六年》记载：“雍子奔晋，晋人与之鄐”；“子灵奔晋，晋人与之邢”。子灵即申公巫臣。邢即今河南温县平皋故城；鄐乃近邢之地，在今河南温县附近③。清人马宗琏《春秋左传补注》云：“襄公二十六年《传》：‘雍子奔晋，晋人与之鄐。’《说文》：‘鄐，晋邢侯邑。’是雍子、邢侯共有鄐田，故二人争其田界。下文又言‘罪在雍子’，是邢侯兼有鄐田之证。”这一事件表明，当时贵族们出于对财富的贪欲而争夺田邑的斗争是何等的激烈。又，《左传·昭公二十八年》云：

> 秋，晋韩宣子卒，魏献子为政，分祁氏之田以为七县，分羊舌氏之田以为三县。司马弥牟为邬大夫，贾辛为祁大夫，司马乌为平陵大夫，魏戊为梗阳大夫，知徐吾为涂水大夫，韩固为马首大夫，孟丙为盂大夫，乐宵为铜鞮大夫，赵朝为平阳大夫，僚安为杨氏大夫。④

虽然这里所说的县有别于邑，但它也不同于后来郡县制下的县，它的政治、经

---

① 《国语·晋语九》亦载此事云：“士景伯如楚，叔鱼为赞理。邢侯与雍子争田，雍子纳其女于叔鱼以求直。及断狱之日，叔鱼抑邢侯，邢侯杀叔鱼与雍子于朝。韩宣子患之，叔向曰：‘三奸同罪，请杀其生者而戮其死者。’宣子曰：‘若何?’对曰：‘鲋也鬻狱，雍子贾之以其子，邢侯非其官也而干之。夫以回鬻国之中，与绝亲以买直，与非司寇而擅杀，其罪一也。’邢侯闻之，逃。遂施邢侯氏，而尸叔鱼与雍子于市。”

② 《左传·昭公十五年》杜预注。

③ 杨伯峻：《春秋左传注》第三册，第1121、1122页。

④ 邬，在今山西介休县东北二十七里。祁，在今山西祁县东南。平陵，在今山西文水县东北二十里。梗阳在今山西太原市清徐县。涂水，在今山西榆次市西南二十里。马首，在今山西平定县东南十五里。盂，在今山西盂县。铜鞮，在今山西沁县南。平阳，在今山西临汾市。杨市，在今山西洪洞县东南十八里。（杨伯峻：《春秋左传注》第四册，第1493～1494页。）

济大权实际上仍然主要掌握在名为县大夫的贵族手中。因此，魏、赵、韩诸氏分公族祁氏、羊舌之田以为县，实际上是削弱公室而加强了几家贵族的政治、经济实力。所以《史记·赵世家》说："晋顷公之十二年，六卿以法诛公族祁氏、羊舌氏，分其邑为十县，六卿各令其族为之大夫。晋公室由此益弱。"

以上所述，是晋国卿大夫之间争夺田邑的部分事例。下面再说鲁、齐、郑、楚等国。

鲁闵公二年（前660）："公傅夺卜齮田，公不禁。"[①] 卜齮[②]，鲁大夫。"公即位，年八岁，知爱其傅而遂成其意以夺齮田。齮忿其傅，并及公，故庆父因之"[③] 同年"秋八月辛丑"，公子庆父（即共仲）"使卜齮贼公于武闱（路寝旁门）"。结果是，闵公被弑而僖公立[④]。

《论语·宪问》篇孔子曰：管仲"夺伯氏骈邑三百，饭疏食，没齿无怨言"。孔安国云："伯氏，齐大夫。骈邑，地名。齿，年也。伯氏食邑三百，管仲夺之，使至疏食而没齿无怨言，以其当理也。"伯氏骈邑被夺而"没齿无怨言"，大概是慑于管仲的权势，而非孔氏所谓"以其当理"。

齐公子商人"与邴歜之父争田，弗胜"。后来（前612）商人即位，是为懿公。"及即位"，邴歜之父已死，懿公"乃掘而刖之（掘其尸断其足），而使歜仆"；并"纳阎职之妻，而使职骖乘"。齐懿公四年（前609）"夏五月，公游于申池"，邴歜与阎职"乃谋弑懿公，纳诸竹中"[⑤]。

在《左传》一书中，还有各诸侯国内贵族之间"分其室"、"兼其室"的记载。例如，成公七年，楚"子重、子反杀巫臣之族子阎、子荡及清尹弗忌及襄老之子黑要，而分其室；子重取子阎之室，使沈尹与王子罢分子荡之室，子反取黑要与清尹之室"。襄公十九年："齐崔杼杀高厚于洒蓝，而兼其室"；"郑子孔之为政也专……子展、子西率国人伐之，杀子孔，而分其室"。襄公

① 《左传·闵公二年》。

② 《礼记·檀公上》云："鲁庄公及宋人战于乘丘，县贲父御，卜国为右。"可见鲁国有卜氏。

③ 《左传·闵公二年》杜预注。

④ 《左传·闵公二年》。

⑤ 《左传·文公十八年》。《史记·齐太公世家》云："初，懿公为公子时，与丙戎之父猎，争获，弗胜。"解田为田猎，不确。丙戎，《卫世家》作邴歜，与《左传》同。

三十年："楚公子围杀大司马芳掩而取其室。"昭公十年：齐陈桓子联合鲍氏"伐栾、高氏"，"栾、高败"，"陈、鲍分其室"。如有的学者所指出："室"的本义是家室，指一家之内的妻妾子女。但它又是一种财产单位，包括财货、器用、牧畜、奴隶和田邑，田邑是"室"的一项重要内容。《左传·昭公十二年》载："季平子立，而不礼于南蒯。南蒯谓子仲：'吾出季氏'而归其室于公，子更其位，我以费为公臣。"南蒯要驱逐季氏，"归其室于公"即是把季氏的田邑归于公室①。

二、卿大夫与公室之间争夺田邑的斗争

列国国君是国内最大的一家贵族，公、卿、大夫之间的斗争亦是贵族集团内部的斗争。不过，公室乃是当时列国最高一级政权机构，国君是最高的统治者和土地所有者。因此，卿大夫与公室之间争夺田邑的斗争，可以说是土地家有制和土地君有制或土地私有制和土地国有制之间的斗争。

列国国君把其"封略之内"的"君土"以种种名义分封或赏赐臣下，本是为了维持其国家的稳定及其政治统治。关于这一点，郑子产的一番话说得明白：

> 子产为政，有事伯石，赂与之邑。子大叔曰："国皆其国也，奚独赂焉？"子产曰："无欲实难。皆得其欲，以从其事，而要其成。非我有成，其在人乎？何爱於邑，邑将焉往？"子大叔曰："若四国何？"子产曰："非相违也，而相从也，四国何尤焉？《郑书》有之曰：'安定国家，必大焉先。'姑先安大，以待其所归。"②

《郑书》"安定国家，必大焉先"，与《孟子·离娄上》"为政不难，不得罪于巨室"意同。子产这里所说，具有普遍性和代表性，也适用于当时其他国家。当时鲁、齐、晋、楚等国公室，实际上也是为了"安定国家"而先安定大族，从而先后封赏各大族以大量田邑的。只是历史发展的辩证法与各国最高统治者的主观愿望相反，"安大"的结果不是使群臣"相从也"而是"相违也"。贪

① 林甘泉主编：《中国封建土地制度史》第1卷，第34页。
② 《左传·襄公三十年》。

得无厌，本是一切剥削阶级的本性。虽然各国卿大夫特别是大族卿大夫已经拥有大量田邑，但他们并不满足，除了他们之间争夺田邑以外，势必还要争夺公室直接拥有和支配的田邑。

由于当时的地权与政权密不可分，因此春秋中、后期卿大夫与公室之间争夺田邑的斗争，同时也是争夺政权争夺民众的斗争。《左传·襄公二十九年》谓晋国："大夫皆富，政将在家。"由此可见"富"与"政"之间的关系：卿大夫对土地等财富的大量积聚，势必要与公室争夺政治权力。

《左传·襄公十一年》记载说：鲁国的季孙氏、叔孙氏和孟孙氏三家"作三军，三分公室而各有其一"。杜预《注》释"三分公室"为"三分国民众"，可从。不过，既然三家"三分公室"，而季氏又作了"各征其军"的规定，那么虽然土地在名义上仍属公室，"而实际则为三家占有了"①。争夺公室土地，乃是季氏的既定方针，只是在等待时机而已。襄公二十八年十一月，"为宋之盟故，公及宋公、陈侯、郑伯、许男如楚"②。于是季氏乘机取卞。《左传·襄公二十九年》记载：

> 公还，及方城。季武子取卞，使公冶问，玺书追而与之，曰："闻守卞者将叛，臣帅徒以讨之，既得之矣，敢告。"公冶致使而退，及舍而后闻取卞。公曰："欲之而言叛，只见疏也。"

卞本是鲁公室之邑，在今山东泗水县东（洙水北岸）。"取卞"，杜预《注》云："取卞邑以自益。"季武子本欲把卞夺为己有，乘襄公不在国内而自取之。然而他在使公冶（季氏属大夫）转致襄公的玺书中，却以"闻守卞者将叛"为借口。季武子的这一图谋，看来鲁襄公是清楚的，所以他拆阅玺书后说季氏是"欲之而言叛"，对此表示忿怒。据《国语·鲁语下》记载，鲁襄公自楚反国，"及方城，闻季武子袭卞"，欲"出楚师"以伐季氏，被鲁大夫荣成伯劝阻。

鲁昭公五年，即三家"三分公室"后二十五年、季武子取卞后七年，季

---

① 侯志义：《采邑考》，第74页。

② 《左传·襄公二十八年》。

氏等三家又“四分公室，季氏择二，二子各一；皆尽征之，而贡于公”[1]。这样，鲁公室的军民和土地，已被三家瓜分殆尽。三家“四分公室”后二十年，昭公“伐季氏”，企图先灭季氏而后灭叔孙氏和孟孙氏两家，夺回公室原有的政权和地权；结果昭公失败，出逃[2]。

晋国群臣与公室之间在土地问题上的明争暗斗长期存在，较为突出。据《左传》记载，庄公二十三年：“晋桓、庄之族偪，献公患之。士蔿曰：‘去富子，则群公子可谋也已。’公曰：‘尔试其事。’士蔿与群公谋，谮富子而去之。”庄公二十四年：“晋士蔿又与群公子谋，使杀游氏之二子。士蔿告晋侯曰：‘可矣。不过二年，君必无患。’”庄公二十五年秋：“晋士蔿使群公子尽杀游氏之族，乃城聚而处之”；“冬，晋侯围聚，尽杀群公子”。所谓“晋桓、庄之族偪”，是说“桓叔、庄伯之子孙强盛，偪迫公室”；“富子，二族之富强者”[3]。桓、庄之族所以偪迫公室而使“献公患之”，是由于他们占有较多的田邑和具有较强的政治实力，已经威胁到公室的政治、经济利益。晋献公通过大夫士蔿去富子、杀游氏之二子，最后晋侯自己“尽杀群公子”，其目的就是要消灭其政治存在，收回其占有的田邑。因此这一事件，既是晋国统治集团内部的一次政治斗争，也是卿大夫一级贵族与公室之间在田邑问题上的一次斗争。

据《国语·晋语》记载，晋惠公夷吾在其即位之前避骊姬之乱亡梁谋归晋国时，曾以大宗土地许赂大夫里克和丕郑说：“中大夫里克与我矣，吾命之以汾阳之田百万。夒大夫丕郑与我矣，吾命之以负蔡之田七十万。”[4] 然而，“惠公入而背外内之赂”，并杀里克、丕郑，以致“众（大夫们）固不说（悦）”，“晋君大失其众”，“公陨于韩”，“终逢其咎”[5]。在韩原之战中晋军大败于秦、惠公被俘期间，晋大夫瑕吕饴甥以“君命”赏“国人”（群臣）以田而“作爰田”，与晋国群臣与公室之间争夺田邑的斗争有关，可以说它主要是这种斗争的产物。这一点，我们将在后面着重论述。

---

① 《左传·昭公五年》。
② 见《左传·昭公二十五年》。
③ 《左传·庄公二十三年》杜预注。
④ 《国语·晋语二》。
⑤ 《国语·晋语五》。

《国语·晋语六》载范文子曰："今我战又胜荆与郑，吾君将伐智而多力，怠教而重敛，大其私暱而益妇人田，不夺诸大夫田，则焉取以益此？诸臣之委室而徒退者，将与几人？"意思是说："如果我们攻打并且胜了楚国和郑国，我们国君将要夸赞自己有功有智，就会疏忽教化同时又加收刮，给亲近的宠臣增加俸禄，给爱妾们增加土田，这样一做，不夺取诸位大臣的田地，还能到哪儿弄来田地分给爱妾宠臣？大臣们主动交出田地而且白白引退的人，能有几个？"[①] 范文子的这一段话，是在晋楚鄢陵之战前针对"栾武子欲战"而说的。但栾武子不听，后来发生的事情果然不出范文子的预料：

> 栾武子不听，遂与荆人战于鄢陵，大胜之。于是乎君伐智而多力，怠教而重敛，大其私暱，杀三郤而尸诸朝，纳其室以分妇人，于是乎国人不蠲，遂弑诸翼，葬于翼东门之外，以车一乘。[②]

这是一起主要由于国君（晋厉公）夺取卿大夫（郤锜、郤犨、郤至）的田邑，而被"国人"杀死的事件。这里所说的"国人"，指卿大夫们。范文子的一席话和这一事件表明：(1) 当时晋国公室拥有的田邑较少，国君要"大其私暱而益妇人田"，也就不得不"夺诸大夫田"；(2) 群臣已把他们占有的田邑当作自己的私有财产，他们不会主动交出田邑而引退；(3)"三郤"本来"族大"、"多怨"，当晋厉公杀三郤而夺其田邑后，其所以引起"国人"（群臣）的强烈反抗并将厉公杀死[③]，主要是由于害怕国君有朝一日也会夺取他们的田邑。《国语·晋语八》云："栾书实覆宗，弑厉公以厚其家。"《韩非子·内储说下·六微篇》云："晋厉公之时，六卿贵"；公"诛三卿"（三郤）；"居三月，诸卿作难，遂杀厉公而分其地"。由此看来，诸卿之杀厉公也是为了"分其地"，"以厚其家"。

在郑国，由于"子驷为田洫"，引发了贵族集团的一次较大规模的内战。《左传·襄公十年》记述这一事件说：

> 初、子驷为田洫，司氏、堵氏、侯氏、子师氏皆丧田焉。故五

① 薛安勤、王连生注译：《国语注译》，吉林文史出版社1991年版，第521～522页。
② 《国语·晋语六》。
③ 《左传·成公十八年》："晋栾书、中行偃使程滑弑厉公"。

族聚群不逞之人，因公子之徒以作乱。于是子驷当国，子国为司马，子耳为司空，子孔为司徒。冬十月戊辰，尉止、司臣、侯晋、堵女父、子师仆帅贼以入，晨攻执政于西宫之朝，杀子驷、子国、子耳，劫郑伯以如北宫。子孔知之，故不死。书曰“盗”，言无大夫焉。

子西闻盗，不儆而出，尸而追盗。盗入于北宫，乃归授甲，臣妾多逃，器用多丧。子产闻盗，为门者，庀群司，闭府库，慎闭藏，完守备，成列而后出，兵车十七乘，尸而攻盗于北宫。子蟜帅国人助之，杀尉止、子师仆，盗众尽死。侯晋奔晋，堵女父、司臣、尉翩、司齐奔宋。

从郑僖公二年（鲁襄公四年）以后，子驷代子罕秉政①。“子驷为田洫”也就是郑国公室“为田洫”，犹如后来子产从政后使“田有封洫”。因此，“子驷为田洫”以及由于“为田洫”而“丧田”的四族“作乱”，乃是郑国官府与贵族之间争夺田地的斗争。关于“子驷为田洫”，杜预《注》云：“洫，田畔沟也。子驷为田洫以正封疆，而侵四族田。”“子驷为田洫”，似为“以整顿田界为名”，“强夺”四族的田亩②，否则四氏不致如此大动干戈，杀子驷以及子国、子耳，并劫持郑伯。值得一提的是，因“丧田”而“作乱”的四氏以及尉止，均属士等级（小贵族），而“无大夫”，这与上述鲁、晋等国的情况有所不同。

三、卿大夫争夺邻国土地的事件

在春秋中、后期，卿大夫争夺土地的事件，不仅发生在列国内部卿大夫之间、卿大夫与公室之间，而且也发生在不同国家之间。《左传·成公十一年》记载：

晋郤至与周争鄇田，王命刘康公、单襄公讼诸晋。郤至曰：“温，吾故也，故不敢失。”刘子、单子曰：“昔周克商，使诸侯抚

---

① 顾栋高：《春秋大事表》卷二十五：“襄七年会邬，《传》：‘郑僖元年朝于晋，子丰欲愬诸晋而废之，子罕止之。’知是年子罕犹当国秉政，此后绝不见《传》，知郑僖二年以后当是子驷代子罕矣。”（《春秋大事表》第二册，中华书局1993年版，第1925～1926页。）

② 参见杨伯峻《春秋左传注》第三册，第980页。

封，苏忿生以温为司寇，与檀伯达封于河。苏氏即狄，又不能于狄而奔卫。襄王劳文公而赐之温，狐氏、阳氏先处之，而后及子。若治其故，则王官之邑也，子安得之?”晋侯使郤至勿敢争。

孔颖达《疏》云：“鄇是温之别邑，本从温内分出，温属晋，鄇属周。温是郤氏旧邑。郤氏既已得温，则谓从温而分出者亦宜从温而属郤氏，故郤至争之。其刘子、单子之言襄王劳文公而赐之温，于时鄇已分矣，赐晋以温不赐以鄇也。狐氏、阳氏先处温邑，于时亦不得鄇。鄇本未尝属晋，故为王官之邑。”由此看来，“晋郤至与周争鄇田”，实为郤至争夺本属于周的鄇邑，故杜预于“晋侯使郤至勿敢争”句下注云：“《传》言郤至贪，所以亡。”

到春秋末年，晋卿向外掠夺土地的事例增多。如智伯取中山之夙繇[1]；赵襄子取代[2]，取狄之左人、中人二邑[3]，等等。

《左传·哀公九年》记载说：郑国武子賸（即罕达）的宠臣许瑕“求邑”，“无以与之”。许瑕请求“外取”（取于他国），武子賸“许之”。于是许瑕帅师包围了宋国的雍丘。“宋皇瑗围郑师（许瑕师）”，武子賸前去救援，“大败”。二月十四日，“宋取郑师于雍丘”。

又《论语·季氏》篇载：“季氏将伐颛臾。冉有、季路见于孔子曰：‘季氏将有事于颛臾。’孔子曰：‘求！无乃尔是过与？夫颛臾，昔者先王以为东蒙主，且在邦域之中矣，是社稷之臣也。何以伐为?’冉有曰：‘夫子欲之，吾二臣者皆不欲也。’孔子曰：‘求！……危而不持，颠而不扶，则将焉用彼相矣？且尔言过矣……’冉有曰：‘今夫颛臾，固而近于费。今不取，后世必为子孙忧。’……”颛臾，鲁国的附属国，在今山东省费县西，离季氏的费邑很近，季氏欲兼并其地以为己有。

① 见《吕氏春秋·慎大览·权勋》。
② 《史记·赵世家》。
③ 《国语·晋语九》。

第四节 晋“作爰田”的原因、内容和性质

一、晋“作爰田”的原因和对象

公元前645年（晋惠公六年），由于晋背秦约、拒秦籴，秦出兵伐晋，晋军大败，晋惠公被俘。秦拘留晋君三个月后，“乃许晋平”，决定放惠公回国。在这样的历史背景下，晋国“作爰田”。这是晋国土地制度的一次重大改革。关于这一历史事件，《左传》和《国语》分别作了以下记载：

〔秦〕乃许晋平。晋侯使郤乞告瑕吕饴甥，且召之。子金教之言曰：“朝国人而以君命赏。且告之曰：‘孤虽归，辱社稷矣，其卜贰圉也。’”众皆哭。晋于是乎作爰田。吕甥曰：“君亡之不恤，而群臣是忧，惠之至也，将若君何？”众曰：“何为而可？”对曰：“征缮以辅孺子。诸侯闻之，丧君有君，群臣辑睦，甲兵益多，好我者劝，恶我者惧，庶有益乎！”众说。晋于是乎作州兵。①

公在秦三月，闻秦将成，乃使郤乞告吕甥。吕甥教之言，令国人于朝曰：“君使乞告二三子曰：‘秦将归寡人，寡人不足以辱社稷，二三子其改置以代圉也。’且赏以悦众。”众皆哭，焉作辕田。吕甥致众而告之曰：“吾君惭焉其亡之不恤，而群臣是忧，不亦惠乎？君犹在外，若何？”众曰：“何为而可？”吕甥曰：“以韩之病，兵甲尽矣。若征缮以辅孺子，以为君援，虽四邻之闻之也，丧君有君，群臣辑睦，兵甲益多，好我者劝，恶我者惧，庶有益乎？”众皆说，焉作州兵。②

《左传》和《国语》的记载，大同小异。《左传》“爰田”，《晋语》作“辕田”，古时爰、辕同声通用③，“辕田”即“爰田”。

---

① 《左传·僖公十五年》。

② 《国语·晋语三》。

③ 例如：《左传·僖公四年》陈大夫辕涛涂，《公羊传》《穀梁传》均作袁涛涂；《左传·成公二年》晋齐盟于爰娄，《公羊传》作袁娄；《史记》卷一〇一作袁盎，《汉书》卷四九作爰盎。

关于晋“作爰田”，古今学者说法很多。我们认为，要正确了解和认识晋“作爰田”这一田制改革的内容、性质和意义，应当搞清这样几点：(1)“朝国人而以君命赏”，“赏以悦众”与“作爰田”二者之间的关系；(2)受赏者“国人”或“众”的身份地位；(3)“作爰田”与“作州兵”的关系；(4)“爰”的含义，何谓“爰田”？前三者都涉及到晋“作爰田”的对象，即所谓“爰田”究竟是对什么等级阶级而作。这是了解“作爰田”的内容和性质的关键问题。

有一种意见说：《左传》只说“朝国人而以君命赏”，《国语》也只说“赏以悦众”，都没有直接说到赏田，其所赏之物不一定就是土地。而且，如惠栋《春秋左传补注》所说：“赏众是一时之事，爰田、州兵是当日田制、兵制改易之始，故特书之。”因此，当时即使赏给了“国人”或“众”一些土地，那也只是“一时之事”，与改易田制的“爰田”之作没有关系。我们认为此说不能成立。

上引《左传·僖公十五年》那段文字，先言“朝国人而以君命赏”，接着说“晋于是乎作爰田”，清楚地表明了“爰田”是由于“以君命”赏“国人”而作，所赏者是土地。吕甥所谓“君亡之不恤，而群臣是忧，惠之至也”，也分明是就赏“国人”以田而“作爰田”言之。《晋语三》“赏以悦众”、“众皆哭，焉作辕田”的说法，亦表明了“赏以悦众”就是赏田以悦众，而赏田与“作辕田”有直接的、不可分割的关系。《晋语三》韦昭注引贾逵云：“辕，易也。为易田之法，赏众以田。易者易疆界也。”《左传·僖公十五年》孔颖达疏引服虔、孔晁云：“爰，易也。赏众以田，易其疆畔。”虽然贾逵、服虔、孔晁释“爰田”为“易疆界”或“易其疆畔”不妥，但他们认为“以君命赏”、“赏以悦众”是“赏众以田”，而“爰田”之作和“赏众以田”直接有关，却是对的。此外，竹添光鸿《左传会笺》也认为：“爰田之制，因赏而作。”

在《左传》《国语》以及西周、春秋时期的青铜器铭文中，凡言周王或诸侯对臣下的赏赐，都谈及所赏之物，或为田邑，或为货币、牲畜、珍异、奴隶及其他财物。上述晋国“朝国人而以君命赏”、“赏以悦众”，乃是一次重大的赏赐，如果所赏不是田土而与“作爰田”无关，那么，记述这一重大历史事件的《左传》和《国语》，不会没有明确的说明。

“作爰田”，言“作”，表明晋国本不存在“爰田”之制，“爰田”之“作”是晋国土地制度的一次变革；正如晋国原来没有“州兵”之制、鲁国原来没有“丘甲”之制、郑国原来没有“丘赋之制”，“作州兵”、“作丘甲”、“作丘赋”是军制的改革一样。惠栋《春秋左传补注》说“爰田、州兵是当日田制、兵制改易之始”，无疑是正确的。但把晋国这次“赏众以田”与改易田制的爰田之作对立起来，则不妥当。

土地赏赐是很久以来就有的。历史上有种种不同类型、不同性质的土地赏赐。周代青铜器铭文和《左传》《国语》等古书中，记述了不少赏赐田、邑的事件，赏田与赏邑有别，而各次赏田的性质也不完全相同。而晋国这次赏“国人”以田，又不同于西周、春秋时期的其他一切赏田事件。虽然西周中期以来赏田的事例不少，那些赏赐在多数场合下又都是真正的馈赠，所赏土地实际上已成为受赏者的私有财产，并逐步破坏着原来的土地所有制；但是，那些赏田事件分别发生在不同的时间和不同的政治区域内，各次赏田的受赏者只是个别贵族，每次赏田数量不大，从而每次赏田都不足以引起一国田制的改易。对此类赏田，说它只是“一时之事”，未尝不可。然而，晋国这次“朝国人而以君命赏”，用以赏赐的土地不是少量的而是大量的，受赏者不是个别的而是众多的“国人”同时受赏。而且，这一事件乃是发生在土地“私家”所有制和土地君有制之间激烈斗争的历史背景下。正因为如此，晋国公室把大量土地同时分赏给众多的“国人”，也就不是什么“一时之事”，随之而来的势必就是田制的改易。《左传》和《国语》的记载其所以不直书赏田，而在说“朝国人而以君命赏”、“赏以悦众”之后又特以“作爰田”书之，就是因为这次赏田和“作爰田”是一回事，换句话说，“爰田”是因赏田而作。

如前所述，西周初期以来实行“国”“野”或“乡”“遂”制度，“国”是和“野”相对而言，“国人”是和“野人”相对而言。虽然随着春秋时期生产方式和阶级关系的逐步演变，国、野及国人、野人的界限实际上亦被逐步打破，但《左传》中所说的“国人”仍然是指原来意义上的“国人”，并不包括“野人”；而上述“朝国人而以君命赏”的“国人”，无疑不包括“作州兵”的“州”即“遂”“野”居民。广义的“国人”，指周王和国君以外住于

"国"中及"国"近郊的居民，包括卿、大夫、士等大小贵族，以及工商和都城近郊农民。狭义的、严格意义上的"国人"，属于统治集团，并不包括被统治者和被剥削者。《左传》《国语》中提到"国人"之处甚多，有时指士等级，有时指卿大夫，有时兼指各级贵族，而指士者居多。那么，《左传·僖公十五年》所谓"朝国人而以君命赏"的"国人"，究竟是指"国人"中的哪些人呢？这是探讨晋"作爰田"需要回答的另一问题。

《周礼·地官·大司徒》："若国有大故，则致万民于王门。"《秋官·小司寇》："掌外朝之政以致万民而询焉，一曰询国危，二曰询国迁，三曰询立君。"或说晋"朝国人而以君命赏的"国人"，即《大司徒》"致万民于王门"及《小司寇》"致万民而询焉"的"万民"；"朝国人卜贰圉为询立君"。按照这种说法，晋国这次赏国人以田即是赏"万民"以田，而"爰田"是对"万民"而作。这是不符合历史实际的。《周礼》中"致万民于王门"、"致万民而询焉"的"万民"，自然也属于"国人"。但这里所谓"万民"是指国都近郊自由农民，即《大司徒》中的"六乡"居民。孙诒让《周礼正义》云：《小司寇》"致万民而询"，即《乡大夫》"大询于众庶"之事；"案下文群吏并在内，而此经独云致万民者，但群吏在朝是常，万民不合在朝，惟在大事及疑狱乃致之，故特言之也"。可见，"万民"不包括"群吏"。而《左传》《国语》在记述晋"作爰田"时，则是将"国人"和"群臣"、"二三了"等言，"国人"就是群臣、二三子。《左传》一书中提到"群臣"、"二三子"之处甚多，均指卿大夫等在朝贵族。《周礼·小司寇》"群臣西面、群吏东面"，郑玄注云："群臣，卿大夫士也；群吏，府史也。"是"群臣"中也有"士"。从上述晋"作爰田"的历史背景、直接原因来看，所谓"朝国人而以君命赏"的"国人"，或"君亡之不恤，而群臣是忧"的"群臣"，也不仅指卿大夫，而且还包括"士"。

上引《左传》《国语》两段文字中"众皆哭"、"众曰"、"赏以悦众"的"众"，即是指那"国人"、"群臣"、"二三子"。周代文字记载中的众字，有两种用法：一是用作特定阶层的身份性称谓，如《曶鼎铭》"用众一夫曰益"，《左传·襄公二十一年》"其众皆逃"；一是泛称，意为众多。《左传·成公六年》："赵同、赵括欲战，请于武子，武子将许之……于是军帅之欲战者众……子之佐十一人，其不欲战者三人而已，欲战者可谓众矣。”上述“众曰”、“众皆哭”、“赏以悦众”的“众”，与这里所说的“众”义同，意为众多的贵族。有的学者把晋“以君命”赏“国人”的“国人”和“赏以悦众”的“众”指为庶人、农夫，不符合历史记载。历史记载表明，西周、春秋时期土地赏赐的全部事例，都是赏给各大小贵族，没有一例是赏给庶人的。直到春秋末年，赵简子的誓师词也只是说“克敌者，上大夫受县，下大夫受郡，士田十万，庶人工商遂，人臣隶圉免”①，而并没有把庶人等被压迫被剥削者作为赏田的对象。这不是偶然的，是当时的社会经济制度和等级制度决定的。

从《左传》《国语》的记载看来，晋赏“国人”、“群臣”以田和由此而来的“爰田”之作，似乎不是由当时尚在秦国的晋惠公授意，而是瑕吕饴甥个人针对当时晋国的政局，假“君命”，而采取的一种权宜之计，是一次偶然性事件。然而实际上，这一历史事件的发生有其深刻的经济原因，具有历史必然性。如前所述，随着当时人口的增加和社会生产力的发展，卿大夫等贵族更加重视土地财富，力图扩大自己的田邑并确立其土地所有权；对土地财富的日益增长的贪欲，驱使他们不断争夺、兼并土地，变国有地为私有地，而晋国贵族对土地的要求和争夺表现得尤为突出。本来，当初惠公夷吾避骊姬之乱亡梁后谋归晋国时，就曾以大宗土地许赂大夫里克和丕郑。《国语·晋语二》载惠公说：“中大夫里克与我矣，吾命之以汾阳之田百万；丕大夫丕郑与我矣，吾命之以负葵之田七十万。”并以“河外列城五”赂秦。然而，“惠公入而背外内之赂”，且杀里克、丕郑；以致“众固不说（悦）”，“晋君大失其众”，“公陨于韩”，“终逢其咎”②。“众”，指群臣，即卿大夫和士。公元前645年韩之战中，晋军大败，“公陨于韩”，无疑与惠公背内之赂，“众固不说”，“晋君大失其众”有关。这一历史教训，当时晋国君臣是记忆犹新的。战后“朝国人而以君命赏”、“作爰田”，就是有鉴于此。晋惠公这次之所以没有赖账，正是由于不如此不足以悦其“众”而使“群臣辑睦”，稳定晋国政局。

再说“作爰田”与“作州兵”的关系。上引《左传》《国语》的记载还

① 《左传·哀公二年》。
② 《国语·晋语三》。

表明，晋以"君命"赏群臣以田而"作爰田"的另一目的，是为了"作州兵"，即令原来不服兵役的"州"众（野人）与国人同服兵役、同出军赋。不少学者正是基于这一点，认为"爰田"也是对州众即野人而作。我们认为，在考察晋"作州兵"和"作爰田"的关系时，不能忽略这样一点：在"作州兵"以前，卿大夫等贵族已是晋国遂野各州田邑的所有者或占有者，各州农业生产者分别隶属或依附于土地的主人。虽然"作州兵"后兵役和军赋的直接承担者是州众，但州众是卿大夫等直接统治和剥削的对象，"州兵"之作涉及到各卿大夫采邑主的政治、经济利益。《左传·昭公十六年》载子产曰："立于朝而祀于家，有禄于国，有赋于军。"又《左传·襄公二十二年》载："臧武仲如晋"，过鲁大夫御叔私邑，御叔无礼；"穆叔闻之"，"令倍其赋"。所谓"有赋于军"之"赋"和"令倍其赋"的"赋"，皆为军赋，包括军实（武器装备和粮草）和兵力。值得注意的是，上引《左传》所载，均发生于鲁、郑军事制度改革之后；大夫私邑"有赋于军"，正是鲁成公元年"作丘甲"和鲁昭公四年郑"作丘赋"的主要内容之一。如本编第二十章第二节所述，晋"作州兵"的内容，与鲁"作丘甲"和郑"作丘赋"基本相同。正因为如此，晋才以"君命"赏贵族以田的"爰田"之"作"这一"惠之至"，以换取贵族们对"作州兵"的支持。

二、爰字的含义与晋国"爰田"制的性质

关于"爰田"，历来众说纷纭。《左传·僖公十五年》杜预注云："分公田之税应入公者，爰之于所赏之众。"孔颖达疏引服虔、孔晁云："爰，易也；赏众以田，易其疆畔。"《国语·晋语三》韦昭注引贾逵云："辕，易也；为易田之法，赏众以田；易者，易疆界也。"又引或云："辕田，以田出车赋。"《汉书·地理志》载："孝公用商君，制辕田，开仟佰，东雄诸侯。"颜师古注引张晏曰："周制三年一易，以同美恶，商鞅始割列田地，开立阡陌，令民各有常制。"清惠栋《春秋左传补注》则曰："爰田者，犹哀公之用田赋也。"又清代学者惠士奇认为，《汉书·食货志》所说的"自爰其处"，就是春秋时期

晋国实行的爰田制和战国时期商鞅在秦国推行的辕田制[1]。当代有些学者亦认为，何休《公羊解诂》所说的“三年一换土易居”和《汉书·食货志》所说的“自爰其处”，标志着中国古代授田制发展的两个不同历史阶段；春秋时期晋作爰田，就是由“三年换土易居”的授田制变为“自爰其处”的授田制。

上述种种说法，虽然不能说毫无可取之处，但由于忽略了或误解了晋“作爰田”的对象，均未能揭示晋国爰田制的经济内容和阶级实质。

既然晋国“爰田”之作和赏田直接有关，而受赏者是贵族、群臣而不是庶人、农夫，那么，所谓“爰田”即《汉书·食货志》“民受田”、“自爰其处”一说，便不能成立。既然“爰田”是因赏田而作，其前提是赏，而所赏者为田，那么，所谓“分公田之税应人公者，爰之于所赏之众”，“辕、车也，以田出车赋”，以及“爰田者，犹哀公之用田赋也”等等说法，也就同样不能成立。

我们在本卷第二编第十三章《授田制经济形式》中说过，《周礼·地官》“大司徒”职下的授田制和“遂人”职下的授田制，以及《汉书·食货志》所说“自爰其处”的授田制，西周时期就已实行。春秋时代晋“作爰田”、“作州兵”前，其各“州”所实行的，也不是什么“三年一换土易居”的授田制。而且，如前所述，晋国的“爰田”之作并不涉及当时晋国遂野各州现行的土地制度。一切都以时间、地点、条件为转移。春秋时期晋国实行的爰（辕）田制与战国时期商鞅在秦国推行的辕（爰）田制，二者虽然都名为“爰田”或“辕田”，但前者是为群臣而作，后者是对农民而制，二者的内容和性质不同。这犹如前述西周土地国有制下的“公田”、“私田”，与存在于原始社会晚期的农村公社土地所有制下的“公田”、“私田”，虽然都名曰“公田”或“私田”，但这两种“公田”或“私田”的内容和性质并不同是一样的。

《小尔雅》（旧题汉孔鲋撰）云：“爰、换、变、贸、交、更，易也。”[2]可见爰字本有变易之义，不能说贾逵、服虔、孔晁训爰为易“在训诂学上没有根据”。自然，他们解“易”为“易疆界”或“易疆畔”，并不妥当。因

① 惠士奇：《礼说·遂人上地中地下地》条。
② 胡承珙：《小尔雅义证》（四部备要本）卷一。

为，把田赏给贵族、群臣以作爰田，并不一定需要“易其疆界”[1]。晋国贵族、群臣为数不少，受赏田者众多，要同时“易其疆界”，是件繁重大事，实际上也难以实行[2]。再说，晋作爰田是土地所有制的改易，“易疆界”不但不是改易土地制度的核心，而且与土地制度的改易也没有必然联系。

有的学者对贾逵的注解（即“辕，易也；为易田之法，赏众以田；易者，易疆界也。”）作了新的解说，认为“贾注的前三个易是场的假借字，即是疆场、疆界的意思。又因为贾逵的解释是递进的层次，所以第四个易字用如动词，作治理讲”。其结论是：“晋作辕田（爰田），就是治理赏田的疆界。这件事是春秋时期土地所有权发生转移的标志之一。”[3] 此说不无道理。《左传》中即载有不少治理疆界、田界的事例，例如文公元年“晋侯疆戚田，故公孙敖会之”，杜预注：“晋取卫田，正其封疆”；襄公八年“莒人伐我东鄙，以疆鄫田”，杜预注：“莒既灭鄫，鲁侵其西界，故伐鲁东鄙，以正其封疆”。问题是，若果真“作爰田就是治理赏田的疆界”，为何《左传》作者不像记载上述“正其疆界”的种种事例那样，将这一事件直接表述为“赏国人以田，治其疆界”？赏群臣以田，虽然也有一个治理赏田疆界的问题，但这并不是“爰田”概念的基本内涵和晋国爰田制的实质。

还有一种意见认为：爰辕均当读为换，“爰（辕）田”即换田，“换田是用钱换田，即民得买卖”[4]。此说虽亦有所据，但同样不能成立。在西周青铜器铭文中，爰字作[illegible]，“像两只手在交付铜饼的形状，两只手代表两个人，表示两个人在交换，所以爰字也有交换的意义”[5]。商鞅于秦“制辕田”，在废井田之后，《汉书·食货志》记董仲舒说：商鞅“除井田，民得卖买”。可见，“作辕田是承认土地私有，辕田是得以交易，即得改易其所有者之田”[6]。但是，如前所述，晋作爰田与商鞅在秦制辕田，是分别在不同时代、不同历史条

[1] 赵光贤：《周代社会辨析》，人民出版社1980年版，第236页。
[2] 王毓铨：《爰田（辕田）解》，载《历史研究》1957年第4期。
[3] 彭益林：《晋作辕田辨析》，载《华中师院学报》1981年增刊。
[4] 高亨：《商君书注译》，中华书局1974年版，第5页。
[5] 唐兰：《西周青铜器铭文分代史徵》，中华书局1986年版，第309页。
[6] 赵光贤：《周代社会辨析》，人民出版社1980年版，第238页

件下进行的。有关春秋时期土地买卖的材料只有一条，即《左传·襄公四年》所谓“戎狄荐居，贵货易土，土可贾焉”。这里说的是晋和戎狄之间官方进行的土地买卖，而且很难说这是一种“用钱换田”的买卖。“用钱换田”的土地买卖的流行，需要一定的条件，如商品货币经济的一定程度的发展等。而晋作爰田时期并不具备这样的条件。这就决定了晋所作“爰田”的本意，不可能是“用钱换田”。

此外，关于晋作爰田还有其他种种说法，均不能令人信服。可以说，要从训诂学上对“爰田（辕田）”概念作出十分确切、令人完全信服的解说，是很困难的，甚至是不可能的，我们只能根据有关记载，了解它的大体内容。既然晋国的爰田制是由于以“君命”赏贵族以田而作，它标志着晋国一定范围内土地所有制的变动，那么，“爰田”这一概念所反映和概括的，当是与土地所有制的改易有关的内容。从这一点出发，再根据《小尔雅》“爰、换、变、贸、交、更，易也”，以及《汉书·张汤传》注“爰，换也”等训释，我们认为把“爰田”的“爰”解为“换”或“变”、“易”较妥。不过，这里所说的“换”不是所谓“用钱换田”，这里所说的“易”也不是所谓“易其疆界”，而是指赏田的所有者和所有制的变换或更易。具体地说，是指赏田从国君所有变为群臣所有，从土地君有制或国有制变为贵族所有制。我们大体同意这样一种说法：“晋的作爰田，其意义就在于不仅惠公把公室的田赏给大臣们，而且承认其所有权。……晋惠公用这种大利来换取他们的支持，始能如愿返国。这就是贵族土地所有制的合法化的第一步。”“晋国的爰田是在井田制基础之上建立的贵族土地所有制，秦国的辕田意味着庶民的土地所有制。”①

广义的土地制度，包括土地所有制、直接生产者和土地相结合的方式、土地的经营方式、劳动生产品在不同社会集团之间的分配、土地的继承和转让，以及土地所有制的法律表现和国家的土地政策，其核心是土地所有制。在社会制度和阶级关系逐步演变的春秋时期，各诸侯国都曾先后进行过土地制度的改革。不过，由于各诸侯国的国情不完全相同，土地制度改革的方式和内容有这样那样的差别。晋作爰田，是在一定范围内进行的一次土地所有制的改革，可

① 赵光贤：《周代社会辨析》，人民出版社1980年版，第238页。

以说它是当时土地制度改革的典型，因为它直接涉及到了土地制度的核心。而其他一些诸侯国土地制度的改革，则主要是从土地制度的其他方面，即直接生产者和土地相结合的方式、土地的经营方式以及产品的分配等方面着手进行的。例如，早在晋国“作爰田”之前，齐国公室已开始“相地而衰征”，鲁国公室也于宣公十五年“初税亩”。如本编第二十章中所述，对齐、鲁公室原来直接占有和经营的那一部分土地来说，“相地而衰征”、“初税亩”即是改藉田制为征税制或税亩制，属于直接生产者和土地二者的结合方式、土地经营方式及产品分配形式方面的改革。虽然这一改革并未直接触及原来的土地所有制，税亩制下的农夫所耕土地仍属公室所有，但是，农夫从此不在田官的直接强制和监督下劳动，而是以一家一户为单位独立耕作；农夫向公室交纳的田亩税具有地租性质，而他们自己则从农业奴隶演变成为含有封建制因素的农民。从而，这部分土地的所有制亦发生了相应的变化，已非原来意义上的国有制或君有制。

第二十章　奴隶制的逐步解体和阶级关系的变化

中国奴隶制的解体始于西周末期的王畿地区，而春秋则是各诸侯国地区的奴隶制逐步解体的时期。奴隶制的解体，首先而且主要是发生于农业生产领域，其主要标志之一是：以奴隶劳动为基础的藉田制的废除和税亩制的实行。这是直接生产者和土地等生产资料二者结合方式的改变、奴隶主集团剥削方式的改变。虽然税亩制下的农夫尚无人身自由，但已非奴隶，他们是后来封建制时代农民的前躯。春秋列国“作州兵”、“作丘甲”、“作丘赋”等军制或军赋制的改革，则打破了西周以来“国”“野”或“乡”“遂”对立以及被征服的“野人”无权当兵的格局。这是继税亩制之后，直接生产者身份地位演变的又一途径。在春秋列国社会变动过程中，还出现了一个新的劳动者阶层——“氓”。春秋中、后期，随着土地的私有化和封建制关系的产生，列国社会内部先后出现了一些封建地主，他们是由原来的贵族转化而来。

第一节　从藉田制到税亩制

一、藉田制生产的衰落

前面说过，以奴隶主占有土地和奴隶为基础的藉田制，是西周社会经济结构中占主体地位的经济形式。西周晚期，“宣王即位，不藉千亩”①，标志着王畿藉田制的废除。春秋时期，齐国“相地而衰征”，鲁国“初税亩”，其他诸侯国亦先后变藉田制为税亩制或征税制。奴隶制经济形式，曾经对社会生产力

① 《国语·周语上》。

的发展起过一定的促进作用。然而，随着奴隶制生产关系和社会生产力之间的矛盾的发展，它已由适合生产力发展的形式变成了束缚生产力的桎梏。税亩制之代替藉田制，是当时中国社会经济发展的必然趋势。

藉田制衰落、废除的根本原因，在于藉田制本身，在于它的局限性。如前所述，藉田制生产方式，是建立在奴隶与奴隶主之间尖锐的阶级对抗基础上的。藉田耕作者，没有人身权利和人身自由；他们耕种藉田，“将不克飧，为人而已”①，因此对劳动毫无兴趣和主动性。《管子·乘马》云：

> 道曰：均地分力，使民知时也。民乃知时日之早晏，日月之不足，饥寒之至于身也，是故夜寝早起，父子兄弟不忘其功，为而不倦，民不惮劳苦。故不均之为恶也，地利不可竭，民力不可殚；不告之以时而民不知，不道之以事而民不为。与之分货，则民知得正矣；审其分，则民尽力矣。是故不使而父子兄弟不忘其功。

这是符合当时历史实际的正确之“道”。它对“均地分力”与“不均”作了对比，指出了“不均”的弊端和“均地分力”的优越性。所谓“不均之为恶”，即是针对西周以来以集体劳动、强制劳动为特征的藉田制或大田制而言。所谓“均地分力”，就是将“藉田”或大田划成小块，分给农夫以一家一户为单位分散耕种，独立耕种。它所反映的，乃是税亩制或征税制下的历史实际。又《吕氏春秋·审分篇》记载：

> 今以众地者，公作则迟，有所匿其力也；分地则速，无所匿迟也。

“众”，“共”之假字，古音同东部。“共地”与下文“分地”为文，“共地”者，共地而耕也，“分地”者，分地而耕也。“分地则速”，疑为“分作则速”，与上文“公作则迟”辞义相对。“无所匿迟也”，当作“无所匿其力也”，与上文“有所匿其力也”相对②。《审分》所说，同样道出了在“共地而耕”的藉田制下，耕作者“匿其力”而消极怠工的历史事实。

在旧的藉田制下，尽管奴隶主统治集团采取种种措施迫使庶人、农夫

---

① 《国语·晋语一》引晋大夫郭偃语。

② 陈其猷：《吕氏春秋校释》（三），学林出版社 1984 年版，第 1032～1033 页。

“守其业”“以共（供）其上”，并设置大批田官强制和监督农夫劳动，“监农不易”（不敢轻慢），“土不备垦，辟在司寇”，“趋其稼事而赏罚之”，但仍然不能完全制止农夫们怠工和逃亡，同样不断“有散迁、解（懈）慢”者[①]。共地而耕，集体劳动与监督劳动，虽然曾一度提高了社会生产力，但它同时也集中和加剧了压迫者剥削者同被压迫者被剥削者之间的矛盾，从而势必使它的这一优越性逐步丧失。“大田”农场面积大，农夫们耦耕时分布在较为广阔的空间，而“田畯”一类监工和众多的农夫相比只是区区少数，要事事、处处监督农夫，实非易事。这就给农夫们提供了消极怠工、破坏工具甚至逃亡的机会。

周文王弟虢叔的后代虢文公，反对宣王“不藉千亩”、废除藉田制。他在谏言中阐述了藉田制农业生产的重大意义，认为它是人口增长的本源、军队给养的保证、财用繁殖的基本、促进团结的条件、巩固国家的物质基础，并讲述了先王对它的高度重视[②]。其见解可谓精辟，可惜它不合时宜，忽视了宣王“不藉千亩”的历史背景。殊不知，“君主们在任何时候都不得不服从经济条件，并且从来不能向经济条件发号施令”[③]。厉王时期，宗周社会基本矛盾即生产关系和生产力之间、上层建筑和经济基础之间的矛盾，已异常突出。加上厉王暴虐无道，种种社会阶级矛盾激化，国人暴动，导致了宗周严重的政治、经济危机。当时的社会情景是：全国到处发生动乱（“乱生不夷，靡国不泯”）；民众流散，人烟稀少（“民靡有黎，具祸以烬”）；禾苗枯萎，尽遭饥荒（“稼穑卒痒”，“具赘卒荒”）[④]。《国语·周语下》说“厉始革典”，其所“革”之“典”是否包括藉田制，不得而知。不过有一点当是可以肯定的，这就是：在厉王时期，宗周藉田制已遭破坏，难以继续维持。宣王即位后“不藉千亩”，正式废除藉田制，乃是迫于不可抗拒的历史现实，不得不服从当时的经济条件和经济关系的要求而已。

继西周之后的春秋时期，奴隶制危机和藉田生产的衰落又先后在各诸侯国

---

① 《国语·周语上》。

② 《国语·周语上》。

③ 马克思：《哲学的贫困》，《马克思恩格斯全集》第4卷，第121页。

④ 《诗经·大雅·桑柔》。

发生。《国语·齐语》载管仲说:“四民者,勿使杂处,杂处则其言咙,其事易。”“令夫农,群萃而州处”,“农之子恒为农”。“相地而衰征,则民不移。”这就告诉我们,当时齐国“士”“工”“商”“农”等“四民”杂处的现象已很突出,“民移”和农夫“不为农”的情况严重。这势必冲击和破坏齐国旧的社会制度和“藉田”、“大田”生产秩序。《诗经·齐风·甫田》篇描写当时齐国“甫田”即“大田”的景象说:

无田甫田,维莠骄骄……

无田甫田,维莠桀桀……

意思是说,不要经营“甫田(大田)”了,“田(耕治)甫田”而力不给,土地荒芜,杂草丛生,没有什么收成。诗篇作者反复发出“无田甫田”的呼声,认为再经营“甫田”,“将徒劳而无功”①,这表明藉田制经营方式和剥削方式对“甫田”主人已无利可图。

鲁国的情况也大体如此。《春秋·庄公二十八年》记载:鲁“大无麦禾”。《国语·鲁语》也说是年“鲁饥”,“国病矣”,“饥馑荐降,民羸几卒”。按照《春秋》文例,水旱必书;《春秋》二十六年、二十七年、二十八年,都没有水旱灾害和其他自然灾害的记录,为何“大无麦禾”?《汉书·五行志》引刘向云:“水旱当书,不书水旱而曰‘大无麦禾’者,土气不养,稼穑不成者也。是时,夫人淫于二叔,内外亡别,又因凶饥,一年而三筑台,故应是而稼穑不成,饰台榭内淫乱之罚。”其实,“大无麦禾”的根本原因,并不是自然灾害,也不是统治者集团的淫乱,而是农夫们“怠于公事”②,“解(懈)于公田”③,“不肯尽力于公田”④,“公田不治”⑤。实际上,在“初税亩”前的相当长一段时期,鲁国的农业生产几乎连年歉收,只是庄公二十八年特别突出、特别严重而已。据《左传·僖公二十六年》记载:鲁“室如县(悬)罄”。程瑶田《通艺录》云:“《左传》‘室如县罄’,字从缶,从缶与从石同

---

① 朱熹《诗集传》语。

② 《盐铁论·取下》。

③ 《汉书·五行志》。

④ 《公羊传·宣公十五年》何休注。

⑤ 《汉书·食货志》。

意。罄有房屋中空之象，室无资粮，故曰如县罄也。”《国语·鲁语》也提到鲁“室如县罄”的史实，韦昭注云：“县罄，言鲁府藏空虚，但有榱梁如县罄也。”而鲁之“室如县罄”、“府藏空虚”，亦与“公田不治”、藉田生产衰落有关。

藉田制大农场生产的衰落，土地荒芜，除了上述原因以外，还与“大田”或“甫田”的耕作制度有关。“大田”没有田、莱之分，连年耕种，而又往往缺乏土壤培肥、水分管理、土壤耕作、病虫害杂草防除等技术措施。由于当时社会制度和科学技术水平的限制，也不可能普遍、及时地采取这些措施。因此，“大田”耕作制度实际上是一种掠夺性的耕作制度，这也就势必或早或晚造成土地的荒芜。

综上所说，可见藉田制已不再适合生产力发展的要求。新的生产力所要求的，是对劳动有兴趣和主动性、关心自已劳动成果的生产者，是以一家一户为单位的、分散的和独立的个体小生产者。这就是上引《管子·乘马》所说“均地分力”的小生产，与“夜寝早起，父子兄弟不忘其功”和“不惮劳苦”的生产者。藉田制之变为税亩制，归根到底，是由于生产关系一定要适合生产力发展的状况和要求这一经济规律的作用。

此外，变藉田制为税亩制，还涉及到西周以来的自由农民、独立农民，因此这里有必要考察一下“初税亩”前这部分农民的生产情况和经济情况。恩格斯曾经指出：在古罗马，土地主要是由农民垦殖的，而不是奴隶主利用奴隶劳动开垦的；相反地，奴隶主不是把荒地变为可耕的土地，而是把农民已经开垦的土地占为己有，或者当作牧场，或者当作田庄，从而逐步使整片整片的土地荒芜①。在古代中国，土地同样主要是由农民垦殖的，而不是奴隶主贵族用奴隶劳动开垦的。前已论及，西周时期的自由农民、独立农民，即《周礼·地官·大司徒》所述“六乡”一类农民，以“家”为单位受田，“不易之地家百亩，一易之地家二百亩，再易之地家三百亩”；“此所谓‘易’”，即《遂

---

① 恩格斯：《反杜林论》，《马克思恩格斯全集》第20卷，第192～193页；《家庭、私有制和国家的起源》，《马克思恩格斯全集》第21卷，第169页。

人》“所谓‘莱’”①。“莱犹今之荒也”②。后来，随着生产工具的改进，生产经验、生产技术的提高，以及由于人口的增殖，劳力有余，精耕细作，熟耨而粪之，从而使“一易之地”成为“不易之地”，“再易之地”成为“一易之地”甚至“不易之地”③。这样，部分农民每年实际耕种土地的面积和农业收入，也就随之增加。此外，还有农民在官府鞭长莫及的边远地区或山林川泽开垦荒地。《管子·轻重乙》载“桓公问于管子曰”：

> 崇弟、蒋弟、丁、惠之功世，吾岁罔，寡人不得籍斗升焉，去一。菹莱、咸卤、斥泽、山间堁垒不为用之壤，寡人不得籍斗升焉，去一。列稼缘封十五里之原，强耕而自以为落，其民寡人不得籍斗升焉，去一。则是寡人之国，五分而不能操其三（本作二）。④

“缘”，边缘，边境。“古代国境有封疆林”。“‘缘封十五里’即国境边缘之地宽至十五里。”“待人口既增，农事既进，故斫伐其林以为耕地。”“列稼缘封十五里之原，强耕而自以为落”，是说“民在边疆隙地，强力耕作，自为部落而不纳税籍”⑤。

上述情况，也是西周末年王室以及春秋时期各诸侯国先后废除藉田制而实行征税制的原因之一。如后所述，“税亩”制下的纳税人亦包括这一部分农民。

二、“税亩”制的内容

“初税亩”，见于《春秋·宣公十五年》。对此，《左传》《公羊传》《谷梁传》均有解释和评议。“初者始也”。一个“初”字，标明了“税亩”是一种

---

① 孙诒让：《周礼正义·大司徒疏》。

② 参见王夫之：《春秋裨疏》卷下，《船山遗书》册三十一。

③ 参见王夫之：《春秋稗疏》卷下，《船山遗书》卷三十一。

④ 俞樾《诸子平议》云：“此文凡三云‘寡人不籍斗升焉’，句下当并有‘去一’两字，言如此则是去其一分也。今第一句下有‘去’字，而夺‘一’字。第二句下‘去一’两字俱存，而误属下读。第三句下‘去一’两字俱夺矣。……‘不能操其二’亦作不能‘操其三’，盖上文三言‘去一’，则是去其三分，故桓公言‘五分不能操其三’也，如今本则皆不得指矣。又云‘吾岁罔’者，即吾岁无也。……‘岁无’即‘岁凶’”。其说可从。

⑤ 郭沫若：《管子集校》（四），《郭沫若全集·历史编》第8卷，人民出版社1985年版，第336页。

新的制度。“古者”，“藉而不税”①；而今，则是“履亩而税”②。这是对旧的“藉”法的否定。《左传》说“初税亩，非礼也”，《谷梁传》说“初税亩，非正也”，所谓“非礼”、“非正”，是说它违背了传统的旧制度，违背了“周公之藉”。甲骨文、金文和西周文献中，还没有“税”字。“税”，大概是西周末年以后才出现的新字新词，它是适应当时经济关系的变动而产生的。

无论是齐国的“相地而衰征”，还是鲁国“税亩”，都是由公室或者说诸侯国政府颁布推行，征税者是公室或诸侯国政府。《公羊传·宣公十五年》谓“初税亩”是“上变古易常”，“上”，即鲁公室或鲁宣公。《论衡·商虫》也说是“鲁宣公履亩而税”。

关于税亩制下的纳税人，按照传统说法，仅仅限于原藉田制下的农夫，过去农夫“以力”耕种藉田，而今农夫按田亩交纳实物。此说不确。既然税亩制是由诸侯国政府所颁布和推行，那么税亩法所规定的直接负有纳税义务的人，当是诸侯国政府统治区内一切有农业收入的居民。具体地说，税亩制下的纳税人，除了原来直接隶属于公室、受公室的藉法剥削的农夫以外，还包括原来不耕公室藉田的自由农民、独立农民，以及拥有大量土地和农业剥削收入的卿大夫采邑主。《国语·周语上》说周宣王“不藉千亩”是要“取于民”以“困民之财”，这“民”，即包括王畿“三时务农而一时讲武”的自由农民。《国语·齐语》“相地而衰征，则民不移”之“民”，包括齐国“群萃而州处”、“野处而不暱”的全部农业生产者。前述《管子·轻重乙》“列稼缘封十五里之原，强耕而自以为落”，原来不纳税籍之“民”，自然亦在“相地而衰征”之列。

“初税亩”的“税”，与述说的说、阅读的阅，“属于同一语源的派生词字”，“其词义的核心是数”。就是说，“‘税’也有数目、记算的意义。”“《考工记·栗氏》谓栗氏为量‘概而不税’，意即制造了升斗之后，有了固定的容量，如一斗容二万四千黍，以概杭平之，则黍数可知，不烦再去数粒了。可见，‘税’的最初含义也是数数儿。”③“言税亩者，谓无亩而不税也，故曰履

① 《谷梁传·宣公十五年》。

② 《公羊传·宣公十五年》。

③ 陆宗达：《说文解字通论》，北京出版社1981年版，第57～59页。

亩。"[①]"履亩而税"，并用升斗等固定的容量计算纳税人应交之税，这是税亩制的一个特点。

税收的特征之一是固定性，即在征税以前，一般都预先规定了征税对象和征收数额的比例。可是，《春秋》仅说"税亩"，未明言其税法之重轻，从而引起种种猜测和推论。《谷梁传·宣公十五年》说："初税亩者，非公之去公田而履亩十取一也。"《左传·宣公十五年》杜预注则说："公田之法，十取其一，今又履其余亩，复十收其一。故哀公曰：二，吾犹不足。"胡安国（1074~1138）撰《春秋传》主《穀梁传》说，朱熹（1130~1200）撰《论语集注》从杜预注说。王夫之（1619~1692）在《春秋稗疏》卷下中也说："鲁之什二，后不经见，必自此始。"不过，他指出："经但言税亩，则非加赋也。故谓于公田之外又税其一，于说不立。"并对所谓"十而取二"一说，作了这样的讲解："助法一夫百亩，非仅百亩也。唯上地不易之田为百亩，一易中地则一夫二百亩，再易下地则一夫三百亩。助法初定之时，民或间一岁再岁而易耕，以休地力。迨其后人众而力有余，熟耨而粪之，皆成熟地。……唯公田则百亩而无莱（莱犹今之荒也），私田则以三等酌其中，盖二百亩而名曰百亩。今此履亩，则凡已耕之土尽入税额。盖先王虽名什一，而实二十而一；税亩则无尺土漏于税外，以周制较之，什而二矣。"总之，按照长期以来较为流行的说法，藉田制的剥削率是"什一"，而《论语·颜渊》篇载鲁哀公所说"二，吾犹不足"的"二"，即是税亩制下农夫纳税的税率。对此，我们要指出以下几点：

第一，本书第二编第十二、十三章中讲过，西周藉田制有大田制、授田制等不同的类型。耕种"大田"或"甫田"的农夫，并没有所谓"私田"；授田制下的农夫，也不耕种"大田"或"甫田"。无论大田制下的农夫还是授田制下的农夫，其剩余劳动和必要劳动在空间上和时间上并未分开；他们为压迫者剥削者提供的剩余产品，远远高于"什一"的比例。孟子所谓"国中什一使自赋"，是就"国中"自由农民而言，不能与大田制下的农夫及《周礼·地官·遂人》授田制下的农夫混为一谈。

---

① 王夫之：《春秋稗疏》卷下，《船山遗书》册三十一。

第二，无论“履亩而税”还是“相地而衰征”，其纳税人包括不同的等级或阶级，从而诸侯国政府对不同身份地位的各类纳税人征税的税额，也就会有或重或轻的规定。虽然我们对此不得其详，但有一点可以肯定：处于被压迫被剥削地位的农夫的纳税率，高于贵族等级的纳税率。如果说鲁哀公所谓“二，吾犹不足”的“二”与“履亩而税”有关，那也只是“百姓”的纳税率，是取于“百姓”者，因此有若才以“百姓足、君孰与不足？百姓不足，君孰与足？”答对。那时有土有爵的贵族才有姓，“百姓”是贵族的通称，与后来所谓百姓的含义不同。《诗经·小雅·天保》篇“群黎、百姓”对称，《传》云：“百姓，百官族姓也。”《左传·襄公十三年》“百姓”与“兆民”相对，此“百姓”同样是指贵族。如前所述，据《周礼·夏官·司勋》记载，在卿大夫等贵族的几种土地中，“唯加田无国征”；此外，采地、禄田、赏田均有国税，赏地“参之一食”，受赏者食参之一，纳税参之二。既然“初税亩”是履亩而税、无亩而不税，从此“加田”也当纳税。至于税率，可能因时、因地、因国别而异，不必就是“什二”或“参之二”。

第三，《国语·齐语》“相地而衰征”，韦昭注云：“相，视也。衰，差也。视土地之美恶及所生出，以差征赋之轻重也。”又《管子·乘马数》引管仲曰：“上臾之壤守之若干，间壤守之若干，下壤守之若干。故相壤定籍而民不移。”臾通腴，指肥沃地。间壤，中等土地。“相壤定籍”，也就是按土地肥瘠分别规定税额，上等土地多征，中地、下地依次减征，与《齐语》“相地而衰征”意同。鲁国履亩而税，也不能不考虑到土地肥瘠、好坏的差异而规定统一的固定的税额。

第四，农业税的征收，只能根据农业收入；征收实物，以征收粮食为主。农业生产受自然条件的影响，若遭水、旱等自然灾害而歉收，诸侯国政府可能会按照歉收程度减税。《管子·大匡》说“桓公践位十九年”放宽了税收：“赋禄以粟，按田而税。二岁而税一，上年什取三，中年什取二，下年什取一；岁饥不税，岁饥弛而税。”禄，读为录，意为登记。意思是说：桓公即位十九年，“收农赋用粮食数量登记，按土地肥瘠分别征收。两年征收一次，丰年收十分之三，中年收十分之二，下等年成收十分之一；荒年不收，待年景饥荒情况好转后再收”[①]。

第五，税亩制或征税制下的纳税人，主要是各类农业生产劳动者。“相地而衰征”、“税亩”制的实行，无疑加重了对农民的剥削。《汉书·食货志》说：“鲁宣公‘初税亩’”，“上贪民怨，灾害生而祸乱作。”《盐铁论·取下》说：由于“履亩而税”“《硕鼠》之诗作也。”《左传·昭公三年》说：“（齐）民参其力，二入于公，而衣食其一。”意思是说，人民三分其力，以其二之所得入于齐公，自己及全家仅以其一用于衣食。

三、税亩制的性质和意义

关于税亩制的性质和意义，学术界主要存在这样三种意见：从“藉田以力”到“履亩而税”，是从封建劳役地租转变为实物地租，从封建领主制转变为封建地主制；“初税亩”表明鲁国正式宣布废除奴隶制下的井田制，合法地承认公田和私田的私有权而一律取税，标志着地主制度的正式成立；“税亩”是在私有制确立之后，国家对自由民征收的一种赋税，而不是什么地租。

税亩制之前的藉法不是劳役地租，更不是封建劳役地租，这一点，本书第二编第十二章已经论及。至于“初税亩”之“税”究竟是地租还是赋税，要作具体分析，不能一概而论。这主要应当根据诸侯国政府向纳税人征税是以什么为前提而定。

我们知道，赋税是国家为了实现其职能，按照法律规定的标准，强制地和无偿地取得财政收入的一种手段。这也是国家凭借政治权力参与国民收入分配和再分配的一种形式。如列宁所说：“所谓赋税，就是国家不付任何报酬而向居民取得东西。”[②] 而地租则不是或主要不是凭借政治权力。“不论地租有什么独特的形式，它的一切类型有一个共同点：地租的占有是土地所有权借以实现的经济形式，而地租又是以土地所有权，以某些人对某些地块的所有权为前提。”[③] 地租和赋税的不同之处主要在于：地租是以土地所有权为前提，赋税

① 赵守正：《管子注译》（上册），广西人民出版社 1987 年版，第 187 页。
② 列宁：《关于粮食税的报告》，《列宁全集》第 32 卷，第 275 页。
③ 马克思：《资本论》第 3 卷，《马克思恩格斯全集》第 25 卷，第 714 页。

是以国家政治权力为前提。"如果……国家既作为土地所有者，同时又作为主权者而同直接生产者相对立，那么，地租和赋税就会合为一体，或者不如说，不会再有什么同这个地租形式不同的赋税。"① 可见，要判定"税亩"是地租还是赋税，首先要看这种"税"究竟是以土地所有权为前提，还是以国家政治权力为前提。此外，自然还要看纳税人的身份地位及其与征税者之间的阶级关系。在有些国家或民族的奴隶制时代，比如在我国四川凉山民主改革前的彝族奴隶制社会里，存在着这样的特殊事例：部分奴隶主和奴隶之间同时存在着两种关系，一是主奴关系，一是土地租佃关系；而主奴关系是根本的、主导的关系，它制约和支配着二者之间的土地租佃关系，使这种租佃关系具有鲜明的奴隶制的特征和性质。这种"租佃关系"下的"租税"，与上述地租有本质的区别，不能混为一谈②。

前面说过，税亩制的纳税人大体包括三类不同身份的居民，即：原藉田制下的庶人、农夫；自由农民或独立农民；卿大夫和士等贵族。这几种人向诸侯国政府交纳之"税"，其性质不同，或不完全相同。

先说税亩制与原藉田制下的庶人、农夫。如前所述，奴隶主统治集团"不藉千亩"、"初税亩"或"相地而衰征"的根本原因，是由于奴隶制的危机、旧的藉田制剥削方式已不再有利可图，而税亩制是由藉田制发展演变而来。正因为如此，所以税亩制的实行，自然也就首先意味着奴隶主政府对其直接占有的那一部分庶人、农夫的剥削方式的改变。对原来"大田"或"甫田"上以大规模奴隶劳动为特征的藉法来说，这种改变主要表现在以下几个方面：

（一）将"大田"或"甫田"划成小块，分别交给原来的庶人、农夫耕种。从而废除了过去那种集体劳动形式，实行以一家一户为单位的、分散的个体小生产。

（二）在原来的大田制经济形式下，庶人、农夫的全部劳动时间都由主人支配，在"田畯"等农官的直接管理、指挥和监督下从事劳动。而税亩制下的庶人、农夫，已不复在监工的直接驱使和监督下劳动，而是率其家人独立耕

① 马克思：《资本论》第3卷，《马克思恩格斯全集》第25卷，第891页。

② 参看周自强：《凉山彝族奴隶制》，人民出版社1983年版，第320~325页。

作，劳动时间一般由他们自己支配。因此，在《诗经》里的西周农事诗篇中再三出现的“田畯”一类农官，“初税亩”后不再见到。

（三）大田制经济形式下的庶人、农夫在“大田”上的劳动产品，包括其剩余产品和必要产品，其必要生活资料由主人配给，所谓“我取其陈，食我农人”、“而时布之于农”。而在税亩制下，原来的主人则是以租税的形式占有庶人、农夫的剩余产品；庶人、农夫的劳动产品除按一定的标准交纳租税外，余下的一部分（也就是他们的必要生活资料部分）可以由他们自己支配了。

（四）在大田制经济形式下，王室和各诸侯国公室既是“大田”所有者和占有者，又是“大田”的直接支配者和经营者。而税亩制下的庶人、农夫，则是其小块土地的支配者和使用者，而且随着时间的推移，他们已逐步成为其小块土地的实际占有者。

（五）在大田制经济形式下，王室或诸侯国公室直接占有和支配着直接生产者的人身及其全部时间，并采取种种措施进行严密的组织管理和监督，农夫们毫无人身自由。税亩制下的庶人、农夫虽然尚未完全获得人身解放和人身自由（这一点，我们将在后面论及），但原主人对他们的人身的支配已大为松弛、削弱。

（六）如前所说，大田制经济形式下的庶人、农夫不管生活怎样坏，但由于他们与主人的利害攸关，总还是有保障的。税亩制下，“庶人食力”①，自食其力，这固然会激起他们的生产积极性，使他们知道“时日之早晏，日月之不足，饥寒之至于身也”，而“夜寝早起，父子兄弟不忘其功，为而不倦”，“不惮劳苦”；那些劳动力强而又善于经营管理的庶人、农夫之家，还可能因此而富裕起来。然而，对多数农夫来说，统治者剥削者日益加重的种种盘剥，以及自然灾害等因素，都可能使他们贫困破产而失去生活的保障。

税亩制的实行，亦使《周礼·地官·遂人》所述授田制下的农夫，发生了与大田制经济形式下的农夫部分类似的变化。首先，他们不再以“夫”为单位受田，“余夫亦如之”，而是以家为单位受田耕作。其次，他们不再由“里宰”以“里”为单位组织、指挥“合耦”，而是各家自行安排劳动力，以

① 《国语·晋语四》。

家为单位耕作。第三，他们不再由田官“趋其耕耨”、“趋其稼事而赏罚之”，而是主动劳动，独立劳动。

从上面的分析中可以看出，对原来藉田制下的庶人、农夫实行税亩制，并没有从根本上触及原来的土地所有制，以及直接生产者人身所有制；庶人、农夫所耕土地仍然属于国君所有，他们只有支配权和使用权，他们自身也仍然隶属于原来的主人，还不是自由人。从藉法到税亩，只是劳动形式和产品分配方式的改变，只是奴隶主统治者剥削方式的改变。虽然随时间的推移，这种改变会在一定程度上影响或促使所有制关系的变动，但税亩制实行之初还没有这种变动。

由此可见，在税亩制下，诸侯国政府对原藉田制下的庶人、农夫所征之“税”，具有地租性质。因为这种税具有一切类型的地租所具有的共同特点，即它是以公室对庶人、农夫所耕地亩的所有权为前提，是公室的土地所有权借以实现的经济形式。诚然，它不同于封建地主制下的实物地租。因为税亩制下的庶人、农夫，其人身还直接隶属于公室，不是封建制农民，公室或国君也不是封建地主。虽然历史上有的封建制佃农对封建地主也有人身依附关系，但它是由封建制的土地关系所派生；而税亩制下的庶人、农夫对公室的人身隶属或人身依附，却并非产生于封建土地所有制关系，他们原本是公室占有的农业奴隶。可以说，公室向庶人或农夫所征之“税”，是中国奴隶制社会向封建制社会转变过程中出现的一种特殊的、过渡性的地租类型。

奴隶主或奴隶主国家把土地划成小块，交给奴隶或其他劳动者耕种，进行租税剥削，这种现象可以发生在奴隶制社会的各个发展阶段；它可以是奴隶制“上升”时期奴隶主集团对奴隶或其他劳动者所采取的剥削形式之一，而不具有奴隶制解体和封建制萌芽的意义。在我国凉山彝族奴隶制社会史上，曲诺奴隶主及孜目奴隶主在直接经营“节伙耕种地”，榨取阿加奴隶以及曲诺隶属农民剩余劳动的同时，就曾经把他们的另一部分土地划成小块，出租给部分阿加奴隶和曲诺隶属农民耕种，进行租税剥削。这种租税剥削方式，并非彝族奴隶制危机的产物，并非代替“节伙耕作地”上的奴隶制劳役剥削而产生，因而它也就不是奴隶制解体和封建萌芽的标志。而中国历史上从藉田制到税亩制，则发生在奴隶制的解体阶段，是由奴隶制生产关系和生产力之间的矛盾的发展所引起，是当时中国历史发展的必然趋势。正因为如此，所以继周王“不藉千亩”、齐国“相地而衰征”、鲁国“初税亩”之后，其他诸侯国的统治者、剥削者亦先后放弃藉田制剥削方式，而采用租税制剥削方式。

恩格斯在谈到古罗马奴隶制解体过程中出现的“隶农”时说：由于当时罗马“以奴隶劳动为基础的大庄园经济，已不再有利可图”，“田庄一个一个地分成了小块”；“这种小块土地主要地却是租给隶农，他们每年缴纳一定的款项，附着在土地上，并且可以跟那块土地一起出售；这种隶农虽不是奴隶，但也不被认为是自由人……他们是中世纪农奴的前辈”①。我国春秋时期税亩制下的庶人、农夫，与恩格斯这里所说的“隶农”相类似，他们既不同于西周藉田制下的奴隶，也不同于战国秦汉的封建农民，而是从奴隶到封建农民之间的过渡形态，是我国封建制时代的农民的前躯。

再说税亩制与“国人”中的平民。“国人”中的平民原是自由农民，也是奴隶主国家军队中士兵的主要来源。他们从国家那里获得一块份地，只有占有权而无所有权，平时“三时务农而一时讲武”。前面说过，西周以来，部分平民在国家授予的份地之外，先后私自开垦了部分荒地；有的甚至离开了原来的土地，成为耕种自垦荒地的自耕农民。“相地而衰征”、“初税亩”，国家对他们拥有的这部分土地征税，实际也就等于以法律的形式承认了他们对这部分土地的所有权。而国家向这部分土地所征之税，则属于赋税，不具有地租性质。

后来的历史事实表明，税亩制实行后逐步加重了对平民的剥削，加速了平民的贫富分化和阶级分化。相当一部分平民由于官府的残酷剥削，贵族的掠夺，以及频繁的战争和天灾人祸等等原因，而贫困破产，丧失土地，成为贫民。而极少数劳动力较强，占地较多，以及在其他方面占有优势的平民，则逐步富裕起来，有的甚至可能成为新兴地主。对平民实行税亩制，一方面增加了公室的财政收入，另一方面也加剧了平民和公室之间的矛盾。清人崔述就曾说过：“吾又尝以鲁事考之，孔子曰：‘禄之去公室五世矣。’宋乐祁犁曰：‘鲁君丧政四公矣，无民而能逞其志者，未之有也。’皆以宣公为失民之始。考三军之作在襄公世，中军之舍在昭公世，曷为皆自宣公数之？然则失民之故当与

---

① 《家庭、私有制和国家的起源》，《马克思恩格斯全集》第21卷，第169～170页。

税亩相表里。”①

最后说税亩制与卿大夫等贵族。卿大夫原来也是占有土地和奴隶的奴隶主。“不藉千亩”、“相地而衰征”、“初税亩”前，各卿大夫一般都有由王室或公室授予的采邑地，他们对采地只有占有权，其所有权属于国家；此外，部分卿大夫或者拥有“无国征”的“加田”，或者拥有新开垦的私田，以及通过掠夺等手段获得的土地，这些土地实际上已为各卿大夫所私有。奴隶主政府对卿大夫的采地“相地而衰征”或“履亩而税”，并没有立即改变原来采地的所有制形式，在实行税亩制后的一段时期内，它在名义上仍然属于国家所有。但是，奴隶主政府对上述卿大夫拥有另一类土地“履亩而税”，却实际上是以法律的形式承认了卿大夫对这部分土地的私有权。在税亩制下，卿大夫向国家所纳之税属于赋税，它是卿大夫剥削收入的一部分，是其剥削收入的一种再分配形式。

前面讲的是王室和诸侯国废除藉田制实行征税制的原因、性质和历史意义。基于同样的原因，各卿大夫亦势必改变其原来对所属庶人、农夫的剥削方式，变藉田制为租税制。自然，社会的发展是不平衡的。就王室和各诸侯国公室来说，废除藉田制实行征税制的时间有先有后；就各卿大夫等贵族来说，废除藉田制实行租税制的时间亦有早有晚。不能认为王室、公室变藉田制为征税制之时，卿大夫等贵族都同时改变了他们原来对农业劳动者的剥削方式。比如，鲁国公室变藉田制为税亩制之后 32 年，即鲁襄公十一年，当季孙氏、孟孙氏、叔孙氏三家“三分公室，而各有其一”时，“季氏使其乘之人，以其役邑入者无征，不入者倍征”；“孟氏使半为臣，若子若弟”；“叔孙氏使尽为臣，不然不舍”②。再过 25 年，即鲁昭公五年，当三家“四分公室”以后，才“皆尽征之”③，采用征税制。

综上所述，可见奴隶主政府变藉田制为税亩制，只是奴隶制开始逐步解体和封建制因素逐步产生的标志，而不是也不可能是生产关系根本变革的标志。

---

① 崔述：《三政大典考》卷三《三代经界通考》“鲁之税亩与彻法之不同”条。

② 《左传·襄公十一年》。

③ 《左传·昭公五年》。

奴隶制向封建制过渡，与其他社会经济形态之间的演进一样，是一个长期的自然历史过程。认为“初税亩”是生产关系的根本变革，是奴隶制和封建制两种社会经济制度递替的标志，那就等于说国君或剥削阶级政府的一次税制改革，就能根本改变一个社会现实的社会经济制度。这显然是不可能的。奴隶主政府实行税亩制的目的，也并不是要根本破坏奴隶制度、建立封建制度。在阶级社会里，任何国家政权都是为着保护一定的社会经济制度，即一定的生产关系。任何社会经济制度或社会生产关系，都必须有与它相适应的政治制度为它服务，为它扫除发展的障碍。在奴隶制社会内部，在旧的奴隶主势力统治下，封建制生产关系不可能占主导地位和统治地位。

第二节　军制改革与庶人、野人身份地位的演变

军队是国家政权的主要成分。军队的性质、类型、特点、装备、战术以及部队的编制和训练方法，取决于社会生产力发展水平以及社会制度和社会的阶级结构。军队的发展、变化，归根到底，是由生产关系和生产力之间的矛盾的发展、社会经济形态的发展变化所引起。同时，军队的发展变化，又反映并促进着生产力和生产关系之间的矛盾的发展、社会制度的变革。正如马克思所说：“一般说来，军队在经济的发展中起着重要的作用”；“军队的历史非常明显地概括了市民社会的全部历史”①。

春秋时期，随着社会经济制度的演变，各诸侯国政府先后进行了军事制度的改革。这一改革，即反映了当时经济制度和阶级关系的演变，又促进着政治、经济制度和阶级关系的进一步变动，特别是“庶人”、“野人”身份地位的进一步演变。

为了便于阐明春秋时期军制改革的内容和意义，这里有必要先对西周军制、军队作一简略的叙述。

前面说过，西周王朝实行国野、乡遂制度。“国”、“乡”和“野”、“遂”，“不仅是两个不同的行政区域，而且是两个不同阶级的人的居住地区”；

① 《马克思致恩格斯》，1857年9月25日，《马克思恩格斯选集》第4卷，第335，336页。

“两个地区的社会组织不同，居民在经济上和政治上所处的地位不同，在社会劳动组织中所起的作用不同”①。“国”中及其近郊之“乡”，主要是征服者、统治者及其族人或“国人”的居住地区；近郊以远的“遂”、“野”，则主要是被征服、被压迫的“庶人”、“野人”居住的地区。王畿如此，各诸侯国内亦大体如此②。

西周以来，周王室、各诸侯国公室以及卿大夫采邑主，都按其政治等级的高低而拥有规模大小不等的军队。军队的基础在士兵。在西周，只有在国家中享有一定政治权利的公民即“国人”或“士”，才有资格当兵，这既是他们的义务，也是他们的权利。当时基本的作战形式是车战，主要兵种是车兵，也就是甲士。“士”在当时贵族等级结构中位于大夫等级之下，属于小贵族，“所谓王臣公，公臣大夫，大夫臣士”③。这与古代世界其他奴隶制国家的军队相类似。例如：在亚述，“战车依然是军队的重要部分”，“而战车兵看来是一种贵族兵”④；“在雅典，每一个自由民出身的男子都必须服兵役”，这是以奴隶制为基础的民兵制度”⑤；斯巴达的军队，同样是由“自由公民”组建而成⑥。

至于西周藉田制下的“庶人”、“野人”，则不服兵役；在当时的等级、阶级制度下，他们也没有权利没有资格服兵役。据《尚书·费誓》记载，西周初年，伯禽就封于鲁后，为镇压淮夷、徐戎的反叛而在费地誓师，从伯禽的誓师词中可以看出，他统帅的军队是由“国人”组成，兵士的“大多数都有牛、马和男女奴隶”。而“三遂”则不服兵役，仅“服筑城的劳役和牛马粮料的供应”⑦；这种情况，与古代斯巴达“方阵的重步兵还带有仆役——赫罗泰”⑧相类似。《周礼》的记载亦表明，周王朝的军队由“六乡”的“国人”组成，

---

① 杨宽：《试论西周春秋间的乡遂制度和社会结构》，《古史新探》，中华书局1964年版，第135页。

② 参看徐中舒：《试论周代田制及其社会性质》，载《四川大学学报》1955年第2期。

③ 《左传·昭公五年》。

④ 恩格斯：《军队》，《马克思恩格斯全集》第14卷，第6、7页。

⑤ 恩格斯：《军队》，《马克思恩格斯全集》第14卷，第9页。

⑥ 恩格斯：《军队》，《马克思恩格斯全集》第14卷，第12页

⑦ 徐中舒：《试论周代田制及其社会性质》，《四川大学学报》1955年第2期。

⑧ 恩格斯：《军队》，《马克思恩格斯全集》第14卷，第13页。

军队的组织、编制，与“六乡”居民的乡党组织相结合；而“六遂”地区的被征服民众，则未被纳入军队的正式编制，只是有时被征发去“师田行役”，随军服劳役而已。直到春秋初期，各诸侯国军队士兵的成分，仍基本未变。比如齐国，据《国语·齐语》记载：管仲治齐时，“参其国而伍其鄙”，“制国以为二十一乡”，其中“士乡十五”；五乡为一军，十五乡为三军，全由“国人”中的“士”组建而成，“士之子恒为士”。“伍其鄙”，则是把所谓“野处而不暱”的农夫分为“五属”，派五大夫、五正分掌每“属”的行政与司法；由于农夫不服兵役，所以这里没有军政。

藉田制下的庶人、野人不服兵役，主要是由于这样一些因素：（1）奴隶制度下的阶级是等级的阶级，庶人、野人为被征服者，是地位卑贱的等级，被剥夺了当兵的权利；（2）庶人、野人与奴隶主贵族及其国家之间存在着尖锐的阶级对立，在压迫者、统治者看来，让敌视自己的庶人、野人当兵，武装他们，这是可怕的、危险的事情；（3）如前所述，庶人、野人是奴隶主统治集团全部经营地的耕作者，难以兼服兵役。古代世界其他一些奴隶制国家的情况，亦大体如此。例如古罗马经营大地产的奴隶主，就是“利用奴隶当农业工人与放牧者”，而不利用“自由劳动者”，“因为害怕自由劳动者会从农业中被抽出去当兵”，而“奴隶不服兵役”①。同时，罗马奴隶主亦认为“奴隶们总是不忠实的，心怀叵测的，因此在战争中也不可能用以代替自由民、公民和士兵的”②。

西周至春秋前期的军队内部，官兵之间、上下级之间、军政之间的关系，以及军队的编制、装备和战术，都以“周礼”为指导原则，贯穿着等级制度。当时的所谓“大蒐礼”，主要就是用“周礼”教育和训练战士。举行“大蒐礼”时，各级指挥都有一定的车服、旌旗和鼓铎镯镜，其阵势和行列也按贵贱、少长来排列。《左传·隐公五年》云：“三年而治兵，入而振旅，归而饮至，以数军实，昭文章，明贵贱，辨等列，顺少长，习威仪也。”由于“周礼”对维持王室、公室的政治统治以及加强其军队的战斗力有重要作用，所

① 〔古罗马〕阿庇安著、谢德风译：《罗马史》下卷，商务印书馆 1978 年版，第 7 页。
② 〔古罗马〕阿庇安着、谢德风译：《罗马史》下卷，商务印书馆 1978 年版，第 10 页。

以奴隶主政府把“大蒐礼”作为加强其政治统治和战略的一项重大措施①。

然而，由于春秋时期列国间战争频繁、战争规模不断扩大等原因，各诸侯国政府不得不对原来的军制进行改革。公元前645年（晋惠公六年），晋国“作州兵”②。公元前590年（鲁成公元年），鲁国“作丘甲”③；公元前538年（郑简公二十七年），郑国“作兵赋”④。“州兵”、“丘甲”、“丘赋”之“作”，即为军制的重大改革，其中包括军队士兵成分的变动，庶人、野人始服兵役等内容。

关于“作州兵”，杜预《注》云：“五党为州；州，二千五百家也。因此又使州长各缮甲兵。”此解不确。《周礼·大司徒》“五党为州”的“州”，是“国”近郊“六乡”的一级社会、行政组织，如前所述，这是“国人”中的自由农民居住的地区，“州”民本有纳军赋、服兵役的义务；若“州兵”是“使州长各缮甲兵”，扩大甲兵制造场所，不得言“作”。《尚书大传》说：“古者百里之国，三十里之遂，二十里之郊；七十里之国，二十里之遂，九里之郊；五十里之国，九里之遂，三里之郊。”《司马法》云：“王国，百里为郊，二百里为州，三百里为野。”《管子·度地》又有“里十为术，术十为州”的说法。“术”与“遂”通。《礼记·月令》“审端径术”，郑玄注云：“术，《周礼》作遂。”因此，“作州兵”，可以说就是“作遂兵”。按照《周礼》的记载，在“国”之近“郊”以外、“野”以内，分设有“六遂”。就“野”的广义而言，指“郊”以外所有的地区，包括“六遂”。大体说来，王城连同四郊六乡，可以合称为“国”；“六遂”等地，可以合称为“野”⑤。“作州兵”的对象，当是晋国“遂”、“野”的“野人”、“农夫”，而不是“国人”。《周礼》“遂”不出兵，“作州兵就是取消只限三郊才能当兵的规定，扩大及于三遂（诸侯三郊三遂）”⑥。

① 参看杨宽：《“大蒐礼”新探》，载《古史新探》，中华书局，1964年。
② 《左传·僖公十五年》。
③ 《春秋·成公元年》。
④ 《左传·昭公四年》。
⑤ 杨宽：《古史新探》，中华书局1964年版，第136页。
⑥ 蒙文通：《孔子和今文学》，《蒙文通文集》第3卷，巴蜀书社1995年版，第199页。

鲁“作丘甲”、郑“作丘赋”的内容，与晋“作州兵”大体相同。“丘”，是齐、鲁、郑等国社会中一基层组织单位的名称。所谓“丘甲”、“丘赋”，就是以“丘”为单位出甲、出赋。《孙子·作战篇》所说“财竭则急于丘役”亦表明，当时赋役一般以“丘”为单位①。《国语·鲁语下》载孔子言“周公之藉”，提到“田一井”出赋多少；《左传·哀公十一年》载孔子论赋又涉及“丘”，所谓：“如是，则以丘亦足矣。”孔子这里所说的“丘”，当指“丘甲”而言。然而，可否据此认为，鲁“作丘甲”只是把原来以“井”为单位出赋，改为以“丘”为单位出赋？不可。因为孔子这里所说的“井”和“丘”，不属于同一类地区的同一类居民居住的社会行政组织系统。前面说过，《鲁语下》载孔子所谓“其岁，收田一井……”，是就“周公之藉”下“三郊”自由农民的军赋而言；而“作丘甲”的对象，乃是原来不出军赋、不服兵役的“野人”。

“作州兵”，“作丘甲”，“兵”“甲”，简言之耳，实际上包括士卒，并非仅指武器装备之类。《左传·襄公二十五年》记载说：

> 楚蒍掩为司马，子木使庀赋，数甲兵……量入修赋。赋车籍马，赋车兵、徒卒、甲楯之数。既成，以授子木，礼也。

“‘甲兵’这个词，在古书里有时专指武器，是狭义；有时泛指军备，包括人马在内，是广义。看传文后面有‘赋车籍马，赋车兵、徒卒（有些本子作徒兵）、甲楯之数’，有车马、有人，这里的‘甲兵’，显然是广义。车兵等等不限于武器，孔颖达《正义》已经讲明了，他说：‘车兵者，甲士也。徒兵者，步卒也。知非兵器者，上云数甲兵，下云甲楯之数，故知兵谓人也。’这是正确的。”② 又《司马法》云：

> 四邑为丘，丘有戎马一匹、牛三头，是曰匹马丘牛。
>
> 甸六十四井，出长毂一乘、马四匹、牛十二头、甲士三人、步卒七十二人，戈、楯备具，谓之乘马。

---

① 直到战国时代，不少地区的社会基层组织单位仍名之曰“丘”或“邱”。《孟子·尽心篇》“得乎丘民而为天子”，《庄子·则阳篇》“邱里者合十姓百名以为风俗也”，可证。

② 李学勤《论蒍掩治赋》，载《江汉论坛》1984年第3期。

《司马法》这里所说，与上述楚国“量入修赋，赋车籍马，赋车兵、徒卒、甲楯之数”，是一致的①。

《左传·成公二年》说：卫孙桓子、鲁臧宣叔“如晋乞师’”“晋侯许之七百乘”；“郤子曰：‘此城濮之赋也’。”杜预《注》谓“七百乘”为“五万二千五百人”。由此可见，当时所谓“赋”，包括士兵，并非仅指车马之类。

为什么各诸侯国政府要打破原来“国”“野”或“乡”“遂”的界限、征服者与被征服者的界限，而“作州兵”、“作丘甲”、“作丘赋”，规定“野人”、“庶人”与“国人”同服兵役？下面我们来考察一下“州兵”、“丘甲”、“丘赋”之“作”的社会历史背景。

据《国语·周语上》记载：虢文公谏宣王“不藉千亩”，“王不听”，执意废除藉田制而“取于民”；后来，宣王三十九年，“战于千亩，王师败绩于姜氏之戎”。“宣王既丧南国之师，乃料民于太原。”“仲山父谏曰：‘民不可料也！夫古者不料民而知其少多……不谓其少而大料之，是示少而恶事也。’”“王卒料之，及幽王乃废灭。”宣王所“料”之“民”，也就是“国人”，王朝军队士兵。由此可以看出：周宣王废除藉田制而“取于民”，加重了“国人”的负担，激化了“国人”和王室之间的矛盾，影响了军队的战斗力，“千亩”之战中“王师败绩于姜氏之戎”与此有关；由于“王师败绩”，“丧南国之师”，王室军队人数减少，因此宣王在太原“料民”的目的，主要是为了“补充兵源”②。

春秋时期列国间战争频繁，战争中不但不可避免地会有武器、牛马、战车的损失，而且不可避免地会有士兵伤亡或被俘。这就需要补充士兵和装备；而且，随着战争规模的扩大，还需要扩军增兵。晋国之于惠公六年“作州兵”，就是由于同年秦晋韩原之战中，晋军大败，“兵甲尽矣”③。而鲁国之“作丘甲”，则是“为齐难故”④。本来，“宣公即位，事齐极为恭敬。然十七年断道之盟，鲁、晋诸国联盟，以齐为敌。十八年，鲁又向楚国乞师，欲伐齐；楚未

① 徐中舒：《试论周代田制及其社会性质》，《四川大学学报》1955年第2期。
② 徐中舒：《试论周代田制及其社会性质》，《四川大学学报》1955年第2期。
③ 《国语·晋语三》。
④ 《左传·成公元年》。

出师，故须防齐国之侵”①。

值得注意的是：晋国是在“作爰田”时“作州兵”；鲁国“作丘甲”在“初税亩”之后第四年；郑国“作丘赋”是在“子产使都鄙有章，上下有服，田有封洫，庐井有伍”② 之后第五年。虽然“作爰田”、“初税亩”、“田有封洫”三者的内容和性质有所不同，但都属于经济关系和阶级关系方面。从上述时间表中，可以看出经济与政治、军事之间的内在联系，政治、军事领域的变动以经济领域的变动为前提。各诸侯国军制的改革，可以说都在废除旧的藉田制剥削形式以后，原来藉田制下的庶人、农夫成为租税剥削对象的个体生产者的基础上进行的。正是由于经济关系和阶级关系方面的这一变动，各诸侯国政府才有可能根据需要而随时征兵、扩军；例如，据《左传》记载，僖公二十七年晋“作三军”，僖公二十八年“晋侯作三行”，僖公三十一年“晋作五军”，成公三年“晋作六军”，等等。

奴隶制度的解体，直接生产者与生产资料（主要是土地）二者的结合方式的改变，以及与此有关的上述军事制度的改革，使列国军队的成分发生了重大的变化。过去不服兵役，也没有资格当兵的“野人”、奴隶，而今不断先后进入士兵的行列，成为军队的重要组成部分。它标志着以奴隶制为基础的国野、乡遂制度和军事制度的逐步解体。

春秋列国扩军，主要是增加“徒兵”或“步卒”，而不是增加“车兵”或“甲士”。换句话说，“遂”、“野”成年男子一般只能充任徒兵或步卒，而车兵或甲士仍主要由原“国人”中的“士”担任。所谓“徒兵”、“步卒”，即指步兵，也就是“军队中徒步的兵士”③。“春秋时期的步兵大体可以分成隶属步兵和建制步兵两类”④。隶属步兵即附属于战车的徒兵。隶属步兵产生于车战，早已有之。只是西周军队中的徒兵一般由“国人”中的农民（即“六乡”“三乡”居民）充当；野人、奴隶有时随军服役，不在正式的军队徒兵编制之内。上述春秋列国军队士兵成分的变化，首先即是指隶属步兵成分的变化。

---

① 杨伯峻：《春秋左传注》第2册，第783页。

② 《左传·襄公三十年》。

③ 恩格斯：《步兵》，《马克思恩格斯全集》第14卷，第354页。

④ 蓝永蔚：《春秋时期的步兵》，中华书局1979年版，第42页。

建制步兵，为单独编制的一个独立的兵种。春秋时期所说的“徒兵”，通常是指这种建制步兵。它是随着当时军队士兵成分的改变以及战争的发展，而出现的一个崭新的兵种。《左传·昭公二十年》所述郑“兴徒兵以攻萑苻之盗”的“徒兵”，《左传·哀公二年》所述“铁之战”中公孙尨“以徒五百人宵攻郑师”的“徒”，即属于这一新兵种的新型步兵，他们主要来源于当时奴隶制解体基础上产生的新型农民。另据《左传·昭公元年》记载，晋国的魏舒曾“毁车以为行”，把车兵改成了步兵。这是春秋军事史上发生的又一件大事，它“是车战开始走下坡路的一个标志”①。

第三节　一个新的社会阶层——氓

一、氓与民的区别及其出现时间

《诗经·卫风》里有一篇诗叫做《氓》，里面有“氓之蚩蚩，抱布贸丝”的诗句。

《周礼》一书中，甿字凡九见，其中，《遂人》甿字七，《遂大夫》甿字一，《旅师》甿字一。现存《周礼》中的甿，古本作氓。宋本陆德明《经典释文》，宋本《白氏六贴事类集》卷二十二、二十三，孔颖达《诗·卫风正义》和《周礼音义》等所引《周礼》，均作氓。唐人避讳，改氓为甿，《开成石经》皆作甿。避氓为亡民也。

此外，《晏子春秋》《管子》《孟子》《韩非子》《战国策》《吕氏春秋》等古书中，亦有关于氓的记载。

关于氓、甿，历来说法不一。

扬雄《方言》：“氓，民也。”

许慎《说文·民部》：“氓，民也。”《田部》：“甿，田民也。”

《诗·卫风·氓》“氓之蚩蚩”，《毛传》：“氓，民也。”

郑玄《周礼·地官·遂人注》：“变民言甿，异外内也。”

贾公彦《遂人疏》：“大司徒、小司徒主六乡，皆云民，不言甿，此变民

① 蓝永蔚：《春秋时期的步兵》，中华书局1979年版，第26页。

言甿者，直是异外内而已，无义例。”

孙诒让《周礼正义·遂人疏》：“此经之氓为野民，与《说文》甿训田民正合”；“民为兆民、四民之通名，甿氓字通，并为田野农民之专称”，“通言之，氓亦谓之民”。又《旅师疏》：“氓，古文作萌，《吕氏春秋·高义篇》说，墨子於越欲自比於宾萌。宾萌犹言客民，亦新民之谓。盖古者外来之民，士工商皆於国邑受廛，而农则受田于野。”

《孟子·公孙丑上》篇“则天下之民皆悦而愿为之氓矣”，赵岐《注》：“氓者，谓其民也。”焦循《正义》：“氓与民小别，盖自他归往之民则谓之氓，故字从民亡。”《孟子·滕文公》“愿受一廛而为氓”，赵岐《注》：“氓，野人之称。”

《战国策·秦策》“而不忧民氓”，《淮南子·修务训》“以宽民氓”，高诱《注》皆云“野民曰氓”。

概括起来，历代训诂、注疏家，对氓或甿主要有此三解：（1）古时，氓、甿与民、萌声近通用，氓、甿即民、萌；（2）氓、甿为野民、田民；（3）氓为自他归往之民，客民。当代学者，亦往往把氓、甿和西周时期的民、庶民或庶人、野人混为一谈。

实则，氓、甿出现较晚，与西周时期的民、庶人、野人的来源不同，属性不同。

谓民氓义同、氓即民，自然并非毫无根据。《周礼》中的《燧人》《旅师》有氓（甿）有民，民甿错出。在战国秦汉的著作中，也确有氓、萌、民相互假借、交替使用的例子。然而，民氓声近通用，氓字从亡从民，这只是二者的外部联系。如果对氓的来源及其身份地位加以考察，就会发现氓与西周时期的民以及庶人、野人的属性不同。所谓“氓与民同义”、“氓即民”说，难以回答这样的问题：如果氓字的含义和民完全相同，“无他义”，古人为什么要在民字之外再造出一个氓字？为什么氓字又不见于西周金文和西周其他文献，而偏偏出现在春秋战国时期的著作中？

说氓是“田民”，自然没有错。《周礼·遂人》讲“虻”（氓）的那一段文字，说的主要就是和农田耕作有关的事项。后人改氓为甿，从田从亡，亦标明了氓的农业生产者身份。问题是：这氓、甿，究竟是什么样的一种“田民”

呢？我们知道，西周春秋时期的农业生产者，并不是也不可能是一个统一的阶级，其中包括各种不同身份的人。换句话说，“田民”内部存在着阶级、阶层的区别。氓、甿究竟属于什么阶级或等级身份的“田民”？这个问题，“田民”说是没有回答的。

氓为“野人之称”、“野民曰氓”一说，比前两种说法进了一步，是有一定的道理的。《周礼·地官》中，只有《遂人》《遂大夫》《旅师》提到甿（氓），而“遂人”、“遂大夫”和“旅师”都是管理“遂”、“野”地区“田民”的职官；《遂人》在讲甿时，也明白地说是“治野”。问题是，如前所述，西周时期原来的“野人”主要来源于征服、俘虏；“遂人”、“遂大夫”和“旅师”职下的甿，虽然也在“遂”、“野”居住和劳动，但他们与原来的“野人”来源不同，身份地位不同，出现的时间也晚于原来的野人。把氓、甿和野人混为一谈，显然不妥。

“自他归往之民则谓之氓，故字从民亡”一说，氓为“客民”而非土著一说，涉及到了氓的来源，是可取的。可是，此说仍然没有越出单纯的文字训诂的范围。那些“自他归往之民”，原来是什么身份？他们为什么要“自他归往”？为什么不“归往”于“国”而“归往”于“野”？他们定居于“野”后，又是在一种什么样的生产方式下进行生产劳动，在什么样的阶级地位中生活？这些都是需要研究而尚未研究的问题。

我们认为，对氓、甿身份地位的考察，同样不能从文字到文字、从概念到概念。同社会历史的辩证发展相脱离，孤立地、片面地、静止地运用音韵训诂学，不可能对复杂的社会现象和中国古代历史问题有全面的、正确的认识。语言、词汇，“是同人的生产活动直接联系的，不仅同生产力，而且同人的工作的一切领域（从生产到基础、从基础到上层建筑）中的任何其他活动都有直接联系，因此语言反映生产的变化，是立刻‘直接反映的’。”“语言，实际是它的词汇，是处在几乎不断变化的状态中。”[①] 文字是语言书面化的体现者。既然语言（实际是它的词汇）同人们在生产、基础以及上层建筑等一切领域中的活动都有直接联系，并不断反映它们的变化，那么文字自然也就会或快或

① 斯大林：《马克思主义语言学问题》，人民出版社，1953 年。

慢地记载这种联系及其变化。随着西周后期到春秋时期经济关系和阶级关系的上述变化，原来的“民”、“庶人”、“野人”等等概念已有新的含义，而有别于西周早、中期青铜器铭文和其他文献中的“庶人”和“民”。商代甲骨文中，西周青铜器铭文及其他文献中，未见氓、甿二字。有的学者对西周早期的《宜侯夨簋铭》所作的释文有“甿”字，可是本器铭文及其图录中该字残缺，难以辨认，隶定为甿，乃是猜测，不足为据。从迄今所见先秦文字记载中，“氓”最早见于《诗·卫风·氓》篇，据研究，《氓》篇为春秋初年的诗作。因此，在我们看来，氓当是春秋时期产生的一个新字新词，它反映的是西周晚期以来社会变动过程中出现的一个新的社会阶层。

《周礼·地官》称西周“遂人”授田制下的农夫即野人为“氓（甿）”，混淆了产生于后代的氓与西周野人二者的区别。虽然西周时期最初的野人主要不是土著，而是来自其他地区其他部族，但是他们与后来出现于此的“亡民”即“氓”的身份地位不同。如前所述，他们并非主动“自他归往”，而是被俘虏后由征服者周人强制而往。“所谓移民迁来应是后起之事。在初时居野的只能是战俘而决不会是移民。”① 虽然《周礼》通称西周“野人”为氓不妥，但它却为我们提供了“亡民”即氓曾大量出现的信息，以及有关氓的身份地位的材料②。

① 金景芳：《中国奴隶社会史》，上海人民出版社1983年版，第136页。

② 清代有些学者认为，《诗经》《周礼》中的氓、甿本作萌，是后人改萌为氓、甿的。其根据是：“汉人谓民为萌”，如《汉书·霍去病传》“及厥众萌”，《刘向传》“民萌何以劝勉”；《扬雄传》“遐萌为之不安”，《后汉书·宦者传》“皆剥割萌黎”，《盐铁论》“三代之盛无乱萌”，《列女传》“郭外萌”，《说文·耒部》“以兴耡利萌”，等等。我们认为，说《周礼》《诗经》中的氓、甿本作萌，是没有根据的。《周礼》是战国著作而非汉代著作，汉人称民为萌，不能证明《周礼》中甿、氓原来作萌。郑玄注释的《周礼》本子作氓，《卫风》“氓之蚩蚩”也作氓，并非作萌。许慎《说文》引《周礼》作萌，是假借字，不是《周礼》原本作萌。从《周礼·遂人、旅师》以及《孟子·公孙丑、滕文公》中有关氓的记述来看，氓、甿也当是萌。虽然文字同语言一样没有阶级性，但在阶级社会里，文字的创造和解释要受到统治阶级、剥削阶级的意识形态的影响。封建时代一些学者之谓民、氓为萌，首先是出于他们的阶级偏见，贱视劳动人民。例如：贾公彦《周礼疏》：“以其民者冥也，甿者懵懵，皆是无知之貌也。”贾谊《新书·大政》：“民之为言萌也，萌之为言盲也。”《韵会》引《说文》：“‘民，众萌也’，萌而无识也。”金鹗《求古录礼说》卷八《释地》：“民之为言萌也，萌者，草木之初生也”；“萌与蒙声相转”，“物生必蒙，故受之以蒙”；“野处耕夫愚昧无知，故有萌之称，古者谓民曰萌。”至于《诗经》“氓之蚩蚩”的“蚩蚩”，乃是诗作者对“氓”的形容，并非“氓”本身有什么“蚩蚩之义”。总之，现存《诗经》《周礼》中的氓、甿本作氓；谓民、氓为萌，乃是注疏家对民、氓的训释，并非民、氓本来作萌，并非民、氓的本义为萌。

二、氓的来源

历史记载告诉我们，氓是西周晚期以来在社会上不断涌现的逃亡、流徙的民众。西周前期（周公东征胜利后），社会较为安定，政治较为稳定，各种社会矛盾尚未激化；奴隶和其他劳动者逃亡、流徙的事件，是个别的、零星的。厉、宣、幽诸王时期，随着宗周各种社会阶级矛盾加剧，社会动乱，民众大量流亡。历史记载说，由于厉王暴虐无道，任用荣夷公实行“专利”政策，“民不堪命”，“国人谤王”，王“得卫巫，使监谤者，以告，则杀之”，以致引起国人大暴动①。于是，“乱生不夷，靡国不泯；民靡有黎，具祸以烬”②。民众或者死亡，或者流散，已经所剩无几。后来，周幽王又荒淫无道，人祸加上天灾，久旱不雨，以致饥馑，“民卒流亡”③。《国语·周语上》所说“庶人工商”“犹有散迁”的事件，即主要发生在厉、宣、幽时期。

春秋时期，列国民众逃亡事件，更是层出不穷。

《国语·齐语》的记载表明，齐国在“相地而衰征”前，“民移”的现象较为普遍、突出。管仲建议齐桓公推行“相地而衰征”的目的之一，就是为了使“民不移”。此外，《管子·轻重乙篇》记载：

> 桓公曰：“……请以令断山木，鼓山铁。是可以无籍而用足。”管子对曰：“不可。今发徒隶而作之，则逃亡而不守。发民，则下疾怨上；边竟有兵，则怀宿怨而不战。未见山铁之利而内败矣。”

又《管子·治国篇》云：若“上征暴无时”，则“逃徙者刑而上不能止”；因为，“上不利农则粟少，粟少则人贫，人贫则轻家，轻家则易去”。

春秋时期列国民众大批逃亡流徙事件甚多。在晋国，“民闻公命，如逃寇仇”④。在鲁国，“上失其道，民散久矣”⑤。不少国、邑发生了较大规模的“民溃”事件，如“蔡溃”，“沈溃”，“肖溃”，“莒溃”，“郓溃”，“舒鸠溃”，

---

① 《国语·周语上》。
② 《诗·大雅·桑柔》。
③ 《诗·大雅·瞻卬》。
④ 《左传·昭公三年》。
⑤ 《论语·子张》。

“郊郡溃”，“齑咎如溃”，“鄟人宵溃”，梁“民惧而溃”[①]，等等。“凡民逃其上曰溃”[②]。此外，不少卿大夫采邑主的“臣”、“妾”或“众”，亦先后逃亡，例如：郑国的子西，其“臣妾多逃”[③]；齐国的崔杼，“其众皆逃”[④]；周原伯绞，其“舆臣曹逃”[⑤]。尽管官府，如以晋中军帅秉国政的赵宣子（赵盾），曾“制事典”、“董逋逃”，“使行诸晋国，以为常法”[⑥]；然而，民众逃亡、流散的行动，并未停止。

不但一般民众逃亡，而且常有部队士卒在战争过程中乘机流散而不返。例如，据《国语·晋语六》记载，晋楚“邲之役”，楚败晋师，晋“三军不振旅”；韦昭《注》云：“师败众散，故不能振旅而入”。又《左传·成公十六年》：“邲之师，荀伯不复从。”俞樾《春秋左传平议》引王念孙曰：“‘从’，盖‘徒’字之误；邲之败，徒众不反者多，故云不复徒。”此外，同年七月：“知武子佐下军，以诸侯之师侵陈，至于鸣鹿。未反，诸侯迁于颍上。戊午，郑子罕宵军之，宋、齐、卫皆失军。”[⑦]

由上可见，当时的“亡民”（即“氓”），是由多种不同身份的人构成，其中包括臣、妾、众，藉田制下的庶人，税亩制下的农民，以及工商、士卒等。他们中的绝大多数，是被压迫被剥削者。他们的逃亡流徙行动，实际上是因不堪忍受统治者的残酷剥削、压迫而进行的一种反抗斗争。“在经济演进的各个不同时期，由于政治、民族文化、风俗习惯等等条件各不相同，也就不免有各种不同的斗争形式提到第一位，成为主要的斗争形式，而各种次要的附带的斗争形式，也就随之发生变化。”[⑧] 在奴隶制时代，怠工和逃亡乃是奴隶和其他劳动者所采用的一种基本的、主要的斗争形式，不能认为这完全是一种消极的、毫无意义的斗争而加以否定。实际上，它对推动当时社会制度和阶级关系

① 均见《左传》。
② 《左传·文公三年》。
③ 《左传·襄公十年》。
④ 《左传·襄公二十七年》。
⑤ 《左传·昭公十二年》。
⑥ 《左传·文公六年》。
⑦ 《左传·成公十六年》。
⑧ 列宁：《游击战争》，《列宁全集》第11卷，第197页。

的演变，起着重要的、不可忽视的作用。

《诗经·魏风》中的《伐檀》篇和《硕鼠》篇，对劳动人民反抗剥削、发誓要离剥削者压迫者而去的强烈的思想感情，作了形象、生动的反映。《伐檀》篇云：

> 坎坎伐檀兮，寘之河之干兮，河水清且涟猗。不稼不穑，胡取禾三百廛兮？不狩不猎，胡瞻尔庭有县貆兮？彼君子兮，不素餐兮！

这无疑是一篇劳动者、被剥削者的诗作。它揭露了"不稼不穑"、"不狩不猎"的"君子"（贵族）的剥削阶级本质，对他们（"君子"）不劳而食提出了义正辞严的质问和抗议，具有强烈的斗争性。再来读一读《硕鼠》之诗：

> 硕鼠硕鼠，无食我黍！三岁贯女，莫我肯顾。逝将去女，适彼乐土！乐土乐土，爰得我所。
>
> 硕鼠硕鼠，无食我麦！三岁贯女，莫我肯德。逝将去女，适彼乐国。乐国乐国，爰得我直。
>
> 硕鼠硕鼠，无食我苗！三岁贯女，莫我肯劳。逝将去女，适彼乐郊。乐郊乐郊，谁之永号?!

这同样是劳动者、被剥削者创作的诗篇。它把不劳而食、贪得无厌的剥削者和统治者，比作可憎的大田鼠，表现了农业生产者对统治者沉重剥削的怨恨和控诉。"逝将去女（汝）"，"逝"读为誓，《公羊传》徐彦《疏》引作誓。"爰得我直"，"直"就是值；"得我值"，就是说"使我的劳动得到相当的代价"①。农民们发誓要离"硕鼠"般的剥削者而去，远寻他们那梦寐以求的"乐土"、"乐国"，另觅生路。在他们看来，只要去到那"乐土"、"乐国"，就有可以安居之处，就会使他们的劳动得到相当的代价，从而也就再不会有悲愤，再也不会长吁短叹。

《伐檀》篇那个"不稼不穑，胡取禾三百廛兮？"的质问之提出，是很了不起的，这充分表现了当时劳动人民中的先进者对现实的清醒的理解。《硕鼠》篇的农民用"硕鼠"来比喻剥削者，非常恰当地揭示了那个剥削阶级的本质；农民们发出这样的诅咒，并发誓逃离那"硕鼠"般的剥削者而"适彼

---

① 余冠英选注：《诗经选》，人民文学出版社 1957 年版，第 72 页，

乐土”（没有剥削的社会），这种反抗剥削的思想和行动也是很可贵的。诚然，当时劳动人民所要寻觅的那种没有剥削的“乐土”、“乐国”，实际上是不存在的，也是不可能有的。正如列宁所指出：“许多世纪以来，甚至几千年以来，人类早已幻想过‘立即’消灭所有一切剥削。但是，在全世界千百万被剥削者还没有联合起来为按照资本主义社会自身的发展方向来改变这个社会而进行彻底的、坚决的、全面的斗争以前，所有这些幻想仍旧不过是幻想罢了。”①

从西周晚期到春秋战国之际的社会变动过程中，不断有包括不同等级和阶级的民众，离开了原来剥削、压迫他们的“硕鼠”而去。既然他们所要寻觅的那种“乐土”并不存在，那么，他们后来的结局怎样？他们寻觅到的究竟是一条什么样的生路？实际情况各不相同，或不完全相同，不能一概而论。

首先，由于官府“有亡荒阅”、“董逋逃”，部分“亡民”被抓回而“箸在刑辟”，“于是乎……有斧钺、刀墨之民”②。有的“亡民”成为流浪者，到处行乞。《诗·王风·葛藟》篇写道：

> 緜緜葛藟，在河之浒。终远兄弟，谓他人父。谓他人父，亦莫我顾！
>
> 緜緜葛藟，在河之涘。终远兄弟，谓他人母。谓他人母，亦莫我有！
>
> 緜緜葛藟，在河之漘。终远兄弟，谓他人昆。谓他人昆，亦莫我闻！

这是一篇反映“亡民”流浪生活的作品。朱熹《诗集传》云：“世衰民散，有去其乡里家族而流离失所者，作此诗以自叹。”诗作者叙述了他远离家人，流落异乡，到处行乞，向人呼求哀告，但是无人肯顾，以致生活艰难，饥寒交迫的悲惨境遇。又，《诗·小雅·黄鸟》篇说：

> 黄鸟黄鸟，无集于谷，无啄我粟。此邦之人，不我肯谷。言旋言归，复我邦族。
>
> 黄鸟黄鸟，无集于桑，无啄我粱。此邦之人，不可与明。言旋言

① 《小资产阶级的社会主义和无产阶级的社会主义》，《列宁全集》第9卷，第431页。
② 《国语·周语上》。

归，复我诸兄。

黄鸟黄鸟，无集于栩，无啄我黍。此邦之人，不可与处。言旋言归，复我诸父。

这里说的是，有的民众流亡到异国他乡谋求生路，然而到了哪里，同样有“黄鸟”（比喻不劳而食的贵族）“啄我粟”、“啄我粱”、“啄我黍”，受苦受难；于是，又打算返回故土。

《诗·小雅·巧言》篇里，有“君子信盗”的诗句。《巧言》是西周末年的作品，在此之前似乎尚无“盗”字。汉代学者毛亨在其《诗经诂训传》中解释说：“盗，逃也。”他从推求盗字命名的由来，说盗字由“逃”得到意义，这是有见地的。春秋时期各诸侯国内，均有“盗”或“盗贼”存在，如鲁国“多盗”①，晋国“寇盗充斥”、“盗贼公行”②，等等。他们或者暗杀贵族，或者“窃取”贵族财物；春秋战国间甚至发生了多起“盗”或“盗贼”的有组织的武装反抗事件。当时所谓“盗”或“盗贼”，成分复杂，其中包括贵族。但是，他们中的多数，则是由于“出则无衣”，“入则无食”，被迫逃亡、流徙而又走投无路的“贱人”③。

有些“亡民”，则去到山林川泽或当时官府鞭长莫及的其他地区，或者开荒种地，成为自耕农民，或者采用别的方式谋生。如前所述，西周晚期至春秋战国间，有一定数量的荒地（包括列国间的“隙地”）被逐步开垦出来。而其垦者中，有一部分当是上述“亡民”。上引《管子·轻重乙篇》所述“列稼缘封十五里之原，强耕而自以为落”，齐国官府“不得籍斗升焉”之“民”，主要也当是“自他归往”之民，而非土著。

而“亡民”即“氓”的多数，则分别到了其他一些贵族门下，同新的主人结成了一种新的阶级关系。关于这一点，我们将在下面着重论述。

① 《左传·襄公二十一年》。
② 《左传·襄公三十一年》。
③ 《墨子·节葬下篇》。

三、氓的身份地位

我们这里所说的氓，主要是指春秋时期先后“自他归往”于其他一些贵族门下，同这些贵族所有的土地等生产资料相结合，成为这些贵族的新的剥削对象的氓。

前面说过，当时的“亡民”即“氓”这一群体，来源于不同的等级、阶级或阶层，但他们都是劳动者、被统治被剥削者；他们逃亡或流亡的根本原因，是由于原来的主人或官府的残酷的经济剥削和政治压迫。他们之中的先进分子，曾幻想“适彼”没有剥削的“乐土”、“乐国”；然而他们中的多数想要寻觅的，却只是比原来所遭受的剥削、压迫相对轻些而已。因此，在当时各诸侯国的统治者剥削者集团中，谁的剥削、压迫较轻，民众就会离开那原来的“硕鼠”（剥削者和压迫者）而自他归往。

《左传》一书中，虽然未见氓字，但它记述了大量民众逃亡事件，以及大批民众从公室门下逃往部分卿大夫门下的史实，讲的实际上就是关于“氓”的事情。据《左传》记载，在齐国，“公弃其民，而归于陈氏”，而且“归之如流水”[①]。原因是：

> 陈氏虽无大德，而有施于民。豆、区、釜、锺之数，其取之公也薄，其施之民也厚。公厚敛焉，陈氏厚施焉，民归之矣。[②]

与此同时，在晋国，“民闻公命，如逃寇仇”[③]，主要也是逃到“家门”，特别是韩、赵、魏三家那里去了。此外，“鲁君失民矣”，而“季氏甚得其民”[④]，“隐民多取食焉，为之徒者众矣”[⑤]。春秋中、后期，各诸侯国都有相当数量的民众逃避公室的残酷剥削、压迫而投奔部分私家，成为私家的“隐民”、“私属”或“私属徒”。此外，上述部分贵族私有奴隶“臣妾”或“众”逃亡者中，有一部分亦当逃到另一些剥削、压迫较轻的贵族门下。《论语·子路》

① 《左传·昭公三年》。
② 《左传·昭公二十六年》。
③ 《左传·昭公三年》。
④ 《左传·昭公二十七年》。
⑤ 《左传·昭公二十五年》。

篇载：

樊迟请学稼，子曰："吾不如老农。"请学为圃，曰："吾不如老圃。"樊迟出。子曰："小人哉，樊须也！上好礼，则民莫敢不敬；上好义，则民莫敢不服；上好信，则民莫敢不用情。夫如是，则四方之民襁负其子而至矣，焉用稼！"

孔子的这一番话，透露了这样几点：（1）只有"上"（统治者剥削者）"好礼"、"好义"、"好信"，"四方之民"才能前来投奔；（2）"民"自彼适此，往往"襁负其子"，举家行动；（3）当时流亡或逃亡之民，多为"农民"，投奔新主人后仍主要从事农业生产劳动。孔子这里所说的"礼"、"义"有多方面的含义，其中包括："施取其厚，事举其中，敛从其薄"①；"节用而爱人，使民以时"②。这与上引《左传》的有关史实记载，大体一致。

据古书记载，部分贵族及公室为了争取民众，还对"自他归往"的"新氓"特别采取了短期内免征的措施。《周礼·地官·旅师》云：

凡新甿之治皆听之，使无征役，以地之美恶为等。

郑《注》："新甿，新徙来者也。治，谓有所求乞也。使无征役，复之也。"孙诒让《疏》："'凡新甿之治皆听之'者，此兼掌野外新甿之治也。""盖古者外来之民，士工商皆于国邑受廛，而农则受田于野。乡遂夫家有定，不容增减，四郊地又无多，则客民受田，宜于遂外之公邑可知。《周书·大聚篇》云：'乃令县鄙商旅曰：能来三室者，与之一室之禄。'此即招外民以实县鄙之意。然则新氓之治，旅师专掌之，职是故耳。"又《礼记·王制》记载：

将徙于诸侯，三月不从政（征）；自诸侯来徙于家，期不从政（征）。

由此可见，新氓"无政役"是有期限的，而且期限不长，短者三月，长者也不过一年。为何"徙于诸侯"仅三月无征役，"自诸侯来徙于家"则一年无征役，私家免除"新氓"征役的时间长于诸侯免除"新氓"征役的时间？

① 《左传·哀公十一年》引"仲尼曰"。
② 《论语·学而》篇。

孔《疏》云："此谓大夫采地之民徙于诸侯为民，以其新徙，当须复除，但诸侯地宽役少，为人所欲，故惟三月不从征。自诸侯来徙于家者，谓诸侯之民来徙于大夫之邑，以大夫役多地狭，欲令人贪之，故期不从征。"此说不妥。因为当时（主要是春秋中、后期）的一般情况是：各诸侯国公室原来所有的土地已大为减少，地不宽，但赋税重、征役多；而部分私家，在一段时期内却地多役少，"敛薄"、"施厚"。这部分私家对新氓"期不从征"，乃是针对公室赋役重，争取公室民众"来徙"于其门下所采取的另一措施。实际上，当时的"亡民"主要是"自他归往"于部分私家，而不是归往于公室。

《左传·昭公二十五年》有"隐民"的提法。何谓"隐民"？杜预注云："隐约穷困。""隐民"无疑本为穷困之民，然而解"隐"为"穷困"，不确。又《说文》："隐，蔽也。"《国语·齐语》"则事可以隐令"，韦昭注："隐，匿也。"释"隐"为"蔽"为"匿"，不错。问题在于：此"民"为何要隐蔽、藏匿，从而特别称之为"隐民"，以与其他民众相区别？清人马宗琏《春秋左传补注》释"隐"为"逃藏"，甚是。所谓"隐民"，也就是"逃藏"之民，即公室之民逃亡于私家者。本来，"在礼，家施不及国，民不迁，农不移，工贾不变，士不滥，官不滔，大夫不收公利"[①]，这是"周礼"所规定的等级、阶级制度。民迁、农移、工贾变，以及私家施惠"及国"，收庇"民"、"农"、"工贾"等"亡民"，均违背旧制，为"周礼"所不容。于是，在当时的这种特定历史背景下，此类逃亡民众成为所谓"隐民"。

前面说过，从西周末年以来，不断有民众逃亡、流徙，从而也就不断有"亡民"自他归往于新的主人而为"氓"。对先期出现的氓而言，后来出现的氓便是"新氓"。作为农业劳动者的氓，自然要与土地相结合，具体地说，与他们的新主人所有地相结合，成为新主人的剥削对象。于是，新氓和旧氓（原来的新氓）一样，从新的主人那里获得一小块土地，以家为单位独立耕作，自食其力，并向土地的主人交纳一定份额的租税。《周礼·地

① 《左传·昭公二十六年》。

官·遂人》所谓“以田里安甿”，就是把氓束缚在土地上，使氓安于现状，不再流亡。《孟子·滕文公下》云：“士之仕也，犹农夫之耕也，农夫岂为出疆舍其耒耜哉!”春秋时期“自他归往”之农夫即氓是否带有耒耜等农具，难以定论。《左传·襄公十年》说：郑国贵族子西，“臣妾多逃，器用多丧”。《国语·周语上》“利其器用”，韦昭注云：“器，兵甲也。用，耒耜之属也。”由此看来，春秋时期，有些“臣妾”是带着主人的兵甲和农具逃亡的。此外，在藉田制下的，以及后来税亩制下的农夫中，亦可能有带着农具而逃亡或流亡者。不过，多数“亡民”即“氓”似乎并非如此。《周礼·遂人》除“以田里安甿”外，还有“以时器劝甿”一项。部分“新甿”最初使用的农具，大概也是由他们的新主人提供的。

来源于“亡民”的农夫与上述税亩制下的农夫，有共同之处，也有不同之处。相同之处是，两者都从大土地占有者那里分得一份土地，以一家一户为单位独立耕种，向剥削者交纳一定的产品。不同之处是：税亩制下的农夫（庶人、野人）是由藉田制下的农夫直接演变而来，他们虽然已经不是主人完全占有的奴隶，但其人身仍然隶属或依附于原来的主人；这还是一种奴隶制范畴的人身隶属关系，或人身依附关系。这是因为，奴隶制社会的阶级是“等级的阶级”[①]，“等级是阶级差别的一种形式”[②]；虽然内容决定形式，阶级决定等级，但是形式的变化、等级的变化，往往相对落后于内容的变化、阶级的变化。来源于“亡民”的农夫，虽然其前身亦或为臣妾，或为藉田制下的庶人、野人，或为税亩制下的农夫，但是，他们已经完全脱离了原来的主人；他们与原来的主人之间的那种奴隶制的人身占有关系或人身依附关系，已不复存在。诚然，上述“自他归往”于部分私家门下的氓，即所谓“隐民”、“私属”或“徒”，对私家同样有人身依附关系。只是，这种依附关系的产生首先是基于土地所有制关系、经济关系，属于封建性依附关系，与奴隶制下的人身依附关系有性质的区别。

---

① 列宁：《论俄国社会民主党的土地纲领》，《列宁全集》第6卷，第93页。

② 列宁：《民粹主义空想计划的典型》，《列宁全集》第2卷，第404页作者注。

第四节 最初一代封建地主的产生

"新的生产力以及同它相适合的生产关系的产生过程不是离开旧制度而单独发生，不是在旧制度消灭以后，而是在旧制度内发生的；不是人们有意的、自觉的活动的结果，而是自发地、不自觉地、不以人们意志为转移地发生的。"① 就中国古代社会的发展来说，新的封建制生产关系及其体现者和代表者——封建地主，产生于旧的奴隶制社会内部；奴隶制社会内部产生的封建地主，是中国封建地主的最初一代、第一代。

封建制下的地主和农民是对立的统一，两者相互联结而存在。春秋时期奴隶制生产关系的逐步解体过程，就是新的封建制生产关系的逐步产生过程；而封建制生产关系的逐步产生过程，同时也就是封建地主逐步产生的过程。由于春秋列国间社会经济发展的不平衡性，各国封建地主产生的时间先后不一。大体说来，中国奴隶制社会内部孕育的最初一代封建地主来到世上，主要是在春秋后期。

春秋时期产生的最初一代封建地主，主要是由部分奴隶主贵族转化而来；其中虽然可能也有由富裕劳动者"上升"而来，但那只能是个别的。有一种意见认为：奴隶主阶级不会自己否定自己、主动转变为另一个阶级，只有在封建地主广泛出现的条件下，奴隶主才可能向封建地主转化。这种说法不符合历史实际，理论上也是不能成立的。

一个特定的阶级是由它的一定数量的成员所构成，但是某个阶级的一个个成员并不等于某个阶级。我们说中国封建地主的最初一代主要是由贵族奴隶主转化而来，只是就奴隶主阶级中部分成员的转化而言，并不是指整个奴隶主阶级。而且，如前所述，部分贵族奴隶主之逐步向封建地主转化，乃是自发地、不自觉地、不以其意志为转移地发生的，并非什么"主动转变"。

奴隶制与封建制，虽然是两种性质不同的社会制度，但两者都是建立在阶级对立基础上的人压迫人、人剥削人的社会制度；奴隶主阶级和封建主阶级，

---

① 斯大林：《辩证唯物主义和历史唯物主义》，《列宁主义问题》，人民出版社 1973 年版，第 654 页。

虽然是两个不同的阶级，但二者都是压迫阶级、剥削阶级。再说，奴隶制与封建制属于前资本主义的两种社会制度，其生产都主要是以使用价值为目的，其阶级均为等级的阶级。正因为如此，在奴隶制解体过程中，部分奴隶主向封建地主转化不但是可能的，而且是必然的；在当时的等级、阶级制度下，最初一代封建地主也只能主要是由奴隶主转化而来，不可能主要是由于小生产者贫富分化、从富者转化而来。中国古代社会历史实际如此，其他国家历史上最初一代封建主的来源亦大体如此。例如：产生于古罗马奴隶制社会解体时期的新的封建势力，是由奴隶主演变、转化而来；西欧各国封建社会中最初一代封建主的前身，也是贵族。“单独的个人并不‘总是’以他所属的阶级为转移”；在近代资产阶级革命时期，亦有“少数贵族转到 tiers etat（第三等级）方面去”，并“加入了一定的阶级——资产阶级”①。

封建制生产方式的产生，封建地主的出现，必须具备两个基本的，而且是两者相结合的因素：一是封建土地所有制，这是封建制生产关系的基础；一是同地主所有的土地相结合，被束缚在土地上，依附于地主，受地主剥削的农民。一个国家或民族，在没有受到外来因素的重大影响，而在自身直接从奴隶制向封建制过渡的历史前提下，其封建制经济结构是从奴隶制社会的经济结构中产生的；后者的解体过程，就是封建制和封建地主赖以产生的两个因素萌芽的过程。考察中国历史上最初一代封建地主的来源及其产生的道路，不能忽略他们乃是孕育于有中国特点的奴隶制社会经济形态内部这一历史事实。

我们在前面分别考察了西周晚期以来土地国有制的演变和土地私有化过程，以及直接生产者身份地位的演变过程，实际上已经讲到了封建制生产关系的产生和最初一代封建地主的出现。本来，土地私有制的产生，并不一定意味着奴隶制的解体和封建制的产生。在有些民族那里，土地私有制产生于原始公社社会末期。在古代希腊、罗马，土地私有制有了充分的发展，土地私有制的发展过程就是奴隶制社会经济形态的发展过程。那么，在中国古代，为什么土地私有化过程与奴隶制的解体及封建制的产生过程相联系，剥削者的大土地私

① 马克思：《道德化的批评和批评化的道德》，《马克思恩格斯全集》第 4 卷，第 344 页。

有制成为封建制生产关系产生的因素？这是因为：中国原始社会的解体和奴隶制社会的形成、发展，有其自身的特殊规律，由原始公社土地所有制转化而来的土地制度主要不是私人土地所有制，而是土地王有制或土地国有制；在中国奴隶制处于发展、繁荣阶段的西周时期，也正是土地王有制或土地国有制盛行的时期；这是一种以奴隶主占有土地和奴隶、实行奴隶制剥削为其基本内容的土地所有制形式，并不是什么“实际上的农村公社所有制”。由于春秋时期土地私有制发展的起点不同于古代希腊、罗马，它的发展与中国奴隶制的解体相联系，所以土地私有制的这种发展也就势必成为封建制和封建地主产生的前提。

凡占有土地，自己不劳动，或只有附带的劳动，而靠剥削农民为生者，都可称之为地主。在人类历史上，地主的出现并非总是与封建生产方式相伴随，并非凡地主都是我们通常所说的作为封建制生产关系的体现者和代表者的封建地主。在古代雅典从原始社会到奴隶社会的过渡时期，就曾一度存在私有土地、自己不劳动，而以“地租的形式”剥削“破产小农”为生的贵族地主①。在我们看来，这种地主就不属于封建地主。而且，由于在当时“希腊世界的历史前提之下”，“进步到以阶级对立为基础的社会”“只能通过奴隶制的形式来完成”②，这类地主便随着奴隶制的发展而成为奴隶主；原来遭受地主的“地租形式”剥削的贫苦农民即所谓“六一汉”，亦先后沦为奴隶。我们说产生于春秋中后期的地主是中国历史上最早一代封建地主，主要是基于这样几点：（1）他们是在奴隶制解体的基础上，适应奴隶制社会内部发展起来的新的生产力的要求而产生的；（2）他们对农民的剥削（主要通过收取地租）和超经济强制，是以封建主土地所有制为基础；（3）在旧的奴隶制社会内部诞生的新的、有发展前途的阶级势力，也只能是封建主，正因为如此，他们后来取得政权后成为战国封建社会中的统治阶级。

1972 年 4 月，山东临沂银雀山汉墓发现的竹书《孙子兵法·吴问篇》，记载晋国六卿的亩制和租税制说：

---

① 见恩格斯：《家庭·私有制和国家的起源》，《马克思恩格斯全集》第 21 卷，第 127 ~ 128 页。

② 恩格斯：《反杜林论》，《马克思恩格斯全集》第 20 卷，第 197 页。

范、中行氏制田，以八十步为畹，以百六十步为畛，而伍税之。

〔知氏制田，以九十步为畹，以百八十步为畛，而伍税之。〕

韩、魏制田，以百步为畹，以二百步为畛，而伍税之。

赵氏制田，以百廿步为畹，以百卌步为畛，公无税焉。[①]

《吴问篇》的这一记载，有以下几点值得注意：

（1）春秋时期齐、晋、鲁等诸侯国原来实行的亩制，一般是“六尺为步，步百为亩”[②]。晋国六卿“制田”，比之旧制，每亩的面积都有多少不等的增加。其中，范氏、中行氏以160步为亩，知氏以180步为亩，韩氏、魏氏以200步为亩，赵氏以240步为亩；范氏和中行氏增加最少，赵氏增加最多。

（2）后来商鞅在秦国制田，也是以240步为亩，与赵氏同。杜佑《通典》卷一七四云：“周制步百为亩，亩百给一夫。商鞅佐秦，以一夫力余，地利不尽，于是改制二百四十步为亩，百亩给一夫矣。”这里所说商鞅改革亩制的原因，也适用于《吴问篇》所说晋赵氏等进行的亩制改革。春秋时期不但已开始使用铁制农具，而且还开始使用牛耕。春秋后期范氏、中行氏的子孙“耕于齐”，就以“宗庙之牺为畎亩之勤”[③]。随着生产工具的变革和生产技术的提高，个体农民也就有了耕种更多土地的可能和要求。赵氏等晋国六卿制田扩大面积，适应了当时社会生产力的发展，是具有进步意义的措施。

（3）《吴问篇》说范氏、中行氏、知氏、韩氏和魏氏，都是“伍税之”。伍字，有多种用法。《逸周书·大聚篇》“五户为伍”的“伍”，为户籍编制。“伍税之”的“伍”，是指以一家一户为单位负担的租税而言，显然不是“五户为伍”的“伍”。《左传·襄公三十年》“取我田畴而伍之”，《吕氏春秋·乐成篇》作“我有田畴，而子产赋之”，此“伍”为“赋”之借字。据此，“伍税之”似即“赋税之”。问题是《吴问篇》“伍税之”、“公家富”，是与“公无税焉”、“公家贫”相对而言，若“伍税”即是“赋

---

① 银雀山汉墓竹简《孙子兵法》，文物出版社1976年版。其中，知氏制田原简缺文，由竹简整理小组所补。

② 《司马法》。

③ 《国语·晋语九》。

税”，为何不言“公无伍税焉”而只说“公无税焉”，省去了“伍”字？看来，“伍税之”的“伍”，当是指“税”率。那么，税额与征税对象之间究竟是什么比例？是“五分抽一”，还是“十分抽五”[①]？这还是一个尚待进一步研究的问题。《左传·昭公三年》云：“民参其力，二入于公，而衣食其一。”这里说的是春秋晚期齐国公室对“民”（主要是农民）的剥削率。当时的晋国公室亦大体如此。即使韩氏、魏氏、知氏和范、中行氏的征税率是“十分抽五”（即二分抽一），也比公室“三分抽二”的税率低。再说，也许“伍税”本是晋国诸卿“制田”以前实行的税率，而改革亩制、扩大亩积后仍按原来的亩积征税，扩大部分不征；这样，每亩步数越多，租税也就越轻。

（4）《吴问篇》“公无税焉”、“公家贫”、“公家富”的“公”、“公家”，是指赵氏等六卿或六卿之家，而不是指晋国之君或公室。历史记载表明，当时的执政之卿和县大夫亦称“公”[②]。“公无税焉”，即赵氏免征租税。这只是赵氏为了争取农民而采取的短暂措施，并非长期不收租税。《韩非子·外储说右下》说：“赵简主出税，吏请轻重，简主曰：‘勿轻勿重。重则利入于上，若轻则利归于民。’”“出税”，谓赵简主令吏出收租税。在这里，收取和占有租税者是赵简主，交税者是耕种赵氏土地的农民。税额不轻也不重，究竟多少，史无记载，似比范氏、中行氏、知氏、韩氏和魏氏的“伍税”要轻。

（5）《吴问篇》所说“伍税之”的“税”，《韩非子》所说“赵简主出税”的“税”，均不是凭借政治权力而征收的赋税，而是地租；换句话说，是赵氏等晋国六卿的土地所有权借以实现的经济形式。《左传·哀公二年》说：“初，周人与范氏田，公孙尨税焉。”杜注：“尨，范氏臣，为范氏收周人所与

① 朱凤瀚：《商周家族形态研究》（天津古籍出版社1990年版）谓“伍税之”即实行“五分抽一”的税率（第550页）。吴慧《井田制考索》（农业出版社1985年版）持十分抽五说（第50页）。

② 《左传·襄公三十年》：“郑伯有耆酒，为窟室，而夜饮酒，击钟焉，朝至未已。朝者曰：‘公焉在？’其人曰：‘吾公在壑谷。’皆自朝布路而罢。”这是称郑卿伯有为“公”之例。又《左传·宣公十一年》“诸侯、县公皆庆寡人”，杜预注云：“楚县大夫皆僭称公。”王引之《经义述闻》云：“县公犹言县尹也，与公侯之公不同。如谓楚僭称王，其臣僭称公，则楚官之贵者无如令尹、司马，何以令尹、司马不称公，而称公者反在县大夫乎？襄公二十五年《传》‘齐棠公之妻，东郭偃之姊也’，杜注曰：‘棠公，齐棠邑大夫。’齐之县大夫亦称公，则公为县大夫之通称，非僭拟于公侯也。”王说可从。

田之税。”“周人与范氏田”，是土地所有权的赐与、转让，即由“周人”所有变为范氏所有；而范氏之收取和占有此田之“税”（即地租），正是以其对此田的所有权为前提。后来，当赵氏、魏氏和韩氏三家“分晋”而成为封建国家的君主以后，原来耕种其土地的农民“即转化为直接归国家控制的新型的编户齐民，他们原来向贵族封建主所交纳的实物地租亦就同时转变为向封建集权制国家所交纳的土地税”①。

① 朱凤瀚：《商周家族形态研究》，天津古籍出版社1900年版，第555页。

第二十一章　春秋时期的农业

春秋时期，农业生产力有一定程度的发展。其重要标志，是铁制农具的出现和牛耕的使用。奴隶制解体过程中产生的封建制因素，也在一定程度上促进了农业生产的发展。

第一节　铁制农具和牛耕的使用

根据考古资料，我国古代用铁的历史可追溯到商周之际。1972 年，河北藁城台西商代遗址出土了一件铁刃铜钺。1977 年，北京平谷县商代墓葬又出土了一件铁刃铜钺。此外，1931 年，河南濬县辛村西周早期遗址出土了一件铁刃铜钺和铁刃铜戈（现藏美国华盛顿弗利亚美术馆）。经科学鉴定，这四件兵器的刀刃部是用陨铁制成。传闻过去还发现一件钺，铁刃被古董商取下，用伪造的玉刃代替了。可见这一类器物并不是个别的。

这些兵器的铁质部分，虽然是以天然的陨铁为原料，不属于冶铁的范围，但在用铁的历史上仍有非常重要的意义。世界其他古代文明显然也有利用陨铁的事例，但是用之作为青铜器的刃部，却是中国所特有的。这些兵器的铁刃，都经过加工锻造，成为锋利的薄刃，反映出较高的锻打技术。透视濬县的两件器物还发现，钺刃基部有成排的浅穴；戈援基部则特制成钥匙形。目的显然是为把铁刃牢固地嵌镶在青铜器部分里面，不致因铜、铁膨胀率不同而动摇脱落。这样巧妙的设计，充分表明当时人们对铁的特性已有较多的了解。

根据较为可靠的文献记载和考古材料，春秋时代已开始冶铁，铸造和使用铁器。《诗经·秦风》有“驷驖孔阜”的诗句，这是秦襄公时的诗。有人解释说马色如铁故名“驖”，也有把“驖”写作“鐵”的，这是铁字的第一次使用。《国语·齐语》记载着管仲向齐桓公建议说：“美金以铸剑戟，试诸狗马；恶金以铸锄夷斤欘，试诸壤土。”有人认为“美金”指的是青铜，“恶金”指铁。

春秋中叶，铁器的使用逐渐增多。齐灵公时的叔夷钟铭文中有“造戜徒四千”，“戜”可能是铁的初字或省文。说明齐灵公时已有采铁冶铁的官徒了。《左传·昭公二十九年》载：“晋赵鞅、荀寅帅师城汝滨，遂赋晋国一鼓铁，以铸刑鼎，著范宣子所为刑书焉。”这是最早使用生铁铸造器物的明确记载。

目前考古发现的春秋时期的铁器有以下几处：

1. 甘肃灵台景家庄	铜柄铁剑	1
2. 陕西凤翔秦公墓	铁铲	3
3. 青岛崂山东古镇	铁带钩	1
4. 临淄朗家庄 1 号墓	铁削	2
5. 江苏六合程桥 1 号墓	铁丸（生铁）	1
6. 江苏六合程桥 2 号墓	铁条	1
7. 九江磨盘墩	铁器	3
8. 河南新郑唐户	残铁器	1
9. 长沙龙坡涧 52. 826 号墓	铁削	1
10. 长沙识字岭 314 号墓	铁锄	1
11. 长沙杨家山 65 号墓	钢剑	1
12. 长沙杨家山 65 号墓	铁鼎形器（生铁）	1
13. 长沙杨家山 65 号墓	铁削	1
14. 长沙杨家山 15 号墓	铁鼎	1
15. 河南洛阳水泥制品厂	铁锛	1
16. 河南洛阳水泥制品厂	铁锛	1
17. 陕西宝鸡市益门村小墓	金柄铁剑	20 余

江苏六合程桥吴墓出土的铁丸和长沙杨家山 15 号墓、65 号墓出土的铁鼎，经金相考察证明为白口铁铸件。这是我国考古发掘材料中关于生铁冶铸器物的迄今最早实物见证。生铁的冶铸，在冶金史上是一个划时代的进步。欧洲

一些国家在公元前1000年前后已能生产块炼铁。公元初，罗马已偶能得到生铁，但多废弃不用。直至14世纪才使用铸铁，其间经历了十分漫长的道路。而我国古代只用了较短的时间，就实现了这一技术突破，出现了铸铁。这与我国商周时代高度发展的青铜冶铸技术有着密切的关系。因为它从采矿、燃料、筑炉、熔炼、鼓风和浇铸等各方面，为生铁冶炼准备了坚定的技术基础。生铁冶炼技术的出现，改变了块炼法冶炼与加工都较费时费工的状况，提高了生产率，降低了成本，使得较省力地、成批量地提炼矿石，铸造器形比较复杂的铁器成为可能。这就为后代铁器的普及打下了基础，同时也为我国古代冶铁术的发展开拓了自己独特的道路。

湖南长沙杨家山65号墓出土的春秋末期的钢剑，经取样分析，它所用的钢是含碳量0.5%～0.6%的中碳钢。剑身断面可以看出反复锻打的层次。这一新技术的出现，对农具、手工工具及兵器质量的提高，有较深远的影响。

上述春秋晚期的铲、锄、锛和削四种铁器，都能在同时期或更早的青铜器中找到它们的原形。除铁削外，其他三种都与农业有关系。铲和锄是挖土或松土工具。锛属斧类，是木工工具，也可砍伐树木，是开垦山林陂池不可缺少的工具。

铁的使用使金属工具逐渐代替木石工具成为可能。铁在自然界中储量大，价格便宜，农业生产上可以大量使用，逐渐代替木、石、骨、蚌等农具。它与青铜器不同，铜在自然界中储量较少，价格昂贵，用来做农具得不偿失。加之殷周时代有众多的奴隶，没有必要使用价格昂贵的青铜器。由于铁在自然界中储量大，价格便宜，一旦铸铁术发明之后，即可成批量地大量生产，最终使木、石、骨、蚌等农具退出历史舞台。铁器与木、石、骨、蚌比较起来，既坚固又轻便、锐利。它使更大面积的开垦荒地和农田耕作成为可能，又促进了农业生产的深耕细作，兴修水利等，有利于田间管理水平的提高。使用笨重的木、石农具开荒、种地，只能依靠群体的力量，而铁的使用，再加上牛耕的逐渐推广，则极大地提高了个人在农业生产中的作用，使农业生产的个体经营成为可能。

不过，春秋时期铁工具的使用还是很有限的，无论是江南或中原地区，青铜工具及石、骨、蚌等工具还普遍存在。在春秋中晚期的生产工具中，铁工具不仅没有代替青铜工具，也没有排挤掉石、骨、蚌等工具。

春秋以前，牛除用作牺牲供祭祀以外，主要用于拉车运载。春秋时，开始在农业生产中使用牛耕，而把耕地的牛称为“犁牛”。《论语·雍也》篇说：“犁牛之子骍且角，虽欲勿用，山川其舍诸?”犁牛即耕牛；犁牛之子，耕牛生下的小牛犊。古代祭祀用的牛要有红毛和长角，并单独饲养，不能用耕牛代替。骍，红色。“山川”，指山川之神。《雍也》这段话的意思是说：耕牛之子长着红色的、完整的角，虽然不想用它做祭品，难道山川之神会舍弃它吗？由于犁牛在农业生产上产生了显著的效果，因而受到人们的重视和尊敬，故春秋时人常用牛或耕来命名，或名牛字耕，或名耕字牛。例如孔子弟子，冉伯牛名耕；司马牛名耕或犁。《国语·晋语》说：“范、中行氏不恤庶难，欲擅晋国，令其子孙将耕于齐，宗庙之牺为畎亩之勤。”这也足以说明，作为一种新生事物的牛耕，确已出现于春秋时期。

又《左传·宣公十一年》有“牵牛以蹊人之田，而夺之牛”的比喻，这里所说的牛不是放牧的牛，牧人放牛不是在前面牵，而是随在牛群后面用鞭子赶；也不可能是驾车的牛，车在路上走，不在田间行。牛用人牵着，在田间行走，并践踏了他人的田苗，最大可能是犁田的耕牛。

由手推足蹈，跖耒而耕的锄耕农业过渡到牛力拖拉，连续深翻的犁耕农业，是农业生产上的一大变革。节省人力，提高效率，便于深翻，充分利用地力，特别有利于大面积开垦荒地，并从而提高了个体劳动者在生产中的地位。恩格斯说：有“用家畜拉的耕犁”以后，“大规模耕种土地，即田间耕作，从而食物在当时条件下实际上无限制地增加，便都有可能了”①。只是，当时的犁多以木、石为原料，间或有青铜犁；而铁犁尚未发现。

春秋时期，由于列国大片土地的开发，耕地面积比西周时期有所扩大。如郑国，在东迁之初“庸次比耦，以艾杀此地，斩之蓬蒿藜藋而共处之”。晋国的“南鄙之田”，春秋初年还是“狐狸所居，豺狼所嗥”的地方，不久之后，这个地方就完全开垦出来。

---

① 恩格斯：《家庭·私有制和国家的起源》，《马克思格斯选集》第4卷，第22页。

第二节　农作物与耕作制度

一、农作物的品种和类别

关于这时的粮食作物，有“五谷”“六谷”“八谷”“九谷”及“百谷”之说。《诗经》中所记的，有黍、稷、麦、禾、麻、菽、稻、秬、粱、芑、荏、菽、秠、来、牟、稌、粟等名称。其中，有些是一物两名或数名，有些是一物中的不同品种，若将其合并归类，去其重复，主要的还是黍、稷、稻、麦、麻、菽六种。

黍在甲骨文中不下百余见，殷商时就是主要的粮食作物。《诗经》中 19 见，是粮食作物中所见次数最多的一种。而且常常和稷联用，是种植最普遍的谷类，也是最重要的粮食。

黍的名字，古今没有变化，现在北方人还称它为黍子。又因其谷子粒大而黄，所以又称为黄米或大黄米。现在北方人吃的年糕、炸糕、粽子多是用黍做的。用之煮粥、做米饭也很普遍，它的地位相当于南方的糯米。

黍分粘与不粘的两种，其不粘的一种叫糜，也称为穄。现今，河北北部犹呼糜为糜子，也称为穄，称穄子饭为穄米饭。

黍和稷是当时主要的粮食。二者之中，黍饭比稷饭好吃，但是黍子的亩产量比稷低，价格较贵，因之黍是贵族平常吃的；稷是平民日常吃的。平民招待客人时才“杀鸡为黍而食之”[1]。若在丰年，平民也可以吃到黍饭，《周颂·良耜》：“载筐及莒，其酿伊黍。”郑笺说：“丰年之时，虽贱者犹食黍。”除做饭外，黍也是制酒的重要原料，《说文》引《孔丛子》曰：“黍可为酒”。除黍之外，稻和粱也可制酒，但是不如黍酒普遍。

稷又名粟，即今天的谷子、小米。稷和黍是古代北方最普遍的谷类。粟在黄河流域广泛种植，主要是因为它有适应黄土地带干旱的气候，生长期较短，管理简单，易于保存等优点。稷是谷名，而周人又以稷为始祖，还以稷为谷神，以社稷为国家政权的象征，可见周族与稷关系密切。稷是当时北方平民最

---

① 《论语·微子》。

普遍的食粮，所以用途广泛。它是当时救灾的主要物资，如《左传·僖公十三年》："晋荐饥，使乞籴于秦。……秦于是乎输粟于晋。"《左传·昭公十年》：陈桓子为了收买人心，"国之贫约孤寡者，私与之粟"。《左传·哀公二年》：晋范氏、中行氏作乱失败奔朝歌，"齐人输范氏粟，郑子姚、子般送之"。私人之间借贷，粟也是主要内容，如《论语·雍也》："子华使于齐，冉子为其母请粟，子曰：'与之釜'。请益，曰：'与之庾'。冉有与之粟五秉。"当时有些小吏的俸禄也是用粟来支付的，如"原思为之（孔丘）宰，（孔丘）与之粟九百"[①]。朱注曰："粟、宰之禄也。"《周礼·地官·仓人》："掌粟入之藏，辨九谷之物，以待邦用。"郑注："九谷尽藏焉，以粟为主。"可见，周代官府仓廪的储藏是以粟为主的。

稷又名禾、粱。禾有广义和狭义两个概念。广义的禾，是指一切成秀的谷类。"九月筑场圃，十月纳禾稼"[②]，"胡取禾三百廛兮"[③]，是泛指一般连着藁秸的谷类的总名。狭义的禾，专指稷或粟，《豳风·七月》"禾麻菽麦"，《大雅·生民》"禾役穟穟，麻麦幪幪"，即是指粟而言。稷幼曰苗，边秸秆的名禾，头部曰穗，但称其粒为粟或谷，去皮的粟叫米。粱是粟的一种，嘉粟称粱。《汉书·食货志》颜师古注："粱，好粟也，即今之粱米。"《汉书·卫青霍去病传》注："粱，粟类也，米之善者。"现今谷子中的白苗谷、红苗谷，其米粒小而略扁，用之做饭，滑润可口，远胜于普通小米，但是产量不多，所以颇为珍贵，古时所谓粱，当即指此而言，亦即糜、芑之类。粱经常和稻并称：《唐风·鸨羽》："不能蓺稻粱。"《小雅·甫田》："黍稷稻粱，农夫之庆。"其他经书和金文中也往往以稻粱并称。粱和稻是同样珍贵的谷类。《礼记·典礼下》："岁凶，年谷不登，大夫不食粱。"孔疏："大夫不食粱者，大夫食黍稷，以粱为加，故凶去之也。"粱又常和肉并提，《齐语》："食必粱肉，衣必文绣。"《左传·哀公十三年》："粱则无矣，粗则有之。"《礼记·丧大记》："不辟粱肉。"可见粱是谷类中的精品，细品。

---

① 《论语·雍也》。

② 《诗·豳风·七月》。

③ 《诗·魏风·伐檀》。

稻原是南方的作物。西周春秋时期，北方许多地方也先后种植水稻，稻又称稌，《诗经》中提及稻的共有六处，如《唐风·鸨羽》“不能蓺稻粱，父母何尝?”《豳风·七月》“八月剥枣，十月获稻”，《小雅·白华》“滮池北流，浸彼稻田”，《周颂·丰年》“丰年多黍多稌”等。《左传·昭公十八年》：“六月，鄅人藉稻，邾人袭鄅。”鄅国在今山东临沂西北，可见当时山东地区一些小国，也已经栽培水稻了。

稻分粘与不粘二种，不粘的又名粳米，粘的又名糯米。糯米可以为酒，可以为饵。《豳风·七月》：“十月获稻，为此春酒，以介眉寿。”这是以稻制酒的明证，当是指粘稻而言。《礼记·内则篇、杂记篇》都有稻醴。《左传·哀公十一年》：“其族辕咺进稻醴、粱糗、腶脯焉。”这都是稻酒，当指粘稻而言。

《礼记·内则》：“糁耙用稻米。”《周礼·笾人》：“羞笾之实，糗饵粉餈。”郑注谓：“此二物皆粉稻米。黍米所为也。”亦当指粘稻而言。

麦有大、小麦之分。小麦又称来，大麦又称牟。《广雅》：“大麦，麰也。”“小麦，来也。”《周颂·思文》：“贻我来牟。”《臣工》：“於皇来牟。”小麦又有冬小麦、春小麦之分，秋种夏熟为冬小麦，春种秋熟为春小麦。《豳风·七月》“十月纳禾稼，黍稷重穋，禾麻菽麦”的麦为春小麦。《夏小正》“九月种麦”，《礼记·月令》仲秋之月“乃劝种麦”、孟夏之月“农乃登麦”，《左传·隐公三年》“四月，郑祭仲帅师取温之麦”，《左传·成公十年》“六月丙午，晋侯欲麦，使甸人献麦”，则为冬小麦。

麦的吃法古今不同，现在是磨面，古代则是用以煮饭或炒米。《周礼·天官·醢人》：“羞豆之实，酏食、糁食。”郑玄注：“酏，餰也。《内则》曰：‘取稻米举糔溲之，小切狼臅膏，以与稻米为餰，’又曰：‘糁，取牛、羊、豕之肉。三如一，小切之，与稻米，稻米二肉一，合以为饵，煎之。”“酏”是粥；“糁”是肉干饭。

糗是米做的干粮。《尚书·费誓》：“峙乃糗粮。”《大雅·公刘》：“乃裹糇粮。”《左传·哀公十一年》：“辕咺进稻醴、粱糗、腶脯焉。”《公羊传·昭公二十五年》：“高子执箪食与四脡脯，国子执壶浆，曰：‘吾寡君闻君在外，馂饔未就，敢致糗于从者。’”“糗、糇都是当时人行军远涉时所带的干粮。

《说文》“糗，熬米麦也。”“糇，干食也。”即今天的炒米，取其轻便，易于携带，可以和水而食。

《豳风·七月》：“十月纳禾稼，黍稷重穋，禾麻菽麦。”麻与黍稷麦菽并列，也是谷物之一。麻即大麻，有两种。雄麻名枲又名牡麻，皮的纤维较细，可织成夏布。雌麻又名子麻、苴麻、苴麻子，多油可食，是当时的主要食粮之一。《礼记·月令》孟秋、仲秋、季秋之月，均有“食麻与犬”的记载，仲秋之月并有“以犬尝麻，先荐寝庙”记载，用麻祭祀祖先。《豳风·七月》载“九月菽苴，采荼薪樗，食我农夫”。“苴”是麻子和荼菜之类都是农民的充饥之物。

苴麻皮纤维很粗，织出的苴布是很粗劣的布，只可做丧服或下层劳动者的衣服。如《仪礼·丧服》：“斩衰，苴绖杖绞带。”《庄子·让王》：“颜阖守陋巷，苴布之衣，而自饭牛。”《墨子·兼爱下》：“昔者，晋文公好苴服。”麻，除了食用，织布之外，麻秆可以为烛。《周礼·司烜氏》：“凡邦之大事，共赁烛庭燎。”郑注引郑司农曰：“赁烛，麻烛也。”当时的烛都是用麻秆，名为蒸，或曰蔍，或曰熜，《说文》：“蒸，折麻中干也。”“蔍，麻蒸也。”“熜，然麻蒸也。熜之言总也。”大概用一束麻秆为炬，名曰熜；用一段麻秆名曰蒸或蔍。

菽是豆科的大名，指一切豆类。最初以原始型的子粒较小的大豆（�豆）为标准的豆。后来把子粒更小的豆如绿豆、赤小豆、白小豆、鸡眼豆、镜豆等也包括在内了。豆的蛋白质含量高而且质量好，也是重要谷类之一。

有一种优质的大豆叫任菽或戎菽。《谷梁传·庄公三十一年》：“齐侯来献戎捷……戎菽也。”《管子》也有：“北伐山戎，出冬葱及戎菽，布之天下。”山戎在今河北、辽西一带，戎菽即优良品种的大豆，是从这里传到黄河流域的。

春秋时期，桑麻等织布作物的种植也很普遍，主要有桑、麻、葛、纻、菅等。

春秋时，桑树种植很普遍。《诗经》中风、雅、颂三部分中都有关于桑的记载。而《国风》中鄘、卫、齐、魏、唐、秦、曹、豳等风中都有关于桑的记载。可见当时养蚕种桑地区之普遍了。

《郑风·将仲子》:“无逾我墙，无折我树桑。”既称“树桑”说明已是人工种植的品种，而不仅仅是野生的桑树了。《魏风·十亩之间》:“十亩之间兮，桑者闲闲兮。十亩之外兮，桑者泄泄兮。”说明桑树已大面积种植，而不仅在地边、路旁等空间地段种植了。《豳风·七月》:“蚕月条桑，取彼斧斨，以伐远扬，猗彼女桑。”说明当时已懂得桑树的剪枝修整等技术了。

桑树的栽培主要目的是养蚕。食用桑葚可能为副产品。《诗经》中两次言桑葚，都为鸟食。但是中国人民最早即喜食桑葚，或用之救饥。史书中多有记载，农书果部亦多列桑葚者。

如前所述，麻有雌、雄二种。雌麻又名苴，其子可食，是九谷之一，雄麻又名枲、牡麻，无子，皮可织成夏布。《齐风·南山》:“蓺蔴如之何？衡从其亩。”可见春秋时，麻也是大量种植的。《陈风·东门之池》:“东门之池，可以沤麻。”麻秆收获之后，在池水中沤烂，剥取其皮才可应用。《陈风·东门之枌》:“不绩其麻，市也婆娑。”绩麻是将麻和纤维纺绩成线。

在棉花传入中国之前，麻、丝、兽皮是做衣服用的主要材料。古人以布帛并称，帛是丝织品，而布是麻织品。贵族衣帛，庶人衣布，所以庶人又称布衣。

衣着的作物，除桑麻之外，还有葛、纻、菅等。《周南·葛覃》:“葛之覃兮，施于中谷，维叶莫莫是刈是濩，为絺为绤，服之无斁。”毛传曰：“精曰絺，粗曰绤。”《唐风·葛生》:“葛生蒙楚，蔹蔓于野。”《大雅·旱麓》:“莫莫葛藟，施于条枚。”说明葛大多野生，尚未进行人工种植，收割、浸泡之后，织成葛布。细葛布叫絺，粗葛布叫绤。

葛也是做鞋的重要原料。《齐风·南山》:“葛屦五两，冠緌双止。”《魏风·葛屦》:“纠纠葛屦，可以履霜。”

除葛之外，纻、菅也是制做衣着的重要原料。《礼记·丧服大记》:絺、绤、纻不入。”郑注：“絺、绤、纻者，当暑之亵衣也。”即絺、绤、纻都是贴身的内衣，不可登典礼之堂。《论语·乡党》:“当暑，袗、絺、绤，必表而出之。”即暑天居家，穿絺、绤制的内衣，外出时必加外罩。

二、深耕播种及田间管理

深耕已开始受到重视。《国语·齐语》载："及耕，深耕而疾耰之，以待时雨。时雨既至，挟其枪刈耨镈，以旦暮从事于田野，脱衣就功，首戴茅蒲，身衣袯襫，沾体涂足，暴其发肤，尽其四支之敏，以从事于田野。"这里说播种之前，已将土地进行深耕和平整，待下雨时，便抓紧时间进行抢种。这是文字记载中最早见到的深耕。"耰"，《说文》解释为摩田器，这里作动词用，即是打碎土块，平整土地。播种是一项简单的工作，也是一项关键的工作。种什么，怎样种，什么时间种，都与收成有密切的关系。

播种的时间，已能很好掌握。当时历法已很进步，《夏小正》《豳风·七月》对各季节的农活安排都有详细记载。大致可分为春播、秋播、夏播三种。播种方法，多为条播。

播种，只是农耕活动的开始，要获得丰收，还必须有除草、施肥、防虫等一系列田间管理活动的保证。《礼记·郊特牲》引伊耆氏蜡辞曰："土反其宅，水归其壑，昆虫毋作，草木归其泽。"反映了生产力低下的原始社会，人们用祭祀的祝辞，来祈求保护农田水土，防止虫灾、杂草，以获得农业丰收。而春秋时期，则不再是祈求天神的恩赐，而主要是靠人们的主观努力去争取农业丰收了。《左传·襄公二十五年》载子产说："政如农功，日夜思之，思其始而成其终，朝夕而行之。""朝夕而行之"即是指中耕除草、施肥、防虫等一系列田间管理活动。

中耕除草叫芸或耘。《论语·微子》荷蓧丈人"植其杖而芸"，朱注："芸，去草也。"《左传·昭公元年》："譬如农夫，是穮是蓘，虽有饥馑，必有丰年。"杜注："穮，耘也；壅苗为蓘。"也是一边除草，一边培根。又，《左传·隐公六年》："为国家者见恶，如农夫之务去草焉，芟夷蕰崇之，绝其本根，勿使能殖。""芟，刈也；夷，杀也；蕰崇，积聚也。"同样是一面铲除杂草，一面壅土培根。《汉书·食货志》说："苗生叶以上，稍耨陇草，因聩其土，以附苗根。故其《诗》曰：'或耘或耔，黍稷儗儗。'芸，除草也；耔，附根也。言苗稍壮，每耨辄附根，比盛暑，陇尽而根深，能（耐）风与旱；故儗儗而盛也。"

夏季在田间放伏水，把杂草浸死、沤烂，是当时增加肥力的一种方法。《礼记·月令》季夏之月："土润溽暑，大雨时行，烧薙行水，利以杀草，如以热汤，可以粪田畴，可以美土疆。"《周礼·稻人》："凡稼泽，夏以水殄草而芟夷之。"也是说夏天用水把杂草泡死，使其腐烂于田中，化为肥料。《周礼·草人》："掌土化之法以物地，相其宜而为之种。凡粪种：骍则用牛，赤缇用羊，坟壤用麋，渴泽用鹿，咸潟用貆，勃壤用狐，埴壤用豕，疆御用蕡，轻票用犬。"是说在播种之前，针对不同的土壤，用不同动物的骨汁来浸泡种子，以提高种子的发芽率。

虫灾特别是蝗灾和水、旱构成了农业生产的三大灾害。据明代徐光启的不完全统计，自春秋至元代（前723～1368）见于记载而有月份的较大蝗灾就有111次之多①。《春秋》中记载鲁国发生螽灾10次，宋国发生1次，《说文》："螽，蝗也。"也写作蝚，《左传·文公八年》作"螽"，《公羊传》作"蝚"。《说文》"螽或从虫众声。"

这时，人们对蝗虫的生长习性也有了较深的理解。《左传·宣公十五年》："秋，螽；冬，蝝生。"蝝是蝗的幼虫。《尔雅》郭注："蝗之未生翅者。"秋天发生了蝗灾，所以冬天蝗的幼虫又繁殖开来了。蝗虫的生长、繁殖与温度、湿度有密切的关系。哀公十二年十二月，鲁国发生了蝗灾，季孙问孔子，孔子说："火伏而后蛰者毕，今火犹西流，司历过也。"即蝗虫喜欢高温、干燥的气候；十二月份仍有蝗虫发生，是历法紊乱造成的。《礼记·月令》也有："春风解冻，蛰虫始振"、"方冬不寒，蛰虫复出"、"仲冬行春令，则蝗虫为败"等记载。

治虫的方法有人工捕打、烧杀和简单的烟熏、饵诱等。人工捕打是最原始的灭虫方法，甲骨文的寇字，上从"宀"像住宅；左从"九"像虫字和有害动物；右从"攴"像手执鞭扑，是人持鞭扑打害虫的会意字。烧杀是治虫重要方法。《尔雅》《说文》都有"爞"字，从火，从"蟲"（众虫），大约是以火烧众虫的会意字。《小雅·大田》："去其螟螣，及其蟊贼，……秉畀炎火。"足见已经采用了烧杀禾稼害虫的方法。此外，《周礼·秋官》中有掌管除虫的

① 徐光启：《农政全书·荒政·备荒中》。

翦氏、赤龙氏、壶涿氏、蝈氏、庶氏等官职。其除虫方法有："以莽草熏之"；"以蜃炭攻之，以灰洒毒之"；"以炮土之鼓敺之，以焚石投之"；"以牡橭午贯象齿而沈之"；"焚牡蘜，以灰洒之，则死，以其烟被之，则凡水虫无声"；"以攻说禬之，以嘉草攻之"。其中的莽草、牡蘜、嘉草等当是具有一定除虫作用的植物。

三、水利灌溉

春秋时期，治河防洪，农田水渠的修造及简易的陂塘灌溉工程，都有一定的发展①。

（一）治河防洪

水与农业生产关系密切。人类早期的农业区多建在河流沿岸，这里多为冲积平原，土质肥沃又地势低下避免干旱，但河流沿岸雨季来临洪水泛滥，又给农田和人类带来很大危害。因而治河防洪便是农业生产的重要问题了。春秋时期，大禹治水的传说流传很广泛。传说中禹治水主要用的是疏导的方法。《国语·周语下》太子晋说禹"象物天地，比类百则……高高下下，疏川导滞，钟水丰物，封崇九山，决汩九川，陂障九泽，丰殖九薮，汩越九原，宅居九隩，合通四海"。《淮南子·原道训》说："禹之决渎也因水以为师。""以水为师"就是善于根据水流运动的规律，因势利导，疏浚排洪。春秋时期，也多用疏导的方法治河。如《春秋·庄公九年》"浚洙"。洙水为泗水支流，绕行鲁城的西、北两面，相当于鲁城的西北两面的护城河。"浚洙"当是疏浚洙水河道，保持其水道畅通的意思。《月令》也载："季春"命司空曰："时雨将降，下水上腾，循行国邑，周视原野，修利堤防，道达沟渎，开通道路，无有障塞。"《说苑·臣术》说："子路为蒲令，备水灾，与民春修沟渎，曰：'以暴雨时至，恐有水灾。'故与人修沟渎以备之。"

治河的另一方法是在河流沿岸加筑堤防。堤防，至少在西周时就已出现。《周语上》有"防民之口甚于防川，川壅而溃，伤人必多"的警句。可见当时

① 参见武汉水利电力学院、水利电力科学研究院：《中国水利史稿》上册，水利电力出版社，1978 年版。

的堤防已有一定的规模。《周语下》记载周灵王二十二年（前550）谷水和洛水同时发水，洪峰相遇，冲毁成周城的西南部，并危及王宫的安全，当时就曾筑堤防洪。《诗经·陈风》中“防有鹊巢”的“防”，即河的堤防。《周南·汝坟》“遵彼汝坟，伐其条枚”，毛传曰：“汝，水名也；坟，大防也。”“汝坟”即汝水岸边的堤防。此外，传说齐桓公时，楚国曾侵犯宋、郑，并且“要宋田，夹塞两川，使水不得东流，东山之西，水深灭桅，四百里而后可田也”①。大约是在睢水上拦河筑坝，使河上游泛滥成灾。那时，睢水两岸可能也有堤防，能向上游淹地数百里，大约是回水及堤防溃决的结果。齐桓公出兵干涉楚国，要求它拆除拦河坝，“东发宋田，夹两川，使水复东流，而楚不敢塞也”②。像这个故事所反映的拦河筑坝及以邻为壑的事件一定不少，所以春秋时诸侯国之间的盟约中，明令禁止这种行为。《左传·僖公三年》载，阳谷之会有“无障谷”；同书，僖公九年葵丘之会有“毋雍（壅）泉”；襄公十一年亳之盟约“毋雍利”；僖公四年召陵之盟有“毋曲堤”。这些盟约中有关水利条款的提法不尽相同，大致分为两类：其中“毋曲防”、“毋曲堤”是一类，主要似指沿河筑堤，不许只顾自己，不顾全局，损害别国。“毋障谷”、“毋障泉”、“毋雍利”是另一类，似指不许拦河筑坝，堵塞河道，影响下游的国家农田及人畜用水。春秋时，诸侯林立，各不相统，这种不当的堤防建筑定有不少。经常用洪水决堤来比喻极危险的事情，这一方面说明当时堤防的建筑已经比较普遍，另方面也说明堤防的质量还比较差，靠堤防洪还是没有把握的事情。

（二）农田排灌沟洫

如果说一般大田作物尚可依靠天然雨水的滋润而生长的话，那么稻田的种植则决不可离开人工水渠的灌溉。春秋时期，随着生产力的发展，田间灌溉渠道的修筑也更为普遍。《左传·哀公十年》“郑国子驷为田洫，司氏，堵氏，侯氏，子师氏皆丧田焉”，即是子驷修建田间灌溉沟洫，因而侵占了一些领主的土地。

---

① 《管子·霸形》。

② 《管子·霸形》。

关于农田沟洫的修建情况，《周礼》上有几段记载。《地官·稻人》："掌稼下地，以潴蓄水，以防止水，以沟荡水，以遂均水，以列舍水，以浍泻水。"《地官·遂人》："凡治野，夫间有洫，洫上有径；十夫有沟，沟上有畛；百夫有洫，洫上有涂；千夫有浍，浍上有道；万夫有川，川上有路，以达于畿。"《考工记·匠人》："匠人为沟洫，耜广五寸，二耜为耦；一耦之伐，广尺，深尺，谓之甽；田首倍之，广二尺，深二尺，谓之遂。九夫为井，井间广四尺，深四尺，谓之沟；方十里为成，成间广八尺，深八尺，谓之洫；方百里为同，同间广二寻，深二仞寻，谓之浍，专达于川。"这里所说的浍、洫、沟、遂、畎、列等都是沟洫系列中的逐级渠道，和今天所说的干渠、支渠、斗渠、农渠、毛渠相类似。其中"沟"的作用是引水、输水，即所谓"荡"；"遂"的作用是分配渠水到田间，即所谓"均"；"列"的作用是停蓄渠水的田间垄沟，即所谓"舍"；"浍"是起排泄余水的作用，是排水沟。而"专达于川"是渠道与河流相接，从河中引水，又排水入河的意思。这里既有灌溉渠道，也有排水渠道，形成有灌有排的初级农田排灌系统。

上面所引三段文字中，不同等级渠道数目不同，名称也不完全一样。正说明其规划只是些原则性的说法。实际情况，当视具体而定。值得注意的是："以潴蓄水，以防止水"的"潴"和"防"。"潴"是蓄水的陂塘，"防"则是堤防。陂塘四周加上堤防，可增加蓄水量，也可提高蓄水的水位，扩大灌溉面积。蓄水工程和排灌结合的灌系工程的出现，标志沟洫工程的新水平。

（三）蓄水陂池的出现

《诗·陈风·泽陂》："彼泽之陂，有蒲与荷。"毛传："陂，泽障也。""泽障"就是小型的拦水坝。拦水坝截成的陂池，既可蓄水，又可放水灌田，相当于小型的水库。

传说楚相孙叔敖在淮河南岸，由西向东，在今史河、灌河、沣河、汲河至淝河之间，曾修建了一系列陂池等水利灌溉工程，其中有：（1）期思雩娄灌区。《淮南子·人间训》："孙叔敖决期思之水，而灌雩娄之野。"期思之水当是今天的史河和灌河，这个灌区在今河南固始一带，相当中华人民共和国成立后新建的梅山灌区中干渠所灌地区①。（2）芍陂。《后汉书·王景传》：“明年（东汉章帝建初八年即公元83年）景迁庐江太守……郡界有楚相孙叔敖所起芍陂稻田。”李贤注云：“陂在寿州安丰县南，陂经百里，灌田万顷。”《水经注·沘水、泄水、淝水条》载：“芍陂周百二十许里，在寿春县南八里，言楚相孙叔敖所造……陂水北迳孙叔敖祠下，谓之芍陂渎，又名期思陂。”《通典·州郡十一·安丰县》下原注：“有芍陂，楚相孙叔敖所起。崔寔《政论》曰：‘叔敖作期思陂’即此。”（3）阳泉陂、大业陂。南宋章樵《楚相孙叔敖碑》注引《元和郡县志》：“寿州安丰县有芍陂，灌田万顷，与阳泉陂、大业陂并为孙叔敖所作。叔敖庙在陂塘之上。”又《通鉴·魏纪六》决芍陂句下，胡三省注引《华夷对境图》云：“芍陂……与阳泉（陂）、大业（陂）并孙叔敖所作，开六门，灌田万顷。”这就是说，春秋中期楚庄王时代，孙叔敖曾在淮河两岸邻近支流之间，修建了期思、芍陂、阳泉、大业等灌溉工程②。

除引水灌田之外，取水灌田也是一种方式。《诗·大雅·泂酌》：“泂酌彼行潦，挹彼注兹，可以濯溉。”挹是取水，濯是洗濯，溉是灌溉。这句诗的意思是从流动的河潦中取水，用来洗濯和灌溉。另外，使用桔槔灌溉菜田的方法也已经出现了。《庄子·天地篇》：“子贡南游于楚，反于晋，过汉阴，见一丈人将为圃畦，凿隧而入井，抱瓮而出灌，搰搰然用力甚多而见功寡。子贡曰：‘有械于此，一曰浸百畦，用力甚寡而见功多，夫子不欲乎？’为圃者卬而视之曰：‘奈何？’曰：‘凿木为机，后重前轻，挈水若抽数，如泆汤，其名为槔。’”这里“凿隧而入井，抱瓮而出灌”，恐怕只是庄子编造的“寓言”。现实中很难有这样笨拙的浇灌方法，而子贡说的桔槔却可能是春秋时期新出现的汲水工具。

四、农、圃分工和园、圃经营的内容

重视蔬菜栽培，是我国农业生产的特点之一。我国农业生产，早期以比较寒冷的黄河流域为基地。这个地区，食用果实的乔木种类不多；因此，在采集

① 《中国水利史稿》，第64页。

② 郑肇经：《关于芍陂创始问题的探讨》，《中国农史》1982年第2期。

野生植物时，会更多地注意草本植物的茎部和根部，将它们煮入汤或粥饭里即是“芼羹”；或是只向菜汤撒些少量谷粒即是“糁羹”。这些习惯，导致了蔬菜栽培的产生。吃淀粉性的食物缺少蛋白质和维生素，而蔬菜则恰好补充了它的不足。

西安半坡新石器遗址中已有了白菜或芥菜籽，人们开始种植蔬菜了。甲骨文中有“圃”和“囿”字。《豳风·七月》中有“九月筑场圃”。毛传曰：“春秋为圃，秋冬为场。”郑笺：“场圃同时耳。物生之时，耕治之以种菜茹；至物尽成熟，筑坚已为场。”很明显，这里已经把种菜茹的圃，和种植一般粮食作物的田分开来了。

春秋时期，农、圃已经有了初步的分工。《齐风·东方未明》有“折柳樊圃”，即是用柳条篱笆围起来的菜园。《左传·庄公十九年》：“子颓有宠，蒍国为之师。及惠王继位，取蒍国之圃以为囿。”孔颖达正义云：“圃，以蕃为之，所以树果蓏；囿则筑墙为之，所以养禽兽。二者相类，故取圃为囿。”有了专门种植果蓏的圃，证明农、圃的分工已经形成。

《论语·子路》载：“樊迟请学稼，子曰：‘吾不如老农。’请学为圃，曰：‘吾不如老圃。’”《晏子·内篇问下》也载：“北郭者，尽屦缕之甿也，以唐园为本利。”说明这时不仅有了专门种植蔬菜的土地——圃，而且有了专门种植蔬菜的人——老圃，园艺蔬菜已经成了独立的生产专业。同时《诗经·魏风》有《园有桃》篇；《夏小正》有“四月，囿有见杏”。说明桃、杏等果树也开始在园囿中种植了。

园圃中栽培的蔬菜有瓜、瓠、匏、葵、韭、荼等。《诗经》中，瓜字多见。《左传·庄公八年》说：“齐侯使连称、管至父戍葵丘，瓜时而往，曰：‘及瓜而代。’”知瓜已定期种植，定期收获了。瓠又名壶，又名匏，即葫芦。《豳风·七月》：“八月断壶。”《夏小正》：“八月……剥瓜。”说明它也是定期收获的。《卫风·硕人》：“齿如瓠犀”，“瓠犀”是葫芦子，用它来形容美人的牙齿，说明瓠是人们很熟悉的菜种。《小雅·瓠叶》：“幡幡瓠叶，采之亨（烹）之。”说明瓠叶也是可吃的蔬菜。匏除了作为吃的蔬菜之外，还可作为工具使用，如《大雅·公刘》“酌之用匏”，即是将一个葫芦对半劈开成为两个瓢，用来舀水或取酒。《邶风·匏有苦叶》：“匏有苦叶，济有深涉。”即将葫芦绑在身上可以渡河或涉水。《豳风·七月》："七月亨葵及菽。"葵即冬葵，为我国古代重要蔬菜之一。《齐民要术》将《种葵》列为蔬类第一篇；王祯《农书》称葵为"百菜之主"。今江西、湖南、四川等地仍有栽培。《豳风·七月》："四之日其蚤，献羔祭韭"。《夏小正》：正月"囿有见韭"，三月"荣堇"，四月"取荼"，七月"灌荼"。《诗经·大雅·緜》："周原膴膴，堇荼如饴。"《豳风·七月》："九月菽苴，采荼薪樗，食我农夫。"荼是当时劳动人民常食的野菜。而《夏小正》中有"荣堇"、"取荼"、"灌荼"，说明已开始人工栽培。

此外，见于《诗经》《夏小正》等文献记载的采集的菜类还有："荇菜、蘩、藻、莫、荬、芹、茆、蕨、薇、卷耳、芣苢、葑、菲、蒲、苓、蘬、雚、谖草、苹、莪、台、菜、苦、芄兰、荷、扶苏、荠、苞、莜、姜、卵蒜等。至于哪些已为人们所栽培，尚不甚清楚。其中姜的用途比较广泛，如《论语·乡党》："不撤姜食。"《礼记·檀弓上》："曾子曰：丧有疾，食肉饮酒，必有草木滋焉，以为姜桂之谓也。"《礼记·内则》："桃李梅杏，楂梨姜桂。"《左传·庄公二十四年》："女贽，不过榛栗枣脩。"杜预注："腶脯加姜桂曰脩。"从用途之频繁来看，可能有人工栽培了。

蔬菜栽培，要在同一块地面上进行频繁的复种，需要经常打水浇灌、松土、施肥、除虫，劳动强度大，技术要求高，使农业生产的精耕细作又达到了一个新的水平。

果树植物，最初是野生，到了人类发现其中有少数种类色、香、味最适于生活所需时，取采栽培，又得到了保证，这些少数种类与天然生长的发生极大变异，就成为园艺果树了。从文献中看到的有以下几种①：

（1）桃。《左传·宣公二年》："赵穿杀灵公于桃园。"《魏风·园有桃》："园有桃，其实之殽"，即是园中之桃，当是人工栽培的。《周南·桃夭》："桃之夭夭，灼灼其华……有蕡其实。""蕡"是大的意思，人工培育的桃，果实很大，非野生种可比。

（2）李。《王风·丘中有麻》中，"丘中有李"、"丘中有麦"、"丘中有

① 参看辛树帜，《中国果树史研究》，农业出版社，1983 年版。

麻”并提。麻、麦为人民植于丘中，李原生深山，现在丘中，亦当为人们栽培。《召南·何彼秾矣》：“何彼秾矣，华如桃李。”当时人们的言论中，多是桃李并提，且以桃先李后为序。桃既为人重视，而栽培于园中，李也不会例外。并且《大雅·抑》有“投我以桃，报之以李”。证明桃李之果实，已为当时人们所并重。

(3) 枣。《豳风·七月》：“八月剥枣，十月获稻。”《夏小正》：“八月，剥枣。”剥枣与获稻并举，稻为栽培植物，定期收获，所以枣自也应为人工栽培。《诗经》中枣字仅一见，其余俱称棘。枣与棘，一为乔木，一为灌木，大曰枣，小曰棘。因其定期收获，必然是大量生产，普遍种植。《魏风·园有桃》：“园有桃，其实之殽……园有棘，其实之食。”这里的桃园与棘园并列，证明魏之棘，已是园中种植之枣，是改良种，种于园中，并定期收获。《左传·庄公二十四年》：“女贽，不过榛栗枣脩，以告虔也。”《国语·鲁语上》《礼记·曲礼》也有类似的记载，可见枣与榛、栗俱是人们生活中习见的果实。

(4) 檀。《郑风·将仲子》：“无逾我园，无折我树檀。”《小雅·鹤鸣》：“乐彼之园，爰有树檀。”这里，“树”是动词，凡栽培树木皆称“树”。与栽培谷类皆称“树”相同。这檀既在园中，又为人工所种植，当然是人工培育的品种了。

(5) 梨。《秦风·晨风》：“山有苞棣，隰有树檖”。毛传：“檖，赤罗也。”《太平御览》引陆机疏云：“檖，一名赤罗，一名山梨，今人谓之杨檖。树及实如梨，但小耳。”檖就是梨。树是人工栽培，“隰有树檖”，说明在关中平原上已开始人工培植梨树。

(6) 栗、榛。《鄘风·定之方中》：“树之榛栗，椅桐梓漆”。可见栗、榛已为人工栽培了。《左传·庄公二十四年》：“女贽，不过榛栗枣脩，以告虔也。”榛栗枣是妇女见面时互相赠送的礼品，说明已为人们习见之物。《唐风·山有枢》：“山有漆，隰有栗。”《秦风·车辚》：“阪有漆，隰有栗。”说明山西、陕西一带，低湿的平原上适宜种植栗树。《郑风·东门之墠》：“东门之栗，有践家室。”毛传：“栗，行上栗也。”是说东门之外，大道两旁，种植着行列整齐的栗树。知栗树不仅可食其果，用其木材，而且还可作行道树用。

（7）梅。梅与桃、李价值相等，是当时重要的果村。《召南·摽有梅》："摽有梅，其实七兮。""摽有梅，其实三兮。""摽有梅，倾筐塈之。"从"其实七兮"、"其实三兮"、"倾筐塈之"可知，当时已重视其果实了。梅在《诗经》中见到的很多。《秦风·终南》："终南何有？有条有梅。"《小雅·四月》："山有嘉卉，侯栗侯梅。"《陈风·墓门》："墓门有棘，斧以斯之"；"墓门有梅，有鸮萃之。"《曹风·鸤鸠》："鸤鸠在桑，其子在梅。"《诗经》中的梅有两种：一为今天我们所说的梅，冬开白花，果实很酸者；一为楠木，即《秦风·终南》毛传所说："梅，枏也。"枏，即楠木，今四川所出之大木，粗数十围者，《秦风》和《小雅》中之梅即指此。是山上的野生树木，为樟科植物。《召南》《陈风》《曹风》所说的梅，即今日所称之梅。《陈风》中的墓门即城门，郑国东门外有成行的栗树；陈国城门外有许多棘树和梅树。梅为南方长江流域之原产，因古代黄河流域人民喜梅之酸，能与盐等共同做调味之用。《左传·昭公二十年》："和如羹焉，水、火、醯、醢、盐、梅，以烹鱼肉。"《礼记·内则》也有"兽用梅"。所以把梅由南方引至北方并进行驯化。

（8）杏。《夏小正》："正月：梅、杏，杝桃则华"；"四月：囿有见杏。"据蔡德晋说："有藩曰园；有墙曰囿。"则杏已为人栽培到囿中了。《礼记·内则》所列可供食用的果实有：芝、杨、蔆、椇、枣、榛、柿、瓜、桃、李、梅、杏、楂、梨、薑、桂等，其中就有杏。郑玄注曰："皆人君燕食所加庶羞也。"

（9）郁。《豳风·七月》"六月食郁及薁"，毛传："郁，棣属；薁，蘡薁也。"郁是郁李，薁是薁李，二者都是蔷薇科植物，已成为当时人民的食品，或久已栽培而发展成为良果。

（10）其他。桑，大多数国风中都有，《郑风·将仲子》："无逾我墙，无折我树桑。"可见桑已栽培于院中（见前"桑麻类"植物）。另有枸。《小雅·南山有台》："南山有枸，北山有楰。"枸即枳椇，味甘甜可食，俗称"鸡距子"，属李科之枸，现秦岭山中很多，当时是否栽培或仅采野生果实而食，尚不敢断定。

再说经济林木的栽培。利用木材制作工具、武器，建造房屋等起源很早。最初只是利用天然林木。定居之后，开始有意识地在住处周围栽种树木。文献中见到的树木，除果树之外，尚有松、柏、桧、柘、檿（野生小桑树）、杨、柳、枌、榆、枢、栵、椐、栩、柞、六驳、栲、杻、棠、杜、椅、桐、梓、漆、梧桐、楸、檟、樗、枳、楛、柽、樛木、棣槐、梾、杞、梗、竹樗（即樗枣）、枞、椵、桦、椿、榖、皂荚、楮、合欢等。从这些资料中可以看出，公元前6世纪时，在黄河流域，用做树木的树种已经不少，其中除了榆、檀、槐、栎、柏、松、柞是较坚实细密的树种外，一般多属于软材树种。其中已明确为人工栽培的树种有椅、桐、梓、漆、杞、柳、檟、竹、槐等。

（1）椅、桐、梓、漆。《鄘风·定之方中》："树之榛栗，椅桐梓漆，爰伐琴瑟。"说明椅桐梓漆已和榛栗一样，都是人工种植的树木，并且是制作琴瑟等乐器的重要材料。漆作为涂料，是我国的发明。《尚书》中已有漆器。

（2）杞。《郑风·将仲子》："无逾我里，无折我树杞。"说明杞是里中人工栽培之林木。杞与梓都是优质木材，这时还用它来比喻优秀人才，如《国语·楚语上》："晋卿不若楚，其大夫则贤。其大夫则卿材也，若杞梓皮革焉，楚实遗之。"

（3）柳。《齐风·东方未明》："折柳樊圃。"即是折断柳枝插成篱笆，折柳，就是插条繁殖法。

（4）竹。《诗经》中，多次提到竹。《卫风·淇奥》："瞻彼淇奥，绿竹猗猗"，"绿竹青青"，"绿竹如箦"。《卫风·竹竿》："籊籊竹竿，以钓于淇。"当时黄河中游、河南北部，有很多"竹园"或"竹田"。造纸术发明之前，抄写书籍，除了缣帛、木板之外，竹是常用的大宗材料。符、笺等小件之外，简、簿、篇、籍也都从竹，是竹片。另外，兵器中的弓箭，日用小器具的筐、筥、篮、篦、笥、簠、簋、笼、箪、箸等消耗量也不小。乐器中的箫、管、籥、竽、簧、笛等也是用竹做的。这些情况说明当时黄河中游野生、半野生和人工培植的竹林，应有相当数量。

（5）檟。檟又名楸，落叶乔木，木质密致，当时人常以为棺椁和器具。《左传·襄公二年》："初，穆姜使择美檟，以自为榇与颂琴。季文子取以葬（齐姜）。""榇"是近身之棺；"颂琴"是殉葬的乐器。并且已有种植的习俗。《左传·襄公四年》："初，季孙为己树六檟于蒲圃东门之外。"《左传·哀公十一年》：（子胥）曰："树吾墓檟，可材也，吴其亡乎！"

（6）槐。诸侯、卿大夫宫室之外庭，多植槐树，《国语·晋语五》说晋灵公派勇士刺杀赵盾，不成，“触庭之槐而死”。是赵盾的前庭植有槐树。《晋语九》：“（范）南子执（董叔）而纺于庭之槐。”范氏庭前亦有槐。《左传·襄公二十三年》：晋栾氏作乱攻公宫，“（栾）乐射之，不中；又注，则乘槐本而覆”。“槐本”，即槐树根，栾乐的战车被槐树根给绊倒了。可见晋公的前庭也植有槐树。《周礼·朝士》也有王之外朝，“面三槐，三公位焉”之说。

第三节　畜牧业

春秋时期畜养的畜、禽，也主要是马、牛、羊、鸡、犬、豕。这六种畜禽在生产、生活及战争中都占有重要地位。《左传·闵公二年》载：卫国被狄人攻灭之后，齐桓公派兵去救卫，并“归公乘马，祭服五称，牛、羊、豕、鸡、狗皆三百，与门材”。这里送给卫国的也是这六种畜禽，只是马的数量少些。“乘马”即四匹马，可能因为马主要用于战争，不是重要生活用品的缘故。《管子·牧民》：“养桑麻，育六畜，则民富”；《七法》：“六畜不育则国贫”；《八观》：“行其山泽，观其桑麻，计其六畜之产，而贫富之国可知也。”《孔丛子》卷五也有陶朱公曰：“子欲富，畜五牸”的记述。可见，畜牧业在经济生活中占有重要地位。

马在战争中具有特殊的作用。马与其他牲畜不同，饲养的目的不是食肉，文献很少有食马肉及用马来祭祀的记载。《韩诗外传》及《淮南子》中还有食马肉，“不得酒者死”的说法。马的主要功用是驾车，用于作战的车叫戎车，狩猎的车叫田车，传递消息的车叫传车，天子乘的车叫路车。戎车或田车一般都由四匹牡马来驾御。一般情况下，四匹马都是同一种颜色。“驷驖孔阜”是四匹赤黑色的马，“乘其四骐”是四匹有黑色棋盘形格纹的马，“比物四骊”是四匹纯黑色的马，“乘其四骆”是四匹黑尾黑鬃的白马，“乘乘黄”是四匹黄色的马，“乘乘鸨”是四匹黑白杂毛的马。战马身上还披有铠甲，如“驷介旁旁”、“驷介麃麃”、“驷介陶陶”，“介”是铠甲。“驷介”即是四匹披有铠甲的马。个别情况下，也有驾两匹马的。《左传·哀公十七年》：“大子请使良夫，良夫乘衷甸两牡，紫衣狐裘；至，袒裘，不释剑而食。”驾两匹马叫

“骈”，即二马并列。驾三匹马叫“骖”。《小雅·采菽》：“载骖载驷，君子所届。”还有驾五匹、六匹的，所谓“良马五之”“良马六之”。当时盛行车战。由于马的应用，使原来的弓矢戈矛等武器，具有了更大的杀伤力。马与战争结下了紧密的关系。“马者，兵象”①；“马者，甲兵之本”②；“马者兵之首也”③。尽管马不等于士兵，也不是武器，但它在战争中所发挥的作用，却非一般士兵和武器所能比拟，所以称它为“兵之首”、“甲兵之本”是有一定道理的。军队中的重要长官，也多以司马来命名，如晋国的“中军司马”是军队中执行司法职务的官职，宋、楚等国的“大司马”是国内最高的军事长官。《周礼》中的“大司马”更列为天子六官之一。

由于马匹是“甲兵之本”，所以各诸侯国都普遍养马。并且将自己的优良马种视为珍品。《左传·僖公二年》：“晋荀息请以屈产之乘与垂棘之璧，假道于虞以伐虢。”“屈”就是晋国的边境，“夷吾居屈”之屈。用屈地产的乘马与玉璧去贿赂虞国，可见“屈产之乘”是很珍贵的了。《左传·哀公二十三年》：季康子肥的外婆死了，他派冉求代替自己去送葬，也送去了自家的产马，并且致辞说：“以肥之得备弥甥也，有不腆先人之产马，使求荐诸夫人之宰。”

战马，必须是本国繁殖的，并且经过长期训练，使用起来才得心应手。《左传·僖公十五年》载，秦晋韩之战，晋惠公乘郑国入贡的乘马，庆郑劝谏说：“古者大事，必乘其产，生其水土，而知其人心，安其教训，而服习其道，唯所纳之，无不如志。今乘异产，以从戎事，及惧而变，将与人易。乱气狡愤，阴血周作，张脉偾兴，外强中干，进退不可，周旋不能，君必悔之。”晋侯不听，结果“晋戎马还泞而止”。晋惠公也被秦国俘虏了。

车马也是身份和地位的重要标志。当时，大夫以上的贵族，出门都乘车马，而不步行的。所以子路说：“愿车马，衣轻裘，与朋友共，敝之而无憾。”④ 颜渊死时，他父亲颜路请求孔子将其乘车送给颜渊为棺椁，孔子不答

① 《隋书·五行志》引《洪范五行志》。
② 《后汉书·马援传》。
③ 《史记·赵世家·正义》引虞喜《志林》。
④ 《论语·公冶长》。

应说："以吾从大夫之后，不可徒行也。"[①] 没有车马，徒步行走，便失去了贵族的身份。孔子还曾叹惜地说："吾犹及史之阙文也，有马者借人乘之，今亡矣夫！"[②] 出门没有马乘，如同史学没有文采一样，缺少风度和气韵。

车马不仅是贵族活着时候身份地位的重要标志，也是死后重要的殉葬品。考古发掘表明，这时期的墓葬，"无鼎小墓，均无车马坑与车马器；一鼎至三鼎墓大多有车马器，很少有车马坑；五鼎或五鼎以上的墓，几乎都有车马坑，马的数量也还各有等差"[③]。

由于马匹珍贵，春秋时期也经常用它作为馈赠的礼品和行贿的财物。如《左传·僖公二年》："晋荀息请以屈产之乘与垂棘之璧，假道于虞以伐虢。"同书，僖公三十三年，阳处父"释左骖，以公命赠孟明"；宣公二年，宋郑之战，宋执政华元被俘，"宋人以兵车百乘，文马百驷以赎华元"；襄公二年，"齐侯伐莱，莱人使正舆子赂夙沙卫以索马牛，皆百匹，齐师乃还"。

同时马匹的买卖已经出现了。《左传·昭公二十九年》："平子每岁贾马，具从者之衣履，而归之于乾侯。"《周礼·夏官·司马》有"马质"一职，其职责是："掌质马。马量三物：一曰戎马；二曰田马；三曰驽马。皆有物价，纲恶马……若有马讼，则听之。"即马分军马、猎马和驽马三类，各有不同的价格，检查出恶马，绑缚起来，不令其交易。买卖双方，若有争议、诉讼，则由马质听断。

由于马的特殊功用，所以不仅活着的时候它受到优待，就是死后，也要给以特殊的处理。《左传·昭公二十九年》：鲁昭公出走乾侯时，"卫侯来献其乘马曰'启服'，堑而死，公将为之椟。子家子曰：'从者病矣，请以食之。'乃以帷裹之。"卫侯赠的马受伤死了，当时随从人员生活都很清苦，鲁昭公却要为马打制棺材厚葬，由于子家的劝告，才没有打棺椁，而是用帷布包裹埋葬了。这件事虽然说明鲁昭公不体恤下情，却也反映了当时的一种习俗。《礼记·檀弓》载："敝帷不弃，为埋马也。"即是说马死之后，不食其肉，而是

---

① 《论语·先进》。

② 《论语·卫灵公》。

③ 北京大学历史系考古教研室商周组编著：《商周考古》，文物出版社 1979 年版，第 214 页。

用布帷包裹起来埋葬。

马匹的饲养和训练。“马有圉，牛有牧”，马和牛都有专人饲养。养马的马棚叫“厩”。《说文·广部》“厩，马舍也”。国家有专门的马厩。《左传·庄公二十九年》：“春，新作延厩，书不时也。凡马日中而出，日中而入。”“日中”即春分和秋分，就是说，春分以后，草木开始繁茂，将马群从马厩中赶出，到郊野去放牧；秋分以后，草木日益枯黄，再将马群赶入厩中去过冬。新建马厩，应在春分以后。春分，在周正是夏季，鲁国在春季“新延厩”时间过早，故曰“不时也”。不仅国家有马厩，贵族私家也有马厩。《论语·乡党》记：“厩焚，子退朝曰：伤人乎？不问马。”这里失火的马厩，可能是孔子自家的马厩，所以退朝之后才问。

《周礼》有“圉师”和“牧师”。“圉师”的职责是：“掌教圉人养马，春除蓐，衅厩，始牧，夏庌马，冬献马。”即春天时，马群开始到野外去放牧，清除打扫马厩；夏天时，建马棚，使马便于在中乘凉。冬季，马驹已长成，将其献与国王。“牧师”的职责是：“掌牧地，皆有厉禁而颁之。孟春焚牧，仲春通淫。”“焚牧”是焚烧牧场，促使嫩草蓬勃生长；“通淫”是马匹交配。交配时要“执驹”，二岁的马叫驹，血气未定，“离之去母”。《夏小正》也有四月“执陟攻驹”的记载。

马不仅吃草，也吃料。《小雅·鸯鸳》：“乘马在厩，摧之秣之。”“摧”是喂草；“秣”是喂料即粟。《左传·文公七年》：“秣马蓐食”，同书，宣公十二年，“军行，右辕，左追蓐”；成公十六年，“季孙于鲁相三君矣，妾不衣帛，马不食粟，可不谓忠乎？”“马不食粟”被视为节约、廉洁的美德。《大雅·云汉》毛传有“岁凶，年谷不登，则趣马不秣”的记载。

“教駣”和“攻驹”。《周礼·廋人》的职责有“教駣、攻驹”二项。马三岁曰駣，“教駣”是驯马。郑注曰：“始乘，习之者。”《左传·哀公二十六年》：“左师见夫人之步马者。”杜注云：“步马、习马、马步盖习马之道。”“三岁马，始可驾乘，故必先教习而后任用也。”《学记》云：“始驾马者反之，车在马前。”

《淮南子·人间训》：“夫马之为草驹之时，跳跃扬蹄，翘尾而走，人不能制，龁咋是以噆肌碎骨，蹶蹄是以破尸陷匈，及至圉人扰之，良御教之，掩以衡扼，连以辔衔，则虽历险超堑，弗敢辞。”

“攻驹”也称，“攻特”就是骟马。《周礼·校人》“凡马，特居四之一……夏祭先牧，颁马攻特”，郑司农注：“攻特，谓騬之”，就是“骟马”，孙注：“牡马性悍怒，喜相踶啮，必騬之使驯，而后可乘用也。”

马病的治疗和相马术。《周礼》：“兽医”和“巫马”的职责都是给马、牛等牲畜治疗疾病。内病称为“病”；外伤及溃疮称为“疡”。内病采用灌药的方式治疗：“凡疗兽病，灌而行之，以动其气，观其所发而养之。”“疡”则采用灌药、手术及敷药等方式来治疗。“凡疗兽疡，灌而劀之，以发其恶，然后药之、养之、食之。”

春秋时期，战争频繁，马的功用显得格外重要，与人的关系也更加密切，马的名称也特别多，如《诗经·鲁颂·駉》所记，鲁僖公的马群，按其毛色不同，竟有十六种名称，总计《诗经》和《尔雅》中，所记马的毛色，有二十多种，如：

1. 纯黑色的叫骊
2. 赤黑色的叫骥
3. 青黑色的叫騆
4. 有鳞黑斑的叫驒
5. 浅黑色的叫骃
6. 青黑色有棋盘形格纹的叫骐
7. 黑马白股叫驈
8. 黑身白鬃叫雒
9. 黄色脊背的黑马叫驔
10. 黑白杂毛的叫鸨
11. 仓白杂毛的叫骓
12. 黄白杂毛的叫駓
13. 白马黑鬃叫骆
14. 黄色的叫黄
15. 黄白色的叫皇
16. 黑嘴黄马叫騧
17. 赤色的叫骍
18. 赤白色的杂毛马叫騢
19. 赤身黑鬃叫骝
20. 骝马面白叫驳
21. 骝马白腹叫騵
22. 两眼白的叫鱼
23. 后左足白的叫骈
24. 额有白毛的叫白颠
25. 前右足白的叫启

古人在驯化和选育良马的实践活动中，总结出一套凭眼力和经验，从外观形态鉴别马匹优劣的本领。畜禽的外形特征和生物学特性，是相畜学的重要依据。

毛色是最为显而易见的表型性状，也最早为人们所重视。《礼记·檀弓》："夏尚黑，戎事乘骊，牲用玄；殷尚白，戎事乘翰，牲用白；周尚赤，戎事乘騵，牲用骍。"说明古代，无论是战马，还是祭祀用的牺牲，对毛色都很重视。

马匹的名称之多，毛色分类之细，反映了人们对其外形认识的逐渐扩展。随着认识由表及里的不断深入，春秋时出现了我国最早的一批相马专家和相马著作。《吕氏春秋·观表》："古之善相马者，寒风是相口齿，麻朝相颊，子女厉相目，卫忌相髭，许鄙相尻，投伐褐相胸胁，管青相膹肳（唇吻），陈悲相股脚，秦牙相前，赞君相后，凡此十人者，皆天下之良工也。若赵之王良，秦之伯乐，九方皋，尤尽其妙矣。其所以相者不同，见马之一征也，而知节之高卑，足之滑易，材之坚脆，能之长短。"秦穆公时的伯乐和九方皋，是见于记载的最早相马专家。《盐铁论》："骐骥负盐车，垂头于太行之坻。见伯乐则喷而长鸣。"《列子·说符》还记载了一个有趣的故事：秦穆公见伯乐年长，令其代为遴选相马的接班人。伯乐便推荐了与之"共担缠薪菜者"的老朋友九方皋，出来为穆公"使行求马"。九方皋用三个月的时间，回来报告说："已得之矣，在沙丘，牝而黄。"然而取马的人却发现是"牡而骊"。穆公很不高兴地召见伯乐说："败矣，子所使求马者，色物、牡牝尚弗能知，又何马之能知也?"但伯乐深信九方皋的才干，尽管不辨毛色，不问雌雄，却能洞察马的本质。乃喟然对曰："皋之所见，得其精而忘其粗；见其内而忘其外；见其所见，不见其所不见，视其所视，而遗其所不视。"及马至，果然为天下之良骏。《尔雅·释马》樊光注有："伯乐相马法"。樊光是东汉时人，可见当时民间仍在推崇伯乐。马王堆汉墓出土帛书《相马经》其中提到"伯乐所相君子之马"、"（相马）法曰"等内容，而且还有不少来源于春秋战国时代的一些相马术语。

《周礼·牛人》："凡祭祀，共其享牛，求牛以授职人而刍之；凡宾客之事，共其牢礼积膳之牛；"飨食宾射，共其膳羞之牛"；军事，共其槁牛；丧事，共其奠牛；凡会同军旅行役，共其兵车之牛，与其牵徬，以载公任器。"牛的功用很多，祭祀、宾客、燕享、军旅、丧事都用牛，首先是祭祀祖先和天神的主要供品。

祭祀之牺牲，必须牲体完具，毛色纯正，《左传·宣公六年》"吾牲牷肥”，杜注曰：“牷，纯色完全也。”毛色不纯的叫龙。牺牲的毛色，因时代不同，崇尚也不同，《礼记·檀弓》说：“夏尚黑，殷尚白，周尚赤。”周代尚赤，所以祭祀用骍，即红色的公牛。《书·洛诰》：“蒸，祭岁，文王骍牛一，武王骍牛一。”《小雅·信南山》：“祭以清酒，从以骍牡。”《大雅·旱麓》：“清酒既载，骍牡既备。”《论语·雍也》：“犁牛之子骍且角，虽欲无用，山川其舍诸。”即红色的公牛，角的形状也很周正，虽然是耕地的犁牛生的，若不用于祭祀，山川之神也不会答应的。

牛也用来驾车和耕田。《吕氏春秋·举难》：“宁戚欲干齐桓公，穷困无以自进，于是为商旅，将任车以至齐。”宁戚最初也是赶牛车经商的。而牛车最大的用处还在于战争，即“会同军旅行役，共其兵车之牛”。《孙子兵法·作战篇》：“凡用兵之法，驰车千驷，革车千乘。”曹操注：“驰车，轻车也，驾四马，千乘。革车，重车也，言万骑之重也。”兵马未动，粮草先行，大军出发，大量的武器粮草衣装，需要用牛车来载运。

牛肉是贵族宴享及招待宾客的主要肉食之一，“凡宾客之事，共其牢礼积膳之牛；飨食宾射，共其膳羞之牛”。牛肉的吃法也比较讲究，如整个牲体置于俎上叫“全蒸”；半个牲体置于俎上叫“房蒸”，也叫“体荐”；肢节牲体，连骨带肉置于俎上叫“殽蒸”。纯肉切成块叫“胾”。招待对象不同，肉的吃法也不同。《左传·宣公十六年》，晋士会出使于周，周定王用“殽蒸”即肢节的带骨肉招待他，他“私问其故”，定王告诉他：“王享有体荐，宴有折俎。公当享，卿当宴。”《淮南子·齐俗训》：“屠牛而烹其肉，或以为酸，或以为甘，煎、熬、燎、炙，其味万方，其本一牛之体。”可见牛肉已有多种吃法，可做出多种味道来。这时，出现了专门以屠牛为业的人和卖牛肉的市场——“牛肆”。《淮南子·齐俗训》：“屠牛吐一朝解九牛，而刀可以剃毛。”即一个名叫吐的屠牛人，一个上午肢解了九头牛，而其刃仍异常锋利，说明其技术之高。《韩诗外传》卷九记：齐王想把女儿嫁给屠牛吐，他不同意，认为一定是齐王的女儿长得很丑，朋友问他怎么知道的，他说：“以吾屠知之。吾肉善，如量而去苦少耳；吾肉不善，虽以他附益之，尚犹贾不售，今厚送子，子故丑耳。”

牛皮之革，坚厚耐用，可以制成皮韦束物。《周易·革》：“巩，用黄牛之革”，“巩”即束缚东西的皮条。也可用作束缚畜兽的皮绳，《周易·遯》：“执之，用黄牛之革，莫之胜说（脱）。”车马的韅、靷、鞅、靽等皮韦，也多为牛皮之革。同时，也是做铠甲的重要原料。《左传·宣公二年》载：宋华元从郑国逃回之后，筑城的人讥笑他“弃甲复来”，他让骖乘回答说：“牛则有皮，犀兕尚多，弃甲则那。”可见牛皮是可制铠甲的。

牛的角、筋及牛皮胶又是制弓的重要材料。《小雅·角弓》中的“角弓”是由两端镶牛角的弓。《周礼·弓人》：“凡相角，秋閷者厚，春閷者薄，犀牛之角直而泽，老牛之角纱而昔。疢疾险中，瘠牛之角无泽，角欲青白而丰末。”牛皮胶是制弓的重要原料：“鹿胶青白，马胶赤白，牛胶火赤。”弓弦多为牛筋所制。“凡相筋，欲小简而长，大结而泽。”

由于牛的用途广泛，所以也经常用来作馈赠和贿赂的礼品。如《左传·僖公三十三年》，郑商人弦高“以乘韦先，牛十二犒师”。襄公二年，齐军伐莱，“莱人正舆子赂夙沙卫以索马牛，皆百匹，齐师乃还”。同书，哀公二十四年，晋师伐齐，“（鲁）臧石率师会之，取廪丘。……晋师乃还，饩臧石牛”。

羊肉可食，主要用于祭祀和宾客宴享。《周礼·羊人》：“掌羊牲，凡祭祀饰羔……凡祈珥，共其羊牲；宾客，共其法羊；凡沈辜侯禳衅积，共其羊牲。”太牢、少牢都有羊。大型的祭祀、宴享用太牢、少牢；小型的祭祀或牢享一般就用羊了。诸侯每月初一要到祖庙去“告朔”，颁布一个月的日历，行告朔礼也要用羊。《论语·八佾》：“子贡欲去告朔之饩羊。子曰：‘赐也，尔爱其羊，我爱其礼。’”在战场上，为了鼓舞士气，也有杀羊享士的。如《左传·宣公二年》宋、郑大棘之战，“将战，华元杀羊食士”。由于羊的性格比较温顺，所以各国交战时，战败国的国君有“肉袒牵羊”去拜见战胜国国君的。如《左传·宣公十二年》：“楚子围郑……郑伯肉袒牵羊以逆。”

羊皮羔裘是一般贵族普通的冬装。即“羔裘逍遥，狐裘以朝。”羔裘，毛在外，在衣襟的右面有五个纽扣。即《召南·羔羊》所说：“羔羊之皮，素丝五纶”；“羔羊之皮，素丝五緎”；“羔羊之皮，素丝五总”。“纶”是纽，“緎”是套扣，把纽纳入绒中即是“总”。《淮南子·说山训》：“被羔裘而赁固其事也；貂裘而负笼甚怪也。”“赁”是为人佣工，可见羔裘也是一般下层劳动人民的普通冬装。专门屠羊的人和卖羊肉的“羊肆”也已出现。《左传·襄公三十年》郑国大夫伯有，发动叛乱失败后，“死于羊肆”。《韩诗外传》卷八载，吴人伐楚时，屠羊说（即一个名叫说的屠羊人），曾随同楚昭王一起逃难，楚昭王返国后，奖赏随从人员，屠羊说不接受赏赐，“遂辞三公之位，而反乎屠羊之肆”。牛、羊都有圈，关着饲养。但主要还是放牧。少量的牛、羊群在近郊放牧，每晚赶回村庄。《王风·君子于役》：“日之夕矣，羊牛下来。”“日之夕矣，羊牛下括。”是说傍晚，牛羊群从山野回到家中，而规模较大的牛羊群，则在远郊地区，游动放牧。《小雅·无羊》则较全面地描绘了一幅生动的牛羊放牧的图景：

谁谓尔无羊，三百维群；谁谓尔无牛，九十其犉。尔羊来思，其角濈濈；尔牛来思，其耳湿湿。

或降于阿，或饮于池，或寝或讹。尔牧来思，何蓑何笠，或负其糇。三十维物，尔牲则具。

尔牧来思，以薪以蒸，以雌以雄。尔羊来思，矜矜兢兢，不骞不崩。麾之以肱，毕来既升。

牧人乃梦，众维鱼矣，旐维旟矣。大人占之，众维鱼矣，实维丰年；旐维旟矣，室家溱溱。

牧场上，头戴斗笠，身披蓑衣，携带干粮的牧人，一边照看着牛羊，一边拾柴狩猎。只见众多的羊角在矗立，反刍的牛耳在不停地摇晃。有的从山坡上往下走，有的在池边饮水，有的伏卧在草地上，有的在不停地走动。牧人一挥手臂，它们便陆续地进了圈里。

值得注意的是，“三百维群”、“九十其犉”虽然是虚数，却也有一定实际意义。20世纪50年代的内蒙古阿拉善旗，那里一个牧人所照看牲群的规模，也是羊群以三百头左右为宜；骆驼、马、牛等大牲畜以70头左右为宜。

犬是人类最早驯养的动物之一。距今约8000年前的河北武安磁山遗址，已开始驯养家犬。春秋时，驯养的犬，可分为田犬、吠犬、食犬三种。《风俗通义·祀典》“于九门杀犬磔禳”，贾疏云：“犬有三种，一者田犬，二者吠犬，三者食犬。”犬的主要功用是充当人们狩猎的助手。田猎时，一般都带上猎犬，即田犬。《齐风·卢令》：“卢令令，其人美且仁。卢重环，其人美且鬈。卢重镅，其人美且偲。”“卢”是猎犬。“令令”是项铃发出的声音。“重环”、“重镅”是猎犬的项圈。《秦风·驷驖》：“輶车鸾镳，载猃歇骄。”“猃”是长嘴的猎犬；“歇骄”是短嘴的猎犬。猎犬，不仅可以为人带路、警卫、放哨、衔回射中的小猎禽，而且可以直接获取兔类等小动物。《小雅·巧言》：“跃跃毚兔，遇犬获之。”《吕氏春秋·勿躬》：“季子曰：‘非狗则不得兔，兔化而狗，则不为兔。’”吠犬是用于看家的犬。《淮南子·说林训》：“盗贼之辈丑吠狗。”“丑”在这里是害怕和嫌恶的意思。《左传·昭公二十三年》：鲁大夫叔孙婼被晋国拘留，“吏人（晋国治狱的官员）之与叔孙居于箕者，请其吠狗，弗与”。这里说的吠狗，即随身的看门犬。春秋中期以前的墓葬中，在墓穴底层，棺椁的下面，多有腰坑，坑内一般都埋犬。大约这腰坑中犬多是随身的吠犬。主人活着的时候为其看门，主人死后又随其到地下去守卫陵墓。许多车马坑中，也都殉有狗。如河南浚县3号坑中有车12辆，马72匹，狗8条。随车马坑的狗，则多为猎犬；有猎犬的车马坑，其车也多为田车。其主人则多为卿、大夫等贵族。

有的猎犬很凶猛。《尔雅·释畜》：“狗四尺为獒。”獒是最大的猛犬。食犬，是用于食肉的犬。《国语·越语上》载，勾践为了奖励人口繁殖，规定：“生丈夫，二壶酒，一犬。”这里的酒和犬肯定都是供食用的。《晏子春秋》也载：“趣庖治狗，以会朝属。”《月令》仲秋：“食麻与犬。”《吕氏春秋》仲秋：“以犬尝麻，先祭寝庙。”季秋：“以犬尝稻，先荐寝庙。”田犬、吠犬也可以食。前面提到的叔孙在晋时，“吏人请其吠犬弗与”，是怕有行贿之嫌，“及归，杀而与之食之”。表明不是自己吝惜。犬也用于祭祀。《周礼·犬人》：“掌犬牲，凡祭祀，共犬牲，用牷物。伏瘗亦如之。”《史记·封禅书》：“秦德公磔犬邑四门。”《风俗通义·祀典》：“于九门杀犬磔禳。”“瘈”是疯狗：“国狗之瘈，无不噬也。”还有因受“瘈狗”之害而离家逃亡的。《左传·襄公十七年》：“国人逐瘈狗，瘈狗入于华臣氏，国人从之。华臣惧，遂奔陈。”这是借逐瘈狗的机会，驱逐了华氏。

猪也是人类最早饲养的家畜之一。春秋时，猪的名称很多，猪又名“豕”、“彘”，一岁小猪叫“豵”，三岁大猪叫“豜”，母猪曰“豝”、曰“豯猪”，公猪曰“豭”，肥猪曰“豜”、“豚”，去势猪曰“豮”。猪多圈养，即所谓“执豕于牢”。至于饲料，由于当时酿酒及制酱、制醯（醋）已很普通，对微生物发酵技术已很熟悉，可能已有青粗饲料发酵喂养的方法。

“豮”是去势的猪，“豮豕之牙吉”是说阉割了的猪，性格就变得驯顺。虽有犀利的牙，也不足为害。《礼记》“豕曰刚鬣，豚曰腯肥”，是说未阉割的猪，皮厚毛硬，叫“豕”；阉割过的猪，膘满臀圆，叫“豚”。“腯肥”一词，《左传》也曾提到。《论语·阳货》：“阳货欲见孔子，孔子不见。归孔子豚。”《国语·越语上》：“生女子，二壶酒，一豚。”《左传·定公十四年》：“野人歌之曰：‘既定尔娄猪，盍归吾艾豭’”。“娄猪”是母猪；“豭”是公猪；“艾”是美好的意思。用美好的公猪去与母猪交配，说明当时已懂得选择优良的种猪配种。

猪肉是祭祀、晏享及贵族日常食用的主要肉类。大牢是牛羊豕三牲。《论语》：“子在齐闻韶，三月不知肉味。”三月不吃肉，觉得时间已经很长了。也用于诅咒和盟誓。《左传·隐公十一年》：“郑伯使卒出豭，行出犬鸡，以诅射颖考叔者。”“卒”是一百人。同书，襄公十五年：“孔伯姬仗戈而先，大子与五人舆豭从之，迫孔悝于厕，强盟之。”襄公十七年：“大子使五人舆豭从己，劫公强盟之。”“豭”是雄猪。可见咒诅和盟誓也多用雄猪。

猪肉除了一般的炙（烤）、脍（肉末）、醢（肉酱）、羹（肉汁）之外，还可加工成脯或修，即腌咸肉。十根修为一束，即“束修”。孔子说：“自行束修以上，吾未尝无诲焉。”这里“束修”便成为学费了。《谷梁传·隐公元年》：“束修之肉，不行竟中”。是说天子有权势，诸侯、卿大夫不得互相交往。

春秋时期，养鸡业也很发达。鸡的功用，除了食肉吃卵之外，雄鸡报晓，又有着特殊的意义。当时没有时钟，在日出而作，日入而息的农事活动中，主要靠鸡叫的遍数来开始一天的劳动。《郑风·女曰鸡鸣》：“女曰鸡鸣，士曰昧旦。”是说妻子用鸡鸣来催促丈夫起床。百官上朝，也靠鸡鸣。《齐风·鸡鸣》：“鸡既鸣矣，朝既盈矣。”是说鸡鸣之后，百官都上朝了。甚至军事行动也以鸡鸣为号令。《左传·宣公十二年》：“楚子为乘广三十乘，分为左右。右广鸡鸣而驾，日中而说（脱）；左则受之，日入而说（脱）。”此外，鸡也可用来预报气象，天气变阴，风雨欲来，鸡也乱叫乱跳。《郑风·风雨》："风雨凄凄，鸡鸣喈喈"；"风雨潇潇，鸡鸣胶胶"；"风雨如晦，鸡鸣不已"，是说雨天，鸡也在咯咯不停地叫。

鸡也可用作祭祀。《左传·隐公十一年》："郑伯使卒出豭，行出犬、鸡，以诅射颍考叔者。"杜注：百人为卒，二十五人为行。同书，昭公二十二年："宾孟适郊，见雄鸡自断其尾。问之，侍者曰：'自惮其牺也。'"是说雄鸡为了怕当牺牲，自己毁坏了尾上的羽毛。

春秋时期，贵族之间的斗鸡活动已出现。《左传·昭公二十五年》："季、郈之鸡斗。季氏介其鸡，郈氏为之金距。"为了斗鸡，还特意为它做了金属的铠甲和爪距。《庄子·达生》还记载有纪渻子为周宣王养斗鸡的故事。《韩诗外传》说鸡有文、武、勇、仁、信五种品德："头戴冠者文也，足傅距者武也，敌在前敢斗者勇也，见食相呼者仁也，守夜不失时者信也。"但是鸡日常大量的用途还是食肉。《左传·襄公二十八年》记，齐景公每天供给上朝的大夫两只鸡。所谓"公膳，日双鸡"。平民也有杀鸡待客的习俗，《论语·微子》记，荷蓧丈人"止子路宿，杀鸡为黍而食之"。平民养鸡，都是在庭院内饲养，《王风·君子于役》："鸡栖于埘"，"鸡栖于桀"。"桀"，鸡栖的木架；"埘"是凿墙洞为鸡窝。至今有些地方仍在采用这种凿墙洞为鸡窝的方法。此外，也有国家大规模养鸡的。《越绝书》载："鸡山，勾践以畜鸡，将伐吴以食士。"吴王也在姑苏"娄门外设有鸡坡墟，故吴王所畜鸡，使李保养之，去县二十里"。说明当时养鸡已提到战备物资地位。

除以上六种畜禽之外，间或还有饲养其他禽兽者。《列子·二》载："周宣王之牧正有役人梁鸯者，能养野禽兽，委食于周庭之内，虽虎狼雕鹗之类，无不柔顺，雌雄在前，孳尾成群，异类杂居，不相搏噬也。"《淮南子·主术训》载："故夫养虎豹犀象者，为之圈槛，供其嗜欲，适其饥饱，违其怒恚，然而不能终其天年者，形有所劫也。"《论语·季氏》："虎兕出于柙中……是谁之过与?"不过数量较少，恐怕只是作为观赏之用，没有什么经济价值。《左传·定公四年》："（楚）王使执燧象以奔吴师。"杜注曰："烧火燧系象尾，使赴吴师惊却之。"说明春秋时期，楚国还饲养大象，并且将其用于战争。

第四节　渔　猎

狩猎，是自有人类以来就开始使用的，向大自然索取飞禽走兽的一种古老的生产方式。春秋时期，狩猎活动仍很频繁。《诗经》《左传》等文献记载中与狩猎活动有关的内容很多。当时的狩猎活动多称为“田”或“狩”。考古发掘中，这时期的骨镞、角镞、铜镞等狩猎工具也时有发现。如西周—东周的沣西遗址中，有的发掘点发现的狩猎工具竟占农业工具的一半以上①。可见狩猎生产在当时的经济活动中，仍占有一定地位。

春秋时期田猎活动频繁，是由主客观的许多因素促成的。当时情况是地广人稀。在中原地区，华夏族与戎狄族犬牙交错混杂而居。不仅戎狄等少数民族地区多曾是“狐狸所居，豺狼所嗥”的一片未开垦的荒野；即便华夏各国的疆域内，也有着广阔的山林草原。如楚国祖先初到丹阳时：“筚路蓝缕，以启山林，以处草莽。”郑国子产也说：“昔我先君桓公与商人皆出自周，庸次比耦，以艾杀此地，斩之蓬蒿藜藋而共处之。”② 在这里有大量野兽自由出没，栖息繁衍。正如《诗经》所述：“孔乐韩土，川泽讦讦。鲂鱮甫甫，麀鹿噳噳，有熊有罴，有猫有虎。”③ “麀鹿麌麌，漆沮之从。”“瞻彼中原，其祁孔有。儦儦俟俟，或群或友。”④ “瞻彼中林，甡甡其鹿。……如彼飞虫，时亦弋获。”⑤ 就是已经开发的农业区，撂荒一段时间之后，也会成为野兽出没的场所。《豳风·东山》即记叙一个征夫，出征在外三年之后，他的家园已是“伊威在室，蟏蛸在户，町畽鹿场，熠耀宵行”了。丰富的兽源，客观上为田猎活动提供了广阔的自由天地。

当时，“国之大事在祀与戎”，祭祀活动非常频繁，春献禽以祭灶，夏献禽以享瀹，秋献禽以祀祊，冬献禽以享烝。“临祭取鲜”，贵族们尽可能用新

---

① 北京大学历史系考古教研室商周组编著：《商周考古》，文物出版社1979年版，第168页。

② 《左传·昭公十六年》。

③ 《大雅·韩奕》。

④ 《小雅·吉日》。

⑤ 《大雅·桑柔》。

猎取的禽兽祭祀祖先和天神。《左传·襄公三十年》：郑国贵族丰卷“将祭，请田焉”。同书，隐公五年载臧僖伯说：“鸟兽之肉不登于俎；皮革、齿牙、骨角、毛羽不登于器，则公不射。”可见为祭祀猎取禽兽，是贵族田猎目的之一。《公羊·桓公四年》说：“诸侯曷为必田猎，一曰干豆，二曰宾客，三曰充君之庖。”

其次，田猎也是衣、食等生活资料的重要补充。兽肉可食，贵族是“肉食者”阶层，所食之肉，除家畜之外，猎取的禽兽之肉，也是重要的组成部分，并且可以用来招待宾客：“以御宾客，且酌以醴。”平民也可以用来改善伙食：“有兔斯首，炮之燔之。”① 而兽皮则是衣着的重要补充，可制皮弁、皮裘、皮鞮（鞋）等。冬季，平民多穿絮了乱麻或旧丝绵的缊缊袍；贵族则多穿皮裘：“缁衣羔裘，素衣麑裘，黄衣狐裘。”② 皮裘中，较一般的是羔裘；较尊贵的则是狐裘、貉裘，所谓：“羔裘逍遥，狐裘以朝。羔裘翱翔，狐裘在堂。”③“彼都人士，狐裘黄裳”④。说明狐貉之裘比羔裘更珍贵。孔子还特意赞子路说：“衣敝缊袍，与衣狐貉者立，而不耻者，其由也与！”⑤

此外，皮革、齿牙、骨角、毛羽也是重要的军需用品。齿牙、骨角可以为弓弩、矢镞；毛羽可以为旌旗；而皮革的用途更为广泛，甲胄、盾牌，及车饰、马具中的韅、靷、鞅、靽等都是需用兽皮为原料的。《国语·越语上》：“今夫差有水犀之甲者亿有三千。”亿是十万，十万零三千付犀甲，即使将这夸大的数字缩小到十分之一，还有一万多付，其所需兕犀之多，也很可观了。

国君或贵族的大规模田猎，也是检阅军事实力和进行军事演习的一种方式。《左传·隐公五年》：“春蒐、夏苗、秋弥、冬狩，皆于农隙以讲事也。三年而治兵，入而振旅，归而饮至，以数军实。昭文章，明贵贱，辨等列，顺少长，习威仪也。”当时战争，盛行车战，讲究阵式和队列；田猎也使用战车，讲究阵式和队列。战争和田猎都要动用大量车马、士兵，规模极其相似。如

① 《小雅·瓠叶》。
② 《论语·乡党》。
③ 《桧风·羔裘》。
④ 《小雅·彼都人士》。
⑤ 《论语·子罕》。

《左传·文公十年》载，楚穆公与宋、郑两国君主在孟诸的一次田猎中："宋公为右盂，郑伯为左盂，期思公复遂为右司马，子朱及文之无畏为左司马，命夙驾载燧。宋公违命，无畏抶其仆以徇。"俨然和正规战争的阵势一样。

当时，"草木畅茂，禽兽逼人"，"麇鹿在牧，飞鸿满野"，禽兽之多，甚至危害农业生产，以至为了保护农田也不得不采取措施猎取、驱逐和防御野兽。《春秋·庄公十七年》："冬，多麋。"杜注云："麋多则害五稼。"《周礼·雍氏》："掌沟渎浍池之禁。凡害于国稼者，春令为阱樓。"意思是要挖陷阱、濠沟，及在濠沟中插上杵树枝，防御野兽，以免损害农田作物。《白虎通义》："王者诸侯所以田猎者何？为田除害，上以共宗庙，下以简集士众也"。

田猎也是许多贵族非常嗜好的娱乐活动，其中也不乏因嗜好田猎而导致家破人亡之例。据《左传》载：齐国执政庆封"好田而嗜酒"，襄公二十八年，正当他到莱地田猎时，国内栾、高、陈、鲍等族乘机发动政变，迫使他不得不流亡异国。昭公四年，鲁国的亚卿叔孙豹"田于丘蕕，遂遇疾焉"，他的庶子竖牛乘机作乱，杀嫡立庶，并迫使他饥饿而死。昭公二十二年，"王田北山，使公卿皆从……王有心疾，乙丑，崩于荣琦氏"。可能周景王有心脏病，田猎时，旧病复发，竟然死于途中。定公元年，晋国执政魏献子，"田于大陆，焚焉，还，卒于宁"。田猎时，放火不慎，竟被烧伤而死。

值得一提的是，田猎和战争一样，一般情况下都是男人的事。《左传·僖公二十二年》有"戎事不迩女器"的议论。但在个别情况下，妇女也有参加田猎活动的。如《左传·成公十七年》："晋厉公田，与妇人先杀而饮酒，后使大夫杀。"这里，晋厉公的宠妾也参加了射猎，而且是行动在大夫之前的。又哀公十一年："初，晋悼公子慭亡在卫，使其女仆而田，大叔懿子止而饮之酒，遂聘之。"这里以未聘姑娘驾御猎车，参与狩猎，真乃罕见之事。

春秋时的田猎活动，一般又可分为两种，即贵族的大规模的车猎和一般的平民小型狩猎。贵族的大规模车猎，主要目的是军事演习和娱乐。这种田猎，如同正规的战争一样，要动员成千上万的士兵，上百乘战车，做好充分的准备，选择好吉日，号令严明，命将出师，俨然如临大敌一般，军容整齐，纪律严明。《诗经》中《郑风·大叔于田》《秦风·驷驖》《小雅·车攻》《小雅·吉日》诸篇都是专门描述大规模车猎活动的。据上述几篇所述，一次大规模的车猎，大致有这样几道程序：

（1）择日

首先要选定好吉日良辰。甲骨文中有关田猎的卜辞，不胜枚举。西周、春秋时期“国之大事在祀与戎”，祭祀和出征都要选择吉日的。田猎和出征是同样兴师动众的大事，很可能也要占卜吉日。《小雅·吉日》的“吉日维戊”、“吉日庚午”都是单日，《左传·文公十六年》：“冬，十一月，甲寅，宋昭公将田孟诸。”也是单日。《礼记·曲礼上》：“外事以刚日，内事以柔日。”天干中的甲、丙、戊、庚、壬等单数日称为“刚日”；乙、丁、己、辛、癸等偶数日都是“柔日”。可能春秋时期，贵族的车猎活动也都是选择刚日的。

（2）祭神

《小雅·吉日》：“既伯既祷。”“伯”是马神，即天驷星，又称房星。战争或田猎之前，先向马神祭祷；祈求平安顺利，并获得丰硕战果，凯旋而归。

（3）驾车出发

祭祷完毕，便下令出发了。《小雅·车攻》：“我车既攻，我马既同。四牡庞庞，驾言徂东。田车既好，四牡孔阜。东有甫草，驾言行狩。之子于苗，选徒嚣嚣。建旐设旄，搏兽于敖。”战车行进途中，要用旌旗指挥，所以要“建旐设旄”。“旐”是画有龟蛇的旗；“旄”是饰有旄牛尾的旗。《左传·昭公七年》：楚国令尹子之“为王旌以田”，被芋尹无宇给砍断了，无宇说：“一国两君，其谁堪之！”可见田猎的战旗，也是有严格的等级规定的。

（4）放火烧林

队伍将牧场包围之后，便开始举柴放火。《左传·文公十年》：“命夙驾载燧”。“燧”，有人说是“钻木取火”的木燧；有人解释为“取火之镜”的阳燧[①]。总之，都是点火的工具。《小雅·车攻》“助我举柴”，《郑风·大叔于田》“叔在薮，火烈具举”，“叔在薮，火烈具扬”，“叔在薮，火烈具阜”，都是放火焚烧林草。放火不慎，也有被烧伤的危险。如前面提到的晋国执政魏献子，就是于定公元年，在大陆这个地方田猎，放火不慎，烧伤而死的。

（5）奔驰射猎

① 杨伯峻：《春秋左传注》（二），中华书局1981年版，第578页。

林中野兽被烟火熏烧，四处逃散。猎手们开始驱车追赶，弯弓射箭，迅猛捕杀。《小雅·车攻》："四黄既驾，两骖不倚。不失其驰，舍矢如破。"《小雅·吉日》："既张我弓，既挟我矢。发彼小豝，殪此大兕。"

（6）献捷收兵

《郑风·大叔于田》："襢裼暴虎，献于公所。"将士们猎取的兽物，要献给国君，并记载战功。《左传·隐公五年》臧僖伯说的"以数军实"，既包括战场上缴获的战俘和财物，也包括猎场上获取的飞禽走兽，这些都是军实——战利品。猎场献功时，也有因争夺俘获物而引起厮杀的。如《左传·成公十七年》晋厉公率众田猎，郤至猎取了野猪要去献功，却被厉公的宠幸寺人孟张抢走了。郤至一怒之下，竟将孟张"射而杀之"。

大规模的田猎，是一场惊心动魄的战斗，不仅需要有车、马、弓、矢等工具，更需要有优秀的猎手。作为一名优秀的猎手，除了要有强健的体魄、勇武的精神之外，特别还需具备高超的"射"和"御"的技术。《左传·襄公二十一年》子产说："譬如田猎，射、御贯，则能获禽；若未尝登车射御，则败绩厌覆是惧，何思获？""射"是弯弓射箭；"御"是驾御车马。他说，游田狩猎，只有箭法和驾御车马的技术都很娴熟，才能有所擒获；若技术不过硬，还未登车，就心惊胆颤，担心马仰车翻，还能有什么收获呢？

当时的戎车或田车，多用四匹雄马驾御，所谓："四牡庞庞"，"四牡孔阜"，"四牡既闲"。中间的两匹辕马叫"两服"；左右的两匹套马叫"两骖"，所谓"两服上襄，两骖雁行"；"两服齐首，两骖如手"。御手用六根辔绳驾御四匹牡马，两服马各一辔；两骖马各两辔，所谓"四牡孔阜，六辔在手"。该收则收，该纵则纵，左旋右转，快慢有致。如《郑风·大叔于田》所形容的："执辔如组，两骖如舞。……叔善射忌，又良御忌。抑磬控忌，抑纵送忌。"

和御车比较起来，射箭是更加烦难而高级的技术。孔子曾说过："吾何执？执射乎，执御乎？吾执御矣。"① 朱注："射、御皆一艺也，而御为人仆，所执尤卑。"这表明孔子的谦虚，同时也表明射是比御更高级的技术。射，不仅要射中，"不失其驰，舍矢如破"，而且射中野兽的什么部位也很讲究。宣

---

①《论语·子罕》。

公十二年邲之战前，楚国军将乐伯到晋营挑战后，晋军将鲍癸从后紧紧追赶。乐伯左射马，右射人，最后只剩一矢了，形势十分危急。忽见前面有一头奔驰的麋鹿，他一箭发出“射麋丽龟”，然后让车右去献与鲍癸。“龟”是脊背，即矢镞先中麋的脊背，然后达于腋部，这是最高明的射法。鲍癸见乐伯箭法高超，车右又善于辞令，就停止了追击。

射御技艺的提高不仅靠个人的主观努力、勤学苦练，客观条件也有一定影响。春秋时期，贵族为子弟们射艺技术的提高，创造了许多便利的条件。首先，士大夫阶层以家族为单位集中居住，以便于父兄子弟之间传授技艺，相互影响。《国语·齐语》载：“令夫士群萃而州处……少而习焉，其心安焉，不见异物而迁焉。是故，其父兄之教，不肃而成；其子弟之学，不劳而能。”其次，乡里定期举行射箭比赛。《仪礼》中有“乡射礼”，《周礼·州长》的职责有：“春、秋以礼会民而射于州序。”通过比赛，促使武士之间，相互学习，切磋技艺，共同提高。再次是贵族之间，朝聘、会盟及晏享宾客时，也经常进行射箭比赛，以为之助兴和消遣。如《小雅·宾之初筵》：“钟鼓既设，举酶逸逸。大侯既抗，弓矢斯张。射夫既同，献尔发功。发彼有的，以祈尔爵。”酒席宴上，备好钟鼓乐器，斟满酒杯之后，又备好箭靶。武士们列队站好，弯弓射箭。射中靶心之后，就饮酒祝贺。《齐风·猗嗟》，据说是赞美鲁庄公的诗，称赞他在齐侯为他举行的宴会上，“舞则选兮，射则贯兮”，“终日射侯，不出正兮”。不仅舞姿优美，而且箭法娴熟，整天射箭，箭箭不离靶心。特别值得提出的是，随着私人讲学之风的兴起，私人传授射御技术的现象也出现了。如孔子传授的六艺中，射、御就是其中的二艺。

除大规模的车猎之外，还有贵族的小型狩猎和平民的狩猎，即不用战车的狩猎。平民的狩猎，规模小，时间短，多在冬季进行。平民狩猎，主要是为了经济目的，即猎取禽兽以作为衣、食之补充。小型狩猎的方法有：

（1）网捕

结网捕鱼，新石器时代就有了。春秋时期人们也用网来捕捉飞禽和走兽。具体说来捕捉鸟兽的网又有“罝”、“罗”、“罦”、“毕”等几种。《周南·兔罝》：“肃肃兔罝，椓之丁丁。”“肃肃兔罝，施于中逵。”“肃肃兔罝，施于中林。”“兔罝”是张挂在木柱上捉兔的网。“椓”是敲打，“丁丁”是把木柱击入地中的声音。在四通八达的路口或树林附近，楔好木柱，张好兔罝，以便擒获奔跑的野兔。《王风·兔爰》："有兔爰爰，雉离于罗。""有兔爰爰，雉离于罦。""有兔爰爰，雉离于罿。""罗"、"罦"和"罿"是既可捕捉飞禽也可捕捉野兔的网。其中"罦"和"罿"是张挂在车的两辕之间的大网。可能和现在用的捕鼠机关相似，也称"覆车"。《小雅·鸳鸯》："鸳鸯于飞，毕之罗之。""毕"是有长柄的捕捉禽兽的小网，甲骨文中的'毕"（擒）即是它的象形，和现在采集生物标本的捕虫罩相似。

此外，在用网捕鸟时，还有使用物品引诱飞鸟使其自投罗网的。《周礼·翼氏》："掌攻猛鸟，以其物为媒而掎之，以时献其羽翮。"这里"以其物为媒"的"物"有两种解释。一种认为是在网附近放些谷类、昆虫等食物来引诱；另一种认为是在网附近系以同类鸟，利用其雌雄相引诱。现在这两种方法都在使用。笔者家乡在河北，幼年时，曾随着家叔以网用昆虫为诱饵，捕过小鸟；也曾看见过以雁、鹰、黄鹂为囮子，系在网附近，诱捕同类鸟的。有时，罗网布好之后，人们还到四周去驱赶，促使其投奔罗网。如《中庸》所记："驱而纳诸罟擭陷阱之中。"现在猎捕鸟兽，张好罗网，挖好陷阱之后，也经常派人到附近去哄赶。

（2）弋射

《郑风·女曰鸡鸣》："将翱将翔，弋凫与雁。"《大雅·桑柔》："瞻彼中林，甡甡其鹿。""如彼飞虫，时亦弋获。"《周易·小过》："飞鸟以凶，公弋取彼在穴。"朱熹注曰："弋，缴射，谓以生丝系矢而射也。"这种方法和投梭标相似，是一种较为原始的方法。

（3）犬猎

《小雅·巧言》："跃跃毚兔，遇犬获之。"使用猎犬，捕捉较小动物，也是常用方法之一。《齐风·卢令》："卢令令，其人美且仁。""卢"是猎犬，"令令"是犬颈上系环发出的声音。《秦风·驷驖》："輶车鸾镳，载猃歇骄。""猃"是一种长喙的猎犬；"歇骄"是短喙的猎犬。用车载犬，是为了让它休养足力，以便迅猛地追逐禽兽。《国语·晋语九》："赵简子田于蝼，史黯闻之，以犬待于门。简子见之，曰：'何为?'曰：'有所得犬，欲试之兹囿。'"可见使用猎犬狩猎是当时比较普遍的现象。

（4）以力相搏

《左传·襄公十四年》：“譬如捕鹿，晋人角之，诸戎掎之，与晋踣之。”“角”谓执鹿之角；“掎”谓拖鹿后足；“踣”谓使之跌倒。徒手相搏，与野兽撕扭在一起，将其摔倒致伤以便擒获，这恐怕也是最原始的方法之一了。《郑风·大叔于田》：“袒裼暴虎，献于公所。”“袒裼”是赤膊上阵；“暴虎”是以力搏虎。《小雅·车攻》：“建旐设旄，搏兽于敖。”“敖”是山名，“搏”是搏斗。另外，所谓“搏”，恐怕不一定是赤手空拳。武松在景阳冈打虎时，手中还有一根“哨棒”。所以，刀枪棍棒等长短兵器还是可以随手使用的；只是不用弓箭而已。

（5）骑射

《齐风·还》：“子之还兮，遭我乎猺之间兮。并驱从两肩兮，揖我谓我儇兮。”“猺”是齐国山名。“肩”是三岁的大兽。这首诗是描写两个骑马的猎手，在猺山脚下相遇，并驱追赶两只大兽，并互相揖手称赞的事。大规模田猎驾车，单独狩猎便骑马了。骑马射猎，大约是贵族们单独狩猎时最通常的一种方法。

（6）阱和檴

《国语·鲁语上》：“鸟兽成……于是设穽鄂，以实庙庖，畜功用也。”《中庸》：“驱而纳诸罟擭陷阱之中。”《周礼·冥氏》：“为阱、擭，以攻猛兽，以灵鼓殴之。”“擭”和“阱”都是指陷阱。在野兽经常出没的附近，挖一些陷阱，猎人赶野兽，使其误入陷阱，便于活促。《豳风·狼跋》：“狼跋其胡，载疐其尾。”“狼疐其尾，载跋其胡。”“跋”和“疐”都是脚踩的意思，“胡”是胡须。狼前进踩着自己的胡须；后退，踏着自己的尾巴，这恰是形容它落入陷阱中的窘态；若在平地上，是定然不会出现这种情况的。“鄂”和“擭”都是用树枝制的捕兽设施。有人认为是在土质坚硬的地方，不便挖深坑，就在浅坑之中插上柞树枝条，野兽掉入之后，不好自拔；也有认为是在深的陷阱之中，竖立一些树枝，野兽陷入之后，足不能着地，免得它跳出逃跑[①]。笔者更倾向于后一种意见，20世纪50年代末期，笔者参加少数民族调查组，曾去过鄂伦春地区，那里使用一种“鹿窖”的方法来捕捉活鹿。所谓“鹿窖”，就是

---

① 《周礼正义》雍氏疏。

在野鹿经常出没的山冈周围，挖十多处陷阱，陷阱是八尺见方，一人多深的土坑，拦腰处，纵横交错地架上十字形的木架，坑面再用土、草、枝、叶盖好，伪装成平地一样。野鹿落陷阱之后，掉在木架上，四足悬空，无力挣脱，便于擒拿。

《周易·序卦传》：“坎者，陷也。陷必有所丽，故受之以离。离者，丽也。”“坎”的卦兆是“☵”，正是陷阱中，上下悬空，中间架木的象形。“系用徽纆置于丛棘。”“纆”是绳索，即掉入坎中的野兽，先用绳索将其系住，然后拖出，置于林中。鄂伦春人的“鹿窖”，《周易》中的“坎”兆，大约就是“鄂”或“擭”；有柞枝的陷阱则称为“鄂”或“擭”。至于浅坑中插柞枝，只能起保护农田的防御作用；若用它捕兽，恐怕效果就不大了。《尚书·费誓》：“今惟淫舍牿牛马，杜乃擭，敜乃穽，无敢伤牿。牿之伤，汝则有常刑。”这是鲁侯在出师征伐淮夷、徐戎之前下的文告，特意让百姓收敛起捕兽的柞树枝条，填塞好陷阱，以保证交通道路的通畅，免得伤害马牛。可见当时阱、擭的使用是很普遍的。

天空中的飞禽，地面上的走兽，与人们衣、食、用有关的动物，都是当时猎取的对象。见于记载的有鹿、狐、貉、豕（野猪）、熊、罴、兕、犀、虎、豹、豺、狼等走兽和雉、鸿、凫等飞禽。

鱼是人类的主要食物之一。春秋时期，渔业在经济生活中也占有重要地位。首先，它是人们重要的生活资料。《诗经·陈风·衡门》：“岂其食鱼，必河之鲤？”“岂其食鱼，必河之鲂？”《桧风·匪风》：“谁能亨（烹）鱼，溉之釜鬵。”《吴越春秋》卷二记载，伍子胥逃往吴国时，路途上遇一渔父，渔父见其有饥色，便令他在树下等候，自己回家中为他取饮食，“有顷，父来，持麦饭，鲍鱼羹，盎浆，求之树下”。可见，鱼也是平民的普通食品了。

鱼类在当时也被视为一种上等佳肴，而经常出现在当时统治者的宴会餐桌上。《大雅·韩奕》描写周王室为韩侯饯行的情景：“韩侯出祖，出宿于屠。显父饯之，清酒百壶。其肴维何？炰鳖鲜鱼。”《小雅·六月》：“吉甫燕喜，既多受祉。……饮御诸友，炰鳖脍鲤。”

当时，鱼的烹饪技术也很讲究。《左传·昭公二十三年》，晏子说：“和如羹焉，水、火、醯、醢、盐、梅以烹鱼肉。燀之以薪，宰夫和之，齐之以味，济其不及，以成其过，君子食之，以平其心。”《吴越春秋》卷二载：吴王僚好食鱼炙，专诸为了掌握做鱼炙的技术，以便接近王僚去行刺，特意“去太湖学炙鱼，三月，得其味”。而吴王阖闾脍鱼的技术也很高：“吴王闻师将至，治鱼为脍。将到之日，过时不至，鱼臭。须臾，子胥至，阖闾出脍而食，不知其臭。王复重为之，其味如故。吴人作脍者，自阖闾之造也。”

鱼类也是祭祀祖先的重要供品。《大戴礼记·礼三本》：“大享，尚玄尊，俎生鱼。”郑玄注曰：“大享，祫祭先王。”《礼记·曲礼》：“凡登宗庙，槁鱼曰商祭；鲜鱼曰脡祭。”“槁鱼”就是晒好的鱼干。《礼记·月令》：季春三月，“命渔师始鱼，天子亲往，乃尝鱼，先荐寝庙。”《左传·隐公五年》载“公将如棠观鱼”，臧僖伯谏曰：“鸟兽之肉不登于俎；皮革，齿牙，骨角，毛羽不登于器，则公不射。”即天子或诸侯亲自猎狩鱼、兽的主要目的是为祭祀祖先获取供品。而一般平民，也有以鱼类祭祀祖先的习俗。《国语·楚语上》：“夫祭典：国君有牛享；大夫有羊馈；士有豚犬之奠；庶人有鱼炙之荐。”《国语·楚语下》：“士食鱼炙，祀以特牲；庶人食菜，祀以鱼。”

渔业生产在国民经济中也占有重要地位。五霸之首的齐国，即因位于山东半岛，“极技巧，通鱼盐”而成为经济实力强大的国家。渔业赋税，是诸侯国的重要财政收入之一，《周礼·渔人》：“凡渔者，掌其政令，凡渔征，入于王府。”“渔征”即渔税。《礼记·月令》：孟冬“乃命水虞、渔师收水泉池泽之赋”。

饥荒年景，滨海近河地区，鱼贝和野菜，也是人民救饥活命的资源。《国语·吴语》：“今吴民既罢，而大荒荐饥，市无赤米，而囷鹿空虚，其民必移就蒲蠃于东海之滨。”“蒲”即野菜；“蠃”就是虾、贝类的水产品。

春秋时期，鱼类资源还是比较丰富的。仅《诗经》中所见到的鱼类就有鲂、鲔、鲔、鳣、鲦、鲿、鰋、鲤、鳟、鲨、鳏等十几种。此外，还有众多的虾、蛤、龟、蜃等水生动物。丰富的鱼类资源，为捕鱼提供了有利的条件。常见的捕鱼方法有以下几种：

（1）网捕

早在原始社会时期，人们就掌握了结网捕鱼的技术。春秋时期，用网捕鱼也是常用的方法之一。《诗经》中有许多记述用网捕鱼的诗篇，如《邶风·新台》：“鱼网之设，鸿则离之。”《卫风·硕人》：“施罛涉涉，鳝鲔发发。”

“罛”就是一种鱼网。《豳风·九罭》：“九罭之鱼，鳟鲂。”“九罭”也是一种鱼网，有人说是用九个袋子结成的鱼网。《国语·鲁语上》：“宣公夏滥于泗渊，里革断其罟而弃之。”一个夏天，鲁宣公想去泗水捕鱼，大臣里革把他的鱼网割断给扔了。

（2）鱼梁

在河流中，用沙石、泥土拦腰筑一水堰即鱼梁，截住流水。在鱼梁中间留一豁口，用竹子或荆条编成的篓筐，置于豁口之下。鱼顺水而下，沿豁口游入篓中。这种筑梁捕鱼的方法，只适宜于一些细小的河流，现在有些农村也在使用。这个篓筐即“笱”、“罶”或“罩”，《诗经》中也常见，如《齐风·敝笱》：“敝笱在梁，其鱼鲂鱮。”《小雅·鱼丽》：“鱼丽于罶，鲿鲨。”“鱼丽于罶，鲂鲤。”《小雅·南有嘉鱼》：“南有嘉鱼，蒸然罩罩。”

（3）钓鱼

垂钓取鱼，是上古时代常见的一种捕鱼方法，石器时代遗址中经常出现骨制的鱼钩；二里头遗址出现的青铜鱼钩，是我国目前发现的最早的金属鱼钩。春秋时期见于记载的有，《卫风·竹竿》：“籊籊竹竿，以钓于淇。”《小雅·采绿》：“之子于钓，言纶其绳。”“其钓维何，维鲂及鱮。”《召南·何彼秾矣》：“其钓维何，维丝伊缗。”不过，一般说来，钓鱼的收获要比捕鱼少多了。《淮南子·原道训》：“临江而钓，旷日不能盈罗，虽有钓箴芒距，微纶、芳饵，加之以詹何、娟嬛之数（术），犹不能与网罟争得也。”詹何、娟嬛是古代两个有名的钓鱼能手。这里是说，即使有最好的鱼钩、鱼弦及钓耳，加之詹何、娟嬛那样的技巧，钓鱼的收获量也不能和网捕相比。

（4）叉鱼

叉鱼的历史，也可追溯到原始社会。石器时代主要使用骨、石制的鱼叉。春秋时期《楚王孙渔戈》铭文中的“渔”字，由水、鱼、舟和一把三股叉组成，鱼叉柄尾部还拖着一条长索，是当时人们乘舟持叉猎鱼的形象反映。《周语·鲁语上》：“鸟兽孕，水虫成，兽虞于是乎禁罝罗；矠鱼鳖，以为夏槁。”“矠”就是鱼叉；“槁”是鱼干。说明夏天的时候，将叉到的鱼鳖晒干，是当时的一种习俗。《周礼·鳖人》：“掌以时簎鱼、鳖、龟、蜃。”郑众注曰：“以叉刺泥中取之。”即是用叉刺取鱼、鳖、龟、贝等物。

（5）射鱼

弓箭既是战斗的武器，也是从事渔猎生产的工具。《周易》：“井谷射鲋”，“贯鱼，以宫人宠”。“贯”即“射则贯兮”的贯。“贯鱼”即射鱼。《静簋》：“佳六月初吉，王才莽京。丁卯，王令静司射学宫……射于大池。”“射于大池”即射大池中的鱼。《春秋·隐公五年》“公矢鱼于棠”，即隐公在棠这个地方射鱼。

（6）竭泽而渔

在小的池塘浅流中，将池水淘干，再用手捉鱼。这种方法不利于鱼类繁殖，虽也使用，但在当时已受到人们指责。《大戴礼记·易本命》：“好坏巢破卵，则凤鸟不翔焉；好竭水搏鱼，则蛟龙不出焉。”《礼记·月令》则规定：“毋竭川泽，毋漉陂池。”陈澔注曰：“漉，亦竭也。”即无论川泽和池塘，都不准将水淘干去取鱼。

（7）椮捕

《周颂·潜》：“猗与漆沮，潜有多鱼。有鳣有鲔，鲦鲿鰋鲤。”“潜”即“椮”。朱熹注曰：“潜，椮也。盖积柴养鱼，使得隐藏避寒，因以薄围取之。”人们在实践中认识到，杂草灌木丛生的湖泊中，鱼群比较密集。开始时，人们主动到这些地方去撒网捕捞；后来，则有意地在池泽中设置草地、杂木，诱集鱼类产卵，繁殖，造成聚集的环境，以提高捕鱼的数量，这是“人工鱼礁”的原始形式。

（8）其他

除上述捕鱼方法之外，还有其他一些形式。如《逸周书》及《礼记》中的《王制》《月令》中都有“獭祭鱼”的记载。“獭祭鱼”即是獭捕鱼。獭是食鱼的哺乳动物。《孟子·离娄上》：“为渊敺鱼者獭也。”《山东汉画像石选集》图 402 所示临沂西张官庄出土的一幅画像石上有两条大鱼与两只小兽，彼此交错相对，兽即是水獭。后来有人专门饲养水獭，像饲养鱼鹰一样，利用它们为主人捕鱼。春秋时期，这种方法是否已经使用，尚且存疑。

应该指出的是，捕鱼活动，不仅在江湖河池中进行，海中捕捞活动亦很普遍了。《鲁颂·泮水》已有“憬彼淮夷，来献其琛，元龟象齿，大赂南金”的记载。海龟可能是南方夷族贡献的。《左传·闵公二年》有“归夫人鱼轩”。“鱼轩”即以鱼皮为装饰的轩车。《小雅·采薇》有“象弭鱼服”。“鱼服”是鱼皮制的弓箭袋。什么鱼的皮呢？陆玑疏说是：“鱼兽之皮。鱼兽似猪，东海有之，其皮上皆有斑文，腹下纯青。”[①]《左传·宣公十二年》：“古者明王伐不敬，取其鲸鲵而封之。”孔颖达疏曰：“鲸鲵皆海中大鱼。”并引裴渊《广州记》曰：“鲸鲵长百尺，雄曰鲸，雌曰鲵。”总之，海龟、海兽、鲸，都是人们从海中捕获的水产品。《国语·吴语》载，荒年“其民必移就蒲蠃于东海之滨”。同样也是让人们到海边去捕捞鱼、蛤、龟、蜃，以度过饥荒。海中捕鱼用什么方法，文献记载不甚详细。唯《逸周书·周祝》有：“故海之大也，而鱼何为可得；山之深也，虎豹貔貅何为可服。”孔晁注曰：“言皆以贪饵自中钩槛也。”说明也是以钩捕、网捕为主。

我国是世界上最早人工养鱼的国家之一。养鱼可能起源于商代。甲骨文有许多“在囿鱼”的记载。卜辞中的“囿”就是商王室的园林。这里既可以种植蔬菜林果，也可以饲养鸟兽鱼鳖，相当于后世的皇家园林。它是由人工修建的。商王经常在园囿中捕鱼，这鱼可能是人工放养的。西周金文中有“王渔于寏池”（《井鼎》）、“乎鱼于大池”（《遹簋》）、“射于大池”（《静簋》）等内容。池是人工挖成的，池的功用是蓄水和养鱼。“寏池”、“大池”是莽京王室园囿中的鱼池。《大雅·灵台》：“王在灵沼，麀鹿攸伏，麀鹿濯濯，白鸟翯翯。王在灵沼，于牣鱼跃。”是说周王的园囿里，不仅有鹿和鸟类，还有灵沼，灵沼中饲养着鱼类。但那时养鱼还局限于王室园囿之中。而春秋时期，各诸侯国的都城，也多修有比较讲究的宫室台榭、园林池沼。据《左传》载，鲁国在成公十八年“筑鹿囿”，昭公九年“筑郎囿”，定公十三年“筑蛇渊囿”；楚灵王曾“为章华之台”；晋平公修的“铜鞮之宫数里”；齐桓公于僖公三年曾与“蔡姬乘舟于囿”，即在园囿中与蔡姬划船。这些园囿池沼的修建，为人工养鱼提供了便利的条件，因而人工养鱼更加普遍。《孟子·万章上》记载：“昔者有馈生鱼于郑子产，子产使校人畜之池。”《吕氏春秋·必己》：“宋桓司马有宝珠，抵罪出亡，王使人问珠之所在，曰：‘投之池中。’于是竭池而求之，无得，鱼死焉。”《韩诗外传》卷二：“宋城门失火，因汲取池中水以

① 陆玑：《毛诗草木鸟兽虫鱼疏》。

沃灌之，池中空竭，鱼悉露死。”①“黄鹄一举千里，止君园池，食君鱼鳖。”《晏子春秋·外篇》：“晏子对曰：前臣之治东阿也……陂池之鱼，以利贫民。后之东阿也……陂池之鱼，入于权宗。”这些事例说明，春秋时期，在人工开凿的水池中饲养鱼类，已不是稀罕之事了。

值得注意的是，饲养的鱼不仅供食用，而且可能也出现了供观赏的鱼。《小雅·鱼藻》：“鱼在在藻，有颁其首。王在在镐，岂乐饮酒。鱼在在藻，有莘其尾。王在在镐，饮酒乐岂。鱼在在藻，依于其蒲。王在在镐，有那其居。”“颁”，毛传：“大首貌”；“莘”，郑笺：“长貌”。这种大首长尾的鱼，可能是国君饲养的供观赏的“宠物”。《韩诗外传》卷七：“南假子曰：‘吾闻君子不食鲕鱼！’本子曰：‘此乃君子不食也；我何与焉！’”“鲕”与丽同音，“鲕鱼”可能是一种供观赏的美丽的鱼，所以“君子不食”。

春秋晚期，越国的政治家范蠡，以善养鱼而著名。他认为，养鱼可以使国家富强。“越王既栖会稽，范蠡等曰：‘臣窃见会稽之山有鱼池，上下二处，水中有三江四渎之流，九溪六谷之广。上池宜于君，下池宜于臣。畜鱼三年，其利可以致万，越国当富强。’”②

相传范蠡所著的《养鱼经》，是世界上最早的一部养鱼文献。日本水产专家渡边宗重在《淡水养殖讲义·绪论》中说：“《养鱼经》，这是世界上最早的养鱼专门文献，也是养鱼学的始祖，对世界养殖学说史来说，是有重要价值的文献。”这部书总结了养鱼的经验，对养鱼的收入，鱼池的建造，鱼种的选种，雌雄大小的比例，及捕捞的方法等，都有具体的论述。他认为：“夫治生之法有五，水畜第一。水畜所谓鱼池。”鱼池的规模“以六亩地为池”比较适宜。鱼种以鲤鱼为最好，因为“鲤不相食，易长，又贵也”。

《养鱼经》的出现，从一个侧面反映了春秋时期人工养鱼发达的情况。范蠡把养鱼业看做是最有效的致富手段，列为五种“治生之法”的第一种，说明东部沿海地区，养鱼已成为一个重要的生产部门。

人工养鱼的最早品种是鲤鱼。《养鱼经》也是专门介绍养鲤鱼经验的。中

---

① 《太平御览》卷三十五引《百家书》。

② 《艺文类聚》卷九十六引《吴越春秋》。

国鲤鱼的培育和饲养，对世界也是重要贡献。世界著名的鱼类学家昆儿特说："鲤的原产地是亚洲，特别是中国，从那里传到欧洲，爪哇及美洲。"[①]《诗经》说："岂其食鱼，必河之鲤?"可见，当时鲤鱼是一种很名贵的品种。传说，孔子之妻生了一个男孩，国君鲁昭公闻之，即派人送去鲤鱼表示祝贺。孔子为了感念国君的赏赐，特意将儿子取名为"鲤"，字"伯鱼"。

《国语·鲁语上》："宣公夏滥于泗渊，里革断其罟而弃之，曰：'古者，大寒降，土蛰发，水虞于是乎讲罛罶，取名鱼，登川禽，而尝之寝庙，行诸国，助宣气也。鸟兽孕，水虫成，兽虞于是乎禁罝罗，矠鱼鳖以为夏犒，助生阜也。鸟兽成，水虫孕，水虞于是乎禁罝罜䍡，设阱鄂，以实庙庖，畜功用也。且夫山不槎蘖，泽不伐夭，鱼禁鲲鲕，兽长麑麌，鸟翼鷇卵，虫舍蚳蝝，蕃庶物也，古之训也。今鱼方别孕，不教鱼长，又行网罟，贪无艺也。'"里革的这席话，反映了当时经济发达、人烟稠密的齐鲁地区，已经认识到了对自然生态环境保护的重要。为了"助宣气"、"助生阜"、"畜功用"、"蕃庶物"，在向自然界索取生活资料的同时也必须注意对自然资源的保护。不仅要保护幼小的鸟、兽、鱼、虫等动物资源，还应保护植物资源。"山不槎蘖"，即不准砍伐山上的幼小树苗。总之，春秋时期，人们确已开始注意到了自然资源的保护问题，为此，对渔猎活动做出了以下几方面的限制：

（1）季节限制

春季"鸟兽孕"时，不准猎取飞禽走兽；夏季，"水虫孕"时，不准张网捕鱼。《逸周书·大聚解》也说："春三月，山林不登斧，以成草木之长；夏三月，川泽不入网罟，以成鱼鳖之长。"捕鱼多在冬季："大寒降，土蛰发，水虞于是乎讲罛罶，取名鱼。"《夏小正》也载：十二月"虞人入梁"。《礼记·王制》载"獭祭鱼，然后虞人入梁"。据《月令》："獭祭鱼"在孟春之月。而狩猎则多在季秋之后。里革说的"鸟兽成……设阱鄂，以实庙庖，畜功用也"，时间是在秋季。《礼记·王制》："豺祭兽，然后田猎；鸠化为鹰，然后设尉罗；草木零落，然后入山林；昆虫未蛰，不以火田。"据《月令》，"豺祭兽"都在季秋之月。

（2）对象限制

① 邢湘臣：《鲤鱼漫谈》，《文史知识》1989年第2期。

保护幼虫，禁止猎取幼小生物。即里革说的："泽不伐夭，渔禁鲲鲕，兽长麑麌，鸟翼鷇卵，虫舍蚳蝝。"《逸周书·文传解》有："无杀夭胎，无伐不成材。"《礼记·王制》也有"不麛不卵，不杀胎，不殀夭"的规定。《淮南子·道应训》还专门讲述了这样一个有趣的故事："季子（子贱）治亶父，三年，而巫马期绕衣短褐易容貌，往观化焉。见得鱼释之，巫马期问焉，曰：'子所为渔者，欲得也；今得而释之，何也?'渔者对曰：'季子不欲人取小鱼，所得者小鱼，是以释之。'"

（3）方法限制

《月令》："毋竭川泽，毋漉陂池。"即不准竭泽而渔。《国语·周语上》："王田不取群。"韦注曰："不尽群也。"即不准一网打尽。《周易·比》："王用三驱，失前禽"即狩猎时，包围三面，故意空缺一面，任其逃跑一部分。《论语·述而》："弋不射宿。""宿"是宿在巢中之鸟；《礼记·王制》有"不覆巢"，二者意思相同。《礼记·曲礼》也有"国君春田不围泽，大夫不掩君；士不取卵者"的记载。

（4）工具限制

《论语·述而》："子钓而不纲。"朱熹注曰："纲，以大绳属网，绝流而渔者也。"《周礼·迹人》："禁麛卵者，与其毒矢射者。"郑注："为其夭物，且害心多也。"《月令》季春，"馁兽之药，毋出九门"，即不准用毒药去渔猎，以防止把许多没有使用价值的小生物毒死，伤害兽源。

有些诸侯国和地区，还专门设置了官吏，以保证这些规定的贯彻执行。如《周礼》中即有山虞、林衡、川衡、泽虞、迹人等官职。山虞的职责是："掌山林之政令，物为之厉，而为之守禁。"林衡的职责是："掌巡林麓之禁令而平其守，以时计林麓而赏罚之。"川衡的职责是："掌国泽之政令，为之厉禁，使其地之人，守其财物。"迹人的职责是："掌邦田之地政，为之厉禁而守之，凡田猎者受令焉，禁麛卵者，与其毒矢射者。"

当然，这些规定和限制，不可能在各个地区全面地贯彻执行。由于各地自然条件不同，经济发展水平不同，所以认识水平和执行程度也各有差异。但是，仅就上述文献记载已可看出，在二千多年前的春秋时代，我们的祖先对自然资源的保护问题，已经有了较高的认识水平。

第二十二章　列国手工业

西周时期，王畿是中国的政治、经济和文化中心，各诸侯国地区经济发展缓慢。平王东迁洛邑后，周王室不再有控制诸侯的力量，“礼乐征伐自诸侯出”。随着诸侯力政局面的形成，改变了西周时期那种以王畿为中心的手工业发展格局，列国手工业获得了显著的发展。

作为中国古代文明的一项重要内容的青铜冶铸技术，经过商代至西周前期的高度发展之后，西周晚期已在王畿趋于衰落。西周时期有铭青铜器的大多数为周王和王室大臣所制作，列国之器很少；到了春秋时期，王室、王臣的礼器几乎没有什么发现，而列国诸侯、卿大夫铸造的青铜器却大量出现，甚至卿大夫的家臣中亦有铸造者。春秋时代的青铜器不但地区分布广、数量多，而且中期以后形成了这一时代特有的新风格。其他手工业如纺织、制陶、琢玉等等，也都有这样那样的新发展。不少诸侯国还从本国的自然资源和技术条件出发，着重发展了具有地方特色的手工业产品。尤其重要的是，在中国历史发展上具有划时代意义的冶铁业也在春秋时代兴起，而且在发明冶铁技术不久的春秋晚期就发明了生铁冶铸技术。

第一节　手工业发展的原因与手工业经济成分

一、列国手工业发展的原因

在考察春秋列国手工业发展的原因时，我们同样首先要注意这样一点：“农业是整个古代世界的决定性的生产部门”①；“一切工业劳动者都要靠农业、

① 恩格斯：《家庭、私有制和国家的起源》，《马克思恩格斯全集》第21卷，第169页。

畜牧业、狩猎业和渔业的产品维持生活”①；“农业劳动是其他一切劳动得以独立存在的自然基础和前提”②。完全脱离农业的手工业者人数的增多，是手工业生产发展的重要因素；不从事农业劳动而能生活的手工业者的相对数，则取决于土地耕种者的劳动生产率，取决于农业劳动者所能提供的剩余农产品的数量。

如本编第二十一章所述，春秋时期，随着藉田制的废除和税亩制的实行，以及铁器的使用、牛耕的开始、耕地面积的扩大、水利灌溉事业的发展、重视“深耕而疾耰之”③，农业生产率、单位面积产量有所提高。正因为如此，和西周相比，春秋时期手工业者的数目有了相应的增加。《左传·闵公二年》载：

> 冬十二月，狄人伐卫。……狄人入卫……卫之遗民男女七百有三十人，益之以共、滕之民为五千人。……僖之元年，齐桓公……封卫于楚丘。……卫文公大布之衣、大帛之冠，务材、训农，通商、惠工……元年，革车三十乘；季年，乃三百乘。

孔《疏》云：“务材，务在植材用也；训农，训民勤（从宋本）农业也。通商，通商贩之路，令货利往来也；惠工，加恩惠于百工，赏其利器用也。”从卫文公采取“训农”、“惠工”等政策措施，在短时期内使革车由三十乘迅速增至三百乘这一典型事例中，不难看出发展农业与发展手工业之间的密切关系。显然，如果卫文公不“训农”以发展农业生产，使农业劳动者能有一定数量的剩余农产品为手工业者等提供粮食等生活资料，当时卫国的手工业以及商业是不可能有上述发展的。

如马克思所指出：“一般说来，军队在经济的发展中起着重要的作用。”④春秋时代战争频繁，“据鲁史《春秋》的记载——仅仅记在鲁史的——二百四十二年里面，列国间军事行动，凡四百八十三次”⑤。当时军队实行车战。因此，频繁的、不断扩大的军事需要、战争需要，也就成为推动当时车辆以及兵

---

① 恩格斯：《致马克思》（1882），《马克思恩格斯全集》第35卷，第130页。
② 马克思：《剩余价值理论》，《马克思恩格斯全集》第26卷第1册，第28～29页。
③ 《国语·齐语》。
④ 马克思：《致恩格斯》（1857），《马克思恩格斯选集》第4卷，第335页。
⑤ 范文澜：《中国通史》第1册，人民出版社1978年版，第130页。

器制造业发展的一个相当重要的因素。

据《国语·齐语》记载，管仲鉴于当时“齐国寡甲兵”，提出了“轻过而移诸甲兵”的措施：判重罪的人用犀皮甲和一支戟来赎，犯轻罪的用鞼盾和一支戟来赎，犯一般小罪过的罚他金钱，提出诉讼的要交一束（十二支）箭才给以审理；“美金以铸剑戟”，“恶金以铸鉏、夷、斤、斸”，齐国因此“甲兵大足”。另据《左传》《国语》记载：秦晋韩原之战，晋军大败，“兵甲尽矣”[①]，“晋于是乎作州兵”，“甲兵益多”[②]；鲁，“为齐难故，作丘甲”[③]；“楚芳掩为司马，子木使庀赋，数甲兵，……量入修赋，赋车籍马，赋车兵、徒兵、甲楯之数”[④]；“郑子产作丘赋”[⑤]；鲁“用田赋”[⑥]。“州兵”、“丘甲”、“丘赋”和“量入修赋”等军赋之赋于“民”者，包括车辆、兵、甲，主要是赋原料或物于民而由官府“百工”制作[⑦]，亦有由民间生产而向官府交纳成品的（见本编第二十四章）。这就使当时列国有关手工业的生产规模空前扩大，战车和兵甲的数量迅速大增。例如晋楚城濮之役，晋仅用车七百乘，而楚车估计有千乘以上，故“晋侯患之”[⑧]；到春秋后期，晋车增至五千乘左右[⑨]，故平丘（今河南封丘县东、长垣县南）之会，晋用“甲车四千乘”，“治兵于邾南”以示威于诸侯[⑩]。又《左传·昭公十二年》记楚灵王与右尹子革对话说：

> 王曰：“昔诸侯远我而畏晋，今我大城陈、蔡、不羹，赋皆千乘，子与有劳焉，诸侯其畏我乎！”对曰：“畏君王哉！是四国[⑪]者，

---

① 《国语·晋语三》。

② 《左传·僖公十五年》。

③ 《左传·成公元年》。

④ 《左传·襄公二十五年》。

⑤ 《左传·昭公四年》。

⑥ 《左传·哀公十二年》。

⑦ 童书业：《春秋左传研究》，上海人民出版社1980年版，第196页。

⑧ 《左传·僖公二十八年》。

⑨ 《左传·昭公五年》载：“晋人若丧韩起、杨肸，五卿、八大夫辅韩须、杨石，因其十家、九县，长毂九百，其余四十县，遗守四千，奋其武怒，以报其大耻。”“长毂”为兵车，每县百乘，九县九百乘。“其余四十县，遗守四千”，杜注：“计遗守国者尚有四千乘。”

⑩ 《左传·昭公十三年》。

⑪ 杨伯峻《春秋左传注》：“国谓大都大邑，盖国之广义。”杜注：“四国，陈、蔡、二不羹。”然《国语·楚语上》云：“今吾城三城。”或谓“四当为三”，详孔疏。

专足畏也。又加之以楚，敢不畏君王哉！”

陈、蔡、不羹即有兵车三千乘，“加之以楚及他县，可能至万乘左右”①，比城濮之役时的千乘以上增加了好几倍。其他如齐、秦、郑、吴、越等国车乘的数量，也都有大幅度的增加。由此可见军队和战争在当时军需手工业生产发展中所起的重要作用。

春秋时代，在城市、商业以及政治、军事发展的同时，道路交通运输亦有相应的发展。列国军事物资、以实物形式征收的财政物资、工程建设材料、手工业原材料、商贾货物以及列国间朝聘盟会和其他往来的人员与物品的运输，都需要有大量的车辆作为交通运输工具。这无疑也是促使当时车辆制造业发展的重要原因之一。

春秋列国官手工业，主要是为了满足公室和卿大夫等贵族的生活需要及其政治、军事活动的需要。由于公室贵族对消费品和营造力求精美豪华，官手工业这一经济形式对提高工艺技术也起了一定的作用。

手工业生产劳动者，是手工业赖以存在和发展的基本要素。在中国古代，从事手工业劳动是官工世袭的固定职业，父子相继。《考工记·总序》云：“巧者述之，守之世，谓之工。百工之事，皆圣人之作也。”《礼记·乐记》：“作者谓之圣。”《易·繫辞》：“备物致用，立成器以为天下利，莫大乎圣人。”所谓“圣人”，也就是从事手工业劳动的“百工”。《说文》：“述，循也。”所谓“巧者述之，守之世”，也就是《周礼·地官·大司徒》所说“十二教”中的“以世事教能”，即“父子世以相教”②。《国语·齐语》载：

> 令夫工，群萃而州处，审其四时，辨其功苦，权节其用，论比协材，旦暮从事，施于四方，以饬其子弟，相语以事，相示以巧，相陈以功。少而习焉，其心安焉，不见异物而迁焉。是故其父兄之教不肃而成，其子弟之学不劳而能。夫是，故工之子恒为工。

这种“工之子恒为工”、世代不变的官工制度，是当时统治者直接占有剩余劳动的一种方式，它保证统治者掌握大量的手工业劳动力以及劳动力的再生产，并使

---

① 童书业：《春秋左传研究》，上海人民出版社1980年版，第341～342页。

② 《考工记·总序》郑注。

广大官工世代处于工奴的悲惨地位，实在是加在百工身上的枷锁。不过，这种制度也培养了一代又一代手艺高超的工人。如果没有官手工业的长期培养工人，也就没有商代、西周各种手工业特别是冶铸业的高度发展和春秋时代的继续发展。

在西周末期宗周社会动乱过程中，有一部分王室百工（特别是参加国人暴动的工商）流亡到畿外诸侯国。其后，“因为王室衰微，不能养活众官，有专门知识与技术的王官百工，陆续分散到诸侯国”，“扩大了文化的传播”（包括技术的传播）。“公元前520年（鲁昭公二十二年），周景王死，王子朝结合一批丧失职位的旧官百工，起兵争王位。经四年战争，子朝兵败，率召氏、毛氏、尹氏、南宫氏等旧宗族（自然也有百工），带着王室所有典籍，逃奔到楚国。这是东周文化最大的一次迁移”①。西周时期的王畿是当时中国的政治、经济中心，王室控制着大批百工，百工技艺高超，他们后来陆续分散到一些诸侯国，对推动这些诸侯国手工业的发展无疑起了一定的作用。

鲁曾是春秋时期文化中心之一，传统手工业比较发达。如后所述，鲁曾“以执斲、执针、织纴皆百人”赂楚②。此外，郑也曾“纳女工妾三十人、女乐二八、歌钟二肆”于晋③。又楚国官府的“子、女（男女奴隶）、玉、帛”，楚地所生的“羽、毛、齿、革”，亦有“波及晋国者”④。列国间官工以及手工业原料或产品的“交流”，对春秋时代工艺技术的提高和手工业的发展也起了一定的作用。

二、官营手工业

这里所说的官营手工业，即列国政府经营的手工业，也就是当时的国营手工业。这本是中国国家政权从它产生之日起就一直采用的一种传统手工业经济形式。虽然春秋时代有私营手工业兴起，但是当时社会中占主要地位的手工业经济成分仍是官营手工业。

---

① 范文澜：《中国通史》第1册，人民出版社1978年版，第116页。

② 《左传·成公二年》。

③ 《国语·晋语七》。

④ 《左传·僖公二十三年》。“波”，读为播，散也，言散及晋国者也（详见王引之《左传述闻》）。

各诸侯国普遍设立了官营手工业管理机构，有名叫“工正”的工官。齐国田敬仲完[①]、楚国蒍贾[②]，都曾任“工正”一职。《左传·庄公二十二年》杜注云：“工正，掌百工。”《左传·襄公九年》载：“九年春，宋灾。乐喜为司城以为政。……使皇郧命校正出马，工正出车，备甲兵，庀武守。”皇郧为宋司马。杜注：“校正主马，工正主车。”又《左传·昭公四年》载鲁叔孙氏宰杜泄说：“……使三官书之。吾子（谓季孙）为司徒，实书名；夫子（谓叔孙）为司马，与工正书服；孟孙为司空，以书勋。”杜注：“书名，定位号”；“服，车服之器，工正所书”；“勋，功也”。由此看来，“工正”为司马属官[③]，既“掌百工”又“主车”。楚国的“工正”又叫“工尹”[④]。《左传·宣公四年》“王使为工尹”，杜注：“掌百工之官”。《左传·宣公四年》“蒍贾为工正”，工尹即工正；工尹亦可临时统兵[⑤]。

西周、春秋时期“掌百工”的工官，亦称“百工”[⑥]。《左传·昭公二十二年》载：“王子朝因旧官、百工之丧职秩者，与灵、景之族以作乱。……单子使王子处守于王城，盟百工于平宫。……百工叛。己巳，伐单氏之宫，败焉。庚午，反伐之。辛未，伐东圉。”所谓“百工之丧职秩者”、“盟百工于平宫”的“百工”，当是指工官；“百工叛”、“伐单氏之宫”的“百工”，则包括工官及其所属工人[⑦]。在我们看来，犹如从事手工业劳动的“百工”是各种手工业者的

---

① 《左传·庄公二十二年》。

② 《左传·宣公四年》。

③ 参看杨伯峻：《春秋左传注》，中华书局1981年版，第962页。

④ 见《左传·文公十年、宣公十二年、成公十六年、昭公十二、十九、二十七年、哀公十八年》。

⑤ 杨伯峻《春秋左传注》：“宣四年《传》‘蒍贾为工正’，似工尹即工正。宣十二年《传》‘工尹齐将右拒卒以逐下军’、昭二十七年《传》‘工尹寿帅师至于潜’，则工尹亦可临时统兵。”（中华书局1981年版，第576～577页。）

⑥ 《尚书·康诰》：“周公初基作大邑于东国洛，四方民大和会，侯、甸、男、邦、采、卫，百工播民和，见士于周。”《令彝》：“明公朝至于成周，出令舍三事令，及卿事寮，及诸尹，及里君，及百工，及诸侯：侯、甸、男。”《令彝》铭“百工”，“列内官之末，诸侯之前，必为工官”；《康诰》所说“百工”，“亦是工官，旧以‘百官’释之非也”（童书业：《春秋左传研究》，上海人民出版社1980年版，第373～374页）。

⑦ 参看童书业：《春秋左传研究》，上海人民出版社1980年版，第374页。俞樾《春秋左传评议》说“百工之工，乃工匠之工”，不确。“百工”，并非仅指“工匠”而言。

统称一样，作为工官的“百工”乃是分别主管各手工业部门的工官的统称，为“掌百工”的“工正”属官。

《周礼·冬官·考工记》说：“国有六职，百工与居一焉。……审曲面埶，以饬五材，以辨民器，谓之百工。”郑注：“五材各有工，言百，众言之也。”孙诒让《周礼正义·考工记总叙疏》：“注云‘五材各有工’者，下轮、舆、辀、弓、庐、匠、车、梓、栁、矢，木工也；筑、冶、凫、㮚、段、桃，金工也；函、鲍、韗、韦、裘，皮工也；玉、雕、磬，玉工也；陶、瓬，土工也。惟画缋、钟、筐、㡛在五材之外。云‘言百，众言之也’者，此经五材之工止三十，明百工者，举成数众言之。”在《考工记》中，以上各种门类的官营手工业，都分别设有工官即“轮人”、“舆人”、“辀人”、“筑氏”、“冶氏”、“桃氏”、“凫氏”、“㮚氏”、“函人”、“鲍人”、“韗人”、“韦氏”、“裘氏”、“画缋”、“钟氏”、“筐人”、“㡛氏”、“玉人”、“栁人”、“雕人”、“磬氏”、“矢人”、“陶人”、“瓬人”、“梓人”、“庐人”、“匠人”、“车人”、“弓人”进行管理。

可见，官府经营的手工业不但门类齐全，而且各类工业部门内部又有较细的分工。虽然并非一切诸侯国都有“攻木之工七，攻金之工六，攻皮之工五，设色之工五，刮摩之工五”①，但列国官府各手工业部门内不止一个生产组织却是可以肯定的。例如卫国官府的木器制作业内就有“三匠”②。《说文》：“匠，木工也。”“三匠”，就是三种木工③。在卫、晋等国，主管木器制作业的工官有以“匠”为氏者，《左传·成公十七年、哀公十七年》提到的“匠丽氏”和“匠氏”即是。《左传·襄公四年》：“匠庆谓季文子曰：‘子为正卿，而小君之丧不成，不终君也。君长，谁受其咎？初，季孙为己树六槚于蒲圃东门之外，匠庆请木，季孙曰：‘略。’匠庆用蒲圃之槚，季孙不御。”又《庄子·达生篇》有“梓庆”。此匠庆、梓庆，也当是掌管木工的工官。杜注谓

---

① 《周礼·冬官·考工记总叙》。

② 《左传·哀公二十五年》。

③ 《左传·哀公十七年》“公使匠久”，杨伯峻《春秋左传注》：“百工亦可称匠，此疑百工。”（中华书局1981年版，第1711页。）此“公使匠久”之“匠”，即《左传·哀公二十五年》所说“公使三匠久”、公孙弥牟等“因三匠与拳弥以作乱”、“皆执利兵，无者执斤”的“三匠”，杜注；“斤，工匠所执。”《说文》：“斤，斫木斧。”由此看来，指“匠”为“百工”，不妥。

“匠庆，鲁大匠”，不确。《国语·鲁语上》有“庄公丹桓公之楹而刻其桷，匠师庆言于公”的记述，韦注：“匠师庆，掌匠大夫御孙之名也。”

在列国都城内外及其他一些较大的城邑内外，都有多种手工业作坊。公室的手工业作坊，一般分布在国都及其附近；卿大夫经营的手工业作坊，则主要是在自己的都邑或其附近。《左传·定公十年》在记述“侯犯以郈叛”事件时，多次提及“郈工师”驷赤，杜注：“工师，掌工匠之官。”郈为叔孙氏之邑，与季氏之费邑、孟孙氏之成邑合称“三都”。“郈工师”，也就是主管郈邑手工业的工官。其他较大的邑如费、成等等，也当有此类工官的设置。各卿大夫所需的一切手工业用品中，有相当大一部分当是其手工业作坊的产品。春秋列国的“公室是国家之象征，公（国君）则是国家政权的代表”；而“卿大夫家族以一种有土有民的政治集团形式存立，同时成为国家的政治单位”①。因此，如上述“郈工师”掌管的那一类手工业，实际上也是一种官府手工业。

作为官府手工业生产劳动者的“百工”，其身份是复杂的。其中，有的是奴隶；有的虽非奴隶，但亦无人身自由。《左传·成公二年》载：

> 冬，楚师侵卫，遂侵我师于蜀②。使臧孙往，辞曰：“楚远而久，固将退矣。无功而受名，臣不敢。”楚侵入阳桥，孟孙请往赂之以执斲、执针、织纴，皆百人，公衡为质，以请盟。楚人许平。

杜注：“执针，匠人。执鍼，女工。织纴，织缯布者。”这些被当做一种财产赂与他国的木工和纺织女工，即是奴隶。这“执斲、执针、织纴皆百人”共三百工奴，只是当时鲁国官府木器制作业和纺织业中所用奴隶的一部分，加上其他工种中的奴隶，手工业奴隶在鲁国官府手工业者中所占的比例是相当大的。而鲁赂楚的“执斲”百人、“执针”百人和“织纴”百人，自然仍以奴隶身份从事楚国官营手工业生产劳动。又《国语·晋语七》说：

> （晋悼公）十二年，公伐郑，军于萧鱼。郑伯嘉来纳女工妾三十人，女乐二八，歌钟二肆，及宝镈，辂车十五乘。公锡魏绛女乐一

---

① 朱凤瀚：《商周家族形态研究》，天津古籍出版社1990年版，第567页。

② 杨伯峻《春秋左传注》：“蜀，鲁地，或以为在今山东省泰安县西，或以今汶上县西之蜀山湖当之。据成二年《传》，其地当与阳桥相近，则前说较确。”（中华书局1981年版，第778页。）

八，歌钟一肆。

韦注谓“女，美女；工，乐师也。《传》曰‘赂晋侯以师悝、师触、师蠲’[①]是也。妾，给使者，工、妾凡三十人”。不妥。“女工妾”，当作女、工妾，而不是女、工、妾。“工妾”，也就是与鲁赂楚之“执针”、“织纴”相类的女工，为郑国官府手工业奴隶。在周代，战俘及罪人等，通常是“男为人臣，女为人妾”，其中有相当一部分成为工奴。《国语·晋语四》提及的“蚕妾”，便是专为晋国官府采桑养蚕的女奴。《左传·襄公十年》记载，在郑国的一次内战中，大贵族子西的“臣妾多逃，器用多丧”。在这些携带“器用”（各种手工业产品）而逃亡的“臣妾”中，当也包括部分手工业奴隶。当时，官府有些手工业所需原料的准备，也多半是由奴隶来做的，《左传·隐公五年》“若夫山林川泽之实，器用之资，皂隶之事”，可证。《左传·僖公二十三年》提及楚国官府的“子、女、玉、帛”和楚地所生的“羽、毛、齿、革”。“子女盖指男女奴隶，此以‘子女’与‘玉帛”并列，犹《师寰簋》‘殴俘士、女、羊、牛’，以‘士女’与‘羊牛’并列”[②]。

《左传·哀公二年》载赵简子在伐范氏、中行氏前誓师曰：“克敌者：上大夫受县，下大夫受郡，士田十万，庶人工商遂，人臣隶圉免。”这里所说的“工”，自然与“人臣隶圉”有别，不是奴隶。不过，他们的人身仍隶属于官府，只有“克敌”者才能“得遂其自由”[③]。在春秋后期列国官府的“百工”中，此种身份之“工”所占的比例最大。

官工居住在都邑中，所谓“处工就官府”[④]。《国语·晋语四》云：“工商食官。”韦注：“工，百工”；“食官，官禀之”。这就是说，官工所需的谷物等必要生活资料，由官府供给。他们在监工的监督下从事劳动，劳动强度大、时间长。“百工咸理，监工日号”[⑤]；“审其四时”，“旦暮从事”[⑥]。

---

① 见《左传·襄公十一年》。

② 杨伯峻：《春秋左传注》，中华书局1981年版，第409页。

③ 见嵇文甫：《中国古代社会的早熟性》，《新建设》1951年第4卷第5期。

④ 《国语·齐语》。

⑤ 《礼记·月令·季春之月》。

⑥ 《国语·齐语》。

三、私营手工业的兴起

西周时期虽然也有个体手工业者，但人数较少，而其手工制品又主要集中在农民日常生活和生产所需的陶器及木器、骨器、石器工具方面。到了春秋时期，这种状况有所改变，个体手工业者增多，经营项目扩大；原来由官府控制的冶铸、琢玉等手工业部门，这时已有个体手工者在进行生产。

春秋时期的个体手工业者中，有相当大一部分原为官营手工业生产者，即"食官"之"工"。他们都有一技之长。他们是通过逃亡等途径而成为民间个体手工业者的。

《国语·周语上》讲到："各守其业以共其上"的"庶人、工、商"，"犹有散、迁"而"流在裔土"者。列国官工逃亡事件，时有发生。《左传·昭公三年》所说"民闻公命，如逃寇仇"的"民"中，当也包括晋国部分"食官"之"工"。"衰国与亡国的百工丧职后"，也有"变为民间百工"者①。公元前660年卫国被狄人灭亡后，"卫之遗民"仅"男女七百有三十人"②；卫国原有的官工，可能有一部分因此而流落到了他国民间。虽然由于卫文公复国后采取"通商惠工"③ 等措施，使卫国官营手工业有了迅速的发展，但到春秋后期，"苟卫国有难，工商未尝不为患"④。由于"公使匠久"或"公使三匠久"，卫国官工还先后举行或参加了两次暴动⑤。这些"为患"于卫的官工中，也当有一部分脱离了官府的控制而成为个体手工业者。

"工商食官"这一传统格局的打破和私营手工业的兴起，是长期以来官府手工业领域生产关系和生产力之间、剥削者和被剥削者之间的矛盾发展的结果。

《逸周书·大聚》描述西周时期都城近郊农村的情况说：

> 以国为邑，以邑为乡，以乡为闾。祸灾相邮，资丧比服。五户为

---

① 范文澜：《中国通史》第1册，人民出版社1978年版，第112页。

② 《左传·闵公二年》。

③ 《左传·闵公二年》。

④ 《左传·定公八年》。

⑤ 见《左传·哀公十七年、二十五年》。

伍，以首为长；十夫为什，以年为长。……饮食相约，兴弹相庸，耦耕俱耘。……山林薮泽，以因其利。工匠役工，以攻其材。

这种“役工”“以攻其材”的“工匠”，其生产活动局限于“乡”的小天地，并受公社共同体组织的制约。到春秋时期，随着这种共同体组织的逐步解体，此类工匠自然也就先后成为独立的个体手工业者。

此外，当时还有个别农民及其他民众放弃原来的职业而从事小手工业。各诸侯国统治者一再强调“农之子恒为农”①、“民不迁，农不移”②，也透露了这样的“信息”。农民本来也从事家庭手工业，“男耕女织”，其中有一技之长者在逐渐发展的商品经济的刺激下，势必走上靠手工业谋生之路。他们所生产并用来交换的，一般是民众所需的日常生活用品。

个体手工业者一般也居住在“都”“邑”中。各国都邑里有大小市场，市上贩卖的普通用品中，有很多是小手工业者自己制造、自己设“肆”（摊）出卖。《论语·子张》篇所说“百工居肆以成其事”，《墨子·尚贤》篇所说“工肆之人”，主要就是指这一类手工业者；“他们制造物品时是工，陈列制成物品出卖时是商”③。

据《左传·昭公三年》记载，由于齐景公（前548～前490）“繁于刑”、“有鬻踊者”，故“国之诸市，屦贱踊贵”。杜注：“踊，刖足者屦。言刑多。屦，鞋；踊，假脚。谓受刖刑而断足者多，鞋无所用，故假脚贵而鞋贱。”而制造和出售“屦”、“踊”的人，当主要是个体小手工业者。《论语·乡党》篇说孔子“沽酒市脯不食”，当时市上出卖的酒大概也主要是个体手工业者所酿造。《左传·襄公十五年》载：

宋人或得玉，献诸子罕。子罕弗受。献玉者曰：“以示玉人，玉人以为宝也，故敢献之。”子罕曰：“我以不贪为宝，尔以玉为宝。若以与我，皆丧宝也，不若人有其宝。”稽首而告曰：“小人怀璧，不可以越乡，纳此以请死也。”子罕寘诸其里，使玉人为之攻之，富

① 《国语·齐语》。

② 《左传·昭公二十六年》。

③ 范文澜：《中国通史》第1册，人民出版社1978年版，第112页。

而后使复其所。

“玉人”，能琢玉、碾玉者。这里所说“以示玉人，玉人以为宝”的玉人，“子罕寘诸其里，使玉人为之攻之”的玉人，当是个体玉工。又《吕氏春秋·恃君览·召类》说：

> 士尹池为荆使于宋，司城子罕觞之。南家之墙，犨于前而不直；西家之潦，径其宫而不止。士尹池问其故，司城子罕曰：“南家，工人也，为鞔者也。吾将徙之，其父曰：‘吾恃为鞔以食三世矣。今徙之，是宋国之求鞔者不知吾处也，吾将不食。愿相国之忧吾不食也。’为是故，吾弗徙也。”[①]

高注：“鞔，履也。作履之工也。”一曰：“鞔，靷也。作车靷之工也。”[②]《说文》：“鞔，履空也。”段注：“空、腔古今字。‘履腔’如今人言‘鞵帮’也。……《吕氏春秋》曰：南家工人也，为鞔者也。’高曰：‘鞔履也，作履之工也。’高不云‘履空’者，浑言之也。《三苍》：‘鞔，覆也。’《考工记》注：‘饰车，谓革鞔舆也。’此鞔引申之义，凡鞔皆如缀帮于底。”毫无疑问，这里所说“恃为鞔以食三世”的“工人”，也属于个体手工业者。

孔子说鲁国贵族臧文仲，“其不仁者三”，“妾织蒲”是其“不仁”之一[③]。“妾织蒲”，就是“家人贩席，言其与民争利”[④]。而这“与民争利”的“民”，即上述“居肆”“以成其事”、亦工亦商的“工肆之人”，其中包括织蒲席贩卖的个体手工业者。

《考工记·总序》云：

> 粤（越）无镈，燕无函，秦无庐，胡无弓、车。粤之无镈也，非无镈也，夫人而能为镈也；燕之无函也，非无函也，夫人而能为函也；秦之无庐也，非无庐也，夫人而能为庐也；胡之无弓车也，非无弓车也，夫人而能为弓车也。

镈，田器。函，铠甲。庐，本作筥；筥，矜柲。庐人属攻木之工。郑玄注云：

① 《新序》卷六中，亦有与此大体相同的记述。

② 见陈奇猷：《吕氏春秋校释》，学林山版社 1984 年版，第 1367 页。

③ 《左传·文公二年》。

④ 《左传·文公二年》杜《注》。

“粤（越）地涂泥，多草蒡（秽），而山出金锡，铸冶之业，田器尤多。燕近强胡，习作甲胄。秦多细木，善作矜柲。匈奴无屋宅，田猎畜牧，逐水草而居，皆知为弓车。”所谓“粤无镈，燕无函，秦无庐，胡无弓车”，“甚言四国能此者多，虽有若无，非真谓不置是工，亦非真谓人皆能作也”①。所谓“夫人而能为镈”、“夫人而能为函”、“夫人而能为庐”、“夫人而能为弓车”，“此亦极言能为者多耳，非谓其人皆能作”②。《考工记》的这一记述表明，当时越、燕、秦等国除了官工以外，还有较多的个体手工业者甚至农民家庭分别制造镈器、甲胄或庐器。

另据《吴越春秋·阖闾内传》说，吴国的干将、莫邪曾是民间的铸剑能手，被伍子胥发现后推荐给吴王阖闾，铸出干将、莫邪二剑。鲁使季孙聘于吴，季孙观剑后叹曰：“美哉！剑也。虽上国之师，何能加之！夫剑之成也，吴霸。”虽然不能把“吴霸”的原因完全归结于“剑之成也”，但吴国之剑、矛确实名冠诸侯，且已被出土实物所证实。

贵族子弟也有从事小手工业的。鲁宣公之弟叔肸就是其中的一个。叔肸厌恶争权夺利，自谋生路，“织屦而食，终身不食宣公之食”③。

第二节 青铜冶铸业的新成就

一、铜矿的开采和冶炼

铸造青铜器，首先要解决铜矿的开采和冶炼问题。东周时期，各大小诸侯国普遍铸造青铜器，青铜铸造业的规模相当庞大，所铸青铜器种类繁多、数量惊人。铸造如此之多、在当时社会生活各个领域中普遍使用的青铜器，无疑需要有相当发达的铜矿开采和冶炼工业，以提供巨量的铜料。

铜矿采掘业与其他产业一样，受到自然条件的限制。在同样的社会生产方式条件下，自然条件对采掘业的布局及其生产规模有决定性的影响。很明显，

① 孙诒让：《周礼正义》卷七十四《考古记·总序》疏引江永说。
② 孙诒让：《周礼正义》卷七十四《考工记·总序》疏引江永说。
③ 《穀梁传·宣公十七年》。

没有铜矿，就不可能有采铜业；铜矿资源少的地区，也就不会有发达的、大规模的铜矿开采业。众所周知，铜矿等矿物资源在各个地区的分布是极不平均的。而人类对地下矿产资源的开采利用，又是随着经济、技术、文化的进步而逐渐扩大的。东周时期的铜矿开采和冶炼业，无疑比商代和西周时期有较大的发展。

从夏商到战国时代，被人们先后发现或开发的铜矿已有不少。《管子·地数篇》说：在“地之东西二万八千里，南北二万六千里”范围内，“出铜之山四百六十七山”；“上有慈石者下有铜金，上有陵石者下有铅、锡、赤铜”。《山海经·中山经》也说：“天地之东西二万八千里，南北二万六千里，……出铜之山四百六十七。”据《山海经·五藏山经》记载：松果之山，“濩水[①]出焉，北流注于渭，其中多铜”；符禺之山（今陕西华阴县北），“其阳多铜”；石脆之山，“其阴多铜”；羭次之山，“漆水出焉，北流注于渭……其阴多赤铜”；钤山，“其上多铜”；女床之山，“其阳多赤铜”；小次之山，“其下多赤铜”；盂山，“其阳多铜”[②]；求如之山，“其上多铜”；县雍之山，“其下多铜”；诸余之山，“其上多铜、玉”；阳山，“其下多金铜”；京山，“其阳有赤铜”；轩辕之山，“其上多铜”；少山，“其下有铜”；白马之山（今山西盂县东北），“其阴多铁、多赤铜”[③]；淒山（今山西蒲县南），“其上多赤铜”；昆吾之山，“其上多赤铜”[④]；柄山，“其下多铜”；蛊尾之山，“多砺石赤铜”；玉山，“其阳多铜”；丙山，“多黄金、铜、铁”；阳帝之山，“多美铜”；荣余之山，“其上多铜”[⑤]。上述有明确地点的产铜之山，分布于今陕西、山西、湖北等省。

《管子·地数》和《山海经·五藏山经》所说“出铜之山四百六十七”，虽然不一定是精确的统计数字，但先秦时期已先后发现了许多“出铜之山”，

---

① 濩水，郝懿行云：“《水经注》作灌水”。王念孙、毕沅并校改作灌。

② 以上七处产铜或赤铜之山，均见于《西山经》。

③ 以上八处产铜或赤铜之山，均见于《北山经》。

④ 郭璞《山海经传》云：“此山出名铜，色赤如火，以之作刃，切玉如割泥也；周穆王时西戎献之，《尸子》所谓昆吾之剑也。”

⑤ 以上六处产铜或赤铜之山，均见于《中山经》。

其中有些铜矿在商代和西周已经开发，有不少铜矿为东周时期所开采，则是可以肯定的。

凡有铜矿资源并在春秋时期已获发现的各诸侯国，大概一般都有自己的铜矿开采和冶炼工业。不过，有的诸侯国地区缺乏铜矿资源，有的诸侯国地区铜矿资源少而不能满足其青铜器铸造业的需求，而必须仰赖于其他诸侯国地区生产的铜料。《诗·鲁颂·泮水》篇云："憬彼淮夷，来献其琛，元龟象齿，大赂[①]南金。"《泮水》是春秋鲁僖公时的诗篇。"南金"，也就是南方生产的铜。春秋初年器曾伯霥簠铭文谈到"克狄（逷）淮夷"后，"金道锡行"。"此簠与晋姜鼎同时"，"盖晋人与曾同伐淮夷也"。"'金道锡行'者言以金锡入贡或交易之路"，得以畅通。"古者南方多产金锡"；"《考工记》云：'吴、粤之金、锡，此材之美者也。'"[②]《左传·僖公十八年》载："郑伯始朝于楚。楚子（成王）赐之金（铜），既而悔之，与之盟曰：'无以铸兵！'故以铸三钟。""当时华夏列国所用的铜、锡，至少一部分仰赖于南方，殆无疑义。"[③]

《晋姜鼎铭》和《曾伯霥铭》都提及"繁汤"这个地名，繁汤当即见于《左传·襄公四年》的繁阳（在今河南新蔡县北三十里汝河北岸）。《晋姜鼎铭》有晋文侯夫人晋姜命人"征繁汤"，"取厥吉金，用作宝蹲鼎"的记录。1974 年，洛阳战国墓 74C1M4 出土一柄有象牙鞘和珍珠剑首垂饰的铜剑，制作精美，剑身用红铜错出"繁阳之金"四字[④]。由此可知，繁阳是古代"南方一个著名的铜产区"，到战国之世"仍为著称的产铜地点"[⑤]。

战国时代著作《禹贡》中所谈到的各州贡品，实际上也就是中国古代各个地区的土特产；其中，荆、扬二州都贡"金（青铜）三品"。我们在本书第二编第十六章中已经谈到，近年来在沿长江南岸的古代荆、扬二州地域，发现了许多古代铜矿井，其中，江西瑞昌的矿井从商代二里冈时期到春秋时代一直在开采；毗邻的湖北阳新古矿井，是一处西周至春秋时期的矿冶遗址。时代稍

① 俞樾《郡经评议》："赂，借为璐，玉也。"

② 郭沫若：《两周金文辞大系图录考释》。

③ 李学勤：《东周与秦代文明》，文物出版社 1991 年版，第 231 页。

④ 洛阳博物馆：《河南洛阳出土"繁阳之金"剑》，《考古》1980 年第 6 期。

⑤ 李学勤：《东周与秦代文明》，文物出版社 1991 年版，第 231 页。

晚的长江北岸湖北铜绿山古矿井，规模更大。而长江下游的安徽南陵大工山，则是西周晚期至唐末的古矿遗址。据测算，仅南陵江木冲、铜陵凤凰山、木鱼山三处遗址的熔渣至少有50万吨，产铜可达5万吨以上。

湖北大冶古铜矿遗址，包括铜绿山、大岩阴山、小岩阴山、柯锡太村、螺蛳塘、乌鸦卜林塘等处，南北长2公里，东西宽1公里。铜绿山古矿区的主要矿井遗址可分为前后两期，前期属春秋时期或稍早，后期属战国至汉代。“经过考古发掘，从铜绿山古矿冶遗址已经清理出来的有不同时代、不同结构、采用不同支护方法的竖井（包括斜井、盲井）数百座，大小平巷近百条，春秋时期的炼铜竖炉八座，生产工具和生活用具上千件。”[①] 铜绿山矿区内的不少地点，地表面覆盖有厚厚的炉渣，炉渣总量超过40万吨。化验表明，炉渣中含铁品位很高，而含铜量很低，当是炼铜后弃置的炉渣[②]。据初步估计，铜绿山古矿冶遗址前后冶炼铜达8万~10万吨[③]。

1973年以来在大冶铜绿山重点发掘了春秋、战国两个时期的矿井各一处。春秋矿井有竖井、斜井两种，井深约40米以上。发掘资料证明，当时已经初步掌握了矿井支护、提升、通风、排水等方面的技术，因而工匠们能在四五十米深处采掘矿石并运送至地面。由于当时缺乏机械通风设施，主要靠井口高低不同产生的气压差而形成的自然风流来调节巷道中的空气，以确保采掘面上氧气的供给。发掘资料还证明，春秋战国时期在探矿方面，不仅能用目力找矿，而且还能进行“重力选矿”；巷道中出土的“船形木斗”，就是用于“重力选矿”以鉴定矿石的含铜品位，从而确定采掘方向的。关于采掘方法，有人提出了上行开采和分段提升的推测；有人则认为当时的采掘过程是由竖井——平巷——盲井的方向进行的，而提升运输则是由盲井——平巷——竖井的途径完成的[④]。

在铜绿山矿区11号矿体的发掘中，发现了春秋时代的炼炉8座，其炉型

① 湖北省黄石市博物馆、中国金属学会出版委员会、北京钢铁学院冶金史组：《铜绿山——中国古矿冶遗址》前言，文物出版社，1980年版。

② 夏鼐、殷玮璋：《湖北铜绿山古铜矿》，《考古学报》1982年第1期。

③ 湖北省黄石市博物馆等：《铜绿山——中国古矿冶遗址》，文物出版社，1980年版。

④ 参看夏鼐、殷玮璋：《湖北铜绿山古铜矿》，《考古学报》1982年第1期。

均为炼铜竖炉，由炉基、炉缸和炉身三部分组成，并有风口、风沟、金门等设施[①]，“基本具备了近代鼓风炉的式样，铜渣含铜量为0.7%左右，这个指标相当于欧洲19世纪末叶冶炼同类矿石的水平”[②]。通过复原研究和模拟实验证明，铜绿山春秋炼铜竖炉具有冶炼性能良好、热效率高、炉料处理量大、操作简单、检修简易、炉龄较长以及可以连续加料、连续排渣、间断放铜、持续进行冶铜生产等优点。在确保炉温的情况下，不论是高品位的还是低品位的矿石，也不论块矿还是粉矿，都能进行熔炼。如按平均品位12%计算，每炉日产粗铜将不低于300公斤。“我国先民从新石器时代进入青铜时代以后，经过大约一千五百多年或更长一些的时间，不断总结冶铜实践的经验，使竖炉的构筑达到了较高的水平。这是当时青铜冶铸业兴盛发达的技术基础，也为炼铁竖炉及生铁冶铸技术在春秋时期的兴起及其后的迅速发展提供了技术前提，在我国冶金史上是具有重要意义的。”[③]

二、铸造技术与铜器种类

春秋时代各诸侯国普遍铸造青铜器。吴、越、徐、楚、江、黄、鄀、邓、蔡、许、陈、宋、曾、滕、曹、薛、郳、邿、杞、纪、齐、鲁、郑、卫、虞、虢、稣、晋、秦等诸侯国，都有铜器流传至今。铜器数量巨大，种类繁多。铸造工艺有显著的发展，出现了分铸法、失蜡法等先进工艺技术。开始盛行金属镶嵌等工艺，铜器纹饰丰富多彩，艺术价值很高，剑、戟、戈、矛等铜兵器尤其精良。

各诸侯国都各有其铸造青铜器的手工业作坊。其中，晋国都城的铸铜作坊具有典型性和一定的代表性。侯马铸铜遗址，即是晋国铸造青铜器的手工业作坊址，位于山西侯马市西、侯马晋城遗址牛村古城之南，从春秋中期沿用到战国早期。遗址面积约20万平方米，已发掘5000多平方米。遗址内发现有居住址、窖穴、水井、道路、陶窑、熔铜炉、墓葬等遗迹，遗迹分布相当密集。遗

---

① 见黄石市博物馆：《湖北铜绿山春秋时期炼铜遗址发掘简报》，《文物》1981年第8期。

② 湖北省博物馆：《湖北省文物考古工作新收获》，《文物考古工作三十年》，文物出版社1979年版，第301页。

③ 卢本珊、华觉明：《铜绿山春秋炼钢竖炉的复原研究》，《文物》1981年第8期。

址区出有与铸铜手工业有关的陶范、铜锭、铅锭和工具等遗物。出土最多的是陶范，总数达三万余块，有一万多块陶范的表面刻有各种装饰纹样，尚可辨认器形的有1000余块，成组配套又能复原器型的有百余套。其中：礼器范有鼎、豆、鬲、壶、簋、簠、匜、鉴、舟；工具范有镬、铲、凿、斧、锛、刀；兵器范有剑、矛、戈、镞、镈；此外还有乐器范、装饰品范、车马饰范、货币范等。

陶范的出土情况是：Ⅱ号遗址出土14117块，以钟鼎等礼乐器范为主，其次是车马具范及生活用具范等；XXⅡ号遗址出土24640块，以工具范为主，其次是兵器范、车马具范等。另有一处遗址出土10万件以上空首布柄芯。这表明，当时晋国铸铜手工业内部有较细的分工，“不同区域生产种类不同的青铜铸器”，而且“某种程度上已达到规格化、系统化的批量生产”①。侯马铸铜遗址出土物还证明，当时铸造青铜器，要经过陶范制模、翻范、烘烤到合范、浇铸铜器等这样一个系统的工艺过程。

当时用于制作陶范（包括母范、外范、内范）的材料，主要是取自当地的粘土和砂。粘土经过淘洗沉淀，质极细腻而洁净。这是因为，如果土质不细匀不洁净，精细的花纹也就铸不出来，而且还会产生其他铸造缺陷。砂子经过筛选，砂粒多呈圆形，细小而均匀。其所以要在泥土中掺和一定比例的砂子，是因为土不很牢固，受高热后容易开裂，掺和一定数量颗粒很细的砂子可以“改善其承受热力的性能和增加机械强度，使得熔融的铜液灌注时陶范不致开裂和崩坏”。除土和砂外，当时制作陶范的材料还有秸、糠、梢等植物质。这是因为：“在铜液灌入陶范时，会产生少量气体。气体如不排除，会在铸件上造成气孔，严重的要成为废品。所以陶范，特别是外层陶范，要适当地造成一些孔隙，改善透气性能。”而“增加气孔的方法”，就是在土内拌一些切细的植物质，“在泥烧成陶的过程中，有机物烧成灰烬而形成空隙”。我们在当时的陶范上，“往往发现有很多这类气孔”②。

陶范的造型过程，首先是按照器物的形状做好母范（模或母型）。母范有

① 山西省考古研究所：《侯马冶铜遗址》，文物出版社1993年版，第79页、451页。
② 马承源：《中国古代青铜器》，上海人民出版社1982年版，第8页。

的手制，有的模制。手制是按照器物的形状，做好雏形，再用刮刀进行修整。模制就是用模子翻制，这种做母范的方法可以节省大量时间，给大量生产创造了有利条件。外范（铸型）是从母范上翻下来的，直接用于器物的铸造，其质量好坏影响到铸件形状的美观、花纹的清晰、表面的光滑平正，所以翻制外范要有一定的技术水平。由于礼器、乐器等比较复杂的器形是用复合范铸造，因此为了保证铸件的质量，在外范之间的接合处都有数量不等的楔形榫卯，并且精巧地设置浇口、冒口。内范（泥芯或泥心）的制法也有手制和模制两种。装饰纹样，或在模上雕刻，或在范上加工，或用分块母范翻制。烘范窑的发现表明，范制成以后不仅要阴干，还要入窑烘烤，以排除范中的水分并使之定形，防止浇铸时爆裂。窑中烘烤陶范的窑温可达800℃左右。外范、内范做好后，在浇铸前要进行合范和安装。因为内范直接受到铜液的冲击，如果安装时不设法使它固定，就会产生薄厚不匀，严重的会造成局部无铜液流入，成为废品。内范的固定有两种办法：使用内范座使内范固定；使用支钉固定。烤干后的陶范往往趁势浇铸。浇铸系统主要表现在浇口、冒口的设置。浇口引导铜液流入型腔；冒口主要是为了补充型腔内铜液凝固时收缩的需要，也起到散热的作用。浇、冒口的设计安排，考虑到了金属溶液的流动程度、铸件的大小、形状以及铸件的复杂程度。从实物观察，浇冒口的形状、安排大致有以下两种：（1）浇口杯，多用于较大型的铸件；（2）漏斗式的楔形浇口，与外范连在一起，多用于小形铸件[①]。浇注时，器是倒置的。待青铜熔液冷却后，打碎外范，掏出内范，再用砺石修整磨光。就这样，一件件光彩耀目的青铜器铸造出来。

从出土的陶范可知，春秋时期在殷代、西周以来块范铸造技术的基础上，创造了印模铸造技术。以花纹为例，先制成牢固的、完整而规格化的一组模具，再用薄的泥块翻印出许多组同样的花纹，然后再按一定的制作要求拼接起来。这就不需要花很大的工夫逐个地去制作精细富丽的花纹。“由于范土极其细纯致密，所以纹饰虽细如毛发，也能翻得不爽分毫，清晰度和现代的石膏翻模没有什么区别。这种精密铸造技术是非常惊人的。……这种方法既快又好，

① 张万钟：《侯马东周陶范的造型工艺》，《文物》1962年第4、5期。

可以连续制范而不需要一器一模地反复修整和翻制块范，也不需要在块范上大量加工。例如钟范的模子，先制半个，再翻成两半，简单地拼合起来就可以了。钟上突出的36个枚（钟乳）另有模子，是规格化的，只要将事先翻好的陶枚范嵌在钟范内就可以了。钟上的花纹也是如此。所以当时陶范的拼合，很有点像装配。但是这种大大提高了效率的制范方法，也有它的缺点。由于花纹是印模的，不是手工雕刻，虽很精细，艺术性却较差。有的花纹缺乏变化，又不免有千篇一律之感。”①

侯马铸铜遗址等出土的陶范还表明，当时铸造斧、钁、戈、镞以及货币等形制简单的铜器时，用的是单范或合范，而且一般可以使用多次；而礼器、乐器等较为复杂的器形，则用复合范铸造。青铜铸件，有的用浑铸法一次铸成。有的则用二次铸造法或多次分铸法将器身与附件分开铸造，或先铸器身，在铸附件时与器身铸接一起；或先铸附件，再在浇铸器身时将附件按设计位置嵌于主范之上而铸接一起。分铸法在商代和西周已被采用，但这时不但被大大地推广，而且运用得更加熟练，铸造出不少造型别致、形体高大、壁薄而匀的新器形。在商代和西周，只是对难以处理的附件或提梁之类使用分铸法铸造，而春秋时期则有了根本性的改进。例如鼎的耳和足，以前是连着主体陶范一次浇铸的，这时改为按规格事先铸好，只要鼎腹的拼制完毕，将耳和足嵌在外范内即可。由于这种方法大大地节省了工时，提高了效率，因此获得普遍推广。

河南淅川下寺春秋中晚期楚国贵族墓出土青铜器的铸造工艺，除运用浑铸法和分铸法外，还使用了焊接技术和“失蜡法”。其中，分铸焊接的鼎M1:55，由“腹范6块、底范4块和范芯1块所组成”。“三足的焊接方法是：在鼎足泥芯挖出圆窝，将焊接剂加热为液体倒入窝内，再将底范所预铸的榫头插入圆窝，冷却后焊接即告成功。”据测定，焊接剂“含锡量为98.23%”，故“鼎足的焊接剂应为锡”。“M1:55的附属怪兽……将怪兽预铸榫头插入孔中后，铸焊而成。”“鼎耳采用媒介铸焊方法”②。下寺墓葬年代略有早晚之别，其第2

① 马承源：《中国古代青铜器》，上海人民出版社1982年版，第11页。

② 赵世纲：《淅川下寺春秋楚墓青铜器铸造工艺》，《淅川下寺春秋楚墓》，文物出版社1991年版，第383～384页。

号墓的年代当为春秋晚期偏早[①]；这座墓出土的铜禁（放置酒器的小方桌），饰镂空的多层云纹，与随县擂鼓墩曾侯墓（战国前期）所出盘、尊相似，由表层纹饰与内部多层铜梗构成，系用失蜡法铸造[②]。此外，下寺1号、3号墓出土的铜盏，也是使用失蜡法铸成[③]。所谓“夫蜡法”也称“熔模法”，其工艺特点是：“用一种易于塑刻又易于熔化的蜂蜡一类的材料做成模子，刻上花纹，然后涂沫上几层细泥和粗泥，留出灌铜口和出气口，最后用火烧烤厚壁的泥范，使蜡熔化流出。使用时把青铜熔液灌进范内的空隙，凝固后打碎泥范，取出成品，再加修整。”[④] 像下寺楚墓出土的铜禁和曾侯盘、尊那样装饰极为复杂的青铜器，用块范法是无法铸造的。

下寺墓1出土的编钟，经过测音，证实它们是我国目前已出土的东周编钟音律之最佳的[⑤]。墓1的钮钟，经过测音和实际演奏，证明它“已具备传统的雅乐七声音阶”，而且“音质纯正”。下寺2号墓出土的“王孙诰甬钟”，“是目前我国出土春秋时期编钟中数量最多、规模最大的一套。它的音域宽广，从最低音跨越了近五个八音程”[⑥]。

春秋中叶，嵌错工艺开始兴盛起来。这里所说的嵌错工艺，是指在青铜器表面镶嵌其他金属。山东滕县出土的夆叔三器[⑦]，有敦、盘、匜各一件，上有红铜嵌成兽形花纹。“器的形制类似河北易县发现的齐侯四器，花纹的特点是透嵌，即器壁的两面都可看到纹饰。”这是嵌红铜技术的“典型的标本”[⑧]。此外，淅川下寺楚墓出土的倗浴缶铸镶红铜圆涡纹，倗障缶下部铸镶红铜云纹[⑨]。河南固始侯古堆1号墓（春秋末年）出土的罍（一件），上有盖，“盖鼎和器腹饰红铜镶嵌之鸟兽和鼓钉纹图案”；方豆（两件）“器身、盖顶及圈足

---

① 李学勤；《东周与秦代文明》，文物出版社1991年版，第227页。
② 河南省丹江库区文物发掘队：《河南省淅川县下寺春秋楚墓》，《文物》1980年第10期。
③ 河南省文物研究所：《淅川下寺春秋楚墓》，文物出版社1991年版，第386页。
④ 夏鼐：《中国文明的起源》，文物出版社1985年版，第88页。
⑤ 《河南出土一套我国音质较好的编钟和一件珍贵的石排箫》，《人民日报》1979年4月6日。
⑥ 河南省文物研究所：《淅川下寺春秋楚墓》，文物出版社1991年版，第435页。
⑦ 先克昭：《滕县金石志》，北京法源寺，1944年。
⑧ 李学勤：《东周与秦代文明》，文物出版社1991年版，第228页。
⑨ 河南省文物研究所：《淅川下寺春秋楚墓》，文物出版社1991年版，第130～131页。

用红铜镶嵌成对称之龙兽图案”①。错金银的技术也在这一时期兴起。春秋中期的晋器栾书缶，盖上环钮饰错金的斜角云纹，腹外铭40字，字皆错金，工艺水平很高②。春秋晚期，开始出现用槌打法成形的薄胎铜器，质地多为延展性较好的红铜。“此项技艺的兴起，似乎是南北同时的”③。南方的例子，如江苏六合程桥吴墓所出的针刻纹铜器残片，胎厚仅0.8毫米④；北方的例子，如河北怀来北辛堡所出的铜缶，系用红铜分上下两半槌成，胎厚为1毫米左右⑤。“这一类槌制铜器，每每用针刻纹作为装饰。”“槌制铜器大都是水器，以盛水的缶、挹水的匜为主，上面的刻纹多为宫殿建筑、宴乐歌舞的图像，有时也有神话性质的人物或鸟兽。”⑥

《考工记》中记载着钟鼎、斧斤、戈戟、大刃、削杀矢、鉴燧六种不同含锡量的青铜器，称为“六齐（剂）”。“六齐”虽是中国古代冶金工长期铸造经验的总结和记录，但它并不是唯一的标准，生产实践在“六齐”之外又有新的发展。春秋晚期的许多青铜器，都含有一定数量的铅。以淅川下寺春秋楚墓所出青铜器来说，其中15件礼器的合金成分是：铜60%～85%，锡7%～23%，铅2%～28%。“春秋楚国大墓中所出礼器，经测定均为铅锡青铜。”⑦又下寺楚墓出土的王孙诰甬钟，钟身：铜73.55%，锡15.01%，铅11.73%，锌0.11%；甬：铜80.45%，锡15.6%，铅2.8%，锌0.11%⑧。“春秋、战国之际的青铜兵器，普遍含有一定数量的铜。由于青铜兵器含锡量较高，因此容易发脆，加铅以后虽然降低了一些硬度，但韧性有所增强，特别是使长刃的青铜剑和狭长锐利的戈戟之类不易折断，大大提高了使用效率。”“青铜器中加铅还有一个优点，是增加液态金属的流动性，使与陶范保持密合的接触面，从

① 固始侯古堆一号墓发掘组：《河南固始侯古堆一号墓发掘简报》，《文物》1981年第1期。

② 容庚、张维持：《殷周青铜器通论》，文物出版社1984年版，第61页；李学勤：《东周与秦代文明》，文物出版社1991年版，第38页。

③ 李学勤：《东周与秦代文明》，文物出版社1991年版，第229页。

④ 江苏省文物管理委员会、南京博物馆：《江苏六合程桥东周墓》，《考古》1965年第3期。

⑤ 北京钢铁学院《中国冶金简史》编写小组：《中国冶金简史》第二章第三节，科学出版社，1978年。

⑥ 李学勤：《东周与秦代文明》，文物出版社1991年版，第229页。

⑦ 李敏生：《淅川下寺春秋楚墓部分金属成分测定》，《淅川下寺春秋楚墓》，文物出版社，1991年版。

⑧ 赵世纲：《淅川下寺春秋楚墓青铜器铸造工艺》，《淅川下寺春秋楚墓》，文物出版社，1991年版。

而改善了铸件的质量。”①

春秋时期青铜器种类甚多。就礼器而言，按用途可分为蒸饪器、盛食器、酒器、水器等几大类。蒸饪器有鼎、鬲、甗等；盛食器有簋、簠、簠、豆、敦等；酒器有罍、盉、壶、舟等；水器有盘、盆、鉴、匜等。鼎又有蒸饪的镬鼎、供席间陈设牲肉的升鼎、备加餐的羞鼎②。春秋时期的青铜乐器主要有编钟、编镈等。钟分甬钟、钮钟两种，皆递次减少，各自成组，每组为9~14件不等。在新郑彝器中，有甬钟两组各9件，铜镈4件。汲县山彪镇1号墓出土钮钟14件。寿县蔡侯墓等也出土了成组的编钟和编镈。青铜车器和马饰也多。青铜工具有锛、凿、刀、削等。青铜兵器有戈、矛、殳、戟、剑、镞等。铜剑形式多样，著名的吴王夫差剑、越王勾践剑等，制作精美，锋刃锐利，是当时兵器中的精品。此外还有青铜建筑饰件和铜镜。陕西凤翔姚家岗秦雍城遗址发现的三坑青铜建筑饰件，共计64件。饰件均有秦式的蟠虺纹，与春秋时期的秦礼器相似。据研究，这些饰件大都适用于建筑物的梁枋上，其形状与后世所见梁枋上的彩绘相似③。河南三门峡上村岭虢国墓共出土三件春秋前期铜镜，其中，第1612号墓出土的一件，径6.7厘米，双桥形钮，有虎、鹿、鸟纹；第1650号墓所出两件，径5.9与6.4厘米，是单钮的素镜④。

三、春秋青铜器的时代特点和区域性特色

青铜器生产的发展有其自身的规律，同时又受到社会制度甚至意识形态的制约和影响，从而使不同社会阶段的青铜器各具这样那样的时代性特点和风格。春秋早期青铜器的铸造和使用，沿袭、继承了西周时期的传统；而中、晚期则形成了为春秋时代所具有的新特点、新风格，同时西周以来青铜礼器的使用制度也遭到破坏。这是春秋时代社会生活各个领域中所发生的变化的反映。

在中国青铜时代，青铜礼器本是统治者用以明贵贱、别等列，以及“铭

---

① 马承源：《中国古代青铜器》，上海人民出版社1982年版，第6~7页。

② 详见高明：《中原地区东周时代青铜礼器研究》，《考古与文物》1981年第2~4期。

③ 凤翔县文化馆、陕西省文管会：《凤翔先秦宫殿试掘及其铜质建筑构件》，《考古》1976年第2期；杨鸿勋：《凤翔出土春秋秦宫铜构——金釭》，《考古》1976年第2期。

④ 中国科学院考古研究所：《上村岭虢国墓地》第二章，科学出版社，1959年版。

其功烈以示子孙，昭明德而惩无礼”① 的国家重器，是统治者政治权力的象征、贵族等级的身份性标志。“诸侯之封也，皆受明器于王室，以镇抚其社稷。”② 故孔子曰：“唯器与名，不可以假人，君之所司也。名以出信，信以守器，器以藏礼……政之大节也。若以假人，与人政也。政亡，则国家从之，弗可止也已。”③ 正因为如此，统治者把青铜礼器的铸造放在首要地位，并按贵族等第的高低规定了使用礼器的规格。春秋青铜器中，占主要地位的仍是举行祭祀、宴飨或婚丧礼仪时所使用的礼器。不过：（1）礼器种类有明显变化，商代和西周盛行的酒器大量减少，爵、斝、觯、觚、角、觥、尊、彝、卣等均被淘汰，蒸饪器与盛食器的数量增多；（2）铜器器形和花纹也有较大变化，突破了商周以来的凝重奇诡的传统，商代和西周铜器上的兽面、饕餮等繁缛纹样已被淘汰，代之而起的是动物纹、植物纹、几何纹和图像纹等；（3）铜器铭文一般都较为简短，而且铸有铭文的铜器日益减少，铭文的书写性质日趋衰落，逐渐变为艺术性的装饰；（4）西周有铭青铜器的大多数为周王和王室大臣所制作，春秋青铜器中则以各国诸侯和卿大夫的礼器数量最多；（5）虽然春秋时期继续沿用出现于西周的用鼎制度，但随着“礼乐征伐自天子出”先后变为“自诸侯出”、“自大夫出”甚至“陪臣执国命”④，各级贵族竞相僭越。

西周前期，“周王室自有一套天子九鼎，卿七鼎，大夫五鼎，士三鼎或一鼎的制度，而又有另一套公、侯七鼎，伯五鼎，子、男三鼎或一鼎的制度”⑤。而用簋须按鼎数配备，一般是九鼎配八簋，七鼎配六簋，五鼎配四簋，三鼎配二簋。春秋时期特别是中、后期的用鼎遗存表明，上述西周时期的两套用鼎制度到这时已全面遭到破坏，各级贵族逾制的情况比较普遍，不但各国诸侯普遍僭用天子鼎制，而且诸侯之卿也有使用九鼎者。请看以下一些贵族用鼎遗存的情况：

① 《左传·襄公十九年》。
② 《左传·昭公十五年》。
③ 《左传·成公二年》。
④ 《论语·季氏》。
⑤ 俞伟超：《周代用鼎制度研究》；《先秦两汉考古学论集》，文物出版社 1985 年版，第 85 页。

（1）河南三门峡市上村岭虢国墓地，是西周晚期至春秋早期的虢国贵族墓地，其埋葬年代下限为公元前655年晋“假道于虞以伐虢”[①]之时。墓地南北长280米，东西宽200米，在发掘的234座墓葬中，有38座墓中仅青铜礼器就出土181件，器形有鼎、鬲、甗、簋、簠、壶、罐、盉、盘、匜等。墓葬规模的大小和随葬品的多寡，按墓主人在当时等极中的次第而定，有五个级别。其中，1052号墓出土器物最多，有两件戈上铸有“虢太子元徒戈”铭文，由此可知墓主人是虢国的太子，是该墓地所有墓主人中身份地位最高者。此墓随葬的青铜礼器有圆鼎7件、簋6件等，此外还有一组编钟；其鼎大小相次，簋亦形制相同，是一套完整的大牢七鼎配六簋的用鼎规格。1706号墓属第二级，随葬铜列鼎5件、簋4件等。1820号墓属第三级，随葬铜列鼎3件、簋4件等。第四级墓多出土1鼎或2鼎，总数近20座。第五级墓无青铜礼器，总数约200座[②]。

（2）河南辉县琉璃阁墓甲出土铜鼎15件、簋14件等；墓M60出土铜列鼎24件、簋6件等，其中包括“镬鼎一、有盖列鼎五、有盖列鼎九、无盖列鼎九”，此外还有“不成列的小鼎五”[③]。墓甲与M60是春秋中、晚期之际的墓。墓甲“簋中有一组是八件成套，而八簋是配九鼎的，这就可知其中必有大牢九鼎”。墓M60“既有镬鼎一件和大牢九鼎两套、少牢五鼎一套，所谓‘不成列的小鼎五’，应是陪大牢的羞鼎三和陪少牢的羞鼎二，不像是另一套五鼎”。“同一墓地中，还有不少出七鼎或五鼎的墓”。辉县一带，春秋中、晚期之际是晋国“范氏经营已久的领地中心”。因此，“这恐非范氏卿族的墓地莫属，其墓甲和M60的墓主，当为某两个范子”。“在六卿强、公室卑的形势下，范子自然是僭用了天子之礼”[④]。此外，山东临淄尧王庄春秋晚期“国子”墓的用鼎遗存，以及河南汲县山彪M1墓的用鼎遗存，亦为大牢九鼎。“国子”墓的墓主是世为齐卿的国氏，M1墓的墓主是晋国六卿之一的赵氏[⑤]。

① 《左传·僖公五年》。
② 参看中国科学院考古研究所：《上村岭虢国墓地》，科学出版社，1959年版。
③ 郭宝钧：考古学专刊乙种十一号《山彪镇与琉璃阁》，科学出版社，1959年版。
④ 俞伟超：《周代用鼎制度研究》；《先秦两汉考古学论集》，文物出版社1985年版，第94~95页。
⑤ 俞伟超：《周代用鼎制度研究》；《先秦两汉考古学论集》，文物出版社1985年版，第95~96页。

（3）河南新郑县南门内发现的郑国贵族墓①，是一座春秋中期偏晚的墓葬，墓主是当时郑国的一个地位较高的贵族。墓中出土铜器，已知的有：鼎22件，簋11件，鬲9件，钟18件，镈4件，匿6件，以及尊、罍、壶、舟、洗、盘、匜、炉和兵器、车器、马饰等，共100余件。在这批铜器中，有大牢九鼎、七鼎各一套，铜簋中有8件自成一组，符合西周时期九鼎配八簋的制度。不过，不管该墓主是郑伯还是其他级别的贵族，又都同样僭越了西周用鼎规格。

（4）河南淅川县下寺楚墓是春秋中晚期楚国贵族墓地，在发掘的9座贵族墓中，均随葬成套的青铜礼器。其中以2号墓随葬品的种类最多，青铜礼器除7件一套的平底鼎外，还有簋、鬲、俎、禁、尊缶、盥缶、鉴、盘、匜等，此外还有数量较大的编钟、编磬、兵器和车马器。此墓平底鼎铭文有“王子午择其吉金”、“令尹子庚𣪘民之所敬”等语，有的学者据此认为墓主是楚共王和康王时的令尹公子午（卒于公元前552年）。一说墓主应是继公子午任令尹而卒于公元前548年薳子冯。位于该墓地2号墓两侧的1号墓和3号墓，随葬礼器的种类与2号墓相近而数量稍少。其他6座墓的随葬器大都仅有鼎、簠、盘、匜等器和玉石装饰品等，规格较低②。

（5）河南洛阳市区中州路东周墓，是东周时代周人墓葬，已发掘的260座墓葬均位于中州路西工段。较大型墓中出土的青铜礼器有鼎、甗、簋、簠、豆、罍、盘、舟、匜，部分铜鼎中还有猪、牛的骨骼。中、小型墓中仅出有刀、剑、镞、带钩等小件铜器。这批墓葬的年代，约当平王东迁（前770）到秦统一（前221）的整个东周时期。墓中的陶器组合，基本上是这样四类：鬲、盆、罐；鼎、豆、罐；鼎、豆、壶；鼎、盒、壶。研究者根据墓中陶器组合的形制变化，把这里的墓葬分为7期，每期不足百年。其中第一、二、三期，大体相当于春秋早、中、晚期，三、四期之间即春秋战国之际。从各期墓葬的比较中，可看出一些很有意义的变化。例如：第一期中只有少数大型墓才

① 河南新郑南关郑国贵族墓是1923年发现的，出土物有蒋鸿元《新郑出土古器图志》（1923）、孙海波《新郑彝器》（1937）、关伯益《新郑古器图考》（1940）汇集著录。大部分器物现藏河南博物馆。

② 河南省丹江库区文物发掘队：《河南省淅川县下寺春秋楚墓》，《文物》1980年10期。

有铜鼎，在第二期的中型墓中也出现了，从第三期开始，连小型墓也较普遍地用鼎陪葬；第二期中型墓才有的陶鼎，到第四期时也出现于大型墓中；第一期中只有大、中型墓才有的圭，第二期的小型墓也有了；第一期中只流行于中、小型墓的屈肢葬，也出现于第二期的大型铜器墓中，并逐步成为第四、五期时通行的葬制①。

上述用鼎遗存表明，春秋早期大体沿袭了西周用鼎制度，其后发生了较大的变化，而以春秋晚期至春秋战国之际的变化最大。这种变化，与春秋时期社会经济、政治和意识形态领域内所发生的变化是大体一致的。

值得注意的是，春秋青铜器的形制和纹饰的演变过程，也大体如此。如有的学者所说，1951 年山东黄县南埠出土的纪国媵器，1956 年河南三门峡上村岭出土的虢国青铜器，1966 年湖北京山苏家垅出土的曾（随）国青铜器，1969 年山东烟台上夼出土的纪国青铜器，1970 年山东历城百草沟出土的鲁国媵器，1970、1972 年湖北随县熊家老湾出土的曾（随）国青铜器，"其形制和组合基本与西周晚期相同，纹饰也沿袭西周的特点"。"如果说春秋前期大体上是西周的延续的话，那么春秋中期应当说是春秋时期特有风格确立的阶段"②。

春秋中晚期，青铜器种类虽然大多还是以前旧有的，但形制发生了较大的变化，原来的陈旧形制逐渐废弃，许多新的造型设计式样陆续出现。以鼎类器来说，商代和西周的鼎大多是没有盖子的立耳鼎，而且式样单调；到了春秋晚期，有盖的附耳鼎成为流行的式样，器形也因地区的不同而各有其特点。安徽寿县春秋晚期蔡侯墓，出土了 9 具和 7 具的列鼎各一组，还有八鬲、八簋、四簠、两壶、三尊等，其中："两组列鼎的形式是全新的。簠有大宽边，是更新了的。还有尊缶、盥缶也是全新的。只有尊接近老的式样，但纹饰也是当时的新花样。""除了旧的器物形制变化以外，新设计的青铜器器形愈来愈多地出现了。如敦、缶、扁、壶、鉴、杯、卮等等，都是当时流行的新颖器物。由于

① 中国科学院考古研究所：《洛阳中州路（西工段）》，科学出版社，1959 年版。
② 李学勤：《东周与秦代文明》，文物出版社 1991 年版，第 222、223 页。

设计变化的多样性，有一些器我们至今还不知道它们的确切的名称。”①

春秋中、晚期，青铜器花纹亦有很大的变化。山西侯马晋国铸铜遗址（从春秋中期沿用到战国早期）所出陶范纹饰中，“早、中期少数兽面纹、凤纹、蟠螭纹与商周时期流行的同类纹样近似”；“蟠螭纹和兽面纹是各期常见的纹样，中晚期形态构图变化甚为多样”，它们是该铸铜遗址“最富特色的纹样”。“中晚期凤纹数量较多，形式多样，并作为主体纹样”。“西周盛行的雷纹、鳞纹、重环纹退居为辅助性纹样”②。“侯马出土陶范花纹中所表现的夔龙凤，都是爪牙毕露，锋芒突出”。和夔龙凤有密切关系的翎翼纹的运用和安排，“也很灵活适度，不只夔凤有翼，夔龙之肘亦生羽翼，所以给人有翩翔腾动飞舞生风之感”③。“晚期出现的花朵纹构图简括，生动活泼，成为此后战国时代流行的纹样”。“中、晚期写实性的人物和动物纹数量较多，而且造型准确、生动”；“其中一件佩剑跪坐人形范，人物断发纹身”，“充满生活气息”④。晚期还多有浮雕状纹饰，异常复杂、富丽。

现陈列于中国历史博物馆的栾书缶⑤：“通盖高 40.3 厘米。腹大口小，有盖，盖与腹各有四环耳，盖上环耳饰错金斜角云纹，腹外铸有错金铭文 40 字。据考定，铸缶当在鲁成公十二年（前 578）”⑥。“这种素面的缶开创了直到战国中期仍盛行的新风格，反映出晋国青铜器工艺的先进”⑦。春秋晚期的晋公盦⑧，其器饰细密的蟠螭纹与侯马早期陶范纹饰相合。

1933 年秋在河南新郑县南门内发现的春秋中、晚期之际的郑国青铜器，造型新颖，花纹精巧别致，突破了商周以来的凝重奇诡的传统。其中，莲鹤方壶壶底作双兽欲奔的花座，盖上骈列层层莲瓣，正中立一展翅欲飞之鹤，在艺

① 马承源：《中国古代青铜器》，上海人民出版社 1982 年版，第 36 页。
② 山西省考古研究所：《侯马冶铜遗址》，文物出版社，1993 年。
③ 张颔：《侯马东周遗址铸铜陶范花纹所见》，《文物》1961 年第 10 期。
④ 山西省考古研究所：《侯马冶铜遗址》，文物出版社，1993 年。
⑤ 栾书是晋国的执政大臣，于鲁成公四年（前 587）将中军，卒于十八年（前 573）。
⑥ 容庚、张维持：《殷周青铜器通论》，文物出版社 1984 年版，第 61 页。
⑦ 李学勤：《东周与秦代文明》，文物出版社 1991 年版，第 38 页。
⑧ 见郭沫若：《两周金文辞大系图录》图 162。

术上堪称东周铜器驱陈纳新的代表作①。如郭沫若所说："此器虽无铭文，然其花纹图案即已显示其时代性。……此壶全身均浓重奇诡之传统花纹，予人以无名之压迫，几可窒息。乃于壶盖之周骈列莲瓣二层，以植物为图案，器在秦、汉以前者，已为余所仅见之一例。而于莲瓣之中央复立一清新俊逸之白鹤，翔其双翅，单其一足，微隙其喙作欲鸣之状，余谓此乃时代精神之一象征也。"②

"在青铜器时代中"，为什么"青铜器上无论形式、花纹、文体、字体等""会显出这样的波动"？"这答案，毫无疑问应该求之于社会的生产方式"③。中国青铜时代，大体上是同奴隶制时代相对应的；而中国奴隶制经过商代和西周的发展之后进入了解体阶段，春秋时代是封建制和奴隶制新旧两种社会制度逐步交替的时期。与此同时，阶级关系和等级制度发生了相应的演变；经济、政治和意识形态领域内存在着新旧势力的斗争。春秋中、后期青铜器使用制度以及青铜器的器形、纹饰、文体和字体的"新陈代谢"，正是这一社会变动的反映、时代精神的象征。

"劳动首先是人和自然之间的过程。"④ 虽然工业生产主要是物理和化学变化过程，与农业生产的生物生长过程不同，但同样要受到自然条件和自然规律的制约。而各个地区，例如我国北方地区和南方地区，自然条件有这样那样的差异。同时，各个族别的劳动者又往往各有特殊的劳动素养、生产技能，而各族又有不同的风俗习惯、特殊的消费需要和文化特点。由于这种种因素，春秋时代的手工业特别是青铜器铸造业，又呈现出鲜明的区域性特色。《考工记·总序》云：

> 天有时，地有气，材有关，工有巧，合此四者，然后可以为良。材美、工巧，然而不良，则不时、不得地气也。……郑之刀，宋之斤，鲁之削，吴、粤之剑，迁乎其地而弗能为良，地气然也。燕之

---

① 《中国大百科全书·考古学》"新郑彝器"条，中国大百科全书出版社，1986年版。

② 郭沫若：《新郑古器之一二考核》，《殷周青铜器铭文研究》，科学出版社，1961年版。

③ 郭沫若：《青铜器时代》，《郭沫若全集·历史编》第1卷，人民出版社1982年版，第607～608页。

④ 马克思：《资本论》第1卷。《马克思恩格斯全集》第23卷，第201页。

角，荆之干，妢胡之笴，吴、粤之金、锡，此材之美者也。

这里所说手工业生产（主要是青铜冶铸业生产）的诸要素中，即包括自然资源和其他自然条件。郑之刀、宋之斤、鲁之削、吴越之剑之所以成为各具地方特色的名优产品，除了各自能工巧匠的高超技术以外，就是由于各有其特殊的优质材料和其他合适的自然条件。

兹以吴、越之剑等兵器的冶铸为例。吴、越两国的青铜兵器的确精美绝伦，历经两千余年而其锋刃锐利不减，其表面菱形纹饰“拭之不去，磨之依然却非机械镶嵌的菱形纹饰”①，令人叹为观止，曾是世界冶金史上的铸造之谜。其实，《考工记》的记述已透露了其中的奥秘：

首先，“吴、越之金、锡，此材之美者也。”《周礼·夏官·职方氏》也说扬州“其利金锡”，吴、越于《职方氏》属扬州。由于吴、越所出金、锡，利以为剑，故《庄子·刻意篇》云“干（吴）越之剑”。我们知道，矿产资源质量指标不但包括矿石品位（指矿石中有用组分的单位含量），而且包括“矿石伴生有益和有害成分以及矿石的结构特征等”，而“矿石伴生的有益和有害成分直接影响到产品质量和加工流程”②。青铜主要是红铜和锡的合金。古代吴、越地区地下有丰富而优质的铜、锡矿产资源，无疑是吴、越两国能够冶铸优质青铜兵器和其他青铜器的一个重要因素。

其次，“吴、越之剑，迁乎其地而弗能为良，地气然也”。所谓“地气”，指土地所具有的自然属性。“土地”这一概念，“包含地球特定地域表面及其以上和以下的大气、土壤及基础地质、水文和植物”；“它是由地形、土壤、植被、岩石、水文和气候等因素组成的一个独立的自然综合体”③。吴、越之剑以及郑之刀、宋之斤、鲁之削，其所以“移其地之工及所产之材，至他所作之”而“不能如其地所作之良”④，其原因之一，就是由于这一自然条件的差异。孙诒让《周礼正义》《考工记·总序》疏引江永云：“刀、斤、削、剑，

① 廉海萍：《东周铜兵器菱形纹饰技术》，《中国文物报》1998 年 4 月 8 日。

② 华东师范大学、北京师范大学等：《经济地理学导论》，华东师范大学出版社 1983 年版，第 103 页。

③ 华东师范大学、北京师范大学等：《经济地理学导论》，华东师范大学出版社 1983 年版，第 80 页。

④ 孙诒让《周礼正义》《考工记·总序》疏释郑《注》“去此地而作之，则不能使良也”。

必用水淬，迁乎其地而弗能为良，水性异也。”

在考察春秋时代青铜器及其他手工业产品的区域性特色形成的原因时，自然不能忽略各国各地区良工巧匠的高超技艺这一首要因素。《吕氏春秋·赞能》篇在谈到冶工的重要性时说：“得十良剑，不若得一欧冶。”高注：“欧冶，善为剑工也。”《吴越春秋·阖闾内传》说：“干将者，吴人也，与欧冶子同师，俱能为剑。”虽然书中所说吴国宝剑干将、莫邪是钢剑，但春秋末年南方地区高度发达的冶铁技术，是在其高度发达的青铜器冶铸技术基础上发展起来的。

据研究，东周时代在青铜器制作方面的区域性特点，就青铜礼器而论，大致可分为5区，即以“晋或三晋为主的中原地区，以齐、鲁为主的山东地区，以燕、代为主的北方地区，以楚国为主的南方地区，以秦国为主的关中地区。以鼎的形制为例，中原地区的铜鼎一般为圆腹、附耳、兽蹄足，覆钵形盖，顶有三钮；年代早的深腹高足，晚的浅腹矮足。山东地区的铜鼎与之相近，唯盖多平鼎。北方地区鼎腿细长。秦国铜腹浅足肥。楚国铜鼎形制繁多，均为高足。总的看来，地方特点都比较明显，尤以秦、楚两国最为突出。从铭文字体观察，中原晋、卫、郑、虢诸国的字体端方劲美；秦国字体工整效古；吴、楚字体修长秀丽，有时书成鸟篆”①。晋国在继承传统铸造方法和花纹的基础上，创造出器形轻巧以及纹饰简洁的图案或人物、动物的生动形象，不失为中原地区青铜器铸造的主流风格。楚国的青铜器铸造在使用分铸、铸接和焊接法的同时，发明了铸镶和失蜡法铸造工艺。吴、越两国的青铜兵器铸造工艺，更是一绝。

诚然，如有的学者所说，东周时期存在的几种青铜器传统，“互相间有所交流，并不是隔绝孤立的”。在各种“传统周围”，“还有少数民族文化，如巴蜀文化之类，也和内地有经常的交流和影响”。“事实上，春秋战国之际各地文化已朝向融合统一的方向发展”②。

---

① 高明：《中原地区东周时代青铜礼器研究》，《考古与文物》1981年第2～4期。

② 李学勤：《东周与秦代文明》，文物出版社1991年版，第225页。

第三节　冶铁技术的发明与铁器铸造

一、关于中国发明冶铁技术的时代

铁器是以铁矿石冶炼加工制成的器物。铁矿石是地壳组成部分之一，在自然界中的分布相当广泛。然而人类发现铁、冶铁和使用铁器，却比发现铜、冶铜和使用铜器要迟。这是因为：地球上几乎找不到天然的纯铁，不像自然铜那样容易被人发现；铁容易氧化生锈，虽然与镍混合的铁能持久不锈，但是含镍的自然铁极为稀少；而冶铁和铸造铁器的技术，又比冶铜和铸造铜器的难度要大。

由于各地自然条件的差异和社会发展的特殊性等因素，各国各民族历史上发明冶铁技术的时间有早有晚，铁器的出现对社会发展所起的革命作用也不完全相同。在古代希腊、罗马等国家或地区，铁器出现于原始社会的末期，即"野蛮时代"的"高级阶段"这个阶段"从铁矿的冶炼开始，并由于文字的发明及其应用于文献记录而过渡到文明时代"①、奴隶制时代。而爱琴世界、埃及、叙利亚、美索不达米亚、印度以及中国等国家或地区的奴隶制社会经济形态，则大体是和青铜时代相适应，铁器出现于奴隶制社会的繁荣时期或解体时期。如郭沫若在1947年对《中国古代社会研究·导论》所加的"后案"中所指出："以石器、铜器、铁器划分时代，作为先史考古学上的文化的三期"，"这和古代社会进展不一定相符合"②。

《诗·大雅·公刘》篇说周的祖先定居于豳（今陕西旬邑西）后，曾"取厉取锻，止基乃理"。郑玄《笺》解"锻"为石，孔颖达《正义》谓"锻"为铁，陈启源《毛诗稽古篇》释"锻"为锻冶。迄今仍有学者以此为据，断定当时周人已经发明冶铁技术、开始使用铁器。实则这是不足为据的。《尚书·费誓》载伯禽在费誓师云："备乃弓矢，锻乃戈矛，砺乃锋刃，无敢不善。""《公刘》是说把工具锻好磨好，《费誓》是说把武器锻好磨好。锻磨的

---

① 恩格斯：《家庭私有制和国家的起源》，《马克思恩格斯选集》第4卷，第21页。

② 《郭沫若全集·历史编》第1卷，人民出版社1982年版，第31页。

工具和武器是青铜制的还是铁制的，没法确定。因为铁制工具和武器固然需要锻制，青铜器通过锻锤也可以增加硬度。”“例如含锡 10% 的青铜器，铸成时布氏硬度为 88，锻造后布氏硬度可上升到 228。”①

1931 年，河南省浚县辛村出土一件铁刃铜柄钺和一件铁援铜戈（现藏美国华盛顿弗利亚美术馆），为西周初期所制作②。1972 年，河北藁城台西出土一件铁刃铜柄钺③；1977 年，北京市平谷县刘家河又出土一件铁刃铜柄钺④，均属于商代，“年代可能比安阳殷墟文化第一期早，或可早到郑州二里冈上层文化”⑤。经过科学分析、鉴定，上述 4 件兵器的刃部都是用陨铁制成的，同样不能作为商代和西周初期已经发明冶铁技术的证据。例如：“藁城铜钺铁刃中没有人工冶铁所含的大量夹杂物，原材料镍估计在 6% 以上，钴含量在 0.4% 以上。更为重要的是，尽管经过锻造和长期风化，铁刃中仍保留有高低镍、钴层状分布，高镍带风化前金属镍含量达到 12%，甚至可能在 30% 以上。这种分层的高镍偏聚，只能发生在冷却极为缓慢的铁镍天体中。根据这些结果以及与陨铁、陨铁风化壳结构的对比，可以确定，藁城铜钺的铁刃不是人工冶炼的铁，而是用陨铁锻成的。”⑥ 虽然如此，铁刃铜钺的发现仍具有重要意义。“它表明在三千三百年前商代劳动人民已经认识了铁，熟悉了铁的热加工性能，并识别铁与青铜在性质上的差别。”⑦

现已发现的中国最早用人工冶炼的铁制成的器物，属西周末期或两周之际。1990 年，河南三门峡市上村岭虢国墓地 M2001 号墓中，出有玉茎铜芯铁剑 1 件。“剑身为铁质，先以铜芯与之相接，尔后将铜芯部嵌入玉茎内。剑首及茎身接合部均镶以绿松石片。长约 33 厘米。剑身外包裹一层丝织品，被装在用皮革精心制作的鞘内。”经科学鉴定，“是人工冶铁制品”。“该墓的入葬

① 杨宽：《中国冶铁技术发展史》，上海人民出版社 1982 年版，第 23 页。

② 参见冯蒸：《关于西周初期太保氏的一件青铜器》，《文物》1977 年第 6 期；李学勤：《论美澳收藏的几件商周文物》，《文物》1979 年第 12 期。

③ 河北省博物馆、文物管理处：《河北藁城台西商代遗址》，《考古》1973 年第 5 期。

④ 北京市文物管理处：《北京市平谷县发现的商代墓葬》，《文物》1977 年第 11 期。

⑤ 夏鼐：《中国文明的起源》，文物出版社 1985 年版，第 90 页。

⑥ 李众：《关于藁城商代铜钺铁刃的分析》，《考古学报》1976 年第 2 期。

⑦ 李众：《关于藁城商代铜钺铁刃的分析》，《考古学报》1976 年第 2 期。

年代应为西周晚期”。因此，“这是我国目前经科学鉴定的最早的人工冶铁实物”①。

1978 年出土于甘肃省灵台县景家庄 1 号墓的一把铜柄铁剑，则是春秋早期秦国的器物。这把铜柄铁剑，剑叶残长 9 厘米，从形制看原长当超过 20 厘米。“铁剑叶焊接于铜格上”，“铁剑取样作金相分析，因全部锈蚀，观察未获结果②。

1992 年，在陕西省宝鸡市益门村发现两座（编号 M1、M2）古代墓葬，“益门 2 号墓的年代大体可以推定在春秋晚期的偏早阶段”。益门 2 号墓的“显著特点”之一，是出土了以剑、刀为主的铁器 20 余件，其中：金柄铁剑 3 件；金环首铁刀 13 件；金方首铁刀 2 件；金环首料背铁刃刀 2 件。经鉴定，制造这批铁器所用之铁“为人工冶炼铁”。益门 2 号墓也是春秋时期的秦国墓葬。该墓“虽为一座小型墓，但有 20 余件铁器出土，说明秦国在当时已有较大范围的铁器应用”③。

此外，现已发现且肯定属于春秋时期的铁器还有 20 余件。其中包括：陕西凤翔南指挥村秦公大墓出土的铁铲 3 件④；凤翔马家庄 1 号建筑群遗址的铁臿 1 件⑤；河南陕县西崖村遗址出土的铁臿 1 件⑥；山东青岛崂山东古镇出土

---

① 河南文物研究所、三门峡市文物工作队：《三门峡上村岭虢国墓地 M2001 发掘简报》，《华夏考古》1992 年第 3 期。《发掘简报》断定该墓的人葬年代为西周晚期的根据是：“M2001 所出的铜器中，鼎的形制除附耳和小梁的制法，同于或相近于沣镐遗址中所出的同类器，且同毛公鼎、颂鼎等西周晚期流行的鼎制相近。所出铜簋与 1961 年出于陕西齐家村的周伐父簋及稍后所出的仲友父簋、瓦纹簋、陕西张家坡所出的白喜簋、陕西武功县北梁村窖藏所出的歅夫歅妇簋等的形制相同或相近。鬲与齐家村所出的白帮父鬲及 20 世纪 50 年代出于该墓地 163 号墓的铜鬲相近。盨与甘肃庆阳地区所出铜盨相近。盘、匜、盉与齐家后组所出 3 件‘它器’及该墓地 M1631、M1820 所出同类器相近。方壶与芮太子白壶相近，甗同于 M1820 号墓所出铜甗。至于编钟的形制与铭文字体及书写方式，与陕西齐家村窖藏所出的柞钟、中义钟以及梁其钟、师臾钟相同或相近。该墓出土青铜器上所饰花纹，多为西周时期流行的重环纹、波曲纹、窃曲纹、垂鳞纹等。方壶上所饰的大凤鸟纹则更具西周早期的特征。而且随葬品的群体组合形式也属西周晚期。”

② 刘得祯、朱建唐：《甘肃灵台县景家庄春秋墓》，《考古》1981 年第 4 期。

③ 宝鸡市考古工作队：《宝鸡市益门村二号春秋墓发掘简报》，《文物》1993 年第 10 期。

④ 陕西省文管会、陕西省博物馆：《凤翔发现春秋最大的墓葬》《凤翔春秋秦公陵墓钻探记》，《文物通讯》1977 年第 4、5 期。

⑤ 陕西省雍城考古队：《凤翔马家庄一号建筑群遗址发掘简报》，《文物》1985 年第 2 期。

⑥ 河南文物研究所：《陕县西崖村遗址发掘简报》，《华夏考古》1981 年第 1 期。

的铁带钩1件[①]；山东临淄郎家庄1号墓出土的铁削2件[②]；江苏六合程桥1号墓出土的铁丸1件[③]、2号墓出土的铁条1件[④]；江西九江磨盘墩出土的铁器3件[⑤]；河南新郑出土的铁器1件[⑥]；湖南长沙龙洞坡52、826号墓出土的铁削（原作匕首）1件[⑦]；长沙识字岭314号墓出土的铁锄（原报告作凹字式铁锛）1件[⑧]；长沙杨家山65号墓出土的铁鼎1件、铁削1件、铁剑1件[⑨]；常德德山12号墓出土的铁刮刀（原作削）1件[⑩]；河南淅川下寺楚墓出土的玉柄铁匕首1件[⑪]。以上铁器均属于春秋晚期，其国别分属秦、齐、吴、楚、郑等国。

再看古代文献有关铁的记载。有一种意见说：以往学者们常引用的《诗·秦风·驷驖》《国语·齐语》《左传·昭公二十九年》以及《叔夷钟》铭等有关铁的记载，都存在问题，不足为证。我们认为应当这样说：其中有的记载可能指铁，只是不能肯定；而其中有的记载则明确而可靠，足以为证。

《诗·秦风·驷驖》"驷驖孔阜"，孔颖达《正义》把"驖"字径写作"鐡"即"铁"。郭沫若在《古代研究的自我批判》中说："《诗·秦风》'驷驖孔阜'（襄公时诗），说者谓马色如铁故名驖，然安知非马名在先而铁名在后，即金色如驖故名铁？铁字并不古。"[⑫] 这种可能性自然不能完全排除。但也很有可能就是铁名在先而马名在后，即马色如铁故名驖。前面说过，早在商代，人们对铁已有所认识，对铁的性能已有一定程度的了解，当时的两件铜兵器用陨铁锻造刃部表明了这一点。再说，三门峡上村岭虢国墓地的一座西周晚期墓（M2001号墓），以及春秋早期的一座秦国墓（甘肃灵台县景家庄1号

① 见雷从云：《三十年来春秋战国铁器发现述略》，《中国历史博物馆馆刊》1980年第2期。
② 山东省博物馆：《临淄郎家庄一号东周殉人墓》，《考古学报》1977年第1期。
③ 江苏省文物管理委员会、南京博物院：《江苏六合程桥东周墓》，《考古》1965年第3期。
④ 南京博物院：《江苏六合程桥二号东周墓》，《考古》1974年第2期。
⑤ 见雷从云：《三十年来春秋战国铁器发现述略》，《中国历史博物馆馆刊》1980年第2期。
⑥ 见雷从云：《三十年来春秋战国铁器发现述略》，《中国历史博物馆馆刊》1980年第2期。
⑦ 顾铁符：《长沙52、826号墓在考古学上诸问题》，《文物参考资料》1954年第10期。
⑧ 中国科学院考古研究所：《长沙发掘报告》，科学出版社1957年版，第66页。
⑨ 长沙铁路车站建设工程文物发掘队：《长沙新发现春秋晚期的钢剑和铁器》，《文物》1978年第10期。
⑩ 湖南省博物馆：《湖南常德德山发掘报告》，《考古》1963年第9期。
⑪ 河南省丹江库区文物发掘队：《河南省淅川县下寺春秋楚墓》，《文物》1980年第10期。
⑫ 《郭沫若全集·历史编》第2卷，人民出版社1982年版，第62页。

墓），都有铁器出土；而春秋晚期偏早的一座秦国小型墓（宝鸡市益门村2号墓），又出土了20余件铁器。因此，我们赞同郭沫若后来在《奴隶制时代》一书中的说法："注家谓马色如铁故名驖，也有径作'铁'的。这怕是铁字的第一次使用。"① 又《国语·齐语》载：

> 桓公问曰："夫军令则寄诸内政矣，齐国寡甲兵，为之若何？"管子对曰："轻过而移诸甲兵。"桓公曰："为之若何？"管子对曰："制重罪赎以犀甲一戟，轻罪赎以鞼盾一戟，小罪谪以金分，宥间罪。索讼者三禁而不可上下，坐成以束矢。美金以铸剑戟，试诸狗马；恶金以铸鉏、夷、斤、斸，试诸壤土。"甲兵大足。

有人认为这里所说的"美金"指优质铜，"恶金"指劣质铜。也有人认为"美金"指青铜，"恶金"指铁。"从春秋时代的出土文物和冶铜遗址的考古资料看来，制作农具的青铜未必就是劣质铜，如果再考虑到青铜比较贵重的特点，把'恶金'解释为铁是比较合理的。"②

齐灵公时期的《叔夷钟》铭，有"造戜徒四千"语。郭沫若认为："'戜'应该就是铁字的初文或者省文。"③ 从上引《国语·齐语》及《管子》的有关记载来看，这种说法不是没有根据的。"《管子·轻重》诸篇说到齐有'铁官'，《轻重》诸篇虽已证明是汉文、景时的作品，但依托者不能凭空捏造，多少也是有些根据的。"④《管子·轻重乙》有"请以令断山木、鼓山铁"及"发徒隶而作之"等语，如后所述，这"鼓山铁"的"徒隶"与《叔夷

① 《郭沫若全集·历史编》第3卷，人民出版社1984年版，第31页。

② 林甘泉主编：《中国封建土地制度史》第1卷，中国社会科学出版社1990年版，第63页。本书作者同时加注说："青铜是铜和锡、铅的合金。《考工记》中的'六齐'，记载了铜和锡成分配比的规则。一般青铜含锡17%～20%最为坚利，'六齐'中的斧斤和戈戟大体在此范围。所谓优质铜和劣质铜的区别究竟何在，论者都未曾具体说明。如果是指合金成分的比例，则含锡量高的兵器固然可称为优质铜，但含锡量低的钟鼎未必就是劣质铜。司母戊大鼎含锡11.64%，洛阳出土的西周'丰伯戈'和'丰伯剑'，分别含锡11.65%和11.76%，比例都不高。参看北京钢铁学院《中国古代冶金》（文物出版社1978年版）。"

③ 《希望有更多的古代铁器出土》，《郭沫若全集·历史编》第3卷，人民出版社1984年版，第195页。

④ 《希望有更多的古代铁器出土》，《郭沫若全集·历史编》第3卷，人民出版社1984年版，第195页。

钟》铭所说的“造戟徒”相类。

再请看《左传·昭公二十九年》的记载：

冬，晋赵鞅、荀寅帅师城汝滨，遂赋晋国一鼓铁，以铸刑鼎，著范宣子所为刑书焉。

“一鼓铁”，曹魏时王肃伪造的《孔子家语》一书中的《正论》篇作“一鼓钟”。于是有人认为《左传》“一鼓铁”的“铁”是“钟”字之误，应从《孔子家语·正论》作“一鼓钟”，并说赵鞅是统一量制，所铸之鼎为铜鼎。这一说法，显然是不能成立的。《左传·昭公二十九年》孔颖达《正义》引东汉服虔说：“鼓，量名也。《曲礼》曰：‘献米者操量鼓。’取晋国一鼓铁以铸之。”杜预注也说：“令晋国各出功力，共鼓石为铁，计令一鼓而足。”可见服虔、杜预所见《左传》的本子，都作“一鼓铁”，不作“一鼓钟”。《孔子家语》作者王肃“抄写古书每多增损改易”，并非他所见的《左传》“别有什么正确的版本”①。再说，这年赵鞅、荀寅是因有军役而向“国”中征收军赋，借此征得“一鼓铁”，以铸刑鼎，如杜预注所说：“因军役而为之，故言遂。”把“一鼓铁”改成“一鼓钟”，并解释成统一量制，不但与下文“以铸刑鼎”接不上，而且“与当时晋国的形势也不符合”②。请注意：湖南长沙杨家山和窑岭已经出土了春秋晚期的铁鼎，经取样鉴定为白口生铁铸成。“从我们现在所了解的当时冶铁技术水平来看，铸铁鼎（指晋‘铸刑鼎’）是做得到的”③。

值得注意的是，在关于中国冶铁技术和铁器铸造发生和发展的时代问题上，文献记载与迄今发现的文物考古资料大体上是一致的、相印证的。古文献中没有关于西周早、中期人工冶铁和使用铁器的记载；而迄今为止，也的确尚未发现这一时期的铁器。现已发现的中国最早用人工冶炼的铁制成的器物，属于西周末期；而“第一次使用铁字”的《诗·秦风·驷驖》是秦襄公时的诗篇，秦襄公即位于公元前777年，属于西周末年或东、西周之际。而且还发现了春秋早期秦国的铁器。《左传·昭公二十九年》“遂赋晋国一鼓铁，以铸刑

① 杨宽：《中国古代冶铁技术发展史》，上海人民出版社1982年版，第22~23页。
② 林甘泉主编：《中国封建土地制度史》第1卷，中国社会科学出版社1990年版，第63页。
③ 北京钢铁学院中国冶金简史编写组：《中国冶金简史》，科学出版社1978年版，第43页。

鼎”，是我国历史上最早使用生铁铸造器物的记载①，时为公元前513年，属春秋晚期；而迄今出土的最早的生铁铸件，也属于春秋晚期。可见，古文献的记载是有所根据的。

二、从块炼铁法到生铁冶铸技术的发明

自古以来冶铁工业所冶炼的铁，主要是块炼铁、生铁和钢三种。“在较低温度（800～1000℃）下用木炭还原铁矿石的办法，得到比较纯净但质地疏松的铁块，经过锻造，夹进一些夹杂物［主要是氧化亚铁 FeO 和硅酸盐（$2FeO \cdot SiO_2$）］，这种方法曾称为低温固体还原法或块炼铁法，其产品则被称为‘熟铁’或‘海绵铁’。”这里“将这种铁称为‘块炼铁’，以区别于含碳高于2.0%的‘生’铁‘炒制’成的含渣纯铁，即用生铁在液态或液态经氧化脱碳‘炒’得的‘熟铁’，同时又区别于现代低温还原的产品‘海绵铁’。”②块炼铁和生铁及钢的区别主要在于含碳量的多少。含碳量在0.5%以下而含有其他杂质和渣滓的是块炼铁。含碳量在2%～5%的是生铁。生铁又可分为白口生铁、麻口生铁和灰口生铁三种。因为它只能用熔化、浇注的方法铸造成型，故又称铸铁。

经科学鉴定，江苏六合程桥“2号墓铁条端部裂成多层，金相检查表明，铁条基本为铁素体，含碳量0.04%以下，有大量延伸的氧化亚铁——硅酸盐夹杂，体积约占10%，最厚达0.3～0.4毫米，有些地方达到表面，因此造成开裂。铁条是以块炼铁锻成的”③。而六合程桥1号墓出土的铁丸，则有莱氏体组织的痕迹，是用生铁铸成，为白口铸铁④。

长沙杨家山65号墓出土的铁鼎，残高6.9厘米，立耳，口沿下一道弦纹，平底，有很短的蹄足。经取样鉴定，证明为白口生铁铸件。1977年在长沙窑

---

① 杨宽：《中国古代冶铁技术发展史》，上海人民出版社1982年版，第20页。
② 李众：《中国封建社会前期钢铁冶炼技术发展的探讨》，《考古学报》1975年第2期。
③ 李众：《中国封建社会前期钢铁冶炼技术发展的探讨》，《考古学报》1975年第2期。
④ 见黄展岳：《关于中国开始冶铁和使用铁器的问题》，《文物》1976年第8期。

岭一座时期稍晚的墓中也出有铁鼎，残高21厘米，重3250克，也是铸铁[①]。

长沙杨家山65号墓出土的铁剑，剑首残，残长38.4厘米，有铜制的剑格。据中南矿冶学院炼钢教研组的金相检验报告：该剑“金相组织为含有球状碳化铁的铁素体组织，在全部残存的金属范围内，组织较均匀，铁素体晶粒平均直径约为0.003毫米”。“在所观察的范围内，仅发现一条（长约5~6个晶粒、宽约1~2个晶粒）的褐色氧化铁夹杂物”。“由碳化物的数量估计，原件可能相当于0.5%左右碳的钢经高温回火的处理状态”[②]。

长沙识字岭314号墓出土的铁锄，其组织虽未经检验，但其器形与1957年长沙出土并鉴定为“珠光体和铁素体为基本的展性铁”的战国铁臿[③]“几乎完全相同”，“因此有可能属于同类产品”[④]。

河南洛阳水泥制品厂发现的战国初年的铁铲、铁锛，经金相检验，也是铸铁[⑤]。“因此，可以说在春秋战国之际，熟铁、生铁、钢三者都已存在了。其中洛阳铁锛还是最早的展性铸铁”[⑥]。

在中国古代块炼铁和生铁出现的时间问题上，有的学者提出过块炼铁和生铁“同时产生”、“平行发展”说。其论据是：目前所有出土早期铁器，都属于春秋末期和战国早期，虽然“这些被发现的铁器年代会比实际开始使用铁器的晚些，但相距不会太久，估计其间距离大约几十年到一百年”[⑦]。“由于我国商周时期青铜冶铸技术的高度发达，铸铁和锻铁同时产生、平行发展是有可能的”[⑧]。“目前所知的我国最早经人工冶炼的铁，是江苏六合所出春秋晚期铁条和铁块。经检验，铁条由块炼铁锻成，铁块是白口铸铁。这个事实，再次说

---

① 长沙铁路车站建设工程文物发掘队，《长沙新发现春秋晚期的钢剑和铁器》，《文物》1978年第10期。

② 长沙铁路车站建设工程文物发掘队：《长沙新发现春秋晚期的钢剑和铁器》附件一，《文物》1978年第4期。

③ 华觉明、杨根、刘恩珠：《战国两汉铁器的金相学考查初步报告》，《考古学报》1960年第1期。

④ 北京大学历史系考古教研室商周组编著：《商周考古》，文物出版社1979年版，第236页。

⑤ 李众：《中国封建社会前期钢铁冶炼技术的探讨》，《考古学报》1975年第2期。

⑥ 李学勤：《东周与秦代文明》，文物出版社1991年版，第264页。

⑦ 黄展岳：《关于中国开始冶铁和使用铁器的问题》，《文物》1976年第8期。

⑧ 华觉明、杨根、刘恩珠：《战国两汉铁器的金相学考查初步报告》，《考古学报》1960年第1期。

明，块炼铁和生铁这两种技术，在我国可能大体是在同一历史时期发展起来的”①。

我们同意这样一种意见：不能说中国历史上的冶铸生铁技术是和“块炼铁法”同时或差不多同时发明的。这是因为：

“人类的生产活动是最基本的实践活动，是决定其他一切活动的东西。人的认识，主要地依赖于物质的生产活动。……人类社会的生产活动，是一步又一步地由低级向高级发展，因此，人们的认识，不论对于自然界方面，对于社会方面，也都是一步又一步地由低级向高级发展，即由浅入深，由片面到更多的方面。”② 中国从发明“块炼铁法”到发明冶铸生铁技术，无疑也需要经历一个相当时间的生产实践过程和认识过程。

虽然“殷周时期高度发达的青铜冶铸技术，从矿石、燃料、筑路、熔炼、鼓风和范铸技术等各个方面，为生铁的早期出现作了准备”③，但是，冶铁毕竟是比冶铜要高级的生产活动，冶铜技术不等于冶铁技术，更不等于冶铸生铁技术。因为冶铸生铁技术也要“比‘块炼法’先进得多”，“两者之间有很大的差距”；“从发明块炼法发展到冶铸生铁技术”，“需要生产者经历相当时间生产实践，从中积累生产技术的经验，才能取得这样的发展”④。青铜冶铸技术高度发达的商代和西周早期，只是用陨铁来锻造铜兵器刃部，连“块炼铁法”也尚未发明，表明了这一点。

块炼铁法和冶炼生铁技术“同时产生”或“差不多同时产生”一说的另一个“事实”根据是：“目前所知的我国最早经人工冶炼的铁，是江苏六合所出春秋晚期铁条和铁块”。可是如前所述，1978 年，甘肃省灵台县景家庄 1 号墓已出了一把春秋早期的铜柄铁剑；1990 年，河南三门峡市上村岭 M2001 号墓又出了西周晚期的玉茎铜芯铁剑 1 件，经鉴定为人工冶铁制品。

---

① 华觉明：《中国古代钢铁技术的特色及其形成》，《科技史文集》第 3 辑，上海科学技术出版社，1980 年版。

② 毛泽东：《实验论》，《毛泽东著作选读》上册，人民出版社 1986 年版，第 120～121 页。

③ 华觉明：《中国古代钢铁技术的特色及其形成》，《中国冶铸史论集》，文物出版社 1986 年版，第 3 页。

④ 杨宽：《中国古代冶铁技术发展史》，上海人民出版社 1982 年版，第 34～35 页。

虽然迄今为止，春秋中期以前的铁器发现很少，西周晚期的仅 1 件，春秋早期的也只有 1 件，但这并不意味着当时实际冶铸和使用的铁器也是如此之少。40 多年前，郭沫若在《希望有更多的古代铁器出土》一文中说："解放以来出土的战国时代铁器，除上述两大批外，长沙、郑州、山西、东北等地零星出土的也还不少，但可以确切证明是在战国以前的却还没有见到。是不是在战国以前还没有铁器使用呢？从文献上的资料和上举辉县、兴隆两大批出土资料看来，是可以坚决地否定这种说法的！"① "战国以前的铁器，我坚决相信，是可以有大量出土机会的。"② 迄今发现的文物考古资料证明了郭沫若当年的论断，上述春秋时期及西周晚期的铁器就是在该文发表后先后出土的。现在我们仍然可以这样说：战国以前的、包括春秋早期甚至西周末期的铁器，还有发现的可能。

实际上，"地下博物馆"所藏春秋时代铁器比迄今所出要丰富得多，只是一则还没有"幸远的机会多多出现"，二则"初期铁器冶炼不精，容易锈蚀而归于消灭"③。再说，地下所藏古代铁器，还只是古人实际铸造和使用的铁器的一部分。因为，古人亦重视废物利用，"生产工具在使用过程中也多半被销磨改铸"④。湖北云梦睡虎地秦简《金布律》就有这样一条规定："县、都官以七月粪⑤公器不可缮者，有久识者靡蚩之⑥。其金及铁器入以为铜。"⑦ 意思是说：各县、都官在七月处理已经无法修理的官有器物，器物上有标识的应加磨除；铜器和铁器要上缴作为金属原料⑧。

鉴于上述种种情况，我们探讨中国早期铁器问题，不能仅仅以迄今出土的

---

① 《郭沫若全集·历史编》第 3 卷，人民出版社 1984 年版，第 197 页。

② 《郭沫若全集·历史编》第 3 卷，人民出版社 1984 年版，第 198 页。

③ 郭沫若：《希望有更多的古代铁器出土》，《郭沫若全集·历史编》第 3 卷，人民出版社 1984 年版，第 198 页。

④ 郭沫若：《希望有更多的古代铁器出土》，《郭沫若全集·历史编》第 3 卷，人民出版社 1984 年版，第 198 页。

⑤ "粪"，《说文》："弃除也"。即现在所说的"处理"。

⑥ "久"，读为记，记识指官有器物上的标志题识。"靡"，即磨"蚩"，读为彻；磨彻，意为磨坏、磨除。

⑦ "金"，此处指铜。"入以为铜"，意为上缴回炉作为金属原料。

⑧ 睡虎地秦墓竹简整理小组：《睡虎地秦墓竹简》，文物出版社 1978 年版，第 64～65 页。

铁器为据。从文献上的资料和上述出土资料看来，中国开始人工冶铁的时间是西周末期或东、西周之际，而冶铸生铁技术的发明则是在春秋晚期；从发明“块炼铁法”到发明冶铸生铁技术，大概经历了两百多年时间。

不能因为春秋晚期块炼铁和生铁这两种冶铁技术同时并存，就断定二者是同时发明的。因为，如有的学者所说：“在一种进步的技术发明推广之后，原来比较落后的技术，由于还有一定用处，仍旧有继续应用的。在冶铸技术发明推广之后，原有的块炼法还是有一定用处的，因为熟铁块可以制作有一定用途的较柔软的铁器，而且在用生铁作原料的炒炼熟铁和钢的技术发明以前，要制造钢的工具和兵器，只有用块炼法炼出的熟铁来渗碳制钢。因此在用生铁炒炼熟铁的技术发明以后，块炼法才会逐渐废弃。”①

自然，各诸侯国地区冶铁技术的发展是不平衡的。就发明块炼铁法的时间来说，有些地区早些，有些地区晚些；有些地区从发明块炼铁法到发明冶铸生铁技术所经历的时间要长些，而有些地区的人们为此所用的时间则相对短些。

已出土的春秋晚期铁器证明，中国是世界上最早发明生铁冶铸技术的国家。在欧洲，从公元前1000年左右开始进行人工炼铁到公元1400年左右发明生铁冶铸技术，大约经历了2400年；而春秋晚期生铁冶铸技术的发明，比欧洲要早1900年左右。

为什么中国古代冶铁技术的发展如此迅速，在掌握块炼铁法后不太长的时间内就发明了生铁冶铸技术，而成为世界上最早发明这项技术的国家，甚至比欧洲要早近两千年？如有些学者所指出，中国冶铸史的发展有自己的特殊规律、独特途径。中国历史上经历了一个长达1500多年的青铜时代，中国冶铁技术是在殷周高度发达的青铜冶铸技术的基础上发生和发展的。这无疑是中国最早发明生铁冶铸技术的原因。但这并不是唯一的原因。在我们看来，其原因是复杂的、多方面的，是各种因素综合作用的结果，对此，尚需作进一步的、深入的研究。

---

① 杨宽：《中国古代冶铁技术发展史》，上海人民出版社1982年版，第35页。

三、铁器与春秋战国之际的社会变革

总的说来，从西周末期到春秋战国之际，虽然已有铁器使用，但并不普遍，主要的农具和工具仍然是青铜器和木、石、蚌器；冶铁业的迅速发展和铁器的普遍使用，是在战国时期。这有冶铁业本身的原因，也有社会制度方面的原因，而主要是社会制度方面的原因。

前面说过，春秋时代各诸侯国地区冶铁技术的发明和发展是不平衡的。而且，早期的块炼铁法，产量低，费工多，劳动强度大，浪费原料多，产品亦不够坚固耐用，因此如恩格斯说："最初的铁往往比青铜软。"①

科学技术是生产力。生产力和生产关系是辩证的统一。生产力决定生产关系，生产关系依赖于生产力的发展而发展，同时又反过来影响生产力。新的、进步的生产关系，加速生产力的发展，促进科学技术的发展；陈旧、落后的生产关系，阻碍生产力的发展，延缓科学技术的发展。

春秋时代的铁器冶铸业，都是由官府经营的。与当时其他官府手工业者一样，"食官"冶金工中也包括奴隶，有的虽然不是奴隶，但也不被认为是自由人，他们同官府之间存在着日趋尖锐的矛盾和斗争。《管子·轻重乙》篇载：

> 桓公曰："衡谓寡人曰：'一农之事必有一耜、一铫、一镰、一鎒、一椎、一铚，然后成为农。一车必有一斤、一锯、一釭、一钻、一凿、一銶、一轲，然后成为车。一女必有一刀、一椎、一箴、一钛，然后成为女。请以令断山木，鼓山铁。是可以无籍而用足。'管子对曰：'不可。今发徒隶而作之，则逃亡而不守。发民，则下疾怨上，边境有兵则怀宿怨而不战。未见山铁之利而内败矣。故善者不如与民，量其重，计其赢，民得其七，君得其三。有（又）杂之以轻重，守之以高下。若此，则民疾作而为上虏也。'"

这一记载，在一定程度上反映了东周冶铁业领域生产关系和生产力之间的矛盾，以及冶铁业经营方式的变化。前面说过，春秋时代的冶铁业都是由官府经营，所谓"善者不如与民"、"民得其七，君得其三"的私营冶铁业，兴起于

① 恩格斯：《家庭、私有制和国家的起源》，《马克思恩格斯选集》第4卷，第159页。

战国。而农业和手工业中使用铁器如此普遍，也是战国中期以后的事情。然而，战国时代冶铁业经营方式的这一变化，与春秋时代以来包括冶铁业在内的手工业领域矛盾斗争的发展有着必然的因果关系。《左传》《国语》等古文献中，不乏春秋时代“百工”怠工、逃亡、暴动和起义的记载，其中当也包括“断山木、鼓山铁”的“徒隶”或《叔夷钟铭》提及的“造戜（铁）徒”。换句话说，《管子·轻重乙》篇所述“发徒隶而作之则逃亡而不守”、“发民则下疾怨上”，乃是春秋时代以来存在的历史事实；“故善者不如与民”经营，主要就是总结和吸取了这一历史经验。

“发徒隶而作之，则逃亡而不守……未见山铁之利而内败矣”；“故善者不如与民，量其重，计其赢，民得其七，君得其三……若此，则民疾作而为上虏矣”。——从这一对比中，我们不难看出春秋时代铁器产量不大、战国时代冶铁业迅速发展的一个带根本性的因素。

再说，在古代，铁的生产主要是给农业生产者和手工业者提供农具和工具，因此铸造铁器的数量，又取决于当时农业生产者和手工业者的身份地位及其经济状况。本编第二十章中讲过，随着西周末年王室以及春秋列国藉田制的先后废除和税亩制的实行，原来藉田制下的“庶人”“农夫”，已成为以一家一户为单位独立耕作的个体农民。他们的身份地位虽然因此而有所改善，但主人从此不再给他们提供农具。在当时官府和贵族日益加重的经济剥削下，他们中的多数又无力购置昂贵的铁器。战国农民比较普遍地使用“铁耕”的原因之一，是由于“农有余粟，女有余布”与百工“通功易事”，农民“以粟易械器”、“陶（陶工）冶（冶金工）亦以其械器易粟”①。而春秋时代并不具备这样的条件。

尽管如此，战国以前冶铁技术特别是冶铸生铁技术的发明和铁器的使用，仍然具有划时代的重大意义和革命作用。恩格斯说过：

> 铁已在为人类服务，它是在历史上起过革命作用的各种原料中最后的和最重要的一种原料。所谓最后的，是指直到马铃薯的出现为止。铁使更大面积的农田耕作，开垦广阔的森林地区，成为可能；它

① 《孟子·滕文公上》。

> 给手工业工人提供了一种其坚固和锐利非石头或当时所知道的其他金属所能抵挡的工具。所有这些，都是逐渐实现的；最初的铁往往比青铜软。所以，石器只是慢慢地消失的；不仅在《希尔德布兰德之歌》① 中，而且在1066年的海斯丁斯会战②中都还在使用石斧。③

恩格斯的这一论断，主要是以欧洲为例证的。

一切都以时间、地点和条件为转移。前面说过，在欧洲，铁矿的冶炼始于原始社会未期；在古代希腊、罗马的特定历史条件之下，由于冶铁技术的发明和铁器的使用，而从原始社会过渡到了奴隶制社会。在古代中国的特定历史条件之下，则是随着冶铜技术的发明和铜器的使用而从原始社会过渡到奴隶制社会，中国奴隶制社会大体上是与青铜时代相适应。中国冶铁技术的发明和铁器的使用，始于中国奴隶制社会的逐步解体阶段，正因为如此，这一“生产的经济条件方面所发生的物质的、可以用自然科学的精确性指明的变革”④，也就势必起着促使中国奴隶制社会向封建制社会转变的革命作用。

第四节　其他手工业

一、煮盐业

盐是人们不可缺少的日常生活必需品，历来为国家政府所重视。《管子·地数》篇云：“恶食无盐则肿，守圉之本，其用盐独重。”意思是说，粗食无盐则使人浮肿；保卫自己国家，用盐特别重要。因此，古人把盐及盐产地视为“国之宝”⑤。《周礼·天官》有“盐人”一职，“掌盐之政令，以共百事之盐”。

《周礼·天官·盐人》提到的盐品有：“苦盐”、“散盐”、“形盐”、“饴盐”。“苦盐”即“盬盐”、“颗盐”，也就是“池盐”。《尔雅·释言》：“咸，苦也。”郭注：“苦即大咸。”郦道元《水经注》谓河东盐池“盐盬味苦”。所

① 《希尔德布兰德之歌》，英雄史诗，8世纪古代德意志叙事诗文献。
② 1066年，侵入英国的诺曼底公爵威廉的军队，在海斯丁斯附近同盎格鲁撒克逊人发生了战斗。
③ 《家庭、私有制和国家的起源》，《马克思恩格斯选集》第4卷，第159页。
④ 马克思：《政治经济学批判·序言》，《马克思恩格斯选集》第2卷，第83页。
⑤ 《左传·成公六年》。

谓“河东盐池”，即《左传·成公六年》所说“郇、瑕氏之地，沃饶而近盬”的“盬”，今日“解池”。《穆天子传》“至于盬”，《说文》：“盬，河东盬池。”《宋史·食货志》云：“引池而成者曰颗盐，《周官》所谓盬盐也。”盖以味言则曰苦盐，以形言则曰颗盐。“散盐”即“末盐”，也就是海盐。郑注：“散盐，鬻（煮）水为盐。”此“水”即海水。《管子·地数》“伐菹薪煮泲（卤）水为盐”，《禹贡》青州贡盐，《周礼·夏官·职方氏》幽州“其利鱼、盐”，皆“鬻海之盐”；“苦盐味大咸，散盐则味微淡”[①]。“形盐”，郑注：“盐之似虎形”。《左传·僖公三十年》：“王使周公阅来聘，飨有昌歜、白黑、形盐。”杜注：“形盐，盐形象虎。”“饴盐”，即味道甘甜之盐。《盐人》郑注：“饴盐，盐之恬（甜）者，今戎盐有焉。”《广雅·释器》：“饴，饧也。”《礼记·内则》：“枣、栗、饴、蜜以甘之。”饴味甘，故盐味甘者亦谓之“饴盐”。

盐业生产的地区分布及其生产规模，同样要受到自然资源和自然条件的影响。只有盐业资源丰富的国家或地区，才能有制盐业的发展。“山东多鱼、盐。”[②]“齐带山海”，“多鱼盐”[③]，且有著名的“渠展之盐”[④]。“燕有辽东之煮”[⑤]，“有鱼、盐、枣、栗之饶”[⑥]。吴“东有海盐之饶”[⑦]。而晋则有著名的盐池——“盬”（即“河东盐池”、“解池”）[⑧]。这是齐、燕、吴、晋等国发展盐业生产的有利条件。由于盐业资源不同，齐、燕等国主要生产海盐，而晋国所生产的则是池盐。故《史记·货殖列传》说：“夫天下物所鲜所多，人民谣俗，山东食海盐，山西食盐卤。”“盐卤”即池盐。

西周初年“太公望封于营丘”，“太公至国”后推行的经济政策之一，就是“通商、工之业，便鱼、盐之利”[⑨]。春秋时期的齐国继续推行这一政策，

---

① 孙诒让：《周礼正义·盐人疏》。
② 《史记·货殖列传》。
③ 《史记·货殖列传》。
④ 《管子·地数》。
⑤ 《管子·地数》。
⑥ 《史记·货殖列传》。
⑦ 《史记·货殖列传》。
⑧ 《左传·成公六年》。
⑨ 《史记·齐太公世家》《史记·货殖列传》。

发展盐业生产，扩大盐品贸易。《史记·齐太公世家》说："桓公既得管仲，与鲍叔、隰朋、高傒修齐国政，连五家之兵，设轻重鱼盐之利，以赡贫穷，禄贤能，齐人皆说（悦）。"司马贞《索隐》："轻重谓钱也。又有捕鱼、煮盐法也。"其后，齐桓公又"通齐国之鱼、盐于东莱，使关市几而不征，以为诸侯利，诸侯称广焉"[①]。韦注："言通者，则先时禁之矣。东莱，齐东莱夷也。几，几异服、识异言也。征，税也。取鱼盐者不征税，所以利诸侯、致远物也。"

如有的学者所说："海水虽然不断为人们提供丰富而廉价的卤源，却已常将已成之卤，连同其加工设施一起，席卷殆尽；甚至人们长年居息的滨海田舍，也在转瞬间化为乌有。惟其如此，海盐技术的每一项进步，都意味着无数盐民与大自然的世代拼搏，正像每撮海盐都是浩瀚海水的结晶一样。"[②] 关于春秋时期盐工们从海水中制取食盐的方法，诸如取卤、验卤方法和煮盐工序等，缺乏记载，不得其详。当时我国的盐业生产还处在早期阶段，其生产方法和技术，无疑还较为原始。不过，"制取海盐，实际上是一项综合性的工业技术。它至少包括气象观测、潮汛监察、海岸水利工程……化学工艺等诸多劳作。"[③] 海盐业的兴起并有一定盐产量这一事实本身，足以说明当时人们在这些方面已有相当的经验。

《左传·成公六年》载："晋人谋去故绛，诸大夫皆曰：'必居郇、瑕氏之地，沃饶而近盬，国利君乐，不可失也。'"郇，在今山西省临猗县西南；瑕，在今山西省芮城县南[④]。盬，盐池名；汉魏之际称之为"河东解盐"，唐代称之为"蒲州池盐"、"河中池盐"、"河东池盐"、"晋盐"，今日解池，位于今山西省运城南侧。《说文·卤部》云："盬，河东盐池也。袤五十一里，广七

① 《国语·齐语》。

② 郭正忠：《宋代盐业经济史》，人民出版社 1990 年版，第 4 页。

③ 郭正忠：《宋代盐业经济史》，人民出版社 1990 年版，第 4 页。

④ 杨伯峻《春秋左传注》："瑕，有数说，《中国历史地图集》谓在今山西省芮城县南。江永《考释》疑即文十三年传晋大夫詹嘉之邑，则在今河南省陕县南四十里。战国时属魏。《战国策》屡言焦、曲沃，知瑕即曲沃，灵宝县东旧有曲沃镇。"（中华书局 1981 年版，第 480～481 页。）

里，周百十六里。”[①]《周礼》《山海经》《竹书纪年》《说苑》等古籍提到的“盐泽”、“苦盐”（或“盬盐”）、“大盐”、“形盐”，《山海经·北山经》所谓“南望盐贩之泽”，周穆王、秦穆公的“安邑观盐”[②]，以及《吕氏春秋·孝行览·本味篇》所说“和之美者……大夏之盐”等等，皆指此解盐。《尸子·仁意篇》说：

> 舜作五弦之琴，以歌南风。其诗曰：“南风之薰兮，可以解吾民之愠兮！南风之时兮，可以阜吾民之财兮！”是舜歌也。

《尸子》的作者系战国时人尸佼。《尸子》所述“南风”，是指促使解池池卤结晶而“可以阜吾民之财”的所谓“盐南风”。《水经注·涑水》描述解池卤水自然结晶成盐的情景说：“紫色澄渟，浑而不流；水出石盐，自然印成。朝取夕复，终无减损。”解池卤水的“自然”结晶成盐，是由于日晒[③]、风吹、甘泉溶集卤脉[④]等多种因素。所谓日晒，主要指盛夏和夏秋之交的曝晒。所谓风吹，则指当地一种特殊的季候风——“盐南风”。这种风来势甚猛，不过席卷范围有限；其主要成因，在于当地的气候变化，特别是盐池卤气所导致的气温差异及气流转徙[⑤]。

或说：“海盐、井盐，全资于人；解池之盐，全资于天，而人不与。”[⑥] 解池的自然漫生成盐与井盐、海盐需大量消耗人力不同，这是肯定的。但说

---

① 段玉裁《说文解字注》：“《左传正义》《后汉书注》所引同。惟《水经注·涑水篇》异。《魏都赋注》：猗氏南盐池，东西六十四里，南北七十（‘十’似为衍文）里。《郡国志注》引杨佺期《洛阳记》：河南盐池，长七十里，广七里。《水经注》曰：今池水东西七十里，南北七十里。参差乖异，盖随代有变。”（上海古籍出版社 1981 年版，第 586 页。）

② 王国维《今本竹书纪年》卷下“周穆王十五年冬”条；《穆天子传》卷 6。

③ 王禹偁《小畜外集》卷 7《盐池十八韵》：“盐风吹成片，烈日晒成垛。”

④ 沈括《梦溪笔谈》卷 3《辩证》：“解州盐泽，方百二十里。久雨，四山之水悉注其中，未尝溢；大旱，未尝涸。卤色正赤，在版泉之下，俚俗谓之‘蚩尤血’。唯中间有一泉，乃是甘泉。得此水，然后可以聚。又，其北有尧梢水，亦谓之巫咸河。大卤之水，不得甘泉和之，不能成盐。唯巫咸水入，则盐不复结。故人谓之‘无咸河’，为盐泽之患，筑大堤以防之，甚于备寇盗。原其理，盖巫咸乃浊水，入卤中，则淤淀卤脉，盐遂不成。非有它异也。”

⑤ 沈括《梦溪笔谈》卷 24《杂志》：“解州盐泽之南，秋夏间多大风，谓之‘盐南风’。其势发屋拔木，几欲动地。然东与南皆不过中条，西不过席张铺，北不过鸣条。纵广止于数十里之间。解盐不得此风不冰。盖大卤之气相感，莫知其然也。”关于解池“盐南风”的成因和由来，历来有不同的解释。详见郭正忠：《宋代盐业经济史》，人民出版社 1990 年版，第 40～44 页。

⑥ 吕祖谦：《历代制度详说》卷 5《盐法详说》。

“解池之盐全资于天”、纯然不假人力就能“擅其利”[①]，则不尽然。首先，烈日曝晒是解池卤水成盐的条件之一，而这样的条件仅仅存在于盛夏至夏秋之交。其次，解池外的“巫咸乃浊水，入卤中，则汙淀卤脉，盐遂不成”，这就需要人工“筑大堤以防之”[②]。再说，早在春秋战国时期，随着人口的增加和食盐需求量的扩大，以及盐品之成为商品而不断进入流通领域，在解盐的生产上已从单纯利用自然漫生盐的阶段进入了人工制盐与利用自然漫生盐同时并举的阶段。《周礼·天官·盐人》：“凡齐事，鬻盬以待戒令。”郑注：“齐事，和五味之事，鬻盬湅治之。”孙诒让《周礼正义·盐人疏》：“鬻，注例当作‘煮’，凡注复述经文，亦不用古字。《说文·𩰲部》云：‘鬻，高也。重文𩱙，鬻或从火。’此鬻盬通上苦盐等言之。”[③]《礼记·郊特牲》“煎盐之尚”，孔《疏》：“煎者，煎此自然之盐，湅治之也。”《盐人》“鬻盬”、郑注“鬻盬湅治之，即煮盐、煎盐，也就是人工制盐。而《盐人》“祭祀，共其苦（盬）盐”，则“谓出盐直用不湅治”[④]，也就是直用自然漫生盐。

前面说过，食盐是人们不可缺少的生活必需品，但产盐地点有限。有的地区虽有盐业资源，但由于技术条件等原因，当时尚未开发利用。这样，缺盐、少盐的诸侯国地区需要通过交换进口盐品；而盐业资源丰富、盐业生产有所发展的齐、晋等国，则不但因销售食盐和征收盐税而增加了财政收入，而且把盐作为发展其政治势力的重要手段。齐桓公因“通齐国之鱼盐于东莱”“以为诸侯利”，“诸侯称广焉”[⑤]。而春秋晚期齐国的陈氏，则采取“山木如市弗加于山，鱼、盐、蜃、蛤弗加于海”[⑥]的措施以收买人心，争取民众。又《说苑·臣术篇》说：“秦穆公使贾人载盐，征诸贾人。”

① 钱义方：《（唐）盐宗神祠记》，《集古录跋尾》卷8。
② 沈括：《梦溪笔谈》卷3《辩证》。
③ 孙诒让：《周礼正义·盐人疏》。
④ 郑《注》引杜子春说。
⑤ 《国语·齐语》。
⑥ 《左传·昭公三年》。

二、纺织业

中国古代的纺织品，是以丝、麻、葛等的纤维为原料，纺绩（纺纱、缉绩、缫丝）加工成线后经编织而成的布帛。春秋时期，蚕桑、麻葛生产的空间范围扩大，纺织品产量增加，纺织技术和花色品种也比西周时期更胜一筹。

当时，“山东多丝”；齐“膏壤千里，宜桑麻，人民多文綵布帛”；“邹、鲁洙、泗”，“颇有桑麻之业”；“沂、泗水以北，宜五谷桑麻六畜”①。在春秋列国中，齐、鲁、郑、卫等国特别是齐国的纺织业，较为发达。《汉书·地理志下》说：“太公以齐地负海舄卤，少五谷而人民寡，乃劝以女工之业……后十四世，桓公用管仲，设轻重以富国……故其俗弥侈，织作冰纨绮绣纯丽之物②，号为冠带衣履天下③。”春秋晚期，南方的楚、吴、越等国的纺织业，亦有显著的发展。

列国官府普遍经营纺织手工业。据《周礼》记载，国家政府从纺织原料（丝、麻、葛）和染料的征集，到纺绩、织造、练漂、染色以至服装制造，都设有专门机构④。“地官”内设有“掌葛”、“掌染草”等纺织原料的供应部门。“天官”内设有“典妇功”、“典丝”、“典枲（麻）”、“内司服”、“缝人”、“染人”等职，管理纺织品的生产和供应。“典、主也。典妇功者，主妇人丝枲功官之长。”⑤《说文·丝部》云：“丝，蚕所吐也。”凡缯帛皆以丝为之，“典丝”通掌之。古无木棉，凡布皆以麻葛为之，“典枲”通掌之。“染人”则掌染丝、染缯及枲布等。据《周礼·天官·序官》，“缝人”职下有“女工八十人，奚三十人”。“女工”，郑注：“女奴晓裁缝者。”《左传·成公

---

① 《史记·货殖列传》。

② 颜《注》：“如淳曰：‘纨，白熟也。纯，缘也，谓絛组之属也。丽，好也。’臣瓒曰：‘冰纨，纨细密坚如冰者也。纯丽，温纯美丽之物也。’师古曰：‘如说非也。冰，谓布帛之细，其色鲜絜如冰者也。纨，素也。绮，文缯也，即今之所谓细绫也。纯，精好也。丽，华靡也。’”

③ 颜《注》：“言天下之人冠带衣履，皆仰齐地。”《史记·货殖列传》亦有：“齐冠带衣履天下”之说。

④ 李仁溥：《中国古代纺织史稿》，岳麓书社 1983 年版，第 18 页。《周礼》所说，虽不可尽信，但它大体反映了西周至春秋战国之际的历史实际。

⑤ 《周礼·天官·序官》郑注。

二年》鲁赂楚以"执鍼、织纴皆百人"，此"执鍼"、"织纴"即官府女奴中的缝工和纺织工。《国语·晋语七》所说"郑伯嘉来纳女工妾三十人"，亦属此类"女工"；"韦《注》以工为乐师，非也"①。《晋语四》所说的"蚕妾"，则是专为官府从事采桑养蚕的女奴。

春秋时期的广大农村，随着藉田制的废除和税亩制的实行，以农为主、耕织结合的农民家庭纺织手工业广泛兴起。农民家庭中从事蚕桑、纺绩等生产劳动的也是妇女，所谓"男耕女织"。《国语·鲁语下》说："自庶士以下，皆衣其夫。社而赋事，蒸而献功，男女效绩，愆则有辟，古之制也。"韦注："庶士，下士也。下，至庶人也。社，春分祭社也；事，农桑之属也。冬祭曰蒸，蒸而献五谷、布帛之功也。"②"庶人力于农穑"③，"庶人"之妻"皆衣其夫"、"男女效绩（功）"，也就是男耕、女织。《鲁语下》还说："公父文伯退朝，朝其母，其母方绩。文伯曰：以歜之家而主犹绩，惧忓季孙之怒也，其以歜也不能事主乎！"④ 韦注："言家有宠，不当绩也。"

春秋时期蚕桑和麻葛生产的发展，为当时的纺织业提供了充足的原料。《诗·郑风·将仲子》云："将仲子兮，无逾我墙，无折我树桑！岂敢爱之，畏我诸兄。"此"树桑"，为私人住宅院墙边栽种的桑树。《秦风·车邻》"阪（山坡）有桑"，《鄘风·定之方中》"降观于桑"，《鄘风·桑中》"期我乎桑中"，说的则是大片大片的桑林。《魏风·十亩之间》所描写的，就是一群群女子（诗中所说的"桑者"）在"十亩之间"及"十亩之外"的一片片桑林里同时采桑的劳动情景。《豳风·七月》篇说："春日载阳，有鸣仓庚。女执懿筐，遵彼微行，爰求柔桑。春日迟迟，采蘩祁祁。……蚕月条桑，取彼斧斨，以伐远扬，猗彼女桑。""蘩"，蒿名，又名白蒿，用它垫蚕筐或做蚕山，以便蚕在上结茧。"蚕月"，夏历三月，养蚕的月份，所以叫蚕月。"条"，借

---

① 孙诒让：《周礼正义·缝人疏》。

②《国语》现存的版本有宋代刻印的两种本子，一种是明道本，一种是公序本。此据公序本。"布帛之功也"的"功"，明道本作"属"。

③《左传·襄公九年》。

④ 文伯，鲁大夫，季悼子之孙、公父穆伯之子。母，穆伯之妻敬姜。季孙，指季孙肥（季康子），鲁执政之卿，位尊，又为大宗。

为挑，《玉篇》引作“挑”，选取，挑选。“女桑”，嫩桑。《国语·晋语九》载：“赵简子使尹铎为（治）晋阳（今山西太原）。请曰：‘以为茧丝乎？抑为保障乎？’”这里所谓“茧丝”，喻取民之财如抽丝于茧，不尽不止。故韦《注》云：“茧丝，赋税。”实际上，当时官府也有“布缕之征”。

《诗·王风》中有一篇诗曰《丘中有麻》。《齐风·南山》谈到“蓺麻”：“蓺麻如之何？衡从其亩。”蓺，古藝字，种也。衡从，通横纵，东西为横，南北为纵。亩，垄也。又，《陈风·东门之池》说：“东门之池，可以沤麻”；“东门之池，可以沤纻”；“东门之池，可以沤菅”。所谓“沤麻”，就是把麻浸入水中，因为麻要经过几天水泡，才能剥下麻皮。纻字又作苎，麻之一种，今呼青麻。菅为禾本科植物，浸泡其茎而后剥之，可用来织席编筐编草鞋。《左传·哀公八年》提到“鄫人之沤菅者”。葛也是中国古代很重要的衣着原料，当时无棉花，所谓布主要是用麻葛的纤维织的麻布和葛布。“绵绵葛藟，在河之浒。”“葛之覃兮，施于中谷，维叶莫莫。是刈（割）是濩（煮），为絺（细葛布）为绤（粗葛布）。”[①] 采葛之事通常也是由女子来做，《王风·采葛》“彼采葛兮”的“彼”即是女子。

古代纺多指纺丝，绩亦作“缉”，多指绩麻。《诗·陈风·东门之枌》说：“东门之枌，宛丘之栩，子仲之子，婆娑其下。穀旦于差，南方之原，不绩其麻，市[②]也婆娑。”“宛丘”，丘名，在陈国都城（今河南淮阳）附近。“婆娑”，舞貌。“穀旦”，谓吉日良晨。本诗所写男女在吉月良晨会舞于市井，反映的是“陈国特殊的风俗”[③]。再说，所谓“不绩其麻，市也婆娑”的人，乃是“子仲之子”，即子仲氏的女儿，而子仲氏属于贵族。诗云“不绩其麻，市也婆娑”，是对这等贵族女子的讽刺。对于当时广大“庶人”之妻来说，不但“皆衣其夫”，而且还要缴纳官府的“布缕之征”，因此，“古之制”规定：“男女效绩，愆（过失）则有辟（罪）。”[④] 而直接隶属于官府或贵族的纺绩、织造“女工”，甚至在“典妇功”、“典丝”、“典枲”、“缝人”等一类职官的

① 《诗·周南·葛覃》。
② “市”，买卖货物的场所。《潜夫论》引“市”作“女”。
③ 余冠英：《诗经选》，人民文学出版社 1957 年版，第 85 ~ 86 页。
④ 《国语·鲁语下》。

直接监管下从事劳动，其劳动时间更长，劳动强度更大。《汉书，食货志(上)》说："冬，民既入，妇人同巷，相从夜绩，女工一月得四十五日。必相从者，所以省费燎火，同巧拙而合习俗也。"颜《注》引服虔曰："一月之中，又得夜半为十五日，凡四十五日也。"春秋时期民间"女工"的劳动情况亦大体如此。《管子·轻重乙》："夫岁有四秋，而分有四时。……大夏且至[①]，丝纩[②]之所作，此之谓夏之秋。……大冬营室中，女事纺绩缉缕之所作[③]，此之谓冬之秋。"意思是说，大夏日南至，是做"丝纩"（丝绵絮）的时节；大冬在室内劳动，是女子"纺绩缉缕"的时节。

《诗·小雅·斯干》："乃生女子，载寝之地，载衣之裼，载弄之瓦。"孔疏："瓦，纺塼，妇人所用。""塼"也作"磚"，即今之砖。朱熹《诗集传》："瓦，纺砖也。"王应奎《柳南随笔》二："余见今之世纺车之式，下有木一纵一横，往往以砖镇之，或于纵木上，或于横木上，盖防其摇动也。岂即所谓纺砖乎?"一说"瓦"指古人纺线时所用的陶制纺锤。

古时纺织品生产过程中的另一重要工序是：把纺绩的丝线麻线编织（机织或挑织）成布帛。《诗·小雅·大东》云："小东大东，杼柚其空。""杼柚"，织布机。杼，缠纬线的梭子；柚，通"轴"，缠经线的滚筒。《诗集传》："杼，持纬者也。柚，受经者也。"《左传·昭公二十五年》："礼，上下之纪，天地之经纬也。"孔疏："言礼之于天地犹织之有经纬，得经纬相错乃成文。"在当时的"女工"中，不乏"善织"者。《韩非子·说林上》《说苑·反质》均谓"鲁人身善织屦，妻善织缟。""缟"，细白的生绢。《诗·郑风·出其东门》："缟衣綦巾，聊乐我员。"

中国是最早养蚕和织造丝绸的国家，也是较早掌握染料染色技术的国家。《诗·小雅·采绿》载："终朝采绿，不盈一匊。……终朝采蓝，不盈一襜。"

---

① 沫若案："且至"乃"日至"之误，谓日南至也。与"大冬营室中"同例，均就天象而言（《郭沫若全集·历史编》第8卷，人民出版社1985年版，第344页）。

② 戴望云："《御览》'丝'作'蚕'。"沫若案："当以作'丝'为是，蚕事在春，不在夏也。《月令》六月'命妇官染采黼黻文章'，《齐民要术》'六月命女工织缣练、可烧灰染青绀杂色。'"（同上）"纩"，丝绵絮。《左传·宣公十二年》："冬，楚子伐萧……申公巫臣曰：'师人多寒。'王巡三军，拊而勉之。三军之士，皆如挟纩。"杜注："纩，绵也，言说以忘寒。"

③ 本有"也"字，"也"字衍。

"蓝"，植物名，其叶可制蓝色染料，即靛青。叶如蓼，又称蓼蓝。靛青是植物性染料中最重要的品种之一，质量很好，又较易提炼，是我国历史上染色业中长期应用的一个染料品种。"绿"，草名，即荩草，又名黄草、王刍。郑笺："绿，王刍也。"有黄色汁液，可提炼黄色染料。又《郑风·东门之墠》云："东门之墠，茹藘在阪。""茹藘"，草名，也作"絮藘"，即茜草，又名茅鬼、红蓝，其根可提炼绛色（深红色）染料。毛《传》："茹藘，茅蒐也。"孔疏："茅蒐，一名茜，可以染绛。"引申指绛红色。《郑风·出其东门》："缟衣茹藘，聊可与娱。毛《传》："茹藘，茅蒐之染女服也。"郑笺："茅蒐染巾也。"此外还有"绡"、"涅"等染料。绡，草名，可以染物为赤色，引申为色名，同"蒨"。《左传·定公四年》"绡筏"，孔疏："绡是染赤之草。""涅"，一种矿物，黑色染料。《荀子·劝学》："白沙在涅，与之俱黑。"《淮南子·俶真训》："今以涅缁，则黑于涅。"引申指以黑色染物。《论语·阳货》："涅而不缁。"郑注："涅，而以染皁。"

"在色谱中红、蓝、黄是基本色素，有了这几种颜色，就可以千变万化地调配出各种色调来。"[①] 比如："青，取之于蓝，而青于蓝。"[②] 仅《诗·邶风·绿衣》《豳风·七月》《郑风·出其东门、缁衣》所描绘的纺织品，就有绿、黄、玄、朱、绛、黑等色。《诗·王风·大车》有"毳衣如菼"、"毳衣如璊"的诗句。"毳，细毛。毳衣，细毛织的上衣。菼，初生的芦荻。如菼言衣是嫩绿色，指女子所穿。璊，借为穈，谷之一种，苗是赤色。如穈言衣是红色，指男子所穿。古代女子穿绿衣，男子穿红衣，所以说'红男绿女'。"[③] 又《论语·乡党》云："君子不以绀緅饰，红紫不以为亵服。""绀"，天青色，深青透红之色。"緅"，黑中透红的颜色。"红"，古指浅红色。"紫"，蓝红合成的颜色。《论语·阳货》："子曰：恶紫之夺朱也。""朱"，大红色。《考工记·总序》以"画、缋、锺、筐、㡆"，为"设色之工五"。《考工记·锺氏》："三入为纁，五入为緅，七入为缁。""入"，谓入染汁而染之。郑注：

---

① 李仁溥：《中国纺织史稿》，岳麓书社1983年版，第21页。

② 《荀子·劝学》。

③ 高亨：《诗经今注》，上海古籍出版社1980年版，第104~105页。

“染纁者，三入而成。又再染以黑，则为緅。又复再染以黑，乃成缁矣。凡玄色者，在緅缁之间，其六入者与?”① 《说文·系部》：“纁，浅绛也。”《尔雅·释器》：“一染谓之縓，再染谓之赪，三染谓之纁。”“縓”，浅红色。“赪”，红色。

又，《左传·昭公二十五年》说：“为九文、六采、五章，以奉五色。”“九文”，指古代贵族礼服上所绣的九种花纹：龙、山、华虫、火、宗彝、藻、粉米、黼、黻。“华虫”，《考工记·画缋》“鸟兽蛇”，郑注：“所谓华虫也。虫之毛鳞有文采者。”“火”，《考工记·画缋》“火以圆”，郑《注》：“郑司农云：‘为圆形似火也。’玄谓形如半环然。”“宗彝”，《礼记·王制》“制三公一命卷”，孔疏：“宗彝者，谓宗庙彝尊之饰，有虎蜼二兽。虎有猛，蜼能避害，故象之。不言虎蜼而谓之宗彝者，取其美名。”“藻”，水草。“粉米”，白米，指白色米形花纹。“黼”，黑白相间如斧形的花纹。“黻”，黑青相间如亞形的花纹。《考工记·画缋》：“白与黑谓之黼，黑与青谓之黻。”《书·益稷》伪孔传：“黼为斧形，黻为两己相背。”孔疏：“《释器》云：‘斧谓之黼。’孙炎云：‘黼文如斧形，盖半白半黑，似斧刃白而身黑；黻谓两己相背，谓刺绣为两己字相背。’”龙、山、华虫、火、宗彝五者，画于衣上；藻、粉米、黼、黻四者，绣于裳上②。“六采”，谓六种采色。孙诒让《周礼正义·画缋疏》：“采绣之事，皆合二采以为之，《左》昭二十五年传所谓‘五章’也。此五章虽参合诸色，而亦各有定法。贾子《新书·傅职篇》云‘杂采从美不以章’，谓施采不应法则，不成章也。”

春秋时代的丝织品，名目繁多，丰富多彩。《左传》等古书中提到的“锦”，即是当时用彩色经纬丝织出的各种图案花纹的丝织品。《左传·闵公二年》：齐侯“归（卫侯）夫人……重锦三十两”。“重锦，锦之熟细者。三十两，三十匹。古代布帛，每匹四丈，分为两段，两两合卷，故谓之两；若匹偶然，亦谓之匹。”③ 《左传·襄公十九年》：诸侯“盟于督扬”，鲁侯“贿荀偃

---

① 孙诒让《周礼正义·画缋疏》：“玄黑同色而微异，染黑，六入为玄，七入为缁，此黑即是缁，与玄对文则异，散文得通。”

② 见《尚书·益稷》孔疏。

③ 杨伯峻：《春秋左传注》，中华书局1981年版，第268页。

（晋臣）束锦”。“一束十端，二端为一匹。‘束锦’，则锦五匹。”[①] 当时朝聘必需的贡品中有丝织品。《左传·襄公八年》：“敬共币帛，以待来者，小国之道也。”“币”本为缯帛，后来凡馈赠品皆称之曰“币”，《左传·昭公二十六年》“以币锦二两”，是以锦为币。

《左传·襄公三十一年》说：“子有美锦，不使人学制焉。”意思是，用有彩色花纹的绸缎裁制衣服，必须是有技巧的女缝工，不可使非缝工以美锦学裁制。当时贵族男女，普遍衣帛衣锦。《诗》云：“君子至止，锦衣狐裘，颜如渥丹。……君子至止，黻衣绣裳，佩玉将将。”[②] 《国语·齐语》说：齐襄公“九妃、六嫔，陈妾数百，食必粱肉，衣必文绣”，而“戎士冻馁”。

当时官府对布帛之“幅”作了严格的规定。《左传·襄公十八年》说：“且夫富，如布帛之有幅焉，为之制度，使无迁也。”“古代布宽二尺二寸，帛宽二尺四寸，此即制度，不能增减。”[③]《礼记·王制》：“广狭不中量，不粥于市。”春秋时期丝织品实物已有所发现。1959 年安徽舒城凤凰嘴春秋中期墓所出一件铜鬲上粘附的残绢，每平方厘米有经线 25 根、纬线 17 根[④]。山东临淄郎家庄 1 号墓（春秋晚期）出有丝织品五种。绢，平纹组织，每平方厘米经丝 76 根，纬丝 36 根。锦，经二重组织，每平方厘米经丝 56 ×2 根，纬丝 32 根；每根丝又是 22 头合股。测其径向投影宽，经丝为 0. 2 ~0. 25 毫米，纬丝为0. 13 ~0. 2 毫米。这正是“经线起花的平纹重组织”织物，不同颜色的两组经线互换位置起花的特征。它在织花工艺方面已臻于成熟[⑤]。安徽舒城凤凰嘴一座春秋墓出土的绢，以粗厚之丝为之，平纹组织；有光泽；细麻布，与今之棉布相仿，纺织水平已很可观[⑥]。

---

① 杨伯峻：《春秋左传注》，第 1045 页。

② 《诗·秦风·终南》。

③ 杨伯峻：《春秋左传注》，中华书局 1981 年版，第 1150 页。又《汉书·食货志（下）》：“凡货，金钱布帛之用，夏殷以前其详靡记云。太公为周立九府圜法：黄金方寸，而重一斤；钱圜函方，轻重以铢；布帛广二尺二寸为幅，长四丈为匹。故货宝于金，利于刀，流于泉，布于布，束于帛。”

④ 安徽省文化局文物工作队：《安徽舒城出土的铜器》，《考古》1964 年第 10 期。

⑤ 山东省博物馆：《临淄郎家庄一号东周殉人墓》，《考古学报》1977 年第 1 期。

⑥ 安徽省文化局文物工作队：《安徽舒城出土的铜器》，《考古》1964 年第 10 期。

三、漆木器加工业

木工与建筑业等其他一些行业有关。木工内部，又有若干不同的生产部门。在《周礼·冬官考工记·总序》中，“凡攻木之工七”：“轮、舆、弓、庐、匠、车、梓”。而在春秋时期的木器加工业中，主要的、最大的生产部门是车辆制造①。

春秋时期各诸侯国车辆制造业的迅速发展，有经济、政治以及军事等方面的原因。当时商品交换和商业的发展，列国间频繁的朝聘盟会，需要有大量的车辆作为交通运输工具。当时实行车战，列国间频繁的、规模日趋扩大的战争，又需要不断生产大量的战车以满足军事行动的需要。

据《左传》记载，僖公二十八年城濮之战，晋国兵车只有七百乘；成公二年鞌之战，八百乘；昭公十三年平丘之会，增至四千乘，此外“计遗守国者尚有四千乘”②。庄公二十八年，楚令尹子元以兵车六百乘伐郑；到春秋后期，楚国兵车已接近万乘③。春秋初年，齐国兵车约为千乘；定公九年齐伐晋冠氏“丧车五百”，哀公十一年艾陵之战又丧兵车八百乘，“一战所损如此之多”，则当时齐全国兵车“当亦在二三千乘左右”④。僖公三十三年殽之战，秦国兵车三百乘；昭公元年秦后子奔晋，其车千乘。宣公二年大棘之战，郑人获宋兵车四百六十乘，宋人又以兵车百乘向郑赎取被俘的华元，宋之兵车盖亦较多，故宋襄公时敢于争霸。闵公二年狄人入卫后，卫文公元年时革车仅三十乘，末年增至三百乘，春秋晚期又有成倍的增加。隐公元年郑庄公克“如二君”的叔段，用兵车仅二百乘；襄公二十五年郑子展、子产伐陈时所帅之车达七百乘。春秋晚期的吴、越，其兵车数量亦有较大的增加。

除公室外，卿大夫等贵族亦普遍拥有为数不少的车辆（包括兵车和各种平时用车）。有些贵族还有华贵车。例如齐国的庆封奔鲁后献给季武子之车，

---

① 关于春秋时期车辆的种类、制造工艺和使用情况，见本编第二十三章第四节。

② 《左传·昭公五年》杜《注》。

③ 童书业：《春秋左传研究》，上海人民出版社1983年版，第203页。

④ 童书业：《春秋左传研究》，上海人民出版社1983年版，第203页。

“美泽可以鉴”[①]。“车有木有铜，木有漆。既华丽，又光泽，可以照人。”[②]

春秋车辆遗物已有所发现。1956～1957年，在河南三门峡市上村岭西周晚期至春秋早期的虢国贵族墓地发掘了3座车马坑，其中两座各埋车10辆、马20匹，另一座埋5车、10马。车子都是木构涂漆，少数保存较好，可以复原。3号车结构：轮距184厘米，轮径126厘米，轮牙高、宽均6厘米；榄核形毂全长35厘米，轮外长12厘米，轮里端长17厘米；容辐处最大直径18.7厘米，外端直径13.1厘米，内端直径14.7厘米；毂距牙47厘米，安装25根辐条；轴长222厘米，剖面圆形，直径6.7厘米，伏兔长15厘米，宽7厘米，高3厘米；辕长300厘米多，后端直径7.8厘米，距后端250厘米处直径5.5厘米，与轸相交处直径8.2厘米；车箱进深86厘米，宽130厘米，车箱四周有栏杆；横长136厘米，直径3厘米，高出车底55厘米[③]。山西侯马上马墓地车马坑出土的1号车，为春秋中期的交通用车。此车，轮径145厘米，牙厚5厘米，高60厘米，轨距183厘米；毂轵端径11厘米，壶中径22厘米，露出轮外部分长24厘米，毂距轮牙52厘米，毂与轮牙间置35根辐条；轴通长275厘米，部径6厘米；舆与轴间安伏兔相连，伏兔似马鞍形，轴承其凹入部分；轴正中上压车辕，辕横部面呈圆形，辕通长360厘米，前端径6厘米，中部径7厘米，后端径8厘米；曲辕在距辕后端约250厘米处向上翘起，至距辕前端20厘米处又呈水平状；衡木用绳绑在距辕前端180厘米处，衡长约120厘米，径5.5厘米；轭缚于距辕约36厘米的横上，轭通高58厘米，轭脚间距约26厘米，軥长9厘米，轭上端径5.5厘米，脚径4厘米，轭伸出横的部分长8厘米；舆置于辕和带伏兔的轴木上，其底部后沿与辕端相距4厘米，舆底部由轸组成圆角长方形外框，前宽118厘米，后宽112厘米，前后进深100厘米[④]。

把漆涂在各种器物的表面上所制成的日常器具及工艺品、美术品等，通常称为“漆器”。在古代中国，从新石器时代起就认识了漆的性能并用以制器，这是中国古代在化学工艺及工艺美术方面的重要发明。比之商代和西周，春秋

① 《左传·襄公二十八年》。
② 杨伯峻：《春秋左传注》，中华书局1981年版，第1149页。
③ 中国科学院考古研究所：《上村岭虢国墓地》，科学出版社，1959年版。
④ 中国社会科学院考古研究所：《上马墓地》，文物出版社1944年版，第241～243页。

时期的漆器生产和漆器工艺又有发展。生漆是从漆树割取的，主要由漆酚、漆酶、树胶质和水分构成的天然液汁；把它涂在器物的表面上，不但有耐潮、耐高温、耐腐蚀等特殊功能，而且还可以配制出不同的色漆使器物光彩照人。古时山东"多漆"[①]。《左传·宣公二年》谈到"丹漆"。《诗·唐风·山有枢》："山有漆，隰有栗。"《秦风·车邻》："阪有漆，隰有栗。"《鄘风·定之方中》："树之榛栗，椅桐梓漆，爰伐琴瑟。""树"，栽种。说明当时人们为了发展漆木器加工业而特别注意对漆树等树种的人工栽植。

河南三门峡市上村岭虢国墓地是西周晚期至春秋早期的虢国贵族墓地，其中，墓1702出漆豆2件，1702、1707有漆盘共4件；而墓1704所出的4件漆豆，每件豆的盘壁外侧都镶着6个蚌泡，形制与商代的仿漆器铜豆和西周漆豆相一致[②]。

1957～1958年在河南信阳长台关附近发掘了两座楚墓，墓1前室出编钟13枚，首钟铭文记公元前525年晋灭陆浑戎事；墓内随葬有各种漆木器物。墓2虽已被盗掘，但仍出土了大鼓和漆木鼓簴，是一件珍贵的漆木器[③]。木瑟（25弦）和木俑保存情况比墓1所出的好。两墓出土的一些大型木器和锦瑟，彩色富丽，反映了制作者具有高度的艺术才能，他们把漆彩绘画和木雕结合在一起，创造出了具有独特艺术风格的漆木器[④]。

山东临淄郎家庄1号墓（春秋晚期）出土的漆器，有些以人物、屋宇、花草、禽鸟等为题材，是现知较早的有生活气息的漆画。其中有黑地红彩漆豆4件。无彩绘的漆木器中，有铜铺首衔环器及以骨饰为装饰的漆器，骨饰似作云雷纹。另一类彩绘的漆器，器形有长方形和圆形两种，彩绘有几何图案和写实两种。几何纹有竹节三角纹、浪花纹和波状勾连纹。写实的彩绘有：在圆形图案中心绘出三兽翻滚，相咬嬉戏，外层绘房宇四座，两相对称。屋宇内一人坐、四人躬身相向而立[⑤]。

---

① 《史记·货殖列传》。

② 中国科学院考古研究所：《上村岭虢国墓地》，科学出版社1959年版。

③ 贾峨：《再谈信阳楚墓的鼓簴的复原问题》，《文物》1964年第9期。

④ 河南省博物馆：《河南文物考古工作三十年》，载《文物考古工作三十年》，文物出版社，1979年版。

⑤ 山东省博物馆：《临淄郎家庄一号东周殉人墓》，《考古学报》1977年第1期。

四、陶瓷业

春秋前期，晋、齐、秦、郑、鲁、蔡、宋等北方诸国，仍以生产鬲、甗、盆、豆、盂等日用灰陶器皿和瓦、水管道等建筑用陶为主。春秋时期北方诸国的遗址和墓葬中，出土数量最多的是各种灰陶器和板瓦、筒瓦，很少见到印纹硬陶和原始瓷器。而在吴、越、楚等南方诸国除生产灰陶器外，还大量生产印纹硬陶和原始瓷器，因而在南方各地的春秋时期文化遗址和墓葬中出土的印纹硬陶和原始瓷器较多。

春秋时代的陶器，在炊器中仍以陶鬲为最多。早期陶鬲，袋状足较为明显而肥大，还有仿制铜鬲的扁腹带扉棱陶鬲。晚期陶鬲，其底部已近圜底，只是在底部中间有三处略为鼓起象征性袋状足，进而发展为圜底陶釜。春秋晚期，中原地区开始出现陶釜①。当时陶器中的食器，主要是陶盂和陶豆。陶盂是由圆腹发展成折腹。陶豆的盘和底相接处，早期是外有折棱、内有折角，而晚期则发展成为外有折棱、内呈圆弧形。豆柄的喇叭形座则是由低变高。中原地区生产的陶豆豆盘内，多刻划有文字与记号。盛器中的陶罐，由低领到高领，并逐步发展成为高领陶壶。高领圜底罐的肩部，由斜直发展成略为圆鼓。而陶盆则由沿面斜平与腹部斜直微鼓，发展成沿面微鼓和腹圆鼓。由于各地风俗和生活习惯不同等原因，各地陶器的形制和墓内随葬陶器的组合关系略有区别。总的说来，春秋时期人们日用陶器的品种又明显减少；西周时期的陶器有十几种，春秋时期真正作为人们日常生活使用的陶器不超过十种，而最常见的是鬲、釜、盂、盆、豆、瓮、罐七种。陶器表面除素面外，基本上都是绳纹。

春秋时期的烧陶窑炉，在山西、河南、河北等地都有发现。河南三门峡发现了春秋初期的陶窑遗址。窑门呈不规则的椭圆形，高100厘米，宽88厘米；在窑门和窑床之间有一略呈椭圆形火膛，深4厘米，南北长130厘米，东西宽5.7厘米。窑床平底略呈梯形，东西长157厘米，西宽222厘米，东宽150厘

---

① 见山西省文管会侯马工作站：《1959年侯马“牛村古城”南东周遗址发掘简报》，《文物》1960年第8、9期。

米。沿窑底周围和中部，有巾形凹槽状火道，火道宽1厘米，深0.7厘米，与窑室后端（西壁）外的烟囱相联。窑室内的烟囱出烟口宽2.2厘米，高1.9厘米；在地面的烟囱出烟口为2.7厘米，宽2.2厘米。窑内的窑顶呈弧形，离窑床130厘米，因窑室经过火烧，呈青灰色，坚硬①。山西侯马“牛村古城”东南一带的晋国制陶作坊遗址，还发现一片窑炉。其中1号窑炉的顶部损毁，窑身呈椭圆形筒状，东西径2米、南北径1.6米，残存窑身纵深1.35米，底径1米。内壁被烈火烧成坚硬灰黑色。窑身西壁上有一个宽约0.3米的火门，火门外的地面也被烧成硬面。与火门相平的窑身内面，有一周宽约0.3米的环形台子。从附近出土的圆柱形“砖块”推测，台子上可能架设有圆柱形的陶炉条，陶器可能是放在炉条之上。类同的4号窑炉内，在与火门相当的后方有一个直径8厘米的烟囱②。“窑身后部设置烟囱是烧陶窑炉的重大改进”③。

印纹硬陶的胎质比一般泥质或夹砂陶器细腻、坚硬，烧成温度也比一般陶器高，而且在器表又拍印以几何形图案为主的纹饰。由于印纹硬陶所用的原料含铁量较高，所以这种陶器的表里和胎质颜色多呈紫褐色、红褐色、灰褐色和黄褐色。它的胎质原料，根据其化学组成分析，基本上与同期的原始瓷器相同。在胎质化学组成分布图上，印纹硬陶和原始瓷器的化学组成是混在一起的，只是印纹硬陶的含 Fe_2O_3 量较原始瓷器多些④。西周是印纹硬陶的发展兴盛时期。春秋时期的印纹硬陶，基本上是承袭西周时期印纹硬陶的风格而发展的。

长江中下游地区的江苏、上海、浙江、江西，以及福建和广东等地的部分春秋时期遗址和墓葬，都有印纹硬陶出土。器形与西周时期的基本相同，胎质仍以紫褐色、红褐色和灰褐色为主。纹饰除沿用西周时期云雷纹、叶脉纹、小

---

① 中国硅酸盐学会主编：《中国陶瓷史》，文物出版社1987年版，第72页。

② 山西省文管会侯马工作站：《侯马东周时期烧陶遗址发掘纪要》，《文物》1959年第6期；山西省文物管理委员会：《山西省文管会侯马工作站工作收获》，《考古》1959年第5期。

③ 中国硅酸盐学会主编：《中国陶瓷史》，文物出版社1987年版，第72页。

④ 李家治：《我国古代陶器和瓷器工艺过程发展的研究》，《考古》1978年第3期。

方格纹、曲折纹、席纹和回纹外，还有大方格纹和布纹[①]。“在商和西周时期印纹硬陶与原始瓷器都是用泥条盘筑法成型，纹饰也有相同的，而极大多数是贮盛器，是关系非常密切的姊妹产品。到了春秋时期特别是晚期，印纹硬陶的用途基本不变，而原始瓷器的用途则是做食器用的，二者之间的用途有了显著的变化。”[②]

春秋原始瓷器的质量，比之西周又有提高。特别是春秋晚期，江、浙一带的原始瓷器，胎质更为细腻，绝大多数器皿由原来的泥条盘筑法成型改为轮制成型，因而器形规整，胎壁减薄，厚薄均匀。器形有敛口、深腹圆鼓、平底罐，敛口、扁圆腹、平底瓿，敛口、浅腹圆鼓、平底盂，以及大敞口平底碗和器盖等。胎质多呈灰白色，并有一些黄白色和紫褐色，釉分青绿色、黄绿色和灰绿色。器表的釉下纹饰主要是大方格纹和编织物纹[③]。而在黄河中下游地区，则很少发现春秋时期的原始瓷器。迄今所见到的，只有釉下饰印方格纹的敛口、深腹圆鼓、平底罐[④]。

从商代、西周到春秋、战国时期，原始瓷器的发展是一脉相承的。我们在前面说过，自然资源和自然条件影响工业生产的发展规模和地区布局。我国江南地区之所以成为原始瓷器的主要生产地，首先与这个地区盛产瓷土原料有关。春秋战国是我国原始瓷器发展的鼎盛时期，原始瓷器手工业有很大的发展。

建筑用陶的生产，是在烧制日用生活陶器的基础上发起来的一种新兴手工业。西周是我国建筑用陶的大发展时期，在商代陶水管的基础上又创制出了筒瓦、板瓦、瓦当，改变了房屋顶部长期使用草顶的状况，为瓦顶房屋的建筑奠定了基础。春秋时期的建筑用陶，在全国各地的不少大型遗址中都有出土，它比西周又有了新的发展和提高。不但出土了较多的板瓦、筒瓦和一些瓦当、陶

---

① 南京博物院：《江苏句容县浮山果园西周墓》，《考古》1977 年第 5 期；浙江省文管会：《杭州水畈田遗址发掘报告》，《考古学报》1960 年第 2 期；上海博物馆：《上海金山县戚家墩发掘简报》，《考古》1973 年第 1 期。

② 中国硅酸盐学会主编：《中国陶瓷史》，文物出版社 1987 年版，第 76 页。

③ 上海市博物馆：《上海马桥遗址第一、二次发掘报告》，《考古学报》1978 年第 1 期。

④ 山西省文管会侯马工作站：《侯马牛村古城东周遗址发掘简报》，《考古》1962 年第 2 期。

水管，还发现了少量长方形或方形薄砖，而筒瓦和瓦当的形制也比西周的小些、薄些，从而相应地减轻了房顶的压力，这是建筑陶器的一大改进。春秋时期筒瓦和板瓦形制的另一较大的改进是："在瓦的外面和内面，基本上没有瓦钉或瓦鼻的设置。即使还使用瓦钉，也是把瓦钉制成带有钉帽的单独瓦钉构件。在板瓦或筒瓦一端近头处，挖置一个小圆孔。使用是用瓦钉通过瓦上的圆孔插入房顶铺设的泥内以防止瓦的脱落。再者是筒瓦和瓦当的一端出现了稍小于瓦头的瓦榫头。瓦榫头的出现，可以使两个筒瓦相接处更为吻合，并且可以使房顶铺设的筒瓦顶面显得平整。这是春秋时期对于筒瓦在制造和使用上的又一改革，反映了春秋时期在烧制建筑陶器方面的新发展。"① 瓦的内面仍多素面，不过也有少量筒瓦、板瓦内面饰印篮纹。瓦当有圆瓦当和半瓦当两种。瓦当的外面为素面，只有少量的面上饰双勾纹或方格纹②。

五、玉器、金器制作业

古文献中所说的玉，指一切温润而有光泽的美石。玉的各种色泽，是由矿石中所含的铁、镍、铬等不同化合物形成的。矿物学上的玉指软玉和硬玉两种，软玉的硬度为莫氏计6～6.5度，比重为2.55～2.65；硬玉的硬度为6.75～7度，比重为3.2～3.3。安阳殷墟出土的商代玉器中已鉴定者均为软玉。到东周时期，玉制品中始出现部分硬玉。当时的玉器大致可以分为三大类：礼器、仪仗类；实用器皿类；装饰、艺术品类。狭义的玉礼器，指琮、璧、圭、璋、璜、琥等六种"瑞玉"；而广义的玉礼器，则泛指礼仪场合使用的玉器③。

春秋列国都邑大概都有玉石作坊。《周礼·冬官·考工记》"百工"中有玉工，所谓"刮摩（磨）之工，玉、楖、雕（彫）、矢、磬"。琢玉工人称玉人或玉工。多为"食官"玉工，也有少数个体玉工。《左传·襄公十五年》："宋人或得玉，献诸子罕，子罕弗受。献玉者曰：'以示玉人，玉人以为宝也，

① 中国硅酸盐学会主编：《中国陶瓷史》，文物出版社1987年版，第83页。

② 山西省文管会侯马工作站：《1959年侯马"牛村古城"南东周遗址发掘简报》，《文物》1960年第8、9期；河南省博物馆：《河南新郑"郑韩故城"遗址发掘简报》，《文物资料丛刊》1980年第3期。

③ 参见中国社会科学院考古研究所：《殷墟玉器》，文物出版社，1982年；夏鼐：《商代玉器的分类、定名和用途》，《考古》1983年第5期。

故敢献之。’……子罕寘诸其里，使玉人为之攻之，富而后使复其所。”此“玉人”即个体琢玉工人。

制成一件玉器，要经过锯截、琢磨、穿孔、雕刻和抛光等工序。玉不琢不成器，“今有璞玉于此，虽万镒，必使玉人雕琢之”①。《诗·卫风·淇奥》“如切如磋，如琢如磨”，大致概括了玉器的制作过程。“切”，用刀切断；“磋”，用锉锉平；“琢”，用刀雕刻；“磨”，用物磨光。治玉须用石错磨之，故《诗·小雅·鹤鸣》曰：“它山之石，可以为错”；“它山之石，可以攻玉”。

春秋时期，由于“周礼”的破坏和礼制的僭越，以及商品交换的发展和贵族们对玉器的日益强烈的追求，玉器制作业迅速发展，玉制品数量猛增，雕琢工艺也有不少创新。

古文献记载和考古发掘资料都证明，春秋时期贵族男女普遍用玉制品做装饰。

河南三门峡上村岭春秋前期虢国墓随葬的玉器，有玦、璧、环、璜、簪、腰带饰，以及各种生肖或几何形装饰品，其中包括鱼形、龙形、两头兽形、蚕形、卵形、牙形、球形、圆形等。特别引人注目的是，玉石质的串饰发现甚多。第1052号墓墓主是虢国的太子，耳部有玉玦，颈部有鸡血石串饰。第1820号墓墓主是一贵族女子，墓中出土的玉石装饰品特别丰富，死者颈部、胸部的两件串饰尤为精美。其耳部有石块，颈部有以鸡血石珠为主而间以马蹄形、椭圆形玉石饰的串饰；其胸部至腹部，又披有由五百多颗鸡血石珠和少数管形石饰组成的串饰；腹部还另有一组串饰②。

陕西宝鸡益门村一座春秋晚期偏早的秦国墓（2号墓），出土玉器共81件组。其中，璧10件，环7件，璜24件，佩14件，虎形佩1件，长方形佩9件，突齿长方形佩4件，璋形佩6件，觿13件，竹节形饰3件，斧形饰1件，鸭首形饰1件，带钩1件，亚字形饰1组共49件③。这座墓出土的80余件组玉器，其主要纹饰是蟠虺纹，蟠虺纹大多数是浮雕状的，花纹有着不同的层次。此外还有另一种风格的蟠虺纹，花纹系平雕，即用阴线刻划而成，其特点

---

① 《孟子·梁惠王下》。

② 中国科学院考古研究所：《上村岭虢国墓地》第二章，科学出版社，1959年版。

③ 宝鸡市考古工作队：《宝鸡市益门村二号春秋墓发掘简报》，《文物》1993年第10期。

是勾连细密，既无层次，也没有明显的头或羽翼可寻①。

平雕的勾连蟠虺纹玉器，在陕西其他一些地区也有发现。如在凤翔河南屯出土的璧，在八旗屯出土的璧、璜，在瓦窑头出土的璜、觿②，在马家庄1号建筑群出土的璧、璜③，就都有平雕的勾连蟠虺纹。此外，河南浙川下寺春秋中晚期楚国贵族墓，有璧、璜、琮、玦、簪、珠等玉石装饰品随葬④。安徽寿县西门蔡侯墓⑤，江苏吴县严山吴国遗址⑥等，也有玉器出土。在这几批玉器中，其浮雕的蟠虺纹，与宝鸡益门村所出玉器的浮雕蟠虺纹类同或类似⑦。

玉器在古代贵族的精神生活、政治生活和经济生活中有着特别重要的意义，因此极受重视。《礼记·玉藻》说："古之君子必佩玉。……君子无故，玉不去身，君子于玉比德焉。"《诗·大雅·卷阿》："颙颙（肃敬貌）卬卬（气概轩昂貌），如珪（长条形上端尖的玉版）如璋（长条而一端作斜锐角形的玉版），令闻（好声誉）令望（好名望）。岂弟君子，四方为纲（法）。"这是说，"君子"（贵族）的品德如珪璋那样可贵，是天下"四方"之法。《说文·玉部》亦赋予玉"仁"、"义"、"智"、"勇"等"五德"，所谓："玉，石之美有五德者。润泽以温，仁之方也。䚡理自外，可以知中，义之方也。其声舒扬，专以远闻，智之方也。不挠而折，勇之方也。锐廉而不忮，絜之方也。"其实，"一切已往的道德论归根到底都是当时的社会经济状况的产物"，一切阶级社会中的道德"始终是阶级的道德"⑧。《诗·小雅·大东》篇是一首反映被压迫被剥削者的生活和思想感情的民歌，诗中说："鞙鞙佩璲，不以其长。""鞙鞙"，佩玉貌；"璲"，瑞玉名，可以为佩。"长，善也。"⑨。这两句诗的意思是说，贵族们佩宝玉，并不是因为他们良善。

① 李学勤：《益门村金玉器纹饰研究》，《文物》1993年第10期。
② 赵丛苍：《记凤翔出土的春秋秦国玉器》，《文物》1986年第9期。
③ 陕西省雍城考古队：《凤翔马家庄一号建筑群遗址发掘简报》，《文物》1985年第2期。
④ 河南省文物研究所等：《浙川下寺春秋楚墓》，文物出版社，1991年版。
⑤ 安徽省文物管理委员会等：《寿县蔡侯墓出土遗物》，科学出版社，1956年版。
⑥ 吴县文物管理委员会：《江苏吴县春秋吴国玉器窖藏》，《文物》1988年第11期。
⑦ 李学勤：《益门村金、玉器纹饰研究》，《文物》1993年第10期。
⑧ 恩格斯：《反杜林论》，《马克思恩格斯选集》第3卷，第134页。
⑨ 《广雅·释诂一》。

《诗经》中不乏描写贵族男女佩玉的诗篇。《卫风·竹竿》：“淇水在右，泉源在左。巧笑之瑳，佩玉之傩（音挪）。”是说卫国一女子在淇水边散步，佩玉动有节奏。《郑风·有女同车》：“有女同车，颜如舜华。将翱将翔，佩玉琼琚。……将翱将翔，佩玉将将（锵锵）。”“琼”，美玉；“琚”，一种佩玉名。此指女子身上的佩玉。又《齐风·著》：“俟我于著乎而[①]，充耳以素乎而，尚之以琼华乎而。俟我于庭乎而，充耳以青乎而，尚之以琼莹乎而。俟我于堂乎而，充而以黄乎而，尚之以琼英乎而。”“充”，塞也；“素”，白色。“古代富贵者，男子帽的左右两边各系一条丝绳，绳的下端有穗，垂到胸部。丝绳用白、青、黄三色的三股丝编成，在当耳的地方，丝绳打成一个圆结，左右各一，正好塞着两耳，即所谓充耳。”“男子充耳的圆结上各穿一块圆玉，叫做瑱。尚之以琼华、琼莹、琼英，都是描写玉瑱。”[②]

古文献中的玉器，名目繁多。除作为装饰品外，贵族间、君臣间和列国馈赠、赏赐、朝聘、会盟等也往往用玉。

《诗·卫风·木瓜》：“投我以木瓜，报之以琼琚”；“投我以木桃，报之以琼瑶”；“投我以木李，报之以琼玖”。“琚”、“瑶”、“玖”，三种佩玉。《郑风·女曰鸡鸣》：“知子之来之，杂佩以赠之。知子之顺之，杂佩以问之。知子之好之，杂佩以报之。”古代贵族腰间佩带珠玉等物，所以说“杂佩”。《秦风·渭阳》：“我送舅氏，悠悠我思。何以赠之？琼瑰玉佩。”“琼瑰”，美玉；“琼瑰玉佩”，即以琼瑰做的玉佩。

《左传·昭公三十二年》：“十二月，公疾，遍赐大夫，大夫不受。赐子家子双琥、一环、一璧、轻服，受之。大夫皆受其赐。”“琥（音虎）”为礼神之玉器，又以为酬币[③]；以玉为之，虎形。据《尔雅·释器》，四周有玉部分与中间空孔其径宽相同谓之环，四周径宽倍于中间空孔则谓之璧[④]。晋国的垂棘

① 高亨《诗经今注》：“著，古代富者的宅院，大门内有屏风，大门和屏风之间叫做著。屏风和正房之间一块平地叫做庭。正房的中间宽大明敞叫做堂。堂的左右或后面才是室。”（上海古籍出版社1980年版，第130页。）

② 高亨：《诗经今注》，上海古籍出版社1980年版，第130~131页。

③ 见《周礼·春官·大宗伯》《礼记·礼器》及《注》。

④ 杨伯峻：《春秋左传注》，中华书局1981年版，第1519页。

(今山西潞城县北）之璧是很著名的。《左传·僖公二年》："晋荀息请以屈产之乘与垂棘之璧假道于虞以伐虢，公曰：'是吾宝也。'"又《左传·昭公十六年》说："宣子有环，其一在郑商。"由此可知，"环非一玉所成"①。

古人常用玉与帛作礼物、祭品，故有时亦以玉帛统指礼物、祭品。周人祭神用圭璧，祭天神则焚玉，祭山神则埋玉，祭水神则沉玉，祭人鬼则藏玉。从西周到东周，统治者祭祀所用之玉，也是不少的。在"天降丧乱，饥馑荐臻"的西周末年，统治集团"靡神不举（祭祀）"，以致"圭璧既卒（已经用尽）"②。

再说金器。这里所说的"金"为黄金，"金器"指金质和包金的器物。1992 年，陕西宝鸡益门村一座春秋墓（春秋晚期偏早）出土了大批金器，多达 104 件组。其中：带钩 3 件，纯金质，分鸳鸯形和盘蛇形两种，有的嵌有绿松石；带扣 7 件，纯金质，形制大小相同，均作鸭首环形；泡 63 件，纯金质，分方形和圆形两种，圆泡 56 件，方泡 7 件；环 6 件，纯金质，形制、大小相同；络饰 130 枚，椭圆形管状，均素面；串珠 908 粒，纯金质，大小基本一致，圆珠形，有一穿孔；此外还有金柄铁剑 3 件，金环首铁刀 13 件，金方首铁刀 2 件，金环首料背铁刃刀 2 件，金环首铜刀 4 件③。

就纹饰而言，益门村金器，以三件金柄铁剑为最重要。这三柄剑属于同一类型，纹饰彼此相似，堪称古代黄金工艺的代表作。"三柄剑虽然相类，可是细看，无论是剑的构造，还是纹饰，都有一定的差别。在工艺上堪称首选的，是 M2:1 剑。这柄剑 35.2 厘米，铁质剑身有明显的柱脊。由格到首为金质，作镂空的浮雕状蟠虺纹，极其精细。纤小的虺身满布表示鳞甲的密点，互相交纠缠绕，隐现虺头和羽翼，以绿松石和料珠镶嵌其间，金碧辉映，华美无比。所嵌绿松石多精磨成'乙'字钩形，尤为前所未见。剑茎的蟠虺纹向左右两

① 王国维《观堂集林》卷三《说环玦》云："余读《春秋左氏传》'宣子有环，其一在郑商'，知环非一玉所成。岁在己未，见上虞罗氏所藏古玉，一共三片，每片上侈下敛，合三而成规。片之两边各有一孔，古盖以物系之，余谓此即古之环也。环者，完也。对玦而言，阙其一则为玦。玦者，缺也。古者……环缺其一，故所谓之玦矣。以此读《左氏》，乃得其解。后世日趋简易，环与玦皆以一玉为之，遂失其制。"

② 《诗·大雅·云汉》。

③ 宝鸡市考古工作队：《宝鸡市益门村二号春秋墓发掘简报》，《文物》1993 年第 10 期。

侧伸展，形成五处突齿。格和首则均有前后两重，玲珑剔透，可称鬼斧神工，匪夷所思。”①

秦以前的金器，以往出土的颇为有限，像这样的集中发现乃是空前的。益门村 2 号墓乃是春秋晚期一座长仅 3 米余的墓葬，墓中大批金器的出土及其金器工艺的精湛，表明当时金器制造业已有相当的发展。

① 李学勤:《益门村金玉器纹饰研究》,《文物》1993 年第 10 期。

第二十三章　商业、城市和交通

春秋时期的农业生产，由于铁器和牛耕的使用，井田制的解体，一家一户为单位的个体劳动的出现，使生产力有了较大的发展，农作物的产量日益增加，个体农民出售农产品，交换日用品的要求越来越高。与此同时，手工业生产也有了较大的发展，从考古发掘中可以看出，周室东迁之前，出土的青铜器主要是王室遗物；进入春秋以后，诸侯国的文物便在各地大量涌现了。制铜、冶铁、制陶、漆器、丝织、麻织、制骨、煮盐等分工日益精细，工艺日益提高，独立手工业者也逐渐增多。他们也要到市场去推销产品，换回生产资料和日用品。而随着农业和手工业的发展，贵族的剥削量也水涨船高，他们占有了更多的剩余产品，生活也更加奢侈，为了满足日益增长的消费欲望，市场的交换也日益频繁。所有这些，都有力地促进了商品交换的发展。随着商品经济的发展，城市的数量不断增多，规模日益扩大，水陆交通也日益便利了起来。

第一节　列国商品交换和商业的发展

一、"市"与市场交易

哪里有社会分工和商品交换，哪里就有市场。春秋时期，随着社会分工和商品交换的发展，"市"的地区分布扩大，"市"的数量和面积亦有所增加。

各诸侯国的都城，都有"市"的设置。《左传》中提到郑之"逵市"①，

① 《左传·庄公二十八年》。

晋之“绛市”[①]，楚“蒲胥之市”[②]，周“王城之市”[③]，以及鲁之“市”[④]，齐之“市”[⑤]，等等。又《国语·吴语》：“市无赤米。”《吴越春秋》：“吴王（阖闾）乃取其（要离）妻子，焚弃于市。”《韩诗外传》卷十：“吴王夫差为无道，驱一市之民以葬阖闾。”而且有些诸侯国都城中不只一市，《左传·昭公三年》谓齐“国之诸市，屦贱踊贵”，可证。

《考工记·匠人》云：“匠人营国，方九里，旁三门。左祖右社，面朝后市，市朝一夫。”“一夫”，郑玄注：“方各百步。”实际上，春秋列国都城的布局并非都如此规整，市场不一定都设在宫殿区的北部，有些市场的面积也并非只有“一夫”之地（约合今19.044平方米）。[⑥]《左传·成公十三年》载郑公子班作乱，“求入于大宫，不能，杀子印、子羽，反军于市”，“市”可以驻军、列军阵，可见市场面积不小。

“市”的遗址，在考古发掘中已有发现。如在秦都雍城北垣内300米处即发现有市场遗址，市场面积呈长方形，东西长180米，南北宽160米，面积近3万平方米。四周是厚1.5～2米的夯土围墙，四周围墙的中部各有“市门”一座。已发掘的西门南北长21米，东西宽14米，建筑平面呈凹字形。从门四周的柱洞及瓦片堆积形态判断，门上有坡式大屋顶建筑。围墙内是封闭式的露天市场，出土有秦半两钱及盖有“咸阳□里”印文的陶器底部残片等，当为市场交易活动之遗存。这一带虽只发现有战国时期遗物，然在春秋时期当已经存在。《史记·货殖列传》载：“及秦文、德、缪（穆）居雍，隙陇、蜀之货物而多贾。”由此可知在春秋时期，雍城已成为商品交换和商业较为发展的都会。[⑦]

有的市在城内，有的市在城外。《左传·庄公二十八年》载：楚伐郑，

---

① 《左传·宣公八年》。
② 《左传·宣公十四年》。
③ 《左传·昭公二十二年》。
④ 《左传·文公十八年》。
⑤ 《左传·昭公三年》。
⑥ 雒雷：《春秋战国时期城市经济结构试析》，《中国经济史研究》1987年第3期。
⑦ 曲英杰：《先秦都城复原研究》，黑龙江人民出版社1991年版，第181页。

“众车入自纯门，及逵市”。“纯门”，郑外郭门。“逵市”，郑国城外大路之市场①。

都城以外的其他城邑，也设有市场。《左传·昭公二十五年》说：鲁国的臧会“奔郈”，“郈鲂假使为贾正焉”。郈，鲁邑，在今山东省东平县东南四十里，郈邑大夫鲂假使臧会为郈之“贾正”以“掌货物，使有常价”②，说明郈有交易市场。与郈相类的邑，亦当有市的设置。

《管子·乘马》云：“方六里命之曰暴，五暴命之曰聚，聚者有市，无市则民乏。”《孟子·公孙丑》说：“古之为市也，以其所有易其所无者，有司者治之耳。有贱丈夫焉，必求垄断而登之，以左右望而网市利。”赵岐注：“贱丈夫，贪人可贱者也；入市则求垄断而登之，垄断，谓堁断而高者也；左右占望，见市中有利，网罗而取之。”又《公羊传·宣公十五年》何休注有“因井田以为市”一说。可见当时城邑和乡间，普遍有市。

管理市的专职官吏，鲁国叫“贾正”，郑、宋、卫叫“褚师”，齐叫“市掾”，楚叫“市令”，周称“司市”。

市场上交易的商品，有粮食谷物（“市无赤米”），牛羊牲畜（“伯有死于羊肆”），珍珠宝玉（韩宣子出使郑国买玉环）；衣服鞋帽（“国之诸市，履贱踊贵”）；酒肉食品（“沽酒市肉”）等。《周礼·司市》载：“凡治市之货贿，六畜珍异，亡者使有，利者使无，害者使亡，靡者使微。”在市内，同品类的货物都集中在一处出售，所以有“羊肆”和“屠羊之肆”。

市场上的交换活动，按时间顺序可分“朝市”、“大市”和“夕市”，《周礼·司市》：“大市，日仄而市，百族为主；朝市，朝时而市，商贾为主；夕市，夕时为市，贩夫贩妇为主。”“朝市”，在早晨进行。“商贾为主”，是指小商贩在批发商那里购进货物，以备朝资夕卖。“大市”在中午进行，即“日中

① 杨伯峻：《春秋左传注·隐公十一年注》：“宽阔能并用九具车马者谓之逵。此种道路已能四通八达，故《尔雅》云：‘九达谓之逵。’郑国有此，桓十四年《传》亦谓之大逵，庄二十八年《传》谓之逵市，宣十二年《传》谓之逵路，虽非同一道路，皆以逵名。鲁国亦有此，庄三十二年《传》所谓逵泉是也。盖国都必有其最宽阔而又四通之道路，皆可谓之逵。《正义》谓郑城独有之，恐非。”（中华书局1981年版，第73页。）

② 《左传·昭公二十五年》杜预注。

为市”，远近百姓赶到这里进行交易。“百族为主”，市场活跃，人声鼎沸。过午之后，远处民众陆续离去，行人逐渐稀少，但晚上也有“夕市”，晏子说：“小人近市，朝夕得所求。”可证明晚上是有交易活动的。“贩夫贩妇为主”可能是些摆摊设点或沿街叫卖的小商小贩了。

市场上的交易活动，有一定的限制和规定，《礼记·王制》载：“圭璧金璋，不粥于市；命服命车，不粥于市；宗庙之器，不粥于市；牺牲，不粥于市；戎器不粥于市；用器不中度、兵车不中度，不粥于市；布帛精粗不中数，幅广狭不中量，不粥于市；锦文珠玉成器，不粥于市；衣服饮食，不粥于市；五谷不时，果实不熟，不粥于市；禽兽鱼鳖不中杀，不粥于市。”

这十四条禁令，可概括为五个方面：第一，体现贵族身份的“礼”品如命车命服，圭璧金璋，宗庙之器和牺牲不准上市出售，是为了维护礼制，不使僭越躐等之事发生。第二，武器禁止买卖，是为了防止兵器流入反叛者之手，被压迫者拿去进行武装反抗。第三，对一般上市的商品，要保证质量，防止“不中度”、“不中量”、“奸色乱正色”，是为了保护消费者的利益，可以说是中国最早的质量法。第四，饮食不粥于市，和孔子说的“沽酒市肉不食”意思相同，是讲究饮食卫生，防止食品中毒。第五，“五谷不时、果实不熟”，“木不中伐”，“禽兽鱼鳖不中杀”不粥于市，有保护生产力和野生生物资源的意思。

不过，这些限制和禁令也仅指一般情况而言，不同地区，不同情况，其执行情况也不一样。如郑国就可以卖玉环，《左传》昭公十六年，韩“宣子有环，其一在郑商……韩子买诸贾人。”据《论语》载，子贡也曾问过孔子，“有美玉如斯，韫椟而藏诸？求善贾而沽诸？”孔子说：“沽之哉？沽之哉，我待贾者也！”再如，这里说：“戎器不粥于市”，而《周礼·质人》有：“掌成市之货贿，人民、牛马、兵器、珍异，凡卖者质剂焉。”《国语·郑语》也有卖“檿弧箕服”的夫妇。因为“工贾近市”手工工业作坊和商贩店铺多设在市场附近，买卖物品的行人又川流不息，所以“湫隘嚣尘”是在所难免的。《左传·昭公元年》，季氏的家臣曾夭谓叔孙的家臣曾阜说：“贾而欲赢，而恶嚣乎！”意思是说，商贾欲求赢利，怎能厌恶市肆的喧嚣！可证明，春秋时期，商品交易的市场已是很繁华了。正因为这里人烟稠密，众目昭彰，所以它也是刑人示众的场所："晋人获秦牒，杀诸绛市。"昭公十三年，晋韩宣子"乃施邢侯而尸雍子与叔鱼于市。"同时，市场也是广大民众歌舞行乐的地方：《诗经·陈风·东门之枌》有："不绩其麻，市也婆娑。"即是说在喜庆的日子，陈国人民放下手头劳作，都到市上去歌舞行乐了。

二、"工商食官"局面的打破和自由商人的出现

进入春秋时期，特别是春秋中期以后，自由商人的势力迅速增长，西周以来"工商食官"的局面逐渐被突破了。

西周末年出现的大商人阶层，势力日益强大，成为独立的经营者。《诗经》"如贾三倍，君子是识"，自称为君子的小贵族们，懂得了经商可获几倍的利润，开始热衷于做买卖了。这些新工商阶层的兴起，导致社会发生了剧烈的变动："高岸为谷，深谷为陵"即说明旧贵族没落破产，新的有产者暴发勃兴。经济地位的变化最终又引起了政治地位的变化："择三有事（三卿），亶（信）侯（维）多藏"所立的三卿，也皆是富豪。从工商中积累起的大量财富，成了做高官的条件。东周前期的"哿矣富人"指的就是这些私营工商业者。他们不仅占有了大量财富，而且取得了高官厚禄，亦官亦商。但这些商人的地位与"工商食官"的商人是不可同日而语的。

统治者为了政治上、经济上取得商人的支持，给予商人一定的经营自由，私营商业得到了较好的发展条件，使"工商食官"的局面进一步受到突破。如郑国，据《左传》载，创建之初，就与商人有密切关系。郑桓公在西周末年，看到王室多故，害怕与之同归于尽，就听从史伯的意见，率领族属与商人东迁于虢、郐之间。刚到时，那里是一片荒野，郑桓公率领族属与商人一起："庸次比耦，以艾杀此地，斩之蓬蒿藜藋而共处之"，商人们在创业奠基中起了重要作用，因此郑国统治者与商人订立了盟约："尔无我叛，我无强贾，毋或丐夺。尔有利市宝贿，我勿与知。"只要商人不背叛公家，公家就不强买或夺取商人的货物，不干涉商人的经营。商人有值钱的宝物，公家也不过问。据说双方"持此誓言，故能相保"。从这一盟约中可以看出，郑国的商人已是有一定自由经营权的私商，而不再是食于官的官商了。

再如卫国，公元前658年被狄人侵劫，靠齐桓公之助迁往楚丘（今河南滑

县），卫文公招集流亡的人，力图复国，制定了“务财、训农、通商、惠工”等政策。这是处丧败之余，靠发展工商业来复兴国家的例子。其所通的商，所惠的工，不可能都是官工、官商，而大部分应该是以宽惠的条件招徕的私商、私工。

晋国，晋文公初即位，就采取了“轻关易道，通商宽农”政策，“以厚民性”[①]，十分重视发展商业，这里的“通商”，一定包括鼓励外部商人进来和本国商人出去的优惠政策，促进了私营商业的发展。春秋后期，晋平公时，绛之富商，其财足以“金玉其车，文错其服，能行诸侯之贿”[②]，其势力也相当可观了。

百工的暴动、叛逃和消极怠工，促使统治者改变了对工商奴隶的剥削方式。春秋时期，随着工商业的发展，百工的人数日益增多，在政治斗争中的作用也日益显示出来。《左传》中记载百工参与叛乱、暴动及逃亡的事件就有许多，如：襄公十年，郑国“五族聚群不逞之人，因公子之徒，以作乱”在混战中，“臣妾多逃，器用多丧”。昭公二十二年，周王室“王子朝因旧官，百工之丧职秩者与灵、景之族以作乱”。哀公十七年，卫国“公使匠久……石圃因匠氏攻公”。哀公二十五年，卫国“公使三匠久……褚师比，公孙弥牟，公文要，司寇亥，司徒期因三匠与拳弥以作乱，皆执利兵，无者执斤”。暴动和逃亡出来的百工，动乱之后，多成为独立的小手工业者，他们制造物品时是工；陈列出售时是商，亦工亦商，挣脱了“工商食官”的牢笼。

工商奴隶因受军功奖励而获得解放。《左传·哀公二年》，晋、郑铁之战，赵简子誓师说：“克敌者，上大夫受县，下大夫受郡，士田十万，庶人工商遂，人臣隶圉免。”这里工商与庶人并提，位在人臣隶圉之上，“遂”是得遂仕进，可上升为士。可见，因功受奖，也是自由的小工商业者大量产生的一个重要途径。

春秋中后期，通过各种途径，从“工商食官”的牢笼中解放出来的私商人数逐渐增加，形成了独立的商人阶层。随着商人阶层的形成，其中并出现了

---

① 《国语·晋语四》。

② 《国语·晋语八》。

一些著名的代表人物，如弦高、子贡、范蠡等。

弦高是郑国商人，僖公三十三年，秦穆公令百里、西乞、白乙三人率领军队去袭击郑国。经过周、滑，郑人未发觉。弦高正去周（洛阳）做买卖，路上碰到秦师。他料定秦师必定是来偷袭郑国的，于是，一面赶紧派人回国报警，一面拿出十二头牛和四张熟皮革，假装奉郑君之命前来犒师，说："国君听说贵军要路过敝邑，特意派我来慰劳您们，如果愿意歇脚的话，我们将准备一天的饮食来招待；如果不停留，我们就担任一夜的警卫来护送您们。"郑国得信后，立即加强戒备，严阵以待。秦国的将领暗自商量：郑国已有准备，不可希冀速胜，如果攻之不克，围之无继，便不如回师。于是放弃了偷袭郑国的计划，灭滑而还。从这件事可以看出，弦高可自来自去，并可假托国君之命去犒师，其政治地位和爱国心决非过去食于官的商奴和官贾可比。

子贡，复姓端木，名赐，卫国人，是孔子的学生。未出仕时，就是卫国的商人，来孔门之前就已经商致富了。孔子说："赐不受命而货殖焉。"[①] 就是说，他是不受命于官，而自以其财力去从事贸易的私商。司马迁说："子贡既学于仲尼，退而仕于卫，废著（贮）鬻财于曹、鲁之间。七十子之徒，赐最为饶益。……子贡结驷连骑，束帛之币以聘享诸侯，所至，国君无不分庭与之抗礼。"[②] 孔子称赞他"臆则屡中"[③]；司马迁说他"好废举，与时转货赀"[④]，即很善于掌握时机，贱则买入，贵则卖出，以赢得利润。他认为商品价格的高低，应取决于供求关系，提出"物以稀为贵"的理论，说："君子之所以贵玉而贱珉（石之美者）者何也？为夫玉之少而珉之多耶！"[⑤] 子贡一身而三任：是孔门的高徒，有名的士；在鲁、卫都曾做过官；又是家累千金的大商人。他驾御的车马，所到之处，国君都用上宾之礼来款待他，气派好不威风！

范蠡，字少伯，楚国人。在越国作官，为大夫，辅助勾践灭掉吴国，建立霸业，官拜上将军。但他认为勾践这个人只能共患难，而不能共安乐，于是就

---

① 《论语·先进》。

② 《史记·货殖列传》。

③ 《论语·先进》。

④ 《史记·仲尼弟子列传》。

⑤ 《荀子·法行》引子贡说。

悄悄收拾起珍宝珠玉，更名易姓，携带家眷奴仆，“乘扁舟浮于江湖”，做商人去了。范蠡在越时曾说：“臣闻从时者，犹救火、追亡人也，蹶而趋之，唯恐弗及。”[1] 他后来经商时，敏于掌握时机亦类此。最初，他到商业发达的齐国，自称“鸱夷子皮”，“耕于海畔，苦身戮力，父子治产”。不久“致产数十万，齐人闻其贤，以为相”。范蠡又觉得“久受尊名不祥。乃归相印，尽散其财，以分与知友乡党，而怀其重宝”第二次弃官而去。其后，他来到“居天下之中，诸侯四通，货物所交易”的商业中心陶（定陶，今山东定陶县西北）定居，自称“朱公”，人称陶朱公。“父子耕畜”，“废居，候时转物，逐什一之利”。农牧商结合，又积累了大量财富。范蠡是个“善治生者，能择人而任时，十九年之中，三致千金，再分散与贫交疏昆弟”。人们说他“富好行其德者也”。后来，他子孙继续经商，家财“遂至巨万（万万）”[2]。

春秋末期，商业活动由于出现了子贡和范蠡两位著名的政治活动家，其名声地位更为提高，后人称其为“端木生涯，陶朱事业”。

自由商人经商能致巨富，他们根据实践经验总结一套商业经营的理论和原则，即《史记·货殖列传》所载的“计然之策”，其内容已接触到经商的一些规律性问题，要点有以下几方面：

1. “知斗则修备，时用则知物。”即根据生产规律来决定经营方式，强调重视储备，积蓄物资，同时还要预知不同时间所需之物品，事先做好准备。这里主要指年岁丰歉和水旱等自然条件的变化。他认为天时变化的规律是可以掌握的：“岁在金，穰；水，毁；木，饥；火，旱”。“六岁穰，六岁旱，十二岁一大饥”，能预测到未来的水旱丰歉，就能掌握商品供求变化的趋势：“水则资车；旱则资舟”，水灾时，趁机买车；旱灾时，趁机买船。人弃我取，贱价买进，囤积居奇，待价而沽。

2. “贵出如粪土，贱取如珠玉”。物价的涨落有一定的规律，“贵上极则反贱，贱下极则反贵。”一贵一贱，极而复反，要看准时机，当商品上涨，贵到一定程度时，像粪土一样，毫不犹豫地抛售出去；而商品落价，贱到一定程

① 《国语·越语下》。

② 《史记·货殖列传、越王勾践世家》。

度时，又像珠玉一样大胆及时地买进。人弃我取，人取我予，把握时机，出奇制胜。

3. 要求用调解供求的办法来控制物价，使手工业产品与农产品的比价，在有限的幅度内波动，不可畸重畸轻。“夫粜，二十病农，九十病末。末病则财不出，农病则草不辟矣。上不过八十，下不减三十，则农、末俱利，平粜齐物，关市不乏，治国之道也。”

4. “务完物”。即要注意商品质量，贮藏货物要完好。“腐败而食之货，勿留。”容易腐烂变质的食物不要久留。

5. “无息布”，“无敢居贵”，“财币欲其行如流水”。即要加速商品和资金的流转，不能把货币滞压在手中，也不能长期积压商品，要从加速周转中来增加利润。

三、列国间商品贸易的发展

商业能给统治阶级提供货贿珍异，能给政府提供财政收入，也能满足各阶层人民生产及生活的需要，要使社会生产能继续下去，正如司马迁所说：必须“待农而食之，虞而出之，工而成之，商而通之……此四者，民所衣食之原也，原大则饶，原小则鲜，上则富国，下则富家”[①]。同时，各国统治者都很重视商业，虽然各国的经济不平衡，但商业都有不同程度的发展，据《史记·货殖列传》载：

鲁国，“好贾趋利，甚于周人”。

齐国，南接吴楚，北通燕赵，西贾郑卫，地利既饶，海产又丰，兼海陆商业之利，更以经商为立国之本，是春秋前期商业发展最盛和首先争霸的诸侯国。

继齐而起的晋国，其南部“沃饶而近盐”，民风俭啬，多善于经商，又地接戎狄，对外族的贸易也很注意。

郑国，水道四通八达，郑国商人在春秋时期崭露头角。

卫国，也是商业繁盛之处，和郑国一样，处于交通要道，商人往来自然很

① 《史记·货殖列传》。

多，有名的定陶即曾属于卫国，与女乐有关的郑卫新声，是商品经济发达的产物。

秦国，虽僻处西陲，除畜牧之外，关中富庶，粮食有余，始都雍，陇西、巴蜀的货物都由商人运来此间，交易荟萃，秦还征募商人载盐入境，供应国内人民需要。

西周时，“筚路蓝缕，以处草莽”的楚国，到春秋时已是南方政治、经济、文化的中心。楚都郢“西通巫巴，东有云梦之饶”，物产丰物，金木竹箭，羽毛皮革，龟珠角齿，无不具备，杞梓之材大量运往晋国。

陈国，“在楚、夏之交，通鱼盐之利，其民多贾”。

南方滨海的吴国，“东有海盐之饶，章山之铜，三江五湖之利”，发展商业的条件很好。

越国，曾败于吴，困于会稽，用计然之术发展商业，后来财富大增，经过各方面的多年努力，终于灭掉了吴国。

总的说来，春秋时期的商业，前期主要集中于黄河流域，大国都在北方；后期，商业开始扩展到长江流域，并由长江中游的楚、趋于长江下游的吴越。当时各国争相称霸，除了扩张领土，榨取附属国的岁贡之外，也包含了掠取商业税收和利润的目的。南方诸国的势力逐渐北上，大概和争夺黄河流域的商业利益也有一定关系。

由于商业的发展得到统治者的重视，而且几乎达到了农、工、商并重的地步，所以当时人就常以农、工、商三者是否并盛来评断一国的国力强弱。宣公十二年，晋景公遣师救郑，晋师将攻楚，随武子劝阻，即以“商农工贾不败其业”为楚不可伐的理由之一。襄公九年，秦国子囊谏秦景公不要联楚伐晋，其理由之一也是晋国：“其士竞于教，其庶人力于农穑，商工皂隶不知迁业。”四民戮力，国内政局稳定。昭公二十六年，齐景公请教晏婴如何统治，晏婴回答说：“在礼……民不迁，农不移，工贾不变，士不滥（不失职）”，即是说士农商各守常业，才能维持统治秩序。可见，商业作为一个主要的社会经济部门，其盛衰和国家的强弱关系多么密切。

春秋时期，列国之间的贸易往来日益频繁，商品交流逐渐增多。《左传》中有这样几件事：

成公三年，晋国军将荀莹，作战被俘囚禁在楚国。郑国有位商人，想把他藏在货中偷运出来，这计划未来得及实行，晋、楚两国交换俘虏，荀莹就被释放回晋国了。后来，那位郑商到了晋国，荀莹对他热情款待，优礼有加，如同真将自己救出来一样。那位商人很过意不去，说："吾无其功，敢有其实乎？吾小人，不可以厚诬君子。"于是就到齐国去了。这位郑商，时而在楚，时而如晋，是而又适齐，往来穿梭于长江、黄河流域各国之间，可见当时列国之间商业活动是很频繁了。

昭公二十二年，晋国大将荀吴，进攻白狄的一支鼓，同时，"使师伪籴者负甲以息于昔阳之门外，遂袭鼓，灭之"。他让晋军伪装成一伙贩卖粮食的商贩，背上的口袋里装的都是甲胄、兵器，潜伏在城门外，进行偷袭，获得成功。能将众多士兵伪装成粮食商贩，可见平日晋国与周边戎狄民族之间的交易规模和数量都是不小的。戎狄等族多从事狩猎和畜牧业，华夏族以农产品交换戎狄族的皮毛等畜产品，类似后代汉族和周边少数民族的"和市"、"互市"等贸易活动，春秋时期已经开始了。

昭公二十九年，鲁昭公与三桓斗争失败，流亡到齐国，后又到了晋国的边境——乾侯。"平子每岁贾马，具从者之衣履，而归之于乾侯。"季平子虚情假意地每年买些马匹并制备些衣物给昭公送去。说明列国之间，存在着牲畜交易活动。

《鲁颂·泮水》是歌颂鲁僖公文治武功的诗篇，其中有："憬彼淮夷，来献其琛，元龟象齿，大赂南金"的诗句。是说淮夷以贡纳的方式，向鲁国献来大龟、象牙、玉石、铜铁等宝物；同时，鲁国也一定赏赐粮食、丝织物等农副产品作为回报，这是通过贡纳方式来进行产品交换。

盐是人民不可缺少的必需品。而产盐地点又有限，因此，列国之间的交往中，盐也是其中重要内容之一。齐桓公即曾"通齐国之鱼盐于东莱，使关市几而不征，以为诸侯利，诸侯称广焉。"[①]《说苑·臣术》："秦穆公使贾人载盐，征诸贾人。贾人买百里奚以五羖羊之皮，使将车之秦。"当时百里奚在楚国。可知，秦国的盐商往来于秦楚之间了。

此外，从货币的流通上也可以看出各地商品交流的情况。如 1974 年 3 月

---

① 《国语·齐语》。

河南郑州二里冈出土一罐春秋时期分属于周、宋、郑、晋诸国的空首币，共287枚。“这批周、宋、郑、晋等国货币之所以共出一罐之内，正说明了这是商人四出经商汇聚各国货币的结果。”① 又如，据朱活先生考证：齐币中“齐之法化”、“节鄑之法化”、“谭邦之法化”、“安阳之法化”基本上是春秋时期姜姓齐国国都及各大都邑的铸币②，而除“谭邦之法化”外，其他几种齐币在山东半岛济南、临淄、青岛、海阳等三十几处均有出土，虽然主要是战国时期流散到各地的，但也不排除春秋时期已有一定的交流。

为了维护列国之间的正常贸易往来，在霸主召集的各次盟会上，都曾把维护正常商业交往，作为重要的内容写入盟约。如僖公九年，葵丘之盟有“毋忘宾旅”、“毋遏籴”③ 的内容，即要保护客商，不得阻碍粮食的流通。成公十二年，晋楚于宋国西门之外的盟约有“同恤菑危，备救凶患……交贽往来，道路无壅”的内容，襄公十一年，晋鲁等十三国在亳订立的盟约有“毋蕴年，毋壅利……救灾患”的内容，即不准凶年蕴积粮谷而不救灾民或壅塞道路阻碍商旅往来。这从一个侧面反映了列国间的商品交流在社会生活中已占有重要的位置。

四、列国统治者对商业的政策

随着商品经济的发展及其在社会经济中地位的日益提高，促使各国的统治者采取了一些开明的政策，在经济上、政治上给商人阶层以一定的民主和权力。概括起来，有这样几点。

(一)“四民分业”

商人取得了与士、农、工同等的社会地位。管仲所在的齐国，是西周以来商业最发达的国家，“太公望，封于营丘，地潟卤，人民寡。于是，太公劝其女功，极技巧，通鱼盐，则人物归之，繦至而辐辏，故齐冠带衣履天下。海岱之间，敛袂而朝焉。”④ 管仲执政后，继承了其重视商业的传统，并推行了

---

① 任常中、赵新来：《河南临汝出土一批空首布》，《中原文物》1982年第2期。
② 朱活：《试谈齐币》，《古钱新探》，齐鲁书社1984年版，第105页。
③ 见《孟子·告子下》。
④《史记·货殖列传》。

“四民分业”的政策。“四民者，勿使杂处……处士也，使就闲燕；处工就官府；处商就市井；处农就田野……令夫商，群萃而州处，察其四时而监其乡之资，以知其市之贾，负，任，担，荷，服牛轺马，以周四方，以其所有，易其所无，市贱粥贵，旦暮从事于此，以饬其子弟，相语以利，相示以赖，相陈以知贾，少而习焉，不见异物而迁焉。是故，其父兄之教不肃而成；其子弟之学不劳而能，夫是故，商之子，恒为商。”① 它的重要意义在于，肯定了商为四民之一和商业在社会分工中的地位，指出了要有相当数量的人去从事这一工作，要保护其在四民中的一定比例，要有职业的稳定性，要精通本行业的专业知识，要有良好的社会技术教育环境，要为从事商业的劳动力再生产创造顺利的条件。管仲这一做法，正是他对商业活动的重要性有深刻认识的结果。

（二）经营自主

“尔无我叛，我无强贾，毋或丐夺。尔有利物宝贿，我勿与知”。这是郑国对待商人的政策。只要商人不背叛国家，国家就不强买或掠夺商人的财物，不干涉商人的经营，商人有值钱的宝物，国家也不过问。在这里，商人不仅有与士、农、工同等的社会地位，而且在经营上有相当独立的自主权，且与国家订有盟约，世代遵守。郑国商人之所以能获得这样优惠的条件，除了在创立基业时有筚路蓝缕之功外，与商人势力强大也有关系。郑国弱小，处于晋、楚、齐、秦大国之间，不能自立；而交通极为便利，商业资本发展有其得天独厚的条件。齐国的鱼、盐、文采布帛；晋国的矿产、畜产品；楚国的杞、梓、皮革、乌羽、象牙，都是经过郑国中转。商品经济发达，商业税收是国家财政的重要来源，处于四面受敌的郑国国君，不能不依靠商人在政治上和经济上的支持，因此，郑国对商人在经营上给予充分的自由和权力。

（三）政治咨询

国家遇有重大政治问题，征询商人的意见。卫国也是地处“天下之中”的交通枢纽地带。卫文公在被狄灭亡之后，丧败之余实行“务财、训农、通商、惠工”政策得以复国。在“通商、惠工”条件下，发展起来的工商阶层，不仅经济实力强大，而且在某些政治问题的决策上，也有了举足轻重的作用。

① 《国语·齐语》。

如《左传·昭公八年》载卫灵公不堪晋国的凌辱，欲叛晋，但国力弱小，一些大夫又情愿送子弟去做人质也不敢叛晋，顾虑重重，下不了决心。王孙贾献计说："苟卫国有难，工商未尝不（以）为患，使皆行而后可。"于是卫侯朝见国人，"使贾问焉：'若叛晋，晋五伐我，病何如矣？'皆曰：'五伐我，犹可以能战。'贾曰：'然则如叛之，病而后质焉，何迟之有！'乃叛晋。"这件事说明，卫国的工商阶层，不仅已取得了国人的地位，而且在政治问题的决策上，还起了关键的作用，甚至将诸大夫的意见都给否决了。同时也说明商人在维护国家尊严与独立的问题上，比士大夫的态度还坚决、明朗。

（四）"轻关易道"

各国统治者，为了繁荣经济，促进商品流通。采取了减轻关税负担、维护交通畅通等政策。齐桓公"使关市几而不征，以为诸侯利，诸侯称广焉"①。齐景公"使有司宽政，毁关，去禁，薄敛，已责"②。晋文公"轻关易道，通商惠农"③。齐国强宗陈氏为了收买人心，更实行了优惠的贱卖政策，"山木如市，弗加于山，鱼盐蜃蛤，弗加于海"④。这一切无疑促进了商品经济的发展。

但是，这只是问题的一个方面；另一方面也应看到，随着统治者贪欲的日益增加，生活的日益奢侈，商业税收日益加重，巧取豪夺，任意勒索的情况也是越来越严重，晏婴对齐景公所述的："县鄙之人，入从其政（征）；偪介之关，暴征其私；承嗣大夫，强易其贿；布常无艺，征敛无度；宫室日更，淫乐不违。内宠之妾，肆夺于市；外宠之臣，僭令于鄙；私欲养求，不给则应，民人苦病，夫妇皆诅"⑤，恐怕也是通常情况。同时，对春秋时期商品经济发展的程度也不能估计过高，这首先是因为农村市场还是很有限的。广大农村是男耕女织的家庭经济，农业与手工业紧密结合，自给自足，除了盐、铁等必需品之外，很少购买其他生产资料；出售的剩余农产品也有限。农产品与手工业品的交换，大都在地方的小集市中进行，不必外求，正如《管子·教修》所说：

---

① 《国语·齐语》。
② 《左传·昭公二十年》。
③ 《国语·晋语四》。
④ 《左传·昭公三年》。
⑤ 《左传·昭公二十年》。

“市不成肆，家用足也。”《盐铁论·水旱》也说：“古者千室之邑，百乘之家，陶冶工商，四民之求以相更，故农民不离畎亩而足乎四器，工人不斩伐而足乎木材，陶冶不耕田而足乎粟米。”商业没有太大的发展余地。其次是，政治割据带来的市场分割，也使商品经济受到很大限制。当时中原地区除周天子外，即有十二诸侯，戎狄等小国尚不计算在内，而各诸侯内部，卿大夫的领地，也都是自给自足的独立王国，它们闭关自守，同外界很少经济联系，不仅关卡林立，重税盘剥，盗匪横行，而且货币不同，度量衡不统一，交通不畅，这一切都使商品经济的发展受到很大的局限。

第二节 货币流通

春秋时期，特别是中后期，随着商品经济的发展，货币形态也有了很大的变化，不仅出现了黄金[①]和银币[②]，最重要的是金属铸币开始在全国范围内逐步代替贝币及各种实物货币，并开始形成了几个具有明显特征的货币体系和货币流通区域。这就是黄河中游、关洛、三晋地区的布币区；东方的刀币区和南方楚国的铜贝区[③]。

黄河中游、关洛、三晋地区，是我国古代主要的农业区，所以钱和镈这种农具在殷周之际即曾被作为交换的等价物，以后在此基础上出现了最初的铸币形态的布币——原始布（大铲布）。而进入春秋时期以后，则发展成为“空首布”。所谓空首布，就是有銎的布币，是人们按照这铸币的形状特征而取的名称。铸币的上端“空首”，保留着更多原来作为农具铜铲的遗痕，说明这种布币还是比较原始的。

空首布一般都有文字，或为数字、干支字，或为天象、事物、城邑名及一些不易确定其意义的字或符号，如一、五、六、八、甲、丙、午、戌、日、云、雨、雪、土、工、屮、行、金、贝、王、禾、公、古、益、高、智、鄩、

① 《国语·齐语》：“黄金十四镒，白玉之珩六双，不敢当公子，请纳之左右。”

② 河南省博物馆、扶沟县文化馆：《河南扶沟古城村出土的楚金银币》，《文物》1980年第10期。

③ 见萧清：《中国古代货币史》，人民出版社1984年版，第45～49页。

斩等。从现存空首布已知的出土地点来看，其范围主要为河南、陕西、山西等地区。所以空首布主要是周、郑、晋、卫诸国的金属铸币。

洛阳为“天下之中”，西周成王时即营建为京都，平王东迁以后更是东周五百多年的政治中心，一直是繁华的商业城市。1970 年 12 月，在洛阳以南约 35 公里的伊川县富留店村出土了一瓮空首布，共重 28.5 公斤，计有大型平肩空首布 604 枚，斜肩“武”字空首布 149 枚。这些货币，钱身叠压，首部向外，整齐地放在瓮内。另外，1976 年，群众还捐献了中华人民共和国成立之前，在洛阳北约 7.5 公里的孟津县后海资村出土的大型平肩空首布 72 枚。1971 年 3 月，在济阳以西 30 公里的新安县牛丈村也出土了装在陶罐内的空首布，计重 9.3 公斤，共 401 枚。均为小型平肩“安臧”空首布（只有一枚可能为“戈”字者）。出土的大型平肩空首布，通长 9.3 ~ 10.1 厘米，重 30 克左右。最重的 35.5 克，最轻的为 22.5 克。钱面有铭文，多为一个字，种类众多，约近百种。这种空首布的铸行年代，一般认为属春秋早期。斜肩“武”字空首布，通长 8.5 ~ 8.8 厘米，一般重 19.3 克。小型平肩“安臧”空首布通长 6.3 ~ 7.4 厘米，一般重 15.3 克。这两种空首布的铸行年代，一般认为属春秋中晚期①。这些空首布的出土地区，均位于当时的交通要道上：伊川是洛阳通往南阳的门户，新安是洛阳通往关中的要道，孟津则是洛阳北过黄河的渡口。位于这些重要交通线上的窖藏货币的出土，正反映着当时商业与货币流通发展的事实。

晋国是春秋时期的重要大国，而三晋又是古代农业发展的重要地方，因而也是布币最早流行的地区。1964 年，在晋南地区得一西周原始布，通长 13.2 厘米，重 191.5 克，这枚原始布与 1961 年侯马上马村一个墓葬中出土的青铜农铲，其形制的大小都极为类似②，晋南闻喜县文化馆也保存一枚原始布，较上述布稍小。在晋中寿阳、晋南侯马等地还曾出土不少空首耸肩尖足大布。如 1959 年在侯马“牛村古城”可能是晋国都城新遗址的发掘中，就出土了空首布 12 枚，均耸肩，尖足，一般通长约 16.5 厘米，素面，无铭文。其中有一枚

---

① 洛阳博物馆:《洛阳附近出土的三批空首布》,《考古》1974 年第 1 期。

② 《山西省博物馆鉴选一批历史文物》,《文物》1965 年第 5 期。

带有铭文五字，可辨识“黄”“釿”二字，意即衙釿，当釿。该布通长12厘米，右下足尖稍残，连同銎内泥土重量为30.7克，比一般素面大布稍小，稍轻。此外还出土大量空首布内范。凡此，皆说明晋国的金属铸币已有一定的自身发展的历史。而以后三晋地区稍晚期的平首布的不断大量出土，布币在三晋地区的普遍流通，显然不是偶然的事情。

1935年，在春秋卫地，今河南淇县山彪镇一座战国初期的魏国墓葬中，还曾出土约674枚空首耸肩尖足布，这些布通常约11.7厘米，均素面，无铭文。此外，也还有一些地方有零散的空首布出土。所有这些，说明在春秋时期以关洛、三晋地区为中心，即在主要是周、晋、郑、卫等地，已形成了一个布币流通区域。

齐国是刀币流行区。齐地滨海，从周初建国就利用当地条件，注重发展布帛鱼盐之利。到齐桓公时，管仲“通轻重之权，缴山海之业”，遂使齐国富强，出现了“齐冠带衣履天下，海岱之间敛袂而朝”的商业与物质交流的繁荣景象。这时的齐国，早已成为东方手工业、商业的中心，而且出现了齐都临淄等一些重要的工商业城市。显然，齐国在山东半岛的古封国中，是最具备铸造金属货币经济条件的国家；而齐国采用刀削的形式铸币，则可能与原山东半岛古东夷国的习俗有关。传世和近年齐地出土的刀币有以下几种：

1. “齐造（?）邦巜（长）法化”，或称“造邦刀”。一般长18～18.5厘米，精整的每枚重46～47克。

2. “齐之法化”，即“齐刀”。一般长17.5～18.5厘米，重约44～45克。

3. “节墨之法化”，即“即墨刀”。约长19厘米，重约53.5～55克，有56～57克的。

4. “安易之法化”，即“安阳刀”。一般长17.5～18.5厘米，重约48克。

这些刀币，背文有“⊙”、“上”、“工”、“刀”、“杏甘”等字样，大“即墨刀”背文还有作“开封（邦）”、“安邦”者。

另外还有一种“簹（莒）邦”刀，或作“簟（谭）邦”刀，只残存一个断头，拓片见于方若《药雨古化杂咏》。

这些刀币是春秋齐国都城及重要城邑的铸币。造邦刀、齐刀之“齐”是齐国都城临淄，即齐城；即墨是与临淄相并称的齐国重要城邑；安阳则可能为原莒国五阳地之“安阳”。

刀币的流通，已发展至一定的规模，因而山东各地不断有各种刀币出土。如1956年莒南县西铁沟崖村出土齐造邦刀1枚，齐之法化1枚，即墨刀、安阳刀各2枚。1958年山东平度出土齐造邦刀1枚，齐之法化5枚，即墨刀7枚。1960年，济南市区五里牌坊出土齐之法化2枚，即墨刀3枚，安阳刀2枚[①]。1966年8月济南郊区历城县邢村公社出土齐之法化2枚，即墨刀3枚。1968年12月，青岛市郊女姑口出土即墨刀1枚[②]。

由于齐国在东方一直是一个强大的经济先进的国家，影响所及，使刀币流通的区域也日益扩大，遂使刀币体系与布币体系相并行，成为我国北方两大货币体系。

南方的楚国，约在春秋中期，出现了有固定形状的有铭文的铜贝——“蚁鼻钱”。最早出现的是“咒”字铜贝，此字一般释为“贝”，人们因其阴文“咒”的字形，而称其为“鬼脸钱”。还有一种“夆”字铜贝，也常见，但数量较少，其铭文似为纪重之字，有释为“夆泰”（降率）或“五朱”“口六朱”者，应晚于“贝”字铜贝。由于“夆”字形似蚂蚁，“咒”字形似人鼻，因而对楚国这种铜贝通常称为“蚁鼻钱”。

蚁鼻钱出土地区很广泛，几乎遍于楚国各地，近年在湖北、湖南、河南、安徽、江苏等地均有大量发现。如1963年12月，湖北孝感野猪湖发现一批窖藏铜贝，约21.5公斤，数量约5000枚。均是“咒”字贝，轻重大小不一，平均重4.75克，最重者5.4克，最轻3.5克[③]。蚁鼻钱分布地区广，数量多，流通时间长，大而重的“咒”字贝，应是早期的铸币，可以上溯到春秋时期。

楚国铸币采用铜贝形式，可能因其地处南方，天然来源较易，而经济又落后于中原，因而贝币使用时间较长。除此，楚国又是商的与国，所以周灭商后，楚国却将商代使用贝的制度保留了下来。于是在此基础上，于春秋中期发展成为“蚁鼻钱”，即所谓铜贝货币体系及铜贝流行区域。

---

① 朱活：《谈山东省济南出土的一批古代货币》，《文物》1965年第1期。

② 朱活：《从山东出土的齐币看齐国的商业和交通》，《文物》1972年第5期。

③ 程欣人：《孝感县发现的楚贝整理完毕》，《文物》1965年第12期。

春秋中晚期，不仅形成了三个各具特色的金属铸币体系及其流通区域，而且还逐步形成了大、小铸币“母权子”“子权母”相辅流通的情况。《国语·周语下》：“景王二十一年，将铸大钱。单襄公曰：‘不可。古者，天灾降戾，于是乎量货币，权轻重，以振救民。民患轻，则为作重币以行之，于是乎有母权子而行，民皆得焉。若不堪重，则多作轻而行之，亦不废重，于是有子权母而行，大小利之。今废轻而作重，民失其资，能无匮乎？……且绝民用以实王府，犹塞川原而为潢汙也，其竭也无日矣。’”单旗的这段议论，提出了大、小货币“子母相权”的理论，即如果人们感到流通中的货币购买力，相对于物价水平来说过小时，就要另发行一种重的较大的货币来作为价格计算的新标准单位，以代替流通中的现行计算单位，以满足人们调节市场价格的需要。反之，人们感觉现行的货币单位价值过大，不便于使用时，则另发行一种轻的较小的货币作为新的价格计算单位，以代替旧的价格计算单位，大小两种货币仍并行流通。这里的轻和重，即包含计算单位的改变，也包括货币金属含金量的大和小。这个理论的提出，应是春秋后期现实情况的反映。如当时一枚无文铜贝重1.3～2克，而一齐法化重50克左右，相当于铜贝25～40枚。一枚大型平肩空首布重约30克，相当于铜贝15～23枚。这里不仅包括货币金属含金量的轻和重，也应包含着计算单位的改变。西周景王“铸大钱”一方面是“废轻而作重”；一方面是要发行不足值的大币，采用两种手段来进行财政搜刮，结果必然是使“民失其资”，“绝民用以实王府”。单旗虽然谏阻，周景王还是推行了。类似的事情在楚国也发生过。《史记·循吏孙叔敖传》载，楚庄王“以为币轻，更以小为大，百姓不便，皆去其业”。市令言之相，相进谏于王，“王许之，下令三日而市复如故”。楚庄王听了孙叔敖的劝告，及时作了纠正，就从“皆去其业”而为“市复如故”。说明金属货币的轻重，必须符合流通情况的客观需要，否则将对商业活动造成不利影响。另方面也应看到，春秋时期金属铸币的流通，还仅仅是初始阶段，数量是有限的。“从已发现的先秦钱币看，属于战国时期的占99%之多，在一千个布币中，至多有三五个春秋初期的空首布，至于原始布就更为罕见了”[①]。流通范围也有一定局限，大约只限于城邑内市场中的商品交易，而广大农村中“握粟出卜”、“抱布贸丝”等以物易物的交换方式还是大量存在的。至于诸侯卿大夫之间的馈赠献纳，也多以璧玉帛锦为主，只是在一般的往来中偶有用铜币而已[②]。

第三节　城市与人口

一、城市建筑

春秋时期，由于政治上的列国分立，军事上兼并战争的频繁，经济上手工业和商业的发展，列国城市也随之兴起。文献上关于筑城的记载是史不绝书的。《左传》中即有66次之多，其中鲁国占29次。因《春秋》是鲁国的编年史，所以记载也最详细，即便如此，楚国也有15次，晋国8次。

春秋时期的城邑又分为天子与诸侯的都城和卿大夫及郊野边境城邑二类。下面将这两类都邑修建的情况，分别作一介绍。

（一）国家都城的修建

天子或诸侯国的都城，是实施政治统治的神经中枢和防御保卫的军事堡垒。当时把建城看作是立国的第一桩大事，立国就是建城，城之存亡即国之兴亡。“凡欲安君治民，兴霸成王，以近制远者，必先立城郭，设守备，实仓廪，治兵库。”[③] 文王营丰，武王建镐，成王营建洛邑，伯禽封于鲁，唐叔封于晋，阖闾筑吴城，都是建城立国的标志。国家迁徙时，也首先要迁徙都城。如邢国和卫国被狄攻灭后，齐桓公率诸侯营救，《左传·僖公元年》：“邢迁于夷仪，诸侯城之。”同书，僖公十三年：“诸侯城楚丘而封卫焉。”又，僖公十三年，“淮夷病杞”，次年“诸侯城缘陵而迁杞焉”。

都城建成之后，还要不时地进行维修加固。“岁修增而毋已，时修增而毋

---

① 萧清：《中国古代货币史》，人民出版社1984年版，第97页。

② 《礼记·檀弓》：“子柳之母死……既葬，子硕（子柳弟）欲以赙布之余具祭器，子柳曰：‘不可’。”又“孟献子之丧，司徒旅归四方布，夫子曰：‘可也’。”“四方布”即来自四方之赙布。郑玄注：“古者谓钱为赙布。”

③ 《吴越春秋》卷四。

已，福及子孙，此谓人命万世无穷之利，人君之葆守也。”① 《国语·周语中》也说：“陨霜而冬裘具，清风至而修城郭。”

都城的修建，一种是面临敌国入侵的威胁，加强防御的需要。如襄公十九年，《春秋》载：“城西郛。”《左传》曰：“城西郛，惧齐也。”西郛即西郭城。因为襄公十八年，鲁国参与了晋国攻打齐国的战争，攻至临淄城下，回兵之后，怕齐国报复，所以加紧修筑西郭的城墙。

定公六年，《春秋》载：“（鲁国）冬，城中城。”中城即内城或称宫城。杜注曰：“公为晋侵郑，故惧而城之。”当年二月，鲁国参与了晋国讨伐郑国之役，怕郑国报复，所以当年冬季便加紧修筑宫城。

襄公十四年，楚子囊率师伐吴，由于疏忽轻敌，在“皋舟之隘”遭到吴军的伏击，损兵折将，深感吴国势力日强，不可忽视。“楚子囊还自伐吴，卒。将死，遗言谓子庚：‘必城郢！’”也是防御吴国的意思。

周敬王遇王子朝之乱，曾被迫流亡。后来晋国出兵赶走王子朝，纳敬王于成周。为了防范王子朝，又合诸侯之师“戍成周”。从昭公二十七年至三十二年，连续六年，都要各国出兵防守，终非长久之计，所以“范献子谓魏献子曰：‘与其戍周，不如城之。’”于是“冬十一月，晋魏舒、韩不信如京师，合诸侯之大夫于狄泉，寻盟，且令城成周”②。

再一种是遭受水、火、地震等自然灾害的破坏之后，需要修复或迁建。如成公五年，晋梁山崩，《穀梁传》曰：“梁山崩，壅遏河三日不流。”六年，“晋人谋去故绛……夏四月，丁丑，晋迁于新田”。是“晋因梁山崩而惧，故迁都以厌之”③。

《左传·定公二年》：“夏五月壬辰，雉门及两观灾。”火灾烧毁了鲁国的雉门及两观，所以“冬十月，新作雉门及两观”。

襄公二十四年，“齐人城郏”。“郏”即王城洛邑，因前一年，“谷、洛斗，将毁王宫”④。谷水、洛水暴涨，周王宫被毁，所以杜注曰：齐国“欲求媚于

① 《管子·度地》。
② 《左传·昭公三十二年》。
③ 刘文淇：《春秋左氏传旧注疏证》。
④ 《国语·周语下》。

天子，故为王城之”。

（二）卿大夫及郊野边境都邑的修建

一些大国，通过激烈的兼并战争，领土不断扩大，为了有效地统治这些新占领的土地，诸侯又将其分封给子弟和功臣。这些卿大夫在领地上也要建筑都邑，使之成为统治的中心。如鲁国的三桓筑有三都：孟孙的成，叔孙的郈，季孙的费。晋国，《左传·闵公元年》：“为太子城曲沃，赐赵夙耿，赐毕万魏，以为大夫。”僖公五年：“使士蒍为二公子（重耳、夷吾）筑蒲与屈。”楚国在昭公十一年：“楚子城陈、蔡、不羹，使弃疾为蔡公。”昭公十九年城城父，“故太子建居于城父”。

此外，各国在边境上也多建有城邑。边境上的城邑有明显的军事作用。有的是防御性质的。如《左传·昭公四年》载，吴伐楚，连入棘、栎、麻三邑，“楚沈尹射奔命于夏汭”。为了对付吴国入侵，“薳尹伊咎城钟离，启疆城巢，然丹城州来”。昭公十九年，“楚工尹赤迁阴于下阴，令尹子瑕城郏”。定公十四年，鲁“城莒父及霄”，杜注：“公叛晋，助范氏，故惧而城二邑也。”《国语·齐国》载，齐桓公“筑葵兹、晏负、夏领、釜丘以御戎狄之地，所以禁暴于诸侯也；筑五鹿、中牟、盖与、牡丘，以卫诸夏之地，所以示权于中国也”。前面所说卿大夫的城邑，有的也是边境上进行防御的军事重镇，如孟孙氏的成，即是鲁国北边的重要门户。《春秋·襄公十五年》：“齐侯伐我北鄙……季孙宿，叔孙豹帅师城成郛。”定公十二年，鲁田将堕成，公敛处父对孟孙说：“堕成，齐人必至于北门!”

也有的是为了进攻邻国，在边境上建筑城邑，以便聚集军事实力，乘机发起攻击。如《左传·襄公二年》载，齐姜之丧，莱子不送葬，齐侯便令“晏弱城东阳以逼之”。襄公六年，“齐侯灭莱”。又如，楚国为了北上争霸中原，而城城父、陈、蔡、不羹；为了胁迫郑国而城、栎、郏；为了胁迫吴国而城州来。

为了威逼邻国，还有故意将邻国叛逃来的贵族，安置在边境上，为其修筑城邑，实行“以夷制夷”策略的。如《左传·襄公二十九年》：“（齐）高竖致庐而出奔晋，晋人城绵而置旃。”昭公三十年，吴国的掩余和烛庸谋叛失败后，“二公子奔楚，楚子大封而定其徙，使监马尹大心逆吴公子使居养，莠尹然，左司马沈尹戌城之，取于城父与胡田以与之，将以害吴也”。

据《左传》载，春秋时期，鲁国这样一个中等国家，在郊野边境尚修筑有郎、中丘、祝丘、向、郿、诸、防、小谷、郚、郓、平阳、费、成、武城、莒父、宵、漆、启阳、毗、郏、瑕、输等二十二座城邑，其他如齐、晋、秦、楚、吴、郑、宋、卫等国也多不会少于此数。“韩赋七邑皆成县也”①，晋国后期，六卿执政，韩氏一家就有七座堪称为县的规模的城邑，可见其数量之多。这样一来，就使中原局面有了很大改观：在今黄河中下游地区，兴建了上百座城邑，不仅促进了国、野之间差距的缩小，也促进了华、夷之间的民族融合。许多过去是戎狄等少数民族聚居的地区，现在为华夏族征服占领，并在其地建筑了城邑。

另方面也应看到，在春秋时期，这些郊野边境的城邑，其规模和数量都还有很大局限。各诸侯国一方面在不断兴建都邑，另方面又极力控制其规模，限制其发展。如《左传·隐公元年》载郑祭仲说：“都城过百雉，国之害也。先王之制，大都不过参国之一；中，五之一；小，九之一。”杜注：“雉，三堵也。长一丈高一丈谓之堵，三堵为雉，则雉高一丈，长三丈。”雉长三丈，百雉是长三百丈。战国时，一尺合今 0.23 米；三百丈则相当于周长 690 米的小城。晋狐突引辛伯的话说：“大都耦国，乱之本也。”昭公十一年，楚申无宇说：“郑京、栎实杀曼伯，宋萧、亳实杀子游，齐渠丘实杀无知，卫蒲、屈实出献公。若由是观之，则害于国，末大必折，尾大不掉。”因此，已建好的都城，还有被堕毁的可能，鲁国在定公十二年即有“堕三都”之举。所以，规模较大，发展稳定的还是各国的都城。修筑城邑，是大量的土方工程，需要动用众多人力物力。《左传·昭公三十二年》载士弥牟营成周，“计丈数，揣高卑，度厚薄，仞沟洫，物土方，议远迩，量事期，计徒庸，虑材用，书糇粮，以令役于诸侯，属役赋丈，书以授帅”。对国家和民众来说都是沉重的负担。所以定公元年，“孟懿子会城成周……宋仲几不受功”。至于民众反抗的事例则更多了：僖公十六年，齐国“城，役人病，有夜登丘而呼曰：‘齐有乱！’不果城而还。”因人民闹事，竟未修成。僖公十九年，梁国筑城，因逼迫民众

① 《左传·昭公五年》。

过急，竟遭至灭亡。“梁伯好土功，亟城而弗处，民罢而弗堪，则曰‘某寇将至’。乃沟公宫，曰：‘秦将袭我！’民惧而溃，秦遂取梁。”襄公二十三年，陈国修城，竟引发了民众暴动：“陈人城，板队（坠）而杀人，役人相命，各杀其长，遂杀庆虎、庆寅。”宣公二年，“宋城，华元为植，巡功。城者讴歌：‘睅其目，皤其腹，弃甲而复，于思于思，弃甲复来！”即讽刺他与郑作战被俘，弃甲逃归，有什么资格来监视我们。宋华元令手下骖乘还击，也不是对手，最后不得不说：“去之！夫其口众我寡。”

二、城市的规模和布局

《周礼·考工记》：“匠人营国，方九里，旁三门。国中九经九纬，经涂九轨。左祖右社，面朝后市，市朝一夫。”这是战国时期的儒生根据东周王城等城市的情况，设计出来的一幅理想的城市蓝图。实际情况，因时因地，千变万化，这样整齐划一的城市当然不会存在，但它却为我们考察古代城市提供了一个可参考的依据。下面即以《考工记》为线索，结合考古发掘和其他文献资料，对春秋时期的城市（主要是洛邑和主要诸侯国都城）的建筑布局，作一初步探索和归纳。

（一）都城多建于近河之处

《管子·乘马》说：“凡立国都，非于大山之下，必于广川之上。高毋近旱，而水用足；下毋近水，而沟防省，因天材，就地利。故城郭不必中规矩，道路不必中准绳。”根据文献资料和考古发掘可以看出，各国都城大都位于两河之间或两河交汇处。如周都洛邑，西有谷水（今涧水），南有洛河。鲁都曲阜，洙河环其西面和北面，沂水绕其南面。齐都临淄，东临淄水，西依系水。晋都新田，位于汾水（西北）浍水（东南）之间。郑都新郑，位于洧水（今双洎河）黄水之间。楚都郢，位于洙河、新桥河、龙桥河三条古河道相会之处。秦都雍，“居四山之中，五水之会”①。五水指汧、渭、漆、岐、雍水。都城建于临河之处，有几个好处：首先是水源方便，即“高毋近旱，而水用足”。其次是土壤肥沃，宜于农业生产，这里多为冲积平原，可以容纳较多的

① 顾祖禹：《读史方舆纪要》卷五十五。

农业人口。再其次是，依河筑城，形式险要。河流可以作为天然屏障，“城都沟池以为固”，不仅需要高墙，也需要有深沟。考古发掘表明，成周、临淄、郢等都城外面都有护城河①。在天然河流附近筑城，不仅可以省略一面或两面护城河工程，而且可以比护城河更宽、更深。最后，距河较近，也便于排水。《左传·成公六年》载，晋国商议迁都之事时，韩厥说：“不如新田，土厚水深，居之不疾，有汾、浍以流其恶。”在考古发掘中，鲁曲阜，齐临淄，楚都郢城，城内都有排水管道。可见排水问题，已受到重视。临河建城，便于排水，也是当时考虑的因素之一。

（二）形状和规模

《考工记》说：“匠人营国，方九里。”即是说都城形状应是长、宽各九里的正方形。战国一尺约合今0.23米；周制一里180丈。九里应为4140米。考古发掘情况与此近似，但又有两点不同：第一，形状多为方形，可又不是规整的正方形。如东周王城是不规则的长方形；鲁城近似椭圆形；齐城由大、小两长方形组成；晋城新田是品字形结构；楚郢都是扁长方形；秦都雍是不规则方形；郑城新郑由东、西两长方形组成。第二，每边长度接近4000米，但又有长有短，如东周王城是2890×3300米；鲁城是3500×2500米；齐城大城周长1400米，小城周长700米；楚都郢是4500×3500米；秦都雍是3300×3200米；郑城是5000×4500米。总之，参照考古发掘的实际，这句话可以修正为：春秋时期，大国的都城，约为边长3000~5000米的方形的城市。

（三）宫城是都城的中心

统治者的宫殿都集中在一定的区域，周围筑有围墙，称为公宫、宫城或中城，这是都城的中心。有的在都城的中心部位。如东周王城和鲁城，呈“回”字形结构；有的在都城的一侧，如齐国，在大城的西南角另筑小城，呈“□”形结构；郑国的宫城在大城的西部，呈“□”形结构；晋国的宫城在“品”字的上端。一般周长数里，如“吴小城，周十二里，其下广二丈七尺，高四

① 中国社会科学院考古研究所：《新中国的考古发现和研究》，文物出版社1984年版，271~276页。

丈七尺”[①]；“勾践小城，山阴城也，周二里二百二十三步”[②]。

考古发掘，在秦雍城的中西部地区，发现马家庄三号建筑群遗址，由五个相连的各环有围墙的长方形院落组成，南北长326.5米，北院墙长86米，南部宽59.5米，周长约754米，面积21.849平方米，根据其平面布局的特点，推测应为秦宫城所在[③]。郑司农说周天子的宫城有五道门：“外曰皋门，二曰雉门，三曰库门，四曰应门，五曰路门。路门一曰毕门。外朝在路门外；内朝在路门内。”[④] 马家庄三号建筑群址恰好也是五个院落，五道宫门，可能秦已实行五门之制了，自南而北应为皋、库、雉、应、路。其他国家则不一定了。如鲁只有雉、应、路三门。宫城的南门叫雉门，雉门两旁还有向南延伸的带有阁楼的建筑，叫两观或阙。《春秋·定公二年》：“夏五月壬辰，雉门及两观灾。”“冬十月，新作雉门及两观”。两观也是悬示教令之所，故亦称象魏。哀公三年，鲁国火灾，“季桓子至，御公立于象魏之外，命救火者，伤人则止，财可为也，命藏象魏，曰：旧章不可亡也”即此。而齐国的宫城外门则称为虎门，如《左传·昭公十年》：陈、鲍、栾、高四族作乱，“（栾、高）遂伐虎门。晏平仲端委立于虎门之外，四族召之，无所往……公召之而后入”。

宫城为统治者居住和处理政事的地方，前面处理政事的地方称为朝。《左传·桓公十八年》：“日御不失日，以授百官于朝。”《公羊传·宣公六年》：“赵盾已朝而出，与诸大夫立于朝。”《左传·宣公二年》：“宰夫胹熊蹯不熟，杀之，置诸畚，使夫人载以过朝。”

宫城后部，统治者生活居住的宫殿称为寝。依居住者身份的不同，建筑规格不同，寝的名称也不同。正中部位的高大宫殿称为路寝。《春秋·庄公三十二年》：“八月癸亥，公薨于路寝。”《公羊传》曰：“路寝者何？正寝也。”春秋时期，鲁国的庄公、成公、襄公皆终于路寝。《鲁颂·閟宫》：“松桷有舄，路寝孔硕。”说明路寝建筑，高大而又讲究。除路寝外，见于文献记载的，鲁国还有“高寝”，如《左传·定公十五年》“公薨于高寝”；“东宫”，如《左

① 《越绝书·二》。
② 《越绝书·八》。
③ 韩伟：《秦公朝寝钻探图考释》，《考古与文物》1985年第2期。
④ 《周礼·秋官·朝士》郑玄注引。

传·襄公九年》“穆姜薨于东宫”；西宫，如《左传·僖公二十年》“五月乙巳，西宫灾”；楚宫，如《左传·襄公三十一年》“公作楚宫”。

齐有“内宫”，“夫人之宫”，如《左传·成公十八年》“齐侯使士华免以戈杀国佐于内宫之朝，师逃于夫人之宫”“胡宫”，如《晏子·内谏上》“（桓公）身死乎胡宫而不举，虫出而不收”；“寿宫”，如《吕氏春秋·知接》“（桓公）蒙衣而绝乎寿宫”。

郑有“西宫”、“北宫”，如《左传·襄公十年》“（尉止）帅贼以如，晨攻执政于西宫之朝，杀子驷、子国、子耳，劫郑伯以如北宫”。

随着经济的发展，剥削量的增加，统治者的生活日益奢侈，宫殿的修筑也越来越讲究。《左传·宣公二年》：晋灵公“厚敛以雕墙”，即在宫墙上雕绘了各式花纹图案。齐景公对自己的宫殿也很赞赏和留恋。《左传·昭公二十六年》：“齐侯与晏子坐于路寝。公叹曰：‘美哉室！其谁有此乎？’”秦国雍城马家庄二号遗址西部发现有64件制作精美的铜质建筑构件。高大的宫殿，再装饰上精美的铜质筑件，金碧辉煌，光彩夺目，非常壮观，无怪乎西戎使者由余见到之后，深有感触地说：“使鬼为之，则劳神矣；使人为之，则劳民矣。”[①]

（四）左祖右社

在统治者朝寝的附近又有“祖”和“社”的建筑。“祖”是指历代祖先的宗庙，“社”是祭祀土地神的处所。一般情况下，宗庙建于宫寝之东；社庙建于宫寝之西，即所谓“左祖右社”。《礼记·曲礼下》：“君子将营宫室，宗庙为先，厩库次之，居室为后。”可见宗庙地位之重要。一般情况，历代统治者死后，其后人都为之设立宗庙。据《春秋大事表》，周王城有庄宫（庄王庙）、平宫（平王庙）、襄宫（襄王庙）；鲁有大庙（周王庙）、世室（鲁公伯禽庙）、武宫（武公庙）、炀宫（伯禽之子，孝公之弟炀公之庙）、桓宫（桓公庙）、僖宫（僖公庙）；齐有太公之庙；郑有周庙（厉王庙）、大宫（桓公庙）；宋有大庙又曰大宫（微子之庙）；晋有武宫（曲沃武公庙）、文宫（文公庙）等。此外，鲁国还有仲子之宫，仲子是惠公夫人，桓公之母，隐公代桓公执政，故为桓公尊其母，为之别立一庙。又有夷伯之庙，夷伯是展氏之祖，

① 《史记·秦本纪》。

说明大夫之家，也可能有庙。

有的宗庙修建得也很讲究。如《左传·庄公十三年》：“丹桓宫楹”，即将桓宫的楹柱涂上红色油漆。《左传·庄公二十四年》：“刻桓公桷”，即将桓宫的梁椽上雕刻了花纹。宗庙的地面也比较宽敞，一些隆重的庆典，如统治者的登基、加冠、祭祀、授命、丧葬、盟誓、册封赏赐、出聘告庙、授兵、献俘等活动都在祖庙进行。

“社”是祭祀土地神的土坛。《白虎通·社稷》云“封土立社，示有土也”，即有领地的统治者都要立社坛，以祭祀土地之神。《左传》载，鲁、齐、郑、宋、曹、秦等国都有社，而且鲁国还有两社：殷人的亳社和周人的周社。关于“社”的建制，《逸周书·作雒》载：“封人设，诸侯受命于周，乃建大社于国中。其壝，东青土，南赤土，西白土，北骊土，中央衅以黄土。将建诸侯，凿取其方一面之土，焘以黄土，苴以白茅，以为土封，故曰受列土于周室。”有的在坛上并建有宫室。《左传·哀公七年》：“初，曹人或梦众君子立于社宫。”杜注：“社宫，社也。”

献俘、戮人多在社举行。《左传·昭公十年》：“秋七月，平子伐莒取郠、献俘，始用人于亳社。”《夏书·甘誓》：“用命赏于祖；不用命戮于社。”蔡沈注：“祖左，阳也，故赏于祖；社右，阴也，故戮于社。”又因社附近地面宽敞，故也可在此检阅军队，或召集国人盟会。如《左传·定公六年》：“阳虎又盟公及三桓于周社；盟国人于亳社。”同书，襄公二十四年载：“齐社，蒐军实，使客观之。”齐国祭社并检阅军队，颇为壮观，所以鲁庄公于二十三年也“如齐观社”。

（五）城门和街道

都城的四面各有城门数座。《考工记》载：“旁三门”，即每面有三座城门。四面共十二座。《吴越春秋》四载，吴国“陆门八，以象天八风；水门八，以法地八聪”。《齐记补》载：齐有城门十三座。考古发掘探明的齐城有十一座城门，小城五座，大城六座。鲁曲阜，考古已发现十一座城门。

城门除以东、南、西、北方位命名之外，还往往有它名，如以动物命名的，鲁有雉门，齐有虎门，郑有鱼门，吴有蛇门。以植物命名的齐有稷门，陈有栗门、杨门，宋有桐门。以所面向的方位地域命名的，鲁有雩门、莱门，宋有蒙门、皇门，郑有鄟门，吴有望齐门、破楚门、娄门。以人命名的，宋有耏门，吴有胥门、将门等。也有的家族以居住地附近城门为姓氏的，如鲁有东门襄仲、雍门子，宋有桐门右师，吴有胥门巢等。

城门是交通要道，防守的门户，定时启闭，有专人掌管钥匙，《左传·僖公三十二年》：“杞子自郑使告于秦曰：‘郑人使我掌北门之管，若潜师以来，国可得也。’”夜里并有士卒击柝巡逻。《左传·哀公七年》：邾子曰：“鲁击柝闻于邾。”《易·系辞下》有“重门击柝，以待暴客。”《周礼·天官·宫正》也有“夕击柝比之”的记载。郑注：“手持两木以相敲，是为击柝。”

在商旅经常往来的城门，并设有收税官吏，收取过往商税，如第一节提到的宋国的耏门即是。《周礼·地官·司门》也有“凡出入不物者，正其货贿”。郑注：“正读为征，征税也。”

城门之外，地面较宽敞，诸侯之间的盟会往往在城门外进行。如宋华元和向戌主持的两次弭兵会议，就是在宋国城门外进行的：《左传·成公十二年》：“宋华元合晋、楚之成。夏五月，晋士燮会楚公子罢，许偃。癸亥，盟于宋西门之外。”襄公二十七年：“乙酉，宋公及诸侯之大夫盟于蒙门之外。”又如，昭公元年：“罕虎……驷带私盟于闺门之外。”昭公二十年：“莒子如齐涖盟，盟于稷门之外。”哀公六年：“景伯负载造于莱门……吴人盟而还。”本国的大夫、家臣也有在城门内会盟的。如《左传·定公五年》：“（阳虎）盟桓子于稷门之内。”

诸侯的使臣聘问、贡纳也有在城门外进行的。如《左传·昭公二十四年》：“晋侯使士景伯莅问周故，士景伯立于乾祭（门）而问于介众。”又《史记·孔子世家》：鲁定公十四年，齐景公“选齐国中女子好者八十人，皆衣文衣而舞康乐，文马卅驷，遗鲁君。陈女乐文马于鲁城南高门外”。

都城内有纵横交错的大道。《考工记》载：“国中九经九纬，经涂九轨”。考古发掘中，鲁曲阜发现交通大道十条，其中东西向、南北向各五条，最长者3650米，最宽者15米。齐临淄城，发现道路九条，其中中部南北向大道长约4400米，宽20米，是最长最宽的一条。齐宫城北面的两条东西向大道长约3600米，宽约15米，又称“庄”和“岳”。《左传·哀公六年》：“昭子闻之，与惠子乘如公，战于庄，败。”杜注：“庄，六轨之道。”襄公二十八年：“得庆氏之木百车于庄。”杜注：“庆封时有此木，积于六轨之道。”襄公二十八年：“庆封……反陈于岳，请战，弗许，遂来奔。”“‘岳’盖都城之大道，若今北京长安街然。”[①]《孟子·滕文公下》说“一齐人傅之，众楚人咻之，虽日挞而求其齐也，不可得矣；引而置之庄、岳之间数年，虽日挞而求其楚，亦不可得矣。”

四通八达的大道谓之逵，《尔雅》：“九达谓之逵。”郑有大逵和逵路，《左传·隐公十一年》：“颍考叔挟辀以走，子都拔棘以逐之，及大逵，弗及。”《正义》：“逵方九轨，天子之制。”桓公十四年：“宋人以诸侯伐郑……焚渠门，入，及大逵。”逵也称逵路，宣公十二年：“楚伐郑，三月克之，入自皇门，至于逵路。”在城外还有逵市，庄公二十八年：“众车入自纯门，及逵市，县门不发，楚言而出。”也有的大道称为衢，《大戴礼记·子张问入官》：“六马之离，必于四面之衢。”鲁有五父之衢，昭公二年：季武子将作三军，“诅于五父之衢”。杜注：“五父衢，道名，在鲁国东南。”郑有周氏之衢，昭公二年：郑公孙黑缢，“尸诸周氏之衢”。卫有马路之衢，昭公二十年：“公载宝以出，褚师子申遇公于马路之衢。”

（六）园囿、台观、客馆、冰室

宫城附近并建有园囿、台观，供贵族们游玩、享乐之用。如鲁有党氏台，《左传·庄公三十二年》：“初，公筑台，临党氏。”有观台，僖公五年：“日南至，公登台，以望社。”有大庭氏之库，昭公十八年：“宋、卫、陈、郑皆火，梓慎登大庭氏之库以望之。”杜注：“大庭氏，古国名，在鲁城内，鲁于其处作库，高显，故登以望气。”有武子之台，定公十二年：费人袭鲁，“公与三子，入季氏之宫，登武子之台。”卫有昆吾之观，哀公十七年：“卫侯梦于北宫，见人登昆吾之观，被发北面而谍曰……。”又有灵台，哀公二十五年：“卫侯为灵台于藉圃。”秦也有灵台，僖公十五年，秦获晋侯，“乃舍诸灵台”。杜注：“周之故台。”晋有藏宝之台，《韩诗外传》卷十：“晋平公之时，藏宝之台烧，士大夫闻者，皆趋车驰马救火。”

园囿，即后世的皇家园林，园内种植花草树木，饲养虎、鹿、鱼、蛇，供

① 顾颉刚：《“四岳”与“五岳”》，《史林杂识》初编，中华书局1977年版，第38页。

贵族们观赏游乐。如鲁有社囿，《左传·隐公十一年》："公祭钟巫，齐于社囿，馆于寪氏。"鹿圃，成公十八年："筑鹿圃。"杜注："筑墙为鹿苑"。郎圃，昭公九年："夏，筑郎圃。"蛇渊囿，定公十三年："夏，筑蛇渊囿。"周曾以圃为囿。庄公十九年："及惠王即位，取芀国之圃以为囿。"齐的囿中并有池塘，可以划船，僖公三年："齐侯与蔡姬乘舟于囿。"卫之囿中可以射鸿，襄公十四年："卫献公戒孙文子、宁惠子食，皆服而朝，日旰不召，而射鸿于囿。"卫的藉圃中并有灵台和虎幄，哀公十七年："卫侯为虎幄与藉圃，成，求令名者，而与之始食焉。"又哀公二十五年："卫侯为灵台于藉圃。"

客馆为接待诸侯宾客之用。如郑有客馆，《左传·僖公三十三年》："郑穆公使视客馆，则束载、厉兵、秣马矣。"同书，昭公十八年："火作，子产辞晋公子、公孙于东门，使司寇出新客，禁旧客勿出于宫。"晋国也有客馆，襄公三十一年："子产相郑伯以如晋……子产使尽坏其馆之垣而纳车马焉……曰：'……侨闻文公之为盟主也，宫室卑庳，无观台榭，以崇大诸侯之馆。'"又《国语·晋语八》："郑简公使公孙成子成来聘，平公有疾，韩宣子赞授客馆。"

冰室为藏冰之处。《豳风·七月》："二之日凿冰冲冲，三之日纳于凌阴。"郑注："凌阴，冰室也。"吴有冰室，《越绝书·吴地记》："阊门外，郭中冢者，阖闾冰室也。""巫门外，冢者，阖闾冰室也。"越也有冰室，《越绝书》八："东郭外，南小城者，勾践冰室，去县三里。"考古发掘，秦雍城姚家岗建筑遗址西北，发现春秋时期"凌阴"遗址，经估算可藏冰 190 立方米①。

地室，即地下宫室。吴、楚、郑诸国都筑有地室，可能是南方夏季炎热，地下室可以避暑的缘故吧。如《左传·成公十二年》："晋郤至如楚聘，且莅盟。楚子享之，子反相，为地室而县焉。郤至将登，金奏作于下，惊而走出。"同书，襄公三十年："郑伯有耆酒，为窟室，而夜饮酒击钟焉。"吴公子光也建有堀室，昭公二十七年："光伏甲于堀室以享王。"

（七）工贾近市与闾里居民

《考工记》载，"面朝后市"。考古发掘在宫殿遗址附近多发现有冶铜、陶

① 曲英杰：《先秦都城复原研究》，黑龙江人民出版社 1991 年版，第 181 页。

器、骨器等作坊遗址。《管子·大匡》说："凡仕者近宫，不仕与耕者近门，工贾近市。"这些作坊遗址，大约是工贾市场所在。关于市的情况已见本章第一节所述。但城内除统治者与工贾之外，尚有近门的"不仕与耕者"，即里闾之民。在经济较发达的齐、郑、宋等国，已有里闾的建制。

如齐国在管仲时，即有了里的编制。《国语·齐语》："管子于是制国，五家为轨，轨为之长；十轨为里，里有司。"《晏子·内篇谏上》："景公之时，霖雨十七日，晏婴告景公曰：'坏室，乡有数十；饥氓，里有数家。'"一些里还有专名，如齐有鱼里，《左传·襄公二十八年》："庆氏之马善惊，士皆释甲束马而饮酒，且观优至于鱼里。"有士孙之里，襄公二十五年："崔氏侧庄公于北郭。丁亥，葬诸士孙之里。"郑有南里，哀公二十七年："悼之四年，晋荀瑶帅师围郑……（郑）乃先保南里以待之。智伯入南里，门于桔秩之门。"有中分里，襄公九年："（楚）公子罢戎入盟，同盟于中分。"杜注："中分，郑城中里名。"又有东匠之闾，《韩非子·难三》："郑子产晨出，过东匠之闾。"宋也有南里，昭公二十一年："华氏居卢门，以南里叛。"有玉人之里，襄公十五年："宋人或得玉，献诸子罕，子罕弗受……子罕置诸其里，使玉人为之攻之，富而后使复其所。"越国建城时即设置里闾，《吴越春秋》卷八"越王曰：'寡人之计未有决定，欲筑城立郭，分设里闾，欲委属相国。'"

（八）城外有郭

孟子曰："三里之城，七里之郭。"都城的外面往往有郭，郭又称作郛。《周书·作雒》："乃作大邑周于土中，立城方千六百二十丈，郛方七十里，南系于洛水，北因于郏山，以为天下之大凑。"郭的修筑，多因山川形势为之，非如都城四面有垣，如东周洛邑即"南系洛水，北因于郏山"，唯东、西两面略加修筑而已。据文献记载，很多都城的外面都有郭。如鲁国有西郛，《左传·襄公十九年》："城西郛。"有南郭，哀公六年："陈僖子使召公子阳生，阳生驾而见南郭且于。"杜注："且于，齐公子，在鲁南郭。"齐有西郭，襄公十八年："己亥，焚雍门及西郭。"有郭关，哀公十四年："田氏杀阚止于郭关。"又有北郭，哀公二十九年："齐人葬庄公于北郭。"郑有郭门，《左传·庄公二十八年》："秋，子元以车六百乘伐郑，入于桔秩之门……众车入自纯门，及逵市，县门不发，楚言而出。"郑注："桔秩，郑远郭之门也；纯门，郑外郭门也。”又《史记·孔子世家》：“孔子适郑，与弟子相失，孔子独立于郭东门。”宋有郛，《左传》隐公五年：“郑人以王师会之，伐宋，入其郛。”杜注：“郛，郭也。”昭公六年：“合比将纳亡人之族，既盟于北郭矣。”《国语·吴语》也有：“吴王……乃命王孙雒先与勇获帅徒师，以为过宾于宋，以焚其北郭焉而过之。”卫有楚丘之郛，僖公十二年：“诸侯城卫楚丘之郛，惧狄难也。”有郭门，昭公二十年：“卫侯在平寿，公孟有事于盖获之门外。”杜注：“盖获，卫郭门。”又“齐氏射公，中南楚之背，公遂出，寅闭郭门，逾而从公。”哀公十七年，“晋复伐卫，入其郛。”《韩非子·难二》，“赵简子围卫之郛郭。”曹有郛，《左传·文公十五年》：“（齐）遂伐曹，入其郛。”越有外郭，《吴越春秋》卷八：“外郭筑城而缺西北，示服事吴也。”

郭内多为园田及种田织履的贫民。《晏子·内篇问下》：“北郭者，尽履缕之甿也，以唐园为本利。”《庄子·让王》也说：“（颜）回有郭外之田五十亩，足以给饘粥；郭内之田十亩，足以为丝麻”。《韩诗外传》卷九：“楚庄王使使赍金百斤聘北郭先生……妇人曰：‘夫子以织履为食，食粥毚履，无怵惕之忧者何哉？与物无治也’。”《史记·越王勾践世家》：“庄生家负郭，披藜藋到门，居甚贫。”

（九）离宫别馆

齐、晋、楚、吴、越等国的君主，往往在都城外建有离宫别馆，以满足其奢侈享乐之需要。如齐有遄台，《左传·昭公二十年》：“晏子待于遄台。”《春秋大事表》：“遄台在临淄县西五十里。”又有檀台，哀公十四年：“公与妇人饮酒于檀台。”《春秋大事表》：“檀台在临淄县东一里。”

晋有铜鞮之宫。《左传·襄公三十一年》：“（晋）今铜鞮之宫数里。”杜注：“铜鞮，晋离宫。”又有虒祁之宫，昭公八年：“于是晋方筑虒祁之宫。”杜注：“虒祁，地名，在绛西四十里，临汾水。”

楚有章华之台。《周语·楚语上》：“楚子为章华之台，与伍举升焉，曰：‘台美夫？’”《左传·昭公七年》：“楚子成章华之台，愿与诸侯落之。”杜注：“章台，南郡华容县”，“台今在华容城内”。《国语·吴语》：“申胥进谏曰：……昔楚灵王不君，其臣诫谏以不入，乃筑台于章华之上，阙为石郭，陂汉，以象帝舜，罢弊楚国，以间陈蔡。”

吴有姑苏台。《国语·吴语》："今王既变禹之功，而高高下下，以罢民于姑苏。"韦注："高高起台榭；下下，深污池。姑苏，台名，在吴国，近湖。"又《吴越春秋》："（阖闾）立夫差为太子。使太子屯兵守留止。自治宫室，立射台于安里，华池在平昌，南城宫在长乐。阖闾出入游卧，秋冬治于城中，春夏治于城外，治姑苏之台，旦食鲴鱼，昼游姑苏，射于鸥陂，驰于游台，兴乐石城，走犬长洲。"

越有美人宫。《越绝书》八："美人宫，周五百九十步，陆门二，水门一。今北坛利里丘土城，勾践所教习美女西施、郑旦宫台也。""勾践之出入也，齐于稷山，往从田里，去从北郭门，炤龟龟山，更驾台，驰于离丘，游于美人宫。"

三、春秋时期的人口

人是生产力也是战斗力。在科学技术不甚发达的古代社会，人口的数目就是一个国家经济实力、军事实力和综合国力的具体体现。西周末年，周宣王丧南国之师后，不顾大臣们的激烈反对，坚持"料民于太原"，"料民"就是清查人口，这件事充分反映了统治者对人口数量的重视程度。

春秋时期，各诸侯国的统治者为了增强自己的实力，无不在想尽各种办法来增加自己的人口，这些办法概括起来大致有两条：一条是对外侵略扩张，掠夺俘获他国人口；一条是在国内实行奖励早婚、早育、多生的人口政策。

据《春秋》所载，242 年中，各国之间战争不断，这些频繁的战争，在掠夺土地财物的同时，无疑也将人口掠为己有。特别是齐、晋、秦、楚、吴、越等霸主国家，表现尤为突出。如秦穆公"益国十二，开地千里"[①]。"荆庄王并国二十六，开地三千里。"[②]"（晋）献公并国十七，服国三十八。"[③] 这些国家的人口，增加的更为迅速，如晋国，僖公二十八年城濮之战时，还只能出动兵车七百乘，到昭公十三年已有"甲车四千乘"，在 103 年里兵车数量增加了将近 5 倍。兵车数量的增加，即反映人口数量也有了相应的增长。

① 《史记·秦本纪》。
② 《韩非子·有度》。
③ 《韩非子·难三》。

增加人口的另一条途径，是在国内实行奖励生育的政策。这一点对无力对外扩张的弱小国家来说，显得更加重要。如越王勾践在会稽之战返国之后，即“令壮者无取老妇，令老者无取壮妻。女子十七不嫁，其父母有罪；丈夫二十不娶，其父母有罪。将免（娩）者以告，公令医守之。生丈夫，二壶酒，一犬；生女子，二壶酒，一豚；生三人，公与之母（乳母）；生二人，公与之饩（口粮）。当室者死，三年释其政；支子死，三月释其政。必哭泣葬埋之，如其子。令孤子、寡妇、疾疹、贫病者，纳宦其子”①。

此外，优生问题当时已开始重视了。如《国语·晋语四》：“同姓不婚，恶不殖也。”《左传·僖公二十三年》：“男女同姓，其生不蕃。”昭公元年：“内官不及同姓，其生不殖。……故《志》曰：‘买妾不知其姓，则卜之。’违此二者，古之所慎也。男女辨姓，礼之大司也。”《礼记·曲礼上》也说：“取妻不取同姓，故买妾不知其姓则卜之。”

虽然从周宣王“料民于太原”起，统治者就已开始重视人口统计，晋国的“作州兵”、鲁国的“作丘甲”、“用田赋”也都与人口统计有关，但都没留下记载。《左传》中唯一比较确切的人口统计数字是闵公二年，卫国被狄攻灭之后，迁于楚丘时的情况：“卫之遗民，男女七百有三十人，益之以共、滕之民为五千人。”“（卫文公）元年，革车三十乘；季年乃三百乘。”这是一条非常珍贵的人口统计数字，它的珍贵之处，不仅在于它为我们提供了公元前660年（卫文公元年）卫国人口的准确数字；而且，为我们提供了国、野之民的比例730:5000；兵、民之数的比例30乘、5000人两个重要参数。根据这两个参数，我们可以对春秋时期的人口作一大致推测。首先，根据5000人口与革车30乘的比例来推测。春秋时期，兼并战争激烈，各国统治者都在自己人力、财力所允许的范围内，不遗余力地扩军备战，因此代表一个国家战车数量的“千乘之国”，就是一个国家经济实力、战斗实力等综合国力的具体标志。甚至，春秋末年中小国家对晋、吴等霸主的贡赋，也是以兵车数量来计算的。如《左传·哀公七年》：“鲁赋八百乘”、“邾赋六百乘”。哀公十三年：“鲁赋于吴八百乘。”各国兵车的数目和其人口的总数之间是有其相应的比例关系的。

① 《国语·越语上》。

当时卫国5000人有30乘兵车，大约是170人一乘兵车，按此比例参数，《左传·昭公十三年》晋国“治兵于邾南，甲车四千乘”，则应有民众70万人左右。齐、楚、秦、吴、越等国与晋国实力相差不多，人口数目也应大致相同，六个霸主共有人口约420万人左右。

鲁国在对晋、吴等霸主国家进贡时，故意少报数量，以减轻负担，自称“鲁赋八百乘”，其实它隐瞒了二百乘，实有兵车数目是一千乘。《左传·昭公八年》：“秋，大蒐于红，自根牟至于商、卫，革车千乘。”按上述比例，鲁国的人口总数应是17万左右。

邾国，哀公七年，“邾赋六百乘”应有人口10万人左右。卫国有多少兵车呢？定公九年：“晋军千乘在中牟……卫侯曰：‘可也，卫车当其半，寡人当其半，敌矣！’”晋军千乘，“卫车当其半”是卫有兵车五百乘。按上述比例，应有人口8.5万人口左右。这已是卫文公初年的十七八倍了。

附带说明一下《左传·成公十年》“作丘甲”服虔注引《周礼》及《司马法》曰：“九夫为井，四井为邑，四邑为丘，四丘为甸。”杜注以为：“甸，六十四井出战车一辆”。杜注与此例不合。若六十四井出一辆丘车，六十四井是576家，2680人。鲁千乘之国应有268万人；晋四千乘之国，应有1072万人。仅六个霸主国家即有6000万人，肯定与事实不符。

吴、越等国地处水乡，不利车战，通常使用甲兵。那么一乘兵车折合多少士兵呢？按《司马法》载，一乘兵车需士兵75人，那么卫国三十乘兵车需兵力2250人，当时卫国全部人口5000人，男人占二分之一，再去掉老人和小孩，青壮年男子总数不过1000人，显然与卫国情况不合。依《左传》记载，春秋时一乘兵车10人。如闵公二年：“齐侯使公子无亏帅车三百乘，甲士三千人，以戍曹。”是一车有甲士10人。僖公二十八年，晋文公献楚俘于王：“驷介百乘，徒兵千”，一车徒兵亦10人。西周时期，禹鼎铭文：“遣禹率公戎百乘，斯驭二百、徒千。”也是一车徒兵10人。若按一乘车10名士兵计算，卫国的士兵与人口之比是300:5000，即士兵占总人口的十七分之一。黄池之会时，勾践伐吴，夫差“为带甲三万以势攻”[①]，家中尚留部分兵力由大子友、

① 《国语·吴语》。

王子地、王孙弥庸、寿於姚等人防守。王孙弥庸见姑蔑之旗曰："吾父之旌也，不可以见仇而弗杀也。"于是帅"属徒五千"首先冲入越军[①]。既然王孙弥庸有"属徒五千"，大子友、王子地等人所属队伍也不会少于此数，那么四人合计所率留守部队约在 2 万人左右，合计吴国约有士兵 5 万人。5 万士兵相当于 5000 乘兵车，所以吴国此时实力略超过晋国。按 300 士兵与 5000 民众之比，此时吴国应有 85 万人口。

又《越语上》载：勾践说："今夫差衣水犀之甲者，亿有三千。"亿是 10 万，即是说夫差有 10. 3 万名衣水犀之甲的士兵。若依此比士兵数计算，吴国应有 170 万人口。不过这是勾践动员誓师时的宣传用语，故意将吴国的兵力夸大以激励将士，不足为凭。

越国实力，一般认为不如吴强大。哀公元年，吴入越时，勾践仅"以甲五千保于会稽"。实际情况，并不如一般人想象那么简单。如有的学者所说："吴、越交兵，吴只一胜，一入越；而越则数胜，三入吴，卒灭吴国。越强于吴，于此可见。"[②] 特别是后期，黄池之会时，其实力已和吴国不相上下了。《史记·越王勾践世家》载：哀公十三年，勾践乘黄池之会，吴国内空虚之机，"乃发习流二千人，教士四万人，君子六千人，诸御千人，伐吴。"共计出动 4. 9 万人，仅此徒兵之数，按 300 士兵与 5000 民众之比，越国此时也有民众 81. 5 万人了。

再其次，依据国、野居民的比例来推测，卫之遗民男女 730 人，当然是都城中的国人；而"共、滕之民"当然是郊野之人。国人与全部居民之比是 730:5000即 1:7。按此比例，可以考察一下齐国的人口。

据《齐语》载："管子于是制国，以为二十一乡。"韦昭注曰："二千家为一乡，二十一乡凡肆万二千家。"按一家五口计，临淄城共有 21 万人。又按 1:7的比例，齐国全境应有人口 147 万。这个数字略高一些。一来，韦昭是三国时人，估计未免偏高；二来，临淄是春秋时期工商业最繁荣的都会，齐国的城市人口所占比重也略高于一般国家。实际春秋末期，齐国的国力远不如晋、

① 《左传·哀公十三年》。

② 童书业：《春秋左传研究》，上海人民出版社 1980 年版，第 328 页。

吴、越诸国，其人口总数也不会超过它们。

综合以上分析，大致可作如下推论：

齐、晋、秦、楚、吴、越六个霸主国家，其国力相当，兵力相差不多，人口总数也相差无几，每个国家约有70万~80万人，六国合计约450万人口。

鲁、邾、卫、郑、宋、杞、滕、薛、小邾等国的兵车之数，有的一千乘，相当于晋国的四分之一；有的五百乘，相当于晋国的八分之一。十余个中小国家人数的总合不超过晋国人口的二倍，即约有150万人。

总之，中原华夏族人口总计约在600万人左右。应该说明的是，这还仅限于黄河及长江中下游地区，广大的周边戎狄等族并未计算在内。

第四节　春秋时期的交通

春秋时期，各地区之间的经济往来、商品交换日益频繁。与此同时，各诸侯国之间的政治、军事交往也日益增多。如齐桓公称霸时，曾举行兵车之属六，乘车之会三，北伐山戎，征令支和孤竹；南伐楚，渡过汝水，越过方城；西征白狄，到过西河，越过太行山、辟耳山，到过流沙、西吴。另一个霸主晋文公，逃亡时由蒲入狄，又到过卫、齐、曹、宋、郑、楚、秦诸国；以晋为盟主的会盟，有数十次之多，其会盟地点几乎遍于中原各国。据《春秋》所载，242年之间，鲁大夫聘列国56次；诸侯朝鲁40次；诸侯各国之间盟109次，会97次，侵60次，伐213次，战23次，围44次，入27次。这样频繁的朝聘会盟，战争征伐，没有比较便利的交通设施，是不可想象的。同时，频繁的政治、军事交往也更加促进了交通道路的建设和发展。

一、交通道路

《周礼·遂人》："凡治野，夫间有遂，遂上有径；十夫有沟，沟上有畛；百夫有洫，洫上有涂；千夫有浍，浍上有道；万夫有川，川上有路，以达于畿。"实际情况，径、畛、涂、道、路的规模，虽不一定如《遂人》所说这样整齐划一，但村与村之间、邑与邑之间、国与国之间纵横交错，都有宽、窄不同的道路相通，应是事实。其中，国与国之间的大道称为"周行"、"周道"、

“鲁道”、“长道”或“有倬之道”。

齐国的大道称为“鲁道”。《诗经·齐风·南山》：“鲁道有荡，齐子由归。”“鲁道有荡，齐子庸止。”《齐风·载驱》：“鲁道有荡，齐子发夕。”“鲁道有荡，齐子游敖。”什么是“鲁道”。《诗集传》朱熹注曰：“鲁道，适鲁之道也”。齐、鲁为东方姜、姬二姓两个大国，世代互为婚姻，政治、经济、军事交往频繁，所以齐国有专门通往鲁国的大道。《南山》《载驱》两首诗，正是记述齐国公主出嫁的队伍，沿着坦荡的“鲁道”驰往鲁国的情况。

鲁国有“长道”。《鲁颂·泮水》：“鲁侯戾止，在泮饮酒……顺彼长道，屈此群丑。”这是歌颂鲁僖公的诗，说他派兵，沿着通往淮夷的“长道”征服了淮夷。

韩国有“有倬之道”。《大雅·韩奕》“奕奕梁山，维禹甸之，有倬之道……四牡奕奕，孔脩且张，韩侯入觐，以其介圭，入觐于王。”这首诗是叙述新继位的韩侯，到周天子处朝觐的情况。“有倬之道”言自韩至周有宽敞的大道可通。至于韩的地望，有说在河西，今陕西韩城；有说在河东，今山西河津、万泉一带；又有说在河北，今河北固安者[①]。不管怎样，由韩至周是有大道可通的。

而在文献中出现次数最多的则是“周行”和“周道”。在《诗经》中，“周行”有三见：《周南·卷耳》：“嗟我怀人，寘彼周行。”《小雅·鹿鸣》：“人之好我，示我周行”。《小雅·大东》：“佻佻公子，行彼周行。”“周行”又称“周道”，在《诗经》五见：《桧风·匪风》：“顾瞻周道，中心怛兮。”“顾瞻周道，中心吊兮。”《小雅·四牡》：“四牡騑騑，周道倭迟。”《小雅·大东》：“周道如砥，其直如矢。”《小雅·何草不黄》：“有栈之车，行彼周道。”此外，《左传·襄公五年》引遗诗有“周道挺挺，我心扃扃。”西周晚期的《散氏盘》铭文中，也有“封于周道”的记载。

“周行”或“周道”从文献记载来看，分布地域也很广。《周南》是江、汉地区的民歌。《桧风》是桧国的民歌。桧，《左传》和《周语》作郐，在今郑州市南部一带。《小雅·大东》是谭国大夫作的诗，谭国在今山东济南附

① 杨升南：《说“周行”与“周道”》，《西周史研究》，人文杂志丛刊第二辑，1984年。

近。《散氏盘》是记载矢国划给散国土地的铭文，矢、散两国在今陕西凤翔、宝鸡一带。可见西自陕西，东迄山东，都有“周行”或“周道”。

什么是“周道”呢？朱注说：“适周之路也。”即诸侯各国修建的，通往周天子之处的，朝覲入贡，出兵随征所走的大道。又说：“周行，大道也。”没有具体国别的限定。恐怕第二种解释更符合春秋时期的实际。因为这时周天子的地位已被霸主所取代，往周天子处朝覲，入贡已不那么重要了；而各国之间的政治、经济、军事交往却非常频繁。所以，“周行”、“周道”就是各诸侯国之间往来交通所行走的大道了。实际上“周道”又可称为国道。春秋时期，最凶猛的猎犬称为“周狗”，又可称为“国狗”[①]。所以，“周道”也就是各诸侯国内最宽阔的国道了。

“周道”的特点，首先是修筑得十分平坦，“踧踧周道”毛传：“踧踧，平易也。”“周道挺挺”杜注：“挺挺，正直也。”“周道如砥，其直如矢”，是说“周道”像磨石一样平坦，像箭杆一样笔直。其次，道路比较宽阔：“四牡騑騑，周道倭迟”，“四牡奕奕，孔脩且张”，都是说四马驾驶的车辆可在大道上自由奔驰。再其次，由于它是国与国之间的通道，而出国朝聘会盟，都是诸侯、卿大夫的事；而一般平民，除了出征打仗或服劳役之外，平日很少行走，故《小雅·大东》说：“周道如砥，其直如矢。君子所履，小人所视。”但是，一般商旅往来，却也是从“周道”上行走的。如僖公三十三年，郑国商人郑弦“将市于周”，就是在“周道”上与秦师相遇的。

西起丰、镐，东至成周洛邑的一段路，即大约相当于今天陇海铁路宝鸡至洛阳路段，应是“周道”中修筑时间最早，利用率最高的一段路。丰镐是西周的都城，洛邑因其位于“天下之中，四方入贡道里均”，周公时便营建了东都，成为周天子经略东方的基地。西周时期，西、东二都之间，定有“周道”相通。东周时，这条路的东端，又延长至郑国（今河南新郑），《左传·僖公三十二年》秦兵东征偷袭郑国，走的就是这条路线。出发前，蹇叔对他的儿子说：“殽有二陵焉。其南陵，夏后皋之墓也；其北陵，文王之所避风雨也。

① 《公羊传·宣公六年》：“灵公有周狗谓之獒。”《左传·哀公十二年》：“国狗之瘈，无不噬也。”

必死其间，余收尔骨焉。”可见这是东、西部地区之间一条古老的通道，所以蹇叔对此很熟悉。殷末，武王伐纣，“戎车三百乘”渡孟津，走的也是这条路。“（秦师）及滑。郑商人弦高将市于周，遇之。以乘韦先，十二年犒师……且使遽告于郑。”“滑”在成周之东，今河南巩县西南。弦高“将市于周”，在滑与过周东进的秦师相通，可见他们走的是一条联接秦—周—滑—郑的“国际通道”。弦高“使遽告于郑”一段是它的东段；秦师过周至滑的路线是它的西段。

文公三年，秦穆公伐晋，晋人不出，“遂自茅津济，封殽尸而还”。回去时，走的也是这条路线。

僖公九年，葵丘之会，周天子之使臣宰孔先归，途中遇到晋侯，劝他“可无会也”，晋侯乃归。宰孔是在从葵丘回洛邑的途中遇见晋侯的，可见，至少当时这条“周道”已从郑国东延至葵丘（今河南兰考县东）了。

二、驿传和驿道

由于军事防御的需要，春秋时期许多国家从都城到四周边境，都修有驿道。在驿道上行使的车称为“传”、“遽”或“驲”。“传”谓其传相递接；“遽”谓其快速敏捷；“驲”则是方言。

驿传的主要用途是传递与军事有关的紧急情报。如《左传·僖公三十三年》载：弦高遇秦师后，“且使遽告于郑”；而晋国闻秦师偷袭未成，向西返回，于是也“遽兴姜戎”邀击秦师于殽。襄公二十八年：“郑伯使游吉如楚，及汉，楚人还之曰：‘宋之盟，君实亲辱；今吾子来，寡君谓吾子姑还，吾将使驲奔问诸晋而以告。’”哀公二十一年，鲁哀公与齐侯、郑子盟于顾。鲁哀公先到了阳谷，而齐侯尚未至。齐闾丘息曰：“群臣将传遽以告寡君。”《晋语九》：“赵襄子使新稚穆子伐翟，胜左人、中人，遽人来告。”

在紧急情况下，驿传也可以载送诸侯及官员。《左传·庄公九年》：“师及齐师战于乾时，我师败绩，公丧戎路，传乘而归。”《晋语四》说，晋文公复国后，吕甥、冀芮谋作乱，焚公宫，“公惧，乘驲自下，脱会秦伯于王城。”《左传·文公十六年》：“楚大饥……庸人率群蛮以叛……楚子乘驲，会师于临品。”《左传·襄公二十一年》：“（范宣子）囚伯华、叔向、籍偃……于是，祁奚老矣，闻之，乘驲而见宣子。”

驿道，是由都城通往边鄙之路。《左传·昭公二年》：“郑公孙黑将作乱……子产在鄙闻之，惧弗及，乘遽而至。”《国语·吴语》：黄池之会“吴、晋争长未成，边遽乃至以越乱告。”可见边、鄙是有“传”、“遽”设施的。在通常情况下，有“周道”通往边鄙，驿传在“周道”上行驶，当然非常便利了。但有些地方没有“周道”相通，则只能在驿道上行驶了。而当时的驿道还是比较狭窄的。《晋语五》：“梁山崩，以传召伯宗，遇大车当道而覆，立而辟之曰：‘避传！’对曰：‘传为速也，若俟吾避，则加迟矣，不如捷而行。’”在驿道上，两车相遇即不能通过，伯宗令大车让路；赶大车的却劝伯宗“捷而行”，即让传车绕过大车再上路，可见其道路是比较狭窄的。

驿传最大的特点是速度快。当时，军队行进，由于有牛车、辎重等随行，每日行程只在20~30里之间。如《逸周书·大聚》：“二十里有舍。”师行一宿为舍，这一舍是二十里。《左传·哀公七年》，邾子说：“吴二千里，不三月不至。”每日行程也是二十多里。《国语·晋语四》载公子重耳曰：“若以君之灵得复晋国，晋楚治兵会于中原，其避君三舍。”韦注：“古者师行三十里而舍，三舍为九十里。《司马法》曰：‘进退不过三舍，礼也。’”是一日行程三十里。《周礼·遂人》也说：“三十里有宿，宿有路室，路室有委。”而驿传的速度，要比军队行进快多了。《左传·定公十三年》：“齐侯……使师伐晋，将济河。诸大夫皆曰：‘不可。’邴意兹曰：‘可，锐师伐河内，传必数日而后及绛，绛不三月，不能出河，则我既济水矣。’”河内至绛，出师需三月；而“传”数日即可到达。可见“传”的速度要比“师”快数十倍了。

《左传·襄公二十七年》载，弭兵之会，赵武在宋，楚令尹子木在陈，宋左师向戌往来奔走于两地之间。“戊辰……子木谓向戌，请晋、楚之从，交相见也。庚午，向戌复于赵孟。赵孟曰：‘晋、楚、齐、秦，匹也。晋之不能于齐，犹楚之不能于秦也。楚君若能使秦君辱于敝邑，寡君敢不固请于齐？’壬申，左师复言于子木。子木使驲谒诸王。王曰：‘释齐、秦，他国请相见也。’秋七月戊寅，左师至。是夜也，赵孟及子皙盟以齐言。庚辰，子木至自陈。”陈至郢，直线距离约450公里，往返行程约在1000公里以上。六月戊申至七月戊寅仅七天，除去向戌由陈返宋须一天行程之外，只剩下六天时间，平均每日行程200公里左右，可见其速度之快。《鲁语下》子服惠伯说："以鲁之密迩于齐，而又小国也；齐朝驾，则夕极于鲁国。"临淄至曲阜的距离也在200公里以上，"齐朝驾，则夕极于鲁国"，也是一天的行程。可见当时对驿传日行200公里已不是稀罕之事。

三、道路的设施和建制

春秋时期的道路已有一定规模，有些路途上有津梁、传舍、水井和行道树等设施，国境线上有候人，并有了边境假道和定期修路的制度。

（一）渡河的方法与梁、舟

百里之内必有大、小河流数条。现在兴修公路和铁路，必须首先架设桥梁。春秋时，桥的建筑还很简陋。当时人们过河，或冰上行走，或涉水过河，或造舟为梁、水涸成梁。

《诗·邶风·匏有苦叶》说："士如归妻，迨冰未泮。"泮，冰解也。是说男子娶妻要赶在冰解以前。《左传·隐公三年》："冬，齐、郑盟于石门……庚戌，郑伯之车偾于济。"郑庄公的车，冬天十二月倾覆于济水之上，当然是在冰上行车了。

夏、秋季节，冰水融化了，要过小的河流，就得直接趟水过去。《邶风·匏有苦叶》："深则厉，浅则揭。"是说行人过河，水深就脱光衣服过去；水浅就提起衣裳过去。《郑风·褰裳》也说："子惠思我，褰裳涉溱。""子惠思我，褰裳涉洧。"溱水、洧水都是郑国境内的河流，水浅时，可以提起衣裳涉过去。《卫风·氓》："淇水汤汤，渐车帷裳。"淇水是卫国的河流，一般的季节，车辆过淇，即使溅湿了车帷，也要从水中趟过去。

我国北方，秋冬春三季，雨水稀少，河中水流量不大，拦河筑一道梁，便于行人和车马通过，所以有入秋后"水涸而成梁"、"十月成梁"① 的习俗。所谓"梁"就是土、石垒筑的堰。在其豁口处安置一个篓筐——笱，也可捕鱼，即"敝笱在梁，其鱼鲂鳏"。这梁，也是渡河的交通设施。庄公四年，楚军伐随"除道梁溠，营军临随"，即临时开通道路，在溠水上筑梁，军营驻扎在随

---

① 《国语·周语上》。

国边境。不过，夏天的时候，雨季到来，河水陡涨，土、石筑的梁就会被冲垮，人和马过河就困难了。所以，每年雨季过后，要重新修筑，而外出行军，也要争取在雨季之前赶回家来。《左传·襄公十年》：“四月，诸侯之师久于偪阳。荀偃、士匄请于荀罃曰：‘水潦将降，惧不能归，请班师。’”

细小的河流，可以涉水，可以筑梁。而黄河之类的大河，流量大，河面宽，人畜不能涉水而过，垒筑堤堰亦不可能，只好以舟为梁来渡河了。《齐语》载，齐桓公“西征攘白狄之地，至于西河，方舟设泭，乘桴济河。”韦昭注曰：“编木曰泭，小泭曰桴。”“泭”和“桴”就是大、小木排，和船一样，都是渡河的工具。

《左传·宣公十二年》，晋楚邲之战，晋“赵婴齐使其徒先具舟于河，故败而先济”。昭公元年：“秦后子……适晋，其车千乘。……后子享晋侯，造舟于河，十里舍车，自雍及绛。归取酬币，终事八反。”

据顾栋高《春秋大事表》所记，沿黄河中下游一线，有浦津、茅津、孟津、廪延津、棘津、白马津、长寿津等渡口。各国出师行军及朝聘往来，都要经由这些渡口，以舟为梁来渡河。

军队撤退时，为了防止敌人追击，往往要焚舟拆梁。如《左传·襄公二十八年》载，齐陈无宇随同庆封到莱地去田猎，中间被其父召回，为了防止庆封追赶，“陈无宇济水而戕舟发梁”。军队前进时，为了激励战士勇往直前，义无返顾，也往往在渡河之后焚舟。《孙子兵法·九地篇》：“帅与之深入诸侯之地，而发其机焚舟破釜，若驱群羊，驱而往，驱而来，莫知所之。”《左传·文公三年》：“秦伯伐晋，济河焚舟，取王官及郊。晋人不出，遂自茅津济，封殽尸而还。”

（二）传舍、水井和行道树

在后代的驿道上，都有供置换马匹的驿站，如《韩非子·难势》：“夫良马固车，五十里而一置。”《管子·大匡》：“三十里置遽委焉，有司职之。”《后汉书·舆服志》：“驿马五十里一置。”春秋时，虽未见驿站的名称，却也有类似的设施。《孟子·公孙丑上》载：“孔子曰：‘德之流行，速于置邮而传命。’”这里所置的“邮”就是驿站之类的设施。而在一般的“周道”则有比“邮”规模更完美的传舍，以供应行人的食、宿及车马的置换。《周礼·地官·委人》："以甸聚待羁旅。"《国语·周语中》："立鄙食以守路。"《左传·宣公十二年》随武子说："旅有施舍。"《周礼·地官·遗人》说得更具体："凡国、野之道，十里有庐，庐有饮食；三十里有宿，宿有路室，路室有委；五十里有市，市有候馆，候馆有积。"实际情况，虽不如《遗人》所说的这样规整，但在有些道路上有传舍之类的设置，应是事实。如《国语·鲁语上》载："晋文公解曹地以分诸侯。僖公使臧文仲往，宿于重馆。"韦注："重，鲁地；馆，候馆也。"说明在从曲阜至曹的路途上，是有供行人食、宿的馆舍设施的。

除了传舍之外，有些道路沿线还有水井和行道树。《周礼·秋官·野庐氏》："掌达国道路，至于四畿。比国郊及野之道路、宿息、井、树。""宿息"就是传舍了。井和树也很重要。井供人、畜饮水之用。《大戴礼记·王言》："千步而井。"《逸周书·大聚》："辟关修道，五里有郊，十里有井。"可见道路上是有水井的设置的。而树，除了庶阳之外，还有"列树以表道"的作用。茫茫荒野，杂草丛生，没有标志，路在草中，很难辨识。故在道路两旁植树，以作为标志。《郑风，东门之墠》"东门之栗"郑注："行上栗也。"《左传·襄公九年》："杞人、兒人从赵武、魏绛斩行栗。"杜注："行栗，表道树。"襄公二十五年："初，陈侯会楚子伐郑，当陈隧者，井堙木刊。"即陈军经过的路途上，水井被填塞，树木被砍伐。

（三）候人和假道

在道路的国境线上，多设有候人一职，负责迎送宾客。《周礼·夏官·候人》："各掌其方之道治与其禁令。……若有方治，则帅而致之于朝；及归，送之于境。"《诗·曹风·候人》："彼候人兮，何戈与祋。"戈和祋都是兵器，可能候人在边境上也有守卫、巡逻的任务。《左传·宣公十二年》邲之战，晋随季对楚少宰说："今郑不率，寡君使群臣问诸郑，岂敢辱候人？"这里把楚国的少宰比喻为候人了。襄公二十一年："栾盈过于周，周西鄙掠之……（王）使司徒禁掠栾氏者，归所取焉。使侯出诸轘辕。"《春秋》载：昭公二十三年至定公元年，鲁公六次聘问晋国，都是"至河乃复"。这时，晋国已占领了郑国的虎牢、卫国的朝歌，黄河已成为晋与齐、鲁等国接壤的边境线，鲁公"至河"，就是到达了晋国的边境。杜注曰："晋人辞公故还。"正是边境上的候人传达了晋侯的命令，谢绝了鲁公的聘问。昭公六年：“齐侯如晋，请伐北燕也。士匄相士鞅逆诸河，礼也。”同样，也是齐侯到晋国边境之后，经候人通报，士匄相士鞅到河边来接齐侯的。

使者或军队出境，越过邻国去聘问或征伐，需要“假道”即借道。《周语中》：“定王使单襄公聘于宋，遂假道于陈以聘于楚。”《左传·昭公十二年》：“晋荀吴伪会齐师者，假道于鲜虞，遂入昔阳。”《仪礼·聘礼》有过邦假道之礼：“若过邦，至于竟，使次介假道，束帛将命于朝。”“束帛将命于朝”就是要送些礼物以表示谢意。《左传·僖公二年》：“荀息请以屈产之乘与垂棘之璧，假道于虞以伐虢。”《晋语四》：“乃行赂于草中之戎与丽土之狄，以启东道”。可见，即使从戎狄等民族地区通过，也需要赠送些礼品的。假道，可以答应，也可以不答应。如《左传·僖公二十八年》：“晋侯将伐曹，假道于卫，卫人弗许。”即遭到了卫国的拒绝。

过境而不假道，是对邻国的不敬，往往会由此引起争端。如《左传·宣公十四年》：“楚子使申舟聘于齐，曰：‘无假道于宋。’……及宋，宋人止之。华元曰：‘过我而不假道，鄙我也；鄙我，亡也。杀其使者必伐我，伐我亦亡也。亡一也。’乃杀之。”定公六年：“公侵郑取匡……往不假道于卫；及还……卫侯怒，使弥子瑕追之。”

(四) 定期修路和“尽东其亩”

不管“周道”还是驿道，都是土路，夏季时节，雨水盛多，几日不走，就会杂草丛生。“踧踧周道，鞫为茂草。”[①]“道茀不可行。”[②]同时，雨水横流，也会把道路冲出深浅不等、宽窄不同的沟豁。因此，道路需要定期维修。《国语中》：“雨毕而除道，水涸而成梁。”“九月除道，十月成梁。”这个传统，一直延续到现在。今天，每年雨季过后，十月份前后，我国北方许多农村，仍然要征集民工，修筑乡、村之间的土路。修路的内容：一是取土填平被雨水冲刷成的大小沟豁；二是铲平盘根错节的杂草；三是在过河的地方用土、石等筑好堤梁。池泽之水则用陂障截住。《周语中》说：“定王使单襄公聘于宋。遂

① 《诗·小雅·小弁》。
② 《国语·周语中》。

假道于陈，以聘于楚。火朝觌矣，道茀不可行，候不在疆，司空不视涂，泽不陂，川不梁……道无列树，垦田若艺……单子归，告王曰：'陈侯不有大咎，国必亡。'"

另方面，也应看到，当时的道路交通仍有很大局限性。大规模的征战，上千乘兵车同时出动，单靠固有的"周道"是不够用的。广阔的农间田野，都可作为行军的路径。如鞌之战，齐国战败后，晋国即曾要求齐国，封疆之内要"尽东其亩"。晋国在齐国的西面，兵车出征，自西往东行。"尽东其亩"是说大田中的垄都要东西走向。这样，行军时，车轮沿着垄沟行进，如同在车辙中一样，非常便利；若南北起垄，东西行进的车轮，在田陇上颠簸不定，走起来就很困难了。对此，《左传·成公二年》载，齐国的使者宾媚人曾加以驳斥说："先王疆理天下，物土之宜，而布其利，故《诗》曰：我疆我理，南东其亩。'今吾子疆理诸侯，而曰：'尽东其亩'而已，唯吾子戎车是利，无顾土宜，其无乃非先王之命也乎？'"据说，僖公二十八年，城濮之战时，晋国战败卫国之后，也曾提出过"东卫之亩"[①]的要求，可见，当时大军出征，戎车顺田垄而行，也是通常现象了。

四、天然河流的航行

春秋时期，中原地区，黄河及其支流泾、渭、汾、浍、淇等水皆可行舟。如《卫风·竹竿》："淇水滺滺，桧楫松舟。驾言出游，以写我忧。"《邶风·谷风》："就其深矣，方之舟之。就其浅矣，泳之游之。"《大雅·棫樸》："淠彼泾舟，烝徒楫之。周王于迈，六师及之。"《鄘风·柏舟》："泛彼柏舟，在彼中河。""泛彼柏舟，在彼河侧。"而《卫风·河广》说得更有气魄："谁谓河广？一苇杭之；谁谓宋远？跂予望之。谁谓河广？曾不容刀；谁谓宋远？曾不崇朝。"宋、卫之间，直线距离约200公里，中间隔黄河、淇水、济水等河流。诗人说：宽广的河水，一片苇席即可航过；遥远的宋国，提起脚跟就能望见。宽广的河水，一叶扁舟都容不下；遥远的宋国，一个早晨就能到达。虽不免有艺术夸张的成分，但也可以看出，当时水路交通比较发达，遥远的路程，

① 《商君书·赏刑》《吕氏春秋·简选》《韩非子·外储说右上》均谓晋文公此役"东卫之亩。"

宽广的河水，已不再给人们的交往造成多大的困难。黄河流域最著名的一次水路运输记载是“泛舟之役”。《左传·僖公十三》：“冬，晋荐饥，使乞籴于秦。……秦于是乎输粟于晋，自雍及绛相继，命之曰：‘泛舟之役’。”这条水道，自雍出发，沿渭河而东，至华阴转黄河，东入汾河，转浍河而达于绛。次年，“秦饥，（晋惠）公令河上输之粟”①。这次输粟未成，若输成的话，当然也是沿这条路线返回的。可见，黄河及其支流已被人们利用作为运输的航道了。

“北人乘马，南人使船”，如果说黄河流域的人们已经开始利用河水航行的话，那么位于淮河、长江、钱塘江流域的楚、吴、越等国不仅能做水上航行，而且还建立了水上作战的部队——舟师，以江湖河海作为驰骋厮杀的战场了。吴、楚都是长江流域的国家。楚占据长江中游，吴位于长江下游。春秋后期，从成公七年，晋使巫臣通吴开始，吴、楚两国进行了百余年的战争。为了对付吴国的侵扰，楚国特意建立了一只水上作战部队，《左传·襄公二十四年》：“楚子为舟师以伐吴。”昭公二十四年：“楚子为舟师以略吴疆。”楚国的舟师攻吴，当然利用它占据中游的有利地形，沿长江顺流而下。在长江沿线作战，楚国处于有利地位，《左传·昭公十七年》，楚司马子鱼说：“我得上流，何故不吉?”因此，除了昭公五年，鹊岸（今安徽繁昌西南）之战，由于薳启疆“遽不设备”失败之外；其他战役多是楚军获胜。如：襄公三年，楚子重伐吴“克鸠兹（今安徽芜湖市东）”；襄公十三年，战于庸浦（今安徽无为南）“大败吴师，获公子党”；昭公四年，“楚子以诸侯伐吴……围朱方（今江苏镇江市）克之”；昭公十七年，吴、楚战于长岸（今安徽当涂西南）“大败吴师，获其乘舟余皇”。而长江沿线也就出现了鹊岸、庸蒲、鸩兹、长岸、朱方等军事重镇。

吴居于长江下游，不便沿长江逆水而上去攻楚，所以多取道淮河出兵。楚国在淮水流域则采取守势，为此修筑了许多城邑。昭公四年，楚子命“箴尹宜咎城钟离，薳启疆城巢，然丹城州来。”钟离在今安徽凤阳东北，州来在今安徽凤台县，都是淮河沿岸重要城邑。巢在今安徽寿县南，也距淮河不远。吴

① 《国语·晋语三》。

军乘舟而来，到淮河上游，再舍舟登岸，从陆上进攻。定公二年，吴“见舟于豫章，而潜师于巢”。定公四年，克郢之役，吴军也是：“舍舟于淮汭，自豫章与楚夹汉。”而淮河中游的州来，则成了吴、楚两国反复争夺的军事重镇，成公七年：“吴入州来”；昭公四年：“然丹城州来”；昭公十二年：“楚子狩于州来”；昭公十三年：“吴灭州来”；昭公十九年：“楚人城州来”；昭公二十三年：“吴人伐州来”。

和楚国比较起来，吴、越两国征服江湖河海的本领要大得多了。昭公十七年，吴、楚交战，楚国缴获了吴王乘舟“余皇”，不会使用，而是把它拖上岸来，“使随人与后至者守之，环而堑之，及泉，盈其隧炭，陈以待命”。在其周围挖了一道深沟，沟里涌出泉水，又填满了木炭，可后来还是被吴人夺回去了。越国造船技术也比较先进，所以，昭公二十五年，“越公子仓归（楚）王乘舟”。可能是楚国造船技术较差，水上作战，不是吴国对手，故请求越国为其造的舟船。黄河流域的人民，虽然也会利用舟楫航行，但和水打交道的本领，毕竟有限，《周南·汉广》说：“汉之广矣，不可泳思；江之永矣，不可方思。”叹息宽广的汉水，不能游泳到对岸；漫长的长江，不能行船走到它的尽头。可是，吴、越的军队不仅能在长江、淮河上任意驰骋，而且开始作海上航行了。见于记载的海上航行即有两次。

一次是在公元前485年，《左传·哀公十年》载，吴王夫差攻打齐国时，“徐承率舟师，将自海入齐。齐人败之，吴师乃还”。吴的舟师大约是从太湖尾闾笠泽入海，然后沿海北上，从淮河入海口进入淮水。另一次是公元前484年，黄池之会，越王勾践乘机出兵，“乃命范蠡、舌庸，率师沿海溯淮以绝吴路”[①]。“溯”是逆流而上的意思。越国的都城在今浙江绍兴，“沿海溯淮”就是从杭州湾入海，再从淮河入海口溯流而上，包抄吴军后路。

五、人工运河的开凿

天然河流并不都是有航行条件的，即使可以航行，然而相邻河流之间往往不相联通，航行受到很大限制。经济往来的频繁，特别是军事争夺的需要，提

① 《国语·吴语》。

出了开挖人工运河的要求，以克服天然河流本身的局限。

历史记载中，最早的一条运河，是春秋初年的徐偃王修在陈、蔡之间的水道。陈国的都城在今河南淮阳，蔡国的都城在今河南上蔡。那时的淮阳和上蔡又分别邻近淮河的两条支流沙水和汝水。但是陈、蔡之间的水运却需要经过淮河，向东南绕上一个大圈子。于是人们就在沙水和汝水之间，开挖了一条人工运河。《水经·济水注》引《徐州地理志》说："（徐）偃王治国，仁义著闻，欲舟行上国，乃沟通陈、蔡之间。"

楚国的郢都，靠近长江和汉水。那时的江、汉之间分布着名为云梦泽的大、小湖泊，其间更有夏水、扬水穿流。楚国曾利用这些天然水道，开挖了人工运河。《水经·沔水注》载：楚灵王时，曾开渠通章华台，"言此渎灵王立台之日，漕运所由也。其水北流，注于扬水"。这样一来，从扬水西溯可到郢都；东下可入汉水，改善了郢都的水运条件。后来吴军入郢的时候，据说也曾利用和疏浚了这些水路。《史记·河渠书》说："于楚，西方则通渠汉水、云梦之野。"当是指的这些水渠。

吴国的势力在今江苏一带。兴修太湖，沟通江、淮的水道，是其切身急需。相传，吴国在境内曾开凿了两条运河。一条是《越绝书·吴地记》所载："吴故水道，出平门，上郭池，入渎，出巢湖，上历地，过梅亭，入杨湖，出渔蒲，入大江，奏广陵。"大致是从苏州经今运河往北，到江阴以西常州以北入江。另一条是在太湖以西，荆溪和水阳江之间开了一条运河，相传是吴王阖闾伐楚时伍子胥开的，所以叫胥溪，也称堰渎和五堰。《天下郡国利病书》卷十四引韩邦宪《东坝考》说："广通镇在高淳县东五十里，世所谓五堰者也……春秋时，吴王阖闾伐楚，用伍员计，开河以运粮，今尚名胥溪河。"这条运河的开凿，就可以使吴国的水军，直接从太湖向西，经芜湖渡江，进濡须口，即可入淮。

以上几条水道，大都是区域性的人工运河，以联通邻近的江河湖泊为目的，是运河的萌芽时期。而沟通流域间水道的人工运河，则是春秋末年，吴王夫差开凿的邗沟和菏水。《左传·哀公九年》："秋，吴城邗，沟通江、淮。"邗城在今扬州市北，运河西岸。邗江即《水经注》之韩江。吴于邗江旁筑城挖沟，连通长江于淮水，大致自今扬州市南长江北岸起，至今清江市淮水南岸。这就是后来隋炀帝开凿的京杭大运河的邗沟段。邗沟建成的当年冬天，吴即兴师伐齐，打败齐国。

另一条是公元前484年开凿的黄沟，亦称菏水。《周语·吴语》载：“吴王夫差既杀申胥，不稔于岁，乃起师北征。阙为深沟，通于商、鲁之间，北属之沂，西属之济，以会晋公午于黄池。”黄池在今河南封丘县。为了乘船去参加黄池之会，夫差就在商、鲁之间开了一条人工运河。这条运河就是《水经注》中出于小黄县的黄沟，也就是《禹贡》中的菏水。

淮河的支流泗水，和上游紧邻黄河的济水，在山东鱼台和定陶之间挖了一条运河。这样，夫差北上即可沿江水—邗沟—淮水—泗水—菏水—济水，直达济水岸边的黄池了。菏水的开发，首次将江淮流域与中原地区联系起来。而出于济水和菏水交汇处的陶，则成了重要的交通枢纽，南北货物的集散地，后来范蠡即选中此处定居，经商致富。

六、交通工具——车和舟

陆行乘车，水行乘船，车和船是春秋时期的主要交通工具。

（一）车的种类

孔子说：“行夏之时，乘殷之辂。”①《世本》：“相土作乘马。”考古发掘材料也表明自商以来，车就已成为陆上交通的主要工具。春秋时，车按其用途、装饰、材质的不同，又有种种不同的名称，诸如路车、戎车、檀车、筚路、大车、轩车、楼车、巢车、轩车等等。

路车又称为路，是天子、诸侯所乘，或天子、诸侯赏赐给有功的诸侯、卿大夫的车。《诗经》中有：“彼路斯何？君子之车。”“四骐翼翼，路车有奭。”“虽无予之，路车乘马。”《五经异义·释名释车》：“王子所乘曰路，路，亦车也，谓之路者，言行于道路也。”路又有大路、先路、次路之分。大路，《左传·僖公二十八年》：“王命尹氏及王子虎，策命晋侯为侯伯，赐之大辂之服，戎辂之服。”襄公十九年：郑公孙虿卒：“晋侯请于王，王追赐之大路。”襄公二十四年：“齐人城郏。穆叔如周聘，且贺城。王嘉其有礼也，赐之大路。”

① 《论语·卫灵公》。

又有先路和次路，成公二年：“公会晋师于上鄍。赐三帅先路，三命之服。”襄公六年：“郑伯享入陈之功，三月甲寅朔，享子展，赐之先路，三命之服，先八邑；赐子产，次路，再命之服，先六邑。”

路车装饰比较华丽，《周礼·春官·巾车》载：“王之五路”有玉路、金路、象路、革路、木路五等。即以玉石、青铜、象牙、皮革等装饰车的辀、舆、辖等部位。

受天子或诸侯赏赐的路车，是比较尊贵的礼品，不能轻易使用。《左传·昭公四年》载，叔孙豹为鲁国介卿，出聘周时，天子曾赏赐给他大路，活着的时候，不敢用，死后，他的家臣杜泄，将以天子赏赐的路车随葬，季孙的家臣南遗反对说：“叔孙未乘路，葬焉用之？且冢卿无路，介卿以葬，不亦左乎！”杜泄说：“夫子受命于朝而聘于王，王思旧勋而赐之路，复命而致之君，君不敢逆王命而后赐之。使三官书之，吾子为司徒，实书名；夫子为司马与工正书服；孟孙为司空以书勋。今死而弗以，是弃君命也。书在公府而弗以，是废三官也。若命服，生弗敢服，死又不以，将焉用之。”乃使以葬。

根据用途不同，可分为戎车和田车。戎车即战车，《小雅·采芑》：“执讯获丑，戎车啴啴。”《六月》：“戎车既饬，四牡骙骙。”《鲁颂·泮水》：“戎车孔博，徒御无斁”。田车是田猎时用的车，《小雅·吉日》：“田车既好，四牡孔阜。”

根据材质的不同，又有檀车、筚路等区别。檀车，是檀木做的车，《小雅·杕杜》：“檀车啴啴，四牡痯痯。”朱熹注：“檀木坚，宜为车。”筚路，是荆、竹等编舆的车。《左传·宣公十二年》：“筚路蓝缕，以启山林。”杜注：“筚路，柴车。”孔疏：“以荆竹织门谓之筚门，则筚路亦以荆竹编车，故谓筚路为柴车。”筚路又叫栈车或辗，《小雅·何草不黄》：“有栈之车，行彼周道。”《左传·成公二年》：“丑父寝子辗中，蛇出于其下，以肱击之，伤而匿之。”因为辗车有孔隙，所以蛇能出于其下。

根据形体大小又有大车、小戎之分。《王风·大车》：“大车槛槛，毳衣如菼”。《小雅·无将大车》：“无将大车，祇自尘兮。”“无将大车，维尘冥冥”，“无将大车，维尘雝兮。”与大车相对的又有小戎，《秦风·小戎》：“小戎俴收，五楘梁辀”。朱注：“其平地任载者为大车，则轸深八尺；兵车则轸深四尺四寸，故曰小戎俴收也。”

战车之中又有几种特殊功用的车，如轮车、楼车、巢车和临冲等。轮车：《左传·宣公十二年》：“晋人惧二子之怒楚师也，使轮车逆之。”轮车是兵车的一种，服虔谓：“屯守之车。”

《左传·宣公十五年》：“解扬如宋，使无降楚……登诸楼车，使呼宋人而告之，遂致其君命。”杨伯峻注：“楼车即巢车，盖兵车之较高者，可以望敌。”

《左传·成公十六年》：“楚子登巢车以望晋军。”《说文》：“巢车，兵车之一种，高如鸟巢，用以了望敌人。”

《大雅·皇矣》：“与尔临冲，以伐崇墉。”朱注：“临，临车也，在上临下者也；冲，冲车也，从旁冲突者也，皆攻城之具也。”

轩车是一种有帷幕的车。《左传·闵公二年》：“卫懿公好鹤，鹤有乘轩者。”孔疏引服虔注曰：“车有藩曰轩。”轩是专供大夫以上的贵族乘用的。《左传·定公十三年》齐景公伐晋河内，诸大夫皆曰不可；唯邴意兹，坚主伐河内，战后，为了表彰邴意兹，惩罚诸大夫，“齐侯皆敛诸大夫之轩，唯邴意兹乘轩。”哀公十一年，卫大叔疾“或淫于外州，外州人夺之轩以献”。哀公十五年，卫太子蒯聩与浑良夫盟誓曰：“苟使我入获国，服冕、乘轩，三死无与。”

根据帷幕的不同，又有犀轩、鱼轩等名称。《左传·定公九年》，齐景公求得勇士敝无存的尸体后，“公三襚之，与之犀轩与直盖。”闵公二年，齐桓公救卫：“归夫人鱼轩。”“鱼轩”即以鲛鱼皮为帷幕，犀轩即犀牛皮为帷幕。

（二）车的构造

根据陕西长安、宝鸡，河南洛阳、三门峡，及北京琉璃河等地车马坑发掘的实物，可以看出春秋时车辆的大致结构情况。这时的车是由车架、车舆和轮、轭几部分构成的。

车架是车的主干部分，包括辕（辀）、衡与轴。全用木制。这时的车都是单辀的，长3米左右，居中，多为直木，车舆前的部分向上扬起。车辀的前方置有横木，长约1.4米，也是直木，叫“衡”，以便置轭。在辀的后方，居辀之下，轮之中的衡木叫轴。轴长一般与轨距相当，轨距在1.8~2.3米之间。车轮是要转动的，为了防止轴头的脱落，在轴的两端都安有铜軎（辖），上有孔，插有木辖或铜辖。辀的尾端（踵）有的也套有铜饰。

舆或叫车箱，是载重部分，作方形或长方形，有的成六角形。周围是高起的栏杆，前部有横贯车舆的轼，后面留有缺口，便于升降。

轮与轭是车的传动和着力部分，每车有二轮，轮的直径约1.3～1.4米。每轮有辐条18～26根不等。大体殷代18条，西周21～22条，春秋25条，战国26条，由少到多，逐渐增加。轭都包有铜饰，有一首两脚，首系于衡上，两脚架在马颈上，有的上端饰有铜矛。制车的技术已很讲究，《考工记》记述了一套完整的官府制车工艺的规范。

除“车人”外，还有专门造轮子的“轮人”；专门制车箱的“舆人”和专门制车辕的“辀人”。它首先对车的关键部件——车轮，提出了一系列技术要求和进行检验的手段：第一，“规之以眂其圜”，“欲其微至也，无所取之，取诸圜也”。“不微至，无以为戚速也”。即用圆规精细地校准轮子，视其外形是否正圆，因为不正圆，轮子与地面的接触面就不可能最小，也就转不快。第二，“万之，以眂其匡也”，就是说轮子的平面必须平正，检验时，将轮子平放在同轮子等大的平整的圆盘上，视其是否彼此密合。第三，“县之，以眂辐之直也”，即用悬线察看相对应的辐条是否垂直。第四，“水之，以眂其祇其平沉之均也”，即将轮子放在水中，看其沉浮是否一致，以确定轮子的各部分是否均衡。第五，一辆车的两个轮子的尺寸大小和轻重都要相等，其检查方法是“量以薮以黍，以其同也；权之，以其轻重之侔也”。第六，轮子的整体结构必须坚固，即所谓“欲其朴属”。第七，毂的粗细，长短要适宜：“行泽者欲短毂，行山者欲长毂，短毂则利，长毂则安。”也就是依据利转和稳定的原则，对不同用途的车辆，选用毂的不同尺寸。第八，“轮已崇，则人不能登也；轮已庳，则于马终古登阤也”。即要求轮子的直径要适中。因为，太高，人上下就不方便；太矮，马拉起来就吃力，好像经常在上坡一样。第九，对轴要求材料美好，坚固耐用，转动灵便，即所谓：“轴有三理：一者以为微也；二者以为久也；三者以为利也。”第十，必须适时选用坚实的木料，即所谓“斩三材，必以其时”等等。

由此可见，技术要求是很严格的，其考虑十分周全细密，而又是十分符合科学道理的。如其中第一项说的就是要使滚动摩擦阻力降到最低限度的问题。根据滚动摩擦的原理，滚动时的阻力和轮子的半径成反比，所以，第八项是这一理论的直观经验的朴素描绘。另外，《考工记》还对车舆的材料选择及连接方法，车辕、车架的制作，对不同用途车辆的要求等问题分别予以叙述，这些都反映了当时制作车辆技术的很高水平。

（三）舟船

舟船，根据用材的不同有杨舟，《小雅·菁菁者莪》："汎汎杨舟，载沉载浮。"柏舟，《小雅·采菽》："泛彼柏舟，亦泛其流。"《鄘风·柏舟》："泛彼柏舟，在彼中河。"

吴、越两国，位于江浙水乡，交通运输以船为主，造船技术更加先进。《左传·昭公十七年》载：吴、楚交战，楚国缴获了吴王的乘舟"余皇"，不会使用，而是把它拖上岸来，"使随人与后至者守之，环而堑之，及泉，盈其隧炭，陈以待之。"据《越绝书·越绝外传记地传》载，春秋末年越国水军有兵船三百艘，并设有专门的造船厂，叫作"船宫"；组织有专业的造船队伍，名为"木客"。《左传·昭公二十四年》载："越大夫胥犴劳（楚）王于豫章之汭，越公子仓归王乘舟。"越公子仓特意给楚王送去乘舟，可能是，楚国的造船水平较低，水上作战不是吴国对手，因而特意请求越国造一艘或一批先进的战船，用来对付吴国的进攻。

第二十四章　列国财政

在所谓“普天之下莫非王土，率土之滨莫非王臣”，“礼乐征伐自天子出”的西周时期，中国国家财政主要表现为王室财政；畿外各诸侯国虽然亦各有其相对独立的财政，但要遵守“周礼”或“周公之典”的有关规定，其财政制度与畿内大同小异；而且，各诸侯国对王室有贡纳等义务。春秋时期，王室衰微，先是“礼乐征伐自诸侯出”，其后又“自大夫出”，甚至“陪臣执国命”①。随着政治形势的这一变化，以及奴隶制的逐步解体和封建制的产生，列国财政制度和财政状况亦发生了相应的变动。

第一节　赋税和徭役

一、田税

自西周以来，各诸侯国公室与西周王室一样，其财政收入的主要来源之一，是农业奴隶创造的产品，即各公室经营的“大田”及其他“藉田”产品，所谓“谷出不过藉”②。春秋初期齐国“相地而衰征”，鲁宣公十五年“初税亩”，以及其他诸侯国的同类举措，既是公室对所属农业奴隶的剥削方式的改变，也是国家税制的改变。所谓“相地而衰征”，就是按照土地的好坏规定税额，土地好的多征一点税，土地坏的少征一点税。所谓“税亩”，就是“履亩而税”、“按亩而税”。“税亩”制下的纳税人，主要是原来公室藉田制下的

① 《论语·季氏》。
② 《左传·宣公十五年》。

“庶人”以及其他类型的农业劳动者。在列国实行征税制后的或长或短的一段时期内，纳税人所耕土地仍属公室所有，因此，他们向既是主权者又是土地所有者交纳的田亩税，也就兼有地租和赋税两种因素，是地租和赋税的合一。

“宣公税亩，已无不税之田。”① 只是公室如何按“亩”对采地征税，采邑主又是否按规定交纳，不得其详。《左传·襄公三十年》载：

> 子产使都鄙有章，上下有服，田有封洫，庐井有伍。……从政一年，舆人诵之曰：“取我衣冠而褚之，取我田畴而伍之。孰杀子产，吾其与之。”及三年，又诵之曰：“我有子弟，子产诲之；我有田畴，子产殖之。子产而死，谁其嗣之。”

《一切经音义》引《仓颉篇》云：“畴，耕地也。”“取我衣冠而褚之，取我田畴而伍之”，《吕氏春秋·乐成》篇作“我有田畴，而子产赋之；我有衣冠，而子产贮之”。“伍”字为“赋”之借字，“纳田税也”②。“褚”即“贮”，或说“贮”是“一种财物税”③。据《左传·襄公十年》记载，“初，子驷为田洫”，使司氏、堵氏、侯氏、子师氏等采邑主“皆丧田焉”，“故五族聚群不逞之人因公子之徒以作乱”，“杀子驷、子国、子耳”。虽然子产之使“田有封洫”的目的与子驷“为田洫”有所不同④，但有一点当是可以肯定的，这就是：子产之使“田有封洫”并对“田畴”征税，不但涉及个体农民的耕地，而且涉及贵族的采地。换句话说，采邑主也是田税的纳税人。又《左传·哀公十一年》说：

> 夏，陈辕颇出奔郑。初，辕颇为司徒，赋封田以嫁公女；有余，以为己大器。国人逐之，故出。

“赋封田”者，“封内之田悉赋税之”；“大器，钟鼎之属”⑤。这是以“嫁公女”的名目，对“封田”额外征税，而纳税人亦包括采邑主，故包括贵族在内的“国人”驱逐了司徒辕颇。诚然，当时贵族们向各自国家政府交纳的田

---

① 〔日〕竹添光鸿：《左传会笺》。

② 杨伯峻：《春秋左传注》，中华书局1981年版，第1182页。

③ 杨宽：《古史新探》，中华书局1964年版，第88～89页。

④ 何焯《义门读书记》云：“十年子驷为田洫，子产亦因子驷之故而修之。”

⑤ 杜预注。

税，也是由农民负担的，因为这些田税都是无偿占有农民创造的剩余产品的一部分。

“税”与“赋”，本是两个不同的概念，内容不同。赋字从武，表明它是军赋，有别于土地税等税收。“税亩”、“丘赋”或“丘甲”、“州兵”的提法，亦表明了土地税和军赋二者的区别。然而，随着春秋中后期军赋制度一再改制，有些诸侯国的军赋亦按“土田”征收，以致军赋与田税合一而加倍增收，所谓军赋并非仅供军用。如后所述，《左传·襄公二十五年》楚“书土田”而“量入修赋”的“赋”，以及《左传·哀公十二年》鲁“用田赋”之“赋”，虽然都是以军赋的名目征收，实际上却包含着土地税方面的内容。与此相关，有关当时“税”“赋”的记述往往存在着概念上的混淆，如上述陈辕颇税封田以嫁公女，被说成是“赋封田以嫁公女”；郑子产“取我田畴而伍（税）之”，被说成是“我有田畴而子产赋之”，等等。这是我们在考察当时列国税收制度时需要注意的。

春秋中、后期，随着农业、手工业和商业的发展，以及频繁的战争和统治者的政治腐败、生活腐化，列国政府不断增加包括田税在内的种种税收，劳动人民的负担日益加重。以春秋后期的齐国为例：“征敛无度”①，“公厚敛焉”②。“民参其力，二入于公，而衣食其一。公聚朽蠹，而三老冻馁”③。田税或土地税，主要是粟米之征。

二、军赋

在战争日益频繁、战争规模日益扩大的春秋时代，军事费用在列国财政支出中占了较大的比重。为此，列国先后进行了军赋制度的改革，如晋之“作州兵”④，鲁之“作丘甲”⑤，楚之“量入修赋”⑥，郑之“作丘赋”⑦等。各国

① 《左传·昭公二十年》。
② 《左传·昭公二十六年》。
③ 《左传·昭公三年》。
④ 《左传·僖公十五年》。
⑤ 《左传·成公元年》。
⑥ 《左传·襄公二十五年》。
⑦ 《左传·昭公四年》。

的这一改革，都包括这样两方面的内容：一是打破原来“野人”不服兵役的限制，要求“野人”与“国人”同服兵役（这一点，本编第二十章第二节已着重论及）；一是普遍征收车马、兵器等军需物品，原来不出军赋的野鄙地区，如今也一样出军赋，或者以“丘”、“州”为单位征收，或者“量入修赋”。

《春秋·成公元年》鲁“作丘甲”，杜预注云：“周礼：九夫为井，四井为邑，四邑为丘。丘十六井，出戎马一匹，牛三头。四丘为甸，甸六十四井，出长毂一乘，戎马四匹，牛十二头，甲士三人，步卒七十二人。此甸所赋，今鲁使丘出之，讥重敛，故书。”此说不确。如有的学者所指出：“鲁本二军，今使丘出甸赋，则三倍其旧，是二军为八军矣。《会笺》非其说，甚是”[①]。“丘甲”、“丘赋”、“州兵”，乃是按“丘”或“州”出赋；至于每丘每州究竟多少家、出赋多少，其制难详。

又《穀梁传·成公元年》论鲁“作丘甲”云：

> 作，为也，丘为甲也。丘甲，国之事也。丘作甲，非正也。丘作甲之为非正，何也？古者立国家，百官具，农工皆有职以事上。古者有四民，有士民，有商民，有农民，有工民。夫甲，非人人所能为也。丘作甲，非正也。

《穀梁传》释“作”为“为”，认为“作丘甲”就是要“丘为甲”、“丘作甲”，固然不确。不过，这里有一个值得重视和研究的问题：“作丘甲”、“作丘赋”、“作州兵”这一新的军赋制所征收的，究竟是什么？

或曰：“兵车之马牛自官府畜牧，非取之于民”；“兵车制极精好，非民间所能为”。因此，“古车马兵甲等不赋于民，由上给之”。并引《左传》“授兵”、“争车”、“受甲”等文以为证。有的学者“补论”说：“上之所给抑百工所为，其原料何自来乎？统治者不劳动，何能出生产物，此必赋物或原料于民而上使工为之，使牧圉等畜殖之耳。……军赋之赋于民者，似主要为物或原料耳。”[②]“补论”说得有理。不过，军赋之赋于民者是否主要甚至全部为物或原料，然后“上使工为之”、“使牧圉等畜殖之”，还是值得研究。

---

① 童书业：《春秋左传研究》，上海人民出版社1980年版，第193页。

② 童书业：《春秋左传研究》，上海人民出版社，第193页。

古时盛行车战，马对战争至关重要。“马者，兵象。”[①]“马者，甲兵之本。”[②]“马者，兵之首也。”[③]尽管马并非武器，但它在当时的战争中比武器具有更为重要的特殊作用，所以被称之为“兵之本”、“兵之首”。牛的功用很多，其一是供军旅之需。兵马未动，粮草先行，大量粮草等军需物品要用牛车载运。牛皮还可制作铠甲，牛角、牛筋和牛皮胶又是制弓的重要材料。列国官府畜殖牛马，无疑仍是军事所需牛马的重要来源。然而当时列国间战争频繁，战争中不断会有牛马以及兵甲的损失；在晋“作州兵”前的秦晋韩原之战中，战败国晋甚至“兵甲尽矣”[④]，“州兵”即因此而“作”。显然，在当时列国面临的政治军事形势下，仍如西周时期那样仅靠官府畜殖之牛马和官工所造之兵甲，实难满足战争的需要；从而，向各“丘”各“州”民众摊派、征取牛马、兵甲等军需物品，也就势必成为新的军赋制度的重要内容之一。

再说，当时民间亦并非不能畜殖牛马、没有牛马。《逸周书·大聚》所述“六畜有群”，即是反映“以邑为乡，以乡为闾”的农村民间畜牧业的情况，所谓“六畜”即包括马、牛。早在周初，即有“纯其艺黍稷”的农民（被征服的殷民），“肇牵车牛远服贾用”以“孝养厥父母”[⑤]，而其“车牛”当是他们所自有。又《管子·七法》：“六畜不育，则国贫”；《牧民》：“养桑麻，畜六畜，则民富”；《八观》：“行其山泽，观其桑麻，计其六畜之产，而贫富之国可知也”。这里所说作为“民富”、“国富”重要标志之一的“六畜之产”，显然包括民间的“六畜”在内。又《礼记·曲礼下》：“问庶人之富，数畜以对。”《周礼·地官·小司徒》：“乃颁比法于六乡之大夫，使各登其乡之众寡、六畜、车辇，辨其物，以岁时入其数，以施政令，行征令。”自然，《小司徒》这里所说，只是“车辇登其数，马牛辨其物，简阅之而已，非谓籍而赋之”[⑥]；因为军赋制度改革前，各“乡”出军不出车马。

---

① 《隋书·五行志》引《洪范五行传》。

② 《后汉书·马援传》。

③ 《史记·赵世家·正义》引虞喜《志林》。

④ 《国语·晋语三》。

⑤ 《尚书·酒诰》。

⑥ 孙诒让（周礼正义》“小司徒”疏引惠士奇说。

马牛需要饲料，因此古时军赋往往包括马牛的草料甚至粟米之征。据《尚书·费誓》载，西周初年鲁侯伯禽率师讨伐淮夷徐戎前，就曾下令规定："鲁人三郊三遂，峙乃刍茭，无敢不多。"孔子也曾说过，按照"周公之藉"或"周公之典"的规定，军旅之征，"田一井出稯禾、秉刍、缶米"①。"丘甲"、"兵赋"、"州兵"一类军赋之赋于民者，除牛马外，当也包括相应数量的粮草。

至于兵器、兵车、甲楯之类，虽非民间人人所能为，但也并非民间人人所不能为。据《逸周书·大聚篇》记载，"以邑为乡，以乡为闾"的民间组织内部，就不但有"工匠役工，以攻其材料"，而且还"立小人以教用兵"。又《国语·齐语》载：

> 桓公问曰："夫军令则寄诸内政矣，齐国寡甲兵，为之若何？"管子对曰："轻过而移诸甲兵。"桓公曰："为之若何？"管子对曰："制重罪赎以犀甲一戟，轻罪赎以鞼盾一戟，小罪谪以金分，宥间罪。索讼者三禁而不可上下，坐成以束矢。美金以铸剑戟，试诸狗马；恶金以铸鉏、夷、斤、斸，试诸壤土。"甲兵大足。

这里说的是当时"寡甲兵"的齐国，通过管仲提出的"轻过而移诸甲兵"的措施，即让罪犯用"甲兵"赎罪的办法，而使齐国"甲兵大足"的事。赎罪的"甲兵"有："犀甲"（犀皮做的铠甲）；"戟"（古兵器）；"鞼盾"（饰以绣革的盾牌）等。犯"小罪"者，则以"金"赎罪，"美金"由官工"以铸剑戟"。而用交纳兵甲的办法来赎罪的人中，有不少当是民众。这还是春秋早期的事。

值得注意的是，《左传》所载"授兵"、"受甲"之事，主要存在于春秋初期至中期，存在于列国军赋制度改革以前，春秋晚期罕见。这与"州兵"、"丘甲"、"丘赋"之"作"、"兵"、"甲"赋于民有关。《韩非子·十过》篇讲到，春秋晚期晋国赵氏治下的晋阳"库无甲兵，邑无守具"，"藏于民不藏于府库"；"令民"出之，则"甲兵有余"。王夫之《春秋稗疏》亦曾指出，春秋晚期"徒众藏兵甲"。

---

① 《国语·鲁语》。

综上所述，在我们看来，“州兵”、“丘甲”、“丘赋”等军赋制度的征赋办法，因时、因地、因条件不同而异，或者征收车马、兵器等物；或者征收制造车辆、兵器等的原料，而上使官工为之；或者征收农产品及其他，以作备置上述军需物品的费用。

《左传·襄公二十五年》载楚司马蒍掩所治之赋，虽然亦名为军赋，说是“赋车籍马，赋车兵、徒兵、甲楯之数”，但其实际内容和征收办法与上述“作丘赋”等有所不同。首先，是年“甲午”（十月八日），“蒍掩书土田”，把楚国土地分为“山林”、“薮泽”、“京陵”、“淳卤”、“疆潦”、“偃猪”、“原防”、“隰皋”、“衍沃”九种；然后，“量入修赋”。“赋车籍马”，孔疏云：“赋与籍俱是税也。税民之财，使备车马。”或说：“此亦‘用田赋’之类，故‘量入修赋’，先‘书土田’也。”[①] 或说：此所谓“楚蒍掩为司马，子木使庀赋”之“赋”，“既有田泽牧畜之税收，亦有供军用之军赋”；“此赋既有采邑之上缴于公者及庶民之被征发者，亦有国家之本身收入”[②]。

鲁国在成公元年“作丘甲”之后，季康子（季孙肥）又于哀公十二年春正月“用田赋”[③]。“曰用田赋，则知古不赋田也。”[④]《左传·哀公十一年》载：“季孙欲以田赋，使冉有访诸仲尼。……仲尼不对，而私于冉有曰：‘君子之行也，度于礼，施取其厚，事举其中，敛从其薄。如是，则以丘亦足矣。若不度于礼，而贪冒无厌，则虽以田赋，将又不足。’”“则以丘亦足矣”的“丘”，指成公元年鲁“作丘甲”而言。可见，“用田赋”乃是鲁国军赋的再次改制。所谓“田赋”，即“以田出赋”（韦昭注），征收粮食和其他物品。

鲁“用田赋”，是在宣公十五年“初税亩”、成公元年“作丘甲”的基础上进行的。本来，季孙氏、叔孙氏、孟孙氏于昭公五年“四分公室，季氏择二，二子各一”时起，便“皆尽征之”，三家仅以其收入之一部分以“贡于公”[⑤]。这里所谓“征”，当包括田税（“税亩”）之征和军赋（“丘甲”）之

---

① 童书业：《春秋左传研究》，上海人民出版社 1980 年版，第 195 页。
② 杨伯峻：《春秋左传注》第 1107 页。
③ 《左传·哀公十二年》《国语·鲁语下》。
④ ［日］竹添光鸿：《左传会笺》。
⑤ 《左传·昭公五年》。

征。哀公四年至哀公二十七年，季孙肥为鲁之执政。因此，其“用田赋”的纳赋人，包括国内一切从事农业生产、有农业收入者。换句话说，“田赋”的纳赋人不限于季氏私邑之民及其所分公室之民，此外还包括国内其他贵族所属采邑之民。所谓“用田赋”，究竟是在原“税亩”、“丘甲”之外另征田赋，还是“田赋”中包括了原田税和军赋的内容？这个问题尚需研究。不过，无论怎样，有两点当是可以肯定的：一是，“田赋”主要是按土地征收谷物等农产品，其收入并非仅供军用，实际上是“赋”“税”的合一，与上述楚国之“书土田”而“量入修赋”相类似；二是，季孙所“用”之“田赋”，“赋粟倍他日”①，大大增加了民众的负担。因此，主张敛从其薄、反对横征暴敛的孔子，说季孙“用田赋”是“贪冒无厌”，并对做季氏宰的冉求替季氏聚敛进行谴责。《论语·先进》篇载：“季氏富于周公，而求也为之聚敛而附益之。子曰：‘非吾徒也，小子鸣鼓而攻之可也。’”

三、徭役

徭役，也就是劳役、力役。这是压迫者和剥削者凭借其政治权力，强制人民群众从事无偿劳动的一种方式。春秋时期，列国役事频繁，民众的徭役负担非常繁重。

城郭、宫室、台榭、园囿等工程力役，是春秋列国徭役的一大项目。以鲁国为例，仅《春秋》即书“城”二十有三：隐公七年夏城中丘，九年夏城郎；桓公五年夏城丘，十六年冬城向；庄公九年冬浚洙，二十九年冬城诸及防，三十二年春城小谷；文公七年三月城部，十二年冬十二月城诸及郓；宣公八年冬十月城平阳；成公四年冬城郓，九年冬城中城；襄公七年四月城费，十三年冬城防，十五年夏城成郛，十九年冬城西郛；定公六年冬城中城，十四年城莒父及霄，十五年冬城漆；哀公三年夏启阳，四年夏城西郛，五年春城毗，六年春城邾瑕。《春秋》还书鲁筑者八、新作三：庄公元年秋筑王姬之馆于外，二十八年冬筑郿，二十九年春新延厩、三十一年春筑台于郎，夏筑台于薛、秋筑台于秦；僖公二十年春新作南门；成公十八年八月筑鹿囿；昭公九年秋筑郎囿；

---

① 《孟子·离娄上》。

定公二年冬十月新作雉门及两观，十年夏筑蛇渊囿。此外，《春秋》书世室屋坏，新作世室未书；成公三年新宫灾，作新宫未书；僖公修泮宫、作閟宫亦未书。庄公在位时期，筑馆者一，筑邑者一，筑台者三，城邑者二，新延廐者一，一年三筑台，其城诸及防还是在鲁大饥告籴之后，可见其兴徭役之甚、用民力之多。昭、定之世，虽政在大夫，公室衰微，但仍作郎囿、蛇渊囿，并新作雉门及两观。鲁设有“隧正”一职，主管役徒。或谓“隧正”当即《周礼》之“遂人”，其职亦掌徒役，而隧正所征调徒役当即“遂”（郊外）之居民①。有的隧正亦利用其权力，任意征调役徒而兴土功。鲁襄公时期任隧正的叔仲昭伯，为了讨好季氏而主动提出“城费”（季氏私邑）并“多与”役徒就是一例。《左传·襄公七年》记载说：“南遗为费宰。叔仲昭伯为隧正，欲善季氏而求媚于南遗，谓遗：‘请城费，吾多与而（尔）役。’故季氏城费。”

再说晋国。晋文公即位之初曾规定：“用民以时”②。“晋悼公即位于朝”，“始命百官”之事中，也有“时用民（使民以时），欲无犯时”一项③。这里说的是“用民”或“使民”时间的季节性问题。所谓“用民以时”或“时用民”，就是用民、使民“不违农时”。按照这条规定，每年除农事季节以外的全部时间都可“用民”、“使民”，民众服役的时间也就不短了。况且，春秋时期，特别是春秋后期，晋国统治者“作事不时”，大兴土木，而使“民力凋尽”的事例④，实际上同样大量存在。

晋悼公夫人为杞国女。“晋平公，杞出也，故治杞。六月，知悼子合诸侯之大夫以城杞。”⑤ 这是晋平公十四年（鲁襄公二十九年）事。《左传·襄公三十年》载：

二月癸未，晋悼夫人食舆人之城杞者。绛县人或年长矣，无子而往，与于食。有与疑年，使之年。曰：“臣小人也，不知纪年。臣生之岁，正月甲子朔，四百有四十五甲子矣，其季于今三之一也。”吏

① 杨伯峻：《春秋左传注》，第951页。

② 《吕氏春秋·原乱篇》。

③ 《左传·成公十八年》。

④ 《左传·昭公八年》。

⑤ 《左传·襄公二十九年》。

走问诸朝，师旷曰："……七十三年矣。"……赵孟问其县大夫，则其属也。召之，而谢过焉，曰："武不才，任君之大事，以晋国之多虞，不能由吾子，使吾子辱在泥涂久矣，武之罪也。敢谢不才。"遂仕之，使助为政。辞以老。与之田，使为君复陶，以为绛县师，而废其舆尉。

"舆人"，即城杞之役徒。城杞在去年，此为晋城杞役徒之已归者，晋悼夫人慰劳而食之。绛县一个七十三岁的孤老因"无子而往"城杞表明，当时凡一定年龄的男子均须服役。按照《周礼·地官·乡大夫》的规定："国中自七尺（年二十）以及六十，野自六尺（年十五）以及六十有五，皆征之。"① 然而实际上，春秋中后期主管徒役之吏降低始役年龄和升高止役年龄的事时有发生，上述"绛县人"之"城杞"就是一例。"舆尉"，主持征役者，因役孤老，故被当时实主晋国之政的赵武免职。"与之（绛县人）田，使为君复陶，以为绛县师"者，杜预注云："县师，掌地域，辨其夫家人民。""陶为皋陶之繇，通陶为繇（徭）"②；"为君复陶者，为君办理免役之事"③。

晋平公在位时期（前557～前532），也在国内大肆兴建宫室，其中，"铜鞮之宫数里"④，此外还筑有"虒祁之宫"，"宫室崇侈"。由于过度使用民力，民众不堪忍受，阶级矛盾尖锐。《左传·昭公八年》载："春，石言于晋魏榆。晋侯问于师旷曰：'石何故言？'对曰：'石不能言，或冯焉。不然，民听滥也。抑臣又闻之曰：作事不时，怨讟动于民，则有非言之物而言。今宫室崇侈，民力雕尽，怨讟并作，莫保其性。石言，不亦宜乎！'于是晋侯方筑虒祁之宫。"⑤《左传·昭公三年》载晋叔向曰："虽吾公室，今亦季世也。……庶

① 贾公彦疏云："七尺谓年二十"，"六尺谓年十五"。

② 俞正燮：《癸巳存稿》一。

③ 杨伯峻：《春秋左传注》，第1172页。

④ 《左传·襄公三十一年》。杜预注："铜鞮，晋离宫。"杨伯峻《春秋左传注》："铜鞮宫在山西沁县南二十五里。沁县西南四十里有铜鞮山，一名紫金山。又有鞮水，出沁县北，东南流迳襄垣县，入濁漳水，今名濁漳西源。"

⑤ 《水经·汾水注》云："汾水西迳虒祁宫北，横水有故梁截汾水中，凡有三十柱，柱径五尺，裁与水平，盖晋平公之故梁也。物在水，故能持久而不败也。"又《浍水注》云："又西南过虒祁宫南，其宫也背汾面浍，西则两川之交会也。"据此，则虒祁之宫在今侯马市附近。

民罢敝，而公室滋侈。道殣相望，而女富溢尤。民闻公命，如逃寇仇。”所谓“民闻公命，如逃寇仇”，包括晋平公征发“庶民”从事徭役之“命”和庶民逃避徭役的内容。

在其他诸侯国，民众的徭役负担，同样极为繁重，庶民的抗役事件时有发生。历史记载：“初，梁伯好土功，亟城而弗处。民罢而弗堪，则曰‘某寇将至’。乃沟公宫，曰：‘秦将袭我。’民惧而溃，秦遂取梁。”① “宋城，华元为植，巡功。城者讴曰：‘睅其目，皤其腹，弃甲而复。于思于思，弃甲复来。’使其骖乘谓之曰：‘牛则有皮，犀兕尚多，弃甲则那?’役人曰：‘从其有皮，丹漆若何?’华元曰：‘去之！夫其口众我寡。’”② “宋皇国父为大宰，为平公筑台，妨于农收。子罕请俟农功之毕，公弗许。筑者讴曰：‘泽门之晳，实兴我役。邑中之黔，实慰我心。’子罕闻之，亲执扑，以行筑者，而抶其不勉者，曰：‘吾侪小人，皆有阖庐以避燥湿寒暑。今君为一台而不速成，何以为役?’讴者乃止。或问其故?子罕曰：‘宋国区区，而有诅有祝，祸之本也。’”③ “陈人城，板队而杀人。役人相命，各杀其长。遂杀庆虎、庆寅。君子谓：‘庆氏不义，不可肆也。’”④ “陈……聚禾粟，缮城郭，恃此二者而不抚其民。”⑤ “楚人城州来。沈尹戌曰：‘……吾闻抚民者，节用于内，而树德于外，民乐其性，而无寇仇。今宫室无量，民人日骇，劳罢死转，忘寝与食，非抚之也。’”⑥ “楚囊瓦为令尹，城郢。沈尹戌曰：‘子常必亡郢，苟不能卫，城无益也。……昔梁伯沟其公宫而民溃。民弃其上，不亡何待?’”⑦ 春秋晚期的齐国公室，同样“从欲厌私，高台深池，撞钟舞女，斩刈民力……宫室日更，淫乐不违……民人苦病，夫妇毕诅。”⑧

春秋列国庶民，特别是小国、弱国的庶民，不但要从事本国公室和其他贵

---

① 《左传·僖公十九年》。
② 《左传·宣公二年》。
③ 《左传·襄公十七年》。
④ 《左传·襄公二十三年》。
⑤ 《左传·襄公三十年》。
⑥ 《左传·昭公十九年》。
⑦ 《左传·昭公二十三年》。
⑧ 《左传·昭公二十年》。

族摊派的种种徭役，而且有时还被征调服役于他国。例如鲁僖公十六年（前644年）冬天，齐国以霸主的身份征发鲁、宋、陈、卫、郑、许、邢、曹等国庶民“城鄫”。历史记载说：“冬十有二月，公会齐侯、宋公、陈侯、卫侯、郑伯、许男、邢侯、曹伯于淮。”[①]“会于淮，谋鄫，且东略也。城鄫，役人病。有夜登丘而呼曰：‘齐有乱！’不果城而还。”[②]又，鲁昭公二十二年（前520年）王子朝之乱，其余党多在王城，敬王畏之，徙都成周，因成周狭小，故鲁昭公三十二年（前510年）“秋八月，王使富辛与石张如晋，请城成周”。“冬十一月，晋魏舒、韩不信如京师，合诸侯之大夫于狄泉，寻盟，且令城成周”。“己丑（十四日），士弥牟营成周（定设计方案），计丈数（计所当城之丈数），揣高卑（度高曰揣），度厚薄，仞沟洫（度深曰仞），物土方，议远迩（相取土之方向、远近之宜），量事期（知事几时毕），计徒庸（知用几人功），虑财用（知费几材用），书馀粮（知用几粮食），以令役于诸侯。属役赋丈（随国之大小，分嘱出役若干，完成工程若干丈），书以授帅（诸侯之大夫），而效（致）诸刘子（齐文公）。韩简子临之（监督工程），以为成命（定命）”[③]。次年（鲁定公元年、前509）“正月辛巳（七日），晋魏舒合诸侯之大夫于狄泉，将以城成周。魏子涖政（代天子大夫为政）”。“孟懿子会城成周，庚寅（十六日），栽（夯土）。”“城三旬而毕”[④]。被征发而服此次“城成周”之役者，有晋、鲁、宋、卫、郑、曹、莒、薛、杞、小邾等国庶民。本有齐国，但“齐高张后，不从诸侯（后期，不及诸侯之役）”[⑤]。

在上述“城成周”工程动工前，部分诸侯国的大夫之间在出役问题上发生争执。《左传·定公元年》记载说：“宋仲几不受功，曰：‘滕、薛、郳（小邾），吾役也（欲使三国代宋出徒庸）。’薛宰曰：‘宋为无道，绝我小国于周，以我适楚。故我常从宋。晋文公为践土之盟，曰：凡我同盟，各复旧职。若从践土，若从宋，亦唯命。’仲几曰：‘践土固然（践土盟约本来就是让你们为

① 《春秋·僖公十六年》。
② 《左传·僖公十六年》。
③ 《左传·昭公三十二年》。
④ 《左传·定公元年》。
⑤ 《左传·定公元年》。

宋国服役)。’薛宰曰：‘薛之皇祖奚仲，居薛以为夏车正。奚仲迁于邳，仲虺居薛，以为汤左相。若复旧职，将承王官，何故以役诸侯?’仲几曰：‘三代各异物，薛焉得有旧？为宋役，亦其职也。’士弥牟曰：‘晋之从政者新（言范献子新为政)，子姑受功，归，吾视诸故府（查一下旧档案)。’仲几曰：‘纵子忘之，山川鬼神其忘诸乎？’士伯怒，谓韩简子曰：‘薛征于人，宋征于鬼，宋罪大矣。且已无辞而抑我以神，诬我也。启宠纳侮，其此之谓矣。必以仲几为戮。’乃执仲几以归。三月，归诸京师。”

春秋列国改革军制，让原来没有资格当兵士的“野人”与“国人”同服兵役，这固然是历史的一个进步。但广大野人从此又多了一项沉重的负担，在徭役之外又饱受兵役之苦。而且应征入伍的庶民除担任戍守与战斗任务外，还要从事非军事性的劳役，他们所服兵役也具有徭役性质。例如：“季孙行父帅师城诸及郓”[①]，“季孙宿、叔孙豹帅师城成郛”[②]，“晋赵鞅、荀寅帅师城汝滨”[③]。

春秋列国徭役的另一项目是运役。所谓运役，主要是指列国官府财政收支中的粮食等物资的运输，其中包括把租赋送往国都或其他城邑的运输，战争时期军需粮草和装备的运输，以及列国间朝聘贡物、救灾粮食的运输等。后者如：鲁昭公二十五年夏，“叔诣、会晋赵鞅、宋乐大心、卫北宫喜、郑游吉、曹人、邾人、滕人、薛人、小邾人于黄父”[④]，“赵简子令诸侯之大夫输王粟”于成周[⑤]；鲁定公五年夏，“归粟于蔡，以周亟，矜无资（粮)”[⑥]；鲁僖公十三年冬，“晋荐饥，使乞籴于秦……秦于是乎输粟于晋，自雍及绛相继，命之曰‘泛舟之役’”[⑦]。《国语·晋语三》亦载此事，而云“是故泛舟于河，归籴于晋”，韦昭注：“泛，浮也。”雍（今陕西省凤翔县南)，秦国都；绛（今山西省翼城县东南)，晋国都。“自雍及绛”，盖沿渭河而东，至华阴转黄河，又

① 《春秋·文公十二年》。
② 《春秋·襄公十五年》。
③ 《左传·昭公二十九年》。
④ 《春秋·昭公二十五年》。
⑤ 《左传·昭公二十五年》。
⑥ 《左传·定公五年》。
⑦ 《左传·僖公十三年》。

东入汾河转浍河。

第二节 关市税

一、市税

市税即市场交易税、商业税。西周时期，由于“工商食官”，有相当大一部分从事商业活动者是官贾，官府对官贾不征市税，因此市税在当时国家财政收入中所占的比重不大。春秋时期，随着私营商业的发展，市场的扩大，“工商食官”格局的被打破，市税在列国财政收入中的重要性日益增大。春秋市税的税目，除《周礼》所述“廛布”、“絘布”、“总布”、“质布”、“罚布”等五种以外，又有了按商品交易额的一定比例征收的市税，而且这种税后来成了市税的主要部分。一般所谓的市中之赋即指此而言。“商税已直接和商品交换额的大小发生了联系，这是市税内容和性质的一个新变化。”①

管仲相齐时，曾一度对鱼盐的贸易实行免征关市税的政策，所谓“通齐国之鱼盐于东莱，使关市几而不征”②。但不久即开始普遍征收。《管子·大匡》篇载，桓公践位十九年，采纳管仲的建议，“弛关市之征，五十而取一”。这说明，在此之前，齐国的市税率高于2%。又《管子·幼官》：“三会诸侯，令曰：……市赋百取二。”这表明，当时其他诸侯国的市税率，一般也高于2%；管仲之所以要求他国也减低市税，不得超过2%的市税率，是因为齐国商人到他国市场上出售商品也要交纳市税，以此作为互惠的条件。

《论语·八佾》：“或曰：‘管仲俭乎？’曰：‘管氏有三归，官事不摄，焉得俭？’”《晏子春秋·内篇杂下》：“昔吾先君桓公，有管仲恤劳齐国，身老，赏之以三归，泽及子孙。”《韩非子·外储说左下》：“管仲相齐，曰：‘臣贵矣，然而臣贫。’桓公曰：‘使子有三归之家。’……孔子闻而非之曰：‘泰侈偪上。’”《史记·货殖列传》：“齐中衰，管子修之，设轻重九府，则桓公以霸……而管氏亦有三归，位在陪臣，富于列国之君。”《说苑·尊贤》：“齐桓

① 吴慧：《中国古代商业史》第一册，中国商业出版社1983年版，第212页。
② 《国语·齐语》。

公使管仲治国，管仲对曰：‘贱不能临贵。’桓公以为上卿，而国不治。桓公曰：‘何故?’管仲对曰：‘贫不能使富。’桓公赐之齐国之市租一年。”清郭嵩焘释“三归”说：

包咸《论语》注以三归为一娶三姓，《史记·管子传》注、《汉书》颜师古注、《国策》鲍彪注皆用其说。《说苑》以为台名。至金仁山氏始据以为税法，因为近之，而不能详其义。此盖管子“九府轻重”之法，当就《管子》书求之。《山至数篇》曰：“则民之三有归于上矣”，三归之名实本于此。因考《管子》书，制国之用，在谷与币相准以为之经，而以正盐筴综而纬之，以次及金铁竹箭羽毛齿革皮干筋角。凡天财所生，地利所在，皆量其出入之数，导民趋而赴之，下至北郭履缕唐园之微，亦使得专其利。《国准篇》曰：“无用之壤，藏民之赢，其视尺寸之土之有余隙，皆其利之所从生也。”故观《管子》书多设法以网民利，而其实使民歆其利，国家因而取赢焉。《轻重乙篇》曰：“与民量其重，计其赢，民得其十，君得其三，尽此而已矣。”其《地圆篇》“量物之宜”、《度地篇》“去物之害”，又此《轻重》诸篇之本计也。……其书所载计民之利而归之公有十倍百倍侈大之言者，而以三为率，《轻重》诸篇屡见焉。是所谓三归者，市租之常例归之公者也。桓公既霸，遂以赏管仲。《汉书·地理志、食货志》并云：“桓公用管仲，设轻重以富民，身在陪臣而取三归”，其言较然明显。《韩非子》云“使子有三归之家”，《说苑》作赏之市租，汉时儒者犹能明之，此一证也。《晏子春秋》辞三归之赏而云“厚受赏以伤国民之义”，其取之民无疑也，此又一证也。①

“郭说足订从来注家之误。”② 管仲因辅佐齐桓公创立霸业有大功，桓公把“三归”即“市租之常例归之公者”赏给他，从而使他“富于列国之君”。由此可见当时齐国商业之发达和市税收入之丰厚。

又《晏子春秋·内篇杂下》载：“晏子方食，景公使使者至。分食食之，

① 《养知屋文集》卷一。

② 陈奇猷：《韩非子集释》(下)，上海人民出版社1974年版，第703页。

使者不饱，晏子亦不饱。使者反，言之公。公曰：'嘻！晏子之家，若是其贫也。寡人不知，是寡人之过也。'使吏致千金与市租，请以奉宾客。晏子辞，三致之，终再拜而辞曰：'婴之家不贫。以君之赐，泽覆三族，延及交游，以振百姓，君之赐也厚矣！婴之家不贫也。……'景公谓晏子曰：'昔吾先君桓公，以书社五百封管仲，不辞而受，子辞之何也?'晏子曰：'婴闻之，圣人千虑，必有一失；愚人千虑，必有一得。意者管仲之失，而婴之得者耶？故再拜而不敢受命。'"此外，如我们将在后面所述，宋国国君还曾"以门赏耏班，使食其征"①。

在商业进一步发展，以及"庶民罢敝"、"道殣相望"、"政在家门"② 的春秋后期，市税在各国公室财政收入中所占的比重增大，不但市税率一般都有所提高，而且国君们还往往根据需要任意征收。晋平公就曾说他有"食客门左千人，门右千人，朝食不足，夕收市赋，暮食不足，朝收市赋"③。

二、关税与门征

我国历史上真正的关税制度有一个形成和发展过程，其形成和发展，是与商品交换和商业的一定程度的发展相联系的。《周礼》中"司关"、"司门"的职文，反映了西周至春秋时期关税制度形成和初步发展过程中的部分历史实际。据《周礼》所述，"司关"的主要职责是：

(1)"掌国货之节，以联门市。"郑玄注云："货节，谓商本所发司市之玺节也。自外来者，则案其节，而书其货之多少，通之国门，国门通之司市。自内出者，司市为之玺节，通之国门，国门通之关门。参相联以检猾商。"贾公彦疏云："将送商人，而执节者别有过所文书，若下文节传，当载人年几及物多少。至关至门，皆别写一通，入关家门家，乃案勘而过。其自内出者义亦然。""司市与关及门三处相连，恐奸猾商人或以多为少，或隐而不出而避税，故相连以检括之也。"惠士奇云："《管子·问篇》曰：'市者，天地之财具也，

---

① 《左传·文公十一年》。
② 《左传·昭公三年》。
③ 《韩诗外传》卷六。

而万人之所和而利也。关者，诸侯之陬隧也，而外财之门户也，万人之道行也。征于关者勿征于市，征于者勿征于关，虚车勿索，徒负勿入，以来远人。'此司关联门市之法也。自外入者征于关，关移之门，门移之市，所谓征于关者勿征于市也。自内出者征于市，市移之门，门移之关，所谓征于市者勿征于关也。若自内而由于市，自外而不出于关，然后举而罚之。"

(2)"司货贿之出入者，掌其治禁与其征廛。"郑玄注："征廛者，货贿之税与所止邸舍也。关下亦有邸客舍，其出布如市之廛。"孙诒让《周礼正义·司关疏》云："'司货贿之出入者，《师氏》注云：'司犹察也。'谓凡民赍货贿出入关门者，皆察之。""云'掌其治禁'者，治谓求请辞讼，禁谓刑禁。黄以周云：'禁者，禁其非法之物也。'""注云'征廛者，货贿之税与所止邸舍也'者，《大司徒》注云：'征，税也。'凡商贾及民之赍百物过关者，皆有税。……江永云：'此征廛是二事：征者，货贿之税；廛者，货贿停阁邸舍之税也。若不停阁，则无廛布也。'案：江说是也。"

(3)"凡货不出于关者，举其货，罚其人。"郑玄注云："不出于关，谓从私道出辟税者，则没其财而挞其人。"孙诒让《周礼正义·司关疏》："注云'不出于关，谓从私道出辟税者'者，辟与避同。谓私从关旁它道而出，越关以辟征税也。云'则没有财而挞其人'者，《司市》注云：'举之，没入官。'是举其货谓没其财入官。挞即《司市》市刑之大刑扑罚。"

(4)"国凶札，则无关门之征，犹几。"郑司农云："凶，谓凶年饥荒也。札，谓疾疫死亡也。……无关门之征者，出入关门无租税。犹几，谓无租税犹苛察，不得令奸人出入。"《周礼正义·司关疏》："'国凶札则无关门之征'者，贾疏云：'此司关所掌兼言门者，门关同类，无征是同，司门既不言，故於关并言门也。'"

又《周礼》"司门"职文云："司门掌授管键，以启闭国门。凡出入不物者，正其货贿，凡财物犯禁者举之，以其财养死政之老与其孤。"郑玄注："不物，衣服视占不与众同及所操物不如品式者。正读为征。征，税也。犯禁，谓所不资者，举之没入官。财，所谓门关之委积也。死政之老，死国事者之父母也。孤，其子。"《周礼正义·司门疏》引江永云："《司关》明言'凶札无门关之征'，而《遗人》'以门关之委积养老孤'，则门关皆有征明矣。"

上引《周礼》所载，既包含着西周关税制度的部分史事，也包含着春秋时期关税制度的某些方面。似可这样说：在西周时期，真正的关税制度还没有完全形成。当时的基本情况，大概犹如《管子·问篇》所说："征于关者勿征于市，征于市者勿征于关。"关税还没有成为市税之外的单独的、固定的税种。东周时期，不少诸侯国不但既征于市又征于关，而且还征于门，市、关、门皆有征，关税、门税成为市税之外的两个独立的、固定的税种。这在上引《周礼》司关、司门的职文中也有所反映。

《周礼·司关》"掌国货之节，以联门市"，贾公彦疏云："司市与关及门三处相连……其远郊近郊虽不置官掌之，亦应有人几问，但无税法，故不言耳。"实则，关最初主要置于国之边境，关税之征亦先起于边关，是在进出贸易中征收的。《仪礼·聘礼》"及境……乃谒关人"，郑玄注："谒，告也。古者，境上为关，以讥异服、识异言。"先是"讥而不征"，后来开始征税；所谓"关者诸侯之陬隧也，而外财之门户也"①，表明了这一点。春秋时期，特别是"政自大夫出"的春秋后期，有些诸侯国不但在其国边境增设关卡收税，而且还在内地各城邑附近和交通要道新设或增设关卡收税。对有些诸侯国来说，《周礼·司关》所述与国都"市"、"门"相连的司关之设和关税之征，始于春秋时期。

《左传·文公二年》载，仲尼曰："臧文仲，其不仁者三"，"废六关"是"其不仁者"之一。臧文仲即臧孙辰，鲁大夫。关于"废六关"，有两种解释。杜预注云："塞关、阳关之属凡六关，所以禁绝末游，而废之。"以"废"为废除，这是一解。《孔子家语·颜回篇》亦述及此事，其中"废六关"作"置六关"。王肃注云："六关，关名，鲁本无此关，文仲置之以税行者，故为不仁。"以"废"为置立，这是另一解。惠栋《春秋左传补注》、洪亮吉《左传诂》，均主后说。后说是对的。不过，"六关"似非关名，杜预注谓"塞关、阳关之属凡六"较妥。《左传·襄公十七年》说："秋，齐侯伐我北鄙，围桃。高厚围臧纥于防。师自阳关逆臧孙，至于旅松。"防是臧氏的采邑，在今山东泗水县西南二十八里，旅松距防不远；阳关在今山东泰安县东南约60里，距

① 《管子·问篇》。

防约60余里。塞关，见于《左传·昭公五年》，据杜预注，此为鲁、齐界上关，关外即是齐境。

在鲁国，仅臧文仲即“置六关”。其他诸侯国，特别是齐、晋等国增设之关，亦当不少。《左传·昭公二十年》说齐景公时期的齐国：“偪介之关，暴征其私。”“偪介”本作“偪尒”，“尒”即迩字。此谓迫近国都临淄的关卡[①]。孔颖达疏据《聘礼》“及境谒关人”、郑玄注“古者境上为关”，认为：“礼之正法，国之境界之上乃有关耳，自境至国更无关也。齐于境内更复置关，不与常礼同。”又《左传·文公十一年》载：

> 初，宋武公之世，鄋瞒伐宋，司徒皇父帅师御之。耏班御皇父充石，公子谷甥为右，司寇牛父驷乘，以败狄于长丘，获长狄缘斯。皇父之（与）二子死焉[②]，宋公于是以门赏耏班，使食其征，谓之耏门。

杜预注谓“门”为“关门”，误。如前所述，《周礼》有“司门”和“司关”，门、关有别，门、关皆有征。此言门而不及关，接着又言“谓之耏门”，门为城门，耏班所食者为城门之税而非关税甚明[③]。据《史记·十二诸侯年表》，宋武公在位十八年，以鲁惠公二十一年卒，时为春秋前二十六年。可见，宋国在东周初期已有门征。在这里，已死的皇父等三子不见赏，受赏者为活着的功臣，即为皇父御的耏班，有别于《周礼·司门》“以其财养死政之老与其孤”。从《周礼·司门》关于门征的记述，以及宋国国君“以门赏耏班，使食其征”，并将此门“谓之耏门”看来，城门税已成为春秋列国市税、关税之外的另一固定的税种。

关税税率，因国因地因时而异。据说，齐桓公即位后一段时期内，齐国关税率高于2%；“桓公践位十九年，弛关市之征，五十而取一”[④]，市税税率和关税税率均减为2%。继齐桓公之后称霸的晋文公，亦曾采取减轻关税的政

---

① 说详王引之《经义述闻》中的《左传述闻》。

② “皇父之二子死焉”，“之”当解为“与”，谓皇父与谷甥、牛父皆死。

③ 说详江永《周礼疑义举要》、王引之《左传述闻》。

④ 《管子·大匡篇》。

策，所谓“轻关易道，通商宽农”[1]；“轻关，轻其税也”，“通商，利商旅也”[2]。“急关市之税则货不通”；“关市平，商贾归之”[3]。这个道理，当时各诸侯国的一些统治者该是懂得的。然而，由于列国政治的日益腐败和统治者生活的日益奢侈，关税还是越来越重。由于增设关卡，层层抽税，而且另有市税甚至门税，商旅经商往往要经过多道纳税环节。春秋晚期，齐国都城临淄附近之关，不但对过往商旅任意征税，而且还夺取一般过往行人私物，所谓“偪介之关，暴征其私”。这只是见于历史记载者，实际上并非仅此一例。虽然齐景公为了维持当时齐国公室摇摇欲坠的政治统治，不得不采纳晏婴的意见，“使有司宽政”而暂时“毁关”[4]，但所“毁”者只是那“偪介之关”，并非当时齐国境内的全部关卡。在鲁国，哀公时期“弛关市之征”的呼声[5]，亦反映此前关税、市税的苛重。

第三节 小国弱国对霸国大国的负担

仅据鲁史《春秋》的记载，在242年里，列国间军事行动凡483次，朝聘盟会凡450次，总计933次。“军事行动和朝聘盟会，一般说来，都是大国对小国进行剥削掠夺。”[6] 这是大国财政的一大收入。然而对小国来说，则是其财政的一大支出，实际上也就是小国劳动人民的又一沉重的负担。

春秋时期，大国、霸国对小国、弱国有贡赋之征。而贡赋的轻重，与当时列国诸侯之等级的尊卑有关。关于这一点，鲁臣子服景伯（子服何）在鲁哀公十三年（前482）的“黄池之会”上，作了系统的说明。《左传·哀公十三年》载：

秋七月辛丑，盟，吴、晋争先。……吴人将以公见晋侯，子服景

① 《国语·晋语四》及韦昭注。
② 《国语·晋语四》及韦昭注。
③ 《逸周书·大聚篇》。
④ 《佐传·昭公二十年》。
⑤ 《说苑·指武篇》。
⑥ 范文澜：《中国通史》第一册，人民出版社1978年版，第130页。

伯对使者曰："王合诸侯，则伯帅侯牧以见于王。伯合诸侯，则侯帅子、男以见于伯。自王以下，朝聘玉帛不同。故敝邑之职贡于吴，有丰于晋，无不及焉，以为伯也。今诸侯会，而君将以寡君见晋君，则晋成为伯矣，敝邑将改职贡。鲁赋于吴八百乘；若为子、男，则将半邾以属于吴，而如邾以事晋。且执事以伯召诸侯，而以侯终之，何利之有焉？"

这里，"凡列王、伯、侯、男四级而各贯其三，故伯帅侯以见王，侯帅男以见伯。王所合者伯与侯，伯所合者侯与男。此政治地位尊卑之异也。侯对王与伯俱有职贡，其量丰；男对伯与侯俱职贡，其量寡。鲁，侯也，视吴为伯而贡八百乘，其贡于晋、楚者当不亚于吴。若吴帅鲁以朝晋，则晋为伯而吴为侯，鲁惟有降而为男。男位既最卑，则贡于伯者当六百乘，贡于侯者才三百乘耳。此经济负担轻重之别也"①。

春秋之世，齐、楚、晋、秦、吴、越争为霸主，其主要目的之一，就是为了榨取弱小之国。《左传·文公四年》"曹伯如晋会正"，杜预注云："会受贡赋之政也。《传》言襄公能继文之业，而诸侯服从。"读"正"为"政"是对的②，盖当时小国诸侯有向霸主纳贡之义务，因以定其额也。《左传·襄公四年》载：

公如晋听政，晋侯享公。公请属鄫，晋侯不许。孟献子曰："以寡君之密迩于仇雠，而愿固事君，无失官命。鄫无赋于司马。为执事朝夕之命敝邑，敝邑褊小，阙而为罪，寡君是以愿借助焉！"晋侯许之。

听政有二义，一义为治理国事，《左传·僖公九年》所云"宋襄公即位，以公子目夷为仁，使为左师以听政"是也；一为听受别人之要求，此"公如晋听政"是也，故杜注云："受贡赋多少之政。""公请属鄫"，也就是鲁襄公请求晋悼公同意以鄫国为鲁之附庸。杜注："鄫，小国也。欲得使属鲁，如须句、

① 顾颉刚：《史林杂识》初编，中华书局1977年版，第25页。

② 顾炎武：《左传杜解补正》读"正"为正月正岁之正，谓"会正即朝正也"。然晋虽行夏正，以周之三月为正月，但曹伯夏季如晋，亦已过朝正之期，恐顾说不如杜。（杨伯峻《春秋左传注》第二册，第533页。）

颛臾之比，使助鲁出贡赋。”“无失官命”即“晋官征发之命”；“晋司马又掌诸侯之赋”。由于晋之“执事朝夕”命鲁，需索甚勤，而鲁“褊小”，无法满足供应，于是便“借助”于鄫，以致“大国剥削小国，小国又剥削更小之国”①。

又《左传·襄公八年》：“公如晋朝，且听朝聘之数。”杜注：“晋悼复修霸业，故朝而禀其多少。”是年夏，《经》书“季孙宿会晋侯、郑伯、齐人、宋人、卫人、邾人于邢丘”，《传》曰：“会于邢丘，以命朝聘之数，使诸侯之大夫听命。季孙宿、齐高厚、朱向戍、卫宁殖、邾大夫会之。郑伯献捷于会，故亲听命。”杜注：“晋难重烦诸侯，故使大夫听命。”又《左传·襄公十四年》：“子叔齐子为季武子介以会，自是晋人轻鲁币，而益敬其使。”币即币帛，此代表一切献礼。

综上所述，可见晋自文公为侯伯后，“凡从晋之国莫不向晋纳其贡赋，一若西周诸国之对周王然；其多少之数则晋君规定之，晋官分征之，晋司马掌其事而接收之”。“至于邢丘之会，晋悼公自主持之，亲与诸侯之大夫会，以定各国贡赋之数，盖各国负担若干，多少不同，必须当面商量裁决，虑其直接与诸侯言或成僵局，故与大夫言之，使之有讨价还价之余地，彼此均具有伸缩性。即此可见晋悼为人之极端精干，宜其被称为‘复霸’，而其时会盟亦特多也。又出使之大夫如为晋人所敬，便可减轻其币，则直以个人之爱憎定多寡矣”②。

按照《仪礼》所载“觐礼”、“聘礼”，贡献物品本有一定的限度，然而事实却不尽然，甚至完全不然。《左传·昭公三年》载郑臣子大叔（游吉）曰：“昔文、襄之霸也，其务不烦诸侯，令诸侯三岁而聘，五岁而朝，有事而会，不协而盟。”又《左传·昭公十三年》载晋臣叔向曰：“是故明王之制，使诸侯岁聘以志业（每年相聘），间朝以讲礼（三年而一朝），再朝而会以示威（六年而一会），再会而盟以显昭明（十二年而一盟）……自古以来，未之或失也。”张聪咸（1783～1814）《左传杜注辨证》云：“叔向之语盖举文、襄时法而托言明王之制耳。”叔向所说，当有一定根据，并非尽妄。由此看来，晋

① 杨伯峻：《春秋左传注》第3册，第935页。
② 顾颉刚：《史林杂识》初编，中华书局1977年版，第22～23页。

文公、襄公时期，未必只令诸侯“三岁而聘，五岁而朝”，而会盟亦无定期。自然，大体说来，其时诸侯对晋的负担相对轻些，而此后则日益加重，使各国疲于奔命。

《左传·襄公二十九年》记晋女叔侯之语曰：“鲁之于晋也，职贡不乏，玩好时至，公卿大夫相继于朝，史不绝书，府无虚月。”是鲁无月不贡于晋，晋无月不受鲁贡，虽晋臣亦觉其过量。

郑国以其居晋、楚两大国之冲要，为双方长期争夺的目标，不仅索贡，而且还加之以师旅，因此诸国之中苦痛最深者莫若郑。《左传·襄公八年》记载：“楚子囊伐郑……子驷、子国、子耳欲从楚，子孔、子蟜、子展欲待晋。子驷曰：‘……民急矣，姑从楚以纾吾民。晋师至，吾又从之。敬共（供）币帛，以待来者，小国之道也。牺牲玉帛，待于二竟（境），以待强者而庇民焉。’”于是郑“乃及楚平”，而使王子伯骈（郑大夫）告于晋曰：“今楚来讨……焚我郊保，冯陵我城郭。敝邑之众，夫妇男女，不遑启处，以相救也。翦焉倾覆，无所控告。……民知穷困，而受盟于楚。孤也与其二三臣不能禁止，不敢不告。”然卒不见谅于晋，次年，晋以诸侯伐郑，“郑人恐，乃行成”；“诸侯皆不欲战，乃许郑成”。“十一月己亥（十日），同盟于戏。”“晋士庄子为载书，曰：‘自今日既盟之后，郑国而不唯晋命是听，而或有异志者，有如此盟。’公子騑（郑卿子驷）趋进曰：‘天祸郑国，使介居二大国之间。大国不加德音而乱以要之，使其鬼神不获歆其禋祀，其民人不获享其土利，夫妇辛苦垫隘，无所底告。自今日既盟之后，郑国而不唯有礼与强可以庇民者是从，而敢有异志者，亦如之。’”由于郑盟辞谓“唯有礼与强可以庇民者是从”，不专服晋，故“晋人不得志于郑”，又“以诸侯复伐之”。接着，楚以郑与晋盟故，也出兵伐郑，郑“乃及楚平”，“公子罢戎（楚大夫）入盟，同盟于中分（郑城中里名）”①。其后，晋、楚对郑诛求日厉。

鲁昭公十三年秋，晋“合诸侯于平丘（今河南省封丘县东四十里）”。八月甲戌（七日），“同盟于平丘”。“及盟”，“子产争承”于晋，曰：“昔天子班贡，轻重以列，列尊贡重，周之制也，卑而贡重者，甸服也。郑伯，男也，

① 《左传·襄公九年》。

而使从公侯之贡，惧弗给也。……行理之命无月不至，贡之无艺，小国有阙，所以得罪也。诸侯修盟，存小国也。贡献无极，亡可待也。存亡之制，将在今矣。”[①] 杜预注云：“承，贡赋之次”；“行理，使人通聘问者”；“艺，法制”。由此可知，晋无月不遣官索取于郑，贡献没有限度，使郑人有亡国之惧。吴季札之观乐也，“为之歌《郑》曰：‘其细已甚，民弗堪也，是其先亡乎！’”[②] 如有的学者所说：“此语向无确诂，今以子产语校之，知晋以超额之职贡加于郑，郑即以超额之赋税加于民，苛捐杂税丛出如毛，是以谓之‘细’；民力已竭，故曰‘弗堪’，使闻其声者有以断其先亡也。”[③]

鲁襄公二十七年，宋向戌为“弥兵”之会，以纾小国之忧，与会者有晋、楚、鲁、齐、秦、郑、陈、蔡、卫、许、曹、滕等十余国。楚令尹子木谓向戌：“请晋、楚之从，交相见也。”所谓“交相见”者，即晋之属国亦贡于楚，楚之属国亦贡于晋。这在郑固为久已习惯之事实，而在鲁则为突如其来的负担，故季武子急命在会的叔孙豹“以公命曰”：“视邾、滕！”[④] 杜预注云：“两事晋、楚则贡赋重，欲比小国。”小国邾、滕贡赋轻，季孙恐贡献于晋、楚两国，非国力所胜，故以鲁国比于邾、滕。春秋时代的鲁国本为二等国家，因不能承受晋、楚两国的贡赋负担而甘心自降于邾、滕一类四等国，可见当时晋、楚对其他国家、人民的经济压榨到了何等严重的程度。

而且，除上述贡赋以外，小国弱国对大国强国有时还有其他种种负担。《孙子·作战篇》云：“善用兵者，役不再籍，粮不三载；取用于国，因粮于敌，故军食可足也。”历史记载表明，春秋时期大国霸国出兵远征不但“因粮于敌”，而且还往往因粮于其往返途中所经过的国家。例如《左传·僖公四年》载：

> 春，齐侯（桓公）以诸侯之师侵蔡，蔡溃，遂伐楚。……夏，楚子使屈完如师。师退，次于召陵。……屈完及诸侯盟。……陈辕涛涂谓郑申侯曰：“师出于陈、郑之间，国必甚病。若出于东方，观兵

---

① 《左传·昭公十三年》。

② 《左传·襄公二十九年》。

③ 顾颉刚：《史林杂识》初编，中华书局1977年版，第23页。

④ 《左传·襄公二十七年》。

于东夷，循海而归，其可也。"申侯曰："善。"涛涂以告，齐侯许之。申侯见，曰："师老矣，若出于东方而遇敌，惧不可用也。若出于陈、郑之间，共其资粮屝屦，其可也。"齐侯说，与之虎牢。执辕涛涂。秋，伐陈，讨不忠也。

陈大夫辕涛涂之所以"恶其过陈，诈齐令出东道"①，"循海而归"，就是因为若"师出于陈、郑之间"，陈得"共其粢粮屝屦"，而"国必甚病"。《诗·大雅·江汉》篇孔颖达《正义》云："其意以齐侯所经之处多有征发，陈、郑两国当其军道，去既过之，来又过之，则民将困病。"

① 《史记·陈世家》。

第四编

战　国

第二十五章　两种社会制度的交替

公元前453年韩、赵、魏三家分晋，标志着春秋时代的结束和战国时代的开始，同时也标志着中国奴隶制社会和封建制社会两种社会形态的交替。战国前期各诸侯国先后进行的变法、改革，使中国社会从经济基础到上层建筑发生了全面的变革。新兴封建地主阶级是战国时代的中心，决定着时代的主要内容、时代发展的主要方向和主要特点。

第一节　田氏取齐与三家分晋

春秋战国之际，发生了田氏取齐和三家分晋的重大历史事件。公元前453年，韩、赵、魏三家分晋而建立韩、赵、魏三国，是春秋时代进入战国时代的标志，也是中国奴隶制社会进入封建制社会的标志。关于这一重大历史事件发生的原因及其特点和性质问题，我们要说明以下几点：

（1）如马克思所指出：“社会的物质生产力发展到一定阶段，便同它们一直在其中活动的现存生产关系或财产关系（这只是生产关系的法律用语）发生矛盾。于是这些关系便由生产力的发展形式变成生产力的桎梏。那时社会革命的时代就到来了”①。春秋战国之际以田氏取齐和三家分晋为重要标志的社会革命，归根到底，即是生产关系和生产力之间的矛盾发展的必然结果。

随着中国奴隶制社会内部生产力的长期的、缓慢的发展，到春秋时期，新

① 马克思：《〈政治经济学批判〉序言》，《马克思恩格斯选集》第2卷，第82～83页。

的封建制生产关系存在的物质条件已基本成熟。春秋时期冶铁技术的发明和铁器的使用，“是生产的经济条件方面所发生的物质的、可以用自然科学的精确性指明的变革”[①]；在中国奴隶制经过西周的发展之后已逐步解体的历史背景下，这一物质变革、生产力变革，为新的封建制生产关系的形成和确立创造了重要的物质条件。然而，虽然春秋时期随着奴隶制的解体产生了封建制的因素，但奴隶制社会的生产关系或财产关系（如采邑制等）仍然浓厚存在，束缚着社会生产力的进一步发展。根本变革生产关系或财产关系，使封建制生产关系成为社会中占主导地位、统治地位的生产关系，是奴隶制社会内部发展起来的新生产力发展的要求。

有一种观点认为：历史上各个国家或民族的奴隶制社会解体时期，社会经济总是如像古罗马奴隶制崩溃时期那样遭受巨大的破坏，正如马克思主义经典作家所说，在罗马帝国的最后几个世纪，“生产遭到了极大的破坏；农业衰落了，工业由于缺乏销路而一蹶不振了，商业停顿或被迫中断了，城乡居民减少了”[②]。因此，在持上述观点的学者看来，认为社会经济有显著发展的春秋时期奴隶制生产关系已由生产力的发展形式变成生产力的桎梏、春秋战国年间是社会革命的时代一说，不符合生产力和生产关系之间的矛盾发展的规律。我们认为，这是对生产力经济发展规律的误解。

诚然，一般说来，“当与生产的一定阶段相应的社会状态刚刚产生或者已经衰亡的时候，自然会出现生产上的紊乱，虽然程度和影响有所不同”[③]。中国奴隶制解体和封建制萌芽过程中，也曾发生过生产上的紊乱和破坏。例如：西周末期宣王“不藉千亩”、废除畿内藉田制前后，生产衰落；春秋早期齐国“相地而衰征”以前，“甫田”农场上“维莠骄骄”、“维莠桀桀”[④]，杂草丛生，土地荒芜；鲁宣公十五年“初税亩”前，鲁国农夫“怠于公事”[⑤]“懈于公田”[⑥]，

① 马克思：《〈政治经济学批判〉序言》，《马克思恩格斯选集》第2卷，第83页。
② 马克思、恩格斯：《德意志意识形态》，《马克思恩格斯全集》第3卷，第27页。
③ 马克思：《导言》，《马克思恩格斯全集》第46卷上册，第25页。
④ 《诗·齐风·甫田》。
⑤ 《盐铁论·取下》。
⑥ 《汉书·五行志》。

“不肯尽力于公田”①，“公田不治”②；周定王（前606～前586）“使单襄公聘于宋，遂假道于陈以聘于楚”前后，“陈国道路不可知，田在草间，功成而不收”③，等等。但是，不能把生产上的这种紊乱和破坏加以夸大并赋予绝对的性质；也不能把一定时期内生产上的某种程度的紊乱和破坏，与生产力的总的发展对立起来。生产力和生产关系是社会生产的两个不可分割的方面，同时这两个方面又具有不同的发展特征。生产力的发展是有连续性的，它的发展并不经过“爆发”，也用不着通过暴力手段摧毁旧的生产力而发展新的生产力。生产力并不是一个时代的产物，它总是向更高的水平发展着。在一般情况下，生产力的这种发展，就是在生产关系已由生产力的发展形式变成生产力的桎梏时也不会完全停止。在西罗马帝国，奴隶制度的总危机开始于2世纪，就在由于奴隶制度的危机使土地荒芜、城市衰落、物价腾贵、民众极端贫困的时期，生产力仍在继续发展。标志着农业技术重大改善的“新型犁”，是在这一时期发明的；代替人力磨碎谷粒的水磨，是在这一时期推广的；收割器、脱粒机等复杂的工具，也是在这一时期传播的。而且，生产者的生产经验和生产技能在这一时期亦有所提高，园艺业、榨油业、酿酒业都有发展④。总之，在欧洲历史上，形成新的封建制生产方式所需的物质条件，也是在奴隶制解体阶段成熟的。

古代世界各国各民族奴隶制社会的形成、发展和解体有其共同的规律，也各有其特殊规律。人类社会发展的一般经济规律，即生产关系一定要适合生产力性质的规律，是通过各国各民族的具体历史实际而实现的。中国奴隶制解体时期（春秋）的生产力状况与古罗马奴隶制解体时期生产力状况的差异，以及生产破坏程度的差异，主要是由于中国奴隶制和罗马奴隶制属于两种不同的奴隶制经济类型⑤。

---

① 《公羊传·宣公十五年》何休注。

② 《汉书·食货志》。

③ 《国语·周语中》。

④ 〔苏〕A. п. 卡日丹：《罗马帝国封建关系形成史上某些争论不决的问题》，《罗马奴隶占有制崩溃问题译文集》，科学出版社，1958年。

⑤ 参看周自强：《生产力发展规律与春秋战国之际的社会革命》，《中国史研究》1987年第3期。

（2）特定的社会形态是一定的经济基础和上层建筑的有机的、辩证的统一。经济是基础，政治是经济的集中的表现。任何一种国家政权，都是为了维护一定的经济制度和一定阶级的利益；一个新的阶级为了使自己所代表的新的生产关系成为社会中占主导地位、统治地位的生产关系，必须取得和掌握国家政权，使自己成为社会的统治阶级。春秋战国之际田氏取齐和三家分晋，便是以田氏和韩、赵、魏三家为代表的新势力，分别同以齐、晋两国公室为代表的旧势力之间的长期斗争的结果。

如前所述，虽然春秋时代奴隶制解体过程中产生了新的封建制关系，但它是不成熟的，而且是不稳定的。旧的采邑制度、等级制度，以及以“公室”为代表的旧势力的残酷压迫和剥削，阻碍着新的生产力和封建制关系的发展；民众贫困破产，大量流亡，以一家一户为生产单位的个体小农经济难以普遍地形成和确立。曾在历史上起过进步作用的奴隶主阶级，现在走向了它的反面，成为阻碍社会进步的反动阶级。历史记载表明，春秋晚期，各诸侯国社会矛盾尖锐，公室发生了严重的政治危机。在齐国，“民参其力，二入于公，而衣食其一；公聚朽蠹，而三老冻馁；国之诸市，屦贱踊贵，民人痛疾而或燠休之”[①]；“民人苦病，夫妇皆诅”[②]。晋国公室，“今亦季世也”，“戎马不驾，卿五军行，公乘无人，卒列无长，庶民罢敝，而宫室滋侈，道殣相望，而女富溢尤，民闻公命，如逃寇仇”；“公室之卑，其何日之有！”[③] 然而，这种旧政府，如果不“推”它，即使在危机时代也是不会“倒”的。旧势力不会自动让出政权，退出政治舞台，他们继续抱着旧的“礼”制不放，认为当时面临的社会危机和政治危机“唯礼可以已之”[④]，竭力维护旧的等级制度、采邑制度、“世卿世禄”制度以及僵化的垂死的政治形式，反对新兴封建势力。

我们说齐国的田氏和晋国的韩、赵、魏三家是新兴封建势力的政治代表，是因为他们适应当时历史发展的潮流，他们在取得政权以前和取得政权以后的一段历史时期内所推行的种种政策和措施，符合新的生产力和封建制生产关系

① 《左传·昭公三年》。
② 《左传·昭公二十年》。
③ 《左传·昭公三年》。
④ 《左传·昭公二十六年》。

发展的要求，而最终确立的是封建社会的经济基础及其上层建筑。

有的学者否定奴隶社会内部的新旧势力斗争，认为历史上不存在什么封建地主阶级夺取国家政权的政治革命。或者援引斯大林的说法，是“奴隶革命把奴隶主消灭了，把奴隶主剥削劳动者的形式废除了”[①]。这种种观点，理论上不能成立，也不符合历史实际。如毛泽东在《矛盾论》中所指出：“任何事物的内部都有其新旧两个方面的矛盾，形成为一系列的曲折的斗争。斗争的结果，新的方面由小变大，上升为支配的东西；旧的方面则由大变小，变成逐步归于灭亡的东西。而一当新的方面对于旧的方面取得支配地位的时候，旧事物的性质就变化为新事物的性质。”[②]“社会的变化，主要地是由于社会内部矛盾的发展，即生产力和生产关系的矛盾，阶级之间的矛盾，新旧之间的矛盾，由于这些矛盾的发展，推动了社会的前进，推动了新旧社会的代谢。”[③]毛泽东还说过：“历史上奴隶主阶级、封建地主阶级和资产阶级，在它们取得统治权力以前和取得统治权力以后的一段时间内，它们是生气勃勃的，是革命者，是先进者。”[④]这一论断，即包含着孕育于奴隶制社会内部的封建地主势力，曾进行政治革命以取得统治权力的意思。郭沫若在《奴隶制时代》一书中，曾对春秋末年的新旧势力斗争做过具体的论述，他认为：田氏取齐和韩、赵、魏三家分晋“是革命的变革”，“它的实质并不是改姓换代的单纯的政治革命，而是使社会起了质变的社会革命”[⑤]。

古罗马奴隶制社会崩溃时期也存在新旧势力斗争，即新的封建主势力和旧的奴隶主势力之间的斗争。只是在那里，这种斗争并不十分明显和突出，不曾发生新兴封建主夺取政权的革命，而最终是由日耳曼人的征服结束了古罗马奴隶主的政治统治，从而完成了西欧从奴隶社会到封建社会的转变。古代中国的情况不同，如郭沫若所说：“我们中国，其前资本主义的各个阶级是在罕受外

---

① 斯大林：《在全苏集体农庄突击队员第一次代表大会上的演说》，《列宁主义问题》，人民出版社 1964 年版，第 493 页。

② 《毛泽东著作选读》上册，人民出版社 1986 年版，第 163 页。

③ 《毛泽东著作选读》上册，人民出版社 1986 年版，第 141 页。

④ 《关于帝国主义和一切反动派是不是真老虎的问题》，《毛泽东著作选读》下册，人民出版社 1986 年版，第 806 页。

⑤ 《郭沫若全集·历史编》第 3 卷，人民出版社 1984 年版，第 42 页。

来影响的状态之下自然发生出来的，几千年来有一贯的历史。这正是研究社会发展史的绝好的标本。”① 因为中国封建社会是由中国奴隶制社会内部的各种矛盾的发展，即生产力和生产关系的矛盾、经济基础和上层建筑的矛盾、阶级之间的矛盾以及新旧势力之间的矛盾的发展，而直接地、自然地发生出来的，所以作为新的封建制生产方式代表的封建地主阶级，在中国历史上起了以夺取国家政权为首要标志的革命作用。

在马克思、恩格斯的著作中，没有明确地谈到奴隶制社会内部的新旧势力斗争，也没有封建地主阶级革命的提法。有的研究者基于这一点，认为：田氏取齐和三家分晋是新兴封建地主势力夺取政权的革命在理论上不能成立。其实，在人类历史上的各种社会形态内部，特别是在社会形态更替的社会革命时代，新旧势力之间的斗争普遍存在。马克思主义的历史唯物主义认为，在阶级社会里，改变社会经济制度的斗争必然集中地表现为革命的政治斗争，表现为夺取国家政权的斗争。“只有在没有阶级和阶级对抗的情况下，社会进化将不再是政治革命”②。在原始社会解体以来的“全部纷繁和复杂的政治斗争中”，“问题的中心始终是社会阶级的社会和政治的统治，即旧的阶级要保持统治，新兴的阶级要争得统治”③。在奴隶制解体过程中产生的新兴封建主势力，是新的封建制生产关系的体现者和代表者，为了使封建生产关系成为社会中占主导地位、支配地位的经济制度，为了维护、巩固和发展这种经济制度，他们势必要进行政治革命以夺取国家政权，使自己成为统治阶级。马克思、恩格斯之所以没有谈到封建主阶级通过暴力夺取国家政权的革命，是因为他们关于奴隶制社会形态和封建制社会形态的种种论述，通常是以西欧为例证。前面说过，由于日耳曼蛮族对古罗马的征服，从奴隶制社会向封建社会转变的社会革命，在西欧历史上没有得到正常的、典型的表现，以致从那里得不出封建主阶级夺取国家政权的结论。这是特殊社会环境下的特殊事例，并非奴隶制和封建制两种社会制度更替的一般规律。

---

① 郭沫若：《社会发展阶段之再认识》，《郭沫若全集・历史编》第3卷，人民出版社1984年版，第312页。

② 马克思：《哲学的贫困》，《马克思恩格斯全集》第4卷，第198页。

③ 恩格斯：《卡尔・马克思》，《马克思恩格斯全集》第19卷，第121～122页。

所谓“奴隶革命把奴隶主消灭了，把奴隶主剥削劳动者的形式废除了”这一说法是不妥当的。毫无疑问，奴隶反抗奴隶主的各种形式的斗争，对于奴隶主剥削形式的改变和废除，对于奴隶制和封建制两种社会制度的更替，曾经起过重要的、根本性的作用。但是，奴隶阶级并不是新生产方式的体现者和代表者。“古代是没有用胜利的起义来消灭奴隶制的事情的”[①]。

(3)“无论不从事生产的社会上层发生什么变化，没有一个生产者阶级，社会就不能生存”[②]。“历史活动是群众的事业”[③]。广大群众是春秋战国之际社会革命的根本动力。田氏取齐和三家分晋这一历史结局，归根到底是广大群众决定的。

人民群众是一个历史的范畴，在阶级社会的不同的历史时期，包括着不同的阶级、阶层和社会集团。在中国奴隶制社会向封建制社会转变的社会革命时代，奴隶、隶农、平民以及其他劳动者和新兴封建地主，属于人民的范畴。但是，在任何时候，从事物质资料生产的劳动群众，都是人民群众的主体。奴隶制社会赖以存在的物质资料是奴隶等劳动者的双手创造出来的，奴隶等劳动者的生产活动是奴隶制社会的一切活动的基础。奴隶等劳动者在不断地生产和再生产过程中，不但创造出物质资料，而且不断地改善工具，积累生产经验，提高生产技能，而生产力的不断向前发展，又是引起奴隶制生产关系变化和推动奴隶制向封建制转变的决定力量。新的封建制赖以产生和发展的新的生产力、物质条件，是奴隶等劳动群众创造的。奴隶主集团之改变剥削形式，如废除藉田制实行税亩制等，又是奴隶和其他劳动者采用怠工、逃亡等形式进行反抗斗争的结果。没有上述一切，也就不会有包括田氏和韩、赵、魏三家在内的新势力的出现，及其为改变社会制度而进行的政治斗争。

在中国奴隶制社会解体的春秋时期，特别是春秋中、后期，被压迫被剥削者的逃亡、暴动和起义事件，不断发生，层出不穷，打击和动摇了各诸侯国公室的腐朽统治[④]。齐国的陈氏（即田氏）和晋国的韩、赵、魏三家等新势力，

① 恩格斯：《家庭、私有制和国家的起源》，《马克思恩格斯全集》第21卷，第177页。
② 恩格斯：《必要的和多余的社会阶级》，《马克思恩格斯全集》第19卷，第315页。
③ 马克思、恩格斯：《神圣家族》，《马克思恩格斯全集》第2卷，第140页。
④ 周自强：《中国奴隶社会向封建社会转变时期的阶级斗争》，《历史研究》1964年第5~6期。

正是在各国社会矛盾尖锐、民众反抗斗争高涨、公室的政治统治面临严重危机的形势下，开始针对公室对民众的残酷压迫和剥削，采取减轻剥削和一些进步措施以争取民众，从而使新势力的力量由小变大、由弱变强，最终取得统治权力的。

据历史记载，齐景公时期（前548～前490），“公弃其民而归于陈氏”，“而归之如流水”[①] 原因是：陈氏（田桓子）“有施于民”，“其取之公也薄，其施之民也厚；公厚敛焉，陈氏厚施焉”[②]。公元前532年（齐景公十六年），田桓子攻伐贪婪无厌的两家大贵族栾氏和高氏，“栾、高败”；凡“国之贫弱孤寡者”，桓子“私与之粟”，于是“陈氏始大”[③]。公元前489年（齐晏孺子元年），继田桓子之后的田乞又率其民众，“以甲入于公宫”，“公师败”[④]。田乞死，子恒即田常代立，是为田成子。“田常成子与监止俱为左右相，相简公”；“监止幸于简公，权弗能去”。为了进一步争取民众以壮大自己的力量，消灭简公、监止的势力，田常“复修”田桓子之政，“以大斗出贷，以小斗收”，减轻对民众的剥削。于是当时齐国人民中流传着这样的歌谣：“妪乎采芑，归乎田成子!”[⑤] 公元前481年，田成子率民众攻入公宫，子我（即监止）率武装顽抗，失败后逃跑，“适丰丘，丰丘人执之，以告，杀诸郭关”[⑥]。《左传》说：“陈恒执公于舒州”；“齐陈恒弑其君壬于舒州”[⑦]。其实，真正捉简公、杀简公的，乃是田氏的徒众，具体情况是：“简公出奔，田氏之徒追执简公于徐州（即舒州）”，“田氏之徒恐简公复立而诛己，遂杀简公”[⑧]。此后，田常“专国权”，“齐自是称田氏”[⑨]。“田常既杀简公，惧诸侯共诛己，乃尽归鲁、卫侵地，西约晋、韩、魏、赵氏，南通吴、越之使，修功行赏，亲于百

---

① 《左传·昭公三年》。
② 《左传·昭公二十六年》。
③ 《左传·昭公十年》。
④ 《左传·哀公六年》。
⑤ 《史记·田敬仲完世家》。
⑥ 《左传·哀公十四年》。
⑦ 《左传·哀公十四年》。
⑧ 《史记·田敬仲完世家》。
⑨ 《史记·十二诸侯年表》。

姓，以故齐复定”[1]。同时，镇压国内的敌对势力，“尽诛鲍、晏、监止及公族之强者”[2]。战国时代的韩非在谈到田氏夺权斗争胜利的原因时说：“简公在上位，罚重而诛严，厚赋敛而杀戮民。田成恒设慈爱，明宽厚。简公以齐民为渴马，不以恩加民，而田成恒以仁厚为圃池也。”[3] 又说：“今简公之以法禁其众久矣，而田成恒利之，是田成恒倾圃池而示渴民也。”[4]

韩、赵、魏三家等新兴势力之由小变大，由弱变强，而最终取得夺权斗争的胜利，也主要是由于他们在经济和政治方面所采取的政策措施，适应了当时生产力发展的要求，在一定程度上符合民众的利益，得到了不少民众的支持和参与。军队是国家政权的主要成分，而军队的基础在士兵。公元前645年（晋惠公五年）晋“作州兵”以后，军队士兵的成分发生了重大变化，原来不服兵役的被压迫被剥削者“州众”即“野人”与“国人”同服兵役。如前所述，晋平公时期（前557～前532），晋“戎马不驾，卿五军行，公乘无人，卒列无长”；“民闻公命，如逃寇仇”。民众逃到哪里去了？原来是“政在家门”[5]，逃到了“私家”门下。据《左传·哀公二年》记载，在公元前493年的“铁之战”中，赵简子率领的武装队伍中包括上大夫、下大夫、士、庶人、工商、人臣隶圉等各个等级或等第。简子于战前誓师曰：“克敌者，上大夫受县，下大夫受郡，士田十万，庶人工商遂，人臣隶圉免。”赵氏这一按军功行赏的政策措施的推行，对于改变旧的以奴隶制为基础的等级制度和阶级关系，培植新的封建地主势力和封建制下的生产劳动者，变采邑制为郡县制、建立封建的政治制度，以及提高来源于民众的士兵的战斗力，都具有重要的意义。此外，赵、魏、韩三家等新势力为了争取民众以取得夺权斗争的胜利，还采取了其他种种进步的措施，例如扩大亩积，减轻税收[6]，对“民”征税“勿重”[7]，等等。

① 《史记·田敬仲完世家》。
② 《史记·田敬仲完世家》。
③ 《韩非子·外储说右下》。
④ 《韩非子·外储说右下》。
⑤ 《左传·昭公三年》。
⑥ 见山东临沂银雀山汉墓出土的竹书《孙子兵法·吴问篇》。
⑦ 见《韩非子·外储说右下》。

（4）特定阶级的存在，是同社会生产力的一定发展阶段相联系的。“人们自己创造自己的历史，但是他们并不是随心所欲地创造，并不是在他们自己选定的条件下创造，而是在直接碰到的、既定的、从过去承继下来的条件下创造”[①]，“是在制约着他们的一定环境中，是在既有的现实关系的基础上进行创造”[②]。尽管封建地主阶级和资产阶级在取得统治权力以前和取得统治权力以后的一段时间内都是先进者、革命者，尽管地主阶级革命和资产阶级革命都是一个剥削阶级代替另一个剥削阶级的少数人的革命，但是由于二者发生在不同的历史条件下而有这样那样的差别，不能将二者相提并论、等量齐观。

前面说过，奴隶社会和封建社会中的阶级都是等级的阶级。田氏和韩、赵、魏三家等新势力、中国封建地主阶级的最初一批政治代表，都是从旧的奴隶主贵族等级脱胎、转化而来。他们头脑中的动因与其实际行动的结果之间的联系，最初是混乱而隐蔽的，并没有作为一个新兴阶级的阶级自觉。他们所进行的革命，不可避免地具有较大的历史局限性和阶级局限性。无论当时的新旧势力斗争还是奴隶及其他劳动者的反抗斗争，其斗争水平和斗争方式都还处于人类社会阶级斗争史的较低级的阶段。

虽然人们自己创造着自己的历史，但是他们并不是按照共同的意志并根据共同的计划来创造这个历史的。春秋战国之际的新旧势力斗争也是如此。同一诸侯国内的新势力之间，各诸侯国的新势力之间，并没有也不可能按照共同的意志和共同的计划来统一行动。他们之间也存在着矛盾和斗争。因此当时的新旧势力斗争错综复杂，有时某一新势力联合某些旧势力反对另一部分旧势力或新势力，有时某一部分旧势力又联合某些新势力反对别的新势力或旧势力，新旧势力斗争并非阵线分明。尽管如此，我们从当时错综复杂的政治事变中，还是能够看出这样一条新旧势力斗争的线索：新势力之间，比如晋国的韩、赵、魏三家之间，鲁国的三桓季孙氏、叔孙氏、孟孙氏之间，他们在反对以国君为首的旧势力的斗争中，在多数情况下还是相互支持、联合行动的；而以国君为首的旧势力之间虽然也有矛盾和斗争，但在镇压民众的反抗和对付新势力方

① 马克思：《路易·波拿巴的雾月十八日》，《马克思恩格斯选集》第1卷，第603页。
② 恩格斯：《致瓦·博尔吉乌斯》，《马克思恩格斯选集》第4卷，第506页。

面，则往往是相互勾结、配合行动的。这是因为，新势力之间，旧势力之间，在政治、经济等方面各有共同的利害关系存在。

第二节　各国的变法、改革运动

战国前期，各国先后进行了变法、改革，如魏国李悝的变法，赵国公仲连的改革，楚国吴起的变法，韩国申不害的改革，齐国邹忌的改革，以及秦国商鞅的变法等。而主持变法或改革的李悝、吴起、申不害、商鞅，都是当时著名的法家。

各国为什么要进行变法或改革？当时最著名的变法改革家商鞅说："礼法以时而定，制令各顺其宜。"[①] "三代不同礼而王，五伯不同法而霸。智者作法，愚者制焉；贤者更礼，不肖者拘焉。"[②] 先秦法家思想的集大成者韩非也认为："夫古今异俗，新故异备，如欲以宽缓之政，治急世之民，犹无辔策而御駻马，此不知之患也。"[③] 意思是，法应当随着时代的不同而改变。各国的变法改革运动，正是由以封建地主阶级为中心的"战国"时代决定的，具有历史必然性。

各国变法改革的具体历史背景，以及变法改革内容的广度、深度和具体政策措施，不尽相同；其实际效果，也不完全一样。其中，魏、赵、韩、齐等国的变法改革，是在封建地主阶级夺取国家政权以后进行的，因此比较顺利。而吴起在楚国主持的变法和商鞅在秦国主持的变法，则是在封建地主阶级尚未全面掌握国家统治权力的前提下进行的，因此遭到了旧贵族的强烈反对，他们两人都被反对变法的旧贵族所杀害。从变法的内容及其历史作用来看，李悝和商鞅的变法比较典型，最有代表性。

各国变法改革的内容，概括起来，主要包括这样几个方面：（一）镇压民众的反抗，惩治"盗贼"，保护私有财产和维护封建统治秩序；（二）奖励耕

① 《商君书·更法》。
② 《史记·商君列传》。
③ 《韩非子·五蠹》。

战，调动农民的生产积极性，发展农业生产，发展个体小农经济；（三）改革旧的爵禄制度，论功行赏，打击旧贵族势力，培植新的封建地主、官僚；（四）整顿吏治，选贤任能，中央及地方的主要官吏由国王任免，从国家支取俸禄，中央集权。

“由于文明时代的基础是一个阶级对另一个阶级的剥削，所以它的全部发展都是在经常的矛盾中进行的”；“一个阶级的任何新的解放，必然是对另一个阶级的新的压迫”[①]。有剥削有压迫，就有反抗有斗争。历史记载表明，晋国的赵、魏、韩和齐国的田氏取得政权、战国时代开始以后，民众的反抗斗争并没有停止。《墨子》一书中多处谈道：“民之为淫暴寇乱盗贼，以兵刃、毒药、水火退无罪人乎道路率（术）径，夺人车马衣裘以自利者，并作。”[②]“天下之百姓皆以水火、毒药相亏害。”[③]“又如今之贱人，执其兵刃、毒药、水火以交相亏贼，此又天下之害也。”[④]“是以僻淫邪行之民，出则无衣也，入则无食也……并为淫暴而不可胜禁也，是故盗贼众而治者寡。”[⑤]《荀子·正论》篇也说：“王公则病不足于上，庶人则冻馁羸瘠于下，于是焉桀纣群居，而盗贼击夺以危上矣。”值得注意的是，《庄子》《孟子》《商君书》《荀子》《韩非子》《吕氏春秋》等书中，都提到跖，并把他视为“盗”的代表人物。《庄子·盗跖》篇说：跖曾率“从卒九千人，横行天下，侵暴诸侯”，“所过之邑，大国守城，小国入保”。《盗跖》篇虽然属于寓言性质，但当时剥削阶级曾有“盗跖之祸”[⑥]，当是历史事实。《荀子·不苟》篇说：“盗跖吟口，多声若日月，与舜禹俱传而不息，然而君子不贵者，非礼义之中也。”所谓“盗贼”，虽然成分复杂，但他们中的绝大数，是“出则无衣”、“入则无食”的“贱人”“庶人”。这一历史时期（战国初期），他们斗争的矛头不仅指向旧的奴隶主贵族势力，而且也指向封建统治者和封建剥削者。虽然封建主阶级在他们取得统

---

① 恩格斯：《家庭、私有制和国家的起源》，《马克思恩格斯全集》第21卷，第201页。
② 《墨子·明鬼下篇》。
③ 《墨子·尚同上篇》。
④ 《墨子·兼爱下篇》。
⑤ 《墨子·节葬下篇》。
⑥ 《韩非子·守道》。

治权力以前和取得统治权力以后的一段时期内，是先进者、革命者，但他们毕竟也是压迫者、剥削者；他们一来到世间，便同被压迫被剥削者处于阶级对立的地位。因此当时首先在魏国主持变法的李悝，在其编撰的《法经》中把惩办“盗贼”作为封建统治者的首要任务。

《晋书·刑法志》云：“秦汉旧律，其文起自魏文侯师李悝。悝撰次诸国法，著《法经》。以为王者之政，莫急于盗贼，故其律始于《盗》《贼》。”又桓谭《新书》说：“魏文侯师李悝著《法经》，以为王者之政，莫急于盗贼。故其律始于盗贼。盗贼须劾捕，故著《囚》《捕》二篇。其轻狡、越城、博戏、假借、不廉、淫侈、逾制为《杂律》一篇。又以《具律》具其加减。所著六篇而已。卫鞅受之，入相于秦。是以秦、魏二国深文峻法相近。”[①] 这是一部保护私有财产和维护封建制社会秩序的法律。后来的秦律和汉律，就是以《法经》为基础扩充修订而成的。同时，李悝还按照“食有劳而禄有功”，“使有劳而赏必行、罚必当”[②] 的原则，废除旧的世官世禄制度，扶植新的地主、官僚。

“劳动生产率，归根到底是保证新社会制度胜利的最重要最主要的东西。”[③] 李悝行新政的另一著名事迹，便是“作尽地力之教”，大力发展农业生产，提高劳动生产率。《汉书·食货志上》载：

> 是时，李悝为魏文侯作尽地力之教。以为地方百里，提封九万顷，除山泽邑居叁分去一，为田六百万亩。治田勤谨，则亩益三升，不勤则损亦如之。地方百里之增减，辄为粟百八十万石矣。[④]

由此可知，所谓李悝“作尽地力之教”，是说李悝曾经颁布过关于“尽地力”的教令。而所谓“尽地力”，大致有两层意思：一是要求把所有可耕之地全部加以利用；一是要求农民“治田勤谨”，提高单位面积产量[⑤]。又《通典》卷

---

① 董说：《七国考》卷十二“法经”条引。

② 《说苑·政理》。

③ 列宁：《伟大的创举》，《列宁全集》第29卷，第388页。

④ “亩益三升”，臣瓒说：“当言三斗。谓治田勤，则亩加三斗也。”师古曰：“计数而言，字当为斗。瓒说是也。”三斗约合今六升。

⑤ 金景芳：《中国奴隶社会史》，上海人民出版社1983年版，第374页。

二《食货二·水利田》载李悝“作尽地力之教”云：

必杂五种，以备灾害；力耕数耘，收获如寇盗之至；还（环）庐树桑，菜茹有畦，瓜瓠果蓏，殖于疆场。

这里是说，农民不能只种单一的粮作物，必须杂种五谷，以免遇到自然灾害时无可补救；耕耘要勤，收获要快；要利用宅旁田间的闲土地，栽树植桑，多种蔬菜和瓜果。《通典》所载的李悝这些发展生产的措施，当是有所依据的[①]。据说：“李悝以沟洫为墟，自谓过于周公”[②]；“井田废，沟洫堙，水利所以作也，本起于魏李悝”[③]。看来，李悝曾对过去井田阡陌沟洫的遗迹进行清理，要求农民按照新的土地占有状况重新规划水道，兴修水利[④]。

此外，李悝还创立了“平籴法”。他认为：“籴甚贵伤民，甚贱伤农。民伤则离散，农伤则国贫。故甚贵与甚贱，其伤一也。善为国者，使民毋伤而农益劝。”[⑤] 他对当时“一夫挟五口，治田百亩”的自耕农一年的收入和开支算了一笔账之后说：

不幸疾病死丧之费，及上赋敛，又未与此。此农夫所以常困，有不劝耕之心，而令籴至于甚贵者也。是故善平籴者，必谨观岁有上中下熟。上熟其收自由，余四百石。中熟自三，余三百石。下熟自倍，余百石。小饥则收百石，中饥七十石，大饥三十石。故大熟则上籴三而舍一，中熟则籴二，下熟则籴一，使民适足，贾（价）平则止。小饥则发小熟之所敛，中饥则发中熟之所敛，大饥则发大熟之所敛，而粜之。故虽遇饥馑水旱，籴不贵而民不散，取有余以补不足也。[⑥]

这里所说，就是李悝“平籴法”的具体内容，即：把好年成分为“上熟”、“中熟”、“下熟”三等，坏年成也分为“小饥”、“中饥”、“大饥”三等。好

① 林甘泉主编：《中国封建土地制度史》第1卷，中国社会科学出版社1990年版，第74页。
② 董说：《七国考·魏食货》“李悝废沟洫”条。
③ 《事物纪原·利源调度部》。
④ 吴慧：《中国古代商业史》第一册，中国商业出版社1983年版，第298页。
⑤ 《汉书·食货志上》。
⑥ 《汉书·食货志上》。

年成，国家按丰收的等级定量购进农民的余粮；坏年成，则按歉收的等级定量平价出售官府的存粮。这样，丰年不会因为谷贱而伤农，荒年亦“籴不贵而民不散”。后代封建国家的常平仓制度，即导源于李悝的平籴法。

为了确保农业，增加封建国家的赋税收入，而不致“农伤”、“国贫”，李悝还限制甚至禁止富者的奢侈和奢侈品的生产。他认为：“雕文刻镂，害农事者也。锦绣纂组，伤女工者也。农事害则饥之本也；女工伤则寒之原也。……故上不禁技巧，则国贫民侈。”①

李悝的变法及其种种改革措施，固然是为了巩固和发展封建地主国家的阶级基础、统治基础和经济基础，使广大农民有“劝耕之心”、“治田勤谨”而不致“离散”，以保证封建政府的赋役来源和社会对粮食等农产品的需要。他的“尽地力之教”和“平籴”等政策措施，对发展农业，提高劳动生产率，以及稳定自耕农等小农经济，扶植并发展封建制生产关系，都起了一定的作用。史称李悝的“尽地力之教”和“平籴”法，“行之魏国，国以富强”②。

再说吴起在楚国主持的变法。吴起，卫人，善用兵。魏文侯曾用吴起为西河守，以拒秦、韩。魏文侯死，武侯立，起被谗而逃至楚。楚悼王素闻起贤，用为令尹。古书记载说：

> 昔者吴起教楚悼王以楚国之俗曰：“大臣太重，封君太重，若此则上逼主而下虐民，此贫国弱兵之道也。不如使封君之子孙三世而收爵禄，绝灭（裁减）③ 百吏之禄秩，损不急之枝官，以奉选练之士。”悼王行之期年而薨矣，吴起枝解于楚。④
>
> 吴起谓荆王曰：“荆所有余者地也，所不足者民也。今君王以所不足益所有余，臣不得而为也。”于是令贵人往实广虚之地，皆甚

---

① 《说苑·反质》。

② 《汉书·食货志上》。

③ 陈奇猷《韩非子集释》（上）第242页（上海人民出版社1974年版）：“卢文弨曰：绝灭二字疑当作减。顾广圻曰：绝灭当作缲灭，缲、裁同字。奇猷案：绝灭即裁减之讹，裁形误作截，后人又书截作绝（截、绝同字），减亦形误为灭也。”

④ 《韩非子·和氏》。

苦之。①

〔吴起〕明法审令，捐不急之官，废公族疏远者，以抚养战斗之士。②

以上记载表明，吴起变法的重点，是打击奴隶主旧贵族势力，消除当时楚国“大臣太重，封君太重”，以致“上逼主而下虐民”这一“贫国弱兵之道”，以达到富国强兵的目的。其具体政策和措施是：（1）凡楚国“封君”的子孙，皆“三世而收爵禄”，废除旧的世官世禄制度；（2）“令贵人往实广虚之地”，即强迫一部分旧贵族迁徙到无人居住或人口稀少的未开发地区；（3）“裁减百吏之禄秩”，除去“不急”的“枝官”（冗官），“废公族疏远者”，“以奉选练之士”，“以抚养战斗之士”。

由于吴起在楚国主持的变法“要在强兵”，“于是南平百越，北并陈蔡，却三晋，西伐秦，诸侯患楚之强”。又由于吴起变法所打击的目标是楚国势力强大的旧贵族，“故楚之贵戚尽欲害吴起”③。“及悼王死，宗室大臣作乱而攻吴起，吴起走之王尸而伏之。击起之徒因射刺吴起，并中悼王。悼王既葬，太子立，乃使令尹尽诛射吴起而并中王尸者。坐射起而夷宗死者七十余家”④。

最后说商鞅在秦国的变法、改革。

公元前361年，秦孝公即位做秦国的国君。就在这一年，他“下令国中”说：“宾客群臣有能出奇计强秦者，吾且尊官，与之分土。”⑤ 于是出生于卫国的地主阶级政治家商鞅，闻令入秦，在秦进行了具有重大历史意义的变法改革运动。秦孝公刚上台就下令“求贤”进行改革，这不是偶然的，是有其经济和政治原因的。

首先，这是新的封建制生产方式发展的要求。虽然秦国开始走上封建制的道路比齐、晋等国晚些，但它在战国初年也以同样的历史必然性开始了奴隶制

① 《吕氏春秋·贵卒》。
② 《史记·孙子吴起列传》。
③ 《史记·孙子吴起列传》。
④ 《史记·孙子吴起列传》。
⑤ 《史记·秦本纪》。

经济结构解体和封建制经济形态产生的过程。“君主们在任何时候都不得不服从经济条件”①。秦简公七年（前408），秦国“初租禾”②，这是类似于春秋时期齐国“相地而衰征”、鲁国“初税亩”的经济改革。秦献公元年（前384），“止从死”③，废除了奴隶制时代野蛮的人殉制度。秦献公十年（前375），制定户籍制度，把在奴隶制经济结构解体基础上产生的个体小农编成什伍组织，所谓“为户籍相伍”④。秦简公和秦献公的这些立法或措施，表明当时秦国封建制因素的产生。但是，在这时的秦国，奴隶制时代的土地所有制关系、阶级关系和等级制度，尚未得到根本的改变，政治权力实际上仍然掌握在腐朽的旧贵族手里；从而，秦国社会内部生产关系和生产力之间、上层建筑和经济基础之间的矛盾，日益激化。归根到底，正是由于这一社会基本矛盾的发展，正是把当时秦国推向封建制道路的经济发展的力量，迫使秦孝公决定进行进一步的社会改革。

其次，这也是由于阶级斗争的推动。秦简公时期，秦国国内的阶级斗争，即奴隶反对奴隶主、平民反对贵族、新势力反对旧势力的斗争，就已异常尖锐、激烈。秦简公六年（前409）：“令吏初带剑。”⑤ 这一措施，显然是为了加强对人民的戒备。《经典释文》引《汉书》李奇注云：“跖，秦之大盗也。”跖是不是秦国人，这里姑且不论，不过有一点是肯定的，就是当时秦国有众多的“盗贼”；而由跖领导的曾经“横行天下”的大规模武装起义，也可能发展到秦国地区。《史记·商君列传》说：商鞅变法后，秦国“山无盗贼”，“民勇于公战，怯于私斗，乡邑大治”。这表明，在商鞅变法以前，秦国是山有“盗贼”、乡邑不治的。所谓“盗贼”，主要是“出则无衣”、“入则无食”、饥寒交迫的民众。所谓“私斗”，主要就是指国内民众的反抗斗争，他们自发地组织起来，进入山林占领险要地区，同统治者压迫者对抗，严重威胁和打击着贵族统治势力，使秦国的乡邑不治。与此同时，秦国统治集团内部的矛盾和斗争

---

① 马克思：《哲学的贫困》，《马克思恩格斯全集》第4卷，第121页。
② 《史记·六国年表》。
③ 《史记·秦本纪》。
④ 《史记·秦始皇本纪》。
⑤ 《史记·秦本纪》。

也尖锐起来，以“庶长”为代表的一些旧贵族，屡次废立国君。秦孝公之父秦献公，就是利用一次政变的机会从国外回国就位的。秦孝公在“求贤”改革的诏令中说：“会往者厉、躁、简公、出子之不宁，国家内忧。”[①] 显然，秦孝公再不下令进行社会改革，便难以扭转秦国国内长期动乱的政治局面，难以维持自己的最高统治地位。

第三，这又与外部魏、赵、韩、齐等新兴封建国家的强大压力有关。春秋、战国间，中原齐、晋等国新兴地主阶级通过暴力夺取了政权，取得政权后又先后进行了政治、经济改革，国家逐渐富强起来。特别是魏国，由于魏文侯任用李悝等进行改革，使它成为战国初年最强大的封建国家。而当时西部的秦国，其经济制度和政治制度则相对落后，政权仍然掌握在旧势力手里，政治腐败，社会矛盾尖锐，以致从秦躁公起，国势一天天衰弱下去，在战争中往往被当时社会制度先进的国家打得大败。秦简公二年（前413），魏国攻秦，大败秦军，一直攻到今陕西省华县西北的郑地。秦简公三年（前412），魏文侯派公子击包围秦的繁庞，“出其民”，占有其地。秦简公六年（前409），魏“伐秦，筑临晋、元里”。秦简公七年（前408），魏又“伐秦至郑，还筑洛阴、合阳”[②]。这样，秦的河西地被魏完全占领。秦孝公在他的“求贤”令中回顾这段历史时哀叹说：“会往者厉、躁、简公、出子之不宁，国家内忧，未遑外事，三晋攻夺我先君河西地，诸侯卑秦，丑莫大焉。”[③] 这一“外事”、“外患”，无疑也是迫使秦孝公图谋改革的重要原因之一。

秦孝公求贤改革的出发点，本来是想“修穆公之政令”[④]，“修穆公之业”[⑤]。然而，后来商鞅在秦变法所“修”的，却不是什么“穆公之政令”、“穆公之业”，而是封建地主阶级之政令和封建地主阶级之业，结果使秦国社会从经济基础到上层建筑都发生了根本的、革命的变革。

---

① 《史记·秦本纪》。
② 《史记·六国年表》。
③ 《史记·秦本纪》。
④ 《史记·秦本纪》。
⑤ 《史记·商君列传》。

公元前359年（秦孝公三年），孝公“以卫鞅为左庶长，卒定变法之令”[①]。卫鞅（商鞅）在秦变法，前后凡两次。公元前359年，颁布第一次变法令。公元前350年（秦孝公十二年），商鞅把秦国的国都从雍（今陕西省凤翔县南）迁到咸阳（今陕西省咸阳市东北）后，接着又发布了第二次变法令。这两次变法，概括起来，主要有以下内容：

（1）“有军功者，各以率受上爵；为私斗者，各以轻重被刑大小。”“宗室非有军功论，不得为属籍。明尊卑爵秩等级，各以差次名田宅，臣妾衣服以家次。有功者显荣，无功者虽富无所芬华。”[②] 这是以改变等级、阶级制度为宗旨的法令。“大家知道，在奴隶社会和封建社会中，阶级的差别也是用居民的等级划分而固定下来的，同时还为每个阶级确定了在国家中的特殊法律地位。所以，奴隶社会和封建社会（以及农奴制社会）的阶级同时也是一些特别的等级。……社会划分为阶级，这是奴隶社会、封建社会和资产阶级社会共同的现象，但是在前两种社会中存在的是等级的阶级，在后一种社会中则是非等及的阶级”[③]。“等级是以社会划分为阶级为前提的，等级是阶级差别的一种形式”[④]。商鞅变法前的秦国，奴隶制时代的等级制度仍然存在，奴隶主贵族“世卿世禄”，“无功可以得尊显”[⑤]，世代享有政治、经济特权，政治腐败，是秦国经济、政治、军事发展和振兴的一大障碍。商鞅变法、改革把“军功”作为划分等级的新标准，一方面规定没有军功的宗室、贵戚等旧贵族“不得为属籍”，废除了旧贵族的种种特权；一方面规定“有军功者，各以率受上爵”，按军功赐爵赏田，培植封建制度下统治阶级内部的各个等级，从而使封建社会的等级的阶级代替了奴隶社会的等级的阶级。

（2）“制辕田，开阡陌”[⑥]，“为田开阡陌封疆，而赋税平”[⑦] 这是在经济方面为了适应生产力的发展而改变田制的一项重要措施。“迄今所发生的一切

① 《义记·商君列传》。
② 《史记·商君列传》。
③ 列宁：《俄国社会民主党的土地纲领》，《列宁全集》第6卷，第93页。
④ 列宁：《民粹主义空想计划的典型》，《列宁全集》第2卷，第404页。
⑤ 《韩非子·奸劫弑臣》。
⑥ 《汉书·地理志》。
⑦ 《史记·商君列传》。

革命，都是为了保护一种所有制以反对另一种所有制的革命。它们如果不侵犯另一种所有制，便不能保护这一种所有制”①。商鞅在秦国所进行的革命性的变法、改革，也不例外。上述按军功赐爵赏田以及“各以差次名田宅”等规定，就包含着发展和保护一种所有制即封建土地所有制的内容。所谓“名田”，就是以名占田，把土地归于私人名下。而“为田开阡陌封疆”、“制辕（爰）田”，则主要是为了发展和保护自耕农土地所有制而废除秦国旧的田制。“制辕田”，就是“令民各有常制”②，使民各“有恒产”③。《汉书·食货志》引董仲舒说：“商鞅开井田，民得买卖。”可见“辕田”是“民得买卖”之田，亦即得改易其主之田④。

（3）“民有二男以上不分异者，倍其赋。……僇力本业，耕织致粟帛多者复其身；事末利及怠而贫者，举以为收孥。”又：“令民父子兄弟同室内息者为禁。”⑤ 这一政策和措施，旨在扩展封建统治的经济基础，即以一家一户为一个生产单位的个体小农经济，奖励生产，发展农业。“民有二男以上不分异者倍其赋”、“民父子兄弟同室内息者为禁”等规定，就是为了迫使父母兄弟妻子型大家庭，分解为一夫一妇的小家庭。所谓“本业”，指农桑、男耕女织。《吕氏春秋·上农》引《后稷》云：“所以务耕织者，以为本教也。”“末利”，谓从事工商业而获利，也泛指工商业。《商君书·壹言》认为：“治国能抟民力而壹民务者，强；能事本而禁末者，富。”因此商鞅制定了这样的奖惩法：凡致力于耕织而生产粟帛较多的家庭，可以免除徭役；从事工商以及因不事生产而贫困者，本人及其妻、子都要罚作奴婢。

（4）“集小都乡邑聚为县，置令、丞，凡三十一县。”⑥ 这是在秦国全国范围内普遍推行县制，建立中央集权的封建政治制度和政权机构。把全国各小都、乡邑、聚（村落）分别合并为县，县设令、丞，由国君任免。县以下有

① 恩格斯：《家庭、私有制和国家的起源》，《马克思恩格斯全集》第21卷，第131页。
② 《汉书·地理志》颜师古注引张晏说。
③ 《孟子·滕文公上》语。
④ 赵光贤：《周代社会辨析》，人民出版社1980年版，第66页。
⑤ 《史记·商君列传》。
⑥ 《史记·商君列传》。《史记·秦本纪》作“四十一县”。

乡、亭、里，下是什伍组织。早在春秋后期和战国初期，秦国就曾在其边境地区设县，那是在灭亡了其他小国以后建立起来的，只是一种由于军事的和国防的需要而临时设置的、不巩固的机构。在那段历史时期，秦也不可能在其国内普遍建立作为封建国家的地方政权机构的县制。商鞅之所以能在秦国普遍推行县制，是由于他通过上述变法、改革，废除了旧的世卿世禄制度和旧贵族的等级特权，摧毁了旧贵族割据势力。

（5）商鞅在秦国普遍推行县制之后，又在秦孝公十三年（前349）“初为县，有秩史”[①]，开始在各县设置领取定额俸禄的官吏；秦孝公十四年（前348）“初为赋”[②]，创立征赋制度。在商鞅变法前的秦国，国君对于旧奴隶主贵族的封邑没有直接征赋之权。商鞅在秦普遍建立直属于国君和中央政府的地方组织——县，同时实行中央政府的征赋制度，这就在废除旧贵族的政治、经济特权之后，又把旧贵族原来的私属部队和军备也完全集中到中央政府的手中，建立了中央集权的统一的封建政治体制和军事体制。

（6）把李悝制定的《法经》在秦国公布实行，将“法”改称为“律”[③]，增加了连坐法，内容是：“令民为什伍，而相牧司连坐。不告奸者腰斩，告奸者与斩敌首同赏，匿奸者与降敌同罚。”[④] 商鞅主张对轻罪用重刑，“以刑去刑”[⑤]。与一切压迫者剥削者阶级的法律一样，商鞅制定连坐法的目的，自然首先是为了对付人民，镇压人民的反抗。《战国策·秦策一》说商鞅变法后，“道不拾遗，民不妄取”。《史记·商君列传》也说商鞅变法的成效是：“道不拾遗，山无盗贼，家给人足……乡邑大治。”不过，上述轻罪用重刑的连坐法，是商鞅变法遭到旧势力强烈反对的历史背景下制定和颁布实行的，其目的显然也是为了镇压反对和破坏变法改革的旧贵族，以保证变法改革的顺利进行。

---

① 《史记·六国年表》。

② 《史记·秦本纪》《史记·六国年表》。

③ 《唐律疏议》。

④ 《史记·商君列传》。

⑤ 《商君书·画策》《韩非子·内储说上》。

（7）“平斗桶权衡丈尺”[①]，统一度量衡制度，颁布度量衡的标准器。这是在秦孝公十八年（前344）具体实施的，传世有这一年颁布的商鞅方升（现藏上海博物馆）。这一改革措施，对于统一赋税制度、俸禄制度和发展工商业，都有重要的意义和作用。

商鞅变法过程中，始终存在着尖锐的矛盾和斗争。变法、改革前，商鞅就同顽固的旧势力围绕着要不要变法改革的问题，进行过一场激烈的论战。以甘龙、杜挚为代表的旧势力竭力反对变法改革，顽固地坚持“循礼”、“法古”，维护旧制度。商鞅对他们的谬论进行了严厉的驳斥，理直气壮地说道：“苟可以强国，不法其故；苟可以利民，不循其礼。”“三代不同礼而王，五伯不同法而霸。”“治世不一道，便国不法古。”[②]虽然通过这场论争，旧势力阻止变法改革的企图未能得逞，但是斗争并没有就此结束。《史记·商君列传》说：“令行于民期年，秦民之国都言初令之不便者以千数，于是太子犯法。”“商君相秦十年，宗室贵戚多怨望者。”先秦法家思想的集大成者韩非，在谈到商鞅变法时也说：“当此之时，秦民习故俗之有罪可以得免、无功可以得尊显也，故轻犯新法”[③]。商鞅对于违反新法者，“其诛重而必”[④]，“罚不讳强大”[⑤]。“鞅之初为秦施法，法不行，太子犯禁。鞅曰：‘法之不行，自于贵戚。’”[⑥]“太子，君嗣也，不可施刑”，于是商鞅把唆使太子犯法者拿来治罪，“刑其傅公子虔，黥其师公孙贾”；并将那捣乱的“乱化之民”，“尽迁之于边城”[⑦]。由于商鞅制定和颁布实行的连坐法“赏告奸”，“告之者其赏厚而信，故奸莫不得而被刑者众”[⑧]。

虽然商鞅和吴起一样，后来也被反对变法的旧贵族所杀害，但其变法却是

① 《史记·商君列传》。又见《商君书·更法》。
② 《史记·商君列传》。又见《商君书·更法》。
③ 《韩非子·奸劫弑臣》。
④ 《韩非子·奸劫弑臣》。
⑤ 《战国策·秦策一》。
⑥ 《史记·秦本纪》。
⑦ 《史记·商君列传》。
⑧ 《韩非子·奸劫弑臣》。

较为彻底的、成功的。商鞅死后，“秦法未败”[①]。后来的秦国统治者，仍继续推行商鞅变法的一些基本的政策措施，从而使秦国成为战国后期最强大的国家，“国治而兵强”，“地广而主尊”[②]。商鞅死后，其学说受到人们的广泛重视，学习商鞅学说的人成了战国时代的一个重要学派。到战国末年，“藏商管之法者家有之”[③]。秦始皇开始亲理政务时重用的尉缭，就是一个“为商鞅学”的法家[④]。秦始皇在统一中国过程中所推行的种种政策措施，基本上都是商鞅新法的扩大和发展。秦国因商鞅变法而确立的封建的经济制度和政治制度，同秦、汉时期中国的政治、经济制度是一脉相承的。

列宁说过：“改革的概念，无疑是同革命的概念相对立的；忘记这个对立，忘记划分两种概念的界线，就会经常在一切历史问题的推断上犯最严重的错误。但是，这个对立不是绝对的，这个界线不是一条死的界线，而是一条活的、可变动的界线，要善于在每一个具体场合确定这个界线。1861 年的改革，由于那些因本身的利益而要求改革的社会成分极其软弱、不觉司、涣散，结果只是个改革而已。”[⑤] 从上述商鞅变法的历史背景和历史条件，变法内容的广度、深度和变法的历史结果，以及变法过程中所采取的暴力手段、政治措施等等方面来看，商鞅变法并非一般意义上的改革，而是一种革命；它使秦国社会从经济基础到上层建筑，以及阶级关系等级制度等方面，都发生了根本的变革。

第三节　战国时代的基本特征

战国时代的突出特点之一是战争。当时就有的“战国”这一名称，便是指当时连年参战的强国。战国时代结束于公元前 221 年秦皇统一六国。关于它的开始年代，历来有不同的说法。汉代司马迁“因《秦记》，踵《春秋》之

① 《韩非子·定法》。
② 《韩非子·奸劫弑臣》。
③ 《韩非子·五蠹》。
④ 《汉书·艺文志》颜师古注引刘向《别录》。
⑤ 列宁：《关于纪念日》，《列宁全集》第 17 卷，第 97 ~ 98 页。

后，起周元王，表六国时事”[1]；《春秋》迄周元王八年，《史记·六国年表》起周元王元年（前475），宋代司马光的《资治通鉴》，则是从公元前403年周威烈王承认魏、韩、赵三国为诸侯开始。此外，还有战国始于鲁哀公十四年（前481）[2]、周贞王元年（前468）[3] 以及公元前453年韩、赵、魏消灭智氏等说法。

历史时代的划分，当以那些特别突出、引人注目的重大历史事件作为界标。根据这一原则，把公元前453年作为战国开始的年代较为合适。因为，如有的学者所说："这是韩、赵、魏消灭智氏的一年，三个封建国家同时确立的确是一件划时代的大事。紧接着就出现魏国李悝的变法，这也是战国时期的第一次改革运动，具有重大意义。”至于公元前403年周天子对韩、赵、魏的“象征性的承认”，“并不重要”，“关键是三晋立国的实际时间，所以用公元前453年断限为宜”[4]。

自然界和社会上所有的界限，都是有条件的、活动的、相对的，而不是绝对的。就“历史上的大时代”而言，“无论过去或将来，每个时代都有个别的、局部的、时而前进时而后退的运动，都有脱离一般运动和运动的一般速度的各种倾向”。重要的是，必须首先估计到“区别不同‘时代’的基本特征”，即“哪一个阶级是这个或那个时代的中心，决定着时代的主要内容、时代发展的主要方向、时代的历史背景的主要特点等等”[5]。

春秋战国之际是中国奴隶制向封建制转变的关键时期，封建地主阶级是战国时代的中心，决定着时代的主要内容和时代发展的主要方向。上述韩、赵、魏三家分晋和田氏取齐，以及战国时代各国的变法、改革运动，都表明了这一点。有一种意见认为，春秋战国之际社会变化的性质是奴隶制由低级阶段转向高级阶段。按照这种观点，奴隶主阶级才是战国时代的中心，决定着战国时代的主要内容和时代发展的主要方向。这是不符合历史实际的。

---

① 《史记·六国年表》序。
② 宋·吕祖谦：《大事记》。
③ 清·林春溥：《战国纪年》、黄式三：《周季编略》。
④ 胡如雷：《中国封建社会形态研究》，三联书店1982年版，第417页。
⑤ 列宁：《打着别人的旗帜》，《列宁全集》第21卷，第123页。

列宁说过："为了解决社会科学问题……最可靠、最必需、最重要的就是不要忘记基本的历史联系，要看某种现象在历史上怎样产生，在发展中经过了哪些主要阶段，并根据它的这种发展去考察它现在是怎样的。"[①] 本书以上有关篇章的阐述表明，中国奴隶制社会经过夏、商的初步发展之后，殷周之际进入了它的高级阶段，西周是中国奴隶制的鼎盛时期，春秋是奴隶制逐步解体、封建制逐步产生的时期。以下历史事实，足以说明春秋战国之际的社会变化不是奴隶制由低级阶段转向高级阶段，而是奴隶制转向封建制，中国封建社会开始于战国。这就是：

（1）通过暴力、战争掠夺人口为奴，这是古代世界一切奴隶制社会之奴隶的基本来源、主要来源，奴隶制社会的低级阶段是这样，高级阶段也是这样；即使是在商品货币经济和高利贷资本较为发达、债务奴隶相对较多的古代希腊、罗马，亦不例外。殷周之际和西周时期，周族统治集团发动战争的主要目的之一，就是"俘人"为奴。据《逸周书·世俘》记载，周武王在"征四方"的战争中，"俘人三亿万有二百三十"之多。又康王时器《小盂鼎铭》记载，贵族盂奉王命伐鬼方的一次战役，亦"俘人万三千八十一人"。在那个历史阶段，人们一旦亡国亡族，往往俱被囚为奴隶，这是通例（详见本书第二编第十章）。春秋、战国间，俘虏也是官府奴隶的来源之一。《墨子·天志下》篇谈到，当时大国攻入他国后，对敌国人民中的顽强反抗者则杀之，顺从者"则係（繫）操而归"，"丈夫以为仆、圉、胥靡，妇人以为舂、酋"。但是，到战国时代，战争的性质发生了重大的变化，俘人为奴已不是当时战争的基本的主要的目的之一。战国时代战争的一个显著特点是：战争双方都奖励斩杀敌人。"商君之法曰：'斩一首者爵一级，欲为官者为五十石之官；斩二首者爵二级，欲为官者为百石之官。'"[②] 故当时秦国被称为"上首功之国"[③]。此外，齐国还有这样的规定："得一首者则赐赎锱金。"[④] 有关当时战争的所有记述表

① 列宁：《论国家》，《列宁全集》第29卷，第430页。

② 《韩非子·定法》。

③ 《史记·鲁仲连列传》。

④ 《荀子·议兵》。

明，战争中杀人非常之多[①]，而俘人为奴者罕见。秦昭王四十七年（前260）秦、赵长平之役中，白起在“坑杀”赵国降卒、俘虏“四十五万人”之后，也没有把留下的幼小240人作为奴隶，而是使之“归赵”[②]。这是春秋战国之际奴隶制转向封建制后战争性质和战争目的的重大变化，是以封建地主阶级为中心的战国时代区别于奴隶制时代、西周时代的特征之一。

（2）奴隶制社会盛行强制劳动、监督劳动。“凡是建立在作为直接生产者的劳动者和生产资料所有者之间的对立上的生产方式中，都必然会产生这种监督劳动。这种对立越严重，这种监督劳动所起的作用也就越大。因此，它在奴隶制度下所起的作用达到了最大限度。”[③] 本书第二编第十二章、第十三章所述表明，西周社会盛行监督劳动，直接生产者在王室，各诸侯国公室，以及卿大夫等贵族占有地和经营地上的劳动，均为监督劳动；《诗经》农事诗篇中的“田峻”、“保介”，《国语·周语上》的“农师”、“农正”，西周青铜器铭文中的“奠（甸）人”，以及《周礼·天官》中的“甸师”和《地官》中的“遂大夫”、“酂长”、“里宰”等农官，都是当时“农夫”劳动的直接指挥者和监督者。西周官府手工业等其他生产部门中，也实行监督劳动。可以说，西周是中国历史上监督劳动最盛行最普遍，所起的作用也最大的历史时期。随着西周末年以后奴隶制在王畿和畿外各诸侯国地区的逐步解体，奴隶制度下的监督逐步被以一家一户为单位的个体劳动、独立劳动所代替。虽然战国时代也存在监督劳动，但它在当时整个社会生产劳动中所占的比重及其所起的作用很小。占当时农业人口绝大多数的自耕农、佃农和国家授田农民的劳动，都是个体劳动、独立劳动。这种以一家一户为生产单位的、分散的个体生产，是战国时代封建统治的经济基础。这是战国时代区别于奴隶制时代、西周时代的又一重要特征。

（3）如前所述，战国时代各国统治集团在取得统治权力前后所进行的变法改革运动及其所推行的种种政策措施，是以建立、巩固和发展新的封建社会

① “据梁玉绳《史记志疑》的统计，秦国在战国时代战争所斩得的首级共有一百六十万之多。《史记》这些记载都是根据《秦记》的，该出于秦的统计，但所有记载，记俘虏人数的极少。”（杨宽：《战国史》第164页注①）。

② 《史记·白起列传》。

③ 马克思：《资本论》第3卷，《马克思恩格斯全集》第25卷，第431～432页。

的经济基础及其上层建筑为宗旨，是为了封建地主阶级及其国家的利益。

马克思在《资本论》第3卷中写道："在古代世界，商业的影响和商人资本的发展，总是以奴隶经济为其结果；不过由于出发点不同，有时只是使家长制的、以直接生产生活资料为目的的奴隶制度，转化为以生产剩余价值为目的的奴隶制度。"[①] 马克思的这一段话，曾被有些学者引为春秋、战国年间商品货币经济和商业的发展必然引起奴隶制发展的"理论根据"，从而断言春秋战国之际的社会变化只能是奴隶制由低级阶段转向高级阶段，即由家长奴隶制阶段转向发达奴隶制阶段。显然，这样的"引证"是不合适的。首先，一种生产方式在其发展过程中之从一个阶段进入另一个阶段，这不取决于商业；而"什么样的新生产方式会代替旧生产方式"，这同样"不取决于商业"，"而是取决于旧生产方式本身的性质"[②]。其次，对马克思以及恩格斯所说的"古代"、"古代世界"，不能用"综合年代法"来理解。他们所说的"古代"通常是指人类历史上的奴隶制时代，并不单纯是一个时间概念。人类社会的发展是不平衡的，古代世界各民族之从原始公社制时代进入奴隶制时代，有早有晚；而各奴隶制社会从较低阶段转向高级阶段，以及各奴隶制社会向封建制社会转变，也有先有后，并非同步。马克思关于"古代世界"商品货币经济的发展"总是以奴隶经济为其结果"的论断，只适用于那些处于"上升"阶段、发展阶段的奴隶制社会。对于那些奴隶制已经或正在解体，封建制已经或正在形成的国家或民族来说，商品货币经济的发展也就不可能"总是以奴隶经济为其结果"了。正是由于春秋、战国是中国奴隶制社会的解体时期和封建制社会的确立时期，因此当时商品经济和商业的发展不可能，事实上也没有引起所谓家长奴隶制向发达奴隶制的转化。

诚然，战国时代亦有不少奴隶存在。这并不奇怪。"无论在自然界或社会中，'纯粹的'现象是没有而且也不可能有的"[③]；"把任何一个社会现象看做处于发展过程中的现象时，在它中间随时都可看见过去的遗迹、现在的基础和

---

① 《马克思恩格斯全集》第25卷，第371页。

② 《马克思恩格斯全集》第25卷，第371页。

③ 列宁：《第二国际的破产》，《列宁全集》第21卷，第212页。

将来的萌芽”①。没有也不可能有“纯粹的”封建制社会，正如没有也不可能有“纯粹的”奴隶制社会和“纯粹的”资本主义社会一样。在封建制生产方式和封建主阶级占主导地位统治地位的一切封建社会中，都有或多或少的奴隶存在。西欧中世纪各国封建社会里，特别是它的初期，就有不少奴隶。例如9世纪，在法兰克圣热尔门·德·普雷修道院的“面积极为广大”的土地上，“还在查理大帝在世的时候，就住有2788户人家”，“其中2080户是隶农，35户是半农奴，220户是奴隶，只有8户是自由的佃农”②。在11世纪英国的土地赋役册所统计的将近28万农村人口中，奴隶也占10%左右③。在战国以后的中国历代封建社会中，也都有一定数量的奴隶存在，直到清代还是如此。例如清代有一些外任官员在赴任时，携带的“奴婢有多至数百人，甚至千余人者”④。各国封建社会如此，中国历代封建社会如此，中国封建社会初期的战国及秦汉存在较浓厚的奴隶制残余更是不足为奇了。列宁说过：“如果从实质上来观察问题，难道历史上有一种新生产方式是不经过许许多多的失败和反复的错误而一下子就发展起来的吗？农奴制颠覆后过了半世纪，俄国农村仍有不少的农奴制残余。美国废除黑奴制度后过了半世纪，那里的黑人往往还处于半奴隶状态。”⑤

恩格斯在《家庭、私有制和国家的起源》一书中说：在罗马帝国灭亡以后的“四百年间”（即西欧封建社会初期）的“生产水平”，“并没有根本性的下降和上升”⑥。有的学者据此认为：这不是日耳曼人历史上的特殊现象，而是历史发展的普遍规律；封建社会中占绝对统治地位的是自然经济，因此，认为中国封建社会形成于战国这样一个“商品货币经济繁荣的历史时期”，不符合历史发展规律。世界各国各民族社会历史的发展，无疑有共同的规律。然而，西欧各国封建社会初期经济上的衰落和社会生产力发展的停滞，是否就是一切国家或民族从奴隶社会向封建社会转变的共同规律？中国封建社会开始时期（战国）社会

---

① 列宁：《什么是“人民之友”以及他们如何攻击社会民主主义者?》，《列宁全集》第1卷，第159页。

② 恩格斯：《家庭、私有制和国家的起源》，《马克思恩格斯全集》第21卷，第174页。

③ 转引自胡钟达：《再评五种生产方式说》，《历史研究》1986年第1期。

④ 刘子章：《请裁节外官家疏》，《皇亲奏议》24。

⑤ 列宁：《伟大的创举》，《列宁全集》第29卷，第386页。

⑥ 《马克思恩格斯全集》第21卷，第175页。

经济的显著发展，是否就不是历史发展的规律？我们的回答是否定的。

历史唯物主义认为，每一种社会革命，基本上就是变革经济制度，即消灭过时的、束缚生产力发展的旧的生产关系，建立和发展适合于生产力发展的新的生产关系，解放被束缚的生产力。“新生产关系是这样一种主要的和有决定性的力量，它真正决定生产力进一步的而且是强大的发展。”[①] 因此，一个新的社会经济形态确立以后所出现的生产力的显著发展和经济、文化的繁荣，倒是社会历史发展的一般经济规律。战国时代社会生产力的大发展，就是新的封建制生产关系对生产力所起的促进作用的结果。

中国封建社会形成和确立时期（战国）社会经济的发展，其所以比西欧中世纪初期社会经济的发展快，主要是由于这样两方面的原因：一是在中国奴隶制解体时期（春秋），社会经济并没有遭到像罗马帝国最后几个世纪那样严重的破坏；二是中国封建制和奴隶制的更替是中国社会自身发展的结果，前者在后者解体的基础上直接发展而来，而这两种社会制度在西欧的交替则是通过日耳曼人的征服。

征服罗马的日耳曼人，当时还处在“野蛮时代”的高级阶段，社会经济文化的发展水平比古罗马低得多。虽然由于他们的“野蛮状态”，“给罗马世界注入”了“有生命力的和带来生命的东西”，“使一个在垂死的文明中挣扎的世界年轻起来”[②]；但是，他们的这种“功劳”，是以罗马社会经济的巨大破坏为代价的。如马克思主义经典作家所说：“每一次由比较野蛮的民族所进行的征服，不言而喻地都阻碍了经济的发展，摧毁了大批的生产力”[③]；日耳曼“蛮族”对罗马的征服，“使得生产力遭到了极大的破坏”[④]。本来，新的生产力以及同它相适合的生产关系的产生过程不是离开旧制度而单独发生，每一辈新人开始生活时，他们就遇到现成的生产力和生产关系，即前辈人工作的结果，因此新的一辈最初必须接受他们在生产方面所遇到的一切现成的东西，必须适应这些东西，以便有可能生产物质资料。可是，征服罗马帝国的“蛮

① 斯大林：《苏联社会主义经济问题》，人民出版社1958年版，第46页。

② 恩格斯：《家庭、私有制和国家的起源》，《马克思恩格斯全集》第21卷，第178页。

③ 恩格斯：《反杜林论》，《马克思恩格斯全集》第20卷，第199页。

④ 马克思、恩格斯：《德意志意识形态》，《马克思恩格斯全集》第3卷，第27页。

族”，最初并没有接受他们在生产方面所遇到的一切现成东西，并没有去适应这些东西。因此，西欧中世纪实际上“是从粗野的原始状态发展而来的”①。

由于中国不是在外部“蛮族”的征服下从奴隶社会进入封建社会的，因此也就没有因这种征服而造成生产上的巨大破坏。这样，从中国奴隶制社会内部脱胎出来的新的一辈，也就能够接受他们在生产方面所遇到的一切现成东西，能够适应这些东西；从而当时中国社会也就可以继承传统而向前发展，可以在自己的基础上发展而连绵不断。而作为先进者、革命者的中国封建地主阶级在他们取得统治权力前后所采取的一些政策措施，也在一定程度上推动了战国社会经济的发展。

封建制生产关系主要有两种类型，这就是封建领主制和封建地主制。与不同的生产力状况和水平相联系，西欧中世纪各国实行封建领主制或封建农奴制，而中国封建社会一开始就主要是封建地主制。在中国封建地主制下，实物地租或生产物地租占主要地位。封建制下的实物地租比之封建制下的劳役地租，一般要以较高的生产力为前提，同时它又比劳役地租有利于生产力的发展。因为在生产物地租“这种关系中”，“直接生产者或多或少可以支配自己的全部劳动时间”，“为土地所有者的劳动所造成的非常麻烦的、根据徭役劳动的不同管理方式而程度不同地起着扰乱作用的中断”，“在产品地租以纯粹形式出现的地方不再发生了，或者在某些徭役劳动仍然和产品地租并存的地方，至少也压缩为一年中几次短暂的间歇”②。这也是战国时代社会经济的发展较为显著的原因之一。

---

① 恩格斯：《德国农民战争》，《马克思恩格斯全集》第7卷，第400页。

② 马克思：《资本论》第3卷，《马克思恩格斯全集》第25卷，第896页。

第二十六章　土地所有制形式与阶级关系

战国时代的土地所有制，主要有这样三种形式：封建国家土地所有制，封建地主土地所有制，自耕农小土地所有制。前两种所有制，即封建国家土地所有制和封建地主土地所有制，是封建生产关系的基础。战国时期中国社会的基本矛盾、主要矛盾，是封建地主阶级和农民阶级的矛盾。地主阶级包括各诸侯国国君、国君的亲属和贵戚、军功地主和官僚地主、一般地主等几个阶层。地主阶级剥削农民的基本形式、主要形式，是产品地租或实物地租剥削。各国官府和部分地主、商人，还占有、奴役数量不等的奴隶。

第一节　封建国家土地所有制与封建地主土地所有制

我们在本书第二编第十一章中讲过，人类历史上存在过种种不同类型不同性质的土地国有制。作为战国时代土地所有制形式之一的土地国有制，其内容和性质不同于西周土地国有制，这是一种封建国家土地所有制。

经过长期的发展演变，西周以来的国有土地实际上已多半逐步成为卿大夫和士等各级贵族的私有地。到春秋末期，由各诸侯国或其公室所有和支配的土地较少。战国时代各国，特别是赵、魏、韩、齐等国的国有土地，是春秋末年以来国家政权和阶级关系变动的新产物。

晋国的赵、魏、韩三家和齐国的田氏，他们原来作为卿大夫即占有相当数量的土地。后来他们在夺取政权的过程中和夺取政权以后，又先后夺取了当时公室的土地和其他一些贵族的土地。在晋国，先是“知伯与赵、韩、魏尽分其范、中行地”；后来赵、魏、韩“反灭知氏，共分其地”，又“共灭晋，分其地”[1]。另据《史记·田敬仲完世家》记载，田常“杀简公”以后，“齐国之政皆归田常”；“田常于是尽诛鲍、晏、监止及公族之强者，而割齐自安平以东至琅邪，自为封邑，封邑大于平公之所食”。田氏正式“立为齐侯”以后，已故齐康公的“奉邑”亦“皆入田氏”。赵、魏、韩三家和田氏分别成为各自国家的最高统治者和代表者以后，上述土地中的相当一部分，当是在或长或短的时间内作为国有土地而存在。此外，战国时代各国的国有土地，还包括未被开垦的荒地及山林川泽；在当时的一段时期内，有的国家的国有土地甚至主要是荒地和山林川泽。

如前所述，战国时代各国，特别是吴起变法前的楚国和商鞅变法前的秦国，仍然存在着凭借旧的奴隶制等级特权而占有大量土地的旧贵族势力；例如当时楚国，就曾“大臣太重，封君太重”，“上逼主而下虐民”。吴起变法对楚国封君的子孙皆“三世而收爵禄”，并“令贵人往实广虚之地”，商鞅变法规定“宗室非有军功论，不得为属籍”，也就剥夺了那些旧贵族势力原来享有的特权，从而没收了或部分地没收了他们凭借旧的奴隶制等级特权而占有的土地。这些土地，也可能一度成为属于封建国家所有的土地。

我们说战国时代各国的土地国有制属于封建土地国有制，而不同于过去奴隶制时代的土地国有制，首先是由于春秋战国之际赵、魏、韩三家分晋和田氏取齐，以及战国时代各国经过变法、改革，新兴地主阶级的政治代表先后登上了政治舞台，当时的国家已是封建地主阶级的国家；国家政权的阶级性质变了，土地国有制的属性也就势必发生相应的变化。再说，战国时代各国土地国有制的实际内容，亦表明了它的封建土地国有制性质。为了说明这一点，我们不妨将战国时代的土地国有制和西周土地国有制二者，简单地作如下几个方面的比较：

（1）在西周土地国有制下，周王室和各诸侯国公室都直接占有和经营相当大数量的国有土地，当时的文字记载称之为“公田”、“藉田”或“大田”、“甫田”。公田、藉田的耕作者主要是战俘奴隶及其后代；他们在公田、藉田上的劳动，属于奴隶制生产方式下的强制性劳动、监督劳动。那是奴隶主政府

---

① 《史记·赵世家》。又见《史记·晋世家》。

经营的一处处奴隶制大农场，是当时国有土地的一种重要的经营方式，在周王室及各诸侯国公室的农业收入中占有较大的比重，史书上有“谷出不过藉”的说法。关于这一点，本书第二编第十二章中有详细的论述。从西周末年到春秋时期，随着奴隶制生产关系和生产力之间的矛盾的发展，上述藉田制已被税亩制所取代，它在战国时代不复存在。而且，在有关战国史的种种著述中，也没有关于赵、魏、韩、齐、燕、楚等国政府直接经营国有土地（耕地）的记载。这不是偶然的。自然也有例外，那就是秦国。《吕氏春秋·审分篇》云：“今以众地者，公作则迟，有所匿其力也；分地则速，无所匿其力也。”① 这表明，虽然农业生产领域的“公作”制已不适合生产力的发展，但在当时的秦国仍然存在。这里所谓“公作”，可能即是指当时秦国政府所经营的那部分国有地上的劳动形式而言。睡虎地秦简《仓律》规定：“隶臣田者，以二月月禀二石半石，到九月尽而止其半石。”由此可见，秦国政府经营的国有地上还在使用“隶臣”（奴隶）劳动。只是，“公作”者主要是农民而不是隶臣。《商君书·垦令》说：“农民不饥，行不饰，则公作必疾，而私作不荒，则农事必胜。”可证当时“公作”者一般是农民，因此这里没有提到“隶臣”。而且，不能把这时秦国的“公作”制与西周藉田制混为一谈，更不能由此证明战国时代其他各国也在实行秦国的这种“公作”制。

（2）战国时代有些国家，亦曾推行由国家向农业生产者授田的制度。所授之田，初为国有土地，这是当时土地国有制的内容之一。《吕氏春秋·乐成篇》载史起说：“魏氏之行田也百亩，邺独二百亩，是田恶也。”所谓“行田”，也就是授田。睡虎地秦简《田律》关于“入顷刍稾，以其受田之数”的规定，表明秦国也曾推行授田制度。战国授田制与西周授田制，其内容和性质也不相同。首先是受田者的身份地位不同。如本书第二编第十三章所述，西周时期同时存在两种类型的授田制，即《周礼·地官》“大司徒”职下的授田制和“遂人”职下的授田制，大司徒授田制的授田对象是“六乡”农民及“三郊”农民，遂人授田制的授田对象是“遂”、“野”农夫；前者属于“国人”，

① 今本《吕氏春秋》作“分地则速，无所匿迟也”，兹据陈奇猷《吕氏春秋校释》（学林出版社1984年版）改。

拥有一定的政治权利，是介于贵族奴隶主和奴隶之间的平民，他们中的富裕者还占有少量奴隶；后者为“野人”，是被征服者，没有人身权利和人身自由，实际上处于一种奴隶地位。战国授田制下的受田农民，显然有别于上述两类农业劳动者。他们并非来源于征服与被征服。他们与封建国家土地所有制相联系而存在，是封建土地所有制下的农民阶级的一部分。其次，授田对象的单位不同。在上述“遂人”授田制下，授田对象以“夫”为单位，一家之中，凡“夫”（成年劳动力）均授以田，“余夫”受田如同正夫，所谓“余夫亦如之”。“大司徒”授田制与此不同，授田以“家”为单位。而战国时代封建国家向农民授田，则是一律以一家一户为单位，而且这“家”还是个体小农家庭，不同于上述“大司徒”授田对象的“六乡”农民家庭。再次，耕作方式、劳动方式不同。如本书第二编第十三章所述，“遂人”授田制下的劳动实际上也是一种简单协作劳动和监督劳动，受田农夫由农官指挥“合耦”、“计耦耕”，“使相佐助”，并“趋其耕耨”，“疾督其田事，而课其勤惰，以为赏罚”。“大司徒”授田制下的“六乡”农民，虽然一般是以“家”为单位耕种受田，但他们之间还保留着“兴弹相庸，耦耕俱耘”[①]（帮工协作）的古老习俗。而战国授田制下的受田农民，则完全是以一家一户为单位独立耕作、分散耕作。此外，如有的学者所指出：战国时代各国的授田制是在土地私有化的历史过程已经接近完成的历史条件下推行的，虽然由于各国土地私有化的程度不同，国有土地在土地关系中所占的比重也不一样，但有一点是共同的，这就是“国有土地（主要指耕地）和私有土地之间并没有不可逾越的鸿沟。各诸侯国在授田时，并没有还田的规定，因此在经过或长或短的时间之后，这些国有土地都变成了授田农民的私有土地。与此同时，授田农民的身份也就变得和自耕农一样了”[②]。

（3）在西周土地国有制下，周天子陆续把大量的国有土地授予卿大夫等贵族作为“采地”，卿大夫对于采地，最初只有占有权而无所有权，所有权仍然属于国家或周王。不能忽略的是，周天子在授予各大小贵族土地的同时或前

① 《逸周书·大聚篇》。

② 林甘泉、童超：《中国封建土地制度史》第一卷，中国社会科学出版社 1990 年版，第 92 页。

后，还往往赏赐数量不小的“人鬲”、“鬲”、“庶人”、“臣妾”等等名目的奴隶；西周土地国有制，是和奴隶占有制相联结的。战国时代各国国君，虽然亦以种种名义把大量的国有土地陆续赏给新兴贵族、官僚及其他各色人等，但是一经赏赐也就成为受赏者的私有土地，而且仅赏土地而不赏奴隶；秦国政府在赏赐军功地主田宅的同时拨给的劳动人手“庶子”，并非奴隶。战国时代各国国君赏赐国有土地，培植的是封建地主阶级。

战国时代各国的封建土地国有制、封建地主土地所有制、自耕农小土地所有制三者是随着时间的推移而或消或长的。如果说封建土地国有制在当时各国的土地关系中曾一度占有较大比重的话，那么，随着军功赏田制度及授田制度的推行，封建土地国有制的比重已逐步缩小，而封建地主土地所有制和自耕农小土地所有制则因此而相应增长。封建地主土地所有制和自耕农小土地所有制二者亦随着时间的推移而此长彼消，部分自耕农的土地被封建地主所兼并。封建地主土地所有制，乃是战国时代最基本的、具有发展前途的一种封建土地所有制形式。

战国时代各国国君，既是各国政治上的最高统治者，又是各国最大的封建地主。我们这里所说的封建地主土地所有制下的封建地主，则是指：由原来的奴隶主贵族转化而来的旧贵族地主；新兴贵族、官僚地主；既非贵族又非官僚的一般中小地主。这几种封建地主所有的土地，来源不同，或不完全相同。

如前所述，在齐、晋等国新兴势力取得政权以前的一段时期内，社会上已经出现了一大批作为封建地主先驱的大土地所有者。他们中的多数，其所有土地主要是由他们原来享有田邑的私有化；而其中有些大土地所有者的土地，则主要是由于他们立有军功或事功而受赏者。这批封建地主的先驱、大土地所有者，有些在后来剧烈的政治斗争和政权变动过程中消亡了，有一部分保留下来了。他们在战国时代封建地主阶级成员中只占少数。

战国时代封建地主中的多数，是当时新兴的贵族、官僚地主和“庶民”中的地主。他们所有的土地，是通过军功事功赏田、土地兼并、土地买卖等等途径而获得的。

国家对有军功、事功者赏赐田土的事例，奴隶制时代亦大量存在。但那时赏赐田土往往同时赏以奴隶，或者分别赏以田土或奴隶，其田土由奴隶耕种。

以培植封建地主为其出发点和内容的军功事功赏田制度，萌芽于春秋末年。据《左传·哀公二年》记载，赵简子在伐范氏、中行氏的誓师辞中规定："克敌者，上大夫受县，下大夫受郡，士田十万，庶人工商遂，人臣隶圉免。"值得注意的是，在这里只对"克敌"的上大夫、下大夫和士分别赏以一县一郡的租税或田十万亩，不但没有赏以奴隶，而且"克敌"的"庶人工商"可以获得人身自由，"克敌"的"人臣隶圉"可以除其奴籍而获得解放。这显然是一种带有封建性质的军功赏田制度。此外，就是这位开新的军功赏田先河的赵简子，还曾经"赐扁鹊田四万亩"[①]。在战争频繁而激剧的战国时代，萌芽于春秋末年的军功赏田制度得到了充分的发展。这是因为，当时"民之所欲者田宅也"[②]；"夫陈善田利宅，所以战士卒（使士卒战）也"[③]。春秋末年赵简子推行军功赏田，并没有突破奴隶制时代等级制度下的等级界限，军功赏田仅仅限于原来的贵族等级，"克敌"的"庶人"等被压迫等级还没有成为军功赏田的对象。战国时代，随着阶级关系的变动和封建地主阶级势力登上政治舞台，一般庶民也成为以军功行爵赏的对象，从而为一大批庶民开辟了成为新兴官僚贵族地主的途径。

据《荀子·议兵》篇记载，魏国对考选的武卒"复其户，利其田宅"，不但免除了他们的赋役，而且还赏以田宅。又《战国策·魏策一》记载：

> 魏公叔痤为魏将，而与韩、赵战浍北，禽（擒）乐祚。魏王说："迎郊，以赏田百万禄之。"公叔痤反走，再拜辞曰："夫使士卒不崩，直而不倚，挠拣而不辟者，此吴起余教也，臣不能为也。前脉形埊之险阻，决利害之备，使三军之士不迷惑者，巴宁、爨襄之力也。悬赏罚于前，使民昭然信之于后者，王之明法也。见敌之可以鼓之，不敢怠倦者，臣也。王特为臣之右手不倦赏臣，何也？若以臣之有功，臣何力之有乎？"王曰："善。"于是索吴起之后，赐之田二十万，巴宁、爨襄田各十万。"

① 《史记·赵世家》。
② 《商君书·徕民篇》。
③ 《韩非子·诡使》。

在战国时代各国中，秦国是推行军功赏田制度最普遍的国家，从而也是军功地主势力较大的国家。《商君书·境内篇》载：秦国士兵凡“能得甲首一者，赏爵一级，益田一顷，益宅九亩”。秦国的士兵（农民）原来大都自有田地，若再因“得甲首一”而“益田一顷”，那么这部分有军功的士兵占有土地的数量，就已大大超过了当时一般自耕农所有土地的数额。何况他们能得甲首二就能益田二顷，能得甲首若干就能益田若干顷。《史记·苏秦列传》载苏秦说：“且使我有雒阳负郭田二顷，吾岂能佩六国相印乎！”可见当时只要占有“负郭田二顷”，就能成为不劳而食的一般地主。自然，这里是就“负郭田”即近城的肥沃之田而言，军功赏田的土质不能与之相比。但不管怎样，士兵中因军功赏田而成为中小地主者，当为数不少。至于国家对有军功事功的将领、贵族赏田，例如上述魏王对公叔痤、巴宁等人的赏田，多者达百万亩，少者也是十万、二十万亩，显然他们因此而成了“田连阡陌”的大地主。

诚然，战国时代的军功赏田制度并没有也不能得到严格的完全的实行。一些有战功之士，不但没有上升为军功地主，反而成为贫贱之人；相反，一些既无军功又无事功的贵者，却凭借其特权而获得了大量的田土。关于这一点，当时人韩非就已指出，他说：“女妹有色、大臣左右无功者，择宅而受，择田而食。……赏赐之所以为重也，而战斗有功之士贫贱，而便辟优徒超级。”①

暴力兼并、侵占，是历代封建贵族、官僚地主扩大其地产的重要手段之一。马端临在总结土地兼并方式时曾作过如下的概括：“富者有资可以买田，贵者有力可以占田。”② 贵者强力兼并土地的事实，战国时代已经存在。《商君书·错法篇》云：“同列而相臣妾者，贫富之谓也。同实而相并兼者，强弱之谓也。”《管子·轻重甲》篇所说“今欲调高下，分并财，散积聚，不然则世且并兼而无止”，也是反映战国时代兼并土地的实际情况。又《韩非子·诡使》篇载：“夫陈善田利宅，所以战士卒也，而断头裂腹播骨乎原野者，无宅容身，身死田夺。”此谓“能为国牺牲之战士，反致无宅容身，而死后田为人

① 《韩非子·诡使》。

② 《文献通考》《田赋考》二。

所夺，妻孥无以为生也”[1]。

春秋战国之际，买卖宅地、园圃的现象，就已出现。《韩非子·外储说左上》载：

> 壬登为中牟令，上言于襄主曰：“中牟有士曰中章、胥已者，其身甚修，其学甚博，君何不举之？”主曰：“予见之，我将为中大夫。”……壬登一日而见二中大（夫），予之田宅，中牟之人弃其田耘、卖宅圃，而随文学者邑之半。

到战国中后期，有了私人之间进行耕地买卖的记录。赵将赵括以“王所赐金帛归藏于家，而日视便利田宅可买者买之”[2]，便是一例。富者有资即可随时随地挑选、购买田宅，说明当时买卖土地的现象已较为突出。

《汉书·食货志上》引董仲舒说：“至秦则不然，用商鞅之法，改帝王之制，除井田，民得买卖……”把“民得买卖”土地仅仅归结为秦“用商鞅之法”、“除井田”的结果，显然欠妥。如前所述，商鞅在秦变法之前，韩、赵、魏、齐等诸侯国早已先后废除井田制，而买卖土地的现象也并非“至秦”才有。自然，“除井田，民得买卖”这一提法还是对的，它表明：中国古代“除井田”的结果是土地私有制的形成，而“民得买卖”即是土地私有化的一个重要标志。

不过，如马克思所说：“在每个时代中土地所有权以各种不同的方式、在完全不同的社会关系下面发展着。”[3]“纵然是土地财产发展到私有财产的地方，个人对于私有财产的关系也是完全由他对社会的关系所确定的。……地产转变为纯粹可以交换的价值——这样的地产动员——乃是资本底产物和国家机构完全从属于资本的产物。所以土地，哪怕是在它已经变成私有财产的地方，也只有在很受限制的意义下方才是交换价值。”[4] 也正因为如此，尽管土地私有制已于战国时期形成，“民得买卖”，但当时买卖土地的情况并不普遍；封建地主阶级的土地主要是通过政治、暴力等手段获得，而不是通过土地买卖的途径。

---

① 陈奇猷校注：《韩非子集释》下，上海人民出版社 1974 年版，第 944 页。

② 《史记·廉颇蔺相如列传》。

③ 马克思：《哲学的贫困》，《马克思恩格斯全集》第 4 卷，第 180 页。

④ 马克思：《政治经济学批判大纲》（草稿）第三分册，人民出版社 1963 年版，第 399 页。

第二节 封建地主的几种剥削形式

一切封建制生产方式的主要剥削形式，是封建地租。封建生产方式下的"地租的本质"，"就在于地租是剩余价值或剩余劳动的唯一的占统治地位的和正常的形式"①。任何地租都以一定的土地所有制为前提，地租是"土地所有权借以实现的经济形式"②。封建土地所有制是封建地租的基础。封建地租集中地反映了地主阶级和农民阶级之间的剥削与被剥削的关系。战国时代的封建地主正是把他们占有的土地，以不同的形式交给无地或少地的农民耕种，主要通过地租形式剥削农民的剩余劳动剩余产品。

封建地租有三种基本形式，即劳役地租（劳动地租）、实物地租（产品地租）和货币地租。一般地说，在经过了奴隶制社会发展阶段的国家或民族那里，封建地租形态或封建租佃制萌芽于奴隶制社会内部，它是在奴隶制经济形态解体和农业经济衰落的基础上产生的。例如古罗马，当"以奴隶劳动为基础的大庄园经济，已不再有利可图"后，"田庄一个一个地分成了小块土地，分别租给缴纳一定款项的世袭佃农，或者租给 partiarii〔分成制农民〕"，而"主要地却是租给隶农"③。从西周末年到春秋时期，随着各国各地区先后废除藉田制以及土地关系阶级关系的演变，亦产生了带有封建性质的租佃制和地租剥削。《左传·哀公二年》载：

> 初，周人与范氏田，公孙龙税焉，赵氏得而献之。吏请杀之，赵孟曰："为其主也，何罪?"止而与之田。

范氏凭借其所有之"田"而征收的"税"，即是一种实物地租。到春秋战国年间，大土地所有者将其土地分块交给农夫耕种以征收地租的事例，已大量存在。《墨子·贵义篇》说：

> 今农夫入其税于大人，大人为酒醴粢盛以祭上帝鬼神，岂曰贱人

① 马克思：《资本论》第3卷，《马克思恩格斯全集》第25卷，第895页。
② 马克思：《资本论》第3卷，《马克思恩格斯全集》第25卷，第714页。
③ 恩格斯：《家庭、私有制和国家的起源》，《马克思恩格斯全集》第21卷，第169页。

之所为而不享哉!

所谓“大人”,该是指贵族、官僚地主;而“大人”用来“为酒醴粢盛”的“税”,该是农夫缴纳的实物地租。《贵义篇》这里所说,是针对“今天下”即当时各国的情况而言,具有普遍性。

在政治和经济制度急剧变革,商品货币经济较为发达,赋役繁重,以及战争频繁、激烈的战国时代,农民阶级与土地的种种结合方式,都是很不稳定的。在大量的自耕农中,经常有一部分因贫困破产而成为佃农或其他劳动者,有些佃农也可能向其他劳动者转化。《韩非子·诡使》篇说:

习悉租税,专民力,所以备难充仓府也。而士卒之逃事伏(藏)匿,附托有威之门以避徭赋,而上不得者万数。

这里所说的“有威之门”,即官僚、贵族地主,相当于后来秦、汉时代的豪强地主;“士卒”,主要是拥有田宅的自耕农。那以“万数”计的农民弃其田宅而附托于各“有威之门”,是为了逃避封建国家繁重的赋役。《韩非子·备内》篇说:“徭役多则民苦,民苦则权势起,权势起则复除重,复除重则贵人富。”这说明当时有“权势”的“贵人”亦在利用其“复除”(免除徭役)的特权,诱使饱受徭役之苦的农民归附于其门下,成为他们的剥削对象。在“公(共)作则迟”、“分地则速”的历史背景下,那“万数”农民中的多数势必成为依附于各官僚、贵族地主的佃农,受实物地租形式的剥削。

战国以来,不断有自耕农由于种种原因而丧失其小块土地。《管子·问篇》是一份社会情况调查的提纲,共提出六十几个问题,其中有:“问死事之孤,其未有田宅者有乎?”“外人之来从而未有田宅者几何家?”《韩非子·诡使》篇谈到官僚、贵族地主兼并土地,士卒“身死田夺”的史实。到战国后期,“无置锥之地”的农业劳动者逐渐增加,以至“无置锥之地”成了一句成语[①]。《吕氏春秋·为欲篇》说:“无立锥之地,至贫也。”《汉书·食货志上》说:“及秦孝公用商君,坏井田,开阡陌,急耕战之赏……庶人之富者累巨万,而贫者食糟糠。”这“食糟糠”的“贫者”,主要即是“无立锥之地”者。又《汉书·食货志上》载董仲舒说:

① 《荀子·非十二子、儒效》。

至秦则不然，用商鞅之法，改帝王之制，除井田，民得卖买，富者田连阡陌，贫者无立锥之地。……或耕豪民之田，见税什五。故贫民常衣牛马之衣，而食犬彘之食。

对上引董仲舒所说，我们要指出这样几点：(1)“富者”之所以“田连阡陌”而“贫者无立锥之地”，主要不是由于土地买卖，而是由于各封建国家不断对立有军功事功者赏田，大土地所有者对农民土地的兼并，以及其他种种原因；(2)“无立锥之地”的贫苦农民“或耕豪民之田，见税什五”这一历史事实，并非仅仅存在于商鞅变法后的秦国，更非始于秦朝，战国时代各国均早已存在，只是战国后期又有所发展而已；(3)董仲舒这里所说，该是主要针对丧失土地的自耕农之成为佃农而言，除此之外，还有大量并非来源于自耕农的佃农存在；(4)“或耕豪民之田”，言“或”，是因为“无立锥之地”的“贫者”并非全都成了“耕豪民之田，见税什五”的佃农，《商君书·徕民篇》所说“上无通名，下无田宅，而恃奸务末作以处”的流亡农民，就是一例；(5)这里之所以特别列举和强调“或耕豪民之田，见税什五”，是因为租佃制和实物地租是当时大土地所有者剥削农民的正常的形式，同时也是无地农民同地主土地相结合的基本方式。

前面说过，战国时代有些国家的国君，曾经推行由国家向农民授田的制度。在这里，国家既作为土地所有者，同时又作为主权者而同授田农民相对立，从而授田农民向国家交纳的租税乃是地租和赋税的合一，他们带有国家佃农的性质。

封建地租的形式从来就不是单纯的。在西欧各国以劳役地租为主要剥削形式的时候，还有实物地租乃至货币地租作为补充；而当“产品地租是地租的占统治地位的和最发达的形式的时候”，“它又总是或多或少伴随着”劳动地租形式，“即直接用劳动即徭役劳动来交付地租的形式”，“而不管地主是私人还是国家”①。战国时代的封建地主阶级及其国家在主要实行实物地租剥削的同时，同样也不同程度地存在实行劳役地租形式的剥削。《商君书·境内篇》云：

① 马克思：《资本论》第3卷，《马克思恩格斯全集》第25卷，第895页。

能得甲首一者，赏爵一级，益田一顷，益宅九亩，除庶子一人，乃得人〔入〕兵官之吏。

其有爵者乞无爵者以为庶子，级乞一人。其无役事也，其庶子役其大夫月六日；其役事也，随而养之。

这里说的是秦国“有爵者”即军功地主对“庶子”的奴役和剥削方式。在秦国的二十级军功爵中，第五级大夫以上的爵位可以当官，因此这部分军功地主也是官僚地主。按照秦国军功爵制度规定，国家“赏爵一级”便“益田一顷，益宅九亩”，同时还拨给“庶子”一人为其服役，每级一人，逐级递增。《荀子，议兵篇》所说秦国“功赏相长也，五甲首而隶五家”，也当是指军功地主对庶子的奴役。关于“庶子”的来源，不得其详①。有的学者认为，庶子也就是云梦秦简《秦律杂抄》中所说的“弟子”②，可从。秦律规定：一旦成为“弟子”，便不得随意改籍或除籍；役使弟子不得超出法律规定和加以笞打；不得“包（藏）卒为弟子”，以逃避军役③。可见“庶子”或“弟子”身份低贱，他们与地主之间有较强的人身隶属关系，世世代代依附于地主，处于一种农奴地位。他们有自己的土地和工具，其剩余劳动和必要劳动在时间上和空间上是分开的。按照规定，隶属于大夫以上军功地主的庶子，平时每月要为主人服役六天；主人有特殊役事，则随叫随到，在此服役期间由主人供应饭食。主要是田间劳役，此外还要从事其他种种杂役。这是一种劳役地租形式的剥削。

那么，秦国的军功地主是否都完全以“庶子”为其剥削对象，而仅仅采用劳役地租一种剥削方式？不是的。按照上述《商君书·境内篇》的说法，“赏爵一级”就“益田一顷”，而“一级”则只有庶子一人。庶子一人既要耕种军功地主的“田一顷”，又要耕种自己的份地（一般为百亩），显然是

---

① 《商君书·徕民篇》说：“今以故秦事敌，而使新民作本，兵虽百宿于外，竟内不失须臾之时，此富强两成之效也。”有的学者据此认为，庶子的来源，当是这些由于商鞅的招诱而从三晋迁徙到秦国定居的“新民”。其实不然。《徕民篇》中提到魏襄王以及“周军之胜、华军之胜、长平之胜”三次战争，还说到“秦四世有胜”，这些都是商鞅去世七十多年后的事。因此，《徕民篇》这里所说的“新民”，与商鞅时代秦国的庶子无关。

② 林剑鸣：《秦史稿》，上海人民出版社 1981 年版，第 212 页。

③ 《秦律杂抄》。

力所不及的。再说，有些军功贵族地主（官僚地主）所有的土地并非仅仅来源于军功赏赐，除此之外，他们还通过兼并或其他种种手段或途径而获得了大量的土地。《韩非子·诡使》篇说："夫陈善田利宅，所以战士卒（使士卒战）也，而断头裂腹播骨乎原野者，无宅容身，身死田夺。"而夺此田者，当主要是高级军功贵族官僚地主。显然，军功贵族地主特别是其中的大地主，除了奴役和剥削庶子之外，还有其他的剥削对象和剥削方式。《韩非子·诡使》篇所述"士卒之逃事伏（藏）匿，附托有威之门以避徭赋，而上不得者万数"的史实，亦表明军功贵族官僚地主门下还有大量的依附农民；如前所述，这"万数"农民中的多数成了"有威之门"的依附佃农，他们受的是实物地租形式的剥削。又《商君书·境内篇》："有税邑六百家者，受客。"睡虎地秦简《日书》中还有"入客"的记载。《境内篇》中"客"与"庶子"并提，《日书》中"客"与"臣妾"并列，说明客的身份地位不同于臣妾，也有别于庶子。《说文》："客，寄也。"段玉裁注："自此托彼曰客。"这里所谓"客"，仅就他们"自此托彼"寄居而言，而他们"自此托彼"前后的身份地位及其所从事的工作则不一样。上述"士卒之逃事伏匿，附托有威之门以避徭赋者，也属于"自此托彼"之"客"；而他们中的依附佃农，可以称之为"佃客"。当时还有"卖庸而播耕"的"庸客"。而《商君书·境内篇》和秦简《日书》所说之"客"，有一部分也当是军功贵族地主的劳动人手。有些军功地主，还可能在自己的土地上使用部分奴隶劳动。此外，在秦国设置的二十级军功爵中，第九级五大夫以上的高爵还可以食邑或食封若干户数的租税。《商君书·境内篇》记载：五大夫"税邑三百家"；左、右庶长及三更（左更、中更、右更）和大良造（即大上造），"皆有赐邑三百家，有赐税三百家"。

战国时代各国有些地主，还在自己经营的土地上使用雇佣劳动。《韩非子·外储说左上》云：

> 夫卖（买误）庸而播耕者，主人费家而美食、调布而求易钱者，非爱庸客也，曰如是，耕者且深耨熟耘也。庸客致力而疾耘耕者，尽巧而正畦陌畦畤者，非爱主人也，曰如是，羹且美钱布且易云也。

这里所谓“庸客”，是指长工、月工或零工等雇农而言。他们无土地，无工具，也无资金，只得出卖劳动力来维持生活。《吕氏春秋·上农篇》云：“农不上闻，不敢私籍于庸，为害于时也。”“上闻”谓通名于官，“不敢私籍于庸”谓不得私养庸以代耕；因为养庸代耕可以使一部分富裕农民脱离生产劳动，有害农事，故农之不“上闻”的，是不得私借于雇佣之力而耕作的①。这也就是说，凡因军功由农而仕而“上闻”者及其他官僚、贵族地主，均可“私籍于庸”，使用雇佣劳动。

综上所述，可见战国时代的大土地所有者采用了实物地租、劳役地租和使用雇佣劳动等多种剥削形式；而基本的、主要的剥削形式，是租佃制下的实物地租。如马克思在论及封建生产方式下的产品地租即实物地租时所指出：“产品地租的前提是直接生产者已有较高的文明状态，从而他的劳动以及整个社会已处于较高的发展阶段。”② 为什么西欧各国进入封建社会后长期实行农奴制，以致劳役地租长期成为这种制度的主要地租形式，而中国封建社会却一开始便主要实行地主制，以致实物地租成为这种制度的主要地租形式？归根到底，主要就是由于社会生产力状况和水平的差异。关于这一点，本编第二十五章已经论及。

租佃制不等于封建制，实物地租形式不等于封建制剥削。在有些民族的原始社会末期，租佃关系就已发生。在奴隶社会、封建社会和资本主义社会中，都有租佃制存在。问题在于租佃制的内容和性质，以及它在当时整个社会经济结构中的地位。奴隶制社会中的租佃制有种种不同的类型，而无论哪一种类型的租佃制，在当时的社会经济体系中均处于从属地位，其存在和发展均受社会中占主导地位的奴隶制生产方式的制约。古代希腊、罗马奴隶社会形成、发展时期的租佃制，多半是自耕小农沦为奴隶的一种过渡形态。梭伦变法前的雅典曾一度盛行租佃制，这种租佃制下的佃农（“六一汉”），即是由拥有小块土地的自耕农破产后转化而来。因为他们“能得自己劳动生产品的六分之一以维

① 陈奇猷《吕氏春秋校释》（四）第1719～1720页引孙诒让、夏纬瑛说。

② 《资本论》第3卷，《马克思恩格斯全集》第25卷，第895页。

持生活，把其余六分之五以地租的形式交给新主人"①，故名"六一汉"。按照规定，"如果他们交不起地租，那么他们自身和他们的子女便要被捕；所有借款都用债务人的人身为担保"。作为"六一汉"的"贫民本身以及他们的妻子儿女事实上成为富人的奴隶"②。佃农"六一汉"之沦为奴隶，乃是当时雅典奴隶制发展的必然结果。正因为如此，在雅典奴隶制的进一步发展时期，这种类型的租佃制已不复盛行。

战国时代的租佃制，与上述雅典及其他国家或地区奴隶制社会形成、发展时期的租佃制有根本的区别。它是在中国奴隶制社会根本解体的基础上，作为奴隶制生产关系和阶级关系的对立物而发生发展起来的，存在于较高的生产力发展阶段和社会发展阶段。它以封建土地所有制为基础，是当时社会中占主导地位和支配地位的生产关系；而作为这种生产关系的阶级表现的地主和佃农及劳役制农民之间的对立，是当时社会中基本的阶级对立。正因为它是在奴隶制社会经济形态解体基础上产生的一种新的，并在当时社会中占主导地位的生产关系，因此它在战国时代形成以后，一直延续下来，在我国长期的封建社会中存在和发展。故宋人苏洵说："井田废，田非耕者之所有，有田者不耕也。耕者之田资于富民，富民之家地大业广，阡陌连接，募招浮客，分耕其中。……田之所入，已得其半，耕者得其半。"③

封建地租总是同超经济强制相结合的，而超经济强制的基础是农民对地主阶级的人身依附关系。战国时代劳役地租形式下的农奴和实物地租形式下的佃农同封建地主之间，同样存在着不同程度、不同形式的人身依附关系；而带有国家佃农性质的授田农民，则是依附于封建国家。一般说来，作为农奴的"庶子"，身份比佃农低贱，对地主的人身依附程度大于佃农；他们被束缚在土地上，而"为地主的劳动直接出现在为另一个人进行的强制劳动的野蛮形式上"④。不过，庶子对主人的人身隶属关系不同于奴隶主对奴隶的人身占有；以庶子为剥削对象的封建的劳役制，比之奴隶制则是一种进步的生产方式。而

① 恩格斯：《家庭、私有制和国家的起源》，《马克思恩格斯全集》第21卷，第128页。

② 亚里士多德：《雅典政制》，商务印书馆1978年版，第4～5页。

③ 《嘉佑集》5《田制》。参看胡如雷：《中国封建社会形态研究》第99页。

④ 马克思：《资本论》第3卷，《马克思恩格斯全集》第25卷，第892页。

“耕豪民之田，见税什五”的封建租佃制，又是比封建劳役制更为进步、更具优越性的一种生产方式。这是因为：在封建的租佃制或实物地租形式下，“剩余劳动已不再在它的自然形态上，从而已不再在地主或地主代表的直接监督和强制下进行”；“在这个地租形式上，体现剩余劳动的产品地租，根本不需要把农民家庭的全部剩余劳动吮吸殆尽”；“相反，和劳动地租相比，生产者已经有了较大的活动余地，去获得时间来从事剩余劳动”，并且使这些劳动产品“归他自己所有”①。正因为如此，租佃制下或实物地租形式下的佃农，比之劳役地租形式下的劳动者有较高的劳动积极性。《吕氏春秋·审分篇》所谓“今以众地者，公（共）作则迟，有所匿其力也，分地则速，无所匿其力也”，表明了这一点。也正是由于封建的租佃制具有巨大的优越性和强大的生命力，它得到了迅速发展，并成为二千年中国封建社会主要的剥削方式。至于役使庶子的劳役制剥削方式，则由于它不适应社会生产力的发展，在战国后期就逐渐消失了②。

第三节　封君与封建食封制度

战国时代各大国在普遍建立郡县制地方行政机构的同时，又分别以其部分地区（一般在边地）实行封君食封制度。封君都是贵族，其成员包括：国君的宗室、贵戚；国君或太后的宠臣；有军功事功的将相大臣；纵横游说之士。

韩、赵、魏、齐、楚等国的封君中，绝大多数是国君的宗室、亲属。韩国封君，几乎都是国君的亲属。魏国的封君中，不是国君的宗室者，大概只有乐羊一人。齐国封君除邹忌以外，也都是田氏宗族中人。魏国的龙阳君，楚国的州侯、夏侯、鄢陵君、寿陵君，是由于得到国君的宠爱而受封。秦国也有宗室贵戚封侯封君者，如秦昭王初年魏冉封穰侯、公子市封泾阳君、公子悝封高陵君、芈戎封华阳君和新城君（合称“四贵”）。而秦庄襄王时吕不韦封文信侯、秦始皇初年缪毐封长信侯等，则多是由于太后对这些人的宠幸。

---

① 马克思：《资本论》第3卷，《马克思恩格斯全集》第25卷，第895～896页。

② 林甘泉主编：《中国封建土地制度史》第一卷，中国社会科学出版社1990年版，第90页。

魏国的乐羊，赵国的赵奢、廉颇、乐乘、李牧，燕国的乐毅，以及秦国的商鞅、白起等，则是或主要是由于军功而得封。由于商鞅变法规定“有军功者，各以率受上爵”，根据军功“明尊卑爵秩等级”，“宗室非有军功论，不得为属籍”，因此，总的来说，宗室成员在秦国封君中所占比例较小；而因军功受封者，相对较多。虽然后来太后当权时封亲属、外戚较多，但当秦始皇掌握政权、除掉缪毐和吕不韦以后，又继续推行商鞅变法以来的传统法制，只封功臣，不封宗室子弟，直到秦始皇统一六国后还是“无尺土之封，不立子弟为王”①。《史记·秦始皇本纪》载二十八年《琅邪台刻石》文末所列随从官员名单中，有这样一些封君：“列侯武城侯王翦②、列侯通武侯王贲、伦侯建成侯赵亥、伦侯昌武侯成、伦侯武信侯冯毋择。”这是一些在秦统一六国过程中曾立大功的将军或大臣，由于王翦、王贲功劳最大，所以被封为列侯，在此封君名单中名列第一、第二。

纵横游说之士也有因得到国君重用而成为封君者。苏秦封武安君，张仪封武信君，范睢封应侯，便是其例。

战国时代封君制的内容、性质和历史意义，不同于西周至春秋时期的分封制和采邑制。这主要表现在以下几个方面：

（1）西周的分封制和采邑制，普遍推行于周天子统治的“普天之下”，是当时中国基本的、占统治地位的地方政治体制和经济体制。春秋列国仍普遍盛行采邑制，采邑是各诸侯国基本的地方行政组织和经济组织。而战国时代各国普遍建立的地方行政组织机构，则是郡县。前面说过，战国封君的封地仅仅局限于国内部分地区，而且一般是在边地。

（2）西周、春秋时期的采邑主一般是其采地的世袭占有者，世卿世禄；而且，随着西周中期以后王有或国有土地的逐步私有化，采邑主可以把田邑用来赏赐、赔偿和交换，不少采邑主事实上已是采地的所有者和主人。而战国封君则并非封地的主人，他们既不是封地的所有者，也不是封地的占有者和支配

---

① 《史记·李斯列传》。

② 《琅邪台刻石》中，王翦作“王离”、“离”是误字。见郭沫若：《吕不韦与秦王政批判》；《郭沫若全集·历史编》第2卷，人民出版社1982年版，第457页。

者，没有随意处置封邑封地之权。封君的封邑，一般不过三世即被夺封。有些封君身死之后，其封邑立即被国君收回。穰侯魏冉“益封陶”，“就封邑”而“卒于陶”后，“秦复收陶为郡”①，就是一例。

（3）西周春秋的采邑主是采邑人民的直接统治者，对于采邑不但享有行政权，而且有司法权和军事权。战国封君对其封邑则没有这种权力。随着战国时代各国中央集权的加强，封君的封邑一般都是由国王直接委派官吏治理，封君对于封邑既无行政权，也无司法权和军事权。封邑的地方官吏由上级政府机构直接管辖，不归封君管辖。封君在其封邑之内，还必须遵守国家统一的法令。例如：魏国的成侯受封时，“手受大府之宪。宪之上篇曰：‘子弑父，臣弑君，有常不赦。国虽大赦，降城亡子不得与焉’”②。

（4）西周春秋时期旧的采邑主对直接生产者剩余劳动或剩余产品的榨取，是以土地所有制关系和对生产者的人身占有或人身隶属关系为基础，属于生产关系的范畴。战国封君食封地租税，则不具有这种性质。如前所述，封君并非封地的所有者、占有者和支配者；封君与其封地耕作者之间，更不存在什么人身占有、人身隶属或人身依附的关系。如有的学者所说：在封君的封邑之内，通常可能存在几种不同的所有制：既有自耕农的小土地所有制，也有封建地主土地所有制和封建国家土地所有制。食封制度和当时的俸禄制度一样，都是封建统治阶级对农民剩余劳动产品实行再分配的一种形式。封君剥削的基本对象是封邑的个体小农，封建国家把后者应缴纳的全部或部分租税分割给封君。这种食封制度并不改变封邑内部原有的土地关系。由于封君食封的租税是封建国家取之于农民的剩余劳动产品的一部分，因而它也就具有封建剥削的性质，属于封建食封制度③。

食封邑租税，即向封邑人民征收“什一之税”，是封君的特权。“什一之税”是征收实物。有些封君，食封的范围以“户”计数。例如：孟尝君“封万户于薛”，后来“又益以千户”④；田单封安平君以后，又“益封……以夜邑

① 《史记·穰侯列传》。
② 《战国策·魏策四》。
③ 林甘泉主编：《中国封建土地制度史》第一卷，中国社会科学出版社1990年版，第100～101页。
④ 《史记·孟尝君列传》。

万户”[1]；吕不韦封文信侯，“食河南、洛阳十万户”[2]。凡受封时规定了具体的户数者，封君所食只是封邑部分户口的租税。此外还有一些以某邑某地某城食封而没有明确规定食封户数的封君，例如：秦孝公封商鞅“於、商十五邑，号为商君”[3]；秦惠王“封〔张〕仪五邑，号曰武信侯”[4]；吕不韦除了“食河南、洛阳十万户”以外，还“食蓝田十二县”[5]；秦王政封嫪毐为长信侯，“予之山阳地”，其后“又以河西太原郡更为毒国”[6]；赵胜封于东武城，号平原君[7]；赵孝成王“封虞卿以一城”[8]；魏无忌封于信陵，号信陵君[9]；楚考烈王封黄歇为春申君，“赐淮北地十二县”[10]。这些以某邑某地受封的封居，一般则是享受封邑的全部租税。《史记·孟尝君列传》载“其舍人魏子为孟尝君收邑人”，《索隐》云：“收其国之租税也。”据说，燕将乐毅破齐后，燕为了笼络齐人，大批地封官赐爵，“齐人食邑于燕者二十余君，有爵位于蓟者百有余人”[11]。秦、汉王朝沿袭了这种封建食封制度。《史记·货殖列传》说：“封者食租税，岁率户二百。千户之君则二十万，朝觐聘享出其中。”《汉书·货殖列传》也说：“秦汉之制，列侯封君食租税。”

战国时代有些封君，除凭借特权而食封邑租税以外，还另有其私有地，直接对农民进行封建剥削。《史记·廉颇蔺相如列传》载：“赵奢者，赵之田部吏也。收租税而平原君家不肯出租，奢以法治之，杀平原君用事者九人。”作为田部吏的赵奢向平原君家征收的租税，并非平原君所食封邑的租税，而是作为大土地所有者的平原君应向国家缴纳的租税（土地税）。自然，这种租税实际上也是由农业劳动者负担的，因为它同样是农民创造的剩余产品的一部分。

---

① 《战国策·齐策六》。
② 《史记·吕不韦列传》。
③ 《史记·商君列传》。
④ 《史记·张仪列传》。
⑤ 《战国策·秦策五》。
⑥ 《史记·秦始皇本纪》。
⑦ 《史记·平原君列传》。
⑧ 《史记·虞卿列传》。
⑨ 《史记·魏公子列传》。
⑩ 《史记·春申君列传》。
⑪ 《资治通鉴》卷四周赧王三十一年。

以某邑某城受封的封君中，有的还有征收城市工商业税的特权，这种制度后来也为汉代所沿袭[1]。有的封君，例如楚国的鄂君启，还经营工商业牟取暴利，并凭借其特权免除国家的税收，鄂君启节铭文的规定表明了这一点。有些封君还进行高利贷剥削，如孟尝君“出息钱于薛”，一次收息就“得息钱十万”；又孟尝君派其舍人魏子去薛邑收租税，魏子把所收之粟都借贷出去[2]。

由于封君不但享有食封邑租税及其他特权，而且有些封君还进行高利贷剥削以及作为大土地所有者进行地租剥削，因此他们当中许多人都拥有巨大的财富。例如秦国的“四贵”穰侯、华阳君、泾阳君、高陵君，“私家富重于王室”[3]。当秦昭王免去穰侯相国而令其“出关”以“就封邑”时，穰侯的“辎车千乘有余”[4]。当“秦急围邯郸”，“邯郸之民，炊骨易子而食”，“褐衣不完，糟糠不厌”时，而赵国的平原君赵胜家仍然是“婢妾被绮縠，余粱肉”，“器物钟磬自若”[5]，骄奢淫佚。有些封君利用其雄厚的财力，招引宾客，网罗“任侠”、“奸人”。如孟尝君“招致天下任侠，奸人入薛中盖六万余家矣”，而其门下“食客三千有余人”[6]。其他如平原君、信陵君、春申君、吕不韦等，其家中宾客也都各有数千人之多。

第四节　自耕农小土地所有制

战国时代，以小块土地个体所有制为基础、从事个体劳动约自耕农，普遍存在，大量存在。先来看一看古书中有关当时自耕农的部分记述：

《汉书·食货志上》载李悝说：

> 今一夫挟五口，治田百亩，岁收亩一石半，为粟百五十石。除十一之税十五石，余百三十五石。食，人月一石半，五人终岁为粟九十

① 杨宽：《战国史》，上海人民出版社1980年版，第248页。
② 《史记·孟尝君列传》。
③ 《史记·范睢蔡泽列传》。
④ 《史记·穰侯列传》。
⑤ 《史记·平原君列传》。
⑥ 《史记·孟尝君列传》。

石，余有四十五石。石三十，为钱千三百五十。除社闾尝新春秋之祠，用钱三百，余千五十。衣，人率用钱三百，五人终岁用千五百，不足四百五十。不幸疾病死丧之费，及上赋敛，又未与此。此农夫所以常困，有不劝耕之心，而令籴至于甚贵者也。

《孟子·梁惠王上》说：

五亩之宅，树之以桑，五十者可以衣帛矣。鸡豚狗彘之畜，无失其时，七十者可以食肉矣。百亩之田，勿夺其时，数口之家可以无饥矣。

无恒产而有恒心者，惟士为能。若民，则无恒产，因无恒心。……是故明君制民之产，必使仰足以事父母，俯足以畜妻子，乐岁终身饱，凶年免于死亡。然后驱而之善，故民之从之也轻。

《荀子·大略》说：

故家五亩宅，百亩田，务其业而勿夺其时，所以富之也。

《吕氏春秋·上农》说：

是故丈夫不织而衣，妇人不耕而食，男女贸功，以长〔以〕生①，此圣人之制也。故敬时爱日，非老不休，非疾不息，非死不舍。

所谓“一夫挟五口，治田百亩”的小农之家，是春秋战国之际社会经济形态变革过程中逐步形成的新的家庭形式。他们摆脱了旧的奴隶制和等级制的束缚，而与后来汉代农民群众的“五口之家”大体一致。李悝在估计农民生计时之以“今一夫挟五口，治田百亩”作为例子，当是由于此类小农具有典型性和代表性，在当时大量存在。

在李悝算的那一笔农民收支的细账中，列了农民向封建国家缴纳的“十一之税”，而没有向地主缴纳地租一项。因为他这里所说的“一夫挟五口，治田百亩”的小农，属于自耕农。《孟子·梁惠王上》所谓“若民则无恒产，因无恒心”的“恒产”，即指农民有固定的、实际上属于他们自己所有的财产；

---

① “以长生”，《亢仓子》作“资相为业”。“以长生”当作“以长以生”，脱一“以”字。（陈奇猷：《吕氏春秋校释》四，第1717页。）

这财产，主要就是指“百亩之田”。

战国时代的亩制，不同于井田制下的亩制。虽然战国时代各国的亩制并不一致，但总的说来，各国每亩的面积一般都大于过去“步百为亩”的“井田”。而且，随着战国时代铁农具的推广，农业生产技术的进步，以及水利灌溉事业的发展，单位面积的农产量有了较大的提高。当时人们所说的“百亩之田”，为当时小农家庭所能力耕的面积。在孟子看来：“百亩之田，勿夺其时，数口之家可以无饥矣。”这与李悝算的农民收支账，是大体吻合的。李悝说“食，人月一石半”，意思是一个人一月食一石半，即平均一人一日食五升。这和汉代通常一人一日的廪食五升或六升相等①。恩格斯在《法德农民问题》中写道：“我们这里所说的小农，是指小块土地的所有者或租佃者——尤其是所有者，这块土地通常既不大于他以自己全家的力量所能耕种的限度，也不小于足以养活他的家口的限度。”② 上述战国时代自耕农的状况，同样证明了恩格斯的这一论断。

小农经济是自给自足的自然经济。显然，小农仅仅依靠农业的收入，是无法满足全家的生活需要的。这样，家庭手工业作为农业（它是基础）的副业，也就成为这种自然经济赖以建立的生产方式的条件。所以马克思说：自耕农小土地所有制的“正常的补充物”是“农村家庭工业”③。孟子和荀子所说的“五亩之宅”，正适合于小农家庭副业、手工业的需要④。自耕农等小农家庭，普遍实行男耕女织的自然分工。“农夫蚤（早）出暮入，耕稼树艺，多聚菽粟，此其分事也：妇人夙兴夜寐，纺绩织纴，多治麻丝葛绪捆布缪，此其分事也。”⑤“五亩之宅，树墙下以桑，匹妇蚕之”；“百亩之田，匹夫耕之”⑥。男

① 贺昌群：《升斗辨》，《历史研究》1958年第6期。

② 《马克思恩格斯选集》第4卷，第298页。

③ “‘五亩之宅’的土地，后来唐均田制中叫做‘园宅地’，规定丁男中男给一顷（百亩），另外给园宅地良口三口以上给一亩，三口加一亩。敦煌账籍残券中如开元十七年程思楚账，又称‘居住园宅地’，与孟子、荀子所说的‘五亩之宅’的土地大小相差不多，可见其渊源关系，因这种园宅地正适合于小农家庭的需要。”（贺昌群：《秦汉间个体小农的形成和发展》，《历史研究》1959年第12期。）

④ 《资本论》第3卷，《马克思恩格斯全集》第25卷，第909页。

⑤ 《墨子·非乐上》。

⑥ 《孟子·尽心》。

耕女织，“非老不休，非疾不息，非死不舍”，这就是广大自耕农谋生的主要方式和劳动情景。

自耕农这种小农经济，在奴隶社会、封建社会、资本主义社会，特别是在这些社会开始的时候，都大量地存在。马克思说：“小农经济和独立的手工业生产，一部分构成封建生产方式的基础，一部分在封建生产方式瓦解以后又和资本主义生产并存。同时，它们在原始的东方公有制解体以后，奴隶制真正支配生产以前，还构成古典社会全盛时期的经济基础。”① 又说：“自耕农的这种自由小块土地所有制形式，作为占统治地位的正常形式，一方面，在古典古代的极盛时期，形成社会的经济基础，另一方面，在现代各国，我们又发现它是封建土地所有制解体所产生的各种形式之一。”② 有的学者将战国时代的自耕农和马克思所说“古典古代极盛时期”的自耕农混为一谈，认为战国时代大量自耕农的存在，表明当时社会正由早期的奴隶制向发展奴隶制过渡。实则二者分别处于不同的社会发展阶段，来源不同，各有特点，发展演变的一般趋势也不一样。

战国时代的自耕农，是在中国奴隶制社会解体和封建制社会确立过程中陆续产生的。有相当大一部分战国自耕农的前身，是原来所谓“国人”中的自由农民，以及耕种卿大夫等旧贵族土地的隶属农民；他们是在春秋晚期各国的政治斗争中，随着部分贵族家族的灭亡或衰败而成为自耕农的。有一部分则是战国时代各国通过变法改革培植的自耕农。《商君书·徕民》云：

> 意民之情，其所欲者田宅也，而晋之无有也信，秦之有余也必。如此而民不西者，秦士戚而民苦也。今利其田宅，而复之三世，此必与其所欲，而不使行其所恶也。然则山东之民无不西者矣。……今以故秦事敌，而使新民作本，兵虽百宿于外，竟内不失须臾之时，此富强两成之效也。

又杜佑《通典》卷一《食货一·田制上》说：

> 鞅以三晋地狭人贫，秦地广人寡，故草不尽垦，地利不尽出，于是诱三晋之人，利其田宅，复三代，无知兵事而务本于内，而使秦人

---

① 《资本论》第1卷，《马克思恩格斯全集》第23卷，第371页，注24。

② 《资本论》第3卷，《马克思恩格斯全集》第25卷，第909页。

应敌于外，故废井田，制阡陌，任其所耕，不限多少。

如有的学者所指出："秦国统治者招徕三晋之民，给以田宅，复之三世，也就是培植自耕农的措施。"[1] 此外，农民自行垦荒也是自耕农小块土地形成的途径之一。

人类历史上不同社会制度下的自耕农，各个国家或民族同一社会制度下的自耕农，以及同一国家或民族同一社会制度的各个发展阶段上的自耕农，其面貌特征并非也不可能完全一模一样。他们之间的差异主要表现在两个方面，即身份地位方面和小块土地所有制形式方面。比如，"古典古代的极盛时期"的自耕农小块土地所有制，是"自由小块土地所有制形式"；而我国战国时代的自耕农与希腊罗马古典古代的自耕农，"在经济地位和政治地位上""有很大区别"，战国时代自耕农的小土地所有制不是'自由'的"，"是不自由的私有制形式"。"自耕农小土地所有制这种不自由的特点，在整个中国封建社会时期都是程度不同地存在的"[2]。值得注意的是，欧洲封建社会里的自耕农，同样不是"自由"的自耕农。马克思说过："在欧洲一切国家中，封建生产的特点是土地分给尽可能多的臣属。同一切君主权力一样，封建主的权力不是由他的地租的多少，而是由他的臣民的人数决定的，后者又取决于自耕农的人数。"[3] 因此，14 世纪末期，尤其是 15 世纪，英国的"绝大多数人口"虽然"是自由的自耕农"，但"他们的所有权还隐藏在封建的招牌后面"[4]。

有的学者说：在李悝估算的"这一笔农民收支的细账中，没有列入向地主缴纳的地租，好像指的是自耕农，实际上是封建国家的依附农民。因为他们除了什一之税以外，负担的赋税、兵役和徭役极其沉重"。"从当时魏、秦等国奖励耕战的办法来看，当时农民很多是封建国家的依附农民。"在持这种观点的学者看来，战国时代的农业生产者，除了封建国家的依附农民以外，就是依附于地主的庶子、佃农和雇农，并不存在以小块土地所有制为基础的自耕农。对此，我们要指出以下几点：

---

① 胡如雷《中国封建社会形态研究》，三联书店 1982 年版，第 25 页。
② 林甘泉主编：《中国封建土地制度史》第一卷，中国社会科学出版社 1990 年版，第 85 页。
③ 马克思：《资本论》第 1 卷，《马克思恩格斯全集》第 23 卷，第 785 页。
④ 马克思：《资本论》第 1 卷，《马克思恩格斯全集》第 23 卷，第 784 ~ 785 页。

（1）如有的学者所说：“战国时代自耕农的生产条件和经济地位与后代封建社会的自耕农基本上并没有什么区别”。战国时代“自耕农向封建国家缴纳‘什一之税’（‘粟米之征’），即秦汉以后的田租，也就是土地税”。战国时代自耕农负担的“布缕之征”和“力役之征”，也与后代封建社会自耕农负担的赋役基本相同①。换句话说，后代封建社会的自耕农，也有战国时代自耕农的种种负担，只是轻重有所不同而已。“课役负担的轻重，除了与阶级力量的对比、农民生产的状况等有关外，还取决于封建统治者消费需要的大小，和平环境还是爆发战争，有无大规模工程的兴修以及政策的执行情况等等条件”②。

（2）自耕农负担的赋役“极其沉重”，甚至“较之‘耕豪民之田，见税什五’的佃农，有时还要重些”，这一点并不奇怪。“地租剥削是纯经济关系，不易受其他因素的干扰，而自耕农承担的赋税和徭役，却是经济关系之外的一种法权关系”。“国家课役增减的幅度，远远超过了私租增减的幅度”③。封建统治者把自耕农看作一个最有能力提供赋税、兵源、徭役的阶层。封建政权所以要采取培植自耕农的措施，就是为了保证其税源和兵源，保证其财政收入。

（3）战国时代的自耕农小块土地所有制和战国时代的授田制二者，虽有一定的联系，但有区别，不能混为一谈。首先是土地所有制形式不同。自耕农耕种的小块土地是其“恒产”，属于他们自己所有；而授田制下的土地则属于封建国家所有。银雀山竹书《田法》的记载表明，当时有些地区还在实行“三岁而壹更赋（授）田，十岁而民毕易田”的授田制度④。其次，自耕农向封建国家交纳的“什一之税”，是封建国家凭借政治权力而征收的赋税；而国家授田农民所交纳的土地产品，则具有地租和赋税两重性质，是地租和赋税的合一。此外，比之自耕农，授田制下的农民对封建国家有较强的人身依附关系，这是一种以封建国家土地所有制为基础的人身依附关系。

自耕农土地所有制，小农经济，有很大的不稳定性，它不能成为社会上占

---

① 林甘泉主编：《中国封建土地制度史》第一卷，中国社会科学出版社 1990 年版，第 84 页。

② 胡如雷：《中国封建社会形态研究》，三联书店 1982 年版，第 128 页。

③ 胡如雷：《中国封建社会形态研究》，三联书店 1982 年版，第 128 页。

④ 银雀山汉墓竹简整理小组：《银雀山竹书〈守法〉、〈守令〉等十三篇》，《文物》1985 年第 4 期。

统治地位的生产方式。它不能抵御天灾人祸，无法改良和合理利用土地，不能利用分工协作。它经不起国家的赋役和高利贷的盘剥，其土地往往成为被兼并的对象，从而不断有自耕农贫困破产。《孟子·滕文公上》说，农民“终岁勤动，不得以养其父母”，为了交纳赋税，“又称贷而益之，使老稚转乎沟壑”。借贷的农民，一般都无力偿还债务；若高利贷者逼债讨债，他们则“以逃亡自捐之”①。战国时代已经出现了许多无地少地的农民。例如三晋的不少贫苦农民就“上无通名，下无田宅”②。到战国后期，无地农民增多，以致“无置锥之地”成了当时的一句成语。至于少地农民，也是“仰不足以事父母，俯不足以畜妻子”③。贫困破产，丧失土地的自耕农，或者成为“耕豪民之田，见税什五”④ 的佃农，或者成为“卖庸而播耕”⑤ 的雇农，或者“恃奸务末作以处”⑥，或者沦为流民。自然，也有极少数的自耕农因立军功或其他因素，而成为富裕农民，甚至上升为封建地主。

第五节 战国时代的奴隶

在战国社会里的被压迫被剥削阶级中，除了佃农、依附农、雇农、自耕农以及手工业工人等以外，还有奴隶。战国奴隶大致有以下几个来源：

（1）春秋奴隶制残余。虽然春秋是中国奴隶制解体和封建制产生的时期，但直到春秋末年，列国社会上仍有一定数量的奴隶存在，为官府和私家分别占有。公元前493年赵简子在“铁之战”前誓师时所说“克敌者……庶人工商遂，人臣隶圉免”，是以“克敌”为前提条件的；未“克敌”者，自然不会得“遂”、得“免”。即使真有“人臣隶圉”因“克敌”而免除奴籍、获得解放者，那也只能是当时所有“人臣隶圉”中的极少数，甚至只能是其个别成员。

① 《史记·孟尝君列传》。
② 《商君书·徕民》。
③ 《孟子·梁惠王上》。
④ 《汉书·食货志》。
⑤ 《韩非子·外储说左上》。
⑥ 《商君书·徕民》。

前面说过，中国历史上最初一批封建地主及其政治代表是由奴隶主贵族蜕变、转化而来，与奴隶制及旧的奴隶主贵族有着千丝万缕的联系。他们没有也不会因他们已是封建地主而完全放弃对奴隶的占有和剥削。这样，春秋、战国之交，无论是取齐的田氏，分晋的韩、赵、魏三家，还是其他新旧势力，一般都或多或少地带着各自的奴隶进入了战国时代。这些奴隶和奴产子，成为战国奴隶的一个不可忽视的组成部分。

（2）罪犯及其家属。这是战国奴隶的主要来源。因此当时文字记载中所说的“胥靡”，“既是一般奴隶的通称，同时又是一般罪犯的通称”①。这与当时各国（特别是秦国）把严刑峻法作为变法的主要内容之一。有关《商君书·赏刑》篇载：“守法守职之吏有不行王法者，罪死不赦，刑及三族。”所谓“三族”，指父母、兄弟、妻子②。又《史记·商君列传》载：商鞅“令民为什伍，而相牧司连坐”。按此“连坐”法，相“连坐”者不只是什伍之人，还包括犯罪者的家属③。如前所述，商鞅为了使个体农民“僇力本业”、男耕女织，其变法令还作了这样的规定：“事末利及怠而贫者，举以为收孥。”所谓“举以为收孥”，也就是“纠举而收录其妻子，没为官奴婢”④。睡虎地秦简律文中，有关于连坐法和以罪犯及其家属为奴的种种具体的规定⑤。《法律答问》云：“夫有罪，妻先告，不收。”反之，若妻不告（检举），则被收没。按照秦律的规定，科罪较轻的“隶臣”，其妻可以是自由人。至于比隶臣罪行稍重的罪犯，或是隶臣再有过失，则除了对本人加重判刑外，还要将其妻、子没

---

① 杨宽：《战国史》，上海人民出版社1980年版，第164页。

② 《商君书·画策》“父遗其子，兄遗其弟，妻遗其夫，曰：‘失法离令，若死我死’”，可证。

③ 《淮南子·泰族训》“商鞅为秦立相坐之法”，高诱注云：“相坐之法，一家有罪，三家坐之。”《史记·孝文本纪》“除收帑诸相坐律令”，《集解》引应劭曰：“秦法，一人有罪，并坐其家室。”

④ 《史记·商君列传》索隐。

⑤ 舒之梅《珍贵的云梦秦简》：“云梦秦简虽为秦始皇时期的人所书，但其成文年代有早有晚，早可到商鞅变法，晚则到秦始皇。”“秦简中关于法律的内容占了很大的篇幅。众所周知，秦的封建法律始订于商鞅，而商鞅据以为蓝本的是李悝所著《法经》六篇……商鞅受之以相秦，改法为律。我们在秦简中看到的秦法，除个别例外，都以‘律’为名，决非偶然。解释作为秦律主体部分的刑法的《法律答问》，其内容也大体与上述六篇相合。可以推想，被解释的律文，很可能是商鞅制订的法律条文。有的律文更是明显地打上了商鞅时代的烙印。……韩非说商鞅死，‘秦法未败’（《韩非子·定法》），从云梦秦简中，我们不仅能见到大量证实这一论断的实质性材料，还能约略接触到一些商鞅变法遗留下来的律文。”（见《云梦秦简研究》第3～4页，中华书局”1981年版。）

收为奴。《法律答问》："隶臣将城旦，亡之，完为城旦，收其外妻、子。子小未可别，令从母为收。可（何）谓'从母为收'？人固买（卖），小子不可别，弗买（卖）子母谓殹（也）。"这是说：隶臣监领城旦服劳役，城旦逃亡，应将隶臣完为城旦，并没收其在外面的妻、子。如其子年小，不能分离，可命从母为收。什么叫"从母为收"？意思是人总是要卖的，但其子还小，离不开母亲，不要单卖孩子的母亲。

（3）俘虏。虽然战国时代各国进行战争的主要目的不是俘人为奴，但把战俘作为奴隶的事实还存在的，战俘也是战国奴隶的来源之一。《墨子·天志》篇说大国把"攻伐无罪之国"所俘之人，"丈夫以为仆圉胥靡，妇人以为舂酋"。《孟子·梁惠王下》有"杀子父兄，系累其子弟"的记载。秦律还有这样一条规定："寇降，以为隶臣。"据说"齐俗贱奴虏"①，齐国"富擅越隶"②。

（4）债务奴隶。战国末期，有些民众因贫困破产而沦为债务奴隶。据说，由于商鞅变法令规定"民有二男以上不分异者，倍其赋"，逼得"家贫子壮则出赘"③。出卖或典身给富户，称为"赘婿"，由主人配给女奴结为夫妇④。云梦秦简中的《魏户律》规定，赘婿不能立户，不能受田。

（5）奴产子。由于奴隶的人身被主人占有，因此奴隶的后代仍为奴隶。秦律中的《厩苑律》"将牧公马牛"条提到"小隶臣"、《仓律》"隶臣妾其从事公"条提到"小城旦、隶臣"和"小妾"，"小隶臣妾以八月傅为大隶臣妾"条提到"小隶臣妾"《工人程》"冗隶妾二人当工一人"条也提到"小隶臣妾"。小隶臣、小城旦、小妾、小隶臣妾，均为未成年男女。《仓律》所说"妾未使"者，也是指未达到役使年龄的幼女。按照秦律的规定，幼年人犯罪一般不负刑事责任⑤。因此，这些小隶臣、小城旦、小妾不会是由于本人犯罪

① 《史记·货殖列传》。

② 《战国策·秦策三》。

③ 《汉书·贾谊传》载陈政事疏。

④ 钱大昕《潜研堂答问》九："《说文》：'赘，以物质钱也，从敖、贝。敖者犹放，贝当复取之也。'《汉书·严助传》：'比岁不登，民待卖爵、赘子以接衣食。'如淳云：'淮南俗，卖子与人作奴婢，名为赘子，三年不能赎，遂为奴婢。'然则赘子犹今之典身，立有年限取赎，去奴婢仅一间耳。"

⑤ 见《法律答问》。

而成为奴隶。他们成为奴隶的原因，或是由于全家被抄没而沦为奴隶，或是其父母原为奴隶，自己是奴隶的子女，也就是《史记》《汉书》所说的“奴产子”。

当时各国官府都拥有一定数量的奴隶。来源于罪犯及其家属的奴隶和战俘奴隶，一般都是官府奴隶。各类封建地主和大工商业者，一般也占有数量不等的奴隶。私家奴隶的来源是：国家赏赐的奴隶；通过买卖获得的奴隶；奴产子。据《商君书·境内篇》记载，凡“能攻城围邑”或“野战”，“斩首”达到国家规定的数目，则对吏赐以爵位，“爵吏而为县尉，则赐虏六”。另据秦简《法律答问》载，能捕获投匿名信的人，也能获赐“臣妾二人”。又《管子·揆度》载：“无糧之民不可责理，鬻子不可得使。”当时有的大官僚兼大商人，占有大量奴隶。如吕不韦有“家僮”万人，嫪毐也有“家僮”数千人[1]。吕不韦和嫪毐等所以有如此众多的“家僮”，“是因为秦国和西北、西南少数部族靠近，特别是秦灭蜀、取得筰及江南以后，更靠近以‘僰僮’闻名的西南少数部族地区，比较容易就近得到廉价的奴隶”[2]。

再说官私奴婢担当的工作。官奴婢从事的工作包括：筑城垣、宫殿、陵寝、园囿；放牧；手工业生产；农业劳动，以及其他种种杂役。《仓律》所谓“隶臣田者”，即从事田作的隶臣。《金布律》中提到的“府隶”，即是在官府中做各种差役的奴隶。《工人程》律文中的“冗隶妾”，就是从事杂役的隶妾。《仓律》所谓“冗君公者”，也是做杂活的奴隶。贵族、官僚地主和大商人的奴隶中，有不少是专门服侍主人或招待宾客、供娱乐的家内奴隶，如《吕氏春秋·分职篇》载：“今有召客者酒酣、歌舞、鼓瑟、吹竽，明日不拜乐己者而拜主人，主人使之也。”又《韩非子·喻老》篇说：“故冬耕之稼，后稷不能美也；丰年大禾，臧获不能恶也。以一人之力，则扣稷不足；随自然，则臧获有余。”这里所说的“臧获”，则是从事农业生产的奴隶。有些大工商业者，则使用奴隶从事手工业生产和商业。《史记·货殖列传》说大商人白圭“与用事僮仆同苦乐”，所谓“用事僮仆”，就是随从主人经营事业的奴隶。当时有

① 《史记·吕不韦列传》。

② 杨宽：《战国史》，上海人民出版社1980年版，第168页。

些富人大概主要是依靠奴役奴隶来致富的，因此《秦纪》有“僰童（僮）之富”① 的提法，《尸子·发蒙篇》也有“家人子侄和，臣妾力，则家富”② 的说法。

奴隶的必要生活资料由主人配给。秦律中的《仓律》对官府奴隶的口粮作了这样的规定：“隶臣”每月发粮二石，“隶妾”一石半；如不服役，不得发给。小隶妾或舂劳作的，每月发粮一石二斗半，不能劳作的，每月发粮一石。没有母亲的婴儿每人发粮半石；虽有母亲而随其母为官府零散服役的，也发给粮食，每月半石。隶臣作农业劳动的，从二月起每月发粮二石半，到九月底停发其中加发的半石。舂，每月发一石半③。

臣妾可以作为商品来买卖。《战国策·秦策一》载：“卖仆妾不出里巷而取者，良仆妾也。”秦简中的《封诊式》有“告臣”爰书一则，其中有“以市正贾（价）贾丙”的记录。所谓“以市正价贾丙”，就是按市场上的价格购买奴婢丙。秦律还规定，臣妾的主人可以用妾代服劳役，也可以用臣妾赎罪或抵偿所欠官府的债务。

按照秦律的规定，臣妾的主人不能任意屠杀臣妾，也不能擅自刑、髡臣妾。《封诊式》中的一则“黥妾”爰书，说明当时即使是有军功爵的五大夫要黥妾劓妾，也必须向官府“谒黥、劓”，由官府经过询问、调查等手续后处理这一案件。

当时没入官府的奴隶，是可以用钱赎回的。有些国家还在法令里规定：本国人有在别国当奴隶的，若能赎回，赎金可由官府支付。《吕氏春秋·察微篇》所说“鲁国之法，鲁人为臣妾于诸侯，有能赎之者取其金于府”，就是一例。秦律中也有赎替官奴婢的规定。秦国为了奖励军功，还允许隶臣从军，以“斩首”的军功取得爵位后免除奴隶身份。

封建社会（特别是它的初期）有相当数量的男女奴隶存在，这是不足为奇的。封建地主阶级和奴隶主阶级不但都是压迫者剥削者，而且都是前资本主

① 《华阳国志》卷三《蜀志》云：僰道县“本有僰人，故《秦纪》言‘僰童（僮）之富’。汉民多渐斥徙之。”《水经》江永注也说：“《秦纪》所谓僰僮之富者也。”

② 孙星衍辑本卷上。

③ 《睡虎地秦墓竹简》，文物出版社 1978 年版，第 49～50 页。

义社会的“等级的阶级”，二者比之资产阶级具有较多的共同点。虽然战国时代的农业、手工业等生产部门中也在使用奴隶，但当时绝大多数的农业生产者是自耕农、佃农和依附农，手工业奴隶在当时手工业者中所占的比例同样很小。当时的奴隶主要使用于种种非生产领域。占有和剥削奴隶，仅仅是当时种种封建剥削的一种补充形式。

第二十七章　农业生产的发展

春秋战国之际的社会变革，新的封建制生产方式的确立，推动了战国时期农业生产的新的重大发展。主要表现在：铁制农具广泛使用，牛耕逐步推广；荒地大量开垦，耕地面积扩大；水利灌溉事业比前代有较大的发展，兴建了一些大规模的水利灌溉工程；注重精耕细作，土壤肥料，农业技术显著发展；农业生产水平，单位面积产量，有较大的提高。

第一节　铁制农具的广泛使用和牛耕的逐步推广

西周末期开始出现的冶铁业，到战国时期得到了迅速的发展。关于这一点，我们将在本编第四章中着重论述。这里要讲的，主要是战国时期铁农具的铸造和使用情况。

在已出土的战国时期铁器中，生产工具占有很大的比重，而铁制农具又在生产工具中占主要地位。对此，有的学者曾作过统计，并列表如下①：

① 雷从云：《战国时期农业发展的标志、原因与作用浅析》，《农业考古》1986 年第 2 期。

战国部分地区出土铁器中生产工具和铁农具所占比例

铁器出土地点	总件数	生产工具		铁农具	
		件数	所占百分比	件数	所占百分比
辽宁抚顺莲花堡	80余	77	96.2	68	88.3
山西长治分水岭	36	31	86.1	21	67.7
河北兴隆古洞沟	87	85	97.7	52	61.2
河南辉县固围村	93	约69	74	58	58.4
湖南长沙衡阳61号楚墓	70余	21	30	17	80.9
广西平乐银山岭	181	约170	93	91	53.3

上表所列虽只是部分地区的统计，却有着一定的代表性，它表明：在战国铁器中，生产工具是其主要门类；生产工具中，铁农具又是其主要门类。而铁农具在铁器中所占比重之大，说明铁器出现之后，最主要的使用方面是农业生产，这与孟子所说："许子以釜甑爨，以铁耕乎?"是完全一致的，它表明当时铁制农具已逐渐取代了铜、木、石、蚌器而在农业生产中居于主导地位。

当时的铁制农具品种多、式样全。目前已发现的战国铁农具即有犁铧、䦆、锄、铲、锸、耙、镰、搯刀等。同一类的农具又有不同的形制，如铁䦆，有长方板楔形或长条椭孔形；锄有梯形锄、六角梯形锄和凹字形铁口锄等。而且在同一地区还经常出现有多种类型的铁农具，如河南辉县固围村出土有铁犁铧、䦆、锄、铲、镰；河北易县燕下都出土有铁犁铧、䦆、锄、铲、五齿耙和镰。抚顺莲花堡、敖汉旗老虎山和临淄齐国故城内，铁器出土情况也多如此。这有力地说明，当时农业生产的各个环节，诸如垦地、翻土、开沟、整地、中耕、除草和收获都已经用上了铁制农具。

而且，犁铧、䦆、梯形锄、耙和镰等五种主要农具，其形制趋于规范化。

铁犁铧　无论是出自河北易县，还是出自河南辉县，山西侯马，陕西西安、蓝田，山东滕县、临淄，均作"V"形，它当时是加套在犁床上使用的，呈等腰的"V"形。外侧为刃，虽然结构还比较原始，但已具备了后世犁铧的基本形态。

铁䦆　一般都比较厚重坚实。辉县、临淄、抚顺等地出土的长条椭孔铁䦆，是掘土工具的重要改进。这种铁䦆犹如近世还用的䦆头一般，用时，手执镬把、挥动双臂，用力由上向下刨，入土后，镬把由下向上抬，利用杠杆原理，将土块翻起，用于开垦荒地，挖掘沟洫。近代铁镬的基本形制，同战国这种铁镬相比，并无明显变化。

铁耙　以河北易县出土者为例，肩背略呈半圆形，耙体高宽比例适度，五齿耙疏朗锐利，便于整地、起肥等，是南北各地至今仍在使用的农具。

梯形铁锄　在各地多有发现，其形态基本一致。它们具有板状锄体，上部较厚，下部渐薄，做出锋利的锋刃，便于中耕和锄草。

铁镰　是主要的收割工具。辽宁、河北、河南、浙江等地出土的铁镰形制都作略带弧形的扁长条状，脊厚、刃薄、前端略尖，安装木柄的部位有格，这些特征已同后世使用的铁镰无大的差异。

仅上述五种农具的形制特征，即已表明，战国时期的铁制农具，在造型设计和工艺技术上已达到较高水平，许多战国铁农具同后世以至近代的铁农具，已无多大差别。

战国时期铁农具的成型工艺，有锻有铸，以铸件为多。战国早期已经出现了可锻铸制造的农具，如长沙识字岭 314 号墓的凹字形铁口锄和洛阳水泥制品厂工地出土的铁铲即是。战国中期以后，已普遍采用白口铁铸件，经控制脱碳热处理的方法来制造农具。铸铁技术的应用，不仅提高了农具的硬度和韧性，而且为大规模的批量生产提供了可靠的保证。

春秋时期，牛耕虽已应用，但铁制的犁铧尚未出现，所用的犁具还是木器和石器，限制了它的作用。而战国时期，铁制犁铧在河北易县，河南辉县，山西侯马，陕西西安、蓝田，山东滕县、临淄等地均有发现。证明当时在黄河中下游地区，耕牛拖拉的铁犁已经广泛应用。

犁耕的推广，是农业发展史上一个划时代的事件。春秋以前，耕田的主要农具是耒耜。用人力挥动推拉的木、石制的耒耕田，不过是掘挖松土、以供撒播种子，不能深耕，也不能大面积翻土，只能利用局部土地的表土层。土地的肥力也容易枯竭。商代用不断改换耕地的“游农”办法来解决这个矛盾，西周井田制时期，改为在固定的土地上实行轮耕，根据土地的自然条件分为不易之田、再易之田和三易之田，实行所谓菑、新、畲三田制的轮耕方法，结果有大片土地处于荒废状态，而不能年年耕种。人力推拉的木、石、耒耜变为耕牛拖拉的铁制犁铧，使生产力获得了巨大的解放，使农业生产脱离了原始的初耕阶段。连续大面积的翻土和深耕，提高了土地的利用率，提高了个体劳动者在农业生产中的地位，使一家一户为一个生产单位的小农经济得到广泛发展；荒地也大面积被开垦。

第二节 土地的开辟与利用

一、荒地的开垦和耕地面积的扩大

“铁使更大面积的农田耕作，开垦广阔的森林地区，成为可能”①。随着战国时期铁器的广泛使用，各国耕地面积不断扩大。耕地面积扩大的途径不外两条：一是国土面积的扩大，一是境内荒地的开辟。

战国七雄除了将中原华夏诸小国相继吞并之外，并向周边少数民族扩展势力。晋国北边的林胡、楼烦和燕国北部的东胡都被称为戎族。公元前473年赵襄子兼并代地；赵武灵王时打败了林胡、楼烦，开辟了大片土地，又修筑长城，置云中、雁门、代郡。后来，燕国大将秦开也打败了东胡，辟地千里，筑长城，置上谷、渔阳、右北平、辽西、辽东等郡。其后，赵国大将李牧又一次打败东胡，降服了林胡。

战国初年，魏国北部有狄族建立的中山国（今河北灵寿、唐县一带）。公元前429年，魏文侯派乐羊攻打中山，三年才取得胜利。中山被魏攻破后，徙居今灵寿复国，还有地方五百里，兵车千乘。公元前296年又被赵国所灭。

秦国的西部戎族有绵诸、翟原、义渠、大荔、朐衍、乌氏等部。绵诸、大荔在公元前5世纪中叶，乌氏、翟原在公元前4世纪中叶先后为秦所并。余下的义渠力量较强，能够“筑城郭以自守”，秦惠王时，攻占义渠廾五城；秦昭王时，义渠终于为秦所并。秦于是置北地、陇西、上郡。秦国的西南有巴、蜀二国。公元前316年，秦趁巴、蜀二国相攻之时，派司马错攻占巴蜀，设立巴郡和蜀郡。

巴蜀的西南有夜郎、滇、邛都、雟、昆明、徙、筰都、冉駹、白马等部。

① 恩格斯：《家庭、私有制和国家的起源》，《马克思恩格斯选集》第4卷，第159页。

公元前279年，楚派将军庄跻率军溯江而上，向巴、黔中以西发展。庄跻到达了且阑，平服了夜郎和滇。黔中郡则为秦所攻占。

至战国末年，北起长城，南至珠江流域，西起陇西、巴蜀，东至海滨已基本成为华夏七雄割据的版图，这里农业经济占据统治地位。

与此同时，各国在境内也大力开荒。李悝在魏国作“尽地力之教”，提倡开垦荒地发展生产。吴起在楚国强制迁徙旧贵族“实广虚之地”开荒辟壤。商鞅在秦国变法，关于农业政策方面所下的一道重要命令，就是主张大力开荒的《垦草令》。在《垦草令》中，商鞅提出了二十条措施，其中包括取消旧贵族特权，防止贪官污吏、抑制商人，惩罚奢侈游惰，设立明确的地税制度、奖励制度、商品赋税制度、徭役和刑罚制度等，用来督促人民开垦荒地。以后又“以草茂之地、徕三晋之民，而使之事本”。用给予土地房屋、免去三代人的徭役，不予闻军事和十年不收赋税的优惠条件，招徕三晋之民开荒种田。

齐国对开垦荒地也很重视。《管子·问》篇的调查提纲中即有“人之开田而耕者几何家?”“所辟草莱有益于家邑者几何矣?”等内容。

经过各国统治者的大力提倡和人民群众的积极垦荒，华夏各国的耕地面积不断扩大，特别是中原的三晋一带已成为人口稠密地区，“土狭而民众，其宅参居而并处”①。其中魏国更加突出，“地方千里，地虽小，然而庐田庑舍，曾无所刍牧牛马之地。人民之众，车马之多，日夜行不休已，无以异于三军之众。”②

二、对土壤的辨识和土地的分类

土壤是农业生产的基础条件，也是主要的劳动对象，如果不弄清楚土壤性状、质地好坏、生产能力，适宜什么作物生长等情况，则人们从事生产就有一定盲目性。春秋以前，人们对于土地的认识还是很粗浅的，还没有进到对土壤进行系统分析的阶段。战国时期，特别在黄河中下游地区，土地的开辟已经差不多了，农业的进一步发展，需要在提高单位面积产量上做文章了，于是人们

---

① 《商君书·徕民篇》。
② 《战国策·魏策一》。

开始对土壤的性状、分类进行研究。《尚书·禹贡》《周礼·地官》《管子·地员》等篇都从不同角度对土壤分类及其与植被关系等问题进行了论述。

《禹贡》篇为了“定贡赋”将九州的土壤进行了分类，并制定了土壤的等级和贡赋的等级（见本节表1）。它认为每州基本上只有一种土壤，这种说法虽不甚科学，但确是中国土壤学的开端。九州虽有九种不同土壤，实则只有壤、坟、埴、垆、黎、泥六种性质上的差别；而黑、白、赤、青是色泽上的不同。“壤”是土壤；“白壤”可能指盐碱地；“黄壤”可能指黄土冲积平原；“坟”有隆起的意思，可能指丘陵地；“涂泥”可能指低洼地；“垆”是黑刚土；“黎”马融解为：“小苏也”，可能指团粒组织的疏松土壤；“埴”是黏土。

冀土的“白壤”孔安国解释为：“无块曰壤，水去，土复其性，色白而壤”。可能指含有盐分而质地疏松的土壤。当有水时盐分溶解；水干以后，盐分凝积，地面又成白色。现在河北、山西平原的盐渍土，或者就是“白壤”。

兖州的“黑坟”、“坟”有隆起的意思，大概指丘陵地。《禹贡》的兖州，相当今天的山东西部，丘陵地带多为棕壤，《禹贡》称为黑坟，可能由于古代草木茂盛，土壤黑色腐殖质多，或者古代这里就是灰棕壤。

青州的“白坟”和海滨广斥。青州相当今天的山东半岛，也是丘陵地带，土壤多为棕壤，古代森林很多，所积腐殖质因沿海湿润而较丰富，但为酸性成为灰壤，或者就是所称的“白坟”，“斥”就是盐渍土。

徐州的“赤埴坟”。“埴”是黏土。徐州相当今天的苏北和安徽与山东交界地区。丘陵地为发育于第四纪洪层红色黏土层的棕壤，或即所称的“赤埴坟”。

扬、荆二州的涂泥。“涂泥”是卑湿的土壤，这里大抵指黏质湿土。荆、扬二州相当今天的湖南、湖北、江苏、浙江、江西等地。这里是我国湿土的主要分布地区，和《禹贡》所述情况正相吻合。

豫州的“壤”和“下土坟垆”。豫州相当今天的河南平原，多是石灰性冲积土。所谓“下土”就是底层。“垆”是黑刚土。土坚强而色黑或指分布于河南低地石灰性冲积土底层之深灰黏土与石灰结核；结核多的就连接底层，后来为丘陵土和次生黄土所掩覆。无论就地区或就土层排列而言，都是符合的。

梁州的“青黎”据孔安国解释是：“色青黑而沃壤”。“青”是黑色。

"黎"据马融解："小苏也。"可能这种土壤色黑而疏松，有团粒组织。以四川成都平原而言，至今仍是深灰色无石灰性冲积土，适相符合。就四川盆地丘陵言，今虽是紫色土，从古代资料看来，古时土壤中腐殖质也是多的，必然也是黑的。经过常年耕种，腐殖质逐渐淡化也是可能的。

雍州的"黄壤"。今陕西一带、多是淡栗钙土，可能就是所称的"黄壤"。

《周礼·地官》对土壤也有不同标准的分类。它依据地势的高低，把土地分为五类十等，即山林、川泽、丘陵、坟衍、原隰；依据土地的肥沃程度，分为上地、中地、下地或不易之地、一易之地、再易之地；依据土壤的色泽、性质和适用肥料的不同，分为骍刚、赤缇、坟壤、渴泽、醎潟、勃壤、埴垆、强槩、轻爨九种。

《管子·地员》篇不仅叙述了土壤的分类，并进而分析了土壤与植被的关系，指明了各种土壤地下水位的高低及其所适宜的植物。表明对土壤性能的认识更加深入，对合理利用土地克服农业生产的盲目性有更大作用。《地员》篇对土壤的分类有三个层次，据分析这三个不同的类型可能指关中、雍州和雍州以外三个不同地域的概念①。

《地员》篇对于关中地区的土壤叙述得最为详尽（见本节表2），它将平原的土壤分为"渎田悉徙"（即可灌溉的冲积土壤），"赤垆"（既疏、又坚强、又肥沃的栗色土或黑褐色土）、"黄堂"（即关中东部渭、洛之间三角洲地带的沙苑）、"赤埴"（即棕色较细黏的壤土）、"黑埴"（即渭河两岸土壤、黑色、多腐殖质，带有细黏性）五种，叙述了它们的性能，所适宜的农作物和草、木。最后还谈了地下水位的高度。

《地员》篇前半部叙述关中土宜，是一个人的手笔；后半部泛论九州土宜，又是一个人的手笔，它在泛论九州土宜之前，先叙述了植物生态原理：

凡草土之道，各有谷造（录次），或高或下，各有草土（物）。叶下于䒗、䒗下于苋（莞），苋（莞）下于蒲、蒲下于苇，苇下于

---

① 见中国农业科学院、南京农学院中国农业遗产研究室编著：《中国农学史》（初稿）上册，科学出版社1984年版，第144~150页。

萑、萑下于蒌，蒌下于荓、荓下于萧、萧下于薜，薜下于萑，萑下于茅。凡彼草物，有十二衰，各有所归。

这里举出了十二种草物生长的高下次第，说明各种植物生长与地面高低的关系。之所以举草物做代表，可能是谷类生态不易名状而且种类也少，故以草物生态来表示当时对于植物生态认识的进展。

《地员》篇后半部，论述了九州18种土壤，其中，仍以雍州为叙述的重点。雍州的“五粟”为“群土之长”，它与“五沃”、“五位”三土是天下第一等土壤。其他15种土壤只及三土的30%～80%。这种情况与《禹贡》观点相似，《禹贡》中的土壤排列，也是把雍州土壤列为第一等的。（见本节表3）

《地员》篇对雍州以外的土壤叙述比较简略（见本节表4），只说了土壤的性状，适宜的作物，对于“蕃殖果木”只简单交待了一句：“不若三土以十分之几。”草类如何，根本没有交待。这说明作者对于雍州以外地区土壤与植被的关系，了解得还是很粗略的。

综上所述，各式各样的土壤分类，标准不一，方法各异，有的略，有的详，有的主观想象成分多些，有的客观实践成分多些。但都反映了战国时期人们对土壤的性状问题日益重视，其认识水平也在由表及里，由浅入深，不断深化，日益提高。

三、施肥技术的进步和对土壤的改良

战国时期，由于小土地所有制的推广和精耕细作传统的确立，农作物的施肥也更加重视。先秦文献中关于施肥的记载是很多的，例如：

《孟子·万章下》：“耕者之所获，一夫百亩，百亩之粪，上农夫食九人，上次食八人，中食七人，中次食六人，下食五人。”

《孟子·滕文公上》：“凶年粪其田而不足，则必取盈焉。”

《荀子·富国》：“掩地表亩，刺草殖谷，多粪肥田，是农夫众庶之事也。”

《吕氏春秋·任地》：“地可使肥，又可使棘，人肥必以泽，使苗坚而地隙；人耨必以旱，使地肥而土缓。”

施肥也叫“雍培”。《管子·轻重甲》：“春日倳耜，次日获麦，次日薄芋，次日树麻，次日绝菹，次日大雨且至，趣芸壅培。”“壅培”就是施肥，直至今天，江浙一带农民还有把施肥叫“培壅”的。

至于肥料的种类，除了人粪尿之外，牲畜粪和绿肥也都开始应用了。《老子》有：“天下有道，却走马以粪。”《韩非子·解老》释之云：“今有道之君，外希用甲兵，而内禁淫奢。上不事马于战斗逐北，而民不以马远通淫物，所积力唯田畴，积力于田畴必且粪灌，故曰：‘天下有道，却走马以粪也’。”这是使用牲畜粪肥田。《荀子·致士》：“水深而回，树落则粪本。”是说落下的树叶，可以做根部的肥料。《吕氏春秋·六月纪》：“是月也，土润溽暑，大雨时行，烧薙行水，利以杀草，如以热汤，可以粪田畴，可以美土疆。”夏季高温多雨，焚烧杂草沤入水中，可以充作田地的肥料。

施肥是改良土壤，保持地力，促进农作物生长的一项重要措施。一年之中的季节不同，各地区的土质不同，农作物的种类不同，对肥料的要求也不一样。《周礼》中的“草人”就是掌管改良土壤的官吏，其职责之一就是指导人民根据不同的土质，施用不同的动物肥：“掌土化之法以物地，相宜地而为之种。凡粪种：骍刚用牛，赤缇用羊，坟壤用麋，渴泽用鹿，咸潟用貆，勃壤用狐，埴垆用豕，强檃用蕡，轻爂用犬。”其中除了蕡是大麻之外，其他八种都是动物。至于“粪种”的方法，可以理解为使用动物的粪肥，但也有解释为煮动物的骨汁浸种的。郑司农云：“用牛，以牛骨汁渍其种也，谓之粪种。”还有解释为用动物的骨灰肥田的，江永说：“如用兽，则以骨灰洒诸田。”① 不管怎样解释，这里举了九种不同土质所宜使用的九种动植物肥料，说明当时已经知道施肥时应该根据不同的土质选择适宜的肥料。而这是很了不起的，西欧在10世纪时，先进的农庄才开始使用肥料，以后也未普遍化。我国在公元前2世纪已经把施肥工作定型化，普遍化，比欧洲早1000多年。在我国的农学史上，施肥一贯被强调，这是我国农业技术的特殊成就之一。

① 参见《周礼正义》。

四、土地利用率的提高和两熟制的应用

春秋以前，农业用地普遍实行轮流耕种，适当休闲的制度。战国时期，由于人口增殖及生产力的提高，一年一获基本上成为定制。尤其是三晋地区："土狭而民众，其宅参居而并处，其寡萌贾息，民上无通名，下无田宅……此其土不足以生其民也。"① 要从有限的土地里取得大量谷物以维持众多人口的需要，就要求增加单位面积产量，一年一熟制逐渐代替了轮作制。李悝的"尽地力之教"即是如此，他认为："地方百里，提封九万顷，除山泽邑居参分去一，为田六百万亩，治田勤谨则亩益三升（斗）；不勤，则损亦如之。地方百里之增减辄为粟百八十万石矣……今一夫挟五口，治田百亩，岁收亩一石半，为粟百五十石，除十一之税十五石，余百三十五石，食，人月一石半，五人终岁为粟九十石。"② 每户所得的百亩之田，都是逐年耕种，不再休耕了。孟子说："百亩之田，勿夺其时，数口之家可以无饥矣。"③ "百亩之田，匹夫耕之，八口之家，可以无饥矣。"④ 荀子也说："故家五亩宅，百亩田，务其业而勿夺其时，所以富之也。"⑤ 可见，当时除了边远地区和土质较差的地区外，一年一熟已成为定制。

此外，一年两熟制也已开始在当时部分地区推广。一年两熟制，至少在春秋时期即已出现，它的出现与冬小麦的种植有密切关系，因为冬小麦是秋季播种，初夏收获，夏收之后可接着播种秋收的谷物。《左传·隐公三年》："四月，郑祭足帅师取温之麦。秋，又取成周之禾。"说明当时周的王畿地区已经实行一年两熟制了。又《春秋·庄公七年》："秋，大水，无麦，苗。"《左传》曰："秋，无麦、苗，不害嘉谷也。"杜注曰："周正之秋，夏正之夏也。是时，麦已熟，因大雨而无收，故云'无麦'。至黍稷尚未成禾，故云'无苗'。苗漂没后，犹可更种，故云'不害嘉谷'。"

① 《商君书·徕民》。
② 《汉书·食货志》。
③ 《孟子·梁惠王上》。
④ 《孟子·尽心上》。
⑤ 《荀子·大略》。

就是说，这次夏季的水灾虽然严重，损伤了成熟的麦子和幼小的禾苗，但水退后，仍可补种大秋作物，所以说“不害嘉谷”。证明当时鲁国地区也实行一年两熟制了。

战国时期，一年两熟制普遍推广。《吕氏春秋》孟夏之月：“农乃升麦”；孟秋之月：“农乃升谷”。孟子说：“今夫𪎊麦，播种而耰之，其地同，树之时又同，浡然而生，至于日至（夏至）之时，皆熟矣。”① 又说：“王知夫苗乎？七八月之间旱，则苗槁矣；天油然作云，沛然下雨，则苗浡然兴之矣。”② 这样，大麦在夏至收割后，七八月间，粟苗还照常生长着，可见这里说的也是一年两熟制。《吕氏春秋·任地》说：“今兹美禾，来兹美麦。”这是说，今年秋季收获了好的禾谷，接着种冬小麦，明年夏季冬小麦也会丰收。《荀子·富国》更明确地说：“今是土之生五谷也，人善治之，则亩数盆，一岁而再获之。”可见一年两熟制已在许多地区推广，不再是个别现象了。

五、精耕细作　农业理论的初步形成

战国时期，各国统治者对农业技术比较重视，而且尊重农业人才，《管子·山权数》说：

> 民之能明于农事者，置之黄金一斤，直食八石；民之能蕃育六畜者，置之黄金一斤，直食八石；民之能树艺者，置之黄金一斤，直食八石；民之能树瓜瓠荤菜百果使蕃衮者，置之黄金一斤，直食八石；民之能已民疾病者，置之黄斤一斤，直食八石；民之知时：曰“岁且阨”，曰“某谷不登”，曰“某谷丰者”，置之黄金一斤，直食八石；民之通于蚕桑，使蚕不疾病者，皆置之，黄金一斤，直食八石。谨听其言而藏之官，使师旅之事无所与，此国策之者也。

在先秦诸子的许多论述中，都夹杂一些关于农业生产技术知识的章句。其中有关于肥料的使用和深耕方面的论述；有关于复种和取得禾、麦两熟的

① 《孟子·告子上》。
② 《孟子·梁惠王上》。

记载；也有关于农具的使用说明等。这说明先秦诸子对农业生产在不同程度上都给予了关注。而且这时还出现了以许行为首的专门谈“神农之学”的农家学派[①]。他们对农业生产及有关技术就更为重视了。据《汉书·艺文志》农家类，战国时期已有专门的农书《神农》20篇和《野老》10篇。前者为“诸子疾时怠于农业，道耕农事，托之神农”而作的；后者据东汉人应劭说是“年老居田野，相民耕种，故号野老”。所以它们应是农家总结、研究农业技术的心得之作，可惜都散佚无存了。我国现存最古老的农学论文是《吕氏春秋》中的《上农》《任地》《辨土》《审时》四篇。它们虽不是专门的农书，但却联成一体，较好地反映了战国时期农业科学技术的发展水平。

《吕氏春秋》中的四篇农业论文《上农》讲的是重农理论和奖励农业的政策；《任地》《辨土》《审时》三篇则论述了从耕地、整地、播种、定苗到中耕、除草、收获以及不误农时等一整套具体的农业生产技术和原则。

《吕氏春秋·任地》提出了当时农业生产应该注意的十个问题：

> 后稷曰：子能以窐为突乎？子能藏其恶而揖之以阴乎？子能使吾土靖而甽浴土乎？子能使保湿安地而处乎？子能使雚夷毋淫乎？子能使子之野尽为冷风乎？子能使藁数节而茎坚乎？子能使穗大而坚均乎？子能使粟圜而薄糠乎？子能使米多沃而食之彊乎？”

它涉及到多方面的技术和理论，包括了使用土地、整地做畦、灭草保墒、播种匀苗、中耕除草等一系列技术措施。如一至三个问题是：你能使低洼潮湿之地变得高爽吗？你能把干燥的土地变得湿润吗？你能使土地平整为水所浸没吗？是指土地利用而言。四、五两个问题是：你能使作物得到充足的水分生长良好吗？你能使杂草不蔓延为害吗？谈的是保墒灭草问题。六至十的五个问题是：你能使地里的庄稼通风透气良好吗？你能使禾苗发株分杈而茎秆坚强吗？你能使穗大而健壮整齐吗？你能使籽粒饱满而糠皮很薄吗？你能使米粒肥美而吃起来有劲吗？谈的是匀苗施肥、中耕除草等田间管理问题。

---

① 见《孟子·滕文公上》。

其中首要的问题是关于土地的平整与利用。为了合理地利用土地，提出了以下必须注意的事项：

（1）合理密植，充分利用土地。《辨土》篇说：“无与三盗任地……大甽小亩为青鱼胠，苗若直猎，地窃之也；既种而无行，耕而不长，则苗相窃也；弗除则芜，除之则虚，则草窃之也。故去此三盗者，而后粟可多也。”这是说，要充分利用土地，必须消灭“三盗”。所谓“三盗”，一是指沟大垄小，二是指苗无行列而又太密，三是指苗无行列而又太稀杂草为害。

（2）做垄的方法。《任地》篇说：“是以六尺之耜，所以成亩也；其博（镈）八寸，所以成甽也；耨柄尺，此其度也；其耨六寸，所以间稼也。”这是说，用“六尺之耜”耕地成垄，用八寸的镈，起土成沟。垄和沟的宽度，皆以耨柄的一尺长度为标准。也就是说垄宽一尺，沟宽亦一尺。按着这样的布局，其播种面积约占二分之一，所以《辨土》说：“茎生于地者，五分之以地。”亩和甽的比例要适当，不可宽垄窄沟；亦不可窄垄宽沟。《辨土》指出，窄垄宽沟的危害是：“其为亩也，高而危则泽夺，陂则埒，见风则僷，高培则拔，寒则雕，热则脩，一时而五六死，故不能为来。”就是说，垄高而陡，水分大量散失，雨水冲刷容易塌泻，作物生长后期，一经风吹，又容易倒伏，即使培土，也不能安根固苗，天寒则枯凋不结实，天热则枯萎夭折，死亡相继，难以获得丰收。

《辨土》又说：“亩欲广以平，甽欲小以深，下得阴，上得阳，然后成生。”意思是，垄平沟深，不仅可以充分利用土地，而且能使垄上作物得到充分的阳光，根部便于吸收充足水分，利于作物生长茂盛。

（3）高畦栽培法和低畦栽培法。《任地》说：“上田弃亩，下田弃甽。”所谓“上田弃亩”是说高田旱地或雨水稀少地区，土地墒情往往不足，就把作物种在沟里，既可防风又可减少水分蒸发，是一种“低畦栽培法”。“下田弃甽”是指低洼地，水分多，要把作物种在高平干燥的垄上，这是一种“高畦栽培法”。这是根据不同地势的特点，通过比较合理的田间布局，以保证“上田”、“下田”都能得到充分利用的科学方法，使原来看来无用的土地得到合理的利用。汉代的“代田法”和“区田法”就是在这一方法的基础上逐步发展起来的。

土壤是农作物生长的立足基地，是供给农作物水分和养料的源泉。人们关于土壤方面的知识越丰富，就越能正确地利用土壤，并不断地改良土壤，为作物生长发育创造有利条件。《任地》篇根据土地的软硬程度，使用多寡、肥力强弱、土质松密、湿度大小等五方面的差异，提出了五项处理原则："力者欲柔，柔者欲力；息者欲劳，劳者欲息；棘者欲肥，肥者欲棘；急者欲缓，缓者欲急，湿者欲燥，燥者欲湿。"

"力者欲柔，柔者欲力"，是说土壤的结构不宜黏重板结费力难耕；也不宜松散疏软而不能保持水肥。"急者欲缓，缓者欲急"，是说土壤不宜质地粗散失水太快；也不宜细密缓慢而不透水。这两者结构和质地是互相关联的，沙性太大的土质粗散疏松，不能保持水肥；黏性太大的土质细密板结，不易透水而难耕，都是由于缺乏有机质，没有较好的团粒组织的缘故。"湿者欲燥，燥者欲湿"，是说地势低的，排水不良，积水太多；地势高的，保墒不易，水分不足，皆不适应栽培旱地作物的需要。"息者欲劳，劳者欲息"，是说休闲过的土地要耕种；种久了的地要适当休闲，以恢复地力。"棘者欲肥，肥者欲棘"，是说地力贫瘠的要增加肥料，提高地力；施肥过多的，作物徒长"华而不实"也会造成减产的结果。

这五点，为合理地利用土地，使土壤保持适于农作物生长的最佳状态，以最大限度地发挥地力，指出了要遵循的基本原则。它包含了改良土壤，实行轮作，施肥保墒等丰富的技术内容，而且具有可贵的朴素辩证法思想。

《辨土》篇对播种匀苗提出了六项要求：

(1)"稼欲生于尘而殖于坚者"。这是说播种的土壤要上虚下实。上虚疏松，苗既容易出土，又可抑制水分蒸发，保墒佳良。下土落实，能多蓄水分，有利于种子吸水，发芽、扎根，从而促进幼苗出土、生长迅速。现在播种前的一次浅耕就是这个道理。

(2)"慎其种、勿使数、亦勿使疏；于其施土，无使不足，亦无使有余。"即播种量不可太多使之过密；也不可太少使之过稀。播种以后，覆土不可太薄，影响种子吸水发芽；也不可太厚，增加幼苗出土的困难。

(3)"熟有耰也，必务其培；其耰也植，植者其生也必先；其施土也均，均者其生也必坚。"这是强调说明，覆土必须要厚薄均匀，并注意打碎培紧，则土壤和种子结合紧密，可以迅速出苗，缩短出苗期。覆土厚薄均匀，则出苗整齐一致而没有参差之弊。

（4）“茎生有行故遬长，弱不相害故遬大；衡行必得，纵行必术；正其行、通其风、夬心中央，帅为冷风。苗其弱也欲孤，其长也欲相与居，其熟也欲相扶，是故三以为族，乃多粟。”这是说，苗生垄上，必须匀苗，使其纵横成行，通风透气而没有密集拥挤之害，才能生长迅速而健壮。匀苗时，必须使其单株相间，发株分蘖，长高之后正好比肩相扶，生长茂盛而取得最后的丰收。

（5）“凡禾之患，不俱生而俱死，是以先生者美禾，后生者为粃。是故其耨也，长其兄而去其弟。”这是说栽培粟谷，最怕出苗先后不一，成熟不齐，产量质量都受影响，必须注意匀苗，留强去弱，留大去小，尽量加以调整，以求其成熟一致。

（6）“树肥无使扶疏，树墝不欲专生而族居。肥而扶疏则多粃，墝而专居则多死。”这是说，必须根据地力的肥瘠确定谷苗的密度。肥地留苗要密些；薄地留苗要稀些。因为肥地苗稀，则增加无效分蘖或徒长；薄地苗密，会因水肥供应不足而夭折。

综上所说，《吕氏春秋·辨土》对于播种匀苗的六项要求是：土壤要上虚下实；播种要疏密得宜；覆土要细碎均匀厚度一致；禾苗要纵横成行；匀苗要留强去弱，留大去小；肥地要密植，薄地要稀植。这些要求，直到今天没有一项因不符合科学而被否定，也没有一项是在实践中所能忽视的。

深耕，在春秋时期就已受到重视。《国语·齐语》：“及耕，深耕而疾耰之，从待时雨。”战国时期，深耕已很普遍，诸子书中多有论述。《孟子·梁惠王上》说：“深耕易耨。”《庄子·则阳》说：“深其耕而熟耰之，其禾繁以滋。”《荀子·天论》说：“楛耕伤稼。”《韩非子·外储说左上》说：“如是耕者且深，耨者熟耘也。”对深耕的意义都有所认识了。而《吕氏春秋》还对深耕的方法作了进一步的论述。《任地》篇说：“其深殖之度，阴土必得，大草不生，又无螟蜮。”说明耕地的深度以见墒为宜，可以消灭杂草和害虫。《辨土》篇还谈到了不同土壤的先后耕作次序：“凡耕之道，必始于垆，为其寡泽而后（厚）枯；必厚（后）其靹，为其唯（虽）厚（后）而及。”这是说耕地的时候，必须先耕垆土；因为垆土性质黏重，水分一经散失，即坚硬无法耕种；后耕弱土，因为弱土松软，迟耕也无妨碍。这在北方春旱少雨地区尤其重要，已成为古今耕地不可不知的原则。

农业生产的季节性要求非常严格。先秦诸子关于不误农时的议论很多。《孟子·梁惠王上》说："百亩之田，勿夺其时，数口之家可以无饥矣。"《荀子·王霸》说："举兴力役，无夺农时，如是则农夫莫不朴力而寡能矣。"《管子·臣乘马》说："彼王者不夺民时，故五谷兴丰。"秦律规定："居赀赎责（债）者归田农，种时、治苗时各二旬。"① 即以劳役抵债务的罪犯，农忙时允许回家务农，播种和管理禾苗的时节各20天。

《吕氏春秋》专设《审时》篇，来论述时间对于农业生产和农作物的重要。该篇一开头就说："凡农之道，厚（候）之为宝。"即是说在农业生产中，根据气候条件及时耕作是最可宝贵的。接着讨论了六种主要农作物：禾、黍、稻、麻、菽、麦耕作的及时或不及时，或先或后的得失成败。如小麦部分即是这样论述的：

> 得时之麦，秱长而茎黑；二七以为行，而服薄而赤色；称之重，食之致香以息，使人肌泽且有力；如此者不蚼蛆。先时者，暑雨未至，胕动蚼蛆而多疾，其次羊以节。后时者，弱苗而穗苍狼，薄色而美芒。是故，得时之稼兴，失时之稼约。茎相若，称之，得时者重，粟之多。量粟相若而称之，得时者米多。量米相若而食之，得时者忍饥。是故得时之稼，其息香，其味甘，其气章；百日食之，耳目聪明、心意叡智、四卫变彊。

这一段的意思是说，耕作及时的小麦，生长发育良好，植株健壮虫害少，穗子大而小穗多，色泽深而麦粒重，皮薄而出粉率高，人吃到口中味香耐饥，皮肤光泽而有力气。耕作不及时，过早与过晚的小麦则不同。早的，容易遭受病虫害的侵袭；晚的，禾苗脆弱，结穗不能丰满，二者的色泽都不好。总之，得时的庄稼收成多，失时的庄稼收成少。同等数量的植株称起来，得时的分量重，颗粒多；等量的粟舂成米，得时的出米率高。等量的米吃起来，得时的既香又

---

① 《司空律》："有罪以赀赎及有责（债）于公"条。

甜，常吃使人四肢强壮，身体康健。

表 1　《禹贡》九州的土壤分类

州　别	土壤种类	贡赋等级	土壤等级
冀州	白壤	上上	中中
兖州	黑坟	下下	中下
青州	白坟　海滨广斥	中上	上下
徐州	赤埴坟	中中	上中
扬州	涂泥	下上	下下
荆州	涂泥	上下	下中
豫州	壤　下土坟垆	上中	中上
梁州	青黎	下中	下上
雍州	黄壤	中下	上上

表 2　《地员》篇关中五种土壤的情况

土壤类别	性　状	等级	适宜作物	草	木	地下水深
渎田悉徙	灌溉田、肥沃土、是由客土填充的	最上	五种无不宜	蚖蓄	楚棘杜松	五施卅五尺
赤垆	疏历、坚强、肥沃	最上	五种无不宜	茅藿	赤棠	四施廿八尺
黄堂	地润数毁、难以立邑置廧	下等	黍秫	茅	樜樱桑	三施廿一尺
赤埴	棕色黏壤土	中等	大菽、麦	萯藿	杞	二施十四尺
黑埴	黑色黏壤土	上等	稻麦	苹蓨	白棠	一施七尺

表3 《地员》篇 雍州三土的性状与土宜

等级	名称	性状	色泽	农作物		木		草	动物	人
				品称	生长状况	品种	生长情况			
上上	五粟	淖而不肕刚而不觳不泞车轮不污手足干而不格湛而不泽	赤青白黑黄	大重细重	无不宜也	桐柞榆柳檿桑柘栎槐杨楢檀	莫不秀长群木蕃滋数大条直以长	竹箭薜荔白芷、蘪芜椒莲	牛、羊、鱼	寡疾难老士女皆好
上上	五沃	剽忞橐土、虫易全处、忞剽不白、下乃以泽、干而不斥湛而不泽	赤青黄白黑	大苗细苗	秫茎黑秀箭长、麻大如箭、如苇	桐、柞、櫄、白苹梅、杏、桃、李、棘、棠、槐、杨、榆桑杞枋楂梨	群木数大条直以长	莲莲、舆、蘪芜、蒿蓟、白芷、芜本、藁本白芷	牛、羊、鱼	其人坚劲寡有疥骚终无痟酲
上上	五位	不塥不灰青忞以落	五色杂英	大苇无、细苇无	秫茎白秀	楢榆桃柳楝桑松杞茸	群木安遂条长数大	竹箭生姜桔梗小辛大蒙、群药安生	鸟兽安族多鹿	其人轻直省事少食

表4 《地员》篇 雍州以外各地土壤性状与土宜

等级	土别	色泽与性状	适宜作物与生长情况	生产能力	与上列三土之差
上	五隐	黑土黑落青怵以肥芬然若灰	其种櫑葛，秫茎，黄秀恚目，其叶如苑	80	不如三土以十分之二
上	五壤	芬然若泽若屯土	其种大水肠、细水肠，赤茎黄秀以慈，忍水旱，无不宜	80	同上
上	五浮	捍然如米，葆泽，不离不坼	其种忍隐、黄茎里茎、里秀其粟大无不宜	80	同上
中	五忞	廪然如塩润湿以处	其种大稷细稷、赤茎黄秀、耐水旱、细粟如麻	70	不如三土以十分之三

续表

等级	土别	色泽与性状	适宜作物与生长情况	生产能力	与上列三土之差
中	五纑	强力刚坚	其种大邯郸细邯郸其叶如扶櫄、其粟大	70	不如三土以十分之三
中	五壏	芬然若糠以肥	其种大荔、细荔、青茎黄秀	70	同上
中	五剽	华然如芬以脆	其种大秬细秬黑茎青秀	60	不若三土以十分之四
中	五沙	粟焉若屑尘厉	其种大萯细萯、白茎青秀以蔓	60	同上
中	五塥	累然如仆累、不忍水旱	其种大穋杞、细穋杞、黑茎黑秀	60	同上
下	五犹	如粪	其种大华细华白茎黑秀	50	不如三土以十分之五
下	五壮	如鼠肝	其种青粱黑茎黑秀	50	同上
下	五殖	甚泽以疏、离坼以臞堉	其种雁膳黑实、朱跗黄实	40	不如三土以十分之六
下	五觳	娄娄然、不忍水旱	其种大菽、细菽、多白实	40	同上
下	五凫	坚而不骼	其种稜稻黑鹅、马夫	30	不如三土十分之七
下	五桀	甚咸以苦	其种白稻、长狭	30	同上

第三节　农作物的构成和分布

一、粮食作物的种类及其分布

战国粮食作物有“五谷”、“六谷”和“九谷”的称谓。据《礼记·月令》和《吕氏春秋·十二纪》载，主要的粮食作物是麦、菽、稷、麻、黍五种；据《吕氏春秋·审时》是禾、黍、稻、麻、菽、麦六种。大体上和西周、春秋时期差不多。

稷，又称禾、粟，即小米。是五种中最主要的一种，即所谓“五谷之长”，（《说文解字》“稷”字解）或称为粟，其中比较精良的称为“粱”。“禾”是一般粮食作物的总称，有时也专指稷而言。其性能耐干旱，生长期短，高原瘠地也可种植。它主要生长在华北大平原和黄土高原，是北方人民的主要粮食。

粟是公私蓄积的主要对象之一。《战国策》记苏秦游说六国，谈到楚、赵、燕时都说其“粟支十年”，齐国是“粟如丘山”。私人积粟，也是富裕的主要象征。粟是救饥的主要物资。《战国策·齐策二》：“赵无以食，请粟于齐。”《孟子·梁惠王上》：“河内凶，则移其民于河东，移其粟于河内；河东凶亦然。”粟也是官吏的重要俸禄。《战国策·赵策一》有“食封禄之粟”的说法。《韩非子·外储说右上》载：“子路以其私秩粟为浆饭，要作沟者于五父之衢而飡之。”粟又是政府税收及大国向小国征收实物的重要内容之一，如“卫嗣君欲重税以聚粟”①；“雍氏之役，韩征甲与粟于周”②。

粟还是当时用来交换的重要商品之一，如农夫“以粟易械器”，“陶冶亦以其械器易粟”③，等等。

正由于粟用途广泛，地位重要，所以《管子·小问》篇隰朋赞美粟说：“‘夫粟，内甲以处，中有卷城，外有兵刃，未敢自恃，自命曰粟。此其可比于君子之德乎？’管仲曰：‘苗，始其少也，眴眴乎何其孺子也！至其壮也，庄庄乎何其士也！至其成也，由由乎兹免，何其君子也！天下得之则安，不得则危，故命之曰禾。此其可比于君子之德矣。’”

菽有大菽、小菽之分，大菽就是今天的大豆，又称荏菽或戎菽。戎菽是东北少数族山戎所培育出的一个大豆品种，春秋初期传入中原地区而广泛种植。《管子·戒》篇说：“（齐桓公）北伐山戎，出冬葱与戎菽，布之天下。”战国时期菽粟取代了黍稷而成了人民的主要食粮。一般文献中都菽粟连称，如《墨子·尚贤中》：“贤者之治邑也，蚤出暮入，耕种树艺，聚菽粟，是以菽粟多而民足乎食。”《墨子·七患》：“畜种菽粟，不足以食之……七患也。”《孟子·尽心上》：“圣人治天下，使有菽粟如水火，菽粟如水火，而民焉有不仁者乎！”《荀子·王制》：“工贾不耕田，而足菽粟。”《晏子春秋·内三》：“菽

① 《吕氏春秋·审应》。
② 《战国策·东周策》。
③ 《孟子·滕文公上》。

粟深藏，而积怨于百姓。”《战国策·齐策四》：“君之厩马百乘，无不被文绣而食菽粟者。”因为大豆可以春、秋两季播种，在不同气候和不同土壤条件下都可生长，抗旱力强，并可以利用高地、山沟和其他空隙地方播种，产量较多。汉《氾胜之书》说：“大豆保岁易为，宜古之所以备凶年也。”一般穷苦农民都以大豆做饭，豆叶作羹。《战国策·韩策一》说：“韩地险恶，山居，五谷所生，非麦而豆，民之所食，大抵豆饭、藿羹。”

黍，就是黍子，去皮后叫黄米，性黏，也是制酒的主要原料。《吕氏春秋·权勋》：“临战，司马子反渴而求饮，竖阳谷操黍酒而进之。”《诗经》中《周颂》《大雅》《小雅》《鲁颂》《王风》《魏风》《唐风》《曹风》《豳风》中都有关于黍稷生长情况的描写。黍耐旱，对土壤要求条件不高，有耐酸性，在多种土壤中均可生长，生长期短，八十天左右即可成熟，高寒地区也可种植。《孟子·告子下》：“夫貉，五谷不生，惟黍生之。”赵岐注云：“貉在北方，其气寒，不生五谷；黍早熟，故独生之也。”春秋以前，黍稷是人民的主要粮食，战国时期被菽粟所取代，可能是由于黍的产量较低的缘故。

麦，有大麦、小麦之分。大麦也称为麰，《孟子·告子上》：“今夫麰麦，播种而耰之，其地同，树之时又同，浡然而生，至于日至之时，皆熟矣。”赵岐注曰：“麰麦，大麦也。”大麦生长期短，可以及早接济口粮，且耐酸性强，有较强的适应自然环境的能力。

小麦又有春小麦、冬小麦之分。春小麦在春季播种，秋季收获；冬小麦在仲秋播种，来年孟夏收获。战国时期，冬小麦在黄河、长江流域已普遍种植。《礼记·月令》：“孟夏之月，农乃登麦，天子乃以彘尝麦，先荐寝庙。是月也，聚畜百药、靡草死、麦秋至。”“仲秋之月……乃劝种麦，毋或失时，其有失时，行罪无疑。”郑注曰：“麦者，接续之谷，尤重之。”

稻的生长，需要气候温暖，水源充足，宜于种植在长江流域，是南方人民的主要粮食。其单位面积产量高。但北方较少，较为珍贵，往往以稻粱连称。战国时“东周欲为稻，西周不下水”[①]，是说洛阳一带已经种稻了。魏西门豹引漳灌邺之后，人民歌谣里有：“终古斥卤生稻粱”之句，可见豫北一带也开

① 《战国策·东周策》。

始种稻了。

麻也是古人的一种粮食。《礼记·月令》：孟秋、仲秋之月“食麻与犬”。所食的麻，当是一种麻所结的果实，即所谓麻子，也称为蕡或苴。

上述六种作物，是当时人民的主要粮食。古人把这些粮食煮饭来吃，即《战国策·赵策四》的“恃粥耳”。或炒成干粮，在出征或远行时，调和了水浆来吃，这种干粮称为“糗”。携带时，往往装在竹器“箪”里；水浆则装在瓦壶里，即所谓“箪食壶浆”。用米麦磨粉制饼也是春秋战国期间开始的。据说硙（磨）就是春秋战国间的公输般发明的①，而“饼”字也最早见于《墨子·耕柱》篇。战国时著作《周礼》也谈到“糗饵”和“粉餈”，说明这时已开始磨粉和用粉制成食品了。

据《周礼·职方氏》记载，粮食作物的分布是这样的：

长江中下游（扬州、荆州）宜种稻。

河南（豫州）宜种黍、稷、菽、麦、稻。

山东（青州、兖州）宜种黍、稷、稻、麦。

陕西（雍州）宜种黍、稷。

河北、辽宁（幽州、冀州）宜种黍、稷、稻。

山西、河北（并州）宜种黍、稷、菽、麦、稻。

二、果园经济的发展和漆树的广泛栽培

春秋战国时期，水果蔬菜等园艺作物的栽培代替了采集活动。经过多年的人工培育，水果的品种逐渐增多。春秋时期，从《诗经》中可以看到，已经培育了桃、李、枣、栗、杏、梅、榛等果树；而战国时期，南方的橘、柚，中原地区的梨，则已经较普遍种植了。

据《山海经》所载：中次八经的荆山、纶山、铜山，中次九经的葛山、贾超之山，中次十二经的洞庭之山，都“多橘、櫾（柚）”。可见当时橘、柚在长江流域已普遍种植。《韩非子·外储说左下》也说：“夫树橘柚者，食之则甘，嗅之则香；树枳棘者，成而刺人”。屈原专有《橘颂》一篇楚辞，喻以

① 《太平御览》卷七六二引《世本》，《说文解字》“硙”字解。

明志，歌颂其："受命不迁，生南国兮。深固难徙，更壹志兮"。《考工记》也说："橘逾淮而为枳"。说明当时由于橘子味美，北方曾打算移植，未获成功。

梨的名称在春秋时尚未出现，而只有"檖"的称呼。《诗经·秦风·晨风》："山有苞棣，隰有树檖。"其中"檖"就是梨的最早称呼。《太平御览》引陆玑疏云："檖，一名赤萝，一名山梨，今人谓之杨檖。树及实如梨但小耳。一名鹿梨，一名鼠梨，今齐郡、广县、尧山、鲁国、河内、北中今有人亦种之，极有美者，亦梨之脆美者。"战国时，梨的名字正式出现。《山海经·中山经》有：洞庭之山"其木多柤、梨、橘、柚。""柤"是梨的又一品种[①]，战国文献中曾多见。《山海经·中山经》中的纶山、铜山、葛山、洞庭之山均"多柤"。《庄子·天运》也说："柤、梨、橘、柚，其味虽别，各适其口。"《管子·地员》说："五沃之土，其阳则生之柤梨。"此外，沙棠也是梨的一个品种。《山海经·西山经》说："昆仑之丘有木焉，其状如棠。"郭注曰："棠，梨也，黄华赤实，其味如李而无核，名曰沙棠。"《吕氏春秋·本味》也说："果之美者，沙棠之实。"

蔬菜的品种也有所增加。《诗经》中有瓜、瓠、葵、韭、芹等；战国时期又出现了芸、菁等。《吕氏春秋·本味》说："菜之美者，昆仑之蘋，……阳华之芸、云梦之芹、具区之菁。"

种植蔬菜、水果的园圃已较普遍。《管子·问》篇的调查提纲中即有："理园圃而食者几何家?"。齐闵王被杀之后，"太子乃解衣免服，逃太史家为灌园"[②]。《墨子·天志下》说："今有人于此，入人之场园，取人之桃李瓜姜者，上得且罚之，众闻则非之，是何也?曰：不与其劳，获其实，已非其有所取之故。"特别在城市近郊地区，已有部分农民专门从事蔬菜种植业。《管子·轻重甲》载："桓公忧北郭民之贫，召管仲问曰：'北郭者，尽屦缕之甿也，以唐园为本利，为此有道乎?'管子对曰：'请以令禁：百钟之家不得事鞒，千钟之家不得为唐园，去市三百步者不得树葵菜。若此，则空闲有以相给资，则北郭之甿有所雠。其手搔之功，唐园之利，故有十倍之利。'"

① 见辛树帜编著、伊钦恒增订：《中国果树史研究》，农业出版社1983年版，第33页。

② 《战国策·齐策六》。

园艺生产在经济生活中已占有一定位置。《管子·禁藏》说:“食民有率,率三十亩而足于卒岁,岁兼美恶、亩取一石、则人有三十石。果蓏素食当十石;糠秕六畜当十石,则人有五十石。”即蔬菜水果占农民全年口粮的五分之一左右。此外,种植蔬菜水果和饲养家畜一样,也是致富的一种手段。《管子·立政》说:“六畜不育于家,瓜瓠、荤菜、百果不备具,国之贫也……六畜育于家、瓜瓠、荤菜、百果备具,国之富也。”《史记·货殖列传》也说:“安邑千树枣,燕秦千树栗,蜀、汉、江陵千树橘……若千亩卮茜、千亩姜韭:此其人皆与千户侯等。然是富给之资也。”“枣栗千石者三之……佗果菜千钟……此亦比千乘之家,其大率也。”

各地种植果菜的农民,结合本地自然条件,加以经验的积累、技术的提高,培育出了许多各具特色的优异品种。《吕氏春秋·本味》说:“菜之美者:昆仑之蘋,寿木之华。指姑之东,中容之国,有赤木、玄木之叶焉。余瞀之南、南极之崖,有菜,其名曰嘉树,其色若碧。阳华之芸,云梦之芹,具区之菁。浸渊之草,名曰土英。和之美者:阳朴之姜,招摇之桂,越骆之菌,鳣鲔之醢,大夏之盐……果之美者:沙棠之实;常山之北,投渊之上,有百果焉,群帝所食;箕山之东,青鸟之所,有甘栌焉;江浦之橘,云梦之柚,汉上石耳,所以致之。”

漆树的栽培更加普遍。《禹贡》说兖州“厥贡漆丝”,豫州“厥贡漆枲絺纻”。在兖、豫两州的贡品中,都以漆居首位。《史记·货殖列传》也说:“陈、夏千亩漆”;“山东多鱼、盐、漆、丝”,可见河南、山东、安徽一带种漆已很普遍。从近年各地楚墓出土漆器数量之多和质量之高来看,当时南方地区必然也栽培有很多漆树。这时,民间已有较多的漆林,因而国家开始对漆林征税。《周礼·地官·载师》说:“凡任地、国宅无征、园廛二十而一,近郊十一,远郊二十而三,甸稍县都皆无过十二,唯其漆林之征,二十而五。”一般园廛只征二十而一的税,漆林征二十而五,是园廛的五倍,可能是漆林获利较多的缘故。《史记·货殖列传》还说:“陈、夏千亩漆……此其人皆与千户侯等。”“木器髤者千枚……漆千斗……此亦比千乘之家”。

这时，国家也直接经营漆园，如庄周“尝为蒙漆园吏”①。蒙在今河南商丘市东北，蒙的漆园当是宋国政府所经营的。“漆园吏”当即管理漆园的官吏。

《睡虎地秦墓竹简·秦律杂抄》有：“有鬃（漆）园殿，赀啬夫一甲，令、丞及佐各一盾，徒络组（穿连甲札的绦带）各廿给。鬃园三岁比殿，赀啬夫二甲而法（废）。令、丞各一甲。”即国家的漆园每年要进行评比，评比列为下等的，管理漆园的大小官吏要受相应的处罚；连续三年都被评为下等的，不仅要受加倍的处罚，而且主管官吏还要免职。

《睡虎地秦墓竹简·效律》还有：“工禀鬃它县，到官试之，饮水，水减二百斗以上，赀工及吏将者各二甲；不盈二百斗以下到百斗，赀各一甲；不盈百斗以下到十斗，赀各一盾；不盈十斗以下及禀鬃县中而负者，负之如故。”即工匠到外县领漆，回到官府后要进行检测，视其掺水多少而给予不同的处罚。《吕氏春秋·别类》载：“漆淖、水淖，合两淖则为蹇，湿之则为干。”即是说，漆掺入水后，反而会变干，所以在运输过程中可能有掺水作弊现象发生，因而运抵之后要进行检测。

三、桑树种类的扩大与麻的分布

丝和麻是古人衣着的主要原料，在农业生产中占有重要地位。战国时期不仅经营蚕桑业的地域扩大，而且桑树种植几乎遍及每家每户，孟子即曾反复地说：“五亩之宅，树之以桑，五十者可以衣帛矣。”②“五亩之宅，树墙下以桑，匹妇蚕之，则老者足以衣帛矣。”③ 由于桑树普遍种植，民众之间盗采桑叶的事件也时有发生，故在《睡虎地秦墓竹简·法律回答》中，专有条文回答关于盗采桑叶的处罚问题：“或盗采桑叶、臧（赃）不盈一钱，可（何）论？赀繇（徭）三旬。”即盗采的桑叶，虽然价值不值一钱，也要给以服三十天劳役的处罚。更有甚者，由于采桑争斗，还有引起国家之间战争的。据《吕氏春

① 《史记·老子韩非列传》。
② 《孟子·梁惠王上》。
③ 《孟子·尽心上》。

秋·察微》记载，公元前518年，楚国边邑卑梁的女子和吴国女子争桑，即引起了两国之间的战争，于是吴国占领了楚的钟离。

当时的桑树已有高、矮两种。高大的一种，需要人爬到树上去采桑①；低矮的一种，人只要立在地上就可采摘②。后一种就是所谓的地桑，这是初植的桑树幼苗长到半人高时，齐地面割掉，第二年便从根部长出丛生的桑树灌木枝条。这样，不仅便于采桑和管理，而且枝叶肥、产量高。地桑的出现，说明蚕桑事业有了较大的发展。

古代麻的分布是比较广泛的，而以东方地区更为兴盛。齐国至少在春秋时期，便已大面积种植了。《齐风·南山》说："艺麻如之何？衡从其亩。"当时，陈国种麻也较普遍，《陈风》有："东门之池，可以沤麻"，"东门之池，可以沤纻"，"不绩其麻，市也婆娑"的记载。据《禹贡》载：青州有枲，豫州有枲和纻。《周礼·职方氏》也说豫州利于种枲。枲和纻都是麻的一种。直到汉代，齐鲁一带仍然盛产桑麻，《史记，货殖列传》说："齐鲁千亩桑麻……此其人皆与千户侯等。"

第四节　水利灌溉事业的发展

一、系统堤防的建立

堤防起源很早，至少在西周时期就已出现，《国语·周语上》记载有"防民之口，甚于防川，川壅而溃，伤人必多"的警语，可见当时堤防已有一定规模。春秋时期，堤防修筑已较普遍，但诸侯林立，各不相统，修筑堤防时，往往只顾自己，不顾别人，甚至以邻为壑者也时有发生，所以诸侯会盟中曾多次强调要"无曲防"、"无曲堤"、"无壅泉"、"无障谷"。到了战国时期，经过兼并战争，黄河下游只剩下魏、赵、齐、燕诸国。又由于铁制工具的广泛使用，新兴地主阶级的出现，促进了黄河下游的进一步开发，人口繁衍，城市大批兴建。因此，对黄河的治理也提出了进一步的要求，再不能让洪水像以往那

---

① 见故宫博物院藏桑猎晏乐壶的采桑图。

② 见河南辉县琉璃阁出土采桑纹壶盖的采桑图。

样四处漫流，治河工程进入了一个新的阶段。

当时黄河下游的齐、赵、魏三国，在滨河两岸已修筑了系统的堤防。西汉贾让说："堤防之作，近起战国……为堤去河二十五里。虽非其正，水尚有所游荡。时至而去，则填淤肥美，民耕田之。或久无害，稍筑室宅，遂成聚落。大水时至漂没，则更起堤防以自救。稍去其城郭，排水泽而居之，湛溺自其宜也。"① 他所说的，正是当时人们与河水斗争及争地的实际情况。齐国地势较低，首先受黄河洪水之害。于是在离河二十五里的地方筑堤以防洪。齐国有了堤防的保护，洪水威胁转嫁到赵国，于是赵国也在离河二十五里的地方建筑堤防，保护自己。后来，位于上游的魏国，也效法齐、赵的做法，筑堤以保护自己的地盘。各国堤防相连部分，有共同的利益，大约是互相衔接的。这样，黄河主流在相距 50 里的两道堤防之间游荡，初步形成了保护流域地区安全的、比较连贯的黄河堤防。与过去无堤防时、洪水期间水即漫槽的情况相比，堤防的系统修建，是防洪工程的一个划阶段的进步。

随着堤防的大规模修建，修筑堤防的技术也有了明显的进步，韩非曾高度评价筑堤专家白圭，说："千里之堤以蝼蚁之穴溃……白圭之行堤也，塞其穴……是以白圭无水难。"② 可见当时对堵塞危害堤防安全的洞穴等问题，有了一定的把握。

堵口工程中，已开始应用"茨防"法。《慎子》说："治水者茨防决塞。"《淮南子·泰族训》："茨其所决而高之。""茨防"是用来堵塞决口的。"茨"是芦苇、茅草之类的植物。"茨防"即用"茨"做成的防，大约就是最早的草埽。

筑堤提高了防洪能力，但也带来了新的问题。一是洪水一旦冲破堤防，灾害较以往更加严重。特别是黄河携带大量泥沙，以往没有堤防，雨季任凭洪水泛滥，人们习以为常；堤防修筑后，河床逐年淤积，有些地方，河床高于两岸，形成地上河。雨季一到，洪水冲破堤防，造成灾害较以往更加严重。春秋战国时期，水灾的记载也开始多了起来。据古本《竹书纪年》所载，自公元

---

① 《汉书·沟洫志》。
② 《韩非子·喻老》。

前623～前429年的两百年间，就发生了多次洪水，如：“河绝于洵”，“浍绝于梁”，“丹水三日绝、不流”，“河绝于扈”，“丹水出，相反击”，“河水溢酸枣郛”。下游河流断，可能是堤防决口所致。水灾涉及黄河、洛水、丹水、浍水。

堤防修筑的另一个消极后果是战争中人为放水的次数增多。水攻，在春秋时已经出现，战国时期更见增多，如公元前359年，楚国攻打魏国，曾决黄河堤，以水淹长垣城①；公元前332年，齐魏攻打赵国，赵国决开黄河南岸堤，借助河水，打退了齐、魏的进攻②；公元前381年，赵国又决开黄河堤，攻打魏国③；公元前225年秦国大将王贲在攻打赵国的统一战争中，曾引河水灌大梁城。此外，汾河、漳水等也都曾被用作各国兼并战争的工具。由于水攻如此普遍，以致《墨子》中特有一篇名为《备水》的专著。

二、渠系水利工程的发展

植物生长必须雨露的滋润，但自然降雨往往不能与农作物的需要完全协调，因此农业离不开灌溉。《周礼》中关于水利灌溉的记载即有多处。《稻人》云：“掌稼下地，以潴蓄水，以防止水，以沟荡水，以遂均水，以列舍水，以浍泻水。”《遂人》载：“凡治野，夫间有遂，遂上有径；十夫有沟，沟上有畛；百夫有洫，洫上有涂；千夫有浍，浍上有道；万夫有川，川上有路，以达于畿。”《考工记》也有：“匠人为沟洫，耜广五寸，二耜为耦。一耦之伐，广尺、深尺谓之甽。田首倍之，广二尺、深二尺谓之遂。九夫为井，井间广四尺、深四尺谓之沟。方十里为成，成间广八尺、深八尺谓之洫。方百里为同，同间广二寻、深二寻谓之浍，专达于川”。这里所说的浍、洫、沟、遂、甽、列等，都是渠系中的逐级渠道，和今天的干渠、支渠、斗渠、农渠、毛渠相类似。蓄水、止水是储水；荡水、均水是灌溉；泻水是排水。可见当时已有蓄水、灌水、排水等一系列设施。诸侯国修建的著名的渠系工程有晋国的智伯

① 《水经·河水注》引《竹书纪年》。
② 《史记·赵世家》。
③ 《史记·赵世家》。

渠，魏国的漳水十二渠，楚国的芍陂，秦国的白起渠、郑国渠、都江堰等。

（一）智伯渠

智伯渠是春秋战国之际，智伯攻赵襄子于晋阳时修建的，《战国策·赵策一》载："智伯从韩魏兵以攻赵，围晋阳而水之，城下不沉者三板……臼灶生蛙，人马相食。"据《水经·晋水注》说："昔智伯之遏晋水以灌晋阳，其川上溯，后人踵其遗迹，蓄以为沼……沼水分为二派，北渎即智氏故渠也。昔在战国，襄子保晋阳，智氏防山以水之，城不没者三板……其渎乘高，东北注入晋阳城，以周灌溉。""防山"是在山谷拦河筑坝。坝筑成后，形成了水库，即"蓄以为沼"。蓄水后，水位升高，开渠引水、渠道位置也高，即"其渎乘高"才有利于引水东下，以灌晋阳城。

水灌晋阳是公元前453年的事，后人"踵其遗迹"，加固大坝，开渠引水灌田，变水害为水利，创造了最早的筑坝取水的渠系工程。

（二）漳水十二渠（又称西门渠）

漳水十二渠在魏国邺地，即今河北磁县和临漳县一带。邺地正处在漳水由山区进入平原的地带。由于地形和降雨的关系，漳水有暴涨暴落的特点，经常泛滥成灾。当地土绅和巫婆勾结，利用洪水灾害搞"河伯娶妇"的迷信活动，借机横征暴敛，坑害人命。公元前422年，新县官西门豹打击揭露了巫婆土绅的迷信害人活动，领导人民"凿十二渠，引河水、灌民田，田皆溉"①。

漳水十二渠是筑坝取水，而且是多渠口取水。《水经·浊漳水注》记：曹魏时"二十里中作十二墱，墱相去三百步，令互相关注。一源分为十二流，皆悬水门"。"墱"是梯级，就是近代的低滚水堰。20个堰、20个口、12条渠、渠口都有闸门控制。到了汉代，有人想将十二渠合并，老百姓强烈反对。可见漳水十二渠效益十分显著。漳水含有大量细颗粒泥沙，有机质肥料十分丰富，引水灌田不仅可以解决农作物的用水，而且能够填淤加肥，使原来两岸的盐碱地得到改良。自从修了漳水十二渠，邺的田地"成为膏腴，则亩收一钟"。

① 《史记·滑稽列传》附：褚少孙补西门豹事迹。

（三）芍陂

芍陂在安徽寿县南，它利用天然湖泊，在其周围低处作堤，形成大型陂塘。沘水、肥水注入芍陂；下游又排回二水。陂周围有五个门控制蓄洪和灌溉。《水经·肥水注》："陂周一百二十里，在寿春县南八十里，言楚相孙叔敖所造……陂有五门，吐纳川流。西北为香门。陂北流经孙叔敖祠下，谓之芍陂渎。又北分为二水：一水东注黎浆、浆水……东注肥水，谓之黎浆水口。……渎水……（下游亦）注入肥水。……（肥水）合羊头溪水，水受芍陂"。

芍陂传说为春秋时楚相孙叔敖所建，也有人认为是公元前241年楚考烈王迁都寿春后建造的。东汉时，"陂径百里，灌田万顷"①。可见是相当大的灌溉工程。由于芍陂及其附近一系列陂塘的兴建，使这一带成为著名的产粮区。对战国后期寿春城的繁荣，起了很大作用。

（四）白起渠

《水经·沔水注》：夷水"昔白起攻楚，引西山长谷水，即是水也。旧堨去城百许里，水从城西灌城，东入，注为渊，今熨斗陂是也。……后人用其渠流以结陂田。城西陂，谓之新陂，覆地数十顷。西北又为土门陂，从平路陂以北，木栏桥以南，西极土门山，东跨大道，水流周通"。"其水又东出城东，注臭池。臭池溉田，陂水散流，又入朱湖陂。朱湖陂亦下灌诸田，余水又下入木里沟"。

我国华北多平原，灌溉工程多为引河水的渠系工程；南方多山区丘陵，多为陂塘蓄水工程，二者之间的中间形式是长藤结瓜式的陂渠串联，它出现在南北之间的淮河流域。陂渠串联的水利工程就是把若干大小陂塘用渠道联通起来，统一使用。它可以根据用水量的不同，开放一个或几个陂塘，既因地制宜，省工省料，又提高了灌溉的效能。战国末年在湖北襄阳地区建成的白起渠，就是这种陂渠串联的水利形式。到北魏时，白起渠发展成为灌田三千顷的大灌区。

（五）郑国渠

关中的郑国渠是战国末年秦国兴建的一大型水利工程。郑国是韩国的一名

① 《后汉书·王景传》注。

水利专家。韩国为了削弱秦国的力量，使其无力向东扩张，于是在秦王政元年（前246）派郑国到秦游说，凿一条河渠，引泾水东流入洛河，即从现在的陕西礼县东北谷口（瓠口）地方起，引泾水往东到今天的三原县北，汇合浊水及石川河道，再引向东，经今富平、蒲城等地导入洛水。干渠全长300里左右。（1973年6月，有关方面实地测量长约126公里。）在修建过程中，秦王政发觉了韩国的阴谋，要杀郑国。郑国说："始臣为间，然渠成亦秦之利也。臣为韩延数岁之命，而为秦建万世之功。"① 秦王认为言之有理，就让他继续完成了这项工程。渠成之后，称为"郑国渠"。郑国渠的兴建，灌溉了关中大量农田，并且改良了土壤，为秦统一中国奠定了有力的物质基础。《史记·河渠书》说："渠就，用注填阏之水，溉泽卤之地四万余顷，收皆亩一钟。于是关中为沃野，无凶年。秦以富强，卒并诸侯，因命曰'郑国渠'。"

郑国渠引泾水东注洛水，其间并横穿几条天然河流，无论是干渠的测量施工、渠系的布置运用，还是灌水的组织管理，都需要一定的技术水平。首先，干渠渠线的选择就很科学。根据现代实地调查，郑国渠干渠支线布置在渭北平原二级阶坡的最高线上，位于干渠南部的整个灌区都在它的控制之下，这就保证了支渠及其他下级渠道的自行流水，从而保证了尽可能大的灌溉面积。根据调查结果推算，当年郑国渠干渠平均坡降约为千分之零点六四。干渠渠线的选择合理地利用了当地的地形条件，显示了较高的测量和引水技术水平②。

郑国渠的修建，不仅解决了关中地区的干旱问题，而且改良了土壤。"用注填阏之水，溉泽卤之地"，"泽卤之地"即盐碱地。据研究，远古的关中地区，本为通海湖泊，后来地壳变迁，湖水干涸成为内陆，所以土壤中含有盐碱成分。"填阏之水"即高含沙量的河水。泾水含有大量的有机质泥沙（据统计：泾水多年平均含沙量高达每立方米10.1公斤③），随着灌溉水一起流入农田，不仅可以改良盐碱化的农田，并可大大提高土壤的肥力。郑国渠的修建，起到了引水灌田、改良土壤和增加肥效一举三得的好处。

---

① 《汉书·沟洫志》。

② 李健超：《秦始皇的农战政策与郑国渠的修凿》，《西北大学学报》1975年第1期。

③ 武汉水利电力学院，水利电力科学研究院：《中国水利史稿》上册，水利电力出版社1978年版，第124页。

三、都江堰

渠系水利工程中，以都江堰工程最大，技术水平最高，受益面积广，而且持续时间长。两千多年来，不断维修、扩建，至今仍在发挥着巨大的作用。

都江堰在四川灌县西北。在它修筑之前，这里是水旱灾害频仍之地。岷江上游，山势陡峭，水流湍急，河水经常把大量泥沙冲刷下来，流至这里便进入平原地区，水势又变得缓慢起来，于是，大量泥沙就在灌县附近沉积下来，河床逐渐升高，雨季经常泛滥。为了和水患斗争，在巴蜀并入秦国之前，就开始了水利建设。《华阳国志·蜀志》中有："开明（蜀王）决玉垒山，以除水害"的传说。秦并巴蜀后，秦昭王（前306～前251）以李冰为蜀郡守。李冰"能知天文地理"[①]，注重实地考察，主持修建了都江堰工程。

都江堰水利工程由百丈堤、都江鱼嘴、金刚堤、飞沙堰、人字堤和宝瓶口组成。其中主要部分是：鱼嘴、飞沙堰和宝瓶口，三者配合，组成一个有机的整体。

百丈堤在灌县西北江边，用以引导水流，保护河岸，免被湍急的洪水冲坏。在百丈堤下游不远的江心，修建鱼嘴形堤坝即都江鱼嘴，也叫分水鱼嘴。岷江经都江鱼嘴分成内、外二江。西面的外江是其主流，东面的称内江。内江这边，在今灌县城西南角处开凿宝瓶口，因其形状像瓶口而得名。口左称玉垒山，右称离堆。内江的水沿此口而下，分由许多大小支渠流入今成都平原，形成一个完整的灌溉系统，宝瓶口是控制内江流量的咽喉。

飞沙堰在宝瓶口上游的西侧，是内江分洪减淤入外江的工程。现为长180米，竹笼装石砌成的低堰。洪水时，内江的水就从堰顶溢入外江。过堰流量过大时，就会把堰冲垮，直接泄入外江，以确保内江灌区的安全。它与宝瓶口配合运用，就保证了内江灌区水少不缺，水大不淹。飞沙堰不仅能排洪，而且能排沙，故称飞沙堰。排沙作用是由于宝瓶口壅水，上游重质泥沙下沉，以及堰前一段内江为弯道，产生弯道环流，飞沙堰在弯道凹岸，挟泥沙的底流向外排沙，而使进入宝瓶口内的水较清，所谓"正面取水，侧面排沙"。这种设施是

① 《史记·河渠书》。

千百年来劳动人民在实践中取得的宝贵经验。

堤堰的作法，据唐《元和郡县图志》说：“破竹为笼，圆径三尺，长十丈，以石实中，累而壅水。”这种方法为后代所沿用。现在都江堰用的竹笼，一般长约三丈。直径约一尺七寸，重约一百斤。其优点是就地取材，施工简易，工费省，效益大。建筑性能上有“重而不陷”、“击而不反”、“硬而不刚”、“散而不乱”等特点，成功地起到了防冲护底的作用。

飞沙堰之下，现在还有人字堤，下接离堆，在宝瓶口右侧，作用是护岸兼溢洪。洪水大时，堤顶溢流，以补飞沙堰之不足。

《华阳国志·蜀志》说：李冰“于玉女房下白沙邮作三石人，立三水中，与江神要：水竭不至足；盛不没肩”。这是见于记载的最早的测量水位的标尺。它的意思是：水浅到石人脚，农田用水就会不足，水高过石人肩，就会发生涝灾。这规定是以长期的实践经验为基础的。1974 年 3 月，在外江里，外金刚堤之西，安澜索桥之南发掘出一石人，高 2. 9 米，肩宽 96 厘米，上面刻有“故府郡李府君讳冰”“建宁元年闰月戊申朔廿五日都水掾尹龙长陈壹造三石人珍（镇）水万世焉”。建宁是东汉灵帝年号，建宁元年即公元 168 年，距今 1800 余年，当时设有都水掾和长，说明已有严格的管理制度。

都江堰水利工程不仅免除了岷江对川西平原的危害，而且使之成为“水旱从人，不知饥馑”，旱涝保收的“天府之国”。

此外，《华阳国志·蜀志》又载：李冰“又导洛、通山。洛水或出瀑口，经什邡、郫别江会新都大渡。又有绵水出紫岩山，经绵竹入洛。东通过资中，会江阳，皆灌溉稻田，膏润稼穑，是以蜀川人称郫繁曰膏腴，绵洛为沃也。”洛水即今石亭江，绵水即今绵远河。洛水一支经什邡（今什邡县）与郫江会合。正流亦会郫江的分支，绵水经今绵竹东南之古绵竹入洛。资中今资阳县，江阳今泸县。上述记载说明，李冰也是现在官渠堰灌区和沱江灌区的创始者。此外，还记载有李冰平滩险，通航运，建索桥，穿盐井等事迹。其中在今宜宾清除滩险的施工中，在开挖岩石的施工方法上有所创造：“其崖崭峻不可凿，乃积薪烧之。”用火烧岩石，然后趁热浇冷水或醋，使坚硬的岩石在热胀冷缩中炸裂以便于开凿，这种方法在东汉时仍在沿用①。

四、地下水的开发和灌溉方法的改进

考古发掘证明，原始社会末期，人们已能打出深六七米，直径约二米的生活水井。春秋时期，人们已开始开发地下水源进行农业灌溉。《庄子·天地》和《说苑·区质》都记载了用桔槔提取地下水进行园圃灌溉的事例。用于农业灌溉的水井，在战国遗址中已有发现。

随着地下水的开发和利用，人们对地下水的性质也加深了认识。《管子·乘马》就载有依据农田地势高低，地下水深度以及相应的抗旱能力，把农田分成几类，并据以征收相应的赋税的情况。《管子·地员》篇记载了地下水的深度、地下水质和相应表土以及这种地表土上适宜种植的作物品种等情况(见本章第二节表2)。人们对地下水的认识，也证明当时北方缺水地区，井水灌溉已经较普遍地应用了。

引泉水灌溉也属于地下水利用的一个方面。《水经注》中多处提到古代利用泉水灌溉，如山西汾阴引瀵水种稻②，太原晋祠可能引难老泉、善利泉灌田③。泉水灌溉的历史，可能比井水更早。战国时期，随着对泉水利用的发展，对泉水的认识也更加深入，《尔雅·释水》就把泉水分为瀱汋、滥泉、沃泉、氿泉四类。

五、水官的设置和水利理论及水利工程技术

战国时期，随着水利事业的发展，一些国家已经设置了水官，并且水利理论和水利工程技术也有了很大进步。

（一）水官的设置和职责

《荀子·王制》《管子·立政》《吕氏春秋·十二纪》中的“司空”是专门负责水利工程的官员。《周礼》中的“遂人”、“匠人”则是兼管水利工程的

① 见《后汉书·虞诩传》。
② 《水经·河水注》。
③ 《读史方舆纪要》卷40太原府“台骀译”条引《水经注》。

官员。《荀子·王制》说："修堤梁，通沟浍，行水潦，安水臧，以时决塞，岁虽凶败水旱，使民有所耘艾，司空之事也。"《管子·立政》《吕氏春秋·十二纪》与此略同。至于水官经常性的工作，《管子·立政》说得比较具体：

> 常令水官之吏，冬时行堤防，可治者章而上之都。都以春少事作之。已作之后，常案行。堤有毁作，大雨各葆其所，可治者趣治，以徒隶给。大雨，堤防可衣者衣之；冲水，可据者据之；终岁，以毋败为巩，此谓备之常时，祸从何来！

即水官冬天要巡视各处堤防，发现需要修补缮治的，向上级报告，待批准后实施。维修工程要在春天农闲时作。已修筑完工的堤防，要经常检查，出了险情要及时抢修。为了保护堤防，减少水流和雨水冲刷，要在堤防上加以防护——"衣之"。对迎水冲击的危险地段，要采取适当的加固工程——"据之"。"据"大约是现在的坝、埽之类的河工建筑物。这样，平时勤于维护管理即可保证安全通畅。

《管子·度地》还记载了当时水利施工组织落实、物资落实的情况：

> 常以秋岁末之时，阅其民，案家人，比地，定什伍口数，别男女大小。其不为用者，辄免之；有锢病不可作者，疾之；可省作者，半事之。并行以定甲士当被兵之数，上其都。

即是说：治河人员要从百姓中抽调。秋末，按人数、土地多少组织队伍，分别男女大小。丧失劳动能力的免其服役；有病不能劳作的算病假；不能出全工的可出半工；被征派治河的，可代替其服兵役，并造册上报官府。《度地》又说：

> 阅具备水之器，以冬无事之时。笼臿版筑各什六，土车什一，雨軬什二。食器两具，人有之，锢藏里中，以给丧器。后常令水官吏与都匠，因三老、里有司、伍长按行之。常以朔日始，出具阅之，取完坚，补弊久，去苦恶。常以冬少事之时，令甲士以更次益薪，积之水旁。州大夫将之，唯毋后时。其积薪也，以事之已；其作土也，以事未起。天地和调、日有长久。以此观之，其利百倍。故常以毋事具器，有事用之，水常可制，而使毋败。此谓素有备而预具者也。

大意是说，到了冬天，治河民工就要准备好筐、锹、板、夯、土车、防雨棚车、食具等器具。用具数量按合理比例配备，以便组织劳力，提高工效。同时，要留有必要的储备，以便替换被损坏的工具。对于这些工具，水官要会同地方官一起检查。除准备施工用具外，在冬天还准备好防汛用的柴草和埽料。为了严格督促，当时还建立了相应的考核、奖惩制度："故常以冬日顺三老、里有司、伍长，以冬赏罚"；"凡一年之事毕矣，举有功，赏贤，罚有罪，迁有司之吏而第之"。

（二）堤防的设计和施工

堤防的设计和施工，经过长期的实践，已经有了一定的理性认识。

关于施工季节的选择。《管子·度地》说："春三月，天地干燥，水纠裂之时也。山川涸落，天气下、地气上、万物交通。故事已，新事未起，草木荑生可食。寒暑调，日夜分。分之后，夜日益短。昼日益长，利以作土功之事，土乃益刚。"即是说，夏历春季三个月，是堤防施工的好季节，有几点理由：首先是"故事已，新事未起"，不妨农功。其次是"寒暑调，日夜分"，"夜日益短，昼日益长"，冷暖适宜、夜短昼长，行动方便。此外，还特意强调，"天地干燥"，"土乃益刚"，即土料的含水量比较适宜，容易保证工程质量。土壤的含水量是影响土料工程物理性能的重要因素，当时已有所认识。文中还曾提到，"秋三月"土壤含水量大，"濡湿日生，土弱难成"，"不利作土功之事"；而"冬三月""大寒起"，取土困难，冻土含水量又很不均匀，难以捣实，"土刚不立"，"不利作土功之事"。可见对土料的工程特性和填筑质量的关系，对控制土料含水量与提高填筑质量的关系等问题，已有了比较深刻的认识。

关于堤防横面的设计。《考工记》载："凡沟防，必一日先深之以为式。里为式，然后可以傅众力。"就是说，在筑堤时，必需在开工前做好断面样板——"式"，每隔一里设一个"式"。这样，开工后各个地段就可以同时动手，既保证了工程的规格尺寸，又可以充分调动人力，不误工时。

设计好堤防横断面的合理形状及边坡陡缓的比例，是保证堤防稳固的一个重要因素。对此，《管子·度地》提出，堤防的横断面要"大其下，小其上"。《考工记·匠人》更一步明确："凡为防，广与崇方，其閷叁分去一，大防外閷。"意思是，修建堤防，高和宽应大致相等，而閷即是上窄下宽的收分。在堤防底宽与高大致相等的情况下，边坡应“叁分去一”，也就是取三比一的边坡。所谓“大防外閷”是说，较高的堤防，其边坡要在三比一的基础上另加外閷，即边坡要缓于三比一的坡度。

《考工记·匠人》又说：“凡沟，以因水势；防，必因地势。善沟者，水漱之；善防者，水淫之。”“漱”是冲刷淤积；“淫”郑玄注引郑司农云：“淫读为厥，谓水淤泥土留著，助之为厚。”即设计合理的堤防，则能在堤前留淤加固。要达到这样的水平，必须仔细研究水势和地形，并巧妙地加以利用。能提出这个标准，可见当时人们对修渠、筑堤的质量已有一定的信心。

关于滞洪区的设置。《管子·度地》说：“地有不生草者，必为之囊。大者为之堤，小者为之防。夹水四导，禾稼不伤，岁埤增之，树以荆棘，以固其地；杂以柏杨，以备决水。”所谓“囊”就是人工开辟的滞洪区的低地。滞洪区是缓解洪峰，保证防洪安全的设施。滞洪区一般选择在不宜种植农作物的盐碱洼地，其四周用堤防围起来，以增加蓄纳洪水的容量。堤防上并栽种荆棘、柏杨等树木，既可以加固堤防，又可以为汛期防洪提供埽料。

（三）渠道的勘测、规划和设计

漳水十二渠、都江堰和郑国渠等大型水利工程的兴建，为渠系工程的勘测、设计、规划施工积累了丰富的经验，并由此产生了初步的有关理论。《管子·度地》和《考工记·匠人》归纳出明渠流和有压流的运动规律，描述了水跃和环流的形态，并设计了比较合理的渠系建筑物的形状和有关数据。

《管子·度地》说：

> 水有大小，又有远近。水之出于山而流入于海者，命曰经水；水别于他水，入于大水及海者，命曰枝水；山之沟一有水一无水者，命曰谷水；水之出于他水，沟流于大水及海者，命曰川水；出地而不流者，命曰渊水。此五水者，因其利而往之可也；因而扼之可也。

这里明确地将地表水按其来源和流经情况区分为干流、分支、季节河、支流、人工河及湖泽等。这样区分，为合理利用水源及采取工程措施“利而往之”、“因而扼之”提供了前提。水利工程的勘测，规划牵涉范围大，一般要借助地图来进行，那时已经有了地图。《管子》《周礼》中都有记载。有了地图，农田水利规划当然方便多了。

《管子·度地》又说：

> 水可扼而使东西南北及高乎？……曰：可。夫水之性，以高走下，则疾至于漂石；而下向高，即留而不行。故高其上，领瓴之，尺有十分之三，里满四十九者，水可走也。乃迂其道而远之，以势行之。

这里记述的是自流引水渠道纵坡的设计。水的特性是由高处流向低处。怎样利用这个特性，控制水流，使之按人们的意愿向东西南北流，甚至灌溉高处田地呢？这就需要修筑堰坝等壅水建筑抬高上游水位，即“高其上”。《孟子·告子上》也说：“今夫水，搏而跃之，可使过颡；激而行之，可使在山。”所谓“激而行之”大约指的是筑坝拦水，引水上山的意思。水位抬高了，就为引水“东西南北及高”创造了条件。所谓“领瓴之”就是干渠进口（“领”）要用砖瓦等修砌之（“瓴之”）。上游水道抬高后，要顺利引水，最重要的是合理的设计渠道的坡降。“尺有十分之三”就是一寸，“三里满四十九者，水可走也”，在三里的距离内，渠道下降四十九寸，大约相当千分之一的坡降，“水可走也”。

《管子·度地》：“水之性、行至曲，必留退，满则后推前。地下则平行；地高即控。”这里描述的是渠水通过倒虹吸时的现象。当渠水流入向下弯曲的倒虹吸时，必先灌满它，这时水流呈现“留退”现象，之后才能“后推前”从另一端流出。倒虹吸的出口低于入口（“地下”），则水流会顺利通过；相反，出口高于入口（“地高”），则流不出去。

考古发掘表明，殷墟已有陶制下水管道。战国时期，在大城市中，陶制下水管道应用得更普遍。如河北易县的燕下都和秦都咸阳等都建有系统的下水管道。随着这时生产力的发展，铁制工具的应用，有压管道技术也被应用到水利工程中来了。

《管子·度地》还描述了渠道水流进行中的两种破坏性水力现象：“杜曲则捣毁。杜曲激则跃，跃则倚，倚则环，环则中（冲），中则涵，涵则塞，塞则移，移则控，控则水妄行，水妄行则伤人。”这里所说的第一个“曲”，是指渠道在平面上的弯曲。渠道转弯处不平直，或弯道过急，则会被水冲坏。第二个“曲”，“杜曲激”指的是渠道纵剖面的突然升降，这时可能出现水跃现象。而“倚”和“环”则分别是对水跃主流旋涡和两旁回流现象的描述。水跃发生了，水流冲刷渠道，带走泥沙（“中则涵”，“涵”即包涵，挟带的意思）被带走的泥沙，到了水流平缓的渠段就会沉积下来，淤塞渠道，水流不通，并导致“水妄行”的事故发生。

《考工记·匠人》：“梢沟三十里而广倍。凡行奠水，磬折以三五；欲为渊，则勾于矩。”这里的“梢沟”可能指长有芦苇等梢料植物的排水沟。排水沟的断面随着它所控制的排水面积的逐渐增加而逐级扩大。大约每隔三十里，横断面要扩大一倍。所谓“奠水”即静止的水，指灌渠进口前的水源。渠道进口要做成石磬形状，即150°左右的夹角。而横断与折段的长度应是3∶5。所谓“勾于矩”即渠系建筑物做成直角形，当是指渠道中的跌水。

（四）其他水利理论和水利技术

《吕氏春秋·圜道》：“云气西行，云云然，冬夏不辍；水泉东流，日夜不休，上不竭，下不满，小为大，重为轻，圜道也。”这段话的意思是说：雨云自东向西不断运行，冬夏不停；云变为雨降至地面，再由西向东日夜不停地流向大海。海水蒸发再变为云。所以，雨云永不枯竭，海水也不会满溢，这种小水变为大海，重水变为轻云的运动，循环往复，称为圜道。它比较正确地反映了我国地区水循环的规律。

战国时期已开始了水位测量。秦国在都江堰设立的三石人，是见于记载的最早的水尺。石人水尺，不单纯用以测量水位，主要起着测定进入灌区的流量的作用。这是因为宝瓶口处，河道收缩，形成了一个进水堰，对入渠流量起着节制作用。而“竭不至足，盛不没肩”的记录表明：当时人们已认识到堰上游某处的水位和堰的过流量存在着特定的相互关系。这是古代堰流理论的实际应用。

郑国渠渠首选择在泾水凹岸稍偏下游的地方。而都江堰的飞沙堰则位于凸岸的一侧。它们位置选择的不同，其中包含着重要的科学道理。在弯道水流中，由于离心力的作用，河水在凹岸的水位较凸岸的水位高。这样，在河床断面上就形成了左右岸的水位差。在这水位差的作用下，表层含沙量较小的水流不断流向凹岸并插入河底，而底层含沙量较大的水流则不断由凹岸流向凸岸，底沙也随之移向凸岸。因此，形成了断向输沙的不平衡。由于郑国渠是引水渠，它的渠口选在泾水凹岸稍偏下游的地方，可以保证入渠的水含沙量较低，有利于减少渠道的淤积。而飞沙堰是泄洪排沙堰，将它设于岷江凸岸，则有助于在排泄内江多余的水时，挟带大量泥沙流入外江，因此，同样可以减少进入宝瓶口的泥沙数量。从郑国渠和飞沙堰堰址的选择来看，当时人们已初步认识了挟沙水流运动的特殊现象，并巧妙地在工程实践中加以运用。

第五节 农产量的提高与农产品的储藏和加工

一、农产量的提高

战国时期，由于铁农具和牛耕的推广，小家庭生产制的确立，水利灌溉工程的修建和耕作技术的进步诸因素，促使农业生产量有了相应的提高。关于战国时期农产量的情况，《汉书·食货志》有如下记载：

> 是时，李悝为魏文侯作尽地力之教，以为地方百里，提封九万顷，除山泽邑居叁分去一，为田六百万亩。治田勤谨者则亩益三升（斗），不勤则损亦如之。地方百里之增减，辄为粟百八十万石矣。……今一夫挟五口，治田百亩，岁收亩一石半，为粟百五十石。……是故，善平籴者，必谨观岁有上、中、下孰。上孰，其收自四，余四百石；中孰自三，余三百石；下孰自倍，余百石。小饥则收百石；中饥七十石，大饥三十石。

据以上记载可知，战国初期，魏国的农民，一亩地一般年景可以产粟一石半；上熟可以四倍，即生产六石；中熟可以三倍，即生产四石半；下熟可以一倍，即生产三石；小饥可以收一石；中饥可以收七斗；大饥只能收三斗。战国时一亩相当于今天三分之一亩；一石相当于今天五分之一石，即二斗①。如果折算起来，可知战国时合如今的一亩地，普遍可生产如今的一斗八；最好的年景增产四倍，即生产七斗二升。勤谨耕作的每亩可增产三斗，不勤谨耕作的每亩可减产三斗。勤谨的和不勤谨的每亩收获量可差六斗粟。如果折算起来，那时合如今的一亩地，勤谨的比不勤谨的可多生产三斗六升粟。战国中期的孟子说当时一夫百亩的收

① 杨宽：《战国史》，上海人民出版社1980年版，第59页。

获："上农夫食九人，上次食八人；中食七人，中次食六人；下食五人。"①

自然，当时各个地区农业生产的发展水平是不平衡的。大体上讲，边远地区和土质较差地区比较落后，也还保留着轮流休耕的制度。例如邺县在引漳工程未修前，就实行轮流休耕。《吕氏春秋·乐成》说："魏氏之行田也以百亩，邺独二百亩，是田恶也。"《吕氏春秋·任地》也说："息者欲劳，劳者欲息"，"劳"就是用来耕作；"息"就是休耕，以便恢复地力、改良土壤。中原有水利灌溉和土质较好地区，农业生产比较进步，逐渐推行了一年两熟制，其产量可能更高了。

二、仓廪与窖藏

（一）积谷的必要与仓廪的增多

管子说："仓廪实，知礼节；衣食足，知荣辱。"说明当时统治者已认识到仓廪充实、粮食富余是社会稳定、政权巩固的重要前提。特别是激烈的兼并战争也对建仓积谷提出了更加迫切的要求。任何一个国家要支持持久的战争并获得胜利，就必须要有充足的粮食和兵源。张仪说楚王曰："兵不如者，勿与挑战；粟不如者，勿与持久。"② 可见"足食足兵"是克敌致胜的首要条件。由于粮食对于士兵不可一日或缺，没有粮食，战争一天也坚持不了。所以，从某种意义上说来，粮食甚至成为决定战争胜负的第一物质要素："是故军无辎重则亡，无粮食则亡，无委积则亡。"③ 因此，战国时期各国统治者都很重视储积粮食，都在建仓积谷。魏文侯有"御廪"④。韩置敖仓于广武山。齐宣王曾发棠邑之仓⑤。楚春申君为楚造两仓，西仓名曰均输，东仓周一里八步⑥。

这时，一些地主商人也有建仓积谷的。如《管子·轻重丁》说："'今夷吾过市，有新成囷京者二家。君请式璧而聘之。'……行令半岁，万民闻之，舍其作业而为囷京以藏菽粟五谷者过半"。又《管子·山权数》载："丁氏之

---

① 《孟子·万章下》。
② 《战国策·楚策一》。
③ 《孙子·军争篇》。
④ 《说苑·杂言》。
⑤ 《孟子·尽心下》。
⑥ 《越绝书·外传》。

家粟，可食三军之师行五月”。

这时，农作物的储藏有三种形式，即露天的庾积、地面上的囷仓和地下的窖窦。

禾稼和饲草多在露天堆积。《诗经》中称为“庾”。《小雅·楚茨》：“我仓既盈，我庾维亿。”毛传曰：“露积日庾”。《国语·周语中》：“野有庾积”。《周礼》称之为“委积”。《地官·遗人》：“掌邦之委积，以待施惠；乡里之委积，收恤民之囏厄；门关之委积，以养孤老；郊里之委积，以待宾客；野鄙之委积，以待羁旅；县都之委积，以待凶荒。凡宾客会同、师役，掌其道路之委积。”《委人》：“宾客，共委积薪刍。”秦律称之为“庤籍”。《仓律》：“入禾稼，刍稿辄为庤籍，上内史。”《说文》：“庤，刍稿之藏。”“禾稼”是带秆的谷穗；“刍”是饲草；“稿”是谷物的秸秆，也是牲畜的饲料。总之，带秆的谷物及饲草等作物，体积大而室内容积有限，故多在露天堆积保存。

地面上的谷仓叫“囷”、“仓”；地面下的谷仓叫“窦”、“窖”。《月令·仲秋之月》：“是月也，可以筑城郭，穿窦窖，脩囷仓”。郑注：“椭曰窦，方曰窖”，高诱注：“圆曰窌（窖）方曰仓。”《说文》：“囷、廪之圆者，从禾在口中。圜谓之囷，方谓之京。”

关于仓窖的建筑，《考工记·匠人》说：“囷、窌（窖）、仓、城，逆墙六分。”郑注：“逆，犹却也。筑此四者，六分其高，去一以为䊸；其囷、仓，城在地上为之，须为此䊸；其窌入地亦为此䊸者，虽入地，口宜宽，则牢固也。”就是说，无论是建在地面上的囷、仓、城墙，还是挖掘在地面下的粮窖，其立壁都不应是直上直下的，应有一定坡度。其在地面上的建筑，顶部应较底部收缩六分之一；其挖掘在地面下的窖，底的直径应较上口的直径收缩六分之一，才能保证其支点的牢固。这一记载与考古发掘的情况正相吻合。如在河南洛阳县城南墙外发现的八十余座汉代粮窖，口径一般为10、底径7、深10米左右①。地下粮窖结构简单，修筑方便，省工省料又便于密封、防潮、防热、防火、防虫。因此，从新石器时代至汉唐时期都曾大规模兴建，只是春秋战国时期发现不多。这一点恐怕与春秋战国时期战争较多有关。一般说来，地

① 余扶危、叶万松：《我国古代地下储藏之研究》（上），《农业考古》1983年第1期。

下窖藏虽然有很多优点，但入粮出粮不方便。和平时期，余粮较多，放入地下粮窖便于长期保存；而战争年代用粮多，支取频繁，放入地下粮窖，取用就不甚方便了。

（二）粮仓的建制及其管理

秦律的《仓律》，包括粮仓的建制，出入仓制度及人、畜、驿传、种子等各项用粮的支领标准等内容。此外，《田律》《效》《效律》《内史杂》及《法律答问》中，也有关于粮仓管理制度诸方面的内容。从中可以看出当时粮仓的建制与管理是相当完善的。

谷仓，一般地区以一万石为一积，相互排列，用篱笆隔开，每积设一仓门。栎阳、咸阳等地谷仓的规模则较大。《仓律》："入仓禾，万石一积而比黎为之户……栎阳二万石一积，咸阳十万一积。"

谷仓并备有一定数量的权、斗、桶等量具，而且平日不准外借。《内史杂》："有实官县料者，各有衡石羸（累）、斗、甬（桶）、其䟡。计其官，毋段百姓。不用者正之如用者。"

谷物入仓，不满万石，以后再增加的，另有详细规定。《仓律》："入禾未盈万石而欲增积焉，其前入者是增积，可殹（也）；其它人是增积，积者必先度故积，当堤（题），乃入焉。后节（即）不备，后入者独负之；而书入增积者之名事邑里于廥籍。"

粟、黍等谷物，要在簿籍上载明其入仓年份，以便于按顺序发放，稻子成熟晚，要记在下一年的账上。《仓律》："程禾、黍□□□□，以书言年，别其数，以禀人。""稻后熟，计稻后年。"

谷子要把黄、白、青区别开来；稻子要把用以酿酒的秈稻和糯稻区别开来，单独存放。《仓律》："计禾、别黄、白、青、秫，勿以禀人。别粲、糯、秙稻。别粲、糯之襄，岁异积之，勿增积。"

主管人员调换或免职，有严格的交接手续，要按照簿籍称量谷物，如有问题，要向县啬夫报告，由县啬夫派人重新称量。《效》："啬夫免而效，效者见其封及堤，以效之，勿度县。唯仓所自封印是度县。岁终而为出凡曰：'其廥出禾若干石，其余若干石'。仓啬夫及佐，史其有免去者，新仓啬夫，新佐，史主廥者，必以廥籍度之，其有所疑。谒县啬夫，县啬夫令人复度及与杂出之。禾赢、入之，而以律论不备者。”

仓库的墙垣要加高，不与民宅靠近，外人不准在仓中留宿，夜间要加强警卫。注意防火，有不服从命令、失盗、失火者，有关官吏有重罪。《内史杂》：“有实官，高其垣墙。它垣属焉者，独高其置刍廥及仓茅盖者。令人勿紤（近）舍。非其官人殹（也），毋敢舍焉。善宿卫，闭门，辄靡其旁火，慎守唯敬（儆）。有不从令而亡，有败，失火，官吏有重罪，大啬夫、丞任之。”

仓房门闭不严，可伸进手指或撬棍，或能漏出谷物者，仓里草垫下面漏掉粮食一石以上者，有关官吏要受罚。《法律答问》：“实官户，关不致，容指若抉，廷行事赀一甲。实官户，扇不致，禾稼能出，廷行事，赀一甲。”空仓中有荐，“荐下有稼一石以上，廷行〔事〕赀一甲，令史监者一盾”。

粮仓中有鼠洞要受罚。《法律答问》：“廷行事，鼠穴三以上，赀一盾；二以下谇。鼷穴三当一鼠穴。”

仓漏雨，或储存不当，造成粮食腐败，根据损粮多少及损坏程度，对主管官吏进行处罚，并责令赔偿。《效律》：“仓扇（漏）朽（朽）禾粟，及积禾粟而败之，其不可飤（食）者，不盈百石以下，谇官啬夫；百石以到千石，赀官啬夫一甲；过千石以上，赀官啬夫二甲；令官啬夫、冗吏共赏（偿）败禾粟。禾粟虽败而尚可飤殹，程之，以其秏（耗）石数论负之。”

粮堆上发现小虫，要重新堆积。《仓律》：“见屡之粟积，义积之，勿令败。”

粮仓附近适当限制饲养鸡、猪、犬。《仓律》：“畜鸡离仓。用犬者，畜犬期足。猪、鸡之息子不用者，买（卖）之，别计其钱。”

三、农产品的加工

稻、粱、菽、麦、黍、稷等谷物都是需要去掉外壳加工成米粒或面粉才能吃的。新石器时代，人们已经懂得了谷物脱粒去壳的方法，主要是碾磨法和舂捣法。此外，也有将谷穗平铺在地上用木棍敲打，用脚踩踏或驱使牛羊践踏等方法的。在大约 1.7 万年前的山西沁水下川文化遗址中，已经发现了石磨盘。

而七八千年前的新郑裴李岗遗址中的石磨盘，已经制作得非常工整了①。自裴李岗、磁山文化晚期，杵臼开始出现。《易·系辞》："断木为杵，掘地为臼，臼杵之利，万民以济。"杵臼用法是向下砸击，比石磨盘平推作用力更大，劳动效率更高，效果也更显著，而且取材方便，加工容易，因之逐渐取代了石磨盘、磨棒。战国时期，舂捣法成了谷物加工的主要方法。《周礼·地官》有"舂人"一职，其职责是："掌共米物。"疏云："谓舂谷成米而共之也。"《睡虎地秦墓竹简》中，"城旦、舂"，"舂、司寇"也屡见。《汉旧仪》说："城旦者，治城也；女为舂。舂者、治米也。"《汉书·惠帝纪》注引应劭云："城旦者，旦起行治城；舂者，妇人不豫外徭，但舂作米，皆四岁刑也。"

加工成的米，按其精、粗程度可分为粝米、糳米，毇米三种。加工最粗糙的叫粝米。《仓律》："〔粟一〕石六斗大半斗，舂之为糲（粝）米一石。"《说文》："粟重一石为十六斗大半斗，舂为米一斛曰粝。"加工一般的米称为糳，《仓律》："糲（粝）米一石为糳糳米九斗。"《说文》："粝米一斛舂为九斗曰糳"。

加工最精的米叫毇。《仓律》说："（糳米）九〔斗〕为毁（毇）"米八斗。"《说文》："毇米一斛舂为八斗也。"毇、米一斛舂为八斗也。毇米又称为稗。《仓律》："禀毁稗者，以十斗为石。"《说文》："稗，毇也。"

战国时期使用杵臼的舂捣法虽然居于谷物加工的主导地位，但不能排除碾磨法。因为舂捣法只能脱粒去壳，而不能磨制成面粉。加工面粉的旋转磨，至迟在战国时期已经产生。磨，《说文》作"礳"，又名"硙"，"古者，公输班作硙"。我国目前所知最早的出土物，发现于陕西省临潼县武屯公社秦故都栎阳遗址中②。旋转磨的出现，是谷物加工工具发展史上的一次重大飞跃。《周礼·笾人》中的糗、饵、餈，《楚辞·招魂》中的"粔籹"都有可能是麦面或米面制成的食品。"糗"一般指炒米，也可指炒面。《释名·释饮食》："糗齲也，饭而磨之，使齲碎是也。""饵"一般指用米蒸熟的羹，也可指米粉蒸的羹。《说文》："鬻，粉饼也，重文饵。""餈"，《说文》："餈，稻饼也。"《周

① 陈文华：《中国古代农业科技史讲话》（三），《农业考古》1982 年第 5 期。
② 陕西省文物管理委员会：《秦都栎阳遗址初步勘探记》，《文物》1966 年第 1 期。

礼·笾人》郑玄注："此二物皆粉稻米、黍米所为也，合蒸曰饵；饼之曰餈。"《楚辞·招魂》"粔籹密饵"，王逸注："言以密饵和米面，熬煎作粔籹。"

农产品除作为主食加工为粝米，糳米、毇米和面粉之外，也是加工为副食品的重要原料。战国时期粮食加工的副食品有酒、醴、酱、醯等。

酒出现得很早。大汶口文化中晚期已有成套酒器出现。战国时，酒的制作更为普遍。《周礼·酒正》将酒分为"五齐"、"三酒"、"四饮"。"辨五齐之名：一曰泛齐，二曰醴齐，三曰盎齐，四曰缇齐，五曰沈齐。辨三酒之物：一曰事酒，二曰昔酒，三曰清酒。辨四饮之物：一曰清，二曰医，三曰浆，四曰酏。""五齐"是一宿即成，不经过滤专供祭祀用的浊酒。"四饮"是经过过滤供贵族饮用的甜酒。而"三酒"则是依据酿制时间的长短，酒的烈性大小而加以区分的宴饮用酒。孙诒让《周礼正义》说："凡齐、酒并浊者成速，清者成迟。五齐最浊，成最速，故《说文》以醴为一宿孰。三酒之中，事酒较浊，亦随时酿之，酋绎即孰；昔酒较清，则冬酿春孰；清酒尤清，则冬酿夏孰。"即"事酒"是随时酿制的薄酒；"昔酒"是冬酿春热的春酒；"清酒"是冬酿夏熟的醇醪。

制酒的方法也很讲究，《周礼·酒正》说其职责是"掌酒之政令，以式法授酒材。""式法"，郑司农云："作酒之法式。"《月令》中则明确提出了制酒过程中对原料、曲蘖、洁净、泉水、器皿、火候的六项要求，即"秫稻必齐，曲蘖必时，湛炽必洁，水泉必香，陶器必良，火齐必得"。

酱的制作也很普遍。按云梦秦简《传食律》的规定，有爵的官吏经过驿站时，不仅供给粮米、菜羹，还要按级别供给不同数量的酱。"御史卒人使者，食粺米半斗，酱驷（四）分之一。""不更以下到谋士，粺米一斗，酱半升。"

醯即醋，春秋时期已成为烹饪菜肴的重要调料。《左传·昭公二十年》说："和如羹焉。水火醯醢盐梅以烹鱼肉，燀之以薪，宰夫和之，齐之以味。"《周礼》中有"醯人"，其职责是："掌共五齐，七菹，凡醯物。以共祭祀之齐菹，凡醯酱之物，宾客亦如之。王举，则共齐菹醯物六十瓮，共后及世子之瓮齐菹。宾客之礼，共醯五十瓮。凡事，共醯。"可见醋的使用已很普遍。

战国时期已经出现了专门酿制和贩卖酒、醯、酱的工商业户，并以之成为发家致富的重要手段。《史记·货殖列传》说："通邑大都，酤一岁千酿，醯酱千瓨、浆千甔……蘖曲盐豉千荅……此亦比千乘之家"。

第六节　畜牧业和渔猎业

一、畜牧业的几种形式

战国时期，随着生产力的提高，人口的日益增多，土地的大量开辟，山林荒野面积日益缩小，野生动物资源日益减少，所以田猎捕鱼活动相对有所减少，而人工饲养的畜牧业则有了显著的发展。战国时期的畜牧业主要有国家厩苑、养殖大户和小农庭院三种形式，此外，北方匈奴等少数民族又以游牧为其主要的生产方式。

（一）官营畜牧业

马牛等大牲畜用途比较广泛。不管是前期的车战还是后期的骑兵，战马是绝对不可缺乏的。而牛车又是重要的运输工具。此外，祭祀、田猎、赙赠、肉食和交换等也多用马牛。《周礼·校人》："凡大祭祀，朝觐会同，毛马而颁之，饰币马、执扑而从之。凡宾客受其币马。大丧，饰遣车之马，及葬埋之。田猎，则帅驱逆之车。凡将事于四海三川，则饰黄驹。凡国之使者，共其币马。凡军事，物马而颁之。"《周礼·牛人》说："凡祭祀，共其亨牛、求牛、以授职人而刍之。凡宾客之事，共其牢礼积膳之牛。飨食宾射，共其膳羞之牛。军事，共其犒牛。丧事，共其奠牛。凡会同军旅行役、共其兵车之牛，与其牵徬，以载公任器。凡祭祀、共其牛牲之互，与其盆簝以待事。"

为了满足多方面的需要，国家必须饲养大批马牛。《淮南子·人间训》："田子方见老马于道，喟然有志焉，以问其御曰：'此何马也?'其御曰：'此故公家畜也。'"《周礼·牛人》："掌国之公牛，以待国之政令。"《驭夫》："分公马而驽治之"。《校人》："掌王之马政……凡颁良马而养乘之。乘马，一师四圉，三乘为皁，皁一趣马；三皁为系，系一驭夫；六系为厩，厩一仆夫；六厩为校，校有左右。驽马三良马之数，丽马一圉，八丽一师，八师一趣马，八趣马一驭夫。天子十有二闲，马六种；邦国六闲，马四种；家四闲，马二种。"

国家设有专门的官吏和饲养官府马牛的厩苑。管理马牛的官吏，《周礼》有牛人、校人、牧师、圉师、圉人、马质、廋人、巫马、驭夫、趣马、兽医等。云梦睡虎地秦简中有司马、厩啬夫、皂啬夫、牛长、食牛者、皂者等。

国家的厩苑，有的设在都城附近，有的则在离都城较远的县里。《战国策·齐策三》说："胡人袭燕、楼烦数县，取其车马。"说明县里是有许多马匹的。秦律中的《徭律》对各县厩苑的建造和维修有明确的规定："……县葆禁苑，公马牛苑，兴徒以斩《堑》离（篱）散及补缮之，辄以效苑吏，苑吏循之。未卒岁或坏陕（决），令县复兴徒为之，而勿计为繇（徭）。卒岁或陕（决）坏，过三堵以上，县葆者补缮之；三堵以下，及虽未盈卒岁而或盗陕（决）道出入，令苑辄自补缮之。县所葆禁苑之傅山、运山、其土恶不能雨，夏有坏者，勿稍补缮，至雨毋（无）雨时，而以繇为之。其近田恐兽及马牛出食稼者，县啬夫材兴有田其旁者，无贵贱，以田少多出人，以垣缮之，不得为繇。"这里的"禁苑"即供统治者田猎用的野生动物猎场；"公马牛苑"就是国家饲养公马牛等大牲畜的厩苑。其周围修有沟堑、墙苑和藩篱。县里不但征发徒役进行建造，而且要负责平日的保护和维修。秦律对公马牛的饲养和管理有以下极为详细的规定：

（1）马牛的耳上都有类似编号的标记，标记不明或有误者，主管人员要受处罚①。

（2）公马牛有服乘劳役的，按月领取饲料②。过二月不领的，不再发给；没有固定簿籍的，按其凭证到日发给③。

（3）幼畜长到一定时间就要训练其奔驰和驾御的本领，至成年时，训练不达标准的，其主管人员甚至县令、丞都要受罚④。

（4）田牛每年进行四次考评，年终一大评，根据考评结果，对主管人员

① 《效律》"马牛误识耳"条。
② 《司空律》"官长及吏以公车牛禀其月食及公牛乘马之禀"条。
③ 《田律》"乘马服牛禀"条。
④ 《秦律杂抄》。

进行奖惩[1]。马服役的劳绩，也定期进行评比。评为劣等的，有关人员要受罚[2]。

(5) 牛的繁殖率达不到十分之六，羊的繁殖率达不到十分之四，牛的死亡率超过三分之一者，主管人员要受罚[3]。

(6) 使用公马牛，必须备加爱护，精心照料。用公马去贸易营利者要受罚；鞭笞驾车的马，马皮破损要受罚；饲养不善而瘦者要受罚[4]。

(7) 公马牛生病或死亡，有相应的处理办法。《厩苑律》："将牧公马牛、马〔牛〕死者，亟谒死所县，县亟诊而入之。其入之其弗亟而令败者，令以其未败直（值）赏（偿）之。其小吏臣疾死者，告其□□之；其非疾死者，以其诊书告官论之。其大厩、中厩、宫厩马牛殹，以其筋、革、角及其贾钱效，其人诣其官。其乘公马牛亡马者而死县，县诊而杂卖其肉，即入其筋、革、角及索（索）入其贾钱。钱少律者，令其人备之而告官，官告马牛县出之。"

公马牛的四季活动，有明确的安排。这方面《月令》记述得最为详细：春季"合累牛腾马，游牝于牧，牺牲驹犊举书其数"。即将马牛赶到牧场上去放牧。牲畜的大小头数要登记清楚。仲夏"游牝别群，则挚腾驹、班马政"，即母畜怀胎后，要别群放牧，以免撞挤流产。仲秋"循行牺牲，视全具，按刍豢，瞻肥瘠，察物色"，即选择体形、肥瘦、毛色都好的牲畜，作为祭祀的牺牲，单独饲养。仲冬"马牛畜兽，有放佚者，取之不诘"，即将畜群赶入厩棚饲养，散留在牧场上的牲畜，人们可以随意收取，不得诘问了。季冬"供赋之牲牺，社稷之飨……寝庙之刍豢"，即将为社稷宗庙祭祀豢养的牺牲贡品，上交给国家。

国家厩苑，主要饲养马牛等大牲畜。但也有例外，如吴越等地据《越绝书》载，曾有过鸡山、豕山、犬山、鸭城等遗迹，说是国家饲养鸡鸭犬彘之地。可能东南沿海一带，不适宜大规模饲养马牛等大牲畜，所以国家饲养场只

---

① 《厩苑律》"以四月、七月、十月、正月膚田牛"条。
② 《秦律杂抄》"膚吏乘马笃、辈（訾）"条。
③ 《秦律杂抄》"牛大牝十"条，《厩苑律》"将牧公马牛"条。
④ 《秦律杂抄》。

能喂些小禽畜了。《吕氏春秋·用众》说:“善学者若齐王之食雉也,必食其跖数千而后足。”这条记载,一方面说明随着养鸡业的发展,鸡的吃法也日渐讲究,齐王竟以专吃鸡跖为嗜好;另方面也说明每餐吃数千只鸡跖,必然要有大规模的养鸡场,只靠每户“五母鸡”的饲养,恐怕很难满足这样大量消费的需要。

(二)养殖大户的出现

随着畜牧业的发展,它也成了发家致富的一个重要手段。范蠡曾对人说过:“子欲速富,当畜五牸。”[①]“五牸”即指牛、马、猪、羊等五种牲畜的母畜。《管子·牧民》也有“养桑麻、育六畜则民富”的说法。这样,一些畜牧业养殖大户便开始出现了。春秋末期的猗顿、战国末期的乌氏倮便是其中的佼佼者。传说,春秋末期的猗顿就是以畜牧业致富,拟于王公的。“猗顿,鲁之穷士也,耕则常饥,桑则常寒,闻朱公富,往而问术焉。朱公告之曰:‘子欲速富,当畜五牸。’于是乃适西河,大畜牛羊于猗氏之南。十年之间,其息不可计,赀拟王公,驰名天下。以兴富于猗氏,故曰猗顿。”[②]战国末期的乌氏倮,更是位比封君、礼抗万乘:“乌氏倮畜牧及众,斥卖求奇缯物,间献遗戎王,戎王什倍其偿与之畜,畜至用谷量牛马。秦始皇帝令倮比封君,以时与列臣朝请。……夫倮、鄙人牧长…礼抗万乘,名显天下,岂非以富耶!”[③]《史记·货殖列传》说:“陆地牧马二百蹄、牛蹄角千、千足羊,泽中千足彘……此其人皆与千户侯等。”即饲养50匹马、160头牛、250头羊或猪的养殖户,与千户侯的地位相当。又说:“屠牛羊彘千皮……牛车千辆……马蹄躈千、牛千足、羊彘千双……此亦千乘之家。”可见从事牛、羊、彘养殖的专业户已不是个别现象了。

(三)个体农户庭院畜禽的普遍的饲养

战国时期,随着一家一户小农经济的确立,百亩之田,五亩之宅,以及鸡豚狗彘之畜的饲养,已成为普遍的现象。孟子说:“鸡豚狗彘之畜,无失其

---

① 《齐民要术》卷六。
② 《史记·货殖列传》集解引《孔丛子·陈士义》。
③ 《史记·货殖列传》。

时，七十者可以食肉矣。”[①]　“五母鸡、二母彘无失其时，老者足以无失肉矣。”[②]《荀子·王制》说：“顺州里，定廛居，养六畜，间树艺……乡师之事也。”

农家庭院饲养的主要是猪、鸡、犬等小畜禽。狗也是家畜的一种，除了看门护院之外，狗肉也是一种肉源，著名游侠聂政，原来就是一名狗屠。《战国策·韩策二》载聂政说：“臣有老母，家贫，客游以为狗屠，可旦夕得甘脆以养亲。”

一般贵族地主、士大夫阶层是不屑于饲养这些小畜禽的。《礼记·大学》说：“畜马乘，不察于鸡豚”。《荀子·大略》也说：“有国之君不息牛羊，错质之臣不息鸡豚……从士以上皆羞利而不与民争业。”

这时，由于猪的普遍饲养，祭祀祖先的供品也以猪为上牲了。《淮南子·氾论》说：“飨、大高者而以彘为上牲，非彘能贤于野兽麋鹿也，而神明独享之何也？以为彘者，家人所常畜而易得之物也，故因其便而尊之。”

除了鸡、犬、彘之外，个别农户也有饲养马、牛等大牲畜的。云梦秦简《法律答问》有童子放牧自家马匹食人庄稼的案例：“甲小未盈六尺，有马一匹自牧之，今马为之败，食人稼一石。”

随着家庭饲养业的普及，畜禽的种类也有增加。鹅、鸭的饲养日益增多。《庄子·山木》：“故人喜、命竖子杀雁而烹之。”“雁”就是鹅。《说文》：“鴈，鹅也。”鸭一般称为“鹜”，《说文》：“鸭，鹜也。”《战国策·齐策四》：“士三军不得食，而君鹅鹜有余食。”《燕策三》：“赖得先生鸡鹜之余食，不宜臞。”《管子·轻重丁》：“城阳大夫，嬖宠被絺绤，鹅鹜有余秣。”《楚辞·卜居》：“将与鸡鹜争食乎？”

此外，猫的饲养也日益普遍。猫当时称为“狸”，《说文》：“猫，狸属”。《吕氏春秋·功名》：“以狸致鼠，以冰致蝇，虽工不能。”《贵当》：“狸处堂而众鸟散”。《韩非子·扬权》：“使鸡司夜，令狸执鼠，皆用其能，上乃无事。”

---

① 《孟子·梁惠王上》。

② 《孟子·尽心上》。

虽然，家禽家畜饲养比较普遍，但由于经济条件所限，一般平民平日还是不能轻易宰杀食用的。《礼记·王制》说："士无故不杀犬豕，庶人无故不食珍。"

（四）北方游牧民族的畜牧业

战国时期，我国北方地区赵、代、燕、匈奴、东胡等地人口稀少，地域辽阔，适于大规模畜牧业的发展，牲畜的品种优良，不仅数量大，而且品种多，质量好。《左传·昭公四年》说："冀之北土、马之所生。"《史记·货殖列传》说："龙门、碣石北，多马牛羊、旃裘、筋角。"《战国策·秦策一》也说："北有胡貉、代马之用。"所谓"代马"是当时中原各国马匹的重要来源之一。

此外，西方的戎翟也是重要的游牧区。《史记·货殖列传》："天水、陇西、北地、上郡与关中同俗，然西有羌中之利，北有戎翟之畜，畜牧为天下饶。"

匈奴是战国时期崛起于北方的强大的游牧民族。《史记·匈奴列传》对该民族饲养的牲畜品种、生产方式和生活习俗作了生动详细的描述："（匈奴）居于北蛮，随畜牧而转移。其畜之所多则马、牛、羊，其奇畜则橐驼，驴、骡、駃騠、騊駼、驒騱。逐水草迁徙，毋城郭，常处耕田之业，然亦各有分地。毋文书，以言语为约束。儿能骑羊引弓射鸟鼠；少长则射狐兔，用为食。士力能毋弓，尽为甲骑。其俗，宽则随畜，因射猎禽兽为生业，急则人习战攻以侵伐。其天性也。其长兵则弓矢，短兵则刀铤。……自君王以下，咸食畜肉，衣其皮革、被旃裘。壮者食肥美，老者食其余，贵壮健，贱老弱。"

战国时期中原地区与周边少数民族的交往日益频繁，因此少数民族的牲畜及畜产品进入中原地区也日益增多。《荀子·王制》说："北海则有走马、吠犬焉，然而中国得而畜使之；南海则有羽翮，齿革、曾青、丹干焉，然而中国得而财之；东海则有紫紶、鱼盐焉，然而中国得而衣食之；西海则有皮革、文旄焉，然而中国得而用之。"《盐铁论·力耕》也说："夫中国一端之缦，得匈奴累金之物，而损敌国之用，是以骡、驴、馲駞衔尾入塞；驒騱、騵马尽为我畜。"骡、驴、骆驼等北方匈奴民族驯养的牲畜开始大量传入中原地区。

二、畜牧业生产技术的进步

随着畜牧业的发展，与之相关的生产技术也逐渐进步，主要表现在阉割术的普及、相马术的进步和兽医学的发展。

（一）阉割术的普遍应用

具有凶猛性格的动物，采用兽体阉割手术，去其牲畜的睾丸、牝畜的卵巢，能使其性情温顺，不再发情而有利于肥育。因此，古人畜马、牛、羊、犬、豕往往去其势。《周易·大畜》六五："豮豕之牙，吉。"《释文》："豮，刘云：'豕去势曰豮。'"《说文》："豮，羠豕也。"这说明至晚西周时期，猪的阉割已经开始。《礼记·曲礼下》说："豕曰刚鬣，豚曰腯肥。"意思是说：未被阉割的猪称豕，皮厚毛粗，性情刚烈；阉割的猪称豚，性情温顺，膘厚肉肥。《周礼·校人》有"攻特"的职责："夏祭先牧，颁马、攻特。"郑司农曰："攻特谓騬之。"《说文》中有犗（牛）、犍（牛）、騬（马）、猗（犬）、豮（猪）、羖（羊）、羯（羊）、羠（羊）等字，皆指经过阉割的牲畜，可见马、牛、羊、猪、犬等已普遍实行阉割。

（二）相马术的发展

由于马在战争中的特殊用途及对马的习性了解的逐步深入，相马术也更加发达。《战国策·燕策一》记有以千金求千里马三年不能得，涓人以五百金买千里马者，"不能期年，千里之马至者三"的故事。《淮南子·齐俗训》说："得百走马，不若得伯乐之数（术）。"《吕氏春秋·观表》中列举了"古之善相马者"十人，他们能从马的口、眼、鼻、足等不同部位来相马："寒风是相口齿，麻朝相颊，子女厉相目，卫忌相髭，许鄙相尻，投伐褐相胸胁，管青相膹肳，陈悲相股脚，秦牙相前，赞君相后。凡此十人者，皆天下之良工也。若赵之王良，秦之伯乐、九方堙，尤尽其妙矣。其所以相者不同，见马之一征也，而知节之高卑，足之滑易，材之坚脆，能之短长。"而伯乐、九方堙不仅能相良马，而且能相天下之马；不仅能观其表，而且能知其里。所以九方堙把"牝而骊"的千里马说成"牡而黄"时，伯乐认为："若堙之所观者，天机也，得其精而忘其粗，在其内而忘其外，见其所见而不见其所不见，视其所视而遗其所不视，若彼之所相者，乃有贵乎马者。”[①] 伯乐教人相马，还注意全面观察。《韩非子·说林下》说：伯乐带着两人到赵简子的马厩中相马，一人相马的后足，指出其中一匹是“踶马”；而另一人相马的前足，认为这马前足肿膝，负担不起全身的重量，后足就不能踢。说明伯乐相马，注意到各个方面，防止片面性。

《说林下》还说：伯乐教其所憎者相千里马，而教其所爱者相驽马。因为千里马难得遇到，挣钱慢，而驽马天天有交易，挣钱快。又《韩非子·显学》云：“发齿吻，而相形容，伯乐不能以必马；授车就驾而观其末涂（途），则臧获不疑驽良。”就是说，光看马的口齿和外形，伯乐也没有十足的把握来断定马的好坏；若让马驾车跑一段长的路程，奴隶也能识别马的优劣。

长沙马王堆三号汉墓出土的帛书《相马经》，大约是战国晚期楚人的著作。全书共3篇，约5200字，没有书名和篇目，主要讲的是关于马的目、睫、眉骨等部分的相駩。可能是出于抄录者的爱好或需要，只抄录了这部书相目的部分。第一篇说：“得兔与狐，鸟与鱼，得此四物，毋相其余。”第三篇解释说：“欲得兔之头与其肩；欲得狐周草与其耳，与其吨；欲得乌目与颈膺；欲得鱼之耆（鳍）与脊（脊）。”说明作者相马不仅注意眼睛，也注意到头、肩、耳、吨、颈、膺、鬐、脊等部位。

这部书把良马分成一般良马、国马（或称“国保”）和天下马（或称“天下保”）三等。这和《庄子·徐无鬼》篇所说有“国马”和“天下马”之别是一致的。第一篇讲到“伯乐所相，君子之马”，说明作者所讲的是以伯乐的相马术为基础的。又说“吾请言其详”，说明作者的意图是要进一步解释伯乐的相马术。第二篇在叙述马目的相法之后，根据相马术中的话，引出了十五个相连贯的问题，如：“法曰：眼大盈大走，小盈小走，大盈而不走何也?”“能为变者良也，能变而不良者何也?”表明作者是针对相马法上的论点而提出疑问，以便作进一步的解释。作者在十五个连贯的答问中，从马眼的盈满程度、眼的光泽、眼的活动能力、睫毛和眼外肌的功能等方面，来说明该马是否善走。它还把马的、躯体和目力能否适应环境变化，归因于“起居”（生活条

① 《淮南子·道应训》。

件）和“通利”（消化代谢）是否正常。这部书很多术语不易理解，但仅就我们已经理解的部分，已能看出战国时期的相马术已经相当进步①。

马的鉴别，为以后牛、羊、猪、鸡、犬的鉴别，提供了范例。《荀子·儒效》认为名家辨坚白异同是狂惑戆陋之人，“曾不如相鸡狗之可以为名也。”《庄子·徐无鬼》说：“尝语君，吾相狗也：下之质，执饱而止，是狸德也；中之质，若视日；上之质，若亡其一。”《吕氏春秋·士容》也说：“齐有善相狗者，其邻假以买取鼠之狗，期年乃得之。”说明战国时期确已出现了一些善相鸡狗之人。

（三）兽医学的出现

兽医，随着畜牧业的发展而出现。战国时，兽医已有内、外科之分。内科病称为“兽病”，主要医疗方法是灌汤药；外科病称为“兽疡”，主要医疗方法是手术和敷药。《周礼》中有“兽医”、“巫马”二官。“兽医”的职责是：“掌疗兽病、疗兽疡。凡疗兽病，灌而行之，以节之，以动其气，观其所发而养之。凡疗兽疡，灌而劀之，以发其恶，然后药之、养之、食之。凡兽之有病者，有疡者，使疗之。”“灌”即灌药。“劀”，《说文》曰：“刮去恶肉也。”即手术。《巫马》的职责是：“掌养疾马而乘治之，相医而药攻马疾。”古者巫、医相通，巫主通神也用药；医主用药也兼巫术。这里《巫马》之为马治病，不言其如何通神之巫术，而只言其相医用药，可见巫之治病，主要也是用药。

值得注意的是，当时已经知道对牲畜的传染病进行预防。云梦秦简《法律答问》有：“者（诸）侯客来者，以火炎其衡厄（轭），炎之可（何）？当者（诸）侯不制骚马（骚马虫），骚马虫皆丽衡厄（轭）、鞅、韅、辕、靷，是以炎之。”即是说，诸侯及其使者来秦时，要用火烧其车辕及鞅、靷、韅、靽，以防骚马虫病蔓延传染。

① 马王堆汉墓帛书整理小组：《马王堆汉墓帛书相马经释文》，《文物》1977年第8期；杨宽：《战国史》，上海人民出版社1980年版，第313页。

三、狩猎业

战国时期中原地区的狩猎活动较春秋以前明显减少。其原因首先在于人口增加，土地大量开辟，兽源大为减少。“三辅迫近于山河，地狭人众，四方并臻，粟米采薪不能相赡……夫如是，匹夫之力尽于南亩，匹妇之力尽于麻枲。田野辟，麻枲治。”[①] 墨子也说：“宋所谓无雉兔鲋鱼者也。”农桑畜牧的发展取代了渔猎的地位。狩猎的对象也多为雉兔等小禽兽，而少犀熊鹿豕等大兽。其次，狩猎活动的重要性日益下降，西周春秋时期，“国之大事在祀与戎”，祭祀、车战与狩猎关系十分密切。而战国时期，随着商品经济的发展，人口流动的频繁，宗法制日益削弱，祭祀活动也不像过去那样受重视。而战争中骑、步兵代替了车战，狩猎活动的军事演习性质也相对减弱，因而贵族们的狩猎活动也大为减少。这时，狩猎活动不仅不受重视，有时反而被视为纨绔子弟不务正业的行为。如《管子·问》篇即要求统计“国子弟之无上事，率子弟不田，弋猎者几何人?”《吕氏春秋·贵当》篇也说：“田猎驰骋、弋射走马，贤者非不为也，为之而智益得焉；不屑主为之，而智日惑焉。志曰：‘骄惑之事，不亡奚待?’”《淮南子·泰族训》更说：“以食狗马鸿雁之费养士，则名誉必崇矣；以弋猎博奕之日诵诗读书，闻识必博矣。”

战国时期的狩猎形式分为国王的车猎、个人单独狩猎和童子弹丸游戏三种。

（一）国王的车猎

国王狩猎多以车猎为主。如“楚王游于云梦，结骑千乘”[②]。“今王田猎于此，百姓闻王车马之音，见羽旄之美”[③]。“韩昭釐侯出弋，靷偏缓，昭釐侯居车上，谓其仆：‘靷不偏缓乎?’其仆曰：‘然。’”[④] 车猎规模宏大，兴师动众，也只有国王才有资格进行。

当时各国都城附近多设有囿或禁苑，周围用篱笆、沟堑、墙垣围起来，作

① 《盐铁论·园池》。
② 《战国策·楚策一》。
③ 《孟子·梁惠王下》。
④ 《吕氏春秋·处方》。

为统治者专用的猎场，平民百姓禁止入内。故孟子说："臣闻郊关之内，有囿方四十里，杀其麋鹿者如杀人之罪。则是方四十里为阱于国中，民以为大，不亦宜乎！"[①] 云梦秦简《田律》规定："邑之紤（近）皂及它禁苑者，麛时毋敢将犬以之田。百姓犬入禁苑中而不追兽及捕兽者，勿敢杀；其追兽及捕兽者，杀之。河（呵）禁所杀犬，皆完入公；其他禁苑杀者，食其肉而入皮。"意思是说，邑居靠近养牛马的皂和其他禁苑的，幼畜繁殖时不准带着狗去狩猎。百姓的狗进入禁苑而没有追兽和捕兽的，不要打死；如追兽和捕兽，要打死。在专门设置警戒的地区打死的狗，都要完整地上缴官府；其他禁苑打死的，可以吃掉狗肉而上缴狗皮。

国王狩猎多在秋季进行。秋天气候凉爽，兽肉肥美，草木干枯又便于观察寻找，是狩猎的最佳时机。《月令》：季秋"天子乃教于田猎，以习五戎，班马政，命仆及七驺咸驾，载旌旐，授车比级，乃丽饰，执弓挟矢以猎"。国王的狩猎一方面有"习五戎，班马政"的军事演习性质，另方面更主要的还是消遣娱乐。车猎的主要工具是车马和弓矢。有时也用猎犬。

（二）个人的单独狩猎

个人的单独狩猎，有王公贵族的娱乐消遣，也有平民百姓的副业生产活动。

王公贵族的娱乐消遣，主要形式是猎犬逐狡兔。所谓"强弩弋高鸟，走犬逐狡兔，此其为乐也"[②]。当时，韩氏培养的名犬叫"韩卢"，《战国策·齐策一》说："韩子卢者，天下之疾犬也。"《说苑》也说："周氏之喾，韩氏之卢，天下疾狗也。"猎犬与良弓为个人小型狩猎的两件关键宝物，所以"荆文王得茹黄之狗，宛路之矰，以畋于云梦，三月不反"[③]。范蠡遗文种书曰："蜚鸟尽良弓藏，狡兔死走狗烹。"狩猎狡兔的时侯，猎犬甚至能起到关键作用。《吕氏春秋·贵当》篇曾讲述一个故事："齐有好猎者，旷日持久而不得兽，入则媿其家室，出则媿其知友州里。惟其所以不得之故，则狗恶也。欲得良

① 《孟子·梁惠王下》。
② 《淮南子·原道训》。
③ 《吕氏春秋·直谏》。

狗，则家贫无以。于是还疾耕，疾耕则家富，家富则有以求良狗，狗良则数得兽矣，田猎之获常过人矣。”当时还有一句成语说：“见兔而顾犬，未为晚也。”① 以猎犬逐狡兔是当时贵族及有闲阶层的一种时髦的娱乐消遣活动，所以李斯临刑前颇为感慨地“顾谓其中子曰：‘吾与若复牵黄犬，俱出上蔡东门，逐狡兔，岂可得乎？’”

网捕，是平民百姓猎获禽兽的主要方法之一。主要用于捕鸟。《战国策·东周策》说：“譬之如张罗者，张之于无鸟之所，则终日无所得矣；张之于多鸟处，则又骇鸟矣。必张于有鸟无鸟之际，然后能多得鸟矣。”网也称为“罗”。《淮南子·原道训》说：“射者扜乌号之弓，弯綦卫之箭，重之羿，逢蒙子之巧，以要飞鸟，犹不能与罗者竞多。”这是说最名贵的弓和箭，由最有名的射手去用，也不如罗网捕鸟数量多。《韩非子·难三》也说：“一雀过羿，羿必得之，则羿诬矣；以天下为之罗，则雀不失矣。”以网捕鸟，有时在网中放繇子或诱饵，繇子又称“媒”。《周礼·翨氏》：“掌攻猛鸟，以其物为媒而掎之。”《荀子·法行》则说：“鹰鸢犹以山为卑而增巢其上，及其得也，必以饵。”

网，有时也用于猎捕麋鹿等走兽。《战国策·楚策一》说：“今山泽之兽，无黠于麋，麋知猎者张网，前而驱己也，因还而冒人，至数，猎人知其诈，伪举网而进之，麋因得矣。”

有一种地网叫“系蹄”，顾名思义大约是能系住野兽的足蹄，甚至可以捕捉猛虎。《战国策·赵策三》：“人有置系蹄者而得虎，虎怒，决蹯而去。虎之情，非不爱其蹯也，然而不以环寸之蹯害七尺之躯者，权也。”

此外，还有用陷阱、毒药猎取兽物的。《周礼·冥氏》：“掌设弧张，为阱擭以攻猛兽。”《中庸》：“驱而纳诸罟擭，陷阱之中”。睡虎地秦简《田律》：“毋毒鱼鳖，置穽罔，到七月而纵之。”

（三）童子的弹丸和胶粘

匈奴的少儿“能骑羊引弓射鸟鼠，少长则射狐兔，用为食”。而中原的少年则多以弹弓、胶粘、明火等方法猎取黄雀、昆虫等小动物。弹丸射黄雀是童

① 《战国策·楚策四》。

子的一项重要娱乐活动。《战国策·楚策四》："黄雀因是以俯噣白粒，仰棲茂树，鼓翼奋飞，自以为无患，与人无争也，不知夫公子王孙，左挟弹，右摄丸，将加己乎十仞之上，以其类为招，昼游乎茂树，夕调乎酸醎，倏忽之间，坠于公子之手。"《韩诗外传》卷十说："黄雀方食螳螂，不知童子挟弹丸在榆下，迎而欲弹之。"《淮南子·说山训》则说："执弹而招鸟，挥棁而呼狗，欲致之，顾反走。"

胶粘蜻蛉，是又一儿戏。《战国策·楚策四》："王独不见夫蜻蛉乎，六足四翼，飞翔乎天之间，俛啄蚉宝而食之，仰承甘露而饮之，自以为无患，与人无争也，不知夫五尺童子，方将调饴胶丝，将加己乎四仞之上，而下为蝼蚁食也。"

此外，还有以明火捕蝉的。《吕氏春秋·期贤》："今夫爚蝉者，务在乎明其火，振其树而已。火不明，虽振其树，何益？明不独在乎火，在乎闇。"《荀子·致士》也说："夫耀蝉者，务在明其火，振其树而已；火不明，虽振其树，无益也。"

（四）园囿中的禽兽饲养

由于兽源减少，平日不易见到，所以开始在园囿中饲养禽兽，以供统治者观赏。《韩非子·外储说右下》："赵王游于囿中，左右以菟与虎而辍，盼然环其眼，王曰：'可恶哉，虎目也。'"园囿中的禽兽，有的放在柙中饲养，"柙"即大笼。《说文》："柙，槛也，以藏虎兕。"孔子说过："虎兕出于柙，谁之过与？"[①]《韩非子·守道》也说："服虎而不以柙……此贲、育之所患，尧、舜之所难也。"《韩非子·说林下》又说："置猿于柙中，则与豚同，故势去不便，非所以逞能也。"有的放在圈中饲养，《淮南子·主术训》说："故夫养虎豹犀象者，为之圈槛，供其嗜欲，适其饥饱，违其怒恚。"也有的在园囿中散养。《淮南子·兵略训》说："养禽兽者，必去豺狼。"可能是指散养了。

① 《论语·季氏》。

四、捕鱼和养鱼

战国时期，虽然土地大量开辟，山林荒野的面积减少了，但江湖河海等水域面积变化不大，所以产鱼的地方仍然是很多的。其中以江汉云梦地区及东部沿海一带，鱼产量最为丰富。《战国策·宋卫策》说："荆有云梦……江汉鱼鳖鼋鼍为天下饶。"《荀子·王制》说："东海则有紫祛鱼盐焉，然而中国得而衣食之。"《禹贡》也说："青州"厥贡盐絺，海物惟错"；徐州"淮夷蠙珠鱀鱼"；荆州"九江锡大龟"。这时，鱼类市场也已经出现，《庄子·外物》篇有"枯鱼之肆"；《韩非子·外储说左上》有"郑县人乙子妻之市买鳖"的故事。《史记·货殖列传》说："鲐鮆千斤，鲰千石，鲍千钧……此亦千乘之家。"

当时，吃鱼比较普遍，甚至成了士大夫阶层的一项重要标志。如孟尝君的食客冯谖，开始时安排在下等，吃饭时没有鱼，便弹铗长叹曰："长铗归来乎！食无鱼。"[①] 有的人吃鱼成了嗜好，如"公孙仪相鲁而嗜鱼，一国尽争买鱼而献之"[②]。《吕氏春秋·本味》篇云："鱼之美者，洞庭之鳟，东海之鲕。醴水之鱼，名曰朱鳖，六足，有珠百碧。雚水之鱼，名曰鳐，其状若鲤而有翼。"

垂钓和网捕是捕鱼的主要方法。当时并出现了詹何、娟嬛（又名玄渊）等钓鱼名手。《淮南子·说山训》说："詹公之钓、千岁之鲤不能避。"钓鱼的主要工具是鱼竿、鱼线和鱼钩。宋玉《钓赋》说："夫玄渊之钓也，引三寻之竿，八丝之纶，饵以蛆蟟，钓以组针，以出三尺之鱼于数仞水中。"[③] 此外，还出现了羽毛做的鱼标。《吕氏春秋·离俗》说："譬之若钓者，鱼有大小，饵有宜适，羽有动静。""羽"即是浮在水面的鱼标。

"饵香"又被成是钓鱼的关键。"雉以眩移拘于绸，鱼以有悦死于饵"[④]，

---

① 《战国策·齐策四》。
② 《韩非子·外储说右下》。
③ 《太平御览》卷八三四引。
④ 《吴越春秋》卷四。

“高飞之鸟死于美食，深泉之鱼死于芳饵”[①]，“善钓者出鱼乎十仞之下，饵香也”[②]，“夫鱼鳖鼋鼍，犹以渊为浅而掘其中，鹰鸢犹以山为卑而增巢其上，及其得也必以饵”[③]，“故鱼不可无饵钓也”[④]。都说明了鱼饵的重要。

这时不仅能在内陆的江河湖泊中捕钓，而且也能到近海中去捕钓。《管子·禁藏》说：“渔人入海，海深万仞，就彼逆流，乘危百里者，宿夜不出，利在水也。”《管子·封禅》说：“东海致比目之鱼，西海致比翼之鸟。”海中捕鱼主要是网捕，可能也有垂钓的。《逸周书·周纪》：“故海之大也，而鱼何为可得？山之深也，虎豹貔貅何为可服?”孔晁注云：“言皆以贪饵中钩槛也。”此外，临江垂钓也是统治者们一项娱乐消遣的活动。如“魏王与龙阳君共船而钓”[⑤]，“庄子钓于濮水”[⑥]。

网捕，是较大规模捕鱼的主要方法。《淮南子·原道训》说：“夫临江而钓，旷日而不能盈罗，虽有钩箴芒距，微纶芳饵，加之以詹何、娟嬛之数(术)，犹不得与网罟争得也。”就是说，即使有好的鱼钩、鱼线、鱼饵等物质准备和詹何、娟嬛的技巧，其收获量也不能与网捕相比。网捕的主要工序是撒网和拉纲。《韩非子·外储说右下》说：“善张网者引其纲，不（若）一一摄万目而后得则是劳而难，引其纲而鱼已囊矣。”当时已经出现了以捕鱼为生的渔民，如《吕氏春秋·士节》说：“齐有北郭骚者，结罘罔，捆蒲苇，织萉屦，以养其母犹不足。”

大规模的捕鱼活动多在冬季进行。《国语·鲁语上》说：“古者，大寒降，土蛰发，水虞于是乎讲罛罶，取名鱼，登川禽，而尝诸之寝庙，以行诸国。”“罛”、“罶”就是鱼网。《夏小正》说：十二月“虞人入梁”。《月令》说：孟冬之月，“乃命水虞、渔师收水泉池泽之赋”。季冬三月“命渔师始渔”。

此外，还有渔梁、渔笼（笱）、籍杈、弓箭和毒鱼等方法捕鱼的。如《周

---

① 《吴越春秋》卷五。
② 《吕氏春秋·功名》。
③ 《荀子·法行》。
④ 《淮南子·说山训》。
⑤ 《战国策·魏策四》。
⑥ 《庄子·秋水》。

礼·𣪠人》："掌以时𣪠为梁。"即渔梁。《周礼·鳖人》："掌取互物，以时簎鱼、鳖、龟、蜃。"郑众曰："簎，以杈刺泥中取之。"即杈鱼。《庄子·外物》："筌者所以在鱼，得鱼而忘筌。""筌"即《诗经》中的"敝笱"、笼、筐之类设备。《淮南子·时务训》："季冬之月，天子亲往射鱼。"睡虎地秦简《田律》规定："不夏月……毋……毒鱼鳖。"

除此之外，还有一种特殊的方法——鱼槮。《淮南子·说林训》有："钓者静之，罛者扣舟，罩者抑之，罣者举之，为之异，得鱼一也。"其中"钓"是垂钓；"罩"是捕鱼的竹笼；"罣"是网。惟罛费解，高诱注云："以柴积水中以取鱼，扣，击也。鱼闻击舟声，藏柴下，壅而取之。"这和《诗经·周颂》中的"潜"相同。"潜有多鱼"，朱熹注曰："潜、槮也，盖积柴水中，使得隐藏避寒，因以薄围取之也。"《尔雅·释器》："槮谓之涔。"郭注曰："今之作槮者，聚集柴于水中，鱼得寒入其里藏隐，因以薄围取之。"

五、对野生生物资源的保护

春秋时期，里革劝导鲁宣公的一番言论，表明人们对野生生物资源的保护已有一定认识。战国时期，随着山林荒野的大量开辟，对生物资源的保护更加注意，对渔猎活动从季节、对象、工具、方法诸方面都进行了一定的限制。

动植物繁殖的季节，禁止渔猎活动以保障动物的繁殖和幼小生物的成长。《荀子·王制》："圣王之制也，草木荣华滋硕之时，则斧斤不入山林，不夭其生，不绝其长也；鼋鼍、鱼鳖、鳅鳣孕别之时，罔罟毒药不入泽，不夭其生，不绝其长也。……污池、渊沼、川泽谨其时禁，故鱼鳖优多而百姓有余用也。"

《管子·七臣七主》说："地宜四禁者何也？春无杀伐，无割大陵，倮大衍，伐大木，斩大山，行大火，诛大臣，收谷赋。夏无遏水，达名川，塞大谷，动土功，射鸟兽。秋无赦过，释罪，缓刑。冬无赋爵禄，伤伐五谷……故曰：台榭相望者，亡国之庑也；驰车充国者，追寇之马也；羽剑珠饰者，斩生之斧也；文采纂组者，燔功之窑也。"

睡虎地秦简《田律》规定："春二月，毋敢伐材木山林及雍（壅）隄水。不夏月，毋敢夜草为灰，取生荔、麛、䴢（卵）、鷇、毋□□□□□□□毒鱼鳖、置穽罔（网），到七月而纵之。"

《逸周书·文传》说："山林非时，不升斤斧，以成草木之长；川泽非时，不入网罟，以成鱼鳖之长。不麛、不卵、以成鸟兽之长。畋鱼以时，童不夭胎，马不驰骛，土不失宜……圣人裁之，并为民利，是鱼鳖归其泉，鸟归其林。"

《礼记·王制》说："獭祭鱼，然后虞人入泽梁；豺祭兽，然后田猎；鸠化为鹰，然后设尉罗；草木零落，然后入山林。昆虫未蛰，不以火田。"

不准猎取怀孕的母畜和幼小的畜禽鱼虫等小生物，以保证其正常的繁殖和生长。《月令》说：孟春"毋用牝，止伐木，毋覆巢，毋杀孩虫，胎夭飞鸟，毋麛、毋卵。"《管子·五行》说："痜不雏觳、不夭麑麇、毋传速、亡伤褓褓……羽卵者不段，毛胎者不膭，腫妇不销弃。"

《逸周书·文传》说："无杀夭胎，无伐不成材，无堕四时。"《礼记·王制》说："禽兽鱼鳖不中杀，不粥于市。""不麛，不卵，不杀胎，不覆巢。"

不准用太密的网捕鱼，不准用毒药毒鱼兽。《孟子·梁惠王》说："数罟不入洿池，鱼鳖不可胜食也。"《管子·八观》："江海虽广，地泽虽博，鱼鳖虽多，罔罟必有正。船网不可一财而成也，非私草木爱鱼鳖也，恶废民于生谷也。"《月令》说："（季月）餧兽之药，毋出九门"。

不准竭泽而渔、覆巢毁卵、焚林而田、刳兽食胎，即对鱼鳖禽兽不要赶尽杀绝，要留有余地。《吕氏春秋·义赏》说："竭泽而渔，岂不获得，而明年无鱼。"《有始》说："夫覆巢毁卵则凤凰不至，刳兽食胎则麒麟不来，干泽涸渔则龟龙不往。"《韩非子·难一》说："焚林而田偷，多兽，后必无兽。"《月令》仲春："毋竭川泽，毋漉陂池，毋焚山林。"《礼记·曲礼下》说："国君春田不围泽，大夫不掩群，士不取麛卵。"

第二十八章　手工业经济

战国时代是中国传统手工业的一个重要的发展时期。有悠久历史的制陶业、纺织业、建筑业、青铜冶铸业以及木器、漆器业等，这一时期继续发展，有的甚至有很大的发展。特别重要的是，兴起于西周末期的冶铁业，进入战国后迅速发展；战国中期以后，冶铁手工业作坊遍及七国的都城及其他重要城市，农业、手工业部门中普遍使用铁器，并大量使用铁兵器。就手工业经济形式、经济成分而言，除了官营手工业以外，还有大量的个体手工者私营小手工业及“豪民”私营大手工业的兴起。私营手工业属于商品生产。部分官营手工业作坊的产品，也有少量作为商品投入市场。

第一节　手工业经济形式

战国时代，铁、铜、盐、纺织、陶器、漆器等手工业，都相当发达。战国手工业迅速发展的原因，归根到底是由于生产工具的大变革。据考证，已经出土的、真正属于西周末期和春秋时期的铁器，不但数量少，而且器类简单，形体薄小①。到战国时期，这种情况有了很大的改变。20 世纪 50 年代以来，各地出土了大量的战国铁器，其中最多的是各种农具和手工工具。例如 1973 年以来，在湖北大冶铜绿山发现并发掘了春秋战国时期的矿冶遗址，春秋矿井遗址只有铜斧、铜锛，没有铁器；而在战国矿井遗址发现的 14 件采掘工具中，除一件木器外，其余均为铁钻、铁锤等铁器。又河南辉县战国魏墓，出土了铁

① 黄展岳：《关于中国开始冶铁和使用铁的问题》，《文物》1976 年第 8 期。

制斧、凿、削、小刀等手工工具。可见当时铁制工具已用于多种手工业生产部门。这就给手工业劳动者提供了一种其坚固和锐利非石器、木器和铜器所能相比的工具，从而使当时的多种手工业生产得到了很大的发展。此外，战国时期封建制的确立，社会经济结构和阶级关系的显著变化，新的自耕农和佃农等成为农业生产的主力，以及农业、手工业和商业之间的社会大分工的发展，一般手工业者和商人具有独立的身份等，也都是当时手工业迅速发展的重要原因。

战国时期的手工业生产，按其生产资料所有制及其具体经营方式，大致可以划分为四种类型，即：小农家庭手工业；个体小手工业；私营大手工业；官府手工业。

一、小农家庭手工业

在前资本主义社会中，纯农业劳动是不存在的。如马克思在《资本论》第3卷中所说："这种纯农业劳动，决不是自然发生的，相反，它本身是社会发展的产物，并且是很现代的，决不是到处都已达到的产物，它是和一个完全特定的生产阶段相适应的。"[①] "最初，农业劳动和工业劳动不是分开的；后者包含在前者中。农业氏族、家庭公社或家庭的剩余劳动和剩余产品，既包含农业劳动，也包含工业劳动。二者是同时并行的。狩猎、捕鱼、耕种，没有相应的工具是不行的。织和纺等等当初是农业中的副业。"[②]

农业和手工业相结合的劳动本身，又经历了一些不同的发展阶段，有多种不同的类型。战国时期的男耕女织，或者说，战国时期作为农业中的副业的手工业，与原始公社制时代和奴隶制时代的有所不同。战国时代的耕织结合或农工结合，既不是以公社共同体为经济单位，也不是或主要不是以奴隶主贵族家庭或其他剥削者家庭为经济单位，而是或主要是以小农家庭为经济单位。虽然奴隶制时代也有小农和小农家庭的耕织结合或农工结合，但当时社会中占主导地位统治地位的是奴隶制经济成分。虽然西周末年以后随着奴隶制农业经济形式的逐步废除和税亩制的逐步实行，先后出现了大量以一家一户为生产单位

① 《马克思恩格斯全集》第25卷，第713页。

② 马克思：《资本论》第3卷，《马克思恩格斯全集》第25卷，第713页。

的、新的“小农”，但他们还是没有定型的、并非独立的小农。在春秋时期的历史条件下，耕织结合或农工结合的小农经济，不可能实际上也没有得到普遍的、充分的发展。而战国时期包括自耕农、佃农等的耕织结合或农工结合的定型小农，不但占当时农业生产者的绝大多数，而且这种耕织结合、农工结合的小农经济还是新的封建剥削和封建统治的经济基础。从战国时期起，这种小农经济一直是中国封建社会农业中占优势的经济形式。

战国时期各封建国家的政府，对小农家庭手工业实行扶持和保护的政策。商鞅在秦国的变法令甚至明确规定：“僇力本业，耕织致粟帛多者复其身。”不但把家庭手工业列为“本业”的一个重要组成部分，而且凡致力于“本业”而增加农产品（粟）和手工业产品（帛）较多的小农家庭，还可以豁免徭役。《吕氏春秋·上农》也引《后稷》云：“所以务耕织者，以为本教也。”

在中国历史上，纺织是一个很古老的、具有广泛性和普遍性的民间手工业项目。而纺织和成衣，一般又都由妇女来承担。《考工记》云：“治丝麻以成之，谓之妇功。”秦简《仓律》亦讲到“女子操缗（文绣）红（女红）及服（衣服）”。正因为如此，当时人们通常用“男耕女织”以生产“粟”“帛”，来表述农业和家庭手工业的结合。其实，当时的家庭手工业并不限于纺织。

历史记载表明了战国时期耕织结合的小农家庭手工业的普遍存在。《墨子·非乐上》篇说：当时丈夫之事是“耕稼树艺”，妇人之事是“纺绩织纴”。“农夫早出暮入，耕稼树艺，多聚叔粟，此其分事也。妇人夙兴夜寐，纺绩织纴，多治麻丝葛绪綑布缪，此其分事也。”《孟子·尽心》篇说：“五亩之宅，树墙下以桑，匹妇蚕之，则老者足以衣帛矣。……百亩之田，匹夫耕之，八口之家，可以无饥矣。”又《梁惠王上》篇说：“五亩之宅，树之以桑，五十者可以衣帛矣。……百亩之田，勿夺其时，数口之家，可以无饥矣。”《吕氏春秋·上农》也说：“是故丈夫不织而衣，妇人不耕而食，男女贸功，以长〔以〕生。”“以长〔以〕生”，《亢仓子》作“资相为业”。也就是男耕女织、农业和家庭手工业相结合而成“本业”的意思。

战国时期的农民家庭手工业，除养蚕、缫丝、治麻葛、纺织布帛外，还有结网、编草鞋等等，故《吕氏春秋·尊师篇》中将“织葩屦，结罝网”和“力耕耘，事五谷”并提。战国农民家庭手工业产品，大致用于这样几个方面：作为农民家庭成员自身的必要生活资料；缴纳官府的“布缕之征”①；若“农有余粟，女有余布”，则“通功易事”②，作为商品在市场上出售。

《礼记·王制》载：“用器不中度，不粥于市……布帛精粗不中数、幅广狭不中量，不粥于市。”《孟子·滕文公上》说：“国中无伪，虽使五尺之童适市，莫之或欺。布帛长短同，则贾（价）相若。麻缕丝絮轻重同，则贾（价）相若。五谷多寡同，则贾（价）相若。屦大小同，则贾（价）相若。”秦简《金布律》还有具体规定：布长八尺，幅宽二尺五寸；布的质量不好，长宽不合标准的，不得流通。由此看来，战国农民家庭手工业产品中带有商品性质的那部分产品，以及缴纳官府“布缕之征”的那部分产品，也当有一定的规格。《韩非子·外储说右上》讲到：吴起“使其妻织组而幅狭于度”，故“吴子出之”。

战国时期，虽然商品货币经济和商业有显著的发展，但当时社会经济生活中占统治地位的仍然是，而且必然是自然经济。“家庭手工业劳动……作为农业（它是基础）的副业，……就是这种自然经济赖以建立的生产方式的条件。”③ 这就使得家庭手工业成为当时手工业中的一种基本的、主要的经济形式。虽然每户农民家庭手工业的品种少，产品数量也很有限，但由于农民人数众多，总的说来，农民家庭手工业在当时整个手工业经济中仍然占有较大的比重。

二、个体小手工业

个体手工业者经营的小手工业，西周春秋时期就已存在。但在“工商食官”、官府垄断工商业的历史时代，独立的个体小手工业者很少。战国时期，随着社会结构的变化，手工业和农业分工以及商品经济的发展，经营小手工业的个体手工业者增多。他们之中，大概有的是春秋时期个体手工业者的后代，有些是由春秋末年列国“食官”手工业者转化而来，而其多数则是战国时期

---

① 《孟子·尽心下》。

② 《孟子·滕文公下》。

③ 马克思：《资本论》第3卷，《马克思恩格斯全集》第25卷，第886页。

新出现的。

在西周春秋时期的等级、阶级制度和"工商食官"制度下，"处工就官府，处商就市井，处农就田野"[①]；"庶人、工、商各守其业，以共其上"[②]。"工之子恒为工"，"商之子恒为商"，"农之子恒为农"[③]；"民不迁，农不移，工贾不变"[④]。直到春秋末年，列国仍有不少有特殊技艺的多类"食官"手工业者。而"食官"手工业者反抗官府残酷压迫、剥削的斗争，时有发生。例如卫国，"苟卫国有难，工商未尝不为患"[⑤]。春秋末年，由于"公使匠久"或"公使三匠久"，卫国手工业者又先后举行了两次武装起义，"皆执利兵，无者执斤"[⑥]。随着田氏取齐和韩、赵、魏三家分晋而进入战国后，春秋列国"食官"的"百工"中，有一部分成为战国初期各国官府手工业作坊之工，而有一部分则通过这样那样的途径成为独立的个体手工业者。

战国时期，随着社会生产和商品经济的发展，手工业和商业成为两种有利可图的行业。《韩非子·诡使》篇就这样说过："仓廪之所以实者耕农之本务也，而綦组锦绣刻划为末作者富。"在经济利益的驱使下，势必有部分农民先后弃农而从事手工业或商业。商鞅变法之所以一方面规定"僇力本业，耕织致粟帛多者复其身"，另一方面又规定"事末利及怠而贫者，举以为收孥"，就是鉴于当时社会上已经出现并可能继续发生部分农民弃农而"事末利（工商业）"的情况。这种崇本抑末、"事本而禁末"[⑦] 的政策，显然是不可能杜绝个体手工业者的出现和存在的。而且，主要讲述重农、抑末的《商君书·壹言篇》强调"不法古"、"不循今"表明，这种政策不仅是古代所无，而且是当时（战国时代）其他各国所无[⑧]。因此，总的说来，战国时代的个体手工业者还是不少的。

---

① 《国语·齐语》。
② 《国语·周语上》。
③ 《国语·齐语》。
④ 《左传·昭公二十六年》。
⑤ 《左传·定公八年》。
⑥ 《左传·哀公十七年、哀公二十七年》。
⑦ 《商君书·壹言》。
⑧ 参见高亨：《商君书注译》，中华书局 1974 年版，第 81 页。

战国时期的个体手工业者，就其业务活动方式而言，大致有这样三类：一类是被本国或他国官府所雇用，长期在官府手工作坊中做工；另一类是自己独立经营某种手工业，自产自销；还有一类是前两者兼而为之，有时自己经营，有时被官府雇用。

战国时代各国出于发展本国官府手工业以及战争的需要，招徕“天下”之良工、巧匠。如《管子·小问篇》用管仲和桓公之名义对话说：“选天下之豪杰，致天下之精材，来天下之良工，则有战胜之器矣。……公曰：‘来工若何？’管子对曰：‘三倍，不远千里。’”注云：“酬工匠之庸直，常三倍他处，则工人不以千里为远，皆至矣。”据说：“宋人（工）有为其君以象（象牙）为楮叶者，三年而成……此人遂以功（巧）食禄于宋邦”[①]；“宋人有请为燕王以棘刺之端为母猴者……燕王因以三乘养之”；“客有为周君画荚者”，“客有为齐王画者”[②]。这里所说的“客”即“客作”、佣工，具体地说，是指外来的画工。

据研究，在楚国铜器铭文中常见的所谓“铸客”，就是被雇用的个体手工业者。楚国铜器上常有这样的铭刻：“铸客为王后六室为之”；“铸客为王后七府为之”；“铸客为大后脰官为之”；“铸客为集脰为之”；“铸客为御鋞为之”。这种“铸官为某某为之”的铭刻，与官营手工业任用“冶师”铸造的铜器铭刻不同。“王后六室”和“王后七府”当是王后所属的官府，“大后脰官”当是太后所属的官府，“集脰”和“御鋞”也该是官府名称[③]。有技术的工匠也成为秦国招徕的对象。秦的官府作坊中，有一部分能受到较好待遇的工匠，或许就是外来的客工[④]。当时的个体手工业者，有时也被贵族、官僚地主或其他富者所雇用。《韩非子·外储说左上》所说“虞庆（卿）为屋”所用的“匠人”、“工人”，也当是个体手工业者。

---

① 《韩非子·喻老》。

② 《韩非子·外储说左上》。“荚”，“即今幻灯之底片”。“荚盖豆荚、榆荚之荚，凡荚皆有薄膜，古者无玻璃，故取荚膜而制底片，取其易于透光也。”（陈奇猷：《韩非子集释》（下），上海人民出版社1974年版，第632页。）

③ 杨宽：《战国史》，上海人民出版社1980年版，第84～85页。

④ 吴荣曾：《秦的官府手工业》，《云梦秦简研究》，中华书局1981年版，第48页。

战国时期的个体手工业者所从事的工作，几乎涉及到当时的全部工种。而当时个体手工业者自营的手工业，则主要是车工、木工、皮革工、陶工、冶金工、纺织工、刺绣工、鞋帽工等类①。“工人数变业则失其功”②。故当时个体手工业者一般都各有其世袭的手工专业。正是父传子、子传孙一代一代积累下来的特殊熟练技能，使他们具有了高超技艺。个体手工业者所独立经营的手工业，其产品一般都具有商品性质，换句话说，是为了出卖而生产。《孟子·滕文公》篇载：

> 孟子曰：“许子必种粟而后食乎?”曰：“然!”“许子必织布而后衣乎?”曰：“否！许子衣褐。”“许子冠乎?”曰：“冠。”曰：“奚冠?”曰：“冠素。”曰：“自织之与?”曰：“否！以粟易之。”曰：“许子奚为不自织?”曰：“害于耕。”曰：“许子以釜甑爨、以铁耕乎?”曰：“然。”“自为之与?”曰：“否！以粟易之。”“以粟易械器者，不为厉陶冶，陶冶亦以其械器易粟者，岂为厉农夫哉！且许子何不为陶冶，舍皆取诸其宫中而用之，何为纷纷然与百工交易，何许子之不惮烦?”曰：“百工之事，固不可耕且为也。”
>
> （孟子）曰：“子不通功易事，以羡补不足，则农有余粟，女有余布。子如通之，则梓匠轮舆，皆得食于子。”

这里所说的“百工”，主要是指自产自销的个体手工业者；他们生产的商品，有陶器、木器、铁器、车辆、纺织品以及釜甑等生活用品或生产用品。

考古发掘资料证明了战国私营制陶作坊的大量出现。河北武安午汲故城制陶作坊遗址中，出土了大量带有铭文的陶器、陶片，如“文牛淘”、“粟疾已”、“郪陲”、“韩□”、“史□”、“孙□”、“不孙”、“丌（綦）昌”、“爰吉”、“均”等③。这种只标姓名的印记，与各地出土的及传世的各种官工印记不同，显然不是官府手工业的标记。在同一个作坊的产品上盖着这样多不同姓

---

① 见《墨子·节用中篇》《孟子·滕文公上、下》《韩非子·说林上、诡使、备内》。

② 《韩非子·解老》。

③ 河北省文物管理委员会：《河北武安县午汲古城中的窑址》，《考古》1959 年第 7 期。

名的印记，应是一批独立手工业者经营的窑场。其他如河南洛阳[①]、郑州[②]，河北石家庄[③]和山东邹县[④]等地出土的带单字印记的陶器，也应是私营作坊的产品。齐国都城临淄和秦都咸阳出土的私营作坊的印记，除标出业主的私名外，还标明作坊所在的地名[⑤]。武安午汲故城陶窑的分布是很密集的，特别是战国至西汉的那些陶窑群几乎是窑窑相连，中间不留空地。说明每一个烧窑单位，所占有的场地是狭小的；陶窑的面积仅3～7平方米。每座窑的容量很小，产量是很少的。同时从窑址出土的不同姓名印记数量之多，证明陶窑的经营者可能是个体手工业者[⑥]。

《韩非子·备内》篇说："故舆人成舆则欲人之富贵，匠人成棺则欲人之夭死也，非舆人仁而匠人贼也，人不贵则舆不售，〔情非爱人也，利在人之贵也[⑦]〕，人不死则棺不买，情非憎人也，利在人死也。"《韩非子·五蠹》篇还讲到，当时有些工人"修治苦窳之器"，"蓄积待时而侔农夫之利"。"苦窳"，恶也；"苦窳之器"，即今言偷工减料之器。

春秋战国年间，虽然随着"天下"能工巧匠的流动和技术传播，各地区之间手工业发展的差异有所缩小，但差异仍然显著存在，官府手工业如此，私营手工业也是如此。《考工记》云："郑之刀，宋之斤，鲁之削，吴、粤（越）之剑，迁乎其地而弗能为良，地气然也。燕之角，荆之干，妢胡之笴，吴、粤之金、锡，此材之美者也。"表明当时有些著名手工业产品只能出现于某些地区，这有技术方面的原因，也有工业原材料方面的原因。而在不少地区，又各有某种或某些手工业品的生产具有普遍性，不但国工能制作，个体手工业者能制作，甚至"夫人"皆能制作。故《考工记》又说："粤无镈，燕无函，秦无

---

① 王仲殊：《洛阳烧沟附近的战国墓葬》，《考古学报》第八册（1954年）。

② 河南文物工作队第一队：《郑州岗杜附近古墓葬发掘简报》，《文物参考资料》1955年第10期。

③ 河北省文物管理委员会：《河北石家庄市市庄村战国遗址的发掘》，《考古学报》1957年第1期。

④ 中国科学院考古研究所山东工作队：《山东邹县滕县古城址调查》，《考古》1965第12期。

⑤ 陕西省考古研究所渭水队：《秦都咸阳故城遗址的调查和试掘》，《考古》1962年第6期。

⑥ 中国硅酸盐学会主编：《中国陶瓷史》，文物出版社1987年版，第95页。

⑦ 陈奇猷《韩非子集释》（上），上海人民出版社1974年版，第293页："依下文'情非憎人也，利在人之死也'，则此当有'情非爱人也，利在人之贵也'二语。"

庐，胡无弓、车。粤之无镈也，非无镈也，夫人而能为镈也；燕之无函也，非无函也，夫人而能为函也；秦之无庐也，非无庐也，夫人而能为庐也；胡之无弓车也，非无弓车也，夫人而能为弓车也。”

《韩非子·说林上》讲述了这样一个故事：“鲁人身善织屦，妻善织缟，而欲徙于越，或谓之曰：‘子必穷矣。’鲁人曰：‘何也?’曰：‘屦为履之也，而越人跣行；缟为冠之也，而越人被发。以子之所长，游于不用之国，欲使无穷，其可得乎?’”这个故事虽然带有寓言性质，但有所根据，它反映了这样的史实：当时有的个体手工业者为了谋利，打算徙居他国、外地经营；而由于各地人们的风俗和生活习惯不同，对作为商品的手工业品的需求也不完全一样。

个体手工业者所经营的，是小生产的经济。他们自有简单的生产手段，不雇工，有的可能带一两个帮工。这种个体手工业者的劳动没有分工，各种操作都由同一个手工业者按照时间的先后顺序完成，商品是要完成许多种操作的独立手工业者的个人产品。“社会分工使商品所有者的劳动成为单方面的，又使他的需要成为多方面的。”① 正因为这样，个体手工业者必须卖出自己的产品以换取自己所需要的农产品及其他手工业品。韩非说“为末作者富”②，其实当时因经营小手工业而发家致富者，仅仅是也只能是个别的。

三、私营大手工业

这里所说的私营大手工业，是指“豪民”即大富豪所经营的大型手工企业或亦工亦商企业，而主要是冶铁业和煮盐业。这种大型手工业的经营，需要积聚大量的资金和众多的务工人员，非当时的一般个体工商业者所能经营，故此《盐铁论·禁耕篇》说：“非豪民不能通其利”。这种私营大手工业的出现和发展，是中国古代手工业经济形式和手工业经营方式上的重大变化。

本来，山林川泽及铁矿、铜矿等的开采，原为官府所控制、垄断，是不许民间私自开采的。《周礼·地官》有“丱人”一职，“掌金、玉、锡、石之地，

---

① 马克思：《资本论》第1卷，《马克思恩格斯全集》第23卷，第124页。

② 《韩非子·诡使》。

而为之厉禁以守之”。《管子·地数》还说：“上有丹砂者下有黄金，上有慈石者下有铜金，上有陵石者下有铅、锡、赤铜，上有赭者下有铁，此山之见荣者也。苟山之见荣者，君谨封而祭之。距封十里而为一坛，是则使乘者下行，行者趋。若犯令者，罪死不赦。然则与折取之远矣。”“折取”，指开采；“与折取之远”，谓人们与折取之事远离，即不敢开采之意[①]。然而，由于春秋以来官府手工业经济的危机，以及战国时期私营工商业的发展，官府已不能完全垄断矿山的开采和冶铁业等重要手工业的经营。《管子·轻重乙篇》载：

> 今发徒隶而作之，则逃亡而不守。发民，则下疾怨上，边竟（境）有兵则怀宿怨而不战。未见山铁之利而内败矣。故善者不如与民，量其重，计其赢，民得其七，君得其三。有杂之以轻重，守之以高下，若此，则民疾作而为上虏矣。

这里讲述了与其由官府“以令断山木，鼓山铁”，不如“与民”私营的原因，而交给民营的条件和办法是：根据其产值，计算它的赢利，按三七分成取利，民分利七成，君主分利三成；而君主再运用轻重之术，掌握其价格的高低。前面说过，具备大规模地开采矿山以及经营冶铁业等大手工业之“民”，只能是“豪民”，而不是个体小手工业者等一般民众。

冶铁、煮盐等是有关国计民生的重要工业部门。食盐和铁器是人们生活上和生产上所必需的物品，特别是盐，人人需要，一日也不可缺少。《管子·海王篇》说：“十口之家十人食盐，百口之家百人食盐。终月，大男食盐五升少半，大女食盐三升少半，吾子食盐二升少半。此其大历（数）也。”[②] 又《地数篇》说：“恶食无盐则肿”；《轻重甲篇》说：“国无盐则肿”。虽然盐这一天然产物的加工程序较为简单，但其生产受自然条件的限制，既非人人所能生产，也不是任何地方都能生产；不产盐的地方，只能从外地输入食盐过活。正因为这样，盐的需要数量很大，销售范围甚广。铁器也是如此。如《汉书·食货志》所说：“夫盐，食肴之将，……铁，田农之本……非编户齐民所能家作，必卬于市，虽贵数倍，不得不买。”

---

① 赵守正：《管子注译》（下册），广西人民出版社 1987 年版，第 315 页。

② “大男”、“大女”、“吾子”，《管子·地数》分别作“丈夫”、“妇人”、“婴儿”。

由于盐、铁是产销两旺、获利优厚的两种产业，因此成为“豪民”经营大手工业兼商业的两个主要项目。《汉书·食货志上》引董仲舒云：秦“用商鞅之法”，“颛（专）川泽之利，管山林之饶”，“盐铁之利，二十倍于古”。这里所谓“盐铁之利”，包括经营盐铁业的豪民缴纳的利税和官营盐铁之利。战国时期出现了一些因经营盐铁业而成的巨富。例如：“猗顿用盬盐起，而邯郸郭纵以铁冶成业，与王者埒富。”“蜀卓氏之先，赵人也，用铁冶富。”“宛孔氏之先，梁人也，用铁冶为业。秦伐魏，迁孔氏南阳。大鼓铸，规陂池，连车骑，游诸侯，因通商贾之利……家致富数千金。”①

豪民经营的冶铁、煮盐等大手工业，规模大，使用的劳动力多。《盐铁论·复古篇》说：“往者豪强大家得管山海之利，采铁石鼓铸，煮盐，一家聚众或至千余人，大抵尽收放流人民也。”私营大手工业的生产者，除了流民以外，还有雇工和奴隶。私营大手工业内部，有简单的分工和协作。

四、官府手工业

官府手工业是一种非常古老的，自国家政权产生之时起就已出现的手工业经济形式。在中国奴隶制时代，“工商食官”，冶金等重要手工业为官府所垄断。战国时期，虽然随着私营大手工业和个体小手工业的发展，官府手工业比之西周春秋时期有所削弱，但它在当时的整个手工业经济中仍然占有相当大的比重，是当时各国财政收入的重要来源之一。不同社会制度下、不同发展阶段上的官府手工业，其性质及其在经济上所起的作用，各不相同。战国时期的官府手工业，是封建政权为满足统治者生活享受和政治、军事需要而直接经营的手工业，是当时封建经济的一个组成部分。

战国时期各国中央和郡县一级地方政权，都有各种官营手工业作坊，并设立机构和官吏进行管理。当时的府库，不仅是官府储藏财物的场所，而且有附属的作坊，是主管官营手工业的机构。各国中央政府和各级地方政府都有这样的府库。出土的战国铜器、银器上有“中府”或“少府”的铭刻。韩国的强

① 《史记·货殖列传》。

弓劲弩，有的就是以“少府”为名[①]。韩、赵、魏的兵器都由“武库”制造，主要设在国都，韩有武、左、右等库，魏有左、右、上等库。设在地方的库，也有左、右、上、下等名目。秦国兵器上还刻有“上郡武库”、“上党武库”等字样。这类府库所属作坊，都有一定数量的职官和工技人员。秦、韩、赵、魏、齐等国官营手工业品的制造，一般分为造者、主造者和监造者三级。秦国兵器的制造，由工师、丞、士上造、工大人等主造，中央一级由相邦（相国）监造，郡一级由郡守监造，而直接制造者曰“工”。三晋的兵器，主要由中央和县的武库所属作坊制造，由工师、冶尹、左右校等主造，中央一级由相邦、守相、邦司寇、大工尹等监造，县一级由令、司寇监造，而直接制造者曰“冶”。在齐国，由工师主造，“立（莅）事”者监造。而楚国官营手工业所制造的铜器，则一般只刻上“冶师”及“差（佐）”的姓名，没有直接制造者的名字。这种三级管理监造制度，后来为秦、汉王朝继续采用[②]。

战国时各国从中央到地方，直接负责管理官营手工业的职官，一般称之为“工师”，无论何种官营手工行业都是如此。《孟子·梁惠王下》篇说：“为巨室，则必使工师求大木……匠人斲而削之。”在当时的兵器铭文中，居于冶工之上的也是工师。各国兵器上标明“右库工师”、“左库工师”之例不少。秦国兵器铭文提到的地方工官有雍工师、咸阳工师、漆垣工师、高奴工师等。工师之下有丞。秦律中提到的中央的工官也是如此[③]。古书记载工师的职责说：

> 论百工，审时事，辨功苦，尚完利，便备用，使雕琢文采不敢专造于家，工师之事也。[④]
>
> 季春之月……命工师令百工审五库之量，金、铁、皮革、筋、角、齿（象牙）、羽、箭杆、脂膠、丹、漆、毋或不良。百工咸理，监工日号，毋悖于时。
>
> 孟冬之月……命工师效功，陈祭器，按度程，毋或作为淫巧以荡

---

① 《战国策·韩策一》。

② 杨宽：《战国史》，上海人民出版社 1980 年版，第 85、86 页。

③ 吴荣曾：《秦的官府手工业》，《云梦秦简研究》，中华书局 1981 年版，第 42 ~ 43 页。

④ 《荀子·王制》。

上心，必功致为上。物勒工名，以考其诚，功有不当，必行其罪，以穷其情。①

由此看来，工师负有审核库藏原料、监督工人劳作、检查产品质量、上报劳动成果以及“使雕琢文采不敢专造于家”的职责。而审核库藏铜、铁等等原料，必须“毋或不良”；监督工人劳作，要做到“百工咸理”、“毋悖于时”；检查产品质量，应“按度程”，“必功致为上”；作坊产品都要“物勒工名”，刻上制造者姓名“以考其诚”，若“功有不当，必行其罪”。从赵国兵器铭刻常常署名工师某、冶尹某“执齐（剂）”看来，主造的工师和冶尹还有一定的技术能力，参与技术设计②。

秦律对经营管理官府手工业的方方面面，作了详细、具体的规定，其中涉及工师等工官的职责，产品的规格和质量，生产定额，职工的调度和使用，以及其他种种规章制度。主要有以下规定：

（1）制作同一种器物，其大小、长短和宽度必须相同③。统计时，不同规格的产品不得列于同一项目内出账④。

（2）考查时产品被评为下等，罚工师一甲，丞和曹长（工匠中的班长）一盾，徒（一般工人）络组（绦带）二十根。三年连续被评为下等，罚工师二甲，丞和曹长一甲，徒络组五十根⑤。

（3）不是本年度应生产的产品，又没有朝廷的命书，而擅敢制作其他器物的，工师和丞各罚二甲。各县工官新上交的产品，评为下等，罚该工官的啬夫一甲，县啬夫（县令）、丞、吏和曹长各一盾。城旦做工而被评为下等，每人笞打一百下。所造大车评为下等，罚司空啬夫一盾，徒各笞打五十下⑥。

（4）采矿两次评为下等，罚其啬夫一甲，佐一盾；三年连续评为下等，罚其啬夫二甲，并撤职永不叙用。评为下等而并无亏欠的，则不加责罚。收取

① 《礼记·月令》。
② 杨宽：《战国史》，上海人民出版社1980年版，第86页。
③ 《工律》“为器同物者”条。
④ 《工律》“为计”条。
⑤ 《秦律杂抄》“省殿”条。
⑥ 《秦律杂抄》“非岁功及无命书”条。

每年规定的产品，在尚未验收时就丢失了，以及不能足数的，罚其曹长一盾。太官、右府、左府、右采铁、左采铁在考核中评为下等，均罚其啬夫一盾①。

（5）工匠选择夯墙用的立木，立木本可使用而标上不可使用的记号，罚二甲。工匠在立木上标记认为不可使用，以致不敷装设者的需要，装设者经过报请仍使用了，应罚认为不可使用的工匠二甲②。

（6）隶臣、下吏、城旦和工匠在一起生产的，在冬季劳动时，得放宽其标准，三天收取相当夏季两天的产品③。

（7）做杂活的隶妾两人相当工匠一人，更隶妾（即以部分时间为官府服役的隶妾）四人相当工匠一人，可役使的小隶臣妾五人相当工匠一人④。

（8）隶妾和一般女子用针制作刺绣等产品的，女子一人相当男子一人计算⑤。

（9）新工匠开始工作，第一年要求达到规定品数产额的一半，第二年所收产品数额应与过去作过工的人相等。工师好好教导，过去作过工的一年学成，新工匠两年学成。能提前学成的，向上级报告，上级将有所奖励。满期仍不能学成的，应记名而上报内史⑥。

（10）隶臣有技艺可作工匠的，不得叫他给人作赶车、烹炊的劳役⑦。

官府手工业劳动者，就其身份地位而言，大体有这样几类：（1）拥有一定人身权利和人身自由的雇佣工人，多为有特殊技艺的能工巧匠；（2）刑徒；（3）奴隶。

---

① 《秦律杂抄》“采山重殿”条。

② 《秦律杂抄》“工择榦”条。

③ 《工人程》“隶臣、下吏、城旦与工从事冬作”条。“由于白昼的长短是随着季节变化而不同，故而冬天每作一天半，只抵夏季一天”。故“计算劳动日，按不同季节而定”。（吴荣曾：《秦的官府手工业》。）

④ 《工人程》“冗隶妾二人当工一人”条。

⑤ 《工人程》“隶妾及女子用针为缗绣它物”条。这里所说的“女子”，是指有特殊技艺的女工。

⑥ 《均工》“新工初工事”条。

⑦ 《均工》“隶臣有巧可以为工者”条。以上秦律条文的原文和这里采用的译文，均见睡虎地秦墓竹简整理小组：《睡虎地秦墓竹简》。

第二节　采矿、冶金与铜器、铁器制造

一、矿山的开发

对工业及其生产布局来说，至关重要的是埋藏在地下或分布于地表的各种矿床的数量、质量及其分布状况。在中国广大的领土之上，有纵横全国的大小山脉，生长了广大的森林，贮藏了丰富的矿产。矿产资源的开发利用，是通过技术条件来实现的；在不同的生产力条件、技术条件下，矿产资源的开发和利用的状况不同。人类对地下矿产资源的开发利用迟于对地表生物资源的利用，它是随着经济、技术、文化的进步而逐步扩大的。历史上各地区最初阶段开采的是金、银、铜、铅、锡、锌等矿种，然后才发现了铁，从青铜器时代迈进了铁器时代。

到春秋战国年间，人们在长期的采矿过程中已积累了不少经验，掌握了初步的找矿知识。《管子·地数篇》总结说："上有丹沙者，下有黄金；上有磁石者，下有铜金；上有陵石者，下有铅、锡、赤铜；上有赭者，下有铁。"或云："赭，赤土也。今称土珠。铁矿未与空气相会，为深蓝色。其表面铁矿与空中之氧气相配者则为赭色。故曰'上有赭者下有铁'。"① 一说："所谓'赭'就是一种赤铁矿性质的碎块，是和赤铁矿伴存的。"据章鸿钊《石雅》的解释，"赭"就是《山海经·北山经》少阳之山的"美赭"，就是《本草纲目》所说的"代赭"，一名须丸，俗称铁珠，也就是赤铁矿的碎块或细粒。章氏说："赤铁与赭每生一处，如木之同根，水之同源也。而赤铁亦易化为赭，如子育于母，青出于蓝也。……《管子》曰'山上有赭，其下有铁'，其理自合。"②

到战国时期，已被发现的铁矿、铜矿很多，被开发的铜矿、铁矿也有不少。据《山海经·中山经》和《管子·地数篇》说，当时"出铜之山四百六

---

① 见赵守正：《管子注译》（下册），广西人民出版社1987年版，第315页。
② 转引白杨宽：《战国史》，上海人民出版社1980年版，第30、31页。

十七”，“出铁之山三千六百九十”[①] 或“三千六百九山”。在《山海经·山经》中，载有明确地点的产铁之山共有以下37处：符禺之山（今陕西华阴县北），“其阳多铜，其阴多铁”；英山（今陕西华县北），“其阴多铁，其阳多赤金”；竹山（今陕西渭南县东南），“其阴多铁”；泰（秦）冒之山（今陕西延安），“其阳多金，其阴多铁”；龙首之山（今陕西西安北），“其阳多黄金，其阴多铁”；西皇之山，“其阳多金，其阴多铁”；鸟山，“其阴多铁，其阳多玉”；盂山，“其阴多铁，其阳多铜”（以上8处见于《西山经》）；虢（号）山，“其阳多玉，其阴多铁”；潘侯之山，“其阳多玉，其阴多铁”；柘山，“其阳有金玉，其阴有铁”；维龙之山，“其阳有金，其阴有铁”；白马之山（今山西盂县东北），“其阳多石玉，其阴多铁、多赤铜”；乾山，“其阴有铁而无水”（以上6处见于《北山经》）；涹山（今山西蒲县南），“其上多赤铜，其阴多铁”；泰威之山，“其中有谷曰枭谷，其中多铁”；密山（今河南新安县），“其阴多铁”；橐山（今河南陕县西），“其阴多铁”；夸父之山（今河南灵宝县东南），“其阴多铁”；少室之山（今河南登封县北），“其下多铁”；役山（今河南新郑县西），“上多白金、多铁”；大騩之山（今河南密县），“其阴多铁”；荆山（今湖北漳县西），“其阴多铁”；铜山，“其上多金、银、铁”；玉山，“其下多碧、铁”；岐山（今陕西岐山县），“其下多铁”；騩山，“其阳多美玉、赤金，其阴多铁”；虎尾之山，“其阳多赤金，其阴多铁”；又原之山，“其阴多铁”；帝囷之山（约今河南泌阳、南阳县之间），“其阴多铁”；兔床之山（约今河南嵩县、南阳县之间），“其阳多铁”；鲜山，“其阳多金，其阴多铁”；求山，“其阳多金，其阴多铁”；丙山，“多黄金、铜、铁”；风伯之山，“多铁”；洞庭之山（今洞庭湖旁），“其上多黄金，其下多银、铁”；暴山（洞庭之山东南一百八十里），“其上多黄金、玉，其下多文石、铁”（以上23处见于《中山经》）。

《山海经·山经》所列37处产铁之山，分布于今陕西省、山西省、河南省和湖北省，也就是在战国时代秦、魏、赵、韩、楚等国统治地区。又《史

① 刘昭注《郡国志》引此经作三千六百九，无十字。

记·货殖列传》载：“铜、铁则千里往往山出棊置”[①]；“巴蜀亦沃野，地饶卮、薑、丹沙、石、铜、铁、竹、木之器”[②]。很多矿床在地球上的分布是有规律的，以致形成了长达数百公里甚至数千里的成矿带，这在不少金属矿以及石油、天然气的分布上特别明显。因此，《史记·货殖列传》所谓“铜、铁则千里往往山出棊置”，是有事实根据和科学根据的。

春秋战国时期人们对矿山的开发，不但数量增多，规模较大，而且采矿技术已经达到很高的水平。1973年以来，考古工作者在湖北大冶铜绿山发现并发掘了春秋战国时期的采矿、矿冶遗址。这个遗址包括铜绿山、大岩阴山、小岩阴山、柯锡太村等处，遗址范围南北长约2公里，东西宽约1公里，已重点发掘了春秋战国两个时期的矿井各一处，春秋时期的炼炉八座。在螺蛳塘边上，出土了十余个饼状铜锭，并发现古矿井支架，出土木料上千方。在上述范围内堆积大量古代矿渣，约有40万吨左右，有的地方厚达数米。春秋矿井有竖井、斜井两种，井深约40米以上；在发掘的50平方米范围内，出现八个竖井和一个斜井。竖井井筒的支护结构完全采用“密集法搭口式接头”。其中最有特点的建筑是斜井，它采用“间接法榫口式接头”，用框形支架沿着矿层的倾斜角度，由浅入深，节节延伸，构成斜井井架。战国矿井有竖井、斜巷、平巷等种，矿井深50米以上。发掘面积120平方米，包括五个竖井、一条斜巷和十条平巷[③]。“通过发掘，证明春秋战国时期在探矿方面，不仅能用目力找矿，而且还能利用船形木斗等器具进行重力选矿，以测定富矿层而决定开采方向。”[④]

如有的学者所说，从湖北大冶铜绿山战国铜矿井遗址看来，当时人们已有效地采取了竖井、斜巷、平巷相结合的开采方式，创造了分层充填的上行采矿方法。深达50米的竖井，用作交通孔道，可把矿石和地下水提出地面，把井架支护木送到井下，用辘轳、大绳和木钩等工具提运。斜巷从矿层面斜穿到底

---

① 《正义》：“言出铜铁之山方千里，如围棊之置也。”

② 《集解》引徐广曰：“邛都出铜，临邛出铁。”

③ 铜绿山考古发掘队：《湖北铜绿山春秋战国古矿井遗址发掘简报》，《文物》1975年第2期。

④ 湖北省博物馆：《湖北省文物考古工作新收获》，载《文物考古工作三十年》，文物出版社1979年版，第301页。

部，主要是为了探测矿藏。平巷沿水平方向开拓，是为了开掘矿石。人们把竖井分成多层，从矿层底部由下而上地逐层开拓平巷，每层平巷装有辘轳，可以逐层把矿石提升出地面。矿工们在井下将采得的矿石进行初步分选，以贫矿、碎石和泥土充填废巷，借以保证提运出的大都是富矿，并减轻井下运输和提升的工作量。在通风方面，创造了利用井口高低不同所产生的气压差，形成自然风流；并采用关闭已废弃巷道的办法来控制风流，使之流向采掘的方向，保证风流能达最深的工作面。在排水方面，把水引向井下积水坑，再用辘轳吊挂水桶提升出地面。这一切，说明了战国时代开矿技术已是相当进步①。

铁矿或铜矿采掘业、冶铁或冶铜业、铁器或铜器制造业三者，是相互联系、相互促进的。冶铁业和铁器制造业依赖于铁矿石采掘业，没有铁矿的开采也就没有冶铁业和铁器制造业；而冶铁业和铁器制造业的发展，又推动着采掘铁矿的数量和规模的扩大。从战国时期各国各地区冶铁业和铁器制造业的普遍存在看来，当时的铁矿采掘业已相当发达。铁矿和冶铁、铁器制造在空间上的结合或接近，是铜铁工业布局的优越条件，在交通运输不发达的古代尤其如此。因此，古代铁工业首先是从那些产铁的地区随着铁矿的采掘而兴起和发展起来的。例如战国时期韩国的阳城（今河南省登封县东南告成镇）之所以成为冶铸铁器的重要手工业地点，就是因为它附近的少室山“其下多铁”②。后世居临邛（今四川省邛崃县）的卓氏和程郑所以成为经营冶铁业的巨富，也是由于“临邛出铁”。铁矿、铜矿等矿产资源的分布，不仅国与国之间不平衡，而且一个国家内部各地区之间也不可能完全平衡。因此，战国时期各国各地区之间互通有无的情况也当是存在的，由于铁矿、铜矿不易采掘或其资源有限，当时铜铁工业的经营管理者重视废器的回收利用。秦律中就有这样的规定：各县、都官在七月处理已经无法修理的官有器物，铜器和铁器要上缴回炉作为金属原料③。

---

① 杨宽：《战国史》，上海人民出版社1980年版，第31～32页。

② 见中国历史博物馆考古调查组等：《河南登封阳城遗址的调查与铸铁遗址的发掘》，《文物》1977年第12期。

③ 《金布律》“县、都官以七月粪公器不可缮者”条。见《睡虎地秦墓竹简》，文物出版社1978年版，第64～65页。

由于铁矿、铜矿的矿体埋藏深，开采的基本建设投资多，开采费用大，因此如前所说，当时只有官府和“豪民”才能经营。《秦律杂抄》“采山重殿”条所说的“采山”，主要就是指铁矿的开采；其中所谓“右采铁”、“左采铁”（秦主铁官）的重要职责之一，就是负责铁矿的开采；在这里，官府还对采矿产品的数量、质量及评审、验收办法作了规定。虽然当时各国官府和部分豪民既经营铁矿铜矿采掘业，又经营铜铁冶铸业，但采矿业乃是当时一个相对独立的工业部门。它有自己的大量采矿人员，铁矿采掘者并非就是铁器的冶铸者。当时有的官府和豪民所采掘的铁矿产品，除了用作各自经营的铁器冶铸工业的原料以外，还可能用于交换。前面说过，战国时期个体手工业者经营的小手工业中，有一种“以其械器易粟”的冶金工，当时农民所用的铁器主要是由这种个体手工业者制造的。个体小手工业者冶铸铁器的原材料（铁矿石）从何而来？显然不是也不可能是他们自己采掘而来，而是通过交换而来。在不产铁矿石的地区经营铁器冶铸业的豪民或地方政府，以及只经营冶铁业而不从事铁矿采掘的豪民，其所需铁矿石也可能是通过交换而来。

二、冶铁技术与铁器制造业

冶铁及铁器制造，是西周末期出现、战国时期得到普遍发展的一门新兴工业。这是生产的经济条件方面所发生的物质的、可以用自然科学的精确性指明的伟大变革，具有划时代的意义。它的兴起和推广应用，大大推动了当时整个农业和手工业的发展，引起了社会经济制度的普遍变革。

这里所说的“冶铁”，包括炼铁、炼钢和铸造、锻造等技术。自古以来，冶铁工业所冶炼的铁，主要是块炼铁（熟铁）、生铁和钢三种。最早的炼铁技术为“块炼法”或“低温固体还原法”，其产品即块炼铁（亦称熟铁或海绵铁），这种铁不够坚硬耐用，如恩格斯所指出：“最初的铁往往比青铜软”①。生铁又分为白口生铁、麻口生铁和灰口生铁三种。春秋战国之际，熟铁、生铁和钢三者都已出现，发明生铁冶铸技术的时间比欧洲要早1800多年。同时，至迟在战国初期，已创造了铸铁柔化处理技术，能把生铁铸件经过柔化处理变

① 恩格斯：《家庭、私有制和国家的起源》，《马克思恩格斯选集》第4卷，第159页。

为展性铸铁，这项技术的发明应用又比欧洲要早2300多年。这都是中国古代冶金史上的巨大成就。

虽然春秋战国之际冶铁技术已达到很高的水平，但迄今所发现的春秋时期铁器较少；虽然战国早期铁器的数量、器类和出土地点都有所增加，但冶铁技术的推广和铁器在社会生产和生活的各个领域中的普及，却是在战国中晚期。如有的学者所说："在出土的全部铁器中，战国中晚期的铁器占了绝大部分。""从其器类看，有生产工具、武器装备和生活用器等，其中以生产工具为大宗。农业生产工具有犁铧、镢、铲、锸、镰、锄、耙和掐刀，手工业工具有斧、斤、锛、凿、刀、削、锉、锤、锥、钻、针，武器和装备有剑、戟、矛、镞、匕首、甲胄，生活和日用器具有鼎、盘、炭盆、杯、环、杖和带钩，此外，还有用作棺钉和刑具的，等等。"[①]《管子·轻重乙篇》载："一农之事必有一耜、一铫、一镰、一鎒、一椎、一铚，然后成为农。一车必有一斤、一锯、一釭、一钻、一凿、一銶、一轲，然后成为车。一女必有一刀、一锥、一针、一铢，然后成为女。"这里所述，大体符合战国中晚期历史实际。战国中晚期，冶铁技术也有显著发展，进一步提高了金属铁的性能。

战国铁器的出土，已遍及燕、齐、秦、楚和三晋地区，并见于北方的东胡、匈奴和南方的百越。北起辽宁，南到广东，东自山东，西到四川、陕西，都有战国铁器出土。

燕国的铁器制造业发达，冶铁技术也较为先进。今河北省兴隆县和易县燕下都，都有它的冶铁手工业作坊。兴隆大副将沟燕国冶铁遗址出土了一批铁制铸范，计有四十二副八十七件，其中包括六角梯形锄范、双镰范、镢范、斧范、双凿范、车具范等[②]，铁范上多铸有"右廩"二字。范有内、外之分，有的是单合范，有的是复合范，多数是复合范，构造复杂，制作精美。通过对铁范所进行的金属学和化学分析，测知为高温液体还原法制造[③]，其本身就是很好的白口铁铸件。有些铸范还设有防止变形的加强结构和金属芯，其设计和铸

① 雷从云：《三十年来春秋战国铁器发现述略》，《中国历史博物馆馆刊》1980年第2期。

② 郑绍宗：《热河兴隆发现的战国生产工具铸范》，《考古通讯》1956年第1期。

③ 华觉明、杨振、刘恩珠：《战国两汉铁器的金相学考察初步报告》，《考古学报》1960年第1期。

造工艺都达到了较高的水平。

易县燕下都44号丛葬墓中，共出铁器79件，其中包括铁胄1件，剑15件，矛19件，戟12件，镈11件，刀1件，匕首4件，锄1件，镬4件，带钩3件，以及几件零星器物。此外，还出有铁铤铜镞等铜铁合制器20件。墓中所出铜兵器，有一戈、一剑和弩机等物①。通过对9件有代表性铁器所作的金相检验，证明其中6件为纯铁或钢制品，3件为经柔化处理的生铁制品。这表明，战国晚期，已能将运用块炼法所得的海绵铁增碳制造高碳钢，并掌握了淬火的技术②。

燕下都44号墓出土的兵器中，铁兵器占了很大的比例，铜兵器较少，可见当时燕国的军队装备是以铁制武器为主。这批钢铁制造的兵器，尺寸多较长大，有较强的杀伤力。如剑的长度，有超过一米的。一种"卜"字形铁戟，形制进步，不仔细了解会误为是汉代的东西。过去燕下都曾出过形制相同的青铜戟，有战国古文铭文，可证明当时确有这种形制流行③。这座墓中出土的铁胄，系用89片铁甲片联缀成。甲片的编法是上层压下层，前片压后片，全高26厘米。类似的甲兵，在燕下都屡有出土。铁胄的出现，表明这时已有相当良好的铁制防护装备④。

燕下都第22号遗址也出土了一批铁器。该遗址为制造骨器的作坊，1964年在其东侧发掘，出铁器64件，包括制骨器用的工具和一些农具，计有铁刀12件、刮刀2件、宽刃凿1件、镬6件、锤1件、锥17件、斧7件、五齿耙1件、镰2件、铲1件、带钩2件、箭镞1件，此外还有几件零星器物。其中五齿耙还是较为进步的一种农具⑤。

今辽宁省为战国时期燕国右平郡、辽西郡和辽东郡辖境。辽宁地区的战国遗址也普遍出有铁器。抚顺莲花堡、鞍山羊草庄、宽甸双山子和敖汉老虎山，

---

① 河北省文物管理处：《河北易县燕下都44号墓发掘报告》，《考古》1975年第4期。

② 北京钢铁学院压力加工专业：《易县燕下都44号墓葬铁器金相学初步考察报告》，《考古》1975年第4期。

③ 李学勤：《东周与秦代文明》（增订本），文物出版社1991年版，第267页。

④ 杨泓：《中国古代的甲胄》四，载《中国古兵器论丛》，文物出版社，1980年版。

⑤ 河北省文化局文物工作队：《燕下都第22号遗址发掘报告》，《考古》1965年第11期。

都有䦆、锸、锄、铲、掐刀等成批铁器出土[①]。“这些工具，据今天分析当为高温液体还原法铸造。种类、形制、冶炼技术都同中原地区一致。”战国中晚期，“燕国冶铁技术在各国中较为先进，差不多同一时期，辽宁地区也已达到与中原相接近的水平”[②]。抚顺莲花堡虽是一处很小的战国晚期至西汉初遗址，但也出铁器八十余件，而且以农具为主，其形制又多与河北所出燕器相同。“如果不是冶铁手工业广泛发展，铁器已经普遍应用的话，很难想像在莲花堡这样一处不大的遗址中，会出现如此多样的农具。”[③]

韩国的国都新郑及阳城等地，亦有冶铁手工业作坊。新郑韩故城内铸铁作坊遗址的试掘，发现了有通风设施的炼炉的遗迹和许多铸铁器的陶范，以及大量的铁铸农具[④]。这类铁农具（锸、铲、䦆）也曾出土于辉县和郑州二里岗的战国墓中。在韩国的阳城（今河南登封告成镇）铸铁遗址，也发现了战国时代的熔铁炉底、炉壁、炉衬的残块，陶制和泥制鼓风管的残片及木炭屑，以及锄、䦆、斧、铲、镰、削、刀、箭杆、矛、带钩等陶范。当时阳城之所以成为重要的冶铁手工业地点，与附近少室山“其下多铁”（见《山海经》）有关[⑤]。“仅1953~1954年，在郑州二里岗七万平方米的范围内探出墓葬五百余座，百分之九十是战国墓。1954年又发掘二百一十二座，其中……许多墓内埋有铁农具，甚至一座墓中就遗留铁农具十余件，证明韩国境内铁铸农具的使用比较广泛。这和新郑韩故城、阳城等地的铸铁遗址具有较高的生产能力有着密切关系。”[⑥] 韩国的冶铁手工业地点较多。其著名的锋利剑戟，即出产于冥山（今河南省信阳县东南）、棠谿（今河南省舞阳县西南）、墨阳、合膊（今河南省西平县西）、邓师（今河南省孟县东南）、宛冯（即宛，一度为韩占有）、龙渊

① 王增新：《辽宁抚顺市莲花堡遗址发掘简报》，《考古》1964年第6期；敖汉旗文化馆：《敖汉族老虎山遗址出土秦代铁权和战国铁器》，《考古》1977年第5期。

② 辽宁省博物馆文物工作队：《概述辽宁省考古新收获》，载《文物考古工作三十年》，文物出版社1979年版，第92页。

③ 王增新：《辽宁抚顺市莲花堡遗址发掘简报》，《考古》1964年第6期。

④ 刘东亚：《河南新郑仓城发现战国铸铁器范》，《考古》1962年第3期。

⑤ 中国历史博物馆考古调查组：《河南登封阳城遗址的调查与铸铁遗址的发掘》，《文物》1977年第12期。

⑥ 河南省博物馆：《河南省文物考古工作三十年》，载《文物考古工作三十年》，文物出版社1979年版，第280~281页。

(西平县西)、太阿等地。《战国策·韩策一》载苏秦在韩宣王面前盛赞韩国钢铁产地之多与兵器之精良和犀利说：

> 韩卒之剑戟，皆出于冥山、棠谿、墨阳、合膊、邓师、宛冯、龙渊、太阿，皆陆断马牛，水击鹄鴈，当敌即斩坚。甲、盾、鞮、鍪、铁幕、革抉、𠻘芮，无不毕具。

由此也可看出，当时韩国冶铁技术和铁器制造业的发达。

赵国的国都邯郸（今河北省邯郸市），是该国重要的冶铁手工业地点之一。如前所述，邯郸人郭纵，就是“以铁冶成业，与王者埒富”的；“蜀卓氏之先，赵人也”，也是“用铁冶富”的。邯郸市第24号墓出土了属于战国早期的小铁锄。又石家庄市市庄村赵国遗址中，出土了一批铁、石、骨、蚌生产工具，其中铁农具占65%①。在河北磁县下潘汪，还发现了一件属于赵国的铁镬范②。

河南辉县固围村魏国墓地也出土了大量的铁制农具、手工具。“铁器出土分二处，一处在棺椁外大墓室中，共四十四件，大都是农具，应为造墓时所遗留。一处在南墓道上住穴中，共斧凿刀削等二十件，箭镞等七十九件，大都是工具及兵器类，似为守吏用具。”“冶炼技术，已有相当程度的进步。”③

在齐国，其国都临淄（今山东临淄北）即有多处大规模的冶铁手工业作坊，已在临淄故城发现了冶铁作坊6处，其中最大一处面积约40多万平方米。《管子》一书中的有关记述表明，战国时期齐国的冶铁工业同样有显著的发展，铁器的使用也比较普遍。根据《战国策》《韩非子》等文献记载，当时齐国及三晋的铁制武器已相当可观。

战国时期楚国最著名的冶铁手工业地点是宛（今河南省南阳市）。《荀子·议兵篇》云：“楚人鲛革犀兕以为甲，鞈（坚）如金石。宛钜铁釶，惨如蜂虿。”《商君书·弱民篇》也说：“楚国之民，齐疾而均，速若飘风，宛钜铁釶，利若蜂虿。”《说文》：“钜，大刚也。”即今所谓钢铁。釶与铊（音蛇）

---

① 河北省文物管理委员会：《河北省石家庄市市庄村战国遗址的发掘》，《考古学报》1957年第1期。

② 河北省文物管理处：《磁县下潘汪遗址发掘报告》，《考古学报》1975年第1期。

③ 中国科学院考古研究所：《辉县发掘报告》，科学出版社，1956年版。

同，《说文》：“铊，短矛也。”《广雅·释虫》：“蚃（音揣），蝎也。”意思是说，宛地以钢铁制成出枪矛，其锋利好像蜜蜂、蝎子的针。由此可见当时楚国冶铁技术与钢铁兵器的先进。这一点，连当时最强大的秦国国君秦昭王也说：“吾闻楚之铁剑利……夫铁剑利则士勇……吾恐楚之图秦也。”[①] 考古发掘资料表明，楚国境内其他地区的冶铁技术和铁器铸造工业也比较发达。如楚郢都——湖北江陵纪南城遗址出土的春秋晚期至战国时期的遗物中，“铜器数量不多，铁器则较为常见”；“铁器有耜、臿、斧、凿、镰刀、削刀等”[②]。又如：“约有二百余座长沙战国楚墓中都出铁器。出土于白膏泥的两件铁口锄，铁质几乎没有氧化生锈。经金相学考查，它的组织特点是以珠光体和铁素体为基体的展性铁，说明战国时楚国的铸铁技术水平已相当高。”[③]

前面说过，云梦秦律提到“右采铁”、“左采铁”官名。司马迁的先人司马昌就曾做过秦的“主铁官”[④]。经考定，传世的《墨子》书中《备城门》以下各篇是战国晚期秦国的作品[⑤]。“今《墨子》这几篇里说铁者不少，如铁鍱或铁什，齐铁矢，铁鐕，铁纂，撒铁以害敌人（均《备城门》），铁服说或铁鈇，铁钩钜（均《备穴》），铁鑵（《旗帜》），又征发各边乡铜铁（《杂守》），铁之为用极溥，可以想见”[⑥]，“这正反映出铁器在秦国有相当普遍的应用。”[⑦] 实际上，在咸阳、西安、临潼、朝邑、蓝田、凤翔、宝鸡等地，也都曾发现战国铁器。特别是朝邑北寨子第204号墓出土的一件弦纹铁鼎，高23.6厘米[⑧]，“反映出的工艺，较之楚鼎并无逊色”[⑨]。

综上所述，可见战国中晚期，冶铁业飞速发展，铁器出土的地点遍及七国

---

① 《史记·范雎蔡泽列传》。

② 湖北省博物馆：《湖北省文物考古工作新收获》，载《文物考古工作三十年》，文物出版社1979年版，第300页。

③ 湖南省博物馆：《三十年来湖南文物考古工作》，载《文物考古工作三十年》，文物出版社1979年版，第313页。

④ 《史记·太史公自序》。

⑤ 李学勤《秦简与〈墨子〉城守各篇》，载《云梦秦简研究》，中华书局1981年版。

⑥ 岑仲勉：《墨子城守各篇简注》，中华书局1958年版。

⑦ 李学勤：《东周与秦代文明》，文物出版社1991年版，第269页。

⑧ 陕西省文管会、大荔县文化馆：《朝邑战国墓葬发掘简报》，《文物资料丛刊》第2期。

⑨ 李学勤：《东周与秦代文明》，第269页。

地区，铁器数量骤增，器类也多，而同一类型铁器又有不同的形式，冶炼、铸造技术亦达到了相当高的水平。在农业、手工业部门中，铁器已基本上代替了木、石、骨、蚌器和青铜器而取得支配地位。随着块炼渗碳钢及其淬火技术的掌握，并直接应用于制造武器及防护装备的生产，当时各诸侯国已开始大量使用先进的铁兵器。

“科学的发生和发展一开始就是由生产决定的。”① 技术也是如此。春秋晚期至战国初期，冶铁技术之迅速发展和提高，块炼铁已提高到块炼渗碳钢，白口生铁已发展为展性铸铁，以及战国中晚期冶铁技术的推广应用和进一步发展，都是或主要是由生产决定的。

关于中国历史上出现块炼铁和生铁的时间问题，有这样两种不同的意见：一种意见认为，“根据早期铁器的金相检验，中国块炼铁和生铁可能是同时产生的”；另一种意见则认为，“除非制造铸铁的技术来自外国，否则铸铁的出现必然预示在其以前有相当长的冶铁的发展史”。“同时产生”说，自然值得研究。不过，在中国历史上，从块炼铁发展到生铁所经历的时间相对较短，当是可以肯定的。这主要是因为，中国是在经历了漫长的青铜时代，青铜冶铸技术高度发展之后，发明炼铁技术的。如有的学者所说：“我国之所以能够很早发明生铁冶铸技术，是由于当时冶炼工匠继承和发展了青铜冶铸技术，并运用长期积累的丰富经验，在炼铁炉及冶炼技术上很早取得了重大进步。……春秋后期的炼铁炉及冶炼技术之所以能够取得重大发展，能够很早发明生铁技术，毫无疑问，是由于继承和发展了青铜冶铸技术，并运用了长期积累的丰富经验。我国很早创造了坩埚炼铁法，该就是从坩埚熔铜法发展而来。我国又很早发明了高炉炼铁法，该又是从冶炼青铜的竖炉进一步发展而来。”②

马克思说过：“关于仅仅由自然过程占据的生产时间可以人为地缩短问题，铁的生产史……提供了最好的例子。”③ “人为地缩短”铁的生产时间的条件，就是新的、先进的炼铁法、炼铁技术的发明和采用”④；而“由自然过程

① 恩格斯：《自然辩证法》，《马克思恩格斯全集》第20卷，第523页。

② 杨宽：《中国古代冶铁技术发展史》，上海人民出版社1982年版，第287～288页。

③ 《资本论》第2卷，《马克思恩格斯全集》第24卷，第267页。

④ 马克思：《雇佣劳动与资本》，《马克思恩格斯选集》第1卷，第362页。

占据的生产时间”的缩短，自然也就会大大提高铁的生产率。可是，如前所述，春秋晚期至春秋战国之际，虽然冶铁技术大大提高，块炼铁已提高到块炼渗碳钢、白口生铁已发展为展性铸铁，但是，迄今为止，这一时期的铁器，考古发现很少，而且已出土的春秋晚期铁器都是南方楚、吴两国的产品；直到战国中期以后，冶铁业才得到迅速发展，铁器的使用才遍及七国地区。其原因究竟何在？这是值得研究的问题。

历史唯物主义告诉我们：“人们在生产中不仅仅同自然界发生关系。他们如果不以一定方式结合起来共同活动和相互交换其活动，便不能进行生产。为了进行生产，人们便发生一定的联系和关系；只有在这些社会联系和社会关系的范围内，才会有他们对自然界的关系，才会有生产。”[①] 这就是说，社会生产是由两个方面组成，这两个方面虽然是不可分割地联系着，但却反映着两种不同的关系，即人们对自然的关系（生产力）和在生产过程中的相互关系（生产关系）。科学技术也是生产力，其发展同样要受到一定的生产关系的制约。新的先进的生产关系，促进科学技术的发展；而陈旧、落后的生产关系，则阻碍科学技术的发展。上述春秋战国时期铁的生产发展史，同样表明了这一点。

毫无疑问，战国中晚期冶铁业的快速发展和铁器的普遍使用，与春秋战国之际三家分晋和田氏取齐、战国前期的变法改革和社会阶级关系的变动，以及当时整个社会经济特别是商品货币经济的发展，是分不开的。随着当时社会变革而普遍确立的小农经济、个体生产，需要大量的铁制农具。当时各种官营手工业的发展，以及大量私营小手工业和大手工业的出现与发展，又需要大量的铁制工具。这样的需求，刺激和推动着铁器铸造业在当时各国的发展。商品经济也是引起当时冶铁和铁器铸造业发展的重要因素。由于当时社会分工和商品经济的显著发展，铁器成为广大农民和手工业者普遍需求的一种商品，于是除了各国官营冶铸手工业以外，又有不少个体小手工业者及“豪民”经营冶铁业以牟利；前面说过，当时民间使用的铁制农具和手工业工具主要是他们的产品，有些“豪民”甚至“以铁冶成业”、成为著名的巨富。这是战国中晚期冶

① 马克思：《雇佣劳动与资本》，《马克思恩格斯选集》第1卷，第362页。

铁业飞速发展、铁器数量骤增的重要原因之一。此外，如马克思所指出："一般说来，军队在经济的发展中起着重要的作用。"① 战国时期的军队及其频繁进行的大规模战争的需要，是促使当时冶铁技术进一步提高和铁器制造业迅速发展的另一重要因素。当时的块炼渗碳钢及其淬火技术之直接应用于制造武器及防护装备的生产，以及各国大量使用铁兵器、铁兵器在出土铁器中占有不小的比例，都表明了这一点。

三、青铜器铸造业

青铜器是中国古代文明的重要标志之一，青铜冶铸技术在奴隶制时代得到充分发展、高度发展，到春秋战国之际已有悠久的历史。战国时期，虽然随着冶铁技术的发展和铁器应用的普及，中国的青铜时代终于逐步为早期铁器时代所取代，但青铜器的铸造及工艺技术仍有很大的发展和成就。

成书于战国早期的《考工记》，是专门记述手工业各个工种的设计规范和制造工艺的文献，它概括总结了长期以来各种手工业生产实践过程中积累的经验，其中当也包括了战国早期手工业生产技术上的成就。战国时代赵国青铜兵器铭文中常有"某某执齐"的记录，所谓"执齐"，就是掌握铜、锡配合的比例。《考工记》分别记述了铸造"钟鼎"、"斧斤"、"戈戟"、"次刃"、"削、杀矢"以及"鉴燧"所需铜和锡的不同比例。《考工记》所述各类青铜器的铜锡合金的比例，"是很合乎合金的学理的"。"大凡青铜中锡的成分占百分之一七到二〇的最为坚韧，超过这个分量就要逐渐减弱。《考工记》规定'斧斤之齐'含锡百分之一六点六七，'戈戟之齐'含锡百分之二〇，因为斧、斤、戈、戟等工具和武器都是需要坚韧的。大凡青铜器中锡的成分占百分之三〇到四〇的，硬度最高，超过这个分量就要减低。"《考工记》规定'大刃之齐'含锡百分之二五，'削、杀矢之齐'含锡百分之二八点五七，因为这类武器都是需要硬度较高的。大凡青铜中锡的分量增多，光泽就会从赤铜色转变为赤黄色，再转变为橙黄色，更转变为淡黄色，含锡量占百分之三〇到四〇，就呈灰白色。《考工记》规定'钟鼎之齐'含锡百分之一四点二九，一方面为了能敲

---

① 《马克思致恩格斯》(1857年9月25日)，《马克思恩格斯选集》第4卷，第335页。

出美妙的声音，一方面为了使它能呈现橙黄色，比较美观。《考工记》规定‘鉴燧之齐，含锡百分之五〇，因为反光的铜镜不需要坚硬，而需要白色光泽。”①

《吕氏春秋·别类篇》说：“金（铜）柔锡柔，合两柔则为刚，燔之则为淖。”又说：“白所以为坚也，黄所以为牣（韧）也，黄白杂则坚且牣，良剑也。”这同样表明，当时人们已认识到铜、锡合金必然使硬度显著增加的科学道理，掌握了铸造和识别“良剑”等青铜器精品的技术与方法。又《荀子·强国篇》说：铸造青铜器，首先要“刑（型）范正，金锡美，工冶巧，火齐得”。可见当时对于铸范的制作、铜锡原料的选择、冶铸的技巧、火候的调节，也都非常讲究。

春秋时期到战国时期，青铜器上普遍采用“金银错”工艺，即在铜器表面镶嵌金银丝，构成文字或图案。战国中晚期，这种工艺高度发展，金银错施用的范围空前扩大，“不只是在兵器、礼器和用器上，而车器、符节、玺印、铜镜、带钩和漆器铜口、铜耳等，也多有精细的金、银错纹饰”②。战国时期金银错工艺技巧的精湛，可从河南洛阳中州路战国车马坑出土的金银错车马饰和兵器构件上看到一斑。此坑位于洛阳东城址中部，坑内埋一车、四马、一犬，另有错银铜轴头、错银铜环形饰、错银铜箍、错银铜泡、鎏金（银）马络饰；兵器中弩机臂后端套有铜盖，有嵌银卷云纹。此外，还有错银铜钩、造型生动的错银承弓器。这些错金饰物是一辆髹漆华丽的田猎车的构件，以及其骖马的铜饰。又辉县琉璃阁战国车马坑中埋有十九辆车，固围村一号战国墓出土的铜軏饰、盖弓冒、衡木饰、棺饰，都是用细如毫发的金银丝和不同颜色的金属对比衬托，构成和器形相适应的图案花纹。这些都反映了当时金银错工艺的新水平③。

除金银错工艺外，鎏金、包金、镶嵌、针刻等工艺也有较大的发展。春秋晚期创造的针刻红铜工艺技术，战国时期比较流行。这种工艺，先是采用槌打

① 杨宽：《战国史》，上海人民出版社 1982 年版，第 68 页。

② 史树青：《我国古代的金银错工艺》，《文物》1973 年第 6 期。

③ 洛阳博物馆：《洛阳中州路战国车马坑》，《考古》1974 年第 3 期；河南省博物馆：《河南文物考古工作三十年》，载《文物考古工作三十年》，文物出版社 1979 年版，第 281 页。

法，使红铜（质地多为延展性红铜）成形为薄胎铜器，然后用针或刀刻纹作为装饰。此类槌制铜器多为水器，上面的刻纹多为宫殿建筑、宴乐歌舞的图像，也有神话性质的人物或鸟兽①。战国初期还流行镶嵌红铜工艺，即用红铜薄片镶嵌在铜器表面上，以构成各种图案。“这时铜器上金银错和刻镂画像工艺的产生和进步，是和冶铁炼钢技术的进步分不开的。制造金银错铜器，大多数是在作范时，先在母范上预刻凹槽，待器铸成后再在凹槽内镶嵌金银。少数精细的金银错纹饰和铭文，金银丝细如毫发，则是铸成器形后，用钢刀刻成凹线，再嵌入金银丝的。至于细如发丝的刻镂画像，当然是用钢刀刻镂成的。”②

战国时代的青铜器，器类、器形和花纹，同样繁多。其中包括礼器、乐器、日常用器、车器、兵器以及工具等等几大类，每类青铜器中又有很多不同用途、不同形式的品种。战国晚期，日用铜器增多。就生活中的青铜用具而言，最能反映当时工艺水平的是铜镜和带钩。带钩既是服具又有装饰意义，因此贵族们所用的带钩十分讲究，其制作有鎏金错银、镶珠嵌玉等金属细工，其中有些是非常珍贵的艺术品。中国铜镜，起源甚早，沿用最久，它既是生活用品，又是艺术品。战国时期制镜工艺以楚国最为发达。

战国楚墓出土铜镜较多。“已发现的战国时期铜镜，主要属于楚国。出镜最多的两个区域，一为湖南境内长沙以及常德、益阳、衡阳、湘乡、郴县等地，一为安徽寿县淮河流域，当时均系楚地。长沙一带和淮河流域的铜镜非常类似。”③ 新中国成立以来的发掘品，以长沙最为丰富。“长沙楚墓中出的数百件铜镜，质地轻薄，花纹繁缛。”④ 四川省内的战国墓，出铜镜的较为多见，其风格与楚境铜镜相类，有一种意见认为是由楚地输入的⑤。北方地区的战国墓，出土铜镜很少。有突出工艺特点的战国铜镜，主要有这样几种：一种是复合镜，即用两种不同成分的铜合金合成的铜镜；另一种是彩绘镜，即在镜背施

---

① 李学勤：《东周与秦代文明》，文物出版社 1991 年版，第 229 页。

② 杨宽：《战国史》，上海人民出版社 1982 年版，第 70 页。

③ 李学勤：《东周与秦代文明》，文物出版社 1991 年版，第 248 页。

④ 湖南省博物馆：《三十年来湖南文物考古工作》，载《文物考古工作三十年》，文物出版社 1979 年版，第 313 页。

⑤ 四川省博物馆、重庆市博物馆：《四川省出土铜镜》，文物出版社，1960 年版。

以多种或单种色彩的笔绘；还有一种是嵌玉、嵌琉璃的镜[①]。

考古发掘资料表明，战国时代青铜冶铸业的规模仍是相当庞大的，青铜器物种类繁多，数量很大，使用较为普遍。此外还有大量流通的铜质货币。可见战国时代铜矿的开采、冶铜和铜器铸造工业，还是比较发达的。

第三节 其他手工业

一、建筑业

中国古代建筑是世界上最古老的建筑体系之一，有7000年以上有实物可考的历史。在3000年前的西周时期，已初步形成了以木构架为主要结构、以封闭的院落为基本的群体布置方式的独特风格。它的发展从未中断，始终沿用木构架，这是古代建筑的一个重要特点。

春秋战国间的房屋的建筑，已有“葺屋（草屋）”和“瓦屋”之分[②]。《史记·平原君列传》说：“平原君家楼临民家。民家有躄者，槃散行汲。平原君美人居楼上，临见，大笑之。”古人在土台上造屋，称之为“楼”。而“平原君美人居楼上”的“楼”，则如今日之楼[③]。两层楼房的出现，是当时建筑技术进步的标志之一。当时富贵人家的房屋，一般用石基石础、木柱木架，上盖瓦顶。据考察，“战国铜钫（故宫博物院藏）上的建筑图案，屋下有高基，上为木结构，屋分两间，有立柱三根。每间各有一门，门扉双扇。柱顶有斗拱承枋，枋上更有斗作平坐。上层楼没有柱的表现，只有两门。上层楼的平坐似有栏杆，平坐两端作向下斜垂线，用来代表屋檐，说明当时平坐直压在腰檐上。战国宴射椭杯（上海博物馆藏）上的建筑图案，是架空的阁，阁基有三个支柱，两旁有阶梯五级，阁的两边有立柱，柱顶有斗拱承枋，阁顶有檐伸出很长”[④]。

---

① 李学勤：《东周与秦代文明》，文物出版社1991年版，第253页。

② 见《考工记·匠人》。

③ 金鹗《求古录礼说》卷三《楼考》，认为“今之楼则始于汉”，引汉武帝时公玉带所上《黄帝明堂图》为证。吕思勉《先秦史》据《史记·平原君列传》以为始于战国，其说可从。

④ 杨宽：《战国史》，上海人民出版社1982年版，第72页。

最能代表当时建筑水平的是城市、宫庭建筑。战国时期出现了更多的城邑、宫室。战国都城主要由郭城（大城）和宫城（小城）两大部分组成。郭城只有一个，其内为封闭的官署、居民区、手工业作坊和集中的市；宫城往往不止一个，建有大量的台榭。主要宫殿皆设于制高点。郭城内的闾里和市都有围墙密封。

战国时期邯郸故城和易县燕下都是赵、燕政治、经济和文化的中心。中华人民共和国成立初期，考古工作者对邯郸故城的布局、营建情况进行了考察。1958 年钻探了邯郸故城的北廓城，测知其南北长 1550 米，东西宽 1275 ~ 1508 米。联系以前的发现（王城长 1475 米、宽 1387 米，东廓城长 1400 米、宽 850 米），可知赵邯郸故城平面呈“凸”形。王城内以龙台、南将台、北将台等大型宫殿建筑基址为中心分布着十几个土台和夯土基址。此外还探查了门阙、古道路和部分遗址稠密区。在故城以北，发现了以王郎城为中心的南北城垣，长约 1600 米。在王郎城北又发现了以插箭岭为中心的小城垣。它们和邯郸故城的关系虽尚未弄清，但可以看出赵邯郸故城是一座规模宏伟、布局复杂的都城①。

河北易县燕下都遗址位于燕国南方通向赵、齐等国的要冲地带，创建于公元前 4 世纪。整个城址平面呈不规则的长方形，东西长 8300 米，南北宽 4000 米，一条古河道（运粮河）从中部纵贯南北，把故城分为东城和西城两部分。东城是内城，城内分宫殿区、居民区、手工业作坊区和陵墓区等几部分。宫殿建筑以武阳台为中心，东南和西南有两个对峙的建筑群。在武阳台北、外城北垣外是老姆台，老姆台和武阳台之间也分布着许多大小不同的建筑基址。从易县燕下都故城宫殿建筑的遗址看来，建筑时先挖坑，再填土打夯，然后挖出间次，留出墙壁，挖好柱窝。房屋的结构，是面阔三间，进深两间。其梁架用木材。房顶先铺芦苇，再涂草泥土，在草泥上又涂厚一厘米的“三合土”，然后盖瓦②。

---

① 河北省文物管理处：《河北省三十年来的考古工作》，载《文物考古工作三十年》，文物出版社 1979 年版，第 41 页。

② 中国历史博物馆考古组：《燕下都城址调查报告》，《考古》1962 年第 1 期；河北省文化局文物工作队：《河北易县燕下都故城勘查和试掘》，《考古学报》1965 年第 1 期。

春秋战国时期的楚郢都——湖北江陵纪南城遗址，平面近正方形，东西长4.5公里，南北宽3.5公里。已发现城门五座，水门二座，城垣外围有护城河。纪南城内夯土台基相当多，东南部和东北部比较密集。已在城内东南部的30号台发现春秋晚期至战国时期的早晚两期大型房基。夯土台基东西长80米、南北宽54米。第二期房屋叠压在第一期房屋之上。第二期（晚期）房屋：台基中部保存了房屋的墙基；墙基范围平面呈长方形，东西长63米、南北宽14米，中间有道隔墙将其分成东西两部分。在南墙外、北墙外各有一排磉墩，磉墩外侧有排水管道、散水和水沟。这座房屋建筑规模相当宏大，具有宫殿建筑的规模。纪南城内已发现的东周水井达400座以上。这批水井，部分供生活用，部分供手工业用，主要是制陶用的①。

秦咸阳宫第一号遗址位于宫殿区的中部，从遗址的地面、墙面留有多次维修、改建的痕迹以及局部垫有焚毁的瓦砾、红烧土来看，使用的时间相当长久，它不是统一全国后增建的“六国宫殿”，而可能是战国时期咸阳宫的某殿遗存②。这座宫殿遗址，系多层“高台建筑”，现存台面东西长31.1米，南北宽5.8~13.3米，地基深5米。宫殿四周设有回廊，宫殿之间有复道相连结。主体殿堂有过厅和许多“室”，壁墙之中有暗柱加固，台基下有回廊及排水设施。据推测，宫室之内设有大柱，用来承托屋盖的大梁。所用的建筑材料：基础是坚硬的石块；支撑是木柱木架；用砖有各种型号饰纹青灰色硬砖（铺地用）和各种纹饰的“空心砖”（踏步用）；用瓦有青灰色的板瓦、铜瓦和瓦当。此外还用了一些金属器件。在建筑工艺上，已有脊饰、斗拱等等③。

在河北燕下都、河南登封和新郑、陕西栎阳和咸阳、湖北江陵纪南城等战国时期的城址内，都发现了由陶水管套接的下水管道。在秦都咸阳还发现了一套较为完整的陶制排水设备。其结构是：地面上有接水池，池似圆锅形，体积大，用于承接落水；池底心有漏斗，漏斗下接圆形直角弯头与水管道相衔接，

---

① 湖北省博物馆：《湖北省文物考古工作新收获》，载《文物考古工作三十年》，文物出版社1979年版，第300页。

② 杨鸿勋：《秦咸阳宫第一号遗址复原问题的初步探讨》，《文物》1976年第11期。

③ 秦都咸阳考古工作站：《秦都咸阳第一号宫殿建筑遗址简报》，《文物》1976年第11期；陶复：《秦咸阳宫第一号遗址复原问题的初步探讨》，《文物》1976年第11期。

把水送向远方。由各种形式的陶水管装成的水管道，有的用于输水，以提供城市居民的饮水和用水；有的用于排水，把污水废水及时排除出去，以确保城市的卫生。各地城市遗址中大量陶水管和水管道的发现，充分地证明战国时期人们在城市建设中已注意到城市的用水和排水等问题，并用埋设水管道的办法妥善地加以解决①。

战国时期还创制了断面作“几”字形的花砖和长方形凹槽砖。新郑阁老坟发现的战国地下室，其壁面就铺饰凹槽砖。砌法是，先在土墙上涂一层草拌泥，然后贴凹槽砖。由于凹槽口小底大，所以粘结牢固。砖与砖错缝排列，砖面花纹引人注目，使地下室整洁华丽。由此可知，我国建筑中的壁面砖装饰，早在战国时期就已出现②。

战国时成书的《考工记》，对不同等级之城的大小、高度、宫室、宗祀、市朝的位置和居民区的规模都有规定。《考工记·匠人》所述都城的大体设计是：“匠人营国，方九里，旁三门。国中九经九纬，经涂九轨，左祖右社，面朝后市，市、朝一夫。”所谓“国中”，就是“郭中”。后来的经学家把这段文字理解为宫城位于郭城中央的一种布局。从已发现的两周都城遗址看，只有山东曲阜的鲁城遗址才大体有这种格局，其他已知的东周列国都城的宫城皆偏于郭城的一隅或一侧；不过，“朝”、“市”、“祖”、“社”和每个城门连通三条并列街道等基本规划，大体如《考工记》所说。这是对已形成的都城规划所作的一种标准式设计思想的阐述。这种棋盘格式的街道布局和“左祖右社”的细部设计，对以后历代都城规划的影响很大③。

战国时期，包括都城、国王陵园等在内的大规模的建筑，已有简单的平面设计图。河北省平山县中山王墓（一号墓）出土的一幅金银嵌错铜版“兆域图”，就是公元前3世纪初叶为中山王、后陵墓群所作的建筑设计的总体规划。“兆域图”上注明了建筑尺度以及王后、夫人的棺椁、题凑制度，标明了四周宫垣和内部五个享堂的位置、阔狭大小以及彼此间的距离，并记王命铭文四十

① 中国硅酸盐学会主编：《中国陶瓷史》，文物出版社1987年版，第105～106页。

② 中国硅酸盐学会主编：《中国陶瓷史》，文物出版社1987年版，第104页。

③ 俞伟超：《中国古代都城规划的发展阶段性》，《文物》1985年第2期。

三字[①]。兆域图“原图系采用五百分之一的比例尺绘制的”，“这反映了战国时期建筑工程技术的高度水平”。“中山王、后陵墓群及兆域图所表示的陵园规划和享堂形制，与已知大约与此同时的河南辉县固围村战国陵墓群基本相同。似乎可以说明，制作兆域图一事不仅是列国通行的一种制度，而且其规划设计已基本定型”[②]。

二、陶瓷业

战国时期的陶瓷手工业，也比前代有很大的发展[③]。随着当时城邑规模的扩大和商品经济的发展，陶瓷的生产更加集中、更加专业化。河南洛阳周王城西北部是一个面积较大的窑场，现已发现很多座战国时期的陶窑[④]。河北易县燕下都发现的一处制陶遗址，面积达10万余平方米[⑤]。山西侯马春秋战国时的陶窑遗址范围更大，广约一平方里，已发掘的几座陶窑，几乎连在一起，窑旁堆积着的废品和碎片数以万计[⑥]。在江南，越国故地的浙江萧山县进化区和绍兴县富盛，保存着烧制印纹硬陶和原始青瓷的窑址20多处；两地的窑址都相当集中，每个窑址的范围都达数千平方米，而且废品堆积层很厚，可以想见当时的生产量是很大的[⑦]。这些都表明，当时已出现了作坊集中的陶瓷手工业。又湖北江陵县毛家山发现的战国陶窑，在火膛紧贴窑床的地方叠放着尚未烧成的陶豆20余件，说明这座椭圆形的面积不大的窑是专门用来烧陶豆的[⑧]。临淄出土的陶器铭文中常有“陶里”、“豆里”地名，而“豆里”字样的铭文又大都打印在浅盘豆上。由此可见，在当时的制陶业内部，已经出现了主要生产某些产品的专业化倾向。除了规模较大的官营制陶作坊以外，当时还出现了

---

① 见河北省文物管理处：《河北省平山县战国时期中山国墓发掘简报》，《文物》1979年第1期。

② 杨鸿勋：《战国中山王陵及兆域图研究》，《考古学报》1980年第2期。

③ 以下采用了中国硅酸盐学会主编《中国陶瓷史》第三章的部分论述。

④ 考古研究所洛阳发掘队：《洛阳涧溪东周遗址发掘报告》，《考古学报》1959年第2期。

⑤ 河北省文化局文物工作队：《河北易县燕下都故城勘察和试掘》，《考古学报》1965年第1期。

⑥ 山西省文管会侯马工作站：《侯马东周时代烧陶窑址发掘纪要》，《文物》1959年第6期。

⑦ 王士伦：《浙江萧山进化区古代窑址的发现》，《考古通迅》1957年第2期；绍兴县文物管理委员会：《浙江绍兴富盛战国窑址》，《考古》1979年第3期。

⑧ 纪南城文物考古发掘队：《江陵毛家山发掘记》，《考古》1977年第3期。

许多规模很小的私营制陶作坊（见本章第一节）。

战国时期，以灰陶为代表的陶器，使用范围很广。在秦、齐、楚、燕、韩、赵、魏七国和少数民族的广大地区内，得到广泛的应用。就是盛行印纹硬陶和原始瓷器的百越地区，也使用大量的灰陶和夹砂陶。产品种类繁多，包括日用器具、生产工具、陶塑和陶明器等。烧造灰陶的窑都是圆窑，窑的结构比以往有了很大的改进。各地发现的战国窑，火膛都筑在窑床的前面，烟囱由窑顶移到窑后，窑门、火膛、窑床由前往后，按直线排列，即从投柴、燃烧、烧成到出烟都在一条直线上。火膛筑在窑床前面，使火焰立即接触坯件，坯体受热快。烟囱由窑顶移到窑后，是陶窑结构的一项重大的改进，它促使火焰由升焰变成半倒焰。这是利用热气向上的原理，使火膛中的火焰窜到窑顶，再利用烟囱的抽力把火焰吸下去，以增加坯体热交换的机会和使窑内各部位的温度更加均匀，提高烧成温度和产品的质量。与此同时，窑床的面积也有了显著的扩大，由西周的 2 平方米左右扩充到 3 ~ 10 平方米，窑的装烧量和生产能力大大提高。圆窑结构的显著改进，是战国陶业发展的因素之一。

在长江下游的浙江、江苏、江西、福建、台湾和珠江流域的广东、广西以及湖南南部的广大地区，普遍生产和使用印纹硬陶和原始瓷；特别是江、浙、赣一带，更为盛行。在越国的遗址和墓葬中，都有大量的印纹硬陶和原始瓷发现。在上海市金山县戚家墩战国村落遗址中，印纹硬陶占全部陶器的 39.9%，原始青瓷占 8.1%[①]。在绍兴漓渚 23 座中小型战国墓中所随葬的陶器，印纹硬陶占 50%，原始青瓷占 46%[②]。江西清江牛头山四座战国墓共出陶器 26 件，其中有印纹硬陶 15 件，原始青瓷 8 件，也占绝大多数[③]。此外，在太湖周围和浙江的嘉兴、湖州、绍兴一带分布密集、数量众多的烽燧墩或称石室墓中的陶瓷器，几乎都是印纹硬陶和原始瓷，其中以原始瓷为主[④]。广东始兴战国遗址

---

① 上海市文物保管委员会：《上海市金山县戚家墩遗址发掘简报》，《考古》1973 年第 1 期。

② 浙江省文物管理委员会：《绍兴漓渚汉墓》，《考古学报》1957 年第 1 期。

③ 江西省博物馆等：《江西清江战国墓清理简报》，《考古》1977 年第 5 期。

④ 朱江：《吴县五峰山烽燧墩清理简报》，《考古通讯》1955 年第 4 期；吴兴县文物管理委员会：《浙江吴兴苍山古战堡试掘》，《考古》1966 年第 5 期。

出土的陶器中，印纹硬陶所占的比例高达94.3%[①]。这些情况说明，战国时印纹硬陶和原始青瓷的消费量是巨大的，其生产规模和产量比前代有了很大的发展和提高。

战国时期烧造印纹硬陶和原始青瓷的窑，各地陆续有所发现。其中，窑场比较集中、生产规模最大、遗物堆积丰富的是浙江萧山县进化区和绍兴的富盛两地；两地共发现窑址20多处，每个遗址的范围都比较大，均为印纹硬陶和原始瓷同窑合烧的手工业窑场。烧印纹硬陶和原始青瓷的窑炉，有圆窑和龙窑两种。"从发掘资料和窑床所在的地形分析，绍兴富盛、萧山进化区和广东增城西瓜岭可能都已使用龙窑，说明我国使用龙窑已有二千四五百年的悠久历史。"[②] 中国的原始瓷生产，自商代到战国的1000多年中都在不间断地向前发展着，"特别是春秋末期到战国早中期的原始瓷器，胎质细腻，铁和钛的含量较低，外施青釉，已经接近瓷器"[③]。经分析，绍兴富盛的原始青瓷，与上虞县小仙坛的东汉青瓷片的化学组成几乎完全一致，说明它们用的坯料相同[④]。

战国陶瓷业的重大成就，是建筑用陶的大量生产。我国建筑中所用的各种砖瓦，这时大都已经具备，而且在技术上达到了相当高的水平。

砖是中国建筑中的重要材料，品种较多，其中多数发明于战国。不过当时主要是将它用来铺地和砌壁面，而不是用它筑墙。铺地砖有这样两类：一类是小型薄砖，呈方形或长方形，通称为方砖或长方砖，都用模压成形，外饰花纹，制作工整。另一类是大型的"空心砖"，砖长一米余，作长方形的条石状，内部空，每边砖壁厚2~3厘米，故名"空心砖"。这种砖大而稳重，坚硬结实，平整美观，在当时的大型建筑物中常用它铺筑踏步和台阶，以增添端庄雄伟的气氛，是战国时期陶工发明的一种非常理想的建筑材料。此外，在坟墓中则用它建造椁室，以代替木制椁板[⑤]。"空心砖能承受较大的压力，所以

---

① 广东省文物管理委员会、中央美术学院美术史美术理论系：《广东增城、始兴的战国遗址》，《考古》1964年第3期。

② 中国硅酸盐学会主编：《中国陶瓷史》，文物出版社1987年版，第101页。

③ 中国硅酸盐学会主编：《中国陶瓷史》，文物出版社1987年版，第102页。

④ 李家治：《我国古代陶器和瓷器工艺发展过程的研究》，《考古》1978年第3期。

⑤ 安金槐：《郑州二里岗空心砖墓介绍》，《文物参考资料》1954年第6期。

虽距今已有二千多年，但很少有被压坏的，说明战国时代的陶工已懂得空心物体所承受的压力与实心物体相同的原理并把它运用到制砖工艺上，这既可节省原料，又能减轻砖的重量，是一项重要的创造。”① 为了使空心砖不致因气体受热膨胀而引起爆裂，砖的两端挖有圆形或长方形的孔洞，使之在烧成时内壁所产生的水气得以从中逸出。小型薄砖和空心砖外印饰的花纹，因产地不同而各异。就空心砖而言，郑州一带的多印米格纹，也有少量虎纹；邯郸赵城是绳纹；秦都咸阳宫殿所出的有回纹、菱形纹、龙纹和凤纹，其中龙纹卷体劲爪，凤纹翘首扬尾，堪称是民间绘画艺术的杰作②。

战国时期还创制了断面作“几”字形的花砖和长方形凹槽砖二种。前者使用面较广，在易县、咸阳和临淄等地都有发现。花砖两端有榫口，可以衔接，大概是用于屋脊上。后者发现于河南新郑，砖为长方形，正面印制排列有序的斜方格纹，格内填以“米”字纹或半月形纹，并经磨光。背面中心挖一个长方形凹槽，槽深一般为砖厚的九分之四，口小底大。这种砖既可铺地，也可作墙面砖用。在燕下都还发现了一种栏板砖，有的两面刻双兽纹，兽作蹲伏状，俯首翘尾，姿态生动，是迄今所见的我国最早的栏杆建筑物。

瓦出现于西周。到战国时期，制瓦业发达，板瓦、筒瓦、瓦当和瓦钉大量生产，瓦的数量和品种比前代增多。板瓦仰置于屋面；筒瓦覆盖在两行板瓦之间，以防漏雨；瓦钉是使筒瓦固定，以免滑动；瓦当起装饰作用。至此，我国木构瓦房的屋顶设施，已臻完善。瓦的表面，一般都印有纹饰，其中以瓦当纹饰最为丰富。

除了砖、瓦以外，战国时期建筑用陶方面的又一成就是陶井和陶水管的烧制。南北方都发现了不少陶井。特别是燕国的上都（今北京市）和下都的陶井，分布比较密集，数量更多③。陶井一般是由尺寸相等、直壁圆筒形的陶井圈叠置而成。每节井圈口径 60 ~ 100 厘米，高 30 ~ 50 厘米；一般是时代早的体高、直径小，时代晚的体矮、直径大。在商周时期出现的陶水管道，进入战

---

① 中国硅酸盐学会主编：《中国陶瓷史》，文物出版社 1987 年版，第 104 页。

② 秦都咸阳考古工作站：《秦都咸阳第一号宫殿建筑遗址简报》，《文物》1976 年第 11 期。

③ 北京市文物管理处写作组：《北京地区的古瓦井》《文物》1972 年第 2 期；中国历史博物馆考古组：《燕下都城址调查报告》，《考古》1962 年第 1 期。

国以后设备更加完善。我们在讲到战国时期的城市建筑时说过，在河北燕下都、陕西栎阳和咸阳、湖北江陵纪南城和河南登封、新郑等当时的都城或城市，都发现了由陶水管套接的下水管道；在秦都咸阳还发现了设计制造较为完备的成套陶制排水设备。陶井和陶水管这两项产品的推广和使用，对于人们的生产和生活都具有非常重要的意义。

三、木器与漆器制造业

木工与建筑业等多种行业有关。而作为当时一个独立手工业部门的木工，则主要是车舆等的制造。《考工记》载："凡攻木之工七"；"攻木之工，轮、舆、弓、庐、匠、车、梓"。

当时的木工，除了使用斧、凿、锥等铁工具以外，还有画方形用的矩（曲尺），画圆形用的规（圆规），弹直线用的绳，测量垂直线用的县（悬），测量水平线用的水。《墨子·法仪篇》说："百工为方以矩，为圆以规，直以绳，正以县，〔平以水〕。无巧工不巧工，皆以此五者为法[①]。巧者能中之，不巧者虽不能中，放依以从事，犹逾己。故百工从事，皆有法所度。"《考工记》讲"为轮"时也说："是故规之以眡其圆也，万之以眡其匡也，县之以眡其辐之直也，水之以眡其平沈之均也，量其薮以黍，以眡其同也，权之以眡其轻重之侔也。故可规、可万、可水、可县、可量、可权也，谓之国工。"郑注谓"国工"为"国之名工"。

当时还发明了一种矫正木料曲直的工具，叫做"隐栝"或"榜檠"。《韩非子·外储说右下》篇云："榜檠者所以矫不直也。"《难势》篇说，"弃隐栝之法"、"去度量之数"而"为车"，"不能成一轮"。又《荀子·性恶》篇："枸木必将待隐栝蒸矫然后直。"注："正曲木之木也。"《大略》篇："示诸隐栝。"注："矫揉木之器也。"《公羊传》何休序有"隐栝使就绳墨"之说。或曰："揉曲曰隐，正方曰栝。"[②]

① 孙诒让《墨子闲诂》："俞云'五'当作'四'，上文'百工为方以矩，为圆以规，直以绳，正以县'，并无五者。诒让案：以《考工记》校之，疑上文或当有平以水三字，盖本有五者而挩其一与?"

② 陈奇猷：《韩非子集释》卷第十七，《难势》引太田方说。

战国木工中的车工，其产品除战车和驾马的大车（辇）小车（轺）以外，人挽小车（輓）也有很大的发展。被称为“轮舆”之人的车工，与农夫“通功易事”，以其产品“易粟”①。

把漆涂在各种器物的表面上所制成的日常生活器具及工艺品、美术品等，一般称为“漆器”。中国的髹漆工艺，历史悠久。新石器时代的河姆渡文化，就已出现漆器。漆器是中国古代在化学工艺及工艺美术方面的重要发明创造。战国时期，髹漆工艺有重大的发展。不但器物品种齐全，数量大增，应用于社会生活的各个方面，而且在胎骨做法、造型和装饰技法上均有创新，色彩华丽。

战国时期的漆工作坊，也有官营和私营两类。从现有的漆器铭刻看来，官府漆工作坊在当时漆器生产中所占的比重较大，不但各诸侯国政府都直接经营漆工作坊，而且各地方性的官府也经营漆器手工业。云梦秦简有不少与漆器制造有关的法律规定。如《秦律杂抄》“漆园殿”条规定：漆园评为下等，罚漆园的啬夫一甲，县令、丞及佐各一盾，徒络组各二十根；漆园三年连续被评为下等，罚漆园的啬夫二甲，并撤职不用，县令、丞各罚一甲。这里所说的漆园属于县②。可见当时秦国的地方上也设有国家经管的漆园，以作为官府漆工作坊的原料基地。又《史记·老子韩非列传》载：“庄子者，蒙人也③，名周。周尝为蒙漆园吏④，与梁惠王、齐宣王同时。”可见当时其他诸侯国也有官府经营的漆园。生漆就是从漆树上割取的天然液汁，主要由漆酚、漆酶、树胶质和水分构成。用它作涂料，不但有耐潮、耐高温和耐腐蚀等特殊功能，而且还可以配制出不同色漆，使器物光彩照人。

战国时期的漆器，迄今已在楚、秦、齐、燕、韩、赵、魏、宗周、中山、鲁、曾（随）、蔡等国的故地发现，其分布地域和出土数量都大大超过前代。

---

① 《孟子·滕文公下》。

② 睡虎地秦墓竹简整理小组：《睡虎地秦墓竹简》，文物出版社 1978 年版，第 138 页。

③ 《集解》：“《地理志》蒙县属梁国。”《索隐》：“《地理志》蒙县属梁国。刘向《别录》云宋之蒙人也。”《正义》：“郭缘生《述征记》云蒙县，庄周之本邑也。”

④ 《正义》：《括地志》云：“‘漆园故城在曹州冤句县北十七里。’此云庄周为漆园吏，即此。按：其城古属蒙县。”

战国漆器“大体可分为北方、南方两大系统”。“从数量说，南方漆器为数最多，大部属于楚文化范围”。“原属楚国领域的一些地点出土的秦国漆器，它们承袭了秦人文化的特色，又继承着楚漆器的工艺传统。巴、蜀地区的漆器，本与楚文化有一定影响关系，秦人进入以后，又带来了秦的文化因素”。“至于北方漆器，由于地下保存条件差，遗存不多，但片鳞只爪，也可看出有特殊的艺术作风。”①

中华人民共和国成立以来，湖南、湖北、河南等省出土了大量楚国漆器。其中：“长沙春秋战国楚墓中出土漆木器很多，漆器中的日常用器有羽觞、奁盒、卮、盘、几；兵器有弓、矢、盾、剑鞘、甲、矢箙及戈、戟、矛的柄；还有鼓、鹿、笭床、棺、镇墓兽、车马器等。……主要是木胎，有少数为竹胎、皮胎。木胎大都用整木雕成器形，也有用薄板胎卷成圆筒形再与底板斗合的较轻巧的器物。髹器一般是黑地绘花。常见的色彩是朱、黄、金、白等色，对比强烈。纹饰以龙、凤、云纹、几何纹为主，也有花瓣、菱形纹，但不占主要地位。还有狩猎纹，画得生动逼真，技巧很高，说明当时的漆器工艺是相当发达的。”② 规模较大的战国楚墓，一般都有许多漆器随葬。如长沙浏城桥一号楚墓，日常用器、兵器、车马器、乐器以及专为埋葬用的物品，均有漆器③。

湖北云梦、江陵两地秦墓出土的漆器品种有20种以上。其中生活用具出现了不少新的器形，不同的器形采用不同的制作方法，常见的花纹有凤纹、鸟纹、云气纹、卷云纹、柿蒂纹等。江陵凤凰山70号墓出土的一件漆盂，是新出现的具有高度水平的“钔器”，箍钔为银质，镶嵌花纹，器上针刻小篆：“廿六年（前281）左工最元”七字。漆器上的烙印、针刻的文字或符号，反映了当时漆器生产有着多道工序，分工较细，并实行“物勒工名”的制度。烙印文字中有“咸市”、“许市”等字样④。

---

① 李学勤：《东周与秦代文明》（增订本），文物出版社1991年版，第283页。

② 高至喜：《从长沙楚墓看春秋战国时期当地经济文化的发展》，《中国考古学会第二次年会论文集》，文化出版社1982年版。

③ 湖南省博物馆：《长沙浏城桥一号墓》，《考古学报》1972年第1期。

④ 湖北省博物馆：《湖北省文物考古工作新收获》，载《文物考古工作三十年》文物出版社1979年版，第302~303页。

在四川青川县郝家坪发掘的72座战国中、晚期秦墓中，出土了177件漆器[①]。器种有圆盒、“碗”、双耳长盒、奁、扁壶、卮、耳杯、匕等，多与睡虎地所出相近，有的形制、纹饰都是雷同的[②]。四川荥经县古城坪一座战国晚期至秦代墓葬所出土的几件漆器，也是如此[③]。不少云梦漆器有“咸亭”烙印，“咸亭”是“咸阳市亭”的省文。个别有“安亭”、“郑亭”、“许市”烙印。“这表明器物是在咸阳、安陆、郑、许等地市场销售的，用今地来说，分别在陕西、湖北、河南三省。青川、荥经漆器，有‘成亭’烙印，系‘成都市亭’省文，确为四川本地销售之物。市亭是管理市的机构，市是贸易场所，商贾聚集之地。市上销售的漆器，当系商贾从产地运贩而来，不一定是市所在之地生产的。但云梦所出多销自咸阳，青川等地所出都销自成都，相距甚远，漆器的种类、形制却彼此类似，这显然说明秦的漆器工艺有相当大的统一性，值得注意。”[④] 云梦、青川等地原属楚、蜀两国，都是漆器手工业有悠久历史传统的地区。四川新都九联墩蜀国大墓出有漆耳杯等器物，耳杯书有巴蜀文字，外涂棕漆，内涂朱漆，两耳“略似蝠翼”，是蜀国漆器的标本[⑤]。

湖北随县擂鼓墩战国前期曾（随）国墓（一号墓）中，也随葬了种类繁多、数量较大的漆木器。墓主曾侯的棺分内外棺，外棺长3.2米，以10根青铜柱构成框架，嵌以10块木板，棺外涂黑漆，绘朱红、金黄色花纹，色彩鲜明绚丽[⑥]；内棺长2.49米，外涂红漆地，绘金黄及黑色纹饰，纹饰中有一些手执双戈戟守卫的神像，有的长须有角，有的背生羽翼，富于神话色彩[⑦]。该墓漆器中有多种乐器，其中以12件瑟最为精美，尾端作蟠龙形浮雕，瑟体髹红色漆，并绘以细致的花纹[⑧]。此外还有一些设计非常巧妙的旅行饮食用具，如

---

① 四川省博物馆、青川县文化馆：《青川县出土秦更修田律木牍——四川青川县战国墓发掘简报》，《文物》1982年第1期。

② 李昭和：《“巴蜀”与“楚”漆器初探》，《中国考古学会第二次年会论文集》，1982年。

③ 荥经古墓发掘小组：《四川荥经古城坪秦汉墓葬》，《文物资料丛刊》第4辑。

④ 李学勤：《东周与秦代文明》，文物出版社1991年版，第292页。

⑤ 四川省博物馆、新都县文物管理所：《四川新都战国木椁墓》，《文物》1981年第6期。

⑥ 湖北省博物馆：《随县曾侯乙墓》图版三，文物出版社，1980年版。

⑦ 湖北省博物馆：《随县曾侯乙墓》图版四、五。

⑧ 湖北省博物馆：《随县曾侯乙墓》图版三〇、三十一。

长方形黑漆箱（饮食用具），漆衣箱等。

战国时北方系统的漆器也有出土。如在河南辉县固围村大墓发现了器形较大的夹纻胎漆鉴。河北平山中山墓也出有漆器，“从铜饰件及残迹观察，有鼎、豆、壶、盘、匜、盆、盒等”①。河南泌阳官庄3号秦墓中所出的两件有纪年铭刻的漆圆盒，则是罕见的卫国漆器②。

战国漆器有家具、炊厨用具、饮食器、妆奁器、陈设品、仿铜礼器、乐器、兵器、交通工具、丧葬用具等许多种类。漆器的胎骨有木胎、夹纻胎和竹（篾）胎三种，其中木胎占绝大多数。漆器大多有各种纹样的、鲜艳的彩绘，颜色有黑、红、黄、褐、蓝、绿、白、金、银等十多种。漆器的镶嵌技术也有很大的发展和提高。

四、琉璃器

琉璃器又称料器。对已出土的战国时期琉璃璧用X射线分析方法鉴定表明，其结构属于玻璃态物质，因此玻璃史研究者多主张应称之为玻璃。这是一种单独用熔融、冷却、固化的非结晶无机物玻璃制成的器物，熔制的主要原料是石英砂。在西周早中期的墓葬中，已发现琉璃管和琉璃珠。河南固始县侯古堆一号墓出土的琉璃珠，湖北江陵望山一号墓出土的越王勾践剑格上的镶嵌琉璃块，河南辉县琉璃阁出土的吴王夫差剑格上的镶嵌琉璃块，都属于春秋末期。这些琉璃珠和琉璃块，经检验都是钠钙琉璃（亦称钠钙玻璃）。由于蜻蜓眼这类珠子在公元前6～前5世纪时的欧洲及地中海沿岸十分流行，因此有的学者认为上述春秋末期的琉璃器可能是经过中亚输入中国的。是否如此，尚待进一步研究。

战国时期琉璃器品种和数量增加，质量也有显著提高。迄今已在黄河、长江和珠江流域的50多处发现了这一时期的琉璃器，主要集中在河南、湖北、湖南三省，大多出土于墓葬中。例如在湖南长沙地区的100余座战国楚墓中，出土了琉璃器200多件。器形有璧、璜、环、瑗、珠、管、剑饰和印

---

① 河北省文物管理处：《河北省平山县战国时期中山国墓葬发掘简报》，《文物》1979年第1期。

② 李学勤：《秦国文物的新认识》，《文物》1980年第9期。

章等，品类齐全，其中琉璃璧、琉璃剑饰（剑首、剑珥）和琉璃印章等都是当时增加的新品种。颜色有乳白、米黄、深蓝、豆绿等多种。琉璃璧的直径一般在6~9厘米之间，最大的直径18厘米，饰谷纹，边缘或有弦纹，与玉璧的造型无异。蓝色琉璃珠上有白色圆圈和小圆点连成的菱形图案。琉璃剑饰的制作也很精致，饰柿蒂纹、蟠龙纹或谷纹。琉璃印章上有战国文字。据化验，长沙所出琉璃含铅和钡甚多。各地出土的琉璃器，有透明和不透明两种，呈多种色彩，除上述米黄、乳白、深蓝、豆绿以外，还有淡紫、黑褐等颜色。

当时的琉璃器大多用作装饰品，如佩饰、嵌饰等，以珠、管类最为常见。琉璃珠多呈球形或多面球形，少数作椭圆形或菱形，中穿小孔，球面上常有多组由蓝色圆点和白色圆圈组成的“鱼目纹”，俗称“蜻蜓眼”。琉璃管多为圆柱体，个别呈四棱或六棱柱体，纵穿一孔。在墓葬中，琉璃珠和琉管常与水晶、玛瑙、玉石饰件组成串饰，佩于死者颈项、耳部或腕部。漆器或青铜器上（如著名的越王勾践剑格上），也有镶嵌琉璃珠饰或琉璃片饰的。

古代西方各国的玻璃，一直是以钠钙玻璃为主。而战国时期的琉璃（即玻璃），则都是以二氧化硅为基质的铅钡玻璃，而且含铅和钡甚多。同时，琉璃璧、琉璃剑饰等器物的形制、纹饰，均为战国时期同类器物的典型式样；而琉璃印章上，还刻着战国文字。含量较高的氧化铅在世界其他地区的玻璃中很难见到，而氧化钡在19世纪前基本上不存在于其他国家或地区的玻璃中。毫无疑问，战国琉璃器是古代中国工人自行熔制的。中国是世界上最早的玻璃产地之一。中国玻璃以它悠久的历史、精美的造型、独特的成分自成体系①。

五、煮盐业

战国时期的煮盐业，从规模到产量，均有发展。以资源而论，当时的盐品已有海盐、池盐、井盐等类。此外还有卤盐。

海盐的主要产地、著名产地，是地近东海、渤海的齐、燕两国，“齐有渠

① 见安家瑶：《中国早期的玻璃器皿》，《考古学报》1984年第4期。

展之盐，燕有辽东之煮”[①]，海盐的产量较多，流通范围较广。《周礼·职方氏》说幽州“其利鱼盐”。《禹贡》说青州“贡盐”。《史记·货殖列传》说“山东多鱼、盐”，“齐……多文采布帛鱼盐”，“燕有鱼盐枣栗之饶”。

《管子·轻重甲篇》载：“今齐有渠展之盐，请君伐菹薪，煮沛水盐，正（征）而积之。”“煮沛水为盐”，抄本《册府元龟》四百九十三引作“使国人煮水为盐”[②]。意思是，准许“国人”煮海水制盐，所产的盐由官府通过征税和收购的方式积存起来，然后按官价出售，实行食盐专卖政策。当时齐国刈草煮盐者甚多，所谓“草封泽盐者之归之也，譬若市人”[③]。据说齐国政府曾下令规定：“孟春既至，农事且起”之后，“北海之众无得聚庸（雇人）而煮盐”[④]。其目的是为了使盐价上涨，然后卖到靠输入食盐过活的梁、赵、宋、卫和濮阳等地[⑤]。

春秋时期，晋国的池盐煮造业就比较兴盛，盬已被视为“国之宝”[⑥]。盬即盐池，或称河东盐池，今曰解池。《穆天子传》“至于盬”，《说文》“盬，河东盐池也”，可证。盬近郇（今山西省临猗县西南）、瑕（今山西省芮城县南），“袤五十一里，广七里，周百十六里”[⑦]。到战国时期，魏国的河东池盐煮造业更为发达，猗顿就是由经营“盬盐”[⑧] 而成巨富的。据说：“河东盐池是畦盐。作‘畦’，若种韭一畦。天雨下，池中咸淡得均，即畎池中水上畔中，深一尺许坑，日暴之五六日则成，盐若白矾石，大小如双陆及棊，则呼为

---

① 《管子·地数》。又见《管子·轻重甲》。“渠展”，前人有不同的说法。《轻重甲》尹知章注：“渠展，齐地。沛水所流入海之处，可煮盐之所也。”张佩纶云：“‘渠展’者，《广雅·释诂》一‘勃，展也’。《齐语注》‘渠弭，裨海也。’则渠展即勃海之别名。”钱文霈云：“‘展’当为‘养’，字之讹。《汉志》‘琅邪郡长广县，奚养泽在西。《秦地图》曰剧清地幽州薮，有盐官’。盖渠养即奚养也。《元和志》‘莱州昌阳县，奚养泽在县西北四十里’。按昌阳故城在今山东登州府莱阳东七十里。奚养泽在今县东五十里。登莱以北，古时通称北海。‘渠展之盐’盖即指此。”（见《管子集校》四，《郭沫若全集·历史编》第8卷，人民出版社1985年版，第190～191页。）

② 参见《管子集校》四，《郭沫若全集·历史编》第8卷，人民出版社1985年版，第281～282页。

③ 《管子·戒篇》。

④ 《管子·轻重甲》。

⑤ 《管子·轻重甲》。

⑥ 《左传·成公六年》。

⑦ 《说文》。

⑧ 《史记·货殖列传》。

畦盐。”①

秦并巴蜀以后，李冰任蜀郡守时，开始开发广都（今四川省双流县东南籍田镇一带）的井盐。《华阳国志》卷三《蜀志》说：李冰“又识齐水脉，穿广都盐井诸陂池，蜀于是有养生之饶焉”。《水经注》卷三十三《江水注》也说：“江水东径广都县……李冰识察水脉，穿县盐井。”

在不易获得海盐或池盐、井盐的地方，人们则往往就地刮咸土熬制卤盐。《史记·货殖列传》云：“山东食海盐，山西食盐卤，领南、沙北固往往出盐，大体如此矣。”《正义》曰：“谓西方咸地也。坚且咸，即出石盐及池盐。”

六、纺织业

中国是最早养蚕和织造丝绸的国家。战国时期的纺织业，是中国古代纺织业的一个重要的发展阶段，它在中国纺织史上写下了灿烂的一页。

桑叶为蚕的饲料，而蚕丝与麻的纤维同为纺织所不可缺少的原料；在棉花的种植还未传入以前的先秦、秦汉时期，丝、麻乃是人们衣着的主要来源。随着战国时期个体小农数量的空前扩大，以及男耕女织的小农经济和个体小手工业的发展，种桑养蚕和丝的纺织比春秋时期更为普遍。当时黄河流域和长江中下游的农村里，普遍养蚕。《荀子·赋篇》论“蚕理”说：“冬伏而夏游，食桑而吐丝，前乱而后治；夏生而恶暑，喜湿而恶雨；蛹以为母，蛾以为父；三俯三起，事乃大已。夫是之谓蚕理。”由此看来，当时所养的是一种三眠蚕、春蚕，人们已经掌握了蚕的生长发育规律，认识到气候闷热、湿度较高时，蚕容易生病。作为当时衣着的重要原料之一的麻，分布的地区同样很广。“丝所成曰帛，麻所成曰布。”②

司马迁特别称道“山东”的桑麻、养蚕事业。他说：“山东多鱼、盐、漆、丝、声色”；“齐带山海，膏壤千里，宜桑麻，人民多文彩布帛鱼盐”；“邹、鲁滨洙、泗……，颇有桑麻之业”；“沂、泗水以北，宜五谷桑麻六畜”；

---

① 《史记·货殖列传》正义案语。

② 陈奂：《诗毛氏传疏》。

“齐、鲁千亩桑麻，……此其人皆与千户侯等”①。因为当时齐国种桑养蚕普遍，丝麻纺织业发达，纺织技术高超，“故齐冠带衣履天下”②。战国秦汉时人所说的“山东”、“山西”的含义和现在不同，“大概说起来，山东是指燕赵等六国，山西仅指秦国”③。

战国时代著作《禹贡》所说的各州贡品，就是当时各地的名优土特产品。就其中提到的纺织品而言，兖州有丝、织文（染色丝织品），青州有丝、檿丝（柞蚕丝）、枲（麻皮）、絺（细的麻织品），徐州有玄纤缟（黑而细的丝织品），扬州有织贝（染色丝织品），荆州有玄纁（黑色、黄赤色的丝织品）、玑组（穿珠的丝带）；豫州有枲、絺、纻（粗麻）、纤纩（细的丝绵絮）。《周礼·职方氏》也说到豫州的丝产。《禹贡》所说的丝产地为“东方”各州，也就是黄河流域和长江中下游地区，《史记·货殖列传》所说“山东多丝”与此相合。从《荀子·王制篇》的记述看来，战国时期东方的织物除一般的布帛外，还有“紫”、“绤”等，“紫”是一种紫色的丝织品，“绤”是一种较粗的麻织品。又《管子·轻重戊篇》说：“鲁、梁之民俗为绨。”绨为缯帛的一种。

《禹贡》和《史记·货殖列传》所载丝产地为“东方”或“山东”，并不等于说当时“西方”或“山西”的秦国等地没有丝的出产。战国时秦国不但有丝、绸、绢、绵、麻、帛等织造，而且织作技术相当精湛，考古发掘资料表明了这一点（见后）。从秦律来看，当时秦国还设置有“文绣”和制作服装的作坊④。

战国时期纺织工业的发展是和染练技术的进步密切相关的。当时人们已经懂得用加草木灰的温水来“练丝”、“练帛”。《烤工记》载：“㡛氏湅丝，以涚水沤其丝七日，去地尺暴之。昼暴诸日，夜宿诸井，七日七夜，是谓水湅。湅帛，以栏为灰，渥淳其帛，实诸泽器，淫之以蜃。”郑玄注云：“故书涚作湄。郑司农云：‘湄水，温水也。’玄谓涚水，以灰所湅水也。”“渥读如缯人

---

① 《史记·货殖列传》。

② 《史记·货殖列传》。

③ 史念海：《河山集》，三联书店 1978 年版，第 105 页〔注释〕①。

④ 见《仓律》《工人程》。

渥菅之渥。以栏木之灰，渐释其帛也。……淫，薄粉之，令帛白。”当时织物的染色，有“草染”（植物染料）和“石染”（矿物染料）两种。染草中采用最广的是蓝[1]，以蓝染青色，所谓“青，取之于蓝而青于蓝”[2]。《周礼·天官》有“染人”一职，“掌染丝帛”。染色技术也有进步，讲究染法。为了把丝麻染成多种不同的颜色以织成有文采的布帛，不但有一染、再染、三染，甚至还有五染、六染、七染的。《尔雅·释器》云：“一染谓之縓（浅红色），再染谓之赪（红色），三染谓之纁（浅绛色）。”据说五次入染可成“緅”（赤黑色），七次入染可成“缁”（黑色）[3]。

迄今为止发现的商和西周的丝织品，都仅限于遗痕，而东周时期则有较多的成件实物发现，其中又以战国时期的发现最为丰富，证明了战国时期的纺织业有显著的发展。

1952年，湖南长沙五里牌406号战国墓出土有：“绢上绣花”的绣文；“褐紫色、有菱纹”的绸片；“用深褐色细丝线织成网络，另面粘附有黄褐色薄绸”的残片；“地紫褐色，有菱形花纹及犬凿纹，迎面闪烁变色”的丝织縹带；“用黑、褐两色丝线编成，褐地，有黑斑节纹”的丝带；“黑褐色”的绸片；丝绵被，等等。此外，该墓葬中还发现了白色麻布残片，经鉴定：“此织物的原料……为苧麻纤维，此织物的构成为平纹组织。其经纬密度：经纱每10厘米280根，纬纱第10厘米240根，与现在棉布（龙头细布每10厘米经254、纬248）比较要紧密3.4%。……由其织物之精细而论，可以知道我国古代纺织技术之高超”[4]。

1957年，在长沙左家塘44号墓内包裹尸体的丝织物残片中发现有五种花纹的织锦[5]，一般是熟褐色地起红色和仿金色花纹，花纹中以对凤纹、对龙纹、方连纹、几何纹为主。几何纹中有三角、菱形、多角形以及龟背形等多种图案。织锦为三重经组织，其经纬密度每平方厘米为80×44根~120×56根，

---

① 见《礼记·月令》《吕氏春秋·仲夏纪》。
② 《荀子·劝学篇》。
③ 见《周礼·考工记》。
④ 中国科学院考古研究所：《长沙发掘报告》，科学出版社1957年版，第63~65页。
⑤ 熊传新：《长沙新发现的战国丝织物》，《文物》1975年第2期。

“可见战国时期我国丝纺织技术达到很高水平”。“长沙所出战国丝织品上的图案与当地出土战国铜镜、漆器及漆棺上的图案花纹，如龙凤纹、方连纹、几何纹、云纹等都是同一风格，说明这些丝织品可能是长沙本地的产品。”[①] 在这批丝织品里，一块褐色矩纹锦残长19.9厘米，宽8.2厘米，系由两块缝缀而成，其一侧有宽0.8厘米的黄绢边，绢上墨书“女五氏”三字。这大概是伍氏女子的署名。锦面上还钤盖着一方长条形的朱玺，应为织造机构的标记。这些署名、标记的存在，说明这块锦是当时的名产，需要生产者记上名字，使消费者认明标记[②]。

1982年，在湖北江陵马山砖瓦厂发现的一座战国小墓中，出土了大量完整的丝织品，是前所未见的珍贵材料，其年代约在战国中晚期之际[③]。棺内共出衣衾十九件，计：绵衾三件，夹衾一件，绵袍八件，禅衣三件，夹衣一件，禅裙二件，绵袴一件。这座墓中还有一些其他性质的丝织品，如棺罩、帛画、席囊、镜衣及木俑的衣服等等，种类繁多，确可称为战国时期丝织品的大观。墓中丝织品的种类，大别之有绢、锦、罗、纱及组、绦等，并有不少刺绣。与以往发现相比，除没有绮以外，可以说所有品种均已具备。在这批丝织品中，绢所占的比例最大，绢多白色，也有红、紫、黑、黄、褐等颜色的。经纬密度各色各样，最稀的如棕色锦面夹袱的里，为每平方厘米50×30根；最细密的如绛紫绢面夹衣里，竟达到每平方厘米160×70根。罗为浅棕色，经纬密度每平方厘米52×42根，孔眼均匀。锦的类型也较多，有红、黄、棕、褐等色，最多的一幅有六色，花纹有动物人形和各种几何纹。锦背为二重经组织，如上面提到的棕色锦面夹袱，由四幅拼缝，幅宽约51厘米，经纬密度为每平方厘米156×52根。花纹极为繁复，有七种八组舞人和龙凤、走兽等动物图形。刺绣有衾两件、衣四件、袍三件、袴一件，夹袱和若干衣的缘也有刺绣。除一件罗衣以外，均以绢为绣地。针法以辫子股绣为主，间有平绣。配色有朱红、绛红、浅黄、金黄、蓝、绿、棕、褐、黑等，缤纷绚丽，花纹也生动多样，多以

---

① 文物编辑委员会编：《文物考古工作三十年》，文物出版社1979年版，第313页。

② 李学勤：《东周与秦代文明》（增订本），文物出版社1991年版，第299页。

③ 荆州地区博物馆：《江陵马山砖瓦厂一号墓出土大批战国时期的丝织品和其他重要文物》，《文物》1982年第10期。

龙、凤、虎及三头鸟为主题[①]。

秦都咸阳第一号宫殿建筑遗址发现了秦国丝织品的实物。在一包丝绸衣服中，有单衣、夹衣、绵衣。丝绸有锦、绮、绢等种。其中一种平纹绢，经纬密度每平方厘米 160×56 根。还发现有以绢为地的刺绣[②]。

① 张绪球：《江陵马山砖瓦厂一号墓出土的战国丝织品》，《文物》1982 年第 10 期；李学勤：《东周与秦代文明》（增订本），文物出版社 1991 年版，第 300～302 页。

② 秦都咸阳考古工作站：《秦都咸阳第一号宫殿建筑遗址简报》，《文物》1976 年第 11 期。

第二十九章　商品货币经济与城市、交通

战国时期，随着社会结构的变化、生产力水平的提高和社会分工的发展，商品货币经济和商业的发展较为显著。具有独立身份的工商业者和为交换而生产的私营手工业，大量出现。市场商品种类和数量增多，金属货币大量使用。与此同时，城市和交通运输也有较大的发展，城市人口大增。

第一节　商业与商贾

一、简单商品经济的发展

商品经济包括商品生产和商品交换。人类社会迄今有三种形态的商品经济，即存在于奴隶社会和封建社会的简单商品经济，资本主义商品经济，以及社会主义商品经济，它们各具有不同的特点。在奴隶社会和封建社会中，自给自足的自然经济占主要地位，商品经济只处于从属地位，它的主要特征是为买而卖。战国时代，随着中国封建社会的确立，以及农业、手工业的发展和社会分工的发展，简单商品经济的比重加大。

战国时代，个体手工业劳动者所经营的、以出卖为目的的小商品生产，有显著的发展。当时个体经营的小手工业，有车工、皮革工、陶工、冶金工、木工等[1]。历史记载称这些个体手工业者为“工”、“百工”或“工肆之人”。“百工之事，固不可耕且为也。”因此他们与农民们“通功易事”，把自己的手

---

[1] 见《墨子·节用中篇》《孟子·滕文公》。

工业产品放在“肆”上出卖以“易粟”，如陶工、冶金工“以其械器易粟”①，等等。当时农民们所使用的铁器、陶器、木器和车辆等，都主要是个体手工业产品；而个体手工业者也主要是依靠出卖其制成品给农民以维持生活。《韩非子·备内》篇有这样的说法：“舆人（车工）成舆，则欲人之富贵也；匠人成棺，则欲人之夭死也。”

此外，战国时代豪民所经营的大手工业生产，如猗顿经营的池盐业，郭纵和赵国人卓氏、魏国人孔氏经营的冶铁业等，也是以生产交换价值为目的的商品生产。猗顿和秦国乌氏倮所经营的畜牧业，也是如此。

战国时代的商品生产虽然有所发展，但总的说来，它在当时各生产部门中所占的比重较小；当时投入市场的商品，绝大多数是独立经营的农业生产者靠自己生产满足自己的直接需要以后余下的部分。地主和贵族从农民那里剥削来的地租，亦主要不是用于交换，而是他们自己享用。各种官营手工业，同样是或主要是以生产使用价值为目的，作为商品投入市场的比重不大。

商品交换，以人们是商品的所有者为前提。战国时代交换经济的发展，首先是由于当时以小块土地所有制为基础的自耕农的大量出现和存在，以及农业生产力的发展，单位面积产量的显著提高。据估计，当时农户一家五人除去租税和自己食用外，一年内可剩粮食 75 石，平均每人有余粮 15 石（约合今 3 石），可用于出售，以换取自己所需的商品，并缴纳货币赋税。虽然一人、一户剩粟不多，但农民占当时社会总人口的绝大多数，而自耕农又占当时农业人口的多数，所以总起来看，自耕农的余粮数字还是很可观的。此外，当时农民还普遍从事家庭副业生产，男耕女织，农业与家庭手工业结合，有部分手工业产品亦作为商品出售。虽然随着战争的频繁和封建统治阶级剥削加重，田税增多，农民的余粮减少甚至没有余粮，但“刀布之敛”、人头之税是以货币征收，农民们不能不把必要的口粮也拿出来换钱。此外还有收获季节出售粮食、青黄不接时买回口粮，以及通过买卖调剂粮食品种等等情况。因此，当时农民的交换活动比过去更加频繁；在战国时代的商业活动中，粮食贸易占有突出的

① 《孟子·滕文公》。

地位[①]。

由于人民对山林薮泽的不断的大量的开发，战国时代四方的土特产品丰富多彩，而且日益商品化。因此，在农业和手工业两大部门交换经济发展的同时，四方土特产品的交换也很活跃。当时东方的土特产主要为海产和织物，海产主要是鱼、盐，织物除一般的布帛外，还有所谓“紫”（紫色的丝织品）、“绤”（较粗的麻织品）[②]。南方的土特产主要为各种木材、矿产、水产和鸟兽[③]，蜀地还有曾青（碳酸铜）、丹砂（硫化汞）等著名的矿产。西方的土特产有矿产、鸟兽、皮革以及铁和池盐等[④]。北方的土特产则主要是家畜、水果等[⑤]。《吕氏春秋·本味篇》所述各地土特产则有：洞庭之鳟，东海之鲕，醴水之鱼，昆仑之蘋，阳华之芸，云梦之芹，具区之菁，阳朴之姜，招摇之桂，越骆之菌，大夏之盐，不周之粟，南海之秬，江浦之橘，云梦之柚。李斯《谏逐客书》提到的“夜光之璧，犀象之器，江南金锡，西蜀丹青，宛珠之簪，传玑之珥，阿缟之衣，锦绣之饰”，更是当时各地著名的土特产。战国时代著作《禹贡》所述各州贡品，实际上也就是战国时代各个地区的土特产。上述战国时代四方土特产品，与《史记·货殖列传》所述汉代各地物产的情况基本相同。

随着民营手工业产品的商品化，农民“余粟”、“余布”的商品化，以及四方土特产品的商品化，战国市场上的商品名目繁多，从各种手工业产品、农产品、畜牧产品、果品到各种木材、鸟兽、水产、矿产，几乎应有尽有。因为有“商旅”来“通四方之珍异”[⑥]，各地区土特产品交换的规模和范围扩大，以致上述四方的土特产品大都出现于中原的市场之上。所以《荀子·王制篇》云：“北海则有走马、吠犬焉，然而中国得而畜使之；南海则有羽翮、齿革、曾青、丹干焉，然而中国得而财之；东海则有紫紶、鱼、盐焉，然而中国得而

---

① 参看吴慧：《中国古代商业史》第一册，中国商业出版社1983年版，第241页。

② 《荀子·王制篇》。

③ 见《墨子·公输篇》《荀子·王制篇》《战国策·楚策三》。

④ 见《荀子·王制篇》。

⑤ 见《荀子·王制篇》《战国策·燕策一》。

⑥ 《周礼·考工记》。

衣食之；西海则有皮革、文旄焉，然而中国得而用之。故泽人足乎木，山人足乎鱼，农夫不斲削不陶冶而足械用，工贾不耕田而足菽粟。”

随着交换经济的发展，在商品交换中起中介作用的商人，成为当时社会上相当活跃的人物。“夫用贫求富，农不如工，工不如商，刺绣文不如倚市门”[①]；于是当时弃农经商者有之，亦工亦商者、弃工经商者有之，弃文经商者、去官经商者亦有之，经商人数大增。据《史记·货殖列传》载：战国时代，栎邑“多大贾”；“杨、平阳西贾秦、翟，北贾种、代”；“温、轵西贾上党，北贾赵、中山”；“洛阳东贾齐、鲁，南贾梁、楚”，“贫人学事富家，相矜以久贾”；邹、鲁“及其衰，好贾趋利，甚于周人”，甚至有“多去文学而趋利者”；陈“通鱼、盐之货，其民多贾”。随着春秋战国间社会制度的变革，阶级关系的变动，以及战国时代商业的发展，非贵族出身的私商增多，商人开始具有独立经济地位，这和以前商人隶属于官府的情况大为不同。

二、一批富商大贾的出现

在人类历史上，“不仅商业，而且商业资本也比资本主义生产方式出现得早，实际上它是资本在历史上更为古老的自由的存在方式”[②]。在古代世界各国各民族那里，产品进入商业、通过商人之手的规模和商业资本的规模，取决于多种因素，主要取决于当时各民族社会大分工的发展程度和奴隶制生产方式的特点。“在古罗马，还在共和制的后期，商人资本已发展到古代世界前所未有的高度，而在工业发展上没有显出任何进步。”[③] 在中国奴隶制鼎盛时期的西周，“工商食官”，其富者必其贵者；在这样的经济体制和政治体制下，官营手工业和商业虽有显著发展，但独立的私营手工业、商业和独立的商业资本却发展缓慢。直到春秋末期，像“十九年之中三致千金”的大商人范蠡和“家累千金”[④] 的大商人子贡，还是凤毛麟角。战国时代，随着农业、手工业和商品货币经济的进一步发展，才更多地出现了活跃在商品流通领域的富商大

① 《史记·货殖列传》。
② 马克思：《资本论》第3卷，《马克思恩格斯全集》第25卷，第363页。
③ 马克思：《资本论》第3卷，《马克思恩格斯全集》第25卷，第371页。
④ 《史记·货殖列传》。

贾，独立的商业资本也才获得迅速的发展。

富商大贾的崛起过程，也就是大商业资本的积累过程。战国时代有不少“千金之家”、“万金之家”的富商大贾。有大本钱，做大生意，才能更快、更容易地赚大钱；因而“长袖善舞，多钱善贾”①，成了当时社会上流行的“鄙谚”。富商大贾们活跃于当时商品流通的各个主要领域以至部分产业，诸如盐铁的制造、粮食等农副产品的贸易、土特产品的贩运、珠玉珍宝的买卖以及铸钱、放高利贷等等，无一不是他们的营业部门。司马迁在《史记·货殖列传》中列举了部分营业部门中的代表人物，如白圭、猗顿、郭纵等。

随着战国时代农牧业和手工业的进一步发展，农副产品贸易在更大程度上依赖于商业这个中间环节，需要更多地经过商人之手。因此，经营农副产品的大宗贸易，成为当时比较新兴的行业。而从事这种行业的商人有两种类型：一种是专门从事农副产品贸易的纯粹商人，其著名代表人物是白圭；一种是经营农牧业并自己出售其农牧产品的农牧主兼商人，其代表人物有猗顿等。

白圭，洛阳人。他不但是战国时代著名的富商大贾，而且有一套贸易致富的理论和经商术，是计然、范蠡之后著名的商业理论家。由于粮食特别是下等谷类是广大劳动人民生活上最普遍的必需品，贸易上成交的数量最多，可以从中获得巨额利润，因此白圭认为“欲长钱，取下谷”②，主张经营人民生活必需品。他和计然一样认为年成好坏与岁星运行有关，在他看来：“太阴在卯，穰；明岁衰恶。至午，旱；明岁美。至酉，穰，明岁衰恶。至子，大旱；明岁美，有水。至卯，积著率岁倍。”按照白圭的说法，在12年中，有“穰”年（大丰年两年），“美”年（丰年）四年，“衰恶”年（坏年成）四年，“旱”年一年，“大旱”年一年。白圭认为只要掌握这个年成好坏的循环规律进行贸易活动，就能获得加倍的利润，所谓“积著率岁倍”。因此，他“乐观时变”，采用“人弃我取，人取我与”③ 的贸易原则。所谓“人弃我取”，主要就是在丰年或粮食大量上市季节，当农民们出售多余的粮食而粮价下跌时，便大量收

①《韩非子·五蠹》。
②《史记·货殖列传》。
③《史记·货殖列传》。

购粮食。所谓“人取我与”，主要就是在荒年或青黄不接之际，当农民们亟需购买粮食而粮价上涨时，便适时地出售粮食。此外，白圭的“人弃我取，人取我与”贸易原则还包括：“岁熟取谷，予之丝漆；茧出取帛絮，予之食。”[①]这就是，当五谷成熟时收购谷类农产品，而出售丝、漆等手工业品；当蚕茧成熟时收购帛、絮等手工业品，而出售谷类农产品。“贱买贵卖，是商业的规律。”[②] 所谓“人弃我取，人取我与”的目的，也正是为了贱买而贵卖，从不等价交换中取得利润。

白圭经商注意节约开支，刻苦耐劳，“能薄饮食，忍嗜欲，节衣服，与用事僮仆同苦乐”。他善于掌握经营时机，“趋时若猛兽挚鸟之发”，当机立断，不坐失良机。白圭说他自己的“治生”，“犹伊尹、吕尚之谋，孙吴用兵，商鞅行法”[③]。他认为要做一个精明强干的成功商人，必须具备“智”、“勇”、“仁”、“强”四个条件。“智”，就是通“权变”，有灵活性；“勇”，就是善“决断”，能当机立断；“仁”，就是能“取予”，适时做到“人弃我取、人取我与”；“强”，就是有所“守”，不轻举妄动[④]。白圭很自负地说：“是故其智不足与权变，勇不足以决断，仁不能以取予，强不能有所守，虽欲学吾术，终不告之矣。”[⑤] 白圭的这套经商术，对那些贪贾奸商来说，自然难学。正如《史记·货殖列传》所说：“白圭其有试矣，能试有所长，非苟而已也。”虽然白圭未曾以巨富闻于当时，但由于他有一套商业理论，而且经商本领高强，善于经商，所以为商人们所推崇，“盖天下言治生祖白圭”[⑥]。

《史记·货殖列传》云：“猗顿用盬盐起。”其实，猗顿经营池盐业乃是后来之事，在此之前他是农牧主兼商人。据说：“猗顿，鲁之穷士也。耕则常饥，桑则常寒。闻朱公富，往而问术焉。朱公告之曰：‘子欲速富，当畜五牸。’于是乃适西河，大畜牛羊于猗氏之南，十年之间其息不可计，赀拟王

① 《史记·货殖列传》。

② 马克思：《资本论》第3卷，《马克思恩格斯全集》第25卷，第368页。

③ 《史记·货殖列传》。

④ 吴慧：《中国古代商业史》第一册，中国商业出版社1983年版，第284页。

⑤ 《史记·货殖列传》。

⑥ 《史记·货殖列传》。

公，驰名天下。以兴富于猗氏，故曰猗顿。”[①] 由于猗氏地近河东盐池，猗顿又接着经营盐业。《尸子·治天下篇》云：“智之道，莫如因贤。譬之犹相马而借伯乐也，相玉而借猗顿也，亦必不过矣。”《淮南子·氾论训》也说：“玉工眩玉之似碧卢者，唯猗顿不失其情。”这说明猗顿还曾经兼营贩卖珠宝的商业，因而有高明的“相玉”技能，只有他才能辨别美玉的真伪。可见猗顿这个范蠡的门徒，乃是一个路子广阔的大商人。他的资财多得惊人，《韩非子·解老》篇曾把“上有天子、诸侯之势尊”和“下有猗顿、陶朱、卜祝之富”相提并论。

战国时代，随着地域分工的发展和各地产品更多地成为商品，经营四方土特产品贩运贸易的商人，比春秋时代更多、更活跃。各地区土特产品之间，“市贾倍蓰”[②]，差价较大，自然会吸引较多的商人从事此种贸易。“其商人通贾，倍道兼行，夜以续日，千里而不远者，利在前也。”《管子·禁藏篇》的这段话，是对那些从事长途贩运贸易之商人的写照。他们为了赚钱，甘冒“关梁之难，盗贼之危”[③] 的风险。有的贵族地主甚至倚仗特权兼做此种买卖，楚国鄂君启就是一例。1957 年 4 月于安徽省寿县出土的四件鄂君启节，就是战国时代楚怀王颁发给鄂君启的免税凭证。其中车节三，舟节一，就其铭文中车舟所经的城邑来看，车节经过九个城邑，舟节经过十一个城邑。在舟车所经的这些城邑范围内，凭节可以免税。

珠宝、玉器、金银制品和丝绸织物等贵重奢侈品、手工艺品，价贵而体轻，是便于长途转运的商品，也是能获大利的贸易行业，因此是大商人投资经营的重要项目。前面说过，巨富猗顿就曾兼营珠玉的商业。《韩非子·说林下》载：“宋之富贾有监止子者，与人争买百金之璞玉，因佯失而毁之，负（赔偿）其百金，而理其毁瑕，得千溢（镒）焉。”从《孟子·梁惠王下》所说“今有璞玉于此，虽万镒，必使玉人雕琢之”可知，当时还有值“万镒”的玉。《战国策·秦策五》记载说：“濮阳人吕不韦贾于邯郸，见秦质子异人，

---

① 《史记·货殖列传》集解引《孔丛子》。

② 《墨子·贵义篇》。

③ 《墨子·贵义篇》。

归而谓父曰：‘耕田之利几倍?’曰：‘十倍。’‘珠玉之赢几倍?’曰：‘百倍。’……”由此可见当时珠宝商获利之大。《史记·吕不韦列传》说：“吕不韦者，阳翟大贾人也。往来贩贱卖贵，家累千金。”

虽然战国时代的商业和商人资本比较发达，但如马克思所说：商业和商人资本“只是对商品交换起中介作用”；而“商品交换本身和对商品交换起中介作用的各种活动”，是“和生产相分离，并且由非生产者来完成”的①。尽管“商人资本的任何一种发展，会促使生产越来越具有以交换价值为目的的性质，促使产品越来越转化为商品”②，然而在前资本主义社会的生产方式下，商人资本的这种“促使”作用是很有限的，它并没有也不可能“促使”那时的生产基本上成为商品生产。事实上，战国时期占主要地位、统治地位的经济同样是自给自足的自然经济，而不是什么以生产交换价值为目的的商品经济。

第二节　货币经济的发展与高利贷的盛行

一、铜币的种类和铸造

充当一般等价物的特殊商品的货币，是在商品交换发展过程中从一般商品中分离出来的，它随着商品交换的发展而发展。春秋时代以前，贝、麻布、工具或铜块之类的实物，都曾充当过其他一切商品的一般等价物。春秋晚期，出现了具有固定形状和重量的铜铸货币。公元前524年，周景王“铸大钱”，“钱”即铜币。《国语·周语下》说：

> 景王二十一年，将铸大钱。单穆公曰：“不可。古者，天灾降戾，于是乎量资币，权轻重，以振救民。民患轻，则为作重币以行之，于是乎有母权子而行，民皆得焉。若不堪重，则多作轻而行之，亦不废重，于是乎有子权母而行，小大利之。今王废轻而作重，民失其资，能无匮乎？……”王弗听，卒铸大钱。

这是说，钱币分量的轻重要适合流通的需要，如果原来的铸币太轻而购买力

① 马克思：《资本论》第3卷，《马克思恩格斯全集》第25卷，第364、365页。

② 马克思：《资本论》第3卷，《马克思恩格斯选集》第25卷，第365页。

低，不适合流通的需要，就要铸造分量较重的钱币；反之，则要铸造较轻的钱币。两种铸币同时在市场上流通，按它们的轻重维持一定的比价，这就叫“母权子”或“子权母”。单穆公（单旗）所说的？子母相权，是指铜铸币的不同重量之间的关系，重大者为母，轻小者为子，两者都是足值的铜币，在景王铸“大钱”之前就已出现。而单穆公所反对铸造的“大钱”，则是不足值的铜铸货币，所以他说：“废轻而作重”，就会使“民失其资”。山西侯马春秋晚期地层中出土的大小两种“空首布”，该是当时铸造的铜币。战国时代，随着社会分工和商品交换的扩大，铜币大量铸造发行，成为当时流通领域的主币。

战国时代，“诸侯力政，不统于王……分为七国，田畴异亩，车涂异轨，律令异法，衣冠异制，言语异声，文字异形”[①]。正是由于这种政治上的割据性和经济上文化上的分散性，各国自行铸造货币，形制不一，重量、质值各异，产生了各种形态的货币，形成了各种不同类别的货币体系和货币流通地域。其共同特点是：以铜币为主，兼用金、玉、贝、布帛等币。当时的铜币，按其形制可分为布币、刀币、圆钱、铜贝四种。

布币为铲形币，系由农具“铲”在商品交换的发展过程中演变而来。“铲”系今名，“布”乃古音，是“镈”（锄草农具）的假借字；因“镈”从尃声，尃、布古音相同，故可通假。“布”还有流布久远之义。因为在古代的农业社会中，农具为人们所需，随处可见，代代相传，故以“布”称之名。布币既然是由一种农具转化而成，其原始的布币必接近农具原形，嗣后逐渐进化，由大而小，由粗而精，形成轻、小、薄而便用的特点，从而产生了各种布币[②]。

战国时代的布币，有空首布和平首布两种类型。空首布是铲形农具的缩小，因其柄上有銎，上端空，可纳柄故名空首布，这是最早的一种布币形式。空首布又因其形制不同，而有耸肩尖足布、平肩桥足布、斜肩桥足布等类别。其中，大型者时代较早，小型者较晚。山西侯马晋城遗址附近春秋晚期的地层

① 许慎：《说文解字·叙》。
② 王慎行：《古文字与殷周文明》，陕西人民教育出版社 1992 年版，第 323 页。

中，出土有耸肩、尖足的空首布，通高约13厘米左右，这是迄今发现的年代最早的布币。1937年在河南省汲县山彪镇魏墓中出土的600余枚空首布，与侯马所出耸肩尖足空首布相似。此外，在河南洛阳、孟津等地的墓葬或窖藏中也发现了不少的空首布，这种布币的柄和足较短，肩为斜肩或平肩，足为桥形，有的布上铸有“东周”二字，当是周人铸造，主要流通于东、西周（今河南郑州、洛阳）地区；流通的时间较长，从战国早期一直延续到战国晚期。

平首布是从空首布演化而成，其特征是：首不空，种类多，铸有两字以上，多为当时之地名，系此种布币的铸造地或流通地。这种布币容易铸造，携带和使用也较方便，主要流通于魏、赵、韩三国，周、燕等国也有发行。其形制多种多样，可分为以下几大类：

（1）平首方足布。这种方足布又有圆肩桥足布、方肩桥足布、方足小布和楚布等不同类型。圆肩、方肩的桥足布，大小不等，最大者通高约为10厘米，最小者4厘米。布上铸有魏、韩城邑名，如大梁（今河南省开封市）、安邑（今山西省夏县西北禹王村）、山阳（今河南省焦作市东南）、蒲阪（今山西省永济县西）、共（今河南省辉县）、垣（今山西省垣曲县西南）等。方足小布通高约4.5厘米，铸造数量多，流通时间长，出现于布上的城邑名称众多，常见者有：长子（今山西省长子县西南）、皮氏（今山西省河津县东）、高都（今山西省晋城县）、平阳（今山西省临汾县西北）、彘（今山西省霍县）、宅阳（今河南省郑州市北）、安阳（西安阳，今内蒙古乌拉特前旗东南公庙沟口①）、襄平（今辽宁省辽阳市）等。其中多数属三晋，少数属燕、周。楚布的布身较长，有大小两种，首上有孔，通常称之为殊布。主要出土于今浙江、江苏等处，当是楚国铸造而通行于今长江下游的一种布币。

（2）平首尖足布。这种平首布也有大小两种，大者通高约18厘米，小者通高5厘米。大布上的地名有邯郸（今河北省邯郸市）、晋阳（今山西省永济县西南）、大阴、蔺等；小布上的地名有晋阳、大阴、西都、武安（今河北省武安县西南）、武平（今河北省霸县北）等30个左右。大、小布上所铸城邑

① 《文物》1959年第4期报道内蒙古包头市出土安阳方足布钱范三件，可证铸造此种方足小布的安阳为西安阳。

名，属赵者占绝大多数。在今山西、河北、内蒙古、东北等地，常有小布发现；而大布则发现较少。

（3）平首圆足布。首、尖、足均为圆角，有的带孔，有的不带孔。不带孔的有晋阳、离石、兹氏等布。带孔者，其首和两只足端各有一孔，俗称三孔布。三孔布有大小两种，大者高 7.4 厘米，背面铸阳文“一两”二字；小者高 5.4 厘米，背面铸阳文“十二朱”三字。正面均铸有地名，如安阳、茍阳、上苑、臯、上専、下専、上邶阳、下邶阳等，这是三孔布的铸造地。因为这种布币的币值单位是“铢”、“两”，十二铢为半两，故有学者认为它与秦制有关，应是战国晚期秦国占领布币地区后而仿造的地方货币。

上述各国各地区铸造和流通的种种布币中，以魏国的布币最为复杂，大小轻重不等，有以“釿”为单位者，亦有以“寽”为单位者，大体上一百釿等于一“寽”。国都大梁所铸的布币，即有这样四种：（1）“梁正尚（当）百尚（当）寽（锊）”；（2）“梁奇釿百尚（当）寽（锊）”；（3）“梁半币二百尚（当）寽（锊）”；（4）“梁奇釿五十尚（当）寽（锊）”。前两种布币是百枚当一寽，第三种是二百枚当一寽，第四种是五十枚当一寽。一寽的重量约在 1400～1600 克之间。此外，安邑、梁、晋阳三城所铸者有半釿、一釿、二釿三种；阴晋（今山西省华阴县东）、虞（今山西省平陆县北）二城所铸者有半釿、一釿两种，垣地所铸者有“垣釿”一种，蒲阪所铸者有一釿一种，共地所铸者有“共半釿”一种，垂地所铸者有“垂二釿”一种，几地所铸者有“几氏”、“几城”、“几釿”三种。上述布币一釿约重 12～15 克。而山阴、平周、皮氏、高都、宅阳等地所铸布币，则均无单位名称和重量。

再说刀币。刀币，因其形状似刀而得名，是由古时一种叫做“削”的刀形工具演变而来，通用于齐、燕、赵等国。战国时代的刀币，按其形制尺寸可分为大刀和小刀两种，都以“化（货）”为单位。大刀中又有古刀与齐刀之分。古刀形如实用工具之刀，柄端有环，环有圆孔，柄身有裂沟。齐刀皆为尖头，体大厚重，通长约 17 厘米；刀上有“齐法化（货）”、“安阳之法化（货）”、“即墨之法化（货）”等面文，制作精美；主要流通于齐国，多出土于今山东济南、兖州以东地区。齐都临淄所铸刀币有“齐法化”和“齐建邦造法化”两种，临淄的宫城内即有铸造“齐法化”刀币的作坊；“即墨之法化”，为即墨（今山东省平度县东南）所铸；安阳（今山东省曹县东）原为鲁邑，公元前412年为齐国所攻取①，“安阳之法化”当为安阳属齐后所铸；重量都在50克左右。

小刀币又有明字刀与直刀、小直刀、尖首刀等几种，主要流通于燕、赵两国。燕国主要通行的是方首而正面有一“明”字的刀币，俗称“明刀”②。这种刀币较齐刀轻小，若以刀背的形状划分，则有弧背和折背两种。赵刀和“明刀”大小相似。刀上铸地名者，有邯郸、蔺、柏人（今河北省临城县东南）三种，重量多在10克以上。后来又铸有更小的刀币，有“晋阳新化”、“晋阳化”、“晋化”等种，重量约7克左右。上面提到的尖首刀，因其亦多在匈奴故地出土，故或称“匈奴刀”，刀上仅有“六”、“八”等字，目前尚不清楚这种刀币为何国所造。

圆钱，也是战国时代铜币的一大币种，三晋、周、燕、齐、秦都曾发行。关于这种圆形铜质铸币的由来，有不同的说法：或说由纺轮发展演变而成；或说取式于环璧；或说由刀布转化而来。三晋和周的圆钱为圆孔，出现时间较早。魏国沿黄河流域地区流通的是无郭的圆钱，铸造圆钱的城市有共、垣、长垣（今河南省长垣县东北），共地所铸者有“共”、“共半釿”、“共屯赤金”三种，垣地所铸者有“垣”一种，长垣所铸者有“长垣一釿”、“长睘一釿”两种。赵国西部沿黄河流域地区流通的，则是有郭的圆钱。西周、东周亦流通圆钱，有郭者，多铸有“西周”、“东周”字样；方孔者，多铸有“东周”、“大信”字样。魏、赵和周的圆钱出土于今山西、河南等地，洛阳王城遗址还曾出土“大信”圆钱的石质钱范。齐国也曾铸造和使用圆钱，但形制不同于三晋和周，有方孔和周郭，分‘賹六化”、“賹四化”、“賹二化”、“賹化”四种，当为賹地（今山东省寿光县西南益城）所铸③，济南以东不少地方都有出

① 《史记·六国年表》。《史记·田世家》误作“安陵”。

② “明刀”的“明”字，币文作“”或“”，当是“匽”字之省，前人误释为“明”。燕国铜器铭文均将“燕”字写作“匽”或“郾”，而不作“燕”。（杨宽《战国史》第111页。）

③ 刘心源：《奇觚室吉金文述》卷十四、卷四十。因賹化布的钱范在山东省潍县出土，同时出土陶器的器底均有“益”字，故刘氏断定这种钱币的铸地“益”，当在今山东省寿光县西南之益城。参看杨宽《战国史》第111页。

土。燕国的圆钱也带方孔，但有的无周郭，方孔无郭者有“匽四”、“匽化”两种，方孔有郭者仅“一化”一种。齐、燕圆钱均为战国晚期铸造。公元前336年（秦惠文王二年），秦国开始统一铸造铜钱①，流通的圆钱有“珠重一两”、“半两”等种，以“两”为重量单位，也是战国晚期铸造，在陕西、四川均有出土。

战国时代的铜质铸币中，还有一种是铜贝。其形状像子安贝，椭圆形，该是沿袭过去以贝作货币的习惯而来。通高约1.8厘米，重约3克左右。宋代以来人们称之为“蚁鼻钱”或“鬼脸钱”。主要流通于楚国地区，多出土于湖北、湖南、江苏及豫南、鲁南一带，在安徽还发现了这种钱币的铜质铸范。

综上所述，可见战国时代的四种铜币中，布币主要流通于魏、赵、韩三国，刀币主要流通于齐、燕、赵三国，圆钱主要流通于东周、西周、秦国以及赵、魏两国沿黄河的地区，铜贝主要流通于楚国。魏、赵、韩、齐等国的钱币铸造权，分属于中央政府和各较大商业城市的地方政府；而秦国和楚国则是统一由中央政府铸造；秦国是从公元前336年“初行钱”起，把钱币的铸造权和发行权集中到中央的。秦律严禁地方、民间私铸钱币，并颁布了搜捕私铸钱币罪犯的条例。《封诊式·治狱》有这样的案例：

> 某里士五（伍）甲、乙缚诣男子丙、丁及新钱百一十钱、容（镕）二合，告曰：“丙盗铸此钱，丁佐铸。甲、乙捕索（索）其室而得此钱、容（镕），来诣之。”

这就是说：某里士伍甲、乙捆送男子丙、丁及新钱一百一十个以及钱范两套，控告道：丙私铸这些钱，丁帮助他铸造；甲、乙将他俩捕获并搜查其家，得这些钱和钱范，一并送到。此外，《金布律》还规定：

> 钱善不善，杂实之。出钱，献封丞、令，乃发用之。百姓市用钱，美恶杂之，勿敢异。
>
> 贾市列居者及官府之吏，毋敢择行钱、布；择行钱、布者，列伍长弗告，吏循之不谨，皆有罪。

意思是说：官府铸造的钱币，不论好坏，一律通用，不准百姓在交易时随意选

① 《史记·秦始皇本纪》《史记·六国年表》。

择使用；若有市肆中的商贾和官家府库的吏对钱、布两种货币有所选择使用者，以及列伍长不告发、官吏检察不严者，均属有罪。

二、铜币的广泛使用与黄金充当货币

作为特殊商品的铜币，像其他商品一样，也有使用价值和价值。铜币的价值决定于生产铜及以铜为材料铸造铜币的社会必要劳动时间，因此它的价值大于它的币材价值，而表现在同它相对的其他一切商品上。除了作为币材的铜具有使用价值，如可以用作各种手工业品的原料外，铜铸货币同其他货币一样，有一种由它的特殊社会职能产生的使用价值，它起着一般等价物的作用，具有一般的、社会的使用价值，可以用来购买任何商品。随着战国时代商品交换和商业的发展，铜币的职能亦相应扩展，在当时的经济生活中具有价值尺度、流通手段、贮藏手段、支付手段等多种职能。

春秋末年以后，铜币不但成为农产品和手工业产品的价值尺度，而且是商品交易中的主要的支付手段。据历史记载，春秋末战国初年，一石粟的价格一般为30钱左右[①]；最低时20钱，高涨时达到90钱；计然认为："夫粜，二十病农，九十病末"，"上不过八十，下不减三十，则农末俱利"[②]。《管子·轻重甲篇》有"粟价釜四十"的记载，是说齐国每釜粟的价格为40钱。齐国的"釜"，大体相当于其他国家的"石"。据研究，《管子》这里所说的"钱"，当是战国末年流通的货币"賹化"圆钱。根据齐国量制和《管子》所载齐国粟价计算，一枚"齐法化"（等于33枚賹化）可购买粟14.434公斤，即28.868市斤[③]。从秦律的有关条文中，也可知道当时秦国部分产品和商品的价值或价格，例如：禾（小米）价每石30钱，菽（大豆）、麦的价格比禾贱；猪、羊之类的小家畜，每头约值250钱左右；枲（编制褐衣的粗麻），18斤值60钱，每斤$3\frac{1}{3}$钱；布一幅，长8尺，宽2.5尺，值11钱；一枚钱（半两

---

① 《汉书·食货志》引李悝说。
② 《史记·货殖列传》计然说。
③ 朱活：《谈山东海阳出土的齐国刀化》，《文物》1980年第2期。

钱）能买到一份祭祀供品或一条系羊的缰绳，等等①。

在战国时代的商品买卖中，主要是支付铜币。据战国初年魏相李悝估计，当时农民每年衣服费用，“人率用钱三百，五人终岁用千五百”②。秦律规定：官府对官奴发放衣服费用，“冬人百一十钱，夏五十五钱；其小者冬七十七钱，夏卌钱。春冬人五十五钱，夏卌四钱；其小者冬卌四钱，夏卅三钱”③。在秦国，一个参与统一战争的士兵在其家信中，曾向其母要求给与五六百钱以备添置衣服④。在当时民间，凡不能自给或自给有余的生活或生产用品，而需通过买卖者，一般都把铜币作为流通手段、支付手段。《孟子·滕文公上》篇所谓“以粟易械器”和“以械器易粟”，并非物物交换，而是以粟卖钱后买械器，或以械器卖钱后买粟。秦律规定：“有买及买（卖）殹（也），各婴其贾（价）；小物不能各一钱者，勿婴。”⑤ 这是说，凡有所买卖时，应分别系签标明价格；只有小件物品每件值不到一钱者例外，不必系签。这也表明，当时的买卖是用钱买物品，用物品卖钱。在《法律答问》中，甚至还有“甲盗钱以买丝”的案例。当时的富商巨贾和大高利贷者，都拥有数额巨大的货币资本。商人利用钱币来进行不等价的交换，讲究怎样在商业活动中迅速流转资金以获得更大的利润，所谓“无息币”、“财币欲其行如流水”⑥。高利贷者则用其钱币放债以赚取更多的钱币；如大高利贷者孟尝君田文，一次就能收到“息钱十万”⑦。

由于货币的广泛流通，刀布和囷窌里的粮食一样成为储蓄财富的手段。荀子就曾说过：“余刀布，有囷窌，然而衣不敢有丝帛；约者有筐箧之藏，然而行不敢有舆马。是何也？非不欲也，几不长虑顾后，而恐无以继之故也。于是又节用御欲，收敛蓄藏以继之也。”⑧ 在当时各封建国家的财政收支中，货币

---

① 见《司空律》《金布律》《仓律》《法律答问》等。

② 《汉书·食货志上》。

③ 《金布律》。

④ 云梦睡虎地四号墓出土木牍。

⑤ 《金布律》。

⑥ 《史记·货殖列传》。

⑦ 《史记·孟尝君列传》。

⑧ 《荀子·荣辱》。

形式的收入和支出开始占有重要的地位。已有所谓“刀布之敛”[①]，“征赋钱粟，以实仓库”[②]。秦律中的《金布律》，就是关于货币及财物方面的法律。汉代也有金布律，或称金布令，《汉书·萧望之传》注云：“金布者，令篇名也，其上有府库金钱布帛之事，因以名篇。”当时秦国朝廷和各县，都设有收藏和管理钱财的机构（“少内”）。钱币也已用作法律上的奖金、罚款和赎罪金。按照秦律的规定，对盗窃犯判刑轻重的标准之一，是其盗窃钱币的多少；盗取220钱以下、220钱以上以及满660钱者，判刑不同。封建政府通缉罪犯的赏格，也是用钱。例如公元前238年，长信侯嫪毐作乱，秦王下令国中：“有生得毒者，赐钱百万；杀之，五十万。”[③]

战国时代货币经济的发展，不但表现在铜币的大量铸造发行和广泛流通上，而且还表现在贵金属黄金之充当货币，在当时各国社会中起着一般等价物的作用。

在世界各国的历史上，有许多种商品充当过货币，但随着商品交换和冶金技术的发展，最后都逐步转到贵金属金和银上。“金银天然不是货币，但货币天然是金银。”[④] 这是因为：金的各个部分都是同质的，同一分量有同一的价值，可以最完全地体现同质的一般人类劳动；它能够随意分割和随意结合，又不易磨损；小量体积的金代表较大的价值，便于携带和储藏。正是由于黄金的这种物理性能和化学性能，使它成为表现商品的价值量、充当一般等价物的最好的材料，以及充当流通手段、贮藏手段和世界货币的最适当的货币商品。

所谓“虞夏之币，金为三品，或黄、或白、或赤”[⑤]，以及“太公为周立九府圜法：黄金方寸，而重一斤”[⑥] 等说法，无疑都是不足凭信的。因为货币本身也有一个发展过程，只有商品货币经济发展到一定程度，货币形态才能开始转到那天然适合充当一般等价物这种社会职能的贵金属黄金身上，而夏、

① 《荀子·王霸、富国》。
② 《韩非子·显学》。
③ 《史记·秦始皇本纪》。
④ 马克思：《政治经济学批判》，《马克思恩格斯全集》第13卷，第145页。
⑤ 《史记·平准书》。
⑥ 《汉书·食货志下》。

商、西周时期还不具备这样的条件。直到春秋中、后期，随着商品交换和商业的发展，贵金属黄金的货币功能才开始局部地显露出来。例如："……黄金四十镒，白玉之珩六双，不敢当公子，请纳之左右"①；"子贡好废举，与时转货赀……家累千金"②；"朱公……乃治产积居，与时逐而不责于人……十九年之中三致千金"③。这还只是个别的事例。在我国第一部比较完备的、记述春秋时期二百余年史事的编年史书《左传》中，并没有关于使用黄金的记载；书中所说的"金"，如"郑伯始朝于楚，楚子赐之金"的"金"，均指青铜。黄金之作为一般等价物而较多地使用，是在战国时代。

"金要执行货币的职能，自然就必须在某个地点进入商品市场。这个地点就在金的产地，在那里，金作为直接的劳动产品与另一种价值相同的劳动产品相交换。"④《管子·国蓄篇》说："金起于汝、汉。"汝、汉，即河南的汝水、湖北的汉水。《战国策·楚策三》也说："黄金……出于楚。"《禹贡》讲荆州、扬州的贡品有金三品（金、银、铜），它所说的各州贡品实际上也就是战国时代各个地区的土特产。又《史记·货殖列传》：'豫章出黄金。"《正义》引徐广曰："鄱阳有之"；《正义》引《括地志》云："江州浔阳县有黄金山，山出金。"《韩非子·内储说上》还谈道："荆南之地、丽水之中生金，人多窃采金。采金之禁，得而辄辜磔于市，所辜磔甚众；壅离其水也，而人窃金不止。"以上记载表明，当时的楚国境内多产黄金。而考古发现又表明，出产黄金较多的楚国同时也是战国时代使用黄金货币较多的地区。这一事实，证明了黄金执行货币的职能，必然首先在黄金的产地进入商品市场的规律性。

出土的战国时代楚国金币，有金饼和金版两种。金饼又有圆形金饼和马蹄金之分。河南扶沟与金版同出的圆形金饼和马蹄金，每块约重200多克。安徽寿县所出的金饼，每块重达500克左右。安徽阜南三塔地区楚墓曾出饼金碎块。湖北江陵望山楚墓曾出包金银的铅饼冥币10枚。金版为长方形或锭形，金版上打有十几个至几十个"郢爰"或"陈爰"、"鄟爰"之类的戳印，以

① 《国语·晋语二》。
② 《史记·仲尼弟子列传》。
③ 《史记·货殖列传》。
④ 马克思：《资本论》第3卷，《马克思恩格斯全集》第23卷，第128页。

“郢爰”为多，故又称为郢爰金或郢爰。郢爰在安徽、江苏两省发现较多。含金量一般都在90%以上，最多者达99%，最少者为82%。因使用时按需要而随意切割，故出土实物大小不一。长沙楚墓出土不少天平和法码，法码都是十枚为一套，其中最大一枚重251.33克，代表楚一斤的重量。完整的金版，据实测，安徽阜南、六安出土的五块金版，平均重268.8克；陕西咸阳出土的八块“陈爰”金版，平均重248.38克，大体重一斤[①]。“郢爰”为楚国国都所造；“陈爰”为楚顷襄王所徙国都（今河南省淮阳县）所造；“鄟爰”可能是楚国占有今山东郯城东北旧鄟国地后所造[②]。在河南扶沟，和金币同出者还有十八件铲形银币，战国时期银币实物资料仅此一例。

战国时期金币的使用范围，自然不限于楚国；在其他国家，黄金同样充当货币，在经济生活中具有价值尺度、流通手段、贮藏手段、支付手段等职能。当时计算黄金的数量或重量，往往以斤、镒等为单位。焦循《孟子正义》根据《孙子算经》《五经算术》等书推算，认为“镒”是20两；一说重24两。当时的黄金，大量集中在各封建政府、贵族、官僚和富商巨贾手中。据《战国策》中的《燕策一》《齐策三》《西周策》和《史记·孟尝君列传》记载，当时，千里马、象床、宝剑、狐裘等物都价值千金。人口买卖中，亦有以黄金论价者。《战国策·卫策》说：“卫嗣君时，胥靡逃之魏，卫赎之百金[③]，不与。乃请以左氏（今山东省曹县北）。”又《战国策·韩策三》说：“秦，大国也。韩，小国也。韩甚疏秦。然而见亲秦，计之，非金无以也，故卖美人。美人之贾（价）贵，诸侯不能买，故秦买之三千金。”当时封建地主的地租收入，也有用黄金来计算的，《战国策·西周策》载温囿“岁利八十金”，就是一例。《史记·赵奢列传》载赵括把国君赏赐给他的金帛归藏于家，“日视便利田宅可买者买之”，还表明当时田宅的买卖中也有支付黄金或以黄金为价值尺度的。历史记载还表明，当时地主、商人的家产亦往往用黄金来估价，有

---

① 参看安志敏：《金版与饼金》，《考古学报》1973年第2期。

② 杨宽：《战国史》，上海人民出版社1980年版，第114页。

③ 《韩非子·内储说上》作“五十金”。

“千金之家”[①]，“万金之家”[②]，以及孟尝君“家富累万金”[③]，宛孔氏“家致富数千金”[④]，“千金之家比一都之君，巨万者乃与王者同乐”[⑤] 等等记载。至于当时国君对臣下、官僚贵族间和国家间，用“五十金”、“百金”、“黄金三百镒”、“金五百斤”、“黄金千镒”、“黄金千斤”来进行赏赐、馈赠和贿赂的事例，更是大量存在[⑥]；甚至还有“予之五千金”、“行金万斤”的事例[⑦]。《管子·国蓄》篇说：“以珠玉为上币，以黄金为中币，以刀布为下币。”这都表明，当时黄金和铜币等同时被投入流通领域，并在当时流通领域中居于颇为重要的地位。

《秦律十八种》中的《金布律》云：“钱十一当一布。其出入钱以当金、布，以律。”“当”，折合；“钱十一当一布”，即十一钱折合一布。在秦简简文中，很多钱数是十一的倍数，如五十五钱、一百一十钱，就是从布折算的结果。“其出入钱以当金、布，以律”，是说如出入钱来折合黄金或布币，应按法律规定。这说明，当时钱币、布币、金币间都有相对固定的比值率。因黄金是贵金属，通常以斤、镒等为重量单位，使用时又要根据需要而随意切割，故当时已有专门用来称量黄金的相当精密的天平法码。秦律规定：一般衡器一斤（16 两）误差在三铢（八分之一两）以上，罚一盾；而称黄金的衡器误差在半铢（四十八分之一两）以上，即罚一盾[⑧]。

综上所述，可见在战国时期商品经济迅速发展的同时，货币经济亦以同一的速度和规模发展到同一的高度。当然，当时的货币经济本身是有局限性的。如前所述，在诸侯割据的战国时代，各个独立王国各有自己的货币制度，货币种类繁多，形状各异，产地不同，各有自己固定的流通区域，除黄金不受当时

---

① 《庄子·列御寇篇》。

② 《韩非子·八说篇》。

③ 《史记·孟尝君列传》。

④ 《史记·货殖列传》。

⑤ 《史记·货殖列传》。

⑥ 见《史记·商君列传》《孟子·公孙丑下》《史记·刺客列传》《战国策·卫策》《战国策·齐策》《战国策·楚策》《史记·越王勾践世家》《史记·滑稽列传》。

⑦ 《战国策·秦策》《史记·信陵君列传》。

⑧ 参看睡虎地秦墓竹简整理小组：《睡虎地秦墓竹简》，文物出版社 1978 年版，第 115 页。

列国政治疆界的限制之外，铜币等其他货币都不能越出自己的国界，甚至不能越出自己的产地。而黄金又是贵金属，单位价值很高，又是以镒、斤等为单位的称量货币，不适合于在市场上供日常零星交易之用。再说，黄金难得，不可能有充足的供应和流通量，也不可能普遍通行于社会的各个阶层。因此，统一货币制度，以一种单位面积较小，便于流通、携带和保存的金属货币为主币，而与黄金并行于全国，以适应当时中国社会经济发展的需要，就成为一种迫切的时代要求。正因为如此，秦始皇统一中国后，不但统一法律，统一度量衡制，统一车轨，统一文字和历法，而且还统一货币。《汉书·食货志下》载："秦兼天下，币为二等：黄金以溢为名，上币；铜钱质如周钱，文曰'半两'，重如其文。而珠玉龟贝银锡之属为器饰宝臧，不为币，然各随时而轻重无常。"这是中国货币制度史上的一件大事，对当时中国社会经济的进一步发展具有重大的意义和作用。

三、高利贷者的盛行

战国时期，随着商品买卖的发展，货币的各种职能，特别是支付手段的职能的发展，高利贷资本也获得了相应的发展。高利贷资本即借贷资本，也就是通过贷放货币获取高额利息的资本。马克思说："我们可以把古老形式的生息资本叫作高利贷资本。"①

借贷，战国以前就有，只是那时主要还是实物借贷，春秋时期"贷粟"已颇盛行。战国时期，既有实物借贷，也有金钱借贷，而主要是金钱借贷。放贷者（即债权人）不但有商贾、贵族、官僚、地主，而且还有封建国家政府。高利贷的贷放对象（即债务人），主要是拥有劳动条件的农民及小手工业者。农民等小生产者由于战争、天灾等偶然变故和意外事件，由于赋税、地租、徭役等剥削的加重，在简单再生产无法进行、生活难以维持的情况下往往被迫向高利贷者借债。此外，荒淫无度的贵族、官僚地主，为了满足其奢侈的生活和豪华的排场，也往往需要求助于高利贷。因此，"榨取贫苦小生产者的高利贷

---

① 《资本论》第3卷，《马克思恩格斯全集》第25卷，第671页。

是和榨取富裕大地主的高利贷携手并进的"[1]。没落的贵族也需要求助于高利贷。有的商人，有时也可能借债。但他是为了把它作为资本来使用，用它来牟取利润。

《荀子·儒效》篇所谓"行贷而食"的高利贷者，当是指家累千金、万金的富商大贾。《孟子·滕文公上》篇所说"使民盻盻然，将终岁勤动，不得以养其父母，又称贷而益之，使老稚转乎沟壑"的高利贷者，则是指封建贵族官僚地主。齐湣王的相国孟尝君田文，就是一个大贵族地主兼大高利贷者。田文之父靖郭君田婴相齐时，已是"私家富累万金"。孟尝君田文相齐时，"封万户于薛"，不但食薛地（今山东省微山东北）的租税，而且还在薛地大放高利贷，一次就收到"息钱十万"[2]。而且，这"息钱十万"还只是其时"能与息者"所付之息，此外还有不少人向他（孟尝君）借债后而"不能与息者"[3]。可见其贷放货币量之大、利息之高和债务人之多。《管子·问篇》问道："邑之贫人债而食者几何家?""贫士之受责（债）于大夫者几何人?""人之贷粟米有别券者几何家?"当主要是针对战国时代借贷盛行的历史实际而提出的。据《史记·苏秦列传》记载，"苏秦之燕"时，亦曾"贷百钱之资"。特别值得一提的是，东周末年的周赧王本人，据说也是个负债累累的债务人。他因无法偿还而上高台躲债，周人名其台曰"逃债台"[4]。"债台高筑"这一成语，即由此而来。

从秦律中有关借贷的条文看来，不但民间借贷关系相当普遍，而且秦国政府与"百姓"之间也有借贷关系。《法律答问》云："府中公金钱私贷用之，与盗同法。""府中"，指"县少内"，即县中收储钱财的机构。府中的资金本是放债用的，故不许官吏擅自借用，私自贷用者与盗窃同样论罪。关于当时借贷关系的方方面面，秦律有以下规定：

(1)"百姓有责（债），勿敢擅强质，擅强质及和受质者，皆赀二甲。廷

---

① 《资本论》第3卷，《马克思恩格斯全集》第25卷，第673页。
② 《史记·孟尝君列传》。
③ 《史记·孟尝君列传》。
④ 《通志·三王记》。

行事强质人者论，鼠（予）者不论；和受质者，鼠（予）者□论。”[①] 这是说：“百姓间有债务，不准擅自强行把人作为抵押[②]，擅自强行把人作为抵押以及双方同意质押的，均罚二甲。成例，向他人强行索取人质的人应论罪，把人给人作为抵押的人不论罪；借贷双方同意抵押的，把人质给人的人也要论罪。

（2）“有责（债）于公及赀、赎者居它县，辄移居县责之。公有责（债）百姓未赏（偿），亦移其县，县赏（偿）。”[③] 这是说：欠官府债者及被判处赀、赎者[④]居住在另一县，应即发文书到所住的县，由该县索还索缴。官府欠百姓债而未偿还，也应当发文书给百姓所在的县，由该县偿还。这里所谓“百姓”，无疑是指商贾、地主等富人。

（3）“百姓……有责（债）未赏（偿），其日踐以收责之，而弗收责，其人死亡……令其官啬夫及吏主者代赏（偿）之。”[⑤] 这是说：百姓欠官府债未还，有足够时间收回；若未加收回，而该欠债者又已死亡，则令该官府啬夫和主管其事的吏代为偿还。

（4）“有责（债）于公，以其令日问之，其弗能入及赏（偿），以令日居之，日居八钱；公食者，日居六钱。……作务及贾而负责（债）者，不得代。”[⑥] 这是说：“欠官府债务的人，应按期加以询问，若欠债者不能还债，则令其以劳役抵偿债务，每劳作一天抵偿八钱；由官府供应饭食的，每天抵偿六钱。欠官府债务的手工业者和商贾，不得以他人代替服役。

（5）“官啬夫免，复为啬夫，而坐其故官以赀赏（偿）及有它责（债），贫窭毋（无）以赏（偿）者，稍减其秩、月食以赏（偿）之，弗得居；其免也，令以律居之。……及恒作官府以负责（债）……未赏（偿）及居之未备而死，皆出之，毋责妻、同居。”[⑦] 这是说：官府的啬夫免职，以后又任啬夫，

---

① 《法律答问》。
② “质”，抵押。古书中“质”常指以人作为抵押。
③ 《金布律》。
④ “赀”，因有罪而被罚缴财物。“赎”，缴纳财物以赎死刑等罪。
⑤ 《金布律》。
⑥ 《司空律》。
⑦ 《金布律》。

由于前任有罪应缴钱财赔偿，以及有其他债务，而因贫困无力偿还的，应分期扣除其俸禄和每月口粮来偿还，不得令他居作；如已免职，则应依法令他居作。吏为官府经营手工业而负债，尚未偿还及居作未完而死去，都可免除，不必责令其妻和同户居住者。

借贷同商品交易一样，以竹木制作的券为凭证，先把借据写在上面，然后剖分为二，由债权人执右券，债务人执左券。借债到期，债权人持右券讨债即所谓“操右券以责”[①]。债权人在讨债及索取利息时，可命权务人前来“合券”并偿还欠债和利息[②]。此种债券或称为“傅（符）别”，“傅”指合券，“别”指个别的右券或左券。《管子·问篇》“问人之贷粟米有别券者几何家”的“别券”，就是指左券而言。如果因债务问题而发生纠纷，官府则根据“傅别”断之，所谓“听称责（债）以傅别”[③]。

上述高利贷资本，是贵族、官僚、地主、商人及官府通过各种途径积累起来的货币财富，它与社会生产没有任何联系。它的运动公式是货币——货币（增殖的货币）。把货币转化为更多的货币，即交换价值的增殖，是这种资本活动的动机和决定的目的。商业资本通过在商品交换过程中的中介作用来获取利润，而高利贷资本却不需要任何中介活动，就能将一定数量的货币转化为更多的货币。因此，这种“资本自行再生产的特性，即自行增殖的价值，剩余价值的生产，却纯粹表现为一种神秘的性质”[④]。榨取贫苦小生产者的高利贷资本的利息，不但往往超过生产者最必要的生活资料的全部余额，有时甚至侵吞了生产者的全部或部分必要生活资料。高利贷的利率水平，除了需要借款者的负担能力和抵抗能力外，没有任何其他限制。《汉书·食货志上》“亡者取倍称之息”，“商贾大者积贮倍息，（借一还二）的说法，当也适用于战国时代的高利贷。上述情况表明，战国时代的借债者中，无力支付到期的高利贷本息者多。如《史记·孟尝君列传》载冯驩所说：“不足者，虽守而责之十年，息愈多，急，即以逃亡自捐之。”可能是有鉴于此，秦国官府向人民放债，对到

① 《史记·平原君列传》。
② 《史记·孟尝君列传》。
③ 《周礼·大宰》。
④ 马克思：《资本论》第3卷，《马克思恩格斯全集》第25卷，第688页。

期不能还债的债务人采取了以劳役抵债的办法；如前所述，服一天劳役仅折合为八钱，可见其放债条件之苛刻。

第三节 城市的发展

一、城市的布局和规模

“商业依赖于城市，而城市的发展也要以商业为条件。”① 战国时代的城市与商业二者，相互促进，大体同步发展。

战国时代各国普遍先后设置郡县。春秋时已有郡县之称，不过那时郡属于县，《左传·哀公二年》赵简子所谓“上大夫受县，下大夫受郡”是也。战国时县属于郡，小郡有十多县，大郡有三十余县。《战国策·秦策一》说赵国的上党郡有十七县，《史记·赵世家》说上党有城市之邑十七。县、郡均筑有城。“一般说来，当时郡城的规模要比县城大一倍以上，国都的规模又要比郡城大一倍以上。”② 不过有的大县，其规模实相当于郡。例如韩国的大县宜阳（今河南宜阳县西南古城镇），“城方八里，材士十万”③；“名为县，其实郡也”④。

战国时代各国国都，是一国的政治、经济和文化的中心。国都内大城（郭）和小城（宫城）相连结。宫殿建筑在高大的夯土台基上，居高临下，成为全城的制高点。在宫殿区内外，分布着各种官营的手工业作坊。例如齐国国都临淄（今山东临淄北），建筑在淄河西岸，大城南北约 4 公里半，东西约 4 公里。小城在其西南角，周围约 5 公里，宫殿筑在小城西北部的夯土台基上。市区在大城的西部和小城以北，与《考工记·匠人》所说“面朝后市”的都城建设规范相符。在小城的南部和大城的北部，分布着冶铁、冶铜、制钱、制骨等手工业作坊⑤。赵国国都邯郸（今河北邯郸市）的布局，与临淄大体相

---

① 马克思：《资本论》第 3 卷，《马克思恩格斯全集》第 25 卷，第 371 页。
② 杨宽：《战国史》，上海人民出版社 1980 年版，第 97 页。
③ 《战国策·东周策》。
④ 《战国策·秦策二》《史记·甘茂列传》。
⑤ 群力：《临淄齐国故城勘探纪要》，《文物》1972 年第 5 期。

似。燕下都武阳（今河北易县东南），分东西两城，东西城之间有河道隔开，西城可能是战国晚期适应战争的需要而扩建。东西长约8公里，南北长约6公里。东城中部偏北处有东西向的城垣，把东城分隔为南北两部，城垣的南北两侧为宫殿区。在宫殿区的西半部和南侧，分布着各种手工业作坊。离宫殿区稍远的西南部，是市民居住区。墓葬区在城址的西北角①。

各国国都的宫城（小城）中，有国君的宗庙、宫庭和国家机构的各部门官署。宫庭规模宏大。据《史记·商君列传》记载，秦孝公从雍（今陕西凤翔县南）迁都于咸阳（今陕西咸阳市东），曾仿照鲁、卫等国的宫庭规模，"筑冀阙宫庭于咸阳"。有的国都还不止一个宫庭，如赵国就有信宫和东宫②。在国都的大城中，有国君宗族、各级官吏和平民的住宅，以及集中经营手工业和商业的市区。各大官的住宅也是高门大屋。例如齐宣王把淳于髡、田骈、接子、慎到、环渊等等文学游说之士，都命为"列大夫"，在稷下（临淄的稷门附近）"为开第康庄之衢，高门大屋尊宠之"③。各诸侯国还有招待宾客的馆舍，那些养食客的亲贵大臣则有招待食客的馆舍。各国的郡城和县城，也有官署、官吏住宅，以及官营手工业作坊和工商业者居住区。

在国都以外的其他一些城市中，还有国君建筑的游乐宫。例如：秦孝公在雍建有橐泉宫，秦昭王在雍建有棫阳宫、在陈仓（今陕西宝鸡市东）建有羽阳宫，宣太后在美阳（今陕西武功县西北）建有高泉宫、在虢（今陕西宝鸡市东虢镇）建有虢宫，秦孝文王在鄠（今陕西户县北）建有萯阳宫④；赵国在沙丘（今河北平乡县东北）建有沙丘宫⑤；韩国在成皋（今河南荥阳县西北）、荥阳（今河南荥阳县东北）有鸿台之宫⑥。

战国时代各国都有一些面积大、人口多的城市。其规模远远超过西周春秋时期。《战国策·赵策三》云："古者……城虽大，无过三百丈者；人虽众，

① 河北省文化局文物工作队：《河北易县燕下都故城勘察和试掘》，《考古学报》1965年第1期。
② 《史记·赵世家》。
③ 《史记·孟子荀卿列传》。
④ 《汉书·地理志》。
⑤ 《史记·赵世家》。
⑥ 《战国策·韩策一》《史记·张仪列传》。

无过三千家者。……今千丈之城，万家之邑相望也。”“三里之城，七里之郭”①，“万家之邑”、“万家之县”②、“万家之都”③，已比比皆是。

齐国的国都临淄，大小城总周长21433米，合40多华里④。《战国策·齐策一》载苏秦曰：

> 临淄之中七万户，臣窃度之，下户三男子，三七二十一万，不待发于远县，而临淄之卒，固以二十一万矣。临淄甚富而实，其民无不吹竽、鼓瑟、击筑、弹琴、斗鸡、走犬、六博、蹹踘者。临淄之途，车毂击，人肩摩，连衽成帷，举袂成幕，挥汗成雨。家敦而富，志高而扬。

《史记·苏秦列传》亦有同样的记述。这尽管是文学夸张之词，但苏秦足迹遍于当时的七国，他对于其他的国都没有称道，只说临淄，可见临淄城市发达、人口众多。当时各国国都一般比郡城、县城的规模要大得多、繁华得多，其中又以齐国国都临淄规模为最大，也最繁华，这是可以肯定的。楚国的国都郢（今湖北江陵县西北纪南城），也很繁华、热闹。据说：“楚之郢都，车毂击，民肩摩，市路相排突，号为朝衣鲜而暮衣弊。”⑤此外，如前面提到的宜阳，城方八里，可驻军队十万。又，在今山东滕县东南的薛，战国时代为齐孟尝君的封邑，由于“孟尝君招致天下”的“任侠”、“奸人”，“薛中盖六万余家矣”⑥。

二、经济都会的兴起

为了适应商业发展的需要，战国时代各城邑都划出一定的地段、范围作为交易场所的市。市里面分成若干列，即出售货物的“市肆”；列肆成行，店铺林立。在每座较大的城市里，作为交易场所的市区四周布“市门”出入，市

① 《墨子·非攻中篇》《孟子·公孙丑下》。

② 《战国策·赵策一》《韩非子·十过》。

③ 《战国策·赵策四》《韩策二》《管子·审合篇》。

④ 群力：《临淄齐国故城勘探记要》，《文物》1972年第5期。

⑤ 《北堂书钞》第129卷、《太平御览》第776卷引《桓谭新论》。

⑥ 《史记·孟尝君列传》。

有“市吏”管理①，市中经商的人均有“市籍”。秦惠王时蜀守张若在成都建设城市，“市张列肆，与咸阳同制”，还有盐铁市官的设置②。从《秦律》看来，市上商店如同居民一样以五家为一“伍”，设有“列伍长”以协助市吏监督商人的商业活动。即使是较小的县城，也有市的设置。如在魏国，“小县有市者三十有余”③。

银雀山汉简《市法》云：“市必居邑之中，令诸侯、外邑来者毋〔远〕，……毋相稽留也。国市之法，外宫方四百步，内宫爯（称）之。为啬四达之……”此“国市”，当即《列子·说符》所称之“城市”，《晏子春秋·内篇问上》所称之“公市”，战国时期齐国陶器印文之“大市”，为临淄城内之中心市场。《考工记·匠人》载：“面朝后市，市朝一夫。”郑玄注云：“方各百步。”临淄城中之市的规模为其四倍，可见其大④。战国时期陶器印文中的“中市”、“右市”等，当是指“国市”之内的区划，即按其所在方位分为左、中、右等几部分。“庄”、“岳”是临淄城中两条著名的大道，“岳”当指宫城之北的东西向大道，宽约 17 米；“庄”则可能是指其北部的东西向大道，宽约 15 米，可容六车并驶，被称之“六轨之道”。《孟子·滕文公下》所谓“庄、岳之间”，即指“庄”与“岳”这两条大道之间，二者相距约 800 米，为“国市”所在之处，是临淄城内最繁华最热闹的地区。《韩非子·难二》说“昔者桓公宫中二市”，《战国策·东周策》又说“齐桓公宫中七市”，此类宫中之市或为一时之设，不在“国市”之列。此外，在临淄城内可能还有一些民间交易之所⑤。

战国时期的城，既是封建统治阶级的堡垒，又是手工业生产、商品交换和商人活动的主要场所，市已成为城的重要部分。当时的黄河流域和长江流域，分布着一批规模大、经济繁荣、商业发达的著名城市。《盐铁论·通有篇》说：“燕之涿、蓟，赵之邯郸，魏之温、轵，韩之荥阳，齐之临淄，楚之宛、

① 《史记·吕不韦列传》《商君列传》《韩非子·内储说上》。

② 《华阳国志·蜀志》。

③ 马王堆出土帛书《战国策》释文二十六。

④ 曲英杰：《先秦都城复原研究》，黑龙江人民出版社 1991 年版，第 241 页。

⑤ 曲英杰：《先秦都城复原研究》，黑龙江人民出版社 1991 年版，第 242、244 页。

陈，郑之阳翟，二周之三川，富冠海内，皆为天下名都。”[①] 这些“名都”，主要是战国时期兴起的。此外，当时有名的城市还有：齐的即墨（今山东平度县东南）、安阳（今山东曹县东）、薛（今山东滕县东南），赵的蔺（今山西离石县西）、离石（今山西离石县），魏的大梁（今河南开封市）、安邑（今山西夏县西北），韩的郑（今河南新郑县）、屯留（今山西屯留县南）、长子（今山西长子县西南），楚的寿春（今安徽寿县），越的吴（今江苏苏州市），宋的陶邑（亦称定陶，今山东定陶县北），卫的濮阳（今河南濮阳市南），秦的雍、咸阳、栎阳（今陕西临潼县北栎阳镇）。

在战国时期的经济都会中，以济水流域的陶最为重要。陶本为曹国地方，春秋末年，曹国为宋所灭，那时陶还没有得到发展的机会，战国时期才逐渐发展起来。战国时期生产力的发展，促成了当时各国若干城市的繁荣；而陶之成为当时最为重要的经济都会，则另有其特殊的原因。可以说，陶的繁荣主要是由于春秋末年菏水的开凿；而战国时期鸿沟的开凿，对于陶的繁荣又起了锦上添花的作用。鸿沟的开凿，在济、汝、淮、泗之间构成了一套水道交通网，而陶正处于这个水道交通网的中间。陆路交通也比较发达。战国时期的人们曾一再提到“午道”[②]，郑玄说：一纵一横谓之午道[③]。这一纵一横的地方当是指陶而言，因为济水、菏水分流正是一纵一横[④]。陶不仅居于交通的枢纽，而且是在一个富庶地区的中心。陶以东是鲁国和齐国，东北是卫国，向西是魏国和韩国。由于它地处中原地区水陆交通的中心，“诸侯四通，货物所交易也”[⑤]，因此商业发达，经济繁荣，成为当时“天下之中”的著名经济都会。

战国时期，除了号称“天下之中”的经济都会陶邑以外，还有一批地方性的经济都会。前面所说的濮阳就是这样的经济都会之一。当时人常以陶、卫并称，《战国策·齐策六》就有“请裂地定封，富比陶卫”的说法。当时所谓

---

① 涿，今河北涿县。蓟，今北京市西南。温，今河南温县西南。轵，今河南济源县东南。宛，今河南南阳市。陈，今河南淮阳县。阳翟，今河南禹县。三川，指洛阳和巩二城。

② 见《战国策·赵策二》《史记·楚世家》。

③ 《史记·张仪列传·索隐》引。

④ 史念海：《释〈史记·货殖列传〉所说的‘陶为天下之中’兼论战国时代的经济都会》，《人文杂志》1985 年第 2 期。

⑤ 《史记·货殖列传》。

卫，指卫国的都城而言。卫国在春秋时代就已迁都于帝丘，由于它位于濮水之北，战国时期一般称帝丘为濮阳。濮水上承济水，下游又仍入济水，这就方便了陶、卫之间的往来。卫国在春秋时期本为晋、齐两国交通必经之地；战国时代，卫国和赵、魏、韩以及齐国之间的交通又有新的发展。由于濮阳交通便利，成为赵、魏、韩、齐等国货物集散的重要地点。荥阳引河开凿鸿沟后，河、济、淮、泗之间水道纵横，从而获水、睢水之间的睢阳（即商丘）和获水与泗水交会之处的彭城，都因交通的发达而得到了繁荣的机会。黄河以北的燕国，北边邻近乌桓和扶余，东面接着秽、貉、朝鲜、真番。据《史记·货殖列传》记载，燕国和这些国家不断进行贸易，从中获得了很多的利益；蓟，就是燕国进行对外贸易的中心。赵国的邯郸富于冶铁业，又当交通的孔道①，因而使它成为当时各地商人所麇聚的地方。太行山南与黄河以北的温、轵，则是"西贾上党，北贾赵中山"② 之地，当时经济相当繁荣。作为东周都城的洛阳及其附近的地方，虽然土地狭小，但人口众多。战国时代的洛阳商人以善于经营商业著称，他们能够充分利用荥阳以下鸿沟系统中的水道，和东方富庶的区域作贸易的往来，《史记·货殖列传》有"洛阳东贾齐、鲁，南贾梁、楚"的说法。当时闻名各国的白圭，就是洛阳的商人。洛阳附近的阳翟与宛（今南阳），商业和商人亦有相当的发展。宛又富有铁矿③，当地冶铁业的发展可与邯郸相媲美。

第四节　交通运输

一、水陆交通线路的建设与运输工具的进步

交通运输，是指人类利用各种运输工具，促使货物或人沿特定线路实现空间位置移动而言。交通运输的形式、规模和范围，受包括生产工具、科学技术等要素在内的社会生产力发展水平的制约。战国时期，由于铁器的广泛使用、

---

① 《史记·货殖列传》。
② 《史记·货殖列传》。
③ 见《史记·货殖列传》。

科学技术水平的提高，以及经济发展和政治、军事的需要，交通运输业有了显著的发展。

交通运输是凭借自然条件和线路在运动中进行的，它的活动涉及到很大的空间，与自然条件有密切关系，因此它的发展在很大程度上即是克服空间障碍的过程。古代的交通运输包括陆路运输和水路运输。一般说来，水路运输比陆路运输具有优势，它的主要优点是投资少、成本低。因为内河航线和海上航道是天然形成的，有些水量丰盈的河流只需稍加整治，即可供船只通航，而且，内河航道的开辟和建设还可结合兴修水利进行，能收到对天然水域实行综合利用的效益。正因为如此，水路运输是各种交通运输方式中发展历史较为悠久的一种；而战国时代的交通，实际上水道也较陆道便利。

我国的江、淮、河、济，自古以来即被称为四渎。江、淮东流入于东海，河、济则东北流入于渤海；江、淮二水各自成为一个系统。公元前486年，运河邗沟的开凿，是我国历史上交通建设的一个巨大成就。《左传·哀公九年》载："秋，吴城邗沟，通江、淮。"杜预注："于邗江筑城穿沟，东北通射阳湖，西北至宋口入淮，通粮道也。今广陵韩江是。"这就第一次把同一纬度、东西流向的天然河流（江、淮），用南北向的人工运河连接起来，便利了江、淮之间的交通。吴国接着又巧妙地利用天然河道和湖泊沼泽，把邗沟向北延伸，沟通修整济、泗之间的湖泽而成菏水，从而连接了济水和泗水①。

战国时代人们继续兴建水利、交通工程。陆续开凿而成的鸿沟，便是当时兴建的大规模工程之一。鸿沟的主干，从今河南省荥阳以北，和济水一起分黄河的水东流，经过魏都大梁（今河南开封市）折而向东流，经过陈的旧都（今河南淮阳县），在今沈丘附近注入颍水，而颍水下流注入淮水，从而沟通了黄河和淮水的交通。另有丹水成为鸿沟的分支，从大梁东流直到彭城（今江苏徐州市）注入泗水。又有睢水从大梁以南从鸿沟分出东南流，经过宋都

① 《水经注·泗水注》云："菏水即济水之所苞注以成湖泽也，而东与泗水合于湖陵县西六十里谷庭城下，俗谓之黄水口。黄水西北通巨野泽，盖以黄水沿注于菏，故因以名焉。……《国语》云：吴王夫差起师，将北会黄池，掘沟于商鲁之间，北属之沂，西属之济。……余以水路求之，止有泗川耳。盖北达沂，西北径于商鲁而接于济矣。"可见夫差并不是开凿新的河道，而是沟通修整济泗之间的湖泽而成菏水。（傅筑夫：《中国古代经济史概论》，中国社会科学出版社1981年版，第162页。）

睢阳（今河南商丘市东南），经今安徽宿县、江苏睢宁县以北，注入泗水。更有涉水也从大梁以南从鸿沟分出东南流，经过蕲（今宿县南）而注入淮水。这些河流的设计、开凿、疏通，显示了当时水利、交通工程技术水平的进步。它充分利用了这片平原东南比较低下的地势，构成了济、汝、淮、泗之间一套水道交通网①。此外，战国时代其他中原国家也开凿了不少运河。当时南方水上交通也有很大的发展。在今太湖、鄱阳湖、洞庭湖的周围，水道纵横，水路交通四通八达。岷江、长江、汉水以及湘水、资水、沅水、澧水的交通，都很通畅。由于邗沟、鸿沟等南北向的运河的开凿，南方和北方之间水路交通的发展更为显著。《史记·河渠书》云：

> 自是之后，荥阳下引河东南为鸿沟，以通宋、郑、陈、蔡、曹、卫，与济、汝、淮、泗会。于楚，西方则通渠汉水、云梦之野，东方则通鸿沟江、淮之间。于吴，则通渠三江、五湖。于齐，则通菑、济之间。于蜀，蜀守冰凿离碓，辟沫水之害，穿二江成都之中。此渠皆可行舟，有余则用溉浸，百姓飨其利。

这里列举的运河、沟渠，都是春秋后期至战国末年先后开凿的。

随着桥梁架设技术的进步，当时人们已开始在黄河上架设浮桥。早在春秋后期，秦后子出奔晋，“享晋侯，造舟于河，十里舍车，自雍及绛。归取酬币，终事八反”②。《尔雅·释水》郭璞注：造舟，“比船为桥”。邢昺疏：“比船于水，加版于上，即今之浮桥。”这是为了通秦、晋之道以运输财物，而在黄河上架设的临时性浮桥。黄河上常设浮桥，始于战国后期。公元前257年，秦国“初作河桥”③。这是历史上黄河的第一座常设浮桥（即蒲津桥），它的架设便利了河西和河东之间的交通。公元前240年，赵国“庆舍将东阳、河外师，守河梁”④；“河梁”即浮桥。这是赵国在黄河中游设置的浮桥，它便利了东阳和河外的交通。

---

① 杨宽：《战国史》，上海人民出版社1980年版，第38～39页。

② 《左传·昭公元年》。

③ 《史记·秦本纪》。

④ 《史记·赵世家》。

战国时代的陆路交通，也有较大的发展。当时人们曾一再提到“午道”[①]。一纵一横谓之午道[②]。这是指存在于魏、赵、齐等国之间的多条交错的交通大道。在三晋地区，通过井陉（今河北井陉县西）、轵道（今河北济源县西北）、孟门（今河南辉县西）、天门（今山西晋城县南天井关），有多条通道沟通太行山两侧地区，即所谓“太行之路”。从成皋（今河南荥阳西北）沿着黄河到函谷关，有一条被当时人们通称为“成皋之路”的交通大道。范雎为秦相期间，为了解决从汉中到蜀地交通上的困难，还使用民众在崇山峻岭悬崖绝壁之中开辟出了一条架空的“栈道”，所谓“栈道千里，通于蜀汉”[③]。在南方的楚国，从南阳盆地东出伏牛山隘口，则有一条通向中原的大道“夏路”[④]。

除水陆线路外，交通运输的另一要素是运输工具。春秋末年以来，作为当时交通运输工具的车辆和船舶制造技术，有了长足的进步。关于车轮的制造，《考工记·轮人》规定了“虽有重任，毂不折”的质量标准。墨翟曾说他制造的车辖，能“任五十石之重”[⑤]。《墨子·鲁问篇》提到“固车良马”，说“乘良马固车，可以速至”。造船技术亦达到了较高的水平，已能制造两船并接的舫船、大船，一舫长几丈。此外，当时还有名为大翼、小翼、突冒、楼船的船舶。其中有的是战船[⑥]，有的用作水上运输。据考，秦国“大舶船万艘，欲以攻楚”[⑦]，可见其船舶数量之多。至于国君及贵族官僚等乘坐的舟车，则不仅“全固轻利皆已具”，而且还“饰车以文采，饰舟以刻镂”[⑧]。车辆用马、牛牵引，属于马车或牛车。

---

① 见《战国策·赵策二》，《史记·苏秦列传、张仪列传、楚世家》。

② 《史记·张仪列传·索隐》引郑玄说。

③ 《战国策·秦策三》《史记·蔡泽列传》。

④ 《战国纵横家书》二四，《史记·赵世家》。

⑤ 《墨子·鲁问篇》。

⑥ 1951 年河南辉县战国墓中出土的宴乐射猎铜鉴、1964 年四川成都市百花潭出土的嵌错铜壶，都刻有双层战船的图像。

⑦ 《七国考·兵制考》。

⑧ 《墨子·辞过篇》。

二、对外交通在城市发展中的作用

城市与对外交通是不可分割地联系在一起的，它必须依靠对外交通而存在，它的繁荣也有赖于对外交通运输的发展。战国时代城市发展、繁荣的一个重要原因，就是由于对外交通的发展。例如：

宋国的陶邑（亦称定陶）之所以发展成为当时一个重要的经济都会而有“天下之中”的称号，就是因为鸿沟的开凿和其他有关水道的联系，在济、汝、淮、泗之间构成了一套交通网，而陶邑正处在这套水道交通网的中间，交通便利，诸侯四通。

齐国国都临淄的繁荣，不仅由于它的位置正当泰山的东北，濒于淄水，附近是滨海的平原，有肥沃的土壤和沿海的鱼盐，而且因为后来淄水和济水之间开凿了运河[①]，沟通了淄水和济水，并进一步通过济水再联系其他的水道，使临淄和其他经济都会都能发生密切的关系。

卫国的都城濮阳，位于濮水之北，濮水上承济水，下游又仍入济水，这就方便了陶、卫之间的往来。卫国在春秋时代本为晋、齐两国交通必经之地。赵、魏、韩三家分晋后，卫国通过南阳和太行、王屋以西仍然有适当的交通。赵、魏二国都城东迁，卫与大梁、邯郸之间的交通又有新的发展，特别是通过邯郸还能达到太行山东平原各处。卫居于济、河之间，而济、河之间本为《禹贡》兖州区域，素以产丝产漆著名。这些都说明，濮阳之成为经济都会并非偶然，对外交通的发达是其重要因素。

获水、睢水之间的睢阳（即商丘）和获水与泗水交会之处的彭城，也因荥阳引河开凿鸿沟后交通发达而成为新的经济都会。二者曾先后作为宋国的都城。睢阳南有睢水，北有获水，这两条水道可以说是平行的，其作用实不比两条交叉的水道为大。而彭城则位于获水和泗水的会合处，而且它还邻近齐、鲁，而泗水又是由鲁国南流，通过彭城附近。与睢阳、彭城同在此一大水道网的附近而得到发展的城市，还有楚国的陈（今河南淮阳县）与寿春（今安徽

① 见《史记·河渠书》。

寿县）。陈距狼汤渠与颍水会合处不远，当“楚夏之交”[1]。而寿春则距颍水入淮之口不远，也得到交通便利的条件。由于颍水与狼汤渠相连接，而颍水下游又入于淮水，这就不仅促使陈繁荣起来，而接近颍、淮二水交会地方的寿春也获得了发展的机会。

在黄河以北，太行山东的平原在交通上构成了另一个系统，从而在经济的发展上也自成一个区域。当时赵国在漳、滏二水附近修筑长城，燕国也有易水长城。这固然是为了防止敌人的攻击，但也显示出太行山东边有一条主要道路，与太行山平行，纵贯南北，而赵国都城邯郸和燕国都城蓟都是在这条交通线上。由于邯郸富有冶铁业，又当交通的孔道[2]，因而使它成为当时各地商人所麇集的地方。燕国北边邻近乌桓、扶余，东面接着秽、貉、朝鲜、真番，燕不断与它们进行贸易，而其都城蓟（今北京市西南）就是对外贸易的中心。

魏国的温、轵两个城市之所以成为“西贾上党，北贾赵中山”[3]的地方而相当繁荣，也是由于有较为发达的对外交通。以温（今河南温县西南）来说，它北通赵、中山，乃是循太行山麓向北的交通道路。由温渡河，西南就到了东周都城洛阳；由中原西部通往太行山东各处，温是首当其冲的。再说，温不仅是当时南北交通的要冲，而且还是当时东西交通的孔道。从春秋时代起，晋国东向发展，南阳就是必经之地。温、轵都在南阳区域之内，显然又都是在由晋国东行的道路上。战国时代魏国的土地，有河东安邑附近的地方，又有河南大梁附近的地方，其间联系自然也要依靠南阳这条道路。这种历史的渊源和当时的形势，决定了温在交通上的地位，从而促成了温在经济上的繁荣。

黄河以南、荥阳以西的东周都城洛阳，很早以来就是居于东夏和关西的要冲，这样的地理条件并未因东周的弱小而消失。不过鸿沟开凿成功以后，洛阳对各地的贸易乃是偏重在利用荥阳以下的鸿沟。《史记·货殖列传》所载洛阳“东贾齐鲁，南贾梁楚”，就是说洛阳的商人利用荥阳以下鸿沟系统中各条水道，和东方富庶的区域作贸易的往来。

---

① 见《史记·货殖列传》。

② 见《史记·货殖列传》。

③《史记·货殖列传》。

洛阳附近的阳翟（今禹县）和宛（今南阳）两个城邑，其存在和发展亦与对外交通有关。阳翟在颍水上游，顺颍水而下，可达楚夏之交的陈。溯颍水而上，可经轘辕关而达洛阳，从而使阳翟与洛阳有密切的关系。宛是江淮流域和渭水流域交通上一个联结的地区，它的主要交通道路正是“西通武关，东受江淮”①。宛和郢相去不远，不过中间要渡过襄樊附近的汉水。郢既濒于长江，汉水下游也是流入长江，故长江流域的货物可以经过郢或者由汉水上溯到宛。宛距淮水虽然远些，但淮水若干支流可达方城附近，而方城正在宛的东北，因此江淮的货物可以聚集到宛。

渭水流域的关中诸城市如雍、栎阳和咸阳的发展，同样与对外交通的发展密切相关。关中地区东出函谷关可以通往洛阳及其以东地区，东南出武关可以通往宛以及江淮流域各地。此外，关中还“南邻巴蜀，北接胡苑”②。栎阳在战国初期曾经是秦国的都城，由于它“北却戎翟，东通三晋”③，成为商贾往来的地方。远在春秋时代，秦国就以雍为都城，它邻近陇上，成为陇上东来货物的集中之所。由雍南越秦岭，可往巴蜀。由于秦昭王时在关中与巴蜀之间兴修了千里的栈道，便利了这个地区的交通，巴蜀和关中的交通逐渐频繁，于是雍又成为巴蜀北运的货物聚散之地。秦人占据巴蜀以后，又复顺江水而下，与楚国往来。《史记·货殖列传》还有楚国郢都西通巫巴的记载。

楚国的郢都处于长江中游，不仅凭借江水上与巫巴相通，而且还可凭借江水下达吴越。长江下游的九江附近本来是江流浩森，没有交通可言，但经过战国时代人们的努力，已经是平夷无阻了，秦始皇统一全国后巡游各地，即曾到过云梦，然后浮江东行④。由郢顺江而下，还可到达吴越的故都⑤。

前面说过，战国时代各国的城市，不仅是中央级或地方级的政治中心，而且是手工业分布的集中点，手工业产品、农产品及各地土特产流通交换的集中

① 此据《汉书·地理志》说。《史记·货殖列传》作“南阳西通武关、郧关，东南受汉、江、淮”。

② 《史记·留侯世家》。

③ 《史记·货殖列传》。

④ 《史记·秦始皇本纪》。

⑤ 参看史念海：《释〈史记·货殖列传〉所说的“陶为天下之中”兼论战国时代的经济都会》，《人文杂志》1958 年第 2 期。

点，有大量的非农业人口集中于城市。这一切，都是与各城市有较为发达的对外交通相联系而存在的；正因为如此，当时各城市又是交通运输的集中点。

三、货物运输的品种构成与货运管理

战国时代的货物运输方式，除了车运、船运以外，还有牲畜（马牛）驮载、人力挑担。一般说来，牲畜驮运量大于人力挑担量，车辆载运量大于牲畜驮运量，而船舶载运量又大于车辆载运量。《鄂君启节》铭文云：

> 女（如）马，女（如）牛，女（如）㥁（特），屯十台（以）堂（当）一车；女（如）檐（担）徒，屯二十檐（担）台（以）堂（当）一车。

这是说，如果用马牛等牲畜来驮载货物，则集十匹以当一车，如果用人（担徒）来挑担，则集二十担以当一车。换句话说，一辆车的载重量等于十匹牲畜的驮载量或二十人的肩挑量，一匹牲畜的驮载量等于二人的肩挑量。《战国策·楚策一》说：

> 秦西有巴蜀，方船积粟，起于汶山（即岷山），循江而下，至郢三千余里。舫舟载卒，一舫载五十人与三月之粮，下水而浮，一日行三百余里；里数虽多，不费汗马之劳，不至十日而距扞关。

《史记·张仪列传》有同样的记载。由此可见，舫船的载运量不但比车辆的载运量要大，而且下水航行速度也快。

不过，水运受自然条件的限制较大。比如，内河航道的走向，有时往往与运输的要求不一致。再比如，有些地方（特别是北方）的内河航道，冬季常因冰冻而停航；有些内河航道的水位季节变化很大，难以保证实现全年连续运输。车辆的运载量虽小，但陆路车辆运输有它独特的优点，这就是：（1）修建马车牛车道比较容易；（2）货物送达速度高，平原地区车速也快；（3）对于不同自然条件有较强的适应性，从而具有较强的灵活性和机动性，可以实现“从门到门”的运输。正因为如此，战国时代各国特别是中原国家的主要交通运输方式，还是陆路车辆运输。张仪就曾对魏王说过：“魏地方不至千里，卒不过三十万。地四平，诸侯四通辐辏，无名山大川之限。从郑至梁二百余里，

车驰人走，不待力而至。”①

战国时代的交通运输主要是货物的运输，其中主要包括：（1）生产资料（主要是手工业生产的原材料）的运输；（2）各种商品的运输；（3）官府所需粮食等物品的运输；（4）军需物品的运输。生产资料的运输，主要是指从手工业生产的原材料产地到手工业作坊场所的运输；也可以说，这是当时部分手工业的每一个生产过程中的产品，从一个生产场所到另一个生产场所的运输。其余几种货物的运输，即各种商品的运输、官府所需粮食等物品的运输以及军需物品的运输，则是已经完成的产品从生产领域到消费领域的运输。上述第一、第二种货物的运输，有的是由官办，有的是由私营；各种商品的运输，则主要是由私营，私营者中既有兼营大手工业和商业者，也有专门从事商业的大商人和小商小贩。而官府所需物品和军需物品的运输，则全由国家、官府经营，所需劳动力主要来源于农民，这是他们在官府的摊派下被迫承担的徭役之一。

考古发掘资料表明，当时各国的手工业作坊，分布于国都及其他一些城市里。而不少手工业生产的原材料产地，则在山林川泽。再说，冶金手工业所需的铜、铁、锡矿，并非所有的山脉地下都有。据《山海经·五藏山经》的记载，有明确地点的产铁之山共有三十七处，分布于今陕西、山西、河南和湖北等省，即在战国时代秦、魏、赵、韩、楚等国统治地区，其中韩、楚、秦三国统治区内较多。至于铜、锡等矿，则主要产于南方地区。可以说，各种手工业生产的原材料来源地与完成其产品的手工业作坊场所，都有一段或长或短的空间距离，需要通过运输。一个生产过程中的产品能够以什么样的速度作为生产资料进入另一个过程，取决于交通运输工具的发展和交通线路的畅通。战国时代各种手工业特别是铁器制造业的迅速发展，无疑与当时交通运输工具舟船制造技术的进步和上述水陆交通网络的形成有密切的关系。

随着战国时代商品经济和商业的发展，商品的运输在当时货运中占了较大的比重。作为商品的各种手工业产品和农副产品，一般都是通过交通运输

---

① 《史记·张仪列传》。

进入市场交易后，从生产领域到消费领域的。当时四方土特产的大量的交流，跨地区跨国家的商业贸易活动的频繁，更是大大增加了水陆两路的长途货运额。《管子·八观篇》所谓“粟行于三百里”、“粟行于四百里”、“粟行于五百里”，说的就是当时商人长途收购和贩运粮食的事。按照《鄂君启节》铭文的规定，大贵族兼大商人的鄂君启，其货物的运输，陆路以五十辆车为限，水路以一百五十只船为限；陆路车运经过九个城邑，线路跨今河南、安徽两省；水路船运经过十一个城邑，航程分布地区包括今湖北、湖南两省的大部分和河南、安徽两省的一部分，还深入到了广西一角[①]。由此可见，当时的富商巨贾不但运输车船多、货运量大，而且运输里程长。《商君书·垦令》说：

> 令送粮无取僦，无得反庸，车牛舆重设必当名，然则往速徕（来）疾，则业不败农。业不败农，则必垦矣。

这里说的是官府粮食的运输问题。《史记·平准书·索隐》引服虔云：“雇载云僦。”《一切经音义》十五引《通俗文》：“雇（僱）车载曰僦（音就）。”“取僦”，即雇别人的车去送粮。“反”借为返，“庸”借为佣；“返佣”，即车辆回来时揽载私人的货物。《广雅》：“舆，载也。”按照商鞅的法令，人民车牛所载重量，要先在官府书名注册，在服役运输官家粮食时，车牛所载重量必须与册上所注重量相当，这叫做“当名”。“疾”，急也。“业”，事也，指送粮的工作。《垦令》这段文字的意思是说：法令规定，给官家运输粮食，不得雇别人的车；车子返回时不得揽载私人的货物；服役时车牛所载重量，必须与官册上注明的重量相当。这样，送粮的车就往来迅速，而这种工作就不致妨害农事，荒地也就必然垦耕了[②]。又秦简《效律》云：

> 上节（即）发委输，百姓或之县就（僦）及移输者，以律论之。

---

① “根据鄂君启节铭文，从伏牛山隘口的方城（今河南叶县西南保安）东南向有一条车道，经过象禾（今河南泌阳县北象河关）、畐焚（今河南遂平县）、繁阳（今河南新蔡县北），到达下蔡（今安徽凤台县）、居巢（今安徽寿县东南）；水路通过汉水进入长江，东向经过鄂（今湖北武汉市东南）、彭蠡（今湖北湖口东），到达松阳（今安徽枞阳县）；进入泸江，到达爰陵（今安徽宜城县）；向南经过湘水西南向，可以到达郴阳（今广西全州县北）；经瀶水（今耒水）南向，可以到达鄙（今湖南永兴县）。”（杨宽：《战国史》，第92页。）

② 参看高亨：《商君书注译》，中华书局1974年版，第29~30页。

这里所说，与《商君书·垦令》“令送粮无取僦”相合。“委输”，以车运送。“移”，《广雅·释诂四》：“转也。”“移输”，指把当由本人运送的物品转交给别人运送。本条是说：朝廷如征发运输的劳役，百姓有到县里雇车或转交给别人运送的，应依法论处①。此外，秦律还谈到工匠向官府上缴产品的运输②，官吏用官有牛车领取自己每月的口粮和官府驾车牛马的饲料的运输③，以及官吏行李的运输④。

在战争频繁、激烈、规模大的战国时代，军需品和士卒的运输，自然占有重要的地位。《战国策·楚策一》所说“舫船载卒，一舫载五十人与三月之粮”，指的就是士卒和军粮的运输。军粮的运输都由官办。《商君书·垦令》在谈到军粮的运输时说：不准在军人市场私运粮米（“使军市无得私输者”），奸谋就无法隐藏在市场中（“奸谋无所于伏”），偷军粮的人就无法卖出（“盗粮者无所售”），运送军粮的人就不私自拖延（“输粮者不私稽”），国家的粮米就不枉费（“国粟不劳”）。秦律还规定：

> 轻车、赿张、引强、中卒所载传到军，县勿夺。夺中卒传，令、尉赀各二甲。
>
> 军人廪所、所过县百姓买其廪，赀二甲，入粟公；吏部弗得，及令、丞各一甲。⑤

这是说：轻车、赿张、引强、中卒（四者均系兵种名称）用传车运输到军的物资，县不得截夺，夺取中卒传送的物资，县令、县尉各罚二甲；军人领粮地方和所路经的县的百姓买了军粮，罚二甲，粮食没收，并对主管官吏及县令、丞各罚一甲。

当时的交通运输主要是货物的运输。至于作为运输对象之一的人口，还限于统治者、剥削者；广大的被统治被剥削者，则只是当时运输工具的制造者、交通线路的建设者和交通运输的劳动力。当时，从国君到各大小贵族、官吏以

---

① 睡虎地秦墓竹简整理小组：《睡虎地秦墓竹简》，文物出版社1978年版，第123页。
② 《金布律》。
③ 《司空律》。
④ 《秦律杂抄》。
⑤ 《秦律杂抄》。

及政治家、思想家，都有数量不等的车辆以及驾车的马牛和人。例如：“楚王游于云梦，结驷千乘，旌旗蔽日”[①]；孟子“后车数十乘，从者数百人，以传食于诸侯”[②]。秦律还有这样的规定：“以其乘车载女子……赀二甲。以乘马驾私车而乘之，毋论。”[③] 这就是说，用其“乘车”载女子，应罚二甲；用驾“乘车”的马驾私人的车以载女子，则不予论处。乘车，“安车也”[④]，即一种可以坐乘的小车。《礼记·曲礼上》云：“大夫七十而致事……适四方，乘安车。”在封建国家中，乘坐安车是一种特殊待遇，所以本条规定不能用这种车乘载妇女[⑤]。

---

① 《战国策·楚策一》。
② 《孟子·滕文公下》。
③ 《法律答问》。
④ 《尚书大传》“乘车輲轮”，注云：“安车也。”
⑤ 睡虎地秦墓竹简整理小组：《睡虎地秦墓竹简》，文物出版社1978年版，第226页。

第三十章　战国财政

在不同的社会制度下，财政具有不同的性质和特点。随着春秋战国间封建制和奴隶制两种社会制度的交替，财政成为封建地主阶级维持其统治和对劳动人民进行额外剥削的工具。

第一节　财政收入

《墨子·辞过》篇说：当时“王公大人”，除了“以其常征，收其租税”、“以其常役，修其城郭”以外，还“厚作敛于百姓，暴夺民衣食之财”。《孟子·尽心下》篇说：“有布缕之征，粟米之征，力役之征。君子用其一，缓其二。用其二，而民有殍；用其三，则父子离。”《荀子·富国》篇及《王霸》篇，也讲到当时的“刀布之敛”、“田野之税”、“关市之征”、“力役之征”。上述数征，当时各国政府都兼而用之，没有用其一而缓其二者，也没有用其二而缓其一者。田税、口赋、市税、关税及山泽税，为当时的几大税种，是各国取得财政收入的几种重要方式。

一、田税

田税，也就是土地税、农业税，亦称“田租”、“租税”、“租”或“田赋”。《说文》：“租，田赋也。”《管子·国蓄》篇注：“在农曰租税。”云梦秦简《法律答问》“部佐匿诸民田”条“已租”、“未租”的“租”，作动词用，意为征收田租或田赋。这是当时封建国家凭借政治权力，参与农业产品分配的一种形式，具有强制性、无偿性和固定性，属于“常征”，在各国财政收入中占有较大的比重。

田税的征税对象是农产品，主要是征收粮食。《商君书·农战》篇载："百姓曰：我疾农，先实公仓，收余以食亲。"所谓"实公仓"，就是纳税人向国家交纳粮食。当时人常以"粟"为粮食的总称，故孟子等称之为"粟米之征"。据秦简《仓律》简文，政府征收的粮食有黍、稷、稻、麦、菽等品种，而谷子有黄、白、青等种类的区别，稻又包括秈稻和糯稻。由于"稻后禾孰（熟）"，征收稻的时间晚于征收谷子，故"计稻后年"，把征收的稻计算在下年账上①。主要是征收谷子，《仓律》"稻禾一石为粟廿斗，舂米十斗"，提供了折算的标准。《仓律》表明，除征收粮食外，还要征收"刍稾"（饲料等）。官府征收的谷物及刍稾数量很大：一个县，"入禾仓，万石一积"；"栎阳二万石一积，咸阳十万石一积"；"刍稾各万石一积，咸阳二万石一积"②。主收赋税的"部佐"遍及全国各地各乡，屯满粮食的粮仓遍布各地，表明了当时"粟米之征"的普遍性和重要性。

田税的纳税人，主要是广大自耕农。此外，按照法律规定，封建贵族地主和一般中小地主也须缴纳。《史记·廉颇蔺相如列传》载："赵奢者，赵之田部吏也。收租税而平原君家不肯出租，奢以法治之，杀平原君用事者九人。平原君怒，将杀奢。奢因说曰：'君于赵为贵公子，今纵君家而不奉公则法削，法削则国弱，国弱则诸侯加兵，诸侯加兵是无赵也，君安得有此富乎？以君之贵，奉公如法则上下平，上下平则国强，国强则赵固，而君为贵戚，岂轻于天下耶？'平原君以为贤，言之于王，王用之治国赋，国赋大平。"赵奢向平原君家所收的租税，即为平原君家私田应向国家缴纳的租税，而不是其所食封邑的租税。按照秦律的规定，无论是自耕农还是中小地主，亦都必须以其"受田之数"缴纳田赋③。自然，封建地主缴纳的田赋，实际上也是农民负担的，因为这些赋税都是无偿占有农业劳动者创造的剩余产品的一部分。广大劳动人民，乃是当时田税等一切税收的最终负担者。

---

① 参看睡虎地秦墓竹简整理小组：《睡虎地秦墓竹简》，文物出版社1978年版，第41～42页。
② 《秦律·仓律》。
③ 林剑鸣：《秦史稿》，上海人民出版社1981年版，第209页。

关于战国时代各封建政府征收田税的依据和标准，文字记载有不同的说法。《尉缭子·原官篇》云："均地分，节赋敛，取与之度也。"[①]《秦律·田律》说："以其受田之数。"这是说，国家征收田税，以土地的数量为准。而《商君书·垦令篇》则讲："訾粟而税，则上壹而民平。上壹则信，信则臣不敢为邪。""訾"，义为计算，意思是说：朝廷计算农民收入粮谷的多少来征税，国君的田税制度也就统一了，农民的田税负担也就摊平了；国君的田税制度统一就有了信用，有了信用臣下就不敢作弊了。这里所说，乃是以纳税人收入粮谷的多少为准。《汉书·食货志上》载李悝说："今一夫挟五口，治田百亩，岁收亩一石半，为粟百五十石，除十一之税十五石，余百三十五石。"这里所谓"十一之税"，就是指国家对"治田百亩"的自耕农征收的田赋，它实际上主要是以自耕农收入谷物的多少为准。上述两种办法，即以纳税人的土地的多少为准和以收入粮谷的多少为准，大概当时都曾经采用。

关于战国时代各国田税的税率，不得其详。上引《汉书·食货志上》所谓"十一之税"，是战国初期的李悝以魏国为例来说的。事实上，战国时代，特别是战国中后期，各国田税的税率不一，而且一般都高于"十一"。《荀子·富国》篇说："今之世……重田野之税以夺之食。"《汉书·食货志上》引董仲舒说：秦"用商鞅之法"，"田租……二十倍于古"。

二、口赋、户赋

所谓"口赋"，也就是以每户人口为计算对象，而按户征收的人口税或人头税。因为口赋不是按土地或收入粮谷的多少纳税，而是按人口数纳税，其纳税人自然亦包括商贾和"贫无立锥之地"者。口赋一般是征收货币。《淮南子·氾论训》载：秦"发适戍，入刍稾，头会箕赋，输于少府"。高诱注："头会，随民口数，人责其赋。""箕"，与秦简《金布律》中的"畚"相类，是一种用蒲草之类或竹篾编织的盛物容器。《金布律》规定："官府受钱者，千钱一畚，以丞、令印印。"意思是说，官府收入的钱币，以一千钱装为一畚，用其令、丞的印封缄。《淮南子·氾论训》："赋"与"箕"连言，称口赋

① "均地分"，今本《尉缭子》误作"均地井"，兹据临沂出土竹简改正。

为“箕赋”，说明口赋是征收钱币而不是征收谷物。战国时代各国口赋的征收，亦大体如此。

战国时代各国口赋的征收办法，自然也不尽相同。《管子·海王篇》云：“万乘之国，正（征）人百万也。月人三十钱之籍，为钱三千万。”① “正（征）人”，指应征人口税的人，这是说，一个“万乘”的大国向一百万人征税，按每人每月征收三十钱计，一月即可征得三千万钱。《管子·国蓄》篇也讲到“正（征）人籍”，即按人口征税。说的当是战国时代齐国的事情。《尸子》说魏“民疫不赋口”，可见魏国平时亦有口赋之征。

《商君书·垦令》篇说：“禄厚而税多，食口众者，败农者也。则以其食口之数，赋而重使之。”② “税”为贵族封邑的税。贵族家族人多，又有食客，所以“食口众者”。“赋”，收税；“使”，役使，即给予徭役。这是说：贵族俸禄厚，收税多，吃饭的人口也多，朝廷就按照他们吃饭人口的数目，收取人口税并加重他们的徭役③。商鞅变法后的秦国，事实上亦有口赋之征。《华阳国志·巴志》载：秦昭王与巴郡阆中夷人刻石盟约，“复夷人顷田不租，十妻不算”。《后汉书·南蛮西南夷列传》亦云：“秦昭襄王时有一白虎，常从群虎数游秦、蜀、巴、汉之境，伤害千余人。昭王乃重募国中有能杀虎者，赏邑万家，金百镒。时有巴郡阆中夷人，能作白竹之弩，乃登楼射杀白虎。昭王嘉之……复夷顷田不租，十妻不算。”李贤注：“优宠之，故一户免其一顷田之税；虽有十妻，不输口算之钱。”这是秦昭王对于“夷人”一度采取的减免税收的特殊举措，它表明秦对夷人本有田租、口算（即口赋）之征；对西南夷人如此，对秦国本土自然更是如此。

公元前348年（秦孝公十四年），秦“初为赋”④。这是商鞅变法改革的内容之一。商鞅的变法令还特别规定：“民有二男以上不分异者，倍其赋。”⑤ 这“倍其赋”的“赋”，也就是秦孝公十四年“初为赋”的“赋”。如有的学者

---

① “正人”的“人”，原文为“九”，据郭沫若《管子集校》改。
② 原文为“贱而重使之”，“贱”为赋之误。
③ 高亨：《商君书注译》，中华书局1974年版，第21页。
④ 《史记·秦本纪》。
⑤ 《史记·商君列传》。

所指出：这是为了支付战争需要的车马兵器费用而向全体居民征收的军赋，按户计算、征收，可以称之为“户赋”，它与按户“食口数”计算、征收的口赋即人头税并不是一回事。“由于这种军赋是按户而不是按人头征收，所以商鞅才规定‘民有二男以上不分异者倍其赋’。如果是按人头征收，人口众多的大家庭分家不分家都不影响政府军赋的收入，商鞅也就没有必要强制让大家庭分异了。”[①] 秦简《法律答问》所说“何谓匿户及敖童弗傅？匿户弗徭使，弗令出户赋之谓也”，也证明秦有户赋。这种户赋不仅施之于秦国本土，也推行到秦国征服的少数民族地区。例如：“秦惠王并巴中，以巴氏为蛮夷君长，世尚秦女。其民爵比不更，有罪得以爵除。其君长岁出赋二千一十六钱，三岁一出义赋千八百钱。其民户出幏布八丈二尺，鸡羽三十鍭。”“其民”按“户”缴纳“幏布”和“鸡羽”，其实就是户赋的一种[②]。

据《史记·滑稽列传》记载，魏文侯时邺县“常岁赋敛百姓，收取其钱，得数百万”。此“赋敛”，当是指口赋或户赋。《墨子·辞过》篇所说“厚作敛于百姓”，《荀子·富国》篇所说“厚刀布之敛以夺之财”，亦当是针对口赋、户赋之类而言。《管子·国蓄》篇云：

> 夫以室庑籍，谓之毁成；以六畜籍，谓之止生；以田亩籍，谓之禁耕；以正人籍，谓之离情；以正户籍，谓之养赢。五者不可毕用，故王者遍行而不尽也。

意思是说，如果按房屋征收房屋税，会造成房屋的毁坏；如果按牲畜征收六畜税，会限制六畜的繁殖；如果按土地征收田亩税，会破坏农耕；如果按人口征收人头税，会断绝人们的情欲；如果按户征收户税，只会对富家大户有利。因此这五种税不能同时征收；成王业的君主虽然每一种都曾用过，但不能同时完全采用。《管子·田蓄》篇的这一番议论，列举了当时的种种税收及其利弊。虽然战国时代各国的税制及征税办法不尽相同，但都普遍征收田税，并先后征收口赋、户赋。《管子》的这一说法还表明，口赋与户赋本属于不同的税种。

---

① 林甘泉主编：《中国封建土地制度史》第一卷，中国社会科学出版社 1990 年版，第 130、131 页。
② 林甘泉主编：《中国封建土地制度史》第一卷，中国社会科学出版社 1990 年版，第 131 页。

三、市税、关税、山泽税

市税即市场课税、商业税，亦称市租、市赋、市征。前面说过，战国时代商品交换和商业较为发达，各国的国都、郡城、县城都有作为商品交易场所的“市”的设置。凡在市场上出售货物的商人等，都要按规定纳税，或按所卖之物出税，或按所得利润出税，用货币交纳。当时各国还普遍设置多处关卡于其界上，以稽查行旅，对出入关卡的货物收税。关税的纳税人也主要是商人。

早在春秋时期，楚国北边就设有冥阨、大隧、直辕三塞（均在今河南信阳市南），东边设有昭关（今安徽含山县东北）；战国时期，又在西边设扞关（今湖北宜昌市西），东边设符离塞（今安徽宿县东北），南方设无假关（今湖南长沙市西北），西南边境设厉门塞（今广西平乐县西南）[①]，郢都以南靠近长江处设木关[②]。燕国在北方设有令庛塞（今河北迁安县西）、居庸塞（今北京昌平区西北居庸关）。赵国在东北设有无穷之门（今河北张北以南）、句注塞（今山西代县西）、鸿上塞（今河北唐县西北倒马关），在西北设有高阙塞（今内蒙古乌拉特中后联合旗西南）、挺关（今陕西榆林县西北），在太行山的交通孔道还设有井陉塞（今河北井陉西娘子关一带）。秦献公时期的秦国，东边有郑所塞（今陕西华县以东），北边有焉氏塞（今宁夏固原县东南）；后来又随着疆土的扩大，而在东边设函谷关（今河南灵宝县东北），并利用原来已有的殽塞（今河南三门峡市东南）在东南设武关（今陕西商南县西北）。《吕氏春秋·有始篇》列举了当时天下的“九塞”，其中，大汾属魏，冥阨、荆阮、方城属楚，殽属秦，井陉、句注属赵，令庛、句庸属燕。各国重要关塞都有驻军防守，并设有官吏掌管。关门的开闭有一定的时间，行人进出需要通行证件符或节[③]，经过检查后才能通过；运载货物过关，必须交纳关税。《管子·问篇》云：

---

① 《史记·甘茂列传》说楚国“南塞厉门而郡江东”。《史记正义》引刘伯庄说：“厉门，度岭南之要路。”《水经·漓水注》：“漓水之上有关。”“漓”、“厉”声近，厉门当即漓水之关，在今广西平乐县西南。（杨宽：《战国史》，上海人民出版社 1980 年版，第 293 页。）

② 见《鄂君启节舟节》铭文。

③ 《周礼·地官·掌节》：“门关用符节。”

> 关者，诸侯之陬隧也，而外财之门户也，万人之道行也。明道以重告之，征于关者，勿征于市；征于市者，勿征于关。虚车勿索，徒负勿入，以来远人。

“徒负”，指步行背负商品到市场进行交易者；“徒负勿入”，是说不要对“徒负”征税。本篇作者这一主张的提出，并非无的放矢。这表明，当时实际上既征于市，又征于关，而且往往对“虚车”、“徒负”征税。

《战国策·齐策五》讲：“通都小县置社，有市之邑莫不止（正）事而奉王。”《管子·乘马篇》说：“方六里名之曰社，有邑焉，名之曰央，亦关市之赋。……其商苟在市者三十人，其正月、十二月，黄金一镒。命之曰正（征）。分春曰书比，立夏曰程，秋曰大稽；与民数得亡。”这是说：六里见方的地域称之为“社”，有居民的邑名之为“央”，也要征收关税和市场税；如果集市上的商人达到三十人，从正月到十二月年收黄金一镒。每年的春分公布税率，立夏则按月核实，秋天则统计总的征税情况；还要统计集市上人数的增减①。在楚国，除了鄂君启一类封君有部分免税特权以外，一般货物经过关卡也都必须纳税。“鄂君启节”铭文云：“女（如）载马牛羊台（以）出内（入）关，则政（征）于大质（府），毋政（征）于关。”由此可知，即使是鄂君启贩运马牛羊等牲畜出入关卡，也要纳税，只是不向关市之吏缴纳，而是由“大府”征收而已。

上党既是三晋犬牙交错之地，又是交通出入的孔道，商业发达。公元前265年（秦昭襄王四十二年），秦诱魏国和它一起伐韩，信陵君（无忌）劝说魏安僖王存韩，其理由之一是：“通韩之上党于共、宁，使道已通，因而关之，出入者赋之，是魏重质以其上党也，共有其赋，是以富国，韩必德魏……韩必不敢反魏。”② 意思是，如果魏开共、宁二地，使韩之上党直路而行，设关收税，二国共有之，则既可增加赋税收入，又可使韩不敢反魏。在局部地区新设关卡收税，“共有其赋”即可“富国”，可见当时各国关税收入之多。这里要附带提及的是，当时关市之吏除了收取关市之税以外，有的还往往刁难行

---

① 赵守正撰：《管子注译》（上册），广西人民出版社1987年版，第48页。
② 《战国策·魏策三》《史记·魏世家》。

旅，另外勒索钱财。《韩非子・内储说上》篇载："卫嗣公使人为客过关市，关市苛难之，因事关市以金，关吏乃舍之。"① 这是一"过关市"之客因"关市苛难"，而以黄金贿赂关吏才得过"关"的事例。

《孟子・公孙丑上》篇说："市，廛而不征，法而不廛，则天下之商皆悦而愿藏于其市矣。"赵岐注："廛，市宅也；古者无征，衰世征之。《王制》曰：市廛而不税。"这表明，战国时期住在城中经商的商人，除了交纳商业税以外，还要交纳住宅税。此外，当时还有"军市"，即各国各地驻军专有的市场。"军市"也要收税，所谓"军市之租"，纳税人主要是在"军市"上经商的商贾。《史记・冯唐列传》载："李牧为赵将居边，军市之租皆自用飨士，赏赐决于外。"《商君书・垦令》还规定："令军市无有女子；而命其商人自给甲兵，使视军兴；又使军市无得私输粮者。"这是说：军人市场不得有女子；军市的商人必须供应军需物品，并注视军队动员，早做准备，以免临时有缺；军粮的运输由官府经办，军人市场不得私运粮米。

推行"抑商"政策的商鞅，主张加重征收市税、关税。他认为："欲农富其国者……市利之租必重"②；"重关市之赋，则农恶商，商有疑惰之心"③。特别强调要"贵酒、肉之价，重其租，令十倍其朴。"④ "朴"，指成本、原价。虽然实际税率不会有如此之高，但商鞅变法后的秦国及其他各国的关市税较重却是可以肯定的。《孟子・尽心下》篇说："古之为关也，将以御暴；今之为关也，将以为暴。"所谓"为暴"，指的就是当时各国统治者利用关卡横征暴敛。

战国时代各国的山林川泽，一般属于封建国家所有。《商君书・垦令》说："壹山泽，则恶农、漫惰、倍欲之民无所于食；无所于食，则必农。""壹"，意为专有、独占⑤。所谓"壹山泽"并不是封禁山泽，而是由官府统一控制山泽之利，收取山泽之税。在秦、齐等部分国家，对盐铁这两项最重要的

① 《韩非子・外储说左上》篇作"关市呵难之，因事关市以金，关市乃舍也"。
② 《商君书・外内篇》。
③ 《商君书・垦令篇》。
④ 《商君书・垦令篇》。
⑤ 《穀梁传・僖公九年》范注："壹，专也。"

山泽商品生产，完全采取或部分采取让包商经营而由政府征税的办法。《盐铁论·非鞅篇》说："昔商君相秦也……外设百倍之利，收山泽之税，国富民强，器械完饰，蓄积有余。"《管子·轻重乙》篇托称管仲主张实行盐铁包商政策，"计其赢，民得其七，君得其三"。这个税率可能反映了战国时代一些国家征收盐铁税的实际情况。

四、"力役之征"（徭役）

所谓力役之征或徭役，即当时各封建国家强迫人民（主要是农民）从事无偿劳役。这是封建剥削的重要形式之一。徭役项目繁多，诸如城邑工程，国君游乐宫庭工程，苑囿工程，交通、水利工程，长城工程，以及货物运输、徭戍和其他各种杂役等。秦律中的《徭律》，就是关于徭役的法律。其他各国亦当有类似的法律。

秦律规定：朝廷征发徭役，徒众不得迟到。徒众作城邑的工程，如所筑的墙不满一年就坏了，原来修墙的徒众要重新修筑，而且不得算入服徭役的时间。徒众为牧养官有牛马的苑囿建造或补修堑壕、墙垣、藩篱，如不满一年而有缺毁，徒众必须重新建造，也不得算入服役的时间。各县所维修的禁苑，不拘离山远近，如因土质不佳而不能耐雨，到夏季有所毁坏，不必逐步补修，而在秋季无雨的时候兴徭役修筑。至于苑囿如邻近农田，恐有动物及牛马出来吃去禾稼，县啬夫则应酌量征发在苑囿旁边有田地的人，不分贵贱，按田地多少出人，为苑囿筑墙修补，而这得作为徭役①。此外，秦律中还有关于官府货物运输等徭役的种种规定②。偷摘别人的桑叶而赃值不到一钱者，也要罚服徭役30天③。

战国时期的运输徭役，主要包括两个方面的内容：一是为官府输送其所征粮草等物品的运役，以及修建城郭等工程材料的运役；一是军需物品如粮食、装备等的运役。前者是以民充役，后者则主要是以士卒充役，即以士卒服徭役

① 《徭律》"御中发征"条。

② 见秦简《效律》《商君书·垦令》。

③ 《法律答问》"或盗采人桑叶"条。

性的劳役，各国军队中的辎重部队即从事此种徭役。当时士卒所服徭役，还有炊事、徭戍等内容。《战国策·魏策一》："今窃闻大王之卒，武力二十万，苍头二十万，奋击二十万，厮徒十万。"《战国策·韩策一》："料大王卒，悉之不过三十万，而厮徒负养在其中矣，为除守徼亭障塞，见卒不过二十万而已。""厮徒"即"厮役"，这里指随军干粗杂活者；"负养"，为公家负担给养的人，其中包括充当炊役者①；"守徼亭障塞"，谓戍守边境、关塞。战国时代各国重要关塞，都驻有大量军队防守。而戍边者不仅要防守边疆关塞，而且还要服各种徭役。例如公元前 358 年，魏国就曾派"龙贾帅师筑长城于西边"②，以防备秦国进攻中原。秦简《秦律杂抄》有这样一条律文：

> 戍者城及补城，令姑（嫴）堵一岁，所城有坏者，县司空署君子将者，赀各一甲；县司空佐主将者，赀一盾。令戍者勉补缮城，署勿令为它事；已补，乃令增塞埤塞。县尉时循视其攻（功）及所为，敢令为它事，使者赀二甲。

这是说：戍边者筑城和修城，要令其担保城垣一年，所筑城垣如有毁坏，率领戍边者的县司空署君子各罚一甲；主管其事的县司空佐罚一盾。要命令戍边者全力修城，所属地段不得叫他们做其他事务；城修好以后，就命令他们把要害处加高加厚。县尉应当经常巡视工程和他们在做什么。有敢命令他们做其他事务的，役使他们的人应罚二甲。这条律文说明，戍边者要服筑城和修补城墙的徭役。《秦律杂抄》还有一条律文规定："冗募归，辞曰日已备，致未来，不如辞，赀日四月居边。"这就是说，应募的军士回归故里，声称服役期限已满，然而证明其服役期满的文券未到，这种情况与本人所说不符，罚居边服役四个月。按照秦国关于行戍的法律规定，"同居毋并行"③，即不得征发"同居"者同时服戍边的徭役。关于当时每人戍边的期限，《秦律杂抄》有一律

---

① 《司马法》："兵车一乘、炊家子十人，厮养五人，樵汲五人。"《孙子·作战篇》注："养二人，主炊。"《公羊传·宣公十二年》："厮役扈养，死者数百人"，注："炊烹者为养。"《史记·秦始皇本纪》"监门之养"，《索隐》："养即卒也。"《汉书·陈余传》有"厮养卒"。《汉书·儿宽传》"为弟子都养"，注："养主给烹炊者也。"《广雅·释诂一》："厮、扈、养、役，使也。"

② 《水经·济水注》引《竹书纪年》。

③ 《秦律杂抄》"戍律曰"条。

文说：

驾驺除四岁，不能驾御，赀教者一盾；免，赏（偿）四岁繇（徭）戍。

驾驺被任命了四年，仍然不会驾车，罚负责教练的人一盾，驾驺本人应免职，并补服四年徭戍。这表明，当时秦国徭役的期限是以年为单位计算的，看来戍边最短也是一年①。因为戍边者既要防守边境关塞，又要从事徭役，故这条律文称戍边为“徭戍”。徭戍一词在汉代的法律中仍然使用，《汉书·昭帝纪》如淳注“天下人皆直戍边三日，亦名为更，律所谓徭戍也”，可证。

徭役是当时各种劳役和兵役的总称，其中包括兵役②。战国时代战争频繁，规模又大，服兵役也是广大民众的一项沉重的负担。

第二节 财政支出

战国时代各国的财政支出，主要包括以下几项：

一、军事费用

战国时代战争比春秋时期更为频繁和激烈，规模也更大。各国兵员人数剧增，武装力量空前扩大。各国都有步兵、骑兵、车兵等三个较大的兵种，部分国家还有舟师。秦、楚两国各有“带甲（或作奋击、持戟）百万，车千乘，骑万匹”③。赵、魏、韩、齐、燕等国也各有带甲数十万；此外，赵有“车千乘，骑万匹”，燕有“车七百乘，骑六千百匹”④。魏国最强盛的时期，据说有“武力二十万，苍头二十万，奋击二十万，厮徒十万，车六百乘，骑五千匹”⑤。兵器、车马、粮食等等军需物品，由官府供给。当时的大战，交战双

---

① 参看于豪亮、李均明：《秦简所反映的军事制度》，载《云梦秦简研究》，中华书局 1981 年版，第 156 页。

② 孙翊刚主编：《简明中国财政史》，中国财政经济出版社 1988 年版，第 37 页。

③ 《战国策·秦策一》《秦策三》《韩策一》《楚策一》，《史记·楚世家》。

④ 《战国策·赵策二》《魏策一》《齐策五》《韩策一》《齐策一》《燕策一》。

⑤ 《战国策·魏策一》。

方往往“具数十万之兵，旷日持久数岁”[①]。例如：魏惠王“围邯郸三年而弗能取”[②]；赵武灵王“以二十万之众攻中山，五年乃归”[③]；齐孟尝君联合韩魏“以二十万之众攻荆（楚），五年乃罢”[④]，接着又攻秦函谷关，“西困秦三年”[⑤]；秦、赵长平一役，赵出兵四十多万人，“秦虽大胜于长平，三年然后决，士民倦”[⑥]。如此规模大、时间长而又频繁的战争，人力、物力和财力的消耗势必巨大。《墨子·非攻中》篇讲：“今尝计军上，竹箭羽旄幄幕，甲盾拨劫，往而靡弊腑冷不反者，不可胜数；又与矛戟戈剑乘车，其列住碎折靡弊而不反者，不可胜数也；与其牛马肥而往，瘠而反，往死亡而不反者，不可胜数；与其涂道之修远，粮食辍绝而不继，百姓死者，不可胜数；与其居处之不安，食饭之不时，饥饱之不节，百姓之道疾病而死者，不可胜数；丧师多不可胜数，丧师尽不可胜计。”《孙子兵法·作战》篇说：凡兴师十万，“日费千金”。战国时代有人估计说：当时一次大战，仅战死者的丧葬费和伤员的医药费，“十年之田而不偿也”；仅兵甲、车马的损失，“十年之田而不偿也”[⑦]。此外，各国为了激励士兵奋勇作战，还采用不同的奖赏办法，如齐国对得敌首的技击之士发赏金，魏国免除得敌首的武卒之家属的力役等。在当时各国每年的财政支出中，军费战费列居首位。

二、王宫费用

战国时期，王宫费用一般仍由国家财政支出。王宫费用包括君主本人及后宫的生活费、宫殿和陵墓的建筑费以及丧葬费等。王室生活费包括膳食费、衣物服饰费、器物购置费、车马费、医药费、娱乐费等。《墨子·辞过》篇说：“当今之主……厚作敛于百姓……以为宫室，台榭曲直之望，青黄刻镂之饰”；“以为锦绣文采靡曼之衣，铸金以为钩，珠玉以为佩，女工作文采，男工作刻

① 《战国策·赵策二》。
② 《吕氏春秋·不屈篇》。
③ 《战国策·赵策三》。
④ 《战国策·赵策三》。
⑤ 《战国策·燕策一》。
⑥ 《吕氏春秋·应言篇》。
⑦ 《战国策·齐策五》。

镂，以为身服”；“以为美食刍豢蒸炙鱼鳖，大国累百器，小国累十器……冬则冻冰，夏则饰饐”；“以饰舟车，饰车以文采，饰舟以刻镂”；“其蓄私也，大国拘女累千，小国累百”；“生时治台榭，死又修坟墓”①。战国时代各国君主在衣、食、住、行等方面的奢侈消费，大体如墨子所说。以宫室而言，各国国都的宫城中都有规模宏大的宫庭，而且有的国都不止一个宫庭；而在其他城市里，各国国君还先后修建了多处游乐的宫庭。考古发掘资料表明，国君的陵墓规模宏大，附设车马坑，用多重棺椁，随葬物在种类、数量和质量方面都达空前的水平。在当时各国的财政支出中，王室费用无疑亦占有较大的比重。

三、官吏俸禄

春秋后期，随着经济制度和政治制度的演变，就已出现了不再有封地，而以粮食为俸禄的官吏。例如：孔子任鲁司寇时，“奉（俸）粟六万〔斗〕”；他后来在卫国做官时，“卫人亦致粟六万”②。又，“原思为之宰，与之粟九百”③。战国时代，随着社会经济的发展，以及封建官僚制度的建立和巩固，各国普遍实行以粮食为官吏俸禄的制度。各国俸禄计算单位不同，或不完全相同。《墨子·贵义》篇载：“子墨子仕人于卫，所仕者至而反。子墨子曰：‘何故反？’对曰：‘与我言而不当’曰：‘待汝以千盆，授我五百盆，故去之也。’”可见卫国以“盆”为单位，有“千盆”、“五百盆”等级别。魏、齐则以“钟”为计算单位，例如魏文侯时官为相国的魏成子“食禄千钟”④，田骈在齐也有“訾养千钟”⑤。秦、燕又用石、斗来计算。燕国有三百石以上俸禄的官吏⑥。秦国官吏的俸禄，大体以一百石为一级，有食一百石以至六百石以上者⑦；最小的官吏为“斗食”，即“岁俸不满百石，计日而食一斗二升”⑧。

---

① 《墨子·七患篇》。
② 《史记·孔子世家》。
③ 《论语·雍也篇》。
④ 《史记·魏世家》。
⑤ 《战国策·齐策四》。
⑥ 《韩非子·外储说右下》《战国策·燕策一》。
⑦ 《韩非子·定法》《史记·秦始皇本纪》。
⑧ 《汉书·百官公卿表》颜师古注。

而楚国则用“担”来计算，有“禄万担”者[①]。当时高官可以食禄千钟，甚至到三千钟、万钟。稍低的俸禄为一千石，其下依次为八百石、七百石、六百石、五百石、四百石、三百石、二百石、一百石、五十石，最低者为斗食。按照秦制，食禄六百石以上者，均属高官级别。有的国家在实行以粮食为官吏俸禄的同时，仍然兼用田地的租税收入为官吏俸禄。齐国就曾同时以“田里”为俸禄，待官吏离职时“收其田里”[②]。

四、赏赐、馈赠及贿赂费用

赏赐（包括悬赏）和馈赠，是战国时代各国政府支出黄金货币及铜币较多的项目。这一类的记载很多，兹举以下诸例：

〔商鞅变法〕令既具，未布，恐民之不信，已乃立三丈之木于国都市南门，募民有能徙置北门者予十金。民怪之，莫敢徙。复曰“能徙者予五十金”。有一人徙之，辄予五十金，以明不欺。[③]

〔秦始皇九年〕长信侯嫪毐作乱……即令国中：有生得毐，赐钱百万；杀之，五十万。尽得毐等。[④]

韩取聂政尸暴于市，购问莫知谁子。于是韩购悬之，有能言杀相侠累者，予千金。[⑤]

陈臻问曰：前日于齐，王馈兼金一百而不受；于宋，馈七十镒而受；于薛，馈五十镒而受。[⑥]

孟尝居予车五十乘，金五百斤，西游于梁。……于是，梁王虚上位，以故相为上将军，遣使者，黄金千斤，车百乘，征聘孟尝君。[⑦]

战国时期群雄对峙，列国之间纵横捭阖，彼此经常进行挑拨离间、拉拢勾结等活动。为了达到这一目的，往往用重金收买，为此而支付的黄金，动辄成

① 《吕氏春秋·异宝篇》。
② 《孟子·离娄下》。
③ 《史记·商君列传》。
④ 《史记·秦始皇本纪》。
⑤ 《史记·刺客列传》。
⑥ 《孟子·公孙丑下》。
⑦ 《战国策·齐策四》。

千上万。例如：

威王八年，楚大发兵加齐。齐王使淳于髡之赵请救兵……乃益赍黄金千镒，白璧十双，车马百驷。……赵王与之精兵十万，革车千乘。楚闻之，夜引兵而去。①

当是时，公子威振天下，诸侯之客进兵法……秦王患之，乃行金万斤于魏，求晋鄙客，令毁公子于魏王。②

廉颇坚壁以待秦，秦数挑战，赵兵不出。赵王数以为让，而秦相应侯又使人行千金于赵为反间。③

赵王……乃封苏秦为武安君，饰车百乘，黄金千镒，白璧百双，锦绣千纯，以约诸侯。④

五、建筑工程费用

当时的建筑工程，包括城建工程、水利工程、交通工程以及长城工程等。此项费用，无疑也是很大的。

第三节 财政管理

一、财政机构的设置

战国时代各国通过政治改革，建立了中央集权的官僚制度，在国君之下设立了一套较为完备的官僚机构。其特点是“官分文武”⑤，相、将分别为其首脑，而相为“百官之长”⑥。在这套官僚组织系统中，包括财政机构。

当时秦、赵、韩、魏等国，都有“内史”、“少府”或“少内”等职官的设置。内史总管国家财政，主要掌管“粟米之征”，其性质与秦汉时期的“治

① 《史记·滑稽列传》。
② 《史记·魏公子列传》。
③ 《史记·白起王翦列传》
④ 《战国策·赵策二》。
⑤ 《尉缭子·原官篇》。
⑥ 《荀子·王霸》《吕氏春秋·举难篇》。

粟内史”或“大司农”基本相同。据《史记·赵世家》记载，由于徐越主张“节财俭用，察度功德”，而被赵烈侯任命为“内史”。云梦睡虎地出土秦简《仓律》规定：“入禾稼、刍稾，辄为廥籍，上内史。”这是说，征收的谷物、饲草等入仓，必须记入仓的簿籍，并上报内史。内史掌管的粟米之征，主要用于政府的经常开支，如官吏的俸禄等。

《秦律》简文称“少府”为“少内”，除京师少内外，还有县少内。《汉书·丙吉传》“少内啬夫”注：“少内，掖庭主府臧（藏）之官也。”《周礼·职内》郑玄注也说：“若今之泉所入谓之少内。”《金布律》中所说的“少内”，可能也是朝廷管理钱财的机构[①]；而《法律答问》及《封诊式》中的“县少内”，则是管理钱财的县级机构。据《金布律》简文，秦国中央财政机构中还有“大内”、“少内”之分。“大内”，《史记·孝景帝本纪》集解引韦昭云：“京师府藏。”从简文看来，此“大内”似为管理官府器物的机构。

少府或少内还掌管人口税等税收。如前所述，秦国从商鞅变法“初为赋”起，开始按户征收人口税（或称户赋、口赋）。《汉书·食货志上》载董仲舒云：秦“用商鞅之法”，“田租、口赋、盐铁之利二十倍于古”。“田租是由内史主管的，口赋和盐铁之利是由少府或少内主管的”[②]。有些国家的少府，还掌管兵器等军需物品的制造。例如韩国的“强弓劲弩”，有不少即是由“少府”制造的[③]。秦、齐、魏等国“少府”下有“尚书”或“主书”、“掌书”[④]；秦、卫两国“少府”下还有“佐弋”。据《秦律杂抄》简文，“少府”的属官还有“右府”、“左府”。

此外还有专门管理关、市税收等事务的职官。《韩非子·外储说左上》提到的“关市”，即为此种职官的名称。或说“关市”即《周礼》中的“司关”、“司市”，“战国之时合为一官”[⑤]。《秦律十八种》中的《关市》律，就

---

① 睡虎地秦墓竹简整理小组：《睡虎地秦墓竹简》，文物出版社1978年版，第62页〔注释〕④。

② 杨宽：《战国史》，上海人民出版社1980年版，第221页。

③ 《战国战·韩策一》。

④ 《吕氏春秋·乐成篇、骄姿篇》《战国策·秦策五》《新序·刺奢篇》。

⑤ 《通鉴·周纪四》胡注。

是关于关市职务的法律[1]。当时各国从中央到地方，都有财政机构、财政职官的设置。《汉书·百官志》云："又有乡佐，属乡，主民，收赋税。"战国时代的秦国，已有"主民"并收赋税的乡部之佐——"部佐"。云梦秦简《法律答问》简文云："部佐匿者（诸）民田，者（诸）民弗智（知），当论不当？部佐为匿田，且可（何）为？已租者（诸）民，弗言，为匿田；未租，不论□□为匿用。"这是说：部佐隐匿百姓的田，百姓不知道，应否论罪？部佐应以匿田论处，还是作为什么别的罪？已向百姓收取田赋而不上报，就是匿田；未收田赋，不以匿田论处。

战国时代各国制订的法律中，有关国家财政收支、财政管理的法规占有重要的地位。李悝所著的《法经》中，即有许多涉及到经济法规、财政法规方面的内容。《秦律》中有关财政收支和财政管理的内容，尤其丰富、具体。其中，《田律》是关于农田林苑的管理、田税的定额、牛马饲料的供给等等方面的法规；《仓律》是关于刑徒食粮的定额、田税所收实物进出仓库与保管等等方面的法规；《金布律》是关于钱币的使用、吏民和官府之间的债务、官府之间的经济来往等方面的法规；《司空律》是关于服劳役的刑徒、罪人以及被罚款者、负公债者的管理法规；《徭律》是关于徭役的法规；《关市》是关于"关市"职务的法规；《内史杂》是关于朝廷"内史"职务的法规。

二、户口登记制度与"上计"制度

战国时代各国为了加强对人民的政治统治，为了扩大赋役的摊派以保证其财政收入，普遍先后实行"为户籍相伍"[2] 的户口登记制度。"因为封建国家财政收入的两大来源，第一是土地，第二便是人口，按土地征收的有赋税，按户口征收的有丁税，按人头征收的有力役，这三者均与户籍制度有着不可分割的关系，故户籍制度历来为封建统治者所重视。"[3] 所谓"为户籍相伍"的户口登记制度，就是把个体小农编成五家为一"伍"的组织，将户籍编制和军

① 睡虎地秦墓竹简整理小组：《睡虎地秦墓竹简》，文物出版社 1978 年版，第 68 页〔注释〕①。
② 《史记·秦始皇本纪》。
③ 郭道扬：《中国会计史稿》上册，中国财政经济出版社 1984 年版，第 108 页。

队中“伍”的编制相结合，并把各地人口编入国家的户籍。凡各地居民，都必须在户籍上登记。只有那些因从事商业和手工业而寄居的客民，有可能逃避登记。《商君书·徕民》篇云：“其寡（当作‘宾’）萌贾息民，上无通名，下无田宅，而恃奸务末作以处。”这里说的是韩、魏等国的情况，所谓“上无通名”，就是指“恃奸务末作以处”者未在户籍上登记。商鞅变法后的秦国，对户口的登记和户籍的管理极严：“四境之内，丈夫女子皆有名于上，生者著，死者削”[①]；商人也必须将其家中所有人口（包括奴隶在内）上报，政府按其家中实有人口摊派徭役，所谓“以商之口数使商，令之厮、舆、徒、重（童）者必当名，则农逸而商劳”[②]。当时户籍登记的内容，包括家庭人口数、成年男子的姓名及年龄。百姓一旦成年，就须“傅籍”，也就是附著姓名于户籍上[③]。秦律中的《傅律》，便是关于“傅籍”的法律法规。云梦秦简《编年纪》中同时记有一个名叫喜的人的生平，据简文，秦王政（始皇）元年：“喜傅”。本年喜十七周岁。可见当时秦国男子满十七岁就必须在户籍上登记，并从此开始应兵役、服徭役、纳户赋[④]。云梦秦简《秦律杂抄》“匿敖童”条规定：隐匿成童不报，及申报废疾不实，里典、伍老（相当后世的保甲长）都要受罚；百姓不应免老，或已应免老而不加申报，敢弄虚作假的，也要受罚[⑤]。

战国时代各国在行政管理、财政管理上，普遍实行了年终“上计”、考核制度。《荀子·王霸》篇说：“岁终奉其成功，以效于君。当则可，不当则废。”讲的就是这种制度。《商君书·禁使篇》：“十二月而计书已定，事以一岁别计，而主以一听。”说的也是每年年终进行一次上计、考核之事。上计、考核的程序和办法是：从地方到中央的各级官吏，年前将下一年的各种预算数字写在木券上面呈送国君，由国君把木券从中剖分为二，臣下执左券，国君则

① 《商君书·境内篇》。又《商君书·去强篇》：“举民众口数，生者著，死者削。”

② 《商君书·垦令篇》。

③ 《汉书·高帝纪》注：“傅，著也。言著名籍，给公家徭役也。”

④ 见云梦秦简《法律答问》“何谓匿户及敖童弗傅”条。

⑤ 简文原文：“匿敖童，及占瘽（癃）不审，典、老赎耐。百姓不当老，至老时不用请，敢为酢（诈）伪者，赀二甲；典、老弗告，赀各一甲；伍人，户一盾，皆䙴（迁）之。”

执右券以责臣下；到了年终，各级官吏要如实上计，呈送国君，国君对照其所执右券进行审核，并根据考核的结果以决定官吏是否留职、免职或升降。上计的范围和内容较为广泛。《商君书·去强》篇说：

> 强国知十三数：竟（境）内仓口之数，壮男壮女之数，老弱之数，官、士之数，以言说取食者之数，利民（靠谋利为生者）之数，马、牛、刍、稾之数。不知国十三数，地虽利，民虽众，国愈弱至削。

这里所说的“十三数”，都是“上计”所要统计的数字。值得注意的是，这“十三数”几乎都与当时国家财政收支和财政管理有关。可以说，当时各国的年终上计考核制度，实际上主要是财政收支和管理方面的上计和考核。《韩非子·外储说左下》篇讲了这样一个故事：

> 西门豹为邺令，清剋洁悫，秋毫之端无私利也，而甚简左右，左右因相与比周而恶之。居期年，上计，君收其玺。豹自请曰：“臣昔者不知所以治邺，今臣得矣，愿请玺复以治邺，不当，请伏斧锧之罪。”文侯不忍而复与之。豹因重敛百姓，急事左右。期年，上计，文侯迎而拜之，豹对曰：“往年臣为君治邺，而君夺臣玺，今臣为左右治邺，而君拜臣，臣不能治矣。”遂纳玺而去，文侯不受，曰：“寡人曩不知子，今知也，愿子勉为寡人治之。”遂不受。

这里所说的“上计”，“谓入所收赋税于君也”①。这个故事反映了当时财政上计考核制度贯彻执行的部分情况。又《淮南子·人间训》说：“解扁为东封，上计而入三倍。”解扁其人，也是魏文侯的臣下，他受命治理东封。所谓“上计而入三倍”，是说他年终上计时，东封地区的收入比以前增加了三倍。

战国时代各国已普遍设置和运用“籍书”。在《法经·杂法》中，称“籍书”为“簿书”，所谓“官物亡失簿书”。在睡虎地秦墓竹简简文中，“籍书”又简称“籍”或“书”。当时的会计记录，既可登记在竹简之上，也可登记在木牍之上。会计籍书按经济部门分类设置，如《秦律》中称固定的会计籍书为“恒籍”，称登记仓库粮草的会计籍书为“廥籍”，称登记厩苑的会计籍书

① 陈奇猷校注：《韩非子集释》下，上海人民出版社 1974 年版，第 694 页。

“苑籍”，等等。

作为经济凭证的“券”或“券契”、“券书”，也在当时社会经济各领域中广泛应用，除了应用于买卖、放债等等方面以外，还应用于国家财政的收支。《法经·杂法》中所说的“市券”，便是指国家征收商市之税的凭证。《秦律》中的《田律》云：

> 乘马服牛禀，过二月弗禀、弗致者，皆止，勿禀、致。禀大田而毋（无）恒籍者，以其致到日禀之，勿深致。

所谓“以其致到日禀之”的“致”，义为券。《礼记·曲礼》：“献田宅操书致。”朱骏声《说文通训定声》：“按犹券也。”这里指领取饲料的凭证。这条律文又说：驾车牛马的饲料，过期两个月没有领取或送发的，都截止，不再领发。向大田领取而未设固定账目的，按照其领取凭证所到日期发给，不得超过凭证的规定①。又《金布律》：“在咸阳者致其衣大内，在它县者致衣从事之县。县、大内皆听其官致，以律禀衣。”此“致”，亦为券，这里指向官府领衣的凭证。这条律文是说：在咸阳服役的，凭券向大内领衣；在其他县服役的，凭券向所在的县领衣。县或大内都按照其所属机构所发的券，依法律规定发给衣服。

三、财政收支的具体管理办法

在云梦睡虎地出土秦简秦律的简文中，对国家财政的种种收入及其贮藏、保管和支出，都分别作了明确而具体的规定。其中，关于粮草入仓、出仓、增积和核验的手续的规定，主要有以下诸条：

（1）谷物、刍稾入仓，要记入仓的簿籍，并上报内史。谷物，在栎阳以二万石为一积，在咸阳以十万石为一积。刍稾都以万石为一积，在咸阳以二万石为一积。计量谷子、黍子等要以文书报告其产年，分别记数。算谷子的账，要把黄、白、青三种区别开来。稻如在谷子之后成熟，应把稻计算在下一年的账上；收获后上报产量时，要将秈稻和糯稻区别开来，并把用以酿酒的秈稻和糯稻区别开来，每年单独贮积，不要增积，用来供给宾客，到十月用牒写明数

---

① 睡虎地秦墓竹简整理小组：《睡虎地秦墓竹简》，文物出版社1978年版，第29页。

量上报内史[1]。

（2）谷物入仓，以一万石为一积而隔以荆笆，设置仓门，并登记上“某仓贮有谷物若干石，仓啬夫某、佐某、史某、禀人某”。谷物出仓，也要记下出仓的人名，和入仓时一样。由县啬夫或丞和仓、乡主管人员共同封缄，而给仓啬夫和乡主管禀给的仓佐各一门，以便发放粮食；由他们独自封印，就可以出仓，到仓中没有剩余时再给他们开另一仓门。如啬夫免职，由对仓进行核验的人开仓，验视共同的封缄，可根据题识核验，然后再共同封缄，不必称量，只称量由原仓主管人员独自封印的仓。谷物出仓，如果不是原入仓人员来出，则要令加称量，称量结果与题识符合，即可出仓。此后如有不足数，由出仓者赔偿；如有剩余，则应上缴。共同出仓的人员，中途不要更换。谷物入仓不满万石而要增积的，由原来入仓的人增积是可以的；其他人要增积，积者必须先称量原积谷物，与题识符合，然后入仓。要把入仓增积者的姓名籍贯记在仓的簿籍上；此后如有不足数，由后来入仓者单独赔偿。已满万石的积和虽未满万石而正在零散出仓的，不准增积。长吏共同入仓和出仓，如发现有小虫到了粮堆上，应重加堆积，以免使谷物败坏。到年末应统计出仓总数：“某仓已出谷物若干石，尚余谷物若干石。”刍稾入仓、出仓、增积和核验的手续，均同上述关于谷物的规定[2]。

（3）官府中负责贮藏谷物的佐、史分别免职或调任时，官府的啬夫必须与离职者一起核验，向新任者交待。如果官府的啬夫免职时已经核验，再发现不足数，则由新任者和留任的吏承担罪责。原任的吏不进行核验，新任的吏在职不满一年，则由离职者和留任的吏承担罪责，新任的不承担；如已满一年，虽未核验，也由新任的吏和留任的吏承担罪责，离职者不承担[3]。

（4）贮藏在仓里的谷物、刍稾，有超出或不足数情形而隐瞒不报，以及种种移多补少、假作注销而用补垫其他应赔偿的东西，均按盗窃论处。大啬夫和丞知情而不加惩处，以与罪犯同等的法律论处，并和管仓者一起赔偿缺数。

---

① 《仓律》。
② 《仓律》《效律》。
③ 《效律》。

到每年上报账目的时候，应将仓的簿籍上报内史[①]。

（5）粮仓漏雨而烂坏了粮食，或堆积粮食而腐败了，如不能食用的粮食不满百石，斥责其官府的啬夫；一百石以上到一千石，罚官府的啬夫二甲；不论多少，都要令该官府啬夫和众吏一起赔偿败坏的粮食。败坏的粮食还可食用的，应加估量，根据所损耗的石数判令赔偿[②]。仓里有鼠洞三个以上应罚一盾，两个以下应申斥。空仓里有草垫，垫下有粮食一石以上，成例应罚一甲，并罚负责监管的令史一盾[③]。

（6）各县向太仓上报领取口粮人员的名籍和其他费用，应与每年的账簿同时缴送。都官应在每年结账时核对领取口粮人员的名籍。按月领取口粮的人员，粮食已经发给，而因公出差，由沿途驿站供给饭食；休假而到月底仍不归来的，应停发其下月口粮，直到回来的时候再行发给；有秩的吏则不停发。宦者、都官的吏或都官的一般人员为朝廷办事而来督送，令所到的县垫发口粮，并用文书通知原发这些人员粮食的县，据以扣除他们的粮食。如在原发粮食的县已经领取过了，应以文书通知所到的县责令赔偿。到军中和属县办事的，应自带口粮，不得以符传向所到的县借取。有赏赐的米，或向官府领取谷物，到九月底该人尚未领取，不再发给[④]。

（7）发给豆、麦，应发的没有发，而发谷子来顶替豆、麦，因豆、麦价贱而谷子价贵、故应罚一甲。官吏因故应停止发给口粮，不加停止而仍全部发给，则应以其多发的作为盗窃处罚[⑤]。

关于牲畜、车辆及其他物品的管理和使用，秦律简文则主要作了这样一些规定：

（1）负责放牧官有牛马的人，如牛马有死亡的，应急向牛马死时所在的县呈报，由县加以检验后将已死牛马上缴，如因不及时而使死牛马腐败，则令按未腐败时赔偿。如系大厩、中厩、官厩的牛马，应以其筋、皮、角和肉的价

---

① 《效律》。
② 《效律》。
③ 《法律答问》。
④ 《仓律》。
⑤ 《法律答问》。

钱上缴，由这个率领放牧的人送抵该官府。如驾用官有牛马而牛马死于某县，应由该县将肉全部卖出，然后上缴其筋、皮、角，并将所卖价钱全部上缴。所卖价钱如少于规定数目，令该驾用牛马的人补赔并向官府报告，由主管官府通知卖牛马的县销账①。

（2）官府输送物品，应以文书通知其出账的年份，接受者按收到的时间记账。如在八月、九月中输送，估计所运处所的距离，如不能赶上所运处所的结账，改计在下一年账内，双方账目不要矛盾。工匠向官府上缴产品，都应固定按其产计账②。

（3）不准把火带进收藏器物和文书的府库。吏将物品收好后，由官府的啬夫和吏轮番值夜看守。经检查没有火，才可关闭门户。叫令史巡察其衙署的府库。如果新建吏的居舍，不要靠近收藏器物、文书的府库山③。

（4）清点物品数目而有超过或不足数情形，价值在 110 钱以上到 220 钱，斥责该官府的啬夫；超过 220 钱到 1100 钱，罚啬夫一盾；超过 1100 钱到 2200 钱，罚啬夫一甲；超过 2200 钱以上，罚啬夫二甲。称量物资而不足其应有数五分之一以上，要加以估价，其罚金或斥责的处理和清点物品的规定一样④。都官每年上报已注销而要求补充的器物数量，在九月把账报到内史⑤。

（5）各县、都官在七月处理已经无法修理的官有器物，器物上有标识的应加磨除。铜器和铁器要上缴作为金属原料。都官所处理的器物应运交大内，由大内收取变卖，至七月底完毕。都官距大内路远的运交给县，由县收取变卖。处理时如有物品不能拖延时间，要求先卖，应以文书将其情况及时报告内史。需要处理的物品如无法变卖而可以作薪柴或盖障用的，仍应使用；无用的，始得烧毁。传车或大车的车轮，可修理其歪斜不正处。皮革或织物制造的物品，坏了可以互相修补。已经不能修理的，始得加以处理⑥。

---

① 《廐苑律》。

② 《金布律》。

③ 《内史杂》。

④ 《效律》。

⑤ 《内史杂》。

⑥ 《金布律》。

（6）官有的器物由官府加上标记。不能刻记的，用漆书写标记。有借用官有器物的，归还时，标记相符才能收还。借用器物的，其事务已完和免除时，官府应即收回所借器物，不及时收回的有罪。不得擅自借用官有器物，凡擅借官有器物的有罪。官有武器亦均应刻记其官府的名称。百姓领用武器，必须登记武器上的标记，按照标记收还。缴回所领武器而上面没有标记和不是该官府标记的，均没收归官，并责令赔偿[①]。

关于货币的管理和使用，《金布律》规定：（1）官府收入的钱币，以1000钱为一畚，用其令、丞的印封缄。钱数不满1000的，也应封缄。钱质好的和不好的，应装在一起。出钱时，要把印封呈献令、丞验视，然后启封使用。百姓在交易时使用钱币，质量好坏一起通用，不准选择。（2）布（古时以布帛为一种货币）长8尺，幅宽2尺5寸。布的质量不好，不得流通。（3）11钱折合一布。如出入钱来折合黄金或布，应按法律规定。（4）市肆中的商贾和官家府库的吏，都不准对钱和布两种货币有所选择；有选择使用的，而列伍长不告发，吏检察不严，都有罪[②]。

① 《工律》。

② 以上所述，采用了《睡虎地秦墓竹简》（文物出版社1978年版）译文。

本卷后记

本卷原分五编，原始社会部分为第一编。由于分工撰写该编的同志因故到时未能交稿，临时易人撰写，改编为章，作为现在第一编的第一章。

本卷具体分工如下：

绪论、第一编第一章，第二编第一章、第二章、第三章、第四章、第五章、第六章、第八章、第九章，第三编第一章、第二章、第六章，第四编第一章、第二章、第四章、第五章、第六章：周自强。

第一编第二章、第三章、第四章、第五章、第六章、第七章、第八章、第九章：杨升南　朱玲玲。

第二编第七章：张永山。

第三编第三章、第五章，第四编第三章：王占山。

第三编第四章：周自强　张永山。

周自强负责本卷的文字通纂工作。

主编简介

周自强　1932年生，四川合江人。1957年四川大学历史系毕业。历任中国科学院历史研究所先秦史研究室实习研究员、助理研究员，中国社会科学院历史研究所先秦史研究室副主任、主任、副研究员、研究员。先后参加《中国史稿》（郭沫若主编）第一册（初稿）及《昌黎县史》《凉山彝族奴隶社会》《郭沫若与中国史学》（合著，林甘泉、黄烈主编）等书编写。主要论著：《凉山彝族奴隶制研究》《论西周农业生产者的身份地位》《“初税亩”研究》《关于奴隶制社会形态的几个理论问题》等。